lonely planet

Marokko

Paul Clammer

Alison Bing, Anthony Sattin, Paul Stiles

WESTSAHARA
0 100 200 km
Laâyoune
Smara
Bou Craa
Boujdour
Bir Mogrein
Sebaiera
West-sahara
Dakhla
Bir Anzarane
Nördlicher Wendekreis
Mijek
MAURETANIEN
Imlili
Zouérat
Aoussard
Aghoninit
Tichla
Bir-Gandouz
Sahara
Gueguarat
Nouâdhibou
El-Gouéra
HÖHE
3000 m
2000 m
1500 m
1000 m
500 m
0
MEKNÈS (S. 272)
Von der Kutsche aus die archi tektonische Pracht dieser kom pakten Königsstadt bewunder
CASABLANCA (S. 106)
Casablancas weiße Kolonialgebäude bestaunen und den schnellen Rhyth- mus des modernen Marokko erleben
Casablan
Azemmour
El-Jadida
Fracht
nur für
Oualidia
ATLANTIK
MARRAKESCH (S. 313)
Sich in den Suks verlaufen und einigen von Marokkos kreativsten Künstlern zusehen
Safi
Bengue
ESSAOUIRA (S. 164)
Durch die schmalen Straßen dieses faszienierenden und sehr relaxten Atlantikhafens streifen
Marrakes
KARTENLEGENDE
Autobahn
Hauptstraße
Landstraße
Verbindungsstraße
unbefestigte Straße
0 100 km
Île de Mogador
Essaouira
Asni
Oukaïmed
Toubkal-Nationalpark
Jbel Toub (4167 m)
Tizi'n'Test
Jbel Sirou (3304 m
Tamri-National-park
Immouzzer des Ida Outanane
Taroudannt
Taliouine
Tazenak
TAL DER AMMELN (S. 435)
Umgeben von rötlichen Granitfelsen und voller prähistorischer Reliefs und hinreißen- der Dörfer ist dies eines der schönsten Täler Marokkos
Agadir
Inezgane
Tioute
Sous-Massa-Nationalpark
Antiatlas
Jbel Lekst (2359 m)
Aglou Plage
Tal der Ammeln
Tafraoute
Tata
Tiznit
Mirleft
Oase Afella-Ighir
Ukas
Akka
Oued Drâa
umstritte
Sidi Ifni
KANARISCHE INSELN (Spanien)
Lanzarote
Bouzakarne
Plage Blanche
Goulmime
Cap Drâa
Tadalt
Tan Tan Plage
Tan Tan
Tiglite
Fuerteventura
Tarfaya
Tindouf
umstrittene Grenze
Erg Iguidi
Westsahara
Al-Mahbas
S. Ausschnitt
Laâyoune

SPANIEN
TANGER (S. 181)
Die märchenhafte Atmosphäre des historischen und berüchtigten Tors zu Afrika aufsaugen
CEUTA (S. 201)
Die architektonischen Juwelen dieser spanischen Enklave bewundern
MITTELMEER
ULAY-BOUSSELHAM (S. 141)
Flamingos im Flug beobachten und den Frieden und die Stille es wenig besuchten Orts genießen
CHEFCHAOUEN (S. 216)
Die blaue Medina dieser charmanten und entspannten Gebirgsstadt erkunden
Algeciras
Gibraltar (GB)
Straße von Gibraltar
Ceuta (Spanien)
Tanger
Cabo Negro
Martil
Tetouan
Natur-Reservat Jbel Bouhachem
Asilah
Larache
Lixus
Chefchaouen
Talassemtane-Nationalpark
Al-Hoceima
Al-Hoceima-Nationalpark
Melilla (Spanien)
Nador
Ras el-Mar
Saïdia
Oran
Moulay-Bousselham
Merdja Zerga National Park
Ketama
Targuist
Jbel Tidiquin (2448 m)
Rif-gebirge
Berkane
Ahfir
Beni-Snassen-Berge
Oujda
Tlemcen
Ouezzane
Souk el-Arba du Rharb
Taourirt
ALGERIEN
Lac de Sidi Bourhaba
Plage Mehdiya
Kenitra
Sidi Kacem
Moulay-Yacoub
Oued Sebou
Taza
Guercif
Jbel Tazzeka (1980 m)
Gouffre du Friouato
Moulay-Idriss
Volubilis
Fez
Aïn-Benimathar
Salé
RABAT
Meknès
Sefrou
Mohammedia
Dayet Afrou
FÈS (S. 244)
In der besterhaltenen mittelalterlichen arabischen Stadt tief in das Labyrinth der alten Medina vordringen
Ben Slimane
Ifrane
Azrou
Mittlerer Atlas
Tendrara
Missour
Khenifra
Aïn Sefra
Khouribga
Oued-Zem
VOLUBILIS (S. 284)
Die Mosaike, Säulen und die weitläufige Landschaft rund um Marokkos schönste römische Ruinen bewundern
Midelt
Bouarfa
Kasba-Tadla
Jbel Ayachi (3737 m)
Beni Mellal
Imilchil
Afourer
Bin el-Ouidane
ATLAS
Figuig
Beni Ounif
Azilal
Er-Rachidia
DADÈSSCHLUCHT (S. 384)
Über den Blick auf die Felsen und die versteckten Wanderwege zur Todraschlucht staunen
Béchar
Irhil M'Goun (4071 m)
Aït-Bou-Goumez-Tal
Dadesschlucht
Todraschlucht
Tinerhir
Oued Ziz
Erfoud
Tafilalt
HOHER
Vallée des Roses
Skoura
Boumalne du Dadès
Rissani
Ziz-tal
Erg Chebbi
Merzouga
Taghit
Aït Benhaddou
Oued Dades
Dadèstal
Taouz
Ouarzazate
Jbel Sarhro
ÂÏT-BOU-GOUMEZ-TAL (S. 352)
Ein Aquarell betreten: violette Berge, durchzogen von goldenen Weizenfeldterrassen voller Mohnblüten
Agdz
Tazzarine
Drâatal
Zagora
Beni Abbès
Westlicher Großer Erg
Oase Iriki
Erg Chigaga
M'Hamid
Erg Er-Raoui
Grenze
DRÂATAL (S. 371)
Sich in der felsigen Landschaft mit den versteckten Oasen wie bei einer Marslandung fühlen
Tabelbala
Timimoun
ALGERIEN
Hamada du Drâa
Tinfouchy
ERG CHIGAGA (S. 377)
Querfeldein in ein Niemandsland voller Wüstenwunder und goldener Wanderdünen fahren
S. Hauptkarte
MADEIRA (Portugal)
ATLANTIK
MAROKKO
KANAR. INSELN (Spanien)
ALGERIEN
S. Ausschnitt
West-sahara
MALI
MAURETANIEN
Adrar

Unterwegs

PAUL CLAMMER **Hauptautor**
Ein fast identisches Foto von mir wurde bereits 1994 geschossen. Darauf sitze ich im Seitentrakt des Mausoleums von Moulay Ismaïl in Meknès und blättere im englischsprachigen Lonely Planet Band *Morocco, Algeria & Tunisia*. Was ich damals gedacht habe, weiß ich nicht mehr, aber ich konnte damals kaum ahnen, dass ich viele Jahre später als Autor zurückkehren würde …

ALISON BING Hier bewundere ich in der Kasbah Amerdil (Oase Skoura) ein altes Torschloss der Festung. Nach einem Tag bei 39 °C bin ich nicht mehr sonderlich fotogen, aber neben Sidi Amerdil, der strahlend sein Lieblingserbstück präsentiert, kann ich problemlos in die Kamera lächeln.

ANTHONY SATTIN In der Umgebung von Tafraoute gibt es eine Menge Sehenswertes. Am besten gefielen mir aber die alten Felszeichnungen südlich der Stadt. Inmitten einer Ödnis voller Felsen und ausgetrockneter Flüsse erinnern Bilder von Elefanten, Großkatzen und Hornvieh daran, dass diese Gegend einst von üppigen Wäldern und Savannen bedeckt war.

PAUL STILES Die schmale Landzunge von Marokko zur spanischen Festung Peñón de Velez de la Gomera ist die seltsamste Landesgrenze der Welt. Am Ende einer langen Wüstenschlucht liegt sie im Mittelmeer – bis heute scheint die Zeit hier stillzustehen.

Mehr zu den Autoren auf S. 549.

Highlights

Marokkos Sehenswürdigkeiten, Geräusche und Düfte können einem die Sinne rauben. Sich auf einzelne Attraktionen zu beschränken, ist fast unmöglich – jeder nimmt sein eigenes Bild vom Land mit heim. Auf den nächsten Seiten schildern Lonely Planet Autoren, Teammitglieder und Leser Erfahrungen, die Highlights auf ihren Reisen waren. Einverstanden mit der Auswahl? Unter www.lonelyplanet.com/morocco kann jeder seine eigenen Highlights beitragen.

SUNE WENDELBOE

1 MEDINA VON FÈS

Bei meinem ersten Besuch habe ich mich in der Medina von Fès (S. 249) hoffnungslos verirrt und musste einen Jungen dafür bezahlen, dass er mich rettete und zurückführte. Beim zweiten Mal war's genauso. Doch dann erkannte ich, dass das Herumirren das Reizvolle ist: Wenn man den Gassen zu versteckten Plätzen und Suks folgt, erwacht der Entdeckergeist. Viele Jahre und Besuche später kenne ich mich hier aus – aber die Irrwege gibt es noch. Still warten sie darauf, mich zu einem neuen Abenteuer zu führen.

Paul Clammer, Lonely Planet Autor

SARA-JANE CL

2 JEMAA EL FNA (MARRAKESCH)

Der Abendmarkt Jemaa el Fna (S. 319) vereint Physisches und Metaphysisches – es fehlt eigentlich nur etwas magischer Staub. Gestalten in Jeballas flüstern Anweisungen auf Berberisch und Arabisch, während sie Kräuter und Tränke verteilen. Fakire und Geschichtenerzähler ziehen die Massen in ihren Bann. Man kann Einheimische bitten, uralte Gleichnisse zu erklären, über die Anwendungsgebiete von getrockneten Kamelföten spekulieren oder sich die Zukunft voraussagen lassen.

Debra Herrmann, Lonely Planet Team

CHRISTINE OSB

3 CASABLANCAS NACHTLEBEN

Das Nachtleben von Marrakesch mag berühmt sein, aber auch Casablanca (S. 121) hat da eine Menge zu bieten. Zuerst empfiehlt sich ein Martini in Rick's Café, dann geht's auf die Corniche in Âïn Diab, wo man mit Casablancas Trendsettern in hippen Nachtclubs feiert. Anschließend schaut man im Transatlantique den Bauchtänzerinnen zu oder besucht die Bars am Marché Central.

Anthony Sattin, Lonely Planet Autor

IM KAMELSATTEL

Auf dem Rücken eines Wüstenschiffs sanft dahinschaukeln (S. 482); die endlosen, zauberhaften Sanddünen, die ewig sind und doch immer anders; die unvorstellbare Farbenpracht.

intrepid_living, Leser/-in

4

JOHN ELK III

BRUNO MORANDI/GETTY IM

5 LEGZIRA

Dieser Abschnitt der Atlantikküste ist so wild und schön, dass man fast überall tolle Zwischenstopps machen kann, doch Legzira (S. 427) ist der Höhepunkt jedes Trips. Hotels kleben an der Steilküste und scheinen beinahe zum Strand hinunter zu stürzen. Alle haben Restaurants, die leckeren Grillfisch servieren. Nach der Ankunft gibt man am besten gleich seine Bestellung auf und macht dann einen Spaziergang am Strand. Fast das ganze Jahr über sind hier kaum Menschen – nur donnernde Wellen und Gischt.

Anthony Sattin, Lonely Planet Autor

DOUG MCKI

6 MOULAY-IDRISS

Diese heilige Stadt (S. 287) nimmt die Gipfel zweier Hügel ein. Jahrelang durften keine Ausländer hier übernachten, doch jetzt bieten immer mehr Familien Gästezimmer in ihren Wohnhäusern an. Dort kann man dem Trubel der Städte entfliehen und einen Gang runterschalten. Falls überhaupt, kommen Reisegruppen nur tagsüber hierher. Es war also eine echte Erholung, den Sonnenuntergang über der Stadt zu beobachten und die Einheimischen beim Spazierengehen vor den Cafés zu beobachten.

Paul Clammer, Lonely Planet Autor

MERJA-ZERGA-NATIONALPARK

Auch wenn man kein ausgesprochener Vogelliebhaber ist, lohnt sich ein Abstecher zur Merja Zerga (Blauen Lagune; S. 142) bei Moulay-Bousselham. Die relaxte Kleinstadt mit geschwungenen Strand ist bis heute relativ unberührt. Hier gibt's viele einfache Fischrestaurants und zwei Heiligenschreine, die über das Wohl der Menschen wachen. Eine Flotte kleiner Fischerboote bringt Besucher hinaus auf die stille Lagune. Dort kann man Vögel beobachten oder sich einfach in Ruhe an der Landschaft erfreuen.

Anthony Sattin, Lonely Planet Autor

FRANCES LINZEE GORDON

7

MÄRCHENHAFTE FOTOMOTIVE

Die blauen Gewänder der Berbernomaden vor einem Hintergrund aus orangefarbenen Dünen. Sandstein-Kasbahs, die aus hellgrünen Oasen aufragen. Orangenpyramiden in Suks und auf Märkten. Die eleganten Linien und die symmetrische Architektur muslimischer Bauten (S. 492).

travelnut35, Leser/-in

CHRIS MELLOR

8

CHRISTOPHER WOOD

9

CHEFCHAOUEN

Die Sonne geht über dem Rifgebirge auf. Chefchaouens (S. 216) ist schöner, als ich es mir vorstellen konnte. Die Gebäude sind von Hand geschaffene Kunstwerke in Blau und Weiß. Ich probierte meine erste Tajine – und könnte es hier sehr lange aushalten.

wordage_senhora, Leser/-in

ÂÏT-BOU-GOUMEZ-TAL

Nachdem ich bei Imi n'Ifri falsch abgebogen war, führte mich mein Weg in Täler voller wogender, goldener Weizenfelder, gesprenkelt mit rotem Mohn und von violetten Steinmauern durchzogen. Ich dachte gerade, dass der Anblick nicht impressionistischer sein könnte, als eine Berberfrau im Kittel von ihrer Arbeit aufsah und mir lächelnd mit ihrer Sense zuwinkte.

Dieser reale Monet bekam einen prähistorischen Dreh, als ich ein Schild sah, das auf Dinosaurierspuren hinwies. Kaum hatte ich angehalten, erschienen ein paar Kinder aus dem Nichts. Sie halfen mir, über die Felsen zu den verblichenen Vertiefungen hinaufzuklettern. Wir spielten T-Rex, und der kleine Mustafa war deutlich überzeugender als ich. Ich musste ihm versprechen, noch eine Runde zu üben.

Ein paar Kurven später war ich zurück im 21. Jh. – und begann bereits, Âït Bou-Goumez (S. 352) zu vermissen.

Alison Bing, Lonely Planet Autorin

10

SYLVESTER ADAMS/GETTY IMAGES

DUSHAN COORAY

ZIEGEN!

Zwischen Tata und Agadir schaute ich mir aus dem Busfenster die Arganbäume (S. 176) an, die ein bisschen wie Olivenbäume aussehen. Dann musste ich zweimal hinsehen: Auf einem Baum tummelten sich tatsächlich Ziegen! Was haben Ziegen dort zu suchen – nicht einmal auf den unteren Ästen, sondern ganz oben in den schwankenden Kronen? Gibt's hier Ziegen mit Daumen zum Greifen?

Jenny Blake, Leserin

11

ROAD TRIP: TIZI-N'TEST-PASS

Wer den Hohen Atlas auf Marokkos höchstem Straßenpass (S. 361) überqueren will, braucht einen stabilen Magen. Vorbei an alten Moscheen und Berberdörfern führen einspurige Serpentinen durch herrliche Landschaft und in der Ferne ragen schneebedeckte Gipfel auf.

Robyn Dwyer, Leserin

12

CHRISTOPHER WI

MERZOUGA

Mein Freund und ich fuhren stundenlang im Grand Taxi über eine staubige Straße. Schließlich erreichten wir das entlegene Dorf Merzouga (S. 397), wo uns eine einsame Kasbah als Herberge diente. Als einzige Gäste zu diesem Zeitpunkt hatten wir die Unterkunft ganz für uns allein! Also rollten wir unsere Schlafsäcke auf der Dachterrasse aus und machten es uns gemütlich. Und die untergehende Sonne am Horizont tauchte die Sanddünen in unglaublich intensive Farben.

Catherine Menzies, Lonely Planet Team

13

SUNE WENDELBOE

ESSAOUIRA

In Essaouira (S. 164) bringen Sonnenschein und Atlantikbrise stets neues Leben in meine müden Knochen – der perfekte Ort, um kurz vor Reiseende richtig zu relaxen. Ich liebe es, in den Gassen, an den Mauern und kilometerweit am Meer entlang zu laufen, bis ich den Strand für mich alleine habe. Auf dem Heimweg wähle ich an den Fischständen am Hafen etwas Köstliches aus dem Tagesfang aus, das direkt vor Ort gegrillt und mit Salat und einem Berg Brot serviert wird. Mein absolutes Essaouira-Highlight!

Paul Clammer, Lonely Planet Autor

14

KRISTIN PILJAY

DOUG MCKI

15 ROAD TRIP: VON MARRAKESCH NACH OUARZAZATE

Als wir durch die staubige Wüste fuhren, wo die Straße ab und zu unter dem Sand verschwindet, wurde unser Mietwagen zum Behelfsbus für Handlungsreisende, blinde Damen und Schulkinder. Bei unserer Ankunft verschwand die Sonne gerade hinter der schönsten Kasbah des Planeten (S. 367).

Robyn Dwyer, Leserin

DOUG MCKIN

16 SUPER SAUBER: DAS HAMAM-ABC

Nach einem Bummel durch Marrakeschs Suks ist ein Besuch im Hamam (Badehaus; S. 482) eine Wohltat. Nach dem Dampfbad und der Reinigung mit *savon noir* (Palmseife) bearbeitet ein *tabbeya* (Bademeister) die Haut mit einer *kissa* (Bimssteinhandschuh) und spült sie warm ab. Sollte die Rubbelbehandlung zu weh tun, bremst man ihn mit *„Shwiyya shwiyya"* („Nicht so heftig"). Manche Hamams erweitern den Standard um Extras wie Kopfmassagen mit *rhassoul*-Mineralerde oder *argile*-Ganzkörperpackungen mit Kräutern bzw. Rosenblättern, die mit duftendem Orangenblütenwasser abgewaschen werden. Dann folgen manchmal noch Massagen mit Arganöl. All dies entfernt abgestorbene Hautschuppen – man wird überrascht und erschrocken sein, was so alles in den Poren hängt. Wer entspannt und erfrischt ins Freie kommt, schwört sich, auch seinen Geist zu reinigen – oder wenigstens mehr Sonnencreme aufzutragen.

Alison Bing, Lonely Planet Autorin

RIADS

Hinter Marrakeschs rosa Mauern verbergen sich mehr echte Lehmziegel-Riads (S. 332) als in allen anderen Städten Nordafrikas. Darunter sind ungemein reich verzierte Exemplare aus dem 17. Jh. In den letzten zehn Jahren wurden Hunderte dieser historischen Einfamilienhäuser verkauft und zu Gästehäusern umgebaut – hauptsächlich von Europäern, die dort Einheimische beschäftigen.

Alison Bing, Lonely Planet Autorin

17

JOHN ELK III

MIT DEM MAULTIER

Vom Dadèstal (S. 381) geht's mit Führern, Treibern und gemieteten Maultieren (S. 451) hinein ins Herz der Berge. Der Lohn: tiefgründige Gespräche mit den Begleitern und leckerer Rosmarintee, der in von Menschenhand geschaffenen Höhlen frisch serviert wird – und Landschaften, die niemals enden!

alwaysanomad, Leser/-in

18

JANE SWEENEY

OLIVIER CIRENDINI

19 TEESTUNDE IN FÈS

Nach einem langen Tag mit Bummeln und Feilschen in Fès ist eine leckere Tasse Tee auf der Terrasse des Palais Jamaï (S. 268) ein besonderes Abendvergnügen. Mit Blick auf die Medina kann man dort dem letzten Gebet des Tages lauschen.

elsalmondigital, Leser/-in

SIDI IFNI (SOUSTAL)

Trips nach Ifni (S. 425) lohnen sich immer – und wenn auch nur, um zu relaxen. Der ehemalige Posten der Spanier liegt gleich nördlich der Westsahara und zeigt exotischen Art déco. Hier flattern die Hijabs der Frauen wie Fahnen im Seewind und Fischer, Kinder und Ziegen ziehen hinunter zum Strand.

Debra Herrmann, Lonely Planet Team

20

HEMIS/

OLIVIER CIRE

21 GRILLGERUCH UND COLA SPEZIAL

Die Jemaa el Fna (S. 338) in Marrakesch war einst ein öffentlicher Hinrichtungsplatz – heute tummeln sich dort die Lebenden. Abends zieht der leckere Geruch von gegrilltem Lamm-, Rind- und Hühnchenfleisch in Schwaden darüber. Frittierten Tintenfisch, würzige *harira* (Linsensuppe) und lockere Hühnchen-Pastilla gibt's auch. „Cola Spezial" (billiger Rotwein in Colaflaschen) vervollständigt das Menü.

thegnomad, Leser/-in

ASSOCIATION DEVELOPMENT HART CHAOU COMMUNITY GARDEN PROJECY (DRÂATAL)

Wo führte dieser staubige Pfad bloß hin? Ich konnte nicht glauben, dass eine Gemeinde inmitten des staubtrockenen Drâatals einen Biogarten betrieb (S. 371). Doch nach einer Kurve tauchte er auf: die üppige Oase, die heute 80 % des Bedarfs von 114 Familien deckt, von denen viele zwei Jahre zuvor noch hungerten. Sie nutzten abwechselnd die einzige Wasserquelle und den Komposthaufen des Dorfs.

Ein Mann winkte mich zu sich aufs Feld. Ich sollte seine Kichererbsen probieren. „Nehmen Sie ein paar – dann können Sie einen eigenen Dorfgarten anlegen. Amerikaner sollen sehr große Gärten haben."

„Das stimmt, doch Ihrer ist großartig."

Stolz schüttelte er meine Hand. „Und nächstes Jahr probieren Sie unsere Tomaten."

Alison Bing, Lonely Planet Autorin

22

JOHN ELK III

DÜNEN DER SAHARA

Wer auf dem Kamel von Marokko zum Westrand der Sahara reitet, kann die gelbe Unendlichkeit der Wüste (S. 378) bestaunen. Wie Wächter begrüßen die riesigen Sanddünen alle, die sich in diese gnadenlose Landschaft wagen – und warnen davor weiterzuziehen. Doch die winzigen Fußspuren, die zum Horizont führen, und das Geheimnis, was sich in dem goldenen Nichts verbirgt, sind verführerisch.

Michael Veraz, Leser

23

SUNE WENDELBOE

DOUG MCKI

24 WÜRZE DES LEBENS

In den Suks von Marrakesch (S. 319) türmen sich rote, goldene, grüne und braune Pyramiden aus Gewürzen. Zimt, Kreuzkümmel, Paprika, Koriander, Nelken und Harissa sind ein wahres Freudenfest für die Nase. Auch für den Körper gibt es Kräuter: Eisen- und Johanniskraut, Moschus, Rosmarin, Eukalyptus und Lavendel warten darauf, ihre Geheimnisse zu enthüllen.

thegnomad, Leser/-in

AMERENS HED

25 TREK AM TOUBKAL

Die Kasbah von Toubkal ist eine Insel der Ruhe. Es scheint, als blicke man aus jedem Fenster in die Ewigkeit – Berge, soweit das Auge reicht, kahle Kämme, sonnige Felshänge und ein Anflug von Grün. Die Kommunikation ist schwierig, doch die Berber sind ständig lächelnde Gastgeber. Katzen sonnen sich und Maultiere und Esel schreien. Dies ist der beliebteste Ausgangspunkt für dreitägige Treks zum Gipfel des Toubkal (S. 456). Von unserem sonnigen Wohnzimmer sehen wir winzige, weit entfernte „Ameisen" – in Wirklichkeit schwer beladene Maultiere, die Wanderer führen oder begleiten. Wenn der letzte Schnee des Winters verschwindet, stürzt das Schmelzwasser brüllend zu Tal.

Stephanie Alexander, Leserin

Inhalt

Regionalkarten

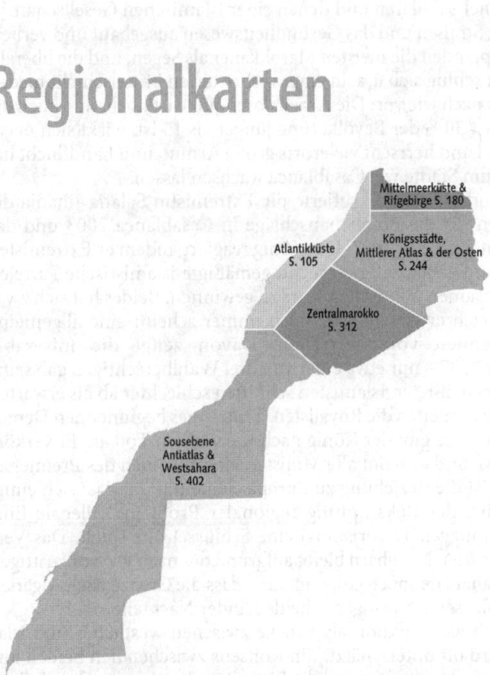

Reiseziel Marokko

Marokko legt auf dem Weg ins 21. Jh. eine sehr verhaltene Gangart an den Tag. Grund dafür ist der ehrgeizige Versuch, die Globalisierung willkommen zu heißen, ohne die tiefen traditionellen Wurzeln der Nation zu kappen.

Für viele ist Marokko hauptsächlich ein Urlaubsland, und langsam profitieren die Touristen von den umfassenden Regierungsprojekten zum Ausbau der Infrastruktur. Dies soll den Traum von König Mohammed VI., ab 2010 jährlich 10 Mio. Urlauber im Land zu begrüßen, seiner Erfüllung ein Stück näher bringen. Gerüchteweise ist diese Zeitvorgabe unrealistisch, aber die Besucherzahlen sind in den letzten Jahren geradezu exponentiell gestiegen. Die ehemals unbebauten Flächen zwischen Marrakesch und seinem Flughafen beherbergen nun zahlreiche Touristenhotels und -apartments, und rund um Fès bietet sich ein ähnliches Bild. Der Wandel entlang der Mittelmeerküste ist noch gravierender: Expandierende Resorts säumen die neue Schnellstraße, die einen Teil des Landes leicht zugänglich macht, der oft übersehen wird. Vieles deutet darauf hin, dass Marokko bereit ist für die globale Wirtschaft – man denke nur z. B. an das riesige, neue Renault-Nissan-Werk in Tanger.

Neben diesen lautstarken Bekenntnissen zum „modernen Leben" offenbaren sich jenseits der für Urlaubskataloge wie geschaffenen Riads in der Altstadt von Marrakesch die widersprüchlichen Ansichten innerhalb der marokkanischen Bevölkerung und eine Kluft zwischen Konservativen und Liberalen, Städtern und Landbevölkerung, Arabern und Berbern sowie den Befürwortern einer säkularen und denen einer islamischen Gesellschaft.

Dass Schulen, Straßen und das Gesundheitswesen ausgebaut und verbessert wurden, empfanden die meisten Marokkaner als Segen, und die liberalisierte Wirtschaft schlug sich u. a. in einer verbreiterten Mittelschicht nieder. Probleme gibt es nach wie vor: Die Arbeitslosenquote ist hoch, und auch die Tatsache, dass fast 30 % der Bevölkerung jünger als 15 ist, wirkt sich negativ aus. Auf dem Land herrscht vielerorts große Armut, und Landflucht hat die Slums rund um Städte wie Casablanca wachsen lassen.

In diesen Elendsvierteln rekrutierte die Extremistin Salafia Jihadia die Verantwortlichen für die Bombenanschläge in Casablanca 2003 und das Selbstmordattentat im Jahr 2007. Der König reagiert, indem er Extremisten verfolgen lässt und gleichzeitig versucht, gemäßigte islamistische Parteien für einen gemeinsamen politischen Kurs zu gewinnen. Beides hat sich zwar als recht erfolgreich erwiesen, aber noch immer scheint eine allgemeine Politikverdrossenheit vorzuherrschen. Davon zeugt die miserable Wahlbeteiligung 2007 – nur etwa einer von drei Wahlberechtigen gab seine Stimme ab. Die gemäßigten Islamisten schnitten schlechter ab als erwartet, das beste Ergebnis erzielten die Royalisten. Trotz eines beginnenden Demokratisierungsprozesses gibt der König nach wie vor den Ton an: Er verkörpert die Exekutive und ernennt alle Minister, einschließlich des Premiers.

Für Marokko ist die Beziehung zu Europa elementar; man ist sich einig, dass das Land bei der Bekämpfung regionaler Probleme (illegale Einwanderung, Schmuggel, Terrorismus) eine Schlüsselrolle spielt. Das Verhältnis zu den direkten Nachbarn bleibt aufgrund des nach wie vor strittigen Status der Westsahara dennoch gespannt, und dass die Grenze nach Algerien seit Jahren geschlossen ist, bringt für beide Länder Nachteile.

Marokkos wichtige Funktion als Brücke zwischen westlicher und islamischer Welt wird oft unterschätzt. Ein Konsens zwischen den beiden unterschiedlichen Wertesystemen und die Einheit in der eigenen Gesellschaft sind die Herausforderungen der Zukunft an dieses Land.

KURZINFOS

Bevölkerung: 34,33 Mio.

BIP pro Kopf: 4555 US$

Auslandsverschuldung: 19,9 Mrd. US$

Durchschnittliche Lebenserwartung: 70,4 Jahre

Alphabetisierungsrate (Erw.): 52,3 %

Marokko belegt Platz 126 (von 177) im Human Development Index (HDI) der Vereinten Nationen.

19 % der Bevölkerung haben keinen Zugang zu kontrollierten Wasserquellen.

Anteil an den weltweiten CO_2-Emissionen: 0,1 %

Bevor es losgeht

Vor jeder Reise sollte man sich ein wenig Zeit für Vorbereitungen nehmen. Dabei geht es aber nicht nur darum, sich mit dem jeweiligen Urlaubsland vertraut zu machen – es macht auch einfach Spaß, in Tagträumen zu schwelgen und sich vorzustellen, was man unterwegs alles erleben wird. Das gilt natürlich auch (und vielleicht sogar besonders), wenn man nach Marokko reist. Dieses Land, das nur ein paar Flugstunden von den großen europäischen Hauptstädten entfernt ist, ist dank der zahlreichen Billig-Airlines mittlerweile ein erschwingliches Ziel. Marokko ist aber noch weit mehr: Es vereint Afrika und den Nahen Osten und damit alle positiven Einflüsse, aber auch alle Herausforderungen, die diesen phantastischen Kontinent und die islamische Kultur prägen. Zwar hat man schon nach einer kurzen Fährüberfahrt europäischen Boden unter den Füßen, aber zwischen Marokko und Europa liegen dennoch in vielerlei Hinsicht Welten. Egal, ob die Wüste, die Berge oder eine schöne Stadt auf dem Programm stehen: Unser Reiseführer wird dabei helfen, den Aufenthalt in diesem faszinierenden Land voll auszukosten, und so viel wie möglich davon mitzunehmen.

REISEZEIT

Die beste Zeit für einen Besuch in Marokko ist der Frühling, genauer ab Mitte März bis Mai. Nur dann ist alles grün. Auch schön ist es im Herbst zwischen September und November, wenn der heiße Sommer vorbei ist.

Man sagt hier gern, Marokko sei ein kaltes Land mit heißer Sonne. Man sollte die beiden Extreme Sommerhitze und Winterkälte wirklich nicht unterschätzen, besonders im Hohen Atlas, wo auf den Berggipfeln immerhin

Weitere Infos gibt's in den Klimatabellen auf S. 502.

AN ALLES GEDACHT?

- Personalausweis oder Pass und Visum, falls nötig (S. 510)
- Gültige Reiseversicherung (S. 509)
- Wer mit dem Auto unterwegs ist: Führerschein, Fahrzeug- und Versicherungspapiere (S. 525)
- Weite Baumwollhemden, lange Röcke oder Hosen – der Dresscode gilt für Männer und Frauen
- Einen Universalstöpsel für Waschbecken oder einen halbierten Tennisball
- Ein paar Brocken Arabisch
- Wer auf Trekkingtour (S. 449) geht: ein gutes Zelt, einen warmen Schlafsack und feste Wanderstiefel
- Etwas gegen den Regen, am besten Gore-Tex-Klamotten
- Taschenlampe
- Ohrstöpsel, um auch in den weniger ruhigen Billighotels ein Auge zuzukriegen
- Wer länger bleibt: eine Wasserflasche, Reinigungstabletten und eine Reiseapotheke (S. 532)
- Eine Notfallration Toilettenpapier
- Die Bereitschaft, die Dinge mal mit anderen Augen zu sehen – auch nervende Verkäufer wollen nur ihren Lebensunterhalt verdienen und sind meistens nette Leute
- Geduld – meistens läuft alles pünktlich ab, allerdings blicken Nichteingeweihte bei den Fahrplänen nicht immer gleich durch

von November bis Juli Schnee liegt. Wer im Winter reisen will, fährt am besten Richtung Süden und macht sich auf bitterkalte Nächte gefasst. An der Mittelmeerküste und im Rif regnet es im Winter und zu Beginn des Frühjahrs ziemlich viel, und sogar in Fès kann es dann überraschend kalt sein.

Das Wetter ist ein wichtiger Faktor, aber auch der muslimische Fastenmonat Ramadan sollte bei der Planung berücksichtigt werden: Denn in dieser Zeit sind Restaurants und Cafés tagsüber generell dicht und die Geschäftszeiten eingeschränkt – in nächster Zeit fällt der Ramadan auf die heißen Sommermonate (mehr Infos dazu auf S. 490).

PREISE

WAS KOSTET WIE VIEL?

Kanne Minztee 8 Dh

Hamam 8–12 Dh

Kurze Taxifahrt 5–10 Dh

Fahrt mit dem Stadtbus 2–3 Dh

Lokale SIM-Karte 30 Dh

Marokko ist nicht ganz so billig, wie es viele erwarten. Trinkgelder hier und da, Taxifahrten, Eintrittsgelder für Museen, Übernachtungen (im Billighotel) – auch wer seine Dirhams gut zusammenhält, wird am Tag an die 350 Dh (30 €) los. Wenn man etwas weniger sparsam lebt und sich Trips mit allem Drum und Dran in Städte wie Marrakesch gönnt, erhöht sich dieser Tagessatz schnell, und das nicht zu knapp. In ordentlichen Hotels nächtigt man ab 600 Dh pro Nacht, die mittlere Preisklasse rangiert um die 1100 Dh, und nach oben sind keine Grenzen gesetzt. Für ein normalpreisiges Riad und ein Essen in einem guten Restaurant ist mit mindestens 1000 Dh pro Person und Tag zu rechnen. Außerhalb der wichtigsten Städte Marokkos haben sich die Hotelpreise so um die 600 Dh eingependelt.

In einfachen Restaurants bekommt man schon für 30 Dh etwas zu essen. Im mittleren Segment müssen Traveller um die 200 Dh lassen und in edleren Etablissements kostet das Menü etwa 300 Dh, inklusive Wein. In Marrakesch schlägt so ein Spaß aber auch schon mal mit 500 bis 700 Dh pro Person zu Buche.

Um das Land auf eigene Faust zu erkunden, möchte man vielleicht einen Wagen mieten. Ein Kleinwagen (Renault Clio) kostet im Schnitt 500 Dh pro Tag, der Liter Benzin ca. 11 Dh (Diesel ist mit rund 8 Dh/l etwas günstiger). Für einen Wagen mit Allradantrieb wird man ungefähr 1500 Dh am Tag hinblättern müssen (inkl. Fahrer). Tipp: Wer im Voraus bucht, kommt um einiges günstiger davon.

Busse und Züge sind etwa gleich teuer. Eine Busfahrt von Casablanca nach Marrakesch kostet ungefähr 80 Dh, eine Zugfahrt 2. Klasse 84 Dh. Als Orientierungshilfe: Pro 100 km werden, sowohl im Bus als auch im Zug, im Allgemeinen ca. 28 Dh angesetzt.

SPRACHE

Wer mit ein paar Brocken Darija beeindrucken möchte, sollte sich das Sprachkapitel (S. 537) vornehmen.

Amtssprachen sind das marokkanische Arabisch (Darija) und Französisch. Die Straßenschilder sind zweisprachig; in ländlichen Regionen und in den Bergen sprechen allerdings weniger Menschen Französisch. Die marokkanischen Berber haben ihre eigene Sprachen (die bekannteren sind Tashelhit, Tarafit und Tamazight); Darija ist oft ihre Zweitsprache. Englisch wird meistens nur in touristischen Gegenden gesprochen.

Mit nichts kann man einfacher neue Freunde finden und die Einheimischen beeindrucken, als wenn man versucht, ihre Sprache zu sprechen (o. k., wenn man ganz phantastisch Tee einschenken kann, reicht das manchmal auch schon). Manchen Marokkanern gefällt es nicht, dass auch noch 50 Jahre nach der Unabhängigkeit das Französische die Hauptverkehrssprache ist, und selbst alteingesessene Ladenbesitzer, die schon so einiges gesehen haben, werden entzückt sein, wenn Reisende ihre rudimentären Tashelhit-, Tarafit- oder Tamazight-Kenntnisse demonstrieren. Ein paar Wörter oder Sätze auf Darija wirken nicht nur charmant, sondern bringen einem vielleicht sogar Vorteile beim Handeln.

VERANTWORTUNGSBEWUSST REISEN

Seit den Anfängen von Lonely Planet 1973 rufen wir Traveller dazu auf, ein ökologisch verantwortungsbewusstes Verhalten an den Tag zu legen, im Urlaubsland so wenig Spuren wie möglich zu hinterlassen und die Vorzüge des unabhängigen Reisens zu genießen. Der internationale Tourismus wächst rasant, und wir glauben nach wie vor, dass Reisen eine gute Sache ist – wenn man sich stets bewusst macht, dass der Tourismus Auswirkungen sowohl auf die Umwelt als auch auf Wirtschaft, Kulturen und Ökosysteme des Gastlands nach sich zieht.

In den letzten Jahren hat sich Marokko zu einem beliebten Reiseziel gemausert, aber viele Touristen wissen nicht, dass in muslimischen Ländern andere Regeln bezüglich Verhalten, Kleidung usw. gelten. Die Kästen auf S. 51 und S. 53 klären auf über „richtige" und „falsche" Kleidung und informieren über die lokalen Gepflogenheiten.

Dass die Reisebranche in Marokko boomt, liegt auch daran, dass jede Menge weitläufige Hotelanlagen und Golfplätze aus dem Boden geschossen sind. Sie benötigen viel Wasser, ihr Durst scheint geradezu unstillbar. Die kleinen Pools, die man häufig in Riads findet, sind meist netter als die Schwimmbecken mit ihren olympischen Maßen. Hinzu kommt, dass die traditionelle Architektur umweltschonender ist: Die dicken Lehmziegelwände isolieren sehr gut und machen Klimaanlagen (echte Stromschlucker) größtenteils überflüssig. Mehr Tipps und Tricks zum schonenden Umgang mit Ressourcen gibt's auf S. 55.

Eine Auflistung von umweltbewussten Unterkünften und Veranstaltern findet sich im „GreenDex" am Ende dieses Buches.

REISELEKTÜRE

Im Haus des Kalifen: Ein Jahr in Casablanca von Tahir Shah erzählt die Geschichte eines Autors und Filmemachers, der seinem Leben in London den Rücken kehrt, um das frühere Wohnhaus des Kalifen von Casablanca zu renovieren, in dem es spukt. Die brillante Erzählung besticht durch interessante marokkanische Charaktere. Shahs neuer Roman *In Arabian Nights* beschäftigt sich mit der langen marokkanischen Tradition des Geschichtenerzählens.

Esther Freud beschreibt in ihrem unterhaltsamen, autobiographischen Buch *Marrakesch* eine junge Hippiefrau, die in den 1960er-Jahren mit ihren Kindern in diese große Stadt reist, um sich selbst zu finden. Freuds geistreicher, beschwingter Schreibstil ist bezaubernd. Ihr Roman wurde verfilmt, die Hauptrolle bekam Kate Winslet.

Walter M. Weiss geht in *Im Labyrinth der Träume und Basare. Marokkanische Mosaiksteine* den Gegensätzen im modernen Marokko auf den Grund und beleuchtet die polyglotte Vergangenheit des Landes bis hin zum heutigen Konflikt zwischen dem liberalen und dem konservativen Lager.

Im politischen Meisterwerk *Das Haus der Spinne* von Paul Bowles dient das Fès kurz vor Ende der französischen Kolonialherrschaft als Schauplatz. Das Buch wird von vielen als Bowles beste Erzählung betrachtet. Das Alltagsleben in Fès mit all seinen spinnennetzartigen Verflechtungen bildet hier die faszinierende Kulisse.

Für alle Riad-Fans: Suzanna Clarke berichtet in *A House in Fez* vom Kauf und der Restaurierung eines Stadthauses im Herzen der Medina von Fès.

Tangier: City of the Dream von Iain Finlayson ist die richtige Reiselektüre, wenn man in Tanger, dieser „zwielichtigen, wollüstigen, dekadenten und degenerierten Stadt", einen Stopp einlegen will. Man erhält eine Menge Infos über die Beat Generation, die von Schriftstellern wie Paul Bowles, William S. Burroughs und Jack Kerouac geprägt wurde.

„Man erhält eine Menge Infos über die Beat Generation, die von Schriftstellern wie Paul Bowles, William S. Burroughs und Jack Kerouac geprägt wurde."

TOP 10

MAROKKO INTENSIV

1 Eine große Portion Couscous mit Pfefferminztee runterspülen (S. 90)
2 Durch die Straßen einer Medina bummeln
3 In der Sahara auf einem Kamelrücken in den Sonnenuntergang schaukeln (S. 377)
4 Die Farben und das geschäftige Treiben auf dem Jemaa el Fna in Marrakesch bestaunen (S. 319)
5 Die Straße von Gibraltar mit der Fähre überqueren und im Hafen von Tanger (S. 181) einlaufen
6 Beim Teppichkauf feilschen, was das Zeug hält (S. 71)
7 Sich von der Musik der Gnawa verzaubern lassen (S. 68)
8 In einem Hamam (S. 482) den Stress einfach rausschwitzen
9 Bei einer Wanderung im Hohen Atlas die Sonne über den Bergen aufgehen sehen (S. 454)
10 Sich in einem schicken Riad verwöhnen lassen (S. 509)

DIE BESTEN FILME

Die Kinowelt Marokkos hat viele Gesichter: von harter sozialkritischer Kost, gewöhnlich zubereitet von zeitgenössischen marokkanischen Filmemachern, bis zu Hollywood-Phantastereien, die die Illusion von einem exotischen Nordafrika heraufbeschwören.

1 *Marokko* (1930) Regisseur: Josef von Sternberg
2 *Casablanca* (1942) Regisseur: Michael Curtiz
3 *Der Mann, der zuviel wusste* (1956) Regisseur: Alfred Hitchcock
4 *1001 Hand* (1972) Regisseur: Souheil Ben Barka
5 *El Chergui* (1974) Regisseur: Moumem Smihi
6 *Die Tage* (1978) Regisseur: Ahmed el Maanouni
7 *Der Friseur aus dem Armenviertel* (1982) Regisseur: Mohamed Reggab
8 *Marrakesch* (1998) Regisseur: Gilles MacKinnon
9 *Ali Zaoua* (2000) Regisseur: Nabil Ayouch
10 *Das Windpferd* (2001) Regisseur: Daoud Aoulad-Syad

DIE BELIEBTESTEN FESTIVALS

Moussems (Festivals) zu Ehren der lokalen Heiligen finden in Marokko das ganze Jahr über statt, und stets strömen die Massen. Es gibt auch unzählige ausgezeichnete internationale Kulturevents.

1 Mandelblütenfest (Tafraoute und Umgebung; S. 491) Februar/März
2 Festival du Desert (Er-Rachidia, Merzouga und Rissani; S. 492) Mai
3 Ben-Aïssa-Moussem (Meknès; S. 492) Mai/Juni
4 Gnaoua- und Weltmusikfestival (Essaouira; S. 492) Juni
5 Festival der geistlichen Musik (Fès; S. 492) Juni/Juli
6 Festival International de Rabat (Rabat; S. 492) Juni/Juli
7 Folklorefestival von Marrakesch (S. 492) Juli
8 Weltmusikfestival Timitar (Agadir; S. 492) Juli
9 Internationales Kulturfestival (Assilah; S. 492) Juli/August
10 Hochzeitsfest (Imilchil; S. 492) September

In Jeffrey Taylers *Valley of the Casbahs: A Journey Across the Moroccan Sahara* wird eine Reise abseits der touristischen Pfade beschrieben. Auf dem Kamelrücken geht es vom Drâatal aus durch eine öde Wüstenlandschaft bis zum Atlantik.

Wer sich schon nach einer kurzen Wanderung in den Bergen über Blasen beschwert, sollte sich Hamish Browns *The Mountains Look on Marrakech* zu Gemüte führen: Der Profiwanderer berichtet über seine 96-tägige und etwa 1400 km lange Trekkingtour quer durch den Atlas.

Lords of the Atlas von Gavin Maxwell ist eine packende Geschichte um Intrigen und Macht und handelt von dem kometenhaften Aufstieg der Glaoui-Familie im südlichen Marokko. Ein Kritiker schrieb: „Dieses Buch als Reiseführer zu bezeichnen ist genauso unpassend, wie von einem Vierbeiner statt von einem Kamel zu sprechen." Wir sind ganz seiner Meinung.

Es wird wohl niemanden überraschen, dass wir gute Reiseliteratur ganz besonders zu schätzen wissen. *Marrakech through Writers' Eyes* ist eines der Bücher, die man wieder und wieder lesen und genießen kann. Die Herausgeber sind Barnaby Rogerson und Rose Baring.

INFOS IM INTERNET

Bei Fragen rund um Marokko bietet sich z. B. das Forum **Thorn Tree** (www.lonelyplanet.com/thorntree) auf der Lonely Planet Website an. Dort sind auch aktuelle Reisetipps zu finden.

Al-Bab (www.al-bab.com/maroc) Wird auch „Tor zu Marokko" genannt; viele gute Links (Schwerpunkte sind das aktuelle Tagesgeschehen, Nachrichten und Bücher über Marokko).

Maghreb Arts (www.maghrebarts.ma, französisch) Brandaktuelle Infos zu Theater-, Film- und Musikvorführungen, Festivals und anderen Veranstaltungen in Marokko.

Maroc Blogs (http://maroc-blogs.com) Nützliche Website mit Beiträgen von diversen Mitgliedern der marokkanischen Blogger-Gemeinde „Blogma".

Office National des Chemins de Fer (www.oncf.ma, französisch) Die offizielle Website der marokkanischen Eisenbahn veröffentlicht Fahrpläne und Tarifinformationen.

The View From Fez (http://riadzany.blogspot.com) Für Traveller. Nachrichten und vieles mehr aus Fès, aber auch aus dem Rest des Landes.

Tourism in Morocco (www.tourism-in-morocco.com/index_en.php) Marokkos offizielle Tourismus-Website ist nutzerfreundlich und bietet nützliche Links und Nachrichten.

Reiserouten

Diese ca. 500 km lange Route ist das Richtige für alle, die in Geschichte und Kultur des Landes eintauchen möchten. Man startet in den prächtigen mittelalterlichen Städten im Norden und passiert die modernen Küstenmetropolen auf dem Weg nach Marrakesch, Epizentrum des marokkanischen Tourismus.

KLASSISCHE ROUTEN

KÖNIGSSTÄDTE

2 Wochen/von Fès nach Marrakesch

Diese Route führt in Städte, in denen aufgeklärte Dynastien residiert haben. Sie überquerten die Straße von Gibraltar und lieferten der mittelalterlichen Kultur Europas entscheidende Impulse. Los geht's in **Fès** (S. 244), im Herzen des kulturellen Lebens. Hier können Traveller das moderne Marokko erleben und die Medina bestaunen. Der überreich verzierten Palast von Sultan Mulai Ismail prägt **Meknès** (S. 272). **Volubilis** (S. 284) ist die am besten erhaltene alte marokkanische Stadt. Sie zeigt außerdem, wie weit der Arm des Römischen Reiches reichte. Nicht weit weg, in **Moulay-Idriss** (S. 287), befindet sich das Grab des Gründers der ersten marokkanischen Königsdynastie – hier gibt's ein Kontrastprogramm zum Rummel in den Städten.

Rabat (S. 124) erlebt gerade seine dritte Periode als Landeshauptstadt. Die eleganten französischen Straßen und seine ruhige Medina aus dem 12. Jh. sind Überbleibsel des früheren Herrschaftsglanzes. **Casablanca** (S. 106) kann ein Lied singen vom Überleben und Durchhalten. Als Marokkos reichste Stadt nennt es den wichtigsten Hafen im Land sein Eigen. Ähnlich energiegeladen und anarchisch geht es nur noch in **Marrakesch** (S. 313) zu. Die Ikone des heutigen Marokko wird beherrscht von einer berauschenden Atmosphäre dank uralter Suks, Straßenkünstler und königlicher Architektur.

EINE MAROKKANISCHE ODYSSEE **1 Monat/Königsstädte & der Süden**

Mit einem Monat Zeit und der Bereitschaft, etwas länger an einem Fleck zu verweilen, kann man Marokko von seiner besten Seite erleben – und zwar vom Meer zur Sahara und wieder zurück. Nach der Landung auf dem Flughafen **Casablancas** (S. 106) geht's nach **Meknès** (S. 272) und **Fès** (S. 244).

Hinter Meknès ist Schluss mit dem Lärm und Trubel der Städte. Von hier aus geht's schnurstracks nach Süden, zuerst in den relativ wenig besuchten Mittleren Atlas rund um **Azrou** (S. 291). Hier leben Berberaffen, die größten Schlawiner der marokkanischen Tierwelt. Das süße **Ifrane** (S. 289) liegt inmitten einer atemberaubenden Berglandschaft; die saftig-grüne Umgebung ist ein Wanderparadies. Ein Stück weiter südlich, bei **Midelt** (S. 294), wird es landschaftlich noch reizvoller. Dann führt die Reise durch das entzückende **Ziztal** (S. 390) mit seinen Palmen und *ksars* (Festungen). Über einige der malerischsten Straßen von ganz Marokko geht's nach **Merzouga** (S. 397), zum südwestlichen Tor zur Sahara. Dies ist der ideale Ort, um auf einem Kamel durch turmhohe Dünen zu schaukeln. Und im grandios geformten Sandmeer **Erg Chebbi** (S. 397) träumt es sich herrlich unter Sternen.

Im Schatten des Hohen Atlas zieht man weiter gen Südwesten zur **Todraschlucht** (S. 388). Von hier führt der Weg durch Täler voller Felsbrocken, wo im Frühling die Nomaden zelten. Nächste Station ist die **Dadèsschlucht** (S. 384). Wer Zeit hat, kann von Boumalne-du-Dadès aus zu einer spektakulären Trekkingtour rund ums **M'Goun-Massiv** (S. 468) starten. Danach geht's nach **Âït-Benhaddou** (S. 364), wo man sich wie im Märchen fühlt.

Auf dem Weg zur Küste sollte ein Zwischenstopp in einem Riad in **Marrakesch** (S. 313) drin sein, den man so lange wie möglich ausdehnt. Der anschließende Endspurt führt schnurstracks ins künstlerische **Essaouira** (S. 164).

Von Casablanca nach Essaouira ist es ein Katzensprung, aber es macht eine Menge Spaß, einen Umweg durchs Inland zu machen – und man bekommt dabei eine ordentliche Dosis Marokko ab. Wer einen Monat Zeit hat, kann auf dieser Route die schönsten Königsstädte, den Atlas und die Sahara kennenlernen.

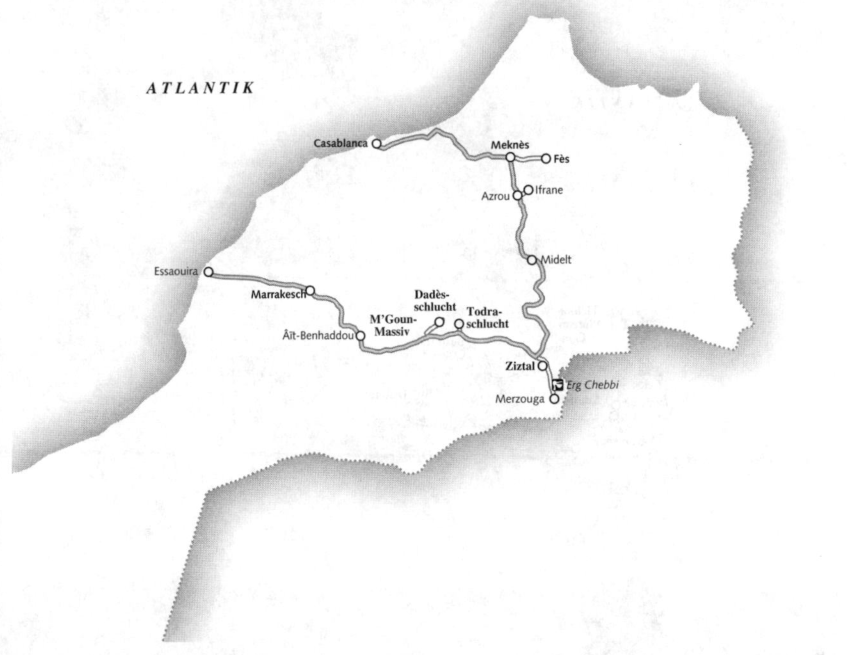

UNTERWEGS IM SÜDEN

3 Wochen/Agadir & die Sousebene

Entlang dieser 1000 km langen Strecke offenbart sich die Crème de la Crème der Landschaften Marokkos: die Gipfel des Atlasgebirges, der Sand in der Wüste und die Kasbahs der Täler im Süden. Ein fahrbarer Untersatz und drei Wochen Zeit sind bei diesem Abenteuer definitiv von Vorteil.

Marokko steht für weit mehr als für elegante Riads (Stadthäuser) und Touristenhorden, die zwischen dem Hotel, lokalen Suks und der Sonnenliege hin- und herpendeln. Diese Route führt tief in den Süden hinein, zu unberührten Berg- und Wüstenregionen fernab der Menschenmassen. Dort kann man viel unternehmen, um Körper und Seele fit zu halten.

Agadir ist ein günstiger Zugang nach Marokko, aber Abenteurer wird's direkt weiter ziehen. Erster Halt ist das kleine **Tafraoute** (S. 432) im Süden, im wunderschönen **Tal der Ammeln** (S. 435) mit seinen üppig-grünen *palmeraies* (Palmenhainen) und den rosa Häusern. Von hier aus kann man z. B. mit einem gemieteten Motorrad die Gegend erkunden, in der Nähe von Felsmalereien zelten oder drei Tage auf dem **Jbel Lekst** (S. 435) herumkraxeln. Toll ist auch ein Trip in die **Âït-Mansour-Schluchten** (S. 434). Die herrliche Landschaft passt aber so gar nicht zur unschönen Vergangenheit des Ortes: Hier verlief einst die Sklavenroute. Nach Rast in **Tiwadou** (S. 434) führt die Tour zu den Felsmalereien von **Ukas** (S. 435) und wieder nach Tafraoute.

Nach diesem Vorgeschmack auf Marokkos Natur geht's gen Osten zu den Felsmalereien bei **Akka** (S. 437) und **Tata** (S. 437) und dann weiter zum **Erg Chigaga** (S. 377) – diese Dünen bekommen nur wenige Reisende zu Gesicht. In Mhamid tauscht man das Auto gegen ein Kamel und schaukelt nach Norden ins **Drâatal** (S. 371), wo haufenweise Kasbahs zu sehen sind.

Die Steinwüste bei **Ouarzazate** (S. 365) kann mit dem Quadbike durchquert werden. Zurück geht's über die Safranhauptstadt **Taliouine** (S. 420), inklusive einer Wanderung auf dem **Tichka-Plateau** (S. 466). **Taroudannt** (S. 415) bietet rote Mauern vor Berggipfeln und einen Hauch von Marrakesch. Zurück in **Agadir** (S. 408) bildet ein Hamam-Besuch den krönenden Abschluss.

(MITTEL-)MEER & BERGE **3 Wochen/Mittelmeerküste/Rif & Königsstädte**

Um den Massen in den Tourihochburgen auszuweichen, bietet sich, wie gerade beschrieben, der Süden des Landes an. Marokkos Mittelmeerküste und das Rifgebirge sind aber ebenfalls eine super Alternative. Die Regierung hat in den letzten Jahren viel Geld in diese Region investiert, damit der Tourismus Fuß fassen kann, aber noch reist es sich hier vergleichsweise beschaulich.

Ausgangspunkt ist **Tanger** (S. 181). Idealerweise läuft man nach der Überquerung der Straße von Gibraltar mit der Fähre in dieser legendären Hafenstadt ein. Nach einigen Tagen voller Geschichte, Nachtleben und Restaurants begibt man sich landeinwärts nach **Tétouan** (S. 208). Die Hauptstadt des ehemaligen Spanisch-Marokko besticht durch eine bildschöne arabische Medina und andalusische Architektur. Im nahen **Chefchaouen** (S. 216), der Stadt im Rif mit der bezaubernden „blauen" Medina, sind die spanischen Einflüsse weniger deutlich. Wanderfans können einen fünftägigen Trip via **Akchour** (S. 475) machen und auf dem Weg zu dem winzigen Fischerdorf Bou Ahmed tief in die Berge vordringen. Entlang der Küste geht's weiter östlich nach **Al-Hoceima** (S. 226), dem Tor zum **Nationalpark Al-Hoceima** (S. 230). Highlight (abgesehen vom Wandern) hier sind die Übernachtungsmöglichkeiten bei ortsansässigen Berberfamilien. Landeinwärts lockt das landschaftlich reizvolle **Beni-Snassen-Massiv** (S. 241) und das Blumenmeer in der atemberaubend schönen **Zegzelschlucht** (S. 242).

In **Oujda** (S. 302) hat die Zivilisation einen wieder. Per Zug geht's in die Königsstadt **Fès** (S. 244), wo Sightseeing in der Medina und Entspannung in einem Riad angesagt sind. Wem plötzlich nach ländlichen Gefilden ist, der unternimmt einen (ein- oder mehrtägigen) Ausflug in das Berberstädtchen **Azrou** (S. 291) und erkundet die Zedernwälder des Mittleren Atlas.

Bislang hatten den Norden Marokkos nur wenige Reisende „auf dem Schirm". Diese Route setzt sich mit Hafenstädten, Bergdörfern, Nationalparks und einer Menge unberührter Wanderareale dagegen zur Wehr.

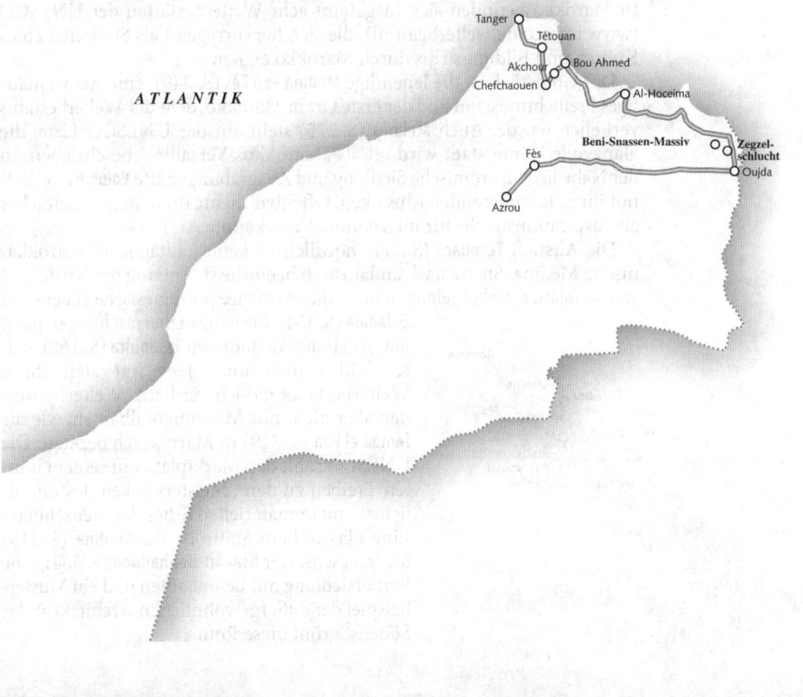

MASSGESCHNEIDERTE TOUREN

ABENTEUER AM ATLANTIK

Marokkos Atlantikküste reicht vom geschäftigen Norden zu ganz verlassenen Winkeln im Süden.

Von Spanien setzt man mit der Fähre nach **Tanger** (S. 181) über. Die Stadt ist zugleich Marokko pur und ein Stück Europa. Jetzt geht's mit dem Zug weiter: zuerst in das Künstlerstädtchen **Asilah** (S. 148) und dann nach **Casablanca** (S. 106), wo Art-déco-Bauten neben Wolkenkratzern stehen. Durch Casas Vorstädte hindurch führt die Tour nach **El-Jadida** (S. 154). Ein toller Abstecher führt nach **Oualidia** (S. 159) an eine halbmondförmige Lagune. Weiter die Küste runter liegt **Essaouira** (S. 164). Es ist zwar kein Geheimtipp mehr, aber die weißgekalkten Stadtmauern, die Bohème-Atmosphäre und die renovierten Riads haben ihren Charme. So mancher blieb hier deshalb schon länger als geplant. Gleich um die Ecke sind die Strände von **Diabat** (S. 177) und **Sidi Kaouki** (S. 177).

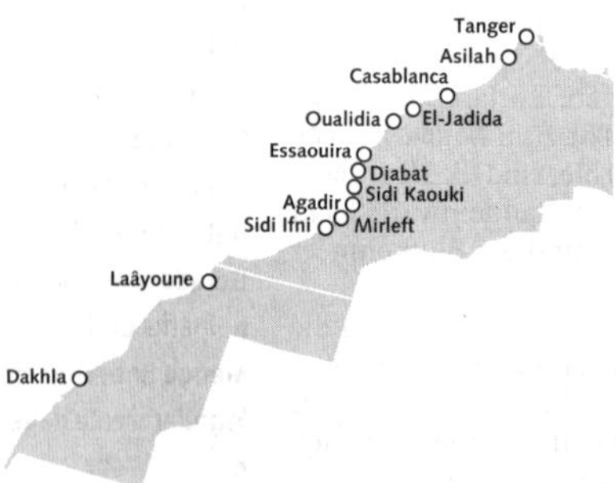

Familienstrände finden sich in Richtung **Agadir** (S. 403). Noch mehr Ruhe gibt's in **Mirleft** (S. 424) oder **Sidi Ifni** (S. 425) im Süden. Auf dem Weg nach Mauretanien stoppt man am besten in **Laâyoune** (S. 441), dem größten Ort in der Sahara, und zieht von dort nach **Dakhla** (S. 444).

WELTERBESTÄTTEN

In Marokko befinden sich insgesamt acht Welterbestätten der UNESCO (www.unesco.de/welterbe.html), die sich hervorragend als Stationen eines Kultur- und Bildungstrips durch Marokko eignen.

Das Goldstück ist die lebendige **Medina von Fès** (S. 249), eine Art weitläufiges Freilichtmuseum und der erste Ort in Marokko, dem der Welterbestatus verliehen wurde. Auch **Meknès** (S. 275) steht auf der UNESCO-Liste; die glanzvolle Königsstadt wird oft als „Marokkos Versailles" beschrieben. In der Nähe liegt die römische Siedlung und Ausgrabungsstätte **Volubilis** (S. 284) mit ihren faszinierenden Mosaiken. Offenbar diente diese Region seit jeher als Inspirationsquelle für international anerkannte Architekten.

Die Altstadt **Tétouans** (S. 211) nördlich ist keine „alltägliche" marokkanische Medina: Sie ist stark andalusisch beeinflusst. Entlang der Küste und an Casablanca vorbei gelangt man in die ehemalige portugiesische Hafenstadt **El-Jadida** (S. 154), die einige Überraschungen parat hat. Auch die Altstadt von **Essaouira** (S. 168) weiter südwestlich am Meer hat sich ihren Welterbestatus redlich verdient. Welterbe werden aber nicht nur Monumentalbauten, wie die **Jemaa el Fna** (S. 319) in Marrakesch bezeugt: Die UNESCO zählt den Marktplatz mit seinem bunten Treiben zu den „Meisterwerken des mündlichen und immateriellen Erbes der Menschheit". Eine klassischere Stätte ist die **Medina** (S. 319) Marrakeschs. Der **Ksar Aït-Benhaddou** (S. 364), eine Berbersiedlung mit Lehmbauten und ein Musterbeispiel der außergewöhnlichen Architektur des Südens, krönt diese Route.

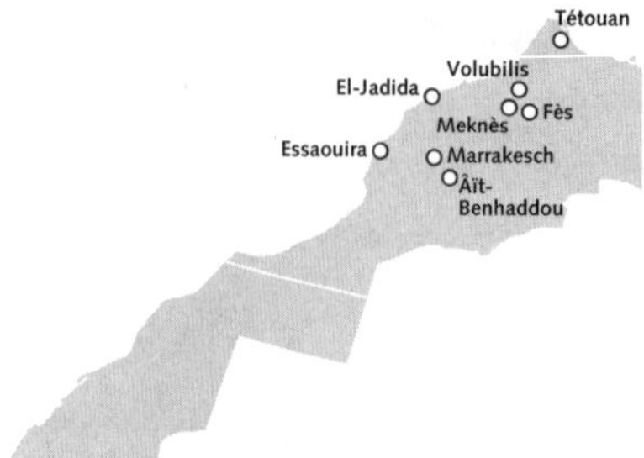

MAROKKO FÜR FEINSCHMECKER

Fès ist Marokkos kulinarische Hauptstadt und bietet Gaumenfreuden für jeden Geldbeutel. An den **Imbissständen** (S. 267) gibt's z. B. *b'sara* (Suppe mit Bohnen und Knoblauch) und Schnecken für alle, die sich nicht in exquisiten Riad-Restaurants wie dem **Dar Roumana** (S. 266) verköstigen lassen wollen, und zum alljährlichen **Kirschfest** (S. 271) im Juni ist das nahe gelegene Berberstädtchen Sefrou ein lohnendes Ziel. Die Genüsse in Marrakesch sind unüberschaubar, aber wer mag, kann in einer der **Kochschulen** (S. 329) sein ganz persönliches marrokanisches Festmahl zaubern lernen. In Taliouine weiter südlich wird Safran angebaut und es gibt neben einem Safranmuseum ein Geschäft der **Coopérative Souktana du Safran** (S. 420), in dem man das aromatische Gewürz kosten darf. *Mechoui* (am Spieß gebratenes Lamm), eine Spezialität aus dem Hohen Atlas, schmeckt am besten bei **Jnane Soussia** (S. 418) in Taroudannt. Mit vollem Magen geht die Reise weiter nach Tamanar, 80 km nördlich von Agadir. In der **Coopérative Amal** (S. 176) erfährt man alles über das Arganöl, das ausschließlich in Marokko gewonnen wird. Die kulinarischen Feste in den Dörfern des **Tals der Ammeln** (S. 435) sind legendär. Zur **Mandelernte** (S. 432) Ende Februar wird rund um Tafraoute gefeiert; das Essen spielt dabei die Hauptrolle. Die köstliche *amlou* (Paste aus Honig, Mandeln und Arganöl) führt das ganze Jahr über in Versuchung. Mehr zu regionaltypischen Spezialitäten steht auf S. 86.

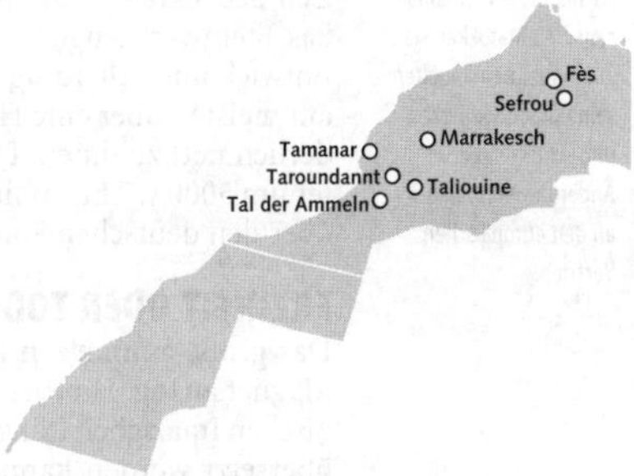

NATIONALPARKS

Viele Urlauber konzentrieren sich auf die Königsstädte und nehmen vielleicht noch einen Kamelritt in der Sahara mit. Marokko hat aber weit mehr zu bieten als Minarette und Sanddünen – z. B. eine Reihe toller Nationalparks:

Der Nationalpark um den **Jbel Toubkal** (S. 456), den höchsten Berg Nordafrikas, ist von Marrakesch aus leicht zu erreichen und bietet Zugang zur beeindruckenden Kulisse des Hohen Atlas. Natürlich kann man hier auch bergsteigen. Weiter im Südosten, nahe Agadir, erstreckt sich der **Sous-Massa-Nationalpark** (S. 412), eine Mischung aus Flussmündungsgebiet (gut für Vogelbeobachtungen) und Wäldern (ideal für Wanderfreunde). Weiter geht's an der Küste Richtung Norden, vorbei an Rabat, zum **Lac de Sidi Bourhaba** (S. 141). Das Feuchtgebiet lockt zahllose Wasserzugvögel an und ist zugleich ein Paradies für (menschliche) Wasserratten. Auch die berühmten Flamingokolonien in den Lagunen des nahe gelegenen **Merja-Zerga-Nationalparks** (S. 142) bei Moulay-Bousselham sind sehenswert. Nächster Halt ist Chefchaouen landeinwärts. Von hier kann der **Talassemtane-Nationalpark** (S. 475) erkundet werden. Das Rifgebirge ist an dieser Stelle von Eichen und Zedern bedeckt und beim Wandern trifft man vielleicht auf eine Gruppe Berberaffen. Der **Al-Hoceima-Nationalpark** (S. 230) an der Mittelmeerküste wartet mit Wanderwegen, Wäldern, Kalksteinfelsen und einem kommunalen Tourismusprojekt auf. Im **Tazzeka-Nationalpark** (S. 301) schließlich lockt die Landschaft des Mittleren Atlas mit hübschen Wasserfällen und einer großen Vogelvielfalt.

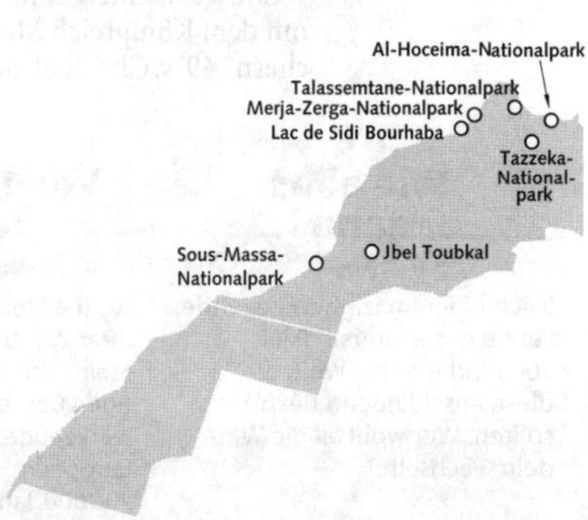

Geschichte

RÜCKBLENDE: DIE UR- & VORGESCHICHTE

Abseits der grünen Oasen Marokkos, der violett gestreiften Schluchten und rosa-goldenen Sanddünen, die etwa Henri Matisse, Winston Churchill oder Jacques Majorelle in Gemälden verewigten, können Besucher auch einen weiten Blick in die Urgeschichte des Landes werfen. Freiliegende Fossilschichten lassen Marokkos prähistorische Vergangenheit im Antiatlas quicklebendig werden, Felsbilder im Hohen Atlas übermitteln ihre geheimnisvollen Botschaften seit Jahrtausenden.

Das Jesus-Filmprojekt (Serie ab 1979) wurde als erster Film ins Berberische übersetzt. Dennoch verfehlte der missionarische Streifen offenbar sein Ziel: Marokkanische Zuschauer bemängelten seine Glaubwürdigkeit und schickten darum Änderungsvorschläge an den europäischen Vertrieb.

Archäologischen Befunden zufolge besiedelten die ersten Menschen zwischen 125 000 und 75 000 v. Chr. das heutige Gebiet Marokkos. Zu dieser Zeit bedeckten noch üppige halbtropische Wälder den Großteil Nordafrikas. Steinwerkzeuge markierten den damaligen Höhepunkt der technischen Entwicklung. Allerdings hätten sich die marokkanischen „Feuersteins" wohl am meisten über eine Heizung gefreut – die Eiszeit war offenbar nicht sonderlich nett zu ihnen: Das Land blieb weitflächig unbesiedelt, bis das Wetter um 5000 v. Chr. endlich besser wurde. Und da beschwere sich noch einer über den deutschen Sommer!

FREIHEIT ODER TOD: DIE BERBER

Das große Schmelzen legte fruchtbares Land frei, das Nomaden wie ein Magnet anzog. Hierbei handelte es sich um frühe Vorfahren der marokkanischen Imazighen (Singular „Amazigh"), deren Name grob mit „freies Volk" übersetzt werden kann und die vielleicht entfernte Verwandte der alten Ägypter waren. Später gesellten sich Fischer aus dem Mittelmeerraum und Pferdezüchter aus der Sahara hinzu (um 2500 v. Chr.), gefolgt von Phöniziern (Karthager; um 800 v. Chr.) und Ostafrikanern (um 500 v. Chr.). Als Nordafrika dann Ende des 4. Jhs. v. Chr. allmählich ins Interesse der Römer rückte, konnten diese den Multikulti-Mix nicht richtig einordnen. Die Region – bestehend aus Marokko und dem heutigen Westalgerien – bekam den Namen „Mauretanien", die indigene Bevölkerung wurde zu „Berbern". Ob sich der Begriff tatsächlich vom griechisch-lateinischen Wort für Barbar ableitet, ist umstritten; vor Kurzem jedenfalls hat die Berber-Pride-Bewegung (s. S. 35) diesen Begriff wieder offiziell adaptiert, nachdem er lange Zeit als Schimpfwort gegolten hatte.

Unter www.amazighvoice.com informiert ein Online-Forum von Berber Pride über Kultur, Geschichte und Politik der Imazighen. Die Rubriken, Newsfeeds und Links stehen auf Englisch und Französisch im Netz.

In der Folgezeit standen die Berber zunächst unter dem Einfluss des mächtigen Karthagos, nach dessen Untergang im Dritten Punischen Krieg 146 v. Chr. versuchten dann die siegreichen Römer ihrerseits, durch Bündnisse mit dem Königreich Mauretanien ihre Interessensphäre in Nordafrika zu sichern. 49 v. Chr. half der Nordafrikaner Juba I. dem römischen Feldherr

ZEITACHSE

Wie alles begann …

Nach einer Imazighen-Legende setzte das allererste Paar 100 Kinder in die Welt, die diese anschließend bevölkern sollten. Wer wohl all die Windeln wechselte?

Vor 1–1½ Mio. Jahren

Als die Steve Jobs und Bill Gates ihrer Zeit benutzten clevere Steinzeitler im Bereich des heutigen Casablanca erstmals Steinwerkzeuge – und waren den Europäern damit um 250 000 bis 700 000 Jahre voraus.

5000–2500 v. Chr.

Nach der großen Eisschmelze treffen Menschen aus der Sahara und dem Mittelmeerraum auf die indigenen Einwohner des heutigen Maghreb. Aus dem Multikulti-Mix entsteht das facettenreiche Imazighen-Volk.

ALS PURPUR NOCH REINES GOLD WAR

Der heutige Hafen Essaouira war im Altertum ein heißes Pflaster. Denn mit dem Purpurfarbstoff gab es dort etwas, was jedermann haben wollte. Die „Kaiserfarbe" konnte nicht künstlich hergestellt werden und war ausschließlich der römischen Aristokratie vorbehalten. So erklärt sich der extrem hohe Verkaufspreis: Laut Aristoteles wurde Purpur zehn- bis 20-mal in Gold aufgewogen. Er stammte von den stacheligen Purpurschnecken, die sich u.a. bei den abgelegenen „Purpur-Inseln" (gemeint sind die Kanaren bzw. die Madeira-Gruppe) im Meer versteckten. Doch auch dies konnte sie nicht vor den Klauen römischer Modefans bewahren.

Streng genommen entdeckten die Phönizier den Farbstoff, der sich im Folgenden einer ungemeinen Popularität erfreute. Im 1. Jh. v. Chr. errichtete der weitsichtige König Juba II. eine Färberei an der Küste. Dort wurden die Weichtiere nach streng geheimer Methode zur Ader gelassen. Beim damaligen Hochadel war Purpur heiß begehrt. Kleopatra soll so sehr davon begeistert gewesen sein, dass sie die Segel ihrer Barke zum Empfang Mark Antons damit einfärben ließ.

Doch schon bald vermischte sich Blutrot mit dem edlen Violett. Jubas Sohn Ptolemäus soll von Kaiser Caligula ermordet worden sein, weil er sich erdreistete, ein purpurfarbenes Gewand zu tragen. So wurde der fesche Ptolemäus wohl zum weltersten „Fashion Victim". Die leuchtende und nicht ausbleichende Farbe konnte niemals erfolgreich im großen Stil hergestellt werden. Die geheimen Methoden zur Gewinnung des Farbstoffs gingen vermutlich 1453 während der Belagerung von Konstantinopel verloren. Für ein entsprechendes Sümmchen ist Purpur in Essaouira seltsamerweise immer noch zu haben. Die damit verbundenen Geheimnisse werden bis heute von einer Schneckensammlergeneration zur nächsten vererbt und strengstens bewahrt.

Pompeius bei seinem Machtkampf mit Julius Cäsar – und entschied sich für die falsche Seite. Juba II., der Sohn des gescheiterten Juba I., wuchs in Rom auf und wurde von Kaiser Augustus zum König von Mauretanien ernannt. Im 1. Jh. n. Chr. war dann endgültig Schluss mit der „Autonomie" des Königreichs Mauretanien: Ptolemäus II. wurde Opfer des für seine Skrupellosigkeit berüchtigten Kaisers Caligula. Nach der Ermordung des letzten mauretanischen Königs brachen Berberaufstände aus, die nur mühsam niedergeschlagen werden konnten. 42 n. Chr. wurde Mauretanien, nun in zwei Provinzen unterteilt, fester Bestandteil des römischen Reichs.

Wie in anderen Regionen ihres Herrschaftsgebietes wurde die Bevölkerung romanisiert. Allerdings mit durchwachsenem Erfolg – der römische Einfluss beschränkte sich hauptsächlich auf die Städte. Dennoch erlebte die Provinz im 2. Jh. ihre wirtschaftliche Blüte, genannt sei die Olivenölproduktion in der Region Volubilis bei Meknès, die Küstenfischerei und der Weinanbau in der Atlantikebene. Ab 250 kam es allerdings erneut zu Aufständen: Mit nahezu unablässigen Störangriffen zwangen die Berber, unterstützt von Vandalen und Westgoten an Atlantik- und Mittelmeerküste, die Römer in den nächsten zwei Jahrhunderten zum Rückzug – wie später manch unbeliebten marokkanischen Sultan. (Bestimmte Teppichverkäufer sind heute noch wahre Meister dieser Taktik.) Viele Berber weigerten sich, römische

The Berbers (1997) von Michael Brett und Elizabeth Fentress ist das umfangreichste (englischsprachige) Werk zur Geschichte der Berber. Die Autoren haben jeden einzelnen Stein mehrmals umgedreht und stützen ihre historischen Erkenntnisse auf archäologische Beweise.

1600 v. Chr.

Bronzezeitliche Felsbilder im Hohen Atlas zeigen Fischer, Jäger und Reiter. Diese vielfältige Kombination von Fähigkeiten und Kulturen wird die Geschichte der anpassungsfähigen, zähen Imazighen bestimmen.

950 v. Chr.

Die Imazighen zeichnen in einem Kalender ihre Geschichte auf. Selbst nach Einführung des islamischen Kalenders ein paar Jahrhunderte später wird der Berberkalender weiterhin benutzt.

800–500 v. Chr.

Der Völkermix im Maghreb wird noch bunter, als sich Phönizier und Ostafrikaner zu den Berbern gesellen. Die Bevölkerungsstruktur ist damit beinahe so komplex wie eine *ras-al-hanout*-Gewürzmischung.

Götter anzubeten. Manche praktizierten sogar das neue Christentum als „Rebellen-Religion" direkt vor den Augen der Besatzer; schließlich etablierte sich der christliche Glaube in Nordafrika. Augustinus von Hippo war selbst ein konvertierter Berber. Von Roms Herrschaft zeugen aber immerhin bis heute die prächtigen Mosaike in Volubilis bei Meknès. Sie zeigen u.a. eine entblößte Jagdgöttin Diana – und sind letztlich ein Vorgeschmack auf die meisterhaften *zellij*-Fliesenmosaike, die später unter marokkanischen Herrscherdynastien entstanden.

Im 6. Jh. wurde Marokko nochmals offiziell Teil eines Kaiserreichs, diesmal des oströmisch-byzantinischen unter Kaiser Justinian. Allerdings standen nur Ceuta und Tanger wirklich unter dessen Kontrolle. Ansonsten scheiterte er mit dem Versuch, sein Herrschaftsgebiet über Verträge mit verschiedenen Berber-Königreichen zu erweitern. Letztere spielten ihre Verbindungen zum byzantinischen Hof wie Trümpfe in einer Partie Poker mit hohem Einsatz aus. Marokkos gesamte Geschichte sollte von solch strategischen Schachzügen der Berber geprägt sein. Deren kluge und konkurrierende Allianzen machten eine feste Fremdherrschaft über das Land mehr als 1000 Jahre lang nahezu unmöglich.

In dem Buch *Religiöse Entwicklungen im Islam. Beobachtet in Marokko und Indonesien* (2001) beleuchtet der Anthropologe Clifford Geertz intensiv das religiöse Leben an entgegengesetzten Enden der muslimischen Welt. Sein bahnbrechendes Buch enthüllt den gigantischen Facettenreichtum des Islam.

DIE MACHT DES GLAUBENS

Im frühen 7. Jh. verehrten die meisten marokkanischen Berber lokale Gottheiten. Dazu kamen noch jüdische Berber und ein paar vereinzelte Christen. Und so hätte es bleiben können, wenn es da nicht Tausende von Kilometer entfernt einen Mann mittleren Alters mit großen Visionen gegeben hätte. Dieser arabische Kaufmann, glücklich verheiratet mit einer reichen Witwe, kriegte sich mit einem Mal heftig in die Haare mit den Mächtigen seiner Heimatstadt Mekka. Grund war nicht etwa eine Midlifecrisis. Nein, dieser gewisse Abu l-Kasim, später besser bekannt als Prophet Mohammed, war zu der Überzeugung gekommen, dass es nur einen einzigen Gott gebe und es die Pflicht aller Gläubigen sei, sich dem Willen dieses Gottes zu unterwerfen. Die reichen Mekkaner aber hielten an ihrem Glauben an viele verschiedene Götter fest und stellten sich gegen die neue Religion. Sie behinderte den Handel, der sie reich machte, und schwächte ihre Machtposition. Schließlich verließ der Prophet samt seinen Anhängern am 16. Juli 622 die Stadt.

Die Hidschra (Auswanderung) in die Nachbarstadt Medina führte allerdings dazu, dass sich die Botschaft des Propheten Mohammed weiter verbreitete. Nachdem er 632 gestorben war, brachten seine Nachfolger, die Kalifen, den Islam bis nach Zentralasien im Osten und bis Nordafrika im Westen, wo jedoch Uqba bin Nafi aus der Dynastie der Umajjaden bis 682 brauchte, um das Atlantikufer Marokkos zu erreichen. Der Legende nach behauptete Uqba, er stürze sich auch ins Meer, wenn Gott ihm ein entsprechendes Zeichen gäbe. Doch die legendäre algerische Berberkönigin al-Kahina ließ sich von Uqbas großen Worten nicht beeindrucken und zwang ihn mit seinen Kriegern zum Rückzug nach Tunesien.

3./2. Jh. v. Chr.

Die Römer balgen sich mit den Karthagern um die Vorherrschaft in Nordafrika. Die Bevölkerung Mauretaniens wechselt in dem Konflikt die Seiten und wird schließlich ein Vasallenkönigreich der siegreichen Römer

49 v. Chr.

Der nordafrikanische König Juba I. unterstützt den später unterlegenen Feldherrn Pompejus bei seinem Kräftemessen mit Julius Cäsar. Drei Jahre später bringt er sich in aussichtsloser Lage um.

25 v. Chr.–23 n. Chr.

Unter Juba II. etablieren sich in Mauretanien Landwirtschaft, Städtebau und Kunst nach römischen Vorbild. Der nordafrikanische König erweitert Volubilis zu einer Metropole mit 20 000 Einwohnern.

BERBER-STOLZ & VORURTEIL

Dichtung, Kunst und Musik der facettenreichen Imazighentradition reichen bis ins 5. Jt. v. Chr. zurück. Dennoch wurde dieses Volk von Außenstehenden häufig für ungebildet gehalten, u. a. da kein einheitliches Schriftsystem für seine vielen charakteristischen Sprachen existierte. Ein Vierteljahrtausend lang versuchten die Römer, das Territorium der Imazighen einzunehmen und dort ihren Lebensstil zu etablieren. Nicht zuletzt da dies scheiterte, wurde die indigene Bevölkerung als „Berber" (Barbaren) beschimpft. Diese Bezeichnung hielt sich genauso hartnäckig wie die Vorurteile, die das Ausland gegen die Imazighen hegte.

Während der Protektoratszeit wurde Französisch zu Marokkos offizieller Landessprache, um Handels- und Staatsgeschäfte leichter abwickeln bzw. kontrollieren zu können. Die komplexe Symbolkunst und traditionelle Medizin der Imazighen war seit Urzeiten mit mündlicher Überlieferung einhergegangen. Immer mehr Uneingeweihte belächelten das Ganze daher lediglich als charmanten, aber bedeutungslosen Aberglauben. Parallel ermutigte man die gebildete Bevölkerungsschicht, sich von ihren berberischen Wurzeln zu distanzieren.

Nach der Unabhängigkeit (1955/56) wurde Arabisch zur offiziellen Amtssprache erklärt. Dennoch kommunizieren große Teile der marokkanischen Oberschicht bis heute auf Französisch. Da der Koran auf Arabisch verfasst ist, spielt sich aber das religiöse Leben der Marokkaner in dieser Sprache ab. In den Städten entwickelte sich mit dem marokkanisch-arabischen Darija-Mischdialekt ein „kommunikativer Kompromiss" zwischen den vielen Berbersprachen. Dennoch haben die Sprachen und Traditionen der Imazighen bis heute in Marokko überlebt. Und die Berber-Pride-Bewegung hat den Begriff „Berber" kürzlich zum neuen Symbol der Einigkeit ausgerufen.

Über 60 % der Bevölkerung bezeichnen sich heute als Imazighen oder Berber. Etwa 15 Mio. Marokkaner sprechen Berberisch – am häufigsten Tashelhit, das in Zentralmarokko weithin verbreitet ist. Gleichzeitig hört man Tarifit im Rifgebirge, Tamazight im Mittleren Atlas und Tuareg in der Sahara. König Mohammed VI. selbst hat berberische Wurzeln. Mit seiner Unterstützung wird die standardisierte Form des uralten Tifinagh-Alphabets bereits mancherorts als Berber-Schriftsprache vermittelt. Künftig sollen öffentliche Schulen landesweit Unterricht in Berbersprachen abhalten und ihren Schülern mit Englisch die neue *lingua franca* von Tourismus und Handel beibringen.

Auch wenn es mit Waffengewalt nicht gelang, den Berbern den Islam aufzuzwingen, hatte dessen Überzeugungskraft doch nach und nach Erfolg. Das Gebot der Gleichheit im Islam und seine Betonung von Pflichtbewusstsein, Mut und Gemeinschaftssinn war mit vielen Überzeugungen der Berber kompatibel. Viele traten daher freiwillig zum Islam über und profitierten nebenbei von den Handelsstraßen der Umajjaden, auf denen Händler in die Region kamen. Uqba wurde zwar von berberischen Feinden getötet, bevor er in Marokko eine solide Basis schaffen konnte. Aber seinen Nachfolgern gelang es, bis zum 8. Jh. sein Werk mit Diplomatie zu vollenden.

DIE KRAFT DER MACHT

Es herrschte jedoch nicht immer eitel Sonnenschein zwischen den Berbern und den arabischen Umajjaden. Während die Umajjaden die Juden und

40–42 n. Chr.

Nach der Ermordung des letzten mauretanischen Königs Ptolemäus brauchen die Römer zwei Jahre, um die Situation in den Griff zu bekommen. Am Ende gründen sie zwei mauretanische Provinzen.

ca. 250–429

Erst machen den Römern die Berber das Leben schwer, dann die Vandalen und Westgoten. Am Ende geben die Römer ihre Provinzen auf – knapp 50 Jahre bevor dann auch das Weströmische Reich untergeht.

533

Der oströmische Kaiser Justinian verjagt die letzten Vandalen. Seine ehrgeizigen Pläne zur Erweiterung seines Reichs beschränken sich jedoch schon bald auf eine mickrige Präsenz in Essaouira, Tanger und Salé.

Königin Al-Kahina hatte gegenüber den Umajjaden einen klaren Vorteil: Sie konnte hellsehen. Die Kehrseite der Medaille: Sie sah auch ihren eigenen Tod durch Feindeshand voraus.

Christen als *Leute des Buches* relativ unbehelligt ließen, da diese auch an einen einzigen Gott glaubten, hatten sie keine Skrupel, von den polytheistischen Berbern spezielle Steuern zu fordern. Außerdem setzten sie die Berber bei ihren Eroberungszügen als Infanteristen ein, also quasi als Kanonenfutter. Die Umajjaden verehrten zudem die Berberfrauen sehr wegen ihrer Schönheit, was diesen nicht unbedingt zum Vorteil gereichte. Denn viele von ihnen landeten in den Harems der Umajjaden.

Selbst Berber, die zum Islam konvertierten, mussten an die arabischen Herren Steuern zahlen. Die Kharijiten, Anhänger einer Gruppe anders denkender Muslime, kritisierten den Machtmissbrauch der Umajjaden als eine Verfälschung des Glaubens und riefen nach einer neuen moralischen Führung. Mitte des 8. Jhs. brachen überall in Nordafrika Aufstände aus. Nur mit Schleudern bewaffnet schlug eine Spezialeinheit der Berber die Elitetruppe der Umajjaden, die von den Abbasiden verdrängt wurden. Die neuen Herren rissen auch den immer lukrativer werdenden Handel mit Silber aus der Westsahara, Gold aus Ghana und Sklaven aus Westafrika an sich.

DYNASTISCHE DRAMEN

Als der Historiker Ibn Chaldun sich rückblickend mit den frühen Berberkönigreichen beschäftigte, entdeckte er ein Muster, das sich in der Geschichte der marokkanischen Dynastien stets wiederholte. Kam ein neuer Führer an die Macht, war er entschlossen, keine Fehler zu machen, sich um die Gesellschaft zu kümmern und derweil die königlichen Schatzkammern zu füllen. Wenn das Machtstreben dann nachließ und die königliche Bequemlichkeit die erhabenen Pläne in den Hintergrund drängte, ließ auch ihr Anspruch auf Moral nach. Dann kam wieder ein neuer Herrscher an die Macht, entschlossen, das Richtige zu tun – und der Kreislauf fing von vorne an.

Marokkos erste große lokale arabische Dynastie waren die Idrisiden. Idris I. war ein Nachkomme von Fatima, der Tochter des Propheten Mohammed. Er floh 786 n. Chr. von Arabien nach Marokko, nachdem er erfahren hatte, dass der ehrgeizige Kalif Harun ar-Raschid seine gesamte Familie umbringen lassen wollte. Doch Idris tauchte nicht unter. Stattdessen erhoben ihn die marokkanischen Berber zum Imam (religiösen Führer) und er vereinte große Teile Nordmarokkos im Namen des Islam. Aber nur wenige Tage nachdem er 792 in Fès ein Heereslager errichtet hatte, erreichten Harun ar-Raschids Gefolgsleute ihr Ziel: Sie vergifteten Idris I. – was aber den Einfluss der Idrisiden nur mehrte. Noch fünf Jahrhunderte später war sein Körper wunderbarerweise unversehrt. Sein Grab in der Hügelstadt Moulay-Idriss (S. 287) ist heute eine der wichtigsten Pilgerstätten Marokkos.

Sein Sohn Idris II. entkam den Mördern. Er dehnte die Herrschaft der Idrisiden über Nordmarokko hinaus bis nach Europa aus. Nach seinem Tod erlebte Marokko die vielleicht erste (aber natürlich nicht letzte) „Annäherung" an die Demokratie: Die 13 Söhne Idris' II. teilten die Macht unter sich auf. Gemeinsam vergrößerten sie die Fürstentümer der Idrisiden in Spanien

662–682

Unter dem Umajjaden Uqba bin Nafi fallen die Araber im Maghreb ein. In ihrem Gepäck haben sie einen neuen Glauben: den Islam. Die Berber verscheuchen die Umajjaden, behalten aber den Koran.

8. Jh.

Dank gemeinsamer Weltanschauung und kluger Allianzen kontrollieren arabische Kalifate ein Gebiet, das sich vom Mittelmeerraum bis ins Herz Europas erstreckt – es endet gerade mal 320 km vor Paris.

788–829

Idris I. und Idris II. gründen eine neue Herrscherdynastie, etablieren den Islam in Marokko und machen Fès zu ihrer Reichshauptstadt. Dort fördern sie muslimische Kunst, Architektur und Wissenschaft.

und errichteten die prächtigen Moscheen in Fès: die Kairouine-Moschee (S. 249) und die El Andalous.

VERSCHLEIERTE KRIEGER: DIE ALMORAVIDEN

Religiöse Führer und Gelehrte halfen bei der Regulierung des Handels, sodass Nordmarokko unter den Idrisiden allmählich zu einer wirtschaftlichen Einheit zusammenwuchs. Im Süden sah es dagegen ganz anders aus. Ein selbsternannter Prophet tauchte in der Nähe von Salé auf und predigte seine eigene Version des Korans. Er etablierte einen apokryphen Islam, Barghawata genannt, der in dieser Region noch Jahrhunderte später praktiziert wurde. Ärger gab es auch mit Militäreinheiten, die im Atlas und in der Sahara stationiert waren, um die Handelsaußenposten zu kontrollieren. Sie verlangten dafür „Almosen" – eine religiös verbrämte Bezeichnung, die jeder durchschaute.

Aus diesem Unmut heraus entstanden die Sanhadscha, ein frommer Stamm von Sahara-Berbern. Sie begründeten die Dynastie der Almoraviden. Während sich die Idrisiden-Prinzen um Spanien und die marokkanische Mittelmeerküste balgten, rückten die Sanhadscha aus dem heutigen Senegal und Mauretanien nach Südmarokko vor. Sie als zähe Jungs zu bezeichnen, wäre noch untertrieben. Statt Brot kamen nur Kamelfleisch und -milch auf den Tisch, in der brütenden Wüstenhitze trugen sie Wolle, tranken keinen Wein, begnügten sich mit einer einzigen Frau und Musik gab's gar nicht. Die Sitte, dass die Männer dunkle Schleier trugen, ist noch heute bei den wenigen verbliebenen Tuareg üblich, den legendären „blauen Männern" der Wüste. Diese einschüchternden, verschleierten Männer unternahmen nun unter Führung von Yahya ibn Umar und seinem Bruder Abu Bakr immer wieder Ausritte zu den Außenposten der Schiiten und Barghawata, zerstörten deren Bordelle und Musikinstrumente und metzelten die Bewohner nieder.

Nachdem Yahya getöt und Abu Bakr 1061 in die Sahara zurückgerufen worden war, um die Konflikte zwischen den Sanhadscha zu schlichten, blieb ihr Cousin Yusuf ibn Taschfin zurück. Er sollte die Militäroperationen von einem Feldlager aus weiterführen, das sich später zur „Perle des Südens" (Marrakesch) mauserte. Um seiner Frau ein hartes Leben in der Wüste zu ersparen, ließ sich Abu Bakr von der hochintelligenten Berberschönheit Zeinab scheiden und verheiratete sie mit seinem Cousin. Obwohl nach heutigen Maßstäben vielleicht eine seltsam romantische Geste, entpuppte sich dies als wahrer Volltreffer: Dank ibn Taschfins Tatendrang und Zeinabs strategischem Beratungstalent waren die Almoraviden nicht mehr aufzuhalten.

Die Almoraviden brauchten eine Weile, um sich an ihre neue Hauptstadt zu gewöhnen. Es gab zu viele Berge und rivalisierende Berber und zu wenige Palmen. Deshalb errichteten sie eine riesige Lehmmauer rund um Marrakesch, 5 m hoch, 16 km lang und mit einem genialen System zur unterirdischen Bewässerung ausgestattet *(khettara)*. Noch heute versorgt es einen

1062
Die kluge Zeinab steht Yusuf ibn Taschfin als Ehefrau und oberste Beraterin zur Seite. Der Berberfürst gründet Marrakesch als Basis für den almoravidischen Eroberungsfeldzug durch Nordafrika und Europa.

1069
Die Almoraviden nehmen Fès gewaltsam ein und beginnen sogleich mit dem Umbau der Stadt. Mühlen und Gärten entstehen, während fließendes Wasser und Hamams für öffentliche Sauberkeit sorgen.

1147
Die Almohaden besiegen die Almoraviden und zerstören Marrakesch. Die Architekten Yacub al-Mansurs bauen die Stadt nagelneu auf und schlagen die Almoraviden auch hierbei um Längen.

„Die jüdischen und andalusischen Gemeinden in Fès blühten unter ibn Taschfin auf. Er war ein genialer Diplomat und brillanter Militärstratege."

großen Palmenhain außerhalb von Marrakesch (in dem heute Promis wie Paul McCartney und Jean-Paul Gaultier flanieren). Die jüdischen und andalusischen Gemeinden in Fès blühten unter ibn Taschfin auf. Er war ein genialer Diplomat und ein brillanter Militärstratege. Die mit ihm verbündeten spanischen Muslime drängten ihn, gegen die christlichen und muslimischen Herrscher in Spanien vorzugehen, und beklagten sich bitter über Repressalien, Übergriffe und Ausschweifungen. Im Alter von beinahe 80 Jahren sicherte ibn Taschfin tatsächlich noch erfolgreich die almoravidische Herrschaft über Andalusien und weiter Richtung Norden bis zum Stadtrand von Barcelona.

In Yusef ibn Taschfins Fußstapfen zu treten, war nicht leicht. Ali, Sohn Taschfins und einer Christin, war genauso fromm und begeisterter Städteplaner wie sein Vater. Doch während er zurückgezogen an der Errichtung architektonischer Meisterwerke und dem Aufbau des Bewässerungssystems von Marrakesch arbeitete, erstarkte außerhalb der Stadtmauern eine neue Macht mit der Gewalt eines Atlas-Sturms: die Almohaden.

STÖCKE & STEINE: DIE ALMOHADEN

Almohadische Historiker waren später zwei ihrer Meinung höchst riskante Taten Alis ein Dorn im Auge: Er hatte Frauen Verantwortung übertragen und Christen das Trinken erlaubt. Ersteres kann aus aufgeklärter Sicht wohl kaum als Fehler bezeichnet werden – und schließlich vertraute ja auch der mächtige ibn Taschfin dem Rat seiner Gemahlin Zeinab. Letzteres hatte dagegen fatale Auswirkungen. Als Ali sich zum Beten und Fasten zurückzog, waren Hof und Militärbeamte sich selbst überlassen. Und anscheinend waren die christlichen Truppen der Almoraviden zu nahe bei den Weinhändlern von Marrakesch stationiert …

Was wurde aus den Berberpiraten? Wie vermischte sich der Islam mit der Berberreligion? Und warum gehörte Marokko nie zum Osmanenreich? In *A History of the Maghrib in the Islamic Period* (1987) lüftet Jamil Abun-Nasr diese und andere Geschichtsgeheimnisse.

Dies gefiel dem almohadischen Führer Mohammed ibn Tumart überhaupt nicht. Als selbst ernannter „Mahdi" (Welterneuerer) glaubte er sich berufen, die wahre islamische Lehre wieder aufzurichten. In Meknès und Salé hatte er einen Ruf als hasardierender religiöser Ordnungshüter, der seinen Gehstock dazu benutzte, Weinkrüge zu zerschmettern, Musikinstrumente zu zerstören und auf Paare einzuschlagen, die es wagten, gemeinsam die Straße entlangzulaufen. Ibn Turmart wurde schließlich in den 1120er-Jahren aus Marrakesch vertrieben, nachdem er Alis königliche Schwester mit seinem Stock vom Pferd gestoßen hatte. Ibn Tumart starb kurze Zeit später, die Almohaden aber waren nicht mehr zu stoppen. Nach einer neunmonatigen Belagerung eroberten sie 1145 Fès und fielen zwei Jahre später auch über Marrakesch her. Sie machten die Stadt dem Erdboden gleich und töteten alle, die von Alis Hofstaat noch übrig geblieben waren. (Ali war 1144 gestorben, wie er gelebt hatte: friedlich.) Zu ihren ersten Projekten gehörte der Neubau der Koutoubia-Moschee. Die almoravidischen Architekten, die offensichtlich keine Mathegenies waren, hatten sie nicht korrekt Richtung Mekka ausgerichtet. Außerdem fügten die Almohaden das schöne, hohe

1276

Die Zanata-Berber aus dem Atlasgebirge kommen ans Ruder. Mit strategischen Militäroperationen und klug gewählten Ehen entmachteten sie die Almohaden und läuten den Aufstieg der Meriniden ein.

1340

In der Schlacht am Salado kassieren die Mereniden gegen Spanier und Portugiesen eine vernichtende Niederlage. Sie gilt als Endpunkt der christlichen Rückeroberung der iberischen Halbinsel.

1348

Die Beulenpest wütet im mediterranen Nordafrika, während merinidische Allianzen und Königreiche zerfallen. Überlebende und Opportunisten pflegen das Faustrecht – mit katastrophalen Konsequenzen.

Steinminarett hinzu, das zum Vorbild für die andalusische, islamische Architektur wurde (S. 249).

Wenig später flammte zwischen den Söhnen von ibn Tumart und den Söhnen seiner Generäle ein blutiger Machtkampf auf, der letztlich bis 1185 anhalten sollte. Abu Yusuf Yacub, der junge Sohn des muslimischen Stadthalters von Sevilla und Valencia, gelang es, seine Feinde in die Wüste zurückzudrängen. Zudem hielt er sich auch in Spanien an der Macht, ja weitete sie sogar noch aus. Er bezwang die christlichen Herrscher dabei so oft, dass man ihn al-Mansur (den Siegreichen) nannte. Nach dem Vorbild von Marrakeschs Koutoubia-Minarett ließ er Sevillas berühmte La Giralda errichten. Außerdem machte er Marrakesch in Konkurrenz zu Fès wieder zur almohadischen Hauptstadt und zum Zentrum der Wissenschaft. Al-Mansurs städtebaulichen Ambitionen war es auch zu verdanken, dass Fès zur wohl saubersten Stadt des Mittelalters wurde – mit 93 Hamams, 47 Seifensiedereien und 785 Moscheen, voll ausgestattet mit den üblichen Waschgelegenheiten. Yacub al-Mansur betätigte sich auch als Mäzen großer Denker, z. B. des Sufi-Meisters Sidi Bel-Abbes und des Aristoteles-Schülers Ibn Rushd, im Abendland besser bekannt als Averroes, dessen Kommentar Italiens Denker inspirierte, die Renaissance zu initiieren. Al-Mansurs aufgeklärtes Weltbild und seine Bewunderung für die Architektur waren jedoch offensichtlich nicht allumfassend: Während seiner Regierungszeit wurden mehrere Synagogen zerstört, und Juden wie Christen gerieten unter Druck.

Ein ähnliches Gedankengut herrschte im 12. Jh. auch in Europa. Unter Papst Innozenz IV. wurde die Folter bei der Verfolgung von Ketzern gang und gäbe. Vom religiösen Eifer der Kreuzzüge vorangetrieben, drangen Spaniens Christen die Muslime in Spanien zurück. Die Almohaden unter al-Mansurs Sohn an-Nasir waren chancenlos. Dessen Sohn wiederum kam noch sehr jung an die Macht. Er war seinem Amt nicht wirklich gewachsen und interessierte sich mehr für Stierkämpfe als für die Regierungsgeschäfte – nun, die Regierungsgeschäfte hätten ihm vielleicht nicht das Leben gekostet. Um 1230 schließlich muss Yacub al-Mansur sich im Grab umgedreht haben, als sich der Kalif Idris al-Mamun mit den christlichen Feinden verbündete und seine eigenen Leute verprellte – alles in dem verzweifelten Versuch, das Reich zu retten. Er ging so weit, auf die Koutoubia-Moschee zu klettern und zu verkünden, ibn Tumart sei kein echter Mahdi gewesen – dieser Titel gebühre einzig und allein Jesus. Damit war es mit der Loyalität seiner Almohaden natürlich vorbei.

BIS DASS DER TOD EUCH SCHEIDET: DIE MERINIDEN

1269 fielen die Zanata-Berber aus dem Antiatlas in der almohadischen Hauptstadt Marrakesch ein und rangen die Almohaden endgültig nieder. Zuvor waren diese von den Zanata bereits aus Meknès, Salé, Fès und dem Großteil der atlantischen Küstenregion vertrieben worden. Um religiöse Führer ruhigzustellen, versprach die neue Meriniden-Dynastie eine sitten-

1377

Ibn Chaldun untersucht die Geschichte des Nahen Ostens mit wissenschaftlichen Methoden. Er erklärt den Aufstieg und Fall von Staaten durch religiöse Propaganda, Steuerpolitik und Geschichtsklitterung.

1415

Heinrich der Seefahrer sucht nach Gold und dem legendären Reich des Priesterkönigs Johannes. So beginnt der portugiesische Prinz mit der Eroberung marokkanischer Häfen.

1498

Die Inquisition stellt europäische Juden und Muslime vor die Wahl: a) Konvertierung zum Christentum und Verfolgung oder b) Folter und Tod. Viele wählen Alternative c) und fliehen stattdessen nach Marokko.

strenge Herrschaft. Zur Unterstützung ihrer Sache errichtete sie in jeder eroberten Großstadt eine *medersa* (Religionsschule). Zu diesem Zweck wurden christliche und jüdische Gemeinden mit speziellen Steuern belegt, erhielten im Gegenzug aber wichtige Handelsrechte. Zusätzlich heuerten die Meriniden christliche Söldner und jüdische Ratgeber an, um ihre Staatsangelegenheiten zu regeln.

„Um ihre imperialen Ansprüche auch ohne militärische Macht und religiöse Legitimation zu sichern, wählten die Meriniden mit der Heiratspolitik eine andere bewährte Methode."

Allerdings hatten es die neuen Machthaber mit zähen Untertanen zu tun, die sich nicht so leicht durch fromme Versprechungen überzeugen ließen. Während ganz Fès auf die Barrikaden ging, hielten kastilische Christen die Stellung in Salé. Um ihre Interessen in Spanien zu untermauern, verbündeten sich die Meriniden mit kastilischen Fürsten gegen die muslimischen Herrscher von Granada. Doch abermals führte diese Strategie in die Sackgasse. Im 14. Jh. schließlich war die christliche Reconquista fast am Ziel: Mit Ausnahme des Sultanats von Granada war die iberische Halbinsel komplett in christlicher Hand, auch die Straße von Gibraltar. Und im Zuge der Inquisition wurden mehr als 1 Mio. Muslime und Juden gewaltsam aus Spanien vertrieben.

Um ihre imperialen Ansprüche auch ohne militärische Macht und religiöse Legitimation zu sichern, wählten die Meriniden mit der Heiratspolitik eine andere bewährte Methode. Im 14. Jh. legten sie ihre Feinde geschickt durch Hochzeiten mit Prinzessinnen aus Granada und Tunis lahm. Auf diese Weise beanspruchten sie Algier, Tripolis und den strategisch wichtigen Mittelmeerhafen Ceuta für sich. Doch auch die Bande der königlichen Ehen konnten gegen Ratten bzw. ihre blinden Passagiere, die Rattenflöhe, nichts ausrichten: Bald darauf wütete die Pest im Merinidenreich.

Abu Inan, Sohn des Merinidenfürsten Abu Hassan, sah im Schwarzen Tod seine Chance und ernannte sich selbst zum neuen Herrscher. Die Sache hatte jedoch einen kleinen Schönheitsfehler: Sein Vater war noch am Leben. So stürmte Abu Hassan von Tripolis zurück nach Marrakesch, um seinem verräterischen Spross die Macht zu entreißen – doch ohne Erfolg: Abu Inan begrub seinen Vater 1351 in der merinidischen Totenstadt außerhalb von Rabat. Sieben Jahre später wurde er jedoch von einem seiner eigenen Berater erdrosselt und fand ganz in der Nähe seine letzte Ruhe.

Die Meriniden hatten offenbar ein unglückliches Talent dafür, gefährliche Gefolgsmänner zu berufen. Um seine Spuren zu verwischen, lief Abu Inans Mörder geradezu Amok. Damit war erst Schluss, als der Merinide Abu Salim Ibrahim aus Spanien zurückkehrte und dem blutgierigen Bürokraten den Garaus machte. Daraufhin schmeichelte sich Abu Salims Ratgeber bei seinem Herrn ein, indem er ihm seine Schwester als Ehefrau anbot – jedoch nur, um ihn nach der Hochzeit zu enthaupten. Er ersetzte Abu Salim durch einen merinidischen Einfaltspinsel, besann sich dann aber eines Besseren und erdrosselte auch den neuen Sultan. Dieser gerissene Ratgeber wiederum wurde selbst von einem anderen Meriniden um die Ecke gebracht, welcher ein paar Jahre später von einem anderen Angehörigen der Dynastie entmachtet wurde. Während der nächsten vier Jahrzehnte sollten neue Herrscher und

1525

Die Beni-Saad-Berber drängen Europäer und Osmanen wie ein glühend heißer Wüstensturm zurück. Anschließend gründen sie in Marrakesch die neue mächtige Dynastie der Saaditen.

1549

Ahmed al-Mansur ed-Dahbi entdeckt Europas Genusssucht. Sein todsicheres Gespür für den Zuckerhandel spielt gigantische Gewinne in die Staatskasse, mit denen er Marrakesch und Umgebung vergoldet.

1578

In der berüchtigten Dreikönigsschlacht kämpfen die Saaditen zuerst für und dann gegen die Portugiesen. Ergebnis: 8000 Gefallene, magere 100 Überlebende und eine Dezimierung des portugiesischen Adels.

Ratgeber weiterhin für ständige Thronwechsel sorgen. Doch während die Meriniden in Meknès und Fès mit ihrer mörderischen Nachfolgepolitik beschäftigt waren, eroberte Portugal die marokkanischen Küsten.

DER SIEG SCHMECKT SÜSS: DIE SAADITEN

Noch im 12. Jh. hatten große Teile Portugals und auch Lissabon unter muslimischer Herrschaft gestanden. Nun machten sich die Portugiesen daran, die offene Rechnung zu begleichen: Das kleine Königreich benötigte ständig Nachschub an Lebensmitteln und Gold, um seine wachsenden Einflusssphäre zu festigen. Marokko stand dabei im Weg. Doch kein Land der Welt konnte sich auf festem Boden der Handelsrouten durch die Sahara bemächtigen – alle wichtigen Oasen und Gebirgspässe wurden seit Jahrhunderten von den gewieften Berberkriegern kontrolliert. Stattdessen wählten die Portugiesen eine alternative Taktik: Mit Marineeinheiten und hoch entwickelten Feuerwaffen spielten sie ihre deutliche technische Überlegenheit erfolgreich auf anderem Gebiet aus. Durch die systematische Eroberung marokkanischer Mittelmeer- und Atlantikhäfen konnte auf berberische Mittelsmänner im Landesinneren verzichtet werden. Infolgedessen segelten portugiesische Kriegsschiffe direkt nach Westafrika, um dort Gold und Sklaven in ihren Besitz zu bringen.

Als der Handel in der Sahara einzuschlafen begann, musste etwas geschehen. Im Landesinneren waren ganze Gemeinden dezimiert, während das einst blühende Marrakesch schwer unter einer Hungersnot litt. So nahmen die Beni-Saad-Berber aus dem kargen Drâatal – heute als Saaditen bekannt – den Kampf gegen Portugal auf. Mit ihrem Siegeszug gegen Europäer, Berber und Osmanen schafften sie es, den Handel auf dem Landweg wieder in Gang zu bringen. Schon bald kontrollierten die Saaditen den Umschlag von gefragten Waren wie Gold, Sklaven, Elfenbein und Straußenfedern. Zudem lieferten sie mit Zucker einen Luxusartikel, auf den blaublütige Trendsetter in Europa besonders scharf waren.

Die Saaditen befriedigten Europas Gier nach Zucker zu Preisen, die heutige Ölmagnaten und Kokaindealer wie Waisenknaben wirken lassen. Bei Bedarf wurden Kunden und Lieferanten kurzerhand mit Invasionsdrohungen eingeschüchtert. Gefährlichster Zuckerhändler aller Zeiten war der saaditische Sultan Ahmed al-Mansur ed-Dahbi. Den Beinamen „al-Mansur" (der Siegreiche) erhielt er für seine Siege über Feinde von Portugal bis zum Sudan, „ed-Dahbi" (der Goldene) zeugt von seinem betrügerischen Verhandlungsgeschick. Dank gewaltiger Einnahmen konnte dieser Midas aus Marrakesch den dortigen Badi-Palast (s. S. 323) vom Boden bis zur Decke mit Gold und Edelsteinen auskleiden lassen. Nach dem Tod des Sultans riss sein kurzlebiger Nachfolger das Gebäude jedoch bis auf die heutigen Lehmfundamente nieder. Das großartigste Vermächtnis der Saaditen sind ihre Grabmale in Marrakesch (s. S. 322). Darin sorgen Carrara-Marmor und Blattgold für ein komfortables Leben nach dem Tod. Die Saaditen starben, wie sie lebten: unglaublich prunkvoll und nach vorherrschender Ansicht zu reich.

„Die Saaditen befriedigten Europas Gier nach Zucker zu Preisen, die heutige Ölmagnaten und Kokaindealer wie Waisenknaben wirken lassen."

1659–1666

Die Alawiten besiegen die verschwendungssüchtige Saaditen-Dynastie und schließen einen Kompromissfrieden mit den Berberpiraten, die Rabats Häfen kontrollieren.

1672–1727

Der despotische Herrscher Mulai Ismail beginnt mit dem Aufbau eines alawitischen Einheitsstaats. Hierzu installiert er ein Heer aus schwarzafrikanischen Sklaven – die gefürchtete *abid* (Schwarze Garde).

1684

Während Berberpiraten englische Gefangene nehmen, erobern die Engländer Tanger. Nach zähen Verhandlungen werden die Gefangenen freigelassen, nachdem England auf Tanger verzichtet.

PIRATEN & POLITIK: DIE FRÜHEN ALAWITEN

Mulai Ismail unterhielt Brieffreundschaften mit Jakob II. von England und Ludwig XIV. von Frankreich. Er versuchte sogar, den Sonnenkönig per Post zum Muslim zu machen.

Während des 17. Jhs. zerfiel das Saaditenreich wie ein Zuckerwürfel in marokkanischem Minztee. Bis zur Machtübernahme durch die Alawiten wütete ein Bürgerkrieg. Die neue Dynastie reicht von illustren Vorfahren aus der Familie des Propheten bis zum amtierenden König Mohammed VI. Ihre Machtübernahme signalisierte eine Abkehr vom anarchischen Erbe der dekadenten Saaditen. Doch wahrscheinlich hätten die meisten Marokkaner damals lieber in Anarchie gelebt als unter dem zweiten Alawitenherrscher Mulai Ismail (1672–1727) .

Zu den beliebtesten Zeitvertreiben des gefürchteten Despoten gehörten öffentliche Verstümmelungen und amateurhafte Zahnoperationen an Höflingen, die in Ungnade gefallen waren. Gleichzeitig war Mulai Ismail aber auch Gelehrter, Vater einer riesigen Kinderschar und gern gesehener Gast an Europas Königshöfen. Europäische Adlige schwärmten von verschwenderischen Festessen in seinem Palast in Meknès, der von christlichen Zwangsarbeitern errichtet worden war. Gerüchten zufolge wurden einige davon nach Vollendung des Baus lebendig eingemauert. Die Feiern mit europäischen Blaublütern waren sicher kein Schnäppchen, doch Mulai Ismail musste sich deswegen keine Sorgen machen: Schließlich gab es ja die Piraterie.

Elisabeth I. von England legte den Grundstein für das Freibeutertum im Atlantik, als sie sich mit den Saaditen gegen ihren Erzfeind Philipp II. von Spanien verbündete. Zu diesem Zweck engagierte sie so genannte *privateers* (lizenzierte Kaperkapitäne). Als besonders effektiv erwiesen sich angeheuerte Berberpiraten, die als Morisken (spanische Muslime) in Spanien verfolgt und zwangsbekehrt worden waren. Dementsprechend groß war ihre Motivation, es den Spaniern kräftig heimzuzahlen. Jakob I. von England schaffte die staatliche Freibeuterei 1603 offiziell ab. Dennoch störte er sich scheinbar nicht daran, dass sein hilfsbereiter Kumpel Mulai Ismail viele britische und berberische Piraten in den königlichen Häfen von Rabat und Salé ankern ließ – selbstverständlich gegen Bares. Daraufhin stiegen Steuer- und Handelseinkünfte in schwindelnde Höhen.

„Europäische Adlige schwärmten von verschwenderischen Festessen in Mulai Ismails Palast in Meknès."

Im 17. Jh. griffen Berberpiraten u. a. Irland, Wales, Island und sogar Neufundland an. Zudem nahmen sie Gefangene, die normalerweise gegen Lösegeld festgehalten und nach einiger Zeit Zwangsarbeit wieder freigelassen wurden – wenn sie nicht freiwillig in marokkanische Piraten- oder Staatsdienste traten. Die Berberpiraten behandelten Gefangene besser als französische Geschäftemacher. Letztere zwangen die armen Teufel in der Regel dazu, bis an ihr Lebensende auf Sklavengaleeren zu rudern. Nachdem die Portugiesen im 17. Jh. aus Essaouira vertrieben worden waren, ließen europäische Gefangene die Stadt neu erstehen. Das Sagen hatte dabei ein französischer Profitjäger und ein britischer Freigelassener, der zum Islam übergetreten war.

Nach Mulai Ismails Tod drehte seine 50 000 bis 70 000 Mann starke *abid* („schwarze Garde") durch – keines seiner vielen Kinder konnte seine Nach-

1777

Etwa ein Jahrhundert nach der Zerstörung Tangers durch das Empire rächt sich Marokko, indem es als allererste Nation eine abtrünnige britische Kolonie offiziell anerkennt: die USA.

1830

Frankreich erobert die algerische Küste und erpresst Marokkos Sultan mit mafiösen Methoden: Nur wenn er seine Macht abgibt, werden die Küsten vor den anrückenden Osmanen beschützt.

1860

Wenn's beim ersten Mal nicht gleich klappt, einfach hartnäckig bleiben und es zur Not 700 Jahre lang versuchen: Spanien reißt sich ein Stück Nordmarokko unter den Nagel, das bis ins Rifgebirge hineinreicht.

ZUCKER & SALZ: DAS JÜDISCHE MAROKKO

Im 1. Jh. n. Chr. hatten sich Marokkos jüdische Berbergemeinden bereits fest etabliert. Ihre Angehörigen arbeiteten u. a. als Bauern, Metallschmiede, Färber, Glasbläser, Buchbinder und Viehhirten. Im mittelalterlichen Europa waren Juden der Zugang zu wichtigen Handels- und Handwerkszweige verwehrt. Sie bekleideten jedoch Schlüsselrollen beim Handel mit den begehrtesten marokkanischen Luxusgütern jener Zeit: Zucker und Salz. Wenn die Staatsgeschäfte gut liefen, mussten jüdische Marokkaner Steuern an die jeweils herrschende Dynastie entrichten. Zu schlechteren Zeiten wurden sie oft als Sündenböcke abgestempelt. Dennoch blühten die Gemeinden selbst dann noch, als ihre europäischen Glaubensbrüder bereits gewaltsam verfolgt wurden.

Vom 14. bis zum 16. Jh. stand Europa im Zeichen von Inquisition, Zwangsbekehrungen und Massenhinrichtungen. Deshalb flohen viele europäische Juden nach Marokko. Im Gegensatz zu europäischen Herrschern gewährten die vergleichsweise toleranten Meriniden und Saaditen ihren jüdischen Gemeinden einen gewissen Schutz. Teile von Fès und Marrakesch wurden offiziell zu den ersten *mellahs* (jüdischen Vierteln) erklärt. Dieser Name leitet sich vom arabischen Wort für Salz ab. Jüdische und christliche Geschäftsleute mussten diesen Schutz vielfach in Form von Steuern zurückzahlen. Der Löwenanteil ihrer Profite ging zweifellos an die herrschenden Saaditen. Dennoch stiegen diverse jüdische Marokkaner zu königlichen Ratgebern auf. In der Saaditen-Nekropole von Marrakesch liegen treue jüdische Gefolgsleute näher bei ihren Herrn begraben als deren jeweilige Ehefrauen.

Tagsüber gingen jüdische Händler zusammen mit Christen und Muslimen ihren Geschäften nach. Ihnen vertraute man kostbare Salz-, Zucker- und Goldlieferungen aus der Sahara an. Nachts standen ihre Viertel unter offizieller Bewachung. Als die *mellahs* von Fès und Marrakesch durch europäische Neuankömmlinge zunehmend aus allen Nähten platzten, entstanden weitere bedeutende jüdische Viertel in Essaouira, Safi, Rabat und Meknès. Seit damals floriert dort eine meisterhafte Kunsthandwerkstradition. Der Einfluss der *mellahs* dehnte sich auf ganz Marokko aus, bis heute ist er besonders an den pikanten Gerichten mit eingelegten und gepökelten Zutaten zu erkennen, die typisch für die marokkanisch-jüdische Küche sind.

Im 17. bis 19. Jh. praktizierten die Alawiten gegenüber ihren jüdischen Untertanen eine Politik des gegenseitigen Gebens und Nehmens: Im 19. Jh. bestanden für Juden Karrierechancen als Händler, Geschäftsführer und Diplomaten in England, Dänemark oder den Niederlanden. Andererseits wurden sie überwacht, mussten Steuern entrichten und gelegentlich als Sündenböcke herhalten. Doch in guten wie in schlechten Zeiten waren jüdische Marokkaner stets präsent. 1948 zählte die jüdische Gemeinde Marokkos 250 000 bis 300 000 Mitglieder, von denen viele nach der Gründung Israels und der marokkanischen Unabhängigkeit emigrierten. Heute sind noch schätzungsweise 8000 bis 10 000 Juden vor allem in Casablanca zuhause. Dort wurde ein jüdisches Gemeindezentrum 2003 zum Ziel eines Bombenanschlags, wobei zum Glück niemand zu Schaden kam. Eine zweite Explosion in einem Einkaufszentrum forderte allerdings 33 Tote und 100 Verletzte. Die jüdische Gemeinde existiert trotzdem weiter und erlebt unter dem amtierenden König eine kleine Renaissance: Jüdische Schulen werden mittlerweile staatlich gefördert, während ein paar jüdische Auswanderer einer königlichen Einladung zur Rückkehr in die Heimat gefolgt sind. Dort tragen sie zur Wiederbelebung von Essaouiras *mellah* bei. Wie seine alawitischen Vorgänger hat auch Mohammed VI. jüdische Ratgeber in den Kreis seiner engsten Vertrauten berufen.

1880

Frankreich, Großbritannien, Spanien und die USA stehen Marokko eine nominelle Kontrolle über sein Territorium zu – jedoch nicht, ohne sich zuvor selbst steuer- und zollfreien Handel zu genehmigen.

1906

Der Vertrag von Algeciras teilt Nordafrika wie eine *bastilla*-Taubenpastete unter den europäischen Großmächten auf. Deutschland bleibt außen vor – ein Mosaiksteinchen auf dem Weg zum Ersten Weltkrieg.

1912

Der Vertrag von Fès macht Marokko zum französischen Protektorat. Geschützt werden aber vor allem französische Geschäftsinteressen – und zwar auf Kosten marokkanischer Steuerzahler.

folge antreten. So sehr sich die Alawiten auch mühten: Bis ins 20. Jh. hinein stürzte das Land immer wieder ins Chaos, wenn die Machthaber über die Stränge schlugen. Piraterie und Politik waren im 18. und 19. Jh. die gängigsten Mittel, um Karriere zu machen – und sie schlossen sich keineswegs gegenseitig aus. Indem sie die wichtigsten marokkanischen Seehäfen kontrollierten und die europäischen Mächte gegeneinander ausspielten, hatten Regierungsbeamte wie Gesetzlose Möglichkeiten, sich ihren Anteil der Waren zu sichern, die durch die Straße von Gibraltar und entlang der Atlantikküste befördert wurden. Als im späten 18. Jh. Sidi Mohammed ben Abdullah der offiziell geduldeten Piraterie seiner Vorgänger ein Ende setzte und undurchsichtige Geschäfte mit ausländischen Mächten ablehnte, war das finanzielle Resultat niederschmetternd. Dazu kamen Seuchen und Trockenheit – Marokkos Lage war katastrophal.

Dank der Webseite www.magharebia.com – oben links auf „English" oder „Français" klicken – kann man seine Gastgeber mit Wissen über die aktuellsten Entwicklungen in der marokkanischen Gesellschaft, Imazighen-Kultur und nordafrikanischen Politik beeindrucken.

FREUNDE WIE DIESE: DAS EINGREIFEN DER EUROPÄER

Bei all ihren erfolgreichen politischen Aktivitäten in Europa hatten die frühen Alawiten anscheinend eine wichtige Regel marokkanischer Diplomatie vergessen: niemals die Berber vernachlässigen. Sultan Mulai Hassan versuchte noch, sich die Unterstützung zu sichern – doch zu spät. Frankreich fand ab 1830 Marokko immer interessanter und verbündete sich mit den Berbern in ganz Nordafrika, um die Osmanen zu vertreiben. Spanien, das jahrhundertelange Erfahrungen im Kampf gegen die Marokkaner hatte, schaffte es 1860, einige Regionen Nordmarokkos zu besetzen. Dabei legten sie den Grundstein für eine lang anhaltende Feindschaft, indem sie Friedhöfe, Moscheen und andere heilige Stätten in Melilla und Tetouan schändeten. Und während die clevere englische Königin Viktoria marokkanische Würdenträger einlud und auf Einführung von Gesetzesreformen in Marokko drängte, waren ihre Gesandten damit beschäftigt, Abkommen mit Frankreich und Spanien auszuhandeln.

In den marokkanischen Städten und den Hochburgen der Berber in den Bergen wurde es immer schwieriger, die Ordnung aufrechtzuerhalten. Mulai Hassan engagierte mächtige Berberführer, um die Kontrolle wiederzuerlangen. Aber der eine oder andere Berber, der Mulai Hassans Untergang voraussah, machte lieber selbst Geschäfte mit den Europäern. Mulai Hassans Nachfolger, der Teenager Mulai Abdelaziz, drückte Antidiskriminierungsgesetze von historischer Bedeutung durch, um Marokkos ehemalige Alliierte zu beeindrucken. Zur selben Zeit fassten die Europäer einen Entschluss. Die Reformen waren schön und gut, aber was sie wirklich wollten, waren preiswerte Handelsgüter. So machten die Europäer und Amerikaner in Tanger 1880 ihren eigenen Duty-Free-Shop auf und ernannten die Stadt zur „internationalen Zone", in der sie keinem Gesetz unterstanden und sich außerhalb der Reichweite der Steuereintreiber befanden.

Aber die Verlockung, eigenen Grundbesitz in Nordafrika zu haben, erwies sich als unwiderstehlich. 1906 kauften die Briten in Ägypten und am

1921–1926

Unter dem Kommando Abd el-Krims rebellieren Berberführer gegen die spanische Herrschaft im Rifgebirge. Infolgedessen verliert Spanien seinen Stützpunkt in den Bergen.

1943–1945

Als die Alliierten in Italien gegen die Achsenmächte kämpfen, ruft US-General Patton die Goum zu Hilfe. Die marokkanische Elite-Gebirgsjäger attackieren die Faschisten nachts mit Dolchen.

1942

Dem Vichy-Regime zum Trotz beherbergt Casablanca amerikanische Truppen vor der alliierten Gegenoffensive in Nordafrika. Im Gegenzug befürworteten die USA schließlich Marokkos Unabhängigkeit.

Suezkanal strategisch günstige Grundstücke an der Küste auf, Frankreich erwarb Ackerland von Algerien bis Westafrika, die Italiener landeten in Libyen, und Spanien zog den Kürzeren mit dem wilden Rif und jeder Menge Wüste. Die Deutschen waren sauer, dass sie nichts von dem Kuchen abgekriegt hatten, und kündigten Unterstützung für Marokkos Unabhängigkeit an. Als ob es Anfang des 20. Jhs. nicht schon genug Disharmonien im europäischen Mächtekonzert gegeben hätte.

In *The Conquest of Morocco* (2005) beschreibt Douglas Porch einen kontroversen Kolonialkrieg, der als angebliche „Zivilisierungsmission" von Geschäftsinteressen vorangetrieben wird – eine schaurige Bestätigung heutiger Schlagzeilen, wie Porch in der letzten Ausgabe feststellt.

FRANKREICHS NEUE AUSSENFILIALE: DAS PROTEKTORAT

Welchen Illusionen sich die marokkanischen Sultane auch immer hingegeben haben mochten, was die Kontrolle über ihr Land anging – mit der Konferenz von Algeciras 1906 zerplatzten sie jäh: Die Kontrolle über Marokkos Banken, Zoll und Polizei ging aus „Schutzgründen" an Frankreich über. 1912 machte der Vertrag von Fès Marokko schließlich zum französischen Protektorat und die Kolonisierung offiziell. Die Franzosen bestimmten einen Marionettensultan und mehr als 100 000 französische Verwalter; Verbannte und Opportunisten kamen in Marokkos Städten an, um sich in den *villes nouvelles* (neuen Städten) niederzulassen.

Generalresident Louis Lyautey sorgte dafür, dass die französischen Vororte mit modernen Bahnstrecken, Straßen, Stromversorgung und fließendem Wasser so komfortabel wie möglich ausgestattet wurden. Durch Schulen, Kirchen, Villen und Prachtstraßen mit den Namen französischer Generäle unterschieden sich die *villes nouvelles* grundlegend von den marokkanischen *medinas,* den historischen Stadtzentren in der Nachbarschaft. Keine Kosten und Mühen wurden gescheut, damit sich die Neuankömmlinge gleich zuhause fühlten. Das steigerte jedoch den Zorn der Marokkaner – sie hatten die Rechnung in Form von Steuern zu zahlen und mussten zudem einen Großteil der Arbeit leisten. Parallel litten sie in den Medinas weiterhin unter Platzmangel und einer schlechten Infrastruktur. Lyautey hatte bereits französische Handelskolonien in Vietnam, Madagaskar und Algerien aufgebaut. So kam er mit dem Selbstvertrauen eines großen Machers und einem klaren Aktionsplan nach Marokko: Den Widerstand der Berber brechen, falls nötig Allianzen mit Spanien eingehen und die Geschäfte mit allen erforderlichen Mitteln in Gang halten.

Als der von den Franzosen eingesetzte Sultan Yusuf starb und sein französisch erzogener 18-jähriger Sohn Mohammed V. Sultan wurde, erwartete Lyautey, dass die Geschäfte für Frankreich wie gewohnt weiterlaufen würden. Er hatte nicht auf seiner Rechnung, dass der junge Sultan Nationalist sein könnte und sich die Bevölkerung vehement für die Unabhängigkeit engagieren würde. Streiks im Bergbau und die Bildung von Gewerkschaften schadeten Frankreichs profitabelster kolonialer Einnahmequelle. Also wurde Militär eingesetzt, um die Marokkaner zurück in die Minen zu zwingen.

Die Berber hatten Fremdherrschaft nie kampflos hingenommen und waren auch nicht gewillt, bei den Franzosen eine Ausnahme zu machen. 1921 griff

1944–1953

Marokkos Nationalisten fordern immer ungeduldiger die Unabhängigkeit von Frankreich. Sultan Mohammed V. lässt sich breitschlagen und stimmt zu – und wird nach Madagaskar ins Exil geschickt.

1955/56

Marokko erringt die Unabhängigkeit von Frankreich, während Spanien einen Großteil seiner örtlichen Kolonialgebiete aufgibt. Der Nationalist Mohammed V. kehrt als König aus dem Exil zurück.

1961

Nach dem plötzlichen Tod Mohammeds V. besteigt der junge Hassan II. den Thron. Er verwandelt Marokko 1962 offiziell in eine konstitutionelle Monarchie, die aber in Wahrheit ein autoritäres Regime ist.

die Bevölkerung im Rifgebirge unter Führung von Ibn Abd al-Krim al-Khattabi wieder einmal zu den Waffen und richtete sie gegen Spanier und Franzosen. Fünf Jahre, 300 000 spanische und französische Soldaten sowie zwei aufstrebende Faschisten (Francisco Franco und Marschall Pétain) waren nötig, um Ibn Abd al-Krim zu fassen und ins Exil zu zwingen.

A Travellers History of North Africa (2008) von Barnaby Rogerson ist ein praktischer und übersichtlicher Führer, der Marokko in den größeren Kontext der Regionalgeschichte einbettet.

Die Franzosen gewannen einen mächtigen Verbündeten, als sie den berberischen Kriegsherrn Tihami el-Glawi zum Pascha von Marrakesch ernannten, machten sich damit allerdings auch eine Menge Feinde. Mit dem Titel bekam der Pascha auch das Recht, sich zu benehmen, wie er wollte. Das umfasste mafiaartige Hinrichtungen und Erpressungen, die Entführung von Frauen und Kindern, aber auch freundschaftliche Golfspiele in seinem Royal Golf Club mit Ike Eisenhower und Winston Churchill. Unter Androhung der Todesstrafe war es verboten, von der Unabhängigkeit zu sprechen. 1953 konspirierte der Pascha gegen König Mohammed V. von Marokko, der abgesetzt und ins Exil geschickt wurde. Aber wie das Schicksal es wollte, beendete Pascha el-Glawi seine Tage machtlos und krank – auf Knien bat er König Mohammed V. um Verzeihung.

EIN SCHWIERIGER START: NACH DER UNABHÄNGIGKEIT

Obwohl das französische Protektorat Marokko im Zweiten Weltkrieg nominell mit dem französischen Vichy-Regime und Deutschland verbündet war, bot sich das unabhängige Casablanca als Basis an, von der aus der Zwei-Fronten-Krieg in Nordafrika eingeleitet wurde. Als Marokkos nationalistische Partei Istiqlal (Unabhängigkeit) 1944 die Unabhängigkeit Marokkos forderte, waren Amerikaner und Briten gewillt zuzustimmen. Unter dem zunehmenden Druck der Marokkaner und Alliierten erlaubten die Franzosen Mohammed V. 1955 die Rückkehr aus dem Exil. 1956 bis 1958 handelte Marokko dann erfolgreich seine Unabhängigkeit von Frankreich und Spanien aus.

Anhand von Augenzeugenberichten erzählt Alison Bakers Buch *Voice of Resistance: Oral Histories of Moroccan Women* (1998) von Frauen der marokkanischen Unabhängigkeitsbewegung, die Seite an Seite mit Männern gegen die Kolonialherrschaft rebellierten, protestierten und kämpften.

Als Mohammed V. 1961 plötzlich an Herzversagen starb, wurde König Hassan II. Führer der neuen Nation. Konfrontiert mit einer unsicheren Machtbasis, einer labilen Wirtschaft und Wahlen, die selbst die Nationalisten spalteten, festigte Hassan II. seine Macht durch Razzien bei der Opposition und die Auflösung des Parlaments, die erst nach zehn Jahren wieder aufgehoben wurde. Durch hohe Kreditaufnahmen zur Finanzierung des Dammbaus, der Stadtentwicklung und des immer weiter wachsenden Beamtenapparats war Marokko in den 1970er-Jahren hoch verschuldet. Attentatsversuche auf den König signalisierten die Notwendigkeit eines Umbruchs, bis dann 1973 die Phosphatindustrie in der spanischen Kolonie Westsahara zu boomen begann. Marokko meldete 1975 mit dem friedlichen „Grünen Marsch" (s. Kasten gegenüber) von 350 000 Marokkanern nach Westsahara seinen Anspruch auf das Gebiet und seine lukrativen Phosphatvorkommen an. Nach dem Abzug der Spanier besetzte es schließlich das Land. Seither kämpfen die einheimischen Sahrauis um Selbstbestimmung.

1975

Die UNO erklärt Westsahara für unabhängig. Hassan II. ist anderer Meinung und organisiert den Grünen Marsch, um Marokkos Ansprüche auf die Region und deren Phosphatvorkommen zu unterstreichen.

1981

Nach Unruhen in Casablanca verhaftet das Militär Oppositionelle und Gewerkschafter. Dennoch nehmen die Forderungen nach politischen Reformen zu. Viele politischen Gefangenen werden später freigesprochen.

1984

Westsahara wird in der Organisation für Afrikanische Einheit, dem Vorläufer der Afrikanischen Union, aufgenommen. Daraufhin erklärt Marokko seine Nicht-Mitgliedschaft, die bis heute besteht.

MARSCHIEREN IM KÖNIGLICHEN TAKT

In den 1950er-Jahren war erstmals halbherzig von „Groß-Marokko“ die Rede. In den 1970er-Jahren wurde der Ausdruck offizieller Deckmantel für die Annektierung der an Phosphatvorkommen reichen Westsahara. Mit nur einem Haken: Die Volksfront zur Befreiung von Saguia el Hamra und Río de Oro (kurz Polisario) erklärte die Region für unabhängig. Hassan II. besann sich seiner französischen Rechtskenntnisse und brachte die Angelegenheit 1975 vor den Internationalen Gerichtshof in Den Haag – in der Hoffnung, dass er Marokkos Ansprüche als neutrale Institution eindeutig bestätigen würde. Doch stattdessen ging das Gericht auf die Gegenforderung der Polisario nach Unabhängigkeit ein und schickte eine Untersuchungskommission in die Westsahara. Schließlich entschied Den Haag, dass die regionale Verbindungen des Gebiets zu Marokko nicht stark genug seien, um dessen Ansprüche zu rechtfertigen. Somit wurde der Westsahara das Recht auf Selbstbestimmung zuerkannt. In einer äußerst kreativen Auslegung dieses Urteils erklärte Hassan II. trotzdem den Sieg Marokkos und ordnete 1975 einen feierlichen „Friedensmarsch“ an. Dabei zogen 350 000 Marokkaner von Marrakesch in die Westsahara – manche kehrten nie zurück. Der unbewaffnete „Grüne Marsch“ untermauerte die marokkanische Präsenz in der Region. Bald darauf folgten Soldaten und Landminen, während die Polisario-Kämpfer erbitterten Widerstand leisteten.

Inzwischen hat der Grüne Marsch seine Symbolkraft für den marokkanischen Nationalstolz eingebüßt. Zierten früher noch entsprechende Wandbilder standardmäßig die Cafés im Süden des Landes, wurden sie mittlerweile durch schickere Dünenlandschaften und Berber-Pride-Symbole ersetzt. Gleichzeitig sanken die Profite im Phosphatabbau, bedingt durch fallende Preise, Sabotageakte in den Minen und explodierende Kosten für marokkanische Militäreinsätze (bis 1981 über 300 Mio. US$ pro Jahr). Marokko einigte sich 1991 auf eine Waffenruhe mit der Polisario, kaufte aber 2008 im Rahmen eines 2,4 Mrd. US$ schweren Liefervertrags mit der US-Rüstungsindustrie 24 Kampfjets. Es könnten also wieder unruhigere Zeiten bevorstehen. Versuche der UN, den Konflikt beizulegen, werden bis heute blockiert, während der Status der Westsahara immer noch ungeklärt ist. Dies schürt nach wie vor den Zorn der Sahrauis und gilt unter vielen kritischen Steuerzahlern Marokkos als heikles Thema.

ERNEUERUNG IN ARBEIT: MAROKKO HEUTE

Die wachsende Kluft zwischen Arm und Reich und hohe Steuern, mit denen Marokkos Militäreinsatz in Westsahara gezahlt werden sollen, brachten König Hassan II. in die Kritik. Die Anfeindungen nahmen durch seine Maßnahmen gegen Oppositionelle noch zu. In den 1980er-Jahren zählten schließlich Journalisten, Gewerkschaftler, Frauenrechtlerinnen, Marxisten, Berber, die um Anerkennung ihrer Kultur und Sprache kämpften, und arme Arbeiter – also ein breiter Querschnitt durch die marokkanische Gesellschaft – zu seinen Kritikern .

Der Tropfen, der für viele das Fass endgültig zum Überlaufen brachte, war 1981 eine beiläufige Meldung der staatlichen marokkanischen Zeitungen über die Anhebung der Preise für Grundnahrungsmittel. Für die vielen Marokkaner, die mit dem Mindestlohn auskommen mussten, bedeutete das, dass zwei Drittel ihres Einkommens für eine knappe Versorgung mit Sardi-

Unter http://w-sahara.blogspot.com beleuchtet Western Sahara Info die Westsahara aus einer Perspektive, die in den staatlich zensierten Zeitungen Marokkos nicht zu finden ist. Dazu kommen viele Links zu nordafrikanischen Nachrichtenquellen.

1999

Nach dem Tod Hassans II. wird sein Sohn, Mohammed VI., König von Marokko. Der neue Monarch verspricht in seiner Antrittsrede einen Wandel und haucht der konstitutionellen Monarchie neues Leben ein.

2002

Marokkanische Soldaten besetzen die auch von Spanien beanspruchte Isla del Perejil in der Straße von Gibraltar. Der aufflammende Konflikt verstärkt den uralten Souveränitätsstreit um Ceuta und Melilla.

2002–2004

Mohammed VI. verabschiedet einen historischen Reformkatalog, der reguläre Parlamentswahlen und landesweite Gemeindewahlen vorsieht und Frauen noch nie dagewesene Schutzrechte zuweist.

AUFRUHR IN DER BLOGGERSZENE

Handy-Klingeltöne mischen sich mit Gebetsrufen, während Internet-Kioske die königlichen Rosengärten säumen und Paare in Cybercafés ihre Liebesgrüße über Webcam austauschen: Willkommen in Marokko, Heimat der Technik-Trendsetter. Während der letzten zehn Jahre sind marokkanische Frauen zu den eifrigsten Internetnutzern der arabischen Welt geworden. Marokkos Jugend kommuniziert dermaßen exzessiv per SMS, dass die örtliche Handyquote in kurzer Zeit europäische Ausmaße annahm. Und als Mohammed VI. 2002 die Computeringenieurin Salma Bennani heiratete, feierten die technikbegeisterten Marokkaner die Hochzeit als den Zusammenschluss von moderner Monarchie und moderner Technologie. Kurz nach dem glücklichen Ereignis wurde die marokkanische Bloggerszene alias „Blogoma" geboren.

Sie besteht heute aus Hunderten von Bloggern und Online-Kommentatoren, deren Diskussionsspektrum von Kino bis Neokolonialismus reicht. Anfänglich waren YouTube, Google Earth, LiveJournal und Websites zu Westsahara in Marokko nur eingeschränkt zugänglich. Mittlerweile hat der Staat die Online-Zensur etwas gelockert. Findige Blogger überlisten sowieso jegliche Filter, indem sie ihre Kommentare unter verschiedenen Online-Identitäten auf ständig wechselnden Websites veröffentlichen – sei es nun zu Erziehungsfragen oder zur aktuellen Politik. In seinem pionierhaften Enthusiasmus missachtete ein 26-Jähriger jedoch die goldene Facebook-Regel: Überlege genau, was Du ins Netz stellst – es wird Dich eines Tages mit Sicherheit heimsuchen.

Fouad Mourtada ließ sich von den vielen satirischen Facebook-Seiten zu George Bush und anderen öffentlichen Personen inspirieren. So erstellte er eine Fake-Page im Namen des marokkanischen Kronprinzen Mulai Rachid – und wurde im Februar 2008 prompt verhaftet. Fouad erhielt eine dreijährige Haftstrafe, was die Blogoma augenblicklich mit einer Protestseite und einer E-Mail-Kampagne quittierte. Einen Monat später wurde der reumütige Blogger vom Königshaus begnadigt und bibbernd wieder freigelassen. Seine internationalen Kollegen reagierten mit einer kurzen, aber heftigen Postingflut, um sich dann wieder den üblichen Themen zuzuwenden: Filmspoilern, Politskandalen und Lästern über Microsoft. Der marokkanische Blog-Aggregator (http://maroc-blogs.com) liefert einen Überblick über die aktuelle Blogoma.

nen, Brot und Tee draufging. Als die Gewerkschaften Proteste in großem Stil organisierten, reagierte die Regierung prompt mit brutalen Repressalien. Panzer rollten durch Casablancas Straßen, Hunderte von Menschen wurden getötet, mindestens 1000 verletzt und landesweit etwa 5000 Demonstranten inhaftiert. Doch weit davon entfernt, sich einschüchtern zu lassen, forderten die Marokkaner während der Unruhen in Casablanca weiter Regierungsreformen. Tatsächlich führte der permanente Druck von Menschenrechtsaktivisten zu sukzessiven Demokratisierungsbemühungen, Amnestien, Verfassungs- und Verwaltungsreformen. Nachdem schließlich 1997 erstmals eine linke Oppositionspartei stärkste Macht im Parlament wurde, konnte ein Jahr später unter Premier Abderrahmane Youssoufi der lang ersehnte demokratische Machwechsel vollzogen werden.

1999 starb Hassan II., sein Nachfolger wurde Mohammed VI. Schon bei seiner allerersten öffentlichen Erklärung als König nach dem Tod seines Va-

Bei den zweiten marokkanischen Parlamentswahlen 2007 errangen 34 Frauen ein Mandat, was einer Quote von 10,4 % entspricht. Dieses Ergebnis rangiert knapp hinter der US-Quote von 12,5 % – die nach 110 Wahlen zustande kam.

2004–2005

Die Wahrheitskommission lässt Opferaussagen zu Menschenrechtsverletzungen während der „Bleiernen Jahre" öffentlich übertragen. Ergebnis sind die höchsten Einschaltquoten der marokkanischen TV-Geschichte.

2004

Marokko unterzeichnet ein Freihandelsabkommen mit der EU und den USA. Obwohl die EU 1987 eine marokkanische Mitgliedschaft ablehnte, werden seit 2006 gewisse Sonderrechte in Erwägung gezogen.

2006

Marokko schlägt eine „Spezial-Autonomie" für Westsahara vor. Nach sieben Jahren finden erstmals wieder Gespräche mit der Polisario statt. Es bleibt jedoch beim Status quo: einem ungelösten Konflikt

ters deutete er einen Kurswechsel an und gelobte Fehler jener „bleiernen Jahre" wieder gutzumachen. 2004 setzte er dazu die Wahrheitskommission ein.

Heute hat Marokko angeblich eine der saubersten Menschenrechtsstatistiken in ganz Afrika und Nahost – auch wenn sie nicht ganz makellos ist: Nach dem 11. September 2001 und den Bombenanschlägen von Casablanca 2003 kam es erneut zu Repressionen. Human Rights Watch zufolge wurden viele der verhafteten Verdächtigen eingeschüchtert und misshandelt. Doch die Kommission hat eine weitere Sicherung der Menschenrechte in Marokko gefördert, indem sie bislang 9280 Opfern aus den Jahre 1956 bis 1999 zu Entschädigungen verhalf. 2002 reservierte das frisch gewählte Parlament 30 Frauensitze im Abgeordnetenhaus und brachte zudem ein paar vielversprechende Reformen auf den Weg. Darunter fallen vor allem die allerersten Gemeindewahlen des Landes, die Einführung von Berbersprachen an einigen staatlichen Schulen und nicht zuletzt die lang herbeigesehnte Mudawanna, ein Gesetz, das Marokkanerinnen das Recht auf Scheidung und Sorgerecht zusichert.

Unter almiraatblog.blogspot.com gibt der Moroccon Mirror auf Englisch unverblümte Kommentare zur marokkanischen Demokratie ab. Die Weltpolitik wird ebenfalls kritisch betrachtet.

Doch wer sich in der Bevölkerung umhört, wird erfahren, dass auch noch eine Menge zu tun bleibt. Während das marokkanische Wirtschaftswachstum 2007 über 6,5 % stieg, befindet sich die Arbeitslosenquote auf konstant hohem Niveau. Einen tragischen Beleg für die schwelenden Wirtschafts- und Sozialkonflikte war 2007 der Selbstmordanschlag auf ein Internetcafé in einem Arbeitervorort Casablancas. Die Lokalverwaltungen werden immer noch von Rabat aus kontrolliert, während eine Wahlbeteiligung bei den Parlamentswahlen 2007 von 37 % ein historisches Tief bedeuteten. Experten werten dies als Ausdruck mangelnden Vertrauens in die Geschwindigkeit des demokratischen Reformprozesses. Ein Großteil der Sitze ging an die gemäßigt islamistische Partei für Gerechtigkeit und Entwicklung (PJD). Somit scheint der Staatsapparat seine Kritiker mit an Bord zu holen oder zumindest etwas in Bewegung zu geraten. Wurde noch im August 2007 Marokkos beliebteste Zeitschrift *TelQuel* hart für die Veröffentlichung harmloser Witze über das marokkanische Königshaus gemaßregelt, so begnadigte man im April 2008 einen Blogger, der sich subtil über den Kronprinzen lustig gemacht hatte (s. Kasten gegenüber). Und während die staatlichen Reformen langsam greifen, unternehmen die Marokkaner auch eigenhändig etwas gegen Armut und Analphabetentum. Hiervon zeugen u. a. die umtriebigen Projekte von Dorfverbänden und gemeinnützigen Organisationen.

Global Voices Morocco fasst marokkanische Nachrichten und Meinungen online zusammen, ebenso das Bloggerecho auf marokkanische Pressemeldungen – auf Englisch nachzulesen unter www.globalvoicesonline.org/-/world/middle-east-north-africa/morocco/.

Das Marokko des 21. Jhs. ist Heimat der Armen und Reichen, der Tradition und der Moderne. Die Nation ist geprägt von starken Gegensätzen und dem Mut, diesen die Stirn zu bieten. Ihr gemäßigtes (politisches) Klima lässt den Tourismus blühen. Auch wenn dieser die verfügbaren Ressourcen ausreizt, fördert er finanziell die Entwicklung einer Mittelschicht zwischen Königshaus und Kleinbauern. Über neue Selbsthilfeprojekte in den Dörfern, eine wachsende Bloggerszene und traditionell formlose Poesie verschaffen sich die Marokkaner Gehör und stehen zu ihren berberischen Wurzeln als „freies Volk".

2007

Bei den Parlamentswahlen im September geht die konservativ-nationalistische Partei Istiqlal als Siegerin hervor. Derzeit stellt sie den Premier Abbas Al-Fassi, der eine Fünf-Parteien-Koalition lenkt.

2007

Die Obrigkeit verbietet das Magazin *Nichane* aufgrund des Artikels *Witze: Wie Marokko über Religion, Sex und Politik lacht*. Die Zeitschrift *TelQuel* bekommt wegen „Respektlosigkeit gegenüber dem König" Probleme.

2008

Die EU und Mittelmeeranrainer gründen in Paris die Union für das Mittelmeer, die die politische, wirtschaftliche und kulturelle Zusammenarbeit intensivieren soll. Ihr gehört auch Marokko an.

Kultur

Am besten vergisst man die bunten Prospekte über Marrakesch erst einmal, und die in der marokkanischen Sahara gedrehten Filme und die ganzen Storys über das dekadente Tanger gleich mit. Jeder, der hier gewesen ist, weiß: Marokko lernt man am besten über seine Einwohner kennen. Darum werden hier zur Einführung vier Menschen vorgestellt – Fatima, Driss, Amina und Rashid –, die eine Art Mix aus all den Menschen sind, denen Reisende auf ihrer Tour durchs Land begegnen werden. Alle vier stehen einerseits für einen Teil der marokkanischen Gesellschaft und sind andererseits untypisch in einer anderen Hinsicht. In diesem Kapitel wird beschrieben, wie sich ihre Erfahrungen zur marokkanischen Kultur als Ganzem verhalten. Wenn man das Land dann besucht, wird man verstehen, wie diese Figuren zustande gekommen und wo sie im modernen Marokko zu finden sind.

Gestatten, Fatima

Fatima ist auf einem Bauernhof aufgewachsen und verdiente sich mit der Fertigung von Teppichen etwas dazu. Trotzdem war kaum genug Geld da, um die Familie durchzubringen. Heute jedoch hat sie ein regelmäßiges Einkommen: Sie sammelt Argannüsse für eine Fair-Trade-Frauenkooperative in der Nähe von Agadir. Bei den wenigen Malen, die sie in der Stadt war, war sie überrascht, wie locker die jungen Leute mit den Älteren umgehen. Aber angegriffen fühlte sie sich nicht. Fatima findet es gut, wenn die Jungen ihre eigenen Ideen haben. Nur die Preise haben sie schockiert. Sie lebt bescheiden und spart jeden Dirham, um das Schulgeld für die Enkelkinder bezahlen zu können. Ihre vier Kinder sind alle verheiratet, und sie hat immer Geschichten und Süßigkeiten parat, falls ihre Enkelkinder zu Besuch kommen. Die Arthritis macht ihr allmählich schwer zu schaffen, und sie sorgt sich um die Familie, die von ihr abhängig ist, seit ihr Mann vor ein paar Jahren gestorben ist. Zu Hause spricht Fatima Taschelhit, eine Berbersprache, aber sie kann sich auch in marokkanischem Arabisch verständlich machen. Und die Ausländer, die manchmal in die Argankooperative kommen, kann sie mit „Hallo" und „Willkommen" auf Französisch und Englisch begrüßen. Allerdings ist sie weder des Lesens noch des Schreibens mächtig. Fatimas Traum ist eine Pilgerreise nach Mekka – *inshallah* (so Gott will).

In *Die Gefangene: Ein Leben in Marokko* (2001) schildert Malika Oufkir, wie sie von einer Hofdame zum Häftling wird – nachdem ihr Vater versucht hat, Hassan II. im Rahmen eines Putsches zu ermorden. Der marokkanisch-französische Regisseur Morjana Alaou will das Buch verfilmen.

Gestatten, Driss

An sechs Tagen in der Woche klingelt Driss' Wecker um 6 Uhr. Mit dem Motorroller geht's dann von der Wohnung seiner Familie in einem neuen Vorort Marrakeschs zum Riad, einem zum Gästehaus umgebauten Anwesen mit Innenhof. Dort arbeitet Driss als Assistent der Geschäftsleitung. Unterwegs bringt er noch schnell seine kleine Schwester zur Schule. Seine Spanisch- und Englischkenntnisse reichen aus, um den Gästen die Frühstückskarte des Riads zu erklären, zudem spricht er fließend Französisch sowie marokkanisches und klassisches Arabisch. Letzteres verdankt er hauptsächlich den Nachrichtensendungen auf Al-Dschasira. Seine berberische Muttersprache Taschelhit ist dagegen so langsam etwas eingerostet. Driss' Vater besitzt einen kleinen *hanout* (Eckladen). Er kann im Vergleich zu seinem Sohn nicht so gut lesen und schreiben, hat aber stets darauf bestanden, dass seine fünf Kinder in die Schule gehen. An seinem freien Tag besucht Driss einen Computerkurs und momentan spart er für ein Handy. Da er auf die 30 zugeht, werden ihn seine Eltern sicherlich bald zur Heirat mit einem der Dorfmädchen drängen. Letztere interessieren Driss jedoch nicht sonderlich – er hat es nicht eilig und würde sowieso lieber eine Frau in der Stadt kennenlernen, mit der er sein Leben planen kann. Er hat da auch schon eine bestimmte Dame im Auge, die in einem Internetcafé nahe dem Riad arbeitet…

Gestatten, Amina

Amina ist 22 Jahre alt und studiert französische Literatur. Sie würde gern für die marokkanische Regierung arbeiten, vielleicht sogar im diplomatischen Dienst. Ihr Vater arbeitet für den Staat und die Familie lebt in einem neueren Vorort von Rabat. Amina ist selbst noch nie in Frankreich gewesen, aber einige ihrer Verwandten, die dort leben, bezahlen ihre Ausbildung. Mit ihnen hält sie per E-Mail Kontakt auf Französisch und in marokkanischem Arabisch. Über das Weltgeschehen informiert sich Amina übers Internet in französischer, arabischer und englischer Sprache, oder sie guckt Satellitenfernsehen. Am Wochenende geht sie oft mit einer großen Gruppe von Freunden ins Café. Sie trinkt keinen Alkohol, im Gegensatz zu manchen ihrer Bekannten, aber sie verurteilt diese dafür nicht. Was Verabredungen mit Männern angeht: Vor einer Weile hat sie in einem Internetcafé einen Typen kennengelernt, aber das war nichts Ernstes. Noch hat sie niemanden, mit dem sie per Webcam chatten könnte, aber einige ihrer Freundinnen tun das. In nächster Zeit möchte sie keine feste Beziehung – es gibt noch viel zu viel zu tun.

Kinder gehören ins Klassenzimmer. Darum sollten Traveller Einkäufe nur bei Erwachsenen tätigen und keine Almosen, Stifte oder Süßigkeiten an Kinder verteilen – sonst betteln diese lieber bei Touristen, anstatt zur Schule zu gehen.

Gestatten, Rashid

Rashids Schwestern wollen ihn oft ärgern und sagen dann, er sei so ein Träumer, dass ihm ständig die Ziegen wegliefen. Früher absolvierten die Geschwister den 4 km langen Schulweg noch gemeinsam, doch dann wurde ihr Dorf im Mittleren Atlas von der Dürreperiode letztes Jahr hart gebeutelt. Rashids Eltern mussten daraufhin ihren Esel verkaufen und sich genau überlegen, wen sie während der aktuellen Erntesaison erübrigen könnten. Weil der elfjährige Rashid im Vergleich zu seinen Schwestern ein besserer

SOZIALE TUGENDEN

Viele Besucher sind überrascht, wie schnell man in Marokko Freundschaften schließen kann – und dementsprechend etwas misstrauisch. Klar: Wenn Teppichhändler einem Tee anbieten, geschieht dies sicherlich nicht aus reiner Freundschaft. Auch die unerwartete Begegnung mit der alleinstehenden Kusine eine neues marokkanischen „Freundes" entpuppt sich vielleicht als unangenehm. Wer in eine solche Situation gerät, schützt am besten einfach eine anderweitige Verpflichtung vor, lächelt und geht – nichts für ungut.

Trotzdem sollte man einmal gezielt darauf achten, wie die Marokkaner miteinander umgehen. Schnell wird einem klar, dass Freundlichkeit hier weitaus mehr ist als eine bloße Sozialkonvention. Selbst flüchtige Bekannte erinnern sich am nächsten Tag noch an die Begegnung und grüßen einen herzlich. Dann gehört es sich, stehenzubleiben und nach dem jeweiligen Befinden zu fragen. Begrüßungen unter Freunden können in Marokko bis zu zehn Minuten dauern: Jeder erkundigt sich bei jedem nach dessen Stimmung, Gesundheit und Familie. Freundschaften besiegelt man in Marokko, indem man sich die Hand schüttelt und dann mit der rechten Hand das Herz berührt. Letzteres zeigt, dass man die Begegnung in seinem Herzen bewahren wird. Bei guten Freunden geht das Händeschütteln mit bis zu vier Wangen- bzw. Luftküssen einher.

Marokkaner nehmen sich stets jede Menge Zeit und sind dabei so zuvorkommend, dass sich ausländische Besucher manchmal fast bedrängt fühlen: Sie begleiten einen ganz bis zum angepeilten Ziel oder laden einen sogar zum Mittagessen nach Hause ein. Zur Sicherheit noch einmal: Wer plötzlich eine Bezahlung für seine Dienste verlangt, ist sicherlich kein Freund. Um seinen Dank für die Einladung auszudrücken, schaut man am nächsten Tag vorbei und sagt Hallo. Dabei sollte keinesfalls mit Komplimenten für die Köchin oder den Koch gegeizt werden (s. S. 94).

Schüler, aber dafür ein schlechterer Ziegenhirte ist, darf er weiter zur Schule gehen – zumindest momentan. Er überrascht seine Schwestern gerne, indem er ihnen etwas aus der Schule mitbringt, z. B. träge Eidechsen, Beeren aus dem Schulgarten, oder einmal sogar einen ausländischen Wanderer, den er zum Tee eingeladen hatte und den die Familie mit ihren besten Butterbroten bewirtete. Der Kerl gab zwar nur Unverständliches von sich, war aber beim *koura* (Fußball) gar nicht so schlecht. Über die Dorfkooperative schickte er der Familie später eine Postkarte, die seitdem einen Ehrenplatz auf dem Wohnzimmerregal hat. Rashid ist sich sicher: Falls er die regionale Mittelschule besuchen darf, wird er ihm eines Tages in perfektem Englisch zurückschreiben.

LEBENSART

Familienwerte

Humour and Moroccan Culture (2007) enthält marokkanisch-arabische Witze, die man ansonsten wohl nie zu hören bekommt. Der US-amerikanische Auswanderer Mathew Helmke hat diese Schatztruhe des marokkanischen Humors zusammengestellt und ins Englische übersetzt.

So unterschiedlich sie auch sind – eines haben Fatima, Driss, Amina und Rashid gemeinsam: die Verbundenheit mit ihren Familien. Sie haben eigene Berufe und eigene Vorstellungen vom Leben, aber ihre Pläne sind immer irgendwie an die Familie gebunden. Das ist es, was sie zu echten Marokkanern macht.

Vielleicht mit Ausnahme der königlichen Familie (s. S. 54) gründet sich Status in Marokko nicht so sehr auf die Zurschaustellung von Reichtum und Privilegien, sondern eher darauf, dass man seinen Wohlstand mit der Familie teilt. Selbst wichtige Statussymbole (wie Driss' Mofa oder das Satellitenfernsehen in Aminas Haus) werden weniger als wertvoller persönlicher Besitz betrachtet denn als Vermögenswerte, von denen die ganze Familie profitiert. Das ändert sich aber langsam: Die aufstrebende Mittelklasse, die Driss repräsentiert, zieht den großen Wohnhäusern der Familie die kleineren Wohnungen in den Vororten vor, wo Gemeinschaftseigentum nicht mehr unbedingt die Regel ist. Trotzdem bleiben die Familienbande in Marokko extrem wichtig, und Geldsendungen von Marokkanern aus dem Ausland sind überlebenswichtig für ihre Familien zu Hause.

Weil die Familie bei den Marokkanern einen so hohen Stellenwert hat, ist sie auch fast immer Thema bei Gesprächen mit Fremden: Wo lebt deine Familie? Bist du verheiratet und hast du Kinder? Wie geht es ihnen? Was machen sie so? Das wirkt auf Europäer manchmal wie Neugierde, oder sie halten es für eine umständliche Art, um herauszufinden, wer ein Mensch ist und was ihn interessiert. Dagegen finden es Marokkaner komisch, beim Kennenlernen nach dem Job des anderen zu fragen: Was er arbeitet und in seiner Freizeit macht, sagt ihrer Meinung nach weniger über einen Menschen aus als das, was er für seine Familie tut.

Bildung

Die Mädchenschule Dar Taliba liegt draußen auf dem Land. Ihre 14-jährigen Schülerinnen haben internationalen Ethnobotanikern dabei geholfen, den weltweit größten Katalog über Berber-Heilpflanzen und deren Verwendung im nordafrikanischen Raum zu erstellen.

Gleich nach der Familie ist Bildung in Marokko der wichtigste Hinweis auf den jeweiligen sozialen Status. Wie 55,3 % der marokkanischen Stadtbevölkerung können Driss und Amina lesen bzw. schreiben. Bei Driss ist dies mehr oder weniger normal, aber Amina gehört zu einer Minderheit: 2003 waren 60 % aller marokkanischen Frauen noch Analphabetinnen. Doch trotz Hochschulabschluss sieht es auf dem Arbeitsmarkt für Amina wohl wenig rosig aus – 2008 waren landesweit 40 % aller frisch gebackenen Geisteswissenschaftler arbeitslos.

Rashids Lesefähigkeit hebt ihn im ländlichen Marokko von der Masse ab: Die Analphabetenquote liegt dort noch heute bei über 70 %. Ein späterer Mittelschulbesuch würde ihn zu den mageren 12 % aller Jungs vom Land zählen lassen, die diese Möglichkeit bekommen. Mädchen wie Rashids Schwestern stellen beinahe zwei Drittel der 500 000 marokkanischen Kinder unter 15 Jahren, die arbeiten, statt zur Schule zu gehen. Mittlerweile wurde der Schulbesuch bis zum Alter von 14 Jahren zum öffentlichen Anliegen erklärt; zusammen mit positivem sozialem Druck und dem Engagement örtlicher Initiativen hat dies die Bildungschancen im ländlichen Marokko deutlich erhöht. Doch arme Landfamilien wie die von Rashid haben häufig schon Schwierigkeiten, ihre Kinder zu ernähren. Der UN-Ernährungs- und Landwirtschaftsorganisation (FAO) zufolge ist Mangelernährung im Kindesalter in Marokko auf dem Vormarsch; die Zahlen verdoppelten sich seit Mitte der 1990er-Jahre bis 2006 auf 8 %. Innovative Schulprogramme wie das, welches Rashid besucht, kümmern sich um Bildung und Ernährung. Sie sind dringend nötig, um Marokko eine stabile, bessere Zukunft zu bescheren.

Auf http://marocfashion.canalblog.com (französisch) kann man in Marokkos Modewelt eintauchen. Die Models auf den Fotos präsentieren u. a. schicke Gürtelkaftans und *gandouras* (Abendkleider).

Gesellschaftliche Regeln

Wer Marokko bereist, wird wahrscheinlich feststellen: Manche Verhaltensweisen wie Alkoholkonsum oder das Zuwerfen von Küsschen ans andere Geschlecht gelten in der Öffentlichkeit als völlig inakzeptabel, werden aber in der halbwegs privaten Atmosphäre von Restaurantterrassen, Riads oder Internetcafés häufig toleriert. Vor diesem Hintergrund wirkt Aminas Einstellung zu Alkoholkonsum und Online-Flirts nicht ganz so radikal, und Driss hat bei seiner Bekanntschaft aus dem Internetcafé vielleicht dennoch eine Chance. Bis heute verbieten marokkanische Gesetze offiziell außerehelichen Geschlechtsverkehr, Homosexualität und den Alkoholverkauf im Umkreis von Moscheen; in der Praxis werden diese Gesetze jedoch nur noch sehr selten angewandt, und bei angemessener Diskretion ist die Bandbreite gesellschaftlich akzeptablen Verhaltens recht groß.

Mode mal marokkanisch

Viele Marokkaner und Marokkanerinnen tragen eine Dschellaba, Kaftans mit spitzer Kapuze, die bis zu den Knöcheln reichen und vorn mit Seiden-

KLEIDER MACHEN LEUTE – EIN DRESSCODE FÜR TRAVELLER

Während der letzten Jahrtausende hatten die Marokkaner ständig Kontakt mit Europäern und sie schauen seit etwa zehn Jahren Satellitenfernsehen, darum lassen sie sich von westlicher Kleidung wahrscheinlich nicht so schnell schocken. Wer mit traditioneller Kluft und Kopftuch einen auf Lawrence von Arabien macht, wird mit Sicherheit verwundert angestarrt und möglicherweise belächelt werden. Schließlich ist Marokko nicht Saudi-Arabien – hier nimmt niemand mehr ein Krummschwert mit zur Arbeit. Kopfbedeckungen schützen zuverlässig gegen Sandstürme in der Wüste, aber niemand erwartet, dass man mit Kopftuch oder blauem Tuareg-Turban herumläuft. Übrigens tragen selbst die Tuareg mittlerweile Adidas.

Nichtsdestotrotz kann die Klamottenwahl immer noch als Ausdruck des Respekts vor sich selbst, der eigenen Familie oder den Gastgebern interpretiert werden – oder eben als Mangel an Respekt. Etwas knappe Kleidung wird nahezu sicher nicht offen kritisiert, aber dennoch gilt es in dieser kontaktfreudigen Gesellschaft als Gipfel der Unhöflichkeit, jemandem die nackte Schulter zu zeigen. Die Menschen schämen sich dann für ihr Gegenüber und dessen Erziehung: Man erntet entweder mitleidige Blicke oder wird gar nicht mehr angeschaut. Wenn man also einen guten Eindruck hinterlassen und nicht auf tolle Gespräche verzichten möchte, sollte man sich angemessen kleiden – insbesondere, wenn man es mit älteren Marokkanern zu tun hat.

Für Männer wie Frauen bedeutet das konkret: Shorts und ärmellose Obereile sind tabu, und selbst in trendigen Nachtclubs können enge Klamotten, kurze Röcke und tief ausgeschnittene bzw. bauchfreie Tops missverstanden werden – etwa als Berufskleidung des ältesten Gewerbes der Welt. Allgemein sollte alles durchgehen, was man zu Hause im Supermarkt tragen kann, ohne großartig aufzufallen. Dabei aber immer das Klima berücksichtigen – das marokkanische Temperaturspektrum reicht von glühender Wüstenhitze bis zu frostiger Kühle in den Bergen.

knöpfen geschlossen werden. Die weit geschnittenen Dschellabas sind bequem und sollen sittsam wirken. Allerdings tragen manche Frauen Modelle mit psychedelischen oder Leopardenmustern, die die Blicke genauso auf sich ziehen wie ein Minirock. Viele jüngere Marokkaner bevorzugen eine gemischte Garderobe: Städter wie Amina und Driss kombinieren oft schicke, hüftlange Tuniken oder geknöpfte Hemden mit Jeans oder knöchellangen Hosen, und dazu tragen sie *babouches* (marokkanische Slipper) oder trendige Schuhe. Momentan sind Sneakers und T-Shirts mit Logos schwer angesagt. Würde in Marokko allerdings jemand auf Markenschutz pochen, liefen die meisten Großstadtbewohner wohl halbnackt herum …

Weibliche Kopfbedeckungen fallen hier weitaus weniger auf als in Frankreich, wo der Gesetzgeber momentan versucht, Frauen das Tragen von Kopftüchern an bestimmten Orten zu verbieten. Manche Marokkanerinnen tragen ihre *hejabs* (Kopftücher) aus religiösen oder kulturellen Gründen, abhängig von Ort und individueller Persönlichkeit. Im Vergleich zu *Marakshiyyas* (Frauen aus Marrakesch) hüllt sich Casablancas Damenwelt häufiger in Kopftücher, deren Farben dann natürlich auf das übrige Outfit abgestimmt sind. Ganzkörperschleier mit Augenschlitzen sind in den Städten extrem rar, und Landfrauen bei der Feldarbeit tragen sie sogar noch seltener. Junge Marokkanerinnen wie Amina probieren oft eine Zeitlang aus, ob ein Kopftuch zu ihnen passt – oder verzichten gleich darauf. Andere tragen ein Kopftuch in der Öffentlichkeit, nicht aber zu Hause oder bei der Arbeit.

Auf http://gvnet.com/streetchildren/Morocco.htm, einer Website, die sich gefährdeten Kindern und Jugendlichen in aller Welt widmet, kann man sich über die Lebenssituation marokkanischer Straßenkinder und eigene Möglichkeiten zu deren Unterstützung informieren.

WIRTSCHAFT

Wirtschaftslage

Ihre Landsleute würden Fatima, Driss und Amina als Glückspilze bezeichnen, denn der Weltbank zufolge leben 19 % der Marokkaner unterhalb der Armutsgrenze und die Arbeitslosenquote liegt bei über 13 %. Obwohl Marokkos Wirtschaft 2007 eine beeindruckende Wachstumsrate von 5,8 % aufwies, verdienen 7 % der Bevölkerung immer noch weniger als 1 US$ pro Tag. Das durchschnittliche Gesamtjahreseinkommen beträgt 1677 US$. Die Gastfreundschaft von Rashids Familie gegenüber ihrem Besucher ist sehr großzügig, vor allem, wenn man bedenkt, dass die meisten Marokkaner im ländlichen Raum hart schuften müssen, um überhaupt Essen auf den Tisch stellen zu können. Brot und Butter mögen sich vielleicht nicht nach einem opulenten Mahl anhören, doch 35 % des marokkanischen Durchschnittseinkommens wird für den Kauf von Grundnahrungsmitteln verwendet. Lediglich 10 % der Bevölkerung können sich importierte Lebensmittel aus dem Supermarkt leisten – und nur die wenigsten Restaurantbesuche wie Amina.

Während die Kluft zwischen Arm und Reich immer größer wird, bildet sich in Marokko momentan eine neue Mittelschicht. Zu dieser zählen z. B. Driss und Fatima, obwohl ihr gesamtes Tageseinkommen so gut wie sicher unter dem westlichen Lohn für eine einzige Arbeitsstunde liegt. Gleichzeitig markieren Kaufkraft und Macht des Königshauses die absolute Spitze der marokkanischen Gesellschaft. Ein mittlerweile auf Abwegen wandelndes Mitglied der Königsfamilie schätzte das Gesamtvermögen der Königsfamilie einst auf 4 bis 20 Mrd. US$. Ein nationales, offiziell befugtes Magazin konterte mit einer offiziellen Angabe zum Monatseinkommen des Königs: Mit 45 000 US$ sei es „niedriger als der Verdienst eines westlichen Geschäftsführers". Ausgaben wie die 190 000 US$ für das monatliche Frisieren des königlichen Fuhrparks blieben dabei wohlweislich unerwähnt.

Produkte & Prognosen

Das Einkommen von Driss, Amina und Fatima stammt aus Export, Tourismus, harter Arbeit und finanzieller Unterstützung seitens im Ausland lebender Verwandter – ziemlich repräsentativ für das gesamte Land. Wer Marokko bereist, ermöglicht ihnen allen, insbesondere Rashid, den Blick in eine positivere Zukunft: Nach UN-Schätzungen schafft der Besuch von acht bis zehn Stadttouristen je einen lokalen Arbeitsplatz, und dem ländlichen Raum beschert diese Quote gar gleich sechs bis sieben wichtige neue Jobs.

Der Tourismus und die wachsende marokkanische Mittelschicht kurbeln die Wirtschaft im Land am stärksten an. Der Dienstleistungssektor wächst somit am schnellsten – 2005 machte er 56 % des Bruttoinlandsprodukts aus, welches schätzungsweise zu 17 % auf industrieller Produktion (vor allem von Textilien und Lebensmitteln) sowie dem Phosphatabbau in der Westsahara (s. Kasten S. 47) basiert. Je nach Erntemenge stellen Land- bzw. Forstwirtschaft 12 bis 20 % des Bruttoinlandsprodukts und beschäftigen 40 % der marokkanischen Arbeitskräfte. Wegen schwindender Bestände im Mittelmeer ist die Fischerei nicht mehr so wichtig wie früher. Der Haschischanbau dagegen spielt bis heute eine große Rolle in der Landwirtschaft, wird aber aufgrund regelmäßiger Polizeirazzien immer riskanter. Inzwischen ist die Droge ein reines „Exportprodukt".

Nach den USA ist Marokko der zweitgrößte Cannabisproduzent der Welt. Wo sind nur all die Konsumenten? Allein innerhalb Großbritanniens wird jährlich Marihuana im Wert von 5 Mrd. £ verkauft, wobei die Gewinnspanne der Dealer bei 60 % liegt.

In Ermangelung staatlicher Maßnahmen sorgt die Familie in Marokko für die soziale Sicherheit. Auch Arbeiter-Unfallversicherungen und Privatrenten sind nicht vorhanden, aber der Druck von Aktivisten und Gewerkschaften hat manche Industriezweige mittlerweile dazu veranlasst, mit Regelungen und Verträgen für das Wohl der Arbeiter zu sorgen. Nunmehr stehen die Arbeitsbedingungen stärker im Zentrum öffentlicher Kritik. Auslöser dafür ist ein Brand in Casablanca, der im Jahr 2008 insgesamt 55 Angestellte einer Matratzenfabrik das Leben kostete – die Opfer waren angeblich von der Geschäftsleitung im Gebäude eingeschlossen worden.

Kreativer Umweltschutz

Was hält die wirtschaftliche Zukunft außer Tourismus und Landwirtschaft für Marokko noch bereit? Kurz gesagt: Sonne, Wind und Viehmist. Ölbohrungen vor der Küste der Westsahara haben sich als teuer und umweltschädlich erwiesen, als Konsequenz wendet sich Marokko nun verlässlicheren Energiequellen für den Eigenbedarf und den Export zu. Bereits jetzt nutzt das fortschrittliche Land den Wind im Rifgebirge zu Energiegewinnungszwecken und kooperiert mit British Petroleum bezüglich der Gewinnung von Solarenergie bei Marrakesch. Zudem ist Marokko der weltweit größte Exporteur von etwas, das vornehm ausgedrückt „Rohdünger" heißt. Das intensive Sammeln großer Mengen von Viehmist könnte die gefährliche Gewinnung bzw. Weiterverarbeitung von Phosphaten zu Kunstdünger zumindest teilweise überflüssig machen und den „Output" der marokkanischen Landwirtschaft einer ganz neuen Verwendung zuführen.

Was das Wasser betrifft, ist die Situation dagegen weniger hoffnungsvoll. Der Bedarf von Stadtbevölkerung und Tourismuseinrichtungen hat Marokkos Wasserreserven auf einen historischen Tiefstand gebracht. Noch vorhandene Wasservorräte werden Kleinbauern wie Rashids Familie im Atlas bereits entzogen und umgeleitet. Dem Wissenschaftlichen Zentrum für Umweltsystemforschung der Universität Kassel zufolge leidet Marokko heute unter extremem Wassermangel. Die verfügbare Wassermenge pro Einwohner ist nicht einmal halb so hoch wie von der Weltgesundheitsorganisation (WHO) empfohlen. Während Badeparks und Golfplätze die Vorräte im Landesinneren weiter schröpfen, entstehen an der Küste derzeit 17 große Ferienanlagen. Marokko wird solche ressourcenintensiven Tourismusstrategien künftig wohl kräftig überdenken müssen.

Doch in dieser Hinsicht ist das Land in einer glücklichen Lage: Um seine Ressourcen zu schonen, muss es sich nur auf seine jüngste Vergangenheit

NACHHALTIGE MITBRINGSEL EINPACKEN

- **Nachhaltigkeit pur: Kunsthandwerk aus Autoreifen** Alte Autoreifen sind nicht biologisch abbaubar, und wenn man sie verbrennt, entstehen giftige Gase. Clevere marokkanische Kunsthandwerker haben sie jedoch für sich entdeckt und fertigen daraus großartige Einrichtungsgegenstände. Ein Spiegel mit Reifenprofil signalisiert schon beim Eintreten, dass hier ein vielgereister Mensch wohnt, und ein Teebrett aus einem Reifenschlauch dürfte jeden Biker erheitern. Die beste Auswahl von Reifenprodukten haben die *mâalems* am Südende der Rue Riad Zitoun el-Kedim in Marrakesch (S. 345).
- **Auch noch ziemlich nachhaltig: Arganöl** Kein Witz: Das beste Kosmetiköl aller Zeiten bahnt sich seinen Weg durch die „Hinterausgänge" von Ziegen. Die Tiere klettern z. B. bei Essaouira auf niedrige Arganbäume, um deren Früchte zu fressen. Die weichen, pelzigen Außenschalen der Argannüsse lösen sich im Darm auf und die Kerne wandern zusammen mit dem Dung ins Freie. Dann werden sie traditionell von Frauen ausgelesen und gereinigt. Nach dem Knacken der Kerne werden die „Mandeln" ausgepresst, wobei eine winzige Menge orangefarbenen Arganöls gewonnen wird, das viel Vitamin E enthält. All dies erfolgt in mühseliger Handarbeit. Arganöl kauft man am besten bei Kooperativen, die ihre Arbeiterinnen gerecht bezahlen und das Endprodukt nicht mit Zusatzstoffen versetzen. Hierfür sind Abstecher zur **Cooperative Amal** (S. 176) nördlich von Agadir, zur **Cooperative Tiguemine** (S. 177) außerhalb Essaouiras oder zur **Assouss Cooperative d'Argane** (S. 345) bzw. zu deren Direktverkauf in Marrakesch zu empfehlen.
- **Unter Umständen nachhaltig: Berberteppiche und -decken** Bei Berberdecken kann nichts schiefgehen: In ihrer naturbelassenen Wolle ist sogar noch das Lanolin zu spüren. Obwohl die meisten Teppichweber vorgeben, nur natürliche Färbemittel zu verwenden, werden der gewünschte Glanz und die Lichtechtheit fast immer von einer Kombination aus Natur und Chemie hervorgerufen. Manche Kooperativen kardätschen und färben ihre Wolle auf natürliche Weise (bevorzugt in Braun-, Gelb- und hellen Grüntönen). Bei höherer Farbintensität ist es jedoch besser, wenn Teppichhersteller fertig gefärbte Wolle von renommierten Spezialbetrieben beziehen – dann leiten sie nicht selbst gebrauchte Chemikalien in die Kanalisation. Die **Kasbah Myriem** (S. 294) und das **Atelier du Tissages de l'Association du Zaouiat Ahsal** (S. 355) zählen zu den empfehlenswerten Weberkooperativen im Mittleren Atlas.
- **Nicht wirklich nachhaltig: Thujaholz** Das karamellfarbene Wurzelholz stammt von einer stark gefährdeten Wacholderart, die ausschließlich in Marokko vorkommt. Man sollte geschnitzte Schüsseln und Schmuckkästen aus Thuja deswegen nur bei Kunsthandwerkskooperativen zu kaufen, deren Interesse der Wiederaufforstung und dem umweltschonenden Holzsammeln gilt. Nach diesen Prinzipien handeln z. B. die **Cooperative Artisanal des Marqueteurs** (S. 176) und die **Cooperative Artisanale Femmes de Marrakesh** (S. 345).

besinnen. Noch heute transportieren uralte *khettara*-Bewässerungssysteme das kostbare Nass von natürlichen Quellen zu Feldern und Gärten; dank der unterirdischen Kanäle geht dabei nichts durch Verdunstung verloren. Auch wenn bislang eine offizielle Zertifikation fehlt, pflegen marokkanische Kleinbauern von Haus aus eine ökologische Wirtschaftsform: Während Kunstdünger sehr teuer ist, steht natürlicherweise jede Menge Eseldung zur Verfügung. Und die Saunen kommunaler Hamams nutzen Wasser und Energie wesentlich effizienter als Einzelduschen oder -bäder. Außerdem ist die *savon noir* („schwarze Seife") aus einheimischer Produktion sanft genug für Dampfbäder und Rasuren. Das Produkt aus natürlichem Palm- und Olivenöl kann auch als Waschmittel und Haushaltsreiniger verwendet werden, denn weil keine chemischen Reiniger darin sind, erzeugt es keine umweltschädlichen Abwässer. Das anfallende „Grauwasser" taugt daher u. a. für Hofspringbrunnen oder Gärten. Abgesehen von ihrer optischen

Attraktivität hat Marokkos traditionelle Hofarchitektur noch weitere Vorteile: Die meterdicken Lehmziegelmauern dienen als natürliche Isolatoren gegen Sommerhitze und Winterkälte. Zudem schlucken sie einen Großteil des Straßenlärms und konservieren im Gegensatz zu Beton die Raumfeuchte nicht – das erleichtert buchstäblich das Atmen.

Zudem hat Marokko schnell reagiert und schon früh neue Energiespartechnologien eingesetzt. Solarbetriebene Boiler liefern am Nachmittag und am Abend augenblicklich heißes Duschwasser. So wird Wasser gespart, das während der Aufwärmphase einer Gastherme sonst wahrscheinlich ungenutzt im Abfluss verschwunden wäre. Kleine Planschbecken mit entsalztem Wasser sorgen für eine schnelle Abkühlung, auch ohne Klimaanlagen oder gechlorte Pools im Olympiaformat. Wer all diese neuen und traditionellen Methoden zur Ressourcenschonung addiert, dem wird klar: Marokko steht nicht nur unmittelbar an der Schwelle zum Ökotourismus, sondern es kann Europa in dieser Hinsicht noch eine Menge beibringen. Dieser Führer versetzt Traveller z. B. mit dem GreenDex (S. 563) und den Tipps zum Kauf nachhaltiger Mitbringsel (s. Kasten gegenüber) in die Lage, den sanften Marokkotourismus persönlich zu unterstützen.

BEVÖLKERUNG

Angesichts seiner jahrtausendealten Zivilisationsgeschichte wirkt Marokko äußerst jugendlich. Außer der verjüngenden Wirkung der zahllosen Hamams lässt sich dafür noch ein Grund finden: 55 % aller Marokkaner sind maximal 25 Jahre alt, und ein Drittel der Gesamtbevölkerung ist jünger als 15. Im Jahr 1971 litt das Land noch unter hoher Kindersterblichkeit und geringer Lebenserwartung; damals gebar jede Marokkanerin durchschnittlich 7,8 Kinder. Inzwischen hat sich die medizinische Versorgungslage stark verbessert, und junge Leute wie Driss oder Amina heiraten zugunsten des Berufs und um noch ein paar mehr Dates zu haben erst später. Das hat zur Folge, dass die marokkanische Geburtenrate mittlerweile auf 2,7 Kinder pro Mutter gesunken ist, wodurch das aktuelle Bevölkerungswachstum bei weniger als 1,6 % liegt. Nicht einmal 5 % der beinahe 33 Mio. Marokkaner sind älter als 65 Jahre – und diese sind dann hauptsächlich weiblich, darunter viele arbeitende Witwen wie Fatima.

Ärzte ohne Grenzen (www.aerzte-ohne-grenzen.de) und Amnesty International (www.amnesty.de) leisten wichtige Lebenshilfe für marokkanische Migranten, die ohne Familie, Geld und rechtlichen Schutz zwischen den Grenzen gestrandet sind.

Wie ein Großteil der marokkanischen Dorfjugend wird auch der elfjährige Rashid seine Heimat wahrscheinlich bald verlassen müssen: Da 55 % aller Familien auf dem Land ums tägliche Brot kämpfen, sind ihre Kinder oft gezwungen, für Arbeit und bessere Bildungschancen in größere Städte bzw. Siedlungen zu ziehen.

Die meisten Marokkaner sind berberisch-arabischer Abstammung. Traveller treffen aber sicherlich auch auf manche der über 100 000 ausländischen Einwohner Marokkos, größtenteils Franzosen, von denen viele in der Tourismusbranche arbeiten. Dies gilt im Besonderen für Marrakesch, denn es ist das beliebteste Reiseziel des Landes.

Aus- & Einwanderung

In letzter Zeit wurde wiederholt darüber berichtet, wie Marokkaner die Straße von Gibraltar durchschwimmen, um sich als Landarbeiter in Spanien zu verdingen (s. Kasten S. 58), doch dies ist noch nicht einmal die halbe Wahrheit über die marokkanische Migrationsgeschichte. Ein Großteil der Bevölkerung kommt gerade in die Pubertät, was den Konkurrenzkampf um die begehrten Studienplätze an Marokkos staatlichen Universitäten anheizt. Die wenigen glücklichen Hochschulabsolventen haben nach ihrem Examen aber nur begrenzt Aussicht auf einen Arbeitsplatz. Im Jahr 2008 erreichte die landesweite Arbeitslosenquote bei Städtern zwischen 15 und 34 Jahren knapp 34 %. Da der Staat nicht viele Möglichkeiten zur Verbesserung dieser Situation hat, sind Marokkaner wie Amina auf ihre Familien angewiesen. Viele Marokkaner leben im Ausland oder sind inzwischen Staatsbürger von Frankreich, Deutschland, Spanien oder den USA. Ihre Geldüberweisungen in die Heimat entsprechen zusammen 20 % des marokkanischen Bruttoinlandsprodukts; sie unterstützen damit immer häufiger Familienangehörige, die im Ausland arbeiten oder studieren möchten.

Ausländer in Marokko & Marokkaner im Ausland

Mehr und mehr marokkanische Auswanderer kehren in ihre Heimat zurück, um sich dort niederzulassen, ihren Ruhestand zu genießen oder ein Unternehmen zu gründen. Sie bilden eine eigene obere Mittelschicht – sie sind wirtschaftlich stark dank ihrer Euro und Dollar, die wesentlich mehr Kaufkraft besitzen als nicht umtauschbare Dirham. Die Konsumfreudigkeit der marokkanischen Ex-Auswanderer bringt ihren Landsleuten finanzielle Vorteile, ruft aber gleichzeitig auch Ablehnung hervor: Manche Einheimische beklagen offen, dass die Rückkehrer die Preise nach oben treiben und zudem eine Konsumkultur mitbringen würden, die unerschwinglich und oberflächlich sei.

Farida Belyazids Film *Eine Tür zum Himmel* (1989) erzählt die Geschichte einer ausgewanderten Marokkanerin, die in ihre Heimat zurückkehrt. Dort balanciert sie gewagt zwischen Aktivismus und Tradition.

Zwischen 2002 und 2007 stieg die Zahl der Marokkotouristen von 2,5 auf über 7 Mio.; das bedeutet, auf fünf Einheimische kommt etwa ein Besucher. Allerdings hatte das Land nicht damit gerechnet, dass sich so viele Ausländer hier dauerhaft niederlassen würden. Viele Marokkaner, denen der einstige harte Kampf um ihre Unabhängigkeit noch bewusst ist, erinnern die internationalen Hotelketten und europäischen Feriensiedlungen entlang der Atlantikküste an die Villes Nouvelles der Kolonialzeit (s. S. 45), die ausschließlich Franzosen vorbehalten waren. Pools, Klimaanlagen und Grünflächen belasten die örtlichen Wasser- und Energieressourcen. So werden die meisten Touristenkomplexe zu einem zweifelhaften Segen.

Währenddessen hat sich die europäische Sehnsucht nach Riads (traditionellen Anwesen mit Innenhof) von Marrakesch auf die Medinas (Altstädte) im ganzen Land ausgeweitet. Der damit verbundene Preisanstieg macht Immobilien für Marokkaner in ihren Heimatstädten häufig unbezahlbar.

DER SCHWUNGHAFTE HANDEL MIT TRÄUMEN

Die unbewohnten Inseln vor der marokkanischen Küste dienen seit Langem als Umschlagplätze für Kokain, das von Südamerika nach Europa transportiert wird. Gleichzeitig gelangt auch marokkanisches Haschisch von dort aus in alle Welt. Der Drogenhandel betrifft insbesondere die spanisch regierten Enklaven Ceuta, Melilla und die Isla del Perejil (oder Leila, wie sie in Marokko heißt). Doch inzwischen verdienen die Schmuggler mindestens genauso viel damit, Auswanderungswillige ohne Papiere auf dieser Route direkt nach Europa zu schleusen. Allerdings brechen sie ihre Versprechen nur allzu oft: Viele Migranten müssen auf der Reise kilometerweit durch gefährliche Gewässer schwimmen oder werden in der Straße von Gibraltar einfach ihrem Schicksal überlassen. Mit finanzieller Unterstützung von Spanien und der EU haben Ceuta und Melilla kürzlich Stacheldrahtbarrieren für insgesamt 338 Mio. € errichtet – was die Menschenschmuggler aber nicht abhält.

Solche Dienste kosten durchschnittlich 300 bis 3500 €, was für normale Marokkaner etwa drei Jahresgehälter sind. Der Preis in Form von Menschenleben ist jedoch weitaus höher. Aktuellen Berichten von Menschenrechtsorganisationen zufolge sind innerhalb von fünf Jahren mindestens 4000 nordafrikanische Migranten umgekommen bei dem Versuch, die spanische Küste zu erreichen. Doch erschreckende Arbeitslosenzahlen, begrenzte Bildungschancen und die Notwendigkeit, ihre Familien zu unterstützen, lassen viele Marokkaner dieses Risiko weiterhin auf sich nehmen – in der festen Überzeugung, außer ihrem Leben sowieso nichts mehr zu verlieren zu haben.

Immer mehr Einheimische ziehen deshalb an die Stadtränder, womit Landschaftszersiedelung und erhöhtes Verkehrsaufkommen einhergehen. Gleichzeitig wirken historische Altstadtviertel während der Nebensaison meist seltsam leer und leblos. Europäer und US-Amerikaner, die in Marokko leben und arbeiten, bekommen ihren Lohn oft in Euro ausgezahlt und begleichen ihre Ausgaben in Dirham; gegenüber einheimischen Firmen verschafft ihnen das einen klaren wirtschaftlichen Vorteil. Dies führt oft zu Vorwürfen bezüglich Steuerbegünstigungen und Lohndumping.

Im Gegenzug weisen die fremdländischen Riad-Besitzer gerne darauf hin, dass diese simple Gleichung nicht ganz aufgeht: Steigende Investitionen aus dem Ausland können Arbeitsplätze im wachsenden Tourismussektor schaffen, und historische Wohnhäuser werden vor dem Verfall bewahrt; zudem erfreut sich das örtliche Kunsthandwerk wachsender Bewunderung und Nachfrage. Außerdem können die Marokkaner auf die Weise Kontakte knüpfen und an finanzielle Mittel gelangen, die ihnen beim Eröffnen eigener Unternehmen zugute kommen. Die Gästehäuser wurden 2008 mit zusätzlichen Steuern belegt. Angesichts des härter werdenden Konkurrenzkampfs um talentierte, mehrsprachige Angestellte versuchen viele Riad-Eigentümer nun, ihr Personal mit Lohnerhöhungen, zusätzlichen Gesundheitsleistungen und freien Wochenenden zu halten. Lonely Planet empfiehlt lizenzierte Riad-Gästehäuser mit fairen Löhnen und guten Arbeitsbedingungen für die Angestellten, die zudem einen positiven Kulturaustausch fördern. Leser können dies unterstützen, indem sie ihre persönlichen Erfahrungen schildern (per E-Mail an talk2us@lonelyplanet.com).

Dass kulturelle Unterschiede in Marokko nicht unüberwindbar sind, bezeugen die vielen Ehen zwischen Angehörigen verschiedener Kulturen. Solche Paare leiten oft Riads, Restaurants oder andere Betriebe. Konfrontiert mit dem Vorwurf, dass ihre bloße Anwesenheit die örtliche Kultur bereits verändere, deuten manche ausländische Einwanderer nur auf die Satellitenschüsseln an den Häusern ihrer Nachbarn – in ihren Augen ein Beweis dafür, dass die Globalisierung nicht aufzuhalten ist. Auch wenn dies wohl stimmen mag, können Touristen den kulturellen Austausch bewusst positiv gestalten: Sie müssen sich nur außerhalb ihres Hotels intensiv auf Land und Leute einlassen.

Die Schweizer Abenteurerin Isabelle Eberhardt verkleidete sich im 19. Jh. als Berber, trat einer Sufi-Sekte bei, rauchte Haschisch, betätigte sich als Dreifachagentin, heiratete einen algerischen Dissidenten und schrieb mit *Die Vergessenssucher* ihre Memoiren – und das alles vor ihrem 30. Geburtstag.

FRAUEN IN MAROKKO

Noch ein bis zwei Generationen früher hätten Besucher keine Chance gehabt, Fatima oder Amina zu Gesicht zu bekommen. Als Kinder auf dem Weg zur Schule, Cafébesucher und Suk-Händler waren damals fast nur Männer zu beobachten: Die Öffentlichkeit war fest in männlicher Hand, nur der private Bereich gehörte den Frauen, auf deren Schultern seit Langem das häusliche Leben in Marokko ruht. Traditionell erledigten die Frauen einen Großteil der schweren Hausarbeit, und in den ärmeren ländlichen Haushalten waren sie auch für die Versorgung der Tiere und den Anbau der Feldfrüchte verantwortlich – neben Kinderbetreuung, Kochen, Putzen, Wasserholen und Feuermachen. Gut betuchte Stadthaushalte engagierten zehnjährige(!) Mädchen als Bedienstete, die so von ihren Familien getrennt wurden und kaum mehr als einen Schlafplatz als Lohn bekamen. Selbst nach der Heirat hatten die Frauen damals keinen Anspruch auf Versorgung: Wer vom Ehemann verlassen wurde, verlor das Heim u. U. an dessen Familie und musste dann den Lebensunterhalt für sich und die Kinder ganz allein bestreiten.

Doch dank des mutigen Engagements vieler marokkanischer Vorstreiterinnen eröffnen sich Frauen wie Fatima und Anima heute Chancen, die zu jenen Zeiten undenkbar gewesen wären. Seit 2004 gewährt das marokkanische Mudawana (Personenstandsgesetz) essentielle Frauenrechte wie den Anspruch auf Kindesunterhalt, Sorgerecht, Scheidung und persönlichen Besitz. Dank positivem sozialem Druck werden unter 14 Jahre alte Marokkanerinnen mittlerweile kaum mehr im Haushalt beschäftigt. Alphabetisierungsmaßnahmen ermöglichen den Mädchen zudem einen wesentlich besseren Start ins Leben. Auch am Arbeitsplatz haben marokkanische Frauen ihre Rechte geltend gemacht, indem sie z. B. Gewerkschaften beigetreten sind; dazu kommt die Gründung von Frauenkooperativen in Landwirtschaft und Kunsthandwerk. Bei den zweiten marokkanischen Parlamentswahlen 2007 gingen über 10 % der Sitze an Frauen, die inzwischen auch landesweit in viele Kommunalverwaltungen berufen wurden.

In *Harem: Westliche Phantasien – östliche Wirklichkeit* (2005) enthüllt die marokkanische Bestsellerautorin und Akademikerin Fatima Mernissi aufschlussreiche Unterschiede und unheimliche Gemeinsamkeiten zwischen dem europäischen und dem nahöstlichen Frauenideal.

Der Horizont moderner Marokkanerinnen reicht weit über deren Haustür hinaus. Dank Satellitenfernsehen, Handys und Internet gilt dies besonders für weibliche Angehörige der städtischen Mittelschicht. Wenn Touristinnen einheimischen Frauen begegnen, tauschen diese sich gerne über Lebenserfahrungen und Ansichten zum Weltgeschehen aus. Männliche Traveller haben dagegen weniger Gelegenheit, sich mit Marokkanerinnen anzufreunden: Begegnungen zwischen den Geschlechtern unterliegen immer noch sozialen Restriktionen und beschränken sich traditionell auf Ausflüge in großen Gruppen. Dennoch erblickt man mit Sicherheit hier und da nervöse Paare, die sich übers Internet kennengelernt haben und nun in Parks, Cafés oder eben per Webcam turteln. Marokkos Frauen marschieren längst ihrer Zukunft entgegen und machen sich dementsprechend bemerkbar – ob sie nun bei Abendspaziergängen Arm in Arm die Bürgersteige bevölkern oder auf ihren Motorrollern vorbeibrausen, wobei die Kopftücher und Tuniken im Fahrtwind flattern.

RELIGION

Wie fast 99 % der Marokkaner heute sind Driss, Fatima, Amina und Rashid Muslime. Seit 1700 Jahren oder länger gibt es in Marokko auch christliche und jüdische Gemeinden, aber in den letzten Jahren ging die Zahl ihrer Mitglieder deutlich zurück. Neben einigen Protestanten und Hindus gibt es rund 23 000 Katholiken und 65 katholische Priester im Land, meist in den großen Städten. Die Emigration nach Frankreich, Israel und in die USA hat Marokkos einst starke jüdische Gemeinschaft auf etwa 7000 Mitglieder schrumpfen lassen. Und die jüdischen Gemeinden, die früher in den historischen *mellahs* (jüdischen Stadtvierteln) von Fès, Marrakesch, Safi, Essaouira und Meknès ansässig waren, sind mittlerweile nach Casablanca umgezogen (mehr dazu auf S. 43).

Über den Islam

Hoch aufragende Minarette, leuchtend bunte Mosaike, verschlungene Kalligraphien, die Gebetsrufe der Muezzin – vieles, was die Besucher des heutigen Marokkos fasziniert, beruht auf dem tiefen und beständigen islamischen Glauben der Marokkaner. Alles begann 610 n. Chr., als einem mekkanischen Kaufmann mittleren Alters mit Namen Mohammed offenbart wurde, dass es nur einen Gott gibt und dass es die Aufgabe der Gläubigen ist, sich dessen Willen zu unterwerfen. Die neue Religion stützte sich auf fünf Säulen, die bis heute gelten: die *shahada*, die Bezeugung des Glaubens an Gott und seine Offenbarung durch den Propheten Mohammed, das *salat*, das Gebet, das idealerweise fünfmal am Tag gesprochen wird, das *zakat* oder Almosengeben, die moralische Verpflichtung, den Bedürftigen zu helfen, das *sawm*, das Fasten tagsüber im Monat Ramadan, und die *haj*, die Pilgerfahrt nach Mekka, die für alle Muslime der Höhepunkt eines gläubigen Lebens ist.

Die Muslime sind sich zwar über diese Grundsätze ihres Glaubens, die auf den Propheten Mohammed zurückgehen, einig, aber bis heute spaltet sie eine Frage, die nach Mohammeds Tod aufkam: die Frage seiner Nachfolge. Die mächtige Familie der Umajjaden erhob den Anspruch auf den Kalifentitel und wurde auch von den meisten Gläubigen darin unterstützt. Eine andere Gruppe aber erkannte nur Ali, den Schwiegersohn und Vetter des Propheten, und dessen leibliche Nachfolger als Führer an. Sie bildet die Gruppe der Schiiten. Betrachtet man jedoch nur die Zahl der Gläubigen, ist die mit dem Kalifat der Umajjaden verbundene sunnitische Glaubenspraxis heute am weitesten verbreitet.

Um Konflikte zu vermeiden, verbot der französische Generalresident Lyautey allen Nichtmuslimen den Besuch marokkanischer Moscheen. Die Marokkaner schätzten diesen Schutz ihrer Privatsphäre so sehr, dass sie die Franzosen aus ihrem Land verjagten und das Verbot aufrecht erhielten.

DER ISLAM IN MAROKKO

Wie die meisten muslimischen Länder ist Marokko überwiegend sunnitisch. Unter den Sunniten gibt es vier anerkannte Rechtsschulen, die unterschiedliche Aspekte der islamischen Lehre betonen. In Marokko ist heute die Schule der Malikiten besonders verbreitet. Aufgrund der historischen Entwicklung war diese Schule schon immer weniger streng: Malikitische *qaids* (Richter) wandten das religiöse Recht, die Scharia, eher gemäß dem örtlichem Brauch an als wortwörtlich.

Eine einheimische Tradition, die sich über Jahrhunderte der Glaubensausübung in Marokko entwickelt hat, ist die Verehrung der *marabout*s oder Heiligen. Als *marabout*s gelten besonders fromme Muslime, deren Hingabe und Glaubenskraft so groß sind, dass allein schon ihre Gegenwart *baraka,* Segen, bringt, sogar über ihren Tod hinaus. Marokkaner nehmen größte Anstrengungen auf sich, um die *zawiya*s genannten Heiligengräber der *marabout*s zu besuchen – und viele behaupten, die richtige *zawiya* könne bei Gläubigen einfach alles heilen, vom gebrochenen Herzen bis zur Arthritis.

Die Praxis der *marabout*-Verehrung entspricht eher dem alten Volksglauben der Berber und der islamischen Mystik, dem Sufismus, als dem orthodoxen Islam. Dieser ist nämlich gegenüber jeglicher Verehrung von Menschen extrem kritisch eingestellt. Trotzdem bleiben die Besuche von *zawiyas* für viele gläubige Marokkaner wichtige Schritte, bevor sie sich auf jene Reise machen, auf die sie sich – wie Fatima – ein Leben lang vorbereiten: auf die *haj* nach Mekka. Marokkaner sehen nicht unbedingt einen Widerspruch zwischen *baraka* und Glaube oder zwischen örtlichen Bräuchen und universaler Glaubensauffassung.

Während des Ramadan sollen die Gläubigen keusch leben und von Sonnenaufgang bis Sonnenuntergang nichts zu sich nehmen.

SPORT

Fußball

Wer in Marokko ein spannendes Fußballspiel erleben will, muss nicht lange suchen: Ein Fußball rollt über buchstäblich jedes Stück *piste* (festgetretene Erde) im Land. In ländlichen Gegenden wie in Rashids Dorf und in den städtischen Parks hat man reichlich Gelegenheit, bei einem Spiel mitzumachen. Aber Vorsicht mit den Kakteen! Und nicht beleidigt sein, wenn man ein Gör wie Rashid decken soll. Das ist ein ordentliches Training (wenn nicht gar eine öffentliche Demütigung …).

Wer das Gerenne lieber anderen überlässt und zuguckt, befindet sich in der guten Gesellschaft vieler Fußballfans in 320 marokkanischen Stadien. Die Eintrittskarte kostet nur ein paar Dirham; da bleibt noch genug übrig, um in die gerösteten Kürbis- und Sonnenblumenkerne zu investieren, die die faszinierten Fans während des Spiels ununterbrochen kauen. Wer seinem Nachbarn welche anbietet, gewinnt vielleicht einen neuen Freund, der einem übersetzen kann, was die Leute dem Schiedsrichter gerade zubrüllen, etwa „*Seer al muk!*" (was frei übersetzt soviel heißt wie „Wie kannst du deiner Mutter noch unter die Augen treten?").

Das Verhalten von Fußballfans in Marokko ist im Allgemeinen höflicher als in (ähem) England. Trotzdem ist es nicht verkehrt, wenn man für dieselbe Mannschaft fiebert wie die Leute neben einem. In der Regel sind das die marokkanischen „Lions de l'Atlas", die es nicht selten bis in die Qualifikationsrunde der Weltmeisterschaft schaffen, oder irgendein anderes Team mit Ausnahme eines tunesischen (Tunesien ist der Erzrivale Marokkos). Lokale Mannschaften, die öfters spielen, sind u.a. Kawkab Marrakesch, Raja Casablanca, MAS Fez und Fath Union Sport de Rabat. Die Stars dieser Mannschaften werden oft in die Nationalmannschaft (die Lions) berufen und manchmal auch von Vereinen in Frankreich, Spanien oder Deutschland umworben.

Leichtathletik

Wenn man sich für fit hält, kann man sich ja mal mit den marokkanischen Marathonläufern messen. Die Teilnehmer am alljährlichen Marathon des Sables im April (s. unten) schwitzen nicht nur: Sie brennen förmlich. Der Lauf dauert sieben Tage und führt über eine Strecke von 243 km durch die glühend heiße Sahara in sechs Etappen. Nach dieser Aufwärmrunde laufen die Athleten beim Berbermarathon durchs Atlasgebirge im Mai zur Höchstform auf.

Dieses Training ermöglicht es den Marokkanern auch, den kenianischen Spitzenläufern bei internationalen Wettbewerben schlicht davonzulaufen. Die Marokkanerin Nawal el-Moutawakel war die erste Araberin, die 1984

DER HÄRTESTE WETTLAUF DER WELT *Brendan Sainsbury*

Die steilen Dünen der Sahara ragten wie geisterhafte Wächter aus der flimmernden Wüstenluft. Instinktiv zog ich meinen Rucksack zurecht, nippte an meinem schalen Elektrolytgetränk und schwankte auf sie zu – wie ein angeschlagener Boxer, der nicht bewusstlos werden will.

Bei 48 °C hatte ich fünf Tage lang weder geduscht noch ausreichend gegessen. Die Blasen an meinen Füßen ähnelten langsam scheußlich verformten Golfbällen. Quer durch eine mörderische Mischung aus kahlen Mondlandschaften, himmelhohen Bergen und trockenen Salzebenen war ich beinahe 161 km weit halb gerannt, halb getaumelt. Für die letzten 80 km hegte ich daher bereits ziemlich düstere Vorahnungen.

Diese Erfahrungen habe ich im März 2008 beim legendären Marathon des Sables erlebte. Die siebentägige Tortur zieht sich über 241 km quer durch die glühend heiße Wüste im Süden Marokkos und wird von Extremsportlern gern als „härtester Wettlauf der Welt" bezeichnet. Im Jahr 1986 verwirklichte der Franzose Patrick Bauer mit diesem Rennen erstmals eine Vision. Seitdem führt die Strecke ihre übereifrigen Absolventen durch eine der atemberaubendsten und gnadenlosesten Gegenden des Planeten. Gegen dieses Event nimmt sich das Trainingsprogramm der französischen Fremdenlegion wie ein Erholungsurlaub aus.

Als Reaktion auf die extremen Bedingungen müssen die Läufer neben der Verpflegung für das gesamte Rennen auch eine Signalfackel für Notfälle mit sich führen. Geschlafen wird in offenen Zelten aus Sackleinen, die nur wenig Schutz vor den blendenden Sandstürmen bieten.

Trotz seines furchterregenden Rufes zieht das Rennen auch nach 24 Jahren noch regelmäßig über 800 Teilnehmer an. Manche von ihnen erlaufen Geld für wohltätige Zwecke, andere locken dagegen das Abenteuer und der Kick, sich in gefährliche Situationen zu begeben. Meine eigenen Beweggründe waren ähnlich ehrgeizig: Ich brannte auf die Erfahrung, ultra-extremen Bedingungen zu trotzen. Ich hatte schon lange davon geträumt, unterwegs lebensverändernde Erfahrungen zu machen und einen wilden Wüstenkrieg gegen die eigene Psyche auszufechten.

Ich sollte nicht enttäuscht werden: Das staubige Terrain bescherte mir entsprechend lebendige Erfahrungen und zahlreiche schmerzhafte Andenken. Überraschenderweise war mein persönlicher Held in diesem Rennen nicht einer der heldenhaften Läufer oder der fröhlichen Rennveranstalter, sondern die glühende Wüste Marokkos – öde, lebensfeindlich, aber zugleich schaurig-schön.

olympisches Gold gewann, und zwar im 400-m-Hürdenlauf. Mittelstreckenläufer und Einzelgänger Hicham el-Guerrouj war der erste Mann, der 1999 den Weltrekord über 1 Meile und über 1500 m brach. Zum marokkanischen Nationalhelden wurde er schließlich, als er von der Olympiade 2004 eine Goldmedaille über 1500 m und 5000 m mit nach Hause brachte.

Auch wenn man nicht gleich in die Fußstapfen el-Moutawakel und el-Guerrouj treten will und für einen Traumurlaub keine Ultramarathons braucht, kann man in Marokko an einem ordentlichen Wettlauf teilnehmen: Der alljährlich stattfindende Marrakesch-Marathon im Januar gibt begeisterten Leichtathleten die Chance, eine Runde um die Festungsanlagen der Stadt, durch den *palmeraie* und wieder zurück zu laufen. Natürlich muss den 50 000 Läufern dabei auch irgendjemand zujubeln – am besten von einem Café an der Jemaa el Fna aus und mit einem Glas frisch gepressten Orangensaft in der Hand.

Golf

Golfanlagen gelten in Marokko als königliches Ärgernis – und das nicht nur wegen ihrer riesigen Bunker: In der Wüste erfordert ein bespielbares Grün Unmengen von Wasser und Kunstdünger. Dementsprechend gehen die von Pascha Glaoui und Hassan II. angelegten Plätze stark zu Lasten der Umwelt. In noch stärkerem Maß gilt dies für die neuen Privatanlagen außerhalb von Marrakesch und weitere Golfgelände, die momentan bei Essaouira und Oukaïmeden entstehen. Wer sein Spiel in mehr als nur einer Hinsicht verbessern möchte, begibt sich daher am besten nach La Pause (S. 337). Dieser umweltfreundliche „All-Terrain"-Wüstenplatz (ganz ohne Rasen) außerhalb von Marrakesch bietet Spielmöglichkeiten für Golfer und Frisbeegolfer.

Kunst & Architektur

Wenn wir im Normalfall wirklich nur 10 % unseres geistigen Potentials nutzen, wird Marokko dafür sorgen, das auch die übrigen 90 % im Einsatz sind. Ununterbrochen strömen Reize auf einen ein, vom ehrfürchtigen Erwachen in einem echten *ksar* (Schloss) aus Lehmziegeln bis zu hypnotischen *leilas* (Jamsessions) am Abend, bei denen bis in die frühen Morgenstunden Gnawa-Musik erklingt. Das Gehirn wird sich kräftig anstrengen müssen, um all diese Eindrücke ordnen zu können: Aus Tradition wird Avantgarde und umgekehrt, wenn sich arabisch-andalusische Musik und das Geschichtenerzählen der Berber mit marokkanischem Hip-Hop und Independent-Kino mischen. Marokkos Masterplan ist es, Besucher tief zu beeindrucken – und diesen bleibt dann nicht viel anderes übrig, als nach Herzenslust zu sehen, zu hören und zu staunen. Die marokkanischen Künstler fühlen sich geschmeichelt, wenn ihnen Bewunderung zuteil wird, die, wie sie nach ein paar meisterhaften Jahrhunderten genau wissen, mehr als gerechtfertigt ist.

Tahir Shah siedelte mit seiner Familie von London nach Casablanca über, weil er die Gesellschaft marokkanischer Geschichtenerzähler suchte. Dabei sammelte er Inhalte für sein Buch *Arabian Nights: In Search of Morocco Through its Stories and Storytellers* (2008).

KUNST

LITERATUR

Marokkos uralte Literaturtradition wurde erst kürzlich als solche erkannt. Gedichte und Geschichten verbreiteten sich traditionell über Sänger und Geschichtenerzähler oder gingen per Manuskript von Hand zu Hand. Da ein Großteil der Bevölkerung weder lesen noch sich Bücher leisten konnte, blieben Legenden und Geschichten hauptsächlich dank mündlicher Überlieferung erhalten. Auf Marrakeschs Jemaa el Fna sieht man Marokkos Geschichtenerzähler, Sänger und Schreiber in Aktion und wird verstehen, warum Marokkos literarisches Erbe trotz jahrelanger Pressezensur bis heute unbezähmbar und lebendig ist.

Eine neue Art von „Beat"

In den 1950er- und 1960er-Jahren erregte Marokkos Literaturszene erstmals das internationale Interesse, als sich Paul und Jane Bowles, Autoren der Beat Generation, in Tanger niederließen und dort begannen, die Geschichten ihrer marokkanischen Bekannten aufzuschreiben. Zu den Resultaten dieser Arbeit zählen u. a. *Ein Leben voller Fallgruben* von Larb Layachi, das unter dem Pseudonym Driss ben Hamed Charhadi veröffentlicht wurde, *Haarige Liebe* von Mohammed Mrabet und *Das nackte Brot* von Mohammed Choukri. Wie viele Werke der Beat-Literatur strotzen diese Bücher nur so vor Sex, Drogen und unerwarteter Poesie. Sie wirken jedoch vergleichsweise pfiffiger, humorvoller und herzzerreißender.

Die Umarmung der Welt (2002) heißt eine Gedichtsammlung von Abdellatif Laâbi. Seine Aktivität als Mitherausgeber der Literaturzeitschrift *Anfas/Souffles* (Atem) brachte dem Schriftsteller eine achtjährige Gefängnisstrafe wegen „Meinungsverbrechen" ein.

Gegen die Atemnot

Ermutigt durch seine freimütigen Kollegen aus Tanger gründete der marokkanische Dichter Abdellatif Laâbi 1966 sein formloses Freigeist-Literaturmagazin *Anfas/Souffles* (Atem) – allerdings nicht in der Internationalen Zone von Tanger (wo alles möglich war), sondern in der Königshauptstadt Rabat. Was als Zeitschrift begonnen hatte, wurde bald zu einer Bewegung von Schriftstellern, Malern und Filmemachern, die Laâbis Protest gegen die Zensur unterstützten: „*A la poubelle poème/A la poubelle rythme/A la poubelle silence*" („In den Müll, Dichtung/In den Müll, Rhythmus/In den Müll, Schweigen"). *Anfas/Souffles* erschien in 21 weiteren gewagten Ausgaben, bis die Zensoren das Magazin 1972 einstampften und Laâbi wegen „Meinungsverbrechen" zu acht Jahren Haft verurteilten. Ungeachtet der staatlichen Zensur steht der komplette französische Textkorpus von *Anfas/Souffles* mittlerweile auf http://clicnet.swarthmore.edu/souffles/sommaire.html.

Doch die literarische Bewegung, die *Anfas/Souffles* mit freiem Atmen gleichsetzte, existierte unvermindert weiter. Der *Anfas/Souffles*-Mitbegründer und selbsternannte „linguistische Guerillero" Mohammed Khaïr-Eddine veröffentlichte 1975 mit seinem streitlustigen *Ce Maroc!* eine Anthologie revolutionärer Schriften. Als Sous-Berber forderte Khaïr-Eddine mit dem Roman *Sein letzter Kampf* (1984) zudem die Anerkennung der Berberkultur und -identität. Dieses Werk entwickelte sich zum Aushängeschild der Berber-Stolz-Bewegung (s. Kasten S. 35).

In *Moroccan Folk Tales* (2003) präsentiert Jilali El Koudia insgesamt 31 klassische Volksmärchen. Das Figurenspektrum reicht vom Berber-Schneewittchen bis zu einer Frau, die sich als Koranschüler verkleidet.

Leben, um zu erzählen

Während der letzten zwei Jahrzehnte wurden noch mehr mutige und typisch marokkanische Stimmen gedruckt, und zwar sowohl in Marokko als auch im Ausland. Zu den berühmtesten Werken marokkanischer Autoren zählen *Der Harem in uns. Die Furcht vor dem Anderen und die Sehnsucht der Frauen* und *Geschlecht, Ideologie, Islam* von Fatima Mernissi, einer ausgesprochenen Feministin und Professorin an der Universität von Rabat. In *Eine Verstoßene geht ihren Weg* und *The Director and Other Stories from Morocco* erzählt Leila Abouzeid aus Rabat von Marokkanerinnen, die versuchen, ihr neues Leben selbstbestimmt in die Hand zu nehmen. Dies wird zum Symbol für Marokkos Suche nach wahrer Unabhängigkeit in postkolonialer Zeit.

In den letzten Jahren ist die Öffentlichkeit auf einzelne marokkanische Schriftsteller und deren kritische Haltung aufmerksam geworden – ein ermutigendes Zeichen der Offenheit unter König Mohammed VI. und eine positive Reaktion auf einen Anti-Terror-Krieg, der sich gefährlich zu verallgemeinern droht. Tahar ben Jelloun aus Fès lebt mittlerweile im Ausland.

BOLLYWOOD IN DER SAHARA

Namaste, mohabbat! (Ich grüße dich, mein Schatz!) Menschen aus Südasien werden zuweilen selbst in den entlegensten Oasen Marokkos mit trällernden Hindi-Hallos empfangen. Nicht ohne Grund erinnert dies an gewisse Filmszenen: Seit einem halben Jahrhundert grassiert in Marokko das Bollywood-Fieber.

Als das Land in den 1950er-Jahren seine Unabhängigkeit erlangte, war es äußerst empfänglich für den Antikolonialismus und den sozialen Realismus des indischen Kinos. Infolgedessen begann Marokkos kleine, aber einflussreiche indische Gemeinde mit dem Vertrieb von Filmen aus ihrer Heimat. Diese erfreuten sich schon bald einer treuen Anhängerschaft. Die besten marokkanischen Schauspieler wurden engagiert, um indische Filme zu synchronisieren bzw. mit Untertiteln auf Darija und Französisch zu versehen, und ganze Generationen von Bollywoodfans lernten, einzelne Filmszenen auf Hindi mitzusingen. Kein Wunder, dass Bollywoodstars zu den ersten Preisträgern beim Festival International du Film de Marrakech (FIFM) zählten! Auch das Freiluftkino auf der Jemaa el Fna steht ganz im Zeichen indischer Import-Kassenschlager.

2005 machten Bollywood-Streifen einen Drittel des Programms der 105 marokkanischen Kinos aus. In der ersten Hälfte des Jahres 2006 flimmerten dort insgesamt 264 Filme auf Hindi über die Leinwand. Vor allem Aishwarya Rai, Salman und Shahrukh Khan locken Marokkaner unter die Dächer der Festivalzelte: Als *Wohin das Schicksal uns führt* (Chalte Chalte, 2003) mit Shahrukh Kahn im Jahr 2008 in Casablanca gezeigt wurde und Rani Mukherji (weibliche Hauptrolle) dabei persönlich anwesend war, kamen 50 000 begeisterte Fans. Inzwischen hat sich Bollywood für 50 Jahre leidenschaftliche Verehrung bedankt: 2008 wurden Szenen zweier Bollywood-Produktionen in Marokko gedreht. Wer also gerade vor Ort weilt, kann vielleicht auf einem Berggipfel als Komparse mittanzen …

Inspiriert durch *Anfas/Souffles*, kombinierte er in *Sohn ihres Vaters* seine dichterischen und psychologischen Kenntnisse; der berühmte Roman handelt von einem Mädchen in Marrakesch, das von seinem Vater als Junge erzogen wird. *Die Nacht der Unschuld* brachte dem Schriftsteller den französischen Prix Goncourt ein. Ein paar neuere marokkanische Romane widmen sich Hoffnung und Trauma der Emigration. Diesbezüglich stechen besonders das erschütternde *Kannibalen* von Mahi Binebine und Laila Lalamis gefeiertes *Hope and Other Dangerous Pursuits* hervor.

Auf http://allal-cinemagoer.blogspot.com porträtiert der Filmemacher Allal El Alaoui marokkanische Filmstars und kündigt anstehende Kinofestivals an. Nachdrücklich und regelmäßig setzt sich der Blogbetreiber zudem für die Redefreiheit ein.

KINO & FERNSEHEN

Bis vor Kurzem war Marokko im Kino hauptsächlich als atemberaubende Kulisse vertreten. Letztere stahl den Darstellern in solch zweifelhaften Streifen wie *Alexander*, *Ishtar*, *Marrakesch*, *Die Vier Federn*, *Die Mumie*, *Troja* und *Sahara* problemlos die Show. Doch trotz dunkler Flecken in Marokkos Filmgeschichte hatte das Land auch seine goldenen Momente auf der Leinwand – beispielsweise in Hitchcocks *Der Mann, der zuviel wusste*, Orson Welles' *Othello* und David Leans *Lawrence von Arabien*. Zudem stellte Marokko unzweifelhaft seine Vielseitigkeit unter Beweis: Es fungierte z. B. als somalische Stuntkulisse für Ridley Scotts *Black Hawk Down*, als Tibet in *Kundun* von Martin Scorsese, als Libanon in Stephen Gaghans *Syriana* und als Indien in der BBC-Version von *Wiedersehen mit Brideshead* (2008). In *Himmel über der Wüste* (Bernardo Bertolucci) ließ es John Malkovich durch seine grandiose Selbstdarstellung richtig alt aussehen. In dem für Oscar und BAFTA (British Academy of Film and Television Arts)-Award nominierten Streifen *Babel* (2006) hielten die einheimischen Laiendarsteller Mohamed Akhzam und Boubker Ait El Caid locker mit Cate Blanchett und Brad Pitt mit. Und wo wir gerade von harter Arbeit sprechen: Alljährlich dient Marokko als Drehort für mehr als 1000 französische, deutsche und italienische Produktionen.

Doch die Filme, in denen Marokko gegen Gage „mitspielt", sind nicht die, die sich seine Einwohner gegen Eintritt auch ansehen. Bei Marokkanern rangieren nämlich Streifen aus Bollywood und Ägypten traditionell vor französischen Dramen und dem Hollywood-Mainstream. In letzter Zeit hat die Bevölkerung jedoch vermehrt Gelegenheit, Produktionen ihrer Landsleute anzusehen, die vor Ort spielen und gedreht werden: 2006 und 2007 etwa entstanden über 50 marokkanische Dokus und 100 Kurzfilme.

Keine einzige Szene des Kinoklassikers *Casablanca* (1942) wurde in Wirklichkeit in dieser Stadt gedreht: Der Film entstand komplett auf einem Studiogelände in Hollywood. Vorbild für Rick's Café Américain war das historische Hotel El-Minzah in Tanger (S. 194).

Französisch-marokkanische Filme sind mittlerweile ernstzunehmende Kandidaten bei internationalen Filmfestivals. Für ihr Erstlingswerk *Marock* über ein muslimisches Liebespaar erhielt die Regisseurin Leila Marrakchi beispielsweise 2005 bei den Festspielen von Cannes den Preis „Un Certain Regard", und *Whatever Lola Wants* von Nabil Ayouch, in Marokko gedreht, handelt von einer Amerikanerin bzw. deren Versuch, traditionellen ägyptischen Bauchtanz zu lernen. Der Film war 2008 ein echter Kracher beim New Yorker Tribeca-Filmfestival. Neorealistische marokkanische Produktionen sorgen inzwischen ebenfalls für Aufsehen, z. B. *Mémoire en Détention* von Jilali Ferhati. Darin geht es um den Versuch eines Ex-Häftlings, die Spuren eines Mitgefangenen zurückzuverfolgen, dessen Gedächtnis während der langen Zeit hinter Gittern verloren gegangen ist. Im Mittelpunkt von Narjiss Nejjars umstrittenem *Les Yeux Secs* steht eine ehemalige Prostituierte, die in ihr Berberdorf zurückkehrt, um zu verhindern, dass ihre Tochter in den örtlichen „Frischfleischhandel" hineingezogen wird.

Trotz dieser Kreativitätsflut fürchten Filmfans mittlerweile um die Zukunft der marokkanischen Kinos: Kinotickets sind eben weitaus teurer als billige DVD-Raubkopien. Während 2007 nur 5 % der Gesamtbevölkerung ein Kino besuchten, wurden auf den Suks von Rabat und Casablanca sym-

MAROKKANISCHE MUSIKFESTIVALS

Die Veranstaltungsorte und -termine können sich jederzeit ändern. Auf www.maghrebarts.ma/musique.html gibt's aktuelle Informationen.

- Januar: Andalusisches Musikfestival in Fès
- Februar: SidiRock (Heavy Metal) in Sidi Kacem (s. Kasten S. 77)
- März: Rencontres Musicales de Marrakesh (Klassik) in Marrakesch
- April: Magic Drâa (Afrikanisches Musikfestival, Zagora), Festival der Sufi-Kultur (Fès, S. 258), Jazzablanca (Casablanca)
- Mai: Festival du Desert (Er-Rachidia, S. 492), Jazz aux Oudayas (Rabat), Tanjazz (Tanger, S. 192)
- Juni: Festival de Musique Sacrée (Fès, S. 259), Gnawa- & Weltmusikfestival (Essaouira, S. 171), Jazz du Chellah (Rabat)
- Juli: Marrakesch-Folklorefestival (S. 492), Voix des Femmes (Frauenstimmen, Tétouan), Trance Atlantic (Safi), Timitar (Imazighen-Musikfestival, Agadir)
- August: Heiratsmarkt (Imilchil, S. 356)
- September: Andalusisches Musikfestival am Atlantik (Essaouira)
- Oktober: Rap MedinFes (Fès)
- Dezember: Rencountres Casandalous (Andalusische Begegnungen, Casablanca)

bolisch über 400 000 raubkopierte DVDs beschlagnahmt. Nichtsdestotrotz hat das erfolgreiche Festival International du Film de Marrakech (FIFM) landesweit weitere Filmfestivals initiiert (Programmübersicht auf www.maghrebarts.ma/cinema.html). Marokkos Art-déco-Lichtspielhäuser werden bei ausländischen Film- und Architekturfans gleichermaßen immer beliebter. Tangers historisches Cinema Rif aus den 1930er-Jahren wurde 2006 als Tangier Cinematheque neu eröffnet, ein gemeinnütziges Kino, das Independent-Produktionen und Dokumentarfilme aus aller Welt zeigt. Auch die marokkanische Regierung zeigt mittlerweile Initiative: Seit 2008 gibt's einen neuen staatlichen Fernsehsender namens Aflam, der kostenlos im ganzen Land ausgestrahlt wird. Das Programm umfasst neben marokkanischen Filmen auch Streifen mit Synchronisierung bzw. Untertiteln auf Französisch, Darija und Tamazight.

MUSIK

Jeder Marokkotrip wird von einem ureigenen, synkopischen Soundtrack begleitet: Frauen klopfen mit Teegläsern einen Rhythmus auf Serviertabletts aus Messing, Straßenhändler stimmen zum frühabendlichen *adhan* (Gebetsruf) ein Loblied auf ihre Armani-Imitate an, und parallel erschallt das „*Balek!*" der allgegenwärtigen Eselskarrenfahrer – angesichts der oft unberechenbaren Tiere eine angemessene Warnung, die unbedingt und möglichst schnell befolgt werden sollte. Wenn einen dies alles noch nicht zum manischen Mitsummen bewegt, dann doch spätestens der Sound, der von den Taxis, Kofferradios und Straßenständen ausgeht. Die im Folgenden aufgeführten Varianten maghrebinischer Musik ergeben einen erinnerungswürdigen Mix, auf den jeder DJ neidisch wäre.

Auf www.maroc.net/newrc überträgt Radio Casablanca im RealPlayer-Audioformat u. a. die marokkanischen Top Ten und DJ Darijas Kunstfertigkeit.

Arabisch-andalusische Klassik

Woher genau stammt diese Musik ursprünglich? Von einer Antwort auf diese heikle Frage sieht man besser ab, wenn man nicht den nächsten jahrhundertelangen Konflikt zwischen Spanien und Marokko heraufbeschwören möchte. Unumstritten aber kombiniert dieser Stil die Flamenco-Gitarren und die großen Emotionen der spanischen Folklore mit den fein gestimmten Saiteninstrumenten, den Trommelorgien und den eindringlichen Halbtonfolgen der arabischen Klassik. Gepaart mit poetischen Texten und dem richtigen Sänger lässt diese Musik einen Kloß im Hals entstehen, der das Herunterschlucken der *bastilla* (Taubenpastete) beim Abendessen schon sehr bald ernorm erschwert. Sie erklingt u. a. bei den Klassikfestivals in Casablanca und Fès, bei Konzerten im ganzen Land und sogar in schicken Restaurants. Abdelkrim Rais und Amina Alaoui zählen zu den beliebtesten Interpreten dieser Musikrichtung.

Gnawa

Mit beschwingten, bluesartigen und unwiderstehlichen Tanzrhythmen versetzt Gnawa (oder Gnaoua) die Zuhörer zielsicher in Verzückung. Befreite Sklaven in Marrakesch und Essaouira zelebrierten diese Musik einst als Erlösungsritual und Dank an Gott. Während die Musiker mit herumwirbelnden Fesen und plötzlichen Rückwärtssalti in Extase geraten, fühlt man sich selbst irgendwie befreit.

Sehen und hören kann man das Ganze u. a. beim Jemaa-el-Fna-Festival in Marrakesch oder bei Essaouiras alljährlichem Gnawa- und Weltmusikfestival (S. 171). Peter Gabriels Musiklabel Real World hat ebenfalls Gnawa-Künstler unter Vertrag. Zu den *maâlems* (Meistern) dieses Stils gehören z. B. Abdeslam Alikkane und seine Tyour Gnaoua, die Fusion-Ikone Hassan Hakmoun, Nass Marrakech mit indischen Anleihen und der vom Reggae inspirierte Omar Hayat. Da die Gnawa-Gemeinde historisch gesehen eine Bruderschaft ist, sind ihre berühmtesten Vertreter meist männlich. Nichtsdestotrotz geben die Haddarates, die ausschließlich aus Frauen bestehen, inzwischen bestimmte Gnawa-Klänge zum Besten, die traditionell für Frauen gedacht waren.

Berberfolklore

Neben Gnawa existiert noch jede Menge anderer marokkanischer Folkloremusik. Diese basiert auf der uralten Berbertradition, Lieder und Gedichte von einer Generation zur nächsten weiterzugeben. Dörfliche *moussems* (Festivals zu Ehren eines örtlichen Heiligen) stehen stets im Zeichen der Berbermusik, so etwa auch das Timitar-Festival in Agadir, das Marrakesch-Folklorefestival, der Heiratsmarkt in Imilchil, und natürlich Hochzeiten und andere Familienfeste.

Unter www.azawan.com lässt sich die Musikwelt der Imazighen ausführlich erkunden – geordnet nach Stilrichtungen, Sprachen und Regionen. Zudem kann man sich Audiobeispiele und Musikerbiografien zu Gemüte führen. Die Diskografie reicht vom einfachem Tartit-Blues bis zu Tinariwen im 70er-Funk-Stil.

Die bekannteste Berberfolkloregruppe sind die Master Musicians of Joujouka, von denen sich Größen wie die Rolling Stones, Led Zeppelin und William S. Burroughs inspirieren ließen und mit denen sie bei experimentellen Fusion-Projekten zusammenarbeiteten, die stark von traditionellem Getrommel und Geklirre geprägt waren. In jüngster Zeit haben besonders Frauen von sich reden gemacht, darunter auch die rein weiblichen B'net Marrakech und Najat Aatabou, deren freche Protestlieder gegen die strengen traditionellen Rollenverhältnisse gerichtet sind. Weitere weibliche Interpreten stehen beim Festival Voix des Femmes (Frauenstimmen) in Tétouan auf der Bühne.

Von marokkanischem Rock bis *hibhub*

Wie die ganze arabische Welt hören Marokkaner jede Menge ägyptische Musik. Gleichzeitig gewinnt auch der sogenannte „Marokko-Pop“ immer

(Fortsetzung auf S. 77)

Marokkanisches Kunsthandwerk

In Fès ein handbesticktes Stück ergattern

DOUG MCKINLAY

Glastürme, Aufzüge aus Stahl, eng sitzende Anzüge, plastische Chirurgie – die maschinengesteuerte Nahtlosigkeit der modernen Welt kann einen schnell klaustrophobisch werden lassen. Marokko setzt dieser Eintönigkeit Spuren von Menschenhand entgegen, die einem auf Schritt und Tritt begegnen: von Lehmziegel-Wänden bis zu handgefertigten Seidenknöpfen.

Akribische Handarbeit in Marrakesch
DOUG MCKINLAY

Marokkanisches Kunsthandwerk gibt's in vielen Facetten, von ganz natürlich bis pompös. Alle Varianten aber haben eines gemeinsam: Selbst die prächtigsten sind erschwinglich und selbst die erschwinglichsten prächtig.

Dieses Kapitel stellt die Mittel und Techniken vor, für die Marokko besonders berühmt ist. Es begegnen einem aber ständig marokkanische *maâlems* (Kunsthandwerksmeister), die in winzigsten Werkstätten neue Methoden erfinden. Das Riadfieber hat viele marokkanische Traditionen der Wohnkultur neu belebt und manifestiert sich in kompliziert gearbeiteten Kerzenleuchtern aus durchlöchertem Messing oder Teetischen aus recycelten Reifen. Museen, Kooperativen und das örtliche Ensemble Artisanal (eine staatlich geführte Galerie) setzen Maßstäbe für Qualität und Preise, die beim eigenen Beutezug in den Suks nützlich sind.

DIE MAÂLEMS ERKENNEN

Den Labels der europäischen Designer entsprechen die Hände der echten marokkanischen *maâlems*: Die Kunsthandwerker haben oft Schwielen an den Händen. Die meisten Wunderwerke werden ohne Computer und sogar ohne Strom geschaffen; Hilfsmittel sind nur Einfallsreichtum, ein Auge für Farben und Formen und ruhige Hände, denen man sein Leben anvertrauen würde. Wer einem *maâlem* bei der Arbeit zuschaut, dem signalisiert die Sicherheit der Handbewegungen (und nicht etwa die Geschwindigkeit), dass hier etwas Großes entsteht.

Auch der Ort liefert Hinweise: Suks sind traditionell nach Berufen unterteilt, u. a. auch nach spezifischen Produkten – Ledersättel, Musikinstrumente, Pantoffeln –, und ein Dorf kann z. B. für seine Stickereikunst besonders bekannt sein. In solchen spezialisierten Kunsthandwerksregionen werden Techniken und Werkzeuge traditionell von einer Generation an die nächste weitergegeben. Häufig sind *maâlems* zu sehen, die in derselben Familie oder demselben Viertel Seite an Seite arbeiten und sich in den Pausen gegenseitig beraten oder den neuesten Dorfklatsch austauschen. Es gibt einen freundlichen Wettstreit und auch Prahlerei, wenn die *maâlems* beeindrucken und sich gegenseitig ausstechen wollen. In den vielen Stunden, die das Herstellen einer *oud* (Laute) oder das Knüpfen eines Teppichs in Anspruch nimmt, werden Geschichten, Motive und Techniken ausgetauscht – ein neues, eigenes Stück Volkskunst entsteht.

Ein *maâlem* ist nicht immer an seinem Geschlecht oder Alter zu erkennen. Die meisten Kunsthandwerker in den Stadtsuks sind zwar Männer, aber manchmal entdeckt man auch ein paar weibliche *maâlems*, etwa in den Dörfern des Mittleren Atlas beim Teppichknüpfen, entlang der Südküste beim Weben oder in Fès, Salé und Safi beim Bemalen von Keramik. Und auch das Alter ist kein sicheres Indiz, auch wenn viele marokkanische Kunstformen Jahre und die Geduld eines *marabout* (Heiligen) erfordern, um sie zu beherrschen. Es kann zwei bis drei Monate dauern, bis man eine einzige Form von *zellij*-Mosaikfliesen ohne ein folgenschweres Ausrutschen des Meißels herstellen kann – eine von 360 Grundformen!

Einfach ausprobieren

Ein *maâlem* mit Engelsgeduld (oder schwarzem Humor) lädt Besucher manchmal ein, ihm nachzueifern. Man weiß erst, wie viele Daumen man hat, wenn man versucht, die komplizierte Hand-Augen-Koordination nachzuahmen, die man für den Webstuhl oder die Lederahle braucht. So wird einem die Kunstfertigkeit dahinter erst richtig bewusst und man will bestimmt nicht mit leeren Händen nach Hause gehen – clever, was? Aber Feilschen nicht vergessen (s. S. 506)!

Um ein Kunsthandwerk ernsthaft zu erlernen, bietet es sich an, Unterricht zu nehmen. Viele Hotels bieten entsprechende Workshops mit einheimischen *maâlems* an, und im Register dieses Führers sind empfohlene Kurse erfasst. Nicht entmutigen lassen, wenn der erste Versuch im Teppichweben nicht gleich ein Meisterstück wie aus dem Mittleren Atlas hervorbringt: Wie jeder *maâlem* weiß, ist es schon eine Befriedigung an sich, im modernen Leben Spuren von sich selbst zu finden. Der marokkanische Lehrer wird sagen „*tbarakallalek*“ (Segen für die Leistung).

TEPPICHE

Wer es schafft, ohne Teppich aus Marokko zurückzukehren, kann stolz auf sich sein, denn er ist einer der wenigen, die die gerissensten Händler auf diesem Planeten ausgetrickst haben. Dann aber nagt es an einem – dort lagen stapelweise bunte, einzigartige Teppiche herum und man selbst hat noch immer seinen verblichenen Acryl-Fußabtreter. Hm …

Marokkanische Teppiche sind die Lieblinge aller Traveller. Es gibt nunmal auch für jeden da draußen den perfekten Teppich – und auch wenn es wie altkluges Gewäsch über Seelenverwandtschaften klingt: Das ist kein Zufall. Im ländlichen Marokko fertigten Frauen traditionell Teppiche als Teil ihrer Aussteuer an. Dabei stellten sie die eigene Persönlichkeit in überschwänglichen Farben und Mustern dar und webten Symbole der Hoffnung auf Gesundheit und Ehe ein. Heute werden Teppiche zum Geldverdienen geknüpft und an Mittelsmänner verkauft, die sie mit deftigem Gewinn weiterverkaufen. Man sollte daher lieber bei einer Kooperative oder einer staatlich geführten Galerie kaufen – der Knüpfer bekommt dann einen fairen Teil vom Erlös, der Preis ist niedriger und man lernt vielleicht gar die Person kennen, die dem Erworbenen so viel Charakter verliehen hat, dass niemand einfach nur einen Fußabtreter darin sehen kann.

top five
TEPPICHKOOPERATIVEN

Kasbah Myriem, Midelt, Mittlerer Atlas (S. 294)

Coopérative de Tissage, Ouarzazate (S. 3470)

Atelier du Tissages de l’Association du Zaouiat Ahsal, Zaouiat Ahansal (S. 355)

Ensemble Artisanal, Marrakesch (S. 346)

Iklane Association, Tazenakht (S. 379)

EIN CRASHKURS IN TEPPICHKUNDE

Fängt man erst einmal an, sich nach marokkanischen Teppichen umzusehen – unbeeindruckt tun und erst ganz am Ende Kaufinteresse zeigen –, wird man ein paar Hauptarten unterscheiden lernen.

- **Teppiche aus Rabat** Plüschige Florteppiche in edlen Farben mit einem kunstvollen Motiv in der Mitte und feinen Details entlang der Ränder. Viele Muster erinnern an einen geometrischen Garten, aber es gibt auch neuere Tiermotive und moderne, abstrakte Designs. Teppiche aus Rabat sind teuer: Sie können bis zu 2000 Dh pro Quadratmeter kosten.
- **Hanbels** (auch *kilims*) Dünne Teppiche ohne Flor, die mangelnde Weichheit mit Stil ausgleichen. Chichaoua-Teppiche mit Zickzacklinien, Diamantmustern und horizontalen Streifen in Gelb, Schwarz und Weiß auf rotem Untergrund gehören zu den eindrucksvollsten (ca. 700 Dh/m²). In manche *hanbels* sind berberische Schriftzeichen und glücksverheißende Symbole eingewebt, z. B. das Auge gegen den bösen Blick, das Kreuz des Südens und berberische *fibule* (Broschen). Man sollte den Verkäufer bitten, diese zu erläutern – seine Interpretation wird faszinierend sein, egal ob es sich um Folklore oder Schwindel handelt.
- **Zanafi** (oder *glaoua*) Die Kombination aus *kilims* und Plüsch. Hier wirken die Gegensätze besonders anziehend: Bereichen mit flauschigem Flor folgen dünn gewebte Streifen oder Ränder. In der Regel kosten diese Teppiche 1000 bis 1750 Dh pro Quadratmeter.
- **Shedwi** Dünn gewebte Teppiche oder Decken mit schwarzen Mustern auf cremefarbener Wolle; man kann noch immer das Lanolin zwischen den Fingern spüren, wenn man daran reibt. Ein kleineres Exemplar kostet nur 400 Dh – das ideale Mitbringsel, eindrucksvoll, aber preiswert.

TEXTILIEN

Frauen sind die unterschätzten *maâlems* der marokkanischen Textilien. Die Tradition, die sie aufgebaut haben, hat in jüngster Zeit aufstrebende Modeunternehmen und weltweite Marken angezogen; heute arbeiten ein Drittel aller Frauen in der hiesigen Bekleidungsindustrie. Aber nur die traditionellen Textilhandwerkstechniken bringen Klamotten voller individuellem Charme und praktischer Kunstfertigkeit hervor.

Stickerei

Von einfachen Berberdesigns bis zu feinsten *terz Fezzi* ist alles dabei. Die Frauen in Fès sticken letztere komplizierte Muster traditionell in Blau auf weißes Leinen und verbringen Jahre damit,

Volle Konzentration beim Bedienen eines Webstuhls, Medina von Fès

DOUG MCKINLAY

so ihre Aussteuer herzustellen. Die Stickerei aus Rabat ist ein wahres Farbenfeuerwerk mit auffälligen ein- oder zweifarbigen graphischen Blumen, die den einfarbigen Baumwollgrund fast komplett bedecken. Auch den Frauen in Salé gebührt Achtung für ihre eindrucksvollen Stickereien in einer oder zwei kräftigen Farben auf festem, weißem Leinen. Etwas so Tolles ist nicht zum Mundabwischen oder Naseputzen, sondern als Kopfkissenbezug oder Tischläufer gedacht. Tollpatschigen Gästen wird von nun an zum Steak einfach nur noch Weißwein serviert…

Weben

Jenseits des Meeres aus synthetischen Dschellabas (beliebten wallenden Gewändern) und importierten Baumwolltuniken in den Suks sind Stoffe mit außergewöhnlichem Glanz und ebensolcher Struktur die Stars: organische Baumwolle mit kleinen Knötchen aus dem Rif, Leinen von der Atlantikküste und „Kaktusseide" (Kaktusfasern, verwebt mit Baumwolle und synthetischen Materialien) aus dem Süden. Die meisten werden industriell hergestellt, manche sogar richtig gut, aber Experten erkennen echt Handgewebtes an dessen etwas samtigerem Flor, dem dichteren Gewebe und dem eleganten Fall.

Weben dauert und ist anstrengend, und man braucht Jahre, um es perfekt zu beherrschen. In einer Dorfkooperative oder einem Ensemble Artisanal sieht man manchmal, wie zwei Frauen gleichzeitig den Webstuhl bedienen. In den Suks und Galerien der Kooperativen gibt's Tagesdecken, Tischtücher oder fertige Klamotten aus handgewebten Textilien. Zudem kann man handgewebte Stoffe ballen- oder meterweise kaufen und sich marokkanische Mode oder Haushaltswäsche maßanfertigen lassen. Schneider finden sich in jeder Stadt. Etwas Zeit für die Beratung sowie eine bis zwei Anproben einplanen!

top five
MAROKKANISCHE MODEBEGRIFFE

Kaftan
Kittel mit Glocken am Ärmel, meist mit Gürtel

Dschellaba
Gewand mit Kapuze für Männer und Frauen

Hendira
Marokkanischer Poncho

Ghandoura
Lässiger bestickter, offener Umhang

Burnus
Kurze Jacke mit Kapuze

Passmenterie

In einem einzigen marokkanischen *passmenterie-* (Applikationen)-Laden von der Größe eines Schranks findet man Unmengen von Goldborten und Quasten. Besatz ist in Marokko eine eigene Kunstform. Da werden Seidenfäden um Draht gewickelt zu modernen Serviettenhaltern oder geknüpft zu Seidenknöpfen für schicke Tunikas; auch Quasten für Kissen, Kapuzenpullover und Schlüsselringe macht man aus ihnen.

Filz

Für Hüte, Hausschuhe, Mäntel und Vorleger aus Filz wird Wolle gefärbt, gekocht und buchstäblich zu Brei geschlagen. Dann wird der Filz mithilfe einer Form in der gewünschten Weise modelliert und dann langsam getrocknet, um die Form zu erhalten. Filz-*maâlems* sind meist im Woll-Suk zu finden – hier finden sich prima Fes (100–150 Dh) und hübsche Mützen (80–200 Dh) sowie Einkaufstaschen (120–200 Dh) für die Beute.

LEDERWAREN

Heutzutage werden mit Werkzeugen, die mittelalterlichen Zahnarztinstrumenten ähneln, statt Kamelsätteln Handtaschen hergestellt, die frau einfach haben muss. Beim Bummeln durch die ungepflasterten mittelalterlichen *derbs* (Gassen) begegnen einem rechteckige Polsterhocker (Ottomane; ab 200–450 Dh, je nach Qualität des Leders) aus lindgrünem Leder, schicke Ziegenleder-Handschuhe in Pink mit gelben Bommeln (150–200 Dh) und Glam-Rock-Puschen aus silbernem Leder (80–200 Dh, je nach Verzierung). Daneben malen Kunsthandwerker sorgfältig Hennamuster auf Ziegenhaut, um daraus „tätowierte" Kerzenhalter, Lampenschirme oder gar abstrakte Avantgarde-Kunst zu schaffen. Wenn man ein paar Tage in der Stadt ist, kann man auch eine maßgeschneiderte Jacke aus Lammleder, Reithosen oder andere Lederwünsche (nun ja …) in Auftrag geben.

top five LEDERWAREN

Babouches
(Pantoffeln)

Poufs
(Ottomanen)

Kamelsatteltaschen

Tuareg-Dolche mit Ledergriff

Lampen aus Ziegenhaut

KERAMIK

Wer seine Tupperware nicht einmal durch marokkanische Keramik ersetzen würde, schafft den Absprung nie. Die blau-weißen Töpferwaren aus Fès toppen als neues Erbstück der Familie sogar Großmutters Porzellan – sie sind nur nicht so teuer zu ersetzen: Ein Teller kostet, je nach Größe und Verzierung, 20 bis 500 Dh. Zwischen Espressotassen und Kaffeebechern, die in den hiesigen Keramikwerkstätten für den Export produziert werden, sind manchmal traditionelle *harira-* (Suppen)-Töpfe zu entdecken, die wie Keksdosen aussehen. Die kultige Tajine, die jeden ordentlichen Herd in Marokko ziert, kann man nicht verwechseln. Einfache Tajines aus Terrakotta sind ofenfest, können auch zum Kochen auf Herdplatten verwendet werden und kosten unter 100 Dh; kunstvoll bemalte und glasierte Exemplare sind dagegen nur zum Servieren da. Miniaturen sind für Gewürze gedacht, und die winzigen, miteinander verbundenen Zwillingstöpfe werden für Salz und Kreuzkümmel verwendet.

Herrliche handbemalte Keramik, Marrakesch

SARA-JANE CLELAND

Zellij

Man nehme einen Hammer und einen Meißel in Größe eines Schraubendrehers und fertige eine *zellij*-Fliese in exakter geometrischer Form. Sehr gut – jetzt nochmal 6000 davon, und fertig ist der Brunnen! Oder man überlässt das vielleicht doch lieber den marokkanischen Meistern. Ein Brunnen passt sowieso schlecht ins Handgepäck, daher sind *zellij*-Spiegel, -Bilderrahmen oder -Tabletts die bessere Wahl. Der Preis richtet sich nach der Qualität der Arbeit. Viele halten die blau-weißen *zellij* aus Fès für die Meisterwerke der marokkanischen Kunsthandwerker. Die *zellij-maâlems* aus Meknès erwähnen gern, dass die Tradition im nahe gelegenen berberisch-römischen Volubilis entstand. Dank dem momentanen Riadfieber haben die *maâlems* von Marrakesch jetzt aber mehr Gelegenheiten zur Perfektionierung ihrer Kunst als ihre Kollegen in anderen Städten, deren Fertigkeiten meist nur für historische Restaurierungen genutzt werden.

top five
REGIONALE KERAMIKKUNST

Safi
Mehrfarbig mit schwarz-weißen Berbersymbolen

Fès
Traditionell blau auf weiß

Marrakesch
Modern einfarbig

Meknès
Graphisch schwarz auf grün

Salé
Gelb und türkis

MESSING, KUPFER & SILBER

Als ob es noch nicht glamourös genug wäre, Tee aus Überkopfhöhe einzuschenken, werden Teekannen aus Messing (ab 200 Dh) und Kupfertabletts (ab 500 Dh) von Hand so gehämmert, dass sie Licht einfangen, und mit Kalligraphie versehen, die *baraka* (Segen) bringen soll. Die meisten „Silber"-Teeservices ohne den Stempel 925 für Sterlingsilber sind aus Neusilber und sollten preiswerter sein (50–200 Dh). Wer eine Motorradgang zum Tee erwartet, sollte statt des silbernen ein mit Nieten besetztes Teetablett aus recycelten Reifen (100–200 Dh) benutzen, das von Marrakeschs Recycling-*maâlems* angefertigt wurde. Spätestens der verzierte Dolch (80–600 Dh) zum Kuchenschneiden wird beeindrucken.

Kupfer-*maâlem*, Marrakesch

DOUG MCKINLAY

Laternen sorgen in den Eingangshallen marokkanischer Riads und Restaurants für Atmosphäre. Es gibt sie ab 150 Dh, aber für kompliziert gearbeitete Kronleuchter aus durchlöchertem Messing gibt's nach oben keine Grenzen. In Berberzelten und abgelegenen Bergdörfern ist die Hauptlichtquelle meist die klassische marokkanische Zinnlaterne, ein rechteckiges Gebilde mit kleiner Kuppel. Clevere Recycling-*maâlems* haben die Laternen gerade wieder neu entdeckt und fertigen sie aus Metallresten.

Schmuck

Auch in Marokko ist nicht alles Gold, was glänzt. Berber betrachten Gold traditionell als Übel und bezahlen die Aussteuer lieber mit Silber. Manchmal kann man Juweliere an einem komplizierten, filigranen Etwas aus Gold arbeiten sehen, aber das meiste Gold in den Suks stammt aus Indien oder Bali. Sterlingsilber wird oft nach Gewicht bezahlt – vor dem Shoppen den aktuellen Weltmarktpreis für Silber checken, stets die Waage im Auge behalten und den Preis selbst nachrechnen. Die wertvollen Aussteuerketten aus der Sahara sind mit grob gehauener Koralle, Achat, Karneol und Bernstein besetzt. Viel Bernstein, der in den Suks angeboten wird, ist aus Plastik: Er fühlt sich nicht wie Wachs an und riecht auch nicht nach Weihrauch wie echter Bernstein.

Bei Rissani werden antike Fossilien zu innovativen Anhängern, und eine Kombination aus Leder, Holz und Neusilber verleiht Berberamuletten ihren unnachahmlichen Zauber. Traditionelle Berber-*fibule*s mit modernem, minimalistischem Touch gibt's in Tiznit, oder man schaut mal, was die *maâlems* in Marrakesch diese Woche so treiben.

top five
MARROKANISCHE GLÜCKSBRINGER

Croix du Sud
Ein Kreuz mit einem Kreis oben drauf, fast wie ein Strichmännchen

Die Spirale der Reisenden
Eine Silberspirale mit einem Nordstern, der die Karawane nach Hause führt

Fibule
Eine halbmondförmige Brosche mit langer Nadel

Trilobitenohrringe
Prähistorischer Schick für Surfer aus Essaouira

Hand der Fatima
Talisman für alle Fälle

HOLZARBEITEN

In dem Teil des Suks, wo die Holzarbeiter sind, riecht es am besten, nämlich nach den Orangen- und Zitronenbäumen, Zedern und Kiefern, deren Späne hier fallen. Den *maâlems* sind die messingbeschlagenen Türen aus Zedernholz zu verdanken, die alle Touristen so gerne fotografieren, genau wie die geschnitzten Zedernholzdecken in den Palästen, die Nackenkrämpfe hervorrufen. Tètouan, Meknès und Fès sind die Hochburgen der geschnitzten Holzornamente, aber in den meisten marrokanischen Medinas sind eindrucksvolle Holzarbeiten zu sehen.

Für die Gourmets zu Hause sind die handgeschnitzten *harira*-Löffel aus Orangenholz (6–12 Dh) toll. Die geschnitzten Schmuckkästchen und die massiven geschnitzten Truhen sind aus Zedernholz. Am teuersten ist Thujaholz, das von einem vom Aussterben bedrohten Baum aus der Gegend von Essaouira stammt (Künstlerkollektive sorgen für nachhaltiges Schlagen und Wiederaufforstung). Lauten, Banjos und Gitarren werden aus mehreren Holzsorten gefertigt, die nach Beweglichkeit, Resonanz und Lebensdauer ausgesucht werden.

WAS MACHEN DIE DA?

Ein Mann bindet einen Faden an einen Nagel in 1,5 m Höhe in einer Wand und lässt den Faden etwa 15 m straff an der Wand langlaufen. Ein kleiner Motor brummt in seinen Händen. Seltsam? Nein. Der Mann spinnt Fäden für Kaftans und Dschellabas und für die winzigen Knöpfe, die diese Kleider schmücken. Fès hat eine bedeutende *passementerie*-Tradition: Quasten für Kissen, Knöpfe für Kleidung und zur Verzierung von Babouches, bestickte Gürtel für Kaftane und Gebetsperlen. Immer schön Abstand zur Wand halten!

(Fortsetzung von S. 68)

mehr an Boden. Eine ganze Generation von DJs mit frechen Namen wie Ramadan Special oder DJ Al Intifada hat die Kunst des Remixens meisterhaft erlernt. Dasselbe gilt für diverse Popgruppen. Zu den interessanteren marokkanischen Talenten der letzten Jahre zählen etwa Darga, die Ska und Darija-Rap mit ein paar Bläsern zu marokkanischen Surferhymnen kombinieren. Dazu gesellt sich U-Cef, der britisch-marokkanischer Abstammung ist; er peppt seinen Mix aus arabischem Pop, Hip-Hop und Gnawa mit elektronischen Elementen auf. Mit ihren bluesartigen Songs auf der Akustikgitarre erweist sich die einheimische Liedermacherin Hindi Zahra als marokkanische Antwort auf Tori Amos. Parallel machen Ganga Fusion und Kif Samba ihren Namen alle Ehre, indem sie einen groovigen Crossover aus Funk, marokkanischer Folklore, Reggae und Jazz produzieren. Ein Sound der ganz anderen Art lässt sich beim alljährlichen SidiRock-Festival genießen (s. Kasten unten), wo Marokkos aufkeimende Metalszene im Megadeth-Stil abrockt.

Auf www.laila lalami.com/blog/archives/cat_all_things_moroccan.html betreibt die Autorin Laila Lalami ihren englischsprachigen Blog zu den aktuellsten Entwicklungen innerhalb der lokalen Popkultur – von marokkanischem Hip-Hop bis zu Politikskandalen.

Auf der Straße sind außerdem diverse Jungs in Baggy-Pants und T-Shirts mit der Aufschrift MJM (*Maroc Jusqu'al Mort,* Marokko bis zum Tod) unterwegs. Wenn man sie nach marokkanischem Pop fragt, erhält man einen Crashkurs in *hibhub* (Darija für Hip-Hop). H-Kayne aus Meknès rappen gangstermäßig ab, während der talentierte, aber nervige Nachwuchsrapper vom Fez City Clan sein „R" ziemlich extravagant ins Mikro rollt – begleitet von einem arabischem Streicherensemble. Gleichzeitig gibt's auch richtige Publikumslieblinge wie DJ Key aus Agadir, der die Massen mit seinen remixten Hip-Hop-Standards und abgedrehtem Scratching begeistert. Ebenso angesagt ist Fnaire aus Marrakesch: Er unterlegt marokkanische Traditionsklänge mit abgehacktem Sprechgesang. Um sich vorab über diese und andere Hip-Hopper aus Marokko zu informieren, werfen Traveller am besten einen Blick auf deren Videoclips im Internet. Interessant ist auch der Soundtrack zur Dokumentation *I Love HipHop in Morocco* (2008; www.ilove

MA-ROCK-O: HEAVY METAL SCHLÄGT ZURÜCK

Krasse Klänge haben kein solches Aufsehen mehr erregt seit dem Tag, an dem Ozzy Osbourne einer lebendigen Fledermaus live den Kopf abbiss. Marokkanische Polizisten mögen offenbar keine lärmende Musik: 2003 verhafteten sie elf einheimische Metalheads, die ihr Publikum „vorsätzlich" dazu gebracht hatten, „sich Lieder anzuhören, die den guten Sitten widersprechen oder zu deren Missachtung aufrufen". Trotz zahlreicher Protestrufe, dass die Obrigkeit wohl nicht mehr alle Tassen im Schrank habe, wurden die Rocker schließlich zu jeweils einjährigen Haftstrafen verurteilt – wegen „der Ausübung verführerischer Praktiken mit der Zielsetzung, den muslimischen Glauben zu unterwandern".

Doch Marokkos knüppelharte Metaller verbündeten sich und trommelten alle Gesinnungsgenossen zum Headbangen in Sidi Kacem zusammen. In diesem Landwirtschaftszentrum von Meknès aus landeinwärts brüllen ansonsten eigentlich nur Esel, keine Verstärker. Beim zweiten SidiRock-Festival im Februar 2008 traten regionale Bands auf, deren Namen echte Metaller und Mullahs gleichermaßen in Erregung versetzen dürften – Despotism aus Casablanca, Krematorium aus Kenitra oder Damned Creation aus Sidi Kacem. Mit dem nieten- und lederbewehrten Haarsprayrock der 1980er-Jahre haben diese marokkanischen Gruppen nichts am Hut. Stattdessen verfassen sie eigene rebellische Texte auf Englisch, die in schwarzen Jeans und mit Dreadlocks wütend hinausgebrüllt werden.

Das SidiRock-Festival hat mittlerweile eine offizielle MySpace-Seite und einen eigenen YouTube-Kanal (www.youtube.com/user/SidiRock). Die Dröhnung kann man sich somit per Videoclip im Internet abholen – oder kommenden Februar live und in Farbe vor Ort.

hiphopinmorocco.com), die den harten Kampf der Hip-Hopper um Auftritte und Anerkennung zeigt.

THEATER & TANZ

Als Shakespeare schrieb: „Die ganze Welt ist eine Bühne", muss er dabei an Marokko gedacht haben, denn die Plätze, Suks und Bürgersteige in diesem Land scheinen voller Szenen und Schauspieler: Liebespaare geben sich Dramen hin, in denen Handys tragende Rollen spielen, und Ladenbesitzer witzeln, dass man selbst in einer psychiatrischen Anstalt keine besseren Preise bekäme. Daneben unterbrechen Passanten ihren Weg, um spontan den Refrain einer Ballade mitzusingen, die aus einem Ghettoblaster dröhnt. Wer diese Eröffnungsszene bereits für aufregend hält, wird erst recht staunen, wenn der Hauptakt, *halqa* (marokkanisches Straßentheater), auf die Bühne kommt.

Beim *haidous* handelt es sich keineswegs um Raufen im Rugbystil zu Musik. Dieser komplizierte Kreistanz mit Musikern in der Mitte wird oft im Rahmen von Erntefesten aufgeführt.

Zur Linken tauchen nun Geschichtenerzähler auf, um mit unsichtbaren Dolchen zu kämpfen und in imaginären Schlachten, die eines Don Quijote würdig wären, zu Hunderten zu sterben. Wenn man nach oben schaut, trifft der Blick auf eine Menschenpyramide, die höchst vorsichtig synchronisierte Tanzschritte ausführt. Währenddessen konzentriert sich ein Akrobat aufs Äußerste, um gleich ganz nach oben an die Spitze zu springen. Zu Sonnenuntergang wirbeln männliche „Bauchtänzerinnen" mit ihren Händen herum, um von ihren Bartstoppeln abzulenken – ein einladender Wink mit dem schmucken Schal, und man findet sich, eben noch Zuschauer, auch schon mal ganz schnell selbst auf der Bühne wieder.

Zu Sonnenuntergang beginnt ein solches Theater auf den Hauptplätzen aller halbwegs großen Städte. Marrakeschs berühmte Jemaa el Fna ist diesbezüglich besonders empfehlenswert; nach tausendjähriger Geschichte wurde die Jemaa 2001 endlich von der UNESCO als das erste „Meisterwerk des mündlichen und immateriellen Kulturerbes der Menschheit" gewürdigt. Daneben gibt es auch förmlichere Aufführungen in städtischen Kulturzentren und Theatern. Jeden April versucht Fès, das kreative Chaos beim Populaire de l'Art de la Halqa zu bündeln. Das aktuelle Programm ist auf www.maghrebarts.ma/theatre.html zu finden.

Dinner-Theater

Planmäßige Folkloreunterhaltung kann dem abendlichen Improvisationstheater auf der Jemaa nicht immer das Wasser reichen. Dies gilt besonders für *fantasias*: pseudo-folkloristische Spektakel in Theaterrestaurants mit chaotischen Reitereinlagen, krachenden Musketensalven und anderen lärmverursachenden Aktionen. Diese vereiteln jeglichen Versuch, das servierte kalte Grillfleisch in Ruhe zu verdauen. Manche Restaurants bieten auch komplette „Dinnershows" mit Bauchtänzerinnen an (welche als türkischer Import eigentlich nicht zur marokkanischen Tanztradition gehören). Währenddessen bemüht sich Gnawa-Musik tapfer, gegen das Tellergeklapper anzukommen. Gleichzeitig auftretende „Kerzentänzer" balancieren Messingtabletts mit brennenden Kerzen auf ihren Köpfen und wirken dabei wie Charaktere aus der Feder von Dr. Seuss. Für Unterhaltung der angenehmeren Art braucht man sich nur in ein Café am jeweiligen Stadtplatz zu setzen und eine Handvoll Kleingeld in der Tasche zu haben, um den auftretenden Talenten seine Wertschätzung zu zeigen.

BILDENDE KÜNSTE

Die übliche Hierarchie von Kunst und Handwerk steht in Marokko auf dem Kopf: Das traditionelle Kunsthandwerk (S. 69) wird als alt und ehrwürdig angesehen, während die Bildenden Künste als neuere und vergleichsweise minderwertige Strömung gelten. Nach hiesiger Auffassung beleben ornamentale Verzierungen den Geist. Gegenstände ohne Gebrauchswert und rein repräsentative Bilder halten viele Marokkaner dagegen für sinnlos oder sogar für den Ausdruck reiner Eitelkeit an der Grenze zur Abgötterei. Letzteres ist z. B. im orthodoxen Judentum und manchen (wenn auch nicht allen) muslimischen Kulturen der Fall. Zweifellos wird man Gemälde mit augenklimpernden verschleierten Damen und finsteren, turbantragenden Kriegern zu Gesicht bekommen, die allerdings auf der französischen Orientalismus-Tradition des 19. Jhs. basieren. Solche Bilder sind größtenteils für den Export bestimmt und gelten in Marokko nicht gerade als edelstes Kunsthandwerk.

„Orientalistische" Kunst scheint sich mit aller Macht ins „exotisch-marokkanische" Schema zwängen zu wollen – nicht gerade ein Kompliment, wie Edward Said in *Orientalismus* (1979) ausführt. Sein bahnbrechendes Buch kritisiert die verzerrte Darstellung nahöstlicher Kultur in der westlichen Welt.

In den 1950er- und den 1960er-Jahren schufen Folklorekünstler in Essaouira und Tanger charakteristische Gemälde bzw. Skulpturen, indem sie auf Berbersymbole und einheimische Materialien zurückgriffen. Zudem entwickelte sich die Landschaftsmalerei zu einer beliebten Methode, um den Heimatstolz auf Essaouira und Asilah auszudrücken. In Rabat und Casablanca wurde abstrakte Malerei zu einem wichtigen Werkzeug des poetischen Ausdrucks. Marrakeschs aufstrebende Kunstszene kombiniert abstrakten Expressionismus mit traditionellen Medien und hat die Kalligrafie als Ausdrucksform neu entdeckt. Der Fotografie wurde dieses glückliche Schicksal bislang nicht zuteil: In Marokko ist diese Kunstform hauptsächlich auf den Zweck der Dokumentation und die allgegenwärtigen Glamour-Aufnahmen des Königs beschränkt.

Kalligrafie

Die Kalligrafie ist Marokkos am meisten geschätzte Form der Bildenden Künste. Während der letzten 1000 Jahre wurde sie in den hiesigen *medersas* (Koranschulen) gepflegt und perfektioniert. Doch in Marokko beschränkt sich die Kalligrafie nicht nur auf geschriebene Koranverse: Sie ziert neben gefliesten Wänden auch die Innenseiten von Stuckbögen und ragt anderswo buchstäblich aus dem Holz. Aufmerksame Betrachter werden feststellen, dass verschiedene kalligrafische Stile ein und denselben Text manchmal ganz anders wirken lassen. Mal bedeckt ein Wort eine ganze Seite, dann wieder wird es in Blumen verwandelt oder seine Buchstaben werden zu grafischen Mustern verschlungen, die an Origami erinnern.

Und so liest man es: Senkrechte Linien repräsentieren in der islamischen Kalligrafie normalerweise die Konsonanten, kleinere Zeichen darüber und darunter die Vokale. Der große Buchstabe in Form eines „I" heißt *alif* und steht z. B. am Anfang von „Allah".

Gedruckte Korane sind meist im Naskhi-Stil verfasst, einer geneigten Kursivschrift, die einst von den Umajjaden eingeführt wurde. Das Markenzeichen des Thuluth-Stils sind meisterhaft verschlungene Kursivbuchstaben, die bestimmte Muster oder dichte Geflechte bilden. Besonders eindrucksvolle Schriftzeichen prägen den irakischen Kufi-Stil, der in Marokko in drei Hauptvarianten vertreten ist: Eckige, geometrische Buchstaben kennzeichnen das Quadrat-Kufi, die Buchstaben des Blühenden Kufi enden in floralen Elementen, und die Variante des Flecht-Kufi ähnelt komplizierten Seemannsknoten.

ARCHITEKTUR

In Marokko stößt man sich schon mal gerne die Zehen an: Abgelenkt von den Unmengen von großartiger Architektur, kann man nicht immer so genau darauf achten, wohin man läuft. Manche Gebäude sind beeindruckender als andere – wie in jedem Entwicklungsland gibt's auch hier viele provisorische Behausungen und billige „Betonbunker". Doch gerade die unglaubliche Vielfalt der Architektur weckt eine permanente Neugier darauf, was sich wohl hinter der nächsten Straßenecke oder Bergkette versteckt. Es folgt nun ein Überblick über landestypische Bauwerke, die einem höchstwahrscheinlich den Mund offenstehen lassen – ständige Gefahren für die Zehen also!

LANDESTYPISCHES

Moscheen

Selbst kleine Dörfer haben oft mehr als eine Moschee. Die Bauten stehen in bester Lage im Stadtzentrum, wobei eine Mauer stets gen Mekka gerichtet ist. Moscheen bilden einen erhabenen, ruhigen Gegenpol zu chaotischen Städten und geschäftigen Dorfmärkten. Bis auf die Moschee Hassan II. in Rabat sind sie für Nichtmuslime jedoch tabu. Nichtsdestotrotz können sogar Passanten die beruhigende Wirkung der Gebäude spüren. Ihre himmelhohen Minarette sorgen nicht nur dafür, dass der Gebetsruf weithin deutlich zu vernehmen ist, sondern erinnern auch unübersehbar an Gott und Gemeinschaft. Dahinter tritt alles andere zurück: Streitereien, schmutziges Geschirr, Bürointrigen …

Die Moschee Hassan II. in Casablanca (S. 111) darf als einzige islamische Andachtsstätte Marokkos auch von Nichtmuslimen besucht werden. In der drittgrößten Moschee der Welt fällt man wahrscheinlich nicht großartig auf.

Muslimische Besucher behaupten, Marokkos sakrale Architektur überträfe sämtliche anderen Bauwerke des Landes. Dies gilt vor allem für die Moscheen im uralten islamischen Zentrum Fès, deren primärer Zweck in der Erhebung des Geistes besteht. Dazu sollen etwa die Wände und Waschungsbrunnen mit den glänzenden grün-weißen *zellij* (Fliesenmosaiken) im Fassi-Stil dienen, unterstützt von *mihrabs* (Nischen), die gen Mekka ausgerichtet und aufwändig mit Stuck und Marmor verziert sind. Im Badi-Palast in Marrakesch (S. 323) können Nichtmuslime die älteste *minbar* (Kanzel) des Landes besichtigen: Die Koutoubia-*minbar* aus dem 12. Jh. wurde von Cordobas talentiertesten Kunsthandwerkern einst mit Silber, Gold und Einlegearbeiten geschmückt.

Suks

Das aufregende Chaos in Marokkos Altstädten unterliegt durchaus einer gewissen, althergebrachten Ordnung, die sich bis heute in Fès, Meknès und Marrakesch offenbart. Im Zentrum der Medinas (Altstädte) liegen verwinkelte Suks (überdachte Marktstraßen) am Fuße hoch aufragender Minarette, quasi als Symbole sowohl für die weltlichen Ambitionen als auch gleichzeitig für die höheren geistigen Ziele der Herrschenden. Das Wort *souq* bedeutet „Markt" und wird gleichermaßen für die wöchentlich stattfindenden Bauernmärkte in den Dörfern verwendet; wer sich jedoch einmal in den Suks von Marrakesch oder Fès verirrt hat, wird bald merken, dass die beiden Formen keinesfalls vergleichbar sind. Die uralten Medinas dieser beiden Städte lassen bis heute erkennen, wie Suks einst in verschiedene Handelszonen aufgeteilt wurden. So wussten mittelalterliche Einkäufer immer genau, wo sie nach eingelegtem Gemüse und wo nach Sätteln für ihre Kamele suchen mussten. Die anrüchigsten und schmutzigsten Geschäftszweige verbannte man damals in die Außenbereiche – wenn man auf Gerbereien, Viehmärkte und Eierhändler trifft, ist das ein Zeichen dafür, dass der Altstadtrand demnächst erreicht ist.

Dächer aus Palmwedeln bieten in den marokkanischen Suks häufig Schatten und Schutz vor Witterungseinflüssen. Darunter verlaufen kreuz und quer kleinere Straßen mit Imbissständen, Lagerräumen und winzigen Werkstätten von Kunsthandwerkern, die in die meterdicken Lehmziegelmauern geschlagen sind. Im Gegensatz zu den Suks selbst haben diese kleineren Straßen oft keine eigenen Namen und werden darum kollektiv als *qissarias* bezeichnet. Bei den meisten *qissarias* handelt es sich um Verbindungsstraßen, wer sich verirrt, folgt ihnen also einfach bis zum nächsten Suk – oder kauft einen Teppich, je nachdem, was sich gerade anbietet.

Festungsmauern

Viele marokkanische Handelsposten und Häfen haben Festungsanlagen, deren dramatische Architektur auf dem ehemaligen Verteidigungszweck beruht. Die Almoraviden gingen bei ihrer Handelshauptstadt keinerlei Risiken ein: Sie umgaben Marrakesch mit 16 km langen und 2 m dicken Mauern aus rosa *pisé* (gehärtete Lehmziegel mit Ton- und Kalksteinzusatz). Küstenstädte wie Essaouira und Asilah mussten sich jahrhundertelang mit Piratenangriffen und marokkanisch-portugiesischen Handelskriegen herumschlagen, und entsprechend starrten ihre dicken Steinmauern vor Kanonen und Zinnen, die bis heute an mittelalterliche Burgen erinnern.

Spanien und Marokko streiten sich immer noch um die Oberherrschaft über die Küstenstädte Ceuta und Melilla. Die örtliche Architektur trägt nichts dazu bei, diesen Konflikt zu lösen: Bauwerke, die gen Spanien gerichtet sind, weisen andalusische Elemente auf, und jeder Marokkaner wird einen sicherlich gerne darauf hinweisen, dass diese unter den Almohaden entstanden sind. Weitere Informationen zu den Errungenschaften der Almohaden stehen auf S. 38.

Kasbahs

Wo auch immer in Marokko einst der Handel mit Salz, Zucker, Gold und Sklaven geschützt werden musste, findet man eine Kasbah. Diese befestigten Wohnhäuser beherbergten früher die Herrscherfamilie, deren königliche Wache und alles Nötige, um potentielle Belagerungen zu überstehen. *Mellahs* (jüdische Viertel) lagen in Reichweite der Kasbah-Wache und im Blick des aufmerksamen Herrscherauges. (Mehr zu marokkanischen *mellahs* findet sich auf S. 43.) Eine der größten erhaltenen Kasbahs in Marokko steht in Marrakesch; in ihr ist ein königlicher Palast untergebracht, und die weitläufigen Gärten drum herum grenzen an die örtliche *mellah.* Zu den malerischsten Bauwerken dieser Art zählen die rote Kasbah über dem ansonsten komplett in Blau gehaltenen Chefchaouen sowie Rabats weißgetünchte Kasbah am Meer (S. 128) mit dem Bab Ouidia, einem elegant verzierten Steintor.

Âït Benhaddou (S. 364) heißt Marokkos berühmteste Kasbah. Die rosafarbene Festungsanlage aus Lehmziegeln in wunderschöner Wüstenlage über einem Flusstal besitzt u. a. beeindruckende Wachtürme mit Zinnen, außerdem gibt's einen befestigten Getreidespeicher *(agadir).* Filmfans erkennen diesen Ort vielleicht sogar auf Anhieb: Er wird von den nahen Ouarzazate-Studios regelmäßig als romantische Kulisse genutzt. Manche Historiker datieren Âït Benhaddou auf das 11. Jh., aber als echter Filmstar ist diese Kasbah natürlich immer top in Form und bekommt permanent neuen Lack verpasst.

Andere Kasbahs hatten nicht so viel Glück. Die UNESCO rettete die Glaoui-Taourirt-Kasbah in Ouarzazate, die heute ebenfalls als Filmkulisse dient, aber die ehemals spektakulären Glaoui-Kasbahs von Taliouine, Tamdaght und Telouet wurden den Elementen fast schutzlos überlassen. Man sollte sie also möglichst schnell besichtigen, ehe sie komplett verschwinden. Diese Bauwerke symbolisieren einen tiefen Zwiespalt: Einerseits repräsentieren sie Marokkos edelstes Kunsthandwerk – niemand wagte es, die Glaoui-Despoten zu enttäuschen –, andererseits entstanden sie unter Pascha Glaoui, der die Alaouiten zugunsten einer Kollaboration mit französischen Kolonialisten verriet, um seine marokkanischen Landsleute unterdrücken zu können. Dennoch sprechen sich verschiedene Einheimische für einen Erhalt der Glaoui-Kasbahs aus, denn diese würden sichtbar daran erinnern, dass selbst die mächtigsten und prächtigsten Bollwerke letztendlich nichts gegen den marokkanischen Unabhängigkeitswillen ausrichten konnten.

Riads

In Marokkos Königsstädten stehen in Palastnähe stets prächtige Riads. In den *bhous* (Sitzecken) dieser Hofanwesen gaben sich königliche Familienangehörige, Ratgeber und reiche Kaufleute stundenlang erbaulichen Gesprächen hin, umgeben von Säulenhöfen mit *zellij*-Bodenmosaiken und Obstbäumen voller zwitschernder Singvögel. Dank der zahlreichen umgebauten Riad-Gästehäuser von Fès und Marrakesch kann man solch angenehme Arrangements auch heute noch genießen. Während des letzten Jahrzehnts wurden so viele Riads in B&Bs verwandelt, dass der Begriff mittlerweile ein Synonym für „Gästehaus" ist. Traditionell aber besitzen echte Riads stets vierteilige Hofgärten mit einem zentralen Springbrunnen. (Auf S. 58 stehen weitere Informationen zu Riad-Besitzern.) Über 1000 authentische Riads machen Marrakesch zur nordafrikanischen Riadhauptstadt. Auch gut erhaltene Exemplare aus dem 15. Jh. sind hier zu finden.

„Die schlichten, meterdicken Lehmziegelmauern lassen kaum erahnen, welche Pracht sich hinter den messingbesetzten Portalen der Riads verbirgt."

Die schlichten, meterdicken Mauern aus Lehmziegeln lassen kaum erahnen, welche Pracht sich hinter den messingbesetzten Portalen der Riads verbirgt: Man wird etwa von bemalten Zedernholzdecken, schmiedeeisernen Balkonen und stuckbesetzten Bogengängen empfangen. Die Instandhaltung dieser architektonischen Juwelen ist alles andere als einfach. Als besonders kompliziert erweist sich die Ausrüstung mit Strom- und Wasserleitungen, da die Fundamentstabilität der Lehmziegelbauten gewahrt werden muss. Doch trotz all seiner Tücken könnte dieses uralte Baumaterial zukunftsweisend sein: Die Lehmziegel neutralisieren Straßenlärm ebenso wie Sommerhitze und Winterkälte. Im Gegensatz zu gammeligem Altbeton lassen sie zudem die Raumfeuchte entweichen. Kein Wunder also, dass sie von Ökoarchitekten auf der ganzen Welt mittlerweile in neue Konstruktionen integriert werden.

Hamams

Für die Hygienefanatiker unter uns: Nachdem die Almohaden die Macht ergriffen hatten, rissen sie zuerst das widerspenstige Marrakesch und dessen falsch ausgerichtete Koutoubia-Moschee nieder, und beglückten gleichzeitig Fès mit 83 neuen Hamams (Badehäusern). Seitdem sind diese Kuppelbauten ein fester Bestandteil der marokkanischen Stadtlandschaft, und auch die einzelnen Dörfer streben nach einem eigenen. Hamams werden traditionell aus Lehmziegeln gebaut, deren Verkleidung aus *tadelakt* (handpoliertem Kalksteingips) das Entweichen der Feuchtigkeit verhindert. Auf dem Dach befindet sich eine Kuppel mit Lüftungsöffnungen in Sternform, durch die der Dampf ins Freie gelangt. Am kühlsten ist der Hauptraum unter der Kuppel; die Seitenräume sind unterschiedlich stark beheizt, sodass sowohl eine Arthritis als auch ein ordentlicher Kater angemessen kuriert werden kann.

Die kühn-elementare Formgebung traditioneller Hamams erscheint einem vielleicht unglaublich modern. In Wirklichkeit ist aber das genaue Gegenteil der Fall: Hamams tauchen schon in den Landschaftsgemälden modernistischer Meister wie Henri Matisse oder Paul Klee immer wieder auf, und auch Le Corbusiers Internationaler Stil adaptierte teilweise die Innenarchitektur und die gedämpften Lichtverhältnisse dieser für Nordafrika so typischen Kuppelbauten. *Tadelakt* ist mittlerweile heiß begehrt, um Wände und Pools in teuren Wohnhäusern zu verkleiden. Zudem zeugen unzählige Bildbände von der Integration geschlitzter Kuppeln in die „Marokkanische Moderne". Wer die Urform dieser Architektur bewundern möchte, begebe sich einfach zu einem freundlichen Hamam in der Nachbarschaft. Dieser befindet sich meist nahe einer örtlichen Moschee, da deren Waschungsbrunnen seit jeher von derselben Wasserquelle gespeist werden.

Zawiyas

Unscheinbarkeit und entlegene Ecken können in Marokko leicht täuschen: Selbst winzige Nester am Rand schroffer Steilkanten ziehen Pilgerscharen aus dem ganzen Land an, wenn sie *zawiyas* (Schreine) für *marabouts* (Heilige) besitzen. Angeblich wird *baraka* (Segen) bereits durch die Nähe zu einem *marabout* bedingt: Von der Zawiya Naciria in Tamegroute heißt es, sie könne heilen, während die *zawiya* Mulai Ismails auf dem Kik-Plateau im Hohen Atlas die Fruchtbarkeit weiblicher Besucher erhöhen soll (also Vorsicht, werte Damen!). Die meisten *zawiyas* sind für Nichtmuslime tabu. Dies gilt auch für die berühmte Zawiya Mulai Idris II. in Fès sowie für alle sieben *zawiyas* in Marrakesch. Von außen sind diese Bauwerke häufig an den Dächern aus grüner Keramik zu erkennen; zudem verbreiten sie auch außerhalb ihrer Mauern eine Atmosphäre der Ruhe. Wer ebenfalls *baraka* empfangen möchte, kann die Zawiya Mulai al-Sherifs in Rissani (S. 395) besuchen: Sie darf mittlerweile auch von Nichtmuslimen betreten werden.

Warum gerade eine solche Architektur? Diese Frage beantworten acht der weltweit führenden Experten für islamische Architektur in *Architecture of the Islamic World: Its History and Social Meaning* (1995), herausgegeben von Oleg Grabar et al.

Medersas

Marokkos *medersas* sind weitaus mehr als reine Koranschulen. Seit den Tagen der Meriniden fungieren sie vielmehr als lebendige Studienzentren für Jura, Philosophie und Astrologie. Die Medersa el-Attarine (S. 252) in Fès stammt aus dem 14. Jh.; ihre *zellji*-Mosaikenpracht berauscht die Seele und lenkt außer übereifrigen Studenten wohl so ziemlich jeden ab. Ihre unmittelbare Konkurrentin um die besten Studenten war stets die Medersa Al-Ben Youssef (S. 319) in Marrakesch. Sie begeistert die Besucher heute mit aufwändigen Reliefs und Stuckarbeiten. Beide *medersas* vermitteln mittlerweile als Museen einen Eindruck vom kargen Studentenleben in erhabener Umgebung – inklusive langer Lesestunden und mehrerer Zimmergenossen. Das Abendessen wurde auf Kochern zubereitet, nur schlichte Matten sorgten für einen Hauch Komfort. Und bis zu 900 Schüler mussten sich ein Badezimmer teilen…

Die meisten *medersas* sind zwar für Nichtmuslime noch immer tabu, aber man kann der Zawiya Naciria in Tamegroute einen Besuch abstatten und deren aktive Koranschule besichtigen. In der dortigen Bibliothek lassen sich u. a. Handschriften aus dem 13. Jh. bewundern. Muslimische Besucher können in marokkanischen *medersas* übernachten, sollten sich aber rechtzeitig anmelden. Zudem wird normalerweise eine kleine Spende erwartet.

Fondouks

Seit dem Mittelalter belegen Kunsthandwerksstätten die Untergeschosse dieser kreativ geprägten Hofanwesen, darüber befinden sich traditionell ein paar Gästezimmer. Dieser *fondouk*-Mix aus Kunsthandwerkern und Abenteurern brachte Erfindergeist und weltbürgerliche Ideen hervor. Ursprünglich säumten *fondouks* die Karawanenrouten. Als diese Handelsposten jedoch im Lauf der Zeit immer bedeutender und wohlhabender wurden, traten allmählich Wohn- und Lagerhäuser an die Stelle der meisten *fondouks*. In Marrakesch haben zum Glück ganze 140 Stück überlebt: Besonders bemerkenswerte Exemplare stehen dort an der Place Bab Ftueh, und der eine an der Rue Mouassine (S. 325) ist im Film *Marrakesch* (1998) zu sehen. Kürzlich hat Marokkos König angekündigt, dass 98 *fondouks* für insgesamt 40 Mio. Dh saniert werden sollen. Man muss sich also sputen, um die leicht abgenutzte Pracht der stets hochfrequentierten Reiseherbergen noch im Originalzustand zu Gesicht zu bekommen.

Ksour

Ksour (Plural von *ksar*) erheben sich stets in spektakulärer Lage: Diese Burgen aus Lehmziegeln stehen beispielsweise auf Felsspitzen oder kleben an schroffen Steilwänden, oder sie überragen die Palmenhaine von Oasen. Eingearbeitetes Stroh verstärkt die meterdicken Lehmziegelmauern ihrer Türme, die zur Verbesserung der Statik in eleganten Kegeln enden. Das Ganze wird von zickzackförmigen Zinnen (*merlon*) gekrönt. Wie eine Fata Morgana verwirren *ksour* den Sinn für Größe und Entfernung, was einer seltsamen Kombination aus Erhabenheit und uriger Vertrautheit geschuldet ist. Von der Spitze dieser Wachtürme aus betrachtet, erscheint Timbuktu wesentlich näher als ganze 52 Tagen im Kamelsattel entfernt. Und in der Tat ist die elegante Lehmziegelarchitektur von Mali und Senegal eng mit Marokkos *ksour* verwandt.

„Wie eine Fata Morgana verwirren *ksour* den Sinn für Größe und Entfernung…"

Um diese Bauten in ihrer angestammten Umgebung optimal auf sich wirken zu lassen, besucht man am besten das Drâa- und das Dadèstal, die beide vor *ksour* überquellen. Besonders bemerkenswert sind der uralte jüdische *ksar* von Tamnougalt (S. 372) und der dreifarbige *ksar* von Âït Arbi, dessen Rosa, Gold und Weiß unmittelbar am Rand einer Schlucht erstrahlt. Zwischen Drâa- und Dadèstal kann in den uralten *ksour* der burgenreichen Oasen von Skoura und N'Kob übernachtet werden. Die Reise sollte dort aber keinesfalls enden, denn im Mittleren Atlas ragen zwischen schneebedeckten Gipfeln weitere *ksour* in den Himmel. Es findet sich dort auch ein toller Turm auf einem Hügel, der einst die komplette 300-köpfige Gemeinde von Zaouiat Ahnsal (S. 355) beherbergte.

Art-déco-Villen

Als Marokko in die Fänge der Kolonialmächte geriet, entstanden überall außerhalb der Medinamauern Villes Nouvelles (Neustädte). Ihre moderne Architektur mit regelmäßigem Straßenraster sollte zur Etablierung der neuen Ordnung beitragen. Als die Spanier bzw. Franzosen neoklassizistische Fassaden, Mansardendächer und Hochhäuser einführten, muss dies geradezu ein Schock gewesen sein für das Land – insbesondere für die marokkanischen Steuerzahler, die das koloniale Baufieber finanzieren mussten.

Dennoch schlug der Art-déco-Stil scheinbar eine Brücke zwischen der islamischen Geometrie Marokkos und dem eleganten Modernismus Europas. 1924 kombinierte der Maler Jacques Majorelle marokkanische Farbkonzepte mit Art déco: Er verpasste den freien Flächen an seiner Villa bzw. im umliegenden Gartengelände blaue, grüne und zitronengelbe Farbtupfer (s. S. 325). Während Casablancas Blütezeit in den 1930er-Jahren wurden die weißgetünchten Fassaden seiner europäischen Gebäude geschmackvoll mit marokkanischen Geometriemustern aufgepeppt, was Villen, Kinos und Hotels den charakteristischen „Casablanca-déco"-Look (oft auch als „maurisch" bezeichnet) verlieh. Heute ist im ganzen Land Casablanca-déco zu finden. Ob Architektur oder Alltag: Marokko gibt sich bemerkenswerte Mühe, den Spagat zwischen indigener Tradition und Einflüssen aus aller Welt zu meistern.

Essen & Trinken

Um die marokkanische Küche ranken sich zahlreiche Mythen und Legenden. Einem Fremden kommt sie manchmal wie ein Dschungel vor, denn viele Speisekarten sind einfach nicht zu entschlüsseln: Die Gerichte sind in so grauenhaftem Englisch oder Französisch beschrieben, dass eigentlich ein Dechiffrierprogramm mitgeliefert werden müsste. Viele Gäste lösen dieses Problem, indem sie das bestellen, was sie kennen: Couscous und *tajine*. Dieses Kapitel bricht eine Lanze für unzählige köstliche Alternativen zum Frühstück, Mittag- oder Abendessen. Es lüftet die Geheimnisse der Speisekarten und zeigt, was einem in Marokko so alles aufgetischt werden kann.

Die Geschmacksknospen kulinarisch Abenteuerlustiger werden sich freuen. Salate bestehen hier meist aus Gekochtem oder Geschältem und gehören zu den Highlights der Landesküche. Der Zusatz *spicy* auf einer marokkanischen Speisekarte kündet selten von einem übermäßig scharfen Gericht, sondern steht für leckere Gewürze wie Safran oder Zimt. Die Desserts sind die süßeste Versuchung überhaupt, z. B. Blätterteig mit Nüssen und etwas Orangenblütenwasser. Kurzum: großen Hunger mitbringen!

Kitty Morse, aufgewachsen in Casablanca, bringt einem in *Cooking at the Kasbah: Recipes from My Moroccan Kitchen*, bei, wie man eine *diffa* zaubert – von der Suppe (z. B. *harira*, einem leckeren Bohneneintopf) bis zu den Nüssen (in den *kaab al-ghazal*-Mandelplätzchen).

FRISCHEPARADIES MAROKKO

Das Essen ist meistens frisch, aus heimischen Zutaten und hausgemacht. Aus Brasilien eingeflogenes, in der Mikrowelle aufgeblasenes und halb rohes Zeug kriegt man hier nicht. Größtenteils werden Landwirtschaftsprodukte

VEGETARIER IN MAROKKO: SCHLEMMEN, WAS DAS ZEUG HÄLT

- **Frühstück** Marokkanisches Gebäck, Eierkuchen, frisches Obst und einzigartiger Orangensaft bilden die Grundlage. Wer es lieber herzhaft mag: Ziegenkäse und Oliven frisch vom Suk sind wie geschaffen für das frisch gebackene *khoobz* (Brot). Sensibelchen sollten sich von den Kesseln an der Straße fernhalten: Darin brodelt meist Schnecken- oder Schlangenkopfsuppe.
- **Mittagessen** Nach dem sättigenden Frühstück ist die Salat-*mezze* an der Reihe, zu der frisch gebackenes Brot gereicht wird und die verschiedene Gesichter haben kann: von Gurken in Orangenblütenwasser bis zu gehaltvoller roter Beete mit Kräutern und Kaffernlimette ist alles dabei. Im Winter sind Couscous mit sieben Gemüsesorten oder Berber-*tajine* mit Kürbis und Zwiebeln der Hit. Pizza gibt's auch fast überall und ganz günstig – am besten mit regionalen Kräutern und Oliven genießen!
- **Snacks** Hier können sich Vegetarier so richtig austoben. Trockenfrüchte und Nüsse sind lecker und an den Marktständen überall zu haben: Hier warten Berge von Feigen, Datteln und Aprikosen neben gewaltigen Pyramiden aus gerösteten Nüssen mit Salz, Honig, Zimt, Rohrzucker oder scharfem Pfeffer auf Käufer; Kichererbsen und andere Hülsenfrüchte werden gegrillt und in einem Papiertütchen mit Kreuzkümmel und Salz serviert. Das sollte man sich nicht entgehen lassen! Zur Teezeit bieten schicke Restaurants *broiuats* (zigarrenförmiges Gebäck gefüllt mit Ziegenkäse oder mit Eiern und Kräutern), Häppchen, Backwerk und Kuchen an. Wenn das alles nicht reicht, ist da immer noch Eis als letzte Rettung vor dem Hungertod, und den nächsten Minztee mit Keksen oder Nüssen bekommt man spätestens im nächsten Teppichladen.
- **Abendessen** Eine herzhafte Abwechslung von Salaten und Couscous stellen vegetarische Pasta (alles mit Aubergine ist besonders lecker) oder Omelette (meist in Begleitung dicker Pommes) dar. In einer marokkanischen Pension kann man normalerweise morgens vor Verlassen des Hauses eine vegetarische *tajine* aus marktfrischen Zutaten bestellen. Nur schade, dass man das zu Hause nicht auch so machen kann …

hier noch ganz altertümlich und in kleinen Mengen angebaut. Von Genmanipulation, Chemiekeulen und Mechanisierung kann keine Rede sein: Die meisten Bauern haben kleine Betriebe und können sich solche Technologien gar nicht leisten. Für Bio-Zertifizierungen reicht es allerdings auch nicht. Aber auch ohne ein solches Label sind die Erzeugnisse auf den Lebensmittelmärkten mit Sicherheit frei von Pestiziden und Genmanipulation.

Auf www.epicurious.com finden sich mehr als 138 marokkanische Rezepte, die Leser der Feinschmeckerzeitschriften *Gourmet* und *Bon Appétit* bewertet haben, darunter auch schnelle und gesunde Mahlzeiten, sowie dazu passende Weine.

Knackig, herrlich duftend, intensiv im Geschmack – wer das Obst und Gemüse auf einem marokkanischen Markt gesehen hat, wird auf das fade, schrumpelige Grünzeug im Supermarkt daheim lieber erst mal verzichten. Diese Frische ist den Bauern zu verdanken, die warten, bis das Obst und Gemüse ideal reif ist, es von Hand ernten und direkt auf den Suks verkaufen. Traveller heften sich am besten an die Fersen der Scharen von marokkanischen Omis und Restaurantköchen, die die Stände und Obstkarren mit der frischesten Ware kennen. Obst und Gemüse sollte vor dem Essen dennoch immer geschält, gegart oder sorgfältig gewaschen werden, denn europäische Mägen sind den hiesigen Bakterien nicht unbedingt gewachsen. Jede Jahreszeit hat ihre eigenen Hauptdarsteller, die man auf den Märkten und in den Restaurants dann auch bevorzugen sollte:

Herbst Feigen, Granatäpfel, Weintrauben.

Frühling Aprikosen, Kirschen, Erdbeeren, Pfirsiche.

Sommer Wassermelonen, Artischocken, Tomaten.

Winter Orangen, Mandarinen, Zwiebeln, Rüben, Möhren, Kartoffeln und anderes Wurzelgemüse.

Das ganze Jahr Mandeln, Walnüsse, Bananen, Kürbisse, Kichererbsen, grüne Bohnen, Linsen, Auberginen, Paprika, Zitronen (frisch und eingelegt).

Marokkanische Rezepte, ein Glossar arabischer Zutaten sowie marokkanische Kochtipps und Anekdoten gibt's unter den Moroccan-Gateway-Feinschmeckerlinks auf www.al-bab.com/maroc/food.htm.

Fleischliebhaber und umweltbewusste Esser werden in Marokko ihre Streitigkeiten beilegen und gemeinsam futtern. Wenn man die Schafe und Ziegen beobachtet, die über Berg und Tal flitzen, wird einem klar, dass die Tiere hier wie im Paradies leben – zumindest bis sie auf dem Teller landen. Und das meiste Fleisch, das man in diesem Land serviert bekommt, stammt von solchen Tieren, die in Freilandhaltung, ohne Antibiotika und fortwährend von Gras und wilden Kräutern ernährt aufgezogen wurden. Warum das Lamm- und Hammelfleisch in Marokko so viel besser schmeckt als das Zeug zu Hause, dürfte damit nun auch klar sein.

EIN BLICK IN DIE REGIONALEN KOCHTÖPFE

Diese tollen regionalen Spezialitäten weisen den Weg quer durch Marokko, von Nord nach Süd – nichts wie ran an die Buletten!

Casablanca *Seksu bedawi* (Couscous mit sieben Gemüsen)

Chefchaouen *Djaj bil berquq* (Hühnchen mit Backpflaumen)

Demnate *Seksu Demnati* (Couscous aus Mais oder Gerste statt Grieß)

Essaouira *Hut Mqalli* (Fisch-*tajine* mit Safran, Ingwer und eingelegten Zitronen), *djej kadra toumiya* (Hühnchen mit Mandeln, Zwiebeln und Kichererbsen in buttriger Safransauce)

Fès *Kennaria* (Eintopf mit Wilddistel oder Artischocke, mit oder ohne Fleisch), *hut bu'etob* (gebackener Maifisch gefüllt mit Mandeln und Datteln)

Hoher Atlas *Mechoui* (gefülltes Lamm oder Rind, langsam gegrillt)

Marrakesch *Bessara* (dicke Bohnen mit Kreuzkümmel, Paprika, Olivenöl und Salz), *tangia* (im Tontopf zubereiteter Eintopf mit gewürztem Lammfleisch, Gemüse und Zwiebeln, im Hamam oder in der Sauna 8 bis 12 Stunden gegart)

Meknès *Kamama* (Lammeintopf mit Ingwer, *smen*, Safran, Zimt und süßen Zwiebeln)

Südküste *Amelou* (Argannusspaste mit Honig und Arganöl)

Tanger Einheimische Tapas-Variationen und *paella* (spanisches Gericht aus Reis, Meeresfrüchten, Hühnchen und Gemüse)

REGIONALE GENÜSSE

Agadir Orangen, Zitronen, Arganöl
Casablanca Kaktusfrüchte
Dadès Rosenblüten, Rosenwasser
Doukkala Melonen
Erfoud Datteln
Essaouira Fisch, Arganöl
Fès Artischocken, Olivenöl, Orangen, Orangenblütenwasser, Zitronen
Marrakesch Granatäpfel
Meknès Minze, Oliven, Olivenöl
Oualidia Austern
Rifgebirge Walnüsse, Kastanien, Zitrusfrüchte, Ziegenkäse
Safi Muscheln
Sebou Maifisch und sein Rogen
Sefrou Kirschen
Sousebene Mandeln, Lamm, Datteln
Tagoundaft Honig

IMMER DEM APPETIT NACH

Wer bestimmte Sachen besonders gern oder gar nicht mag, kann seinen Marokkotrip entsprechend planen. Das Angebot an Obst, Gemüse, Fleisch und Fisch ist riesig, aber je nach Jahreszeit unterschiedlich. Eine nahezu fehlende Infrastruktur und eine ebenso fehlende harte Währung haben für Traveller zwar einige Vorteile – z. B. die verschlafenen, malerischen Bergdörfer oder die Eimer von Dirhams, die man für eine Handvoll Euro bekommt –, aber der Warenimport leidet darunter: Wer etwa im Herbst Kiwis will, kriegt bloß frische Feigen (was ja nun aber kein Beinbruch ist).

Wer seinen Speiseplan zusammenstellt, sollte auch ein paar geografische Gegebenheiten im Auge haben. Austern aus Qualidia sind in Ouarzazate nicht mehr ganz so frisch, denn sie mussten schon die Bergpässe bezwingen, und Kirschen aus Sefrou kann es in Tiznit eigentlich gar nicht geben. Wer im Urlaub in Meeresfrüchten schwelgen möchte, ist an der Küste gut aufgehoben, und Vegetarier, die es in die Wüste zieht, sollten absolut auf Datteln stehen. Der Kasten oben verrät, wo welche Leibspeisen zu finden sind.

Die Anzeigen der Suchmaschine ignorieren und hinabscrollen bis zu den kulinarischen Inspirationen auf www.astray.com/recipes/?search=moroccan, das mehr als 350 marokkanische Rezepte mit unterschiedlichen Schwierigkeits- und Authentizitätsstufen auflistet.

DAS WAR ABER NOCH NICHT ALLES …

Hier noch ein letzter und wichtiger Tipp: immer mit der Ruhe! Essen ist in Marokko meist eine langwierigere Angelegenheit – und eine üppige, für einen Hosenbund ohne Gummizug vielleicht sogar etwas zu üppige. Deshalb Zeit lassen und viel Wasser zum Essen trinken, besonders zusammen mit Wein. Im Wüstenklima ist das allemal besser, als die Getränke runterzustürzen. Und ein Essen lässt sich in jedem Fall schöner beenden als mit Dehydration und Völlegefühl: mit einer *bastilla,* einer Blätterteigpastete mit gerösteten Mandeln, Zimt und Sahne. Übrigens feuern Marokkaner ihre Gäste beim Essen an, als ginge es um ein offizielles Tortenwettessen; dennoch ist es klüger, seinem Instinkt zu folgen und mit einem *alhamdulallah!* (Gott sei's gepriesen!) aus tiefstem Herzen aufzuhören, wenn man satt ist.

WAS GIBT'S ZUM AL-FTOUR (FRÜHSTÜCK)?

Wer wie zu Hause morgens nur schnell eine Tasse Kaffee runterstürzt, begeht damit in Marokko ein schweres kulinarisches Verbrechen. Ob auf die Schnelle im Suk oder irgendwo in Ruhe in einem Café – ein Frühstück in Marokko ist immer etwas Wunderbares. Vor 9 Uhr morgens gibt's in Pensionen und

Hotels allerdings selten etwas zu beißen. Frühaufsteher, die zuerst mal einen Kaffee brauchen, bekommen ihn im Café oder im Suk.

Auf der Straße

In Straßencafés und an Imbissbuden bekommt das kontinentale Frühstück mithilfe von marokkanischen Pfannkuchen, Donuts, französischem Gebäck, Kaffee und Minztee einen lokalen Touch. Geleitet von der Nase und dem knurrendem Magen findet man in den Suks z. B. pikante Oliven und *jiben* (Ziegen- oder Kuhmilchfrischkäse), beides köstlich zu frischem *khoobz*. Diese marokkanische Variante von Pitabrot wird im Holzofen gebacken, bis sie außen knusprig und innen noch luftig-locker ist; in Papier eingewickelt bekommt man es in jedem *hanout* (winzigste Läden an nahezu jeder Ecke).

Tipps zu marokkanischem Straßenessen und Feinschmeckerabenteuern, die einem das Wasser im Munde zusammenlaufen lassen, bekommt man in Lydia Beyouds Blog auf http://lallalydia.blogspot.com.

Die Karren der omnipräsenten Straßenverkäufer in den Suks sind schwindelerregend hoch mit frischem Obst beladen, dessen Qualität in den höchsten Tönen gelobt wird. Und die Verkäufer haben Recht: Wer noch keinen Saftstand aufgesucht hat, glaubt nicht, wie hoch sich Orangen türmen lassen und wie herrlich frisch gepresster *aseer limoon* (Orangensaft) schmeckt. Aber lieber einen Einwegbecher oder die eigene Wasserflasche nehmen: Die Gläser der Verkäufer werden nur kurz ausgespült und am Tag zigmal neu gefüllt.

Im Süden ist *bessara* ein pikantes Frühstück, genau das Richtige für kühle Morgen: ein dampfend heißer Brei aus dicken Bohnen, gewürzt mit Kreuzkümmel, Olivenöl und einer Prise Paprika. Am leckersten schmeckt er mit ofenfrischem *khoobz*, das gerade aus dem Gemeinschaftsofen ein paar Häuser weiter geholt wurde. Die *rghaif* aus luftig-dichtem Blätterteig ähneln plattgedrückten Croissants und werden normalerweise mit warmem Honig oder Aprikosenmarmelade serviert. Proteinfans stehen wahrscheinlich eher auf die gefüllte Version: *rghaif* mit *khlii*, Rindfleischstreifen, die in der Sonne getrocknet und so haltbar gemacht wurden. Mutige beginnen den Tag mit einem deftigen Eintopf aus Lammkopf oder Kalbsfuß. Davon werden üppige Portionen direkt aus einem riesigen Kessel, der auf einem improvisierten Gasbrenner bedenklich wackelt, in eine Emailleschüssel gefüllt.

Ein Frühstück für Champions

Gästen pflegen die Marokkaner von allem das Beste aufzutischen. Die besseren Unterkünfte halten sich an diese Tradition, und zwar jeden Morgen, ohne Ausnahme. Wer sich morgens eine Kombination der folgenden Köstlichkeiten mit Kohlehydraten gönnt, ist zumindest kalorienmäßig reif für einen Marathon:

EIN HOCH AUF DIE DADAS

Es gibt einen Grund dafür, dass das Frühstück in den Familien und Pensionen so viel besser schmeckt als in den großen Bettenburgen. Das Geheimnis verbirgt sich in der Küche, dem Reich der *dadas*. Diese Köchinnen bleiben oft ihr ganzes Berufsleben lang bei einer marokkanischen Familie – manchmal einer königlichen. Die *dadas* der Könige wurden früher aus entfernten Ecken wie Mali und dem Senegal nach Marokko geholt. Aus dem Palast kamen sie danach nur selten raus. Dank des steigenden Bedarfs der Pensionen und Restaurants und der wachsenden marokkanischen Mittelklasse genießen diese Köchinnen mittlerweile aber mehr Freiheiten, Respekt, ein anständiges Gehalt und kreativen Freiraum.

Zur Essenszeit kann man vielleicht einer *dada* über die Schultern linsen, wenn sie aus den superfrischen Zutaten vom Markt ein herrschaftliches Festmahl zaubert – völlig ohne Rezeptbuch oder Messbecher. Vielleicht lassen einen von nun an in Honig-Orangenblüten-Sirup pochierte Feigen morgens aus dem Bett hüpfen. Dann sollte man sich bei der *dada* persönlich bedanken, was auch die Chance auftut, eine wahre Meisterin ihres Fachs persönlich kennenzulernen.

JEDER SAUCE IHRE FARBE

Was das Essen so phantastisch macht, ist wahrscheinlich eine der vier Saucen, die an ihren verschiedenen Farben zu erkennen sind:

- Das hellgelbe *mqalli* basiert auf Safran, Öl und Ingwer.
- Das goldene *msharmal* wird mit Safran, Ingwer und einer Prise Pfeffer gewürzt.
- Orange oder rötlich ist *mhammar* mit Paprika, Kreuzkümmel und Butter.
- *Qadra* aus *smen* (gereiftes, gewürztes Butterschmalz) mit Gemüsebrühe, Kichererbsen und Mandeln hat eine beige Farbe.

Ahwa (Kaffee) ist eine Möglichkeit, nicht zu verachten sind aber auch Café au Lait, *thé b'na na* (Minztee) und *thé wa hleb* (Tee mit Milch), *wa* (mit) oder *bla* (ohne) *sukur* (Zucker).
Aseer limoon (Orangensaft)
Bayd (Eier) Omelett mit einem Hauch *kamun* (frisch zerstoßener Kreuzkümmel) oder *zataar* (Kreuzkümmel mit geröstetem Sesam).
Beghrir Die lockeren marokkanischen Pfannkuchen saugen sich mit Honig oder Marmelade voll.
Französisches Gebäck Croissants, *pain au chocolat* usw.
Khoobz Mit Butter und Marmelade oder Olivenöl und *zataar*.
Rghaif Flaches, buttriges marokkanisches Gebäck.
Obst nach Saison (s. S. 85)
Sfenj Marokkanische Donuts.

Auf http://groups.yahoo com/group/bstilla, einem englischsprachigen Forum im Internet, kann man die laufende Diskussion über die marokkanische Küche verfolgen, in der es um *bastilla*, *tajine* und andere marokkanische Speisen geht.

ZEIT FÜRS EL-GHDA (MITTAGESSEN)

Die üppigste Mahlzeit des Tages ist traditionell das Mittagessen; ihm folgt ein ausgedehntes Nickerchen während der heißesten Stunden. Die Mittagspause dauert drei bis vier Stunden, von 12 Uhr bis 15 oder 16 Uhr, und fast alle Geschäfte, Ämter etc. machen dann dicht, bis auf ein paar Touriläden.

Für schnelle Esser ist diese marokkanische Gewohnheit vielleicht etwas unpraktisch, aber besonders im Sommer sollten es die Traveller wie die Einheimischen halten und die Mittagszeit als kleine Erholungspause nutzen. Dann kann man auch bei der *tajine* so richtig zugreifen, entweder schlicht mit knusprigem Brot oder aufgestockt zu einem Drei-Gänge-Menü in einem schicken Restaurant – erst danach weiß man eine Tasse Minztee und ein Nachmittagsschläfchen richtig zu schätzen.

Snak-Attack

Wer mittags noch immer satt ist vom üppigen Frühstück in der Unterkunft, beehrt einen der zahlreichen *snaks* (Imbissbuden) oder Lokale, die kleinere Gerichte anbieten. Am besten hält man nach einem Imbiss Ausschau, um den sich die Einheimischen scharen, oder nach einer Markise mit der Aufschrift *snak*. Viele hart arbeitende Einheimische können sich keine lange Siesta leisten und nehmen einfach ein Sandwich auf die Hand. Auch wenn es bereits ein offenes Geheimnis sein dürfte: Die Marokkaner lieben ihre *snaks* und wer clever ist, besucht die gleichen Läden wie sie, denn die sind am saubersten und verwenden die frischesten Zutaten.

Das typische *snak*-Angebot sieht so aus:

Brochettes Kebab, eingerieben mit Salz und Gewürzen und am Spieß gegrillt. Dazu gibt's *khoobz* und *harissa* (Paprikapaste), Kreuzkümmel und Salz. Die Renner sind Lamm, Huhn, *kefta* (pikante Fleischbällchen aus Lamm- und/oder Rinderhack) und „gemischtes Fleisch" (meistens Lamm oder Rind mit Herz, Nieren und Leber) mit sehr ausgeprägtem Geschmack.
Merguez Selbstgemachte, scharfe, würzige Lammfleischwurst – einfach superlecker. Nicht zu verwechseln mit *teyhan* (gefüllte Milz): *Merguez* ist rötlich, *teyhan* eher blass.

Mit Fatema Hels *Authentic Recipes from Morocco: 60 Simple and Delicious Recipes from the Land of the Tagine* kann man seine marokkanischen Kochkünste über die Kenntnis der obligatorischen mit Zimt bestäubten Orangenscheiben hinaus ausweiten.

Pizza Gibt's mittlerweile in den schickeren *snaks* für die kosmopolitische Mittelklasse, zu erkennen an der Werbung für ihre Holzöfen. Besonders lecker ist die einheimische Variante mit Oliven, Zwiebeln, Tomaten, Sardellen aus dem Atlantik und wildem Thymian.

Shawarma Gewürztes Lamm oder Huhn, am Spieß gegrillt. Als Beilage gibt's *tahina* (Sesamsauce) oder Joghurt, wahlweise Zwiebeln, Salat, *harissa* und etwas *sumac* (säuerliches Gewürz mit lila Farbe – sehr zu empfehlen!).

Tajines Phänomenale marokkanische Eintöpfe, zubereitet in Tontöpfen mit kegelförmigen Deckeln, was das Fleisch supersaftig und weich macht. Die *snaks* auf der Straße bieten die Basic-Version mit wenigen Zutaten an. Der Eintopf brodelt über einem Campingkocher oder *kanun* (befeuerter Tontopf) und wird auf einem wackeligen Klapptisch serviert. Wirkt zwar etwas primitiv, aber nicht abschrecken lassen: Das ist oft die beste *tajine* weit und breit. Also einen Stuhl schnappen und reinhauen – *khoobz* ist dabei ein besseres Hilfsmittel als gespültes und wiederbenutztes Besteck.

Marokkanischer Energieschub

Einige marokkanische Nobelrestaurants, die den Horden abends ein *diffa* (Festmahl) auftischen, servieren mittags ein einfacheres Menü. Dann ist die Bedienung relaxter, das Publikum besteht nicht nur aus Touris und das Essen kostet oft nur einen Bruchteil von dem am Abend. Gespart wird an der Livemusik und am (sonst obligatorischen) Bauchtanz – das gibt's dann ja abends wieder. Ein Drei-Gänge-Mittagessen klingt üppig, aber meist verbirgt sich dahinter lediglich eine übersichtliche Auswahl an köstlichen Gemüsegerichten, gefolgt von lockerem Couscous und/oder einer kleinen *tajine* mit Huhn oder anderem Fleisch und gekrönt vom unvermeidlichen Minztee.

MEZZE (SALATE)

Ein Paradies für Vegetarier: frisches Brot und drei bis fünf Teller mit Rote-Bete-Salat plus Zitrone und Schnittlauch, Kräuterkartoffeln, Kichererbsen mit Kreuzkümmel, einer Sauce aus getrockneten Tomaten und karamellisierten Zwiebeln, Kürbismus mit Zimt und Honig oder himmlischem Püree aus gebratenen, gewürzten Auberginen (auch „Auberginenkaviar“ genannt).

Bloß keine scharfe Sauce drauf! Tajine mit *harissa* (Paprika-Pfeffer-Sauce) ist die tunesische Variante, und dieses Land ist Marokkos Rivale – in der Küche und auf dem Fußballfeld.

TAJINE & COUSCOUS

Der Hauptgang besteht meist aus einer *tajine* und/oder Couscous und ist eine quasi-religiöse Erfahrung, die man sich nicht entgehen lassen sollte (s. Kasten unten). Die Stars unter den *tajines* sind *dujaj mqalli bil hamd markd wa zeetoun* (Huhn mit eingelegten Zitronen und Oliven – göttlicher Geschmack, samtige Konsistenz), *kefta bil matisha wa bayd* (Fleischbällchen in gehaltvoller

GÖTTLICHES SEKSU

Die Berber nennen es *seksu*, für Craig Claiborne, den berühmten Gastronomiepapst der *New York Times*, ist es eines der zwölf besten Gerichte der Welt, und in Marokko bedeutet Couscous quasi Mittagessen. Die Rede ist aber nicht von dem gelblichen Zeug in Kartons, das mit kochendem Wasser übergossen wird und drei Minuten ziehen muss – das kann man vergessen. Marokkaner meinen vielmehr eine feine, helle, von Hand gerollte, körnige Pasta, die vorsichtig über einer aromatischen Brühe gedämpft wird, bis sie weich und locker ist. Dazu gibt's Gemüse und/oder Fleisch oder Fisch in einer vorzüglich abgeschmeckten Reduktion aus Fond und Gewürzen.

Couscous ist keine Beilage, sondern ein Hauptgericht. In Casablanca werden dazu sieben Gemüsesorten serviert, in Fès Berge von Lammfleisch und Gemüse, und in Essaouira Tomaten, Fisch und frische Kräuter. Viele superleckere Varianten sind fleischlos, z. B. der Kürbis-Couscous aus Marrakesch oder das einfache, aber köstliche Eintopfgericht mit Zwiebelmus aus dem Hohen Atlas. Strenge Vegetarier sollten sich aber vorher erkundigen, ob auch der herzhafte Garsud rein pflanzlich ist. Hin und wieder bekommt man nur Couscous, aber meistens bildet es einen der Höhepunkte eines mehrgängigen Mittagsmenüs oder einer *diffa*. Wer's probiert hat, weiß, warum.

WOHER KOMMT DAS NUR?

Irgendwie schmeckt's komisch. Das könnte daran liegen, dass einige der unverwechselbaren Aromen der modernen marokkanischen Küche ihren Ursprung in fremden Ländern haben:

Essaouira Portugiesische und jüdische Quellen
Fès Andalusien (Spanien) und Persien
Marrakesch Senegal, Frankreich, die Berber Nordafrikas und Italien
Tétouan Andalusien und Türkei

Tomatensauce mit einer Prise scharfer Gewürze und einem Spiegelei obendrauf) und *lehem bil berquq wa luz* (superzartes, vom Knochen fallendes Lammfleisch mit Pflaumen, Mandeln und Zwiebeln in Safransauce).

Wer länger in Marokko bleibt, ist der Standard-*tajines* mit Huhn und Oliven sicher irgendwann überdrüssig. Hier kann eine besondere regionale Variante Abhilfe schaffen und aus einem *tajine*-Fan einen *tajine*-Kenner machen, der die leidenschaftlichen Debatten der Marokkaner über so wichtige Dinge wie die Dicke der Zitronenschale oder den Salzgehalt der Oliven nachvollziehen kann. Jede Region, jede Stadt, jedes Restaurant, jede Familie hat eigene Vorstellungen von einer *tajine*, und kein Restaurant, das etwas auf sich hält, wird jemals eine geschmacklose, zähe, wässrige oder verkochte Pampe auftischen. Für Vegetarier gibt's fleischlose *tajine*, aber nicht immer, denn alle Zutaten werden täglich frisch und in kleinen Mengen eingekauft, und der Koch denkt dabei leider nicht immer an die Veggies unter den Gästen.

Vor dem Essen erscheint der Gastgeber meist mit einem Krug und einer Schüssel. Man streckt die Hände aus und er gießt Rosenwasser darüber.

MECHOUI

Für den ganz großen Hunger gibt es in Marokko *mechoui:* ein ganzes Lamm oder Kalb, das mit Couscous, Mandeln und Pflaumen (oder anderen Nüssen und Früchten) gefüllt sein kann. Das Tier wird komplett mit Butter, Knoblauch, Kreuzkümmel und Paprika bestrichen und röstet stundenlang vor sich hin. Irgendwann ist das Fleisch so butterweich, dass es fast vom Knochen ins Feuer fällt – oder in den Mund, je nachdem, was sich gerade darunter befindet. Manchmal gibt's Kebab oder *kwa* (gegrillter Leberkebab, gewürzt mit Kreuzkümmel, Salz und Paprika) dazu. Nach diesem Mahl sollte man keine schweren Maschinen mehr bedienen und keine langen Museumstouren unternehmen: Jetzt kann auch noch so viel Minztee das Nickerchen nicht mehr ersetzen.

Das vitaminreiche marokkanische Arganöl ist sowohl ein beliebtes Kosmetikprodukt als auch ein Vergnügen für Feinschmecker: Dank seinem Geschmack nach gerösteten Haselnüssen ist es ein hervorragender Dip und ein exotisches Salatdressing.

DESSERT

Der übliche Nachtisch mittags ist süßer Minztee mit Mandelkeksen. Auch wer jetzt eigentlich schon fast platzt, findet nach einem Bissen *kaab al-ghazal* (sichelförmige „Gazellenfüßchen", gefüllt mit Mandelmus und aromatisiert mit Orangenblütenwasser) im Magen plötzlich doch noch etwas Platz. Mit Leichtigkeit und Frische besticht die tortenartig süße *orange a canelle* (Orangenschnitze mit Zimt und Orangenblütenwasser).

ZEIT FÜR EINEN SNACK (GEGEN 17 UHR)

Das Mittagessen war kein *mechoui?* Die Nase und der knurrende Magen führen einen zu den Köstlichkeiten der Straßenverkäufer:

- Maiskolben, frisch vom Kohlegrill
- trocken geröstete Kichererbsen mit Salz und Kreuzkümmel
- süße oder salzige geröstete Mandeln
- geröstete Sonnenblumen- oder Kürbiskerne
- hartgekochte Eier mit frischem Kreuzkümmel
- Sandwiches mit Brochettes/*merguez*, Kreuzkümmel, Salz und *harissa*
- *escargots* (Schnecken) in herzhafter Brühe, im Blechnapf oder Becher

ESSEN IM RAMADAN

Im Fastenmonat Ramadan essen die Marokkaner tagsüber nichts – nur vor Sonnenaufgang und nach Sonnenuntergang. Das Abendessen gibt's in dieser Zeit noch später als sonst, nämlich gegen 23 Uhr, und für das üppige Frühstück kriechen die Marrokaner superfrüh aus den Federn. Eine beliebte Taktik ist es, die Nacht so lange wie möglich durchzumachen, dann so lange wie möglich zu schlafen und das Nachmittagsnickerchen bis in den frühen Abend auszudehnen. Wer sich diesem Tagesablauf anpasst, kann richtig viel Spaß haben: Tagsüber geht es herrlich entspannt zu und spät nachts macht man ordentlich einen drauf.

Von Travellern wird zwar nicht erwartet, dass sie auch fasten, aber wenn man in der Öffentlichkeit isst, kommt das nicht so gut an. Deshalb sind die meisten Restaurants tagsüber und rund um *Iftour* (das Abendessen, das das Fasten bricht) zu. Wer ein bisschen plant, kommt aber dennoch an Essen: Man kann sich z. B. Snacks vom Markt holen und diese dann in der Unterkunft verspeisen, und sicher wird einem das Frühstück oder das Mittagessen auch auf dem Zimmer serviert. Fürs *Iftour* haben die Einheimischen außerdem gute Tipps parat.

Zu *Iftour* gehören alle traditionellen Ramadan-Spezialitäten: *harira*, Datteln, Milch, *shebbakia* (süßes Gebäck in Schneckenform, das den Blutzuckerspiegel in die Höhe treibt) und *harsha* (buttriges Hartweizengrießbrot, das frittiert wird, damit es noch fester ist). *Harira* gibt's meistens gratis, sogar bei McDonald's gehört es zum „Ramadan Happy Meal"!

Andere Genüsse am späteren Nachmittag sind ein Kaffee oder ein Minztee in einem Café, ein Eis in einem *glacier* (Eisdiele) oder marokkanisches und französisches Gebäck aus der Bäckerei um die Ecke.

Sogar Starköche werfen gern mal einen Blick hinein: Paula Wolferts *Couscous and Other Good Food from Morocco* enthält 20 betörende Rezepte des Titelgerichts und gewann 2008 den James Beard Cookbook Hall of Fame Award.

EIN SPÄTES L'ASHA (ABENDESSEN)

Abends wird in Marokko selten vor 21 Uhr gegessen, also immer erst nach der Arbeit und eventuell einem Spaziergang in den Sonnenuntergang. Die meisten Marokkaner essen daheim, aber junge Berufstätige, Studenten und Junggesellen steuern auch gerne einen *snak* oder die Pizzeria an der Ecke an. Im Winter bieten Straßenverkäufer aus dampfenden Kesseln *harira* feil, eine Tomatensuppe mit Zwiebeln, Safran, Koriandergrün und oft Linsen, Kichererbsen oder Lamm. Sie wird, zusammen mit den Resten vom Mittagessen, oft auch zu Hause gegessen – außer an Feiertagen und im Ramadan.

Ein *diffa* erleben

Ein dickerer Geldbeutel und großer Hunger führen abends vielleicht eher in ein Restaurant als in einen *snak*. Die meisten nobleren Restaurants tischen Reisenden in Palastambiente ein opulentes *diffa* (Festessen) zum Fixpreis auf. Eine solche abendfüllende Veranstaltung, oft mit Bauchtanz, Livemusik, Wein und Bier, sollte man in seinem Urlaub wenigstens einmal erleben.

Vorsicht: In den Palastrestaurants gibt's eine ordentliche Portion Kitsch als Beilage, denn bei der Deko scheint Ali Babas Wunderlampe mit im Spiel gewesen zu sein: Messinglampen, Spiegel, Zeltdächer, Kissen ohne Ende … Man zahlt dann meistens auch eher fürs Ambiente als fürs Essen. Letzteres variiert von superleckeren lokalen Spezialitäten bis zu Massenfutter. Als Faustregel gilt: Wenn der Laden so riesig ist, dass die Unterhaltung ein Echo erzeugt, und auf der Bühne eine Lasershow zuckt, sind weder eine persönliche Bedienung noch authentische marokkanische Speisen zu erwarten.

Die Blogger Samira und Sabah tischen auf http://moroccankitchen.blogspot.com Feinschmeckergeheimnisse in Englisch und Französisch auf, u. a. auch Rezepte aus ihrer Heimatstadt Fès.

Ob nun bei privaten Gastgebern (Volltreffer!) oder im Restaurant – das üppige *diffa* enthält stets eine Kombination aus folgenden Leckereien:

Mezze Normalerweise bis zu fünf kleine Vorspeisen; in den nobelsten Palastrestaurants von Marrakesch und Fès bekommt man sogar zwischen sieben und neun.

Briouat oder brik Buttriges, gebackenes oder frittiertes Gebäck in Dreiecks- oder Zigarrenform, gefüllt mit Kräutern und Ziegenkäse, pikantem Fleisch oder Eiern.

Bastilla Die pikant-süße Tarte ist zu Recht berühmt. Sie besteht aus geschichtetem *warqa-Teig* (noch dünner als der für Yufka), gefüllt mit Taube oder Huhn, karamellisierten Zwiebeln, Zitronen, Eiern und gerösteten Zuckermandeln. Obendrauf kommt ein Hauch Zimt und Zucker.
Couscous Nach lokaler Tradition unterschiedlich zubereitet (S. 90); Couscous-Varianten können aus Gerste, Weizen oder Mais gemacht sein.
Tajine Oft hat man die Wahl zwischen mehreren Varianten.
Mechoui und/oder ein paar regionale Spezialitäten (S. 86).
Nachtisch *Orange a canelle*, *bastilla* (mit Sahne und gerösteten Nüssen), *briouat bil luz* (*briouat* mit Mandelpaste), *sfaa* (süßer Zimtcouscous mit Trockenobst, Nüssen und Sahne) oder *kaab al-ghazal*.

VIEL TRINKEN

Um das *diffa* runterzuspülen und nicht auszutrocknen, ist reichlich Flüssigkeit nötig. In den Medinas und im Umkreis einer Moschee wird Alkoholkonsum nicht gerade gern gesehen; eine Lizenz für Alkoholausschank kann deshalb an die 20000 Dh kosten. Aber viele Pensionen und Restaurants umschiffen diese Klippe, indem sie Alkohol im Flüsterton und außerhalb der Sichtweite von strengen Sittenwächtern anbieten. Wer also Lust auf ein Bier hat und auf der Karte keines findet, fragt einfach den Kellner – aber bitte leise.

Das marokkanische Leitungswasser ist nicht immer genießbar, daher sollte man sich lieber an behandeltes Wasser oder einheimisches Mineralwasser halten. Die besten Sorten sind Sidi Ali und das sprudelnde Oulmes; die anderen haben einen kalkigen Nachgeschmack.

Tags wie nachts sollte man sich regelmäßig eine Menge Flüssigkeit hinter die Binde kippen. Diese bekommt man z. B. bei den Orangensaftverkäufern, die sich selbst lautstark über den grünen Klee loben, oder bei den Wasserverkäufern, die *tajine*-förmige Fransenhüte tragen und Kupferschalen aneinanderschlagen. Wenn man hier seinen Durst löschen will, sollte man sich Wasser oder Saft direkt in die eigene Flasche abfüllen lassen oder einen Einwegbecher parat haben, denn die Gläser und Kupferschalen werden vor ihrer nächsten Verwendung nur oberflächlich gereinigt.

Angebotenen Minztee darf man nicht einfach runterstürzen und weiterziehen. Dieses Getränk ist der Inbegriff marokkanischer Gastfreundschaft, und üblicherweise dauert das Teetrinken eine gute halbe Stunde. Wer die Ehre hat, den Tee auszuschenken, gießt das erste Glas zurück in die Kanne, damit der Tee etwas abkühlt und sich der Zucker auflöst. Dann wird von rechts mit dem Einschenken angefangen; die Kanne so hoch wie möglich über dem Glas halten, ohne daneben zu schütten – die Gastgeber werden mächtig beeindruckt sein.

DARF'S WAS HÄRTERES SEIN?

Ja, man kann in Marokko Alkohol trinken, ohne die örtlichen Empfindlichkeiten zu verletzen – und zwar außer Sichtweite einer Moschee in einem Restaurant, Club, Hotel, Gästehaus oder Privathaus. In einem muslimischen Land, in dem es verständlicherweise kaum Barkeeper, Mikrobrauer und lizenzierte Sommeliers gibt, ist die Qualitätsgarantie allerdings schwierig, und der Kellner kann oftmals keine Weinempfehlungen geben. Wenn das Getränk nicht ganz lupenrein scheint, sollte man es zurückgehen lassen; der Kellner wird es einem glauben. Die besten Drinks:

- **Casa** ist ein gutes einheimisches Pils, den zweiten Rang belegt **Flag,** ein würzigeres Bier.
- Herrliche marokkanische Weißweine sind u. a. der frische **Coquillages** und der spritzige **Sémillant Blanc**.
- Unter den Rotweinen haben sich der reife **President Cabernet**, der würzigere **Medallion Cabernet** und der reizende **Siroua S Syrah** bewährt.
- Die importierten Cocktails **Mojito, Caipirinha** und **Negroni** werden zu einheimischen Nachtclub-Lieblingen, wenn sie (jeweils) mit marokkanischer Minze, einheimischer Kaffernlimette und Orangensaft/Orangenblütenwasser gemixt werden. Dieser marokkanische Touch veredelt sogar billigen Alkohol … zumindest bis zum nächsten Morgen.

In Marokko läuft nichts ohne Minztee, aber guten Kaffee gibt's auch. Meist wird er auf französische Art gekocht (in einer Kanne zum Runterdrücken) und ist so stark, dass er einen direkt in die Stratosphäre katapultiert.

Feinschmecker, die orientalisches Essen mit libanesischer Küche gleichsetzen, werden von Claudia Rodens eines Besseren belehrt: Ihr Buch *Arabesque: A Taste of Morocco, Turkey and Lebanon* stellt die marokkanische Küche vor und bekam 2007 den James Beard Award (den kulinarischen Oscar).

MAROKKANISCH FÜR ZUHAUSE

Wie wär's mit einem marokkanischen Festessen daheim? Dann ist vielleicht ein Kochkurs eine tolle Idee (die besten gibt's in Marrakesch; s. S. 329), gepaart mit etwas marokkanischer Basic-Ausstattung für die Küche:

Harira Tiefer Keramiktopf mit Deckel, um Suppen warmzuhalten.
Mörser und Stößel Zum Zerkleinern von Kräutern, Knoblauch und Gewürzen.
Tajine slaoui Einfacher Terrakottatopf zum Kochen (die bunt bemalten sind Ausstellungsstücke).
Tbiqa Korb mit spitzem Deckel für Brot und Gebäck.

SPRACHFÜHRER ESSEN

Das Geschmacksabenteuer beginnt mit ein paar Brocken Küchenmarokkanisch; Infos zur Aussprache finden sich auf S. 537.

Was heißt …?

Einen Tisch für …, bitte.	*tabla dyal … 'afak*
Kann ich mit Kreditkarte zahlen?	*wash nkder nkhelles bel kaart kredee?*
Die Speisekarte, bitte.	*nazar na'raf lmaakla lli 'andkum?*
Ich bin Vegetarier.	*makanakoolsh llehem*
Was empfehlen Sie?	*shnoo tansaani nakul?*
Ich hätte gerne, was sie/er hat.	*gha nzharrab shnoo kaatakul hiyya/huwwa*
Ohne …, bitte.	*bla …, 'afak*
Ich hätte gerne was zu trinken.	*bgheet shi haazha nashrubha*
Das habe ich nicht bestellt.	*tlabtsh had shshi*
Bitte bringen Sie mir …	*llaa ykhalleek zheeb li …*
etwas Wasser	*shwiyya dyaal lmaa*
etwas Salz	*shwiyya dyaal lmelha*
etwas Pfeffer	*shwiyya dyaal lebzaar*
etwas Brot	*shwiyya dyaal lkhoobz*
eine Serviette	*mandeel*
ein Bier	*birra*
ein Glas/eine Flasche Rotwein/ Weißwein/Rosé	*kaas/qar'a dyal hmar/ byad/roozi shshrab*
Das ist …	*Had shshi …*
superlecker!	*Ideed bezzef!*
verbrannt	*mahruqa*
kalt	*barda*
nicht gar	*ma taybash mazyan*
Prost! (Zum Wohl!)	*Bsaha!*
Die Rechnung, bitte.	*Lahsaab, 'afak*
Danke.	*Shukran*

Essglossar

FLEISCH

baqree	Rind
farooj/dujaj	Huhn
lehem	Fleisch
kebda	Leber
kelawwi	Nierchen

lehem ghenmee	Lamm
lehem jemil	Kamel

FISCH & MEERESFRÜCHTE

hut	Fisch
laangos	Hummer
lamoori	Kabeljau
merla	Weißfisch
qaimroon	Scampi
serdeen	Sardinen
shton	Anchovis
sol	Seezunge
ton	Thunfisch

GEMÜSE & HÜLSENFRÜCHTE

'aads	Linsen
batatas	Kartoffeln
besla	Zwiebel
fasooliya	weiße Bohnen
fegg'a	Pilz
khess	Salat
khiyaar	Salatgurke
lbdanzhaal	Aubergine
loobeeya	grüne Bohnen
mataisha tamatim	Tomate
qooq	Artischocke
tooma	Knoblauch
khoodar	Gemüse
zeetoun	Oliven
zelbana bisila	Erbsen

OBST

'eineb	Trauben
banan/moz	Banane
dellah	Wassermelone
fakiya	Obst
kermoos	Feigen
limoon	Orange
meshmash	Aprikose
reman	Granatapfel
teffah	Apfel
tmer	Datteln

ANDERE NAHRUNGSMITTEL

bayd	Eier
shorba	Suppe
filfil/lebzaar	Pfeffer
fromaj/jiben	Käse
khoobz	Brot
melha	Salz
ships	Chips
sukur	Zucker
zabadee/laban/danoon	Joghurt
zebda	Butter
zit	Öl

Natur & Umwelt

UMWELTPROBLEME

Marokko ist ein Land, in dem die Natur und der Mensch in enger wechselseitiger Abhängigkeit leben, in engerer als im voll industrialisierten Westen. Umweltprobleme sind deshalb Teil des täglichen Lebens und nicht nur Diskussionsthemen für Experten und Aktionsgruppen. Die Abwanderung in die Städte bringt ihre eigenen Entwicklungsprobleme mit sich, aber etwa ein Viertel der Einnahmen des Landes stammt auch heute noch aus der Landwirtschaft. Durch das Assoziationsabkommen mit Europa konnte sich Marokko als Nahrungsmittelexporteur einen Markt schaffen, aber das Land ist noch immer sehr anfällig für andere globale Umweltprobleme.

> Die Website der Weltbank (http://web.worldbank.org/morocco) informiert detailliert über Marokkos Probleme mit dem Wasserverbrauch und -management.

Nordafrika trocknet schon seit Jahrhunderten langsam aus. Im Süden sind viele Flüsse bereits mehr als zehn Jahre ausgetrocknet und die Dattelpalmen und Mandelhaine verdorren – ein Schaden, der praktisch nicht zu reparieren ist. Die globale Erwärmung hat den Bergregionen, deren Flüsse vom Tauwasser gespeist werden, den wertvollen Schnee geraubt. Durch die Überweidung wird der Boden praktisch auch noch von den letzten Halmen „befreit“, wodurch der Druck, der durch den weltweiten Klimawandel sowieso schon auf der Natur lastet, noch größer wird. Versteppung ist die Folge. Die Nutzpflanzen haben dann keine Chance mehr gegen peitschende Sandstürme oder sintflutartige Regenfälle. Die Sahara frisst sich immer tiefer ins südliche Marokko und die Oasen verlieren ihren natürlichen Schutz und laufen Gefahr, im Sand zu ertrinken. Am Ende bekommen die verwüsteten Dörfer Probleme mit der Nahrungs- und Wasserversorgung: Gesundheit und Hygiene verschlechtern sich, die Böden werden für die Landwirtschaft unbrauchbar und bislang unberührte Landschaften sind für immer verloren. In den grüneren Ebenen des Nordens – seit den Zeiten der Römer quasi der „Brotkorb“ – ist die Situation etwas besser, aber selbst hier ist die Natur durch die immer intensiver werdende Landwirtschaft gefährdet.

> *The North African Environment at Risk* von Will D. Swearingen und Abdellatif Bencherifa (Hrsg.) ist vielleicht schwer zu finden, aber die Suche lohnt sich: Das Buch stellt die regionalen Ursachen der Umweltzerstörung verständlich dar.

Die Wälder sind permanent bedroht; jedes Jahr gehen ca. 25 000 ha Wald verloren. Die atlantische Pistazie und die wilde Olive gibt es schon nicht mehr, die marokkanische Kiefer, die Thuja und die Atlaszeder sind ernsthaft gefährdet. Arganbäume, Wacholder, Steineichen, Kanarische Eichen und Pyrenäeneichen gibt es auch nicht mehr sehr viele. Aus den Gegenden, in denen sie wachsen, wird mithilfe von Dämmen oft Wasser zur Bewässerung abgeleitet oder man entzieht dem Wasser flussabwärts wertvollen Schlamm, der benötigt wird, um die Feuchtgebiete an den Küsten zu erhalten.

Die Naturschutzmaßnahmen werden langsam besser, aber die Versuche, die Ökosysteme zu schützen, waren nicht immer von großem Erfolg gekrönt. Die durch Überweidung immer dünner werdende Bodendecke versuchte die marokkanische Forstbehörde anfangs mit Methoden zu schützen, die eigentlich für gemäßigte Waldklimazonen gedacht waren. Mit katastrophalen Folgen: Im Mamorawald bei Rabat hatte man den Ginster unter den Korkeichen ausgedünnt, was zu schlimmer Bodenerosion führte – die Bäume gingen wegen Wassermangels ein. Aufforstungsprogamme sind im Gang, teilweise mit internationaler Unterstützung. Jedes Jahr werden 2 Mio. Obstbäume im Süden angepflanzt, um die Palmenhaine zu stärken. Der Plan National de Replanter sah vor, dass der Bedarf an Nutzholz bis zum Jahr 2000 gedeckt werden könnte, wurde aber dafür kritisiert, dass nur schnell wachsende, meist fremde Arten – z. B. der zunehmend allgegenwärtige Eukalyptus – gepflanzt wurden, ohne dass man auf Nachhaltigkeit achten würde.

> Ein paar Tipps gefällig, wie man während seiner Reise möglichst wenig Spuren hinterlässt? S. S. 55.

Verschmutzung ist ein weiteres Problem, an dem Marokkos Umwelt zu ersticken droht. Industriemüll wird meist einfach ins Meer, in die Erde oder die Wasserwege entsorgt und verunreinigt so das Trinkwasser und das Wasser für die Landwirtschaft. Allein Marokkos Städte produzieren jährlich 2,4 Mio. t Müll. Die Trockenlegung der Feuchtgebiete an der Küste, die ein wichtiger Lebensraum für bedrohte Tierarten sind, wird vorangetrieben, um der steigenden Nachfrage und den schrumpfenden Wasservorräten für die Bewässerung gerecht zu werden. Die Vorräte werden auch von durstigen Touristenresorts aufgebraucht – an der Küste, in Orten wie Agadir oder Saïdia, genauso wie im boomenden Marrakesch und in Fès, wo Hotelanlagen mit riesigen Pools und Golfplätzen die begrenzte Ressource gierig aufsaugen. Die Entwicklung an der Küste wird immer schwieriger, vor allem am Mittelmeer, wo Marokko in den letzten Jahren die Entwicklung von Megatourismusprojekten vorangetrieben hat. Um Spaniens „Costa" auszustechen, werden Apartmentblocks und Bettenburgen hochgezogen und Golfplätze angelegt. In Orten wie Saïdia wurden empfindliche Dünenökosysteme zerstört und zubetoniert und der Wacholderwald wurde abgeholzt. Die international bedeutenden Moulouya-Feuchtgebiete (Lebensraum für ca. 200 Vogelarten) sind infolge von Bauarbeiten von der Austrocknung bedroht. Laut der Europäischen Umweltagentur ist in den letzten paar Jahren jeder siebte Strand in Marokko verschwunden.

Wer schwimmen geht, sollte gut aufpassen. Unter den Wellen des Atlantiks können sich gefährliche Unterströmungen verbergen, und wenn man erst einmal weit draußen ist, kommt vor Amerika nichts mehr (bestenfalls noch die Kanaren).

LANDSCHAFTEN

Wer nur palmengesäumte Oasen und jede Menge Sand vor sich sieht, wenn er an Marokko denkt, wird von der geographischen Vielfalt des Landes überrascht sein. Natürlich gibt's Wüste, aber mit den dramatischen und oft verschneiten Felsen des Hohen Atlas, den grünen, sanft geschwungenen Ebenen im Norden, den Klippen am Mittelmeer oder den großen Wogen an der Atlantikküste rechnet wohl kaum jemand – das alles ist Teil der vielfältigsten Topographie Nordafrikas.

RUNTER VON DER PISTE – FÜR DIE UMWELT

Der schlimme Zustand der marokkanischen Umwelt geht alle an. Etwa die Invasion der Geländewagen in die Wüste, auch bekannt als „Toyotarisierung" der Sahara: Mit ihren riesigen Rädern brechen sie die Wüstenoberfläche auf, die dann durch kräftige Winde herumgewirbelt wird. Man schätzt, dass die jährliche Staubentwicklung in Nordafrika in den letzten 50 Jahren um 1000 % gewachsen ist. Wer denkt, dass der Wind die Spuren seines Geländewagens sowieso gleich wieder auslöscht, sollte wissen, dass in der Libyschen Wüste 60 Jahre nach Ende des Kampfes noch immer Spuren von Fahrzeugen aus dem Zweiten Weltkrieg zu sehen sind. Staub in der Luft ist eher ein Grund für Trockenheit als eine Folge davon, denn so kommt das Sonnenlicht nicht durch und die Wolkenbildung wird verhindert.

Die Folgen für die Natur betreffen nicht nur die Wüstengebiete. Der aufgewirbelte Sand droht die ganze Erde in Staub zu hüllen, und das hat Konsequenzen für die Gesundheit der Menschen, die Korallenriffe und den Klimawandel. Das Plankton, das auf der Oberfläche der Weltmeere schwimmt, wird vom Sand bedeckt, was verheerende Auswirkungen auf die Meeresfauna hat. Sandstürme kommen sogar in Städten wie Madrid immer häufiger vor. Mittlerweile drohen 90 % der spanischen Mittelmeerregionen zu versteppen. Wenn sich die Wüsten erst in Europa breitmachen, ist dieser Prozess nur schwer aufzuhalten und wird zu einer teuren Angelegenheit. Saharasand ist auch schon bis nach Grönland geweht, hat sich auf Eisbergen festgesetzt und lässt diese schneller schmelzen.

Die Wüste mit dem Kamel zu erkunden, ist nicht nur bei Weitem umweltfreundlicher, es zwingt einen auch dazu, sich auf das langsame Wüstentempo einzulassen, frei von den Einflüssen der modernen Welt. Zudem ist es der beste Weg, um man außer leicht zu verwischenden Spuren mit Sicherheit nichts im Sand zu hinterlassen.

Und überall interagieren die Menschen mit ihrer Umwelt, seien es die Olivenbauern im Norden oder die Schäfer, die ihre Herden auf Bergweiden führen. Über die Hälfte der Marokkaner lebt in ländlichen Gebieten – man kann das Land nicht von den Menschen trennen, die es bewohnen.

Küste

Als die Araber in Marokko ankamen, ritten sie in den Atlantik und nannten das Land *Al-Maghreb* (wo die Sonne untergeht), weil das Meer das eroberte Gebiet nach Westen begrenzte. Die Küste hat einen großen Teil der marokkanischen Geschichte beeinflusst, die Berberpiraten genauso wie die Landung der Alliierten im Zweiten Weltkrieg, und sie ist derzeit ein wichtiger Motor für die Tourismusindustrie. Während des französischen Protektorats wurde die Atlantikküste einfach nur *Maroc utile* (nützliches Marokko) genannt, im Vergleich zum recht trockenen Landesinneren. Der Küstenstreifen von Casablanca bis Rabat ist am weitesten erschlossen und auch heute noch politisch, wirtschaftlich und industriell führend. Im Gegensatz dazu war die zerklüftete Mittelmeerküste wegen ihrer Lage auf der anderen Seite des politisch unbedeutenden Rifgebirges bis vor Kurzem noch relativ unentwickelt. In den letzten Jahren haben gewaltige Investitionen seitens der Regierung den Zugang dorthin verbessert und eine der am wenigsten bekannten und schönsten Landschaften Marokkos erschlossen.

In *Sahara: Ozean aus Sand* von Paolo Novaresio und Gianni Guadalupi kann man sich atemberaubende Saharabilder anschauen und informative Texte lesen, die einen von der Wüste träumen lassen.

Das mediterrane Marokko besteht größtenteils aus Küstengebiet mit geschützten Buchten und steil abfallenden Klippen. Die lange Küstenregion am Atlantik ist dagegen vielfältiger. Im Norden ist sie gesprenkelt von groben, felsigen Stränden wie bei Asilah und von Feuchtbiotopen wie der Lagune des Merja-Zerga-Nationalparks, die für ihre Flamingos und Wildvögel berühmt ist. Ab dort ist die Küste dichter bebaut, ein Streifen Beton zieht sich am Meer entlang von einer Großstadt zur anderen. Südlich von Casablanca liegen die Hafenorte Safi und Essaouira, beides sowohl wichtige Touristenorte als auch Fischerhäfen. Daran schließen sich die auf Kommerz ausgerichteten Promenaden Agadirs an. Weiter südlich werden die Strände leerer und zu sandigen Weiten, die sich durch die Westsahara nach Mauretanien ziehen.

Der Antiatlas ist eine Gebirgskette, die vor 300 Mio. Jahren entstand, als die Urkontinente Laurussia und Gondwana zusammenstießen.

Für die Wirtschaft an der Küste spielen der Fischfang und der Handel noch immer eine wichtige Rolle. Lixus war ein wichtiger Hafen der Phönizier und Römer, und die kalten Atlantikströme sind fischreich. In letzter Zeit ist die Atlantikküste wegen eines eher dunklen Geschäfts berüchtigt: Immigranten von südlich der Sahara werden auf die Kanaren geschmuggelt.

An der Küste ist das Klima mild. Im Norden ist es tendenziell kühler und feuchter. Die Durchschnittstemperaturen liegen zwischen 12 °C im Winter und 25 °C im Sommer. Die Luftfeuchtigkeit ist immer hoch – Wäsche trocknen ist fast unmöglich. Die südliche Atlantikküste und die östliche Mittelmeerküste sind deutlich karger.

Berge

Die topographische Karte von Marokko zeigt eine Reihe von Gebirgszügen, die vom Mittelmeer aus Richtung Süden gesehen immer höher werden: das Rifgebirge, den Mittleren Atlas und den Hohen Atlas. Daran schließt sich die flachere Kette des Antiatlas an, die schließlich in der Wüste ausläuft. Die gigantischen Kräfte der Plattentektonik haben sie erschaffen. Das bedeutendste Ereignis war das Aufeinanderprallen von Afrika und Eurasien vor etwa 60 Mio. Jahren. Damals wurde nicht nur der Hohe Atlas aufgefaltet, auch die Straße von Gibraltar schloss sich und die Alpen und die Pyrenäen entstanden. Die Berge haben den autarken Berbern und anderen, die vor Eroberern Marokkos fliehen mussten (oder gegen sie rebellierten), seit eh und je Schutz geboten.

Im Norden bildet das flache Rifgebirge einen grünen, fruchtbaren Bogen, der die Küste vom trockenen westafrikanischen Binnenland trennt. Die unabhängigen Tamazight-Berber haben sich in der Geschichte immer vom marokkanischen Staat ferngehalten. Das hat dazu geführt, dass die Region von der Regierung ignoriert und nicht gefördert wurde, aber die Berber haben diese Situation genutzt und auf dem rauen Gelände *kif* (Marihuana) angebaut. Im Sommer ist es hier schön sonnig, aber ab Oktober fallen die Temperaturen so steil ab wie die Gebirgskette. Wenn sich der gnadenlose Winter im April oder Mai verabschiedet, beginnt eine feuchte Regenzeit.

Die Website des Sahara Conservation Fund (www.saharaconservation.org), der sich um den Schutz wilder Tiere in der Wüste kümmert, ist prima, um mehr über Flora und Fauna der Wüste zu erfahren.

Der Mittlere Atlas ist das Herz Marokkos, ein Flickenteppich aus Feldern, die von ruhigen Landstraßen durchzogen sind. Der Gebirgszug verläuft vom Nordosten des Rifs Richtung Südwesten und ist maximal 3340 m hoch. In weiten Teilen bestimmt die Landwirtschaft den Alltag der Bewohner dieser Binnenregion, und in den Ebenen am Fuß der Berge sind viele der größten Städte Marokkos entstanden – von Volubilis bis Fès. Die Berge sind weitgehend bewaldet, eine ideale Trekkinggegend und der Lebensraum der Berberaffen, die Marokkos einzige (nicht menschliche) Primaten sind.

Auf Minaretten in alten Medinas nisten Störche – die Art, wie sie niederknien und sich „verbeugen", um sich in ihre Nester zu setzen gilt als Symbol für das muslimische Gebet. Störche werden daher als glückverheißende und fromme Vögel betrachtet.

Die niedrigen Berge östlich von Agadir werden zum wundervollen steilen Hohen Atlas, der über den Dörfern um Marrakesch aufragt. Hier ist auch der schwindelerregend hohe Jbel Toubkal, der höchste Berg Nordafrikas (4167 m). Auf den Gipfeln des Hohen Atlas, mal aus rotem Stein, mal mit Moos und Kiefern bewachsen, gedeihen Weizen, Walnüsse und Mandeln, aber Schutz vor der glühenden Sonne gibt es kaum. Das Klima ist im Sommer drückend; die Temperaturen können die 40 °C übersteigen. Im Südosten fällt der Hohe Atlas ab und seine tiefen, zerklüfteten Schluchten weichen der Sahara.

Weiter südlich gehen auch die Ausläufer des flachen, unwirtlichen Antiatlas in die Sahara über und schützen das Soustal vor den heißen Wüstenwinden.

Wüste

Südlich des Antiatlas gehen die kargen Berghänge mit ihren zerklüfteten Felsspalten in die steinige, fast straßenfreie Westsahara über. Diese dünn besiedelte und gnadenlose Gegend wird im Osten von Algerien und im Süden von Mauretanien eingegrenzt.

KALTBLÜTIGER KAPITALISMUS

Wilde Tiere bekommen Traveller in Marokko am ehesten in den Suks zu Gesicht – leider. Schlangenbeschwörer, Stände, die Reptilien (oder Teile von ihnen) für irgendwelchen Gesundheitshokuspokus verkaufen, Schildkrötenpanzer, die als Blasebalg oder als Klangkörper eines banjoähnlichen Instruments dekorativer aussehen sollen als am Tier selbst – solche Souvenirs sind an allen Ecken zu finden. Das Schlimmste daran: Es gibt Leute, die das Zeug kaufen!

Wer die Schlangen mal genauer unter die Lupe nimmt, wird sehen, dass ihre Mäuler zugenäht sind. Nur ein kleiner Spalt, durch den sie gerade mal ihre Zunge stecken können, ist noch offen. Bei einem derart unsachgemäßen Umgang bekommen sie oft Entzündungen rund um das Maul und können nicht mehr fressen, was mit dem Tod endet. Aber dann wird einfach eine neue Schlange zum Beschwören rangeschafft. Solche Zeremonien stehen bei vielen Reisenden leider hoch im Kurs und die Bestände der Uräusschlange sind deshalb schon sehr geschrumpft.

Schätzungsweise 10 000 Schildkröten werden jährlich geschlachtet, um daraus Touristensouvenirs zu machen. Weil außerdem der Lebensraum dieser Tiere immer mehr zerstört wird, hat es die Maurische Landschildkröte *(Testudo graeca graeca)* schon auf die UN-Liste der gefährdeten Arten geschafft. Bis jetzt gibt es noch keine Gesetze, die den Verkauf der Schildkröten bzw. ihrer Panzer innerhalb Marokkos bestrafen. Wer allerdings eine geschützte Schildkröte aus dem Land rausschmuggelt, macht sich strafbar.

Wer den Hohen Atlas in der Region Zagora überwunden hat, sieht das Drâatal mit seinen Palmenhainen vor sich liegen. Von dort aus gelangt man in die einsamen Dünen Tinfou und Erg Chigaga. Südöstlich, in der Provinz Er-Rachidia, erheben sich die safrangelben Dünen von Merzouga. Hier ist der Zugang zum großen Sandmeer der Sahara. In dieser Gegend gibt es viele Kasbahs, Überreste aus den Tagen der transsaharischen Handelsrouten, die Städte wie Marrakesch reich machten. Heute sind die Datteln aus den vielen Palmenhainen die Haupteinnahmequelle der Bevölkerung.

Selbst im Winter schmort das Flachland tagsüber bei Temperaturen um die 30 °C vor sich hin, aber durch die trockene Luft fallen die Temperaturen abends schnell und die Nächte können sehr kalt werden. Da helfen nur mehrere Lagen Klamotten und gute Laune! Die wilde marokkanische Wüstenlandschaft hat auch ihre Bewohner geprägt – das Leben läuft hier etwas gemächlicher ab und es wird weniger geklatscht. Schließlich wird jeder Aspekt des Lebens von der Hitze des Tages bestimmt und von der Notwendigkeit, nachts am Lagerfeuer zusammenzurücken.

Mehr Infos zur Vogelbeobachtung in Marokko gibt's auf S. 485.

TIERE & PFLANZEN

Ein alter herumwandernder Mann bemerkte uns gegenüber einmal, dass Marokko fast das perfekte afrikanische Land sei, da es Berge, Wüsten, historische Städte und Kultur habe. Eigentlich alles außer Tieren. Naja, Marokko wimmelt nur so von Tieren. Allerdings muss man die ausgetretenen Touristenpfade meist verlassen, um davon etwas zu bemerken. Es gibt mehr als 40 unterschiedliche Ökosysteme, die vielen einheimischen Arten Lebensraum bieten. Leider sind diese Ökosysteme gefährdet, weil Stadtgebiete und Industrie sich immer weiter ausbreiten. Das hat dazu geführt, dass viele der landestypischen Pflanzen und Tiere vom Aussterben bedroht sind.

Tiere

KÜSTE

Da sich Städte wie Casablanca und Tanger und Ferienorte wie Agadir an der Küste ausbreiten, sind Marokkos Meeresbewohner bedroht. Abseits der städtischen Ballungsgebiete gibt's jedoch noch lange Küstenabschnitte, die noch nicht vom Menschen geprägt und der Lebensraum vieler Vögel und

KÖNIG DER LÖWEN

Als die Römer sich angewöhnten, Christen an die Löwen zu verfüttern, suchten sie sich ihre Tischgesellschaft in Marokko. Der Berberlöwe, der einst im ganzen Atlas- und Rifgebirge lebte, war eine Unterart, größer als die Savannenlöwen und mit einer dicken, schwarzen Mähne. Er war Einzelgänger, was zu seinem bewaldeten Lebensraum passte, und machte vor allem Jagd auf Berberschafe, Wildschweine und Rehe. Der letzte wilde Berberlöwe wurde 1921 erschossen.

Es heißt, dass der König von Marokko selbst noch bis 1914 unliebsame Zeitgenossen fröhlich an seine private Wildkatzensammlung verfütterte. Dem letzten Dissidenten bot er wohl zwar kurz vorher noch eine Begnadigung an, aber der konterte: „Lieber von Löwen gefressen, als von einem Hund gebissen!" Daraufhin wurde er *tout de suite* in den Löwenkäfig verfrachtet.

Der Parc Zoologique National in Rabat hat gemeinsam mit europäischen Partnerzoos ein kleines Programm auf die Beine gestellt, um die Nachkommen der königlichen Menschenfresser in Gefangenschaft aufzuziehen. Diese sind jetzt genetisch zu über 80 % Berberlöwen. Um die Rassereinheit der Löwen zu bestimmen, werden Markergene verwendet. Behauptungen einiger Zoos, reine Berberlöwen zu haben, sind jedoch noch nicht bestätigt.

Es geht zwar nur langsam voran, aber immerhin: Einige Umweltschützer träumen schon von einem Auswilderungsprogramm, das jedoch bei der Landbevölkerung, die mit den Wildkatzen als Nachbarn leben müsste, auf wenig Gegenliebe stoßen dürfte.

DIE TRAPPEN FLIEGEN WIEDER

Im Frühjahr 2008 fand ein zweijähriges Projekt zur Vermehrung des Bestands der bedrohten Kragentrappe seinen Höhepunkt: 5000 in Gefangenschaft gezüchtete Vögel wurden in der östlichen Wüste freigelassen. Das war angeblich die größte Einzelauswilderung einer gefährdeten Art, die es je gegeben hat.

Das Projekt hat seine Basis im Emirates Centre for Wildlife Propagation (ECWP) in Missour am Ostrand des Mittleren Atlas und wurde von den Vereinigten Arabischen Emiraten finanziert, die seit den frühen 1980er-Jahren führend bei der Aufzucht von Trappen in Gefangenschaft sind. Viele finden das nur angemessen, denn die Bestände der Kragentrappen im Nahen Osten und Nordafrika waren vor allem bedroht, weil die Vögel als Beute für die Falken reicher Araber aus den Golfstaaten beliebt waren. Das Projekt gilt als beispielhaft für die Aufzucht dieser Art in Gefangenschaft – Trappen sind nämlich wegen ihres komplizierten Paarungsrituals und ihrer Scheu in Gefangenschaft nur schwer zu züchten.

Ein Drittel der freigelassenen Vögel wurde mit Satellitensendern versehen, die es ermöglichen, sie im gesamten fast 40 000 km² großen Schutzgebiet zu überwachen und zu beobachten.

Meeressäuger (z. B. Delfine und Schweinswale) sind. Wichtige Vogelarten sind u. a. Weißaugenmöwen, Kormorane und Brandseeschwalben, die man an den Stränden beobachten kann. An der Mittelmeerküste soll ein kleiner Restbestand von Mönchsrobben, eines der am meisten bedrohten Säugetiere der Welt, noch ums Überleben kämpfen.

Seevögel und Süßwasservögel gibt's an Orten wie dem Sous-Massa-Nationalpark in Hülle und Fülle. Viele Entenarten und Watvögel ziehen aus Europa hierher, um in den wärmeren marokkanischen Gefilden den Winter zu verbringen. Hier lebt auch eine Population der gefährdeten Glattnackenrappen.

Das Kamel – das Symbol für Marokkos Wüsten – ist keine einheimische Spezies, sondern wurde 600 n. Chr. aus Arabien eingeführt.

WÜSTE

Auf den ersten Blick scheint die Sahara unmöglich als Lebensraum dienen zu können, aber es sind überraschend viele Tierarten hier zu Hause. Es gibt jede Menge Nager, u. a. viele Arten von Wüstenrenn- und Wüstenspringmäusen, sowie den Wüstenigel. Echsen wie Skinks und Dornschwanzagamen sind hier auch massenweise beheimatet, ebenso Hornvipern. Weiter oben in der Nahrungskette steht der niedliche Wüstenfuchs, ein typischer Wüstenbewohner mit fellbedeckten Füßen und riesigen, fledermausähnlichen Ohren. Er ist nachtaktiv, wer also über Nacht bleibt, hat vielleicht Glück und erhascht einen kurzen Blick auf ihn. In den abgelegenen Teilen der Westsahara soll es immer noch ein paar an die Wüste angepasste Geparden geben, aber wie viele genau ist nicht bekannt; der Goldschakal ist daher der am häufigsten hier vorkommende große Jäger. Dorkas- und Cuviergazellen sind seine wichtigste Beute. Die Mendesantilope, ein größeres Tier, ist in der Region sehr wahrscheinlich ausgestorben und folgt damit leider der marokkanischen Oryx ins Geschichtsbuch.

BERGE

Die bewaldeten Hänge der Berge sind Marokkos artenreichste Biotope. Ihre berühmtesten Bewohner (in Teilen des Mittleren Atlas und des Rifgebirges) sind die geselligen Berbermakaken (auch bekannt als Berberaffen), die man am leichtesten in der Gegend von Azrou zu Gesicht bekommt. Schwieriger ist es, Berggazellen, Luchse und Berberschafe zu erspähen. Das Berberschaf hat vom Schutz durch die Regierung profitiert – gute Nachrichten für das Raubtier, das diese Spezies jagt, den sehr gefährdeten Berberleoparden. Berberleoparden sind die letzten Leoparden in Nordafrika.

Sahara: A Natural History von Marq de Villiers und Sheila Hirtle ist eine sehr lesenswerte Quelle zu Flora und Fauna der Sahara, ihren Bewohnern und ihrer geographischen Geschichte.

Vögel, die in dieser Region leben, sind z. B. der Fichtenkreuzschnabel, die Ohrenlerche, der akrobatisch dahinsegelnde Zwergadler, der Schmutzgeier sowie schwarze und rote Milane. Und natürlich gibt es da noch den wunderschönen Steinadler. Schmetterlinge flattern auch viele herum, hauptsächlich sieht man sie im Frühling. In der Region kommen u. a. der scharlachrote Kardinal und der leuchtend gelbe Kleopatrafalter vor.

Pflanzen

Besonders bunt ist Marokko zwischen April und Mai. Dann blüht es im ganzen Land – bevor die Sommerhitze alles erbarmungslos zunichte macht. Die schönsten und bekanntesten Pflanzen sind Iris, Thymian, Orchideen, Geranien, Zedern, Eichen, Thuja, Pinien und in höheren Lagen sogar Wacholder. Die blumenbedeckten Wiesen im Rif sind ein besonders toller Anblick. Bei den Obstsorten und Hülsenfrüchten kann einem das Wasser im Mund zusammenlaufen. Vor allem im Süden lässt sie das halbtropische Klima wachsen und gedeihen: Orangenhaine in Agadir, Walnussbäume in Marrakesch, Mandelbäume in Ouarzazate, Dattelpalmen in Zagora – und Granatäpfel und Feigen im ganzen Land.

NATIONALPARKS

Was den Umweltschutz angeht, liegt in Marokko einiges im Argen. Immerhin hat die Regierung mittlerweile Schutzzonen eingerichtet, die das alarmierend schnelle Verschwinden von Lebensräumen für Pflanzen und Tiere stoppen sollen. Der Toubkal-Nationalpark im Atlas war das erste Schutzgebiet: Er wurde 1942 gegründet. Am beeindruckendsten ist der Sous-Massa-Nationalpark, der 1991 in der Gegend um Agadir eröffnet wurde.

Dass Marokko seine Verantwortung für die Natur ernst nimmt, bewies es, als es 2004 auf einen Schlag vier neue Nationalparks gründete: Talassemtane (58 950 ha) im Rifgebirge, Al-Hoceima (48 460 ha), wo Tier- und Pflanzenwelt des Mittelmeers und die letzten verbliebenen Fischadler unter Schutz stehen, im Mittleren Atlas den Ifrane-Nationalpark (51 800 ha) mit Zedernwäldern und Berberaffen sowie den Nationalpark im östlichen Hohen Atlas (55 252 ha). Und wo man gerade dabei war, wurde auch gleich noch der Tazekka-Nationalpark vergrößert.

Africa & the Middle East: A Continental Overview of Environmental Issues von Kevin Hillstrom gibt einen klasse Überblick über die nordafrikanische Natur früher und heute. Es geht vor allem darum, wie sich menschliche Ansiedlungen auf die Umwelt auswirken.

Alles in allem hat Marokko jetzt zwölf richtige Nationalparks, 35 Naturschutzzonen und Waldschutzgebiete und außerdem noch ein paar andere Schutzgebiete. Alle unterstehen der marokkanischen Forstaufsicht Direction des Eaux et Forêts. In den Parks wird auch fleißig geforscht: Botanische Inventarisierung, Vogelzählung, Primatenstudien und Sedimentanalysen sollen die Artenvielfalt der verschiedenen Gebiete festhalten. Außerdem wird untersucht, welche Gründe es für die Zerstörung von Lebensräumen außerhalb der Parks gibt und wie sich dieser Verlust auswirkt. Mittlerweile ist auch die internationale Gemeinschaft aufgewacht. Spanische und amerikanische Nationalparks erforschen in Marokkos Schutzzonen die größeren Zusammenhänge der Artenvielfalt.

Und um die bereits existierenden Parks werden die ewig gleichen Interessenkonflikte ausgetragen: Auf der einen Seite kann die Tourismusbranche steigende Einnahmen verbuchen, auf der anderen Seite sind die Leute frustriert über die Parzellierung ihres Lands und die Ignoranz gegenüber ihrem Bedarf an Wasser und medizinischer Versorgung. Mit anderen Worten: Die hier lebenden Marokkaner sind von den neuen Schutzgebieten nur wenig begeistert. Das Ziel der Parks wird zwar als ehrenwert begriffen, aber die hiesigen Gemeinden konnten nicht schnell und direkt von den Initiativen profitieren. Die Ministerien für Tourismus und Landwirtschaft versuchen den Ball flach zu halten: Schließlich fließt dank den Touristen ja

SEHENSWERTE NATIONALPARKS

Nationalpark	Lage	Besonderheiten	Aktivitäten	Beste Besuchszeit
Toubkal-Nationalpark (S. 456)	bei Marrakesch	höchster Berg Nordafrikas	Wandern, Klettern	Mai–Juni
Sous-Massa-Nationalpark (S. 412)	südlich von Agadir	Küstengebiet und Wälder; 275 Vogelarten wie die bedrohten Glattnackenrappen, Säugetiere und bedrohte Arten, die hier in Gefangenschaft gehalten werden	Wandern, Tierbeobachtung, Vogelbeobachtung	März–Okt.
Lac de Sidi Bourhaba (S. 141)	Mehdiya	Seen und Feuchtgebiete; 200 Arten Zugvögel, u. a. Marmelente, Kapohreule und Flamingo	Schwimmen, Vogelbeobachtung, Wandern	Okt.–März
Merja-Zerga-Nationalpark (S. 142)	Moulay-Bousselham	Lagunenbiotope; 190 Schwimmvogelarten wie Kapohreule, Korallenmöwe, Flamingo und Kammblässhuhn	Tierbeobachtung	Dez.–Jan.
Talassemtane-Nationalpark (S. 475)	Chefchaouen	Zedern- und Tannenwälder; Berbermakake, Fuchs, Schakal und Fledermaus im Zedernwald	Tierbeobachtung, Wandern	Mai–Sept.
Schutzgebiet von Bouarfa (S. 307)	Bouarfa	Steppe mit roten Felsen	Wandern, Klettern	April–Okt.
Tazzeka-Nationalpark (S. 301)	bei Taza	Eichenwälder und Wasserfälle	Wandern	Juni–Sept.
Nationalpark von Al-Hoceima (S. 230)	Al-Hoceima	Thujawald, Kalksteinklippen; Seeadler	Wandern, Vogelbeobachtung	Mai–Okt.

Geld für weitere Umweltprogramme in die Kassen. Und durch diese Initiativen lassen sich Flora und Fauna wieder in ihren ursprünglichen, produktiven Zustand zurückversetzen und es kann landwirtschaftlich nutzbares Land gewonnen werden. Davon profitieren auf lange Sicht dann auch wieder die angrenzenden Siedlungen.

Trotz der ganzen Probleme haben die marokkanischen Nationalparks eine magnetische Anziehungskraft auf Traveller. Ihr größter Trumpf sind wohl die vielen Freizeitaktivitäten, die die ungezähmte Wildnis bietet. So gibt es z. B. im Toubkal-Nationalpark, der die höchste Bergkette Nordafrikas sein Eigen nennt, Möglichkeiten zum Campen, Wandern und Bergsteigen in Hülle und Fülle. Weil die Nationalparks immer beliebter werden und Marokkos Image in puncto Ökotourismus Auftrieb erhält, will die Regierung die Parks zu finanziell unabhängigen Unternehmen machen. Die Eintrittsgelder sollen den Großteil der für den Erhalt notwendigen Mittel aufbringen.

Besonders die Parks Al-Hoceima und Talassemtane zeigen, was Marokko aus dem Naturschutz macht: Es gibt Pläne, den Tourismus auf dem Land zu fördern und neue Wanderrouten zu erschließen. Gleichzeitig hat die Parkleitung ein offenes Ohr für die Sorgen und Nöte der umliegenden Gemeinden und eröffnet ihnen mit den Parks eine profitable Alternative zum *kif*-Anbau.

Atlantikküste

Einst war hier das Ende der Welt: Früher glaubten die Bewohner des Mittelmeerraums, es gäbe jenseits der marokkanischen Atlantikküste kein Land. Heute ist das Gebiet eine der wohlhabendsten Regionen Marokkos und beherbergt die Landeshauptstadt, die größte Metropole und einige der tollsten Sehenswürdigkeiten.

Die herrlichen Strände an der Küste sind mit Fischerdörfern, historischen Häfen und befestigten Städten gesprenkelt. In der Geschichte mussten sowohl Eindringlinge als auch einheimische Stämme diese Region kontrollieren, wenn sie ihren Herrschaftsbereich ausdehnen wollten. Die Phönizier, Römer, Portugiesen, Spanier und Franzosen hinterließen wunderschöne Festungsstädte, breite Boulevards und eine relaxte Atmosphäre.

An der Küste lebt ein Großteil der Bevölkerung Marokkos, und diese Metropolen sind viel weltoffener als Städte im Landesinneren. Mit neomaurischen Bauten, Art-déco-Architektur, stylishen Cafés und lockerer Lebensart bilden sie einen Gegensatz zum traditionellen Marokko, werden aber bei Einheimischen und Touristen immer beliebter. Jenseits davon liegen Asilah und weitere Festungsstädte. Die Naturschutzgebiete drumherum zeigen die Vogelwelt der Atlantikküste. Doch auch hier wollen Stadtentwickler Resorts, Yachthäfen und Golfplätze anlegen – sie hoffen, eine Region zu erschließen, die bereits mehr als genug Attraktionen hat.

HIGHLIGHTS

- Aufbrezeln und sich unter die Trendsetter auf **Casablancas** (S. 121) hippem Blvd de la Corniche mischen
- In den makellosen Straßen **Rabats** (S. 127) weiß verputzte Kolonialbauten aus den 1920er-Jahren bewundern
- Im relaxten **Essaouira** (S. 164) auf den Stadtmauern spazieren gehen, frischen Fisch essen und das Flair genießen
- An der Küste von **El-Jadida** (S. 154) nach **Essaouira** (S. 164) fahren, wo sich die Felder bis runter zum Atlantik erstrecken
- An der idyllischen Halbmondbucht von **Oualidia** (S. 159) surfen und sich an Austern und Meeresfrüchten satt essen

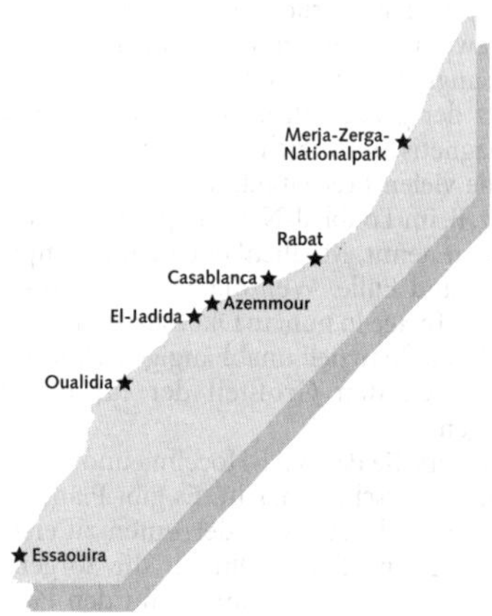

- Die Ruhe von **Azemmours** (S. 158) Medina zwischen Meer und Oum er Rbia genießen
- Auf einem Bootsausflug die Rosaflamingos im **Merja-Zerga-Nationalpark** (S. 142) beobachten, die bei Sonnenuntergang wie ein Schwarm riesiger Schmetterlinge wirken

GESCHICHTE

Dieser Abschnitt der Atlantikküste wurde von den Franzosen einst „Le Maroc Utile" („nützliches Marokko") genannt und war schon immer eine wichtige Wirtschaftsregion. Zwischen dem 10. und 6. Jh. v. Chr. richteten phönizische Seefahrer entlang der Küste Handelsposten wie Lks (Lixus), Essaouira und Chellah ein. Manche dieser Siedlungen wurden später zu den westlichsten Außenposten des römischen Weltreichs.

Im späten 15. und frühen 16. Jh. entstanden mehrere portugiesische Handelsposten zwischen Asilah und Agadir. Daraufhin folgte eine wirtschaftliche Blütezeit, die auf transafrikanischen Karawanenrouten basierte. Über letztere gelangten wertvolle Waren zu marokkanischen Häfen und wurden von dort aus verschifft. Immer kostbarere Güter an Bord machten die Piraterie schon bald zu einem lohnenden Unterfangen. Im 18. Jh. kontrollierten Berberkorsaren einen Großteil der Küste. Sie terrorisierten die Region und dehnten ihre Raubzüge bis ins englische Cornwall aus. Unterwegs machten sie Jagd auf Europäer, die sich als Sklaven verkaufen oder zum Erpressen von Lösegeld verwenden ließen. Auf diese Weise verschwanden über 1 Mio. Menschen.

Im späten 18. Jh. endete die Blütezeit der marokkanischen Atlantikküste, als die europäischen Seemächte versuchten, die Kontrolle über die Region zu übernehmen und ihre Kaufleute neue und sicherere Handelsrouten erschlossen, die um Häfen an Mittelmeer- und Atlantikküste einen Bogen machten.

Die Atlantikküste gilt heute wieder als „Le Maroc Utile". Direkt am Meer liegen die Landeshauptstadt Rabat und das wichtigste Wirtschaftszentrum Casablanca. Dort konzentriert sich ein Großteil der marokkanischen Produktion. Dank den riesigen Industriehäfen von Agadir und Safi ist auch die Schiffahrt mittlerweile wieder sehr wichtig. Die blühenden Urlaubsorte entlang der Küste tragen ebenfalls dazu bei, dass die Region landesweit den größten Wohlstand aufweist. Gleichzeitig verzeichnen malerische Kleinstädte am Meer steigende Touristenzahlen. Durch die neuen Yachthäfen und Ferienanlagen werden sie wohl bald einen Boom erleben.

KLIMA

Das Klima an der marokkanischen Küste wird durch den Atlantik beeinflusst und ist das ganze Jahr über angenehm. Die Winter sind feucht und mild und haben Durchschnittstemperaturen zwischen 10 und 12 °C. Im Frühjahr steigt die Quecksilbersäule etwas höher. Es regnet oft, aber die feuchte Luft wird im Lauf des Tages meistens aufs Meer rausgeweht. Im Sommer bewegen sich die Tageshöchsttemperaturen um 25 bis 27 °C, dazu weht eine frische Meeresbrise. Die Küste ist also ein prima Zufluchtsort vor der sengenden Hitze im Landesinnern. Das Atlantikwasser ist das ganze Jahr über kühl, und die Strände sind nur im Juli und August proppenvoll.

AN- & WEITERREISE

Casablanca und Rabat sind die Verkehrsknotenpunkte in der Region. Beide Städte liegen an der überregionalen Bahnstrecke mit direkter Anbindung an Tanger, Oujda, Fès, Meknès und Marrakesch. Sie haben außerdem beide internationale Flughäfen. In Casablanca landen allerdings deutlich mehr internationale Flieger.

CASABLANCA (DAR EL BEÏDA)

3,8 Mio. Ew.

Viele Traveller bleiben gerade lange genug in Casablanca, um das Flugzeug zu wechseln oder in einen Zug zu steigen. Die riesige Metropole hat eigentlich jedoch einen längeren Besuch verdient. Das wirtschaftliche und kulturelle Zentrum des Landes wirkt vielleicht nicht ganz so exotisch wie andere marokkanische Städte, repräsentiert aber das moderne Marokko: In Casablanca sind Finanzwesen und Industrie zuhause, Kunstgalerien zeigen die schönsten zeitgenössischen Werke, und die hiesigen Modedesigner haben hier ein Fenster zur Welt. Der alte Piratenschlupfwinkel ist ganz auf Zukunft ausgerichtet, stolz stellt er seinen Reichtum und Entwicklungsstand zur Schau.

Zu Beginn des französischen Protektorats verzeichnete die Stadt ein enormes Bevölkerungswachstum. Bis heute zieht sie arme Landbewohner an, die auf ein besseres Leben hoffen. Viele haben es nun geschafft und demonstrieren stolz ihren neuen Wohlstand, während andere ein klägliches Leben in Elendsvierteln am Stadtrand führen.

Verglichen mit anderen marokkanischen Städten ist das weltoffene Casablanca wesentlich mehr westlich orientiert. Dies zeigt sich u.a. am Kleidungsstil seiner Einwohner und daran, dass Männer und Frauen in Restaurants, Bars, hippen Clubs oder am Strand lockerer miteinander umgehen. Doch Europa ist beileibe nicht die einzige Inspirationsquelle: Junge „Casablancais" entwickeln immer mehr Bewusstsein dafür, dass sie in einem Land mit einer faszinierenden Geschichte leben.

Casablanca ist eine Stadt extremer Gegensätze. Breite Boulevards, gepflegte öffentliche Parks, Springbrunnen und großartige Kolonialarchitektur gibt es hier genauso wie mörderisches Verkehrschaos, ewig schwelende Sozialkonflikte und gewaltige Elendsviertel.

Die tristen Vorstadtfassaden stehen in starkem Kontrast zu den prunkvollen, im spanisch-maurischen oder im Art-déco-Stil gehaltenen Gebäuden im Zentrum. Dazu kommen modernistische Prachtbauten wie die riesige und ungemein kunstvolle Moschee Hassan II, die Casablancas Wahrzeichen ist.

GESCHICHTE

Ab dem 6. Jh. v. Chr. betrieben die Phönizier einen kleinen Handelsposten an der Stelle des heutigen Nobelvororts Anfa. Im 7. Jh. n. Chr. wurde Anfa zu einer Regionalhauptstadt der Barghawata, eines Stammesverbands der Berber. 1188 wurde es von den Almohaden zerstört und geriet 70 Jahre später unter die Kontrolle der Meriniden.

Im frühen 15. Jh. erkoren Piraten und zwielichtige Geschäftsleute den Hafen zu ihrem Schlupfwinkel. Ein paar Jahrzehnte später ging von Anfa eine solche Bedrohung aus, dass Lissabon 50 Schiffe und 10 000 Mann mit seiner Unterwerfung beauftragte. Portugals Streitmacht hinterließ nur Ruinen. Da die Händler aber weiter unter den Raubzügen örtlicher Stämme litten, griffen die Portugiesen 1515 ein zweites Mal ein. Erst 60 Jahre später ließen sie sich dauerhaft hier nieder, errichteten Festungsanlagen und nannten den Hafen „Casa Branca" („Weißes Haus").

Im Jahr 1755 gab Portugal die Kolonie auf, nachdem ein verheerendes Erdbeben Lissabon zerstört und Casa Brancas Mauern stark beschädigt hatte. Danach besiedelte Sultan Sidi Mohammed ben Abdallah die Stadt neu und befestigte sie, doch ihre frühere Bedeutung erlangte sie nie mehr. Im Jahr 1830 hatte sie nur etwa 600 Einwohner.

Mit dem europäischen Wirtschaftsboom zur Mitte des 18. Jhs. ging ein steigender Bedarf an Getreide und Wolle einher. Marokko wurde als Lieferant interessant – schon bald versorgten die fruchtbaren Ebenen rund um Casa Branca den europäischen Markt. Mittelsmänner und Kaufleute strömten erneut in die Stadt, die von spanischen Händlern in „Casablanca" umbenannt wurde. Zu Beginn des 20. Jhs. sicherten sich die Franzosen die Genehmigung zum Bau eines künstlichen Hafens.

Das zunehmende Handelsaufkommen brachte der Region Wohlstand. Gleichzeitig stießen die Machenschaften und der Einfluss der Europäer auf Ablehnung. Im Jahr 1907 kam es zu Gewaltausbrüchen, als Europäer einen muslimischen Friedhof entweihten. Die prokolonialistischen Franzosen witterten ihre Chance und entsandten eine Streitmacht, um den Konflikt zu beenden. Schon bald traf ein französisches Kriegsschiff mit einer Kompanie Marinesoldaten ein und beschoss die Stadt. 1912 wurde diese Teil des neuen französischen Protektorats.

Der erste französische Generalresident Louis Hubert Gonzalve Lyautey beauftragte den Architekten Henri Prost mit der Umgestaltung Casablancas zum Wirtschaftszentrum des neuen Protektorats. Prosts breite Boulevards und seine modernen Planungsmaßnahmen sind bis heute erhalten und lassen Casablanca ziemlich europäisch wirken. Allerdings unterschätzte Lyautey den Erfolg seiner Pläne – die Stadt wuchs weit über ihren großzügig angelegten Grundriss hinaus. Am Ende des Zweiten Weltkriegs hatte sie 700 000 Einwohner und war bereits von wuchernden Elendsvierteln (S. 112) umgeben.

Die Elendsviertel sind nicht zu übersehen, wenn man per Zug vom Flughafen zum Zentrum fährt. Bis heute ist die soziale Kluft in Casablanca extrem groß. Täglich treffen hoffnungsvolle Neuankömmlinge ein, doch für jeden Erfolgreichen muss ein anderer weiterhin ums Überleben kämpfen.

CASABLANCA IN ...

einem Tag

Der Tag beginnt mit einem Frühstück inmitten von jungen, einheimischen Frauen bei **Paul** (S. 120) in der herrlichen Villa Zevaco. Es folgen ein Taxitrip zur **Moschee Hassan II.** (S. 111) und ein Mittagessen im **Café Maure** (S. 121) an den Stadtmauern. Nun heißt es im Rahmen eines **Stadtspaziergangs** (S. 113) die schönsten Art-déco-Bauten der Stadt bewundern. Im Anschluss erwarten einen im **Quartier Habous** (S. 111) ein Einkaufsbummel und französisch-marokkanische Kuchen. In einem **Klippenrestaurant** (S. 120) beim Phare el-Hank gibt's dann bei herrlichem Meerblick Abendessen, und zuletzt mischt man sich in den Bars und Nachtclubs am **Boulevard de la Corniche** (S. 121) unter Casablancas junge Trendsetter.

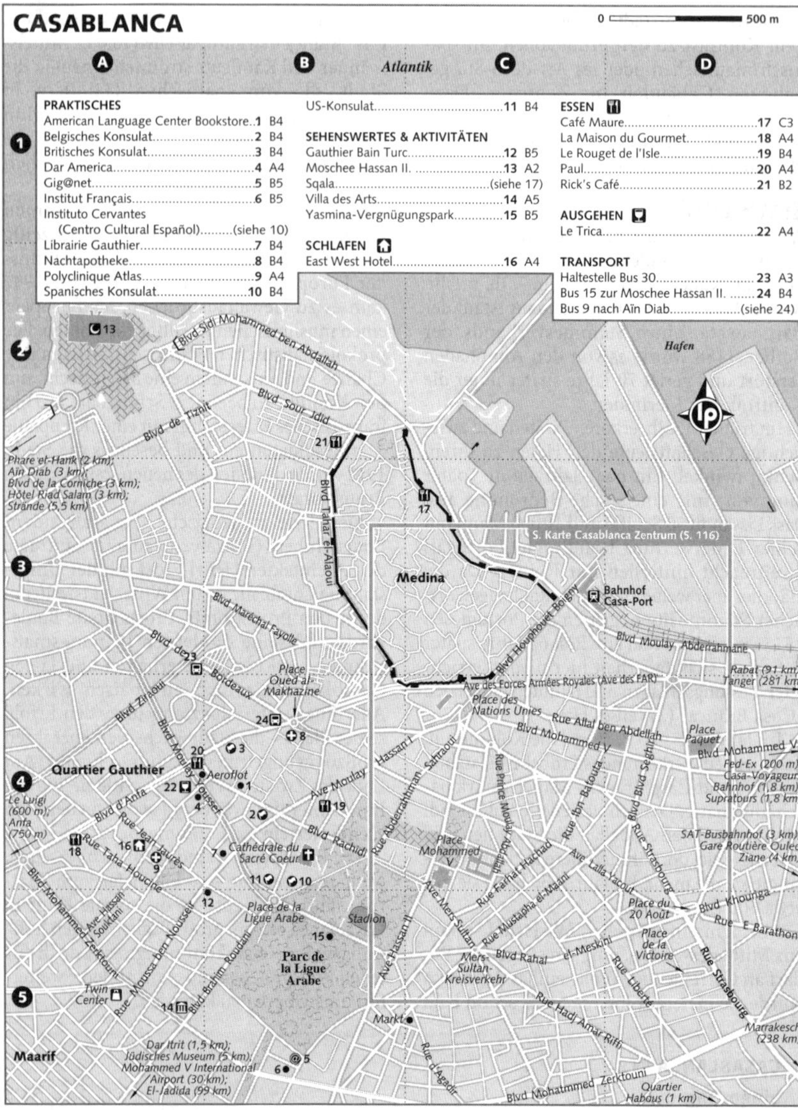

ORIENTIERUNG

Casablanca ist eine weitläufige, moderne Metropole. Die winzige Medina – der älteste Teil der Stadt – liegt im Norden von Casablanca in der Nähe des Hafens. Südlich der Medina befindet sich die Place des Nations Unies. Diese gewaltige Straßenkreuzung ist das Herz der Stadt.

Dort beginnen auch Casablancas Hauptverkehrsadern: die Ave des Forces Armées Royales (Ave des FAR), die Ave Moulay Hassan I., der Blvd Mohammed V. und der Blvd Houphouët Boigny.

Die Ave Hassan II. führt zur Place Mohammed V. und ist durch prächtige Verwaltungsgebäude im Art-déco-Stil geprägt. Die Quartiers Gauthier und Maarif liegen westlich bzw. südwestlich vom Parc de la Ligue Arabe. Mit ihren Läden, Bars und Restaurants sind diese beiden Viertel am belebtesten.

Im Südwesten erstreckt sich das Quartier Habous (alias Nouvelle Medina); noble Hotels und Nachtclubs sind im Vorort Âïn Diab am westlichen Strand angesiedelt.

Der CTM-Busbahnhof und der Bahnhof Casa Port befinden sich im Zentrum. Von dort aus liegt der Bahnhof Casa Voyageurs 2 km weiter in Richtung Osten. Den Flughafen findet man 30 km südöstlich der Innenstadt. Auf S. 136 stehen noch mehr Details zur An- und Weiterreise.

Straßennamen

Casablancas französische Straßennamen werden allmählich durch marokkanische ersetzt. Wer nach dem Weg fragt, sollte sich präzise ausdrücken: An vielen Ortsansässigen und ein paar Straßenverzeichnissen ist der Wechsel bis jetzt vorübergegangen. So hat dieselbe Straße oft verschiedene Namen.

PRAKTISCHE INFORMATIONEN

Buchläden

American Language Center Bookstore (Karte S. 108; ☎ 0522 277765; 1 Place de la Fraternité) In unmittelbarer Nähe zum Blvd Moulay Youssef gibt's eine gute Auswahl an englischsprachigen Klassikern sowie Titel über Marokko, Nordafrika und den Islam.

Librairie Gauthier (Karte S. 108; ☎ 0522 264426; 12 Rue Moussa ben Nousseir) Werke französischer bzw. marokkanischer Autoren und Straßenkarten.

Geld

Im Zentrum Casablancas gibt's Banken an beinahe jeder Ecke. Die meisten haben Geldautomaten und Wechselstuben.

BMCE (Karte S. 116; Hôtel Hyatt Regency, Place des Nations Unis; 🕑 9–21 Uhr) Empfiehlt sich vor allem nach Ladenschluss und am Wochenende.

Crédit du Maroc (Karte S. 116; ☎ 0522 477255; 48 Blvd Mohammed V.) Eigenständige Wechselstube in superzentraler Lage. Löst Reiseschecks von Amex (American Express) kostenlos ein.

Voyages Schwartz (Karte S. 116; ☎ 0522 376330; schwartz@mbox.azure.net; 112 Rue Prince Moulay Abdallah) Amex-Vertreter, der aber weder Reiseschecks verkauft noch diese einlöst.

Wafa Cash (Karte S. 116; ☎ 0522 208080; 15 Rue Indriss Lahrizi; 🕑 Mo–Sa 8–20 Uhr) Hat lange Öffnungszeiten und einen Geldautomaten. Löst auch Reiseschecks ein.

Internetzugang

EuroNet (Karte S. 116; ☎ 0522 265921; 51 Rue Tata; 10 Dh/Std.; 🕑 8.30–23 Uhr)

G@.net (Karte S. 116; ☎ 0522 229523; 29 Rue Abdelkader al-Moftaker; 8 Dh/Std.; 🕑 9–24 Uhr) Supersauber und modern. Schnelle Verbindungen.

Gig@net (Karte S. 108; ☎ 0522 484810; 140 Blvd Mohammed Zerktouni; 10 Dh/Std.; 🕑 24 Std.)

LGnet (Karte S. 116; ☎ 0522 274613; 81 Blvd Mohammed V.; 6 Dh/Std.; 🕑 9–24 Uhr)

Kulturzentren

Dar America (Karte S. 108; ☎ 0522 221460; http://casablanca.aca.org.ma; 10 Place Bel Air; 🕑 Mo–Fr 8–17 Uhr) Kulturzentrum des American Language Center mit Bibliothek. Besucher müssen sich ausweisen.

Goethe-Institut (Karte S. 116; ☎ 0522 200445; www.goethe.de/casablanca; 11 Place du 16 Novembre; 🕑 Di–Sa 10–12 & 15–18 Uhr) Veranstaltet neben Deutschkursen gelegentlich auch Filmvorführungen, kulturelle Events und Ausstellungen.

Institut Français (Karte S. 108; ☎ 0522 779870; www.ambafrance-ma.org, französisch; 121–123 Blvd Mohammed Zerktouni; 🕑 Di–Sa 9–14.30 Uhr) Mit guter Bibliothek, Filmvorführungen, Lesungen, Ausstellungen und weiteren Veranstaltungen.

Instituto Cervantes (Centro Cultural Español; Karte S. 108; ☎ 0522 267337; http://casablanca.cervantes.es, spanisch; 31 Rue d'Alger; 🕑 Di–Sa 10–12 & 15–18 Uhr) Neben der Bibliothek gibt es Filmvorführungen und Kulturveranstaltungen.

Medizinische Versorgung

Nachtapotheke (Karte S. 108; Ecke Place Oued al-Makhazine & Blvd d'Anfa; 🕑 24 Std.)

Polyclinique Atlas (Karte S. 108; ☎ 0522 274039; 27 Rue Mohammed ben Ali, Quartier Gauthier; 🕑 24 Std.) Abseits der Rue Jean Jaures.

Notfall

Notrufnummer (☎ 15; 🕑 24 Std.)

Service d'Aide Médicale Urgente (SAMU; ☎ 0522 252525; 🕑 24 Std.) Privater Rettungsdienst.

SOS Médecins (☎ 0522 444444 od. 0522 202020; Hausbesuche 350 Dh; 🕑 24 Std.) Privater Ärztedienst, der Hausbesuche macht.

Post

Post am zentralen Marktplatz (Karte S. 116; Ecke Blvd Mohammed V. & Rue Chaouia; 🕑 Mo–Fr 8–16.15 Uhr)

FedEx (☎ 0522 541212; 313 Blvd Mohammed V.)

Hauptpost (Karte S. 116; Ecke Blvd de Paris & Ave Hassan II.; 🕑 Mo–Fr 8–18, Sa 8–12 Uhr)

Post in der Medina (Karte S. 116; Place Ahmed el-Bidaoui; 🕑 Mo–Fr 8–18, Sa 8–12 Uhr) Bei der Jugendherberge.

Reisebüros

Carlson Wagonlit (Karte S. 116; ☎ 0522 203051; www.carlsonwagonlit.com/en/countries/ma; 60–62 Rue Araibi Jilali) Renommierte internationale Reisebürokette.

Supratours (außerhalb der Karte S. 108; ☎ 0522 248172; www.supratourstravel.com; Bahnhof Casa Voyageurs) Organisiert Zug- und Busreisen.

Voyages Wasteels (Karte S. 116; ☎ 0522 541010; www.wasteels.fr, französisch; 26 Rue Léon L'Africain) Prima Adresse für günstige Interkontinentalzugtickets.

Touristeninformation

Trotz des höflichen Personals sind Casablancas Touristeninformationen nicht sehr hilfreich – daher am besten vor Reisebeginn unter www.visitcasablanca.ma Infos einholen. Auch die Rezeption des eigenen Hotels kann machmal weiterhelfen.

Office National Marocain du Tourisme (ONMT; Karte S. 116; ☎ 0522 279533; 55 Rue Omar Slaoui; 🕑 Mo–Fr 8.30–12 & 14.30–18.30 Uhr)

Syndicat d'Initiative (Karte S. 116; ☎ 0522 221524; 98 Blvd Mohammed V.; 🕑 Mo–Fr 8.30–16.30, Sa 9–12.30 Uhr)

GEFAHREN & ÄRGERNISSE

Obwohl es in manchen Ecken Casablancas recht rau zugeht, ist die Stadt für Touristen relativ sicher. Allerdings ist die Kluft zwischen Arm und Reich sehr groß. Daher sollte man wie in jeder Großstadt stets die Augen offen halten, besonders bei nächtlichen Spaziergängen im Zentrum. In der und rund um die alte Medina ist besondere Vorsicht geboten. Wer Bars oder Nachtclubs spätabends verlässt, fährt am besten mit einem Taxi zurück zur Unterkunft.

SEHENSWERTES

Casablanca ist Marokkos Wirtschaftszentrum, sodass man sich hier weitaus mehr auf internationale Geschäfte als auf den Tourismus konzentriert. Meist sind nur wenige Touristen in der Stadt; sie ist durch Arbeit und Alltag geprägt und bietet bemerkenswert wenige Sehenswürdigkeiten. Wenn man von der prächtigen Moschee Hassan II. mal absieht, ist die hiesige Hauptattraktion das Erkunden der verschiedenen Viertel. Da wären z. B. die wunderschöne Art-déco-Architektur im Zentrum, der friedliche Parc de la Ligue Arabe, der sanierte Marktbezirk des Quartier Habous und der Meerblick von der Corniche. Zudem kann man Casablancas Einwohnern beim Genießen kosmopolitischer Freuden Gesellschaft leisten, abends essen gehen, Kunstgalerien besuchen oder in Maarif ausgiebig bummeln. Inlineskaten vor der Moschee Hassan II. und das brummende Nachtleben haben ebenfalls ihren Reiz.

Zentrum

Es wird häufig behauptet, dass Casablanca außer der Moschee Hassan II. keinerlei Attraktionen besitzt, aber im von den Franzosen erbauten Stadtzentrum gibt's allerlei prächtige Kolonialgebäude zu sehen, von denen manche gerade restauriert werden. Den besten Überblick bekommt man auf einer Erkundungstour rund um den **Marché Central** – oder auf dem auf S. 113 beschriebenen Stadtspaziergang. Das heruntergekomme Marché-Central-Viertel wird allmählich saniert, vor allem rund um den Fußgängerteil der Rue Prince Moulay Abdallah. An der **Place Mohammed V.** hat sich der Architekt Henri Prost so richtig ausgetobt. Der prachtvolle Platz ist von öffentlichen Gebäuden (z. B. von den Gerichtshöfen, der wunderbaren *wilaya*, der Bank al-Maghrib, der Hauptpost und dem Verteidigungsministerium) umgeben, deren Architektur später in ganz Marokko kopiert wurde. Von dem Platz zweigen außerdem zahlreiche Prachtstraßen mit weiteren tollen Gebäuden ab. Südlich davon erstreckt sich der **Parc de la Ligue Arabe** von 1918 mit seiner majestätischen Palmenpromenade.

In Parknähe steht die großartige **Villa des Arts** (Karte S. 108; ☎ 0522 295087; 30 Blvd Brahim Roudani; Eintritt 10 Dh; 🕑 Di–Sa 9–19 Uhr) aus den 1930er-Jahren. Das umgebaute Art-déco-Haus beherbergt heute zeitgenössische Kunstausstellungen mit Werken aus Marokko und aller Welt.

Ancienne Médina

In Casablancas kleiner und maroder **Medina** (Karte S. 116) bekommt man eine Ahnung, wie winzig die Stadt vor den umfangreichen Erweiterungsmaßnahmen der Franzosen war. Die meisten Gebäude stammen aus dem 19. Jh. und lassen den mittelalterlichen Charakter anderer Medinas vermissen.

Am Nordwestrand der Place des Nations Unies geht's in der Nähe des restaurierten **Uhrenturms** (Karte S. 116) hinein in die Altstadt. In den schmalen Gassen in Richtung Osten stapeln sich günstige Schuhe, Unterwäsche, Haushaltsgegenstände und angeblich auch Hehlerware. Die übrige Medina besteht größtenteils aus Wohnhäusern. Die **Djemaa ech**

Chleuh (Karte S. 116) an der Rue Jemaa ash-Chleuh Arsalane ist die wichtigste Freitagsmoschee des Viertels.

Auf der nördlichen Altstadtseite stehen die letzten Reste der städtischen Wehranlagen am Hafen. Die Bastion aus dem 18. Jh. ist als **sqala** (Karte S. 108) bekannt. Dort hat man eine weite Aussicht übers Meer.

Maarif

Casablancas Geschäftszentrum südwestlich vom Parc de la Ligue Arabe ist ein gutes Revier für die Jagd auf internationale Designerlabels. Das **Twin Center** (Karte S. 108; Ecke Blvd Mohammed Zerktouni & Al-Massira al-Khadra) ist das Highlight des noblen Shoppingbezirks. Zum Zeitpunkt der Recherche stand hier die Eröffnung eines Einkaufszentrums inklusive Luxushotel und Büroflächen kurz bevor. Auf die Seitenstraßen und den Umkreis des überdachten Maarif-Marktes verteilen sich kleinere Boutiquen. Sie haben etwas mehr Atmosphäre und sind prima für Schnäppchenjäger.

Quartier Habous (Nouvelle Medina)

Beim Quartier Habous (alias Nouvelle Medina) handelt es sich um eine idealisierte, beinahe Disney-artige Version einer echten Medina. Ihre adretten Straßen mit Verkaufsständen wurden in den 1930er-Jahren von den Franzosen angelegt. Sie war ein einzigartiges Experiment: eine Medina nach westlichem Standard, die die Menschen aufnehmen sollte, die bei der ersten großen Landflucht in den 1920er-Jahren nach Casablanca kamen. Infolgedessen sind in dem Viertel marokkanische Architektur und französische Ideale miteinander kombiniert. Sinnbild hierfür ist die Moschee, deren grasbewachsener Vorplatz an europäische Dorfkirchen erinnert.

So künstlich das Ganze auch erscheinen mag: Wer in letzter Minute noch ein paar Andenken braucht, kann hier wesentlich entspannter shoppen als in den meisten Suks – Habous hat eine prima Auswahl an Basaren, Kunsthandwerksläden, Bäckereien und Cafés.

Der **Königliche Palast** im Norden des Bezirks ist nicht öffentlich zugänglich. In den über 60 Räumen der alten **Mahakma du Pasha** (Höfe & Empfangshalle; Eintritt frei; ⌚ Mo–Sa 8–12 & 14–18 Uhr) im Süden können dagegen geschnitzte Holzdecken, Stuckelemente, schmiedeeiserne Geländer und Steingutböden bewundert werden.

Das Quartier Habous liegt ca. 1 km südöstlich vom Zentrum. Es ist mit Bus 81 erreichbar, der gegenüber der Hauptpost am Blvd de Paris abfährt.

Moschee Hassan II.

Der mittlerweile verstorbene König Hassan II. wollte der Stadt seinen Stempel aufdrücken und ihr das bis dahin schmerzlich vermisste Wahrzeichen verpassen. Dieses extrem ehrgeizige Bauprojekt zu Ehren seines 60. Geburtstags wurde 1980 in Angriff genommen und 1993 vollendet. Dennoch sind Arbeiter weiterhin damit beschäftigt, die Boulevards und das Gelände rund um die Moschee neu zu gestalten. Auch dies ist Teil des grandiosen Plans.

Die vom französischen Architekten Michel Pinseau entworfene **Moschee** (Karte S. 108) erhebt sich auf einem Felsvorsprung über dem Meer und versinnbildlicht damit den Koranvers, nach dem „Gottes Thron über dem Wasser errichtet wurde". Das 210 m hohe Minarett ist Marokkos höchstes Bauwerk. Es wird von einer spektakulären Laseranlage gekrönt, die nachts in Richtung Mekka leuchtet. Die drittgrößte Moschee der Welt kann 25 000 Menschen aufnehmen. Weitere 80 000 finden auf den Höfen und Freiflächen der Umgebung Platz. Während sie auf dem zentral beheizten Fußboden beten, blicken Gläubige durch Glasscheiben hinunter auf den Atlantik, der dort die Felsen umspült, und durch das sich automatisch öffnende Dach fallen Sonnenstrahlen hinein.

Am eindrucksvollsten sind jedoch die Größe und die Pracht des Gebetssaals, in dem Notre Dame in Paris oder der Petersdom in Rom Platz finden würden. Sein Inneres ist über und über mit herrlichen Holzschnitzereien, *zellij* (Fliesenelementen) und Stuck verziert. Am Bau der Moschee haben über 6000 Handwerksmeister mitgewirkt und Zedernholz aus dem Mittleren Atlas, Marmor aus Agadir und Granit aus Tafraoute zu ungemein aufwändigen Elementen und Mustern verarbeitet.

Die Moschee kostete mehr als eine halbe Milliarde US-Dollar und wurde größtenteils über Spendengelder finanziert. Die meisten Einwohner Casablancas sind stolz auf ihr Monument, manche denken aber auch, dass eine solche Riesensumme anderswo besser investiert gewesen wäre. Zudem wird darüber diskutiert, wer zukünftig für die Instand-

CASABLANCAS ELENDSVIERTEL

Bei Selbstmordanschlägen im Mai 2003 starben auf Casablancas öffentlichen Plätzen insgesamt 32 Zivilisten und 13 Attentäter. Letztere gehörten der radikalislamischen Gruppe Salafia Jihadia an, deren Gründungsmitglieder in Afghanistan ausgebildet worden waren. Die Bombenleger – allesamt junge Marokkaner – stammten aus Casablancas schlimmsten Elendsvierteln, die weniger als 30 Minuten vom Zentrum entfernt liegen.

Im Jahr 2007 wurden weitere 24 Islamisten verhaftet, die gerade eine neue Anschlagsserie planten. Zuvor hatte sich ihr Anführer in einem Internetcafé selbst in die Luft gesprengt. Auch ein Großteil dieser Gruppe kam aus denselben Elendsvierteln.

Die meisten Einwohner Casablancas verurteilen die Anschläge lautstark und erklären ihre Stadt für die toleranteste im ganzen Land. Dennoch fristet ein Viertel oder sogar ein Drittel der Stadtbevölkerung ein klägliches Dasein in Slumsiedlungen, deren provisorische Behausungen aus Pappe oder Plastikfolien bestehen. Es gibt weder eine Kanalisation noch Strom, fließendes Wasser, Schulen, Arbeit oder Hoffnung. Daher haben viele der Jugendlichen dort von vorn herein nichts zu verlieren.

Nach den Anschlägen widmete sich die marokkanische Regierung verstärkt diesen sozialen Problemen. Gleichzeitig wurden viele Wohlfahrtseinrichtungen gegründet, um die Lebensbedingungen der Slumbewohner zu verbessern. Nach Plänen des Wohnungsbauministeriums sollen alle Elendsviertel Casablancas bis 2012 verschwunden sein. Mittlerweile wurden mehrere Slums dem Erdboden gleichgemacht und deren Bevölkerung in neue Wohnungen umgesiedelt. Momentan befinden sich Zehntausende neuer Häuser im Bau, die aber oft zu teuer und zu klein für arme Großfamilien sind. Die Lage hat sich zwar deutlich, aber offenbar noch nicht ausreichend verbessert. Solange sich die Regierung nicht um die eigentlichen Probleme kümmert, steht eine echte Wende kaum in Aussicht. Doch sie wird hoffentlich eintreten, bevor Wut und Frustration erneut in offene Gewalt umschlagen.

haltung der Moschee aufkommt – die extremen Klimabedingungen in unmittelbarer Nähe zum Meer haben die Fassade bereits ernsthaft angegriffen.

Die Moschee von Tin Mal im Hohen Atlas (S. 361) und die Moschee Hassan II. dürfen als einzige islamische Andachtsstätten Marokkos auch von Nichtmuslimen betreten werden. Wer rein möchte, muss sich einer **Führung** (☎ 0522 222563; Erw./Kind/Student 120/30/60 Dh; 🕑 Sa–Do 9, 10, 11 & 14 Uhr) anschließen und „angemessene, respektvolle Kleidung tragen." Die Schuhe sind direkt am Eingang auszuziehen. Die einstündigen Touren auf Französisch, Englisch, Deutsch und Spanisch gehen durch den Gebetssaal, den Hamam und die Räume für rituelle Waschungen.

Ab dem Bahnhof Casa Port ist die Moschee theoretisch in 20 Minuten zu Fuß erreichbar – doch Vorsicht: Der Blvd Moulay Youssef ist stark befahren, zudem trifft man unterwegs kaum andere Fußgänger und könnte ausgeraubt werden. Insbesondere alleinreisende Frauen sollten daher auf Petits Taxis ab dem Stadtzentrum zurückgreifen (ca. 10 Dh). Alternativ fährt Bus 15 an der Place Oued al-Makhazine (4 Dh).

Jüdisches Museum Casablanca

Casablancas einziges **Museum** (außerhalb der Karte S. 108; ☎ 0522 994940; 81 Rue Chasseur Jules Gros, Quartier Oasis; Eintritt 20 Dh, mit Führung 30 Dh; 🕑 Mo–Fr 10–18 Uhr) im Vorort Oasis ist zugleich auch das einzige jüdische Museum der gesamten islamischen Welt. Die wunderschöne Villa steht inmitten üppiger Gärten. Sie beleuchtet den Einfluss der einst blühenden jüdischen Gemeinde auf das moderne Marokko. Ausgestellt sind u. a. Dokumente, traditionelle Trachten, Zeremonienwerkzeuge und zahllose Fotos – insgesamt mehr als 1500 Stücke. Für die Fahrt zum Museum brauchen Taxis ab dem Stadtzentrum (20 Dh) rund 15 Minuten.

Âïn Diab

Dieser wohlhabende Vorort säumt den Atlantikstrand westlich vom Zentrum. Hier befindet sich der belebte **Boulevard de la Corniche**. An Casas Amüsiermeile gibt es Strandclubs, teure Hotels, Restaurants, Bars und Nachtclubs. Mit anderen Worten: für hippe junge Leute *das* Pflaster zum Sehen-und-Gesehen-werden.

Dennoch ist die Promenade voller Spaziergänger und Jogger eine echte Schlaglochpiste.

Zwischen den brummenden Strandclubs zerstören verlassene Parkanlagen und Betonschwimmbecken voller Bauschutt die Aussicht. Die Popularität des Strandes ist trotzdem ungebrochen. Über die Strandclubs lassen sich Plätzchen im Sand am besten ergattern; **Miami Plage** (80–150 Dh/Tag) und **Tahiti** (80–150 Dh/Tag) zählen dabei zu den besseren Adressen. Beide bieten Sonnenschirme, Pools, Restaurants und Bars.

Von der Place Oued al-Makhazine fährt Bus 9 nach Âïn Diab. Taxis ab dem Zentrum kosten ca. 25 Dh (nachts 60 Dh).

AKTIVITÄTEN

Hamams

Der blitzsaubere **Hamam Ziani** (Karte S. 116; ☎ 0522 319695; 59 Rue Abou Rakrak; Eintritt Mo–Fr 40 Dh, Sa & So 50 Dh; 🕑 7–22 Uhr) abseits der Rue Verdin ist durch und durch modern. Neben traditionellen Dampfbädern hat dieses gehobene Bad mit Whirlpool und Fitnessraum auch *gommages* (Peelings) und Massagen im Angebot.

Das ultramoderne **Gauthier Bain Turc** (Karte S. 108; ☎ 0661 145926; 25 Rue Jean Jaures; Eintritt Mo–Fr 50 Dh, Sa & So 60 Dh; 🕑 7–22 Uhr) besitzt fast die gleichen Einrichtungen. Auch hier werden Peelings (ca. 20 Dh) und Massagen (100 Dh/30 Min.) angeboten.

Das trendige **Spa 5 Mondes** (außerhalb der Karte S. 108; ☎ 0522 996608; 18 Rue Ibrahim En-Nakhai, Maarif; 🕑 10–20 Uhr) empfängt Erholungsbedürftige mit einem traditionellen Hamam, einem japanischen Bad, balinesischen Massagen und ayurvedischen Anwendungen.

STADTSPAZIERGANG

Casablancas Zentrum hat ein reiches Architekturerbe, vor allem in den maurisch angehauchten Gemäuern. Die Kombination aus französischem Kolonialstil und marokkanischer Tradition war in den 1930er-Jahren schwer angesagt. Sie stand stark unter dem Einfluss des damaligen Art-déco-Trends, der sich in dekorativen Details wie Friesreliefs, schmucken Fliesenelementen und schmiedeeisernen Balkonen äußert. Manche Architekturjuwelen wurden mittlerweile wunderschön restauriert, andere dagegen sträflich vernachlässigt. Der folgende Stadtspaziergang führt zu den schönsten maurischen Gebäuden und ein paar weiteren Casa-Schätzen.

Los geht's am nordwestlichen Rand des Parc de la Ligue Arabe. Dort erhebt sich unübersehbar die imposante **Cathédrale du Sacré Coeur (1)**. Der würdevolle Bau wurde 1930 von Paul Tornon entworfen und diente bereits als Schule, Theater und Kulturzentrum. Solange er noch nicht restauriert ist (was aber geplant ist), kann der heruntergekommene Innenraum nur im Rahmen besonderer Events betreten werden.

Zwei Blocks weiter östlich erreicht man mit der Place Mohammed V. das herrliche Herzstück des französischen Sanierungsplans. Der gewaltige Platz ist von einer eindrucksvollen Reihe majestätischer Verwaltungsgebäude umgeben, die größtenteils auf Robert Marrast und Henri Prost zurückgehen. Die **wilaya** (**2**; altes Polizeihauptquartier) von 1930 dominiert den südlichen Rand des Platzes. Auf ihrem Dach ist ein modernistischer Uhrenturm.

Nicht weit von hier ist das **Palais de Justice** (**3**; Gerichtsgebäude), das 1925 gebaut wurde. Vorbild für das gewaltige Portal und den Eingangsbereich war der persische *iwan*. Das ist eine überwölbte Halle, die sich zum zentralen Innenhof der *medersa* (islamische Hochschule) einer Moschee öffnet.

Wer über den großen Platz schlendert, kann die **Hauptpost (4)** von 1918 bewundern. Dieses phantastische Gebäude ist verziert mit Bögen, Steinsäulen und sagenhaften Mosaiken. Mehr im traditionellen marokkanischen Stil ist die **Banque al-Maghrib (5)** am Blvd de Paris, das neueste Gebäude an diesem Platz. Die Fassade hat tolle Steinmetzarbeiten als Deko.

Von hier geht's auf der Rue Indriss Lahrizi weiter nach Osten. Auf beiden Seiten der Straße sind phänomenale Fassaden zu sehen. Die schönste ist die von **La Princière Salon de Thé (6)**, leicht zu erkennen an der riesigen Steinkrone auf Dachhöhe. Rechts geht es in die Rue Mohammed Belloul. Dort ist das **Hôtel Guynemer** (**7;** S. 116) mit seiner tollen Art-déco-Fassade. Dann geht's eine Querstraße zurück gen Osten und rechts in die Rue Tahar Sebti mit Häusern aus der Kolonialzeit.

Links in der Rue Chaouia sollte man sich unbedingt das **Hôtel Transatlantique** (**8;** S. 117) anschauen. Es wurde 1922 gebaut und ist spitzenmäßig restauriert. Gleich um die Ecke findet sich noch ein weiteres restauriertes Schmuckstück mit einer großartigen Fassade: das **Hotel Volubilis (9)**.

Nach links geht es die Rue Ibn Batouta rauf und dann weiter bis zur Ecke am Blvd Mohammed V. Rechter Hand ist die heruntergekommene Fassade des **Hôtel Lincoln (10)**, eines Art-déco-Meisterwerks von 1916.

STADTSPAZIERGANG

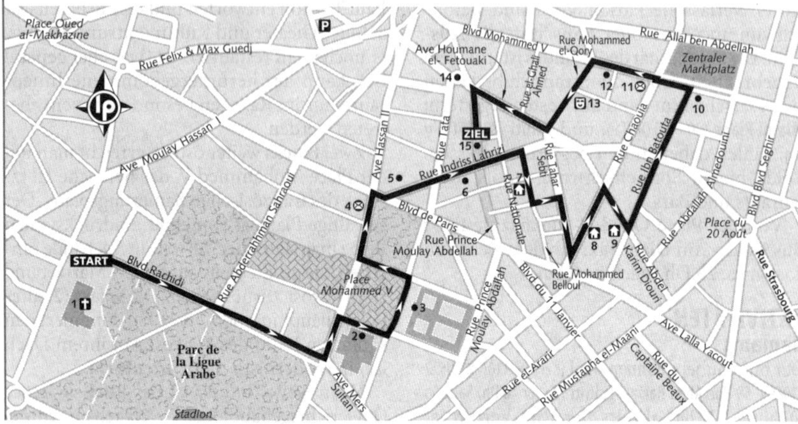

ROUTENINFOS

Start Parc de la Ligue Arabe am Blvd Rachidi
Ziel Rue Prince Moulay Abdellah
Strecke 3 km
Dauer 45 Min.

Zurzeit wartet es geduldig auf seine seit Langem angekündigte Restaurierung.

Links kommt man auf den Blvd Mohammed V. Auf der Südseite der Straße sind ein paar phantastische Fassaden zu sehen. Die **Post (11)** auf dem zentralen Markt mit ihren kunstvollen Verzierungen und das klassische Gebäude von **Le Matin/Maroc Soir (12)** sind die architektonischen Sahnehäubchen.

Die nächste Querstraße links ist die Rue Mohammed el-Qory. Dort steht das **Cinéma Rialto** (**13;** S. 122), ein klassisches Art-déco-Bauwerk mit tollen Details. Weiter geht es in Richtung Süden zur Kreuzung mit der Ave Houmane el-Fetouaki und dann rechts zur **Place 16 Novembre (14)**. Hier stehen wieder tolle Art-déco-Gebäude. Dann noch mal die Südrichtung einschlagen und die Fußgängerzone **Rue Prince Moulay Abdellah (15)** runter. Auch hier sind jede Menge interessante Fassaden mit herrlichen Türeingängen und phantastischen Schmiedearbeiten zu sehen.

KURSE

Casablanca hat eine Menge Sprachschulen, die fast alle Französischunterricht anbieten. Oft gehen die Kurse über ein ganzes Semester, z. B. im Institut Français (S. 109). Wer was Kürzeres sucht, kann es hier versuchen:

Centre International d'Étude de Langues (CIEL; Karte S. 116; ☎ 0522 441959; ciel@menara.ma; 4. Stock, 8 Blvd Khouribga, Place de la Victoire) Kurse in allen möglichen Sprachen, u. a. in klassischem Arabisch.

École Assimil-Formation (Karte S. 116; ☎ 0522 312567; 71 Rue Allah ben Abdellah) Hier gibt's Privatunterricht in Arabisch.

CASABLANCA MIT KINDERN

Casablanca ist eine riesige, schmutzige Stadt. Wer mit Kindern unterwegs ist, hält sich besser von dem Lärm und Verkehr im Zentrum fern. Die Strände und **Strandclubs** in Âïn Diab (S. 112) sind für Kids besser geeignet. Außer Swimmingpools, Rutschen und Spielplätzen gibt es dort Sportplätze und massenhaft andere Sachen. Traveller, die in einem Hotel am Blvd de la Corniche absteigen, haben meist einen eigenen Pool und viele Vergnügungsmöglichkeiten gleich um die Ecke.

Mitten in der Stadt ist die größte Grünfläche von Casa: der **Parc de la Ligue Arabe**. Er ist der perfekte Ort zum Spielen und Spazierengehen, außerdem gibt's diverse kleine Cafés und den **Yasmina-Vergnügungspark** (Karte S. 108; Eintritt 150 Dh; ⏰ 10–19 Uhr) mit jeder Menge Karussells, auch für kleinere Kinder, und Rummelflair.

GEFÜHRTE TOUREN

Beide Touristeninformationen (S. 110) organisieren Rundgänge durch die Stadt (450 Dh für bis zu 3 Pers.). Sie dauern drei Stunden und können individuell angepasst werden. **Branch Tours** (Karte S. 116; ☎ 0522 220354; www.olivebranchtours.com; 35 Rue el-Oraïbi Jilali) bietet eine „Große Tour durch Casablanca" an. Sie führt zu den Highlights im Stadtzentrum, der Medina und im Quartier Habous. Ein Spaziergang entlang der Corniche steht natürlich auch auf dem Programm.

BEEINDRUCKENDE BAUKUNST

Über Casablancas architektonisches Erbe informieren Jean-Louis Cohen und Monique Eleb in *Casablanca: Colonial Myths and Architectural Ventures*. Wer des Französischen mächtig ist, kann auch in *Casablanca – Portrait d'une ville* von J.M. Zurfluh schmökern.

FESTIVALS & EVENTS

Jeden Juni steigt das **L'Boulevard Festival de Casablanca** (www.boulevard.ma). Das Programm des dreitägigen städtischen Musikfestivals umfasst Hip-Hop, Elektro, Rock, Metal und Fusion, dargeboten von Bands aus Marokko, Frankreich, Großbritannien und den USA.

SCHLAFEN

Fast alle Hotels von Casablanca liegen im Stadtzentrum, nur die Jugendherberge ist in der Medina und die Nobelabsteigen befinden sich am Blvd de la Corniche. In den Sommermonaten sind die Hotels oft ausgebucht, vor allem im August. Also besser im Voraus reservieren!

Budgetunterkünfte

Casablancas billige Unterkünfte sind durchweg sehr einfach. Die Hotels in der Medina sind mies und überteuert, und verglichen mit den Hotels der gleichen Kategorie in der *ville nouvelle* ist das Preis-Leistungs-Verhältnis schlecht.

Jugendherberge (Karte S. 116; ☎ 0522 220551; frmaj1@menara.com; 6 Place Ahmed el-Bidaoui; B/DZ/3BZ inkl. Frühstück 45/120/180 Dh; 🕑 8–10 & 12–23 Uhr; 💻) Die Zimmer sind schlicht, aber sauber und ruhig mit hohen Decken. Alle liegen rund um eine helle, zentrale Lobby. Im Winter müffelt es etwas feucht. Es gibt ausgezeichnete heiße Duschen für morgens und eine kleine Küche. Ein IYHF- oder YHA-Ausweis ist nicht erforderlich. Bettwäsche kostet 5 Dh extra.

Hôtel du Palais (Karte S. 116; ☎ 0522 276191; 68 Rue Farhat Hachad; EZ/DZ 80/120 Dh, mit eigenem Bad 140/240 Dh, heiße Dusche 10 Dh) Das einfache Hotel am unteren Ende des Preisspektrums ist eine gute Wahl. Die sauberen, geräumigen Zimmer haben große Fenster. Das Haus ist trotz der kürzlich erfolgten Renovierung ziemlich spartanisch eingerichtet und bekommt teilweise etwas viel Straßenlärm ab.

Hotel de Foucauld (Karte S. 116; ☎ 0522 222666; 52 Rue el-Oraïbi Jilai; EZ/DZ 80/130 Dh, EZ/DZ/3BZ mit eigenem Bad 130/160/190 Dh) Die Zimmer des einfachen Hotels im Zentrum halten nicht ganz, was die Stuckdeko in der Rezeption verspricht. Dennoch sind sie überdurchschnittlich geräumig und versprühen irgendwie altmodischen Charme. Manche besitzen eigene Bäder, aber der Lärmpegel in Richtung Straße ist zuweilen recht hoch.

Hôtel Mon Rêve (Karte S. 116; ☎ 0522 411439; 7 Rue Chaouia; EZ/DZ 100/130 Dh, mit eigenem Bad 150/180 Dh) Das charmante, zentral gelegene, altmodische Hotel abseits der Rue Colbert steht bei Budgetreisenden seit Jahren hoch im Kurs. Die blau gestrichenen Zimmer sind sauber, aber spartanisch eingerichtet und kriegen teilweise ziemlich viel Lärm ab. Letzteres lässt sich umgehen, indem man in den oberen Stockwerken absteigt.

Hôtel Oued-Dahab (Karte S. 116; ☎ 0522 223866; oueddahab@yahoo.com; 17 Rue Mohamed Belloul; EZ/DZ 120/180 Dh, EZ/DZ/3BZ mit eigenem Bad 150/250/295 Dh) Das günstige, saubere Hotel wird von derselben Familie geführt wie das Guynemer. Seine geräumigen Zimmer haben eigene Bäder oder Duschen. Die Quartiere auf der Innenseite sind ruhiger, aber auch etwas dunkler. Prima Preis-Leistungs-Verhältnis!

Hôtel Galia (Karte S. 116; ☎ 0522 481694; galia_19@hotmail.fr; 19 Rue Ibn Batouta; EZ/DZ/3BZ 150/220/300 Dh, mit eigener Dusche 170/250/330 Dh; 💻) Erstklassige Budgetoption in zentraler Lage mit ebensolchem Preis-Leistungs-Verhältnis. Für ein heimeliges Feeling sorgen geräumige, gepflegte Zimmer mit Fliesenböden, Goldquasten an den Vorhängen und dazu passenden Tagesdecken. Man wird von freundlichen und hilfsbereiten Angestellten empfangen. Allerdings geht's in der Bar unten drunter zuweilen recht hoch her. Die Lobby bietet einen kostenlosen Internetzugang.

Hôtel Astrid (Karte S. 116; ☎ 0522 277803; hotelastrid@hotmail.com; 12 Rue 6 Novembre; EZ/DZ/3BZ 256/309/405 Dh) Das Hôtel Astrid versteckt sich an einer ruhigen Straße südlich vom Zentrum und ermöglicht im Gegensatz zu Casas ande-

CASABLANCA ZENTRUM

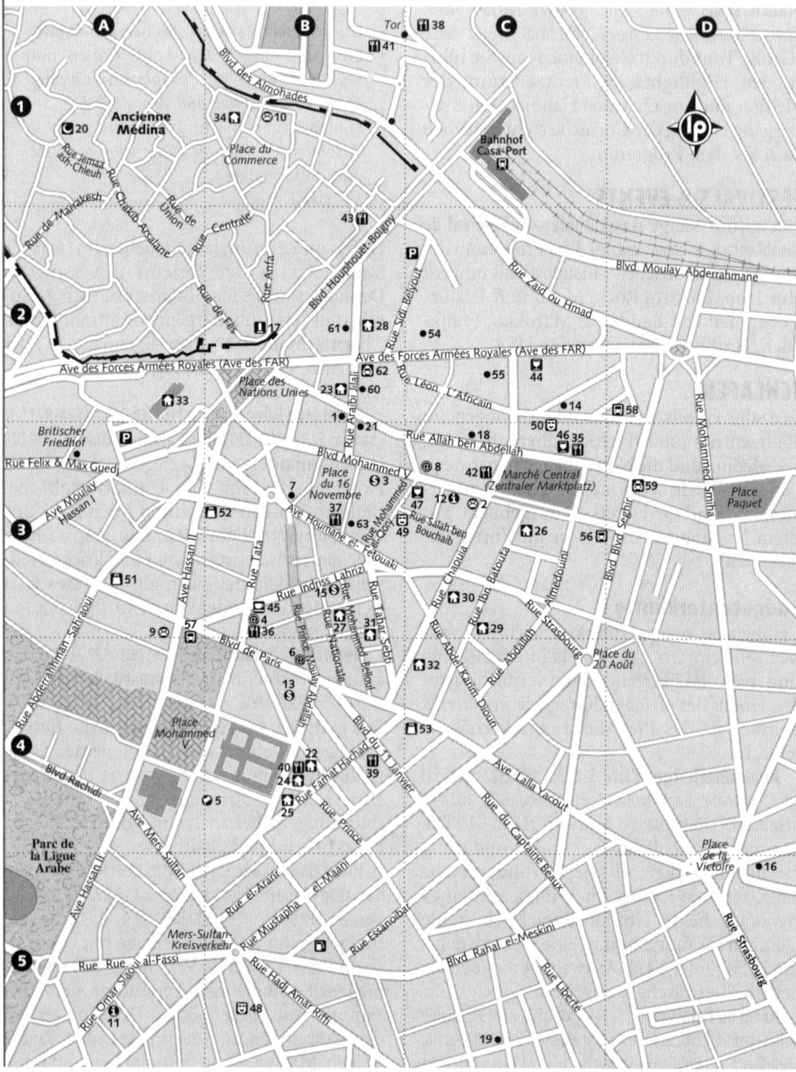

ren Budgetunterkünften einen erholsamen Schlaf: Die geräumigen, gepflegten Zimmer mit eigenen Bädern, TV, Telefon und Rüschendeko bekommen nur wenig Verkehrslärm ab. Unten ist ein nettes Café.

LP Tipp **Hôtel Guynemer** (Karte S. 116; ☎ 0522 275764; www.guynemerhotel.com; 2 Rue Mohammed Belloul; EZ/DZ/3BZ inkl. Frühstück 398/538/676 Dh; ❄ 💻 WLAN) Das freundliche, hervorragend geführte Guynemer ist in Familienbesitz und in einem großartigen Art-déco-Gebäude untergebracht. Es wird immer besser: Die 29 gepflegten Zimmer werden regelmäßig renoviert und sind geschmackvoll in fröhlichen Farben dekoriert. Frische Blumen, Plasma-TV, WLAN-Zugänge und feste, bequeme Betten machen

PRAKTISCHES
BMCE .... (siehe 33)
Carlson Wagonlit 1 B2
Post am Zentralen Marktplatz 2 C3
Crédit du Maroc 3 B3
EuroNet 4 B3
Französisches Konsulat 5 B4
G@.net 6 B4
Goethe-Institut 7 B3
LGnet 8 C3
Hauptpost 9 A3
Post in der Medina 10 B1
Office National Marocain du Tourisme 11 A5
Syndicat d'Initiative 12 C3
Voyages Schwartz 13 B4
Voyages Wasteels 14 C2
Wafa Cash 15 B3

SEHENSWERTES & AKTIVITÄTEN
Centre International d'Etude de Langues 16 D5
Uhrenturm 17 B2
École Assimil-Formation 18 C3
Hammam Ziani 19 C5
Djemaa ech Chleuh 20 A1
Olive Branch Tours 21 B3

SCHLAFEN
Hôtel Astrid 22 B4
Hotel de Foucauld 23 B2
Hotel de Paris 24 B4
Hôtel du Palais 25 B4
Hôtel Galia 26 C3
Hôtel Guynemer 27 B3
Hotel les Saisons 28 B2
Hôtel Maamoura 29 C3
Hôtel Mon Reve 30 C3
Hotel Oued-Dahab 31 B3
Hôtel Transatlantique 32 C4
Hyatt Regency Hotel 33 A2
Jugendherberge 34 B1

ESSEN
Brasserie La Bavaroise 35 C3
Epsom 36 B3
La Petite Perle 37 B3
Ostréa 38 C1
Pâtisserie de l'Opéra 39 B4
Restaurant al-Mounia 40 B4
Restaurant du Port de Peche 41 B1
Rotisseries 42 C3
Snack Amine .... (siehe 42)
Taverne du Dauphin 43 B2

AUSGEHEN
Black House .... (siehe 33)
Caesar 44 C2
Café Alba 45 B3
La Bodéga 46 C3
Petit Poucet 47 C3

UNTERHALTUNG
Cinéma Lynx 48 B5
Cinéma Rialto 49 B3
Complex Cultural Sidi Belyout 50 C3

SHOPPEN
Disques GAM 51 A3
Exposition Nationale d'Artisinat 52 B3
Le Comptoire Marocain de Distribution de Disques 53 C4

TRANSPORT
Avis 54 C2
Budget 55 C2
Bus 10 & 36 zur Gare Routière Ouled Ziane 56 C3
Bus 81 zur Nouvelle Medina 57 A3
CTM-Busbahnhof 58 D2
Grands-Taxi-Stand 59 D3
Hertz 60 B2
National 61 B2
Petits Taxis 62 B2
President Car 63 B3

sie in diesem Preisbereich zu einem echten Schnäppchen. Auch der Servicestandard liegt weit über dem Durchschnitt – das Personal erfüllt den Gästen gerne jeden Wunsch, sie können an Stadttouren teilnehmen und sich vom Flughafen abholen lassen (200 Dh). Das kleine Restaurant serviert erstklassige marokkanische Spezialitäten zu Oud (Lauten)-Musik, die allabendlich live dargeboten wird. In der Lobby gibt's neben einem interaktiven Infostand auch einen Gästecomputer.

In derselben Straße vermietet das Hotel zudem zwei voll ausgestattete, moderne Apartments, die sich ideal für längere Aufenthalte und Familien eignen.

Hôtel de Paris (Karte S. 116; ☎ 0522 274275; Fax 0522 298069; Ecke Rue Ech-Cherif Amziane & Rue Prince Moulay Abdallah; EZ/DZ/3BZ 400/450/450 Dh) Teppiche mit Blumenmustern und abgefahrene Textilwaren in den Fluren zeugen von einem etwas eigenwilligen Geschmack. Dafür sind die renovierten, sauberen Zimmer in diesem kleinen Hotel geräumig und relativ ruhig. Ihre Ausstattung umfasst dunkles Holzdekor, gute Matratzen, Satelliten-TV und Direktwahltelefone. Das fesche Café unten grenzt an eine Fußgängerzone. Prima Lage im Zentrum.

Hôtel Maamoura (Karte S. 116; ☎ 0522 452967; www.hotelmaamoura.com; 59 Rue Ibn Batouta; EZ/DZ 420/550 Dh, Suite 650–750 Dh;) Das moderne Hotel wurde erst kürzlich eröffnet und bietet ein super Preis-Leistungs-Verhältnis. Die blitzsauberen und geräumigen Zimmer lassen zwar moderne Details vermissen, sind für diese zentrale Lage aber extrem ruhig. Sie bieten einwandfreie Bäder und geschmackvolles Dekor in Pastelltönen. Das Hotel hat freundliches, hilfsbereites Personal sowie ein Restaurant, das marokkanische und internationale Küche serviert.

Mittelklassehotels

Im Zentrum von Casablanca gibt's ein gutes Angebot an Mittelklasseunterkünften. Wer etwas mit Meerblick und Strandzugang sucht, wird am Blvd de la Corniche fündig.

Hôtel Transatlantique (Karte S. 116; ☎ 0522 294551; www.transatcasa.com; 79 Rue Chaouia; EZ/DZ/3BZ 600/750/950 Dh;) Dieses Hotel von 1922 ist in einem Art-déco-Prachtbau in der Form eines Bootes untergebracht und quillt über vor neomaurischem Charakter. Großzügige Dimensionen, tolle Stuckarbeiten, filigranes Schmiedeeisen und eine breite Palette an Nippes, Bildern und Lampen werden hier geboten. Das Transatlantique strahlt koloniale Dekadenz aus, gemischt mit dem Retro-Charme der 1970er. Hier lässt sich's prima und bequem draußen sitzen, allerdings sind die Zimmer eher schlicht. Den ersten Stock besser meiden: Hier ist der Lärm von der beliebten und sehr wilden Pianobar mit Nachtclub nicht zu überhören. Einige der Suiten wurden neu eingerichtet. Edith Piaf bewohnte einst die Zimmer 303, 304 und 315.

Dar Itrit (außerhalb der Karte S. 108; ☎ 0522 360258; www.daritrit.ma; 9 Rue de Restinga; DZ 850 Dh) Charmantes B&B mit nur drei Doppelzimmern, die jeweils individuell im Marrakesch-, Berber- oder Mogadorstil dekoriert sind. Das leckere Frühstück wird entweder im hellen Wohnbereich oder auf der Terrasse serviert. Liegt allerdings etwas außerhalb vom Zentrum.

East-West Hotel (Karte S. 108; ☎ 0522 200210; www.eastwest-hotel.com; 10 Ave Hassan Souktani, Quartier Gauthier; EZ/DZ 400/626 Dh;) Mehrere Leser empfehlen dieses helle, fröhliche und sehr ruhige Drei-Sterne-Hotel. Es steht im aufstrebenden Quartier Gauthier, das größtenteils Wohngebiet ist. Alle Zimmer haben Tresore, kostenlose Internetzugänge und saubere Bäder mit modernen Elementen. Dazu kommen ein gutes Restaurant und eine Barlounge.

Hôtel Bellerive (außerhalb der Karte S. 108; ☎ 0522 797504; www.bellerive.com; 38 Blvd de la Corniche, Âïn Diab; EZ/DZ/3BZ/4BZ 570/720/950/1200 Dh;) Dieses kleine Hotel im Familienbesitz hat eine tolle Terrasse, und auch der Pool und der Garten sind klasse. Sie bilden den Ausgleich für die altmodischen Standardzimmer. Viele haben aber Meerblick, und es ist hier billiger als in den meisten anderen Hotels am Wasser. Über Platzmangel kann man auch nicht klagen, außerdem gibt's einen Spielplatz – eine gute Wahl für Reisende mit Kindern.

Hôtel le Littoral (außerhalb der Karte S. 108; ☎ 0522 797373; Fax 0522 797374; Blvd de l'Océan Atlantique, Âïn Diab; EZ/DZ 699/850 Dh;) Das Hotel ist zwar gut in Schuss, aber ziemlich düster. Die Zimmer waren früher bestimmt mal modern – so vor ungefähr 25 Jahren ... Immerhin haben sie große Balkons, und die Aussicht aufs Meer ist super. Es gibt mehrere Restaurants, eine Disko und einen hoteleigenen Strand mit Sonnenschirmen.

Hôtel les Saisons (Karte S. 116; ☎ 0522 490901; www.hotellessaisonsmaroc.ma; 19 Rue el Oraïbi Jilali; EZ/DZ 900/1100 Dh;) Kleines Hotel mit komfortablen, gepflegten, ruhigen Zimmern, die mit Extras wie Tresoren, Minibars, Satelliten-TV und Direktwahltelefonen ausgestattet sind. Wirkt persönlicher als die größeren Hotels und bietet ein prima Preis-Leistungs-Verhältnis. Das Personal spricht Englisch.

Spitzenklassehotels

In Casablanca gibt's Spitzenklassehotels en masse – alle großen internationalen Ketten sind hier vertreten. Die meisten der Spitzenklassehotels säumen die Ave des FAR, ein paar sind auch entlang des Blvd de la Corniche zu finden. Folgende Häuser stechen aus dem Einheitsbrei hervor:

Hôtel Riad Salam (☎ 0522 391313; Fax 0522 391345; Blvd de la Corniche; Zi. 2325 Dh;) Das Riad Salam ist nicht mehr ganz so schick wie früher mal und auch der Service hat nachgelassen. Am Wasser ist es aber nach wie vor die Nummer eins. Die Nichtraucherzimmer sind im marokkanischen Stil gehalten: niedrige Sofas, gewebte Teppiche, dekorative Fliesen. Sie grenzen alle an die drei Swimmingpools und die begrünte Terrasse. Ein Thalassotherapiezentrum, ein Fitnessstudio und Tennisplätze gehören auch dazu. Außerhalb der Saison gibt's ordentlich Rabatt. 3 km südlich von Casablanca.

Hôtel Hyatt Regency (Karte S. 116; ☎ 0522 431234; www.casablanca.hyatt.com; Place des Nations Unis; Zi. 3500 Dh; P) Das beste der örtlichen Fünf-Sterne-Hotels liegt auch am zentralsten. Casablancas Einwohner kommen liebend gerne hierher, um in einem der vielen Restaurants zu speisen oder an der Bar etwas zu trinken. Die geräumigen Zimmer sind mit modernen Extras ausgestattet und punkten mit zeitgenössisch-elegantem Dekor und einer super Aussicht auf Casablanca, die alte Medina, den Ozean und die Moschee Hassan II. Zum Hotel gehören außerdem eine Disko und ein Wellnesszentrum.

ESSEN

Restaurants

Casablancas großartige Gastroszene ist sehr vielfältig. Das Angebot reicht von wunderbaren Tajine-Gerichten und französischer Pâté bis zu thailändischen Klößen. Wie überall entlang der Küste sind die örtlichen Spezialitäten jedoch frischer Fisch und Meeresfrüchte. Hafenrestaurants und Lokale in Richtung Âïn Diab sind da für besondere Gaumenfreuden gut.

STADTZENTRUM

Le Luigi (außerhalb der Karte S. 108; ☎ 0522 390271; Ecke Rue de Normandie & Blvd Abou Yalaa al-Ifrani; Hauptgerichte 55–90 Dh) Das Le Luigi ist einer der beliebtesten Italiener Casablancas und eine willkommene Abwechslung zu den Tajine-Gerichten, wenn man schon eine Weile in Marokko is(s)t. Das Dekor ist nichts Besonderes, aber die Pizza lohnt den Weg allemal. Reservieren.

Taverne du Dauphin (Karte S. 116; ☎ 0522 221200; 115 Blvd Houphouet Boigny; 3-gäng. Komplettmenü 110 Dh, Hauptgerichte 70–90 Dh; ⏰ Mo–Sa) Das provenzalische Traditionslokal mit Bar ist eine örtliche Institution, die seit 1958 *fruits de mer* (Meeresfrüchte) serviert. Der altmodische Laden steht unter familiärer Leitung. Wer hier saftigen Grillfisch, frittierten Tintenfisch oder *crevettes royales* (Riesengarnelen) probiert, wird hingerissen sein.

Sqala Restaurant (Karte S. 108; ☎ 0522 260960; Blvd des Almohades; Hauptgerichte 70–160 Dh; ⏰ Di–So 8–22.30 Uhr, Sommer tgl.) Das reizende Restaurant ist ein Zufluchtsort vor dem städtischen Trubel. Es verbirgt sich in den ockerfarbenen Mauern der *sqala*, einer befestigten Bastion aus dem 18. Jh. Der schmucke Garten des rustikalen Cafés ist von blumenberankten Gittern umgeben. Statt Alkohol gibt's hier eine gute Auswahl an Tees und frisch gepressten Säften – ein prima Plätzchen für ein marokkanisches Frühstück (70 Dh) oder einen Salat zu Mittag (68 Dh). Spezialität des Hauses sind Tajines; die mit Arganöl ist besonders lecker. Auf der Karte stehen zudem zahlreiche Fischgerichte und verschiedene Fleischspieße.

LP Tipp **Restaurant du Port de Pêche** (Karte S. 116; ☎ 0522 318561; Le Port de Pêche; Hauptgerichte 80–140 Dh) Das rustikale Meeresfrüchtelokal im Herzen des Fischerhafens wirkt ganz authentisch. Mittags und abends platzt es aus allen Nähten, dann vertilgen die Gäste hier glücklich fangfrische Fische, die perfekt zubereitet sind und wie die würzige Paella zu den besten der Stadt zählen. Durch die rot-weißen Karodecken erinnert das Dekor stark an die 1970er-Jahre. Der Service arbeitet flink und professionell. Unbedingt reservieren, da der Laden bei den Städtern extrem beliebt ist.

Le Rouget de l'Isle (Karte S. 108; ☎ 0522 294740; 16 Rue Rouget de l'Isle; Hauptgerichte 110–130 Dh; ⏰ Mo–Fr mittags, Mo–Sa abends) Eines von Casas besten Restaurants, untergebracht in einer renovierten Villa aus den 1930er-Jahren. In schickem, stilvollem und charmantem Ambiente serviert es einfache, aber leckere, leichte Gerichte aus Frankreich. Viele historische Möbel und moderne Kunst lassen das Restaurant elegant wirken. Das exzellente Essen ist dennoch relativ erschwinglich. Außerdem gibt's hier einen wunderschönen Garten. Man muss im Voraus reservieren.

Ostréa (Karte S. 116; ☎ 0522 441390; Le Port de Pêche; 12 Austern 74 Dh, Hauptgerichte 120–250 Dh; ⏰ 11–23 Uhr) Gehobenes Meeresfrüchtelokal direkt gegenüber vom Restaurant du Port de Pêche. Spezialitäten des Hauses sind frischer Hummer und Austern aus Oualidia.

Rick's Cafe (Karte S. 116; ☎ 0522 274207; 248 Blvd Sour Jdid; Hauptgerichte 130–160 Dh; ⏰ 12–15.30 & 18–24 Uhr) Die wunderschöne Mischung aus Bar, Lounge und Restaurant schlägt Kapital aus dem Hollywoodklassiker „Casablanca", von dem auch Einrichtung und Möblierung inspiriert sind. Sie wird von einem US-amerikanischen Ex-Diplomaten geführt und serviert nostalgisch veranlagten Gästescharen ein Stückchen Heimat – beispielsweise Chili, Lammkoteletts, Hamburger und amerikanisches Frühstück, aber auch ein paar super Spezialitäten aus Frankreich und Marokko. Zur Zerstreuung gibt's einen Hauspianisten, sonntägliche Jazz-Sessions und einen WLAN-Zugang. Selbstverständlich können auch T-Shirts als Andenken mitgenommen werden. Rick's Café ist toll gelegen, sodass man hier prima späte Absacker genießen kann. Im Obergeschoss läuft der Film gleich mehr als einmal – „Schau mir in die Augen, Kleines!"

Restaurant al-Mounia (Karte S. 116; ☎ 0522 222669; 95 Rue Prince Moulay Abdallah; Hauptgerichte 130–170 Dh) Das tolle traditionelle Restaurant tischt die beste einheimische Küche im Stadtzentrum auf. Gespeist wird entweder im marokkanischen Salon mit eleganten *zellij*-Fliesen und Holzschnitzereien oder unter dem Pfefferbaum im kühlen, schattigen Garten. Die Salatauswahl wäre eines jeden vegetarischen Restaurants würdig. Ansonsten gibt es exotische Köstlichkeiten wie Tauben-*pastilla* (gehaltvolle, pikante Pastete) und süße Tomaten-Tajine.

La Brasserie la Bavaroise (Karte S. 116; ☎ 0522 311760; 129 Rue Allah ben Abdellah; Hauptgerichte 140–200 Dh) Die gehobene Brasserie hinter dem Marché Central ist bei Einheimischen und Auswanderern gleichermaßen beliebt – teils wegen der französischen Küche, teils um zu sehen und gesehen zu werden. Auf den Tisch kommen neben einer guten Auswahl an Fisch auch französische Klassiker wie Steak, Kalb und super Fasan. In freundlichem, einladendem Ambiente wird das Fleisch auf dem Holzkohlegrill gegart. Jeden Monat stehen Spezialitäten aus einer anderen französischen Region auf der Karte. Dieselben Eigentümer leiten zudem das benachbarte La Bodega (S. 121), eine tolle Tapasbar.

Thai Gardens (☎ 0522 797579; Ave de la Côte d'Emeraude, Anfa; Gerichte 250 Dh) Dieses Spitzenrestaurant liegt etwas außerhalb des Zentrums im wohlhabenden Vorort Anfa, doch der Weg hierher lohnt sich: Es serviert hervorragende Thaiküche. Seine umfangreiche Karte voller Thai-Klassiker ist erfrischend kreativ. Prima Adresse für Vegetarier!

La Maison du Gourmet (Karte S. 108; ☎ 0522 484846; Rue Taha Houcine, Maarif; Gerichte 400–500 Dh; ⌚ Mo–Fr mittags, Mo–Sa abends) Der gehobene Gourmettempel tischt innovative Highlights der französischen und marokkanischen Küche auf. Das Eigentümerpaar – eine Marokkanerin und ein Franzose – hat seine Ausbildung bei Paul Bocuse genossen. Zu den hiesigen Spezialitäten gehören z. B. himmlische *pastilla* mit Enten-Confit und Foie Gras. Elegante Einrichtung, super Service und außergewöhnliches Essen machen die Maison zur perfekten Adresse für besondere Gelegenheiten. Reservierung empfohlen.

ÂÏN DIAB

Die besten Lokale dieses Viertels drängen sich nahe des Leuchtturms El-Hank am Rand der Steilküste über dem tobenden Atlantik.

La Fibule (☎ 0522 360641; Blvd de la Corniche, Phare el-Hank; Gerichte ca. 300 Dh) Schummerlicht, warme Farben und elegantes Dekor verleihen dem Laden eine einladende Atmosphäre. Auf der Karte steht Leckeres aus Marokko und dem Libanon. An den niedrigen Tischen blickt man durch große Fenster direkt aufs Meer.

La Mer (☎ 0522 363315; Blvd de la Corniche, Phare el-Hank; Gerichte ca. 300 Dh) Dieses Meeresfrüchterestaurant ist direkt neben dem La Fibule und hat denselben Besitzer. Die weißen Leinentischtücher und das feine Porzellan geben ihm einen edlen Touch, der das Ethno-Ambiente ersetzt. Karte und Service sind beinahe übertrieben französisch, aber das Essen lässt keinerlei Wünsche offen.

Le Mystic Garden (☎ 0522 798877; 33 Blvd de la Corniche; Âïn Diab; Gerichte ca. 350 Dh; ⌚ 12–15 & 19–2 Uhr) Die riesigen Glaswände tauchen die fesche, zweistöckige Restaurantbar in Tageslicht. Unten geht's in einen Garten, das Obergeschoss kann dagegen mit Meerblick punkten. Casas betuchte Jugend hat das Le Mystic Garden zum ultracoolen Treffpunkt auserkoren, doch die mediterrane Speisekarte ist auf jeden Fall einen Besuch wert. Beim Abendessen sorgt leise Hintergrundmusik für Unterhaltung, die später von einer Dosis Diskodröhnung abgelöst wird. Die halbwegs günstigen Bierpreise sind in dieser Ecke eine echte Ausnahme.

A Ma Bretagne (☎ 0522 362112; Sidi Abderrahman, Blvd de la Corniche; Gerichte ca. 500 Dh; ⌚ tgl. mittags) Der selbstbewusste, coole und moderne Laden wird vor Ort als Afrikas bestes Restaurant bezeichnet. Das Essen ist jedenfalls vom Feinsten. Für Meeresfrüchte muss man hier am tiefsten in die Tasche greifen, der *maître cuisinier* (Küchenchef) André Halbert bereitet aber auch noch andere französische Köstlichkeiten zu. 5 km außerhalb der Stadt.

Cafés, Patisserien & Eisdielen

STADTZENTRUM

Paul (Karte S. 108; ☎ 0522 366000; www.paul.ma; Ecke Blvd d'Anfa & Moulay Rachid; ⌚ 7–21 Uhr) Die französische Bäckerei- und Konditoreikette ist mittlerweile auch in Casa angekommen, nämlich in der großartigen Villa Zevaco im Art-déco-Stil. Den trendigen Treffpunkt sucht ein steter Strom von Besuchern auf, die wegen des Essens, des Dekors und des Vergnügens, gesehen zu werden, herkommen. Neben phantastischem Frühstück gibt's auch diverse Salate, Snacks und weitere mediterrane Leckereien.

Patisserie Bennis Habous (☎ 0522 303025; 2 Rue Fkih el-Gabbas; ⌚ 8–20 Uhr) Eine der berühmtesten traditionellen Patisserien der Stadt. Hier im Quartier Habous gibt's die leckersten marokkanischen Süßigkeiten in Casa, u. a. mit die besten *cornes de gazelle* („Gazellenhörner", Mandelhörnchen) in der ganzen Stadt, sowie schmackhafte *pastillas* auf Bestellung.

ÂÏN DIAB

Palais des Glaces (☎ 0522 798013; Blvd de la Corniche, Âïn Diab; ⌚ 7–21 Uhr) Diese Eisdiele ist in der ganzen Stadt bekannt: Schon seit über 125 Jahren versorgen sich hier Naschkatzen mit leckerer Eiscreme und verführerischen Sorbets. Direkt am Strand in Âïn Diab und optimal für ein Päuschen an einem heißen Tag.

Hediard (☎ 0522 797232; Résidence Jardin d'Anfa, Blvd Lido Route Côterie, Âïn Diab; Kuchen 12–28 Dh, Gerichte 45–60 Dh) Schick, neu und angesagt bei den Jungen und Schönen: Dieses Café in Âïn Diab serviert verschiedene leckere Kuchen, kleine Gerichte und Sandwiches (30–50 Dh).

Auf die Schnelle

Der beste Ort für schnelles und preiswertes Essen ist die Rue Chaouia gegenüber vom Marché Central. Grillstände, Buden und Restaurants haben hier Hühnchen, Spieße und Sandwiches für 20 bis 30 Dh im Angebot. Hier ist alles bis etwa 2 Uhr geöffnet.

La Petite Perle (Karte S. 116; ☎ 0522 272849; 17–19 Ave Houmane el-Fetouaki; Hauptgerichte 25–45 Dh; ⌚ 11.30–15 & 18–23 Uhr) Dieses schnörkellose, moderne Café serviert Sandwiches, Crêpes, Nudeln und Pizzas, Frühstück gibt es aber auch. Es ist beliebt bei jungen Berufstätigen und allein reisenden Frauen.

Epsom (Karte S. 116; ☎ 0522 220746; Ecke Rue Tata & Mouftakar; Hauptgerichte 22–60 Dh) Das sympathische Café ist fast immer überfüllt, seine Gäste sitzen und essen dann am Straßenrand. Es bietet Grillgerichte und Spieße zu extrem guten Preisen. Es geht relaxt zu und die Klientel ist gemischt – Frauen können hier unbelästigt essen.

Snack Amine (Karte S. 116; ☎ 0522 541331; Rue Chaouia; Hauptgerichte 25–45 Dh; ⌚ 12–22 Uhr) Dieser Imbiss versteckt sich zwischen den Hähnchengrillern am Marché Central. Auf den Tisch kommen große Teller mit gebratenem Fisch und Platten voller superfrischer Meeresfrüchte.

Selbstversorger

Wer ein gemütliches Picknick am Strand plant, kann sich am **Marché Central** (Zentraler Marktplatz; Karte S. 116) eindecken. Der ist zwischen dem Blvd Mohammed V und der Rue Allah ben Abdellah. Hier ist auch der perfekte Ort, um sich einfach nur umzugucken. Die Auswahl an frischen Produkten ist schlicht phänomenal und es gibt jede Menge Köstlichkeiten.

AUSGEHEN

Im Stadtzentrum gibt es massenhaft Kneipen im französischen Stil. Allerdings sind sie eine Männerdomäne, weibliche Gäste fühlen sich meist bedrängt und eingeschüchtert.

Cafés

Café Alba (Karte S. 116; ☎ 0522 227154; 59–61 Rue Indriss Lahrizi; ⌚ 8–1 Uhr) Hohe Decken, moderne Möbel, eine geschickte Beleuchtung und ein Hauch von elegantem Kolonialzeitstil unterscheiden dieses Café von den üblichen verrauchten Kneipen in der Innenstadt. Wenn nicht viel los ist, können Frauen hier unbelästigt sitzen und Leute beobachten.

Sqala Café Maure (Karte S. 108; ☎ 0522 260960; Blvd des Almohades; Hauptgerichte 60–80 Dh; ⌚ 11–1 Uhr) Noch eine Ausnahme von der Regel „nur für Männer": dieses süße Café hinter der *sqala*, in den Mauern der Medina. Der Garten ist voller Blumen und es ist den ganzen Nachmittag ruhig hier – herrlich, um einen Kaffee oder einen leckeren Saft zu trinken.

Bars

In den Bars von Casablanca geht es manchmal ziemlich rau zu. Hier sind praktisch nur Männer anzutreffen (und Prostituierte). Meistens sind die Bars in den größeren Hotels netter für einen Drink, besonders für Frauen.

La Bodéga (Karte S. 116; ☎ 0522 541842; 129 Rue Allal ben Abdellah; ⌚ 12.30–15 & 19–24 Uhr) Hip, quirlig und bei Casas junger und alter Crème de la Crème im Trend. Das La Bodéga ist eine Tapas-Bar, in der es reichlich laute Musik (alles von arabischem Pop bis Salsa) und reichlich Rioja (spanischer Wein) gibt. Die Stimmung ist super und nach 22 Uhr geht auf der Tanzfläche die Post ab.

Petit Poucet (Karte S. 116; Blvd Mohammed V; ⌚ 9–22 Uhr) Diese reine Männerbar ist ein unverwüstliches Relikt aus den 1920er-Jahren. Der französische Autor und Flieger Saint-Exupéry hing hier gerne zwischen zwei Postflügen über die Sahara ab. Heute ist die Bar runtergekommen, aber sie ein authentisches Stück altes Casablanca.

Le Trica (Karte S. 108; ☎ 0522 220706; 5 Rue el-Moutanabi, Quartier Gauthier; ⌚ 12–1 Uhr, Sa mittags & So geschl.) Zweistöckige trendige Loungebar mit Backsteinwänden und Möbeln im Stil der 1960er-Jahre. Hier kann man den Puls des modernen Marokko fühlen. Techno-Beats heizen die Atmosphäre kräftig an, während Bier und *mojitos* (Rumcocktails) in Strömen fließen. Beim Mittagessen geht's jedoch wesentlich ruhiger zu.

UNTERHALTUNG

Nachtclubs

Wer spätabends in Casablanca was trinken und tanzen gehen will, ist im Strandvorort Âin Diab goldrichtig. Allerdings ist es nicht gerade billig, mit den Schönen von Casablanca die Nacht durchzumachen. Für den Eintritt sind mindestens 100 Dh hinzublättern, ungefähr das Gleiche geht noch mal für Getränke drauf. Gorillas bewachen die Eingänge und kontrollieren die Gäste – wer ihnen nicht gefällt, kommt nicht rein.

Die Diskomeile am Strand hat Locations von Fellini- und kabarettartigen Restaurantbars wie dem **Balcon 33** (33 Blvd de la Corniche) bis zum pastellfarbenen Popwunder **Candy Bar**

(55 Blvd de la Corniche) zu bieten. Außerdem gibt es noch den allseits beliebten **VIP club** (Rue des Dunes) und das **Le Village** (11 Blvd de la Corniche) mit der schwulenfreundlichen Atmosphäre. Das stets rappelvolle **Armstrong Legend** (41 Blvd de la Corniche) zählt zu den wenigen Nightspots mit abgefahrener Livemusik.

Außerhalb von Âïn Diab bleiben eigentlich nur die Nachtclubs großer internationaler Hotels – beispielsweise das **Caesar** (Karte S. 116; Hôtel Sheraton, 100 Ave des FAR) und das **Black House** (Karte S. 116; Hôtel Hyatt Regency, Place des Nations Unies). Prostituierte sind in sämtlichen Nachtclubs zugegen, von Männern wird überall Spendierfreudigkeit erwartet, und Frauen können fast nirgendwo unbehelligt ausgehen. Der schäbige Nachtclub im **Hotel Transatlantique** (S. 117) wird größtenteils von männlichen Marokkanern besucht und ist eine gute Adresse für etwas *couleur locale* zu später Stunde. Dort geben Sängerinnen und Bauchtänzerinnen ihr Bestes und animieren das Publikum, ihnen Geld zuzuwerfen.

Theater

Complex Culturel Sidi Belyout (Karte S. 116; 28 Rue Léon L'Africain; ⌚ Vorstellungsbeginn 21 Uhr) Das Theater bietet Platz für 200 Zuschauer. Auf dem Spielplan stehen größtenteils Bühnenstücke auf Arabisch, gelegentlich aber auch Konzerte und Tanzvorstellungen.

Kinos

Sofern nicht als *„version originale"* (Originalversion) gekennzeichnet, laufen die meisten englischsprachigen Filme auf Französisch.

Megarama (☎ 0522 798888; www.megarama.info, französisch; Blvd de la Corniche; abends/nachmittags 35/45 Dh) Casablancas vornehmstes Kino nimmt einen großen Komplex in Âïn Diab ein. Die vier komfortablen Säle sind stets proppenvoll.

Cinéma Lynx (Karte S. 116; ☎ 0522 220229; 150 Ave Mers Sultan; Parkett/Loge/Club 25/30/50 Dh) Geräumiges und komfortables Kino mit super Soundsystem. Prima Alternative, wenn der Weg nach Âïn Diab zu weit sein sollte.

Cinéma Rialto (Karte S. 116; ☎ 0522 262632; Rue Mohammed el-Kouri; Parkett/Loge/Club 25/30/50 Dh) Klassisches großes Art-déco-Kino mit nur einer Leinwand.

SHOPPEN

Casablanca ist nicht gerade eine Hochburg des marokkanischen Kunsthandwerks, aber es gibt hier trotzdem eine Menge traditioneller Waren aus ganz Marokko zu kaufen. Besonders nett zum Shoppen ist es im Quartier Habous (S. 111) südlich des Zentrums. Die Verkäufer sind hier echt entspannt, aber die Qualität der Sachen ist nicht immer gut und hartes Feilschen ist auf jeden Fall angesagt.

Wer nicht gerne handelt, geht am besten in die **Exposition Nationale d'Artisanat** (Karte S. 116; ☎ 0522 267064; 3 Ave Hassan II; ⌚ 8.30–12.30 & 14.30–20 Uhr). Dort gibt es auf drei Etagen Ware zu Festpreisen. Eine gute Auswahl von traditioneller arabischer und Berbermusik bieten **Disques GAM** (Karte S. 116; ☎ 0522 268954; 99 Rue Abderrahman Sehraoui) und **Le Comptoire Marocain de Distribution de Disques** (Karte S. 116; ☎ 0522 369153; 26 Ave Lalla Yacout).

AN- & WEITERREISE

Auto & Motorrad

In Casablanca sind zahlreiche Autovermieter vertreten. Viele unterhalten Filialen an Ave des FAR, Blvd Mohammed V und Flughafen.

Avis Casablanca (Karte S. 116; ☎ 0522 312424; 19 Ave des FAR); Mohammed V International Airport (☎ 0522 539072)

Budget Casablanca (Karte S. 116; ☎ 0522 313124; Tours des Habous, Ave des FAR); Mohammed V International Airport (☎ 0522 339157)

Hertz Casablanca (Karte S. 116; ☎ 0522 484710; 25 Rue el-Oraïbi Jilali); Mohammed V International Airport (☎ 0522 539181)

National Casablanca (Karte S. 116; ☎ 0522 277141; 12 Rue el-Oraïbi Jilali); Mohammed V International Airport (☎ 0522 539716)

President Car (Karte S. 116; ☎ 0522 260790 od. 0661 210394; presidentcar@menara.ma; 27 Rue el-Ghali Ahmed) Empfehlenswerter lokaler Anbieter mit gepflegtem Fuhrpark und supergünstigen Preisen. Die äußerst hilfsbereiten Bouayad-Brüder sind abseits des Blvd Mohammed V ansässig. Sie werden von ortsansässigen Auswanderern sehr geschätzt und bringen Mietwagen auf Wunsch zum Flughafen oder nach Marrakesch.

Außer an Sonn- und Feiertagen sind Casablancas Parkuhren täglich zwischen 8 und 12 bzw. 14 und 19 Uhr in Betrieb (5 Dh, max. 2 Std.). Wer sich um die Gebühr drückt, muss eventuell blechen. Bewachte Parkplätze liegen neben dem Britischen Friedhof (Tag/Nacht 20 Dh) und abseits der Rue Tata (Std. 5 Dh). Anderswo erwarten Wächter fürs Aufpassen immer ein Trinkgeld (5 Dh).

Bus

Der moderne **CTM-Busbahnhof** (Karte S. 116; ☎ 0522 541010; www.ctm.ma; 23 Rue Léon L'Africain) liegt in der

Nähe der Ave des FAR. Hier geht es ziemlich geschäftig zu. Es gibt ein Café und eine **Gepäckaufbewahrung** (24 Std. 5 Dh; 6–23.30 Uhr). Täglich fahren CTM-Busse in die folgenden Städte:

Ziel	Preis (Dh)	Dauer (Std.)	Häufigkeit (tgl.)
Agadir	190	9	10-mal
El-Jadida	40	1½	alle 15 Min. (6.30–19 Uhr)
Essaouira	130	7	2-mal mit CTM, stündl. mit Privatfirmen
Fès	100	5	10-mal
Laâyoune	340	24	3-mal
Marrakesch	80	3½	10-mal
Meknès	80	4	10-mal.
Rabat	30	1¼	alle 30 Min.
Tanger	135	6	5-mal mit CTM, regelm. mit Privatfirmen
Taza	130	7½	5-mal
Tétouan	130	7	3-mal

Außerdem gibt es Nachtbusse nach Ouarzazate (140 Dh, 7½ Std.) und Er-Rachidia (155 Dh, 14 Std.) via Tinerhir. Ein oder zwei Busse starten pro Tag nach Oujda (180 Dh, 11 Std.), Al-Hoceima (160 Dh, 11 Std.), Nador (170 Dh, 13 Std.), Taroudannt (165 Dh, 10 Std.) und Dakhla (520 Dh, 28 Std.). CTM hat auch internationale Buslinien von Casablanca nach Belgien, Frankreich, Deutschland, Italien und Spanien (s. S. 515).

Der moderne **Gare Routière Ouled Ziane** (☎ 0522 444470) 4 km südöstlich vom Zentrum ist der Busbahnhof für praktisch alle Busse, die nicht zu CTM gehören. Wer z. B. nach Ouezzane (60 Dh, 9-mal tgl.) oder Chefchaouen (70 Dh, 2-mal tgl.) will, startet von hier aus. Ein Taxi zum Busbahnhof kostet ca. 15 Dh. Auch Bus 10 und 36 vom Blvd Mohammed V, nahe beim Markt, fahren hierher.

An der Route Ouled Ziane, aber rund 1 km näher an der Stadt, liegt auch der **SAT-Busbahnhof** (☎ 0522 444470). SAT hat nationale und internationale Busse mit ähnlichem Standard wie CTM, ist aber etwas günstiger.

Flugzeug

Casablancas **Mohammed V International Airport** (☎ 0522 539040; www.onda.ma) liegt 30 km südöstlich der Stadt an der Straße nach Marrakesch. Von hier aus gehen regelmäßig Flüge in die meisten Länder Westeuropas, außerdem nach Westafrika, Algerien, Tunesien, Ägypten, Nordamerika und in den Nahen Osten. Auf S. 513 sind Fluggesellschaften aufgelistet.

Fast alle Inlandsflüge mit Royal Air Maroc (RAM) gehen über Casablanca. Von hier aus kann man also direkt zu allen Zielen in Marokko fliegen. Die Regional Air Lines fliegt über ein Dutzend Städte Marokkos an, von denen die meisten im Süden an der Küste liegen.

Taxi

Grands Taxis nach Rabat (35 Dh) und nach Fès (55–65 Dh) starten am Blvd Hassan Seghir, nahe beim CTM-Busbahnhof. Praktischer und bequemer ist allerdings der Zug.

Zug

Wer an einen Ort an einer Bahnstrecke will, nimmt am besten den Zug. Casablanca hat fünf Bahnhöfe, aber nur zwei sind für Traveller relevant.

Alle Fernzüge und die Züge zum Internationalen Flughafen Mohammed V starten am Bahnhof **Casa Voyageurs** (☎ 0522 243818), 4 km östlich vom Stadtzentrum. Hierher geht's entweder mit dem Bus 30 (3,50 Dh) vom Blvd Mohammed V oder per Taxi für ca. 10 Dh.

Die Züge fahren nach Marrakesch (84 Dh, 3 Std., 9-mal tgl.), Fès (103 Dh, 4½ Std., 9-mal tgl.) via Meknès (86 Dh, 3½ Std.), Oujda (202 Dh, 10 Std., 2-mal tgl.) via Taza (134 Dh, 7 Std.), Tanger (118 Dh, 5¾ Std., 2-mal tgl.) und El-Jadida (30 Dh, 1½ Std., 5-mal tgl.). Wer nach Safi (75,50 Dh, 5 Std., 2-mal tgl.) will, steigt in Benguérir um.

Der **Bahnhof Casa Port** (Karte S. 116; ☎ 0522 271837) liegt ein paar hundert Meter nordöstlich von der Place des Nations Unies. Er ist also gut zu erreichen, aber von hier gehen nur Züge nach Rabat (32 Dh, 1 Std., alle 30 Min.) und Kénitra (44 Dh, 1½ Std., alle 30 Min.).

UNTERWEGS VOR ORT

Bus

Bei den Stadtbussen von Casablanca wird gespart, und sie sind hoffnungslos überfüllt. Wer nicht allein reist und nicht aufs Geld achten muss, ist mit einem Petit Taxi besser bedient. Busfahrten kosten 3,50 Dh; die Busse halten an festgelegten Haltestellen. Zur Zeit der Recherche sollte das Bussystem gerade von der französischen Transportfirma RATP modernisiert werden. Die folgenden Linien sind die wichtigsten, aber die Nummern ändern sich eventuell bei der Neuorganisation:

Bus 2 Vom Blvd Mohammed V zum Bahnhof Casa Voyageurs.

Bus 4 Den Blvd de Paris runter und über die Ave Lalla Yacout zur *nouvelle medina*.

Bus 9 Vom Blvd d'Anfa nach Âïn Diab und zu den Stränden.

Bus 10 Von der Place de la Concorde den Blvd Mohammed V runter zum Gare Routière Ouled Ziane.

Bus 15 Von der Place Oued al-Makhazine nach Norden zur Moschee Hassan II.

Vom/Zum Flughafen

Vom Mohammed V International Airport geht's am einfachsten mit dem Zug (2. Klasse, 35 Dh, 35 Min.) nach Casablanca. Die Züge sind komfortabel und zuverlässig; von 6.45 bis 22.45 Uhr fahren sie stündlich. Wer will, kommt auch weiter bis Rabat (60 Dh) oder Kénitra (75 Dh). Dann muss man im Bahnhof Casa Voyageurs oder in Âïn-Sebaa umsteigen. Abfahrt ist unter dem Flughafenterminal.

Vom Bahnhof Casa Voyageurs zum Flughafen fahren zwischen 5 und 22 Uhr stündlich Züge. Ein paar weitere starten ab Casa Port.

Für ein Grand Taxi zwischen Flughafen und Stadtzentrum ist mit 300 Dh zu rechnen; zu unchristlichen Zeiten können es auch mal 350 Dh sein. Manche Taxifahrer kassieren eine Provision, wenn sie Gäste zu bestimmten Hotels kutschieren.

Taxi

Die roten Petits Taxis in Casa sind ihr Geld wert und bringen einen oft schneller ans Ziel als Busse. Wer ein Taxi braucht, kann überall eines heranwinken. Ansonsten gibt es einen Stand für die Petits Taxis in der Ave des FAR. Der Mindestpreis ist 7 Dh, im Stadtzentrum können es allerdings auch 10 Dh sein. Die meisten Fahrer schalten ihr Taxameter ein. Falls sich ein Fahrer weigert, aussteigen! Nach 20 Uhr müssen 50 % mehr berappt werden.

NÖRDLICH VON CASABLANCA

RABAT

1,7 Mio. Ew.

Im Unabhängigkeitsjahr 1956 wurde Rabat zur Landes- und Verwaltungshauptstadt Marokkos. Obwohl es bis heute kein wirkliches Touristenziel ist, finden die wenigen Besucher ein echtes Juwel vor. Die Stadt hat großartige Kolonialarchitektur zu bieten. Ihre gepflegten Boulevards verlaufen im Schatten von Palmen und sind relativ wenig befahren. Gleichzeitig gibt sich die Stadt so weltbürgerlich wie ihre größere, von der Wirtschaft geprägte Schwester weiter unten an der Küste. Alles in allem ist das Leben hier ausgesprochen angenehm und kultiviert. Casablancas Einwohner bezeichnen Rabat wegen seiner vielen Bürokraten als langweilig und haben damit nicht ganz unrecht. Verglichen mit Casablanca ist die Stadt jedoch entspannter, angenehmer und provinzieller und viel weniger schäbig und hektisch.

Die stille Medina begeistert Besucher mit ursprünglicher Atmosphäre, prima Läden und faszinierender Architektur. Auf Straßen und in Suks wird man zum Glück weitgehend in Ruhe gelassen. So kann man die Monumente und versteckten Schätze der Stadt prima auf eigene Faust erkunden. Schmale Gassen, Kunstgalerien und die tolle Aussicht aufs Meer machen auch die malerische Kasbah zu einem lohnenden Ziel.

Viele Bauwerke der Phönizier, Römer, Almohaden und Meriniden zeugen noch heute von Rabats langer, facettenreicher Geschichte. Zuweilen verlagerte sich das Machtzentrum hinüber nach Salé, in diese weiß getünchte Stadt am anderen Ufer des Bou Regreg, wo die Zeit noch stillzustehen scheint.

Dank zahlreicher toller Restaurants ist Rabat zudem ein prima Pflaster für Feinschmecker. Das hiesige Nachtleben ist nicht ganz so bunt wie das in Casablanca, aber für Unterhaltung sorgen bereits nachmittägliche Spaziergänge auf den Hauptstraßen im umtriebigen Vorort Agdal – dort stellen einheimische Trendsetter ihre engen Jeans zur Schau. Wer genug vom städtischen Trubel hat, kann sich zu den Stränden weiter nördlich flüchten.

Das gigantische Projekt Amwaj wurde im Jahr 2006 begonnen und soll 2010 vollendet werden. Es zielt darauf ab, Rabat und Salé durch den gezielten Ausbau beider Flussufer miteinander zu verbinden. Neben Tausenden neuer Apartments und Büros entstehen dort bereits jetzt Läden, Theater, Parks, Gartenlandschaften, mehrere Brücken sowie eine neue Straßenbahnstation.

Geschichte

Jenseits von Rabat erstrecken sich fruchtbare Ebenen landeinwärts, die bereits im 8. Jh. v. Chr. Siedler anzogen. An der Mündung des Oued Bou Regreg errichteten Römer und Phönizier ihre Handelsposten in Sala (heute Chellah). Die römische Siedlung Sala Colonia überlebte das Weltreich um viele Jahre und wurde schließlich Sitz eines unabhängigen Berberkönigreichs. Die Zenata-Berber bauten ein *ribat* (Wehrkloster), dem die Stadt ihren Namen verdankt. Es befand sich am Standort der heutigen Kasbah. Im 10. Jh. wurde die neue Stadt Salé am nördlichen Flussufer gegründet. Ihr wachsender Wohlstand bedeutete den Niedergang Chellahs.

Nach Ankunft der Almohaden im 12. Jh. wurde das *ribat* zur Kasbah umgebaut. Diese diente als strategischer Ausgangspunkt für Kriegszüge in Spanien, wo die Dynastie erfolgreich eine neue muslimische Herrschaft über Andalusien etablierte. Unter Yacub al-Mansur (dem Siegreichen) erlebte Rabat eine kurze Blütezeit als Reichshauptstadt Ribat el Fath (Siegesfestung). El Mansour ließ mächtige Stadtmauern hochziehen, versah die Kasbah mit dem gewaltigen Tor Bab Oudaïas und begann mit dem Bau der Hassan-Moschee, die die größte Moschee des islamischen Westens bzw. der gesamten islamischen Welt werden sollte.

El Mansours Tod im Jahr 1199 machte dem ehrgeizigen Vorhaben ein Ende – der gigantische Bau blieb unvollendet. Bald darauf versank die Stadt in Bedeutungslosigkeit. Erst im 17. Jh. sollte sich das Blatt wieder wenden.

Zusammen mit muslimischen Flüchtlingen aus Spanien hielt eine Schar von christlichen Banditen, maurischen Piraten, Freibeutern und Abenteurern aus aller Welt Einzug. Rabat und Salé wurden zu sicheren Schlupfwinkeln von Korsaren – jenen skrupellosen Piraten, die englische Geschichtsschreiber als „Sallee Rovers" bezeichneten. Mit der Republik von Bou Regreg gründeten diese schließlich sogar ihren eigenen Staat. Die Gier nach spanischem Gold trieb die Korsaren sogar bis zur weit entfernten US-Küste. Im südenglischen Cornwall brachten sie christliche Sklaven in ihre Gewalt. Die ersten alaouitischen Sultane versuchten, dem munteren Plündern einen Riegel vorzuschieben. Dennoch bekam kein Sultan die Korsaren jemals wirklich in den Griff – bis weit ins 19. Jh. hinein kaperten sie europäische Schiffe.

Ende des 18. Jhs. war Rabat kurzzeitig die Hauptstadt von Sultan Mohammed ben Abdallah, um bald darauf erneut bedeutungslos zu werden. Die traditionellen Hauptstädte Fès und Marrakesch waren Schauplätze ständiger Unruhen und politischer Intrigen. So entschlossen sich die Franzosen 1912, die beiden „Hornissennester" aufzugeben, und verlegten ihr Machtzentrum nach Rabat. Dessen Versorgung und Verteidigung war wesentlich einfacher. Seitdem ist die Küstenstadt Regierungssitz und offizielle Königsresidenz.

Orientierung

Die Ave Hassan II trennt die Medina und die *ville nouvelle*. Die Straße folgt den Altstadtmauern bis zum Oued Bou Regreg. Der Fluss ist die Grenze zwischen Rabat und Salé.

Rabats Hauptverkehrsader ist die breite, palmengesäumte Ave Mohammed V. Dort stehen viele Hotels und die wichtigsten Verwaltungsgebäude. Auf den Umkreis der Place Abraham Lincoln bzw. der Ave de Fès östlich vom Zentrum konzentrieren sich die meisten Botschaften; auf S. 488 finden sich deren Adressen. Der Bahnhof Rabat Ville liegt nahe dem Südende der Ave Mohammed V. Der Vorort Agdal mit seinen Restaurants und Boutiquen ist 3 km südwestlich des Zentrums.

KARTEN & STADTPLÄNE

Landesweit zählt Rabat zu den wenigen Orten, an denen Stadtpläne und topografische Karten von Marokko erhältlich sind. Die **Division de Cartographie** (außerhalb der Karte S. 126; ☎ 0537 708935; www.acfcc.gov.ma, französisch; Ecke Ave Moulay Youssef & Ave Moulay Hassan I; ⌚ Mo–Fr 9–15.30 Uhr) verkauft topografische Karten, rückt manche davon aber nur ungern heraus (s. S. 447). Die meisten Karten müssen vorab bestellt werden und können 48 Stunden später abgeholt werden. Reisepass mitnehmen!

Praktische Informationen

BUCHLÄDEN

American Bookshop (Karte S. 126; Ecke Rue Moulay Abdelhafid & Boujaad) Gute Auswahl an aktuellen Titeln und Büchern über Marokko.

Aux Belles Images (Karte S. 130; ☎ 0537 724495; 281 Ave Mohammed V; ⌚ Mo–Sa 9–12 & 15–20 Uhr) Prima Bildbände über Marokko.

English Bookshop (Karte S. 130; ☎ 0537 706593; 7 Rue al-Yamama) Neue Bücher und englischsprachige Romane aus zweiter Hand.

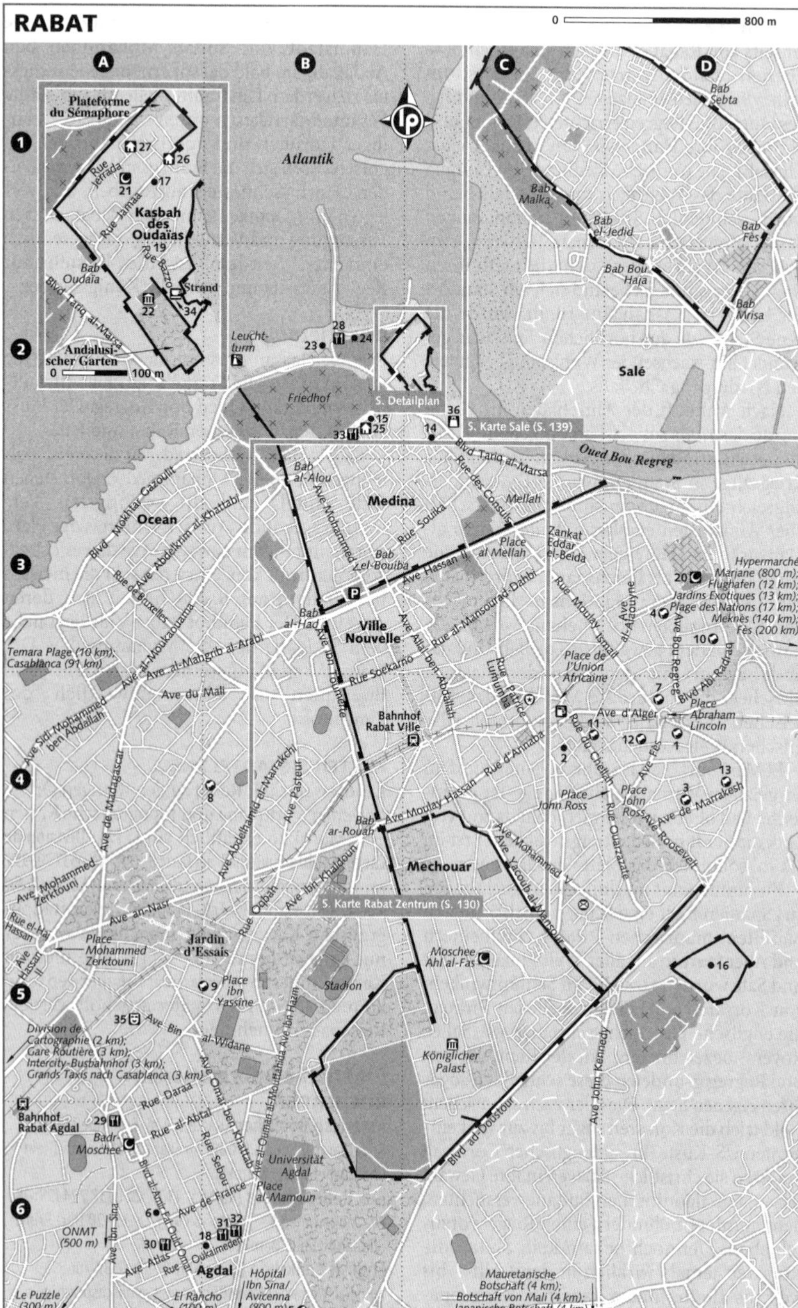
RABAT
0
800 m
Plateforme du Sémaphore
Rue Jerrada
Rue Jamaa
Kasbah des Oudaïas
Rue Bazzo
Bab Oudaïa
Blvd Tariq al-Marsa
Strand
Andalusischer Garten
0
100 m
Atlantik
Leuchtturm
Friedhof
S. Detailplan
S. Karte Sale (S. 139)
Bab Sebta
Bab Malka
Bab el-Jedid
Bab Bou Haja
Bab Fès
Bab Mrisa
Salé
Oued Bou Regreg
Blvd Tariq al-Marsa
Rue des Consuls
Mellah
Medina
Bab al-Alou
Ave Mohammed V
Rue Souika
Bab el-Bouiba
Ave Hassan II
Place al Mellah
Zankat Eddar el-Beida
Ocean
Blvd Mokhtar Gazoulit
Ave Abdelkrim al-Khattabi
Rue de Bruxelles
Ave al-Moukaouama
Bab al-Had
Ville Nouvelle
Ave Ibn Toumert
Ave Allal ben Abdallah
Rue al-Mansour ad-Dahbi
Rue Moulay Ismail
Ave al-Alaouyne
Ave Bou Regreg
Hypermarché Marjane (800 m); Flughafen (12 km); Jardins Exotiques (13 km); Plage des Nations (17 km); Meknès (140 km); Fès (200 km)
Temara Plage (10 km); Casablanca (91 km)
Ave al-Maghrib al-Arabi
Ave du Mali
Rue Soekarno
Rue Patrice Lumumba
Place de l'Union Africaine
Blvd Abi Radraq
Place Abraham Lincoln
Ave d'Alger
Ave Sidi Mohammed ben Abdallah
Bahnhof Rabat Ville
Rue du Chellah
Ave Fès
Rue d'Annaba
Ave de Madagascar
Ave Abdelhamid el-Marrakchi
Ave Pasteur
Ave Moulay Hassan
Place Jo'hn Ross
Place John Ross
Ave de Marrakesh
Bab ar-Rouah
Ave Mohammed V
Ave Yacoub al Mansour
Rue Ouarzazate
Ave Roosevelt
Ave Mohammed Zerktouni
Ave Ibn Khaldoun
Mechouar
S. Karte Rabat Zentrum (S. 130)
Rue Oqbah
Ave an-Nasr
Rue el-Haj Hassan
Place Mohammed Zerktouni
Jardin d'Essais
Ave Hassan II
Moschee Ahl al-Fas
Stadion
Place ibn Yassine
Ave Bin al-Widane
Division de Cartographie (2 km); Gare Routière (3 km); Intercity-Busbahnhof (3 km); Grands Taxis nach Casablanca (3 km)
Ave Omar ibn Khattab
Ave al-Oumam al-Mouttahida
Ave Ibn Hazim
Königlicher Palast
Ave John Kennedy
Blvd ad-Doustour
Bahnhof Rabat Agdal
Rue Daraa
Rue al-Abtal
Badr-Moschee
Rue Sebou
Universität Agdal
Place al-Mamoun
Blvd al-Amir Fal Ould Omar
Ave de France
ONMT (500 m)
Ave Ibn Sina
Ave Atlas
Rue Oukaimeden
Agdal
Le Puzzle (300 m)
El Rancho (100 m)
Hôpital Ibn Sina/ Avicenna (800 m)
Mauretanische Botschaft (4 km); Botschaft von Mali (4 km); Japanische Botschaft (4 km)
A
B
C
D
1
2
3
4
5
6

PRAKTISCHES
Algerische Botschaft 1 D4
American Bookshop 2 C4
Belgische Botschaft 3 D4
Britische Botschaft 4 D3
Kanadische Botschaft 5 B6
DHL 6 A6
Niederländische Botschaft 7 D4
Französisches Konsulat 8 B4
Französische Botschaft 9 B5
Italienische Botschaft 10 D3
Spanisches Konsulat 11 C4
Tunesische Botschaft 12 D4
US-Botschaft 13 D4

SEHENSWERTES & AKTIVITÄTEN
Teppich-Suk 14 C2
Center for Cross-Cultural Learning 15 B2
Chellah 16 D5
Galérie d'Art Nouiga 17 A1
Institute for Language & Communication Studies 18 B6
Kasbah des Oudaias 19 A2
Le Tour Hassan .... (siehe 20)
Mausoleum Mohammed V. 20 D3
Moschee el-Atiqa 21 A1
Musée des Oudaïa 22 A2
Oudayas Surf Club 23 B2
Sala Colonia .... (siehe 16)
Surf Club Monde de la Glisse 24 B2

SCHLAFEN
Dar Al Batoul 25 B2
Riad Dar Baraka 26 A1
Riad Kasbah 27 A1

ESSEN
Borj Eddar 28 B2
Galapagos Café 29 A6
L'Entrecôte 30 A6
Les Casseroles en Folie 31 B6
Paul 32 B6
Restaurant de la Plage .... (siehe 28)
Restaurant Dinarjat 33 B2

AUSGEHEN
Café Maure 34 A2

UNTERHALTUNG
5th Avenue 35 A5

SHOPPEN
Ensemble Artisanal 36 C2

Libraire Kalila Wa Dimma (Karte S. 130; ☎ 0537 723106; 344 Ave Mohammed V.) Gutes Sortiment an französischsprachigen Wander- und Reiseführern zu Marokko.

GELD

Zahlreiche Banken mit Geldautomaten säumen die Ave Mohammed V und die parallel verlaufende Ave Allal ben Abdallah, darunter auch eine Filiale der Banque Populaire.

BMCE (Karte S. 130; Ave Mohammed V; 🕑 Mo–Fr 8–20 Uhr)

INTERNETZUGANG

Internet (Karte S. 130; ☎ 0537 346903; Rue Tantan; 7 Dh/Std.; 🕑 9–19.30 Uhr) Direkt neben La Mamma.

Librairie Livre Service (Karte S. 130; ☎ 0537 724495; 46 Ave Allal ben Abdallah; 7 Dh/Std.; 🕑 Mo–Sa 9–12 & 15–20 Uhr)

KULTURZENTREN

British Council (Karte S. 130; ☎ 0537 760836; www.britishcouncil.org.ma; 36 Rue de Tanger; 🕑 Mo–Fr 8.30–19.30, Sa bis 17.30 Uhr) Große Bibliothek mit englischsprachigen Zeitungen sowie Lesungen und Ausstellungen.

Goethe-Institut (Karte S. 130; ☎ 0537 736544; www.goethe.de/rabat; 7 Rue Sana'a; 🕑 Mo–Fr 10–19 Uhr) Beherbergt neben einer Bibliothek, Kunst- und Fotoausstellungen auch das coole Café Weimar (S. 135).

Institut Français (Karte S. 130; ☎ 0537 701122; www.ambafrance-ma.org; 1 Abdou Inane; 🕑 Di–Sa 10–18.30, Do 12–18.30 Uhr) Mit Filmvorführungen, Ausstellungen, Kultur-Events und dem witzigen Restaurant La Veranda (S. 134).

MEDIZINISCHE VERSORGUNG

Die örtlichen Apotheken haben abwechselnd Nacht- und Wochenenddienst. In ihren Schaufenstern hängt der aktuelle Dienstplan auf Französisch und Arabisch aus.

Hôpital Ibn Sina/Avicenna (außerhalb der Karte S. 126; ☎ 0537 672871 od. bei Notfällen 0537 674450; Place Ibn Sina, Agdal)

Nachtapotheke (Karte S. 130; Rue Moulay Rachid; 🕑 21.30–7.30 Uhr)

NOTFALL

SAMU (☎ 0537 737373) Privater Rettungsdienst.

SOS Médecins (☎ 0537 202020; Hausbesuche 250 Dh; 🕑 24 Std.) Bereitschaftsärzte.

POST

DHL (Karte S. 126; ☎ 0537 779934; Ave de France, Agdal)

Hauptpost (Karte S. 130; Ecke Rue Soékarno & Ave Mohammed V; 🕑 Mo–Fr 8–16.30, Sa 8–12 Uhr)

REISEBÜROS

CAP Tours (Karte S. 130; ☎ 0537 733571; www.captours.ma; 7 Rue Damas) Prima Adresse für günstige Flüge innerhalb Afrikas. Reserviert auch Fährtickets.

Carlson Wagonlit (Karte S. 130; ☎ 0537 709625; www.carlsonwagonlit.com; 1 Ave Moulay Abdallah)

TOURISTENINFORMATION

Office National Marocain du Tourisme (ONMT; außerhalb der Karte S. 126; ☎ 0537 674013; visitmorocco@onmt.org.ma; Ecke Rue Oued el-Makhazine & Zalaka, Agdal; 🕑 Mo–Fr 8.30–12 & 15–18.30 Uhr) Man wird mit einem Lächeln und ansonsten nichtssagenden Gesichtern empfangen. Zu der bürokratischen Einrichtung fahren Taxis und Bus 3 ab dem Bahnhof.

Sehenswertes

MEDINA

In Rabats befestigter Medina (Karte S. 130) – aus ihr bestand die Stadt, als die Franzosen im frühen 20. Jh. hier eintrafen – erwartet den Besucher ein vielfältiger Mix aus Gewürzen, Teppichen, Handwerksgegenständen, günstigen Schuhen und kopierten DVDs. Die Altstadt wurde im 17. Jh. mit einem regelmäßigen Grundriss angelegt. Auch wenn sie damit vielleicht weniger fasziniert als ältere Medinas im Landesinneren, ist sie dennoch ein toller Ort zum Bummeln, weil man hier herumstreunen kann, ohne von aggressiven Kundenfängern belästigt zu werden .

Wichtigste Marktstraße ist die Rue Souika. Deren Westende säumen Lebensmittel- und Gewürzläden, Richtung Osten findet man Textilien und Silberwaren. Der **Souq as-Sebbat** (Schmuck-Suk; Karte S. 130) ist auf Auffälliges in Gold spezialisiert und beginnt im Bereich der Rue Bab Chellah. Die **Grande Mosquée** aus dem 14. Jh. geht ursprünglich auf das Konto der Meriniden, wurde aber seitdem immer wieder umgebaut. Am Ende dieser Straße kommt sie zur Rechten in Sicht.

Die Rue des Consuls verdankt ihren Namen den Diplomaten, die bis 1912 dort wohnten. Jenseits davon liegt das *mellah* (jüdische Viertel) mit einem interessanten **Flohmarkt** (Karte S. 130), der bis hinunter zum Bab el-Bahr am Flussufer reicht. Wer der Rue des Consuls nordwärts folgt, erreicht eines der interessanteren Altstadtviertel mit Handwerksläden und prächtigen Diplomatenhäusern. Hinter dem **Teppich-Suk** (Karte S. 126) mündet die Straße in einen offenen Platz mit vielen Handwerksläden, auf dem zu Korsarenzeiten Sklavenauktionen stattfanden. Von hier aus geht's bergaufwärts zur Kasbah.

KASBAH DES OUDAÏAS

Die **Kasbah** (Karte S. 126) nimmt den ältesten Teil der Stadt ein. Hier war einst das *ribat.* Vom Aussichtspunkt am Rand der Steilkante hat man einen atemberaubenden Blick auf Fluss und Meer. Der malerische Bezirk ist größtenteils ein Wohngebiet, dessen ruhige Gassen zum Spazierengehen einladen. Die weißen Häuser an den Rändern wurden hauptsächlich von muslimischen Flüchtlingen aus Spanien erbaut. Immer mehr dieser Immobilien werden von Ausländern gekauft, weil sie so hübsch sind. Einige „Führer" bieten ihre Dienste an, aber man braucht sie nicht. Einfach weghören, wenn die Kasbah als „verboten" oder „gesperrt" bezeichnet wird.

Das spektakulärstes Kasbahtor, das **Bab Oudaïa**, wurde im 12. Jh. von den Almohaden errichtet und mit einer Reihe von Reliefbögen reich verziert. Hinter dem Tor führt die Rue Jamaa als Hauptstraße quer durch die Kasbah. Nach etwa 200 m stößt man rechts auf die **Mosque el-Atiqa**, Rabats älteste Moschee. Sie stammt aus dem 12. Jh. und wurde im 18. Jh. restauriert. Entlang dieser Straße tummeln sich zudem ein paar bescheidene Touristenläden und diverse Kunstgalerien wie die **Galerie d'Art Nouiga** (Karte S. 126).

Am Ende der Straße befindet sich die **Plateforme du Sémaphore** (Signalplattform), von der aus man einen weiten Panoramablick über Salé und die Flussmündung hat. Ihre erhöhte Position ermöglichte einst eine leichte Verteidigung gegen Angreifer vom Meer, die die darunter liegenden Sandbänke überwunden hatten.

Auf dem Rückweg von der Plateforme geht's nun nach links in die Rue Bazzo hinein. Die schmale Straße windet sich hinunter zum **Café Maure** (S. 135) und zu einem Seiteneingang des **Andalusischen Gartens** (⌚ Sonnenaufgang–Sonnenuntergang). Er wurde während der Kolonialzeit von den Franzosen angelegt, erstreckt sich über das Palastgelände und verspricht wunderbare Erholung im Schatten.

Der eigentliche Palast ist ein echter Prachtbau und wurde im 17. Jh. von Mulai Ismail errichtet. Heute beherbergt er das **Musée des Oudaïa** (Karte S. 126; ☎ 0537 731537; Eintritt 10 Dh; ⌚ Mi–Mo 9–17 Uhr), das nationale Schmuckmuseum. Dessen wunderschön arrangierte und faszinierende Sammlung umfasst prähistorische, römische und islamische Stücke aus verschiedenen Regionen Marokkos.

HASSANTURM & MAUSOLEUM MOHAMMEDS V.

Le Tour Hassan (Hassanturm, Karte S. 126) ist Rabats berühmtestes Wahrzeichen. Umgeben von gepflegten Gärten ragt er hoch über dem Oued Bou Regreg auf. Nach Samara im Irak wäre das ehrgeizigste Bauprojekt der Almohaden wahrscheinlich zur größten Moschee seiner Zeit geworden, doch Sultan Yacub al-Mansur starb vor der endgültigen Vollendung. Das Minarett sollte ursprünglich 60 m Höhe erreichen, kam jedoch nie über 44 m hinaus. Ein Erdbeben zerstörte die Moschee im Jahr 1755. Seitdem zeugt nur noch ein Wald zerschmetterter Säulen von el Mansours gewaltigen Plänen. Die Turmarchitektur entspricht der Giralda in Sevilla und der Koutoubia in Marrakesch (S. 320).

Das nahe **Mausoleum Mohammeds V** (Karte S. 126; Eintritt frei; ⌚ Sonnenaufgang–Sonnenuntergang) ist traditionell im marokkanischen Stil gestaltet. Darin ruhen Vater (Hassan II.) und Großvater des heutigen Königs. Trotz *zellij*-Mustern und Stuckelementen verbreitet das Mausoleum eine erhabene Atmosphäre. Besucher müssen sich respektvoll kleiden. Von einer Galerie blickt man hinunter auf die Gräber.

CHELLAH

Die verlassene und vor sich hin bröckelnde antike römische Stadt **Sala Colonia** (Karte S. 126) ist schon völlig überwuchert und zählt zusammen mit der merinidischen Totenstadt **Chellah** (Karte S. 126; Ecke Ave Yacoub al-Mansour & Blvd Moussa ibn Nassair; Eintritt 10 Dh; ⌚ 9–17.30 Uhr) zu den bewegendsten Sehenswürdigkeiten der Stadt.

Die Phönizier waren die ersten, die eine Siedlung auf den grasbewachsenen Hängen oberhalb des Flusses bauten. Als die Römer um 40 n. Chr. das Ruder übernahmen, entwickelte sich daraus eine größere Stadt. Im Jahr 1154 wurde Chellah zugunsten von Salé aufgegeben. Während des 14. Jhs. ließ der merinidische Sultan Abou el Hassan Ali jedoch eine Nekropole über der römischen Stadt anlegen. Im Rahmen dessen entstanden auch die heutigen Rundmauern und Türme.

Die Stätte mit den wuchernden Obstbäumen und Wildblumen verzeichnet nur wenige Besucher. Ihre Atmosphäre lädt zum Spazierengehen ein: Vorbei an duftenden Feigen-, Oliven- und Orangenbäumen führt ein Pfad vom Haupttor hinunter zu einer **Aussichtsplattform** mit Blick auf die römischen Ruinen. Deren Gesamtstruktur ist nur mit etwas Phantasie zu erkennen, doch gerade das Geheimnisvolle macht diesen Ort so reizend. Ein Weg verläuft quer durch die Trümmer des dreibögigen Arc de Triomphe am Eingang. Es folgen der Jupitertempel (links) und das frühere Forum am Ende der Hauptstraße. Über einen weiteren Pfad gelangt man zum achteckigen Nymphenbecken, das einst zum römischen Wasserversorgungsnetz gehörte.

Vom **islamischen Komplex** ist weitaus mehr übrig geblieben. Ein Storchennest krönt sein elegantes Minarett. Apropos Störche: Hier hat sich mittlerweile eine gigantische Kolonie dieser Vögel angesiedelt, deren Nester hoch über den Ruinen in den Baumwipfeln thronen. Im Frühling sorgt das Schnabelklappern der balzenden Tiere für eine wunderbare Hintergrundmusik.

In der Nähe des zerstörten Minaretts befindet sich das Grabmal von Abou el Hassan Ali und seiner Frau. Es ist mit schönen *zellij*-Ornamenten verziert. Die kleine *medersa* in der Nähe besteht nur noch aus einer Ansammlung kaputter Säulen, Schülerkammern und muschelförmiger Wasserbecken. Die abgesperrte *mihrab* (Gebetsecke) kann immer noch bewundert werden.

Jenseits der Moschee passiert der Pfad die **Gräber** mehrerer Heiliger am äußersten Westrand des Geländes. Ein Schild zur Linken („*bassin aux anguilles*") weist auf ein ummauertes Wasserbecken hin. Dort finden sich nach wie vor Frauen ein, die auf Fruchtbarkeit und leichtes Gebären hoffen, wenn sie die Aale in dem trüben Wasser mit gekochten Eiern füttern.

ARCHÄOLOGISCHES MUSEUM

Rabats **archäologisches Museum** (Karte S. 130; ☎ 0537 701919; 23 Rue al-Brihi Parent; Eintritt 10 Dh; ⌚ Mi–Mo 9–16.30 Uhr) wirkt düster und verlassen. Obwohl die erklärenden Texte auf Französisch sind, gibt es einen interessanten und guten Überblick über die marokkanische Landesgeschichte. Unter den Fundstücken aus der Steinzeit befindet sich ein wunderschönes Felsrelief aus dem Neolithikum. Es zeigt einen Mann, der von konzentrischen Kreisen umgeben ist. Das absolute Sammlungshighlight ist die **Salle des Bronzes**. Darin sind Keramiken, Statuen und Artefakte aus den römischen Siedlungen von Volubilis, Lixus und Chellah ausgestellt. Besonders attraktiv: der schmucke Kopf Jubas II. und die gnadenlos realistische Büste Catos des Jüngeren. Beide wurden in Volubilis entdeckt.

Aktivitäten

SURFEN

König Mohammed VI. war Gründungsmitglied des **Oudayas Surf Club** (Karte S. 126; ☎ 0537 260683; 3 Plage des Oudayas; Bodyboard- & Surfkurse 90 Min. 150 Dh) unterhalb der Kasbah. Service und Leihausrüstung des benachbarten **Surf Club Monde de la Glisse** (Karte S. 126; ☎ 0661 654362; Plage des Oudayas) sind fast gleich.

Kurse

Rabat hat viele Sprachschulen, in denen einjährige Kurse angeboten werden. Folgende Adressen haben kürzere Varianten:

Center for Cross-Cultural Learning (CCCL; Karte S. 126; ☎ 0537 202365; www.cccl-ma.com; Ave Laalou,

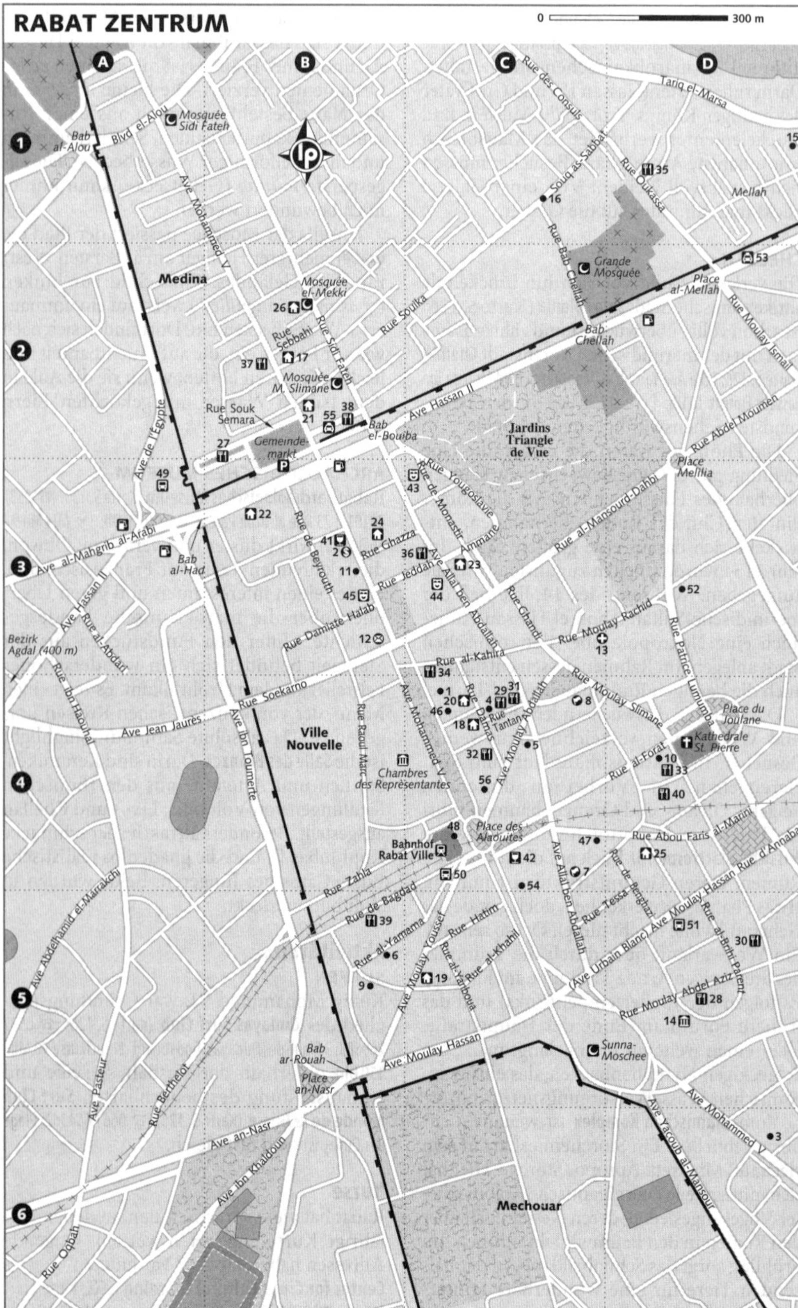
RABAT ZENTRUM
0
300 m
A
B
C
D
1
2
3
4
5
6
Medina
Ville Nouvelle
Mechouar
Mellah
Jardins Triangle de Vue
Bab al-Alou
Blvd el-Alou
Mosquée Sidi Fateh
Ave Mohammed V
Rue des Consuls
Tariq el-Marsa
Souq as-Sabbat
Rue Oukassa
Rue Bab Chellah
Grande Mosquée
Place al-Mellah
Rue Moulay Ismail
Bab Chellah
Mosquée el-Mekki
Rue Sebbahi
Rue Sidi Fateh
Rue Soulka
Mosquée M. Slimane
Rue Souk Semara
Gemeindemarkt
Bab el-Bouiba
Ave Hassan II
Rue Abdel Moumen
Place Mellila
Ave de l'Egypte
Rue Yougoslavie
Rue de Monastir
Rue Ammane
Rue al-Mansourd-Dahbi
Ave al-Mahgrib al-Arabi
Bab al-Had
Rue de Beyrouth
Rue Ghazza
Rue Jeddah
Ave Allal ben Abdallah
Rue Ghandi
Rue Damiate Halab
Rue Moulay Rachid
Rue Patrice Lumumba
Bezirk Agdal (400 m)
Rue al-Abdari
Rue Ibn Haouhal
Rue al-Kahira
Rue Soekarno
Ave Jean Jaures
Ave Ibn Toumerte
Rue Raoul Marc
Rue Damas
Rue Tantan
Ave Moulay Abdallah
Rue Moulay Slimane
Place du Joulane
Kathedrale St. Pierre
Rue al-Forat
Chambres des Représentantes
Place des Alaouites
Bahnhof Rabat Ville
Rue Abou Faris al-Marini
Rue Zahla
Rue de Bagdad
Rue de Benghazi
Rue Tessa
Ave Moulay Hassan
Rue d'Annaba
(Ave Urbain Blanc)
Rue al-Brihi Parent
Ave Abdelhamid el-Marrakchi
Rue al-Yamama
Ave Moulay Youssef
Rue Hatim
Rue al-Khalil
Rue al-Yanboua
Rue Moulay Abdel Aziz
Sunna-Moschee
Bab ar-Rouah
Place an-Nasr
Ave Mohammed V
Ave Yacoub al-Mansour
Ave Pasteur
Rue Berthelot
Ave an-Nasr
Ave Ibn Khaldoun
Rue Oqbah

PRAKTISCHES
Aux Belles Images........................1 C4
Banque Populaire..................(siehe 21)
BMCE (Geldautomat).................2 B3
British Council............................3 D6
CAP Tours..................................4 C4
Carlson Wagonlit.........................5 C4
English Bookshop........................6 B5
Französisches Generalkonsulat....7 C4
Deutsche Botschaft......................8 C4
Goethe-Institut.............................9 B5
Institut Français..........................10 D4
Internet................................(siehe 31)
Libraire Kalila Wa Dimma..........11 B3
Hauptpost...................................12 B3
Nachtapotheke............................13 C3
Spanische Botschaft.............(siehe 8)

SEHENSWERTES & AKTIVITÄTEN
Archäologisches Museum...........14 D5
Flohmarkt....................................15 D1
Souq as-Sebbat...........................16 C1

SCHLAFEN
Hôtel al-Maghrib al-Jadid...........17 B2
Hôtel Balima...............................18 C4
Hôtel Bélère................................19 C5
Hotel Central..............................20 C4
Hôtel Dorhmi..............................21 B2
Hôtel Majestic............................22 B3
Hôtel Royal.................................23 C3
Hôtel Splendid............................24 B3
Le Pietri Urban Hotel..................25 D4
Riad Oudaya...............................26 B2

ESSEN
Café Weimar.........................(siehe 9)
Obst- & Gemüsemarkt................27 B2
L'R du Gout................................28 D5
La Dolce Vita..............................29 C4
La Koutoubia..............................30 D5
La Mamma..................................31 C4
La Petit Beur - Dar Tajine............32 C4
La Véranda.................................33 D4
Le Grand Comptoir.....................34 C3
Le Ziryab.....................................35 D1
Pâtisserie Majestic......................36 C3
Restaurant de la Libération.........37 B2
Restaurant el-Bahia....................38 B2
Riad Oudaya.......................(siehe 26)
Tagine wa Tanja..........................39 B5
Ty Potes......................................40 D4

AUSGEHEN
Bar de L'Alsace...........................41 B3
Cafétéria du 7ème Art.........(siehe 44)
Henry's Bar.................................42 C4
Hôtel Balima.......................(siehe 18)

UNTERHALTUNG
Amnesia......................................43 C3
Cinèma du 7ème Art....................44 C3
Cinéma Renaissance...................45 B3

TRANSPORT
Air France...................................46 C4
Avis..47 C4
Budget..48 C4
Bus 12, 13, 14, 16 & 34 nach Salé.......................(siehe 53)
Bus 17 & 30 zum Intercity-Busbahnhof...................49 A3
Bus 3 nach Agdal........................50 C4
Bushaltestelle (16 & 28).............51 D5
Europcar.....................................52 D3
Grands Taxis nach Fès, Meknès & Salé..........................53 D2
Hertz...54 C4
Petit-Taxi-Stand..........................55 B2
Royal Air Maroc..................(siehe 47)
Royal Air Maroc..........................56 C4
Supratours..........................(siehe 48)

11 Zankat Hassani) Kurze Intensivkurse in Französisch und marokkanischem Arabisch.

Institute for Language & Communication Studies (Karte S. 126; ☎ 0537 675968; www.ilcs.ac.ma; 29 Rue Oukaimeden, Agdal) Intensivkurse und Privatunterricht in Französisch bzw. marokkanischem Arabisch.

Festivals & Events

In Rabat finden alljährlich diverse Festivals und Events statt, darunter das beliebte **Oudayas Jazz Festival** am letzten Maiwochenende. Im selben Monat nehmen bekannte Größen der Weltmusik am **Festival Mawazine** (www.mawazine.ma) teil. Die meisten Besucher hat das zweiwöchige **Festival International de Rabat** (www.rabatfilmfestival.org, französisch). Ende Juni bzw. Anfang Juni lockt es scharenweise Musik- und Filmfans in die Hauptstadt.

Rabat mit Kindern

Rabat ist prima für einen Besuch mit Kindern, denn in den Suks kann man stressfrei shoppen und die Kasbah ist sehr beeindruckend. Allerdings hat die Stadt nur wenige Attraktionen speziell für Kids zu bieten. Ein Trip zum Strand oder in die Jardins Exotiques (S. 140) macht den Kurzen wohl am meisten Spaß.

Schlafen

Fast alle besseren Unterkünfte von Rabat liegen in der *nouvelle medina* zwischen der Ave Mohammed V und der Ave Abderrahman. In der alten Medina haben sich eine Reihe billige Absteigen und ein paar gediegene Riads (Stadthäuser, angelegt um einen Garten im Innern herum) angesiedelt. Zielgruppe sind in erster Linie Geschäftsleute, deswegen gibt es unverhältnismäßig viele Spitzenklassehotels.

BUDGETUNTERKÜNFTE

An billigen Hotels mangelt es in der Medina nicht, aber sie bieten nur das Allernötigste. Viele haben nicht einmal einen Hauch von Komfort, sie sind z.B. ohne Duschen. Die besten Unterkünfte in der Medina sind unten aufgelistet. Wer hier nichts findet und bereit ist, etwas mehr zu bezahlen, kann sich in der *ville nouvelle* nach einem Schlafplatz umschauen.

Hôtel al-Maghrib al-Jadid (Karte S. 130; ☎ 0537 732207; 2 Rue Sebbahi; EZ/DZ 70/110 Dh, heiße Dusche 7,50 Dh) Die Zimmer sind zwar ziemlich klein und spartanisch, aber ohne ein Stäubchen Schmutz. Die Fenster mit Fensterläden lassen eine Menge Licht rein. Die knallig pinkfarbenen Wände sind Geschmackssache, aber sie passen zum schrulligen Charakter dieser Unterkunft.

Hôtel Dorhmi (Karte S. 130; ☎ 0537 723898; 313 Ave Mohammed V; EZ/DZ 90/130 Dh, heiße Dusche 10 Dh) Das superfreundliche Hotel mit den prima Preisen wird von der Eigentümerfamilie tadellos sauber gehalten und ist die beste aller Optionen in der Altstadt. Die einfachen, hellen und ordentlichen Zimmer befinden sich direkt oberhalb der Banque Populaire. Sie umgeben einen zentralen Innenhof und sind trotz ihrer Lage mitten im Stadtkern recht ruhig.

Hôtel Central (Karte S. 130; ☎ 0537 707356; 2 Rue Al-Basra; EZ/DZ 90/130 Dh, mit Bad 120/170 Dh, heiße Dusche 10 Dh) Das Central gegenüber vom imposanten Hotel Balima und mitten im Stadtzentrum bietet schlichte Zimmer zu vernünftigen Preisen. Die Einrichtung ist nicht mehr taufrisch, aber das Hotel ist immer noch ein sympathischer Ort. Und in die Innenstadt ist es von hier aus nur ein Katzensprung.

Hôtel Splendid (Karte S. 130; ☎ 0537 723283; 8 Rue Ghazza; EZ/DZ 104/130 Dh, mit eigenem Bad 130/190 Dh) Im Splendid mitten in der Medina wohnen die Gäste in geräumigen, hellen Zimmern mit hohen Decken, großen Fenstern, fröhlichen Farben, neuen Bädern und schlichten Holzmöbeln. Die Quartiere sind rund um einen hübschen Hof angeordnet. In den Zimmern ohne eigenes Bad gibt's Waschbecken mit Warmwasser.

Hôtel Majestic (Karte S. 130; ☎ 0537 722997; www.hotelmajestic.ma; 121 Ave Hassan II; EZ/DZ 239/279 Dh) Nicht so königlich wie der Name vermuten lässt, aber dennoch prima. Die etwas beengten Zimmer des modernen Hotels warten mit schicken neuen Möbeln und Einrichtungselementen auf, sind aber ziemlich charakterlos. Trotz Doppelglasfenstern ist der Lärmpegel darin manchmal recht hoch. Daher besser auf den Altstadtblick verzichten und im hinteren Bereich absteigen.

MITTELKLASSEHOTELS

Rabats wenige Mittelklassehotels konzentrieren sich größtenteils auf die Ave Mohammed V und deren unmittelbare Umgebung.

LP Tipp **Le Piétri Urban Hotel** (Karte S. 130; ☎ 0537 707820; www.lepietri.com; 4 Rue Tobrouk; EZ/DZ/Suite 600/650/1050 Dh; ❄ 💻) Dank der Komplettrenovierung hat sich das ehemalige Hôtel Oudayas mittlerweile in ein Boutiquehotel mit gutem Preis-Leistungs-Verhältnis verwandelt. Es steht an einer ruhigen Straße in einem zentralen Stadtteil, der eher von Wohnhäusern geprägt ist. Die 36 geräumigen, hellen und komfortablen Zimmer haben Holzfußböden und eine prima Ausstattung. Sie sind modern in warmen Farben dekoriert. Im kleinen Garten des hervorragenden Hausrestaurants lässt es sich elegant unter freiem Himmel speisen. Die zeitgenössische Speisekarte mit marokkanischen und mediterranen Spezialitäten wird durch eine gute Weinkarte ergänzt.

Hôtel Balima (Karte S. 130; ☎ 0537 707755; www.hotel-balima.com; Ave Mohammed V; EZ/DZ 450/580 Dh; ❄) Die Grande Dame der örtlichen Hotels hat mittlerweile ein paar Falten im Gesicht, aber die frisch dekorierten Zimmer mit eigenen Bädern sind immer noch komfortabel und top in Schuss. Von ihnen hat man eine klasse Aussicht auf die Stadt. Zum Hotel gehören außerdem ein anständiges Restaurant, ein Nachtclub und eine tolle, schattige Terrasse an der Ave Mohammed V – bis heute der angesagteste Treffpunkt in Rabat.

Hôtel Royal (Karte S. 130; 1 Rue Jeddah Ammane; EZ/DZ 400/600 Dh) Die geschmackvoll renovierten Zimmer liegen sehr zentral und sind superkomfortabel, wenn auch leicht überteuert. Sie haben polierte Holzfußböden und blitzblanke Bäder. Vom vierten Stock bietet sich der beste Blick auf Park und Stadt – und der Vorteil eigener Terrassen und mehr Ruhe. Die Quartiere in den unteren Stockwerken bekommen relativ viel Lärm ab, den das Putzpersonal am Morgen noch verstärkt. Ganz unten befindet sich ein Restaurant, dessen mürrische Kellner ein anständiges Frühstück servieren.

Hôtel Bélère (Karte S. 130; ☎ 0537 709689; Fax 0537 709801; 33 Ave Moulay Youssef; EZ/DZ 665/864 Dh; ❄ 🚭 💻) Das Vier-Sterne-Hotel bietet etwas mehr als seine Konkurrenten im selben Preisbereich. In den kleinen, aber sehr gemütlichen Zimmern darf nicht geraucht werden. Ihr modernes, geschmackvolles Dekor erinnert stark an die 1970er-Jahre, aber die sind ja mittlerweile wieder in Mode. Das Haus hat eine gute Bar und ein Restaurant und liegt günstig zum Bahnhof.

SPITZENKLASSEHOTELS

In Rabat sind alle internationalen Luxushotelketten vertreten. Für etwas mehr Lokalkolorit empfehlen sich jedoch die superschicken und servicebetonten Altstadtoptionen.

Riad Kasbah (Karte S. 126; ☎ 0537 705247; www.riadoudaya.com; 49 Rue Zirara; EZ/DZ inkl. Frühstück 880/980 Dh) Das wunderschöne Gästehaus liegt abseits vom städtischen Trubel im herrlich ruhigen Herzen der Kasbah. Es steht unter gleicher Leitung wie das Riad Oudaya, ist aber nicht ganz so luxuriös. Seine drei Zimmer haben eine elegante traditionelle Einrichtung.

LP Tipp Riad Dar Baraka (Karte S. 126; ☎ 0537 730362 od. 0661 783361; www.darbaraka-rabat.com; 26 Rue de la Mosquée; EZ/DZ inkl. Frühstück 990/1430 Dh) Das reizendste aller Gästehäuser steht am Ende der Hauptstraße in der Kasbah und ist an seiner blauen Tür zu erkennen. Hier hat man eine exzellente Aussicht auf Salé und die Flussmündung. Reservierung ist Pflicht, da es nur zwei helle, luftige Zimmer (eines groß, eines klein) in Weiß und Himmelblau gibt. Gefrühstückt wird entweder auf der Terrasse (Sommer) oder neben dem offenen Kamin (Winter). In seiner Schlichtheit ist dies das perfekte Zuhause auf Reisen.

Dar Al Batoul (Karte S. 126; ☎ 0537 727250 od. 0661 401181; www.riadbatoul.com; 7 Derb Jirari; DZ/Suite inkl. Frühstück 1100/1600 Dh) Hier wurde ein prächtiges Kaufmannshaus aus dem 18. Jh. zum Luxushotel mit nur acht Zimmern umgebaut. Die Quartiere liegen um einen wunderschönen Säulenhof herum. Alle sind im traditionellen marokkanischen Stil dekoriert. Tolle Kompositionen aus Textilien, Buntglas und aufwändigen Fliesenelementen setzen individuelle Akzente.

Riad Oudaya (Karte S. 130; ☎ 0537 702392; www.riadoudaya.com; 46 Rue Sidi Fateh; Zi./Suite 1350/1650 Dh) Das großartige Gästehaus verbirgt sich am Ende einer Altstadtgasse und ist ein echtes Juwel. Seine Zimmer verteilen sich rund um einen herrlichen Hof. Ihre geschmackvolle Einrichtung kombiniert marokkanischen Stil mit westlichem Komfort. Indirekte Beleuchtung, offene Kamine, Balkone und ein leise plätschernder Springbrunnen im gefliesten Hof machen das Hotel reizvoll romantisch. Die Verpflegung ist vom Feinsten, muss aber im Voraus bestellt werden (s. rechte Spalte).

Essen

Die örtliche Restaurantszene lässt keine Wünsche offen. Das Spektrum reicht von günstigen, fröhlichen Kleinlokalen bis zu teuren Gourmettempeln, in denen Rabats Politiker und Diplomaten verköstigt werden.

RESTAURANTS

Medina

Restaurant de la Libération (Karte S. 130; 256 Ave Mohammed V; Hauptgerichte 30 Dh) Das einfache, günstige Restaurant ist immer gut für traditionelle Standardgerichte. Es ist heiter und ein kleines bisschen edler als die anderen Lokale an dieser Straße – es gibt sogar Speisekarten und Tischdecken (aus Plastik). Freitag ist Coustag – den gierigen Gästescharen wird das Gericht auf riesigen Tellern serviert.

Restaurant el-Bahia (Karte S. 130; ☎ 0537 734504; Ave Hassan II; Hauptgerichte 50 Dh; 🕑 6–24 Uhr, Winter bis 22.30 Uhr) Entspanntes Lokal in den Außenmauern der Altstadt. Es wird vor allem von Einheimischen frequentiert, die hier herzhafte marokkanische Gerichte genießen, und ist ein prima Plätzchen, um Leute zu beobachten. Gegessen wird auf der Terrasse an der Straße oder im schattigen Hof. Zudem gibt es einen traditionellen Salon im Obergeschoss.

Le Ziryab (Karte S. 130; ☎ 0537 733636; 10 Zankat Ennajar; Hauptgerichte 90–140 Dh) Dieses schicke marokkanische Restaurant ist in einem umwerfenden Gebäude nicht weit von der Rue des Consuls untergebracht. Der Mix aus altmodischem Charme und stylischem, modernem Design hat sich auch auf die exzellente Speisekarte ausgebreitet: Hier finden sich interessante *tajine*-Variationen, Couscous, *pastillas*, außerdem Fleisch und Fisch vom Grill.

Riad Oudaya (Karte S. 130; ☎ 0537 702392; 46 Rue Sidi Fateh; Mittag-/Abendessen 220/330 Dh) Dieses süße Restaurant versteckt sich hinter einer Holztür in den Tiefen der Medina. Es allein ist schon Grund genug, nach Rabat zu kommen. In der Umgebung eines phantastischen Riads werden fünfgängige Gourmetmenüs mit allen erdenklichen Köstlichkeiten aufgetischt: von üppigen *tajines* über *pastillas* bis zu gefüllten Tintenfischen.

LP Tipp Restaurant Dinarjat (Karte S. 126; ☎ 0537 724239; 6 Rue Belgnaoui; Menü 450 Dh, Wein 80 Dh/Flasche) Das stilvollste und eleganteste der Altstadtrestaurants steht bei gut betuchten Einheimischen und Touristen gleichermaßen hoch im Kurs. Das herrliche Haus im andalusischen Stil stammt aus dem 17. Jh. und ist mitten in der Medina. Man hat es sorgsam restauriert und geschmackvoll im traditionellen Stil dekoriert. Das Lokal ist eine Ode an die arabisch-andalusische Lebensart. Dafür sorgen u. a. prächtige Architektur, noble Traditionsküche und die friedlichen Klänge des Oud (Laute). Hier werden nur frischeste Zutaten für Couscous, Tajines und Salate verwendet, die mit wenig Fett zubereitet und überraschend leicht sind. Im Voraus reservieren!

Ville Nouvelle

LP Tipp Le Petit Beur – Dar Tajine (Karte S. 130; ☎ 0537 731322; 8 Rue Damas; Gerichte 66–84 Dh; 🕑 So geschl.) Das bescheidene kleine Lokal ist für hervorragende marokkanische Kost bekannt. Auf der Speisekarte stehen gehaltvolle Tajines, himmlisches Couscous und eine von Rabats besten *pastillas*. Zur Mittagszeit ist es hier etwas düster, aber das ändert sich abends: Dann sind die Kellner gleichzeitig Musiker und versüßen den Gästen ihre Mahlzeit mit Lautenmusik. Das Lokal ist schnell voll, deshalb rechtzeitig reservieren oder früh erscheinen.

Tajine wa Tanja (Karte S. 130; ☎ 0537 729797; 9 Rue de Baghdad; Hauptgerichte 70–90 Dh; 🕒 So geschl.) Dieses nette kleine Restaurant nahe beim Bahnhof hat bodenständiges marokkanisches Essen als Spezialität. Auf der Karte stehen Grillgerichte vom Holzfeuer und *tajines*, die nach traditionellen Rezepten gekocht werden. Der absolute Hit ist der Couscous am Freitag. Es geht sehr entspannt zu – genau das Richtige für Frauen, die allein unterwegs sind.

Ty Potes (Karte S. 130; ☎ 0537 707965; 11 Rue Ghafsa; Festpreismenü 70–105 Dh; 🕒 Di & Mi abends & Mo geschl.) Die angenehme, einladende Mischung aus Mittagslokal und Teehaus ist bei wohlhabenden Ortsansässigen sehr beliebt. Vor allem der Sonntagsbrunch findet großen Zuspruch. Auf den Tisch kommen süße und pikante Crêpes, Sandwiches und gesunde Salate. Der kleine Garten hinter dem Haus erzeugt eine europäische Atmosphäre.

La Mamma (Karte S. 130; ☎ 0537 707329; 6 Rue Tanta; Hauptgerichte ab 80 Dh) Diese alteingesessene Institution sieht von außen zwar ziemlich düster aus, doch Pizza und Pasta zählen zu den besten der Stadt. Balken an der Decke und Kerzen auf den Tischen sorgen für einen Hauch von 70er-Jahre-Romantik. Die Holzofenpizzas und das Grillfleisch übernehmen die Garantie, dass die Gäste wiederkommen.

La Koutoubia (Karte S. 130; ☎ 0537 701075; 10 Pierre Parent; Hauptgerichte 90–140 Dh) Altmodisches marokkanisches Restaurant mit vielen traditionellen *zallij* und farbenfroh bemalten Wandpaneelen. Auf der Karte stehen sämtliche einheimische Klassiker, z. B. Couscous und Tajines. Aufwändigere Spezialitäten wie *pastilla ay pigeon* oder *mechoui* (gegrilltes Lamm) müssen aber vorab bestellt werden. Prima Weinkarte.

La Veranda (Karte S. 130; ☎ 0674 841244; Institut Français, 1 Rue Abou Inane; Hauptgerichte 90–150 Dh; 🕒 So geschl.) Loftartiger Laden in einer modernistischen Villa gleich hinter der Kirche; drum herum erstreckt sich ein netter Garten mit majestätischen Palmen. Steht unter derselben Leitung wie das Le Grand Comptoir und gilt bereits jetzt als Rabats angesagtestes Mittagslokal. Die wechselnden Bistrogerichte werden auf einer Tafel angeschrieben. Es gibt leckeres zeitgenössisches Essen mit französisch-mediterranem Einschlag. Das Personal ist jung und hip.

Le Grand Comptoir (Karte S. 130; ☎ 0537 201514; www.legrandcomptoir.ma; 279 Ave Mohammed V; Hauptgerichte 95–175 Dh) Mischung aus Restaurant, Lounge und Bar, deren stilvoller Schick den Charme einer altmodischen Pariser Brasserie versprüht. In vornehmem Ambiente werden französische Küchenklassiker serviert. Kronleuchter, Riesenpalmen und moderne Kunstwerke zieren den prächtigen Salon, im Hintergrund klimpert ein Pianist. Empfehlenswert sind z. B. die saftigen Steaks. Wer's etwas ungewöhnlicher mag, bestellt sich stattdessen Kalbsnieren oder die *andouillette* (Kuttelwurst). Das Lokal hat einen WLAN-Zugang und ist auch prima zum Frühstücken oder für einen Kaffee.

L'R du Gout (Karte S. 130; ☎ 0537 262727; Rue Moulay Abd el-Aziz; Hauptgerichte 100–150 Dh) Das geräumige, neue Restaurant wird von ein paar jungen Franzosen geführt, und seine farbenfrohe Dekoration kombiniert französische Bistroatmosphäre mit marokkanischem Flair. Die französische Brasseriekarte umfasst traditionelle Gerichte wie Gänsestopfleber, Kalbsnieren und Steak mit Pfeffersauce.

Außerhalb des Zentrums

Borj Eddar (Karte S. 126; ☎ 0537 701500; Hauptgerichte ab 120 Dh; 🕒 Okt.–April geschl.) Lokal mit Meerblick, das frischen Fisch und exzellente Meeresfrüchte anbietet. Falls alle Tische besetzt sind, empfiehlt sich das benachbarte Restaurant de la Plage, das fast die gleiche Karte hat. Die Lokale nehmen sich nicht viel und haben beide verglaste Terrassen mit Meerblick.

Les Casseroles en Folie (Karte S. 126; ☎ 0537 674247; 4 Ave de l'Atlas, Agdal; Hauptgerichte ca. 130 Dh) Mittags zieht das elegante französische Restaurant zahlreiche Bürohengste aus den nahen Ministerien an, abends herrscht dagegen etwas weniger Betrieb. Die stark französisch geprägte Karte beinhaltet Spezialitäten wie Salade des Casseroles (Salat mit Wildpilzen und Entenbrust) und Steaks mit verschiedenen Saucen. Noch ein bisschen Platz für Leckereien von dem verführerischen Dessertbuffet lassen!

L'Entrecôte (Karte S. 126; ☎ 0537 671108; 74 Boulevard al-Amir Fal Ould Omar, Agdal; Hauptgerichte ca. 140 Dh) Die Speisekarte und das Ambiente in diesem edlen, auf alt getrimmten Restaurant in Agdal sind ausgesprochen französisch. Das dunkle Holz und der raue Verputz erinnern allerdings eher an Bayern als an Bordeaux. Steaks, Fisch und Wildspezialitäten sind die Schwerpunkte auf der klassisch französischen Speisekarte. Und um noch mehr Multikulti-Verwirrung zu stiften, gibt's abends Jazz und spanische Folklore.

CAFÉS, PATISSERIEN & EISDIELEN

Cafe Weimar (Karte S. 130; ☎ 0663 428101; 7 Rue Sana'a; Pizzas 55 Dh) Das hippe Café im Goethe-Institut ist ein Tummelplatz der Jungen und Schönen, die hier ein Mittagessen oder Kaffee und Kuchen zu sich nehmen. Das schlichte mediterrane Menü ergänzt ein empfehlenswerter Sonntagsbrunch. Tische sollten im Voraus bestellt werden – freitags und samstags wird aber nicht reserviert.

Pâtisserie Majestic (Karte S. 130; Ecke Rue Jeddah Ammane & Ave Allal ben Abdallah) Die ausgezeichnete und sehr beliebte Patisserie ist perfekt zum Frühstücken oder für Kaffee und Kuchen am Nachmittag. Sie liegt außerdem mitten in der Stadt.

Paul (Karte S. 126; ☎ 0537 672000; 2 Ave al-Oumam al-Muttahida, Agdal; Hauptgerichte ab 60 Dh; 🕑 7.30–23 Uhr) Diese französische Bäckerei und Patisserie ist die angesagteste der Stadt. Sie serviert nicht nur die besten Frühstückscroissants, sondern auch ganztägig super Sandwiches, Salate und Snacks. Gäste können sich im Innenraum oder auf der netten (wenn auch lärmgeplagten) Terrasse an der Straße niederlassen.

La Dolce Vita (Karte S. 130; ☎ 0537 707329; 8 Tanta; Waffel/Becher 7/12 Dh; 🕑 7.30–1 Uhr) Direkt neben dem Restaurant La Mamma bekommt man hausgemachtes italienisches Gelato in mehr als 40 leckeren Geschmacksrichtungen.

Galapagos Café (Karte S. 126; ☎ 0537 686879; 14 Blvd al-Amir Fal Ould Omar, Agdal; Snacks 25–45 Dh) Das schicke Café mit Terrasse, dunkler Holztäfelung, zeitgenössischen Möbeln und Fenstern vom Boden bis zur Decke steht vor allem bei jungen Berufstätigen hoch im Kurs. Sie vertilgen hier Eis, Crêpes und Panini, während sie das Treiben auf der Straße beobachten.

AUF DIE SCHNELLE

Günstiges Essen auf die Schnelle bekommen Hungrige in Rabat am besten in der Ave Mohammed V, gleich hinter dem Tor zur Medina. Eine ganze Reihe Stehimbisse bieten hier *tajine*-Gerichte, Spieße, Salate und Pommes an – einer billiger als der andere. Die besten sind an den Schlangen zu erkennen, in denen die Einheimischen geduldig anstehen, bis sie bedient werden.

Eine andere gute Gegend ist die Rue Tanta in der *ville nouvelle*. Dort gibt's mehrere Imbissbuden, die von Burgern und Spießen bis Pizza und Panini einfach alles verkaufen.

SELBSTVERSORGER

Wer sich selbst versorgen will, deckt sich am besten in der Medina ein. In der **Obst- & Gemüsemarkthalle** (Karte S. 130; Ave Hassan II) stapeln sich frisches Obst und Gemüse, getrocknete Früchte und Nüsse. Was Traveller sonst noch so brauchen (auch Alkohol), finden sie an den Ständen in der Nähe oder in der Rue Souïka und beim Bab el-Bouiba.

Lebensmittel aus dem Westen gibt's im riesigen **Hypermarché Marjane** (außerhalb der Karte S. 126; 🕑 7–19 Uhr) an der Straße nach Salé.

Ausgehen

CAFÉS

Café Maure (Karte S. 126; Kasbah des Oudaïas; 🕑 9–17.30 Uhr) Das lässige Open-Air-Café breitet sich über mehrere Terrassen im Andalusischen Garten aus und ist perfekt, um sich entspannt zurückzulehnen und den Blick über die Bucht nach Salé zu genießen. Dazu gibt's Minztee und ein paar leckere kleine Mandelkekse, die auf silbernen Tabletts gereicht werden. Die Zeit kann man sich mit Postkartenschreiben vertreiben – und Frauen haben ihre Ruhe.

Cafetéria du 7ème Art (Karte S. 130; ☎ 0537 733887; Avenue Allal ben Abdallah) Dieses beliebte Café draußen im schattigen Garten eines Kinos (S. 136) zieht sowohl Studenten als auch Berufstätige an. Die Atmosphäre ist relaxt, aber wegen des vorbeirasenden Verkehrs ist es nicht so ruhig wie im Café Maure.

BARS

Die meisten Bars der Stadt dürften auf Frauen ziemlich abschreckend wirken. Deshalb hält „frau" sich besser an die modernen und angesagteren Läden.

El Rancho (außerhalb der Karte S. 126; ☎ 0667 330030; 30 Rue Mischliffen, Agdal; 🕑 19–1 Uhr) In dieser Tex-Mex-Restaurantbar stärken sich betuchte Einheimische für das Nachtleben. Am Wochenende geht's hier hoch her, dann schallen die Weltmusik-Beats etwas lauter aus den Boxen.

Le Puzzle (außerhalb der Karte S. 126; ☎ 0537 670030; 79 Ave ibn Sina, Agdal; Bier 45 Dh; 🕑 19.30–1 Uhr, So mittags geschl.) Die Restaurantbar in Agdal ist bei reichen Vorstädtern schwer angesagt. Die seltsame Deko kombiniert traditionelle und moderne Elemente. Außer am Karaoke-Mittwoch bzw. -Sonntag spielen abends Livebands. Bier zum halben Preis lockt die Leute an.

Hôtel Balima (Karte S. 130; ☎ 0537 707755; Ave Mohammed V; 🕑 8–23 Uhr) Die begrünte Terrasse vor dem Balima ist ein klasse Ort zum Sehen-und-Gesehen-werden – ganz Rabat zieht an den Gästen vorüber. Die Atmosphäre ist weniger cool als in den schicken Bars der Stadt. Frauen können sich hier an einem lauen Sommerabend relaxt abkühlen.

Wer was Altmodischeres mit Lokalkolorit den angesagten, aalglatten Bars vorzieht, ist in **Henry's Bar** (Karte S. 130; Place des Alaouites) oder in der **Bar de L'Alsace** (Karte S. 130; Ave Mohammed V) goldrichtig. Sie sind Männerwelten: Der Rauch hängt zum Schneiden dick in der Luft und es fließt hochprozentiger Alkohol. Beide Bars haben den ganzen Tag über auf, machen aber um 22 Uhr dicht.

Unterhaltung

Rabat ist ein Schmelztiegel der Kulturen und viele junge, reiche, gebildete Einheimische wollen in puncto Unterhaltung etwas geboten kriegen. Das Angebot an Events ist deshalb ziemlich gut. In den französischsprachigen Zeitungen gibt's Veranstaltungskalender.

NACHTCLUBS

Das Nachtleben von Rabat ist viel begrenzter – und weniger ausschweifend – als das von Casablanca. Trotzdem gibt's eine Reihe toller Clubs. Die großen Hotels haben alle ihre eigenen, meist unspektakulären Diskos. Ein paar Clubs strengen sich sehr an, einen besonderen Stil zu kreieren. Die Deko dort lässt sich allerdings oft nur nach reichlich Alkoholgenuss ertragen. Der Eintritt beträgt meistens zwischen 100 Dh und 150 Dh, das Gleiche bezahlt man noch mal für die Getränke. Ohne passendes Outfit kommt man nicht rein.

Amnesia (Karte S. 130; ☎ 0537 701860; 18 Rue de Monastir; Eintritt Mo–Do 100 Dh, Fr & Sa 150 Dh, Frauen Eintritt frei) Definitiv der angesagteste Club in Rabat. In der amerikanisch gestylten Location (das Hinterzimmer ist im American-Diner-Style) ist die ganze Woche über abends die Hölle los. Es läuft der übliche Mainstream-Pop aus den Charts; das junge Volk hier steht drauf.

5th Avenue (Karte S. 126; ☎ 0537 775254; 5 Rue Bin al-Widane, Agdal; Eintritt 80 Dh; 🕑 Sa & So bis 5 Uhr) Noch eine Bar im USA-Style – so, wie man sich halt in Marokko New York vorstellt. Die Musik ist besser als anderswo: Von arabischem Pop über Techno bis Hip-Hop läuft einfach alles.

KINOS

Sofern nicht als *„versions originales"* gekennzeichnet, laufen die meisten Filme auf Französisch.

Cinéma Renaissance (Karte S. 130; ☎ 0537 722168; 360 Ave Mohammed V; Parkett/Loge 30/35 Dh) Großer Kinokomplex an der Hauptstraße mit Mainstream-Hollywood-Programm.

Cinéma du 7ème Art (Karte S. 130; ☎ 0537 733887; Ave Allal ben Abdallah; Eintritt 20 Dh) Tolle Adresse für einheimisches und eher künstlerisch angehauchtes Kino. Zeigt vor allem Streifen aus Marokko, Europa und Nahost.

Shoppen

Seine relaxten Händler machen Rabat zu einem Geheimtipp in puncto Shoppen. Weil man hier nicht so zum Kaufen genötigt wird, kann man die Stände ziemlich unbehelligt abklappern. Andererseits ist der Verhandlungsspielraum aber relativ klein. Auf den städtischen Suks lässt sich immer noch tolles Kunsthandwerk ergattern; das gilt vor allem für den Bereich der Rue des Consuls (Medina) und den Blvd Tariq al-Marsa in Richtung Kasbah. Das Angebot dort reicht von Schmuck, Seidenstoffen und Keramik bis hin zu *zellij* und geschnitzten Holzmöbeln.

In Rabat zählte die Weberei früher zu den wichtigsten traditionellen Handwerkszweigen, und der nüchternere islamische Stil (s. S. 71) ist bis heute sehr beliebt. Am Dienstag- und Donnerstagmorgen machen sich die Frauen aus den Dörfern auf den Weg zum Teppich-Suk an der Rue des Consuls, um ihre Produkte an örtliche Händler zu versteigern – ein toller Anblick, obwohl Besucher dem Ganzen nicht direkt beiwohnen dürfen.

Das **Ensemble Artisanal** (Karte S. 126; ☎ 0537 730507; Blvd Tariq al-Marsa; 🕑 9–12 & 14.30–18.30 Uhr) verkauft eine gute Auswahl an Handwerksgegenständen zu Festpreisen. Keramikfans begeben sich am besten hinüber zum Complexe des Potiers in Salé (S. 140).

An- & Weiterreise

AUTO & MOTORRAD

Lokale Autoverleiher gibt's in Rabat wie Sand am Meer. Meistens sind sie billiger als diese internationalen Agenturen:

Avis (Karte S. 130; ☎ 0537 769759; 7 Rue Abou Faris al-Marini)
Budget (Karte S. 130; ☎ 0537 705789; Bahnhof Rabat Ville, Ave Mohammed V)
Europcar (Karte S. 130; ☎ 0537 722328; 25 Rue Patrice Lumumba)
Hertz (Karte S. 130; ☎ 0537 707366; 467 Ave Mohammed V)

Einschränkungen fürs Parken im Stadtzentrum gelten montags bis samstags von 8 bis 12 Uhr und von 14 bis 19 Uhr. An Parkuhren zahlt man 3 Dh pro Stunde.

Einen günstig gelegenen Parkplatz gibt es nahe der Kreuzung von Ave Hassan II und Ave Mohammed V.

BUS

Rabat hat zwei Busbahnhöfe: den großen **Gare Routière** (außerhalb der Karte S. 126; ☎ 0537 795816; Place Zerktouni), wo die meisten Busse ankommen und abfahren, und den weniger chaotischen **CTM-Bahnhof** (☎ 0537 281488). Beide liegen eher ungünstig ca. 3 km südwestlich vom Zentrum an der Straße nach Casablanca. Im großen Busbahnhof gibt's eine **Gepäckaufbewahrung** (Stück 5 Dh/Tag; 🕓 6–23 Uhr). Von beiden Bahnhöfen geht's mit Bus 30 (4 Dh) oder mit einem Petit Taxi (20 Dh) in die Stadt.

Wer mit dem Bus aus Richtung Norden kommt, wird eventuell durchs Stadtzentrum chauffiert. Dann ist es besser, den Fahrer zu fragen, ob er einen einfach dort rauslassen kann. Oder man steigt in Salé aus und nimmt dann einen Stadtbus (4 Dh) oder ein Grand Taxi (4 Dh) ins Zentrum.

Die Busse von CTM steuern folgende Reiseziele an:

Ziel	Preis (Dh)	Dauer (Std.)	Häufigkeit (tgl.)
Agadir	190	10	3-mal
Casablanca	35	1½	stündl.
El-Jadida	65	3½	3-mal
Er-Rachidia	145	10	1-mal
Essaouira	115	8	3-mal
Fès	68	3½	stündl.
Marrakesch	120	5	alle 30 Min.
Nador	150	9½	1-mal
Oujda	145	9½	1-mal
Safi	105	5½	3-mal
Tanger	90	4½	5-mal
Taroudannt	192	10	1-mal
Tétouan	88	5	1-mal
Tiznit	198	10½	2-mal

Internationale Verbindungen gehen nach Barcelona (1190 Dh), Madrid (735 Dh) und Paris (1480 Dh).

FLUGZEUG

Vom winzigen **Flughafen Rabat-Salé** (☎ 0537 808090/89) 10 km nordöstlich der Stadt gehen Direktflüge nach Paris mit **Royal Air Maroc** (RAM; Karte S. 130; ☎ 0537 709766; Fax 0537 723516; www.royalairmaroc.com; Ave Mohammed V) und **Air France** (Karte S. 130; ☎ 0537 707066; www.airfrance.co.ma; 281 Ave Mohammed V). Ein Grand Taxi hierher kostet 100 Dh.

TAXI

Grands Taxis nach Casablanca (35 Dh) fahren vor dem Intercity-Busbahnhof ab. Grands Taxis nach Fès (59 Dh), Meknès (46 Dh) und Salé (4 Dh) starten an einem Stand nahe der Ave Hassan II hinter dem Hôtel Bou Regreg.

ZUG

Rabat ist am bequemsten per Zug erreichbar. Achtung: den zentralen **Bahnhof Rabat Ville** (Karte S. 130; ☎ 0537 736060) nicht mit dem Bahnhof Rabat Agdal westlich der Stadt verwechseln! Zum Zeitpunkt der Recherche wurde Rabat Ville gerade renoviert, war aber dennoch in Betrieb. Außer dem Ticketschalter waren nur die Filialen von Budget und **Supratours** (Karte S. 130; ☎ 0537 208062; 🕓 Mo–Sa 9–12.30 & 15–19 Uhr) besetzt.

Von 6 bis 22.30 Uhr verkehren Züge alle 30 Minuten zwischen den Bahnhöfen Rabat Ville, Casa-Port (36–46 Dh) und Kénitra (15 Dh, 30 Min.). Wer zum Mohammed V International Airport (67 Dh, 1¾ Std.) bei Casablanca möchte, muss in Casa Voyageurs oder Aïn-Sebaa umsteigen.

Auf allen Fernstrecken ist neben Schnellzügen (*trains rapides*) spätabends auch ein regulärer Personenzug (*train ordinaire*) unterwegs. Details zu Zugklassen gibt's auf S. 529. Ziele und Preise der 2. Schnellzugklasse: Tanger (91 Dh, 4½ Std., 7-mal tgl.), Marrakesch (112 Dh, 4½ Std., 8-mal tgl.), Fès (76 Dh, 3½ Std., 8-mal tgl.) über Meknès (60 Dh, 2½ Std.) und Oujda (182 Dh, 10 Std., 3-mal tgl.) über Taza (113 Dh, 6 Std.).

Unterwegs vor Ort

BUS

Nützliche Stadtbuslinien (jeweils 4 Dh):
Bus 2 & 4 Ave Moulay Hassan–Bab Zaer; für Trips nach Chellah.
Bus 3 Bahnhof Rabat Ville – Agdal.

Bus 12 & 13 Place Melilla–Salé.
Bus 17 & 30 Nähe Bab al-Had–Gare Routière (via Kartenverkaufsstelle); Bus 17 fährt dann am Zoo vorbei zum Temara-Strand.
Bus 33 Bab al-Had–Temara-Strand.

TAXI

Blaue Petits Taxis gibt es in Rabat in Hülle und Fülle. Sie sind preiswert und schnell; eine Fahrt im Stadtzentrum kostet ca. 10 Dh. Ein Petit-Taxi-Stand ist in der Nähe des Eingangs zur Medina, an der Ave Hassan II.

SALÉ

400 000 Ew.

Diese Stadt ist noch eine ganz andere Welt als ihre alte Rivalin am anderen Ufer des Oued Bou Regreg. Im Vergleich zum lebhaften Rabat ist Salé ruhiger und traditioneller – die Zeit scheint hier stillzustehen. Doch das ändert sich wohl bald durch ein gigantisches Bauprojekt: Neue Brücken und eine neue Straßenbahnlinie sollen die Stadt ins 21. Jh. führen. Es wird auch ein modernes Viertel mit Apartments und Einkaufszentren entstehen.

Die schmalen Gassen, Altstadthäuser und wunderschönen Moscheen in Salés Zentrum erinnern an ein typisch marokkanisches Dorf. Jenseits davon breitet sich jedoch ein weitläufiges Wohngebiet aus, dessen gesichtslose Apartments hauptsächlich von Pendlern bewohnt werden, die in Rabat arbeiten. Salés Einwohner sind deutlich konservativer eingestellt als die Rabats, was sich auch in ihrer Kleidung spiegelt.

Geschichte

Die ersten Siedler ließen sich im 10. Jh. in Salé nieder. Die Bedeutung der Stadt wuchs, als Einwohner der älteren Siedlung Sala Colonia in die neue Stadt am anderen Flussufer umzogen. Zu der Zeit lieferten sich die einheimischen Stämme immer wieder kriegerische Gefechte. Im 12. Jh. brachten die Almohaden die Region unter ihre Kontrolle und machten das benachbarte Rabat zur Basis für ihre Vorstöße nach Spanien.

1260 griffen spanische Freibeuter Salé an. Die Meriniden befestigten daraufhin die Stadt und bauten Verteidigungsmauern sowie einen Kanal zum Bab el Mrissa, damit die Schiffe sicher in den Hafen einlaufen konnten. Die Stadt blühte auf und nahm lukrative Handelsbeziehungen zu Venedig, Genua, London und den Niederlanden auf.

Durch den Handel bekamen auch die Piraten Auftrieb. Im 16. Jh. profitierten Salé und Rabat von den Aktivitäten der berüchtigten Sallee-Rover-Piratenbanden (S. 125).

Im 19. Jh. gelang es endlich, die Piraten in ihre Schranken zu weisen. Rabat war zur Hauptstadt geworden, und Salé versank in der Bedeutungslosigkeit.

Orientierung & Praktische Informationen

Salé eignet sich super für einen Nachmittagstrip von Rabat aus. Der Hauptzugang zur Medina ist das Bab Bou Haja. Es liegt an der Südwestmauer und ist zur Place Bab Khebaz hin offen. Von hier aus geht's gen Norden zu den Suks und zur Großen Moschee, 500 m weiter Richtung Nordwesten die Rue Ras ash-Shajara (oder Rue de la Grande Mosquée) runter. Alternativ nimmt man den Weg innen an der Stadtmauer entlang, vorbei am Bab Bou Haja und Bab Malka.

An der Rue Fondouq Abdallah el-Hadi gibt es ein paar Banken. Früher war das Bab el Mrissa im Süden durch einen Kanal mit dem Meer verbunden: Die Schiffe konnten mitten in die Stadt reinsegeln. Robinson Crusoe wurde in Daniel Defoes Roman so in die Stadt gebracht. Südöstlich von der Medina, an der Straße nach Oulja, befindet sich der Complexe des Potiers (eine Töpfergemeinschaft; S. 140).

Sehenswertes

GRANDE MOSQUÉE & MEDERSA

Die Grande Mosquée und die *medersa* von Salé spielen eine zentrale Rolle im Leben dieser frommen Stadt. Beide gehören zu den ältesten religiösen Institutionen Marokkos und sind herausragende Beispiele für die Kunst der Meriniden. 1333 ließ der Almohaden-Sultan Abou el Hassan Ali Moschee und *medersa* bauen. Nichtmuslime dürfen nicht in die Moschee, aber die wunderschöne **medersa** (Eintritt 10 Dh; 9–12 & 14.30–18 Uhr) ist als Museum geöffnet. Ähnlich wie die *medersas* von Fès oder Meknès hat sie die Form eines kleinen Hofes und ist von einer Galerie umgeben. Die Wände sind aufs Prächtigste dekoriert, von der *zellij*-Basis bis zum Stuck und den eleganten Zedernholzarbeiten.

Um die Galerie im oberen Stock herum liegen kleine Kammern für die Studenten. Wer will, kann von dort aus aufs Flachdach klettern und die tolle Aussicht auf Salé und hin-

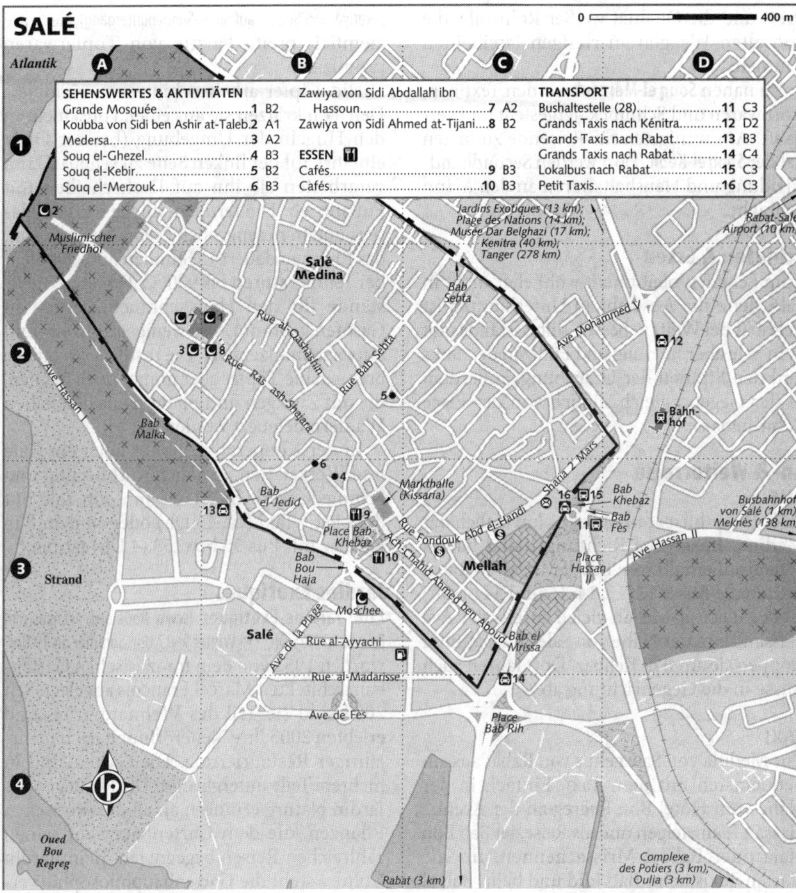

über nach Rabat genießen. Der Aufpasser, der die Reisenden herumführt, freut sich über ein kleines Trinkgeld.

HEILIGENGRÄBER

Hinter der Grande Mosquée liegt die **Zawiya von Sidi Abdallah ben Hassoun**, dem Schutzheiligen von Salé. Dieser sehr beliebte Sufi starb 1604. Von ihm erhoffen sich marokkanische Reisende Schutz, ungefähr so wie die Christen vom hl. Christophorus.

Der Schutzheilige wird jedes Jahr am Mouloud-Abend (dem Geburtstag des Propheten) mit einer Prozession durch die Straßen von Salé geehrt. Die Fischer des Ortes werfen sich an diesem Tag in aufwändige Korsarenkostüme, andere tragen geschmückte Wachsfiguren und ziehen durch die Straßen bis zum Schrein des *marabout* (Heiligen).

Es gibt noch zwei weitere Grabmale in Salé: die **Zawiya von Sidi Ahmed at-Tijani** in der Gasse zwischen der Moschee und der *medersa*, und die weiße **Koubba von Sidi ben Ashir at-Taleb**, auf dem Friedhof nordwestlich der Moschee.

SUKS

Von der Grande Mosquée geht's zu den Suks durch die Rue Ras ash-Shajara. Die Häuser an dieser Straße ließen sich reiche Kaufleute bauen. Der stimmungsvolle **Souq el-Ghezel** (Woll-Suk) liegt im Schatten großer Bäume und hat sich seit Jahrhunderten nicht verändert – er ist auf alle Fälle einen Abstecher wert. Hier feilschen Männer und Frauen um den

Preis und die Qualität weißer Rohwolle, die von alten Waagen an riesigen Dreibeinen baumelt.

Im nahen **Souq el-Merzouk** werden Textilien, Korbwaren und Schmuck hergestellt und verkauft. Am wenigsten für Reisende zu bieten hat der **Souq el-Kebir**. Dort werden Secondhand-Kleidung und Haushaltswaren an den Mann gebracht.

Schlafen & Essen

Zum Schlafen bleibt man wohl eher nicht in Salé, denn die Auswahl an Unterkünften ist in Rabat bei Weitem besser. Imbissstände gibt es in Salé aber in Hülle und Fülle: in den Suks und den Straßen der Umgebung, außerdem in der Gegend gleich südlich von der Place Bab Khebaz.

An- & Weiterreise

BUS

Salés Hauptbusbahnhof liegt 1 km östlich der Medina. Busse aus Richtung Rabat halten zudem außerhalb vom Bab el Mrissa. In Rabat starten die Busse 12, 13, 14, 16 und 34 (4 Dh) an der Place al-Mellah gleich abseits der Ave Hassan II. In der Nähe von Salés Busbahnhof stoppen sie am Bab Kehbaz. Dort fahren auch Busse in die Gegenrichtung ab.

TAXI

Zur Medina von Salé geht's von Rabat aus am bequemsten mit dem Taxi. Einfach in der Nähe vom Hôtel Bou Regreg an der Avenue Hassan II einsteigen und als Reiseziel Bab Bou Haja oder Bab el Mrissa nennen. In Salé starten Taxis beim Bab Jdid und beim Bab el Mrissa (einfache Fahrt 3 Dh). Die beigefarbenen Petits Taxis aus Salé dürfen allerdings nicht nach Rabat reinfahren und auch nicht hinaus. Es gibt massenhaft Petits Taxis und am Bab Fès ist ein Taxistand. Grands Taxis nach Kénitra (14 Dh) fahren gleich nördlich vom Bahnhof ab.

ZUG

Es fahren Züge von und nach Rabat, aber Busse oder Grands Taxis sind die bessere Wahl. Züge in Richtung Norden nach Kénitra gehen alle 30 Minuten (15 Dh).

RUND UM RABAT & SALÉ

Complexe des Potiers

Im Dorf Oulja, 3 km südöstlich von Salé, befindet sich der **Complexe des Potiers** (Töpferkooperative; Sonnenaufgang–Sonnenuntergang), der eine ziemlich breite Palette von Töpferwaren produziert.

Die Töpfer arbeiten hinten im Komplex. Den Ton kratzen sie aus einer Tonschicht in den Hügeln der Umgebung (bei der Ortseinfahrt auf der linken Seite zu sehen). Dann verarbeiten sie ihn auf Drehscheiben mit Fußantrieb. Die fertigen Stücke werden glasiert und in riesengroßen Brennöfen gebrannt; das Brennen dauert 15 Stunden und geschieht bei Temperaturen bis 900 °C. Feinere Gegenstände für den Hausgebrauch werden in Gasöfen gebrannt, was weniger umwelt- und luftverschmutzend ist. Die rustikaleren Stücke brennen die Töpfer aber immer noch in Öfen, die mit Zweigen und Blättern aus den nahen Wäldern befeuert werden.

In der Kooperative gibt es auch ein Café und Werkstätten, in denen Korbflechter und Schmiede werkeln. Man kann von Salé mit dem Petit Taxi (ca. 15 Dh) oder ab dem Bab Khebaz mit Bus 35 bzw. 53 (4 Dh) fahren.

Jardins Exotiques

Die **Jardins Exotiques** (www.fm6e.org, französisch; Erw./Kind 10/5 Dh; Winter 9–17 Uhr, Sommer bis 19 Uhr) wurden 1951 von dem französischen Gartenbauarchitekten Marcel François angelegt. Seit 2003 sind sie Teil des Weltnaturerbes und erlebten 2005 ihre Neueröffnung nach mehrjähriger Restaurierung. Die Gärten sind in mehrere Teile untergliedert: Die Plantagen des Jardin Nature erinnern an all die exotischen Pflanzen, die dem Gartenbauer auf seinen zahlreichen Reisen begegneten. Beim Jardin Culture steht die Gartenbauphilosophie verschiedener Kulturen im Mittelpunkt. Der Jardin Didactique beherbergt dagegen Vogelvolieren, ein Aquarium und ein Tiergehege. Pfade mit verschiedenen Farbmarkierungen führen quer durch üppige brasilianische Regenwälder, polynesische Dschungelgebiete, japanische Lustgärten und ein Stück Andalusien. Verwaltet wird die Anlage von der Umweltschutzstiftung Mohammeds VI.

Am Wochenende geht's hier sehr ruhig zu. Das Gelände ist ideal für Besuche mit Kindern und auch bei turtelnden Liebespaaren sehr beliebt.

Die Gärten liegen 13 km nördlich von Rabat an der Straße nach Kénitra. Dorthin gelangt man mit Bus 28 – entweder ab der Ave Moulay Hassan in Rabat oder ab dem Bab Fès (Haupttor) von Salés Medina.

Musée Dar Belghazi

Das älteste marokkanische Museum, das **Musée Dar Belghazi** (☎ 0537 822178; www.museebelghazi.marocoriental.com, französisch; Eintritt Hauptsammlung/inkl. Privaträume 40/100 Dh; ⏲ 8.30–18 Uhr), zeigt eine riesige Sammlung von andalusischem, jüdisch-marokkanischem und islamischem Kunsthandwerk. All diese traditionellen Stücke wurden im Laufe der Jahre von der Familie Belghazi angehäuft.

Zu sehen gibt's u. a. diverse Messinstrumente (einer der ersten Belghazis war Astrologe am Kairaouine-Hof in Fès), dazu Teppiche aus dem 17. Jh., wunderschön gedrechselte *minbars* (Moscheekanzeln) aus Holz, Türen und Deckenelemente aus dem 10. Jh., verspielten Gold- und Silberschmuck sowie tolle Tonwaren und Stickereien aus Fès und Miniaturausgaben des Korans. Das Museum besitzt außerdem einen Andenkenladen und ein Restaurant.

Es steht 17 km von Salé entfernt an der Straße nach Kénitra und ist mit Bus 28 erreichbar – entweder ab der Ave Moulay Hassan in Rabat oder dem Bab Fès (Haupttor) von Salés Medina.

Strände

Zu den wunderschönen Stränden in der Nähe von Rabat zählt z. B. die wilde **Temara Plage** (Temara-Strand), ein Sandstrand 13 km südwestlich der Stadt. Sie ist bei Surfern und Sonnenanbetern beliebt und mit Bus 17 ab dem Bab al-Had in Rabat erreichbar.

Die **Plage des Nations** erstreckt sich 17 km nördlich von Rabat. Ihr sauberer Sand steht bei einheimischen Städtern hoch im Kurs. Die starke Brandung eignet sich gut zum Surfen, macht das Schwimmen aber ziemlich gefährlich. Oberhalb vom Strand steht das **Hôtel Firdaous** (☎ 0537 822131, Fax 0537 822143; EZ/DZ 550/670 Dh; 🅟), dessen größtenteils unveränderte Einrichtung bis heute den charmanten Glanz der 1970er-Jahre versprüht. Die komfortablen Zimmer des Resorthotels bieten Gästen Meerblick und neue Bäder. Im Sommer sind sie immer ausgebucht und sollten daher unbedingt rechtzeitig reserviert werden. Um den Strand mit dem Auto zu erreichen, zunächst nach Norden bis zum Musée Dar Belghazi fahren, dann die Straße zur Linken (Sidi Bouknadel) nehmen. Bus 28 ab Rabat oder Salé setzt Passagiere an der Abzweigung ab; von dort aus führt ein 2 km langer Fußmarsch zum Strand.

Ein weiterer Strand säumt die Küste 50 km nördlich von Rabat. An der **Mehdiya Plage** gibt's zahlreiche Ferienhäuser und Bars, doch auch dort ist die Strömung zu gefährlich zum Schwimmen. Im Sommer wird der Strand von Tagesausflüglern bevölkert, im übrigen Jahr ist er aber nahezu menschenleer. Züge fahren regelmäßig von Rabat nach Kénitra. Dort starten die Busse 9 bzw. 15 nach Mehdiya. Beide Buslinien (4 Dh) und Grands Taxis (5 Dh) fahren an der Ecke Rue du Souk el-Baladia/Ave Mohammed Diouri in Kénitra ab.

Lac de Sidi Bourhaba

Landeinwärts von Mehdiya erstreckt sich die Süßwasserfläche des superidyllischen Lac de Sidi Bourhaba. Als Teil eines größeren geschützten Feuchtgebiets dient der See als Zwischenquartier für Tausende von Zugvögeln, die von Europa aus zu afrikanischen Regionen südlich der Sahara fliegen. Insbesondere von Oktober bis März bietet er landesweit einige der besten Möglichkeiten für Vogelbeobachtungen. Dank gepflegten Pfaden kann man zudem wunderbar durch die bewaldeten Hügel der Umgebung wandern.

Hier wurden bereits über 200 verschiedene Vogelarten gesichtet, von denen ein Großteil vor Ort überwintert oder brütet. Darunter befinden sich viele seltene oder bedrohte Spezies. Der See zählt zu den wenigen Orten des Planeten, an denen sich immer noch große Scharen von Marmelenten tummeln. Diese sind leicht an ihren dunklen Augenflecken zu erkennen. Blicken lassen sich außerdem hübsche Kapohreulen (vor allem in der Dämmerung), Kammblässhühner, Gleitaare und Rosaflamingos.

Das **Informationszentrum** (☎ 0537 747209 od. 0660 383331; ⏲ Sa & So 12–16 Uhr) am nördlichen Seeufer ist nützlich, ist aber nicht oft geöffnet.

Um den See zu erreichen, folgt man einfach der Strandstraße zur Mehdiya Plage, die 300 m hinter dem Cafe Restaurant Belle Vue beginnt. Fußgänger haben ab der Abzweigung noch 3,3 km vor sich.

MOULAY-BOUSSELHAM

Das ruhige, idyllische Fischerdorf Moulay-Bousselham wird von den Grabmalen zweier örtlicher Heiliger beschützt. Es wächst langsam, aber sicher, da sich immer mehr europäische Pensionäre hier Wohnhäuser kaufen. Der weitläufige Strand ist fast das ganze Jahr über menschenleer. Man findet freundliche Menschen, prima

Fischrestaurants und ein beeindruckendes Vogelschutzgebiet von internationalem Rang vor. Hier lassen sich ein paar tolle Tage verbringen, außer in den Sommermonaten. Man hat nur wenig mehr zu tun als zu angeln, Vögel zu beobachten und am Strand spazieren zu gehen. Die kräftige Brandung lockt Surfer an, aber starke Strömungen machen das Schwimmen lebensgefährlich. Im Sommer herrscht ungleich mehr Betrieb. Dann verwandelt sich das 1000-Seelen-Dorf in einen marokkanischen Billig-Ferienort mit 65 000 Bewohnern.

Moulay-Bousselham ist nach einem ägyptischen Heiligen des 10. Jhs. benannt. Das Andenken an ihn bewahrt einer der *koubbas* (Grabstätten), die den zum Meer hin abfallenden Hang säumen. Das Grabmal wacht über die Flussmündung. Es soll bei psychischen Problemen helfen; dazu lassen sich Marokkaner einen Tag lang darin einschließen. Das Grabmal Sidi Abd el-Galils am anderen Flussufer verhilft unfruchtbaren Frauen angeblich zum Mutterglück. An der Hauptstraße befinden sich alle wichtigen Einrichtungen wie Bank, Apotheke, Post und diverse Internetcafés (8 Dh/Std.). Achtung: Hier herrscht Alkoholverbot!

Sehenswertes & Aktivitäten

MERJA-ZERGA-NATIONALPARK

Auch wenn man kein ausgemachter Vogelliebhaber ist, wird ein Bootsausflug auf der Merja Zerga (Blaue Lagune) eines der schönsten Erlebnisse in Moulay-Bousselham sein. Am besten lässt man sich dabei von einem Führer die Landschaft erklären. Die 7300 ha des **Merja-Zerga-Nationalparks** umfassen 4000 ha Wasserfläche – der Rest ist Sumpfland. Hier tummeln sich Tausende von Zugvögeln, darunter große Schwärme von Wildhühnern, Watvögeln und Flamingos und machen den Park zu einem der besten Orte in Marokko, um Vögel zu beobachten. Die Wassertiefe der Lagune ist gezeitenabhängig und schwankt zwischen 50 cm und 4 m. 90 % des Wassers stammen aus dem Meer, der restliche Süßwasseranteil kommt vom Oued Dredr im Süden dazu.

Obwohl man die größten Vogelschwärme im Dezember und Januar vor die Linse bekommt, flattern Reiher, Flamingos, Ibisse, Löffler und Regenpfeifer manchmal auch noch bis März oder April durch die Lüfte. Etwa 100 Arten sind ganzjährig anzutreffen. An der ruhigen Lagune lassen sich außerdem regelmäßig Afrikanische Kapohreulen, Froschweihen, zahlreiche Seeschwalben, Brand- und Krickenten sowie Wanderfalken und Dünnschnabel- und Korallenmöwen erspähen.

Sechs Dörfer verteilen sich rund um den See, vier davon leben vom Ackerbau, der Rest vom Fischfang. Die Männer fischen in der Lagune und im Meer, während die Frauen Schalentiere sammeln.

Die meisten Fischer verdienen sich etwas dazu, indem sie Touristen mit auf den See nehmen, und örtliche Bootsbesitzer wurden mittlerweile zu Vogelführern ausgebildet. Ihre Kähne liegen unten am kleinen Strand vertäut. Dort kann man problemlos Ausflüge arrangieren (Boot ca. 100 Dh/Std.). Der einzige offizielle und zudem beste Führer ist **Hassan Dalil** (☎ 0668 434110; Halbtagsführung 200 Dh, Motorboot zzgl. 100 Dh/Std.); Interessierte können ihn auch über das Café Milano an der Hauptstraße in Richtung Ort kontaktieren. Allerdings ruft man Hassan besser persönlich an, anstatt vor Ort überall nach ihm zu fragen – mehrere Leute haben sich bereits für ihn ausgegeben, um seine Geschäfte zu übernehmen. Ansonsten kann man auch die Kellner im Milano bitten, ihn anzurufen. Das Villanora (s. unten) veranstaltet ebenfalls Ausflüge. Wer möchte, kann mit den Bootsleuten auch auf Angeltour gehen (100 Dh/Std. inkl. Ausrüstung).

Für leidenschaftliche Vogelfans ist vielleicht auch ein Abstecher zur **Merja Khaloufa** interessant. Der hübsche See liegt 8 km östlich von Moulay-Bousselham und bietet gute Möglichkeiten zum Beobachten verschiedener Wildvögel im Winterquartier.

Schlafen & Essen

Villanora (☎ 0537 432071 od. 0664 872008; http://villanoramorocco.ifrance.com; EZ/DZ inkl. Frühstück 250/400 Dh, mit Meerblick 350/500 Dh) B&B im Ferienhaus einer britischen Familie, die sich einst in diese ruhige Ecke Marokkos verliebte. Wie ein Haus in der Bretagne steht es auf dem Gipfel einer hohen Düne und bietet einen herrlichen Meerblick. Das Sagen hat Mohammed, ein Englisch sprechender Freund der Familie. Für Gäste gibt's ein paar wenige, heimelige Zimmer mit Gemeinschaftsbad, in denen man von der donnernden Brandung in den Schlaf gewiegt wird. Das Frühstück wird auf der Terrasse serviert. Abendessen kann im Voraus bestellt werden – der Fisch ist sehr zu empfehlen. Das Villanora liegt in ungefähr 2 km

HASSAN DALIL

Wie lange leben Sie schon in Moulay-Bousselham? Ich wurde an der Lagune geboren und habe im Alter von etwa 12 Jahren zum ersten Mal Touristen mit meinem kleinen Boot übers Wasser gerudert. Damit habe ich mir mein Schulgeld verdient. Besucher wollten damals hauptsächlich Flamingos beobachten. 1987 beendete ich mein Physik- und Chemiestudium an der Universität von Kénitra und entschied mich, Vogelführer zu werden. Im Sommer leite ich Lagunenwanderungen, im Winter fahren wir mit dem Boot.

Seit wann interessieren Sie sich für Vögel? Als die ersten Vogelkundler hierher kamen, habe ich viel von ihnen gelernt. 1990 tauchte der bedrohte Dünnschnabel-Brachvogel hier auf und ich spezialisierte mich darauf, ihn aufzuspüren. Nachdem die Art 1995 ausgestorben war, wandte ich mich der seltenen Kapohreule zu. Davon leben hier heute 20 Paare, die wir im April in Ruhe brüten lassen. Im Mai und Juni kann man sie jedoch wunderbar beobachten. Bei einem Dorf am anderen Seeufer habe ich früher Dünnschnabel-Brachvögel beobachtet. Nach deren Verschwinden traf ich dort meine Frau – lustig, nicht?

Hat sich hier in letzter Zeit viel verändert? Als wir damals anfingen, gab es hier weit weniger Besucher und wesentlich mehr Vögel – Tausende davon. Mittlerweile ist ihre Zahl auf ein paar Hundert geschrumpft. Von ehemals 1000 Flamingos sind heute noch etwa 400 übrig. Die Vogelreviere verwandeln sich immer mehr in Ackerland. Wie am Geräusch vorbeifahrender Lastwagen zu erkennen, hat sich auch der neue Highway nicht unbedingt positiv ausgewirkt. Bitte mal nach oben schauen: Der große Flamingoschwarm am Himmel ist vielleicht von einem Falken aufgeschreckt worden. Vielleicht folgen die Vögel aber auch nur den Gezeiten. Sind sie nicht wundervoll? Sie erinnern mich an Schmetterlinge. Ich kann mich an ihnen gar nicht sattsehen.

Wie sieht Ihr Alltag aus? Während der Hauptsaison bringe ich täglich Besucher hinaus. Neben Vogelfreunden aus aller Welt suchen mich auch viele Dokumentarfilmer auf. Inzwischen habe ich zahllose nette Leute getroffen und viel von ihnen gelernt. Mundpropaganda spielt für meine Arbeit eine wichtige Rolle. Trotz häufiger Anfragen habe ich bis heute keine eigene Website, aber immerhin habe ich Internet daheim. An ruhigen Tagen fange ich Fische und verkaufe sie an Camper oder Einheimische.

Ihr Lieblingsvogel? Die Dünnschnabelmöwe, die mich mit ihrer rosa Brust an einen Flamingo erinnert.

Ihr Lieblingsbauwerk? Ich liebe den Anblick der *marabouts*. Die beiden Heiligenschreine beschützen uns bestens.

Was schätzen Sie so an diesem Ort? Durch die Ruhe und den Frieden hat man hier Zeit zum Nachdenken. Zudem esse ich besonders gerne Fisch, und ich liebe natürlich meine Vögel. Ich freue mich, wenn Besucher glücklich von Seeausflügen zurückkehren – und sei es nur, weil sie beim Picknicken ein paar Flamingos erblickt haben.

Ihr Lieblingsrestaurant? Ich gehe immer ins Café Milano. Dort bewahre ich mein Verzeichnis auf, das von Vogelfreunden aus aller Welt aktualisiert wird.

Wo verbringen Sie Ihre Freizeit? Ich unternehme Strandspaziergänge oder Bootstrips auf der Lagune. Im Sommer haben wir allerdings nie Zeit zum Relaxen.

Ihre Lieblingswörter auf Darija [marokkanischer Lokaldialekt]? Alle Vogelnamen. Die kenne ich auswendig auf Arabisch, Französisch und Englisch.

Hassan Dalil ist Fischer und offizieller Vogelführer

Entfernung zur Hauptstraße am äußersten nördlichen Rand des Ortes. Wer hier übernachten möchte, sollte unbedingt im Voraus buchen. Mohammed organisiert auch Bootsausflüge auf dem See. Dieselbe Familie hat kürzlich die einzige Unterkunft am nahen Merja-Bargha-See eröffnet, die Farm Nora (die Kontaktdaten sind dieselben wie oben angegeben).

Hôtel Le Lagon (☎ 0537 432650, Fax 0537 432649; DZ 250 Dh;) Seine herrliche Lage über der Lagune rettet die Ehre dieses schon etwas welken Hotels aus den 1970er-Jahren. Die großen, hellen, sauberen Zimmer brauchen dringend eine Renovierung, aber die Gäste werden mit einer großen Terrasse entschädigt. Das Restaurant ist mittelmäßig; Pool und Nachtclub sind nur von Juli bis August geöffnet.

La Maison des Oiseaux (☎ 0537 432543 od. 0661 301067; http://moulay.bousselham.free.fr; Halbpension 350 Dh/Pers.) Weiteres freundliches Gästehaus in einem reizenden Garten. Die acht einfachen, aber wunderschönen Zimmer sind traditionell dekoriert. Für reisende Schulklassen gibt's einen Seminarraum im Obergeschoss. Man kann auch Vogelbeobachtungen (200–300 Dh, 2½ Std.) buchen. Das Haus verbirgt sich am Ende eines Gewirrs von sandigen Sträßchen, die links hinter dem Ortseingang abzweigen. Den genauen Weg erfragt man am besten telefonisch oder bei Einheimischen.

Der freundliche Eigentümer des Restaurants l'Ocean (s. unten) vermittelt auf Anfrage **Ferienhäuser** (Sept.–Mai 300 Dh, Juni–Aug. 600–700 Dh) für maximal sechs Personen. Diese sind im Sommer schwer gefragt, also vorher anrufen oder rechtzeitig buchen!

Es gibt zwei beliebte Campingplätze:

Camping Caravaning International (☎ 0537 777226; Zelt/Auto/Wohnmobil 10/20/30 Dh zzgl. Erw./Kind 12/6 Dh) Etwas abgetakelt, aber toll gelegen.

Camping Flamants-Loisirs (☎ 0537 432539; http://flamants-loisirs.ifrance.com, französisch; 15 Dh/Pers. zzgl. Zelt/Auto/Wohnmobil 50 Dh, Bungalow 240–330 Dh;) Groß, aber sehr in die Jahre gekommen.

Die Cafés und Restaurants an der Straße zum Meer servieren Tajines und gegrillten Fisch (45–60 Dh). Zu den besten Adressen zählt das kleine **Restaurant l'Ocean** (☎ 0678 310954 od. 0669 434245) mit Terrasse und Tischen im Innenraum. Auf seiner Speisekarte stehen hervorragende Fischgerichte, Couscous, Tajines und Paella.

An- & Weiterreise

Moulay-Bousselham liegt etwa 40 km Luftlinie südlich von Larache. Wer mit öffentlichen Verkehrsmitteln anreisen möchte, muss über die kleine Ortschaft Souk el-Arba du Rharb fahren. Dort machen sich regelmäßig Grands Taxis (17 Dh, 45 Min.) und ein paar Busse (12 Dh, 45 Min.) auf den Weg nach Moulay-Bousselham. Von Kénitra bzw. Larache (30 Dh, 1 Std.) und Rabat (40 Dh, 1½ Std.) aus ist Souk el-Arba du Rharb per Grand Taxi erreichbar. An seinem Bahnhof fahren täglich Züge in beide Richtungen ab. Das Villanora organisiert Privattaxis von Larache nach Moulay-Bousselham (150 Dh, 1 Std.).

LARACHE

Wie andere Kleinstädte an diesem Küstenabschnitt wirkt Larache fast das ganze Jahr über verschlafen und beschaulich. Im Sommer erwacht der charmante Ort jedoch zum Leben, denn dann bevölkern marokkanische Touristen den Strand. Ansonsten verirren sich nur wenige Besucher hierher. In der Neustadt finden sich ein paar prächtige Beispiele für die Architektur der spanischen Periode, besonders rund um die zentral gelegene Place de la Libération (ehemals Plaza de España). Die verfallende kleine Medina wurde zum Zeitpunkt der Recherche gerade renoviert. Laraches Hauptattraktion befindet sich nördlich des Flusses Loukos am Stadtrand: Die überwucherten Ruinen des uralten Lixus stehen an der Stelle, wo die Legende den Garten der Hesperiden lokalisiert.

Im 17. Jh. stand Larache die meiste Zeit unter spanischer Herrschaft. Gefährliche Sandbänke vor der Küste schränkten die Hafenaktivität ein. Dafür bauten örtliche Werften Schiffe für die Korsaren weiter südlich. Im Jahr 1911 wurde Larache zum Haupthafen des spanischen Protektorats. Der starke spanische Einfluss zeigt sich bis heute an Kirche, Markt, Hotels, Bars und weißgetünchten Gebäuden mit blauen Türen. Larache mag genauso malerisch sein wie Asilah, verzeichnet aber weitaus weniger Besucher und Betrieb.

Zum *paseo* (Abendspaziergang) scheinen sich alle Einheimischen im Zentrum zu versammeln. Dann füllen sich die Cafés und die wenigen Restaurants mit Gästen, die bei einem Kaffee und einem Kartenspiel den Tag Revue passieren lassen. Um etwa 22 Uhr sind die Straßen wieder menschenleer.

Der französische Schriftsteller Jean Genet liebte die Bucht von Larache. Er starb in Frankreich, wurde aber hier begraben (s. gegenüber).

Praktische Informationen

Alle Banken sind am Nordende des Blvd Mohammed V zu finden. Die meisten akzeptieren Reise- und Barschecks und haben Geldautomaten. Internetzugang gibt es im **Cyber Space** (☎ 0539 914141; Rue 2 Mars; 8 Dh/Std.; 24 Std.) oder im **Marnet** (☎ 0539 916884; Ave Mohammed ben Abdallah; 8 Dh/Std.; Sa–Do 10–24, Fr 15–24 Uhr).

Sehenswertes

MUSÉE ARCHÉOLOGIQUE

Das winzige **archäologische Museum** (Eintritt 10 Dh; Di–Sa 10–12 & 15.30–17.30 Uhr) ist in einem früheren Merinidenpalast untergebracht. Es

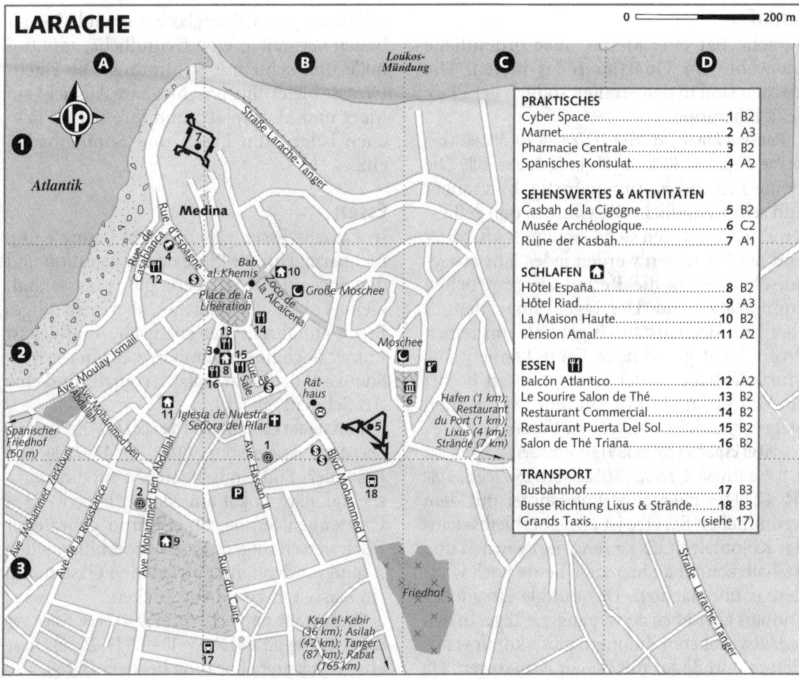

zeigt eine übersichtliche, aber interessante Sammlung von antiken Gegenständen. Fast alle von ihnen wurden in den nahe gelegenen römischen Ruinen von Lixus (S. 147) gefunden. Im Museum sind Töpferwaren und Gerätschaften aus phönizischer und römischer Zeit zu sehen. Dazu gibt's Erläuterungen auf Arabisch und Französisch. Ein Highlight sind die Waffen von Karl V. über dem Haupteingang.

ALTSTADT

Auf einem Felsen hoch über dem Meer thronen die Ruinen der **Kasbah** (Kebibat). Im 16. Jh. bauten die Portugiesen hier eine Festung, die heute aber verfallen ist. Von hier aus Richtung Süden geht's zur alten, kopfsteingepflasterten **Medina.** Der Eingang zu ihr ist das **Bab el Khemis**, ein riesiger, ganz eindeutig spanisch-maurischer Torbogen auf der Place de la Libération. Dahinter liegt ein Marktplatz mit Säulen, der quirlige **Socco de la Alcaiceria**. Die Spanier bauten ihn im 17. Jh., als sie Larache zum ersten Mal besetzt hatten. Südlich vom Platz, einmal quer durch die Medina, ist die **Casbah de la Cigogne** (Festung der Störche). Sie wurde im 17. Jh. unter Philipp III. von den Spaniern gebaut. Leider dürfen keine Besucher in das Gebäude rein.

Auf dem spanischen Friedhof im Westen der Stadt ist der französische Schriftsteller Jean Genet (1910–1986) begraben. Wenn das Tor nicht offen ist, können Besucher rechts klingeln, um vom Verwalter reingelassen zu werden. Für ein kleines Trinkgeld zeigt er einem gerne das Grab.

STRÄNDE

Unterhalb von Larache gibt's einen kleinen Sandstreifen. Einige Klassen besser ist der Strand 7 km nördlich auf der anderen Seite der Loukos-Mündung. Dieser Streifen wird gerade in ein riesiges Urlaubsresort umgewandelt, Port Lixus, komplett mit Golfplatz, ein paar Resorthotels, Villen und einem Luxusyachthafen. Dorthin fährt Bus 4 (stdl.; 5 Dh; Juni–Aug.). Außerhalb der Saison setzt die Linie 5 Reisende an der Abzweigung kurz vor Lixus (5 Dh) ab. Von hier aus sind es 3 km zum Strand – zu Fuß also locker machbar. Beide Busse starten gegenüber der Casbah de la Cigogne.

Schlafen

Larache hat eine kleine, aber ordentliche Auswahl von Quartieren zu bieten. Die meisten sind in den Straßen südlich der Place de la Libération.

Pension Amal (☎ 0539 912788; 10 Rue Abdallah ben Yassine; EZ/DZ/3BZ 40/80/120 Dh, heiße Dusche 6 Dh) Die kleine Pension ist supergünstig, blitzsauber und sehr freundlich. Die Gäste in den gefliesten Zimmern teilen sich Gemeinschaftsbäder und die Matratzen werden jedes Jahr ausgetauscht, sodass die Betten ausgesprochen komfortabel sind. Der Eigentümer, dem es eher um Ideenaustausch geht als um reinen Profit, lernt gerne neue Leute kennen. Die Musikliebhaber unter seinen Gästen beehrt er schon mal mit einem spontanen Stegreifständchen auf seiner Gitarre.

Hôtel España (☎ 0539 913195; hotelespana2@yahoo.fr; 6 Ave Hassan II; EZ/DZ/3BZ/Suite 220/260/280/350 Dh;) Das ehemalige Luxushotel mit dem freundlichen Service ist ein Überbleibsel aus der Kolonialzeit. Es ist renoviert worden und deshalb kann man hier auch heute noch wunderbar übernachten. Das dunkle Holzdekor erinnert aber noch an vergangene Tage. In den tadellos sauberen Zimmern gibt's komfortable Betten und Bäder mit neuen Armaturen. Da der Platz in der Nähe den Lärmpegel manchmal ganz schön ansteigen lässt, quartiert man sich am besten oben ein. Frühstück wird vom Hotel selbst nicht serviert, kann aber über die Rezeption beim benachbarten Café Sourire bestellt werden – ein Kellner bringt es dann direkt aufs Zimmer.

Hôtel Riad (☎ 0539 912626; Ave Mohammed ben Abdallah; EZ/DZ inkl. Frühstück 239/314 Dh;) Nach ihrer Vertreibung aus Frankreich legte sich die Duchesse de Guise einst dieses prächtige Anwesen aus dem 19. Jh. zu. Es punktet mit jeder Menge Charakter, kinderfreundlichen Aktivitäten, Fahrradverleih, Tennisplätzen, Pool und hauseigener Pizzeria. Die komfortablen Zimmer befinden sich inmitten eines Gartens gleich südlich vom Zentrum. Zum Zeitpunkt der Recherche war der Umbau zum luxuriösen Boutiquehotel im Gespräch.

La Maison Haute (☎ 0665 344888; www.lamaisonhaute.com; 6 Derb ben Thami; Zi. März–Juni & Sept.–Nov. 350–450 Dh, Juli–Sept. & Feiertage 390–550 Dh) Die Unterkunft mit der meisten Atmosphäre in Larache ist in einem wunderbar restaurierten Haus im spanisch-maurischen Stil untergebracht. Zur Auswahl stehen sechs charmante Zimmer mit modernen Bädern. Marokkanisches Dekor, fröhliche Farben, Buntglasfenster und Mosaikböden verbreiten eine freundliche, traditionelle und schlichte Stimmung. Die Dachterrasse bietet eine unschlagbare Aussicht auf Meer und Marktplatz, und ihre netten Eckchen laden zum Lesen und Sonnenbaden ein.

Essen

In Larache Essen gehen macht Laune – und nicht arm: Um die Place de la Libération und den Socco de la Alcaiceria gibt's massenhaft kleine Lokale, die einfaches, aber anständiges Essen auffahren. Der spanische Einfluss ist immer noch unverkennbar, z. B. am *churros*-Stand auf dem Marktplatz (*churros* sind eine Art Schmalzgebäck).

Restaurant Commercial (☎ 0661 682420; Place de la Libération; Hauptgerichte 20 Dh; 12–21.30 Uhr) Besonders Einheimische stehen auf dieses unspektakuläre Lokal am Markt. Hier werden Unmengen Suppe, Spieße und gebratener Fisch verschlungen. Es ist superbillig, jeden Abend randvoll mit zufriedenen Gästen und ein klasse Ort zum Leutegucken.

Restaurant du Port (☎ 0539 417463; Hafen von Larache; Hauptgerichte 60 Dh; 10–17 & 19–23 Uhr) Diese etwas elegantere Location liegt am Hafen, also ein Stück draußen – aber der Weg lohnt sich! Die Spezialität sind frische Meeresfrüchte, die perfekt zubereitet werden.

Restaurant Puerta Del Sol (☎ 0539 913641; Rue de Salé; Hauptgerichte 20–30 Dh; 12–21 Uhr) Hier gibt's noch mehr Fisch und marokkanische Gerichte. Überflüssiger Schnickschnack wird nicht betrieben, dennoch ist es eine gute Wahl. Viele kommen gern her, aber es ist ruhiger als im Restaurant Commercial.

Balcón Atlantico (☎ 0539 910110; Rue de Casablanca; Pizza 40–60 Dh, Crêpes 10–15 Dh; 6–22 Uhr) Dieses nette, lebhafte Café mit Blick auf den Strand ist super, um in Ruhe zu frühstücken oder eine Kleinigkeit zu Mittag zu essen. Es gibt Sitzplätze draußen und ordentliche Pizza.

Für ein Frühstück auf die Schnelle oder ein Eis ist der **Salon de Thé Triana** (☎ 0539 500913; Ave Mohammed ben Abdallah) ideal; im Sommer wird hier auch ganz anständige Pizza gebacken (26–40 Dh). Eine Alternative ist **Le Sourire Salon de Thé** (Ave Hassan II; 6–22 Uhr), nicht weit vom Markt.

An- & Weiterreise

Der Busbahnhof liegt südlich der Stadt, an der Rue du Caire.

CTM-Busse fahren u.a. nach Casablanca (90 Dh, 4 Std., 3-mal tgl.) über Kénitra (40 Dh, 2 Std.) und Rabat (70 Dh, 3 Std.), nach Fès (80 Dh, 4 Std., 3-mal tgl.) über Meknès (60 Dh, 3 Std.), nach Tanger (30 Dh, 2½ Std., 4-mal tgl.), nach Tiznit (310 Dh) über Marrakesch (160 Dh, 8 Std.) und nach Agadir (225 Dh, 12 Std.).

Auch billigere Busse von anderen Gesellschaften steuern diese Reiseziele an, außerdem Ouezzane (20 Dh), Tétouan (20 Dh) und Kénitra (30 Dh). Sie fahren meistens häufiger.

Grands Taxis starten am Busbahnhof, und zwar nach Ksar el Kebir (12 Dh) und manchmal nach Asilah (30 Dh), Souk el Arba (25 Dh) und Tanger (40 Dh).

LIXUS

Auf einem Hügel mit Blick auf die Mündung des Loukos liegen die römischen Ruinen von **Lixus** (Eintritt frei). Der sagenumwobene, vor sich hin bröckelnde Ort gehört zu den am längsten bewohnten Plätzen des Landes. Von der antiken Stadt wurde nur ein Viertel ausgebuddelt, aber was von den Ruinen zu sehen ist, ist absolut beeindruckend – auch wenn sie einigermaßen ramponiert und zugewachsen sind. Die ganze Anlage ist nicht so riesig und wurde auch nicht so sorgfältig freigelegt wie Volubilis (s. S. 284). Aber durch ihre Lage, Größe und Schönheit wirkt sie trotzdem würdevoll. Es braucht nur ein bisschen Phantasie, um sich vorzustellen, wie großartig und bedeutsam Lixus einmal war.

Es gibt keinen Zaun um das Gelände, Besucher können also nach Lust und Laune herumwandern. Außerhalb der Sommermonate kommen kaum Leute hierher. Im Winter leisten einem dann bloß noch der Wind und ein paar friedlich grasende Ziegen Gesellschaft. Allerdings haben auch ein paar Traveller berichtet, dass sie von einheimischen Jugendlichen angepöbelt wurden. Manchmal bieten arbeitslose Einheimische ihre Dienste als Führer an, aber das ist eigentlich nicht nötig. Sie wissen nur ziemlich oberflächlich über den historischen Ort Bescheid.

Geschichte

In der Umgebung von Lixus wurden Megalithsteine gefunden. Sie lassen vermuten, dass hier ursprünglich ein Volk lebte, das eine Sonnengottheit verehrte und astronomische und mathematische Kenntnisse besaß. Aber

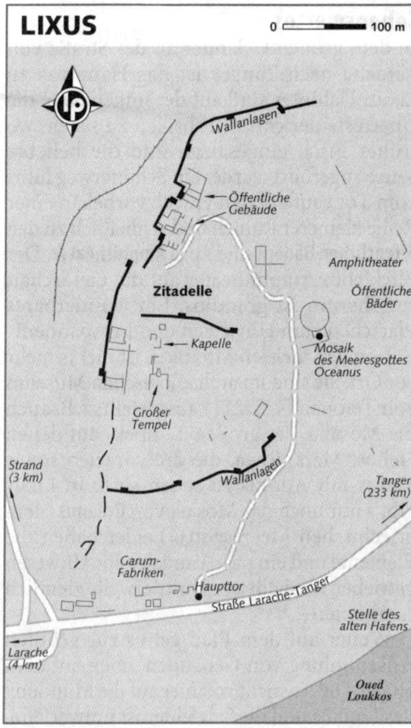

das ist auch schon fast alles, was über die prähistorischen Gebiete bekannt ist für die Zeit, bevor die Phönizier ca. 1000 v. Chr. ihre Kolonie Lks gründeten. Nach den Berichten von Plinius dem Älteren stibitzte Herkules hier die goldenen Äpfel aus dem Garten der Hesperiden – und erfüllte damit die vorletzte seiner zwölf Aufgaben. Diese goldenen Äpfel waren wahrscheinlich die berühmten marrokanischen Mandarinen.

Im 6. Jh. v. Chr. rissen sich die Karthager die atlantischen Kolonien der Phönizier unter den Nagel. Lixus blieb ein Handelsvorposten, vor allem für Gold, Elfenbein und Sklaven. 42 n. Chr. wurde es dem Römischen Reich angegliedert. Salz, Oliven, Wein und *garum* (eine würzige Fischsoße) wurden Exportschlager, außerdem verdienten sich die Kaufleute eine goldene Nase mit dem Export wilder Tiere für die Amphitheater des Reiches.

Als sich die Römer aus Nordafrika zurückzogen, ging es bald bergab mit der Kolonie in Lixus, und nach dem Zusammenbruch des Römischen Reiches im 5. Jh. n. Chr. wurde sie komplett aufgegeben. Bei den Muslimen hieß der Ort später Tuchummus.

Sehenswertes

In dem grünen Geländer an der Straße von Larache nach Tanger ist das Haupttor zu Lixus. Dahinter sind auf der linken Seite die Überreste der *garum*-Fabriken zu sehen, wo früher Fisch eingesalzen und die beliebte Sauce angerührt wurde. Ein Schotterweg führt vom Tor rauf auf den Hügel, vorbei an einer Reihe kleinerer Ruinen und schließlich zu den **öffentlichen Bädern** und zum **Amphitheater**. Der Blick vom Amphitheater auf die Landschaft rundherum ist grandios. Ein wunderbares Plätzchen zum Hinsetzen und Entspannen!

Von den meisten Mosaiken ist nichts mehr vor Ort. Sie sind im archäologischen Museum von Tétouan (s. S. 211) ausgestellt, z. B. auch die Mosaike des großen Tempels, auf denen Helios, Mars, Rhea, die drei Grazien sowie Venus mit Adonis zu sehen sind. In Lixus gibt's nur noch das Mosaik von **Oceanus** (dem griechischen Meeresgott). Leider haben die Elemente und ein paar Vandalen ihr Unwesen getrieben, deshalb ist es mittlerweile ziemlich ramponiert.

Weiter auf dem Pfad geht's zur größten Ansammlung von Gebäuden, oben auf dem Hügel. Die Aussicht von hier auf die Mündung des Loukos und die Salzfelder ist umwerfend. Hier stehen Verwaltungsgebäude, noch ein paar öffentliche Badehäuser und die früheren Festungsanlagen der Stadt. Im Süden ragt die beeindruckende Zitadelle in die Höhe, und vor dem Himmel zeichnet sich dramatisch ein Haufen dicht gedrängter Ruinen ab. Die meisten Altertümer sind zwar schon im fortgeschrittenen Verfallsstadium, aber der Haupttempel und die damit verbundenen Heiligtümer, eine Kapelle, ein paar weitere Bäder und die Reste der Stadtmauern sind noch zu erahnen.

An- & Weiterreise

Lixus liegt rund 4,5 km nördlich von Larache an der Straße nach Tanger. Dorthin fahren die Busse 4 oder 5, sie starten außerhalb der Casbah de la Cigogne (4 Dh). Ein Petit Taxi kostet pro einfache Strecke ca. 20 Dh.

ASILAH

Der herrliche Ferienort Asilah erstrahlt in Weiß und erinnert an ein griechisches Inseldorf, aber auf den spanischen Speisekarten der Restaurants stehen Tapas und Paella. Auch die schmiedeeisernen Fensterelemente der gekalkten Häuser zählen zu den wenigen, aber unübersehbaren Beweisen für die lange spanische Herrschaft. Von Spanien aus ist Asilah mit der Fähre erreichbar und für Traveller ein einfacherer und weitaus stressfreierer Zugang zu Marokko als der nördliche Nachbar Tanger. Eine gute Auswahl an Budgetunterkünften und Restaurants sowie eine kleine Kunstszene machen die Stadt zu einer beliebten Zwischenstation auf Trips entlang der nordatlantischen Küste.

Asilahs Bürgermeister wohnt in der malerischen Medina. Wie versprochen ließ er den alten Stadtteil in den letzten Jahren von Grund auf sanieren. Währenddessen wurden immer mehr Häuser von wohlhabenden Marokkanern und Europäern (vor allem Spaniern) aufgekauft. Mittlerweile sind die schmalen Straßen blitzblank, aber auch etwas leer. Die Preise für Wohnungen und Häuser sind hier heute so hoch wie in Marrakesch. Fast das ganze Jahr über ist Asilah verschlafen, im Sommer jedoch steigt die Bewohnerzahl von 12 000 auf 110 000 an. Wie anderswo an der Küste strömen marokkanische Familien dann scharenweise her. Diese regelrechte Invasion bringt überfüllte Strände und viele Schlepper mit sich. Letztere sind im übrigen Jahr zwar weniger penetrant, aber dennoch da. An Busbahnhof und Bahnhof warten sie auf Touris, um ihnen Drogen oder günstige Übernachtungsmöglichkeiten in den Medina-Ferienhäusern abwesender Ausländer anzudrehen (s. S. 150).

Frühling und Herbst sind die besten Reisezeiten: Dann kann man das immer noch angenehme Wetter ohne Menschenmassen genießen.

Geschichte

Asilah trat erstmals als karthagische Siedlung Zilis auf den Plan. Seitdem hat der kleine, aber strategisch günstig gelegene Hafen eine turbulente Geschichte hinter sich. Während der Punischen Kriege standen seine Einwohner auf der Seite Karthagos. Als die Region an Rom fiel, wurde ihre Bevölkerung nach Spanien deportiert und durch Iberer ersetzt. Ab diesem Zeitpunkt war Asilah auf Gedeih und Verderb mit Spanien und dessen zahlreichen Eroberungsfeldzügen verbunden.

Als die Christen im 14. und 15. Jh. die muslimischen Truppen auf der iberischen Halbinsel besiegten, bekam Asilah die Folgen unmittelbar zu spüren. Im Jahr 1471 eroberten die Portugiesen den Hafen, indem sie mit 477

ASILAH

0 200 m

Schiffen und 30 000 Mann anrückten. Anschließend errichteten sie die heutigen Mauern der Medina, um ihren Handelsposten an der berühmten Goldroute durch Afrika zu sichern. Sebastian I. von Portugal brach hier 1578 zu einem verhängnisvollen Kreuzzug auf. Nach dem gewaltsamen Tod des Königs gerieten Portugal und dessen marokkanische Außenposten für lange Zeit unter spanische Herrschaft.

Mulai Ismail eroberte Asilah 1691 zurück. Wegen des andauernden Piratenproblems ließen Österreich und Spanien die Stadt im 19. Jh. von ihren Seestreitkräften beschießen. Berühmtester örtlicher Bandit war el Rayssouni (s. S. 151), einer der schillerndsten Schurken des wilden Rifgebirges. Im frühen 20. Jh. agierte el Rayssouni von Asilah aus und war die Geißel der europäischen Großmächte. Von 1911 bis 1965 gehörte die Stadt zum spanischen Protektorat.

Praktische Informationen

An der Place Mohammed V gibt es Banken in Hülle und Fülle, u. a. die BMCE und die Banque Populaire. Beide wechseln Bargeld und lösen Reiseschecks ein; außerdem haben sie Geldautomaten.

Die Stadt hat mehrere Apotheken, z. B. die **Pharmacie l'Océan** (Place Zellaka) und die **Pharmacie Loukili** (Ave Mohammed V).

Internetzugang gibt's im **Pyramide Net** (Ave Hassan II; 8 Dh/Std.; 9–24 Uhr) und bei **Raweya Internet** (Rue Assoussane; 6 Dh/Std.; 10–24 Uhr).

Gefahren & Ärgernisse

Die Einwohner Asilahs sind größtenteils sehr jung und leiden unter hoher Arbeitslosigkeit. *Kif* (Haschisch) spielt hier eine große Rolle und wird verstärkt verwendet, um Touristen abzuzocken (s. S. 495). Wie die Touristen- und die Haschischmenge hat auch die Anzahl der Schlepper mittlerweile deutlich zugenommen. Diese bieten Besuchern nicht nur Drogen an, sondern erzählen auch die Mär von der Medina als einziger Übernachtungsmöglichkeit, wo es jedoch kaum offizielle Unterkünfte gibt's. So sollen einem die Zimmer in den Urlaubsdomizilen abwesender Ausländer angedreht werden. Eine noch üblere „Alternative" sind simple Matratzen in den Medina-Wohnhäusern obskurer Freunde – selbstverständlich zu völlig überzogenen Preisen.

Sehenswertes & Aktivitäten

FESTUNGSANLAGE & MEDINA

Asilahs Medina wird hauptsächlich zum Wohnen genutzt. Sie ist von den unverwüstlichen Steinmauern umgeben, die im 15. Jh. von den Portugiesen gebaut wurden. Diese von Palmen flankierten Wälle sind das Wahrzeichen der Stadt.

Die Medina samt Stadtmauer ist in den letzten Jahren zum größten Teil wieder auf Vordermann gebracht worden. Es lohnt sich also, durch die ruhigen, kleinen Gassen mit ihren weißen Häusern zu bummeln. Irgendwie ist die Medina durch die Restaurierungsarbeiten aber zwar etwas zu klinisch rein geworden. Mit den kunstvollen schmiedeeisernen Gittern vor den Fenstern und den bunten Wandbildern, die jedes Jahr beim internationalen Kulturfestival (s. rechte Spalte) gemalt werden, ist sie aber dennoch mehr als ein Urlaubsfoto wert. In den Hauptstraßen haben Kunsthandwerker und Künstler ihre Ateliers und laden die Vorbeigehenden ein, ihre Arbeiten zu bewundern.

Die Festungsanlage kann nur zum Teil besichtigt werden. Die Bastion im Südwesten bietet weit und breit die beste Aussicht auf das Meer und ist ein beliebtes Plätzchen bei Sonnenuntergang. Von hier aus kann außerdem ein Blick runter auf die nicht weit entfernte **Koubba von Sidi Mamsur** (in die Nichtmuslime nicht reindürfen) und auf den **Mujaheddin-Friedhof** geworfen werden.

Der Südeingang zur Medina, das **Bab Qamra** auf der Ave Hassan II, ist gekrönt von einem königlich-portugiesischen Wappen, das Wind und Regen allerdings stark mitgenommenen haben. Direkt hinter der Stadtmauer zur Seeseite hin stehen ein paar **alte Kanonen**; da aber kein Fußweg dorthin führt, sind sie nur aus der Entfernung zu bewundern. Das **Bab al-Kasaba** führt zur **Großen Moschee** (für Nichtmuslime geschlossen) und zum Centre Hassan II des Rencontres Internationales. Donnerstags, an Asilahs Markttag, ist in der Medina die Hölle los.

KUNSTGALERIEN

Über 50 ortsansässige Künstler, fünf Galerien sowie diverse Ateliers und Ausstellungsflächen machen Asilah zu einer bekannten Kunsthochburg. Alles begann 1978, als mehrere marokkanische Künstler eingeladen wurden, hier Workshops für einheimische Kinder abzuhalten; im Rahmen des örtlichen *moussem* (internationales Kulturfestival) bemalten sie zudem ein paar Mauern der Medina. Ein paar der teilnehmenden Kinder und Zaïlachi-Künstler haben sich mittlerweile in der zeitgenössischen Kunstszene einen Namen gemacht, z. B. der verstorbene Abdelilah Bououd, Brahim Jbari, Elina Atencio, Mohamed Lhaloui und mehrere Mitglieder der Familie Mesnani.

Die belgische Malerin Anne-Judith Van Loock gründete zusammen mit ihrem marokkanischen Ehemann Ahmed Benraadiya die **Galerie Aplanos** (☎ 0661 998030; Rue Tijara). Dort können ausländische und einheimische Künstler ihre Werke ausstellen. Der Zaïlachi-Künstler Hakim Ghaïlan gründete die **Galerie Hakim** (☎ 0539 418896 od. 0661 799535; hakimghailan@yahoo.fr; 14 Place Sidi ben Issa) und stellt vor allem Arbeiten junger marokkanischer Talente aus.

Größte städtische Ausstellungsfläche ist das **Centre de Hassan II. Rencontres Internationales** (☎ 0539 417065; foundationdAsilah@yahoo.fr; Eintritt frei; 8.30–12.30 & 14.30–17 Uhr, Sommer bis 20 Uhr) am unmittelbaren Innenrand der Medinamauern. Das Zentrum in einem wunderschönen Altstadthaus zeigt wechselnde Ausstellungen von Malerei und Bildhauerei aus aller Welt – entweder in der eigenen Galerie oder im benachbarten **El-Khamra-Turm**. Bei Letzterem handelt es sich um eine renovierte portugiesische Festung an der Place Abdellah Guennoun.

Der **Palais El Rayssouni** alias Palais de Culture (Kulturpalast) wurde 1909 von el Rayssouni (s. Kasten gegenüber) erbaut. Das Gebäude auf der Seeseite der Medina zeugt bis heute von dem luxuriösen Leben, das der Bandit auf dem Höhepunkt seiner Macht führte. Der wunderschön restaurierte Palast öffnet nur während des *moussem* oder für temporäre Ausstellungen. Der Hausmeister lässt sich aber vielleicht trotzdem überreden, einen hineinzulassen. Der großartige Bau beherbergt einen Hauptempfangsraum mit einer Glasterrasse direkt am Meer. Dort zwang el Rayssouni verurteilte Mörder, 30 m tief auf die Felsen in den Tod zu springen.

NEUSTADT

Zentrum der kleinen Neustadt ist die Place Mohammed V. Die **Kirche St. Bartolomé** nördlich des Platzes wurde von spanischen Franziskanermönchen im typisch maurischen Kolonialstil erbaut. Sie zählt zu den wenigen marokkanischen Kirchen, deren Glocken zur Sonntagsmesse läuten dürfen. Nebenan befindet sich der **Marché Central** (Zentraler Marktplatz).

MOUSSEM

Das Centre Hassan II. des Rencontres Internationales ist Hauptveranstaltungsort des alljährlichen **Moussem** (internationales Kulturfestival) im August. Dann locken Künstler, Musiker und Theatertruppen die Zuschauer zu Tausenden in die Stadt. Den ganzen Monat über steigen zahlreiche Workshops, öffentliche künstlerische Darbietungen, Konzerte, Ausstellungen und Veranstaltungen mit stark spanisch-islamischem Einschlag. Das Ende des *moussem* markiert ein dreitägiges Pferdefestival mit einer marokkanischen *fantasia* (Kavallerieangriff mit Musketenfeuer).

STRÄNDE

Asilahs Hauptstrand erstreckt sich nördlich der Stadt. Hier haben sich eine Reihe von Campingplätzen und Hotels angesiedelt. In der Nebensaison lässt es sich auf diesem breiten goldenen Sandstreifen prima aushalten, aber im Sommer ist es weniger prickelnd, denn dann drängeln sich hier die Menschenmassen, und der Lärmpegel ist wegen der nahen Straße ziemlich hoch. Wer mehr Ruhe und Beschaulichkeit sucht, ist am **Paradiesstrand**, 3 km südlich, genau richtig. Dieses superidyllische, unberührte Fleckchen Erde wird seinem Namen absolut gerecht. Von der Stadt aus ist es ein gemütlicher Fußmarsch immer an der Küste entlang. Wer will, kann auch mit einem der Pferdewagen fahren, die im Sommer die Strecke entlangzuckeln.

Schlafen

Asilahs Unterkunftsangebot ist anständig, wenn auch relativ langweilig. Die Übernachtungsmöglichkeiten befinden sich allesamt im neuen Teil der Stadt. Schlepper fangen Bus- und Zugpassagiere bei deren Ankunft ab, um ihnen einfache Übernachtungsmöglichkeiten in der Medina anzudrehen (ca. 75 Dh). Das sind dann normalerweise große Räume mit dünnen Matratzen, in denen bis zu sieben Personen direkt auf dem Fußboden schlafen können. Manchmal werden auch inoffizielle B&B-Zimmer zu weitaus höheren Preisen

DER SCHURKE EL RAYSSOUNI

Gefürchteter Bandit, Kidnapper und Aufrührer: Mulai Ahmed ben Mohammed el Rayssouni (oder Raissouli) war der legendärste Einwohner von Asilah. Er fing als kleiner Gauner im Rifgebirge an, hatte aber schon damals keine Skrupel, widerspenstige Opfer einen Kopf kürzer zu machen. Bald war er als gnadenloser Mörder bekannt und wurde in der ganzen Region gefürchtet.

International war el Rayssouni vor allem dafür berüchtigt, dass er westliche Ausländer entführte. Er und seine Bande erpressten Lösegeld für verschiedene hohe Herrschaften, u. a. für den griechisch-amerikanischen Milliardär Ion Perdicaris. 1904 wurden für ihn 70 000 US$ gezahlt.

Mehrere Sultane versuchten, den gesetzlosen Knaben in den Griff zu kriegen. Sie übertrugen ihm sogar diverse politische Ämter, z. B. den Gouverneursposten von Asilah und später den von Tanger. Aber el Rayssouni beeindruckte das wenig: Er machte weiter wie gehabt und häufte Reichtümer an, ohne Rücksicht auf Verluste. Sein Einfluss auf die Rifstämme war enorm, darum sponserten die Spanier seine Waffen: Sie hofften, so würde in den Bergen endlich Ordnung einkehren. Aber el Rayssouni erhob diese Waffen nur allzu oft gegen seine Förderer.

Die Spanier zwangen el Rayssouni nach dem Ersten Weltkrieg, Asilah zu verlassen, aber noch bis 1925 wütete er im Hinterland des Rif. Schließlich nahm ihn der Rebell Abd al-Krim gefangen. Er warf el Rayssouni vor, mit den Spaniern gemeinsame Sache gemacht zu haben.

offeriert. Augen auf bei Buchungen über solche Schlepper: Da sind oft Betrüger am Werk! Während der Hauptsaison (Osterwoche & Juli–Sept.) strömen scharenweise Touristen in die Stadt. Dann sollte man rechtzeitig reserviert haben.

BUDGETUNTERKÜNFTE

In Asilah gibt's nur relativ wenige Budgetunterkünfte.

Hôtel Sahara (☎ 0539 417185; 9 Rue de Tarfaya; EZ/DZ/3BZ 98/136/204 Dh, heiße Dusche 5 Dh) Das blitzsaubere, kleine Hotel ist bei Weitem die beste Budgetoption der Stadt mit einfachen Zimmern rund um einen offenen Hof. Schmucke Fliesen und Topfpflanzen sorgen am Eingang für marokkanisches Flair. Die kleinen Quartiere sind spartanisch eingerichtet, aber gemütlich und gut in Schuss. Manche haben nur winzige Fenster – es ist daher sinnvoll, die Zimmer vor dem Einchecken zu besichtigen. Die Gemeinschaftstoiletten und -duschen sind brandneu und immer auf Hochglanz geschrubbt.

Hôtel Marhaba (☎ 0539 417144; Rue Zellaka; EZ/DZ 80/120 Dh, Juli & Aug. 100/180 Dh) In diesem Hotel direkt neben der Place Zellaka (sehr zentral) wird man sehr freundlich empfangen. Die Zimmer haben schon bessere Tage gesehen, sind aber tadellos sauber. Im vorderen Bereich ist der Straßenlärmpegel höher, aber die Zimmer sind etwas geräumiger und heller. Eine nette Dachterrasse mit Altstadtblick entschädigt für die vorsintflutlichen Gemeinschaftsbäder.

Hôtel Belle Vue (☎ 0539 417747; Rue Hassan ben Tabit; DZ Neben-/Hauptsaison 100/200 Dh) Das sympathische, kleine Hotel an einer ruhigen Seitenstraße ist vor allem bei spanischen Travellern beliebt. Die jungen marokkanischen Eigentümer geben sich herzlich und wissen immer, was in der Stadt gerade so los ist. Alle Zimmer wurden kürzlich neu dekoriert und teilweise sogar komplett von einheimischen Künstlern bemalt. Manche besitzen eigene Bäder (zzgl. 50 Dh) und Balkone. Außerdem gibt's vier nette Apartments (100 Dh/Pers.) mit jeweils zwei Doppelzimmern und einem Wohnbereich. Matratzen und Sauberkeit lassen keine Wünsche offen, auch nicht in den Gemeinschaftsbädern. Auf der Dachterrasse kann man prima relaxen oder abends einen Drink genießen.

MITTEL- & SPITZENKLASSEHOTELS

Hôtel Mansour (☎ 0539 417390; www.hotelmansour.fr.fm; 56 Ave Mohammed V; EZ/DZ 180/220 Dh) Die gefliesten öffentlichen Bereiche in diesem kleinen Hotel nordöstlich vom Zentrum haben zwar einen traditionellen Touch, aber die Zimmer mit ihrer verblichenen Deko und den beengten Badezimmern sind nicht gerade der Hit. Über das Preis-Leistungs-Verhältnis kann man dennoch nicht meckern. Wer ein Zimmer mit Balkon und Meerblick ergattert, hat Glück.

LP Tipp **Hôtel Patio de la Luna** (☎ 0539 416074; 12 Place Zellaka; EZ/DZ 300/450 Dh) Asilahs einzige Unterkunft mit etwas marokkanischem Charakter steht unter spanischer Leitung. Sie verbirgt sich diskret hinter einer unauffälligen Tür an der Hauptstraße. Die einfachen, rustikalen Zimmer sind mit Holzmöbeln, Webdecken und gefliesten Bädern ausgestattet. Drum herum verläuft eine reizende, schattige Veranda. Die Unterkunft ist sehr beliebt, deshalb sollte man reservieren.

Hôtel Zelis (☎ 0539 417069, Fax 0539 417098; 10 Ave Mansour Eddahabi; EZ/DZ/3BZ 300/400/550 Dh, Juli–Sept. 400/500/650 Dh; ⧆ ⧆ ⧆) Im Sommer platzt das große Ferienhotel aus allen Nähten, ansonsten ist es wie ausgestorben. Schicke Textilien in Weiß und Blau zieren 65 komfortable, moderne Zimmer mit TV und Kühlschränken. Gegessen wird entweder an den niedrigen Tischen und Stühlen des traditionell marokkanischen Restaurants oder in der charakterlosen Cafeteria. Das Haus hat neben einem prima Pool auch einen Fitnessraum, eine Bar, ein Internetcafé (10 Dh/Std.) und ein Spielzimmer für kleine Gäste.

Hôtel Azayla (☎ 0539 416717; e-elhaddad@menara.ma; 20 Rue ibn Rochd; EZ/DZ 300/380 Dh, Juli–Sept. 390/480 Dh) Die geräumigen, gemütlichen, hellen und gut ausgestatteten Zimmer mit neuen Bädern sind ihr Geld wert. Zur geschmackvollen Deko gehören Fotos, die der Eigentümer von Land und Leuten geschossen hat, und dank riesigen Fenstern bekommen die Zimmer jede Menge Tageslicht ab. Die größeren haben weitläufige Wohnzimmer und bieten locker bis zu drei Personen Platz. Das Hotel hat nicht wirklich viel Marokkanisches, dafür aber freundliches, hilfsbereites und zuverlässiges Personal.

FERIENHÄUSER & APARTMENTS

Ausländer und betuchte Marokkaner haben mittlerweile viele Immobilien in der Medina erworben und zu Feriendomizilen umgebaut. Das ganze Jahr über vermittelt die Agentur **el-Baraka** (☎ 0675 722323 Miguel od. 0668-092-187 Larbi;

www.elbaraka.net) zu vermietende Wohnungen und Häuser in der Altstadt und in Strandnähe. Zur Auswahl stehen u. a. ein paar wunderbare Häuser mit drei oder vier Schlafzimmern, toller Deko und allem erdenklichen Komfort. Die Wochenpreise liegen zwischen 4000 Dh (Nebensaison) und 15 000 Dh (Hauptsaison).

Mounia Apartments (☎ 0539 417815; 14 Rue Moulay Hassan ben el-Mehdi; Apt. für 2/4 Pers. 250/350 Dh, Juli & Aug. 450/600 Dh) Meist recht geräumige und saubere Mietwohnungen – aber leider nur mit einfachen Kochgelegenheiten und ziemlich abgenutzter Einrichtung.

Zaki Apartments (☎ 0539 417497; 14 Rue Imam al-Assili; Apt. für 2/4/7 Pers. 300/450/550 Dh) Bietet Ähnliches an wie Mounia Apartments.

Essen & Ausgehen

Asilahs Restaurantmeilen findet man im Bereich des Bab Kasaba sowie entlang der Altstadtmauern an der Ave Hassan II. Ein paar günstige Lokale säumen außerdem die Rue Ahmed M'dem in der Nähe der Banken an der Place Mohammed V.

La Symphonie des Douceurs II (☎ 0539 416633; 26 Place Zellaka) Im Sommer ist die französische Patisserie das perfekte Plätzchen zum Frühstücken oder für eine nachmittägliche Kohlenhydratdosis. In sehr gediegener Umgebung kann man dann Gebäck und Eis genießen. Während des übrigen Jahres gibt's nur Getränke.

Café Tanger (52 Ave Mohammed V) Falls die Symphonie zu hip sein sollte, empfiehlt sich dieses Café nördlich vom Platz. Das überwiegend männliche Publikum trinkt genüsslich seinen Kaffee und lässt die Welt an sich vorüberziehen.

Restaurant Yali (☎ 0671 043277; Ave Hassan II; Hauptgerichte 25–50 Dh) Die Restaurants an den Altstadtmauern unterscheiden sich nicht großartig voneinander. Dennoch zählt dieses Lokal zu den beliebtesten Adressen. Es serviert eine gute Auswahl an Fischgerichten, Meeresfrüchten und traditionell marokkanischer Küche.

Al-Madina (Place Abdellah Guennoun; Hauptgerichte 30–45 Dh) Schlichtes, kleines Café in der Altstadt, dessen Hauptattraktion sonnige Tische auf dem Platz am Fuß des El-Khamra-Turms sind. Dort kann man prima Kaffee, frisch gepressten Orangensaft oder Snacks von der einfachen marokkanischen Karte genießen.

Restaurant de la Place (☎ 0539 417326; 7 Ave Moulay Hassan ben el-Mehdi; Hauptgerichte 40–80 Dh) Verglichen mit seinen Nachbarn wirkt das freundliche Restaurant etwas lockerer und aufgeschlossener. Neben marokkanischer Traditionsküche umfasst die Speisekarte auch die obligatorischen Gerichte mit Fisch und Meeresfrüchten; die leckere Fisch-Tajine vereint das Beste von beidem.

Casa García (☎ 0539 417465; 51 Rue Moulay Hassan ben el-Mehdi; Hauptgerichte 55–80 Dh) Das kleine Lokal serviert vor allem spanisch angehauchte Fischgerichte und fischlastige Tapas auf einer großen, luftigen Terrasse gegenüber vom Strand. Empfehlenswert sind z. B. der saftige Fisch vom Grill und die leckere Paella. Abenteuerlustigere bestellen stattdessen einen Teller mit Tintenfisch, Aal, Garnelen und Entenmuscheln. Dazu gibt's ein Glas süffigen Rosé aus Marokko.

Restaurante Oceano Casa Pepe (☎ 0539 417395; 8 Place Zellaka; Hauptgerichte 60–80 Dh) Kellner mit schwarzen Krawatten locken die Laufkundschaft in dieses eher konservative Restaurants. Für Meeresfrüchte blättert man hier am meisten hin. Weine aus Spanien bzw. Marokko, spanischer Pata-Negra-Importschinken, Schummerlicht und leise Musik verleihen dem Ganzen einen halbwegs noblen Touch. Das Essen kann da allerdings nicht ganz mithalten.

An- & Weiterreise

AUTO & MOTORRAD

Vor dem Bab el Bahar (Meertor), nicht weit vom Hafen, gibt's einen **bewachten Parkplatz** (über Nacht 10 Dh, 24 Std. 15 Dh).

BUS

Asilah liegt 46 km südlich von Tanger und hat gute Busverbindungen zu den meisten Städten. Der winzige Busbahnhof befindet sich an der Kreuzung zwischen der Ave Moulay Ismail und der Straße von Tanger nach Rabat. Seitdem es die Schnellstraße gibt, hält CTM eigentlich nicht mehr in Asilah. Mit mehreren privaten Busunternehmen geht's von der Stadt aus z. B. nach Rabat (60 Dh, 3½ Std.), Marrakesch (130 Dh, 9 Std.), Tanger (10 Dh, 1 Std.) und Fès (60 Dh, 4½ Std.). Plätze in Fernbussen sollten rechtzeitig gebucht werden, da die Fahrzeuge ab Tanger meist rappelvoll sind.

Von 6.30 bis 20 Uhr rollen Busse etwa alle 30 Minuten nach Tanger und Casablanca – einfach einen abpassen und auf freie Plätze hoffen.

TAXI
Grand Taxis starten nach Tanger (20 Dh) und Larache (15 Dh), sobald sie voll sind. Abfahrt ist in der Ave Moulay Ismail, gegenüber von der Moschee. Der Flughafen von Tanger liegt nur 26 km weiter nördlich. Wer mit dem Taxi von Asilah (250 Dh) aus dorthin fährt, erspart sich einen zeit- und nervenraubenden Aufenthalt in Tanger. Der Stand für die Petits Taxis ist auf der Place Mohammed V.

ZUG
Der Bahnhof liegt 2 km nördlich von Asilah. Meistens fährt kurz nach der Ankunft der Züge ein Bus (5 Dh) zur Place Mohammed V und zum Bab Qamra. Am Tag gehen drei Züge nach Rabat (77 Dh, 3½ Std.) und Casablanca (101 Dh, 4½ Std.), einer nach Meknès (66 Dh, 3 Std.) und Fès (81 Dh, 4 Std.) und sechs nach Tanger (14 Dh, 45 Min.). Ein Nachtzug fährt direkt nach Marrakesch (174 Dh, 9 Std.), aber der kommt aus Tanger und ist dort auch schon reichlich voll. Fahrkarten also besser vorher kaufen!

RUND UM ASILAH
Wer Zeit hat, kann von Asilah aus einen interessanten Halbtagestrip zu den geheimnisumwitterten **Monolithen von Msoura** unternehmen. An dieser prähistorischen Stätte ist ein großer Steinkreis (eigentlich eine Ellipse) mit mehr als 175 Steinen zu sehen. Er soll ursprünglich einen Grabhügel umgeben haben. Viele Steine sind umgefallen oder zerbrochen, aber der Kreis ist nach wie vor beeindruckend. Seine mysteriöse Aura wird durch den Verfall noch verstärkt. Der höchste Stein ist 5,50 m hoch und heißt *el-uted* (der Zeiger).

Der Steinkreis liegt ca. 25 km (entlang der Straße) südöstlich von Asilah. Wer dorthin will, sollte ein robustes Fahrzeug haben. Zuerst geht's in das Dorf Souk Tnine de Sidi el-Yamani. Das liegt nicht weit entfernt von der R 417, die von der Hauptstraße Tanger–Rabat Richtung Osten abzweigt. Im Dorf links halten; dann geht's auf einer schlechten, nicht asphaltierten Straße 6 km weit nach Norden bis zum Steinkreis. Er ist nicht ganz leicht zu finden, deshalb besser im Dorf nach dem Weg fragen oder einen Führer mitnehmen.

Ein anderer herrlicher Ausflug von Asilah aus ist ein Besuch auf dem quirligen Sonntagsmarkt im Dorf **Had Gharbia.** Der Ort befindet sich 16 km nördlich von der Stadt, nicht weit von der Straße Richtung Tanger.

SÜDLICH VON CASABLANCA

EL-JADIDA
144 000 Ew.

El-Jadida verdankt seine Existenz dem Austausch zwischen Europäern und Marokkanern. Deshalb überrascht es nicht, dass die Stadt momentan von und für Ausländer neu gestaltet wird.

Die Portugiesen bauten hier einst den Hafen Mazagan, um ihren Schiffsverkehr entlang der afrikanischen Küste zu schützen. Ihre Stadt, die heute Cité Portugaise genannt wird, ist eine verschlafene, aber wunderschöne Medina. Sie gehört seit 2004 zum Welterbe der Unesco. Da es an Investitionen mangelte, sind die weitläufigen Gassen und Wehranlagen der malerischen Portugiesenstadt im Originalzustand erhalten geblieben. Den Großteil des Jahres ist El-Jadida eine beschauliche Stadt, deren Ruhe nur von scharenweise hierher pilgernden Marokkanern gestört wird, die an die herrlichen Strände wollen und die Boulevards entlangspazieren.

Doch all das wird sich ändern. In den letzten beiden Jahren haben Ausländer viele der Immobilien innerhalb der Altstadtmauern erworben, u. a. auch die alte koloniale Kirche. Die bröckelnden Häuser werden renoviert, und die Stadt wird einer Verjüngungskur unterzogen. Direkt nördlich der Stadt erstreckt sich ein herrlicher Strandabschnitt. Dort entsteht momentan ein neues Mega-Tourismusprojekt namens Mazagan mit mehreren Golfplätzen, Ferienhotels, Wellnesseinrichtungen und einem Kasino. El-Jadidas Altstadt wird in den nächsten Jahren neues, wenn auch ganz anderes Leben eingehaucht bekommen.

Geschichte
Im Jahr 1506 errichteten die Portugiesen an diesem Küstenabschnitt die Festung Mazagan, die sich schnell zum bedeutendsten Handelsposten des Landes entwickelte. Nach einer Belagerung wurde sie 1769 von Sultan Sidi Mohammed ben Abdallah erobert. Allerdings sprengten die flüchtenden Portugiesen einen Großteil des Bollwerks in die Luft. Die meisten neuen Einwohner ließen sich in der Neustadt nieder, und die Zitadelle lag lange Zeit in Trümmern. Erst im 19. Jh. siedelte

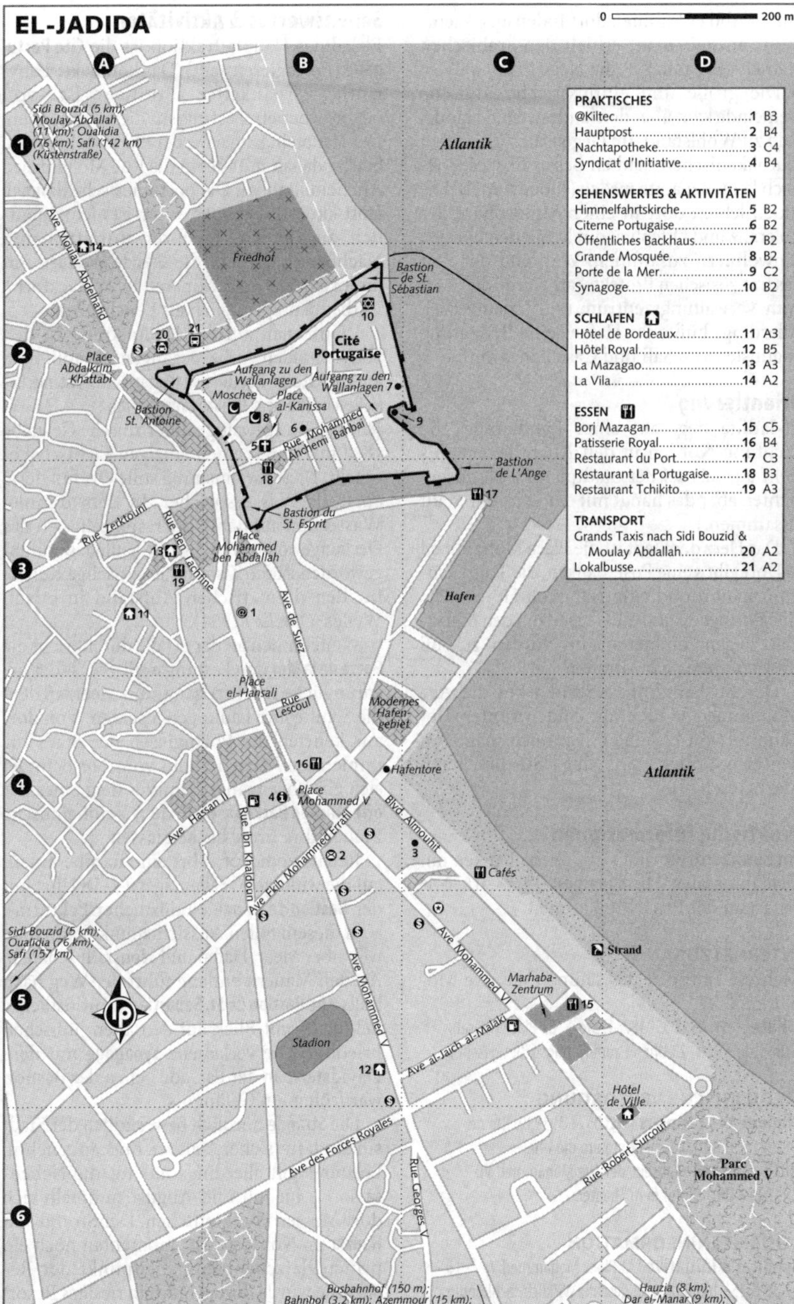
EL-JADIDA
0 200 m
PRAKTISCHES
@Kiltec 1 B3
Hauptpost 2 B4
Nachtapotheke 3 C4
Syndicat d'Initiative 4 B4
SEHENSWERTES & AKTIVITÄTEN
Himmelfahrtskirche 5 B2
Citerne Portugaise 6 B2
Öffentliches Backhaus 7 B2
Grande Mosquée 8 B2
Porte de la Mer 9 C2
Synagoge 10 B2
SCHLAFEN
Hôtel de Bordeaux 11 A3
Hôtel Royal 12 B5
La Mazagao 13 A3
La Vila 14 A2
ESSEN
Borj Mazagan 15 C5
Patisserie Royal 16 B4
Restaurant du Port 17 C3
Restaurant La Portugaise 18 B3
Restaurant Tchikito 19 A3
TRANSPORT
Grands Taxis nach Sidi Bouzid & Moulay Abdallah 20 A2
Lokalbusse 21 A2
Atlantik
Sidi Bouzid (5 km); Moulay Abdallah (11 km); Oualidia (76 km); Safi (142 km) (Küstenstraße)
Ave Moulay Abdelhafid
Friedhof
Bastion de St. Sébastian
Cité Portugaise
Place Abdalkrim Khattabi
Aufgang zu den Wallanlagen
Moschee
Place al-Kanissa
Rue Mohammed Ahchemi Bahbai
Bastion St. Antoine
Bastion de L'Ange
Bastion du St. Esprit
Rue Zerktouni
Rue Ben Tachfine
Place Mohammed ben Abdallah
Ave de Suez
Hafen
Place el-Hansali
Rue Lescoul
Modernes Hafengebiet
Hafentore
Place Mohammed V
Ave Hassan II
Rue Ibn Khaldoun
Ave Fkih Mohammed Errafii
Blvd. Almouhit
Cafés
Strand
Sidi Bouzid (5 km); Oualidia (76 km); Safi (157 km)
Ave Mohammed V
Ave Mohammed VI
Marhaba-Zentrum
Ave al-Jaich al-Malaki
Stadion
Hôtel de Ville
Ave des Forces Royales
Rue Georges V
Rue Robert Surcouf
Parc Mohammed V
Busbahnhof (150 m); Bahnhof (3,2 km); Azemmour (15 km); Safi (157 km); Marrakesch (197 km)
Hauzia (8 km); Dar el-Manar (9 km); Casablanca (92 km)

Sultan Abd er Rahman dort Juden aus Azemmour an. Die Stadt erhielt den arabischen Namen „El-Jadida" („die Neue").

Die große und einflussreiche jüdische Gemeinde kam über den landesweiten Handel bald zu Wohlstand. Im Gegensatz zu anderen marokkanischen Städten besaß El-Jadida jedoch keine separate *mellah* (Judenviertel). Die Juden lebten dort in einer Atmosphäre der Toleranz und Offenheit direkt mit den übrigen Einwohnern zusammen. Während der Zeit des französischen Protektorats wurde die Stadt zum Verwaltungszentrum und Urlauberziel. Allerdings büßte ihr Hafen seine Bedeutung zugunsten von Safi und Casablanca ein.

Orientierung

El-Jadida liegt auf einer Landzunge, die Richtung Norden in den Atlantik ragt. (Es sieht aus, als sei der Stadtplan falsch ausgerichtet, aber das hängt mit der Lage der Stadt zusammen.)

Das Herz der Stadt ist die Place Mohammed V. Dort gibt's eine Post, Banken, die Touristeninformation und eine Handvoll Hotels. Die Cité Portugaise und die Gegend um den Marktplatz liegen von hier aus im Norden, zu Fuß sind's nur ein paar Minuten.

Der Busbahnhof ist rund 1 km die Ave Mohammed V Richtung Süden runter. Der Bahnhof von El-Jadida liegt noch mal 3 km weiter südlich an der Straße nach Marrakesch.

Praktische Informationen

Im Stadtzentrum gibt's zahlreiche Banken mit Geldautomaten. Die **Hauptpost** (🕓 Mo–Fr 8.30–16 Uhr) ist an der Place Mohammed V.

INTERNETZUGANG

Mehrere Internetcafés säumen die Ave Mohammed VI.

@Kiltec (☎ 0523 350487; 1. Stock, 62 Place Hansali; 6 Dh/Std.; 🕓 9–23 Uhr, Fr zum Mittagsgebet geschl.)

MEDIZINISCHE VERSORGUNG

Clinique Les Palmiers (☎ 0523 393939; Rte de Casablanca) Notfalldienst rund um die Uhr.

Nachtapotheke (abseits der Ave Mohammed VI; 🕓 21–8 Uhr) Hinter dem Theater.

TOURISTENINFORMATION

Syndicat d'Initiative (33 Place Mohammed V; 🕓 9–12.30 & 15–18.30 Uhr, Mi geschl.) Wirklich sachkundig und hilfreich – in Marokko eine Seltenheit!

Sehenswertes & Aktivitäten

El-Jadidas Hauptattraktion ist die **Cité Portugaise** (Portugiesenstadt). Das kompakte Labyrinth verwinkelter Straßen ist von ockerfarbenen Festungsmauern umgeben. Der Haupteingang nahe der Place Mohammed ben Abdallah mündet in die Rue Mohammed Ahchemi Bahbai. Die portugiesische **Himmelfahrtskirche** direkt links davon ist nicht öffentlich zugänglich. In ihrer unmittelbaren Nachbarschaft steht die **Grande Mosquée** mit ihrem einzigartigen Minarett in Achteckform. Es diente ursprünglich als Leuchtturm.

Wenn man auf der Hauptstraße an den Souvenirläden vorbei gegangen ist, stößt man auf die **Citerne Portugaise** (Portugiesische Zisterne; Rue Mohammed Ahchemi Bahbai; Eintritt 10 Dh; 🕓 9–13 & 15–18.30 Uhr). Das gewaltige unterirdische Gewölbe wird nur durch einen einzigen Lichtschacht erhellt. Dieser wahnsinnig stille Ort fungierte einst als Wasserspeicher. In dem dünnen Wasserfilm auf dem Boden spiegeln sich das Deckengewölbe und elegante Säulen. Berühmt geworden ist die Zisterne als gruselige Kulisse für den dramatischen Aufstand in Orson Welles' *Othello* (1954).

Weiter unten an der Straße durchbricht die **Porte de la Mer** den Festungswall. Sie ist der ursprüngliche Direktzugang zum Meer, an dem die Schiffe ihre Ladungen löschten. Von dort aus kehrten die Portugiesen der Stadt für immer den Rücken. Links vom Tor befindet sich ein Bogengang. Dahinter liegt eines der **öffentlichen Backhäuser**, in denen einheimische Frauen ihre Brote backen lassen.

Rechts vom Tor führt eine Rampe hinauf auf die windigen Wallanlagen (9–18 Uhr) mit der **Bastion de L'Ange** (südöstlicher Eckturm). Von diesem tollen Aussichtspunkt kann man weit über Meer, Hafen und Neustadt schauen. An den Mauern entlang führt der Weg nach links zur **Bastion de St. Sebastian** (nordöstlicher Eckturm) mit Blick auf den alten jüdischen Friedhof. Die verlassene **Synagoge** mit dem Davidstern an der Fassade neben der Bastion war früher ein Gefängnis.

Die **Strände** nördlich bzw. südlich der Stadt sind relativ sicher, sauber und angenehm. Letzteres gilt allerdings nur für die Nebensaison – im Juli und August tummeln sich dort Massen von Menschen. Der Strand von **Hauzia** im Nordosten ist momentan noch ein prima Plätzchen. Zum Zeitpunkt der Recherche wurde dort gerade ein riesiges Resort (Mazagan) gebaut. **Sidi Bouzid** liegt 5 km südwestlich von El-Jadida. Sonnenhungrige und Surfer kommen sehr gerne hierher. **Le Requin Blue** (☎ 0523 348067; Festpreismenü ab 140 Dh) serviert am Strand exzellente Fischgerichte.

Lokalbus 2 fährt stündlich von El-Jadida nach Sidi Bouzid (3 Dh).

Schlafen

Ein paar neue Hotels nahe der Cité Portugaise machen El-Jadida zu einem tollen Ort, um ein paar Tage zu verweilen. In der Neustadt wohnt man modern und komfortabel, aber weniger marokkanisch. Zur Zeit der Recherche wurde gerade eine neue Reihe Hotels am Strand von Hauzia gebaut.

BUDGETUNTERKÜNFTE

Hôtel de Bordeaux (☎ 0523 373921; 47 Rue Moulay Ahmed Tahiri; EZ/DZ 95/130 Dh, heiße Dusche 5 Dh) Die beste der örtlichen Budgetoptionen nimmt ein traditionelles Altstadthaus ein. Das freundliche Hotel bietet ein gutes Preis-Leistungs-Verhältnis. Seine komfortablen, aber etwas beengten Zimmer umgeben einen überdachten Innenhof. Eigene Bäder haben lediglich die Unterkünfte im ersten Stock. Wer warm duschen möchte, muss das Gemeinschaftsbad im Untergeschoss benutzen. Ab der Rue ben Tachfine weisen Schilder deutlich den Weg.

Hôtel Royal (☎ 0523 341100; 108 Ave Mohammed V; EZ/DZ 100/140 Dh, mit eigenem Bad 140/250 Dh) Großes Hotel mit geräumigen, hellen Zimmern. Sie sind mit Billigmöbeln und nachträglich eingebauten Duschen ausgestattet, die von den Betten nur durch Glaswände getrennt sind. Die Zimmer sind in puncto Qualität und Komfort unterschiedlich – es lohnt sich, sie sich vorher anzuschauen. Die Gemeinschaftsbereiche sind bunt gefliest, und der tolle Innenhof wird abends zu einer beliebten Bar.

MITTEL- & SPITZENKLASSEHOTELS

Le Mazagao (☎ 0523 350137; 6 Derb el-Hajjar; www.lemazagaocom; EZ/DZ 484/615 Dh; ⌘) Das Altstadt-Gästehaus aus dem 19. Jh. besitzt blitzsaubere Gemeinschaftsbäder und empfängt seine Gäste mit einladendem Ambiente. Seine geräumigen Zimmer verteilen sich rund um den Innenhof und die Dachterrasse. Ihre marokkanische Deko wirkt warm und freundlich, und zahlreiche Fliesenelemente und einheimische Stoffe sorgen für tolle Wohlfühlatmosphäre. Wer länger als eine Woche bleiben möchte, muss Halbpension buchen.

La Villa (☎ 0523 344423; www.villa-david.com; 4 Ave Moulay Abdelhafid; Zi. 700–900 Dh, Suite 1100 Dh; ⌘ 💻) Das charmante, moderne Hotel wird von zwei Franzosen geführt. Die alte Villa direkt am Stadtrand besteht komplett aus einheimischen Baumaterialien und Hölzern. Stylishe Neonlampen weisen den Weg ins Obergeschoss. Die Zimmer grenzen an einen weißen Innenhof. Ihre Ausstattung umfasst Plasmafernseher und WLAN-Zugänge; Bäder und Böden sind mit *tadelakt* (Kalkputz) versehen. Diese Mischung lässt sie eher zen- als hightechmäßig wirken. Die kleine Dachbar bietet einen super Altstadtblick. Zudem ist hier das beste Restaurant der Stadt, das kreative französisch-marokkanische Küche serviert.

LP Tipp **Dar el-Manar** (☎ 0523 23351645 od. 0661 495411; www.dar-al-manar.com; abseits der Straße nach Casablanca; EZ/DZ 700/900 Dh; ⌘) Bei einer Radtour verliebte sich Fatima in ein Weizenfeld mit Blick auf den Ozean und die Stadt. So beschloss sie, an dieser Stelle ein reizendes Haus zu bauen. Dort wollte sie wunderbar selbst wohnen und gleichzeitig Gäste empfangen können. Dieses Konzept ist voll aufgegangen und verspricht einen wirklich angenehmen Aufenthalt. Die fünf einfachen, aber geschmackvollen und geräumigen Zimmer sind im marokkanischen Stil dekoriert. Für Gäste gibt's einen hellen Speiseraum und einen großen Garten, in dem Kühe und ein Esel grasen. Das Abendessen mit selbst angebautem Biogemüse kann im Voraus bestellt werden. Fatima und ihr französischstämmiger Ehemann heißen einen aufs Herzlichste willkommen – man muss nur telefonisch eine genaue Wegbeschreibung einholen: Das Gästehaus liegt in der Nähe eines Leuchtturms (Phare Sidi Mesbah). Ein Hinweisschild steht an der Straße, die von El-Jadida nordwärts nach Azemmour führt.

Essen

Neben einer brummenden Cafészene hat El-Jadida eine Handvoll anständiger Restaurants.

Restaurant Tchikito (4 Rue Mohammed Smiha; Teller gemischter Fisch 25–30 Dh) Beliebtes kleines Lokal gleich hinter der Place Hansali. Es serviert leckeren, günstigen Backfisch mit scharfer Chilisauce.

Restaurante La Portugaise (☎ 0663 037480; Rue Mohammed Ahchemi Bahbai; Hauptgerichte 35–60 Dh) Das kleine Restaurant mit Charakter liegt direkt am Innenrand der Altstadtmauern. Auf den

Tisch kommen anständige Menüs mit Fisch, Hühnchen und Tajine zu prima Preisen.

Restaurant du Port (☎ 0523 342579; Port du Jadida; Hauptgerichte 60–80 Dh; ⏰ So abends geschl.) Zählt zu El-Jadidas besten Restaurants und besitzt – welch Freude! – eine Schanklizenz. Im Obergeschoss hat man eine super Aussicht auf Hafen und Wehranlagen. Der Schwerpunkt liegt hier naturgemäß auf Fisch und Meeresfrüchten – einfach, aber lecker zubereitet. Dank der entspannten Atmosphäre fühlen sich auch weibliche Gäste wohl.

Borj Mazagan (☎ 0523 343435; 4.Stock, Marhaba-Zentrum, 54 Ave Mohammed V; Hauptgerichte 60–100 Dh; ⏰ 7–24 Uhr) Mit seinem feschen, stylishen Look zieht das Lokal hauptsächlich junge Berufstätige an. Traveller können hier in wohltuende Anonymität abtauchen mit schicken, modernen Möbeln, Fenstern vom Boden bis zur Decke und einer internationalen Speisekarte. Darauf stehen z. B. hausgemachte Pasta, Holzofenpizzas und saftige Steaks. Der Laden hat zwar keine Schanklizenz, aber dafür die netteste Terrasse El-Jadidas. Dort kann man phantastisch frühstücken (18–28 Dh) oder nachmittags klasse Kuchen verdrücken.

Pâtisserie Royale (☎ 0661 878354; Place Mohammed V; ⏰ 6–20 Uhr) Der ultimative Ort zum Frühstücken oder um in Ruhe einen Kaffee zu schlürfen: Das Royale wirkt mit seiner Holztäfelung zwar etwas altmodisch, aber dafür kann man hier ganz stressfrei und relaxt mit den Einheimischen plaudern.

An- & Weiterreise

BUS

Zum **Busbahnhof** (☎ 0523 373841) braucht man vom Zentrum zehn Minuten zu Fuß auf der Ave Mohammed V.

CTM (☎ 0523 342662) hat Busse von und nach Casablanca (27 Dh, 1½ Std., 4-mal tgl.). Außerdem gibt es Verbindungen nach Oualidia (22 Dh, 1½ Std., 3-mal tgl.), Safi (60 Dh, 2½ Std., 6-mal tgl.) und Essaouira (80 Dh, 4½ Std., 1-mal tgl.).

Billigere Lokalbusse steuern dieselben Ziele an, außerdem geht's nach Azemmour (5 Dh), Rabat (40 Dh, 4 Std., 12-mal tgl.) und Marrakesch (40 Dh, 4 Std., stündl.). Im Sommer sollte man die Tickets nach Casablanca (23 Dh) und Marrakesch mindestens einen Tag im Voraus kaufen.

Die Buslinien 2 nach Sidi Bouzid (3 Dh) und 6 nach Moulay Abdallah (4,50 Dh) starten gleich nördlich von der Cité Portugaise.

TAXI

Grands Taxis nach Azemmour (6 Dh) und Casablanca (35 Dh) warten in der Straße neben dem Bahnhof für die Überlandbusse. Taxis nach Oualidia (25 Dh) und Safi (55 Dh) starten an einer Kreuzung der Straße nach Sidi Bouzid. Dorthin fahren auch Petits Taxis (5 Dh). Der Stand für die Grands Taxis nach Sidi Bouzid (5 Dh) und Moulay Abdallah (6 Dh) ist neben dem Bahnhof für die lokalen Busse, nördlich von der Cité Portugaise.

ZUG

Der **Bahnhof** von El-Jadida (☎ 0523 352824) liegt 4 km südlich der Stadt. Von und nach Casablanca (30 Dh, 1 Std.) geht's fünfmal am Tag. Für ein Petit Taxi ins Zentrum ist mit rund 10 Dh zu rechnen. Details zu den Abfahrtzeiten gibt's in der Touristeninformation (S. 156).

RUND UM EL-JADIDA

Azemmour

El-Amine, einer der erfolgreichsten Maler Azemmours, hat seine Lieblingsaussicht, den Blick von seiner Dachterrasse auf die Stadt, detailgetreu in zahlreichen Werken verewigt: Vor einem Hintergrund aus Feldern quetschen sich die Altstadtmauern zwischen den Oum er Rbia (Mutter des Frühlings) und das Meer.

Viele Künstler haben sich von der Stadt inspirieren lassen und sie zu ihrem Dauerwohnsitz erkoren. Die Atmosphäre erinnert stark an den Kunstmarkt in Casablanca, aber dennoch ist das Leben hier bis heute einfach geblieben – Fischer und Bauern verkaufen ihre Waren weiterhin direkt an der Haustür. Der verschlafene Ort punktet mit charmanter Beschaulichkeit und dicken Altstadtmauern aus der Zeit der Portugiesen. Wunderbare Unterkünfte und die Aussicht auf den Fluss sorgen für ein paar entspannte Tage.

Die Portugiesen errichteten Azemmour 1513 als einen von mehreren Handelsposten entlang der Küste. Der berühmteste Einwohner war der maurische Sklave Estevanico. Er zählte später zu den ersten vier Abenteurern, die ganz Nordamerika von Florida bis zum Pazifik durchquerten.

Vor Ort findet man mehrere Banken, eine Apotheke und das Internetcafé **Capsys** (abseits der Place du Souk; 7 Dh/Std.).

Die Hauptattraktion ist die Medina. Deren ockerfarbene Mauern umgeben ein Gewirr von schmalen, verwinkelten Gassen mit weißgetünchten Häusern. Im Gegensatz zur Altstadt Asilahs im Norden wurde die von Azemmour nicht saniert, sodass sie einen authentischen Eindruck vom Leben im modernen Marokko vermittelt. Die **Altstadtmauern** kann man nahe der Place du Souk oder über die Stufen an der Nordostecke der Medina erklimmen. Wer den Mauern folgt, stößt auf das **Dar el Baroud** (Pulverhaus). Von dem portugiesischen Munitionslager steht allerdings nur noch der Turm. Die *mellah* befindet sich nördlich der Medina und jenseits davon hat man eine super Aussicht auf den Fluss. Innerhalb der Medina haben einheimische Künstler zahlreiche Wände mit Gemälden verziert. Ein paar Unterkünfte und Künstlerwerkstätten wie die von **Ahmed el-Amine** (☎ 0523 358902; 6 Derb el-Hantati) verkaufen Azemmours charakteristische Stickereien.

Zwei wunderbare Unterkünfte laden zum Übernachten ein: Der **Riad Azama** (☎ 0523 347516; www.riadazama.com; 17 Impasse Ben Tahar; DZ 500–750 Dh) nimmt ein herrliches Haus aus dem 19. Jh ein. Die Holzschnitzereien hier sind im Originalzustand erhalten – es gibt z. B. bemalte Decken, die zu den schönsten im ganzen Land zählen. Rund um den Innenhof liegen charmante Zimmer und die Dachterrasse bietet einen tollen Altstadtblick. Super Abendessen (200 Dh) gibt's obendrein.

Das **L'Oum Errebia** (☎ 0523 347071; www.azemmour-hotel.com; 25 Impasse Chtouka; EZ/DZ/3BZ 750/900/1250 Dh) ist vollkommen anders, aber genauso wunderschön. Hier vermischt sich traditionell marokkanischer Stil mit zeitgenössischem Schick. Die geräumige Lounge mit offenem Kamin und Konzertflügel fungiert gleichzeitig als moderne Kunstgalerie. Gäste wohnen in einfachen, herrlichen Zimmern und blicken von einer breiten Terrasse direkt auf den Fluss. Die Mahlzeiten (200 Dh) werden am großen Gemeinschaftstisch im Speiseraum eingenommen.

Zahlreiche kleine Restaurants verteilen sich in der Neustadt außerhalb des Bollwerks.

Grands Taxis nach bzw. ab El-Jadida kosten 7 Dh (Bus 5 Dh).

OUALIDIA

4000 Ew.

Schon die Fahrt von El-Jadida nach Oualidia ist echt spektakulär, denn das Ackerland entlang der Küstenstraße fällt steil zur rauen Ozeanküste ab. Aber das ist noch nichts gegen den Anblick bei Ankunft in Oualidia: Der reizende kleine Ferienort liegt an einer herrlichen halbmondförmigen Lagune mit goldenen Sandstränden. Vorgelagerte Felsen schützen sie vor den donnernden Atlantikwellen. Jahrelang war dies ein stilles Nest mit prima Unterkünften und tollen Fischrestaurants, doch mittlerweile kommt Oualidia als Wochenendziel für Ausflügler aus Marrakesch und Casablanca immer mehr in Mode.

Außerhalb der Hauptsaison herrschen hier immer noch Ruhe und Frieden – dann beschränken sich die Aktivitäten auf Relaxen, Surfen, Schwimmen und den Genuss von leckerem Essen. Den Menschenmassen im Sommer sollte man aber unbedingt aus dem Weg gehen. Leider gefährden viele neue Bauprojekte den idyllischen Charme dieses herrlichen Ortes massiv.

Orientierung & Praktische Informationen

Das Dorf befindet sich an einem Steilhang über der Lagune. Die meisten Hotels und Restaurants liegen an der 1 km langen Straße hinunter zum Strand – Schilder neben der Post weisen einem den Weg. Vor Ort gibt's eine Bank, ein CTM-Büro und ein **Internetcafé** (8 Dh/Std.; 🕑 8–24 Uhr). Samstags verkaufen die Einwohner der umliegenden Dörfer ihre Waren auf dem hiesigen Suk.

Sehenswertes & Aktivitäten

Der Ort ist nach Sultan el-Oualid benannt. Dieser errichtete 1634 auf dem Felsen über der Lagune die heute romantisch vor sich hin bröckelnde **Kasbah**. Den marokkanischen Hochadel zog es ebenfalls hierher: Die prächtige Villa am Meer ist der ehemalige **Sommerpalast Mohammeds V.**

Die sichere, ruhige Lagune eignet sich perfekt zum **Schwimmen**, **Segeln** und **Angeln**. Der breite Sandstrand an beiden Enden des Hafendamms bietet dagegen tolle Bedingungen zum **Windsurfen** und **Surfen**. Links von der Straße Richtung Strand weisen Schilder den Weg zum **Surfland** (☎ 0523 366110; 🕑 April–Mitte Nov.). Diese gut organisierte Schule veranstaltet Kurse im Surfen und Kitesurfen (250 Dh). Dasselbe gilt für **Dream Surf Oualidia** (☎ 0661 817817 od. 0641 291838; 🕑 ganzjährig) am Strand innerhalb des Ortes. Dort kann man außerdem Ausrüstung ausleihen und neben Angelausflügen auch geführte Wanderungen durch die Umgebung buchen. **Plancoët Canoë-Kayak** (☎ 0662 2511934; 4 Ave Hassan II; http://canoekayak

plancoet.free.fr; 80–100 Dh/Std.; März–Okt.) bietet Kanu- und Kajakausflüge auf der Lagune an, bei denen man perfekt Vögel beobachten kann.

Oualidia ist berühmt für seine **Austernbänke**, deren Ertrag bei etwa 200 t pro Jahr liegt. Austernfarm 7 im **Maison de l'Ostréa II** (0523 366324; www.ilove-casablanca.com/ostrea; Ortseingang an der Straße nach Casablanca) informiert Besucher über den gesamten Aufzuchtprozess. Das hervorragende Hausrestaurant (Gerichte inkl. Wein 200–250 Dh) serviert Austern und andere Meeresfrüchte.

Oualidia Maroc Adventure (0661 157743) an der Hauptstraße verleiht Mountainbikes (100 Dh/halber Tag) und Motorroller (200 Dh/halber Tag), mit denen sich toll Oualidias herrliche Umgebung erkunden lässt.

Südlich der Stadt wird die Küstenstraße immer dramatischer. Sie führt durch grünes Weideland, das urplötzlich an steilen Klippen am Meer endet.

Schlafen & Essen

Alle aufgeführten Hotels haben eigene Restaurants. Etwas erschwinglichere Lokalitäten säumen die Straße hinunter zum Strand. Besonders günstige Gerichte gibt's in diversen Lokalen an der Hauptstraße im Dorf.

Hotel Thalassa (0523 366050; Zi. 100–150 Dh, Juni–Sept. 150–200 Dh) Das einzige Hotel an der Hauptstraße ist etwas in die Jahre gekommen, aber deutlich besser, als man vielleicht erwartet. Seine hellen, luftigen Zimmer sind weiß verputzt und mit altmodischen Bädern ausgestattet. Prima Preis-Leistungs-Verhältnis, aber weit vom Strand entfernt.

Hôtel-Restaurant L'Initiale (0523 366246; liniti ale@menara.ma; Zi. 400 Dh, Juni–Sept. 500 Dh, Festpreismenü ab 100 Dh) Kleine, weiße Villa mit Innenräumen in warmen Orangetönen und schönen, komfortablen Zimmern. Sie bietet neue Einrichtung, blitzsaubere Bäder und kleine Balkone. Das beliebte Hausrestaurant hat eine Alkohollizenz und zählt zu den besten vor Ort. Es serviert eine breite Auswahl von Fischgerichten und Pizzas.

Motel A l'Araignée Gourmande (0523 366447, Fax 0523 366144; EZ/DZ 200/300 Dh, Juni–Sept. 246/280 Dh) Die geräumigen, gemütlichen Zimmer dieses freundlichen Hotels könnten eine Modernisierung vertragen; die im hinteren Bereich haben als Entschädigung wenigstens eigene Balkone mit Blick auf die Lagune. Das Restaurant im Untergeschoss serviert ein großes Angebot an leckeren Meeresfrüchten (Festpreismenüs 110–250 Dh).

L'Hippocampe (0523 366108; EZ/DZ 200/300 Dh, Juni–Sept. 246/280 Dh) Sympathisches, familienfreundliches Hotel mit tadellosen Zimmern, die an einen Garten voller Blumen grenzen und Blick auf die Lagune bieten. Außerdem gibt es ein super Fischrestaurant (Festpreismenüs 110–250 Dh). Stufen führen runter zum Strand.

La Sultana (0524 388008; www.lasultanaoualidia.com; Parc à Huîtres No 3; DZ 2100–4200 Dh, Suite 3800–4750 Dh;) Großartige, ungemein luxuriöse Unterkunft mit nur elf Zimmern, die offene Kamine, eigene Whirlpools und Terrassen mit Lagunenblick bieten. Das La Sultana verwöhnt Gäste zudem mit drei Restaurants (Festpreismenüs 200–350 Dh), einem Innenpool, einem riesigen Freiluftbecken und einem Wellnessbereich. All dies befindet sich auf einem schön gestalteten Gartengelände.

Villa La Diouana (0666 551646 od. 00 44 7810541646 in Großbritannien; www.ladiouana.com; abseits der Ave Moulay Abdel Salaam; max. 6 Pers. ab 1000 £;) In der wunderbaren Villa aus den 1930er-Jahren sind nachts nur der Wind und das Donnern der Brandung zu hören. Das elegante Gebäude mit endlosem Meerblick klebt am Rand einer hohen Klippe. Die schlichte, aber luxuriöse Einrichtung kombiniert traditionelle und moderne Designelemente im marokkanischen Stil. Zur Auswahl stehen ein Ferienhaus mit drei Schlafzimmern, eine reizende Gartenhütte mit einem Schlafzimmer und ein Wohnstudio mit eigener Dachterrasse. Drum herum erstreckt sich ein 0,2 ha großer Palmengarten. Die Unterkünfte werden nur wochenweise vermietet. Frühstück und Zimmermädchen sind im Preis enthalten.

Weitere Apartments und Ferienhäuser gibt's unter **www.oualidia.net** (französisch; Wohnstudio ab 300 Dh/Nacht).

An- & Weiterreise

Regionalbusse und Grands Taxis rollen unregelmäßig nach El-Jadida (Bus/Taxi 25/22 Dh) und Safi (Bus/Taxi 25/22 Dh). Sie fahren in der Nähe der Post an der Hauptstraße ab. CTM hat ein Büro vor Ort und schickt täglich je einen Bus (30 Dh) in beide Richtungen.

SAFI

415 000 Ew.

Als industrielles Zentrum und geschäftiger Exporthafen für Phosphate ist Safi deutlich weniger schmuck als seine Nachbarn an der Küste. Dafür können Besucher hier aber prima Einblicke in den Alltag einer marokkanischen Stadt gewinnen. Auf dem Weg nach bzw. von Essaouira legen die meisten Touristen hier einen Zwischenstopp ein, um die riesige Keramikfabrik zu besuchen. Diese nimmt gleich ein ganzes Viertel ein und produziert die strahlend bunten Tonwaren, die für Safi so typisch sind.

Mit ihren von Bäumen gesäumten Boulevards und den weiß getünchten Villen ist schon die Neustadt ganz hübsch. Die Gassen in der befestigten Medina sind aber noch atmosphärischer und toll für einen Spaziergang. Häufig hat man die Sehenswürdigkeiten ganz für sich allein. Safis Strände sind für ihre starke Brandung berühmt. An den unberührten Stränden nördlich der Stadt fand 2006 die Billabong Challenge statt. Angeblich brechen sich dort ein paar der weltbesten Wellen. Das Gebiet im Süden ist größtenteils industriell geprägt und für Besucher nicht weiter interessant.

Geschichte

Safis natürlicher Hafen war bereits den Phöniziern und Römern bekannt. Im 11. Jh. wurde die Stadt zu einem bedeutenden Anlaufpunkt für den Handel zwischen Marrakesch und Guinea. Auf dieser Route wurden einst Gold, Sklaven und Elfenbein quer durch die Sahara geschafft. Im 14. Jh. entwickelte sich Safi zu einem wichtigen Religions- und Kulturzentrum, nachdem die Meriniden dort ein *ribat* (Wehrkloster) errichtet hatten. Von 1508 bis 1541 fiel es kurzzeitig an die Portugiesen. Diese erbauten neben dem gigantischen Bollwerk Qasr al-Bahr auch eine Kathedrale und erweiterten die gesamte Stadt. Allerdings zerstörten sie die meisten Monumente wieder, als die Saaditen die Stadt zurückeroberten.

Im 16. Jh. kam Safi zu Reichtum, als Kupfer- und Zuckerhandel viele Kaufleute und Mittelsmänner aus Europa anzogen. Mit dem Bau von Essaouiras Hafen im 18. Jh. verlagerte sich jedoch der gesamte Exporthandel und Safi geriet in Vergessenheit.

Ihr Comeback feierte die Stadt im 20. Jh. Sie erhielt eine größere Fischereiflotte und riesige Sardinenfabriken, um den jährlichen Fang von 30 000 t verarbeiten zu können. Als noch ein großes Phosphatwerk im Süden hinzukam, wuchs die Stadt mit rasender Geschwindigkeit. Heute zählt Safi zu Marokkos größten Häfen.

Orientierung

Die Festung, die Medina und die meisten günstigen Hotels und Restaurants befinden sich in der Unterstadt, auf der bzw. unmittelbar rund um die Place de l'Indépendance. In der „Neustadt" auf dem Hügel im Osten sind alle örtlichen Verwaltungsgebäude, die teureren Hotels und die besseren Wohngebiete. Das Zentrum der Neustadt bildet die Place Mohammed V.

Busbahnhof und Bahnhof liegen ca. 1 km südlich der Innenstadt.

Praktische Informationen

Rund um Place de l'Indépendance und Driss Ben Nacer gibt es massenweise Banken und Geldautomaten. Auf www.safi-ville.com finden Touristen Infos im Internet.

Cyber Club Lascala (Ave Sidi Mohammed Abdallah; 7 Dh/Std.; 8–24 Uhr) Super Spielhölle mit Pooltischen (5 Dh/Spiel). Es wimmelt von Studenten.

Hauptpost (Ave Sidi Mohammed Abdallah)

Syndicat d'Initiative (Rue de la Liberté; 9–12 & 15–19 Uhr) Nicht gerade hilfreiche Touristeninformation

Sehenswertes

Das eindrucksvolle **Qasr al-Bahr** (Schloss am Meer; Eintritt 10 Dh; 8.30–12 & 14.30–18 Uhr) thront am felsigen Ufer über dem donnernden Atlantik. Der Zweck der Festung war es ursprünglich, die portugiesische Herrschaft zu stärken und dem örtlichen Gouverneur als Residenz sowie dem Schutz des Hafens zu dienen. Die Rampe im Hof führt zum südwestlichen Wachturm, von dem aus man eine tolle Aussicht hat. Gefangene waren im Untergeschoss des **Gefängnisturms** rechts vom Eingang untergebracht, bevor sie hingerichtet oder als Sklaven verkauft wurden. Ganz oben hat man einen klasse Blick auf die **Medina**.

Die Mauern der Altstadt erheben sich gegenüber vom Qasr al-Bahr. Vom Bab Lamaasa aus erstreckt sich die Rue du Souq, die Hauptstraße, in Richtung Nordosten. In dieser Ecke findet man die meisten Suks, Stände, Restaurants, Schmuck- und Klamottenläden. Von der Straße zweigt rechts eine gewundene Gasse ab. An ihrem Ende stehen die Überreste der so genannten **Cathédrale Portugaise** (Portugiesische Kathedrale; Eintritt 10 Dh; 8–12 & 14.30–18 Uhr), die von den Portugiesen niemals vollendet wurde.

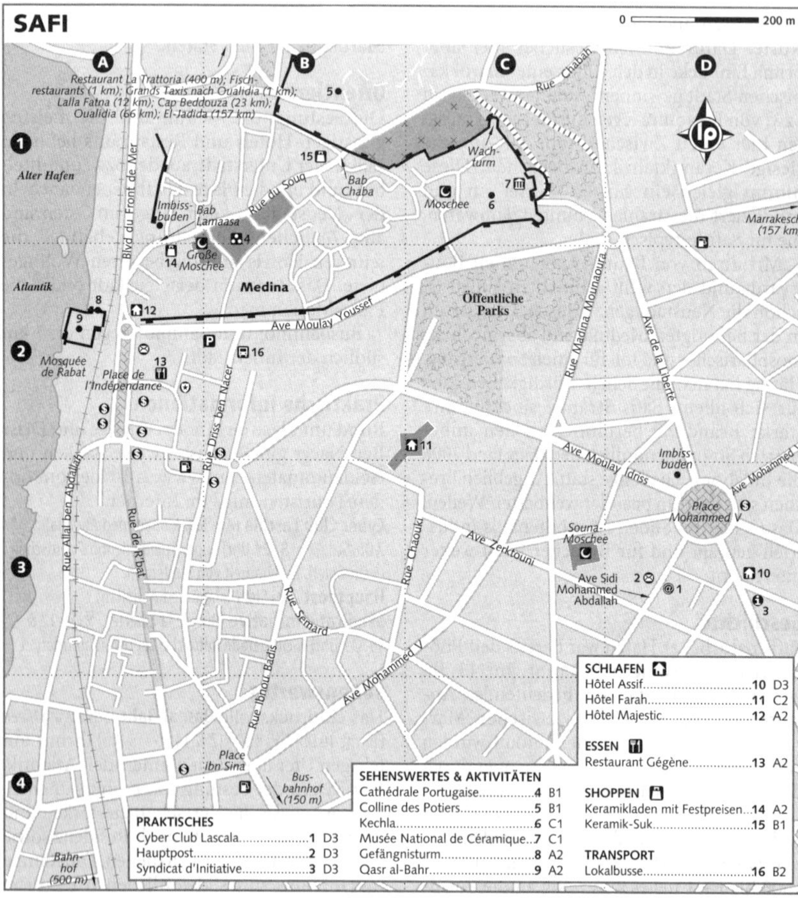

Die **Kechla** ist ein gewaltiges Bollwerk mit Rampen, Geschützplattformen und Wohnquartieren. Sie wurde mittlerweile restauriert und beherbergt nun das **Musée National de Céramique** (Eintritt 10 Dh; Mi–Mo 8.30–18 Uhr). Darin sind neben Keramikwaren aus Safi, Fès und Meknès auch ein paar zeitgenössische Stücke einheimischer Künstler ausgestellt.

Außerhalb der Mauern ragt gegenüber vom Bab Chaba der kaum zu übersehende **Colline des Potiers** (Töpferhügel) empor. Dessen irdene Brennöfen und Schornsteine werden bis heute hauptsächlich auf traditionelle Weise genutzt. Besucher können dort die Kooperativen abklappern und den Töpfern bei der Arbeit zusehen. Wer zu Letzteren eingeladen wird, sollte zumindest ein kleines Trinkgeld bereithalten oder ein bis zwei Gegenstände kaufen.

Schlafen & Essen

Es gibt eigentlich keinen Grund, in Safi zu übernachten. Wer sich dennoch entscheidet zu bleiben, sollte nicht unbedingt in einer der billigsten Unterkünfte absteigen: Die Budgetoptionen sind teilweise echt schäbig. Die günstigsten Übernachtungsmöglichkeiten gibt's am Hafenende der Rue du Souq und entlang der Rue de R'bat. Keine dieser beiden Ecken ist das Richtige für Frauen.

Hôtel Majestic (☎ 0524 464011, Fax 0524 462490; Place de l'Indépendance; EZ/DZ/3BZ 60/100/130 Dh, warme Dusche 5 Dh) Beste Adresse in der Altstadt mit einfachen, geräumigen Zimmern. Die Hälfte der

Quartiere hat Meerblick zu bieten, und alle haben ein gutes Preis-Leistungs-Verhältnis, bekommen aber etwas viel Straßenlärm ab. Es gibt lediglich Gemeinschaftsbäder, aber das ganze Haus ist sehr sauber und gepflegt.

Hôtel Assif (☎ 0524 622940; www.hotel-assif.ma; Rue de la Liberté; EZ/DZ mit Dusche 198/280 Dh, mit eigenem Bad 262/330 Dh; ❄) Bewährtes Drei-Sterne-Hotel mit etwas betagten, aber komfortablen Zimmern. Ausgestattet sind diese mit kleinen Balkonen und sauberen eigenen Bädern.

Hôtel Farah (☎ 0524 464299; www.goldentulipfarahsafi.com; Ave Zerktouni; EZ/DZ/Suite 514/728/1500 Dh; ❄) Safis bestes Hotel, das renovierte Farah, bietet auch das beste Preis-Leistungs-Verhältnis der Stadt. Die geräumigen, stilvollen Zimmer in dezent-neutralen Farben haben blitzsaubere Bäder. Allergikerfreundliche Bettdecken, Minibars, ein Hamam, ein Fitnessraum und eine Poolterrasse mit prima Aussicht machen das Superangebot komplett. Zur Anlage gehören außerdem zwei Restaurants (Festpreismenü 190 Dh), eine Pizzeria und ein Nachtclub.

Restaurant Gégène (☎ 0524 463369; 11 Rue de la Marne; Hauptgerichte 70–90 Dh; ⌚ So geschl.) Umgeben von geschmackvoller Deko kommt man hier in den Genuss altmodischen Services und eines überraschend noblen Menüs. Auf der Karte stehen marokkanische und mediterrane Gerichte wie Lamm-Tajine, Pizza und Austern aus Oualidia. Ein Glas Wein gibt's dazu.

Restaurant La Trattoria (☎ 0524 620959; 2 Rue l'Aouinate; Gerichte 200 Dh, Fisch 150 Dh; ⌚ So geschl.) Das reizende Lokal wird vom Gégène-Team geführt, ist aber etwas nobler. Es empfängt Gäste in entspanntem Ambiente mit erstaunlich gutem italienischem Essen. Die vielfältige Speisekarte bietet u. a. Pizza, Pasta, Fisch und Meeresfrüchte feil.

Safis Spezialitäten sind Meeresfrüchte und Fisch (vor allem Sardinen). Wer sie probieren will, geht am besten in eines der **Freiluft-Fischrestaurants** auf dem Hügel beim *rond-point de Sidi Bouzid* (Sidi-Bouzid-Kreisverkehr). Achtung: Den Preis unbedingt vor dem Bestellen aushandeln – bei Fisch geht das nämlich nach Gewicht. Eine Alternative sind die Specials (35 Dh), die aus Tellern mit Fisch, Brot und würziger Tomatensauce bestehen. Hin kommt man z. B. mit Petits Taxis (ca. 10 Dh).

Shoppen

In Safi kann man sich super mit Keramik aller Art eindecken. Wer sich erst mal einen Eindruck von den Preisen verschaffen will, kann im **Keramikladen mit Festpreisen** (⌚ 9–20 Uhr) vorbeischauen. Er ist auf der rechten Seite der Rue du Souq, wenn man vom Bab Lamaasa in die Medina kommt. Der bunte **Keramik-Suk** liegt linker Hand, am östlichen Ende derselben Straße.

An- & Weiterreise

BUS

Fast alle **CTM**-Busse (☎ 0524 622140), die in Safi halten, kommen aus anderen Orten. Es ist also besser, mindestens einen Tag im Voraus zu buchen. CTM fährt nur einmal am Tag nach Agadir (97 Dh, 5 Std.), außerdem nach Casablanca (81 Dh, 4 Std., 15-mal tgl.), El-Jadida (45 Dh, 2 Std., 4-mal tgl.) und Essaouira (30 Dh, 2 Std., 9-mal tgl.).

Andere Busgesellschaften haben täglich Busse zu denselben Reisezielen, aber auch nach Oualidia (25 Dh, 1 Std., 1-mal tgl.) und Tiznit (90 Dh. 6 Std., 1-mal tgl.).

TAXI

Grands Taxis fahren u. a. nach Marrakesch (57 Dh) und Essaouira (48 Dh). Sie starten am Parkplatz neben dem Busbahnhof. Der Taxistand für Oualidia (25 Dh) und El-Jadida (45 Dh) ist gut 1 km nördlich der Stadt an der Straße nach El-Jadida.

ZUG

Vom **Bahnhof** in Safi (☎ 0524 462176; Rue de R'bat) gibt es zwei Züge nach Benguéri. Dort hat man Anschluss nach Rabat (109 Dh, 5½ Std.), Casablanca (84 Dh, 4½ Std.), Fès (179 Dh, 8½ Std.) und Marrakesch (63 Dh, 3 Std.). Los geht's morgens um 5.50 Uhr oder später um 15.50 Uhr. Die Züge aus der Gegenrichtung kommen um 12 und 20 Uhr in Safi an.

Unterwegs vor Ort

Der **Busbahnhof** (Ave Président Kennedy) und der **Bahnhof** (Rue de R'bat) liegen ein ganzes Stück südlich vom Stadtzentrum. Ein Petit Taxi mit Taxameter zu beiden Bahnhöfen kostet ca. 10 Dh. Lokalbusse fahren ein kleines Stück nördlich von der Place Driss ben Nacer ab.

RUND UM SAFI

Für Reisende, die mit dem Auto unterwegs sind, ist die wilde Küste nördlich von Safi mit ihren spektakulären Klippen und geschützten Sandbuchten ein super Ziel für eine kleine Spritztour. Der erste Stopp ist auf der Landzunge von Sidi Bouzid. Von dort hat man einen großartigen Blick auf die Stadt. Und das Fischrestaurant **Le Refuge** (☎ 0524 464354; Route Sidi Bouzid; Menü 150 Dh; Mo geschl.) ist perfekt für ein Mittagessen.

Weiter die Küste rauf begegnen Naturstrände, die bei Surfern sehr in sind. Hier gibt es einige der längsten Righthander Tubes der Welt. Profis wie Gary Elkerton, Tom Carroll und Jeff Hackman trainieren an diesen Stränden, und 2006 fand hier der Billabong Challenge statt. 12 km von Safi entfernt wartet **Lalla Fatna**, eines der schönsten und am besten geschützten Plätzchen an diesem Küstenstreifen. Am Lalla Fatna Café geht's links ab und durch Haarnadelkurven runter zum Sand unterhalb der Klippen. Noch ein Stück weiter kommt die Landspitze mit dem Leuchtturm von **Cap Beddouza** (23 km). Hier gibt's einen breiten Sandstrand.

Im Sommer (Mai–Sept.) fährt auf dieser Route der Bus 15; er startet in der Rue Driss ben Nacer in Safi.

ESSAOUIRA

69 000 Ew.

Mit den Festungsmauern, dem Fischerhafen und den schreienden Seemöwen hoch über der Stadt wirkt Essaouira („essa-wihra" oder in arabischer Aussprache „es-swihra") vertraut und exotisch zugleich. Auf den ersten Blick könnte die Stadt genausogut in der französischen Bretagne liegen, und dieser Gedanke ist gar nicht so abwegig: Essaouira geht auf das Konto desselben Franzosen, der den berühmten bretonischen Hafenort Saint-Malo entwarf. Innerhalb der Stadtmauern jedoch ist man sofort im unendlich geheimnisvollen Marokko: In den schmalen Gassen schwirren zahllose Gerüchte, es weht ein Wind, der die Menschen angeblich in den Wahnsinn treibt, und der Geruch von Fischinnereien und feuchter Seeluft vermischt sich mit dem Duft von Gewürzen und Thujaholz. Wenn die Palmen mittags Schatten auf die roten Stadtmauern werfen, sieht man Frauen in weißen *haiks* (Schleiern) herumschlendern, während Läden und Wohnhäuser von Getrommel und Gnawa-Gesängen widerhallen.

Die Küstenstadt hat eine lange Geschichte als Handelsposten, an dem schon immer Araber, Afrikaner und Europäer aufeinandertrafen. Neuankömmlinge werden entspannter empfangen als anderswo in Marokko. Essaouira zählt zu den Orten, an denen man eher relaxt als Sehenswürdigkeiten zu besichtigen. Kein Wunder also, dass die Hippies in den 1960er- und 1970er-Jahren hierher strömten, unter ihnen auch Jimi Hendrix, dem andere Künstler, Kunsthandwerker und Schriftsteller folgten. Heutzutage ist die Lage anders: Wie an vielen anderen Orten in Marokko bekommt man nun eher Besucher zu Gesicht, die Immobilien in der malerischen Altstadt kaufen möchten. Sie träumen von einem lockeren Leben in der Sonne oder haben die Eröffnung neuer Gästehäuser im Sinn.

Essaouira ist ein beliebtes Reiseziel, verzeichnet seit ein paar Jahren steigende Besucherzahlen und gilt immer mehr als hip. Die Altstadt aus dem 18. Jh. wird langsam, aber kontinuierlich saniert und verschönert. Vormittags werden ganze Busladungen von Tagesausflüglern am Hauptplatz abgesetzt. Die Massen pilgern durch die Straßen und fahren am späten Nachmittag am gegenüberliegenden Stadtrand wieder ab. Mit Einbruch der Dunkelheit zeigt Essaouira aber wieder sein ursprüngliches Gesicht: In relaxter und ruhiger Atmosphäre sind dann nur das sanfte Rascheln von Kaftanen, der heulende Wind und das Gewisper der vielen Souiris (Einheimischen) in den Cafés an der Place Moulay Hassan zu hören.

Es ist der Wind – in der Berbersprache trägt er den wunderschönen Namen *alizee* oder *taros* –, der trotz der Touristenscharen dafür sorgt, dass die Stadt ihren Charakter bewahrt: Sonnenhungrige Strandurlauber werden von seiner Kraft abgeschreckt. Fast das ganze Jahr über kann man überhaupt nicht am Strand sitzen, weil einem der Sand ständig ins Gesicht geblasen wird. Kein Wunder, dass Essaouira als „afrikanische Windhauptstadt" gilt und viele Surfer anlockt. Wer hingegen die Sonne genießen möchte, geht meist ins mildere Agadir weiter im Süden. Essaouira ist bis heute so reizvoll, weil es nicht völlig im Zeichen des Tourismus steht. Sein Fischerhafen ist so betriebsam, wie er immer war, die Kunsthandwerker stellen weiterhin wunderschöne Holzgegenstände her und die Medina ist für die Einheimischen so wichtig wie bei den Touristen beliebt.

Essaouira liegt zwischen den Stammesterritorien der arabischen Chiadma (Norden) und der Haha-Berber (Süden). Außerdem wären da auch noch die Gnawa, die ursprünglich aus südlicher gelegenen Gebieten Afrikas stammen. Zusammen mit ein paar Europäern

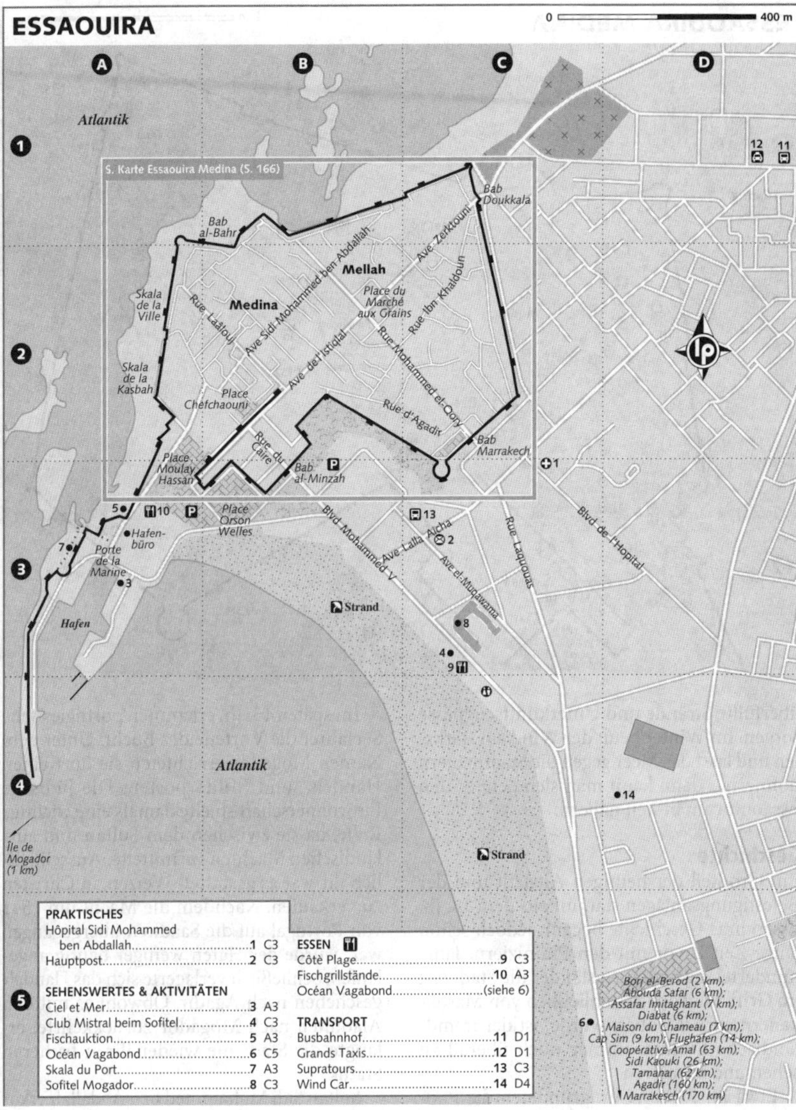

ergibt sich so ein kunterbunter Kulturmix. Die Lichtverhältnisse und die Schönheit der Landschaft haben Künstler dazu bewogen, sich hier dauerhaft niederzulassen, sodass sich Essaouira einer blühenden Kunstszene erfreut. Mit Gründung des örtlichen Museums in den 1950er-Jahren wurde der Bildhauer Boujemaa Lakhdar zum Vorbild einer ganzen Künstlergeneration. Seitdem verewigen die autodidaktischen Gnawa-Maler ihre Träume in bunten Farben. Ihren internationalen Erfolg verdanken sie vor allem den Bemühungen der Galerie Frederic Damgaard (S. 176).

Während des Sommers wird die Stadt von marokkanischen Touristen überrannt, die für

ESSAOUIRA MEDINA

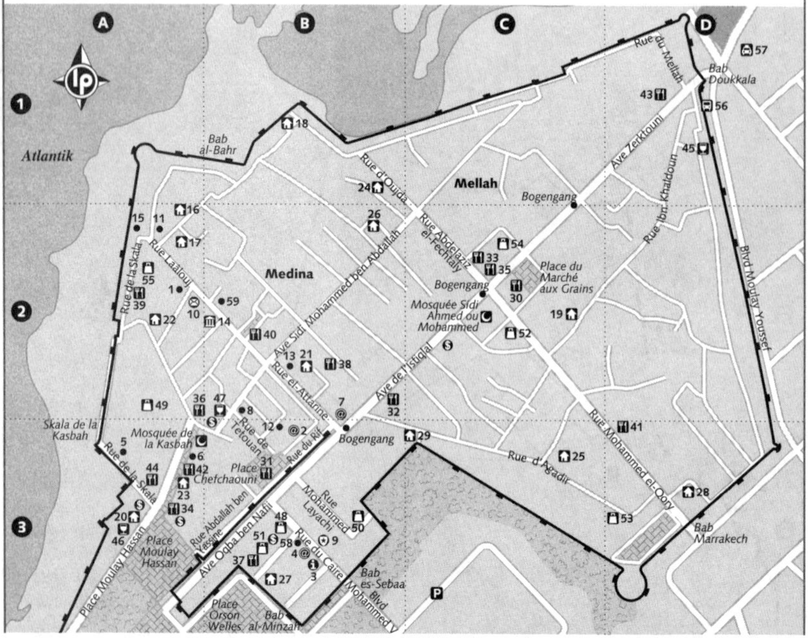

überfüllte Strände und Unterkunftsengpässe sorgen. Im Winter heult der Wind am stärksten und lässt das Meer gegen die Stadtmauern donnern – dann kann man sich dem echten Essaouira am besten nähern.

Geschichte

Ein Großteil der heutigen Altstadt und der Befestigungsanlagen stammt aus dem 18. Jh. Essaouiras Geschichte begann jedoch schon lange Zeit zuvor mit den Phöniziern. Jahrhundertelang hatten Ausländer die Stadt fest im Griff. Obwohl sie schließlich von Marokkanern zurückerobert wurde, ist der fremdländische Einfluss immer noch überall zu sehen und zu spüren.

Etwa im 7. Jh. v. Chr. gründeten die Phönizier an dieser Stelle die Siedlung Migdol (Wachturm). Dank der Felsinseln im offenen Meer wuchs die Bevölkerung recht schnell: Aus den dort vorkommenden Purpurschnecken ließ sich lukrativ der gleichnamige Farbstoff gewinnen. Schiffe nutzten die Stadt jahrhundertelang als sicheren Hafen und Bezugspunkt für Trinkwasser zwischen Kapverden und dem Äquator.

Im späten 15. Jh. erkannten portugiesische Seefahrer die Vorteile der Bucht. Unter dem Namen Mogador errichteten sie dort einen Handels- und Militärposten. Die jüdische Einwohnerschaft spielte damals eine wichtige Rolle, da sie zwischen dem Sultan und ausländischen Mächten vermittelte. Ausschließlich ihr war es gestattet, Weizen an Christen zu verkaufen. Nachdem die Macht um 1541 von Portugal auf die Saaditen übergegangen war, wurde der Hafen weniger häufig angelaufen. Schließlich verlagerte sich das Handelgeschehen nach Agadir. Obwohl es mit den Alaouiten nach Mogador zurückkehrte, erlangte die Stadt nie wieder ihren früheren Status.

Sultan Sidi Mohammed ben Abdallah erkor Essaouira 1764 zum Standort seiner Residenz. Von dort aus konnten seine Korsaren die rebellische Bevölkerung Agadirs angreifen. Er beauftragte den französischen Architekten Théodore Cornut, inmitten der Ödnis aus Sand und Wind eine brandneue Stadt anzulegen. Die Kombination aus marokkanischer und französischer Architektur gefiel dem Sultan so gut, dass er das Ganze auf den

PRAKTISCHES
Alliance Franco-Marocaine........1 A2
Cyber Les Remparts........2 B3
Délégation du Tourisme........3 B3
Espace Internet........4 B3
Galerie Aida........5 A3
Jack's Kiosk........6 A3
Mogador Informatique........7 B2
Pharmacie La Kasbah........8 B2
Polizei........9 B3
Post........10 A2

SEHENSWERTES & AKTIVITÄTEN
Aufgang zu den Wällen........11 A2
Hammam Lalla Mira........(siehe 25)
Hammam de la Kasbah........12 B3
Hammam Riad el-Medina........13 B2
Sidi Mohammed Ben Abdallah Museum........14 B2
Skala de la Ville........15 A2

SCHLAFEN
Dar Adul........16 A2
Dar Afram........17 A2
Dar Al-Bahar........18 B1
Dar Beida........19 C2
Hôtel Beau Rivage........20 A3
Hôtel Les Matins Bleus........21 B2
Hôtel Smara........22 A2
Jack's Appartments........(siehe 6)
Karimo........23 A3
La Casa del Mar........24 B1
Lalla Mira........25 C3
Le Grand Large........26 B2
Madada........27 B3
Palais Heure Bleue........28 D3
Riad Nakhla........29 C3

ESSEN
Au Bonheur des Dames........30 C2
Café Faid........(siehe 44)
Café d'Horloge........31 B3
Elizir........32 B2
Fisch-Suk........33 C2
Gelateria Dolce Freddo........34 A3
Grillstände........35 C2
Le 5........(siehe 27)
Pâtisserie Driss........36 A2
Restaurant El-Minzah........37 B3
Restaurant Ferdaous........38 B2
Restaurant Les Alizés........39 A2
Restaurant Les Chandeliers........40 B2
Riad Al-Baraka........41 D3
Sandwichstände........42 A3
Imbissbuden........43 D1
Taros Café........44 A3

AUSGEHEN
Alkoholladen........45 D1
Café Restaurant Bab Laachour........46 A3
Le Patio........47 B2
Taros Café........(siehe 44)

SHOPPEN
Association Tilal des Arts Plastiques........48 B3
Coopérative Artisanal des Marqueteurs........49 A2
Espace Othello........50 B3
Galeries Frederic Damgaard........51 B3
Schmuck-Suk........52 C2
Rafia Craft........53 D3
Gewürz-Suk........54 C2
Holzschnitzerwerkstätten........55 A2

TRANSPORT
Lokalbusse........56 D1
Petits Taxis........57 D1
Residence Shahrazed........58 B3
Résidence Hôtel Al-Arboussas........59 B2

Namen Essaouira („die Wohlgeplante") taufte. Der Hafen entwickelte sich schnell zu einem lebenswichtigen Knotenpunkt für den Handel zwischen Timbuktu und Europa. Der Umschlag von Gold, Salz, Elfenbein und Straußenfedern wurde genauestens kontrolliert, dokumentiert und besteuert. Hierfür war eine 2000 Mann starke Garnison von Reichssoldaten zuständig.

Zu Anfang der Protektoratszeit benannte Frankreich die Stadt erneut in Mogador um und verlagerte den Handel nach Casablanca, Tanger und Agadir. Erst im Zuge der marokkanischen Unabhängigkeit 1956 erhielt der verschlafene Ort seinen alten Namen zurück. Später drehte Orson Welles hier seinen *Othello*. Durch den Besuch von Jimi Hendrix wurde Essaouira zur Hippie-Hochburg. Seitdem finden sich ständig Künstler, Surfer, Schriftsteller und europäische Touristen ein, die den Menschenmassen in Marrakesch zu entkommen versuchen.

Gefahren & Ärgernisse

Bis heute ist Essaouira größtenteils eine sichere und entspannte Touristenstadt. Nach Einbruch der Dunkelheit ist in den Seitenstraßen der *mellah* dennoch Vorsicht geboten. Dort und in der übrigen Stadt wurden in den letzten Jahren umfangreiche Sanierungsmaßnahmen durchgeführt. Nichtsdestotrotz sorgen Alkohol und illegale Drogen weiterhin für Probleme. In den Seitenstraßen östlich von l'Lunétoile bzw. nördlich der Ave Zerktouni treiben sich Dealer und Junkies herum. Traveller sollten diesen zwielichtigen Stadtteil meiden.

Orientierung

Fast alles, was Reisende brauchen, ist in der Altstadt, am Hafen oder am Wasser zu finden. Das Gebiet ist überschaubar und macht keine Probleme in Sachen Orientierung.

Die Hauptverkehrsader der Altstadt ist die Avenue de l'Istiqlal. In Richtung Bab Doukkala im Nordosten wird sie zur Avenue Zerktouni. Am Südwestende ist der Marktplatz, die Place Moulay Hassan, mit seinen Café-Terrassen. Hinter dem Platz liegen der Hafen, der Fischmarkt und die Bastion Skala du Port.

Die Rue Mohammed el-Qory verläuft quer zur Hauptstraße: vom Bab Marrakech im Südosten bis zum Bab al-Bahr im Nordwesten. Sie wird erst zur Rue Abdelaziz el-Fechtaly und dann zur Rue d'Oujda. Parallel dazu verläuft noch eine belebte Straße, die Rue Lattarine (später Rue Laâlouj).

Die neue Stadt wächst schnell, aber die meisten Hotels und Restaurants befinden sich entlang dem Ufer; der Rest der Stadt ist Wohngebiet. Der Busbahnhof und der Stand für die Grands Taxis sind 1 km nordöstlich, in einem etwas heruntergekommenen neuen Stadtteil.

KARTEN & STADTPLÄNE

In der Touristeninformation gibt's einen ganz nützlichen Stadtplan (15 Dh) und einen interessanten Führer namens *Essaouira – La Séductrice* (Essaouira – Die Verführerin, französisch; 40 Dh). In diesem Buch geht es um die Geschichte und die Kunst der Gegend, um traditionelle Musik, Festivals und Architektur. Ein anderes wirklich gutes Buch ist *Essaouira de Bab en Bab: Promenades* von Hammad Berrada, ein super Guide mit Rundwanderungen, allerdings ist er vor Ort nicht immer zu bekommen. Auf Französisch werden detailliert acht verschiedene Spaziergänge beschrieben, dazu gibt's erläuternde Texte, Fotos und übersichtliche Pläne von der Medina.

Praktische Informationen

BUCHLÄDEN

Galerie Aida (Karte S. 166; ☎ 0524 476290; 2 Rue de la Skala) Wird von einem Ex-New-Yorker geführt. Kleine, aber gute Auswahl an englischsprachigen Büchern und abgefahrener Kitsch.

Jack's Kiosk (Karte S. 166; ☎ 0524 475538; 1 Place Moulay Hassan) Verkauft neben ausländischen Printmedien auch ein paar englisch-, französisch- und deutschsprachige Bücher und vermietet außerdem Apartments (s. S. 174).

GELD

Mehrere Banken mit Geldautomaten umgeben die Place Moulay Hassan. Weitere Geldinstitute gibt's entlang der Hauptstraße, die nordostwärts nach Bab Doukkala führt. In den meisten Fällen kann man Bargeld problemlos umtauschen oder sich auf Kreditkarte auszahlen lassen.

INTERNETZUGANG

Internetcafés verteilen sich über die ganze Stadt. Die meisten haben von 9 bis 23 Uhr geöffnet und verlangen 8 bis 10 Dh pro Stunde.

Cyber Les Remparts (Karte S. 166; 12 Rue du Rif)

Espace Internet (Karte S. 166; 8 bis, Rue du Caire)

Mogador Informatique (5 Ave de l'Istiqlal)

KULTURZENTREN

Alliance Franco-Marocaine (Karte S. 166; ☎ 0524 476197; www.ambafrance-ma.org/institut/afm-essaouira/index.cfm; Derb Lâalaouj, 9 Rue Mohammed Diouri; 🕑 Mo–Fr 9–12.30 & 14.30–18.30 Uhr) Bietet u. a. einsemestrige Französischkurse und achtwöchige Arabischkurse an. Dazu kommen regelmäßige Filmvorführungen, Ausstellungen und Kulturevents.

MEDIZINISCHE VERSORGUNG

Hôpital Sidi Mohammed ben Abdallah (Karte S. 165; ☎ 0524 475716; Blvd de l'Hôpital) Notfallkrankenhaus.

Pharmacie la Kasbah (Karte S. 166; ☎ 0524 475151; 12–14 Rue Allal ben Abdellah)

NOTFALL

Medizinische Notfälle (☎ 0524 475716)

Polizei (Karte S. 166; ☎ 19 od. 0524 784880; Rue du Caire) Gegenüber der Touristeninformation.

POST

Hauptpost (Karte S. 165; Ave el-Mouqawama; 🕑 Mo–Fr 8.30–16.15, Sa 8–12 Uhr)

Post (Karte S. 166; Rue Laâlouj; 🕑 Mo–Fr 8.30–16 Uhr)

TOURISTENINFORMATION

Délégation du Tourisme (Karte S. 166; ☎ 0524 783532; www.essaouira.com; 10 Rue du Caire; 🕑 Mo–Fr 9–12 & 15–18.30 Uhr) Nützliche Einrichtung, in der man viele Tipps und Infos kriegt. Schwarze Bretter informieren über örtliche Veranstaltungen und Aktivitäten.

Sehenswertes

Was Sehenswürdigkeiten betrifft, hat Essaouira nicht besonders viel zu bieten, aber zum Bummeln ist die Stadt ideal. Medina, Suks, Stadtmauer, Hafen und Strand lassen sich prima bei einer gemächlichen Entdeckungstour erkunden, und zwischendurch gibt's ein relaxtes Essen, eine Tasse Kaffee hier oder frisch gepressten Orangensaft dort.

MEDINA & HAFEN

Die ummauerte **Altstadt** (Karte S. 166) von Essaouira steht seit 2001 auf der Unesco-Liste der Weltkulturerbestätten. Die toll erhaltene, befestigte Anlage aus dem späten 18. Jh. ist ein Paradebeispiel für die europäische Militärarchitektur in Nordafrika. Alle Besucher sind hin und weg von der relaxten Atmosphäre, den schmalen, gewundenen Gassen mit den bunten Läden, weiß getünchten Häusern und schweren alten Holztüren. Einfach perfekt zum Herumstreifen!

Die Mauern der Medina, gegen die die Atlantikwellen donnern, sind der ideale Ort, um sich einen Überblick über das Straßenlabyrinth zu verschaffen. Berühmtheit erlangten die Mauern durch ihre Rolle in der Eröffnungsszene von Orson Welles' *Othello*: In einer Totalen ist Jago zu sehen, wie er in einem Käfig über Felsen und Meer hängt. Der leichteste Aufstieg ist bei der **Skala de la Ville** (Karte S. 166). Das ist die beeindruckende

Bastion an den Klippen. Rechts und links vom Weg stehen diverse europäische Kanonen aus dem 18. und 19. Jh. Außerdem hat man von hier aus einen überwältigenden Blick aufs Meer und auf herrliche Sonnenuntergänge.

Bei der **Skala du Port** (Karte S. 165; Erw./Kind 10/3 Dh; 8.30–12 & 14.30–18 Uhr) unten am Hafen stehen noch mehr Kanonen. Die Aussicht von hier auf den Fischerhafen und die Île de Mogador ist absolut phantastisch. Der Blick zurück auf die Medina und ihre Stadtmauer mit einem Schwarm kreisender Möwen davor ist das Bild auf fast allen touristischen Broschüren der Stadt.

Im riesigen Arbeitshafen ist rund um die Uhr was los. Es gibt haufenweise Boote zu sehen, Netze werden repariert und die Fischer schleppen ihren Fang an Land. Hier werden sogar noch traditionelle Holzboote gebaut. Superinteressant ist es auch, eine **Fischauktion** (Karte S. 165; Mo–Sa 15–17 Uhr) in der Markthalle direkt vor den Hafentoren zu erleben.

ÎLE DE MOGADOR & ELEONORENFALKEN

Die **Île de Mogador** (außerhalb der Karte S. 165) besteht eigentlich aus zwei Inseln und einem Haufen kleiner Inselchen. Zur Zeit der Phönizier und Römer wurde hier tyrrhenischer Purpur produziert, deshalb hießen die Eilande früher auch Îles Purpuraires (Purpurinseln). Heute sind von der Siedlung nur noch eine massive Festung, eine Moschee und ein leer stehendes Gefängnis übrig. Die unbewohnten Inseln sind jetzt ein Schutzgebiet für Eleonorenfalken.

Diese eleganten Raubvögel brüten hier zwischen April und Oktober. Dann machen sie sich auf den Rückweg nach Madagaskar. Vom Strand in Essaouira sind die Falken prima mit dem Fernglas zu beobachten, am besten am frühen Abend. Aber auch von einem anderen Platz aus – südlich der Stadt, rund 1 km hinter dem Leuchtturm am Ufer bei der Flussmündung – sind sie gut zu sehen. Am Abend sollte sich aber besser niemand allein hier rauswagen.

In der Brutzeit ist es streng verboten, die Inseln zu betreten, aber sonst kann man private Bootstouren dorthin unternehmen. Interessierte müssen sich zuerst im Hafenbüro eine kostenlose Genehmigung holen. Dann können sie einen der Besitzer der kleinen Fischerboote im Hafen ansprechen und über den Preis für den Trip verhandeln. Auf mehr als 300 Dh sollte man sich nicht einlassen.

Zudem lassen sich die Inseln im Rahmen geführter Bootsausflüge von **Ciel et Mer** (Karte S. 165; ☎ 0524 474618 od. 0664 326493; www.mogador-iles.com; Port de Peche; Erw./Kind 80/40 Dh; Sommer 4-mal tgl. 11.30–18.30 Uhr, übriges Jahr 12 & 15.20 Uhr) besuchen. Schlechte Segelbedingungen können die Abfahrt allerdings verzögern oder Passagiere auf See festnageln, wo sie gnadenlos mit Folkloremusik beschallt werden. Die Firma organisiert auch Angelausflüge.

SIDI-MOHAMMED-BEN-ABDALLAH-MUSEUM

Essaouiras wunderschön renoviertes **Museum** (Karte S. 166; ☎ 0524 475300; Rue Laâlouj; Erw./Kind 10/3 Dh; Mi–Mo 8.30–18 Uhr) nimmt einen alten Riad ein. Seine kleine, aber interessante Sammlung umfasst Schmuck, Trachten, tolle Musikinstrumente und Teppiche aus der Region. Eine Abteilung erklärt die Zeichen und Symbole der örtlichen Handwerker. Zu sehen sind auch ein paar interessante Bilder von der Stadt, die um die Jahrhundertwende aufgenommen wurden, sowie römische und phönizische Fundstücke aus der Bucht.

Aktivitäten

HAMAMS

Viele kleine Hamams verteilen sich über die ganze Stadt.

Hammam de la Kasbah (Karte S. 166; 7 Rue de Marrakesh; Eintritt 8 Dh) Wer Essaouira von der traditionelleren Seite kennenlernen möchte, ist hier richtig. Nur Frauen!

Hammam Lalla Mira (Karte S. 166; ☎ 0524 475907; www.lallamira.ma; 14 Rue d'Algerie; Hamam 15 Dh, Peeling 60 Dh; Damen 9.30–19 Uhr) Der frisch renovierte Hamam zählt vor Ort zu den ältesten seiner Art und wird heute mit Solarenergie beheizt. Er zielt vor allem auf Touristen ab, hat aber eine tolle, traditionelle Einrichtung. Prima Massagen mit Arganöl!

Hammam Riad el-Madina (Karte S. 166; ☎ 0524 475046; 9 Rue el-Attarine; Eintritt 70 Dh, Massage ab 100 Dh; Damen 9–10 & 15–16 Uhr, gemischt 10–12.30 & 16–19 Uhr) Weitere tolle Adresse für Schwitzanfänger.

Sofitel Mogador (Karte S. 165; ☎ 0524 479000; Blvd Mohammed V; Damen 7–12.30 & 16–22.30 Uhr, gemischt 14.30–16 Uhr) Traditioneller Hamam mit super Service; Massagen, Wasseranwendungen, Gymnastik usw.

REITEN

In Essaouira gibt's nicht nur lasche Pferde- und Kameltouren am Strand – mehrere Unternehmen bieten Querfeldeintreks und mehrtägige Ausritte in die umliegende Landschaft an. Neben maßgeschneiderten Ausflügen auf dem Pferderücken hat die Ranch de Diabat (S. 177) auch Unterricht für Erwachsene und Kinder im Programm. **Abouda Safar** (☎ 0528 271258 od. 0662 743497; www.abouda-safar.com) veranstaltet Ausritte in der Umgebung Essaouiras (halber/ganzer Tag 350/450 Dh) und achttägige Wanderritte durch die ganze Region.

Das **Maison du Chameau** (außerhalb der Karte S. 165; ☎ 0524 785962; maisonduchameau@yahoo.fr; Douar Al Arab; 110 Dh/Std., inkl. Mittagessen 380 Dh/Tag, Zi. 190–330 Dh) ist die beste Adresse für einen Kamelritt. Bei dem abgelegenen Gästehaus leben acht weiße *meharis* (sudanesische Rennkamele). Im Angebot sind z. B. einwöchige Kamelreitkurse und kürzere Ausflüge. Die ruhigen Zimmer sind in fröhlichem Hellblau und Magentatönen gestrichen.

STRAND & WASSERSPORT

Essaouiras breiter Sandstrand eignet sich prima zum Spazierengehen. Wegen der starken Winde und Strömungen sind Sonnenbaden und Schwimmen aber weniger zu empfehlen. Das städtische Strandende ist fest in der Hand von Fußballern, Wind- und Kitesurfern. Weiter draußen liefern sich teilweise penetrante Pferde- und Kamelbesitzer einen harten Konkurrenzkampf. Wer keine Lust auf einen Ausritt hat, sollte höflich, aber bestimmt ablehnen; bei echtem Interesse ist erbarmungsloses Feilschen angesagt.

Wer spazieren geht, sollte sich Richtung Süden wenden und den Fluss Ksob überqueren (bei Flut ist er unpassierbar). Dahinter laden die Ruinen von **Borj el-Berod** (außerhalb der Karte S. 165) zur Besichtigung ein. Die alte Festung mit Pavillon ist teilweise vom

EMMA WILSON

Seit wann leben Sie in Essaouira? Ich bin vor zehn Jahren zum ersten Mal nach Essaouira gekommen und lebe seit fünf Jahren dauerhaft hier. Ich liebe diese Stadt, gehe aus Vernunftgründen aber alle drei Monate zurück in meine Heimat London – normalerweise für drei Wochen.
Warum haben Sie sich für diesen Ort entschieden? Offenbar haben die Stadt und ich von alleine zueinander gefunden. Die weiße, organisch anmutende Architektur hat mich dazu bewogen, hier ein Haus zu kaufen. Dann verlegte ich meinen Wohnsitz ganz nach Essaouira – einerseits, weil die Geschäfte besser laufen, wenn ich da bin. Andererseits dachte ich vor allem, hier weniger Stress zu haben als in London. Das war aber ein echter Trugschluss!
Hat sich die Stadt im Lauf der Zeit sehr verändert? In den letzten fünf Jahren hat sich Essaouira gewaltig verändert. Die Touristenzahlen sind sehr stark gestiegen, deshalb sind an der Küste mittlerweile viele Hotels entstanden. Gleichzeitig ging eine Menge Ursprünglichkeit verloren. Eine Menge Ausländer haben Häuser in der Altstadt gekauft und in Feriendomizile verwandelt. Dadurch wirkt die Stadt heutzutage eher viel zu aufgeräumt. Das echte Essaouira von früher ist heute schwer zu finden, als die Fischer noch ihre Netze am Hafen flickten und ihren Fang überall auf Plastikfolien anboten. Dass die örtlichen Behörden so viel Geld ausgeben, scheint nur vordergründig so, fürchte ich. Die Infrastruktur ist nämlich echt mies. Und in Marokko sind viele korrupt!
Bewerten Sie die Veränderungen positiv oder negativ? Ich persönlich betrachte die Veränderungen mit gemischten Gefühlen. Selbstverständlich profitieren wir in geschäftlicher Hinsicht davon, wenn mehr Besucher nach Essaouira kommen. Andererseits haben viele Einheimische dadurch keine Arbeit mehr, und immer mehr greifen zu Alkohol und Drogen. Der allgemeine Grad an Aggressivität ist enorm gestiegen. Seine Tasche bedenkenlos eine Stunde lang unbeaufsichtigt in einem Café zurückzulassen wie früher, geht heute auch nicht mehr.

Neue Hotels stellen bevorzugt Personal aus Städten mit höherem Bildungsniveau oder Metropolen wie Marrakesch, Agadir und Casa ein. Dadurch gibt's immer weniger Arbeitsplätze für Einheimische. Anfangs wurden wir sehr herzlich aufgenommen, doch mittlerweile steigt der Groll gegen Ausländer wie mich, die hier Häuser gekauft und Firmen eröffnet haben. Das ist heute leider vielerorts der Fall – aber in der Tat auch unsere eigene Schuld. Trotzdem bin ich immer noch schwer verliebt in diesen Ort…
Ihr Lieblingsbauwerk? Ich mag besonders das Innere der Villa Maroc, gehe aber auch gern zu jeder Tageszeit auf den Wehranlagen spazieren. Wirklich großartig – doch leider komme ich viel zu selten dazu.

Sand bedeckt. Angeblich soll sie Jimi Hendrix zu seinem Hit „Castles Made of Sand" inspiriert haben. Allerdings erschien das Lied bereits ein Jahr vor dem Besuch des Musikers hier … Von hier aus kann man entweder landeinwärts zum Dorf Diabat (S. 177) marschieren oder dem Strand bis zu den Sanddünen von Cap Sim folgen.

Diverse Anbieter am Strand bieten Wassersportausrüstung und Kurse an. Der **Club Mistral beim Sofitel** (Karte S. 165; ☎ 0524 783934; www.club-mistral.com; Blvd Mohammed V; ⌚ 9–18 Uhr) verleiht Windsurfausrüstung (170 Dh/Std.) und Surfbretter (80 Dh/Std.). Es sind auch Kitesurfing- und Surfunterricht für alle Leistungsstufen (ab 250 Dh/Std.) im Programm. Sechs- bzw. zehnstündige Kurse für Surfen (1100 Dh) und Kitesurfen (2300 Dh) können ebenfalls belegt werden.

Etwas weiter entfernt bietet **Océan Vagabond** (außerhalb der Karte S. 165; ☎ 0524 783934; www.oceanvagabond.com, französisch; ⌚ 8–20 Uhr) u. a. Surfen (Kurse 350 Dh/2 Std., Leihausrüstung 500 Dh/3 Tage), Kitesurfen (Kurse 1950 Dh/6 Std., Leihausrüstung 1200 Dh/3 Tage) und Windsurfen (Kurse 1/6 Std. 500/1200 Dh, Leihausrüstung 60 Dh/Std.) an. Außerdem ist dort ein cooles Café-Restaurant mit Strandterrasse zum Relaxen.

Festivals & Events

Drei große Festivals locken scharenweise Künstler und Zuschauer nach Essaouira.

Printemps Musical des Alizés (Mai; www.alizes festival.com) Kleines Musikfestival mit klassischen Klängen und Opernvorstellungen.

Festival Gnaoua et Musiques du Monde (3. Wochenende im Juni; www.festival-gnaoua.net) Viertägiges

Was schätzen Sie so an diesem Ort? Ich mag die Naivität der Einheimischen, und dass sie mir gezeigt haben, worauf es im Leben wirklich ankommt – z. B. darauf, Zeit mit der Familie zu verbringen oder Kinder aufwachsen zu sehen. Ich bin sicher, dass es ihnen da viel besser geht als uns Europäern, die oft herumrennen wie kopflose Hühner!

Ihr Lieblingsrestaurant? Ehemals das Elizir, das seit Kurzem geschlossen hat und hoffentlich bald wiedereröffnet wird. Außerdem liebe ich die Fischstände direkt am Hafen, besonders die Jungs an der 33 Ali, die ich jetzt seit zehn Jahren kenne. Sie kümmern sich immer rührend um mich. Da ich am liebsten allein am Tisch sitze, gehe ich meist gegen 15 Uhr dorthin.

Ihre Lieblingsbar oder Ihr Lieblingscafé? Die einzige echte Bar ist das Taros mit seiner Dachterrasse. Dort kann man prima den Sonnenuntergang genießen, über einem die Seemöwen. Das Café France am Platz hat eine sehr urige Atmosphäre. Obwohl ich es nicht gerne zugebe – am liebsten mag ich die italienische Gelateria an der Ecke, weil sie super Kaffee und Eis serviert.

Wo verbringen Sie Ihre Freizeit? Bei Océan Vagabond am Strand kann man prima relaxen. Ansonsten gehe ich weiter südlich zum Strand von Sidi Kaouki.

Ihr Lieblingswort auf darija [marokkanischer Lokaldialekt]? *Chuir* – das bedeutet „so lala" und man kann es immer sagen, wenn man nach seinem Befinden gefragt wird.

Hier trifft man viele verschiedene Menschen auf den Straßen. Welche mögen Sie besonders? Richtig, hier tummeln sich die verschiedensten Leute, die ich aus bestimmten Gründen mehr oder weniger mag. Der Obdachlose am Parkplatz neben den Fischständen ist cool. In gewisser Hinsicht arbeitet er dort, bekommt aber keinen Lohn. Er macht einen dermaßen abgerissenen Eindruck, dass jeder ihm Geld gibt. Ich muss sagen, dass er sehr hilfsbereit ist und hervorragend Englisch spricht.

Wie verbringen Sie Ihre Wochenenden? Ob Wochentag oder Wochenende, spielt bei mir keine Rolle. Wenn ich in einem unserer Häuser Gäste betreue oder das Haus eines Kunden renoviere, bin ich normalerweise ständig auf Achse. Ansonsten besuche ich Freunde in ganz Marokko oder verbringe ein paar Tage in Marrakesch oder Sidi Kaouki.

Was bedeutet Essaouira für Sie? In erster Linie das alte Essaouira: reizende, hilfsbereite und fröhliche Menschen, die ein einfaches, zufriedenes Leben führen. Sie haben die Muße, beim Tee den ganzen Tag mit Freunden zu plaudern – obwohl mich das manchmal auch in den Wahnsinn treibt. Zudem liebe ich die Architektur dieser Stadt, deren Zauber mir garantiert immer in Erinnerung bleiben wird.

Emma Wilson ist Innenarchitektin und Essaouira-Expertin und vermietet Häuser.

Musikspektakel mit Künstlern aus Essaouira, Marokko und aller Welt. Parallel laufen mehrere Kunstausstellungen.

Festival des Andalousies Atlantiques (Ende Sept.) Einheimische und ortsansässige Künstler geben ein vielfältiges Programm aus andalusischem Tanz, Musik und Kunst zum Besten.

Schlafen

In Essaouira zu übernachten, ist nicht gerade billig. Das nahezu unendliche Angebot an Unterkünften deckt aber mittlerweile so ziemlich alle Preisbereiche ab. Da die meisten Hotels und Riads innerhalb der Altstadtmauern stehen, liegen normalerweise alle wichtigen Einrichtungen in der näheren Umgebung. Wer im Sommer ein Zimmer ergattern möchte, sollte im Voraus buchen oder zumindest am Ankunftstag möglichst frühmorgens erscheinen. Weil in der Medina schon ziemlicher Platzmangel herrscht, entstehen momentan neue Hotels weiter südlich bzw. direkt am Meer.

BUDGETUNTERKÜNFTE

In Essaouira sind die Budgetoptionen weit besser als der marokkanische Standard. Die Unterkünfte hier verfügen nicht nur über Bäder, bei deren Anblick man nicht rückwärts wieder hinauskatapultiert wird, sondern teilweise auch über Zimmer voller Charakter und eine Terrasse.

Hôtel Smara (Karte S. 166; ☎ 0524 475655; 26 Rue de la Skala; EZ/DZ/4BZ 75/105/185 Dh, DZ/4BZ mit Meerblick 200/275 Dh) Das weiß getünchte Smara besitzt nur vier Zimmer. Sie alle bieten Meerblick und die besten sind die auf der Dachterrasse, auf der auch das Frühstück serviert wird. Die anderen Quartiere liegen zu einem Innenraum hin, können aber im Winter etwas feucht sein. Es gibt geflieste, saubere Gemeinschaftsbäder. Aufgrund des prima Preis-Leistungs-Verhältnisses sind vor allem die Vierbettzimmer immer stark gefragt, daher sollte man rechtzeitig buchen oder früh am Tag erscheinen.

Dar Afram (Karte S. 166; ☎ 0524 785657; www.dar-afram.com; 10 Rue Sidi Magdoul; EZ 150 Dh, Juni–Sept. 250 Dh, DZ 300–400 Dh, Juni–Sept. 400–450 Dh) Superfreundliches Gästehaus mit unkonventionellem Vibe. Die Gäste in den einfachen, blitzsauberen Zimmern teilen sich Gemeinschaftsbäder. Da die australisch-marokkanischen Eigentümer Musiker sind, finden nach dem Abendessen am Gemeinschaftstisch oft spontane Jamsessions statt. Außerdem gibt's einen toll gefliesten Hamam.

LP Tipp Riad Nakhla (Karte S. 166; ☎/Fax 0524 474940; www.essaouiranet.com/riad-nakhla; 2 Rue Agadir; EZ/DZ 225/325 Dh, Suite 400–500 Dh) Das Riad Nakhla ist eine positive Überraschung: Von außen sieht es aus wie irgendeine beliebige Budgetoption, aber innen werden müde Traveller an einer freundlich gestalteten Rezeption in einem wunderschönen Innenhof in Empfang genommen. Im Hof stehen elegante Steinsäulen, und ein Springbrunnen gluckert vor sich hin – solche schmucken Details bieten normalerweise nur deutlich teurere Hotels. Die gepflegten, komfortablen Zimmer mit TV sind einfach, aber tadellos sauber und nach marokkanischem Geschmack ausgestattet. Es gibt z. B. Klappläden an den Fenstern, farbenfrohe Bettwäsche und tolle Bäder mit *tadelakt*-Putz. Ebenfalls klasse: Das Frühstück nimmt man auf der Dachterrasse ein, von der aus man Ausblick auf Stadt und Meer hat. Alles in allem hat das Riad Nakhla ein unglaublich gutes Preis-Leistungs-Verhältnis.

Hôtel Beau Rivage (Karte S. 166; ☎ 0524 475925; www.essaouiranet.com/beaurivage; 14 Place Moulay Hassan; EZ/DZ/3BZ 250/350/450 Dh, DZ ohne eigenes Bad 200 Dh) Zentraler geht's eigentlich nicht mehr: Das Beau Rivage am Hauptplatz besitzt helle, fröhliche Zimmer mit moderner Einrichtung und blitzsauberen Bädern. Der Straßenlärmpegel ist zwar ein bisschen hoch, aber man kann das Treiben unten optimal beobachten. Die Dachterrasse ist dagegen charmant und ruhig. Dort kann man bei Aussicht auf den Hafen und die Stadt frühstücken.

Hôtel Les Matins Bleus (Karte S. 166; ☎ 0524 785363 od. 0666-308-899; www.les-matins-bleus.com; 22 Rue de Drâa; EZ/DZ/Suite 275/420/840 Dh, Juni–Sept. 300/460/920 Dh) Das sympathische Hotel versteckt sich am Ende einer Sackgasse. Seine hellen Zimmer sind traditionell dekoriert und liegen rund um einen zentralen, fröhlich gestrichenen Innenhof. Sie haben kahle, weiße Wände und tadellose Bäder und sind mit reizenden Stoffen aus der Region ausgestattet. Eine überdachte Terrasse mit prima Altstadtblick dient als Frühstückslocation.

MITTELKLASSEHOTELS

In dieser Preisklasse hat man die Qual der Wahl: Ein Hotel ist charmanter als das andere.

Lalla Mira (Karte S. 166; ☎ 0524 475046; 14 Rue d'Algerie; www.lallamira.net; EZ/DZ/Suite 436/692/920 Dh; 💻) Das wunderschöne kleine Haus ist Essaouiras allererstes Ökohotel. Seine einfachen Zimmer sind mit ockerfarbenem *tadelakt* verputzt darin gibt's schmiedeeiserne Möbel, naturbelassene Stoffe und eine mit Solarenergie betriebene Fußbodenheizung. Komplettiert wird das alles von allergikerfreundlichen Betten und einem hervorragenden Hamam (s. S. 169). Das gute Hausrestaurant serviert diverse vegetarische Gerichte.

Le Grand Large (Karte S. 166; ☎ 0524 472866; www.riadlegrandlarge.com; 2 Rue Oum-Rabia; Zi. 495–715 Dh, Halbpension zzgl. 140 Dh/Pers.) Viele Riads vor Ort sind schlicht weiß verputzt oder in gedeckten Farben gestrichen – nicht so diese freundlich-fröhliche Unterkunft: Die Wände erstrahlen in Rosa, Grün und Blau. Gusseiserne Betten setzen weitere attraktive Akzente. Die Unterkunft strotzt nur so vor lauter Charakter und hat außerdem auch noch ein super Restaurant.

Dar Al-Bahar (Karte S. 166; ☎ 0524 476831; www.daralbahar.com; 1 Rue Touahen; DZ 550–850 Dh, Suite 1045 Dh) Nackte weiße Wände und schmiedeeiserne Möbel verleihen den Zimmern hier eine schlichte Eleganz, die durch traditionelle Bettwäsche und Vorhänge in Blau-, Rosa-, Grün- und Gelbtönen aufgelockert wird. Werke einheimischer Künstler zieren die Wände, und die Terrasse bietet einen super Meerblick.

Dar Adul (Karte S. 166; ☎ 0524 473910; www.dar-adul.com; 63 Rue Touahen; DZ 600–770 Dh, Suite 880 Dh) Dieses wunderschön restaurierte Haus hat nur ein paar wenige gemütliche Zimmer. Weil die Beleuchtung gedämpft und das Haus in dezenten Pastelltönen gehalten und mit liebevollen Details verziert ist, mutet es eher wie ein Eigenheim an als wie ein Hotel. Die Angestellten sind unglaublich freundlich. Bei der Abreise fühlt man sich wie ein Familienmitglied und nicht wie ein zahlender Gast.

La Casa del Mar (Karte S. 166; ☎ 0524 475091; www.lacasa-delmar.com; 35 Rue D'Oujda; EZ/DZ inkl. Frühstück 825/990 Dh) Das großartige Gästehaus vermischt zeitgenössisches Design mit traditionellem Stil. Dadurch entsteht ein schlichtes, aber tolles Ambiente – wie geschaffen, um gediegen zu relaxen. Gäste können sich entweder in ihre Gemächer zurückziehen oder anderen Besuchern bei marokkanischen Mahlzeiten und spanischer Paella Gesellschaft leisten. Auf Wunsch kommen Masseure und Hennakünstler direkt aufs Zimmer. Und nicht zuletzt hat man noch die Möglichkeit, einfach den Sonnenuntergang auf der Uferterrasse zu genießen.

SPITZENKLASSEHOTELS

Madada (Karte S. 166; ☎ 0524 475512; www.madada.com; 5 Rue Youssef el-Fassi; DZ 1240–1670 Dh, Suite 1835 Dh; ❄) Das stilvolle traditionelle Haus bietet modern eingerichtete, seeehr elegante Luxuszimmer und ist supervornehm. Die ruhige Atmosphäre des minimalistischen Madada wird durch Elfenbein, *tadelakt*-Sandputz, Designermöbel und neutrale Farben geschaffen. Man wohnt in geräumigen, hellen Zimmern mit dezentem Dekor, Messingwaschbecken, Rosenholzmöbeln und eigenen Terrassen. Die Varianten im Obergeschoss gehen zu einer großen Terrasse mit weitem Blick auf die Bucht hinaus.

Palais Heure Bleue (Karte S. 166; ☎ 0524 474222; www.heure-bleue.com; 2 Rue Ibn Batouta; DZ/Suite 2200/3900 Dh; ❄ 🏊 💻) Wer Essaouiras bestes Hotel betritt, ist augenblicklich an einem Ort ausgesprochener Ruhe angekommen. Diese noble Option ist einfach mit allen erdenklichen Schikanen ausgerüstet – von Dachpool und Hauskino bis Billardzimmer. In der Lounge trifft europäischer Schick auf kolonialen Charme. Dort steht ein Konzertflügel unter den Trophäenköpfen längst vergangener Jagdpartien. In den Zimmern erfreuen Zebradrucke, dunkles Holz und Theken mit Marmorplatten das Auge des Gastes.

APARTMENTS & RIADS

Essaouira hat eine tolle Auswahl an Mietapartments und -Riads, die meist makellos hergerichtet sind. Sie können eine erschwingliche und flexible Alternative für Familien und Reisegruppen sein. Das Spektrum reicht von Apartments mit einem Bett (500 Dh/Nacht) bis zum mondänen ehemaligen britischen Konsulat mit drei Schlafzimmern (3000 Dh/Nacht).

LP Tipp **Dar Beida** (Karte S. 166; ☎ 0667 965386 od. 00 44 07768 352190 in Großbritannien; www.castlesinthesand.com; Woche inkl. Zimmermädchen, Feuerholz & Pantoffeln ab 3300 Dh/Pers.) Das „Weiße Haus" im Herzen Essaouiras ist ein traditionell marokkanischer Bau aus dem 18. Jh. und wurde von der Londoner Innenarchitektin Emma Wilson (s. S. 170) reizend restauriert. Eingerichtet ist es mit Möbeln im Stil der 1950er- und 1960er-Jahre, die Emmas Ehemann auf örtlichen Flohmärkten ergattert hat. Das Haus hat mehrere Schlafzimmer; das beste ist oben auf der Dachterrasse. Es gibt auch zwei Wohnzimmer mit zahlreichen Büchern, CDs und großer Terrasse. Dies ist definitiv die hippste

Unterkunft der Stadt. Die Herrin des Hauses vermietet außerdem das Dar Emma – etwas traditioneller, aber ähnlich komfortabel und abgefahren.

Jack's Apartments (Karte S. 166; ☎ 0524 475538; www.essaouira.com/apartments; 1 Place Moulay Hassan) und **Karimo** (Karte S. 166; ☎ 0524 474500; www.karimo.net; Place Moulay Hassan) haben ebenfalls eine gute Auswahl an Mietimmobilien. In der Hauptsaison sollte man früh reservieren.

Essen

RESTAURANTS

Essaouira ist voller Cafés und Restaurants, sodass man seinen knurrenden Magen überall problemlos besänftigen kann. Was die Qualität betrifft, gibt's allerdings große Unterschiede.

Medina

Riad Al-Baraka (Karte S. 166; ☎ 0524 473561; 113 Rue Mohammed el-Qory; Hauptgerichte 45–95 Dh, Festpreismenüs 90–130 Dh; Mo–Sa 12–15 & 18.30 Uhr–open end) Das Riad Al-Baraka ist ein Trendlokal in einer ehemaligen jüdischen Schule. Mehrere Speiseräume und eine Bar verteilen sich rund um einen großen Innenhof, in dem ein gewaltiger Feigenbaum Schatten spendet. Auf den Tisch kommen hauptsächlich marokkanische Gerichte mit ein paar jüdischen und arabischen Einschlägen. Umgeben von coolem Dekor spielen hier am Wochenende lokale Livebands.

Restaurant El-Minzah (Karte S. 166; ☎ 0524 475308; 3 Ave Oqba ben Nafii; Hauptgerichte 50–120 Dh, Festpreismenüs ab 95 Dh) Beliebtes Restaurant an den Altstadtmauern. Gegessen wird entweder auf der Terrasse draußen oder aber im eleganten Speiseraum. Neben einer guten Auswahl an internationalen Gerichten stehen auch besondere Spezialitäten wie Blauhai oder Berber-Tajine mit Arganöl auf der Speisekarte. An Samstagabenden wird hier mitreißende Gnawa-Musik gespielt.

Restaurant Ferdaous (Karte S. 166; ☎ 0524 473655; 27 Rue Abdesslam Lebadi; Hauptgerichte 60–80 Dh, Festpreismenüs 105 Dh; Mo geschl.) Das entzückende marokkanische Lokal mit dem superfreundlichen Service zählt zu den wenigen Adressen der Stadt, die echte einheimische Hausmannskost auf den Tisch bringen. Auf der saisonabhängigen Karte stehen traditionelle Gerichte mit innovativem Touch. Die niedrigen Tische und die gepolsterten Sitzgelegenheiten passen perfekt dazu.

LP Tipp **Elizir** (Karte S. 166; ☎ 0524 472103; 1 Rue Agadir; Hauptgerichte 80–90 Dh) Das bei Weitem beste Restaurant der Stadt war zum Zeitpunkt der Recherche geschlossen, wird aber hoffentlich bald wieder öffnen. Auf innovative Weise kombiniert es marokkanische Küche mit mediterranen Elementen. Das alte Haus gleich abseits der Hauptstraße hat einen sehr sympathischen Eigentümer, der liebend gern erzählt, wo und wie er all die Möbel aus den 1950er- und 1960er-Jahren auf örtlichen Flohmärkten entdeckt hat. Mit seiner grandiosen Deko hätte der Laden gute Chancen, in London oder New York zur hippsten Adresse gewählt zu werden.

Restaurante Les Alizés (Karte S. 166; ☎ 0524 476819; 26 Rue de la Skala; Hauptgerichte 75–90 Dh) Das beliebte Lokal in einem Haus aus dem 19. Jh. wird von einem charmanten marokkanischen Paar geführt. Von den leckeren einheimischen Gerichten stechen besonders der Fisch-Couscous und die Tajine mit *boulettes de sardines* (Sardinenbällchen) hervor. In dem Lokal oberhalb der Pension Smar werden Gäste superfreundlich empfangen. Man sollte immer rechtzeitig einen Tisch reservieren, denn jeden Abend finden sich hier ein Menge Touristen und Marokkaner ein.

Le 5 (Karte S. 166; ☎ 0524 784726; 5 Rue Youssef el-Fassi; Gerichte 180 Dh; Mi–Mo 19–23, Sa & So 12–15 Uhr) Dunkellila Sitzkissen, gemütlich wirkende Steinbögen und riesige Lampenschirme prägen dieses trendige Restaurant. Auf den Tisch kommen leckere mediterrane und marokkanische Spezialitäten nach Originalrezepten. Eine der besten Adressen fürs Abendessen!

Am Strand

Ocean Vagabond (außerhalb der Karte S. 165; ☎ 0524 783934; Blvd Mohammed V; Hauptgerichte 60–90 Dh) Das einfache, kleine Café liegt zwar ein gutes Stück von der Stadt entfernt, ist aber die beste Option am Strand. Es serviert eine ordentliche, aber nicht allzu große Auswahl an Sandwiches, Pizzas, Nudelgerichten und Salaten. Es gibt viele gemütliche Sitzgelegenheiten auf dem Sand, sodass die Kinder hier frei herumtollen können.

Côté Plage (Karte S. 165; ☎ 0524 479000; Blvd Mohammed V; Hauptgerichte 150 Dh) Das Strandcafé gehört zum hoch aufragenden Sofitel auf der anderen Straßenseite. Auf der schönen, eleganten Terrasse sitzen die Gäste im Schatten riesiger, weißer Schirme. Mit Blick aufs Meer kann man sich hier am Nachmittag z. B. ein paar Tapas (35 Dh) genehmigen. Den ganzen Sonntag über wird gegrillt.

CAFÉS, PÂTISSERIEN & EISDIELEN

Taros Café (Karte S. 166; ☎ 0524 476407; 2 Rue de la Skala; ⌚ Mo–Sa 8–23 Uhr) Die Dachterrasse vom Taros eignet sich super für ein nachmittägliches Tässchen Tee. Zahlreiche Kunstwerke zieren die Salons des wunderschön restaurierten Gebäudes.

Café d'Horloge (Karte S. 166; Place Chefchaouni) Beliebtes Café an einem hübschen Platz, am Fuß des Uhrenturms. Hier kriegt man ein phantastisches Frühstück mit Crêpes oder Brot und *amlou* (25 Dh), einem Aufstrich aus einheimischem Arganöl, Mandeln und Honig. Das d'Horloge liegt abseits der überfüllten Hauptcafémeile und ist daher immer gut für einen Kaffee oder einen Snack in aller Seelenruhe.

Gelateria Dolce Freddo (Karte S. 166; Place Moulay Hassan) Der kleine Laden am Hauptplatz verkauft echtes italienisches Eis – und zwar das beste der Stadt für nur 5 Dh pro Kugel. Bei über 30 Sorten kann man der Versuchung nur schwer widerstehen …

Au Bonheur des Dames (Karte S. 166; ☎ 0524 475968; Place du Marché au Grains) Das neue, elegante Terrassencafé an einem malerischen Platz serviert neben prima Frühstück (80 Dh) auch Spitzentees und -kaffees und frisch gepresste Säfte.

Die **Pâtisserie Driss** (Karte S. 166) mit ihrem versteckten Sitzbereich zählt zu den besten Adressen, um morgens ein Croissant oder nachmittags etwas Gebäck zu genießen. Genauso gut: das **Café Faid** (Karte S. 166), das ebenfalls nahe der Place Moulay Hassan zu finden ist.

AUF DIE SCHNELLE

An den **Fischgrillständen draußen** (Karte S. 165), am Ende der Place Moulay Hassan in Richtung Hafen sollten sich Fischliebhaber unbedingt ein Häppchen gönnen. Hier können sich Hungrige frischen Fisch und Meeresfrüchte aussuchen, mit dem Verkäufer einen Preis aushandeln (rund 40 Dh für ein Mittagessen) und vor ihren Augen zubereiten lassen.

Eine Alternative ist der **Fisch-Suk** (Karte S. 166; direkt an der Ave de l'Istiqlal). Wer mag, kauft sich einen fangfrischen Fisch und trägt ihn zu einem der Grillstände in der Südecke. Für 25 Dh wird das Gewünschte in die Pfanne geschmissen und mit Brot plus Salat serviert.

An der Ave Sidi Mohammed ben Abdallah, der Ave Zerktouni und gleich hinter dem Bab Doukkala gibt es massenweise Imbissstände (Karte S. 165) und Minilokale.

Ausgehen

Essaouira ist als Reiseziel bei Travellern sehr beliebt, aber das Nachtleben ist trotzdem nicht so üppig. Wer ein Warm-up braucht, bevor es richtig losgeht, kann sich im Alkoholladen (Karte S. 166) in der Nähe vom Bab Doukkala eindecken und sich auf der Hotelterrasse bei Sonnenuntergang ein paar Drinks genehmigen. Eine Alternative ist die Terrasse vom **Café Restaurant Bab Laachour** (Karte S. 166; Place Moulay Hassan).

Das **Taros Café** (Karte S. 166; ☎ 0524 476407; 2 Rue du Skala; ⌚ Mo–Sa 8–23 Uhr) kann mit einer der schönsten Terrassen der Stadt punkten und ist die einzige richtige Bar in der Stadt. Die Gäste schlürfen ihre Drinks hier unter riesigen Lampen. Wenn einem der Wind vom Meer zu doll um die Nase bläst, heißt es näher zusammenrücken. Im Restaurant (Hauptgerichte 70–120 Dh) gutes Essen zu bekommen, ist zwar Glückssache, aber an den meisten Abenden entschädigen Livemusik und Bauchtanz dafür.

Sinnlicher geht's im **Le Patio** (Karte S. 166; ☎ 0524 474166; 28 Rue Moulay Rachid; ⌚ Di–So 5.30–23 Uhr) zu, einer hippen Restaurantbar mit Kerzenschein, blutroten Möbeln und einer schwarzen Diskokugel. Wer sich hier niederlässt, um etwas zu trinken, muss ein paar Tapas dazubestellen (35 Dh) – oder sich vom Duft nach gegrilltem Fisch verführen lassen, der aus dem Restaurant rüberweht (Hauptgerichte 85–150 Dh).

Shoppen

Essaouiras Holzhandwerk ist weithin bekannt. Nahe der Skala de la Ville liegt eine Reihe von **Holzschnitzerwerkstätten** (Karte S. 166). Diese verkaufen exquisite Einlegearbeiten, die aus dem duftenden Holz der Thujen hergestellt wurden. Die Lebensbäume wachsen in der Umgebung und zählen mittlerweile zu den bedrohten Pflanzenarten. Die Arbeiten, die man hier bekommt, sind wunderschön und werden zu guten Preisen verkauft. Trotzdem: Wer Gegenstände aus Thujaholz kauft, erhöht die Nachfrage. Damit steigt die Wahrscheinlichkeit, dass durch illegale Abholzung die letzten vorhandenen Baumbestände weiter dezimiert werden. Verantwortungsbewusste

Traveller sehen sich stattdessen besser nach Kunsthandwerk aus anderen Holzarten um. Die **Coopérative Artisanal des Marqueteurs** (Karte S. 166; 6 Rue Khalid ibn Oualid) hat feste Preise.

Essaouira ist außerdem für Produkte aus Raffiabast berühmt. Der Bast wird aus den Fasern der Doumpalme hergestellt. Die stilvollsten Sachen gibt's bei **Rafia Craft** (Karte S. 166; ☎ 0524 783632; 82 Rue d'Agadir), das einen Großteil seiner Erzeugnisse an europäische Läden liefert.

Wer pflanzliches Viagra, Berberlippenstifte, Mittel gegen Haarausfall, exotische Gewürze und Produkte aus Arganöl sucht, könnte auf dem **Gewürz-Suk** (Karte S. 166) fündig werden. Dort bekommt man auch traditionelles *amlou* (ca. 40 Dh/Flasche). Der **Schmuck-Suk** (Karte S. 166) in der Nähe ist recht klein. Das vielfältige Sortiment in seinen Läden reicht von schweren Berberperlen bis zu glänzendem Gold.

Obendrein gilt Essaouira als Künstlerhochburg. Mehrere örtliche Galerien verkaufen die Werke einheimischer Maler. Was die Ausführung betrifft, gibt es allerdings Unterschiede, daher muss man vielleicht das gesamte Angebot durchforsten, um etwas Passendes zu finden. Als beste und älteste Galerien der Stadt verkaufen die **Galeries Frederic Damgaard** (Karte S. 166; ☎ 0524 784446; www.galeriedamgaard.com; Rue Oqba ben Nafi) die Arbeiten regionaler Künstler. **Association Tilal des Arts Plastiques** (Karte S. 166; ☎ 0524 475424; 4 Rue de Caire) und **Espace Othello** (Karte S. 166; ☎ 0524 475095; 9 Rue Mohammed Layachi; ⏲ 9–13 & 15–20 Uhr) in der Nähe fördern talentierte Newcomer.

An- & Weiterreise

BUS

Der **Busbahnhof** (außerhalb der Karte S. 165; ☎ 0524 785241) etwa 400 m nordöstlich der Medina ist tagsüber problemlos zu Fuß zu erreichen. Wer zu später Stunde ankommt oder abreist, greift jedoch besser auf Petits Taxis (10 Dh) zurück. Die **Gepäckaufbewahrung** (7 Dh/Stück) hat rund um die Uhr geöffnet.

CTM (☎ 0524 784764) schickt täglich mehrere Busse nach Safi (45 Dh, 2½ Std.), El-Jadida (85 Dh, 4 Std.) und Casablanca (125 Dh, 6 Std.). Dazu kommt je ein Bus nach Marrakesch (75 Dh, 2½ Std.) und Agadir (70 Dh, 3 Std.), wobei Letzterer nach Inezgane

DAS NEUE OLIVENÖL

Arganöl aus biologischem Anbau gilt als „das neue Olivenöl". Immer mehr trendige Restaurants in aller Welt verwenden es, um Salaten eine nussige Note zu verleihen. Der Arganbaum *(argania spinosa)* mit seiner furchigen Rinde kommt ausschließlich in diesem Teil Marokkos vor. Deshalb wurden die Arganwälder des Soustals und der Hahaküste südlich von Essaouira kürzlich zu Unesco-Biosphärenreservaten erklärt.

Das hitzeresistente Gewächs übersteht Temperaturen von bis zu 50 °C. Damit ist es eine wichtige Waffe im Kampf gegen die sich ausbreitende Wüste im südlichen Marokko. Der Arganbaum ist zudem ein grundlegender regionaler Wirtschaftsfaktor, da er neben dem erwähnten Öl auch Feuerholz und Futter für die Ziegen – die oft hinauf ins Geäst klettern – liefert. Berberfrauen ernten die Früchte im Frühling und verfüttern sie an ihre Ziegen. Deren aggressive Verdauungssäfte zersetzen das zähe Fruchtfleisch. Die Kerne werden anschließend aus dem Dung gelesen und aufgeschlagen, bei schwacher Hitze geröstet, zerstampft und dann ausgepresst. Für einen Liter Öl sind 30 kg Kerne und 15 Stunden Handarbeit nötig, die ausschließlich von Frauen ausgeführt wird. In letzter Zeit haben sich ein paar Kooperativen entschlossen, diese Tradition etwas abzuändern. Sie lassen den „Ziegenfaktor" weg und pflücken die Früchte direkt von den Bäumen, um ein milderes Öl zu erhalten. Den ganzen Verarbeitungsprozess kann man sich 80 km nördlich von Agadir bei Führungen durch die **Coopérative Amal** (☎ 0524-788-141; www.targanine.com, französisch; Tamanar; Eintritt frei; ⏲ Mo–Fr 8–19 Uhr) ansehen. Deren Bioöl gewann bereits den Slow Food Award des Jahres 2001.

Von den Berbern wird Arganöl seit jeher als Heilmittel verwendet. Modernen Studien zufolge soll es den Cholesterinspiegel senken und Arteriosklerose vorbeugen. Dank seines hohen Gehalts an Vitamin E wirkt es zudem wunderbar gegen Falten. Sein intensives, süßes Nussaroma eignet sich hervorragend zum Verfeinern von Salaten, gegrilltem Gemüse oder Gerichten aus der Tajine. Die Berber vermischen das Öl mit gemahlenen Mandeln und Honig zu *amlou*, einer Köstlichkeit, die angeblich aphrodisische Wirkung besitzt.

(70 Dh) weiterfährt. Tickets für Fernverbindungen möglichst einen Tag im Voraus buchen!

Andere Busunternehmen sind günstiger und steuern die genannten Ziele häufiger an, außerdem zusätzlich Taroudannt (70 Dh, 6 Std.), Tan Tan (130 Dh, 6 Std.) und Rabat (90 Dh, 6 Std.).

Die Fahrzeuge der ONCF-Tochter **Supratours** (Karte S. 165; ☎ 0524 475317) rollen zum Bahnhof von Marrakesch (80 Dh, 2½ Std., 4-mal tgl.) in der Nähe des Bab Marrakech, wo die Züge nach Casablanca abfahren. Besonders im Sommer sollten diese Fahrten mehrere Tage vorher gebucht werden.

Ein Regionalbus 5 nach Diabat (4 Dh) und Sidi Kaouki (6 Dh) startet etwa achtmal täglich am Blvd Moulay Youssef außerhalb des Bab Doukkala.

FLUGZEUG

Der **Aéroport de Mogador** (☎ 0524 476709; Route d'Agadir) liegt 15 km südlich der Stadt. Dort heben unregelmäßig Direktflieger nach Casablanca und Paris ab.

TAXI

Der Stand für Grands Taxis (außerhalb der Karte S. 165) befindet sich unmittelbar westlich vom Busbahnhof. Trips nach Agadir bzw. Inezgane kosten 75 Dh.

Unterwegs vor Ort

Zum Flughafen kommt man mit Bus 5 (10 Dh, 15 Min.) oder mit den blauen Petits Taxis (150–200 Dh). Letztere eignen sich auch prima für Trips vom bzw. zum Busbahnhof (10 Dh), dürfen aber nicht in die Medina reinfahren. Wer gerne läuft, aber nicht selbst schleppen möchte, kann die Dienste vieler geschäftstüchtiger Herren mit Gepäckkarren in Anspruch nehmen. Diese bringen Taschen und Koffer direkt zum Hotel (ca. 20 Dh).

Résidence Shahrazed (Karte S. 166; ☎ 0524 472977; 1 Rue Youssef el-Fassi; 80 Dh/Tag) und **Résidence Hôtel Al-Arboussas** (Karte S. 166; ☎ 0524 472610; 24 Impasse Rue Laâlouj; 80 Dh/Tag) verleihen Fahrräder.

Die Mietwagen von **Wind Car** (Karte S. 165; ☎/Fax 0524 472804; Rue Princesse Lalla Amina) kosten ca. 400 Dh pro Tag. **Avis** (☎ 0524 474926) unterhält auch einen Ableger am Flughafen.

RUND UM ESSAOUIRA

Für Traveller, die mit einem eigenen fahrbaren Untersatz unterwegs sind, lohnen sich Abstecher zu den kleinen Frauenkooperativen in der Umgebung Essaouiras. Diese verkaufen u. a. Naturkosmetik, Lebensmittel und Produkte aus Arganöl. **Assafar Imitaghant** (außerhalb der Karte S. 165; ☎ 0661 553586) liegt 8 km außerhalb der Stadt an der Straße nach Marrakesch. Die ebenfalls empfehlenswerte **Coóperative Tiguemine** (außerhalb der Karte S. 166; ☎ 0524 790110) kommt nach weiteren 7 km in Sicht. Eine Liste mit sämtlichen interessanten Adressen ist bei der Touristeninformation erhältlich. Absolutes Highlight ist jedoch ein Ausflug zum Dorf Tamanar im Süden. Dort kann man in der **Coopérative Amal** (s. S. 176) den gesamten Gewinnungsprozess des Arganöls nachvollziehen.

Diabat

Das verschlafene Berberdorf Diabat liegt gleich südlich von Essaouira. Nachdem Jimi Hendrix in den frühen 1970er-Jahren hier kurz vorbeigeschaut hatte, stand die ehemalige Kifferkolonie bei Hippies hoch im Kurs. In absehbarer Zukunft soll hier ein großes Bauprojekt mit Yachthafen, Golfplatz und Touristenkomplex realisiert werden.

Hauptgrund für einen Besuch ist die **Ranch de Diabat** (☎ 0662 297203; www.ranchdediabat.com, französisch; Ausritte 3/6 Tage 3500/6000 Dh). Dort kann man sich ein Pferd ausleihen, Trekkingtouren buchen und Reitstunden nehmen. Auch Ausritte am Strand und mehrtägige Trips durch die Umgebung sind im Angebot.

Für Übernachtungen in Diabat empfiehlt sich die rustikale **Auberge Tangaro** (☎ 0524 784784; www.auberge-tangaro.com; DZ mit Halbpension 700–900 Dh/Pers.). Das abgelegene Haus in ruhiger Lage hat schicke, wenn auch spartanische Zimmer mit offenen Kaminen. Für Beleuchtung sorgen Kerzen, da das Anwesen keinen Stromanschluss hat. Auch das herzhafte gemeinschaftliche Abendessen wird bei romantischem Kerzenschein eingenommen.

Um nach Diabat zu kommen, folgt man der Küstenstraße nach Süden in Richtung Agadir und biegt nach etwa 7 km direkt hinter der Brücke rechts ab. Ansonsten fährt Regionalbus 5 (5 Dh) alle zwei Stunden vor dem Bab Marrakech ab.

Sidi Kaouki

Sidi Kaouki steht für wilde Strände, tolle Unterkünfte und eine konstant steife Brise. All dies hat den Ort in letzter Zeit immer mehr zu einem Top-Spot für Surfer und

Windsurfer werden lassen. Angsthasen sind hier jedoch völlig fehl am Platz: Die rauen Gewässer können für unerfahrene Surfer schnell gefährlich werden.

Den Strand säumen einige Gästehäuser und kleine Stände, die Tajine, Meeresfrüchte oder Snacks verkaufen. Mit Leihpferden (30/60 Min. 70/120 Dh) kann man Ausritte am langen Strand machen. An dessen anderem Ende kann man sich bei **VHM** (Village Hôtel Meziane; ☎ 0524 475035; 90 Dh/Std.; ⏰ 10–18 Uhr) im Monogliding versuchen. Der VHM-Komplex hat auch ein Restaurant (Hauptgerichte 30–55 Dh).

Wer übernachten oder gleich ein paar Tage bleiben möchte, begibt sich am besten zum **El Kaouki** (☎ 0524 476600; www.kaouki.com; EZ/DZ/3BZ inkl. Frühstück 210/300/410 Dh, Halbpension zzgl. 120 Dh). Die einfachen, aber gemütlichen Zimmer des reizenden Hauses sind in Weiß und Blau gestrichen, mit vor Ort gefertigten Stoffen ausgestattet und bieten eine prima Aussicht auf Ozean oder Hinterland. Es gibt hier keinen Strom, deshalb wird bei Kerzenlicht gespeist. Gäste werden freundlich aufgenommen.

Alternativ bieten sich die schicken, neuen Apartments von **Windy Kaouki** (☎ 0524 472279; www.wind-y-kaouki.com; Apt. 750–1150 Dh) an. Sie sind von außen relativ unspektakulär, haben aber wunderbare Zimmer, bei deren Einrichtung marokkanische Traditionen modern umgesetzt wurden – mit anderen Worten: Warme Farbtöne, offene Kamine und Meerblick vom Balkon dominieren.

Sidi Kaouki liegt etwa 27 km südlich von Essaouira. Bus 5 (7 Dh) startet alle zwei Stunden vor dem Bab Marrakech.

Mittelmeerküste & Rifgebirge

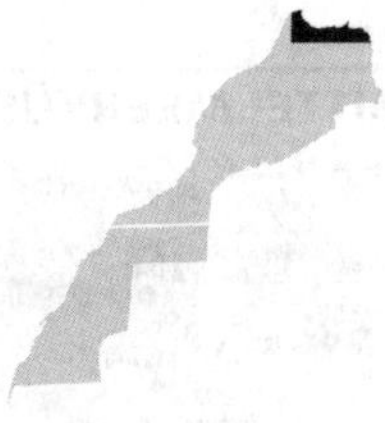

Nordmarokko erscheint einem wie ein wahr gewordener Traum. Nach unablässigen phantastischen Eindrücken fragt man sich, wieder sicher zuhause, ob das alles real war. Das Tor zu dieser Region war in historischen Zeiten gleichzeitig der Zugang zu Afrika: Tanger. Hier sind inmitten von Szenen aus *Tausendundeiner Nacht* noch immer die Geister der Internationalen Zone zu spüren. Östlich liegt das ehemalige Spanische Protektorat mit der Hauptstadt Tétouan, dessen Medina von den Klängen mittelalterlicher Handwerker erschallt. An der wilden, felsigen Küste sind lebendige Überreste dieser Zeit zu entdecken, u.a. die beiden autonomen Städte Ceuta und Melilla mit ihren tollen mittelalterlichen Festungen und spektakulären architektonischen Schätzen sowie zwei Inselfestungen, die immer noch von der spanischen Fremdenlegion besetzt sind. Die beiden kaum erschlossenen Nationalparks in Al-Hoceima und dem Beni-Snassen-Massiv tragen mit Mähnenschafen und Seeadlern zum exotischen Flair bei. Im Landesinneren passiert man endlose Marihuanafelder und gelangt am dramatischen Steilhang des Rifgebirges schließlich in das Bergdorf Chefchaouen, Heimat rauer Berberstämme, mit der zentralen Kasbah.

Von Tanger aus startet man in ein echtes Abenteuer. Hier, in einer der am wenigsten besuchten Regionen Marokkos, trifft man manchmal erst nach Tagen wieder auf einen Nicht-Marokkaner. Aber man muss schnell sein: Die Küste wird zunehmend in eine Art marokkanisches Südspanien verwandelt, mit einer einzigen Schnellstraße mitten hindurch und Resorts, die in Martil, M'Diq, Saïdia und sogar Nador aus dem Boden schießen. Leider ist auch das ein Kapitel dieser unendlichen Geschichte.

HIGHLIGHTS

- In **Tanger** (S. 181) der marokkanischen Mona Lisa in die Augen schauen
- Die Drachen vom Dach eines ungewöhlichen Palastes in **Ceuta** (S. 205) abheben sehen
- In **Melilla** (S. 234) zwischen 900 modernistischen und Art-déco-Gebäuden umherwandern
- In der alten Medina von **Tétouan** (S. 213) Wasserpfeife rauchen
- **El Peñón de Velez de La Gomera** (S. 230) einnehmen, eine exotische Festung, die noch immer von Männern der Spanischen Fremdenlegion benutzt wird
- Den unerschlossenen **Nationalpark von Al-Hoceima** (S. 230) erkunden
- Im malerischen **Beni-Snassen-Massiv** (S. 241) in einem ländlichen Berberhaus übernachten
- In **Chefchaouen** (S. 218) durch die Gärten der Kasbah streifen

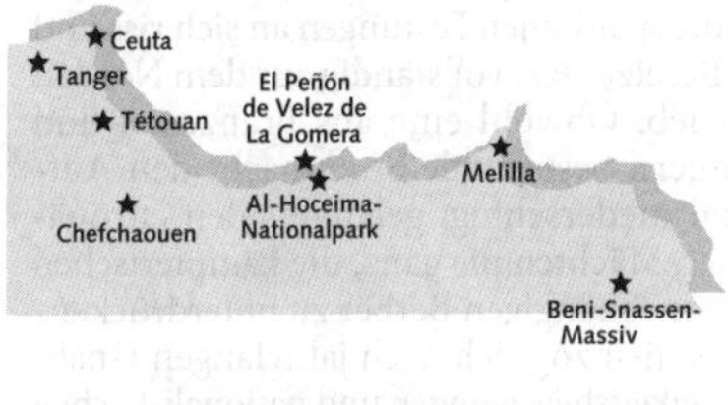

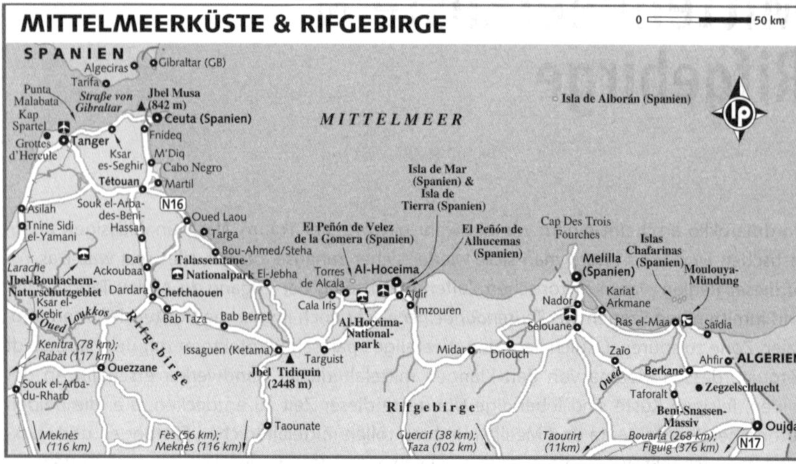

Geschichte

Wegen seiner Lage genau gegenüber der Straße von Gibraltar stand Marokkos Mittelmeerküste lang unter europäischem Einfluss, besonders dem Portugals und Spaniens. Im 15. Jh. fiel jeder Hafen an der Mittelmeerküste unter portugiesische Herrschaft, mit Ausnahme von Melilla, das spanisch war. Im 16. Jh. wurden die iberischen Mächte schließlich aus Marokko verdrängt – allerdings nicht für immer.

Im 19. Jh. zerstückelten die europäischen Mächte das Land erneut und Spanien landete mit 90 000 Soldaten in Melilla. Frankreich und Spanien einigten sich schnell auf eine territorial-administrative Aufteilung von Marokko, wodurch an der Nordküste ein Spanisches Protektorat mit der Hauptstadt Tétouan entstand. In der Zwischenzeit wurde Tanger zu einer speziellen Zone unter internationaler Verwaltung gemacht.

Schon bald rief die Kolonialherrschaft Aufstände von rebellischen Stämmen hervor. Während des Rifkriegs (1921–1926) leitete der Berberführer Abd al-Krim eine Revolte, die die spanischen Festungen an sich riss und die Besetzer fast vollständig aus dem Norden vertrieb. Obwohl eine aus Franzosen und Spaniern bestehende Streitmacht den Aufstand niederschlug, gelang es den europäischen Mächten nie ganz, die kämpferischen und unabhängigen Berber zu unterdrücken.

Spanien zog sich nach jahrelangen Unabhängigkeitsbewegungen und nationalistischen Aufständen 1956 schließlich aus Nordmarokko zurück. Lediglich in den *plazas de soberanía*, die an der Küste verstreut liegen (S. 201), hielten sich letzte Überbleibsel des spanischen Reiches. Noch immer aber durchzieht die Region ein stark spanisches Flair, zu sehen z. B. in der dominanten, fremdartigen Sprache, der kolonialen Architektur und der Küche.

Klima

Das Klima an der Küste ist allgemein mild mit einer Tendenz zu kühl und nass. Die durchschnittliche Tagestemperatur liegt zwischen 12 °C im Winter und 25 °C im Sommer; in den Bergen ist es mit Temperaturen von bis zu 0 °C im Winter kälter. Im Norden gibt's auch mehr Niederschlag als in anderen Teilen des Landes: Da die Wolken in den Bergen festsitzen, kann es tagelang bewölkt und regnerisch sein. Nur in den Sommermonaten (besonders Juli & Aug.) ist es trocken.

An- & Weiterreise

Tanger ist der bequemste Zugang zu dieser Region, da es durch Fähren mit Europa und durch Züge mit den Städten der Atlantikküste verbunden ist. Von verschiedenen anderen Städten an der Küste, z. B. Ceuta, Melilla, Nador und Al-Hoceima, legen Fähren nach Spanien ab (manche nur während der Saison). Vom Süden her geht's auf dem Landweg über Fès, Meknès und Rabat nach Chefchaouen.

Unterwegs vor Ort

Das Reisen an der Nordküste ist schwerer als in anderen Teilen Marokkos. Mit Ausnahme

TOP PICKS

- DARNA, Frauenverband von Tanger, Tanger (S. 186). Seine Einnahmen unterstützen bedürftige einheimische Frauen.
- Musée de la Fondation Lorin, Tanger (S. 188). Das verblüffende Fotomuseum in der Medina von Tanger fördert u. a. Kulturprogramme für einheimische Kinder.
- Chaouen Rural, Chefchaouen (S. 219). Spanisch-marokkanisches Bestreben, die ländliche Wirtschaft in der Chefchaouen-Region mithilfe des Tourismus weiterzuentwickeln.
- Asociación Rif para el Desarrollo del Turismo Rural (Rif-Vereinigung zur Entwicklung des Agrotourismus), Al-Hoceima-Nationalpark (S. 230). Eine weitere spanisch-marokkanische Bemühung, den Agrotourismus im Nationalpark von Al-Hoceima zu entwickeln.
- Gite Tagma, Beni-Snassen-Massiv (S. 241). Das erfolgreiche neue Hotel im Beni-Snassen-Massiv gilt als Musterbeispiel für die Entwicklung des Agrotourismus.

von Tanger gibt's in dieser Region kein Zugnetz, sodass Reisende auf Busse und Taxis zurückgreifen müssen. Die Straßen schlängeln und winden sich durch das Rifgebirge und die Strecken verlaufen daher nie so direkt, wie sie könnten; zudem zeigen viele Spuren mangelnder Investitionen und Instandhaltung. Wer in kleinere Orte will, muss lange warten, bis die Grands Taxis voll sind – oder er mietet sich selbst ein Auto. Man sollte auf jeden Fall vorher abklären, wie lange man zum Ausgangspunkt zurück braucht.

WESTLICHE MITTELMEERKÜSTE

TANGER

1 000 000 Ew.

Das Erstaunliche an Tanger ist, dass es viel näher an *Casablanca* (den Film) herankommt, als man es je für möglich gehalten hätte. Die große kulturelle Vielfalt, das chaotische Leben auf der Straße, die ständige Geschäftemacherei, die eigenwilligen Auswanderer, die korrupten Beamten, der Alles-ist-möglich-Zynismus, die persönlichen Schicksale, die mit politischen Veränderungen verwoben sind, und sogar das original Vorbild für Rick's Café – all das existiert hier und wartet nur darauf, wiederentdeckt zu werden. Den Baukränen, die über allem aufragen, setzt diese Stadt eine Persönlichkeit entgegen, die resistent ist gegen Veränderungen – als wäre sie sich sicher, dass alle Reformversuche zum Scheitern verurteilt sind. Und genau das ist der Ursprung des Reizes von Tanger. Es ist mehr als nur eine Stadt: Es ist eine uralte Erinnerung, ein unberührter Teil des menschlichen Geistes, mal anziehend, mal abstoßend, aber immer faszinierend – wenigstens für ein paar Tage. Die allgegenwärtigen Fotos des Königs rufen einem ins Gedächtnis, dass die Geschichten aus *Tausendundeiner Nacht* immer noch lebendig und toll sind – und nur eine kurze Überfahrt von Spanien entfernt.

Wie die dynamische Meerenge, auf der es liegt, ist auch Tanger das Produkt aus etwa 1001 Strömungen: Islam, Berberstämme, westliche Kolonialherren, eine höchst strategische Lage, ein lebhafter Hafen und nun auch noch Tourismus. Diese großartige Mischung erfüllt die Stadt mit einer fremdartigen Atmosphäre, ähnlich einer Fata Morgana, die randvoll ist mit verlockenden Kuriositäten, von den Museen bis zu den Einwohnern. Über allem steht der Darwin'sche Kommerz in seiner schlimmsten Form. Fast jeder ist auf Geld aus – etwas, an das man sich erst mal gewöhnen muss. Der Aufruf zum Gebet erschallt zwischen endlosen Betrügereien, Reiche mischen sich unter Arme. Und trotzdem funktioniert es. Der kluge Reisende geht den Schwierigkeiten aus dem Weg und wird zu jeder Jahreszeit reichlich belohnt – er muss nur bedenken, dass die Temperaturen, die Menschenmassen und die Preise im Sommer ihren Zenit erreichen.

Für Menschen aus dem Westen war Tanger lange ein Alter Ego, ein Ort, an dem man die Konventionen vergessen und Außergewöhnliches entdecken konnte – zumindest indirekt. Schließlich war dies die Stadt, die die Begründer der Beat Generation anzog, die Paul Bowles und William S. Burroughs zum Schreiben ihrer verdrehten Geschichten inspirierte, und durch die so exaltierte Persönlichkeiten wie die Rolling Stones oder Malcolm Forbes wie Shooting Stars zogen. Obwohl Kulturelles hier längst der Vergangenheit angehört – die Millionenstadt hat noch nicht einmal eine öffentliche Bibliothek –, ist die Aura noch immer spürbar und zieht die Menschen an. Mittlerweile sind die Einwohner von Tanger auf Europa fixiert, das (unerreichbare) Wunschziel vieler, die dem „Hinterland", wie die Einheimischen den Rest Marokkos nennen, am liebsten den Rücken kehren würden. Wie der römische Gott Janus hat also auch diese Stadt zwei Gesichter. Man darf sich nur von keinem der beiden täuschen lassen: Letztendlich verbergen sowohl die Beaux-Arts-Fassaden als auch die maurischen Bögen einen Ort, der weder zu Marokko noch zu Europa gehört, sondern beide paradox mischt. Das ist die größte Kuriosität in Tanger: Tanger selbst.

Geschichte

Tangers Geschichte ist eine wilde Story von ausländischen Invasionen, die vor allem durch die strategische Lage der Stadt am Mittelmeer begünstigt wurden. Die Gegend wurde erstmals von den alten Griechen und Phöniziern besiedelt und als Handelsbasis genutzt (welche das traditionelle marokkanische Kapuzengewand, die Dschellaba, mit sich brachten). Sie benannten die Siedlung nach der Göttin Tingis, der Geliebten Herkules', dessen Kräfte so gewaltig waren, dass er Europa von Afrika trennte und dabei die Straße von Gibraltar formte. Unter römischer Herrschaft war die Stadt die Hauptstadt der Provinz Mauretania Tingitana. 429 n. Chr. kamen die Spanier, gefolgt von den Byzantinern und dann den Arabern, die 705 einmarschierten und die Berberstämme bezwangen. Tanger wurde zwischen verschiedenen Arabergruppen hin- und hergeschoben, bis es 1149 schließlich unter die Herrschaft der Almohaden fiel. Dann kamen die Portugiesen und nahmen die Stadt bei ihrem zweiten Versuch 1471 ein, nur um sie dann 200 Jahre später dem Engländer Karl II. als Hochzeitsgeschenk zu übergeben. Der Wert der Stadt ist nur schwer einzuschätzen: Der englische Tagebuchautor

PAUL BOWLES' LEBEN IN TANGER

Der wohl bekannteste Schriftsteller in Tanger war der kontroverse Amerikaner Paul Bowles, der 1999 im Alter von 88 Jahren starb. Bowles unternahm 1931 auf den Rat von Gertrude Stein hin eine kurze, aber lebensverändernde Reise nach Tanger und widmete die nächsten 15 Jahre, die er wieder in der Heimat verbrachte, dem Komponieren und der Kritik. 1938 heiratete er Jane Sydney Auer, aber sie waren nie ein konventionelles Paar: er bisexuell, sie aktive Lesbe. Nach dem Zweiten Weltkrieg brachte Bowles seine Frau nach Tanger, wo er den Rest seines Lebens verbrachte und sich in einem lebhaften kreativen Kreis aus Leuten wie Allen Ginsberg und William Burroughs dem Schreiben widmete.

Während der 1950er-Jahre begann Bowles mit der Aufzeichnung, Übertragung und Übersetzung von Geschichten marokkanischer Autoren, vor allem von Driss ben Hamed Charhadi (sein Pseudonym ist Larbi Layachi) und Mohammed Mrabet. Der Amerikaner nahm auch als einer der ersten schon früh marokkanische Volksmusik auf.

Bowles bekanntestes Werk wurde, teils auch wegen Bernardo Bertoluccis Film aus dem Jahr 1990, *Himmel über der Wüste* (1949), die düstere und kraftvolle Geschichte eines unschuldigen amerikanischen Paares, das eine Reise durch Marokko langsam entzweit. Unter seinen anderen Werken finden sich *So mag er fallen* (1952), ein in Tanger spielender Thriller, *Das Haus der Spinne,* das im Fès der 1950er-Jahre spielt, sowie zwei ausgezeichnete Sammlungen von Reiseerzählungen: *Their Heads Are Green* (1963) und *Points in Time* (1982). *A Distant Episode: the Selected Stories* ist eine tolle Sammlung seiner Kurzgeschichten.

In Bowles' Werken liegt eine dunkle, nihilistische Unterströmung, die sein ganzes Leben zu reflektieren scheint. Sein Schriftstellerkollege Joe Ambrose, der ihn gut kannte, beschrieb Bowles als „einen Mörder, einen Sadisten, einen Voyeur, einen Giftmischer, einen interdisziplinären Wissenschaftler, einen sexuellen Ausbeuter halbwüchsiger Jungs ... Bowles war ein großartiger Schriftsteller, aber seine Böswilligkeit und Prasserei beeinflussen diese Kunst und dürfen nicht außer Acht gelassen werden, wenn man seine Kunst verstehen möchte." Bowles' Autobiografie *Without Stopping* (1972; Spitzname *Without Telling*) beleuchtet diese Themen ein wenig.

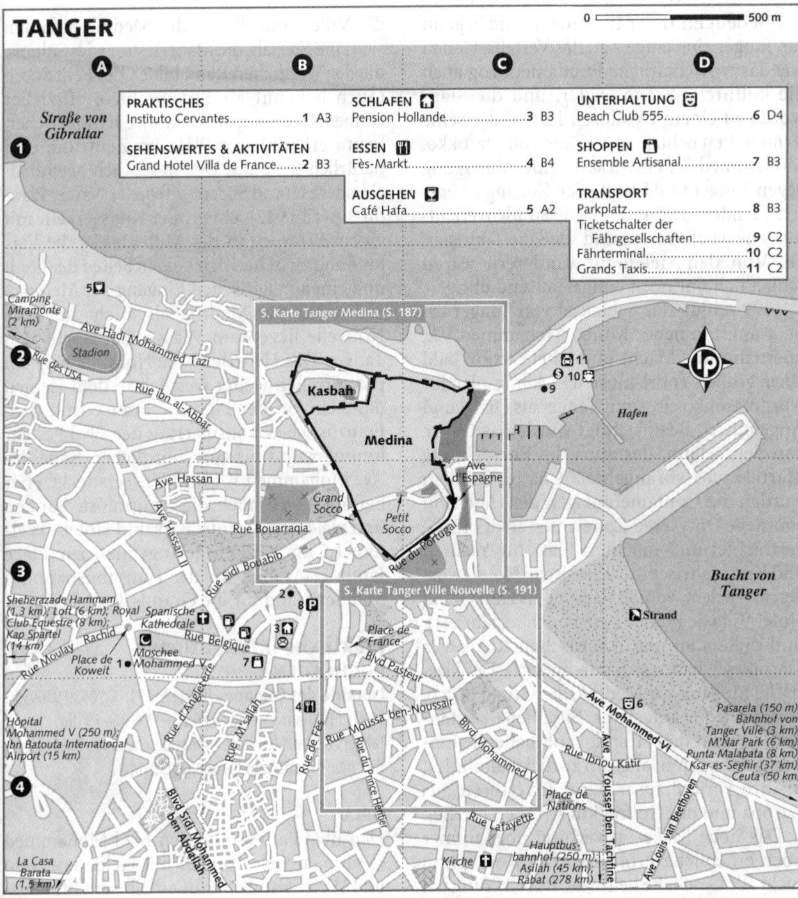

Samuel Pepys nannte sie den „Auswuchs der Erde". Unter Sultan Mulai Ismail erlangten die Marokkaner 1679 die Kontrolle über die Stadt zurück, wobei sie zum großen Teil zerstört wurde. Die Marrokaner blieben an der Macht, bis Nordafrika Mitte des 19. Jhs. wieder einmal das Interesse der europäischen Mächte auf sich zog.

Nun beginnt die moderne Geschichte Tangers. Während der Rest Marokkos zwischen Frankreich und Spanien aufgeteilt war, wurde das strategische Tanger in eine „Internationale Zone" mit verschiedenen Bezirken umgewandelt, ähnlich wie Westberlin im Kalten Krieg. Frankreich, Spanien, England, Portugal, Schweden, Holland, Belgien, Italien und die USA bekamen alle ein Stück von dem Kuchen, der zumindest auf dem Papier vom Sultan verwaltet wurde. Diese Situation dauerte von 1912 bis kurz nach der marokkanischen Unabhängigkeit im Jahre 1956, als die Stadt dem Rest des Landes zurückgegeben wurde. Während dieser berühmten Phase der „Interzone" machten Auswanderer, die in Scharen hierher strömten, die Hälfte der Bevölkerung aus. Eine wilde „Alles-ist-möglich"-Kultur entwickelte sich und zog eine Menge Leute an, aus niederen wie auch aus ehrenwerten Beweggründen: Salonlöwen, Währungsspekulanten, Drogenabhängige, Spione, sexuell Andersdenkende, ins Exil Verbannte, Exzentriker – sämtliche Randgruppen der Gesellschaften kamen hierher und verpassten damit der Stadt einen besonders schäbigen Ruf.

Mit dem Ende der Interzonen-Ära begann für Tanger eine lange Zeit des Verfalls. Genau wie das wirtschaftliche Fundament zog auch die kulturelle Szene weiter, und die Stadt wurde zu einem trostlosen Hafen, der seine Kriminalität behielt. Der König von Marokko, Mohammed V., entwickelte eine Abneigung gegen Tanger und kappte den Zugang zu entscheidenden Geldmitteln. Die Straßenverkäuferszene wuchs rasant und stieß die Touristen ab. Von den vielen Einwanderern waren schließlich nur noch einige Tausend übrig.

1999 schlug das Schicksal von Tanger erneut um: Ein neuer König, Mohammed VI., übernahm die Macht und leitete schon bald einen großen Tourismusentwicklungsplan für Nordmarokko ein – mit Tanger als Dreh- und Angelpunkt. Beaufsichtigt wurde das Ganze von dem Mann, der auch die Entwicklung Marrakeschs vorangebracht hatte. Seitdem wurden die Containeranlagen des Hafens in eine neue Duty-Free-Zone unten an der Küste verfrachtet und machten Platz für Yachten und Kreuzfahrtschiffe. Klassische Hotels wurden neu belebt, vom Rif (fertig) bis zum Grand Hotel Villa de France (wird noch restauriert), und die ersten marokkanischen Riads à la Marrakesch haben sich durchgesetzt. Der klassische Eingang zur Medina, der Grand Socco, wurde wieder aufgebaut. Eine neue Küstenstraße säumt den Strand. Wohlhabende Einwanderer kehren langsam zurück, zumindest in ihre Ferienhäuser. Und Investoren aus Europa und der Golfregion strömen hierher.

Das neue Make-up verbirgt aber immer noch erhebliche Probleme: Die Korruption sucht alle Geschäfte heim; die Bevölkerung hat sich in den letzten 25 Jahren auf 1 Mio. Einwohner vervierfacht und strapaziert die begrenzten Ressourcen; ungehemmte Entwicklung bedroht historische Anwesen und die Umwelt; sozialer Fortschritt wird durch den Mangel an demokratischen Einrichtungen gehindert, kulturelle Investitionen sind unerheblich. Von wachsendem Ehrgeiz angetrieben bewarb sich Tanger für die Expo 2012 – und scheiterte. Aber insgesamt geht es definitiv aufwärts, und für Reisende sind die Zeiten besser als in den letzten Jahrzehnten.

Orientierung

Wie viele andere marokkanische Städte ist Tanger unterteilt in eine alte, ummauerte Stadt (oder Medina) aus verschachtelten mittelalterlichen Gassen und eine neue, moderne Stadt, die Ville Nouvelle. In der Medina befinden sich eine Kasbah, die Mauerfestung des Sultans, die den westlichen Rand bildet, der Petit Socco (auch bekannt als Socco Chico; offizieller Name: Place Souq ad-Dakhil), ein historischer, kaum erkennbarer Platz im Zentrum, und natürlich die Suks. Der wesentlich beeindruckendere Grand Socco (offizieller Name: Place du 9 Avril 1947), ein großer Kreisverkehr mit einem Brunnen in der Mitte, bildet die Verbindung zwischen den beiden Seiten der Stadt und einen malerischen Eingang zur Medina.

Sowohl die Medina als auch die Ville Nouvelle liegen am Wasser der Bucht von Tanger. Das Herz der Ville Nouvelle liegt ein paar Straßen weiter westlich in dem Gebiet, das sich von der Place de France (mit dem Französischen Konsulat) aus den Blvd Pasteur hinunter und bis zum nördlichen Ende der Ave Mohammed V. (*nicht* VI.!) erstreckt. Hier befinden sich auch die Hauptpost, Banken und viele Restaurants, Bars und Hotels. Weitere 1,5 km südlich gelangt man zur Place Jamia el-Arabia, wo der Hauptbusbahnhof und der Stand für die Grands Taxis liegen.

Praktische Informationen

BUCHLÄDEN

Librairie des Colonnes (Karte S. 191; ☎ 0539 936955; 54 Blvd Pasteur; ⏲ Mo–Sa 9.30–13 & 16–19 Uhr) Tangers bester, aber noch immer bescheidener Buchladen. Hier gibt's kaum fremdsprachige Literatur.

GELD

Den Blvd Pasteur und den Blvd Mohammed V säumen viele Banken mit Geldautomaten und Wechselstuben. Außerhalb der Öffnungszeiten wechseln auch die großen Hotels Geld.

BMCE (Banque Marocaine du Commerce Extérieur; Karte S. 191; Blvd Pasteur; ⏲ Mo–Fr 9–13 & 15–19, Sa & So 10–13 & 16–19 Uhr) Eine von vielen Banken hier.

GEPÄCKAUFBEWAHRUNG

Consigne (Karte S. 187; Ecke Rue Dar Dbagh & Rue du Portugal; je nach Größe 5–15 Dh; ⏲ 6.30–12 Uhr) Praktisch, um das Gepäck tagsüber abzugeben; am Südeingang zur Medina.

INTERNETZUGANG

In der Gegend um den Blvd Pasteur gibt's einige Internetcafés.

Espace Net (Karte S. 191; 16 Ave Mexique; 5 Dh/Std.; ⏲ 9.30–1 Uhr)

Euronet (Karte S. 191; ☎ 0539 933544; Rue Ahmed Chaouki; 7 Dh/Std.; ⏲ 10–1 Uhr)

KULTURZENTREN

Galerie Delacroix (Karte S. 191; 86 Rue de la Liberté; Eintritt frei; ⌚ Di–So 11–13 & 16–20.30 Uhr) Der Ausstellungssaal des Institut Français beherbergt Gastausstellungen.

Institut Français (Karte S. 191; ☎ 0539 941054; info@iftanger.ma; 41 Rue Hassan ibn Ouazzane; ⌚ Di–Sa 8.30–12 & 14.30–19 Uhr) Bietet ein volles Programm an Filmen, Konzerten, Theater und anderen kulturellen Events auf Französisch.

Instituto Cervantes (Karte S. 183; ☎ 0539 932001; www.tanger.cervantes.es, arabisch & spanisch; 99 Blvd Sidi Mohammed ben Abdallah; ⌚ Mo–Fr 10–13 & 15–19.30, Sa 10–13 Uhr) Das spanische Pendant zum Institut Français bietet Sprachkurse, Kulturveranstaltungen und eine Bibliothek mit diversem Material über Tanger.

MEDIZINISCHE VERSORGUNG

Clinique du Croissant Rouge (Rotes-Kreuz-Klinik; Karte S. 191; ☎ 0539 946976; 6 Rue al-Mansour Dahabi)

Hopital Mohammed V (☎ 0539 930856; Rue Val Fleurie) Das Krankenhaus liegt an der Straße zum Flughafen.

Apotheke Anegax (Karte S. 187; Rue as-Siaghin)

NOTFALL

Notruf (☎ 0539 373737; ⌚ 24 Std.)

POST

Hauptpost (Karte S. 191; Ecke Rue Quevada & Ave Mohammed V) Die Ausgabestelle für postlagernde Sendungen ist an der Ecke ganz rechts und die Paketpost auf der Südseite des Gebäudes.

REISEBÜROS

Die folgenden Reisebüros verkaufen Fähr- und Flugtickets.

Carlson Wagonlit (Karte S. 191; ☎ 0539 331024; 91 Rue de la Liberté)

Hispamaroc (Karte S. 191; ☎ 0539 932178; hispamaroc@mamnet.net.ma; 2 Rue el-Jabha el-Ouatania)

GERADE GELANDET?

Viele Menschen erleben in Tanger einige erste Male: das erste Mal Afrika, das erste Mal in einem islamischen Land, das erste Mal in einem Entwicklungsland, oder auch alles zusammen. Üblicherweise kommt man aus Spanien für einen Tag hierher, angelockt vom exotischen Duft der anderen Seite der Meerenge. Wer sich hier wiedererkennt, sollte Folgendes bedenken:

- Man *wird* von Straßenverkäufern belästigt werden. Sie wollen einem eine falsche Rolex verkaufen, einen in den Teppichladen des Onkels schleifen oder für einen Tag den Fremdenführer spielen. Sie sind nicht gefährlich, nur nervig; wenn man sie ignoriert, verschwinden sie normalerweise. Ansonsten hilft ein höfliches *la, shokran* – „Nein, danke" –, wenn nötig auch zweimal. Bei den besonders Hartnäckigen wirkt das spanische *déjame en paz* (DEE-cha-me en pas – „Lass mich in Ruhe") Wunder. Vorsicht: Wer sie ermutigt, dem folgen sie, bis man sie dafür bezahlt, wegzugehen – oder bis die Sonne untergeht.
- Feilschen kann einschüchtern, ist aber nur ein Sport der Einheimischen. Ihre Kunstfertigkeit darin ist beeindruckend; oft schalten sich mehrere Leute ein, von denen jeder den Reisenden vor seinem jeweiligen Vorgänger schützen will. Erst wenn der Ladenbesitzer einem nachläuft, kaufen, denn dann hat man erfolgreich gehandelt. Angebote, „meinen anderen Laden zu besuchen", stets abschlagen.
- Versuche, Besucher über den Tisch zu ziehen, sind an der Tagesordnung. Man sollte immer passend zahlen, um beim Wechselgeld nicht betrogen zu werden. Alles was man kauft, sollte man sich genau ansehen: Das „Messing" ist oft Zinn, die „Fossilien" sind aus Beton, und diese Nike-Schuhe … überflüssig zu erwähnen.
- Westliche Städte sind oft nach Einkommen gegliedert. Hier aber leben Arme und Reiche Tür an Tür, häufig mit abrupten Übergängen: Oft findet sich nur eine armselige Tür weiter eine ganz andere Welt. Mangelnde Sauberkeit kennzeichnet aber nicht unbedingt eine gefährliche Gegend.
- Beim Taxifahren sollte man den Preis im Voraus festlegen. Wenn ein Fahrer nach der Tour trotzdem mehr verlangt, bezahlt man einfach den verabredeten Betrag und geht. Wer sich ein Taxi zum Sightseeing nimmt, muss aufpassen, dass die Taxifahrer nicht eigenmächtig und heimlich die Route ändern, um Zeit und Benzin zu sparen.

Weitere allgemeine Hinweise gibt's auf S. 495.

TOURISTENINFORMATION

ONMT (Délégation Régionale du Tourisme; Karte S. 191; ☎ 0539 948050; dttanger@yahoo.fr; 29 Blvd Pasteur; ⏰ Mo–Fr 8.30–16.30 Uhr) Die jüngsten Investitionen in die touristische Infrastruktur haben es nicht bis hierher geschafft. Mündliche Auskünfte, aber kaum Gedrucktes.

WASCHSALON

In Tanger bezahlt man beim Waschen meist pro Stück, inkl. Bügeln. Wer nur waschen möchte, sucht sich besser Salons, die pro Kilo abrechnen.

Pressing Detroit (Karte S. 191; 10 Rue el-Jarraoui; Waschen & Bügeln 8 Dh/Hose; ⏰ Mo–Sa 9–13 & 15–20 Uhr)
Laverie Ouazzani (Karte S. 191; ☎ 0539 949683; 50 Rue Zeriabe; 5 kg 50–70 Dh; ⏰ 9–21 Uhr)

Gefahren & Ärgernisse

Angesichts der vielen jungen Männer, die in Gruppen durch die Straßen ziehen, bleibt man am besten stets auf den Hauptwegen und fährt nachts mit dem Taxi von Haustür zu Haustür. Alleinreisende Frauen könnten nach 22 Uhr in Schwierigkeiten geraten und sollten nach Einbruch der Dunkelheit die Hafengegend meiden. Wer ein ernstes Problem hat und Hilfe von den Behörden braucht, der wendet sich an die **Brigade Touristique** (Touristenpolizei; Karte S. 187; Ave Mohammed VI., Hafen von Tanger).

Der meiste Ärger lässt sich entschärfen oder vermeiden, wenn man einen günstigen Führer (S. 192) anheuert. Das gilt besonders für Besucher, die zum ersten Mal hier sind; s. Kasten S. 185.

Man sollte immer Bargeld dabei haben: Die meisten Hotels, Restaurants und Läden akzeptieren keine Kreditkarten, und außerdem möchte man seine Kartennummer hier sowieso nicht preisgeben.

Sehenswertes

GRAND SOCCO

Der kürzlich renovierte **Grand Socco** (Karte S. 187) bildet das romantische Tor zur Medina, ein großer, abschüssiger, von Palmen gesäumter Platz mit einem Brunnen in der Mitte. Er liegt vor dem winzigen Tor Bab Fass. Der Kreis aus Pflastersteinen war früher ein großer Marktplatz und bildet heute das Ende der Taxistände – von hier führen die modernen Straßen in die Vergangenheit. Den besten Überblick hat man vom höchsten Punkt des Platzes auf den Stufen, gegenüber dem großen, hellbraunen Gebäude (die Polizeiwache), die die Einheimischen einfach *La Terrasse* nennen. Genau deshalb ist man hierher gekommen – einer dieser verträumten Momente, in denen man sich in einem Film glaubt. Alternativ kann man auch auf das Dach des Café Al Mountazah (S. 196) am anderen Ende des Platzes gehen, sich an die Kante setzen und eine oder zwei herrliche Stunden verbringen.

Von der Mitte des Grand Socco aus sind auch verschiedene andere Sehenswürdigkeiten zu sehen, z. B. die **Cinematheque de Tanger** (Karte S. 187), auch bekannt als Cinema Rif. Der hellste Stern der kulturellen Szene ist das geistige Produkt der Künstlerin und Fotografin Yto Barrada (s. S. 189) – eine Kombination aus Kunstkino, Café und Archiv, die den Mittelpunkt bildet von allem, was hier mit Film zu tun hat (s. S. 198). Hier trifft sich die Stadtjugend, um Atmosphäre zu atmen.

Das gelbe Gebäude gegenüber von La Terrasse ist der **DARNA, der Frauenverband von Tanger** (Karte S. 187; Mittagessen Festpreis 30–50 Dh; ⏰ 9–12 & 15–17 Uhr), ein kleiner Komplex mit einem günstigen Restaurant, einer Boutique mit Damenbekleidung und einem sonnigen Innenhof, der zum Mittagessen oder einfach nur zum Entspannen einlädt. Seit 2002 ist der DARNA ein öffentliches Gebäude, in dem man sich um hilfsbedürftige einheimische Frauen kümmert, z. B. solchen, die unter den Konsequenzen einer Scheidung leiden.

Auf der anderen Seite des Grand Socco, gegenüber vom Cinema Rif, liegt der riesige **Mendoubia-Park** (Karte S. 187), eine kürzlich renovierte Anlage voller schlendernder Paare und Kinder, die Fußball spielen. Die Grünflächen säumen elegante Kolonialgebäude, die vielleicht schönsten ihrer Art in der ganzen Stadt. Oben auf dem zentralen Hügel befindet sich ein Monument mit Kanonen, auf dem die Unabhängigkeitsrede von Mohammed V. eingraviert ist.

Ein kurzer Spaziergang die Rue d'Angleterre hinunter bringt einen zu einer der charmanteren Kuriositäten von Tanger, der **Kirche St. Andreas** (Karte S. 187; Gottesdienste So 8.30, 11 Uhr). Die Kirche wurde von 1894 bis 1905 auf Land errichtet, das Königin Viktoria zur Verfügung gestellt hatte. Das Innere der anglikanischen Kirche ist im maurischen Stil ohne eingravierte Bilder und mit dem Vaterunser auf Arabisch gestaltet. Hinter dem Altar befindet sich eine Spalte, die die Richtung nach Mekka weist. Die eingravierten Zitate stammen aus dem Koran. Was haben sich die einheimischen Erbauer hier nur gedacht?

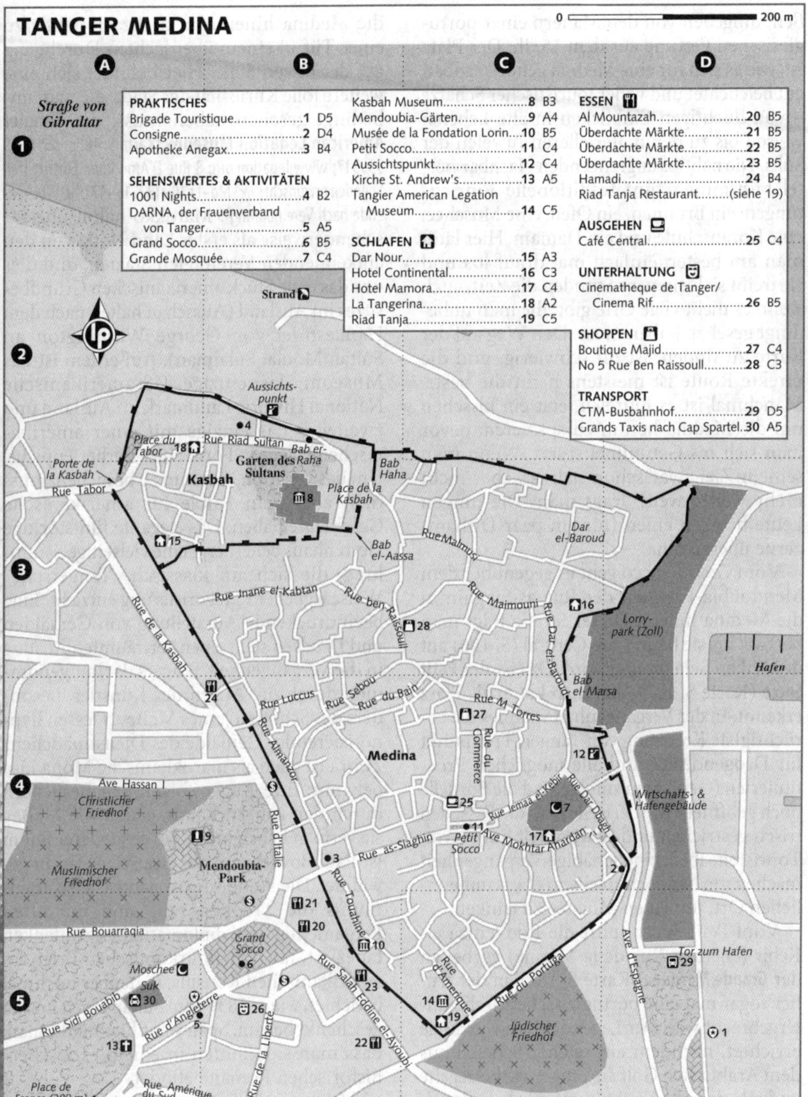

Draußen auf dem Friedhof der Kirche gibt es ein paar faszinierende Grabsteine aus der Kriegszeit, darunter der eines Kampfpiloten, der auf der Flucht erschossen wurde (auf dem Stein steht „Gute Jagd, Tim"), und die bewegenden Gräber kompletter abgestürzter Flugzeugbesatzungen – deren Steine stehen Schulter an Schulter aneinandergereiht. Wer hier rein möchte, muss sich an den Verwalter Mustapha Chergui (☎ 0679 137583) wenden, der seit 45 Jahren die Kirchenglocke über dem Grand Socco läutet.

MEDINA

Die Medina ist die Hauptattraktion Tangers: ein Labyrinth aus Geschäfts- und Wohnstraßen, umgeben von den Mauern einer portugiesischen Festung aus dem 15. Jh. Der Platz ist, wie es sich für eine Medina gehört, sauber, gut beleuchtet und voller touristischer Schätze – von flüchtigen Einblicken in alte Lebensweisen bis zu den materielleren Juwelen der Suks. Die nahtlos angrenzenden Nachbarviertel bestimmen fünf traditionelle Einrichtungen: ein Brunnen, ein Ofen, eine Moschee, eine Koranschule und ein Hamam. Hier läuft man am besten einfach mal drauf los und vertreibt sich ein paar Stunden die Zeit, auch wenn es nicht viele Orte gibt, die man unbedingt gesehen haben muss. Den Weg auf der Karte zu finden, ist oft schwierig, und die direkte Route ist meistens nicht die beste. Manchmal ist es hilfreich, erst ein bisschen um die Medina herum zu spazieren, bevor man sich ins Getümmel stürzt. Wenn man seinem Ziel zwar schon nah ist, aber nicht mehr weiter weiß, fragt man: Die jungen Leute bringen einen (für ein paar Dirham) gerne überall hin.

Vom Grand Socco geht es gegenüber dem Mendoubia-Park auf der Rue as-Siaghin in die Medina hinein. Dieser Straße folgt man bergab, bis sie beim Café Central (S. 196) auf der linken Seite breiter wird. Das ist der **Petit Socco** (Karte S. 187), den man kaum als Platz erkennt. In der Vergangenheit war dies die berüchtigtste Kreuzung von Tanger, Treffpunkt für Drogendealer und alle möglichen Prostituierten (Gerüchten zufolge sind die Bordelle noch geöffnet). Mittlerweile sind die Fassaden frisch gestrichen und es wimmelt nur so von Touristen, aber seine schäbige Vergangenheit machen ihn dennoch zu einem etwas unheimlichen Ort, um einen Minztee zu trinken.

Vom Petit Socco führt die Rue Jemaa el-Kebir (ehemals Rue de la Marine) vorbei an der **Grande Mosquée** (Karte S. 187), in der früher sogar mal eine portugiesische Kirche untergebracht war. Der Legende nach wurde sie errichtet, nachdem ein reicher Scheich aus dem Arabischen Golf an Tanger vorbeisegelte und sah, dass die Kirchtürme von St. Andrew's alle Minarette der Stadt überragten – geschockt stellte er daraufhin einen Scheck aus. Etwas weiter kommt man an einen **Aussichtspunkt** (Karte S. 187) mit Blick über den Hafen.

Um sich jetzt nicht zu verlaufen, sollte man die Medina kurz verlassen und bis zu ihrer südlichsten Ecke hinuntergehen. Dort gelangt man durch ein enges Tor auf die Rue D'Amerique/Zankat America und wieder in die Medina hinein. Im Zickzack geht's zu einer Tür in einem überdachten Durchgang auf der linken Seite. Hier befindet sich eine weitere tolle Kuriosität der Stadt, die man unbedingt gesehen haben muss: das **Tangier American Legation Museum** (Karte S. 187; ☎ 0539 935317; www.legation.org; 8 Rue D'Amerique; Eintritt frei, Spenden erwünscht; 🕑 Mo–Fr 10–13 & 15–17 Uhr, Wochenende nach Vereinbarung). Marokko nahm überraschenderweise als erstes Land Notiz von den aufkeimenden Vereinigten Staaten, und dies war das erste Stück amerikanischen Grundbesitzes im Ausland (Ausschau halten nach dem Dankesbrief von George Washington an Sultan Moulai Sulaiman). Außerdem ist das Museum das einzige US-amerikanische National Historic Landmark im Ausland und zweifellos das einzige mit einer amerikanischen Flagge in Form eines Berberteppichs. Um das Legation Museum zu besuchen, muss man aber kein Faible für amerikanische Geschichte haben: Das elegante fünfstöckige Herrenhaus beherbergt eine vielseitige Sammlung, die sich auf klassisch „Tangersche" Weise jeglicher Kategorisierung entzieht. Eine beeindruckende Ausstellung von Gemälden und Drucken stellt einen verträumten Ausflug in die Vergangenheit Tangers dar, aufgenommen durch die Augen der Künstler, besonders des Schotten James McBey. Dessen hypnotisierendes Gemälde des Dienstmädchens Zohra ist auch als marokkanische Mona Lisa bekannt: Ihre Augen folgen den Besuchern durch den ganzen Raum, genau wie McBey sie verfolgt haben muss. Ein besonderer Raum ist Paul Bowles und der Beat Generation gewidmet. Die Wände des romantischen Kartenraums die Treppen rauf sind mit alten Pergamenten und diplomatischen Andenken tapeziert, u. a. einem urkomischen Brief des amerikanischen Konsuls, in dem er nochmal berichtet, wie er 1839 vom Sultan einen Löwen geschenkt bekam. Spätestens hier merkt man, dass man sich mitten in einem exotischen, historischen Roman befindet.

Gleich um die Ecke vom Legation Museum ist das **Musée de la Fondation Lorin** (Karte S. 187; ☎ 0539 930306; fondationlorin@gmail.com; 44 Rue Touahine; Eintritt frei, Spenden erwünscht; 🕑 So–Fr 11–13 & 15.30–19.30 Uhr), ein weiteres ausgefallenes Highlight. In einem offenen zweistöckigen Saal findet man an den Wänden eine bezaubernde Sammlung von Schwarz-Weiß-Fotografien von Tanger aus dem 19. und 20. Jh. Mittlerweile beherbergt das Zentrum auch ein Kinder-

YTO BARRADA

Yto Barrada, eine Expertin in einheimischer Kultur, stellt ihre Sicht auf die sich verändernde Identität von Tanger dar.

Wie sind Sie nach Tanger gekommen? Ich wuchs hier auf und ging auf eine amerikanische Schule. Dann zog ich fort und verbrachte 15 Jahre im Ausland, größtenteils in Frankreich, aber auch in New York und Jerusalem. Jetzt lebe ich aber schon seit Jahren wieder hier.

Wie würden Sie die kulturelle Szene hier beschreiben? Verdrießlich, aber mit einer prächtigen Vergangenheit. Es ist seltsam: Die Menschen denken, hier ist eine Menge los, obwohl das nicht der Fall ist – das ist alles nur diese Tanger-Mythologie. Aber wir versuchen, die kulturelle Szene zurückzubringen, und zumindest was die öffentliche Aufmerksamkeit betrifft, hilft die Mythologie.

Verbessert die Szene sich also? Sie muss sich verbessern. Es gab viele Veränderungen in der Infrastruktur, aber das reicht nicht, das ist es nicht, was die Besucher anzieht. Auch die kulturelle Infrastruktur muss sich verändern. Und die Leute verstehen das langsam. Es gibt keine wirtschaftliche Entwicklung ohne kulturelle Entwicklung, jedenfalls nicht, wenn die Wirtschaft auf dem Tourismus basiert.

Was halten Sie von all den Veränderungen, die stattgefunden haben, seit der neue König an der Macht ist? Es gibt eine Menge unglaubliche Energie. Definitiv. Und das war vorher nicht der Fall, deshalb ist es so entscheidend. Andererseits wurde viel Natur zerstört, unsere Wälder sterben langsam. Und wir müssen auf unser Erbe aufpassen. Die Bauunternehmer sind überall.

Kommt die alte Auswandererszene überhaupt zurück? Schwer zu sagen. Leute aus aller Welt kommen zurück nach Tanger, und das ist schön zu sehen, aber ich weiß nicht, wie viele es sind. Diejenigen, die hierher kommen, sind trotzdem noch ziemlich speziell. Sie kommen aus verschiedenen Gründen, guten und schlechten, aber alle sind sie auf der Suche nach diesem einzigartigen Etwas, das wir haben – wenngleich wir mittlerweile auch viele Rentner dazu bekommen!

Was macht dann die heutige Identität von Tanger aus? Die Leute halten uns für etwas rau und jenseitig. Hier ist das Ende der Welt, ein Ort zum Absprung. War es schon immer. Es ist wie in *Camino Real*, das Tennessee Williams hier geschrieben hat: Es gibt viele faszinierende Charaktere aus unterschiedlichen Orten, die zu diesem weit entfernten Platz gekommen sind, und es passieren seltsame Dinge.

Klingt wie die Barszene in *Star Wars*. Nur noch besser!

Existiert die „Alles-ist-möglich"-Atmosphäre der Vergangenheit noch immer? Ja – aber sie ist auf die Immobilienentwicklung übergesprungen.

Was zeigen Sie Besuchern am liebsten? Die La Casa Barata (S. 198). Das ist eigentlich ein riesiger Schrottplatz, aber wer auf Schatzsuche gehen möchte, ist hier genau richtig. Es ist eine eigene kleine Welt.

Yto Barrada ist Intendantin und Mitbegründerin der Cinematheque de Tanger, dem neuen Arthouse-Kino am Grand Socco.

theater, denn das Museum fungiert auch als Workshop für benachteiligte Kinder. Das bringt Leben in diese statische Ausstellung!

Jetzt geht's die Rue Touahine entlang weiter bis zur Rue as-Siaghin, wo man die Medina wieder an seinem Ausgangspunkt verlässt. Man folgt ihrem Umriss den ganzen Weg bis zum höchsten Teil der Stadt, geht durch die Porte de la Kasbah und folgt der Straße bis zum **Kasbah Museum** (Karte S. 187; ☎ 0539 932097; Place de la Kasbah; Erw./Kind 10/3 Dh; ⌚ Mi–Mo 9–16 Uhr). Das Museum hat seinen perfekten Standort in Dar el-Makhzen, dem ehemaligen Palast des Sultans (in dem auch portugiesische und britische Gouverneure lebten), gefunden und wurde erst kürzlich rundum erneuert. Der neue Schwerpunkt liegt auf der örtlichen Geschichte von der Vorzeit bis zum 19. Jh. Der größte Teil der Ausstellung ist in sieben Räumen untergebraucht, die um einen Innenhof angelegt sind. Die Plakate sind auf Französisch und Arabisch, aber es gibt fremdsprachige Broschüren. Zu den Highlights gehören ein enormes Werkzeug aus Feuerstein von der Größe eines menschlichen Kopfes, ein zerbrochenes Weingefäß mit Szenen eines wilden Trinkgelages (irgendetwas muss hier im Trinkwasser sein…), ein ungewöhnliches Bodenmosaik aus Volubilis sowie eine faszinierende Wandkarte mit früheren und heu-

DER BEAT IN TANGER

Die Beat Generation war eine amerikanische Gegenbewegung nach dem Zweiten Weltkrieg, die instinktives Verhalten in weltlichen Erfahrungen mit einer Suche nach tieferem Verständnis verband. In Tanger erreichte sie ihre stärkste Ausprägung. Viele dazugehörenden Künstler – z. B. der Schriftsteller Jack Kerouac und die Dichter Allen Ginsberg und Gregory Curso – waren nur auf der Durchreise, während die Schriftsteller William Burroughs und Paul Bowles sowie das Multitalent Brion Gysin wichtige Teile ihres Lebens hier verbrachten und einen Klüngel von einheimischen Künstlern inspirierten. Das Ergebnis war eine bunte Mischung aus hoher künstlerischer Kreativität und tiefer moralischer Verdorbenheit. Auch heute noch ist die Geschichte der Beat Generation in der ganzen Stadt zu finden:

Hotel el-Muniria (S. 193) William Burroughs schrieb hier *The Naked Lunch,* seine bissige Satire über den modernen amerikanischen Geist. Der ursprüngliche Titel war „Interzone"; das Buch wurde in der Cut-up-Technik geschrieben, die Brion Gysin entwickelt hatte. 1957 lebten hier Ginsberg und Kerouac in wilder Ehe.

Tanger Inn (S. 198) An den Wänden dieser Bar unter der el-Muniria hängen Unmengen Bilder von Beat-Anhängern.

Café Central (S. 196) Burroughs' Lieblingsplatz auf dem Petit Socco, wo er seine halbseidenen Möglichkeiten abwägte.

1001 Nights (Karte S. 187) Das legendäre Café in der Kasbah wurde von Brion Gysin gegründet, der für seine Dreamachine bekannt ist, ein kinetisches Kunstwerk, das einen tranceartigen Zustand hervorruft. Das Café seinerseits war für seine Hausband aus Trance-Musikern bekannt, die Master Musicians aus Jajouka. Sie veröffentlichten eine Platte, die von Brian Jones von den Rolling Stones produziert wurde. Das Café ist seit Jahren „wegen Umbauarbeiten geschlossen".

Tangier American Legation Museum (S. 188) Ein Raum ist Paul Bowles und den Beat-Künstlern von Tanger gewidmet. Zu diesen gehörte auch der talentierte John Hopkins, dessen übersehenes Werk *All I Wanted Was Company* es verdient hat, wiederentdeckt zu werden.

Hotel Continental (S. 193) Hier wurden Szenen aus der Verfilmung von Paul Bowles' *Himmel über der Wüste* gedreht.

Café Hafa (S. 196) Paul Bowles und die Rolling Stones kamen zum Kiffen hierher.

Café de Paris (S. 196) Der wichtigste Salon der Literaten während der Interzone zog auch Tennessee Williams und Truman Capote an.

tigen Handelsrouten, neben- und übereinander eingezeichnet auf der Karte des Kartografen Al-Idrisi aus dem 12. Jh. (sie ist verkehrt herum). Bevor man das Museum verlässt, sollte man sich unbedingt den exotischen Garten des Sultans ansehen (gegenüber dem Eingang, abseits des Haupthofs).

VILLE NOUVELLE

Die Riviera-Architektur und das koloniale Ambiente der Gegend um die Place de France und den Blvd Pasteur verweist noch immer auf den Glanz aus den 1930er-Jahren. Der Platz ist sehr beliebt für einen Spätnachmittagsspaziergang oder ein paar Stunden bei einem Minztee in einem der vielen Straßencafés – besonders im charakteristischen Café de Paris (S. 196), dessen Retrofassade geradezu danach schreit, auf eine Leinwand gebannt zu werden. Wo ist denn dieser nach Tanger ausgewanderte Matisse, wenn man ihn mal braucht?

Nebenan liegt die treffend benannte **Terrasse des Paresseux** (Terrasse der Faulenzer; Karte S. 191), die einen weiten Blick auf den Hafen und an klaren Tagen gar bis nach Gibraltar und Spanien bietet. Eine Reihe uralter Kanonen vor der Bucht wehrt symbolisch Thronräuber ab.

STADTSTRAND

Der breite **Stadtstrand** (Karte S. 183) wurde in den letzten Jahren sehr verbessert, ist aber in der Nebensaison nicht so sauber wie in den trubeligen Sommermonaten. Die Einheimischen raten zu jeder Zeit vom Schwimmen ab, weil das Wasser nicht sauber genug ist, besonders im Bereich am Hafen. Man kann hier aber schön am Wasser spazieren gehen, und die neue Uferstraße erleichtert das Laufen. Später am Tag ist es allerdings kein so toller Ort mehr, denn Überfälle sind keine Seltenheit. Nicht vergessen: An der nahe gelegenen Atlantikküste gibt's jede Menge schöne Strände.

TANGER VILLE NOUVELLE

0 200 m

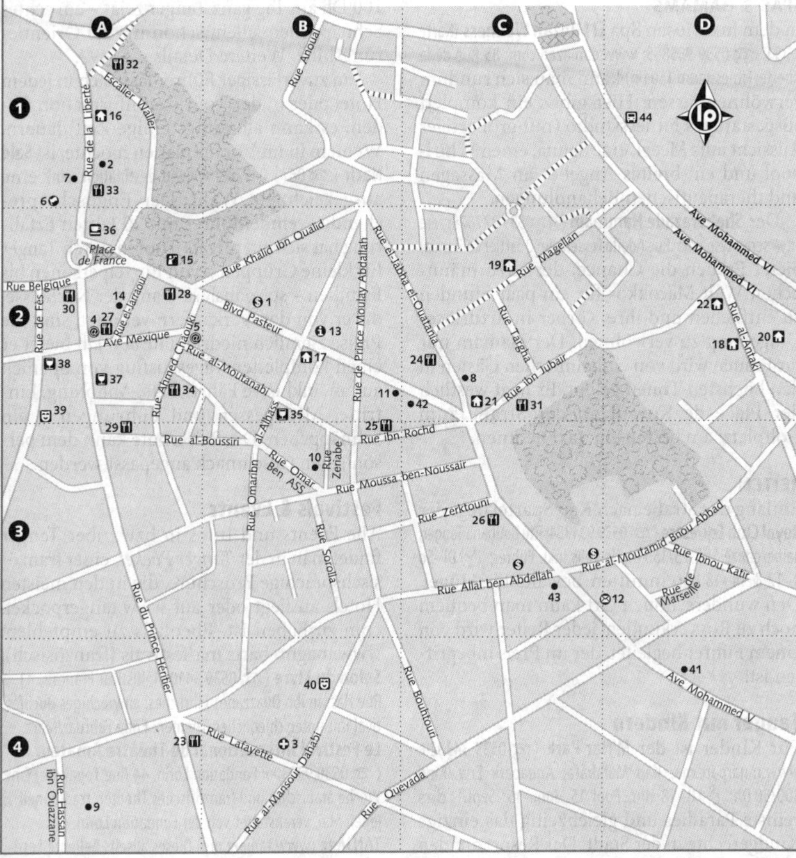

PRAKTISCHES
- BMCE (Geldautomat) ... 1 B2
- Carlson Wagonlit ... 2 A1
- Clinique du Croissant Rouge ... 3 B4
- Espace Net ... 4 A2
- Euronet ... 5 A2
- Französisches Konsulat ... 6 A1
- Galerie Delacroix ... 7 A1
- Hispamaroc ... 8 C2
- Institut Français ... 9 A4
- Laverie Ouazzani ... 10 B3
- Librairie des Colonnes ... 11 B2
- Hauptpost ... 12 D3
- ONMT ... 13 B2
- Pressing Detroit ... 14 A2

SEHENSWERTES & AKTIVITÄTEN
- Café de Paris ... (siehe 36)
- El-Minzah Wellness ... (siehe 16)
- Terrasse des Paresseux ... 15 A2

SCHLAFEN
- El-Minzah ... 16 A1
- Hotel de Paris ... 17 B2
- Hotel el-Djenina ... 18 D2
- Hotel el-Muniria ... 19 C2
- Hotel Rif ... 20 D2
- Hôtel Rembrandt ... 21 C2
- Marco Polo ... 22 D2

ESSEN
- Anna e Paolo ... 23 A4
- Casa de España ... 24 C2
- Casa Pepé ... 25 B3
- Champs Élysées ... 26 C3
- Fast Food Brahim ... 27 A2
- La Giralda ... 28 A2
- Le Pagode ... 29 A3
- Mix Max ... 30 A2
- Number One ... 31 C2
- Populaire Saveur de Poisson ... 32 A1
- Pâtisserie La Española ... 33 A1
- Restaurant el-Korsan ... (siehe 16)
- San Remo ... 34 A2

AUSGEHEN
- Americain's Pub ... 35 B2
- Café de Paris ... 36 A2
- Caid's Bar ... (siehe 16)
- Hole in the Wall Bar ... 37 A2
- Pilo ... 38 A2
- Tanger Inn ... (siehe 19)

UNTERHALTUNG
- Cinema Paris ... 39 A2
- Regine Club ... 40 B4

TRANSPORT
- Amine Car ... 41 D4
- Avis ... 42 C2
- Hertz ... 43 C3
- Stadtbusse zum Bahnhof ... 44 D1

Aktivitäten

SPAS & HAMAMS

In dem luxuriösen Spa **El Minzah Wellness** (Karte S. 191; ☎ 0539 935885; www.elminzah.com; 85 Rue de la Liberté; Fitnessraum 150 Dh) kann man sich rundum verwöhnen lassen. Hier gibt's ein komplett ausgestattetes Fitnessstudio (mit großartiger Aussicht aufs Meer), eine Sauna, einen Whirlpool und ein breites Angebot an Massagen und therapeutischen Behandlungen.

Der **Sheherazade Hammam** (☎ 0539 372828; serenity@serenityspa.ma; Rue Adolfo Fessere, im Quartier California) bietet Frauen die Chance, der allzu männlichen Welt Marokkos für ein paar Stunden zu entfliehen und ihre Körper in luxuriöser Umgebung zu verwöhnen. Der Hamam nur für Frauen wird von einheimischen Gästen in den höchsten Tönen gelobt. Er liegt westlich der Place de Koweit an der Straße zum Golfplatz; am besten ein Taxi nehmen.

REITEN

Entlang der Straße nach Kap Spartel liegt der **Royal Club Equestre** (☎ 0539 934384; Rte Boubana Tanger; halbe/ganze Std. 75/150 Dh, jeweils inkl. Führer; Di–So 8–12 & 14–18 Uhr) inmitten bewaldeter Hügel. Den wunderschönen Ort kann man bequem hoch zu Ross erkunden; jeder Reiter wird von einem Führer begleitet, der im Preis inbegriffen ist.

Tanger mit Kindern

Für Kinder ist der **M'Nar Park** (☎ 0539 343829; www.mnarparc.ma; Kap Malabata; Aquapark Erw./Kind 100/50 Dh; 8–18 Uhr, Pool 15. Juni–15. Sept.) das reinste Paradies und gleichzeitig das einzige Kindgerechte in der Stadt. Das Resort auf den Klippen südlich der Punta Malabata bietet einen tollen Blick auf die Bucht von Tanger, einen Wasserpark, einen elektronischen Spielepark, Gokart, einen kleinen Zug, einen Mini-Fußballplatz, Restaurants, ein Café sowie 38 Wohnbungalows für Familien.

Fremdenführer

Wenn es der eigenen Abenteuerlust keinen Abbruch tut, ist es sinnvoll, einen Fremdenführer zu engagieren. Praktisch alle Probleme lösen sich mit ihm in Luft auf, die Straßenhändler lassen einen in Ruhe, die Orientierung ist kinderleicht, was wertvolle Zeit spart, man lernt mehr und man bekommt Orte zu Gesicht, die man sonst nie sehen würde. Außerdem ist es preiswert. Wer einen Fremdenführer möchte, findet bestimmt einen jungen, Englisch sprechenden Kandidaten, der einem für 100 Dh am Tag ganz Tanger zeigt – ein echtes Schnäppchen, allein schon für die Orientierungshilfe. Weitere Details s. S. 497.

Ein zuverlässiger Führer lässt sich in jedem Hotel oder in der Touristeninformation finden, es kann allerdings einige Zeit dauern. Wenn man im Voraus planen möchte, ist **Said Nacir** (☎ 0671 045706; www.d-destination.com) eine ausgezeichnete Wahl. Der Englisch sprechende Fremdenführer mit 20 Jahren Erfahrung hat sich auf private Touren durch Tanger für kleine Gruppen – von Einzelpersonen bis Familien – spezialisiert. Dank der Nachlässe, die er von den Verkäufern verlangt, sind die Preise ziemlich niedrig: Für 800 Dh bietet er einen kompletten Tagesausflug von Spanien aus an, inklusive Fährtickets, Abholung, Eintritte, Mittagessen und Führungen – ein Schnäppchen. Die Reiseroute kann dem persönlichen Geschmack angepasst werden.

Festivals & Events

Alle Events und Infos in bzw. über Tanger findet man in der *Tanger Pocket*, einer französischsprachige Broschüre, die in den meisten Hotels ausliegt oder auf www.tangerpocket.com zu haben ist. Ebenfalls zu empfehlen: www.maghrebarts.ma/festivals (französisch).

Salon du Livre (☎ 0539 941054; Institut Français, 41 Rue Hassan ibn Ouazzane) Jährliches, einwöchiges Buchfestival mit unterschiedlichen Themen; Ende Februar/März.

Le Festival International de Théâtre Amateur (☎ 0539 930306; Fondation Lorin, 44 Rue Touahine) Eine Woche arabisches und französisches Theater, traditionell jeden Mai, veranstaltet von der Fondation Lorin.

TANJAzz (www.tanjazz.org) Dieses allseits beliebte Festival findet normalerweise in der letzten Maiwoche statt und bietet Konzerte von einheimischen und internationalen Jazzmusikern, darunter auch einige bekannte Namen.

Carnaval (☎ 0539 321271; Association Tanger Med) Dies ist seit 2007 Tangers ärmlicher, wenn auch wachsender Versuch, in die Fußstapfen Rios zu treten.

Festival du Court Métrage Méditerranéen (Internationales, mediterranes Kurzfilmfestival) Einwöchiges Festival mit Kurzfilmen aus der Mittelmeerregion Ende Juni.

Schlafen

Tangers Unterkünfte bieten etwas für jeden Geldbeutel und Anspruch, von ultrabilligen Pensionen in Hafennähe bis zu schicken Hotels entlang der Uferpromenade. Die meisten Budgetunterkünfte liegen rund um die Medina und in der Nähe des Tores zum Hafen. Sie sind günstig, aber nur selten schön;

es lohnt sich also, ein bisschen zu suchen. Zusätzlich zu den hier genannten Unterkünften gibt es noch eine große Auswahl in den Straßen rund um die Ave Mokhtar Ahardan und die Rue Magellan. In der Nebensaison werden die Preise reduziert, und man kann sie auch dann noch runterhandeln (wie alles hier). Bevor man sein Zimmer bezieht, sollte man sich allerdings vergewissern, dass es nicht schimmelt (Meerluft!).

MEDINA

Budgetunterkünfte

Hotel Continental (Karte S. 187; ☎ 0539 931024; hcontinental@iam.net.ma; 36 Rue Dar el-Baroud; EZ/DZ inkl. Frühstück 310/396 Dh) Es scheint, als wäre hier seit Jahrzehnten nichts angefasst worden, was diese verblichene Pracht zu einem faszinierenden Stück Archäologie macht. Die scheinbar endlose Reihe von schwach beleuchteten Zimmern ist mit mehr Antiquitäten geschmückt als das Grab eines Pharaos. Man ist versucht, das Ganze mit einer Gaslampe zu erkunden. Die Zimmer sind minimalistisch eingerichtet. Der Manager Jimmy versucht sich auch im Verkauf, wie ein veraltetes Schild am Eingang zeigt: „Jimmys weltbekannte Parfümerie mit Stammkunden aus der internationalen Film- und Lebewelt". Wie tief die Mächtigen doch gesunken sind …

Hotel Mamora (Karte S. 187; ☎ 0539 934105; www.hotelmamora.site.voila.fr; 19 Rue des Postes; Nebensaison EZ/DZ mit Waschbecken 60/120 Dh, mit Toilette 100/150 Dh, mit Dusche 200/230 Dh) Die vielen Zimmer zu unterschiedlichen Preisen machen das Hotel zu einer guten Wahl. Es ist etwas institutionell, wie eine alte Schule, aber sauber, gut geführt und das Geld wert. Die Zimmer mit Blick auf das grün geflieste Dach der Grande Mosquée (z. B. Zimmer 39, 200 Dh) sind die schönsten – wenn einen der Ruf des Muezzin nicht stört. In der Nebensaison kann man handeln.

Mittelklassehotels

LP Tipp La Tangerina (Karte S. 187; ☎ 0539 94 773119; www.latangerina.com; Riad Sultan Kasbah; DZ inkl. Frühstück 400–1000 Dh) Schlichtweg das beste Mittelklassehotel in Tanger – ein perfekt renoviertes Riad an der Spitze der Kasbah mit zehn individuell verschiedenen Zimmern. Es ist mit dem Auto gut zu erreichen (eine Seltenheit) und hat neben vernünftigen Preisen sehr aufmerksame Gastgeber. In Licht getaucht und gesäumt von Geländern aus Tauen fühlt man sich hier wie auf einem eleganten Dampfschiff mit Berberteppichen auf dem Gipfel der Medina. Die Liebe zum Detail zeigt sich in den alten Radios in jedem Zimmer, aus denen entspannende Musik kommt. Die Dachterrasse überblickt die alten, mit Zinnen versehenen Mauern der Kasbah; darunter trocknet an Zeitzeugen (ausgedienten Kanonen an der Küste) die Wäsche der Einwohner. Früh buchen. Abendessen auf Anfrage.

Riad Tanja (Karte S. 187; ☎ 0539 333538; www.riadtanja.com; Rue du Portugal, Escalier Américain; DZ 800–1000 Dh; ❄) Am Rande der Medina vereint das Tanja das moderne Spanien mit einem traditionellen Riad zu einer eleganten Mischung. Die Zimmer sind äußerst gemütlich und haben riesige Bäder, Steinböden und Dekorationen von Tangers künstlerischen Erben. Von einigen blickt man über die Stadt, und die Terrasse (mit einem ausgezeichneten Restaurant, das auch Alkohol ausschenkt) bietet eine großartige Aussicht über die Meerenge nach Spanien. Allerdings musste das Riad auf diesem Preisniveau ein paar Federn lassen: Es gibt Probleme mit der Feuchtigkeit und in den Fluren liegen Vorleger, die chaotisch wirken und abgenutzt aussehen. Die Schilder von den Stufen am Tor zur Medina auf der Rue Portugal weisen den Weg hierher.

Dar Nour (Karte S. 187; ☎ 0662 112724; www.darnour.com; 20 Rue Gourna; DZ/3BZ inkl. Frühstück ab 650/1200 Dh). Die Zimmer gehen von zwei Wendeltreppen aus (es gibt keinen Innenhof in der Mitte) und bilden ein Labyrinth aus Räumen, Salons und Terrassen, das die Orientierung stark beansprucht. Das Ergebnis ist dunkle Romantik wie bei der Erforschung einer Höhle. Ist man erst einmal oben angekommen, wird man mit einer eindrucksvollen Aussicht über die Dächer der Medina belohnt. Die Lage ist sehr authentisch, aber die dicht bevölkerte Nachbarschaft ganz ohne Reisende ist nicht jedermanns Sache. Vorsicht: Es gibt Probleme mit Feuchtigkeit und Schimmel.

VILLE NOUVELLE

Budgetunterkünfte

Viele hier nicht genannte Hotels und Pensionen entlang der Rue Salah Eddine el-Ayoubi und der Ave d'Espagne sind kaum besser als die billigsten in der Medina. Die Salah/Espange-Gegend ist nachts zwielichtig und für alleinreisende Frauen fragwürdig. Die folgenden Unterkünfte bieten Alternativen:

LP Tipp Hotel El-Muniria (Karte S. 191; ☎ 0539 935337; 1 Rue Magellan; EZ/DZ 150/200 Dh) Dies ist die beste Budgetunterkunft in der Ville Nouvelle und ein bedeutender Eingriff in den düsteren und oft schmutzigen Wettkampf. Außerdem ist es vollgestopft mit der Geschichte der Beat Generation (s. Kasten S. 190). Fenster bis zum Boden und helle, blumige Stoffe dominieren und vermitteln das Flair eines Familienunternehmens. Zimmer 4 ist ein toller Rückzugsort, ein ruhiges Doppelzimmer in einer Ecke mit viel Licht, genau wie Zimmer 8 mit Blick auf den Hafen. Der Lärm von der Bar darunter ist der einzige Minuspunkt.

Pension Hollande (Karte S. 183; ☎ 0539 937838; 139 Rue de Hollande; EZ/DZ Nebensaison 200/250 Dh, Hauptsaison 300/350 Dh) Dieses ehemalige Krankenhaus versteckt sich in einer ruhigen Straße nur wenige Meter von der Place de France entfernt und bringt seine Gäste in weißgekalkten Zimmern mit hohen Decken unter. Die Badezimmer wirken allerdings leicht klaustrophobisch. Alle Zimmer sind mit Waschbecken ausgestattet, in den Doppelzimmern gibt's Duschen. Heißes Wasser kann ein Problem sein – die Rezeption bittet einen vielleicht um rechtzeitige Nachricht, damit der Boiler angeworfen werden kann. Von den großen Zimmern sind die Nummern 6 und 11 die besten, aber günstiger sind die im Dachgeschoss am Ende einer versteckten Wendeltreppe (EZ/DZ mit Gemeinschaftsbad 100/150 Dh).

Hotel de Paris (Karte S. 191; ☎ 0539 931877; 42 Blvd Pasteur; EZ/DZ mit Bad Nebensaison 280/350 Dh, Hauptsaison 320/400 Dh, inkl. Frühstück) Die Lobby dieses bewährten Hotels im Herzen der Ville Nouvelle strahlt eine stilvolle Alte-Welt-Aura aus. Der Frühstückssaal ist hingegen eher bescheiden. Es gibt viele verschiedene Zimmertypen und Preise, abhängig von Badezimmertyp und Balkon. Alle Zimmer sind sauber und modern, aber die mit Blick auf den Blvd Pasteur können sehr laut sein. Das hilfreiche Empfangspersonal sorgt für einen angenehmen Aufenthalt.

Mittelklassehotels

Die Ave Mohammed VI wird von schöneren Hotels gesäumt, die eine spektakuläre Aussicht auf die Bucht von Tanger sowie Nähe zu den Attraktionen der Stadt bieten. Einige Unterkünfte liegen direkt im Zentrum.

Hotel El Djenina (Karte S. 191; ☎ 0539 922244; el djenina_hotel@caramail.com; 8 Rue al-Antaki; EZ/DZ Nebensaison ab 294/356 Dh, Hauptsaison 357/463 Dh, Frühstück 30 Dh; ❄) Dieses Hotel liegt nur eine halbe Stufe unter dem Marco Polo, hat aber viel moderatere Preise. Die Zimmer sind hell und modern, wenn auch etwas kleiner, und die Einrichtungen sind weniger eindrucksvoll, aber das gemütliche Bar-Restaurant mit Veranda und Blick aufs Meer (zum Zeitpunkt der Recherche noch im Bau) macht das sicherlich wett.

Marco Polo (Karte S. 191; ☎ 0539 941124; www.marco-polo.ma; 2 Rue al-Antaki; EZ/DZ Nebensaison ab 330/400 Dh, Hauptsaison 420/560 Dh, Frühstück 35 Dh) Dieses neu renovierte Hotel ist genau das Richtige für Gäste, die nicht auf einheimische Atmosphäre stehen. Viel Licht, glitzernde Marmorböden und Pastellwände machen es zu einem hellen und einladenden, wenngleich gewöhnlichen Ort. Dank der ausgezeichneten zentralen Lage gegenüber vom Strand gelangt man leicht in die Ville Nouvelle und zur Medina, und auch das beliebte Restaurant ist sehr praktisch. Alle 35 Zimmer sind brandneu, genau wie das riesige Fitnessstudio und der Hamam.

Hotel Rembrandt (Karte S. 191; ☎ 0539 937870; hotel rembrandt@menara.ma; Ave Mohammed V; EZ/DZ 500/640 Dh, Hauptsaison 600/760 Dh, Meerblick zzgl. 100 Dh, Frühstück 80 Dh; ❄ 🏊) Die Türen zu den oberen Stockwerken dieses Hotels sehen aus wie in einer Anstalt und vermitteln eine seltsam institutionelle Atmosphäre. Die karamellfarbenen Plastikbäder passen nicht recht zu den Zimmern und stehen in deutlichem Kontrast zur Lobby im Erdgeschoss mit ihrem eleganten Aufzug und der Wendeltreppe. Das verglaste Restaurant aber (Menü 150 Dh, Alkoholausschank) ist ein willkommenes Extra und in dem ruhigen grünen Gartencafé kann man schön entspannen. Der protzige Bleu Pub mit Blick auf den Pool ist abends ein beliebter Treff (Bier ab 20 Dh, Wein ab 70 Dh).

Spitzenklassehotels

El-Minzah (Karte S. 191; ☎ 0539 935885; www.elminzah.com; 85 Rue de la Liberté; EZ/DZ inkl. Frühstück ab 1300/1700 Dh, Hauptsaison ab 1700/2100 Dh; ❄ 🏊) Das nobelste Fünf-Sterne-Hotel direkt in Tanger ist ein lokales Wahrzeichen. Dieses wunderschön erhaltene Stück aus den 1930er-Jahren bietet drei ausgezeichnete Restaurants, drei ebenso gute Bars, ein Fitnessstudio, ein Wellness-Center, hübsche Gärten und sogar einen Babysitter-Service. Es ist wie ein riesiger, hohler Platz angelegt und mit dem gewaltigen spanisch-maurischen Innenhof atmet man hier Geschichte pur. Die Zimmer zum Hafen hin bieten eine wunderschöne Aussicht, können aber sehr laut sein, wenn der Wind bläst. Der Besitzer renoviert gerade die Schwester, das Grand Hotel Villa de France.

Essen

RESTAURANTS

Medina

Hamadi (Karte S. 187; ☎ 0539 934514; 2 Rue de la Kasbah; Hauptgerichte 40–70 Dh; 9.30–15.30 & 19.30–23 Uhr) Dies ist eines der besten „Palastrestaurants" mit mehrgängiger einheimischer Küche, uniformiertem Personal, Livemusik und vielleicht sogar Bauchtanz – alles auf den nächsten Reisebus ausgerichtet. Aber die Preise sind o.k., die Einrichtung ist hell und die Lage angenehm. Man sollte die Rush Hour zur Mittagszeit meiden, wenn die Tische in 25-Minuten-Intervallen vergeben werden.

Populaire Saveur de Poisson (Karte S. 191; ☎ 0539 336326; 2 Escalier Waller; Festpreis 150 Dh; Sa–Do 12.30–16 & 19–22 Uhr) Dieses kleine, charmante Meeresfrüchterestaurant bietet ausgezeichnete, sättigende Menüs in einer rustikalen Umgebung. Der Besitzer, ein selbsternanntes Ebenbild Popeyes, serviert einfallsreiche Kreationen mit frischem Fisch und klebrigen *seffa* (süßer Couscous) zum Nachtisch. Ein selbst gemachter Obstcocktail aus 15 verschiedenen Früchten schwemmt alles runter (man kann einen Blick in den Bottich im Hinterraum werfen). Das hier ist nicht einfach nur ein Essen – es ist ein Erlebnis.

Riad Tanja Restaurant (Karte S. 187; ☎ 0539 333538; www.riadtanja.com; Rue du Portugal; Festpreis 300 Dh) Mit dem Ruf, eine der besten Küchen der Stadt zu sein, und einer romantischen Aussicht auf die Ville Nouvelle, die sich gegenüber den Hügel hinaufschlängelt, eignet sich dieses Restaurant hervorragend zum Prassen, besonders mit jemand ganz Besonderem. Das Lokal auf zwei Ebenen wirkt wie ein toll eingerichtetes Wohnzimmer mit einem Dutzend Tischen, hohen Decken und Deko aus aller Welt.

Ville Nouvelle

LP Tipp **Anna e Paolo** (Karte S. 191; ☎ 0539 944617; 77 Rue de Prince Heretier; Hauptgerichte ab 60 Dh) Das beste italienische Bistro in der Stadt ist ein Familienbetrieb mit venezianischen Besitzern, in dem sich die Gäste wie bei einer Einladung zum Sonntagsessen fühlen. Hier erwarten einen ein internationales Publikum, tischübergreifende Gespräche über die Ereignisse des Tages, gesundes Essen und ein Stamperl Grappa beim Verlassen. Auf dem Weg nach oben den Kopf einziehen!

Casa de España (Karte S. 191; ☎ 0539 947359; 11 Rue el-Jabha el-Ouatania; Hauptgerichte ab 60 Dh, Mittagsmenü 60 Dh) Der hübsche, minimalistische Stil dieses zeitgenössischen spanischen Bar-Restaurants wirkt wie ein frischer Luftzug nach so vielen Räumen mit Mosaik. Forsch gekleidete Kellner servieren klassische spanische Gerichte, darunter wunderbare Specials wie Lamm mit Sommerfrüchten. Zu den Drinks gibt's kostenlose Tapas.

Number One (Karte S. 191; ☎ 0539 941674; 1 Ave Mohammed V; Hauptgerichte ab 65 Dh; 12–15 & 19–23 Uhr) Rosafarbene Wände und weiße Fenster schaffen das Ambiente eines Ferienhäuschens, während die rote Beleuchtung, die Jazzmusik im Hintergrund und exotische Andenken dem renovierten Apartment ein intimes, heißblütiges Flair verleihen. Die Einheimischen, die seit 45 Jahren hierher kommen, loben die marokkanisch-französische Küche in den höchsten Tönen.

Le Pagode (Karte S. 191; ☎ 0539 938086; Rue al-Boussiri; Hauptgerichte ab 80 Dh; Di–So) Wenn einem Tajine und Pasta zum Hals raushängen, ist dieser lebensechte Hauch Asien genau das Richtige. Der persönliche, elegante Essbereich mit lackierten Möbeln, weißen Tischdecken und schummriger Beleuchtung passt perfekt zur klassischen chinesischen Speisekarte.

Restaurant el-Korsan (Karte S. 191; ☎ 0539 935885; El-Minzah Hotel, 85 Rue de la Liberté; Hauptgerichte ca. 130 Dh; 8–23 Uhr) Das schicke und elegante Restaurant im El-Minzah gehört zu den besten Tangers und stellt eine kleinere, persönlichere Version der ganzen Palastrestaurants dar – ohne Reisebusgruppen. Zu gediegener Livemusik und manchmal auch zu traditionellem Tanz kommen gut präsentierte marokkanische Klassiker auf den Tisch. Man muss reservieren, für mittags sogar einen Tag im Voraus. Angemessen kleiden.

San Remo (Karte S. 191; ☎ 0539 938451; 15 Rue Ahmed Chaouki; Pizzas ca. 50 Dh, Hauptgerichte ab 150 Dh; 12–15 & 19.30–23 Uhr) Eine internationale Speisekarte mit Hang zum Italienischen und zu Fisch, Tische mit hellen Tischdecken zur Straße hin, marokkanische Hintergrundmusik und ein bunt gemischtes Publikum – Auswanderer, Touris, einheimische Geschäftsleute – machen dieses Restaurant zu einem lebhaften Ort mit großartiger, kulturell-bunter Atmosphäre.

CAFÉS, PATISSERIEN & EISDIELEN

Die über 800 Cafés in Tanger sind eine Studie in einheimischer Kultur und können unterschiedlich charakterisiert werden, beginnend z. B. mit alt gegen neu. Die alten Cafés werden fast nur von Männern besucht und sind oft schäbig, die neueren (wie die hier aufgelisteten) sind hell, modern und designbewusst mit leichtem Essen, hohen Decken, viel Licht und – schluck! – Frauen. Café-Empfehlungen für Koffeinjunkies s. rechte Spalte.

Patisserie La Española (Karte S. 191; 97 Rue de la Liberté; Winter 7–22.30 Uhr, Sommer 7–0.30 Uhr) Dieses Café ist eine stark verspiegelte Teestube und zieht die Leute von der Straße mit seinen hübschen Arrangements von Kuchen und Gebäck an. Es scheint, als käme jeder hierher – Einheimische, Ausländer, Geschäftsleute, flirtende Paare …

Al Mountazah (Karte S. 187; Grand Socco; Winter 7–22 Uhr, Sommer 7–1 Uhr) Es erinnert zwar eher an Florida als an Marokko, aber nirgends kann man so gut die Leute auf dem Grand Socco beobachten wie hier: In diesem Dachterrassencafé kann man morgens Kaffee schlürfen und von der tollen Terrasse aus zusehen, wie der Platz zum Leben erwacht. Frühstück kostet 12 Dh (7–10 Uhr), im Sommer gibt's Eis.

La Giralda (Karte S. 191; ☎ 0672 744941; 1. Stock, 5 Blvd Pasteur; Frühstück ab 12 Dh; 6–22 Uhr;) Die Jungen und Schönen lieben das schicke und ruhige Café mit Blick auf die Terrasse des Paresseux, Plüschmöbeln und der aufwändig geschnitzten Decke. Die großen Fenster bieten einen tollen Blick aufs Meer.

Champs Élysées (Karte S. 191; 6 Ave Mohammed V; Frühstück ab 18 Dh; 6–22 Uhr) Dieses riesige runde Café ist ganz groß, was Überfluss betrifft, mit einem riesigen Kronleuchter in der Mitte und roten Velourspolstermöbeln. Überraschenderweise gibt's keinen Dresscode, dafür aber großartige, klebrige Backwaren.

AUF DIE SCHNELLE

In der Medina rund um den Petit Socco (Karte S. 187) und die angrenzende Ave Mokhtar Ahardan warten eine ganze Reihe billiger Essgelegenheiten mit Grillhähnchen, Sandwiches und Spießen auf hungrige Mägen. In der Ville Nouvelle geht wer Hunger hat in die Straßen direkt südlich der Place de France, wo es jede Menge Fast-Food-Läden, Sandwichbars und Fischtheken gibt.

Fast Food Brahim (Karte S. 191; 16 Ave Mexique; Sandwiches 15–18 Dh; 11–24 Uhr) Großartige, auf Bestellung zubereitete Sandwiches. Wenn man ganz flink etwas hinter die Kiemen braucht, kann man mit einem halben Baguette mit *kefta* (würzigen Lammfleischbällchen) und Salat nichts falsch machen.

Mix Max (Karte S. 191; 6 Ave du Prince Héritier; Gerichte 20–45 Dh; 12–2 Uhr) Einer der neueren und angesagteren Fast-Food-Läden mit großartigen Paninis, Schawarmas und anderen kreativen, schnellen Gerichten.

SELBSTVERSORGER

Die überdachten Märkte (Karte S. 187) in der Nähe des Grand Socco sind die besten Adressen für frische Lebensmittel, besonders donnerstags und sonntags: Dann kommen Frauen aus dem Rif in traditionellen Hüten und bunt gestreiften Röcken in die Stadt herunter und verkaufen ihre landwirtschaftlichen Produkte. Der Fès-Markt (Karte S. 183) im Westen des Zentrums ist bekannt für importierten Käse und andere Köstlichkeiten.

Casa Pepé (Karte S. 191; ☎ 0539 937039 Rue ibn Rochd; 9–22 Uhr) Eine von mehreren Gemischtwarenhandlungen hier. In der Feinkostabteilung kann man seine Vorräte auffüllen und auch Alkohol kaufen.

Ausgehen

CAFÉS

Hier kommen drei wahre Legenden für Kaffeefans. Adressen für Backwaren usw. sind in der linken Spalte aufgelistet.

Café de Paris (Karte S. 191; Place de France; 6–23 Uhr) Die Erdanziehungskraft zerrt gewaltig an den erhabenen Buchstaben des prächtigen Café de Paris, die an sein Alter erinnern. Das berühmteste Kaffeehaus am Blvd Pasteur steht seit 1927 an der Place de France und diente als Kulisse für den Flim *Das Bourne-Ultimatum*. In der Vergangenheit trafen sich hier vor allem Literaten.

Café Hafa (Karte S. 183; Ave Hadi Mohammed Tazi; Mo–Fr 8.30–23, Sa & So 8.30–2 Uhr) Dieses Open-Air-Café liegt wie ein Stadion über der Meerenge und ist bei gutem Wetter der perfekte Ort für einen faulen Nachmittag. Einheimische spielen hier gern eine Partie Backgammon.

Café Central (Karte S. 187; ☎ 0533 079283; Petit Socco; 6–23.30 Uhr) Der beste Platz, um das Treiben in der Medina zu beobachten, wurde erst neu renoviert. Von hier aus kann man den einheimischen Mafioso im neuen Benz vorfahren sehen, seltsame Exemplare der Rasse Mensch erblicken, merkwürdige Schreie durch die Gassen hallen hören, und sich wundern, was da wohl los ist – kurz: ein toller Ort, um einen Kaffee zu trinken.

BARS

Angesichts seiner hedonistischen Vergangenheit ist es nicht verwunderlich, dass die Barszene in der Kultur Tangers fest verwurzelt ist. Genauso wenig überrascht es, dass die Bars generell eher eine Männerdomäne sind, mit Ausnahme einiger Orte, die sich an der westlichen Welt orientieren und an denen Frauen einen Drink zu sich nehmen können. In vielen Bars ist erst nach zwölf was los.

Caid's Bar (Karte S. 191; El-Minzah, 85 Rue de la Liberté; Wein ab 30 Dh; ⏲ 10–24 Uhr) Herzlich willkommen in Rick's Café, oder zumindest dem echten Vorbild für die Bar aus *Casablanca*. Das Wahrzeichen von el-Minzah war lange die angesagteste Kneipe der Szene und ist ein stilvolles Überbleibsel aus den glorreichen Tagen der Interzone. Die Wände sind geschmückt mit Fotografien von Berühmt-Berüchtigten. Frauen sind herzlich willkommen. Die angrenzende Weinstube ist auch toll.

Americain's Pub (Karte S. 191; Rue al-Moutanabi; ⏲ 12–2 Uhr) Man darf sich vom Namen nicht in die Irre führen lassen: Dieses Pub ist eingerichtet wie ein authentischer Teil des Londoner U-Bahn-Systems mit weiß gefliesten Wänden, allgegenwärtiger roter Inneneinrichtung und einer viel authentischeren Beschilderung, als sie die Bobbies zu schätzen wüssten. Hier kann man sich super verstecken: Es gibt keine Hausnummer, und das Telefon funktioniert nicht.

Hole in the Wall Bar (Karte S. 191; ☎ 0539 932424; Rue du Prince Heretier; Bier ab 14 Dh; ⏲ 11–24 Uhr) Immer gut für einen Lacher: Folgt man der Rue du Prince Heretier von der Terrasse des Paresseux eineinhalb Blocks hinauf, kommt man zu einer schwarzen Schwingtür im Old-Western-Style. Willkommen in der kleinsten Bar Tangers (wenn nicht der kleinsten der Welt)! Zu trinken gibt's nur Bier.

Pilo (Karte S. 191; Ecke Ave Mexique/Rue de Fès) Partystimmung auf zwei Ebenen voller Einheimischer, durch energiereiche Musik und festliche Beleuchtung noch verstärkt. Frauen können sich hier wohl fühlen, denn das Management hat das andere Geschlecht durchschaut – nach dem Freud'schen Poster mit dem Titel „Was im Gehirn des Mannes vor sich geht" fragen.

Unterhaltung

NACHTCLUBS

Tangers Clubszene erwacht besonders im Sommer zum Leben, wenn die Europäer mit den Fähren ankommen. In der Nähe der Place de France und am Strand wimmelt es nur so von Diskos, die ein breites Publikum anziehen, von grauhaarigen Pärchen bis zu Sextouristen. Die Eintrittspreise sind unterschiedlich und werden manchmal auf die Getränke angerechnet. Wer spät geht, sollte sich vom Türsteher ein Taxi rufen lassen.

Loft (☎ 0673 280927; www.loftclub-tanger.com; Route de Boubana) Dieser großartige, hochmoderne Club ist schlichtweg Tangers angesagtester Schuppen, in dem mehr als 2000 Leute Platz finden und der einem vorkommt wie ein riesiges silbernes Kreuzfahrtschiff: Balkone in den oberen Stockwerken, glitzernde Metallrelings, wogende segelähnliche Vorhänge, Scheinwerfer, die durch Kunstnebel strahlen. Und das alles ohne Eintritt! Am besten kommt man erst nach Mitternacht her.

Beach Club 555 (Karte S. 183; Ave Mohammed VI) Die Gäste müssen wie am Flughafen durch Sicherheitskontrollen, die von SWAT-Personal durchgeführt werden. Danach betreten sie eine nachgebaute tropische Lagune, die vor Brücken und Tiki-Hütten überquillt. Drinnen bedienen Kellner in weißem Satin und mit falschen Afrofrisuren die Mafiosi, die hier zu Besuch sind. Anders als sonst in Tanger sieht man hier auch viele junge Frauen, die vor Ort als Geishas bekannt sind und freiberuflich für das Haus arbeiten.

Regine Club (Karte S. 191; 8 Rue al-Mansour Dahabi; ⏲ Mo–Sa 22–3 Uhr) Willkommen in den 1980er-Jahren! Diese Disko hat sich nie verändert und erscheint wie ein Museumsstück, vollgestopft mit reflektierenden Diskokugeln aus Glas, violetten Veloursofas, Filmplakaten von *Terminator* und einem modrigen Geruch – vom Publikum mal ganz zu schweigen …

Pasarela (Ave Mohammed VI; ⏲ Mo–Sa 20–3 Uhr, Sept.–Juni Happy Hour 20–23 Uhr; 🅿) Der von Kanadiern betriebene Club am Wasser ist eine riesige Anlage mit verschiedenen Bars, einem hübschen Garten, einem Swimmingpool im Freien und einer gemütlichen Atmosphäre. Die Musik stammt meist aus dem Westen und ist topaktuell; manchmal gibt's Liveauftritte. Die bunten Lichter auf der Tanzfläche schreien allerdings nach einer Aktualisierung.

SCHWULENTREFFS

Tanger war einst ein beliebtes Reiseziel für Schwule, aber die Szene ist schon vor langer Zeit nach Marrakesch umgesiedelt und hat keine Einrichtungen zurückgelassen. Den

Portiers zufolge ziehen das **Tanger Inn** (Karte S. 191; Hotel el-Muniria, 1 Rue Magellan; Bier 10 Dh; ⌚ 22.30–1, Fr & Sa bis 3 Uhr) und einige Bars am Strand vor allem am Wochenende zu späterer Stunde schwules Publikum an.

KINOS

Filme sind entweder arabisch oder französisch synchronisiert.

Cinema Rif/Cinematheque de Tanger (Cinematheque de Tanger; Karte S. 187; ☎ 0539 934683; Grand Socco) Die erste Wahl (s. S. 189) für alternative und für Mainstreamfilme. Die Streifen sind meist amerikanisch, marokkanisch, spanisch oder französisch (spanische und amerikanische Filme sind oft arabisch synchronisiert).

Cinema Paris (Karte S. 191; Rue de Fès; Eintritt Parkett 12 Dh, Balkon 18 Dh) Zeigt Französisches, Amerikanisches und Bollywoodfilme, die letzten beiden Arten auf Französisch oder Arabisch.

Shoppen

VILLE NOUVELLE

La Casa Barata (Ave Abou Kacem Sebti an der Ave Fayçal Ben Abdel Aziz, ⌚ Sa–Do 9–20 Uhr) Dieser große Handelsplatz heißt wörtlich „das billige Haus" und hält alles bereit, was man sich vorstellen kann: von Gemüse über Elektroartikel bis hin zu Teppichen. Die beste Möglichkeit, wahre Schätze zu entdecken, und eine Erfahrung für sich.

Ensemble Artisanal (Karte S. 183; Ecke Rue Belgique & Rue M'sallah; ⌚ Sa–Do 9–13 & 15–19 Uhr) Dieses von der Regierung unterstützte Kunst- und Handwerkszentrum ist toll, um sich das Spektrum des einheimischen Kunsthandwerks anzusehen und die Künstler bei ihrer Arbeit zu beobachten. Da die Preise festgelegt sind, gibt's hier keine Feilscherei, und sie sind viel höher als in den Suks.

MEDINA

In den Suks der Medina kann man besonders gut stundenlang einkaufen. Aber Vorsicht: Vieles hier ist von zweifelhafter Qualität und der Reiz des Neuen an exotischen Gegenständen kann nach einer Weile sehr schnell verfliegen (hat man daheim wirklich Platz für diese Zinnlampe?). Im Folgenden sind einige ungewöhnliche Plätze aufgeführt, die man gesehen haben muss.

Boutique Majid (Karte S. 187; ☎ 0539 938892; www.boutiquemajid.com; Rue Les Almohades) In diesem ausgefallenen Antiquitätenladen kann man sich stundenlang herumtreiben, aber das Beste ist Majid selbst. Bei ihm ist alles perfekt organisiert – bis zu seinem roten Fes –, und während er den Kunden seine erstaunliche Sammlung an marokkanischen Türen zeigt, beglückt er sie mit Geschichten von den Rolling Stones und anderen Koryphäen. „Wer eine Tür braucht", vertraut er ihnen mit heiserer Stimme an, „der muss mit Majid sprechen".

Silberschmuck-Basar (☎ 0539 336231; 13 Rue Jamaa Jadida) Der Name sagt alles: zwei Ebenen mit Glasvitrinen voller Silberschmuck aus ganz Marokko, sowohl neu als auch antik, und dazu noch toller Service. In einer versteckten Gasse in der Nähe des Café Central (S. 196); entweder fragt man hier oder man ruft an.

No 5 Rue Ben Raissoull (Karte S. 187) Die namenlose Textilfabrik ist bekannt für ihre faszinierenden Kombinationen aus traditionellen marokkanischen Gewändern und westlichen Frauenklamotten. Man kann den Arbeiterinnen dabei zusehen, wie sie auf der Straße mit einem umgebauten Föhn Fäden aufwickeln.

An- & Weiterreise

Sich an einem unbekannten Ort nach Einbruch der Dunkelheit zurechtzufinden, ist immer etwas traumatisch. Man sollte daher möglichst früh an seinem Ziel ankommen. Und unbedingt Geld für die Taxifahrt wechseln!

AUTO

Die größeren Autovermietungen sitzen am Flughafen; folgende haben auch Zweigstellen in der Stadt:

Amine Car (Karte S. 191; ☎ 0539 944050; Fax 0539 325835; 43 Ave Mohammed V)
Avis (Karte S. 191; ☎ 0539 934646; Fax 0539 330624; 54 Blvd Pasteur; ⌚ Mo–Sa 8–12 & 14–19, So 9–12 Uhr)
Hertz (Karte S. 191; ☎ 0539 322210; Fax 0539 322165; 36 Ave Mohammed V; ⌚ Mo–Fr 8–12 & 14.30–18.30, Sa 9–12 & 15–18, So 9–12 Uhr)

Ein halbwegs sicheres und angenehmes **Parkhaus** (Karte S. 183; 42 Rue Hollande; 2 Dh/Std., 15 Dh/Nacht, 25 Dh/24 Std.) ist neben dem Dawliz-Komplex.

BUS

Der **CTM-Busbahnhof** (Karte S. 187; ☎ 0539 931172) liegt neben dem Tor zum Hafen. Fahrtziele sind u. a. Casablanca (120 Dh, 6 Std.), Rabat (90 Dh, 4½ Std.), Marrakesch (210 Dh, 10 Std.), Agadir (300 Dh, 14 Std.) Fès (100 Dh, 6 Std.), Meknès (80 Dh, 5 Std.), Chefchaouen (40 Dh, 3 Std.) und Tétouan (20 Dh, 1 Std.). Gepäck und Aufbewahrung kosten je 5 Dh (4–10 kg bzw. pro Tag).

Wer preiswerter fahren will, muss zum **Hauptbusbahnhof** (Gare routière; ☎ 0539 946928; Place Jamia el Arabia), 2 km südlich des Stadtzentrums; die nicht gerade marokkanisch aussehenden Minarette sind eine gute Orientierungshilfe. Regelmäßig geht's von hier aus in die gleichen Städte wie oben, außerdem nach Al-Hoceima (85 Dh, 10 Std.) und nach Fnideq (20 Dh, 1½ Std.), einer Kleinstadt 3 km von der Grenze bei Ceuta entfernt.

Am Hauptbusbahnhof ist zwar ziemlich viel los, aber dank des Polizeipostens im Zentrum geht es stressfrei zu. Hier gibt's auch eine **Gepäckaufbewahrung** (Stück 5–7 Dh/24 Std.; 🕒 5–1 Uhr). Ein Petit Taxi mit Taxameter vom bzw. ins Zentrum kostet um die 8 Dh.

FLUGZEUG

Der Ibn Batouta International Airport (früher „Boukhalef"; TNG) liegt 15 km südwestlich des Stadtzentrums. Er wurde erst vor Kurzem renoviert und zieht mittlerweile eine große Zahl von Billigfliegern (darunter Easyjet aus Madrid, ClickAir aus Barcelona und Atlas Blue aus Amsterdam, Barcelona, Casablanca, London-Heathrow und Paris-CDG) sowie Maschinen von British Airways, Iberia und Royal Air Maroc an. Im Internet sind die neuesten Anbieter und die ständig wechselnden Flugpläne zu finden.

SCHIFF/FÄHRE

Es gibt zwei Möglichkeiten, die Straße von Gibraltar zu überqueren: die schnellen Fähren von FRS und Balearia, die wie futuristische Katamarane aussehen (nach Algeciras 440 Dh, 1 Std.; nach Tarifa 320 Dh, 35 Min.), und die langsamen Fähren, die bis zu drei Stunden brauchen (320 Dh nach Algeciras). Erstere sind zwar anfälliger für wetterbedingte Verspätungen (manchmal muss der Hafen tagelang geschlossen bleiben), aber für seekranke Passagiere sind sie wahre Lebensretter. Fahrkarten bekommt man an den Ticketschaltern der Unternehmen vor der Fährablegestelle (Karte S. 183), im Büro der Ablegestelle oder in fast jedem Reisebüro in der Stadt. Man sollte unbedingt ein Ausreiseformular ausfüllen, um späteren Ärger zu vermeiden. Das Hauptziel ist der spanische Hafen von Algeciras; seltener fahren Fähren auch nach Tarifa und Málaga (Spanien), Gibraltar und Sète (Frankreich; Reservierung erforderlich). Zum Transfer von und nach Tarifa gehört auch ein kostenloser Shuttlebus nach Algeciras (15 Min.). Während der Saison (vor allem an Ostern und am letzten Augustwochenende) sollte man vorab buchen, 90 Minuten vor Abfahrt sein Ticket abholen und durch die Passkontrolle gehen. Man darf den Zeitunterschied von Spanien und Marokko nicht außer Acht lassen (Marokko ist 2 Std. hinterher).

Gleich außerhalb des Hafens gibt's eine Gepäckaufbewahrung (S. 184); Details s. S. 517.

TAXI

Der Grands-Taxi-Stand für Ziele außerhalb von Tanger liegt gegenüber vom Hauptbusbahnhof. Grands Taxis sind beigefarbene Mercedes-Limousinen. Ihre häufigsten Ziele sind Tétouan (30 Dh, 1 Std.), Asilah (20 Dh, 30 Min.) und Larache (30 Dh, 1 Std.). Wer nach Ceuta will, muss zuerst nach Fnideq (40 Dh, 1 Std.), 3 km von der Grenze entfernt; die Taxis fahren nicht direkt zur Grenze (Bab Sebta). Grands Taxis nach Tétouan warten auch regelmäßig auf Züge, die am Bahnhof von Tanger Ville ankommen. Wer in die Randbezirke von Tanger, etwa zu den Herkuleshöhlen oder zur Punta Malabata, möchte, geht zum Grands-Taxi-Stand am Grand Socco.

ZUG

Tanger Ville, der neue und glänzende neumaurische Bahnhof, ist super entspannt. Fünf Züge fahren täglich nach Sidi Kacem, Meknès, Fès, Rabat (Ville), Casablanca (Voyageurs) und Marrakesch. Es gibt auch einen Nachtzug mit Liegewagen, den berühmten *Marrakesh Express,* der einen Tag im Voraus reserviert werden sollte (1./2. Klasse 269/176 Dh, Liegewagen 350 Dh). Dieser Zug kommt pünktlich zur Morgenfähre an, was gut ist, wenn man nach Spanien zurückreist. Von Sidi Kacem gibt's Verbindungen in den Süden nach Marrakesch oder in den Osten nach Oujda. Die Fahrpläne checkt man am besten auf www.oncf.ma. Die **Gepäckaufbewahrung** (10 Dh/Stück; 🕒 7–13 & 14–21.30 Uhr) nimmt nur verschlossenes Gepäck an. Ein Petit Taxi ins bzw. vom Zentrum Tangers kostet ca.10 Dh.

Unterwegs vor Ort

BUS

Busse sind nicht unbedingt notwendig, um sich in Tanger fortzubewegen, aber zwei potenziell nützliche Buslinien sind die Nr. 13, die vom Bahnhof über die Ave Mohammed VI zum Hafen fährt, und die Nr. 17, die den

Bahnhof mit dem Hauptbusbahnhof verbindet. Fahrkarten kosten 5 Dh.

VOM/ZUM FLUGHAFEN

Ein Grand Taxi vom Hafen braucht 30 bis 40 Minuten und kostet 150 Dh; wenn man erst hinter dem Hafen einsteigt, zahlt man nur noch 100 Dh. Wer vom Flughafen aus einen Stadtbus nehmen möchte, nimmt die Linie 17 oder 70 zum Grand Socco; dann muss man aber noch 2 km zur Hauptstraße laufen.

TAXI

Die Petits Taxis sind an ihrer ultramarinblauen Lackierung und dem horizontalen gelben Streifen an der Seite zu erkennen. Standardfahrten in der Stadt kosten zwischen 7 und 10 Dh, nachts 50 % mehr.

RUND UM TANGER

Kap Spartel

Nur 14 km westlich von Tanger liegt Kap Spartel, der nordwestlichste Punkt der afrikanischen Atlantikküste. Einheimische und Touristen besuchen diesen Ort gleichermaßen gern bei einem Tagesausflug. Eine dramatische Autofahrt führt durch La Montagne, einen exklusiven Vorort mit königlichen Palästen und Villen, und über die pinienbewachsene Landspitze zum **Leuchtturm von Kap Spartel**. Der ist normalerweise geschlossen, aber für ein paar Dirham lässt der Wächter einen vielleicht hinein. Die südlichen Strände sind außerhalb der Saison sauber und ruhig, und mit etwas Glück findet man eine eigene, private Bucht.

Unterhalb von Kap Spartel erstreckt sich der Strand **Plage Robinson** gen Süden – ein toller Ort für einen ausgedehnten Spaziergang. 5 km weiter erreicht man die **Grottes d'Hercule** (Eintritt 5 Dh; 🕑 8 Uhr–Dämmerung) neben dem Hotel Le Mirage, die mythische Behausung von Herkules. Seit den 1920er-Jahren wurde in diesen Höhlen Material für Mühlsteine abgebaut, es arbeiteten Prostituierte darin, und reiche Berühmtheiten aus Tanger feierten hier ihre Privatpartys. Der oft fotografierte Blick auf den Atlantik vom Innern der Höhlen erinnert an die Umrisse Afrikas. Gleich vor dem Eingang zu den Höhlen auf der rechten Seite kann man Kamelreiten; ein Ritt zum Strand ist besonders toll.

SCHLAFEN & ESSEN

Camping Achakkar (☎ 0539 933840; Campen 20 Dh/Pers., zzgl. 20/10/45 Dh pro Zelt/Auto/Wohnwagen) Dieser schattige Platz von den Höhlen aus Richtung Inland hat saubere Einrichtungen, aber kein heißes Wasser (Strom 25 Dh). Es gibt ein Café mit einfachen Gerichten und einen Laden mit den notwendigsten Dingen.

Le Mirage (☎ 0539 333332; www.lemirage-tanger.com; DZ ab 2400 Dh, Mai–Nov. ab 1800 Dh; ❄ 🅿) Dies ist eines der besten Hotels in der Gegend um Tanger, dramatisch auf den Klippen neben den Höhlen gelegen. Von hier aus bietet sich eine Aussicht über kilometerlange, breite Atlantikstrände. Die Bungalows sind ausgezeichnet – wie die Preise vermuten lassen. Nicht-Gäste können im makellosen Restaurant (Gerichte ab 200 Dh) an diesem Überfluss schnuppern oder sich einfach unter der Pergola einen Drink genehmigen. Von der sonnigen Terrasse aus blickt man auf die römischen Ruinen von Cotta, wo einst Fischöl verarbeitet wurde.

Restaurant Cap Spartel (☎ 0539 933722; Kap Spartel Rd; Salate 40–60 Dh, Hauptgerichte ab 70 Dh) Das Meeresfrüchterestaurant neben dem Leuchtturm ist besonders am Wochenende sehr beliebt.

AN- & WEITERREISE

Grands Taxis sind das beste Transportmittel, um von Tanger nach Kap Spartel zu kommen. Eine Strecke kostet um die 50 Dh, etwas mehr als doppelt so viel bezahlt man für die Fahrt hin und zurück (inkl. Wartezeit); Start ist am Haupteingang der Kirche St. Andrew's in Tanger. Petit-Taxi-Fahrer sind nicht so begeistert, die Strecke nur in einer Richtung zu fahren. Vom Preis her nehmen sie sich nicht viel im Vergleich mit den Grands Taxis.

Die Straße nach Ceuta

Die lohnende, landschaftlich schöne Straße von Tanger nach Ceuta enthüllt mit einem grünen Flickenteppich aus Feldern, hübschen Bergstraßen, felsigen Landzungen und Stränden an ihrem Ende eine andere Seite Marokkos, die aber die Entwicklung mittlerweile auch eingeholt hat. Ein Grand Taxi kostet 200 Dh.

Die Straße beginnt an der Punta Malabata, der Landspitze gegenüber von Tanger, auf der ausgedehnte Bauarbeiten durchgeführt werden: Kräne und Baustellen, soweit das Auge reicht. Einen Moment abseits vom Touristenrummel erlebt man, wenn man die **Casa Italiano**, die auffälligen Ruine an der Küste besucht, gleich nachdem man den Hügel erklommen hat. Die Ruine sieht zwar wie eine alte Burg aus, ist aber eigentlich das

DIE LETZTEN ÜBERRESTE DES KAISERREICHS

Einige der faszinierendsten Plätze in Nordmarokko sind ganz und gar nicht marokkanisch – sie sind spanisch. Als Spanien 1956 die marokkanische Unabhängigkeit anerkannte, erbte es eine Handvoll historischer Merkwürdigkeiten, die noch aus Zeiten des Spanischen Protektorats stammten. Sie tragen den euphemistischen Namen *plazas de soberanía* (Plätze der Souveränität), beherbergen mehr als 145 000 Einwohner und sind in zwei Gruppen unterteilt.

Fast alle Menschen leben in den *plazas mayores* (größere Plätze), zu denen auch die Küstenstädte Ceuta und Melilla gehören. Politisch gesehen sind das „autonome Städte", und die Regierungen ordnen sie irgendwo zwischen „spanische Stadt" und „spanische Region" ein.

In den *plazas menores* (kleinere Plätze) leben, wenn überhaupt, nur ein paar wenige spanische Legionäre. Auch die Inseln in der Bucht von Al-Hoceima – Isla de Mar, Isla de Tierra (beide verlassen, abgesehen von spanischen Flaggen) und El Peñón de Alhucemas, eine eindrucksvolle weiße Festung, in der 60 Soldaten leben – gehören zu ihnen. El Peñón de Velez de la Gomera, am Ende einer langen Schlucht im Nationalpark von Al-Hoceima, ist eine weitere alte Felsenfestung, die durch einen schmalen Sandstreifen und ein Grenzgebäude mit dem Festland verbunden ist – eine der seltsamsten Ländergrenzen, die man je gesehen hat. Die Islas Chafarinas, 3 km von Ras el-Mar entfernt, bestehen aus drei kleinen Inselchen: Isla del Congreso, Isla del Rey und Isla Isabel II. Letztere beherbergt eine Garnison von 190 Soldaten. Zu Spanien gehört auch die winzige Isla Perejil in der Nähe Ceutas, Auslöser für einen der kleinsten Konflikte der Welt, als die spanischen Truppen 2002 eine Handvoll marokkanischer Soldaten auswiesen. Die Isla de Alborán mit einer kleinen Marinebesatzung liegt etwa 75 km nördlich von Melilla.

Die beiden Festungs-*peñónes* sollte man unbedingt besichtigen, aber keine der *plazas menores* darf betreten werden: Sie sind Militärgebiet, und da Marokko auf sie alle Anspruch erhebt, müssen sie verteidigt werden. Ansonsten ist ihre strategische Bedeutung flüchtiger als die Mittelmeer-Mönchsrobben, von denen die letzte in den 1990er-Jahren von den Islas Chafarinas verschwunden ist.

Überbleibsel eines unvollendeten Hauses, etwa aus dem Jahr 1900. Man folgt dem Weg unter dem Straßenschild „Tanger–Cap Malabat" bis zum weißen Haus des Wächters **Banyahim Abdelsalam** (☎ 0663 593078), dessen Tür zur Straße hinausgeht. Hier kann man perfekt picknicken und dabei die vorbeifahrenden Schiffe beobachten.

Ksar es-Seghir, 25 km weiter an der Küste entlang, ist ein kleiner Fischerhafen, dominiert von den Ruinen einer portugiesischen Festung, die von einem ernstzunehmenden Zaun umgeben ist, der den Zutritt untersagt. Im Sommer ist der Strand hier bei den Einheimischen sehr beliebt, und es gibt einige anständige Meeresfrüchterestaurants. Wer daran kein Interesse hat, fährt einfach weiter. Gleich dahinter erreicht man den **Port Tanger Mediterranéa**, den neuen Containerhafen, der von Tanger hierher verlegt wurde und einen interessanten Einblick in die Technik gewährt.

Die beste Aussicht entlang des Weges ist die auf den riesigen Felsen **Jbel Musa**, eine der uralten Säulen des Herkules (der Fels von Gibraltar ist die zweite), der etwa 10 km entfernt aus dem Meer ragt.

CEUTA (SEBTA)

75 000 Ew.

Ceuta ist eines der wenigen spanischen Besitztümer an der Küste Marokkos (s. oben) und ein wahres Schmuckstück. Die Stadt liegt auf einer Halbinsel, die ins Mittelmeer hinausragt, und verabreicht Besuchern eine kompakte Dosis phantastischer Architektur, interessanter Museen und ausgezeichneten Essens sowie einen entspannenden Wasserpark und erfrischende Naturpfade mit ausgezeichneten Einrichtungen für Traveller an jeder Ecke. Die Stadt ist bei Nacht besonders schön – eine Silhouette aus kunstvoll erleuchteten Gebäuden und ausladenden Palmen.

Von Marokko her kommend öffnet einem Ceuta auch die Augen. Wie das frühere Westberlin erscheint es einem wie ein riesiges soziales Experiment, das aufgrund zweier gegnerischer politischer Systeme entstand. Wenn man die Bettler und Straßenhändler hinter sich gelassen hat, passiert man eine trostlose Grenzzone (ein 100 m breites Niemandsland mit planlos aufgestellten Barrikaden, Teil eines 30 Mio. € teuren Zaunes, der von der EU aufgestellt wurde, um illegale Einwanderung zu verhindern). Dahinter erwarten einen die glitzernden Lichter der spanischen Kultur, eine entspannte Welt mit gut erhaltenen Plätzen, wunderschönen Gebäuden und Tapasbars, in denen bis in die frühen Morgenstunden was los ist. Allein diese Erfahrung lohnt den Ausflug und klingt noch lange nach.

Dieses Phänomen einer kulturellen Insel macht Ceuta aus und erklärt die starke Präsenz des spanischen Militärs, die marokkanischen Immigranten, den Duty-Free-Einkaufsbereich, den schmutzigen Grenzhandel, den Tourismus und die Vorsicht der Einheimischen gegenüber Ausländern. Viele Menschen durchqueren die Stadt einzig, um den Schwierigkeiten in Tanger aus dem Weg zu gehen. Dieses kleine Stück Spanien jedoch versprüht auch so mehr als genug Charme und bietet einen perfekten Rückzugsort fürs Wochenende. Man sollte einmal hier gewesen sein.

Geschichte

Ceuta war ein Siedlung des Römischen Reiches. Ihr arabischer Name Sebta leitet sich vom lateinischen *Septem Fratres*, dem römischen Namen der Stadt ab.

Ceuta war kurze Zeit unter der Kontrolle des Byzantinischen Reiches. 931 rissen es sich die Umayyaden aus dem muslimischen Spanien unter den Nagel – davon leiten die Spanier ihren historischen Anspruch ab. In den folgenden 500 Jahren rangelten spanische Prinzen, marokkanische Sultane und portugiesische Könige um dieses Sahnestück am Nordostzipfel Afrikas. Als sich Portugal und Spanien 1580 unter einer gemeinsamen Krone zusammentaten, kehrte etwas Ruhe ein und Ceuta ging kampflos an Spanien. Als sich die beiden Länder 1640 wieder trennten, blieb Ceuta spanisch und ist es bis heute.

Die jüngste Geschichte stand im Zeichen der Probleme mit Spanien bezüglich der Immigration und der politischen Souveränität. 2002 gab es einen bizarren Streit um die nahe gelegene winzige Insel Perejil: Ein halbes Dutzend Marokkaner hatte versucht, diese von Spanien zurückzugewinnen. 2006 steckten Jugendliche etliche Moscheen in Ceuta in Brand, nachdem mehrere einheimische Moslems auf dem spanischen Festland verhaftet und mit den Bombenattentaten von Madrid in Verbindung gebracht wurden. 2007 stattete der spanische König der Stadt den ersten Besuch seit 80 Jahren ab, was Proteste der marokkanischen Regierung hervorrief. Doch keiner dieser Konflikte führte bislang zur Schließung auch nur einer Tapasbar.

Orientierung

Ceuta ist in drei Bezirke gegliedert: García Aldave, ein großes Stück Festland bedeckt von Wäldern und verfallenen militärischen Einrichtungen; das Stadtzentrum, eine schmale Landenge, in der sich die meisten Sehenswürdigkeiten befinden; und Monte Hacho, das große, abgerundete Ende der Halbinsel.

Das Herz des Zentrums ist die Plaza de Africa, und die Hauptstraße ist der Paseo de Revellin, eine beliebte Fußgängerzone. Die Touristeninformation, Wege und Beschilderungen sind alle sehr gut, aber es wird nur wenig Englisch gesprochen, sogar in der Tourismusbranche.

SPANISCH-BASICS

Hallo/Auf Wiedersehen	*¡Hola!/¡Adios!*
Ja/Nein	*Sí/No*
Bitte/Danke	*Por favor/Gracias*
Wo ist ...?	*¿Dónde está?*
Hotel	*hotel*
Pension	*pensión*
Camping	*camping*
Haben Sie Zimmer frei?	*¿Tiene habitaciones libres?*
ein Einzelzimmer	*una habitación individual*
ein Doppelzimmer	*una habitación doble*
Wie viel kostet das?	*¿Cuánto cuesta?*
Wann fährt/kommt das/der nächste ...?	*¿A qué hora sale/llega el próximo ...?*
Schiff	*barca*
Bus	*autobús*
Ich hätte gerne ein ...	*Quisiera un ...*
einfaches Ticket	*billete sencillo*
Ticket hin & zurück	*billete de ida y vuelta*
ein Bier	*una cerveza*
ein Sandwich	*un bocadillo*

Praktische Informationen

Um von außerhalb Spaniens nach Ceuta zu telefonieren, wählt man die Vorwahl ☎ 0034. Nicht vergessen, dass es in Ceuta im April, Mai und Oktober zwei Stunden und sonst eine Stunde später ist als in Marokko (S. 511), und dass die meisten Geschäfte sonntags zu sind!

GELD

In Ceuta zahlt man alles in Euro, und es gibt jede Menge Bankautomaten. Außerhalb der Banköffnungszeiten kann man in den teureren Hotels Geld wechseln. Auf beiden Seiten der Grenze gibt es inoffizielle Geldwechsler, obwohl es eigentlich illegal ist, Dirham aus Marokko auszuführen.

INTERNETZUGANG

Cyber Ceuta (☎ 956 512303; Paseo de Colón; 2,40 €/Std.; ⌚ Mo–Sa 11–14 & 17–22, So 17–22 Uhr)

MEDIZINISCHE VERSORGUNG

Instituto Gestión Sanitario (Ingesa) (☎ 956 528400; ⌚ 24 Std.) Zwei Filialen, eine neben der Königsmauer, die andere östlich vom Fischerhafen.

POST

Correos (Post; 59 Calle Real; ⌚ Mo–Fr 8.30–20.30, Sa 9.30–14 Uhr)

REISEBÜROS

Reisebüros, die Fährtickets nach Algeciras verkaufen, säumen die Avenida Muelle Cañonero Dato und den Zugang zur Estación Marítima.

Viajes Eideres (☎ /Fax 956 524656; eidere@teleline.es; Plaza de Africa)

TOURISTENINFORMATION

Haupttouristeninformation (☎ 856 200560; www.ceuta.es, spanisch; Baluarte de los Mallorquines; ⌚ Mo–Fr 8.30–20.30, Sa & So 9–20 Uhr) Sehr freundlich und hilfreich mit guten Karten und Broschüren.

Plaza de Africa Kiosk (☎ 956 528146; ⌚ 15. Sept.–31. Mai 10–13 & 17–20 Uhr, 1. Juni–14. Sept. 10.30–13.30 & 18–20 Uhr) Ein kleineres angeschlossenes Büro.

Estacion Marítima Kiosk (☎ 956 506275; ⌚ 9–21 Uhr) Ein weiteres zugehöriges Büro.

Sehenswertes & Aktivitäten

Ceutas Geschichte wird durch die *ruta monumenta* nachgezeichnet, eine Reihe hervorragender Informationstafeln auf Englisch und Spanisch vor den wichtigsten Gebäuden und Denkmälern.

PLAZA DE AFRICA

Das bezaubernde Herz von Ceuta lebt von der gepflegten, tropischen Bepflanzung, dem Platz aus Pflastersteinen und mit der besten Architektur der Stadt. Bewegt man sich von der langgezogenen, für Besucher geschlossenen **Commandancia General**, einem militärischen Hauptquartier, aus im Uhrzeigersinn voran, gelangt man zu dem auffälligen gelben **Santuario de Nuestra Señora de Africa** (⌚ Mo–Sa 9–13 & 17–21, So & Feiertag 9–13 & 18.30–21 Uhr), einer Kirche im andalusischen Stil aus dem 18. Jh. Der aus dem 19. Jh. stammende **Palacio de la Asamblea** mit seiner eleganten Kuppel und der Uhr ist eine Kombination aus Palast und Rathaus. Schließlich wäre da noch die **Catedral Santa Maria de la Asuncion** (☎ 956 517771; ⌚ Di–So 9–13 & 18–20 Uhr) aus dem 17. Jh. mit den Zwillingstürmen; ihr Museum wurde zum Zeitpunkt der Recherche gerade renoviert. In der Mitte des Platzes erinnert ein Denkmal an die Soldaten, die im spanisch-marokkanischen Krieg von 1860, in dem es um die Grenzen von Ceuta ging, ihr Leben verloren.

KÖNIGSMAUERN

Die eindrucksvollste Sehenswürdigkeit in Ceuta sind die mittelalterlichen **Königsmauern** (☎ 956 511770; Avenida González Tablas; Eintritt frei inkl. Galerie; ⌚ 10–14 & 17–20 Uhr). Die großflächige Befestigungsanlage, die strategisch raffiniert verschachtelt ist, wurde wunderbar restauriert und bietet Informationstafeln in mehreren Sprachen. Innerhalb ihrer Mauern befindet sich das sehr schön gestaltete **Museo de los Muralles Reales**, eine Galerie mit wechselnden Kunstausstellungen. Dieser stimmungsvolle Ort ist immer einen Besuch wert, egal, was gerade gezeigt wird. Wer das Glück hat, eine Ausstellung des einheimischen Künstlers Diego Canca zu sehen, sollte sich das keinesfalls entgehen lassen.

STRÄNDE

Die zwei leicht zu übersehenden Stadtstrände **Playa del Chorillo** und **Playa de la Ribera** liegen südlich der Landenge unterhalb der Avenida Martinez Catena. Sie sind gepflegt und praktisch gelegen, aber der Sand ist langweilig grau.

MUSEO DE LA LEGIÓN

Dieses verblüffende **Museum** (☎ 606 733566; Paseo de Colón; Eintritt frei, Spenden erwünscht; ⌚ Mo–Fr 10–13.30 & 16–18, Sa & So 16–18 Uhr) ist der Spanischen Le-

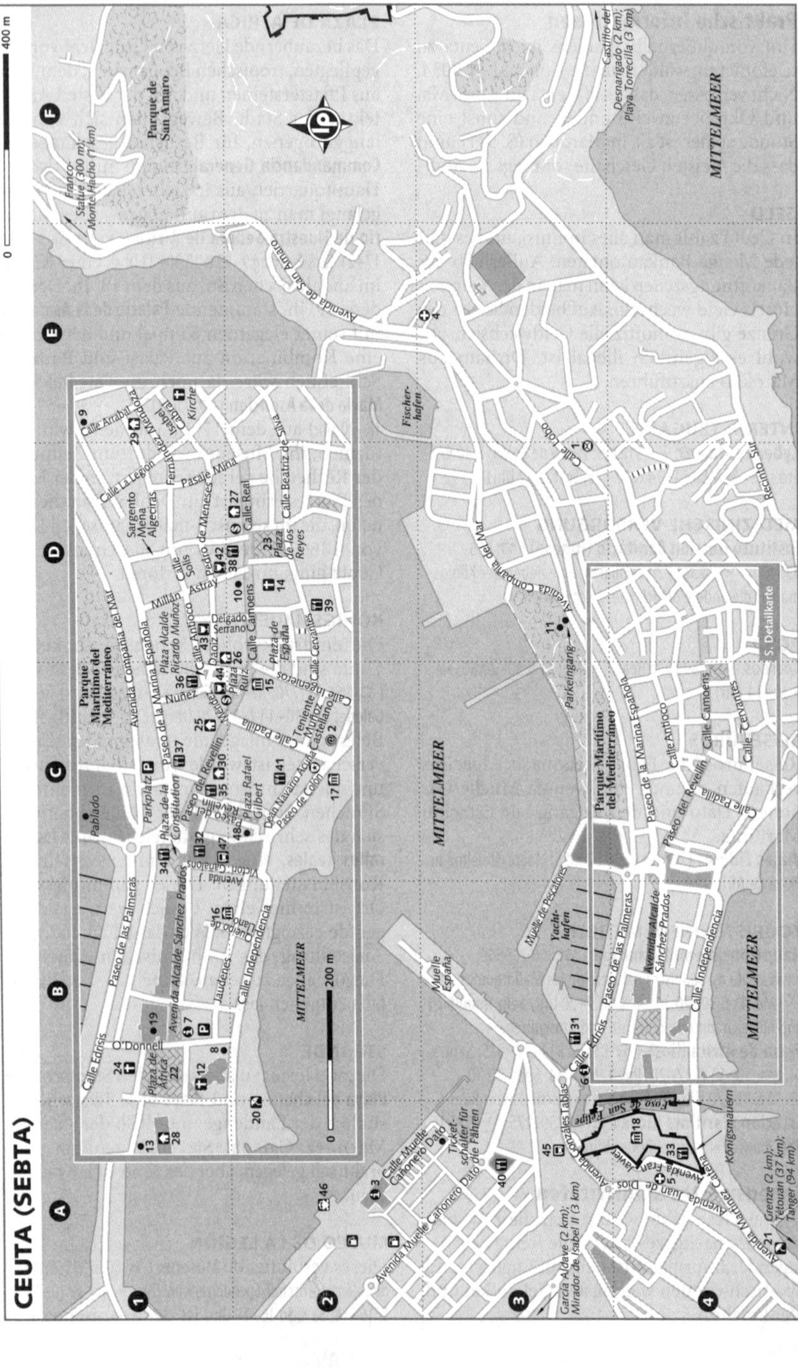
CEUTA (SEBTA)
0
400 m
Franco-Statue (300 m); Monte Hacho (1 km)
Parque de San Amaro
Avenida de San Amaro
Castillo del Desnarigado (2 km); Playa Torrecilla (3 km)
MITTELMEER
Fischer-hafen
Calle Lobo
Recinto Sur
Avenida Compañía del Mar
Parkeingang
MITTELMEER
Muelle España
Muelle de Pescadores
Yacht-hafen
Calle Edrisis
Ticket-schalter für die Fähren
Calle Muelle Cañonero Dato
Avenida Muelle Cañonero Dato
Avenida González Tablas
Foso de San Felipe
Königsmauern
Avenida Juan de Dios
Avenida Martínez Catena
García Aldave (2 km); Mirador de Isabel II (3 km)
Grenze (2 km); Tétouan (37 km); Tanger (94 km)
Parque Marítimo del Mediterráneo
Paseo de las Palmeras
Avenida Alcalde Sánchez Prados
Calle Independencia
Paseo de la Marina Española
Calle Antioco
Paseo del Revellín
Calle Camoens
Calle Padilla
Calle Cervantes
S. Detailkarte
MITTELMEER
Parque Marítimo del Mediterráneo
Avenida Compañía del Mar
Paseo de la Marina Española
Paseo de las Palmeras
Parkplatz
Pablado
Calle Edrisis
O'Donnell
Plaza de África
Avenida Alcalde Sánchez Prados
Plaza de la Constitución
Jaudenes
Calle Independencia
Avenida J. Victori Goñalons
Paseo del Revellín
Plaza Rafael Gilbert
Dean Navarro Acuña
Paseo de Colón
Calle Padilla
Teniente Muñoz Castellano
Calle Ingenieros
Calle Cervantes
Plaza de España
Plaza Ruiz
Calle Camoens
Delgado Serrano
Calle Antioco
Millán Astray
Ricardo Muñoz
Plaza Alcalde
Nuñez
Daoiz
Calle Solís
Pedro de Meneses
Plaza de los Reyes
Calle Real
Calle Beatriz de Silva
Pasaje Mina
Sargento Mena
Algeciras
Calle La Legion
Fernández
Mendoza
Calle Arrabal
Calle Isabel Cabral
Kirche
MITTELMEER
0
200 m

PRAKTISCHES
Correos.......1 D3
Cyber Ceuta.......2 C2
Estacion Marítima Kiosk.......3 A2
Instituto Gestión Sanitario (Ingesa).......4 E3
Instituto Gestión Sanitario (Ingesa).......5 A4
Haupttouristeninformation.......6 A3
Kiosk an der Plaza de Africa.......7 B2
Viajes Eideres.......8 B2

SEHENSWERTES & AKTIVITÄTEN
Baños Arabes.......9 E1
Casa de los Dragones.......10 D2
Casino.......11 C3
Catedral Santa Maria de la Asuncion.......12 B2
Commandancia General.......13 A1
Iglesia de San Fransico.......14 D2
Museo de Ceuta.......15 C2
Museo de la Basilica Tardorromana.......16 B2
Museo de la Legión.......17 C2
Museo de los Muralles Reales.......18 A4
Palacio de Asamblea.......19 B2
Parque Marítimo del Mediterráneo.......(siehe 11)
Playa de la Ribera.......20 A2
Playa del Chorrillo.......21 A4
Plaza de Africa.......22 B2
Plaza de los Reyes.......23 D2
Santuario de Nuestra Señora de Africa.......24 B2

SCHLAFEN
Hostal Central.......25 C1
Hostal Plaza Ruiz.......26 D2
Hostal Real.......27 D2
Parador Hotel La Muralla.......28 A1
Pensión Charito.......29 E1
Pensión La Bohemia.......30 C1

ESSEN
Cala Carlota.......31 B3
Hauptmarkt.......32 C1
El Angulo.......33 A4
El Puente Cafeteria.......34 C1
Gran Muralla.......35 C1
La Jota.......36 C1
La Marina.......37 C4
Mesón el Bache.......38 D2
Mesón el Cortijo.......39 D2
Supersol.......40 A3
Supersol.......41 C2

AUSGEHEN
Café Central.......42 D1
Dublin.......43 D1
Tokio Pub.......44 C1

TRANSPORT
Busse zur Grenze.......45 A3
Busse zur Grenze.......(siehe 47)
Estacion Marítima.......46 A2
Stadtbusbahnhof.......47 C1
Renfe-Büro.......48 C2

gion gewidmet und wird auch von ihr unterhalten. Die Armeeeinheit wurde 1920 gegründet und spielte eine entscheidende Rolle in Francos republikanischer Armee. Das Museum ist voller Erinnerungsstücke, Waffen und Uniformen, natürlich alles in Glanz und Gloria dargestellt. Die Besucher bekommen einen faszinierenden Einblick in die militärische Kultur, die den Norden prägte: von der gebieterischen Statue Francos über die Erklärung, wie der unerschrockene Gründer der Legion, Millan Astray, sein rechtes Auge verlor, bis zur Geschichte der Legion im Film. An der Tür muss man seinen Pass vorzeigen. Alternativ kann man sich auf http://lalegion.es einschreiben. Es gibt geführte Touren in verschiedenen Sprachen.

MUSEO DE CEUTA

Dieses alternde **Stadtmuseum** (956 517398; 30 Paseo del Revellín; Eintritt frei; Mitte Sept.–Mai Mo–Sa 10–14 & 17–20, So 10–14 Uhr, Juni–Mitte Sept. Mo–Fr 10–14 & 19–21, Sa 10–14 Uhr) verfügt über eine kleine Sammlung, welche die Geschichte der Halbinsel vor der Zeit der Spanier darstellt. Alle Infos sind auf Spanisch.

PLAZA DE LOS REYES

Ein grüner Triumphbogen (mit der Inschrift „ein Denkmal an die Koexistenz") und ein Brunnen schmücken diesen Platz, der die gelbe **Iglesia de San Francisco** mit ihren Zwillingstürmen umgibt. Das wahre Schmuckstück aber befindet sich auf der anderen Straßenseite: die **Casa de los Dragones** (Drachenhaus), ein phantastischer, wahr gewordener Traum. Dieses ehemalige Wohnhaus, das kürzlich bis zur Perfektion restauriert wurde, ist ein außergewöhnliches Beispiel für eklektische Architektur mit maurischen Bögen, polierten Backsteinfassaden, Mansardendächern, märchenhaften Balkonen und dem *pièce de résistance*: vier gewaltige dunkle Drachen, die vom Dach springen. Das aufwendige Anagramm der Erbauer, der Gebrüder Cerni Gonzalez, schmückt die Ecke. Dieser Anblick lässt einen den Hut ziehen.

MUSEO DE LA BASILICA TARDORROMANA

Dieses hervorragende unterirdische **Museum** (Mo–Sa 10–13.30 & 17–19.30, So 10–13.30 Uhr) wurde in die architektonischen Überreste einer alten Basilika integriert, die in den 1980er-Jahren während Straßenbauarbeiten entdeckt wurde. Dazu gehört eine Brücke über Gräber, in denen Skelette liegen. Über die Artefakte werden viele Geschehnisse der örtlichen Geschichte vermittelt. Zwar ist alles nur auf Spanisch beschrieben, aber ein Besuch lohnt sich in jedem Fall. Eingang über c/Queipo de Llano.

PARQUE MARÍTIMO DEL MEDITERRÁNEO

Dieser kreative **Wasserpark** (Eintritt Mo 3 €, Di–Fr 4 €, Sa, So & Feiertag 5 €; 10–19 Uhr, Pool April–Sept.) ist eine von verschiedenen Versionen, die der brillante Künstler und Architekt Cesar Manrique, der auf den Kanarischen Inseln lebte, entworfen hat. Manrique borgte sich das Motiv der Stadtmauern und baute eine riesige Poolanlage im Meer, zu der auch eine

Lagune und zwei Salzwasserpools gehören. Alles wird von zehn Bars, Pubs, Restaurants und Cafés eingerahmt. Auf einer Insel in der Mitte befindet sich ein **Casino** (🕑 So–Do 21–4, Fr & Sa 21–6 Uhr) im Stil einer Festung. 50 m auf der rechten Seite gleich hinter dem Eingang ist eine Ausstellung von Manriques Werken in Bildern zu sehen, die im Sommer der Renner ist, vor allem bei Familien.

BAÑOS ARABES

Die alten **arabischen Bäder** (Calle Arrabal 16; 🕑 Mo–Fr 11.30–13.30 & 17–19, Sa & So 11.30–13.30 Uhr) wurden zufällig bei Bauarbeiten entdeckt. Sie liegen an einer Hauptstraße und sind eine Attraktion, die nicht gerade in die Umgebung passt. Es gibt zwei von ihnen mit Gewölbedecken, die ursprünglich mit Marmor verziert waren – zu ihrer Zeit war das ein Hightech-Spa.

MONTE HACHO

An schönen Tagen bietet sich ein Spaziergang auf den Monte Hacho an. Karten gibt's bei der Touristeninformation, oder man improvisiert und folgt der Küste. Da es von der Stadt aus bergauf geht, kann man für die ersten zwei Drittel des Weges auch ein Taxi (10 €) zum **Mirador de San Antonio** nehmen, von wo aus man atemberaubende Ausblicke über Ceuta und weiter Richtung Norden nach Gibraltar hat. Den Gipfel der Halbinsel krönt die massive Fortaleza de Hacho, eine Festung, die von den Byzantinern errichtet wurde und immer noch als aktive Militäreinrichtung dient. Sie ist Besuchern nicht zugänglich.

Dann geht man im Uhrzeigersinn die Hauptstraße wieder hinunter und gelangt zum **Castillo del Desnarigado** (☎ 956 511770; Eintritt frei; 🕑 Sa & So 11–14 Uhr), einer kleinen Festung an der südöstlichen Spitze der Halbinsel, die ein kleines Militärmuseum beherbergt. Darüber befindet sich ein Leuchtturm, darunter der abgelegene Strand **Playa Torrecilla**.

GARCÍA ALDAVE

Wenn man sich alles andere angeschaut hat, durchquert man die García Aldave von Küste zu Küste entlang der N354 entweder mit dem Auto oder zu Fuß (eine Wanderkarte von der Touristeninformation kann hilfreich sein). Auf der Strecke befinden sich eine Reihe kreisförmiger, neumittelalterlicher Wachtürme, die für Besucher geschlossen sind. Einige davon kann man vom ausgezeichneten **Mirador de Isabel II** sehen, von wo aus sich tolle Ausblicke über die Landenge bis nach Monte Hacho bieten. Am 1. November, dem Tag der Toten, pilgern Menschenmassen hierher, um den Verstorbenen zu gedenken.

Die Straße endet bei Benzú, einem kleinen Ort an der Nordküste, der gegenüber dem großartigen Felsen Jbel Musa auf der anderen Seite der Grenze liegt. Der Berg hier ist als die Tote Frau bekannt, da er aussieht wie eine Frau, die auf dem Rücken liegt. Bei einer Tasse Minztee kann man hier über die Sterblichkeit nachdenken.

Schlafen

Ceuta platzt nicht gerade vor Unterkünften. Wer erst später am Tag ankommt, sollte daher im Voraus buchen.

BUDGETUNTERKÜNFTE

Die meisten günstigen Unterkünfte sind *pensiónes* (Pensionen), die manchmal nur am großen blau-weißen Schild „CH" zu erkennen sind.

Pensión La Bohemia (☎ 956 510615; 16 Paseo del Revellín; EZ/DZ 25/35 €) In diesem gut geführten Unterkunft über einer Einkaufsarkade übernachtet man in hellen, makellosen Zimmern, die um einen Innenhof herum liegen. Sie sind mit Blumentöpfen, glänzenden Fliesenböden und zahllosen Bildern von Marilyn Monroe ausgestattet. Die Badezimmer sind Gemeinschaftsbäder mit heißem Wasser und Gemeinschaftsduschen. In den Zimmern gibt's kleine Fernseher und Ventilatoren.

Hostal Real (☎ 956 511449; Fax 956 512166; 1 Calle Real; EZ/DZ/3BZ 34/45/60 €; ❄) Nicht ganz so gemütlich wie La Bohemia, aber die Zimmer sind ordentlich und sauber. Man muss nur aufpassen, welches man bekommt: Zimmer 7 ist ein gutes Vierbettzimmer zur Straße hin und Zimmer 6 ein ebenso gutes Dreibettzimmer, aber alle anderen haben keine Fenster und können feucht sein. Wenn nicht viel los ist, dürfen Gäste die Waschmaschine mitbenutzen. Die Popcornmaschine ist der ewige Liebling.

Pensión Charito (☎ 956 513982; pcharito@terra.es; 1. Stock, 5 Calle Arrabal; EZ/DZ 15/20 €) Diese Pension ist sehr schlecht ausgeschildert – nach dem grünen und cremefarbenen Gebäude über der Bar Limité Ausschau halten. Das Haus ist zwar etwas in die Jahre gekommen, aber innen ist es sauber und gemütlich mit heißen Duschen und einer kleinen, gut ausgestatteten Küche. Wenn alle Zimmer voll sind, kann es sein, dass kein Personal anwesend ist.

MITTELKLASSE- & SPITZENKLASSEHOTELS

LP Tipp **Hostal Plaza Ruiz** (☎ 956 516733; www.hostalesceuta.com; 3 Plaza Ruiz; EZ 34–45 €, DZ 44–60 €, 3BZ 54–76 €, 4BZ 64–80 €; ❄) Das Schwesterhotel des Central ist ähnlich einladend und hat eine bezaubernde Lage. Die Zimmer sind luftig und mit hübschen Pinienmöbeln ausgestattet. Die besten haben schmiedeeiserne Balkone mit Blick auf die Cafés an der Plaza. Badezimmer und Kühlschrank sind Standard.

Hostal Central (☎ 956 516716; www.hostalesceuta.com; Paseo del Revellín; EZ/DZ/3BZ 34/44/54 €; ❄) Dieses preiswerte, zentral gelegene Zwei-Sterne-Hotel hat einen etwas höheren Standard als eine Pension, bietet aber den gleichen gemütlichen Charme. Die hellen Zimmer sind klein und makellos, und alle haben Bad und Kühlschrank. In der Nebensaison liegen die Preise manchmal auf Budgetniveau.

Parador Hotel La Muralla (☎ 956 514940; ceuta@parador.es; 15 Plaza de Africa; EZ/DZ ab 65/90 €; ❄) Dieses geräumige Vier-Sterne-Hotel auf der Plaza de Africa ist Ceutas Topadresse. Die Zimmer sind gemütlich, aber nicht luxuriös mit einfachen Holzböden und einfarbigen Keramikfliesen. Die Balkone blicken über einen hübschen Garten mit Palmen. Eine Café-Bar und ein Fitnessraum sind Highlights, aber der Schnäppchenpreis toppt alles.

Essen

RESTAURANTS

Zusätzlich zu den hier genannten Restaurants gibt es im Pablado Marinero (Seefahrerdorf) neben dem Yachthafen noch eine Menge ordentlicher Lokale.

La Marina (☎ 956 514007; 1 Alférez Bayton; Hauptgerichte ab 12 €, Menü 8 €; 🕑 Mo–Sa, Feb. geschl.) Dieses elegante, freundliche Restaurant ist um die Mittagszeit oft proppenvoll. Es hat sich auf Fischgerichte spezialisiert, bietet aber auch sehr preiswerte Drei-Gänge-Menüs mit Hühnchen oder Fisch und Pommes an.

Gran Muralla (☎ 956 517625; Plaza de la Constitution; Hauptgerichte ab 5 €) Wer genug vom einheimischen Essen hat, findet hier herzhafte Portionen chinesischer Klassiker. Die Tische am Fenster bieten Blick auf die Plaza und das Meer. Vorsicht: Wenn man zwischen den Hauptmahlzeiten hier isst, bekommt man oft den Reis vom Vortag.

El Angulo (☎ 956 515810; 1 Muralles Reales; Hauptgerichte ab 15 €; 🕑 Mo–Sa 12–16 & 20.30–24 Uhr) Die Gelegenheit, innerhalb der Königsmauern zu speisen. Die einheimischen Fleischspezialitäten und die Meeresfrüchte sind so gut, wie die Atmosphäre einzigartig ist. Die weißen Tischdecken machen sich erstaunlich gut in dieser Festung aus Stein.

Cala Carlota (☎ 956 525061; Calle Edrisis; Menü ab 7 €) Dieses einfache Restaurant hat eine erstklassige Lage im Club Nautico mit Blick auf den Yachthafen und Sitzgelegenheiten im Freien während der Hauptsaison. Das dreigängige *menú del diá* (Menü des Tages) ist sehr beliebt, und die genauso üppigen Fischgerichte werden sicher ebenfalls munden.

TAPASBARS

Der beste Platz für den Besuch einer Tapasbar ist in den Straßen hinter der Post und rund um Millán Astray nördlich der Calle Camoens. Abgesehen von Tapas servieren alle Bars auch deftigere *raciones* (eine größere Portion Tapas) und *bocadillos* (Sandwiches).

Mesón el Bache (☎ 956 516642; Sargento Mena Algeciras; Tapas 1,50 €; 🕑 Mo–Sa 9–15 & 20–24 Uhr) Hier verspeist man seine Tapas in einer rustikalen Jagdhütte. Die Einheimischen lieben es. Direkt unterhalb der Plaza Real mit Blick auf den Hafen.

Mesón el Cortijo (☎ 956 511983; 14 Calle Cervantes; Tapas ab 1 €; 🕑 Mo–Sa 10.30–16.30 & 19.30–2.30 Uhr) Hier treffen sich die Einwohner des Viertels bei Tapas, *cerveza* (Bier) und Herzenswärme. Hier bekommt man von Fußball bis Klatsch alles mit und kann sein Spanisch aufpolieren.

NACHTISCH

La Jota (6 Calle Méndez Nuñez; Frühstück 1,80 €, Tapas 0,60 €) Hier gibt's eine Auswahl an köstlichen Kuchen und Eiscremes (nur leider sind die Kugeln nicht gerade großzügig). Der perfekte Ort, um einen Tag zum Erkunden der Stadt zu beginnen oder abzuschließen.

AUF DIE SCHNELLE

LP Tipp **El Puente Cafeteria** (Plaza de la Constitution; Frühstück/Sandwiches ab 1,50 €) Das El Puente ist ein trendiges, modernes Café mit leckeren Sandwiches und geht auf einen Platz hinaus, auf dem man prima Leute beobachten kann. Auch das Frühstück ist super. Da es hier sehr voll werden kann, muss man sich schon was einfallen lassen, um die Aufmerksamkeit des Kellners auf sich zu lenken.

SELBSTVERSORGER

Der **Supersol-Supermarkt** (Avenida Muelle Cañonero Dato) ist perfekt, um sich mit Grundnahrungsmitteln und Leckereien einzudecken. Im Zentrum bei Dean Navarro Acuña gibt's eine weitere, kleinere Filiale.

Der höhlenartige **Hauptmarkt** (Mo–Sa 8–15 Uhr) ist der beste Platz in der Stadt für frisches Fleisch und andere Produkte. Das dynamische Erlebnis gibt's gratis dazu.

Ausgehen

Café Central (☎ 956 510393; 3 Calle Millán Astray; 15.30–4 Uhr) In dieser mondänen Bar-/Kaffee-Lounge mit der gedämpften Musik und dem Art-déco-Eingang herrscht absolute Geselligkeit. Der Arm aus Bronze, der einen Krug über den Tresen reicht – ein funktionierender Zapfhahn –, verleiht dem Ganzen einen exzentrischen Touch. Das Café eignet sich prima für Kaffee, Brandy oder Eiscreme (oder alles zusammen) zu jeder Zeit.

Dublin (Delgado Serrano; Pints bis 22 Uhr ab 3 €, danach 5 €; Mo–Sa 15.30–3 Uhr) Es ist zwar auch nur ein x-beliebiges Irish Pub, wie man sie kennt, aber als Guinness-Fan ist man hier genau richtig. Wem die Lautstärke auf die Nerven geht, der setzt sich an einen Tisch im Freien. Die Treppen runter, wo die Calle Delgado Serrano eine 90°-Kurve macht.

Tokio Pub (Plaza Ruiz; 16–3 Uhr) Eine Bar mit verklebtem Fußboden, der aussieht wie nach einer Verbindungsparty; tagsüber geht's gesitteter zu.

An- & Weiterreise

MAROKKO

Busse und Grands Taxis nach Ceuta halten meist bei Fnideq und nicht an der Grenze (Bab Sebta). Bis zur Grenze ist es dann noch 1 km zu Fuß, oder man nimmt ein Taxi für 3 Dh. Obwohl die Grenze 24 Stunden lang geöffnet ist, fahren zwischen 19 und 5 Uhr kaum öffentliche Verkehrsmittel.

Auf der marokkanischen Seite füllt man ein Ausreiseformular aus, entweder am Zollfenster – wenn man zu Fuß ist – oder am Registrierungsfenster für Fahrzeuge (alle Straßenhändler ignorieren, die einem das Formular verkaufen wollen – es ist kostenlos!). Fahrer eines Mietwagens müssen nachweisen, dass sie berechtigt sind, mit dem Auto das Land zu verlassen. Der 100 m breite Grenzübergang ist überraschend chaotisch, und etliche Male wird der Ausweis verlangt. Fußgänger müssen sich häufig in die Autoschlangen einreihen.

Von der anderen Seite her gibt es neben der marokkanischen Grenzkontrolle einen Stand mit Grands Taxis. Sie fahren regelmäßig nach Tétouan (30 Dh, 40 Min.), von wo aus man mit anderen Transportmitteln weiterkommt. Taxis nach Chefchaouen oder Tanger sind selten zu finden und man muss in der Regel hart verhandeln, um ein Auto zu ergattern (Chefchaouen 300 Dh, 90 Min.; Tanger 180 Dh, 1 Std.). Eine gute Alternative ist ein Grand Taxi nach Fnideq (5 Dh, 10 Min.) direkt südlich der Grenze, von wo aus die Transportmöglichkeiten nach Tanger besser sind (30 Dh, 1 Std.).

SPANISCHES FESTLAND

Die unübersehbare **Estación Marítima** (Fährterminal; Calle Muelle Cañonero Dato) liegt westlich vom Stadtzentrum. Täglich legen hier mehrere Hochgeschwindigkeitsfähren nach Algeciras (S. 517) ab. Ticketschalter finden sich gleich um die Ecke. Viel spektakulärer (und sehr viel teurer) ist es, von Ceuta mit einem Hubschrauber von **Helicopteros del Sureste** (Flughafen Málaga ☎ 952 04870; www.helisureste.com) zum Flughafen von Málaga zu fliegen.

Im **Renfe-Büro** (☎ 956 511317; 17 Plaza Rafael Gilbert) oder einem Reisebüro kann man Zugtickets für alle europäischen Ziele kaufen. Verschiedene Büros am Fährterminal verkaufen auch Bustickets von Enatcar (das größte spanische Busunternehmen).

Unterwegs vor Ort

Die Buslinie 7 fährt etwa alle zehn Minuten von der Plaza de la Constitución (0,60 €) direkt zur Grenze *(frontera)*. Wer mit der Fähre ankommt und gleich zum Grenzübergang will, kann von der Bushaltestelle in der Avenida Gonzáles Tablas starten (gegenüber dem Eingang zu den Festungsmauern). Vor dem Fährterminal gibt's auch einen Taxistand.

Autofahrer dürfen ihren fahrbaren Untersatz tagsüber maximal zwei Stunden (1 €) parken. Wer länger bleibt, kann das Auto auf dem **Parkplatz** (1/12 Std. 0,50/4 €) in der Calle O'Donnell oder in der Nähe des Poblado Marinero abstellen.

DAS RIFGEBIRGE

TÉTOUAN 320 000 Ew.

Tétouan liegt atemberaubend am Fuße des Rifgebirges und nur wenige Kilometer vom Meer entfernt. Von 1912 bis 1956 war es die Hauptstadt des Spanischen Protektorats, das den größten Teil vom Norden Marokkos umfasste. Diese Tatsache und die langjährigen Beziehungen zu Andalusien haben einen hispanisch-maurischen Charakter geprägt, der einzigartig ist für Marokko und sich im spanischen Teil der Stadt widerspiegelt, der auch als Ensanche („Erweiterung“) bekannt ist. Die Gebäude und die breiten Alleen dort wurden erst vor Kurzem renoviert und in ihren ursprünglichen Zustand zurückversetzt.

Tétouan unterscheidet sich auch insofern von Tanger oder den Königsstädten, als dass es noch nicht von ausländischen Touristen entdeckt wurde. Seine authentische Atmosphäre macht einen Besuch durchaus lohnend. Die alte Medina, eine Unesco-Weltkulturerbestätte, sieht aus, als hätte sie sich über die Jahrhunderte nicht verändert. Es gibt zwar einige Neuerungen – ein neuer Busbahnhof, Restaurierungen an den Stadtmauern, einige öffentliche Gärten –, aber das ist nichts im Vergleich zu den Küstenstädten. Zum Teil liegt das daran, dass die Stadt sehr schlecht verwaltet wurde und so von der Außenwelt abgeschnitten war. Dem cleveren Traveller aber eröffnen sich dadurch viele Möglichkeiten.

Geschichte

Die Geschichte Tétouans ist hauptsächlich die Geschichte seiner langjährigen Beziehungen zu Spanien. Vom 8. Jh. an diente es als Hauptkontaktpunkt zwischen Marokko und Andalusien. Im 14. Jh. errichteten die Meriniden hier eine Basis, um die rebellischen Stämme aus dem Rif zu kontrollieren und Ceuta anzugreifen. Im Jahr 1399 aber wurde die Stadt von Heinrich III. von Kastilien zerstört. Nach der Reconquista (Rückeroberung Spaniens; 1492) bauten Flüchtlinge aus Andalusien die Stadt wieder auf und sie blühte auf – teils dank ihrer eigenen Kraft, teils dank der aufkeimenden Piraterie.

Mulai Ismail errichtete im 17. Jh. die Verteidigungsmauern von Tétouan. Die Handelsverbindungen mit Spanien verbesserten sich und weiteten sich aus. 1860 nahmen die Spanier die Stadt unter Leopoldo O'Donnell ein, der sie weitgehend an Europa anpasste. Zwei Jahre später jedoch eroberten die Mauren sie zurück und entfernten alle Zeichen des europäischen Einflusses.

Um die Wende zum 20. Jh. herum besetzten spanische Truppen Tétouan drei Jahre lang mit der Begründung, Ceuta vor den Stämmen aus dem Rifgebirge schützen zu müssen. 1913 machten die Spanier Tétouan zur Hauptstadt ihres Protektorats, das abgeschafft wurde, als Marokko 1956 seine Unabhängigkeit wiedererlangte. In letzter Zeit verhalf die andalusische Regierung der Stadt zu einem großen kulturellen Boom, indem sie die Renovierung der Ensanche förderte.

Orientierung

Die Ensanche umgibt die Place Moulay el-Mehdi und die Fußgängerzone in der Ave Mohammed V, die in östlicher Richtung zur Plaza al Jala verläuft. Hier findet man Hotels, Banken und Essgelegenheiten. Der Eingang zu Medina liegt bei der großen Place Hassan II, gegenüber dem Königspalast. Der Rest der sich ausbreitenden Stadt hat Besuchern nur wenig zu bieten.

Praktische Informationen

GELD

Entlang der Ave Mohammed V gibt's jede Menge Banken mit Geldautomaten.

BMCE (Place Moulay el-Mehdi; ⌚ 10–14 & 16–20 Uhr) Hier kann man außerhalb der regulären Banköffnungszeiten Geld und Reiseschecks wechseln.

INTERNETZUGANG

Imex Media (☎ 0539 961533; 19 Ave Mohammed V; 5 Dh/Std.)

Remote Studios (☎ 0539 711172; 13 Ave Mohammed V; 9 Dh/Std.; ⌚ 9–24 Uhr)

KULTURZENTREN

Institut Français (☎ 0539 961212; institutfrancais@iftetouan.ma; 13 Rue Chakib Arsalane; ⌚ Di–Fr 8–12 & 15–18 Uhr) Zeigt Filme, veranstaltet Konzerte und Ausstellungen und verfügt über eine Bibliothek sowie ein Café. Besonders bei jugendlichen Einheimischen sehr beliebt.

La Casa de España (Rue Chakib Arsalane, hinter der Kirche; ⌚ Bar/Restaurant 12–15 & 19–23 Uhr) Die spanische Version des Institut Français, aber eher ein Club. Hat TV-Zimmer, ein Café, ein Bar/Restaurant und eine Disko. Sehr gut gestaltet und einen Besuch wert.

MEDIZINISCHE VERSORGUNG

Clinique du Croissant Rouge (Rotes-Kreuz-Klinik; ☎ 0539 962020; Place al-Hammama, Quartier Scolaire)

Dépot de Médicaments d'Urgence (☎ 0539 965902; 7 Rue al-Ouahda; ⌚ 21–9.30 Uhr) Nachtapotheke.

Hauptkrankenhaus (☎ 0539 972430; Martil Rd) Ca. 2 km außerhalb der Stadt.

Pharmacie Derdabi (☎ 0539 991109; Fendak Najjar-Sakiat Foukia; ⌚ 9–19 Uhr) Tagesapotheke in der Medina.

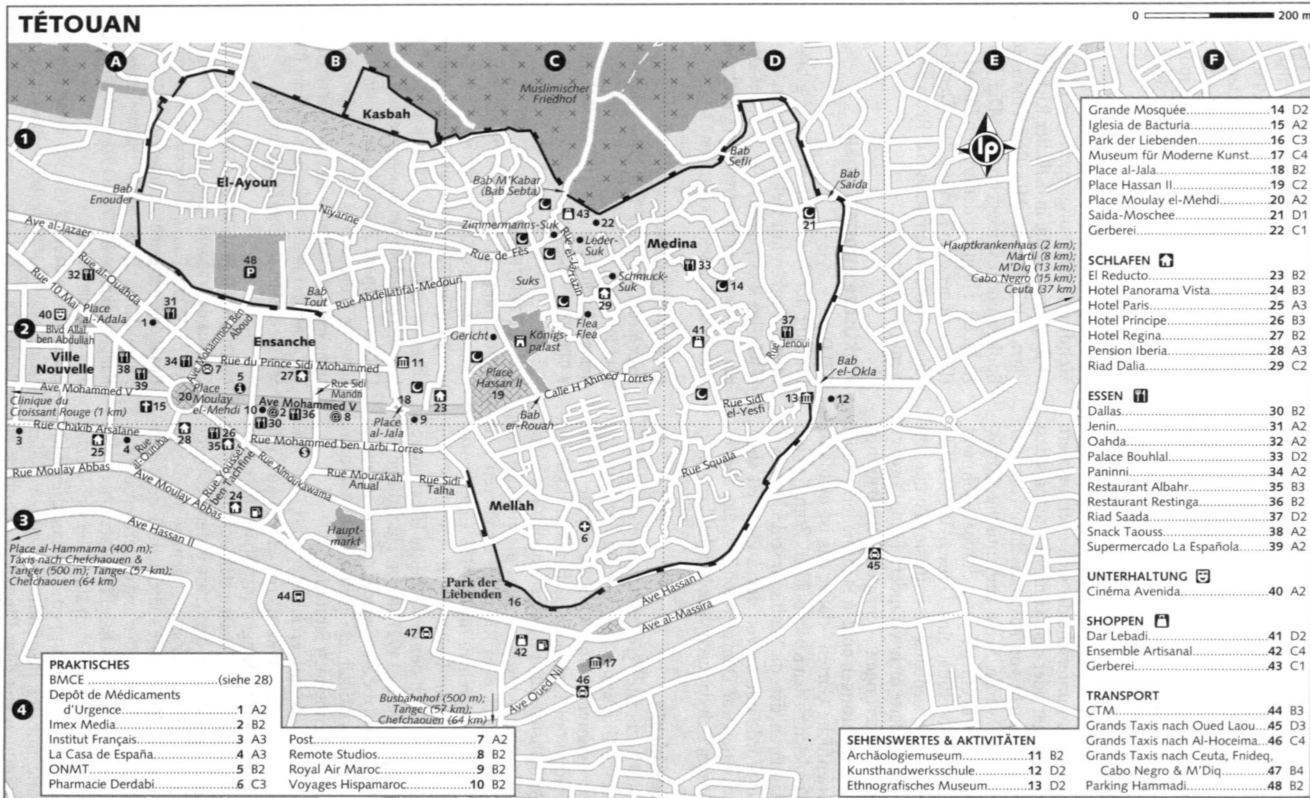
TÉTOUAN
0 200 m
Kasbah
El-Ayoun
Medina
Mellah
Ensanche
Ville Nouvelle
Muslimischer Friedhof
Park der Liebenden
Königspalast
Suks
Hauptmarkt
Bab Enouder
Bab M'Kabar (Bab Sebta)
Bab Sefli
Bab Saida
Bab el-Okla
Bab er-Rouah
Bab Tout
Ave al-Jazaer
Rue al-Ouahda
Rue 10 Mai
Place al-Adala
Blvd Allal ben Abdullah
Ave Mohammed V
Place Moulay el-Mehdi
Rue du Prince Sidi Mohammed
Ave Mohammed Ben Aboud
Rue Abdellatifal-Medouri
Rue de Fès
Zimmermanns-Suk
Leder-Suk
Schmuck-Suk
Rue el-Jarrazin
Flea
Gericht
Place Hassan II
Calle H Ahmed Torres
Place al-Jala
Rue Mohammed ben Larbi Torres
Rue Mourakah Anual
Rue Sidi Talha
Rue Sidi Mandri
Rue Sidi el-Yesfi
Rue Squala
Rue Jenoui
Rue Chakib Arsalane
Rue al-Ouruba
Rue Youssef ben Tachfine
Rue Almoukawama
Rue Moulay Abbas
Ave Moulay Abbas
Ave Hassan II
Ave al-Massira
Ave Oued Nil
Niyarine
Clinique du Croissant Rouge (1 km)
Place al-Hammama (400 m); Taxis nach Chefchaouen & Tanger (500 m); Tanger (57 km); Chefchaouen (64 km)
Busbahnhof (500 m); Tanger (57 km); Chefchaouen (64 km)
Hauptkrankenhaus (2 km); Martil (8 km); M'Diq (13 km); Cabo Negro (15 km); Ceuta (37 km)
PRAKTISCHES
BMCE (siehe 28)
Depôt de Médicaments d'Urgence 1 A2
Imex Media 2 B2
Institut Français 3 A3
La Casa de España 4 A3
ONMT 5 B2
Pharmacie Derdabi 6 C3
Post 7 A2
Remote Studios 8 B2
Royal Air Maroc 9 B2
Voyages Hispamaroc 10 B2
SEHENSWERTES & AKTIVITÄTEN
Archäologiemuseum 11 B2
Kunsthandwerksschule 12 D2
Ethnografisches Museum 13 D2
Grande Mosquée 14 D2
Iglesia de Bacturia 15 A2
Park der Liebenden 16 C3
Museum für Moderne Kunst 17 C4
Place al-Jala 18 B2
Place Hassan II 19 C2
Place Moulay el-Mehdi 20 A2
Saida-Moschee 21 D1
Gerberei 22 C1
SCHLAFEN
El Reducto 23 B2
Hotel Panorama Vista 24 B3
Hotel Paris 25 A3
Hotel Príncipe 26 B3
Hotel Regina 27 B2
Pension Iberia 28 A3
Riad Dalia 29 C2
ESSEN
Dallas 30 B2
Jenin 31 A2
Oahda 32 A2
Palace Bouhlal 33 D2
Paninni 34 A2
Restaurant Albahr 35 B3
Restaurant Restinga 36 B2
Riad Saada 37 D2
Snack Taouss 38 A2
Supermercado La Española 39 A2
UNTERHALTUNG
Cinéma Avenida 40 A2
SHOPPEN
Dar Lebadi 41 D2
Ensemble Artisanal 42 C4
Gerberei 43 C1
TRANSPORT
CTM 44 B3
Grands Taxis nach Oued Laou 45 D3
Grands Taxis nach Al-Hoceima 46 C4
Grands Taxis nach Ceuta, Fnideq, Cabo Negro & M'Diq 47 B4
Parking Hammadi 48 B2

POST

Post (Place Moulay el-Mehdi; ⌚ Mo–Fr 8–16.30 Uhr)

REISEBÜROS

Royal Air Maroc (☎ 0539 961577; 5 Ave Mohammed V; ⌚ Mo–Sa 9–12 & 14.30–18.30 Uhr)

Voyages Hispamaroc (☎ 0539 713338; 23 Ave Mohammed V; ⌚ 8.30–12.30 & 15–19 Uhr, Sa morgens & So geschl.)

TOURISTENINFORMATION

ONMT (Délégation Régionale du Tourisme; ☎ 0539 961915; Fax 0539 961914; 30 Ave Mohammed V; ⌚ Mo–Fr 8.30–12.30 & 13.30–16.30 Uhr) Mit wenigen Angestellten und keinerlei schriftlichem Infomaterial zur Geschichte der Medina verweigert dieser Ort jeglichen Service. Das Wandgemälde von Nordmarokko von 1951 im 2. Stock ist der einzige Grund für einen Besuch.

Sehenswertes

MEDINA

Die weiß gekalkte Medina von Tétouan ist eine wahre Zeitmaschine und sehr touristenfreundlich: breite, mopedfreie Gassen, kaum Straßenhändler, aufmerksame Einwohner und generell wenig Andrang, besonders in den riesigen Wohngegenden. In den Einkaufsgebieten sind überall Sehenswürdigkeiten zu sehen und die Klänge des traditionellen Lebens zu hören: Handwerker schmieden Gold, Seidenhändler bieten Tausende Spulen bunter Fäden feil und Bäcker füllen die öffentlichen Öfen. Es gibt rund 40 Moscheen, von denen die **Grande Mosquée** und die **Saida-Moschee**, beide nordöstlich der Place Hassan II, die eindrucksvollsten sind; allerdings dürfen nur Moslems hinein. Wer sich verirrt, gibt einem Einheimischen einfach ein paar Dirham, und dieser bringt einen überall hin.

Im wie gemalt wirkenden Osttor, dem Bab el-Okla, befindet sich das **Ethnografische Museum** (Eintritt 10 Dh; ⌚ Mo–Fr 9–16 Uhr), das allein wegen der Aussicht von der Terrasse auf das Rif schon einen Besuch wert ist (falls nötig bittet man den Wärter, sie für einen zu öffnen). Aber auch der hübsche Garten mit den alten Kanonen und die Ausstellung von Hochzeitskleidern aus Seide lohnen sich. Einige solcher dekorativer Stücke kann man auch in den Palastrestaurants bewundern.

Außerhalb des Bab el-Okla liegt die **Kunsthandwerksschule** (☎ 0539 972721; Eintritt 10 Dh; ⌚ Mo–Fr 8–12 & 14.30–17.30 Uhr), das beste Kunsthandwerkszentrum Nordmarokkos. Hier bietet sich die faszinierende Möglichkeit, den Meistern dabei zuzusehen, wie sie ihre Lehrlinge in traditionellen Künsten ausbilden, z. B. im Fertigen von dekorativen Holzarbeiten, Seidenkostümen, Gipsschnitzereien, komplizierten Mosaiken und kunstvollen Gewehren. In einer phantastischen, zentralen Schatzkammer ist nur das Beste vom Besten ausgestellt – unbedingt einen Blick auf die Decke werfen. Das Personal öffnet den Raum auf Anfrage. Das Gebäude an sich ist auch sehr interessant: Es liegt um einen großen Innenhof herum und hat fein gearbeitete Türen im Obergeschoss.

Die Medina wird im Süden von dem kürzlich renovierten **Park der Liebenden**, einem schönen Rückzugsort, abgegrenzt. Zum Zeitpunkt der Recherche wurde der alte Bahnhof gleich südlich von hier in ein **Museum für moderne Kunst** umgewandelt, das 2009 eröffnet werden soll.

PLACE HASSAN II

Die breite, leere **Place Hassan II**, die aus Sicherheitsgründen meist gesperrt ist, verbindet die Medina mit der Ensanche. Der Platz sieht aus wie das Zuhause des Zauberers von Oz; vor der langen, flachen Fassade des Königspalastes stehen Wachen, und es gibt vier Brunnen mit Säulen in der Mitte. Diese sind keine Minarette, wie man vielleicht vermuten könnte, sondern Jugendstilleuchttürme von einem Schüler Gaudís. Die riesigen Verzierungen an der Mauer gegenüber stellen die Hände der Fatima dar, ein gebräuchliches Symbol, mit dem einst das Auge des Bösen abgewendet werden sollte. Es gibt hier ein paar uninteressante Cafés, die sich für ein Päuschen eignen, besonders die im 2. Stock, von wo aus man eine bessere Aussicht hat.

ENSANCHE

Den Ensanche besichtigt man am besten bei einem Spaziergang entlang der Ave Mohammed V von der **Place al-Jala** zur **Place Moulay el-Mehdi**. Die breite Allee ist gesäumt von hellweißer, spanischer Kolonialarchitektur mit ein paar Art-déco-Elementen, was an Stilrichtungen erinnert, die man z. B. auf Kuba und den Philippinen findet. Das alles hat die andalusische Regierung erst neulich renovieren lassen. Ein paar Straßen von der Place al-Jala entfernt befindet sich das **Archäologische Museum** (Ave al-Jazaer; Eintritt 10 Dh; ⌚ Mo–Fr 8.30–12 & 14.30–18.30 Uhr) mit einer ausgezeichneten Sammlung von Artefakten aus den römischen Ruinen von Lixus (S. 147). Zum Zeitpunkt der Recherche hielt man sich nicht an die angegebenen Öffnungszeiten: Das Museum war eine Woche lang geschlossen, und es war nicht bekannt, wann es wieder öffnen würde. Die katholische **Iglesia de Bacturia** (Place Moulay el-Mehdi; Sonntagsmesse 11 Uhr, um 19 Uhr für Besucher geöffnet) wurde 1917 erbaut. In ihr finden noch immer Gottesdienste statt.

Schlafen

Angesichts der rasanten Entwicklung der nahen Küste stellt sich als erstes die Frage, ob man in der Stadt übernachten will. Tétouans Hafen Martil liegt nur eine zehnminütige Taxifahrt entfernt; M'Diq, eine elegantere Alternative, ist doppelt so weit weg. Der Kontrast zwischen der alten Medina und diesen modernen, am Strand gelegenen Häusern, die an Florida erinnern, könnte nicht größer sein und ist entweder Schock oder Erholung.

Entscheidet man sich für die Stadt, muss man als zuerst klären, ob die Unterkunft in der Medina oder außerhalb sein soll. Ein bis zwei Nächte innerhalb der uralten Mauern können ein unvergessliches Abenteuer sein, wenn man sowas noch nie gemacht hat, aber längere Aufenthalte sind u. U. anstrengend.

BUDGETUNTERKÜNFTE

LP Tipp **Pension Iberia** (☎ 0539 963679; 5 Place Moulay el-Mehdi; EZ/DZ/3BZ 50/80/120 Dh) Die beste Budgetunterkunft hier. Die klassischen Zimmern mit den hohen Decken und den vergitterten Balkonen gehen auf die Place Moulay el-Mehdi hinaus – möglichst Zimmer 11 buchen. Die Ausblicke über die weiße Stadt, die sich über die Hügel erstreckt, und den Brunnen auf dem Platz, den man von hier aus besser sehen kann als von der Straße, sorgen für eine gewisse Romantik. Die Badezimmer sind Gemeinschaftsbäder, heiße Duschen kosten 10 Dh extra. Die Pension liegt sehr praktisch, und nur 100 m entfernt ist ein öffentlicher Parkplatz (Parking Hammadi; Ave al-Jazaer).

Hotel Príncipe (☎ 0533 113128; 20 Rue Youssef ben Tachfine; EZ/DZ/3BZ ohne Dusche 70/80/140 Dh, mit Dusche 90/120/180 Dh) Die Bodenfliesen, Bettdecken und Tapeten in dieser ästhetischen Herausforderung wurden scheinbar absichtlich ausgesucht, um die Sinne zu vergewaltigen. Die Optik passt zu dem Lärm aus dem lauten Café darunter, in dem nur Männer sitzen. Die Möbel sind abgewohnt und der Putz bröckelt, aber das Personal ist zuvorkommend. Man sollte sich ein Zimmer mit Dusche gönnen.

Das **Hotel Regina** (☎ 0539 962113; 8 Rue Sidi Mandri; EZ/DZ 150/175 Dh), eine der größeren Budgetunterkünfte, kommt einem anfangs einschläfernd vor, aber die weiß gekalkten Wände und die verrückten Stoffe aus den 1970er-Jahren wecken einen wieder auf. Die dazugehörigen Badezimmer sind zwar etwas abgenutzt und die Sauberkeit lässt zu wünschen übrig, aber für den Preis ist das Hotel absolut o. k.

Hotel Paris (☎ 0539 966750; 31 Rue Chakib Arsalane; EZ/DZ 207/250 Dh, nur im Sommer Frühstück 35 Dh) Man bekommt nicht gerade eine Flitterwochensuite, aber die grundsätzlichen Bedürfnisse werden erfüllt. Die einfachen unspektakulären Zimmer sind sauber, aber die Bäder klein, und zwischen Dusche und WC ist keine Abtrennung. Einheitlich aussehende Flure bringen einen schnell nach draußen.

MITTEL- & SPITZENKLASSEHOTELS

Riad Dalia (☎ 0618 025049; www.riad-dalia.com; 25 Rue Ouessaa; EZ ohne Bad 150 Dh, kleine Suite 400 Dh, Mastersuite 600 Dh) Dieses unkonventionelle Hotel, ein Familienbetrieb, ist das erste Riad in der Medina und bietet vielseitige Abenteuer. Das 300 Jahre alte ehemalige Haus des holländischen Konsuls wurde ohne viele Erneuerungen in ein Hotel umgewandelt, und man erwartet praktisch jeden Moment den ehemaligen Hausherren in der Tür. Der Eigentümer hat auch tatsächlich noch die alten Briefe des Konsuls in einem Album an der Rezeption, genau wie dessen Briefmarkensammlung. Die Mastersuite ist gewaltig und königlich. In den oberen Stockwerken rauchen Studenten Wasserpfeife oder flirten heimlich inmitten der romantischen Atmosphäre, die einem Mysterybuch entstammen könnte. Die Preisskala hält für jeden Geldbeutel etwas bereit. Auf den selbstmörderischen Treppen aufs Dach hinauf muss man höllisch aufpassen, besonders wenn sie nass sind.

Hotel Panorama Vista (☎ 0539 964970; Ave Moulay Abbas; EZ/DZ inkl. Frühstück 307/404 Dh; ❄) Außerhalb der Medina ist dieses Hotel die beste Wahl. Die Zimmer sind zwar ohne jegliches einheimisches Ambiente im Stil einer Hotelkette eingerichtet, aber sie sind sauber und bieten einen dramatischen Ausblick über das Rifgebirge. In dem beliebten Café mit Wänden aus Glas wird ein nahrhaftes marokkanisches kontinentales Frühstück angeboten. In der Nebensaison, wenn wenig los ist, gibt's keine Heizung – eine Herausforderung, der mit stapelweise Decken begegnet wird. Die zehnminütige Erklärung, warum alle Stöpsel aus den Badezimmern des Hotels entfernt wurden, ist so lange lustig, bis man baden möchte.

El Reducto (☎ 0539 968120; www.riadtetouan.com; Zanqat Zawya 38; EZ/DZ inkl. Frühstück 425/550 Dh, inkl. HP 500/700 Dh) Wenn man einen gehobenen Aufenthalt in der Medina zu tollen Preisen verbringen möchte, ist dies die beste Wahl. Die makellosen, palastartigen Zimmer sind absolut phantastisch mit großen Bädern (in einem gibt's einen Whirlpool für zwei), antiken Möbeln von bester Qualität und wunderschöner Seidenbettwäsche. Marmortreppen und elegant geflieste Wände, das Ergebnis zweijähriger Renovierungsarbeiten, die 2006 vollendet wurden, machen das königliche Ambiente komplett. Wer wollte nicht schon immer mal ein Sultan sein?

Essen

RESTAURANTS

Tétouan ist nicht gerade berühmt für seine Restaurants: Abgesehen von zwei ausgezeichneten Palastrestaurants (sehr beliebt bei Reisegruppen, daher im Voraus reservieren) beschränkt sich das Angebot auf Gegrilltes und Sandwiches.

Restaurant Restinga (21 Ave Mohammed V; Fischgerichte ab 50 Dh, Bier 18 Dh; 🕓 12–21 Uhr) Die Hauptattraktion dieses charmanten Restaurants ist der offene Innenhof mit einem Dach aus Eukalyptusbäumen – und natürlich die seltene Lizenz für Alkoholausschank. Hier kann man prima den belebten Allen entkommen und sich neben einem Päuschen ein Bier und Meeresfrüchte von der Küste gönnen.

Restaurant Albahr (☎ 0666 689675; 21 Rue Almoukawama; Hauptgerichte ab 30 Dh; 🕓 12–21 Uhr) Hier gibt's nichts Ausgefallenes (Gebratenes, Burger, Fish & Chips), aber alles ist lecker und der Preis stimmt. Die Salate sind spitze.

Riad Saada (☎ 0661 299846; 18 Rue Jenoui; Menü 100 Dh; 🕓 8 Uhr–open end) Eine typisch marokkanische Erfahrung: endlose Teller voller Essen (Suppe, Couscous, Tajines, Salate, Kebab, gegrillte Kuchen), Unterhaltungsprogramm (Bauchtanz, traditionelle Musiker), erstklassige Kulisse (eine spektakuläre, offene Decke mit einer riesigen Pendellampe, zwei goldenen Thronstühlen für Hochzeiten und wunderschön geschnitzte Gipswände). Durch das Bab el-Okla gehen, dann sofort rechts abbiegen und die zweite Straße links bei Optique Seffar nehmen, schon sieht man den Eingang, einen sehr langen, gefliesten Korridor.

Palace Bouhlal (☎ 0539 998797; 48 Jamaa Kebir; Menü 100 Dh; 🕓 10–16 Uhr) Ein weiteres prächtiges Palastrestaurant mit Plüschsofas, Wandteppichen, privaten Essbereichen (besonders oben), sprudelnden Brunnen und einem großartigen maurischen Bogen. Wer Lust hat auf ein übliches 4-Gänge-Menü, folgt einfach der Gasse Richtung Norden um die Grande Mosquée und späht nach den Schildern, die einen ein winziges Gässchen hinunter führen. Vor dem Betreten des Restaurants im Les Secrets des Plantes auf der rechten Seite kurz vor dem Eingang die 670 Gewürze an den Wänden bestaunen.

CAFÉS & PATISSERIEN

LP Tipp Jenin (☎ 0539 962246; 8 Rue al-Ouahda; Kaffee 8 Dh; 🕓 Winter 6–21.30 Uhr, Sommer 6–23 Uhr, Fr nachmittags geschl.) Dieses funkelnde, moderne Café ist das angesagteste der Stadt. Die Fruchtsäfte in zehn verschiedenen Geschmacksrichtungen sind neben den flirtenden Pärchen und den Gruppen junger Frauen das Highlight. Eine komplett andere Welt als die verrauchten Männercafés in derselben Straße …

Oahda (☎ 0539 966794; 16 Rue al-Ouahda; 🕓 7–21 Uhr, Fr nachmittags geschl.) Noch ein frauenfreundliches Café: Es ist zwar nicht ganz so hübsch ausgestattet wie das Jenin, aber bei den Einheimischen genauso beliebt. Oben herrscht eine leicht klaustrophobische Atmosphäre.

Dallas (☎ 0539 966069; 11 Rue Youssef ben Tachfine; 🕓 5–22 Uhr) Dieses Café ist zwar nach der TV-Serie benannt, aber ansonsten hat diese keinen Einfluss auf die Patisserie, die bis unters Dach mit Gebäck vollgestopft ist. Einheimische Familien decken sich hier, einen Block von der Ave Mohammed V, mit Süßigkeiten ein.

AUF DIE SCHNELLE

Snack Taouss (☎ 0661 231158; 3 Rue 10 Mai; Burger 18 Dh; 🕓 7–22 Uhr) Die kleine Snackbar ist bekannt für ihre Burger und Pommes, hat aber auch ordentliche, günstige Pizzas, Salate, *harira* (Linsensuppe), Tajines und vieles mehr im Angebot. Man isst entweder im kleinen Speisebereich oben (praktisch, wenn man auf seine Pizza wartet) oder nimmt das Essen mit. Falls es hier voll ist, gibt es nebenan einen ähnlichen Imbiss.

Paninni (☎ 0539 700654; 5-6 Ave Mohammed Ben Aboud; Panini 18 Dh; 🕓 12–23 Uhr) Hier bekommt man Sandwiches zum Selbstbelegen. Man hat die Wahl zwischen einer bunten Mischung von Standard- und exotischen Zutaten.

SELBSTVERSORGER

In der Medina an der Straße, die in östliche Richtung zum Bab el-Okla führt, wird frisches Obst und Gemüse in Hülle und Fülle verkauft. Der Hauptmarkt (Fr geschl.) gleich um die Ecke vom Park der Liebenden hat eine tolle Auswahl an Fisch direkt von der Küste. Der **Supermercado La Española** (Rue 10 Mai; 10–21 Uhr) ist klein, aber leicht zu finden; hier gibt's Alkohol und andere Grundnahrungsmittel.

Ausgehen

Entsprechend der marokkanischen Norm sind die Kneipen in Tétouan ganz in männlicher Hand; einladendere Cafés sind auf S. 213 aufgelistet. Wem nach etwas Hartem zumute ist, der geht in die dunklen, verrauchten Bars entlang der Rue 10 Mai, nordwestlich der Place Moulay el-Mehdi. Für ein schlichtes Bier ist das Restinga (S. 213) genau das Richtige.

Unterhaltung

Abgesehen vom Essen in einem Palastrestaurant bietet das **Cinéma Avenida** (Place al-Adala; Eintritt 20–30 Dh; Vorführungen 15.30, 18, 20 & 22 Uhr) die einzige Unterhaltungsmöglichkeit. Die meisten Filme sind auf Französisch, einige auf Spanisch.

Shoppen

Holz- und Lederarbeiten sind hiesige Spezialitäten. Letztere kauft man am besten direkt an der Quelle, der kleinen **Gerberei** (Bab M'Kabar) im Norden der Medina.

Dar Lebadi (☎ 0539 973856; Jenoui-Sektion) Dieses 200 Jahre alte Gebäude ist der Einkaufspalast der Medina und war früher das Haus des Gouverneurs. Es wurde peinlich genau restauriert und ist heute ein Clearinghaus für Berberkünstler mit freundlichem Personal. Allein das Gebäude ist schon einen Abstecher wert, aber Vorsicht: Es kann Stunden dauern, bis man hier wieder wegkommt.

Ensemble Artisanal (Ave Hassan II; Mo–Sa 8–20 Uhr) In dem von der Regierung geförderten Laden brummt es: Von Teppichwebern über Lederarbeiter und Juweliere bis hin zu Holzarbeitern bieten hier alle ihre Waren an. Die Preise sind fest.

An- & Weiterreise

BUS

Tétouan ist mittlerweile mit einem neuen **Busbahnhof** gesegnet, der seinen schäbigen Vorgänger ersetzt hat. Der Fahrplan mit Scrollingfunktion ist so modern, dass es schon fast beängstigend ist. Aber es gibt immer noch Schwarzhändler, die Bustickets verkaufen – einfach an ihnen vorbeigehen und die Abfahrtszeiten selbst herausfinden. Man gelangt von hier aus in jede Stadt im Norden. Die Gepäckaufbewahrung hatte zum Zeitpunkt der Recherche noch nicht geöffnet.

CTM (☎ 0539 711654) hat einen eigenen Bahnhof, der mit dem Taxi nur fünf Minuten vom Hauptbusbahnhof entfernt liegt. Im Hinblick auf die Qualität und für Langstreckenfahrten ist CTM die bessere Wahl. Die Busse fahren von hier aus die üblichen Ziele an, u. a. Essaouira (270 Dh, 13½ Std.), Fès (93 Dh, 5 Std.), Marrakesch (235 Dh, 11 Std.) und Rabat (110 Dh, 4–5 Std.). Auch Busse nach Martil (4 Dh, 25 Min.), M'diq (8 Dh, 1 Std.), Fnideq (10 Dh, 1¼ Std.) und in weitere Orte in der Gegend starten von hier aus. Die Gepäckaufbewahrung kostet 5 Dh pro Kilo und Tag.

FLUGZEUG

Der Flughafen von Tétouan ist für Charterflüge von Paris (z. B. Club Med) geöffnet, bietet aber keine Linienflüge an. Anhaltende Gerüchte, dass ein Flughafen mit Komplettservice in Planung sei, werden wahrscheinlich von dem Bestreben geschürt, Ausländern Immobilien zu verkaufen.

TAXI

Grands Taxis nach Fnideq (mit Ziel Ceuta; 30 Dh, 30 Min.), Martil (5 Dh, 10 Min.), Cabo Negro und M'diq (10 Dh, 20 Min.) fahren von der Ave Hassan II in der Nähe des Parks der Liebenden ab. Ab und zu stehen Grands Taxis nach Al-Hoceima (150 Dh, 5 Std.) auf einem staubigen Platz 100 m weiter östlich, hinter dem Museum für moderne Kunst.

Am Taxistand auf der Place al-Hammama 2 km westlich vom Zentrum Tétouans bekommt man Grands Taxis nach Chefchaouen (30 Dh, 1 Std.) und Tanger (25 Dh, 1 Std.). Wen man aus einem dieser Orte hier ankommt, fährt einen der Taxifahrer vielleicht auch näher ans Zentrum heran.

Grands Taxis nach Oued Laou warten unterhalb der Überführung über die Ave al-Massira, die nicht zu übersehen ist.

Unterwegs vor Ort

Petits Taxis sind kanariengelb und haben keine Taxameter. Eine Fahrt in der Stadt sollte um die 10 Dh kosten. Das eigene Auto kann man im bewachten **Parking Hammadi** (Ave Al Jazaer; 4 Std. Tag/1 Nacht 10 Dh) abstellen.

RUND UM TÉTOUAN

Martil

Tétouans Hafen in Martil wächst schnell. Der moderne Strandort mit einer weiten Sicht auf die Berge besteht aus einer langen Küstenstraße parallel zu kleineren Straßen, die voll sind mit Cafés, Eisdielen und Restaurants. Besucher kommen das ganze Jahr hierher, aber Hauptsaison ist im Sommer. Martil ist ein nützlicher Ausgangspunkt, wenn einen die 8 km lange Taxifahrt (10 Min.) nach Tétouan nicht stört.

SCHLAFEN & ESSEN

Camping al-Boustane (☎ 0539 688822; Fax 0539 689682; Corniche; Campen 15 Dh/Pers., Zelt/Auto/Wohnwagen 30/15/30 Dh, Strom 20 Dh;) Dieser sichere Zeltplatz einen Block vom Strand entfernt bietet ausgezeichnete Einrichtungen, darunter ein überraschend gutes Restaurant und im Sommer einen Pool. Allerdings gibt's bei Regen ein ernsthaftes Abflussproblem. Am Brunnen von der Küstenstraße rechts abbiegen.

Hotel Etoile de la Mer (☎ 0539 979058; Ave Moulay al-Hassan; EZ/DZ Sommer 176/231 Dh, Winter 150/177 Dh) Mit seinem unkonventionellen Design – der zentrale Lichthof wird von Treppen durchkreuzt – und der zentralen Lage nur einen Block vom Strand entfernt ist dies die beste Unterkunft in Martil. Die besten Zimmer haben Balkone mit Meerblick, und das neugestaltete Restaurant schenkt Alkohol aus.

Restaurant al-Boustane (☎ 0539 688822; Hauptgerichte ab 50 Dh; 12.30–16 & 19–23 Uhr) Man sollte sich nicht von der Lage vergraulen lassen – dieses mediterrane Bistro im hinteren Bereich des Campingplatzes (s. oben) serviert eine leckere Auswahl an Omelettes, Fisch, Fleisch und Tajines und ist voller gesprächiger Camper, die ihre Abenteuer zum Besten geben.

Piccola Roma (☎ 0642 353167; 202 Miramar; Pizza ab 18 Dh; 11–15 & 18–24 Uhr) Die Institution ist seit 1992 der beste Ort für Pizza, Burger und Schawarma. Eine Straße hinter der Küstenstraße, gegenüber dem blinkenden Eiscremeschild.

AN- & WEITERREISE

Stadtbusse nach Tétouan (4 Dh, 25 Min.) starten am Busbahnhof nahe dem Wasserturm am südlichen Ende vom Strand. In der Nähe der großen, neuen Moschee stehen Grands Taxis (4 Dh, 15 Min.).

Cabo Negro & M'Diq

5 km von Martil die Küste rauf ragt das Kap von Cabo Negro ins Mittelmeer; es ist von Martil aus deutlich zu sehen. Versteckt im Windschatten der Nordseite liegt das überraschende Örtchen M'Diq. Aus dem ehemaligen kleinen Fischerdorf wurde schnell der eleganteste Ferienort an der Küste mit einem großartigen Ortseingang, ausgezeichneten Hotels und Restaurants, einem schönen Strand und einem Yachtclub. Diesen Ort unterscheidet wirklich kaum etwas von Florida, aber wer genug vom Trubel der Medina hat, findet hier genau den richtigen Rückzugsort. M'Diq liegt nur 20 Minuten von Tétouan entfernt.

SCHLAFEN & ESSEN

Es scheint, als würden sich die Unterkünfte von M'Diq auf Sommertouristen konzentrieren und das untere Ende der Preisskala ignorieren. Außerhalb der Sommermonate sollte man aber nach Ermäßigungen fragen. Angesichts der Anzahl an neuen Apartments lohnt es sich auch, vor Ort nach Mietwohnungen zu suchen. Am Ufer befindet sich eine Reihe von Cafés und günstigen Lokalen, in denen Frauen im Sommer häufiger anzutreffen sind.

Hotel Narijiss (☎ 0539 975841; Ave Lalla Nezha; EZ/DZ 150/250 Dh;) Dieses anständige Hotel liegt 200 m hügelaufwärts vom Ufer an der Straße nach Tétouan. Es ist ein bisschen langweilig, aber die Zimmer verfügen über neue Bäder und Satelliten-TV, und es gibt ein Café im Freien.

Golden Beach Hotel (☎ 0539 975077; www.goldenbeachhotel.com; 84 Rte de Sebta; EZ/DZ inkl. Frühstück Nebensaison 370/540 Dh, Hauptsaison 540/750 Dh;) Dieses Vier-Sterne-Hotel am Strand ist sein Geld wert: wenig charmant, aber gut geführt und schön erhalten mit tollen Einrichtungen wie einem Pool an der Küstenstraße und einer Bar mit einem Klavier mit Tasten aus Marmor.

Las Olas Restaurant and Café (☎ 0539 664433; Corniche; Hauptgerichte ab 40 Dh; 11–24 Uhr) Dieses Wahrzeichen am Wasser kann man nicht verfehlen: Verkleidet als Leuchtturm beherbergt es ein wildes Café unten und ein Meeresfrüchterestaurant oben. Die Einrichtung ist flott, der Blick vom Dach erstklassig und der Weg zum frischen Fang nicht weit. Liegt direkt am Parkplatz an der Küstenstraße.

MITTELMEERKÜSTE & RIFGEBIRGE

Royal Yachting Club de M'diq (☎ 0539 663887; Gerichte ab 90 Dh) Dieser elegante Privatclub hat eine hübsche Terrasse mit Blick auf den Hafen, und gut gekleidete Touristen sind mehr als willkommen. Natürlich sind die Spezialität des Hauses Meeresfrüchte; Alkohol gibt's auch.

AN- & WEITERREISE

Grands Taxis und Busse verkehren zwischen Tétouan und Fnideq (3 km von der Grenze nach Ceuta) und fahren durch M'Diq. Grands Taxis nach Tétouan (5 Dh, 20 Min.) fahren an einem Stand in der Nähe des Narijiss Hotel ab. Die Taxis zur Grenze (10 Dh) versammeln sich im Norden der Stadt neben der Banque Populaire.

CHEFCHAOUEN

45 000 Ew.

Unter den rauen Gipfeln des Rif liegt wunderschön eines der hübschesten Städtchen Marokkos: Chefchaouen, ein künstlerisches, weiß gekalktes Bergdorf, das eine Welt für sich ist. Obwohl der Tourismus sich definitiv durchgesetzt hat, ist das Gleichgewicht zwischen Bequemlichkeit und Authentizität doch genau richtig. Die alte Medina ist eine wahre Freude: marokkanische und andalusische Einflüsse mit roten Ziegeldächern, hellblauen Gebäuden und schmalen Gassen, die an dem belebten Platz Uta el-Hammam und seiner restaurierten Kasbah zusammenlaufen. Bei Backpackern ist der Ort schon lange bekannt, weil man hier leicht an Cannabis kam. Chefchaouen wurde schnell luxussaniert und es gibt hier eine Menge gute Unterkünfte, leckeres Essen, viele Aktivitäten und keine nennenswerten Probleme. Das macht es zu einer echten Alternative zu einer hektischen Tour durch mehrere Städte. Hier kann man toll entspannen, forschen und Tagesausflüge in die grünen, kühlen Hügel unternehmen, besonders als Familie.

Geschichte

Chefchaouen hieß ursprünglich Chaouen, was „Gipfel" bedeutet. Unter der spanischen Besetzung wurde die Schreibweise in Xaouen umgewandelt, und 1975 wurde die Stadt in Chefchaouen („Blick auf die Gipfel") umbenannt. Heute werden die Namen synonym verwendet.

Moulay Ali ben Rachid gründete Chaouen 1471 als Basis für Berberstämme aus dem Rif, um die Portugiesen in Ceuta anzugreifen. Die Stadt wuchs mit Ankunft der muslimischen und jüdischen Flüchtlinge aus Granada im Jahr 1494. Sie errichteten die weiß gekalkten Häuser mit den winzigen Balkonen, den Ziegeldächern und den Innenhöfen (oft mit einem Zitrusbaum in der Mitte), die der Stadt ihr unverkennbar spanisches Flair verleihen. Die blass-blaue Tünche, die heute allgegenwärtig ist, wurde in den 1930er-Jahren von den jüdischen Flüchtlingen eingeführt – davor waren die Fenster und Türen in traditionellem, muslimischem Grün gestrichen.

Der Ort blieb isoliert und fremdenfeindlich – Christen wurde unter Androhung der Todesstrafe der Zugang verwehrt –, bis er 1920 von spanischen Truppen besetzt wurde. Als diese ankamen, stellten sie überrascht fest, dass die jüdischen Einwohner immer noch eine Variante des mittelalterlichen Kastilisch sprachen. Während des Rifkrieges in den 1920er-Jahren wurden die Spanier kurzzeitig von Abd al-Krim vertrieben, kamen aber bald zurück und blieben bis zur Unabhängigkeit 1956.

Orientierung

Chefchaouen ist in eine östliche (die Medina) und eine westliche Hälfte (die *ciudad nueva* oder Neustadt) unterteilt. Das Herz der Medina ist die Plaza Uta el-Hammam mit ihrer unverkennbaren Kasbah. Die Hauptstraße der Neustadt ist die Ave Hassan II, die von der Plaza Mohammed V hinter dem Westtor von Bab el-Ain um die Südmauer der Medina und in die Medina hinein führt. Hier endet sie an der Place el-Majzen, dem Haupttreffpunkt gegenüber der Kasbah. Der Busbahnhof liegt 1 km südwestlich des Stadtzentrums. Die Wasserfälle von Ras-el-Maa befinden sich gleich hinter den Mauern der Medina im Nordosten.

Praktische Informationen

BUCHLÄDEN

Librairie Al-Nahj (☎ 0539 986945; Ave Hassan II; 🕗 8–22 Uhr) Klein, aber mit einer guten Auswahl an internationalen Zeitschriften und einigen fremdsprachigen Übersetzungen einheimischer Autoren. Ausländische Tageszeitungen gibt's ab 11.30 Uhr.

GELD

Banque Populaire Medina (Plaza Uta el-Hammam; 🕗 Mo–Fr 9.30–13 & 15.30–21 Uhr) Geldautomat; Neustadt (Ave Hassan II)

BMCE (Ave Hassan II; 🕗 Mo–Fr 8.15–15.45 Uhr) Geldautomat.

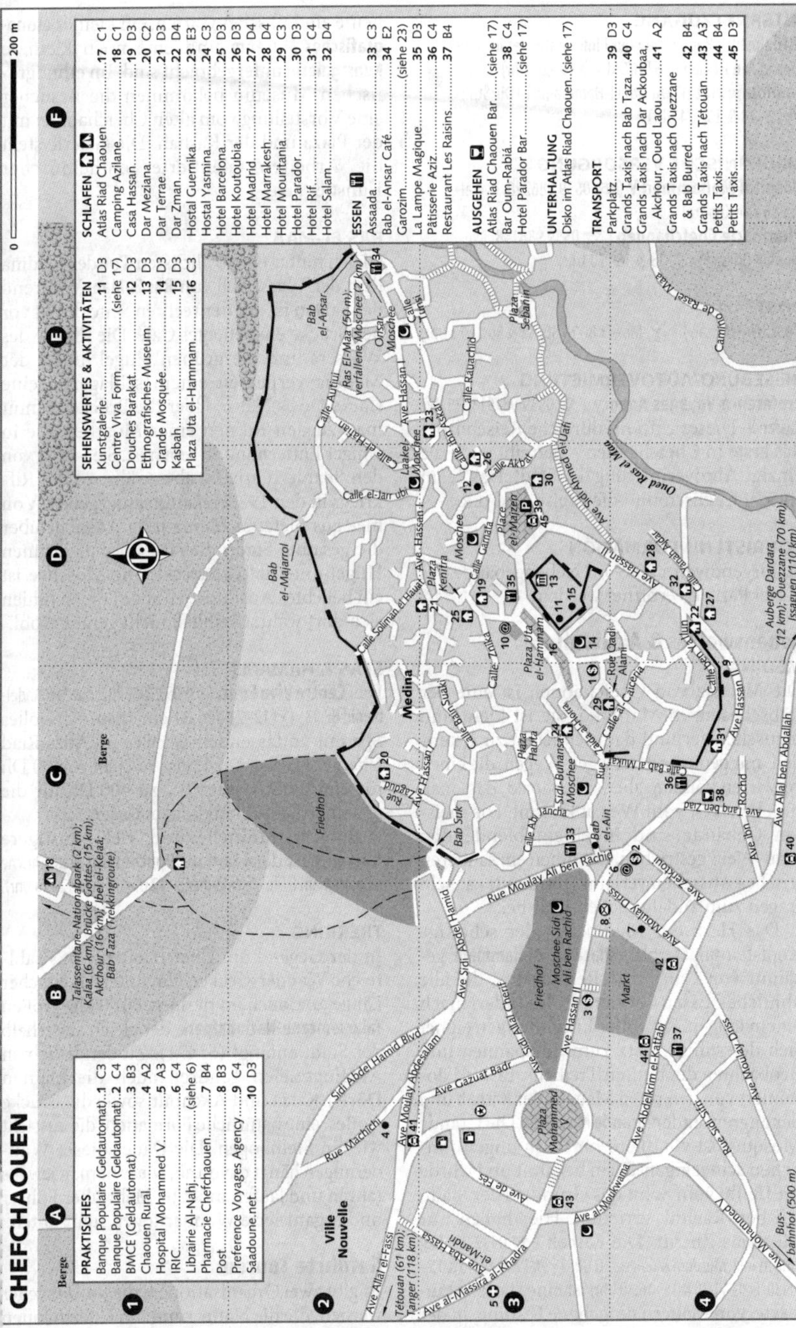

MITTELMEERKÜSTE & RIFGEBIRGE

INTERNETZUGANG

IRIC (Institut Raouachid pour l'Information et le Commerce; Ave Hassan II; 6 Dh/Std.; 9–24 Uhr)

Saadoune.net (Plaza Uta el-Hammam; 10 Dh/Std.; 9–14 & 15–24 Uhr)

MEDIZINISCHE VERSORGUNG

Hospital Mohammed V (0539 986228; Ave al-Massira al-Khadra)

Pharmacie Chefchaouen (0539 986158; Ave Moulay Driss; 9–13 & 15–20 Uhr)

POST

Post (Ave Hassan II; Mo–Fr 8–16.30, Sa & So 8–12 Uhr)

REISEBÜRO/AUTOVERMIETUNG

Preference Voyages Agency (0539 987913; 39 Ave Hassan II) Dieses extrem hilfreiche Reisebüro – das erste in Chefchaouen – betreibt auch die einzige Autovermietung der Stadt. Das Team spricht Englisch und die Preise sind o. k.

TOURISTENINFORMATION

Soll irgendwann 2009 im Nebengebäude des Hotel Parador eröffnet werden.

Sehenswertes & Aktivitäten

MEDINA

Die Medina von Chefchaouen ist eine der hübschesten in Marokko. Sie ist klein und menschenleer und dadurch leicht zu erkunden, mit genügend kurvigen Wegen, die einen verwirren können, aber so kompakt, dass man nie allzu weit vom Weg abkommt. Die meisten Gebäude sind in einem blendenden Blau-Weiß gestrichen, das ihnen ein sauberes, frisches Aussehen verleiht. Terrakottakacheln tragen zum andalusischen Flair bei.

Das Herz der Medina ist der schattige Kopfsteinpflasterplatz **Plaza Uta el-Hammam**, gesäumt von Cafés und Restaurants, die alle ähnliches Essen servieren. Besonders nach einem langen Tag voller Erkundungen eignet sich der ruhige Platz zum Entspannen und Beobachten des bunten Treibens. Er wird dominiert von den roten Mauern der **Kasbah** und der angrenzenden **Grande Mosquée**. Die Grande Mosquée ist vor allem für ihren ungewöhnlichen achteckigen Turm bekannt und wurde im 15. Jh. vom Sohn des Gründers der Stadt, Ali ben Rachid, errichtet. Hier haben nur Moslems Zutritt. Die **Kasbah** (0539 986343; Eintritt inkl. Museum & Galerie 10 Dh; Mi–Mo 9–13 & 15–18.30, Fr 9–11.30 & 15–16.30 Uhr) ist eine stark restaurierte, von Mauern umgebene Festung, in der heute ein hübscher Garten, ein kleines **ethnografisches Museum** und eine noch kleinere **Kunstgalerie** untergebracht sind. Im ethnografischen Museum bekommen die Besucher eine Vorstellung vom alten Chefchaouen mit der Plaza und der Kasbah. Die Galerie stellt die Arbeiten talentierter einheimischer Künstler aus.

RAS EL-MAA

Gleich hinter dem östlichsten Tor der Medina liegt der Wasserfall von **Ras El-Maa**. Während der Saison ist auf der rechten Seite direkt vor der Brücke ein beliebtes Café. Die Klänge des Wassers und die grünen Hügel hinter der Medina verpassen einem schlagartig eine starke Dosis Natur. Über die Brücke kommt man zu den Ruinen einer Moschee, die in einiger Entfernung zu sehen ist. Sie wurde von den Spaniern erbaut, aber während des Rifkriegs in den 1920er-Jahren aufgegeben. Von hier aus bietet sich eine tolle Aussicht über die gesamte Stadt, die sich über die grünen Hügel unterhalb erstreckt. Die Moschee ist ein beliebtes Ausflugsziel, aber Frauen fühlen sich dort wahrscheinlich nicht gerade wohl.

SPAS & HAMAMS

Das **Centre Viva Form** (0539 986002; Rue Sidi Abdelhamid BP 13; 12–21 Uhr) ist ein anspruchsvolles Spa mit umfassendem Service im Atlas Riad Chaouen Hotel. Die Preise reichen von 50 Dh für eine Fußmassage bis zu 400 Dh für die 50-minütige Schlankheitsmassage.

Eine traditionelle und viel günstigere Variante ist der Hamam **Douches Barakat** (Dusche 6 Dh, Hamam 8 Dh; Männer 8–12 Uhr, Frauen 12–20 Uhr).

TREKKING

In der Gegend um Chefchaouen gibt's zahlreiche Wanderstrecken von unterschiedlicher Länge, u. a. auch im riesigen, 60 000 ha großen **Talassemtane-Nationalpark**, der gleich außerhalb der Stadt anfängt (S. 471). Zu den beliebten Ausflugszielen gehören auch die kleinen Dörfer Kalaa und Akchour sowie die Brücke Gottes, eine natürliche Formation, die aussieht wie ein Steinbogen. Die Dauer dieser Wanderungen hängt davon ab, wie weit man jeweils fahren und laufen möchte. Mehr über Führer und organisierte Wanderungen steht unten.

Geführte Touren

Es gibt zwei Organisationen, die um Traveller werben, die die Natur rund um Chefchaouen

DIE BESTEIGUNG DES JBEL EL-KELAÂ

1616 m hoch thront der Jbel el-Kelaâ über Chefchaouen. Auf den ersten Blick wirkt der Berg ausgesprochen respekteinflößend. Aber wer früh loszieht und ordentlich Verpflegung dabei hat, dürfte ihn – eine gewisse körperliche Fitness vorausgesetzt – an einem Tag leicht bewältigen.

Los geht's hinter dem Campingplatz Azilane; einfach der Holperstraße folgen, die zum Örtchen Aïn Tissimlane führt. Gelbe und weiße Streifen, die auf Felsen gemalt sind, zeigen einem den richtigen Weg an. In der ersten Stunde geht es ziemlich steil nach oben. Über der Baumgrenze können Wanderer zum ersten Mal den Blick über Chefchaouen genießen. Danach geht's auf einer befestigten *piste* weiter hinauf auf den Berg. Aïn Tissimlane dürfte nach einigen Stunden erreicht sein. Ab hier klettert der Weg im Zickzackkurs zwischen Felsbrocken hindurch. Nach einer knappen Stunde taucht ein Pass auf; dort dem Weg nach Westen folgen, um den Bergsattel zu erreichen. Jetzt beginnt der letzte Run auf den Gipfel an. Es gibt einen holprigen Pfad, aber zwischendurch muss auch richtig gekraxelt werden. Der Gipfel ist relativ schnell erreicht, und die ganze Plackerei wird mit dem schönsten Blick über diesen Teil des Rifgebirges belohnt.

Der Abstieg auf der gleichen Route ist schnell und unkompliziert. Alternativ gibt's nördlich vom Bergsattel einen weiteren Pfad, der zu einer Gruppe von Dörfern auf der anderen Seite des Berges führt. In einem von ihnen, El-Kelaâ, bekommt man Getreidespeicher aus dem 16. Jh. und ein schiefes Minarett zu sehen. Von hier aus geht's in ein paar Stunden über einfache Pfade zurück nach Chefchaouen.

erkunden möchten. Die eine ist die einheimische **Association des Guides du Tourisme** (☎ 0662 113917; guiderando@yahoo.fr; halbtägige Tour 120 Dh), die von Abdeslam Mouden, einem Englisch sprechenden Mann mit viel Wissen über die Gegend und Erfahrung als Fremdenführer betrieben wird. Das Unternehmen arbeitet mit der neuen Touristeninformation zusammen.

Die andere Organisation heißt **Chaouen Rural** (☎ 0539 987267; www.chaouenrural.org; 3 Rue Machichi; Mo–Fr 9–19 Uhr), ein einheimisches Unternehmen, das von der Regierung Kataloniens gefördert wird und den Agrotourismus der Region vorantreibt. Dieses gut geführte Unternehmen hat sich auf Pauschalausflüge in den Talassemtane-Nationalpark spezialisiert. Die Teilnehmer kommen dabei in Häusern auf dem Land unter und setzen sich mit der einheimischen Kultur auseinander. Die supergünstigen Preise liegen zwischen 150 und 180 Dh pro Person und Tag, inklusive Transport, Führer und Halbpension. Die Website ist auf Französisch und Spanisch, aber es wird auch Englisch gesprochen, und man bekommt Broschüren in mehreren Sprachen.

Festivals & Events

Die aktive Kulturvereinigung **Rif el-Andalus** (☎ 0539 986800) organisiert im Juli zwei Events: eine große Kunstausstellung unter freiem Himmel und das Alegria Chamalia, ein internationales Musikfestival.

Schlafen

In Chefchaouen findet man zwar viele Unterkünfte, aber nur wenige Hotels haben eine Heizung. In kalten Winternächten müssen sich die Gäste daher unter jeder Menge Decken verkriechen. In einigen Hotels gibt's sehr gefährliche Treppen mit glitschigen Steinstufen – steil, hoch, kurvig und von unterschiedlicher Größe – unter niedrigen Decken. Wenn man sich müde die Treppen zur Dachterrasse hinaufschleppt, um zu frühstücken, sollte man besonders aufpassen.

MEDINA

Budgetunterkünfte

Die meisten Budgetunterkünfte liegen in der Medina. Die besten unter ihnen sind fröhliche, gekachelte Häuser mit Innenhöfen und erstklassigen Dachterrassen. Man teilt sich die meisten Einrichtungen mit den anderen Gästen, aber die Toiletten sind üblicherweise nach westlicher Art und im Preis sind oft heiße Duschen inbegriffen.

Hotel Mouritania (☎ 0539 986184; 15 Rue Qadi Alami; EZ/DZ 45/80 Dh) Die Zimmer hier sind schlicht, aber das Personal ist hilfsbereit, es gibt eine gemütliche Lounge im Innenhof, in der man andere Traveller treffen kann, und das Frühstück (20 Dh) ist großartig.

Hostal Yasmina (☎ 0539 883118; yasmina45@hotmail.com; 12 Zaida Al-Horra; Zi. 70 Dh/Pers.) Für den Preis blitzt dieses Hotel geradezu. Die Zimmer sind hell und sauber, es liegt nur einen Steinwurf entfernt von der Plaza Uta el-Hammam, und die Dachterrasse ist sehr einladend. Da es nicht viele Zimmer gibt, ist die preiswerte Unterkunft immer schnell ausgebucht.

Hotel Barcelona (☎ 0539 988506; 12 Rue Targui; Zi. ohne Bad 70 Dh/Pers., EZ/DZ mit Bad 200/300 Dh) Eine freundliche Budgetunterkunft in hellem Blau, typisch für Chefchaouen. Einrichtung und Ausstattung sind recht einfach, aber das Hotel wurde erst kürzlich neu gestrichen und die Dachterrasse ist großartig.

Hotel Koutoubia (☎ 0668 115358; Calle Andalouse; EZ/DZ 150/200 Dh) Dieses brandneue Hotel bietet Budgetniveau in Perfektion: freundliches und aufmerksames Management, zentrale Lage, traditionelle Einrichtung, makellose Zimmer und eine offene Dachterrasse, auf der bei gutem Wetter gefrühstückt (15 Dh) wird.

LP Tipp **Hostal Guernika** (☎ 0539 987434; 49 Onssar; Zi. 200 Dh) Diese warmherzige, bezaubernde Unterkunft mit ihrem sehr fürsorglichen, aufmerksamen Besitzer liegt nicht weit von der Plaza Uta el-Hammam entfernt. Es gibt einige tolle Zimmer zur Straße hinaus – groß und hell mit Blick auf die Berge –, aber die anderen sind ziemlich dunkel. Alle Zimmer haben Duschen. Im Sommer, an Ostern und im Dezember reservieren.

Dar Terrae (☎ 0539 987598; darterrae@hotmail.com; Ave Hassan I; EZ/DZ/3BZ inkl. Frühstück 250/350/450 Dh) Die schrillen, fröhlich gestrichenen Zimmer sind individuell eingerichtet, haben eigene Badezimmer und Kamine und liegen versteckt über und unter einem Durcheinander von Treppen und seltsamen Ecken. Die italienischen Besitzer bereiten jeden Tag ein phantastisches Frühstück zu (auf Anfrage auch andere Mahlzeiten). Das Hotel ist schlecht ausschildert. Wenn man nicht sicher ist, einfach nach dem „Hotel Italiano" fragen.

Mittel- & Spitzenklassehotels

LP Tipp **Dar Meziana** (☎ 0539 987806; www.darmeziana.com; Rue Zagdud; EZ/DZ/3BZ ab 475/650/950 Dh; ❄) Dieses neue Boutiquehotel ist eine Klasse für sich und eine kunstvolle Kreation aus einem einzigartigen eckigen Innenhof, üppiger Bepflanzung, viel Licht, qualitativ hochwertigen Möbeln und außergewöhnlichen Decken. Es liegt zwar am Rand der Medina, ist ansonsten aber perfekt.

Casa Hassan (☎ 0539 986153; www.casahassan.com; 22 Rue Targui; EZ/DZ/3BZ mit HP ab 500/650/800 Dh; ❄) Die alteingesessene, gehobene Unterkunft ist ein großes Hotel mit dem Ambiente eines Boutiquehotels, dem man sein Alter schon etwas ansieht. Trotzdem sind die Zimmer sehr geräumig mit kreativem Design, z. B. Betten in kleinen Buchten. Im Haus gibt's ein Hamam, auf der Terrasse eine elegante Lounge und im gemütlichen Restaurant Tissemlal eine Feuerstelle.

Dar Zman (☎ 0539 987598; darterrae@hotmail.com; Ave Hassan II; EZ/DZ inkl. Frühstück 350/450 Dh) Ein brandneues, schön gestaltetes Gästehaus mit acht hell gestrichenen Zimmern und einer reizenden Dachterrasse, auf der das Frühstück serviert wird. Ein paar ehrgeizige junge Hoteliers haben es entworfen. Die nachgemachten Artefakte in den Wänden sind eine clevere Dekoidee.

Hotel Parador (☎ 0539 986136; parador@iam.net.ma; Place el-Majzen; EZ/DZ/3BZ 394/526/681 Dh; 🅿) Dieses alternde Vier-Sterne-Hotel spiegelt eine Zeit wider, in der es schick war, wie ein Westler wirken zu wollen. Heute fehlt den seelenlosen Zimmern das, weswegen man hier ist: einheimische Kultur. Zu den Extras gehören ein gutes Restaurant, ein Pool im Sommer und eine der wenigen Bars in Chefchaouen.

RUND UM DIE MEDINA

Budgetunterkünfte

In der Ave Hassan II, die südlich der Medina an den alten Stadtmauern entlang läuft, gibt es eine weitere Ansammlung von Budgetunterkünften. Diese sind eine Klasse besser als die Pensionen in der Medina, denn sie haben private Badezimmer und hauseigene Restaurants. Von einer Seite der Gebäude hat man außerdem eine tolle Aussicht auf das Rif.

Hotel Salam (☎ 0539 986239; 39 Ave Hassan II; EZ/DZ/3BZ 80/140/180 Dh) Das frisch gestrichene Salam ist eine weitere Hotelerfahrung außerhalb der Medina und hat seine hellen Hofzimmer aufgemöbelt. Die Gemeinschaftseinrichtungen sind annehmbar, aber es gibt Waschbecken in allen Zimmern – ein Pluspunkt, wie auch die Espressomaschine im Café im Erdgeschoss.

Hotel Rif (☎ 0539 986982; hotelrif@hotmail.com; 29 Ave Hassan II; EZ/DZ inkl. Frühstück 150/180 Dh, mit Bad & Frühstück 180/240 Dh; ❄) Direkt unter den Mauern der Medina gibt's hier einige gute Zimmer mit toller Aussicht; die ohne Aussicht sind ebenfalls o. k. Obwohl sehr dunkel und chaotisch, ist das Hotel bei Reisegruppen beliebt, man sollte daher im Voraus buchen. Das Restaurant darf Alkohol ausschenken.

Hotel Marrakesh (☎ 0539 987774; Ave Hassan II; EZ/DZ inkl. Frühstück 150/220 Dh, mit Dusche 300/360 Dh) Das Marrakesh liegt etwas unterhalb des ganzen

Trubels und ist ein Hotel mit Charakter. Helle Zimmer in Pastellfarben strotzen nur so vor frischer Luft, der Gemeinschaftsraum besticht mit seinem Kamin in der Mitte und den verzierten Gipswänden und die Dachterrasse bietet einen atemberaubenden Blick über das Tal. Die Duschköpfe mit den sieben Düsen sind jedoch mindestens so geheimnisvoll wie die Gassen der Medina.

Hotel Madrid (☎ 0539 987497; Ave Hassan II; EZ/DZ/3BZ ab 300/357/429 Dh; ❄) Das Durcheinander der Teppiche auf Böden und Treppen bringt einen schon mal aus dem Konzept, aber die Lobby im Alte-Welt-Stil ist freundlich, und die gemütlichen Zimmer mit den schmiedeeisernen Himmelbetten und den gut ausgestatteten Bädern voller Gratis-Toilettenartikel sind eine angenehme Überraschung.

Camping Azilane (☎ 0539 986979; Camping 15 Dh/Erw., Zelt/Auto/Wohnmobil zzgl. 15/20/35 Dh) Die schattige Lage und die tolle Aussicht machen diesen Zeltplatz sehr beliebt, auch wenn er zu Fuß anstrengende 20 Minuten von der Medina entfernt liegt. Im Sommer hat ein kleines Restaurant geöffnet, und ein Laden verkauft das Nötigste. Ansonsten sind die Einrichtungen recht einfach (heiße Duschen 10 Dh).

Mittel- & Spitzenklassehotels

Atlas Riad Chaouen (☎ 0539 986002; www.hotelsatlas.com; EZ/DZ/3BZ inkl. Frühstück 600/750/1125 Dh; ❄) Dieses Drei-Sterne-Hotel ist das beste in Chefchaouen, und die Preise sind immer noch moderat. Es thront unübersehbar auf den Hügeln über der Stadt und dient gleichzeitig als bescheidenes Kunstmuseum mit einigen phantastischen Arbeiten des einheimischen Künstlers Zaidi Mohammed, u. a. einem Gemälde der Medina, das eine ganze Wand einnimmt. Es gibt alle Annehmlichkeiten eines europäischen Vier-Sterne-Hotels, z. B. eine riesige Lobby, ein Spa mit umfassendem Service, ein Pool mit herrlichem Blick auf die Berge, der einzige Nachtclub der Gegend, ein erstklassiges Restaurant und eine tolle Bar (wo ein Bier stolze 40 Dh kostet).

Auberge Dardara (☎ 0661 150503; aubergedardara@gmail.com; Rte Nationale 2; EZ/DZ 490/790 Dh; ❄) Die echt französische Auberge auf dem Land bringt ihre Gäste in riesigen, rustikalen Suiten mit marokkanischem Flair unter. Zu der 10 ha großen Anlage gehören eine bewirtschaftete Farm sowie Gärten, ein Pool, ein Kunsthandwerksladen, ein Hamam, ein Fitnesscenter, Pferde und die anspruchsvollste Küche in der ganzen Gegend rund um Chefchaouen. Die Gäste können im Garten arbeiten, Kunsthandwerk anfertigen usw. Mit dem Taxi (5 Dh) sind es zehn Minuten nach Bab Taza.

Essen

RESTAURANTS

In Chefchaouen geht man zum Essen gern in eines der Dutzend **Plaza Café-Restaurants** (Plaza Uta el-Hamman; Frühstück ab 15 Dh, Hauptgerichte ab 25 Dh; 🕑 8–23 Uhr) auf dem Hauptplatz. Die Speisekarten sind praktisch identisch (kontinentales Frühstück, Suppen, Salate, Tajines und Meeresfrüchte), das Essen ist generell ziemlich gut und die Atmosphäre lebhaft.

La Lampe Magique (☎ 0665 406464; Rue Targui; Hauptgerichte ab 45 Dh, Menü 75 Dh; 🕑 11–23 Uhr) Dieser magische Ort mit Blick auf die Plaza Uta el-Hammam serviert in tollem Ambiente marokkanische Köstlichkeiten. Auf drei hellblauen Etagen verteilen sich eine entspannte Lounge, ein formellerer Essbereich und eine Dachterrasse. Die Karte – mit Leckereien wie Lammtajine mit Pflaumen und vorzüglichen Salaten – ist überdurchschnittlich, aber das Beste ist die Atmosphäre.

Auberge Dardara Restaurant (☎ 0661 150503; aubergedardara@gmail.com; Rte Nationale 2; Hauptgerichte ab 40 Dh; 🕑 12–16 & 19–23 Uhr; ❄) Dieses Restaurant hat die beste Küche in der Gegend, und die zehnminütige Fahrt von der Stadt (nach Bab Taza, 5 Dh) lohnt sich absolut. Der Besitzer aus Tanger verzichtet auf die üblichen Tajines und Couscous zugunsten internationaler Gewürze und superfrischer Zutaten, von denen die meisten vor Ort angebaut werden. Der Rest wird jeden Tag frisch importiert, z. B. die Anchovis von der Küste. Die saftige Ziege gekocht mit süßen Feigen ist grandios.

Assaada (☎ 0666 317316; Bab el-Ain; Menü 40 Dh) Das bewährte, günstige Lokal will mit allen Mitteln gefallen. Es liegt auf beiden Seiten einer Gasse direkt vor Bab el-Ain und hat das übliche Menü *complet* im Angebot, neben großartigen Obstshakes. Die schrille Dachterrasse mit Graffitis strahlt städtischen Charme aus; die Treppe ist nichts für Feiglinge.

Restaurant Les Raisins (☎ 0667 982878; www.france.com/lesraisins2001; 7 Rue Sidi Sifri; Tajines 20 Dh, Menü ab 40 Dh; 🕑 7–21 Uhr) Dieser etwas abseits gelegene Familienbetrieb ist bei Einheimischen und Touristen gleichermaßen ein Dauerbrenner und bekannt für sein Couscous Royal. Ein spätes, faules Mittagessen in der Nachmittagssonne auf der Terrasse ist das Beste.

Garozim (☎ 0539 988352) Das preiswerte Lokal schafft es, die Lage über einer Gasse in der Medina, die rustikale Einrichtung und eine im Hintergrund leise singende Edith Piaf zu einer einzigen, zauberhaften Erfahrung zu vereinen. Hier werden die üblichen einheimischen Gerichte angeboten, aber es kann sein, dass man die Kellnerin erst aufwecken muss. Neben dem Hostal Guernika (S. 220).

CAFÉS, PATISSERIEN & EISDIELEN

An den Cafés rund um die Place Outa el-Hammam kommt garantiert niemand vorbei. Die frisch gepressten Säfte oder ein gemütliches Tässchen Minztee sind einfach zu verlockend! Und erst das klebrig süße Gebäck, das die Bauchladenverkäufer hier nachmittags feilbieten … In den Hinterzimmern spielen die einheimischen Männer Karten und rauchen *kif*. Hier kann man schon mal einen Blick reinwerfen; Frauen werden sich allerdings nicht sehr willkommen fühlen.

Bab el-Ansar Café (Bab el-Ansar) Die Lage direkt außerhalb der Medina ist einfach top: Man sitzt auf drei Terrassen, die in einen Hang gehauen sind, und blickt über den Ras el Maa. Am tollsten ist die Aussicht am späten Nachmittag, wenn die Sonne auf die gegenüberliegenden Berge scheint.

Pâtisserie Aziz (Avenue Hassan II) Wer auf Süßes steht, ist hier genau richtig. Dazu gibt's frisch gepresste Säfte und klasse Kaffee – alles in allem prima für ein schnelles Frühstück.

SELBSTVERSORGER

Wer frischen Fisch, Fleisch, Obst und Gemüse sucht, wird auf dem Markt bei der Avenue Hassan II fündig. Besonders montags und donnerstags, wenn die Bauern vom Land hier ihre Produkte verkaufen, ist die Hölle los.

Es lohnt sich, die Augen nach lokalen Spezialitäten offen zu halten, z. B. nach aromatischem Berghonig und frischem Schafskäse – beides perfekt fürs Frühstück. Zusammen mit noch frischem *dial makla* (eine Brotsorte) ergibt das ein göttliches Picknick.

Ausgehen

Während man in Chefchaouen leicht an Haschisch kommt, ist Bier umso schwerer zu bekommen. Es gibt eigentlich nur eine selbständige (und sehr männliche) Quelle: die **Bar Oum-Rabiá** (Ave Hassan II; 🕑 10–22 Uhr). Die kleine Bar im **Hotel Parador** (Place el-Majzen; Bier ab 20 Dh; 🕑 14–23 Uhr) ist da schon besser. Die schrille Location im **Atlas Riad Chaouen** (Bier 40 Dh; 🕑 14 Uhr–open end) ist am schönsten, aber auch teurer und weiter weg.

Unterhaltung

Die Disko im **Atlas Riad Chouen** (☎ 0539 986002; www.hotelsatlas.com) ist der einzige Club der Gegend. Unter der Woche trifft man hier meist Hotelgäste, am Wochenende auch Einheimische.

Shoppen

Chefchaouen ist traditionell ein Zentrum des Kunsthandwerks und deshalb super zum Shoppen. Besonders brühmt sind seine gewebten Teppiche und Decken in leuchtendem Blau-Rot-Gelb. In fast allen Läden steht ein Webstuhl, damit sich die potenziellen Käufer anschauen können, wie so eine Decke gefertigt wird. Früher war Seide das beliebteste Material; die Maulbeerbäume auf der Place Outa el Hammam erinnern noch an diese Zeit. Heute wird eher Wolle verarbeitet, eines der wichtigsten Produkte der Region.

Rund um die Place Outa el Hammam und die Place el-Makhzen ballen sich Geschäfte, die für Reisende interessant sind.

An- & Weiterreise

BUS

Viele Linien legen in Chefchaouen nur einen Stopp ein, daher sind die Busse oft schon voll. Am besten besorgen sich Traveller ihr Ticket einen Tag vor der Fahrt, um sich einen Sitzplatz zu sichern. Die Bushaltestelle liegt 1,5 km südwestlich vom Zentrum, am Ende der Ave Mohammed V (Petits Taxis fahren für 10 Dh von der Place el-Makhzen hierher). An dieser Station halten die Busse von CTM und allen anderen Unternehmen.

CTM-Busse (☎ 0539 987669) fahren nach Rabat (90 Dh, 5 Std.), Kenitra (80 Dh, 5½ Std.) Ouezzane (20 Dh, 1½ Std.), Tétouan (20 Dh, 1½ Std.), Fès (70 Dh, 4 Std.), Tanger (40 Dh, 3 Std.), Al-Hoceima (75 Dh, 6 Std.), Nador (125 Dh, 9 Std.) und Casablanca (120 Dh, 8 Std.).

Busse anderer Unternehmen fahren günstiger zu denselben Zielen, u. a. auch täglich eine Linie nach Oued Laou (18 Dh, 2 Std.).

TAXI

Der Preis für ein Grand Taxi vom Flughafen Tanger nach Chefchaouen beträgt fest 750 Dh. Wenn man alleine fahren muss und sich den

Fahrpreis nicht teilen kann, ist es billiger, erst nach Tanger und dann über Tétouan nach Chefchaouen zu fahren. Sogar bei zwei Plätzen spart man noch über 500 Dh und braucht nur eine knappe Stunde länger.

Grands Taxis in Richtung Norden verlassen Chefchaouen unterhalb der Plaza Mohammed V. und fahren meist nur bis Tétouan (30 Dh, 1 Std.). Wer nach Tanger oder Ceuta will, muss umsteigen; Direktverbindungen per Taxi sind selten. Auf der Ave Allal ben Abdallah warten Grands Taxis mit dem Ziel Dar Ackoubaa (15 Dh, 20 Min.) in der Ave Moulay Abdesalam, wo die Straße nach Oued Laou abzweigt.

Grands Taxis gen Süden fahren unterhalb des Hauptmarkts ab. Wer bis Ouezzane (30 Dh, 75 Min.) fährt, kommt von dort weiter nach Fès und Meknès. In Richtung Osten und Küste gibt's allerdings wenig Transportmöglichkeiten. Am besten nimmt man erst ein Grand Taxi zur Abzweigung nach Dardara (8 Dh, 15 Min.) oder bis Bab Taza (15 Dh, 30 Min.) – und dann mal schauen…

Unterwegs vor Ort

Die blauen Petits Taxis stehen auf der Place el-Makhzen und in der Nähe vom Markt. Sie haben keine Taxameter, aber eine Fahrt kostet meist nicht mehr als 10 Dh. Das Hotel Parador hat einen sicheren und günstig gelegenen **Parkplatz** (Place el-Makhzen; 10 Dh/Nacht), auf dem auch Nicht-Gäste ihr Auto abstellen dürfen.

OUEZZANE

53 000 Ew.

Ouezzane ist eine wachsende, vergammelte Industriestadt mit Betonklötzen, die Reisenden nur wenig zu bieten hat – auch wenn sich das langsam ändern mag. In einem Teil der Medina wird gerade gebaut, und es ist faszinierend, was ein bisschen Mörtel und weiße Farbe ausmachen können. Wenn man durch den Ort fährt, kann man kurz anhalten und den Bauarbeiten zusehen, aber es gibt keinen Grund, zu bleiben (außer das Benzin geht aus). Polizeikontrollen sind sowohl beim Ankommen als auch beim Verlassen der Stadt üblich.

Orientierung

Das Zentrum bildet ein großes Dreieck, die Place de L'Independence. Auf der anderen Straßenseite gibt's ein paar Restaurants und schäbige Hotels und dahinter liegt die Medina. Die Umbauwut hat mittlerweile auch die Grüne Moschee mit dem interessanten, achteckigen Minarett erfasst, die allerdings der Öffentlichkeit nicht zugänglich ist. Bergauf bilden einige Straßen ein Gewerbegebiet, wo zahlreiche Stände zum Bummeln einladen.

Schlafen & Essen

Wenn hier das Auto kaputt geht, hat man genau zwei Übernachtungsmöglichkeiten:

Hotel Bouhlal (☎ 0537 907154; Hay el-Haddadine Qu; EZ/DZ/3BZ 80/120/150 Dh, mit Klimaanlage zzgl. 10–20 Dh;) Die beste Budgetunterkunft liegt in einer langweiligen industriellen Nebenstraße, in deren Nähe sonst absolut nichts ist. Die Zimmer sind sauber, und die Dachterrasse ist eine willkommene Oase, aber in den Gemeinschaftsbädern gibt's nur kalte Duschen und Hocktoiletten. Das Personal kann mit etwas Vorlauf Frühstück auftreiben, ansonsten geht man ins Motel Rif zum Essen.

Motel Rif (☎ 0537 907172; Zi. 250 Dh; 5-Pers.-Apt. 700 Dh;) Dieser seltsame wachsende, blau-weiße Komplex am Stadtrand – auf dem Weg nach Chefchaouen und 3 km vor der Straße nach Fès – hält sich für ein Drive-In-Resort: Tiki-Schirme am Pool, ein Platz für Wohnmobile (2 Vehikel 50 Dh), ein höhlenartiges Restaurant (Menü 80 Dh) und eine 35 ha große Farm, die das Motel mit Nahrungsmitteln versorgt. Die großen Betonblöcke geben einem das Gefühl, sich in einer Fabrik aufzuhalten, die als Hotel genutzt wird.

Gegenüber der Place de L'Independence befinden sich noch mehrere andere Budgetunterkünfte, die sich alle auf der untersten Sprosse einer kurzen Leiter drängen. Das **Restaurant des Négociants** (Place de l'Indépendence) im Grand Hotel ist das beliebteste Lokal, aber die Moskitos hier sorgen vielleicht für einen längeren Aufenthalt in Ouezzane als geplant.

An- & Weiterreise

BUS

Zwei unscheinbare, staubige Plätze auf der Rue de la Marche Verte, 50 m nordwestlich vom Hauptplatz, dienen als Busbahnhof und Taxistand für die Grands Taxis. Wer Ouzzane verlassen will, sollte rechtzeitig da sein, denn nach 17 Uhr fahren keine Busse mehr.

CTM schickt Busse nach Fès (45 Dh, 2 Std., 2-mal tgl.) und über Chefchaouen (25 Dh, 1½ Std.) nach Tétouan (40 Dh, 3 Std., 1-mal tgl.). Ziemlich oft, aber immer nur bis 17 Uhr verbinden andere Busunternehmen mit

Meknès (40 Dh), Fès (40 Dh), Tétouan (35 Dh), Chefchaouen (20 Dh), Kénitra (25 Dh, 2½ Std.), Casablanca (65 Dh, 5 Std.) und Tanger (50 Dh, 4 Std.). Die meisten Nicht-CTM-Busse in Richtung Chefchaouen stoppen an der Abzweigung nach Dardara. Von hier aus können sich Traveller von einem Grand Taxi (10 Dh) die restlichen 10 km in die Stadt kutschieren lassen.

TAXIS

Es gibt Grands Taxis nach Chefchaouen (30 Dh, 75 Min.) und Fès (60 Dh, 2½ Std.). Für größere Entfernungen, z. B. nach Rabat oder Tanger, muss eventuell erst in ein Taxi nach Souk-el-Arba-du-Rharb (20 Dh, 45 Min.) oder Ksar el Kebir (25 Dh, 1 Std.) investiert werden, um dort umzusteigen.

NÖRDLICH & ÖSTLICH VON CHEFCHAOUEN

Oued Laou

Mit seiner staubigen Hauptstraße, gesäumt von blindlings errichteten Gebäuden, wirkt der kleine, aber wachsende Ort Oued Laou wie eine Stadt aus dem Wilden Westen, die am Meer liegt. Günstige Zimmer am Wasser, preiswertes Bier und Essen, Internetcafés und ein sehr langer, verlassener Strand machen Oued Laou besonders im Sommer zu einem Backpacker-Paradies. Außer den Fischern, die am Morgen ihre Boote zu Wasser lassen, ist hier nichts zu sehen.

INTERNETCAFÉS

Cyber Costa (5 Dh/Std.; ⌚ 9–24 Uhr) Gegenüber dem Rais Restaurant.

SCHLAFEN & ESSEN

LP Tipp **Hotel Oued Laou** (☎ 0539 670249; Blvd Massira; EZ/DZ/3BZ ab 120/130/150 Dh) Es stehen einige neue Budgetoptionen zur Auswahl, aber dieses Hotel ist die beste Unterkunft. Es liegt am Strand und hat ein Billardzimmer, eines der besseren Cafés/Restaurants sowie einen energischen, jungen Manager. Die Zimmer mit Meerblick sind besonders toll.

Mare Nostrum (☎ 0522 312218; Bungalow Sept. 700 Dh, Mai 1000 Dh, Juni–Aug. 1500 Dh; 🅿) Wer seine Reise mit einem Treuhandfonds finanziert, für den ist das hier der richtige Zufluchtsort. Dieses kleine, neu gebaute Resort für Selbstversorger liegt 3 km von der Stadt entfernt an der Straße nach Tétouan und bietet Gästen eine Reihe von Bungalows mit Blick aufs Meer, die auf den Klippen stehen. Ein Pool, ein gehobenes Restaurant (Hauptgerichte ab 100 Dh), eine charmante Lounge und ein privater abgeschlossener Strand weiter unten gehören auch dazu. Die Bungalows sind riesig mit Himmelbetten und phantastischer Aussicht auf die felsige Landzunge. Im Sommer muss man reservieren.

Rais Restaurant (Küstenstraße; Hauptgerichte ab 10 Dh) Genau gegenüber der Fischerboote gibt's leckere Sardinen frisch aus dem Meer und Sattmacher mit Hühnchen und Pommes.

AN- & WEITERREISE

Wer mit dem Auto aus Chefchaouen kommt, muss bei Dar Ackoubaa, 11 km nördlich von Chefchaouen, von der Hauptstraße nach Tétouan abbiegen. Die Strecke vorbei am großen Staudamm, durch sanft hügeliges Gelände und durch die beeindruckende Schlucht von Laou ist großartig. Traveller, die aus Tétouan kommen, nehmen die S608. Bis El-Jebha schlängelt sie sich 140 km lang an der dramatischen Küste entlang.

Drei Busse verbinden täglich Tétouan und Oued Laou (21 Dh, 2 Std.). Ein Bus fährt nach Chefchaouen (18 Dh, 90 Min.) und weiter die Küste entlang nach El-Jebha (25 Dh, 5 Std.). Auf dem Rückweg startet dieser Bus am frühen Morgen in El-Jebha. Allerdings wirft er die Fahrgäste in Oued Laou beim Suk raus. Dann gibt's zwei Optionen: 45 Minuten Fußweg in die Stadt oder ein Grand Taxi für 5 Dh.

Grands Taxis stehen in Oued Laou neben der Moschee. Von hier geht's nach Tétouan (30 Dh, 1 Std.), und zwar über Dar Ackoubaa (15 Dh, 20 Min.). Von dort hat man Anschluss mit einem Taxi nach Chefchaouen.

Von Targa nach El-Jebha

Dieser Küstenabschnitt ist absolut dramatisch und noch immer sehr abgelegen – und das wird sich wohl erst 2010 ändern, wenn die Küstenautobahn fertiggestellt wurde, die Tétouan mit El-Jebha verbindet.

17 km südöstlich von Oued Laou liegt das spanisch geprägte Dörfchen **Targa**, einst ein richtiges Piratennest. Hoch oben über dem Dorf thront auf einem schwarzen Felsvorsprung ein Fort aus Stein. Es wurde zur Zeit des Spanischen Protektorats gebaut. Die Moschee aus dem 13. Jh. ist einem lokalen Heiligen gewidmet.

Im breiten Tal des Oued Bouchia, 18 km südöstlich von Targa, liegen die Zwillingsdörfer

Steha (ein Verwaltungszentrum) und, ein Stück hinter der Küste, **Bou Ahmed**. Dieser Ort ist übrigens das Ziel der langen Trekkingtour von Chefchaouen (s. S. 473) aus. Dienstags gibt's einen interessanten Suk, außerdem öffnet im Sommer ein schlicht ausgestatteter Campingplatz.

Von hier aus führt die Straße an der Küste entlang ins blau-weiße Städtchen **El-Jebha**, 52 km weiter südöstlich – eine echte Achterbahnfahrt! Die zerklüftete Küste hat viele atemberaubende, geschützte Buchten zu bieten. Wer mit dem Auto unterwegs ist, kann hier ein paar tolle Ecken entdecken. Dienstags kommen die Bauern aus den Rifdörfern der Umgebung zum Suk. El-Jebha ist die letzte Station, bevor es ins Rif hoch geht; von dort windet sich die Straße bis nach Issaguen.

Issaguen (Ketama)

5000 Ew.

Verlässt man Chefchaouen in südöstlicher Richtung, führt die N2 ins Herz des Rifgebirges hinunter, etwa 150 km entlang der „Wirbelsäule" der Berge. Die Straßen sind uneben, und durch die endlosen Windungen und Kurven kommt man nur langsam voran. Es finden sich kaum Tankstellen.

Der kleine Ort Bab Berret markiert den inoffiziellen Eingang zum Kifferland, das als größtes Cannabis-Anbaugebiet der Welt gilt. Marihuanafelder bedecken die Hügel in allen Richtungen und werden mit den riesigen Vorräten an chemischem Dünger versorgt, der auf den Märkten verkauft wird.

Issaguen ist bei den Einheimischen (und auf vielen Karten) unter dem Namen Ketama bekannt und taucht unerwartet inmitten von Pinienwäldern auf. Die heruntergekommene Grenzstadt ist das Handelszentrum des Haschischanbaus und des Schmuggels. Der Verkehr schlängelt sich planlos über die löchrige, staubige Hauptstraße, an deren Rand ausgenommene Schafe hängen und Männer mit Kapuzen herumschleichen.

Im Südosten dominiert der Jbel Tidiquin (2448 m), der höchste Gipfel des Rifgebirges, den Horizont.

GEFAHREN & ÄRGERNISSE

Issaguen hat einen zweifelhaften Ruf. Diese Region jenseits aller Gesetze gewährt Menschen Unterschlupf, die sich in keinem anderen Teil Marokkos mehr blicken lassen können. Die Einheimischen werden sich wundern, was Touristen hier verloren haben, und ganz selbstverständlich annehmen, dass sie Haschisch kaufen wollen. Hier ist nichts und niemand, an den man sich wenden könnte, wenn man in Schwierigkeiten gerät, und es ist

DIE CANNABISINDUSTRIE

Das Rif ist die Heimat der größten Anbaufläche von Cannabis weltweit: geschätzte 134 000 ha oder 42 % der Welt-Produktion. Der Anbau hat sich seit den 1980er-Jahren schnell ausgedehnt, teilweise auch wegen der steigenden Nachfrage in Europa. Der Cannabishandel ist nun die größte wirtschaftliche Aktivität der Region, die ungefähr 800 000 Menschen beschäftigt und wahrscheinlich die Haupteinnahmequelle Marokkos für ausländische Währung ist, auch wenn die Bauern auf dem Land nur wenig davon abbekommen. Das Jahreseinkommen aus der Cannabisproduktion wurde 2002 auf 267 US$ pro Kopf geschätzt.

Die Cannabisproduktion nahm im 15 Jh. rund um Ketama ihren Anfang. 1912 bekamen einige wenige Stämme aus dem Rif von Spanien das Recht zugesprochen, Cannabis anzupflanzen. Als Marokko 1956 seine Unabhängigkeit erlangte, wurde Cannabis verboten, aber nachdem das im Rif zu Konflikten führte, duldete Mohammed V. später den Anbau hier.

Die meisten großen Ladungen von marokkanischem Haschisch (eine konzentrierte Form von Marihuana) werden mit dem Schiff nach Europa geschmuggelt, u. a. auf kleinen Schnellbooten, die nur eine Stunde nach Spanien und zurück brauchen. Hauptablegestellen sind Martil, Oued Laou und Bou Ahmed, aber auch die größeren Häfen von Nador, Tétouan, Tanger und Larache werden dazu benutzt. Drogendealer verstecken ihre Ware auch in Lastwägen und Autos, die auf den Fähren von den spanischen Enklaven Ceuta und Melilla oder von Tanger aus verschifft werden.

Es ist nicht überraschend, dass die Hälfte aller Festnahmen von Drogendealern weltweit in Spanien stattfindet. Jüngste Beschlagnahmungen von Päckchen mit Kokain *und* Haschisch lassen vermuten, dass kolumbianische Dealer mitmischen. Die Drogendealer haben sich mittlerweile auch auf Menschenhandel spezialisiert und schmuggeln Hasch und Migranten gemeinsam nach Europa.

TARIFIT-BASICS

Hallo/Auf Wiedersehen	*salam/beslama*
Ja/Nein	*naam/alla*
Bitte/Danke	*minfadlak/shoukran*
Wo ist ...?	*fin ...?*
Hotel	*hotel*
Campingplatz	*el moukhayam*
Haben Sie Zimmer frei?	*wash kayan shi bit khawi?*
ein Einzelzimmer	*bit dyal wahad*
ein Doppelzimmer	*bit dyad jouje danass*
Wieviel kostet das?	*beshhal?*
Wann fährt/kommt das/der nächste ...?	*foukash yamshi...?*
Schiff	*en babour*
Bus	*el car*
Ich hätte gerne ...	*bghit*
ein einfaches Ticket	*warga aller*
ein Ticket hin & zurück	*warga aller retour*
ein Bier	*bira*
ein Sandwich	*cascrout*

schwer, Ärger aus dem Weg zu gehen. Reisenden wird empfohlen, durchzufahren und nicht die Nacht hier zu verbringen.

SCHLAFEN & ESSEN

Eine echte Besonderheit von Issaguen ist das **Hotel Tidighine** (☎ 0667 255171; Zi. ab 300–500 Dh;), das erst vor Kurzem durch ausgedehnte Renovierungsarbeiten in ein Drei- oder Vier-Sterne-Hotel verwandelt wurde. Zum Zeitpunkt der Recherche sollte das Hotel gerade neu eröffnet werden. Mit 68 modernen Zimmern macht es alle anderen Gebäude in der Stadt zu Zwergen, und auch der Standard ist überdurchschnittlich mit einer komplett ausgestatteten Hotelküche, einem riesigen Pool und zwölf Bungalows im Wald. Hier scheint das Geschäft zu laufen. Die einzigen anderen Alternativen sind ein paar zwielichtige Cafés an der Hauptstraße, in denen es einfaches Essen und hinten auch Betten gibt.

AN- & WEITERREISE

Eine richtige Bushaltestelle findet man in dem Örtchen nicht, die Busse halten einfach an der Kreuzung der Hauptstraßen neben der Tankstelle. Hauptreiseziele von hier aus sind Tétouan (44 Dh, 5 Std., ca. 6-mal tgl.) über Chefchaouen (38 Dh, 3 Std.), Al-Hoceima (36 Dh, 3 Std., mind. 9-mal tgl.) und Fès (42 Dh, 4 Std. 7-mal tgl.).

Die Grands Taxis machen eigentlich nur Fahrten vor Ort, manchmal geht's aber auch nach Al-Hoceima (45 Dh) und Tétouan (75 Dh). Eine andere Transportmöglichkeit sind die *collectifs* (Sammeltaxis).

AL-HOCEIMA

113 000 Ew.

Al-Hoceima ist der ideale Ort, um ein paar Tage (oder auch etwas länger) zu bleiben. Dieser moderne Ferienort am Meer ist ruhig, sicher, entspannend, stressfrei und voll stolzer und genialer Berber. Al-Hoceima ist überraschend unabhängig und ähnelt mehr als alle anderen Städte im Norden einer westlichen Stadt. Wenn die Berber aus dem Norden ihr eigenes Land hätten, wäre hier die Hauptstadt. Den Berberdialekt Tarifit hört man weitaus öfter als Spanisch (s. Kasten linke Spalte).

Der Ort wurde von den Spaniern als Villa Sanjuro gegründet und nach dem Rifkrieg Anfang des 20. Jhs. als Garnison genutzt. Der Rebell Abd al-Krim war ganz in der Nähe aktiv. Der marokkanischen Unabhängigkeit ist die Umbenennung in Al-Hoceima geschuldet, aber Sprache, Architektur und Handel stehen immer noch stark unter spanischem Einfluss.

In den letzten Jahren sind viele von Al-Hoceimas Emigranten zurückgekehrt und haben in die Stadt, besonders in ihre boomende Tourismusindustrie, investiert. Mittlerweile ist eine größere, von der Regierung geförderte Grunderneuerung im Gang. Zum Zeitpunkt der Recherche wurde die große Place de la Marche Vente in einen neuen Park an den Klippen mit dem Namen (Überraschung!) Plaza Mohammed VI verwandelt, entlang der Küste wurde eine neue Straße gebaut, das Hotel Quemado wurde abgerissen und gab das Ufer frei, und die Zukunft des charakteristischen Hotel Mohammed V stand auf dem Spiel. Die Place du Rif soll in eine Fußgängerzone umgewandelt werden. Und das Beste von allem: Der wundervolle Nationalpark von Al-Hoceima wurde vorsichtig für den Agrotourismus geöffnet – diese Gelegenheit sollte man nicht verpassen.

Orientierung

Al-Hoceima liegt auf hohen Klippen mit Blick auf zwei Buchten. Die eine davon ist ein Strand (Plage Quemado), die andere ein Handelshafen. Der Blvd Mohammed V verläuft parallel von der Ecke der Spanischen Schule am einen Ende zur Place du Rif am

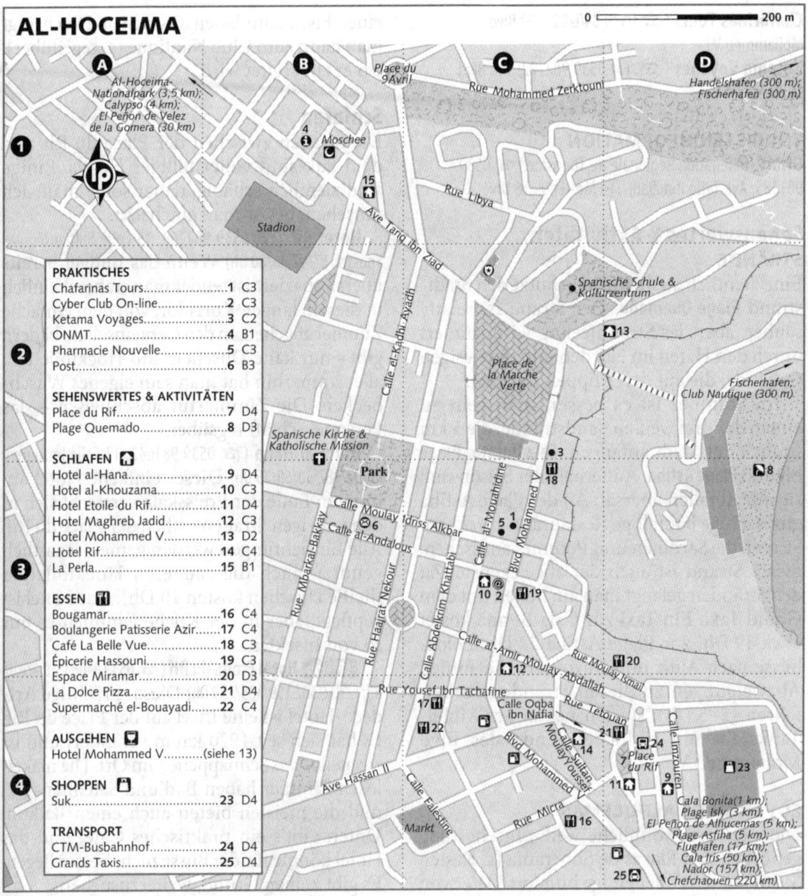

anderen. Die meisten Banken, Hotels und Restaurants befinden sich hier oder ganz in der Nähe, und rund um die Place du Rif drängen sich Unterkünfte der Budgetklasse. Das ebene Netz aus breiten Straßen ist mühelos begeh- und befahrbar. Weiter im Süden erwarten einen drei weitere Stadtstrände sowie El Peñón de Alhucemas, eines der letzten Überbleibsel des Spanischen Protektorats.

Praktische Informationen

GELD

Auf dem Boulevard Mohammed V finden sich mehrere Banken mit Geldautomaten, darunter auch Zweigstellen von BMCE, BMCI und der Banque Populaire.

INTERNETZUGANG

Cyber Club On-line (103 Blvd Mohammed V; 5 Dh/Std.; ☎ 10–14 & 16–24 Uhr)

MEDIZINISCHE VERSORGUNG

Pharmacie Nouvelle (Calle Moulay Idriss Alkbar; 🕑 Mo–Sa 8.30–21.30, So 15–0.30 Uhr) Apotheke.

POST

Post (Calle Moulay Idriss Alkbar; 🕑 Mo–Fr 8.30–18.30, Sa 8–12 Uhr)

REISEBÜROS

Während der Saison verkaufen alle Reisebüros Tickets für Fähren ab Al-Hoceima. Fährtickets ab Nador bekommt man das ganze Jahr über.

Chafarinas Tours (☎ 0539 840202; 109 Blvd Mohammed V)
Ketama Voyages (☎ /Fax 0539 982772; 146 Blvd Mohammed V)

TOURISTENINFORMATION

ONMT (Délégation Régionale du Tourisme; ☎ 0539 981185; Ave Tariq ibn Ziad; Mo–Fr 9–16 Uhr)

Sehenswertes & Aktivitäten

STRÄNDE

Eine ziemlich steile Bucht schützt den Stadtstrand **Plage Quemado**. Der Strand ist relativ sauber, aber das Strandfeeling wird ruiniert durch den Hafen im Norden und die riesigen Gebäude, die auf den Klippen thronen.

Im Sommer ist es besser, man geht zu einem der drei weißen Sandstrände, die 5 km südlich der Stadt anfangen: **Cala Bonita**, **Plage Isly** und **Plage Asfiha**. Außerhalb der Saison sind sie mit Abfällen übersät. An der Plage Asfiha gibt's einige baufällige Restaurants direkt am Strand, die Sardinen und Pommes auftischen; dieser Strand ist auch der abgelegenste. Zu den Stränden gelangt man am besten mit dem Grand Taxi. Ein Taxi zur Cala Bonita kostet etwa 49 Dh, zur Plage Asfiha 72 Dh. Lokalbusse nach Ajdir und Imzouren, die an den Abzweigungen zu diesen Stränden vorbeifahren (2–3 Dh), starten neben der Mobil-Tankstelle am südlichen Ende des Blvd Mohammed V.

EL PEÑÓN DE ALHUCEMAS

Diese außergewöhnliche weiße Inselfestung gehört zu den Plazas de Soberanía (s. Kasten S. 201) und ist über einige hundert Meter von der Playa Asfiha aus zu sehen, genau wie die unbewohnten Inselchen Isla de Mar und Isla de Tierra, auf denen die spanische Flagge gehisst ist. Die spanische Herrschaft hier reicht bis ins Jahr 1559 zurück, als die Saadi-Dynastie das Land im Austausch gegen militärische Unterstützung den Spaniern übergab. 1673 errichtete das spanische Militär hier eine Garnison und ging nie wieder fort. Heute beherbergt das Fort 60 Soldaten und kann nicht besichtigt werden. Marokko ficht die spanische Herrschaft seit der Unabhängigkeit 1956 an.

HAFEN

Der Hafen wird überwiegend für den Fischhandel genutzt. Man kann zusehen, wenn der Fang abgeladen wird, und sich anschließend einen Fisch zum Essen aussuchen. Den bringt man dann zum Club Nautique (s. gegenüber), wo er zubereitet wird.

Schlafen

Die Straßen zwischen der Place du Rif und dem Suk sind voller billiger Hotels. Einige sind ziemlich schäbig, daher sollte man sich umsehen, bevor man eincheckt.

Hotel Rif (☎ 0539 982268; 13 Calle Sultan Moulay Youssef; EZ/DZ 40/80 Dh) Wenn das Budget bereits überstrapaziert ist, endet man wahrscheinlich in diesem langen Korridor, von dem einfache Zimmer abgehen. In den Gemeinschaftsbädern gibt's nur kalte Duschen und Hocktoiletten, aber immerhin hat man sein eigenes Waschbecken. Die Zimmertür abschließen – das Personal schläft tagsüber.

Hotel al-Hana (☎ 0539 981642; 17 Calle Imzouren; EZ/DZ/3BZ 50/60/75 Dh) Dieses einfache Hotel am unteren Ende der Preisskala versteckt sich in den winzigen Straßen östlich der Place du Rif. Alle Einrichtungen werden gemeinschaftlich genutzt, auch die sauberen Hocktoiletten (heiße Duschen kosten 10 Dh). Das Hotel ist gepflegt, aber in der Küche wimmelt es nur so von Insekten.

LP Tipp **Hotel Etoile du Rif** (☎ 0539 840848; Place du Rif; EZ/DZ/3BZ 159/185/239 Dh) Dieses prächtige Art-déco-Hotel ist eine Insel auf der Place du Rif. Es hat sich seit 1920 kaum verändert und ist zweifellos *das* Schnäppchen im Ort. Die makellosen Zimmer haben Bad und Satelliten-TV, und die meisten bieten auch einen Balkon. Unten gibt's ein praktisches Café, und das Hotel könnte für die Busse nicht besser liegen. Es gibt keinen Grund, weiterzusuchen.

MITTEL- & SPITZENKLASSEHOTELS

Hotel al-Khouzama (☎ /Fax 0539 985669; Calle al-Andalous; EZ/DZ/3BZ 274/353/447 Dh;) Abseits des Blvd Mohammed V. Dieses Drei-Sterne-Hotel war schon immer sehr beliebt bei Geschäftsreisenden, ist entsprechend komfortabel und bietet geräumige Zimmer (die von der Straße weg sind etwas finster). In jedem Zimmer gibt's ein Bad und Satelliten-TV, und die Jungs an der Rezeption sind freundlich und hilfsbereit.

Hotel Maghreb Jadid (☎ 0539 982504; Fax 0539 982505; 56 Blvd Mohammed V; EZ/DZ 264/333 Dh;) Wenn alle anderen Hotels in dieser Preisklasse ausgebucht sind, ist das eine bewährte Alternative. Die Zimmer sind geräumig, und die meisten haben geschlossene Balkone. Das Fehlen einer Trennwand zwischen Dusche und Toilette ist allerdings ein Minuspunkt. Für Besucher werden die Flaggen ihrer Heimatländer gehisst.

Hotel Mohammed V (☎ 0539 982233; Fax 0539 983314; Place Mohammed VI; EZ/DZ 352/466 Dh; ❄) Dieses Hotel, einst das beste in Al-Hoceima, besteht aus einer Reihe von niedrigen Betongebäuden über der Plage Quemado – modern und langweilig. Die Zimmer sind relativ komfortabel und haben Balkone mit einer schönen Aussicht über die Bucht. Zum Zeitpunkt der Recherche war noch nicht entschieden, ob das Hotel renoviert oder abgerissen werden soll.

Das moderne Luxushotel **La Perla** (Ave Tariq ibn Zaid), untergebracht in einem Hochhaus mit Spiegelglas, stand während der Recherche kurz vor der Eröffnung. Man kann mit drei oder vier Sternen rechnen.

Essen

RESTAURANTS

Günstige Restaurants rund um die Place du Rif servieren den Menschenmassen vom Busbahnhof für 25 Dh pro Kopf sättigende Tajines, Spieße und etwas Meeresfrüchte. In der Stadt gibt's auch viele Snackshops.

Espace Miramar (☎ 0539 984242; Rue Moulay Ismail; Hauptgerichte ab 20 Dh) Mit der Wahl dieses 5000 m^2 großen Komplexes auf den Klippen mit Blick aufs Meer, Pizzeria, zwei Cafés, einem Grill und Restaurant sowie gelegentlicher Livemusik macht man nichts falsch. Die schöne Aussicht wird leider von dem aufgeschütteten Hügel gegenüber zunichte gemacht. Trotzdem ist das hier ein guter Anfang.

Club Nautique (☎ 0539 981461; Port d'Al-Hoceima; Hauptgerichte 60–90 Dh) Dies ist das Hauptrestaurant am Hafen, und noch dazu ist es gut. Man kauft seinen Fisch direkt vom Boot und lässt ihn hier zubereiten. Vom Obergeschoss bietet sich ein Ausblick über den ganzen Hafen, den man beim Chillen mit einem Bier genießen kann.

La Dolce Pizza (☎ 0539 984752; Place du Rif; Pizza ab 27 Dh; 🕒 17.30–23 Uhr) Dieses niedliche, italienische Bistro mitten im Chaos der Place du Rif hat nur vier Tische, aber sehr viel Charme. Der Service ist fürchterlich langsam, und der Koch ist die Mikrowelle, aber die Dekoration lädt zum Verweilen bei Pizza, Hamburgern oder Salat ein.

CAFÉS & PATISSERIEN

Boulangerie Patisserie Azir (☎ 0661 177142; 14 Rue Yousef Beni Tachafine; 🕒 5–20 Uhr) Die neue Patisserie ist bereits jetzt der Liebling der Stadt. Hier gibt es großartiges, selbstgebackenes Brot und tonnenweise Süßigkeiten.

Café La Belle Vue (131 Blvd Mohammed V; 🕒 6–20 Uhr) Der Name kommt von der Terrasse hinten mit Blick auf die Bucht. Auf diesem Abschnitt der Mohammed V gibt's zahlreiche ähnliche Cafés mit toller Aussicht.

SELBSTVERSORGER

Überall in der Stadt finden sich viele kleine Krämerläden, u. a. die **Épicerie Hassouni** (Blvd Mohammed V) und der **Supermarché el-Bouayadi** (Calle Abdelkrim Khattabi).

Harte Sachen bekommt man bei **Bougamar** (nahe Ecke Rue Micra), dem örtlichen Alkoholladen, wo die Flaschen wie in einer Apotheke hinter dem Tresen aufbewahrt werden.

Ausgehen

Hotel Mohammed V (Place Mohammed VI) Hier gibt's eine einladende Bar, und von der Terrasse hat man eine wunderschöne Aussicht über die Plage Quemado. Ein Bier kostet hier 20 Dh.

Club Nautique (Port d'Al-Hoceima; Bier 15 Dh) Eine stimmungsvollere Alternative. Die Bar zieht meistens viele Gäste an.

Unterhaltung

Calypso (☎ 0539 841601; Plage Tala Youssef; Eintritt 80 Dh) Dieser Nachtclub im Chafarina Beach Resort ist die einzige Möglichkeit, seine Tanzschuhe auszuführen. Besonders im Sommer ist hier einiges los, zum Teil wahrscheinlich wegen der professionellen weiblichen Gesellschaft.

Shoppen

Montags und dienstags findet im **Suk** ein Wochenmarkt statt.

An- & Weiterreise

BUS

Alle Busunternehmen haben ihre Büros rund um die Place du Rif. **CTM** (☎ 0539 982273) fährt einmal täglich über Nador nach Oujda (60 Dh, 3½ Std.), zweimal direkt nach Nador (55 Dh, 3 Std.) und dreimal über Chefchaouen (65 Dh, 6 Std.) nach Tétouan (80 Dh, 7 Std.). Einmal am Abend geht's nach Casablanca (170 Dh, 11½ Std.) über Taza (60 Dh, 4 Std.), Fès (90 Dh, 6 Std.), Meknès (105 Dh, 7½ Std.) und Rabat (140 Dh, 10 Std.). Der Bus kommt rechtzeitig für den Nachtzug nach Marrakesch in Taza an.

Mehrere kleine Busunternehmen steuern dieselben Ziele an. Mindestens dreimal täglich geht's nach Tétouan und Tanger (80–90 Dh, 9 Std.). Diese Busse halten in Chefchaouen aber nur, wenn genug Leute dort rauswollen, sonst stoppen sie an der Hauptstraße bei Dardara. Von dort kommen Reisende mit einem Grand Taxi nach Chefchaouen (8 Dh, 15 Min.) weiter. Ein paar Busse fahren auch jeden Tag gen Osten nach Nador (39 Dh, 3 Std.) und Oujda (58 Dh, 7 Std.).

FLUGZEUG

Von Juni bis September fliegt Atlas Blue zweimal wöchentlich ab Amsterdam und Brüssel zu dem kleinen Flughafen (AHU), der 12 km von der Stadt entfernt liegt (Taxi 100 Dh). Royal Air Maroc verbindet sporadisch mit Paris und verschiedenen Städten Spaniens sowie mit Casablanca. Am besten fliegt man nach Nador, 150 km östlich.

SCHIFF/FÄHRE

Von Juni bis September betreibt Comarit einen täglichen Fährservice nach Almería in Spanien (7–8 Std.). Die einfache Fahrt kostet um die 450 Dh. Das neue Unternehmen **Reduan Ferry** (www.reduanferry.com) plant schon lange, Al-Hoceima mit Málaga zu verbinden, aber zur Zeit der Recherche war das noch nicht der Fall. Außerhalb der Saison ist die einzige Alternative eine Fähre nach Nador, 150 km östlich.

TAXI

Grands Taxis stehen am Südende des Blvd Mohammed V. Die gefragtesten Ziele sind Taza (60 Dh, 2½ Std.) und Nador (55 Dh, 2½ Std.), hin und wieder fahren sie auch nach Fès (120 Dh). Nach Melilla kommt man nur über Nador, nicht direkt.

RUND UM AL-HOCEIMA

Al-Hoceima-Nationalpark

Der unerschlossene Nationalpark von Al-Hoceima ist der verborgene Schatz der Region. Seine riesigen Ausmaße und die trockenen Canyons erinnern an den Südwesten Amerikas, nur dass sie ans Meer grenzen, wo wiederum Kalksteinfelsen wie auf Mallorca zu sehen sind. Die Abgeschiedenheit rettete einigen gefährdeten Tier- und Pflanzenarten das Leben, von den Tuyawäldern bis zu einer wichtigen Seeadlerkolonie. Die 310 km² des Parks sind übersät mit Berbersiedlungen und durchzogen von Waldwegen, was das Gebiet ideal zum Wandern und Mountainbiken macht. Mit Allradantrieb hat man sicherlich mehr Möglichkeiten, aber auch ein normales Auto bringt einen über die Hauptwege.

Der Park hat mehrere abgelegene und landschaftlich schöne Strände zu bieten, aber das Highlight ist der phantastische El Peñón de Velez de la Gomera, eine der Plazas de Soberanía (s. Kasten S. 201). Nach einer langen Wanderung durch den Canyon sieht man die Festung, die am Rande eines atemberaubenden Strandabschnitts hinter hohen Felsmauern aufragt. Gemeinsam mit dem schmalen Sandstreifen, der an einem Wachhaus endet, bildet dieses winzige Stück Spanien die seltsamste Staatsgrenze der Welt. Ein paar Steinmauern in der Nähe sind alles, was von Bades, der Stadt, die im Altertum von einer Flut zerstört wurde, übriggeblieben ist. Dieses berauschende Reiseziel strotzt nur so vor Spuren der menschlichen Geschichte und des Laufes der Zeit.

Zum Erkunden des Parks wendet man sich am besten an die **Asociación Rif para el Desarrollo del Turismo Rural** (Rif-Vereinigung zur Entwicklung des Agrotourismus; ☎ 0539 981833; www.parquenacionalalhucemas.com; riftourisme@yahoo.fr; Calle Ajdir 19), eine einheimische Organisation mit spanischer Unterstützung, die das agrotouristische Potenzial des Parks fördert. Ihr Werk ist etwa die neue Beschilderung , damit sich niemand verläuft. Die engagierte, hilfreiche Vereinigung stellt einem eine Reiseroute mit günstigen Übernachtungen in einer oder mehreren Unterkünften im Park zusammen (inkl. Mahlzeiten & Transport), auf der man den Umgang mit der einzigartigen Berberkultur der Region, den Stränden, den wilden Tieren und vielem mehr erlernt. In bestimmten Gebieten werden Esel für den Transport eingesetzt. Die Preise liegen bei 200 bis 300 Dh pro Person mit Halbpension, je nach Größe der Gruppe und Dauer des Aufenthalts.

Man kann auch an der Küste entlang in eineinhalb Stunden von Cala Iris (s. gegenüber) nach El Peñón de Velez de la Gomera laufen. Ohne eigenes Fahrzeug braucht man ein Grand Taxi, um hierher zu kommen. Im Sommer finden sich genug Leute, mit denen man sich eines teilen kann, ansonsten kostet einen die einfache Fahrt 130 Dh. Vom Strand aus im Landesinnern liegt ein nicht ausgeschildertes Landhaus aus Beton auf der linken Seite, 100 m vom Meer entfernt, das einfache Zimmer mit Gemeinschaftsbad und auf Wunsch auch mit Mahlzeiten vermietet; einfach nach der „Casa Rural" fragen. Mit Frühstück kostet die Übernachtung 75 Dh, mit zwei Mahlzeiten 150 Dh, und mit dreien bezahlt man 200 Dh.

Cala Iris & Torres de Alcala

Cala Iris ist ein armes Fischerdorf, das kurz vor einer Veränderung für immer steht: Zum Zeitpunkt der Recherche wurde gerade mit dem Bau einer riesigen Touristenanlage mit 10 000 Betten begonnen, die 2012 fertig sein soll, der ehemalige Zeltplatz wurde geschlossen. Der schäbige Hafen mit den Sardinenfischern, die bei Nacht im Lampenschein Beute machen, bleibt erhalten; für 100 Dh nehmen einen die Einheimischen mit hinaus. Hinter der Cooperative des Marins Pecheurs befindet sich ein schäbig aussehendes Restaurant, das typische Berbergerichte serviert. Den Hafen flankieren hübsche Strände: Yellich im Osten liegt einer Insel gegenüber, zu der man hinauslaufen kann, Oued Sahfa liegt im Westen, und eine einstündige Wanderung über den Hügel bringt einen zum Mestaza.

In Torres de Alcala, 5 km östlich, gibt's ein paar sehr einfache Läden. Drei halbverfallene spanische Türme bewachen das Dorf, das abseits eines Kiesstrandes zwischen zwei felsigen Landzungen liegt. Der angrenzende Al-Hoceima-Nationalpark ist das lohnendere Ziel hier.

ÖSTLICHE MITTELMEERKÜSTE

MELILLA

65 000 Ew.

Wer hätte gedacht, dass man in Nordafrika die zweitgrößte Sammlung modernistischer Bauten außerhalb Barcelonas findet? Aber hier sind sie wirklich, 900 Gebäude – zusammen mit einer perfekt erhaltenen, mittelalterlichen Festung, mehreren faszinierenden Museen und beinahe 50 Tapasbars. Das alles erwartet einen in Melilla, einem Paradies für Architektur- und Geschichtsfans und einem tollen Ziel für einen Wochenendausflug.

Melilla ist eine von zwei autonomen spanischen Städten an der marokkanischen Küste, die bekannt sind als *plazas majores* (s. Kasten S. 201; die andere ist Ceuta). Diese Kulturoasen haben viel gemeinsam: Ihre Wirtschaft gründet sich auf grenzübergreifenden Handel, ihre Gesellschaft ist sehr multikulturell, und überall ist Militär präsent – eine Folge der angespannten Beziehungen. Die Bevölkerung besteht fast zu gleichen Teilen aus Christen und Moslems, wobei Letztere überwiegend Berber sind. Verschiedene Faktoren – Einwanderer, die nach Marokko wollen, der marokkanische Anspruch auf die Gebiete, hiesige Arbeitsmarkt-

DER MODERNISME & MELILLA

Wie viele der Bewegungen, aus denen der Modernisme seine Inspiration bezog (z. B. das englische „Arts and Crafts Movement"), war auch er selbst eine breite Reaktion auf die materiellen Werte eines Industriezeitalters, die der Kultur eine maschinenartige Seele verpasste. Der Modernisme entstand in Barcelona und war die katalanische Version des Jugendstils. Modernistische Architektur zieht typischerweise Kurven geraden Linien vor und verwendet häufig Naturmotive (vor allem Pflanzen), lebendige Dekorationen sowie Unmengen von Details und asymmetrischen Formen, zudem sind eine verfeinerte Ästhetik und Dynamik charakteristisch. Sein berühmtester Vertreter war Antoni Gaudí, der Architekt der berühmten Kathedrale Sagrada Familia in Barcelona. In Melilla verbindet man Modernisme allerdings eher mit Enrique Nieto.

Nieto war ein Schüler Gaudís, der an dessen Casa Milá in Barcelona arbeitete. Er wollte aus dem Schatten seines Meisters treten und ging 1909 mit Ende 20 ins aufstrebende Melilla, wo er den Rest seines Lebens verbrachte. 1931 wurde er der Stadtarchitekt, 1949 setzte er sich zur Ruhe und vier Jahre später starb er. Während seiner langen Karriere arbeitete Nieto an über 1000 Projekten mit und vollendete 457. Damit veränderte er das Gesicht der Stadt für immer. Für seine Arbeiten schöpfte er aus vielen Stilrichtungen, u. a. auch aus dem Art déco, und begründete einen eigenen Stil mit: die Sgraffito-Architektur, eine Mischung aus Art déco und aerodynamischen Formen. Zu Nietos Werken gehören die Hauptsynagoge von Melilla, die Hauptmoschee und einige Gebäude für die Katholische Kirche, die die Vielfältigkeit der Stadtkultur darstellen. Dieser großartige Beton-Künstler ist jedoch außerhalb Melillas kaum bekannt – vielleicht wegen der Abgeschiedenheit seines Wirkungskreises.

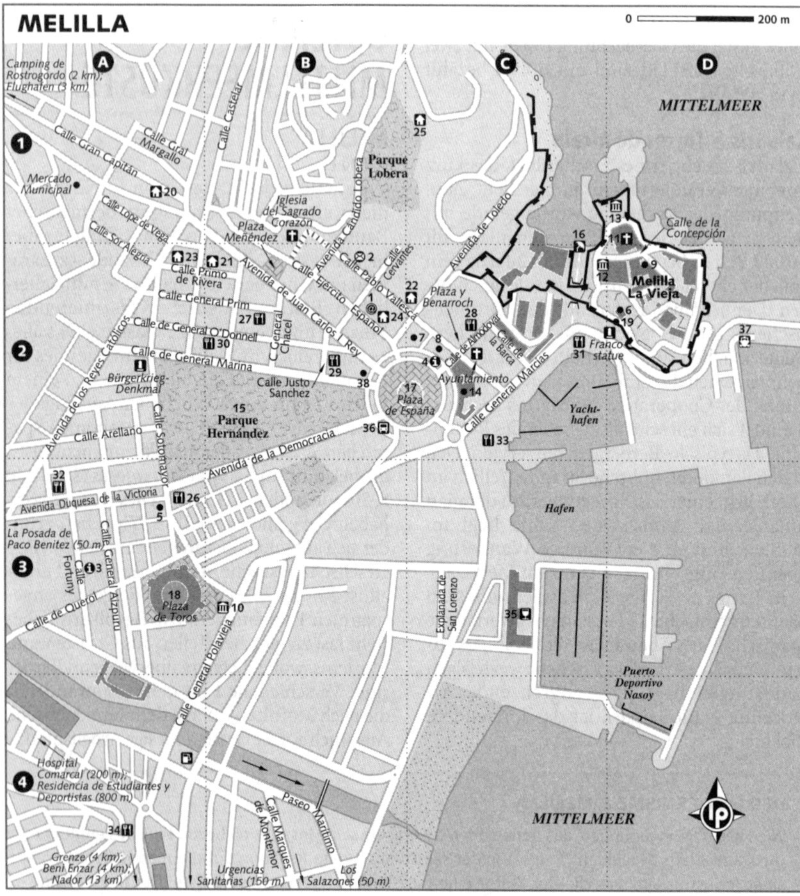

probleme usw. – haben der Stadt in der Vergangenheit Kopfzerbrechen bereitet. 2005 versuchten Tausende von Immigranten aus Schwarzafrika gewaltsam hier einzudringen, sechs von ihnen starben dabei. Eine Konsequenz war die Errichtung eines 33 Mio. € teuren Zaunes, der sich von einem Ende der spanischen Exklave zum anderen erstreckt, eine andere der beruhigende Besuch des spanischen Königspaares im Jahr 2007 – der erste königliche Besuch seit 80 Jahren, zur großen Freude der Einheimischen.

Abgesehen von etwas Vorsicht gegenüber Fremden ist Melilla sehr touristenfreundlich, und die Infrastruktur für Reisende ist super. Im Sommer karren Fähren Tausende Besucher an, aber sonst kann man frei atmen.

Geschichte

Melilla trieft nur so vor Geschichte, aber diese ist weder so weitreichend noch so tiefgehend, wie man erwarten würde. Obwohl die Region schon seit über 2000 Jahren bewohnt ist, wurde mit dem Bau der Altstadt erst nach der spanischen Eroberung 1496 begonnen; sie wurde in vier Stufen aufgebaut. Bis zum Ende des 19. Jhs. lag fast ganz Melilla innerhalb einer uneinnehmbaren Festung. Die heutigen Grenzen wurden zwischen 1859 und 1894 durch mehrere Verträge mit Marokko festgelegt, von denen der letzte nach einer erfolglosen Belagerung durch Berberrebellen aus dem Rif geschlossen wurde. Zur Grenzfestlegung feuerte man Kanonenkugeln ab und schaute, wie weit sie flogen. In den darauffolgenden

PRAKTISCHES
Locutoria Dosmil....................1 B2
Hauptpost..............................2 B2
Oficina del Turismo..................3 A3
Infostand der Oficina del Turismo..4 C2
Viajes Melilla..........................5 A3

SEHENSWERTES & AKTIVITÄTEN
Aljibes de las Peñuelas..............6 D2
Banco de España......................7 C2
Casino Militar..........................8 C2
Cuevas del Conventico...............9 D2
Gaselec Museum.....................10 B3
Iglesia de la Purísima Concepción.........11 D1
Museo de Arqueologia e Historia..........12 C2
Museo Militar........................13 D1
Palacio de la Asamblea.............14 C2
Parque Hernández..................15 B2
Playa de la Ensanada de los Galápagos.........16 C2
Plaza de España.....................17 C2
Plaza de Toros.......................18 A3
Puerta de la Marina................19 D2

SCHLAFEN
Hostal La Rosa Blanca.............20 A1
Hostal Residencia Cazaza.........21 B2
Hotel Anfora..........................22 C2
Hotel Nacional.......................23 A2
Hotel Rusadir.........................24 B2
Parador de Melilla..................25 C1

ESSEN
Antony Pizza Factory...............26 A3
Café Rossy.............................27 B2
Café Toga..............................28 C2
Casa Marta............................29 B2
La Cervecería.........................30 B2
La Pérgola.............................31 C2
Parnaso.................................32 A3
Real Club Marítimo.................33 C2
Supersol................................34 A4

AUSGEHEN
Puerto Deportivo Nasoy...........35 C3

TRANSPORT
Busse zur Grenze....................36 B2
Estación Marítima...................37 D2
Trasmediterránea....................38 B2

Jahren gab es noch mehr Kämpfe mit Berberrebellen, bis das Spanische Protektorat 1927 seinen Griff festigte. 1936 floh Franco von den Kanarischen Inseln hierher, um den Spanischen Bürgerkrieg zu entfachen. Die lokale Politik ist noch immer rechtsorientiert.

Orientierung

Melilla bildet einen 12 km^2 großen Halbkreis entlang der marokkanischen Küste. Die Altstadt, Melilla La Vieja, ist eine höchst komplexe Befestigungsanlage auf mehreren Ebenen, die ins Meer hineinragt. Sie beherbergt zahlreiche Museen und einige kleinere Wohngegenden. Der Hafen und die größeren Strände liegen im Süden und der Fährhafen direkt im Osten.

Die „Neustadt“ ist ein durchbrochenes Straßenraster mit einem hübschen Handelszentrum, das vollgestopft ist mit modernistischen Gebäuden. Sie ist zwar sehr kompakt, aber es gibt auch kaum Straßenschilder. Ihr Herzstück ist der lange, dreieckige Parque Hernandez, der an der runden Plaza de España endet. Die beiden zusammen bilden ein riesiges Ausrufezeichen. Die meisten Hotels, Banken und Restaurants liegen im Norden. Wie in Marokko, das 4 km weiter südlich beginnt, sieht man auch hier nur wenige Einheimische in kurzen Hosen in der Stadt, auch dann nicht, wenn es sehr heiß ist.

Praktische Informationen

Um von außerhalb Spaniens nach Melilla zu telefonieren, wählt man die Vorwahl ☎ 0034. In Melilla ist es im April, Mai und Oktober zwei Stunden und sonst eine Stunde später als in Marokko (S. 511). Die meisten Läden und Firmen haben sonntags geschlossen.

GELD

In Melilla bezahlt man in Euro. Rund um die Avenida de Juan Carlos I Rey gibt's mehrere Banken (mit Geldautomaten). Die meisten kaufen und verkaufen Dirham zu einem besseren Preis als die marokkanischen Händler am Fährhafen oder an der Grenze.

Auf der marokkanischen Seite der Grenze kann man beim Crédit du Maroc Geld wechseln. 200 m weiter im Inland von Marokko gibt's außerdem eine Banque Populaire mit einem Geldautomaten: Wenn man geradeaus auf die Kreuzung zuläuft, befindet sie sich auf der linken Seite an der Straße zum Hafen.

INTERNETZUGANG

In der Innenstadt gibt's zahlreiche Internetcafés.

Locutoria Dosmil (Calle Ejercito España; 2 €/Std.; 🕑 9–14 & 16–21 Uhr)

MEDIZINISCHE VERSORGUNG

Urgencias Sanitarias (☎ 956 674400; 40 Alvaro de Bazan; 🕑 Mo–Sa 17–9 Uhr, So & Feiertag 24 Std.) Nachtapotheke.

Hospital Comarcal (☎ 956 670000) Am Südufer vom Río de Oro.

POST

Hauptpost (Correos y telégrafos; Calle Pablo Vallescá; 🕑 Mo–Fr 8.30–20.30, Sa 9.30–13 Uhr)

REISEBÜROS

Viajes Melilla (☎ 952 679352; 1 Ave Duquesa de la Victoria)

TOURISTENINFORMATION

Oficina del Turismo (Hauptfiliale) (☎ 952 976151; www.melillaturismo.com, englisch; 21 Calle Fortuny;

Mo–Fr 9–14 & 17–20 Uhr) Organisiert spezielle Touren zu religiösen Stätten. Auf der Website gibt's eine umfassende Führung durch Geschichte und Architektur.

Oficina del Turismo (Infostand) (952 976151; www.melillaturismo.com, englisch; Plaza de España; Mo–Fr 10–14 & 16–20 Uhr). Gegenüber dem Palacio de Asamblea.

Fundación Melilla Ciudad Monumental (952 976201; www.melillamonumental.org, englisch; C/Miguel Acosta, 13) Detaillierte Infos zur hiesigen Architektur.

Sehenswertes & Aktivitäten

MELILLA LA VIEJA (ALTSTADT VON MELILLA)

Die Festung der Altstadt wurde bis zur Perfektion restauriert. Den Haupteingang bildet die **Puerta de la Marina**, vor der eine Statue von Franco steht und von wo aus man zum Gipfel aufsteigen kann, vorbei an mehreren kleinen Museen. Das erste ist das **Museo de Arqueología e Historia** (952 976216; Plaza Pedro de Estopiñán; Eintritt frei; Winter Di–Sa 10–14 & 16–20.30, So 10–14 Uhr, Sommer Di–Sa 10–14 & 17–21.30, So 10–14 Uhr), das eine hübsche, kleine Sammlung von architektonischen Zeichnungen, alten Keramiken und Münzen sowie zahlreiche Modelle und archäologische Funde ausstellt, die auf Englisch beschrieben sind. Die kleine Tür auf der anderen Seite des Hofes führt in die höhlenartigen **Aljibes de las Peñuelas** (Eintritt frei; April–Sept. Di–Sa 10–14 & 17–21.30, So 10–14 Uhr, Okt.–März Di–Sa 10–14 & 16–20.30, So 10–14 Uhr), eine Zisterne wie aus einer anderen Welt, die immer noch Wasser speichert. Das neue Berbermuseum gegenüber soll 2010 eröffnet werden.

Weiter auf der Calle de la Concepción gelangt man erst zur **Iglesia de la Purísima Conceptión** (Kirche der Unbefleckten Empfängnis; 952 681516; Di–Sa 10–15 & 16–21, So 10–12.30 Uhr) aus dem 17. Jh., die schon allein wegen ihres prächtigen Kirchenschiffs einen Abstecher lohnt, und dann zu den angrenzenden **Cuevas del Conventico** (Klosterhöhlen; 952 680929; Eintritt 1,20 €; Di–Sa 10.30–13.30 & 16.30–20, So 10.30–14 Uhr). Die weitläufigen, gut restaurierten Höhlen wurden während Belagerungen als Unterschlupf genutzt und führen an einen kleinen Strand unter den Klippen. Die Führung (auf Spanisch) ist ausgezeichnet.

Schließlich erreicht man den höchsten Punkt der Festung mit Panoramablick und das **Museo Militar** (952 685587; Eintritt frei; Di–So 10–14 Uhr). Die Geschichte des Spanischen Protektorats wird dominiert von Militärgeschichte, und in diesem Museum lassen sich die gewaltigen Ausmaße des brutalen Dramas gut nachvollziehen. Im Hintergrund läuft martialische Musik. Auf keinen Fall sollte man den Raum mit den antiken Fotografien verpassen, wo Doppeldecker, Legionäre und Berberreiter aufeinander treffen und zu einem träumerischen Abenteuerroman verschmelzen. Außerdem befindet sich hier ein Schild mit der Aufschrift „Die Kanonenkugeln nicht anfassen" aus dem Film *Dr. Seltsam oder: Wie ich lernte, die Bombe zu lieben*.

NEUSTADT

Um die Wende des 20. Jhs. war Melilla das einzige Handelszentrum zwischen Tétouan und der algerischen Grenze. Bei ihrem Wachstum gab sich die Stadt mit dem Architekturstil Modernisme (nicht zu verwechseln mit der kulturellen Bewegung des Modernismus), der damals en vogue war, selbst ihren Charakter. Dieser Trend wurde vom katalanischen Architekten Enrique Nieto, einem Gaudí-Schüler, inspiriert, der sich in Melilla niederließ, und überlebte hier auch dann noch, als er überall sonst längst aus der Mode war. Das Ergebnis ist ein lebendiges Museum aus etwa 900 modernistischen und Art-déco-Bauten. Anders als in Ceuta müssen hier noch viele Gebäude aufpoliert werden, aber insgesamt ist ihr architektonischer Wert größer.

Am besten erkundet man dieses Kulturerbe bei einem Spaziergang durch die Gegend nördlich des Parque Hernandez, die auch als „Goldenes Dreieck" bekannt ist. Einige schöne Beispiele finden sich auf der **Plaza de España**, u. a. Nietos **Palacio de Asamblea** im Art-déco-Stil, dessen Grundriss wie eine Herzogskrone geformt ist, sein **Casino Militar**, dessen Fassade immer noch ein republikanisches Wappen darstellt, und die **Banco de España**. Interessierte Architekturfans wenden sich an die Touristeninformationen (S. 233).

Der Palacio ist zwar ein als solches genutztes Rathaus, aber das Personal führt Besucher auf Anfrage gern herum. Sehenswert sind zwei Räume im Obergeschoss: der Salon Dorado, in dem ein riesiges Gemälde der Ankunft der Spanier in Melilla 1497 hängt, und die Sala de Plenos, in der sich der örtliche Kongress trifft.

Mit dem Brunnen in der Mitte eignet sich die Plaza perfekt für ein Päuschen. In der Mitte steht auch ein Art-déco-Militärdenkmal für die Schlachten in Marokko. In der Ferne ist Melillas auffälligstes zeitgenössisches Gebäude zu sehen: das neue Gerichtsgebäude, das aussieht wie eine fliegende Untertasse, die auf dem Dach gelandet ist. Diese Aussichtsplattform ist mittlerweile für Besucher geschlossen.

Von der Plaza aus bietet sich ein schöner Spaziergang durch den langgezogenen, von Palmen gesäumten **Parque Hernández** an. Auf halbem Weg findet man ein namenloses Café, das Minztee ausschenkt. Am Ende geht's links die Calle Sotomayor hinunter. Geradeaus liegt die **Plaza De Toros**, die einzige Stierkampfarena Afrikas, die tatsächlich noch benutzt wird.

Auf der anderen Seite steht das **Gaselec Museum** (☎ 952 671902; Eintritt frei; ⌚ Mo–Fr 18–21, Sa & So 11.30–13.30 & 18–21 Uhr). Diese verblüffende Kuriosität ist die Leidenschaft des Präsidenten des örtlichen Gas- und Stromunternehmens und beherbergt ein Museum mit Reproduktionen aus dem Alten Ägypten, darunter auch Maske und Sarg von Tut-ench-Amun. In Zukunft sollen weitere Ausstellungen mit Nachbildungen zu ganz verschiedene Themen hinzukommen. Obwohl viele der Artefakte nicht mal echt aussehen, funktioniert das ungewöhnliche Konzept auf seine Weise und könnte gut woanders (naja) nachgeahmt werden.

STRÄNDE

Das einzige Besorgniserregende in Melilla ist der Zustand der Küste: Überall liegen Plastikflaschen und -tüten herum. Es werden zwar immer mal wieder Versuche unternommen, bestimmte Strände zu säubern, aber besonders außerhalb der Saison wird man diesem Problem nur schwer Herr. Das gibt schon Anlass zur Sorge um die Zukunft des Mittelmeers.

Der große Strand südlich vom Hafen ist in vier Abschnitte aufgeteilt. Zum Zeitpunkt der Recherche tauchte durchschnittlich alle 10 m eine Plastiktüte im Wasser auf, und der stinkende Rio de Oro mündet in diesen Bereich. Es erübrigt sich wohl zu erwähnen, dass man es beim Sonnenbaden belassen sollte.

Eine tolle Alternative ist die abgelegene **Playa de la Ensanada de los Galápagos**, zugänglich durch einen Tunnel unter dem Fort. Der Strand ist von Mai bis September geöffnet.

Schlafen

In Melilla gibt's nur wenige Hotels, und die sind sogar außerhalb der Saison schnell voll. Die Preise liegen in der Hauptsaison um 15 bis 20 % höher.

BUDGETUNTERKÜNFTE

Hostal La Rosa Blanca (☎ 952 682738; 7 Calle Gran Capitán; EZ/DZ 20/32 €) Eine sehr einfache Unterkunft mit sauberen Zimmern, die aber von unterschiedlicher Qualität sind. Man sollte sie sich also ansehen, bevor man bezahlt, und auf zerschlissene Bettdecken achten. Jedes Zimmer verfügt über ein Waschbecken, und es gibt Gemeinschaftsbäder.

LP Tipp **Residencia de Estudiantes y Deportistas** (Domizil für Studenten und Sportler; ☎ 952 670008; Calle Alfonso X; EZ/DZ inkl. Frühstück 23/36 €, mit HP 28,50/47 €, mit VP 34/58 €; 💻) Wem es nichts ausmacht, vom Zentrum entfernt zu wohnen, für den ist dies genau die richtige Budgetunterkunft: ein gut geführtes Studentenwohnheim mit 87 blitzenden Zimmern, Internetzugang, Cafeteria, Bibliothek und TV-Zimmer. Die Räume oben haben Balkone. Der Stadtbus Nr. 3 hält alle zehn Minuten in der Nähe der Plaza España an der Calle Marina. und braucht zehn bis 15 Minuten hierher.

Hostal Residencia Cazaza (☎ 956 684648; 6 Calle Primo de Rivera; EZ/DZ 26/36 €) Obwohl die Zimmer hier völlig heruntergekommen sind, versprüht dieses alte Gebäude mit den hohen Wänden und den kleinen Balkonen einen gewissen Charme. Es liegt zentral im Goldenen Dreieck, und das Management ist freundlich.

Camping de Rostrogordo (☎ 956 685262; Camping 4 €/Erw., Zelt/Auto/Wohnmobil zzgl. 4/5/6 €) Mit einem Auto kann man hier, 2 km nördlich der Stadt, die überfüllten Straßen von Melilla hinter sich lassen. Der Campingplatz ist gut geführt und bietet ordentliche Einrichtungen. Im Sommer steigen die Preise um 15 %.

MITTEL- & SPITZENKLASSEHOTELS

Hotel Nacional (☎ 956 684540; Fax 956 684481; 10 Calle Primo de Rivera; EZ/DZ 35/55 €; ❄) Dieses Hotel bietet ähnliche Annehmlichkeiten wie das Cazaza, ist aber teurer. Die kompakten Zimmer mit altmodischen Möbeln aus Eisen und modernen Badezimmern können sehr gemütlich sein, aber die, die nach innen gehen, sind dunkel und deprimierend; es lohnt sich also, eines zur Straße hin zu buchen. Das Eckzimmer 104 ist eine gute Wahl.

Hotel Anfora (☎ 956 683340; Fax 956 683344; 8 Calle Pablo Vallescá; EZ/DZ inkl. Frühstück 46/72 €; ❄) Dieses Zwei-Sterne-Hotel mit eher industriellem Ambiente bietet Zimmer mit TV, Kühlschrank und Balkon zu Standardpreisen. Das Highlight ist die Dachterrasse mit einem Blick über Melilla La Vieja und das Meer darunter.

Parador de Melilla (☎ 956 684940; Avenida Cándido Lobera; EZ/DZ 94/118 €;) Das sehr elegante Hotel bietet große, prächtige Zimmer, warm wirkendes Holz überall, eine hochwertige Einrichtung und Balkone mit toller Aussicht aufs Meer. Der runde Speisesaal mit Blick auf die Stadt ist ein elegantes Extra. Kinder werden den angrenzenden Parque Lobera mögen.

Hotel Rusadir (☎ 956 681240; 5 Calle Pablo Vallescá; EZ/DZ inkl. Frühstück Nebensaison 66/88 €, Hauptsaison 86/102 €;) Dieses Drei-Sterne-Hotel wurde komplett renoviert und kann jetzt mit einer eindrucksvollen Lobby und designbewussten Zimmern mit TV, Minibars und Balkonen aufwarten. Das Restaurant fährt ein beeindruckendes Frühstücksbuffet auf.

Essen

Viele Restaurants in Melilla gehören zu einem Hotel (z. B. zum Rusadir oder Parador), aber rund um die Avenida de Juan Carlos I Rey finden sich noch jede Menge andere Lokale.

RESTAURANTS

Parnaso (☎ 952 684184; 30 Avenida Duquesa de la Victoria; Sandwiches ab 2,50 €; Mo–Sa 7–1 Uhr) In diesem belebten Bistro in einer von Bäumen gesäumten Allee kann man im Freien sitzend günstige, leckere Sandwiches und Tapas verdrücken. Zur Mittagszeit und nach Feierabend ist es besonders beliebt.

LP Tipp **La Pérgola** (Calle General Marcías; 12–24 Uhr) Eine Terrasse am Wasser mit Tischdecken und Cafémusik machen dieses elegante Restaurant zu einem angenehmen Ort zum Essen oder für einen Drink am frühen Abend. Die Spezialität sind Meeresfrüchte, und das Menü für 10 € ist unschlagbar.

Antony Pizza Factory (☎ 952 671505; Avenida de la Democracia; Pizza 4–6 €, Pasta ab 5,50 €; 20 Uhr–open end) Das Personal in dieser gemütlichen Brasserie arbeitet hart, um üppig belegte Pizzas und sättigende Pastasaucen an den Mann zu bringen. Melillas Jugend hält sich hier besonders gern auf, und es gibt einen gemütlichen Bereich unten, wo man in Ruhe essen kann.

La Posada de Paco Benitez (☎ 952 681629; Hauptgerichte ab 10 €; Di–Do 13–15.30 & 20.30–24 Uhr) Dieses charmante Restaurant ist aufgehübscht wie ein spanisches Landhaus. Der Schwerpunkt liegt auf Meeresfrüchten und Fleisch im iberischen Stil, komplettiert von einer guten Weinkarte. Der Ave Duquesa folgend die zweite Straße direkt vor der Brücke nehmen; das Restaurant ist auf der rechten Seite.

Los Salazones (☎ 952 673652; Calle Conde de Alcaudete 15; Hauptgerichte ab 12 €; 13.30–16.30 & 21 Uhr–open end) Dieses Fleisch- und Meeresfrüchterestaurant einen Block vom Strand entfernt ist auch bei den Einheimischen sehr beliebt. Hier klingt ein Tag in der Sonne perfekt aus. Die Gäste sitzen Fässern mit marmorverkleideten Oberseiten und genießen gegrillten Fisch.

CAFÉS

Real Club Marítimo (Yachthafen; 9.15–13 Uhr) Dies ist zwar ein privater Yachtclub, aber Reisende sind herzlich willkommen, um am Meer ein Croissant und einen Kaffee zu genießen.

Café Rossy (5 Calle General Prim; Sandwiches ab 1,70 €; 7–13 & 16.30–22 Uhr) Ein weiteres bewährtes Café für ein schnelles Essen oder um sich mit einem Buch und einer Tasse Kaffee die Zeit zu vertreiben. Die *bocadillos* sind ein perfekter Snack zur Mittagszeit.

Café Toga (☎ 952 680533; Plaza y Benarroch; Sandwiches 1,50 €; Mo–Sa 6.30–23 Uhr) In dieser kleinen Bar auf einem breiten Platz werden den ganzen Tag lang Tapas und Sandwiches serviert. Es befindet sich unter dem Schild „Academia Vetonia".

TAPASBARS

Casa Marta (Calle Justo Sanchez; 12–17 & 20–2 Uhr) Eine tolle Tapasbar, in der sich drinnen wie draußen Menschen aller Altersklassen tummeln. Die Plätze im Freien befinden sich in einem Zelt auf der Straße. Zu jedem Bier gibt's kostenlose Tapas – das macht bei drei Bier ein Abendessen umsonst. Bloß nicht das *filetillo* verpassen (dünne Fleischstreifen mit Sauce)!

La Cervecería (Calle de General O'Donnell; Tapas ab 1,50 €; 12.30–16 & 20.30–24 Uhr) Diese Einraumbar legt besonderen Wert auf Deko: Jede Fläche ist mit grünen Schmuckfliesen bedeckt – auch die Möbel.

SELBSTVERSORGER

In den Straßen rund um den Parque Hernández gibt's zahlreiche kleine Lebensmittelläden. Ein richtiger Supermarkt ist der **Supersol** (Calle General Polavieja; 10–22 Uhr, So geschl.) an der Straße zur Grenze.

Ausgehen

Man muss gar nicht weiter gehen: **Puerto Deportivo Nasoy** ist Melillas Amüsiermeile mit zwölf Optionen, die nebeneinander am Ufer liegen. Hin kommt man über den Parkplatz neben dem Gerichtsgebäude.

An- & Weiterreise

AUTO

Melilla ist eine Duty-Free-Zone, und wenn man mit dem Auto unterwegs ist, lohnt es sich, hier zu tanken: Das Benzin ist etwa ein Drittel billiger als in Marokko oder Spanien.

FÄHRE

Acciona (Transmediterranea) (☏ 956 690902; Plaza de España; ⏰ Mo–Fr 9–13 & 17–19, Sa 9–12 Uhr) fährt von Málaga und Almeria nach Melilla. Tickets bekommt man auch an der **Estación Marítima** (Fährhafen; ☎ 956 681633).

Die Fähre nach Málaga legt montags bis samstags um Mitternacht in Melilla ab und kommt um 16 Uhr in Málaga an; montags fährt eine weitere Fähre um 9 Uhr ab. Von Málaga startet sie montags um 23 Uhr und legt dienstags um 21 Uhr in Melilla an. Von Dienstag bis Samstag legt die Fähre um 14 Uhr in Málaga ab und kommt um 21 Uhr an. Die Preise beginnen bei 35 €.

Die Fähre nach Almeria fährt montags um 10 Uhr und dienstags bis sonntags um 14.30 Uhr in Melilla ab. In Almeria legt sie montags um 17.30 Uhr und von Dienstag bis Sonntag um Mitternacht ab.

FLUGZEUG

Air Nostrum (Iberia) (☏ 902 400500; Melilla Airport; www.airnostrum.com) verbindet zwölfmal täglich Melilla mit Málaga und zweimal täglich mit Almeria, Barcelona und Madrid; einmal am Tag geht's nach Granada. Der Flughafen ist in zehn Minuten mit dem Taxi (5 €) zu erreichen. Es gibt dort keinen Geldautomaten.

ÜBER DIE GRENZE

Zur Grenze bringt einen ein Taxi (8 Dh) oder der Stadtbus Nr. 2 (mit der Aufschrift „Aforos"). Letzterer fährt von der Plaza de España zum Grenzübergang Beni Enzar (0,60 €, 7.30–23 Uhr, alle 30 Min.). Von der Bushaltestelle sind es 50 m zum spanischen und nochmal 200 m zum marokkanischen Zoll.

Vor der Einreise nach Marokko muss ein weißes Formular ausgefüllt werden. Zudem müssen Traveller ihren Pass an einem Schalter abstempeln lassen. Achtung: Betrüger versuchen, Reisenden für diese Formulare Geld abzuknöpfen oder ihre Hilfe beim Ausfüllen aufzudrängen. Wer mit dem Auto nach Marokko fährt, darf den grünen Zollabschnitt auf keinen Fall verlieren. Er muss vorgezeigt werden, wenn man das Land mit dem Auto wieder verlässt. Autofahrer müssen mit langen, zeitraubenden Warteschlangen in Richtung Marokko rechnen. Fußgänger haben's da einfacher und sind schneller.

Auf der marokkanischen Grenzseite fährt der Bus 19 (meistens nicht angeschrieben) stündlich nach Nador (23 Dh, 25 Min.). Auch Grands Taxis fahren oft dorthin (5 Dh, 15 Min.). Sie warten etwas versteckt auf einem Parkplatz, ein ganzes Stück rechts von der Kreuzung.

Wer Melilla von Marokko aus besucht, muss ein gelbes Formular ausfüllen und seinen Pass abstempeln lassen. Bus 43 fährt zur Plaza de España (0,60 €).

Unterwegs vor Ort

Das Zentrum von Melilla ist recht übersichtlich und lässt sich leicht zu Fuß erkunden. Zwischen der Plaza de España und der Grenze pendeln Busse. Außerdem gibt's einen lokalen **Taxidienst** (☎ 956 683621).

NADOR

150 000 Ew.

Die neue Straße von Al-Hoceima nach Nador ist eine wahre Freude, sogar wenn man in ein Grand Taxi gequetscht ist. Sie führt vorbei an roten Felsen, grünen Schluchten und einer gewaltigen Formation aus erodierten Hügeln auf halbem Weg.

Trotz seiner Größe hat Nador Travellern leider nicht viel zu bieten: Abgesehen von der hübschen Lagune Marchika gibt's in dieser endlosen Weite von Betonblöcken keinerlei Sehenswürdigkeiten. Die Stadt dient mit ihrem großen Flughafen, dem aktiven Fährhafen und einer polierten, neuen Eisenbahn, die noch in Planung ist (bis 2010 soll es Zugverbindungen nach Fès geben) hauptsächlich als Verkehrsknotenpunkt. Wie alle anderen Küstenorte findet auch hier ein Umbruch statt: Die unerlässliche Küstenstraße und von Palmen gesäumte Boulevards werden gebaut und neue Hotels, Restaurants und ein Yachthafen sind geplant. Im Moment aber fährt man am besten noch einfach weiter.

Orientierung

Das Zentrum ist schachbrettartig angelegt. Die Ave Hassan II bildet die Nord-Süd-Achse; an ihrem südlichen Ende befinden sich der Busbahnhof und der Taxistand. Sie wird von der Ave Mohammed V gekreuzt, die von Ost nach West bzw. vom Wasser zum Rathaus verläuft. Das spindeldürre Minarett der Grande Mosquée ist eine ausgezeichnete Orientierungshilfe.

Praktische Informationen

Credit Maroc (64 Ave Mohammed V) Eine von mehreren Banken auf der Ave Mohammed V. Hier kann Geld gewechselt werden, ein Geldautomat ist auch vorhanden.

Ketama Voyages (☎ 0536 606191; ketama-nador@iam.net.ma; 56 Ave Mohammed V) Hier gibt's Fährtickets nach Almería.

Navigation Net (Ave Mohammed V; 8 Dh/Std.; ☎ 9.30–23 Uhr) Internetcafé.

Pharmacy al-Farabi (☎ 0536 606011; Ave Mohammed V) Apotheke.

Post (⌚ Mo–Fr 8–16.15 Uhr) Neben der Grande Mosquée.

Royal Air Maroc (Ave Mohammed V; ⌚ Mo–Fr 8.30–12.15 & 14.30–19, Sa 9–12 & 15–18 Uhr)

Schlafen

In Nador mangelt es nicht an Hotels aller Preisklassen. Die günstigeren Optionen liegen nahe der Bus- und Grand-Taxi-Haltestellen.

Hotel Geranio (☎ 0536 602828; 16 Rue No 20; EZ/DZ 70/120 Dh) Da das Haus nicht weit weg vom Chaos der Bushaltestelle entfernt ist, sind die Zimmer zur Straße hin mitunter sehr laut, aber die guten Preise machen es zu einer der besten Budgetunterkünfte. Die sauberen Zimmer haben winzige Bäder, und es gibt eine Cafeteria im Erdgeschoss.

Hotel Mansour Ed-Dahabi (☎ 0536 606583; 105 Rue Marrakech; EZ/DZ 288/348 Dh) Eine angenehme zen-

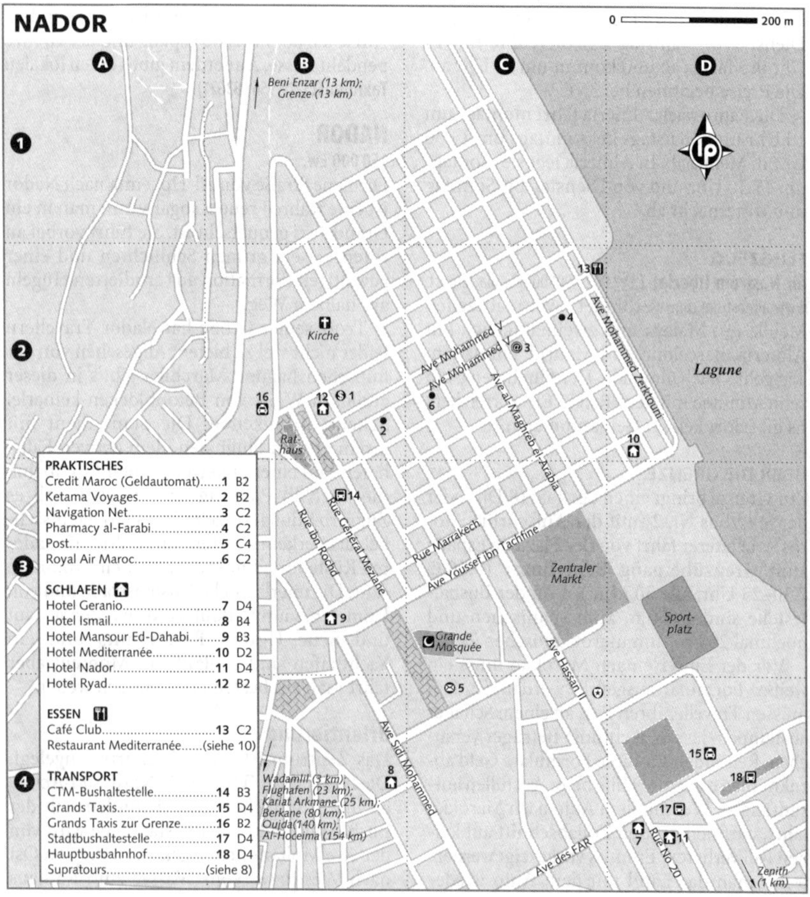

trale Lage und die ruhige Atmosphäre sind die Vorzüge dieses Drei-Sterne-Hotels. Es ist zwar etwas eintönig, aber die Zimmer sind komfortabel und komplett ausgestattet und haben Stuckdecken. Außerhalb der Saison sinken die Preise um einiges.

LP Tipp **Hotel Mediterranée** (☎ 0536 606495; Fax 0536 606611; hotel.mediterranee@gmail.com; 2–4 Ave Youssef ibn Tachfine; EZ/DZ 227/276 Dh) Schlichtweg die beste Option in Nador. Das Hotel wurde erst kürzlich renoviert. Seine eleganten Räume bieten alle eine schöne Inneneinrichtung und die Lage mit Blick auf die Küstenstraße und die Lagune dahinter ist hervorragend. Die Licht durchfluteten Eckzimmer haben die beste Aussicht und das Restaurant ist eines der besten in der Stadt (s.unten). Wer eine Auszeit braucht, kann hier in gehobenem Stil schlafen, essen und sonnenbaden, und das alles zu einem Spottpreis.

Hotel Ryad (☎ 0536 607717; hotelryad@hotmail.com; Ave Mohammed V; EZ/DZ inkl. Frühstück 500/600 Dh; ❄) Wunderschöne handgemachte Holzmöbel machen die luxuriösen Zimmer dieses Hotels außergewöhnlich. Die im Obergeschoss blicken auf die Lagune. Auch die zwei Hotelbars und die Disko machen das Hotel zu einem Zentrum des einheimischen Nachtlebens, das lebendiger ist, als man es vielleicht erwartet.

Essen & Ausgehen

Rund um den CTM-Busbahnhof gibt es verschiedene günstige Lokale, die Fleischspieße, Sandwiches und Tajines servieren. Gemütlich Kaffee trinken kann man in einem der Straßencafés unter schattigen Orangenbäumen, die die Ave Mohammed V säumen.

Zenith (☎ 0536 332298; 33–35 Rue 72; Hauptgerichte ab 40 Dh; 🕒 8–24 Uhr) Dieses schicke und allseits beliebte Café auf zwei Ebenen in der Innenstadt ist das neue Gesicht Nadors. Hier werden all die Baupläne bei einem Kaffee diskutiert. Die gute Pizzeria oben tischt auch Burger und Pasta auf.

Wadamlil (☎ 0536 606260; 39 Rue Tawima; 🕒 8–4 Uhr) Einfache Tische mit Papierdecken auf einer Hauptstraße tarnen eines der beliebtesten Restaurants in Nador, das fast rund um die Uhr offen ist. Die Gäste stellen ihre eigene Mischung aus Meeresfrüchten und Fleisch aus einer Glasvitrine zusammen und lassen sie dann vom Koch frisch zubereiten. Ein Essen kostet etwa 70 Dh pro Person.

Restaurante Mediterranée (☎ 0536 609494; Ave Youssef ibn Tachfine; Gerichte ab 65 Dh; 🕒 12–15 & 19–22 Uhr) Das Restaurant des Hotel Mediterranée besteht aus einem todschicken Speisesaal mit schnellem Service, einer internationalen Speisekarte und Blick aufs Meer.

Café Club (Ave Mohammed Zerktouni; 🕒 6–23 Uhr) In diesem Inselcafé am Ende der Mohammed V, die in die Lagune hinausragt, gibt's ausgezeichnetes Frühstück – ein willkommenes Fleckchen Wasser in einem Wald aus Beton.

An- & Weiterreise

BUS

Vom **CTM-Büro** (☎ 0656 600136; Rue Genéral Meziane) geht's zu den üblichen Verdächtigen: nach Casablanca, Rabat, Meknès, Fès, Tanger, Larache, Sidi Kacem, Al-Hoceima, Chefchaouen usw. Abends fahren auch Busse anderer Unternehmen nach Casablanca; sie sind einen Tick billiger.

Der Busbahnhof liegt südöstlich vom Zentrum. Hier starten zwischen 9 und 21 Uhr viele Busse nach Tétouan (130 Dh, 10 Std.), von denen manche in Chefchaouen (130 Dh, 9 Std.) halten. Zwischen 6 und 17 Uhr fahren stündlich Busse über Berkane (16 Dh, 1 Std.) nach Oujda (25 Dh, 3 Std.) und den ganzen Tag über starten welche alle zwei Stunden nach Al-Hoceima (35 Dh, 3 Std.). Nach Fès (74 Dh, 7 Std.) fahren die Busse morgens, etwa im 30-Minuten-Takt.

Andere wichtige Ziele sind Ras-el-Maa (15 Dh, 2 Std., 3-mal tgl.) und Saídia (22 Dh, 2 Std.). Zwischen 7 und 19 Uhr fährt stündlich ein Bus zur Grenzstation Beni Enzar (die Grenze zu Melilla) (3 Dh, 25 Min.); los geht's außerhalb vom Busbahnhof, theoretisch mit der Linie 19, aber die Nummer ist bei diesen Bussen meistens nicht angeschrieben.

Außer diesem CTM-Büro gibt's noch eine kleinere Filiale im Hauptbusbahnhof.

FLUGZEUG

Der Flughafen liegt 23 km südlich von Nador. Royal Air Maroc bietet zahlreiche Flüge nach Europa und Casablanca und Iberia verbindet Nador mit Spanien. Seit Kurzem fliegen auch die Billigflieger Ryanair und Clickair von Marseille und Barcelona hierher.

SCHIFF/FÄHRE

Acciona hat eine neue, schnelle Verbindung nach Almeria eröffnet. Die Fähre legt von Dienstag bis Samstag nachts in Almeria ab, kommt früh morgens in Nador an, dreht dann um und fährt innerhalb von drei Stunden wieder zurück. Comarit schickt jeden Tag um 22 Uhr eine langsame Fähre von Nador nach Almeria und um 10 Uhr von Almeria nach Nador. Die Fahrt dauert fünf bis sechs Stunden. Comanav betreibt vier Tage in der Woche einen Fährservice nach Almeria und sonntags nach Sète, Frankreich.

Der Hafen von Beni Enzar liegt 7 km von der Stadt entfernt, aber infolge des Verkehrs kommt es einem viel weiter vor. Am schnellsten ist ein Grand Taxi (8 Dh, 15 Min.).

TAXI

Vom riesigen Grand-Taxi-Stand neben dem Busbahnhof kommt man u. a. nach Oujda (50 Dh, 3 Std.), Al-Hoceima (55 Dh, 3 Std.), Berkane (25 Dh, 1 Std.) und Taza (55 Dh). Seltener fahren Taxis nach Fès (110 Dh, 5 Std.) und zu anderen Zielen im Süden. Alle paar Minuten starten Taxis zur Grenzstation Beni Enzar, der Grenze zu Melilla (5 Dh, 15 Min.), auch von einer Kreuzung nördlich vom Rathaus aus.

ZUG

Zum Zeitpunkt der Recherche wurde Nador gerade ans Streckennetz der Züge angebunden. Alternativ fährt am frühen Abend aber auch ein **Supratours**-Bus (☎ 0656 607262; Ave Sidi Mohammed) nach Taourirt (40 Dh), von wo aus Züge nach Casablanca starten.

ÖSTLICH VON NADOR

Östlich von Nador, auf der anderen Seite der Lagune, bildet eine Mischung aus Salzmarsch und Sanddünen die Küste, die eine Vielzahl von Vögeln anzieht, u. a. auch Rosaflamingos. Hier gibt's zwei heruntergekommene Orte: **Kariat Arkmane** und **Ras el-Maa**. In beiden Orten finden sich im Sommer einfache Campingplätze, die mit dem Bus zu erreichen sind, aber abgesehen von den Vögeln gibt's nicht wirklich einen Grund, extra hierher zu kommen. Wenn man allerdings sowieso vorbeikommt, kann man bei Ras el-Maa halten und zum Leuchtturm laufen, von wo aus die Islas Chafarinas, das letzte Stückchen Spanien an der Nordküste (s. Kasten S. 201), zu sehen sind.

BERKANE

80 000 Ew.

Berkane, eine staubige, moderne Stadt, liegt etwa 80 km südöstlich von Nador an der Straße nach Oujda. Reisenden dient es als Durchgangsort, aber auch Benzinschmuggler strömen hier auf ihren nächtlichen Streifzügen nach Algerien durch wie Fledermäuse aus der Hölle. Der Ort kann auch als Ausgangspunkt zur Erkundung des Beni-Snassen-Massivs genutzt werden; allerdings gibt es näher an den Bergen noch bessere Unterkünfte.

Im Ort findet man sich leicht zurecht: Er erstreckt sich entlang des Blvd Mohammed V, der von der grün-weißen Moschee im Westen (in den Bäumen sind viele Storchennester zu entdecken) zum großen Kreisverkehr am anderen Ende führt, der von einem großen, rosafarbenen Gerichtsgebäude dominiert wird. Hier befinden sich die Post und jede Menge Geldautomaten. Auf halbem Weg liegt der Hauptplatz mit dem CTM-Busbahnhof auf der Südseite und einer Tankstelle gegenüber.

Sehenswertes & Aktivitäten

Die einzige Sehenswürdigkeit in Berkane ist die **Französische Kirche** (☎ 0536 610289; ⏰ Mo–Sa 8.30–12 & 14.30–18 Uhr, Mi nachmittags geschl.). Sie wurde 1909 errichtet und war das Lebenswerk eines einzigen Priesters mit einer sehr toleranten Auffassung von Religion. Innen findet sich eine seltsame Verschmelzung von Alchemie, Astrologie und biblischen Szenen, die nach Marokko verpflanzt und alle von dem Priester selbst gemalt wurden. Von der Grand Mosquée geht es den Blvd Mohammed V hinunter und dann bei Maroc Telecom nach links. Die Kirche liegt geradeaus.

Sie beherbergt mittlerweile die Association Homme et Environment (Vereinigung Mensch & Natur), eine engagierte, außergewöhnliche einheimische Gruppe von Umweltschützern. Der Präsident der Vereinigung, Nadjib Bachiri, spricht fließend Englisch und leitet gerne geführte Touren. Der Eintritt ist frei, aber Spenden für die Organisation sind mehr als willkommen.

Schlafen & Essen

Die meisten Gelegenheiten zum Schlafen und Essen liegen entlang oder in der Nähe des Blvd Mohammed V. Daneben sollte kurz nach der Recherche das neue gehobene Hotel Rosalina auf dem Blvd Mohammed V eröffnet werden, in dem die Doppelzimmer um die 400 Dh kosten sollen.

Hotel Mounir (☎ 0536 611867; 54 Blvd Mohammed V; Zi. 50–70 Dh/Pers.) Günstiges Hotel neben der Grande Mosquée. Man bekommt ein sauberes Zimmer für Selbstversorger mit heißer Dusche und einem Weckruf vom Muezzin am frühen Morgen.

Hotel Zaki (☎ 0536 613743; 27 Rte d'Oujda; EZ/DZ inkl. Frühstück 360/420 Dh; ❄) Dieses Vier-Sterne-Hotel liegt 400 m östlich vom wichtigsten Kreisverkehr. Das obere Stockwerk sieht aus wie ein Designergalerie: Jedes einzelne Zimmer ist in individuellem Stil geschmackvoll eingerichtet. Aber Vorsicht mit den Teppichen, die schon seit Jahren in wildem Durcheinander auf den Treppen liegen.

Café du Jardin (Blvd Mohammed V; ⏲ 5–20 Uhr) Die Gäste sind fast nur männlich, aber dieses Café in einem Garten gegenüber vom Hauptplatz hat die meiste Atmosphäre in Berkane.

Café Royal (Blvd Mohammed V) In der Nähe des Hauptplatzes. Die Einheimischen mampfen hier Pizza.

An- & Weiterreise

Berkanes Bushaltestellen und Taxistände sind in der ganzen Stadt verstreut. Das **CTM-Büro** (☎ 0656 613992) liegt neben dem Café Laetizia auf der Westseite des Hauptplatzes. Am frühen Abend gibt es nur je einen Bus nach Fès (100 Dh, 6 Std.), Meknès (110 Dh, 7½ Std.), Rabat (150 Dh, 10 Std.), Casablanca (17 Dh, 11 Std.) und Oujda (15 Dh, 1 Std.). Auch die Langstreckenbusse nach Spanien starten hier.

Die meisten anderen Langstreckenbusse sammeln sich in den Straßen hinter der CMH-Tankstelle und fahren ebenfalls zu den genannten Orten. Busse nach Nador (18 Dh, 1 Std.) halten direkt hinter der Tankstelle und fahren bis nachmittags stündlich.

Örtliche Busse nach Taforalt (8 Dh, 30 Min.) starten zweimal täglich neben dem Hotel Mounir, und Grands Taxis nach Taforalt (10 Dh, 25 Min.) und Nador (25 Dh, 1 Std.) stehen auf dem Platz auf der anderen Straßenseite zwischen Shell-Tankstelle und Brücke.

Grands Taxis nach Oujda (17 Dh, 1 Std.) fahren in der Nähe des Busbahnhofs ab. Nach Saídia (8 Dh, 15 Min.) oder Ras el-Mar (8 Dh, 15 Min.) starten sie vom Platz vor dem rosafarbenen Gerichtsgebäude am Ende des Blvd Mohammed V und nach Nador geht's vom Platz gegenüber der Großen Moschee aus.

BENI-SNASSEN-MASSIV

Viel reizvoller als Berkane ist das wunderschöne Beni-Snassen-Massiv, das die Stadt im Süden begrenzt. Das Gebirge wird zwar technisch als „Stätte von biologischem und ökologischem Interesse" bezeichnet, ist aber eigentlich ein Nationalpark. Kaum jemand denkt bei Marokko an diese grüne Gegend mit den landschaftlich schönen Schluchten, und noch weniger Leute kommen hierher.

Von Berkane nimmt man die Staatsstraße nach **Taforalt** (Tafoughalt), die durch wunderschöne Berglandschaft führt. Taforalt ist eine etwas chaotische Siedlung, die rund um eine ehemalige französische Militäreinrichtung entstand. Man betritt den Ort von Norden her, wo man eine bezaubernde Straße mit Cafés, Restaurants und einem ausgezeichneten neuen Hotel, der **Auberge de Taforalt** (☎ 0662 045119; http://taforaltclub.com; DZ/3BZ 300/400 Dh, Berberzelte 2/4 Pers. 300/500 Dh), vorfindet. In dem wunderbar kreativen Boutiquehotel nächtigt man in höhlenartigen Zimmern, die um eine gut beleuchtete, zentrale Lodge herum liegen; eine todschicke Küche gibt's auch. Kinder – oder das Kind in einem – können alternativ auch in fünf Berberzelten auf dem Dach schlafen.

Gäste der Auberge dürfen umsonst in den eleganten **Club Taforalt** (☎ 0662 045119; http://taforaltclub.com; Eintritt 10 Dh, Pool 50 Dh; ⏲ April–Sept.; ⛱) auf der anderen Straßenseite. Der bescheidene Eingang zu dieser öffentlichen Einrichtung führt zu einem eleganten Swimmingpool mit atemberaubendem Blick auf die Berge. Hier gibt's zudem einen Blumengarten, einen Spielbereich für Kinder und ein bezauberndes Restaurant aus Stein – und das alles unter einem Walddach. Wer während der Saison in diese Gegend kommt, um den Park zu erkunden, der findet in der Kombination von Auberge und Club Taforalt (die denselben Besitzer haben) den perfekten Platz für einen Urlaub in den Bergen mit jeglichem Service, der einem Aufenthalt in Berkane durchaus vorzuziehen ist.

Gite Tagma (☎ 0536 610289; Zi. inkl. VP 200 Dh/Pers.) verführt einen ebenso zum Bleiben. Authentischer oder ruhiger als in dieser abgeschiedenen, 300 Jahre alten ländlichen Lodge mit der kleinen, bewirtschafteten Farm auf halbem Weg in die Berge geht es nicht. Fünf einfache Schlafzimmer umgeben einen Gemeinschaftsbereich mit wunderschöner Aussicht auf die mit Pinien übersäten Canyons. Von hier aus kann man mühelos zur malerischen Moschee Sidi Ali Oussaidi wandern, die wie eine bayerische Kapelle in den Bergen thront. Auch der romantische Ort Tagma ist gut zu erreichen; er liegt wie eine kleine Berberfestung im Tal darunter. Oder man lehnt sich einfach mit einem Buch zurück und träumt. Der *gîte* (französisch für Herberge) ist ein Gemeinschaftsprojekt des Besitzers und der Assocation Homme et Environment (S. 240) und ein Musterbeispiel für die Entwicklung des Agrotourismus in dieser Gegend. Die Unterkunft ist nach etwa 15 km auf der Staatsstraße von Berkane nach Taforalt ausgeschrieben. Man sollte es sich auf keinen Fall entgehen lassen, von einem Esel hinaufgetragen zu werden – einfach den Besitzer fragen.

Kurz nachdem man Taforalt, von Berkane kommend, betreten hat, geht es an der Post links ab und dann gleich wieder links, und nun folgt man den Schildern zum Infostand. Hier erwartet einen eine kleine, aber gut gemachte Ausstellung über die Geschichte des Parks und eine Aussichtsplattform mit traumhaftem Blick auf einen Tafelberg in der Ferne. Mit etwas Glück bekommt man ein Mähnenschaf mit seinen großen Hörnern im angrenzenden Reservat zu Gesicht. Sie wagen sich meist gegen 16 Uhr heraus, wenn es kühler wird.

Etwa 2 km die Staatsstraße wieder hinunter befindet sich rechts eine Abzweigung zu zwei *grottes* (Höhlen). Die **Grottes des Pigeons** (1 km) sind eine aktive Ausgrabungsstätte der Oxford University. Hier wurden menschliche Hinterlassenschaften aus dem Pleistozän entdeckt, u. a. einige der ältesten Schmuckstücke (80 000 Jahre alt). Nach weiteren 5 km gelangt man zu den **Grottes de Chameau**, einem Höhlenkomplex mit mehreren Ebenen und drei Eingängen, der wegen Überschwemmungsschäden mehrere Jahre geschlossen war. Noch einmal 3 km weiter befinden sich die hübsche **Zegzelschlucht** und eine wunderschöne Serpentinenstraße. Man sollte die Gelegenheit nutzen und Kumquats, ein einheimisches Erzeugnis, probieren; sogar die Römer haben diese erwähnt.

Ein Abstecher zur Quelle des **Charaâ** lohnt sich. Man folgt den Schildern zu dem kleinen Weiler Zegzel, 2 km eine Seitenstraße hinauf. Am Ende der Straße findet man einen beliebten Picknickplatz in der Nähe der Stelle, an der der Fluss aus den Felsen sprudelt. Nicht weit von hier führt eine spektakuläre Straße über einen Grat gen Osten nach Oujda. Für sie braucht man ein Auto mit Allradantrieb und eine gute Karte, und man muss früh losfahren.

Wer kein eigenes Auto hat, mietet sich am besten in Berkane ein Grand Taxi, um in den Park zu gelangen. Für zwei Stunden bezahlt man mindestens um die 200 Dh; nicht alle Fahrer sind bereit, ihren Autos die schlechten Straßen in der Nähe des Weilers Zegzel zuzumuten. Günstiger ist ein Bus oder ein Grand Taxi nach Taforalt, und dann geht man zu Fuß hinunter. In Berkane fahren jeden Morgen (8 Dh, 30 Min.) zwei Busse hin und am Nachmittag wieder zurück. Grands Taxis kosten 10 Dh; sie fahren am häufigsten an Markttagen (Mi & So) .

SAÏDIA

3000 Ew.

Zum Zeitpunkt der Recherche war ein Großteil von Saïdia im Umbruch begriffen: Fadesa, ein spanisches Bauunternehmen, das von Marokkanern erworben wurde, war dabei, dieses verschlafene Kaff in einen großen Ferienort zu verwandeln, ähnlich wie M'Diq und Martil (ganz zu schweigen von der Costa del Sol). Die neue Straße nach Nador, die 2009 eröffnet werden soll, wird hier durchführen. Der Ort bietet einen schönen Strand und einige schon länger existierende Hotels, die mittlerweile von leeren Straßen aus neuem Asphalt umgeben werden. Man kann nur hoffen, dass dabei nicht so etwas herauskommt wie die neuen Anlagen westlich der Stadt, die einfach schrecklich sind. Eine aussagekräftige Beschreibung lässt sich erst dann geben, wenn die Kräne abgezogen sind.

Die nahe Grenze zu Algerien bleibt geschlossen. Marokko würde sie zwar gern öffnen, aber Algerien war bis jetzt dagegen. Es gibt jedoch keinen aktiven Konflikt.

Königsstädte, Mittlerer Atlas & der Osten

Wer nach einem „Marokko en miniature" sucht, hat hier sein Ziel erreicht: Diese Region ist ein wahrer Mikrokosmos, der seine Besucher mit historischen Städten und Ruinen, umwerfenden Bergpanoramen und Wüstenoasen empfängt.

Die Ebenen im Norden waren jahrhundertelang Marokkos Kornkammer und nährten indirekt das Wachstum von Städten, deren Bewohner schließlich das Geschick des gesamten Landes lenken sollten. Die Römer waren die Ersten, die ihre Spuren in Marokko hinterließen; Überreste ihrer Kultur können in Volubilis bestaunt werden. Bis ins Mittelalter zurück reicht die Medina (Altstadt) von Fès, deren Straßengewirr zum Weltkulturerbe gehört – ein Highlight eines jeden Marokko-Aufenthalts. Es ist ein unvergessliches Erlebnis, sich durch die Gassen treiben zu lassen und versteckte Suks zu entdecken. Wer es etwas übersichtlicher mag, kann alternativ durch die kleinere Medina von Meknès, einer weiteren Königsstadt, schlendern.

Weiter südlich hat sich das Land aufgefaltet und den Mittleren Atlas geformt. In dem Gebirgszug aus Kalksteinfelsen leben Berberaffen, die einzige Affenart Marokkos. Für Wanderfans ist die Gegend ein Realität gewordener Traum, im Winter dagegen lockt sie die Oberen Zehntausend Marokkos zum Skifahren an. Jenseits der Berge liegen Städte wie Midelt, in denen trockeneres Klima und die ersten Kasbahs warten, die für den Süden des Landes typischen Zitadellen. Die Wüste ist nicht mehr weit – ist man schließlich in der Oasenstadt Figuig angekommen, sind die Olivenbäume längst Dattelpalmen gewichen.

HIGHLIGHTS

- Auf der Suche nach Suks und Souvenirs durch die verwinkelten Gässchen der Medina im historischen **Fès** (S. 244) schlendern
- Sich beim **Festival der geistlichen Musik** (S. 258) in Fès verzaubern lassen
- In der römischen Siedlung **Volubilis** (S. 284) eine Reise in die Vergangenheit unternehmen
- Die überdimensionierte königliche Architektur in **Meknès** (S. 272) bestaunen
- Einen Tag und eine Nacht durch die heilige Stadt **Moulay-Idriss** (S. 287) pilgern
- Rund um **Azrou** (S. 291) an den bewaldeten Hängen des Mittleren Atlas entlangwandern
- In dem eigenartigen Höhlensystem **Gouffre du Friouato** (S. 302) auf den Spuren der Troglodyten wandeln

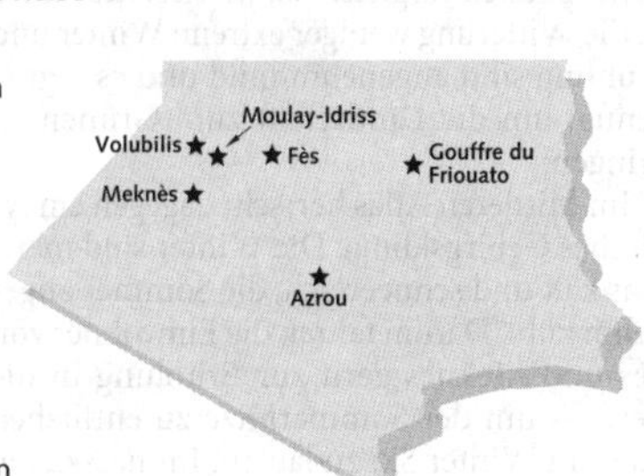

KÖNIGSSTÄDTE, MITTLERER ATLAS & DER OSTEN

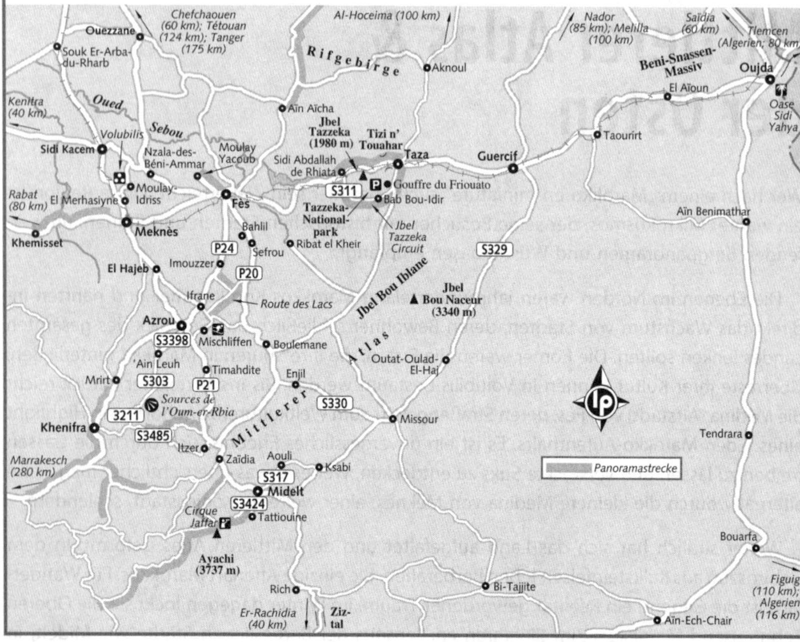

KLIMA

Die Bergregion im Süden hat ein komplett anderes Klima als die trockenen Niederungen zwischen Mittlerem Atlas und Rifgebirge im Norden und Osten. Rund um Fès und Meknès und im Osten der Region erreichen die sengend heißen Sommer im Juli und August Durchschnittstemperaturen von 30 °C, die Höchsttemperaturen klettern gar deutlich über die 40-°C-Marke. Die geringen Niederschlagsmengen sind mit dem Wüstenklima weiter südlich vergleichbar. Im Rest des Jahres ist die Witterung weniger extrem: Winter und Frühling sind angenehm mild und es regnet genug, um die Landschaft zum Grünen zu bringen.

Im Mittleren Atlas herrscht dagegen ein typisches Gebirgsklima. Die Winter sind meistens kalt und schneereich, die Sommer angenehm kühl. Darum fahren die Einwohner von Fès und Meknès gern zur Erholung in die Berge – um der Sommerhitze zu entfliehen oder im Winter Ski zu laufen. Im nasskalten Frühling blühen in den Bergen Wildblumen, so weit das Auge reicht. Die höchsten Gipfel sind oft bis in den Juni schneebedeckt.

AN- & WEITERREISE

Eine Eisenbahnlinie verbindet die größeren Städte der Region mit der Küste. Es gibt Direktverbindungen von Tanger, Rabat und Casablanca. Von Europa, vor allem Frankreich, starten Direktflüge nach Fès und nach Oujda. Von dort kann man nach Casablanca fliegen, wo man Anschluss hat zu Royal Air Marocs internationalem Flugnetzwerk.

UNTERWEGS VOR ORT

Aus Marrakesch und Casablanca fahren Züge Richtung Osten durch Meknès, Fès und Taza bis nach Oujda. Im gebirgigen Mittleren Atlas verkehren nur Busse oder Grands Taxis.

KÖNIGSSTÄDTE

FÈS

1 Mio. Ew.

In den vergangenen Jahren hat sich Fès zu einem sehr beliebten Reiseziel gemausert. Ausländische Investoren haben der Stadt zu Wohlstand verholfen, indem sie Riads in der Medina, aber auch neue Parks und Springbrunnen in der Ville Nouvelle gekauft haben. Schenkt man den westlichen Reise- und Lifestyle-Magazinen Glauben, ist Fès das neue Marrakesch.

Konfrontiert man einen Fassi mit dieser Behauptung, wird man nichts als Gelächter ernten. Fès als die neue In-Metropole? Völlig unvorstellbar. Dies ist eine alte und ausgesprochen selbstbewusste Stadt, die niemandem irgendetwas beweisen muss. Fès hat in seiner 1200 Jahre alten Geschichte Dynastien aufsteigen und untergehen sehen und diverse Booms miterlebt und wird auch noch lange, nachdem die nächste Modeerscheinung wieder von der Bildfläche verschwunden ist, fortbestehen. Fès ist die Seele und das kulturelle Zentrum des Landes – hier schlägt das Herz von Marokko.

Die Stadt wurde kurze Zeit, nachdem die Araber in den Norden Afrikas und nach Spanien vorgestoßen waren, gegründet. Die großen Dynastien haben deutliche Spuren hinterlassen, zudem hatten die muslimisch-spanischen bzw. ostarabischen Wurzeln der Bevölkerung einen prägenden Charakter. Das fruchtbare Land ringsum begünstigte ein schnelles Wachstum der Stadt, was wiederum die (Lern-)Kultur gedeihen ließ und einen entsprechenden Ruf mit sich brachte. Jeder Fassi wird gern darauf hinweisen, dass in Fès die erste Universität der Welt entstand, und zwar Jahrhunderte bevor an Bologna oder Prag überhaupt zu denken war. Mit der akademischen Bildung hielt der orthodoxe islamische Glaube Einzug: Grün ist nicht nur die Farbe des Islam, sondern auch die Farbe von Fès. Davon zeugen unzählige Kachelverzierungen und Türen.

Da Fès eine einflussreiche Stadt war, musste allen Königen daran gelegen sein, sie auf ihrer Seite zu haben bzw. zumindest von deren Bewohnern geduldet zu werden. Kein Wunder also, dass die marokkanische Unabhängigkeitsbewegung in Fès geboren wurde und es bei Streiks und Protesten hier stets besonders hoch hergeht.

Der wichtigste Touristenmagnet ist die Medina von Fès el Bali („Alt-Fès"). Die weltgrößte erhaltene muslimische Siedlung des Mittelalters wurde als erster Ort Marokkos in die Liste des Weltkulturerbes aufgenommen. Außerdem wird man kaum wo ein größeres, autofreies Areal innerhalb einer Stadt vorfinden als hier. Wer die Medina zum ersten Mal betritt, wird von vielfältigen Eindrücken übermannt werden: Es erwarten einen labyrinthartige, enge Gassen und überdachte Basare, Essensstände, Handwerkergeschäfte und Moscheen, verführerische Gerüche liegen in der Luft und der Menschenstrom scheint niemals zu versiegen. Alt und Neu prallen unentwegt aufeinander: An der nächsten Straßenecke zückt ein Mann mit Eseln und Mulis – sie sind nach wie vor das „Haupttransportmittel" – vielleicht gerade sein Handy, während Minarette wie Satellitenschüsseln die historische Skyline der Stadt prägen.

Obwohl in vielen Teilen der Medina Restaurierungsarbeiten im Gange sind, verharren große Bereiche in einem jämmerlichen Zustand. Überall stehen Baugerüste; mehr als 14 000 Gebäude müssen dringend saniert werden. Aller Medina-Romantik zum Trotz, viele Stadtbewohner waren heilfroh, als sie ihre mittelalterlich anmutenden Behausungen an Ausländer verkaufen und von dem Erlös ein modernes Apartment in der Ville Nouvelle erstehen konnten.

Besuchern sei empfohlen, sich einfach mitten ins Getümmel zu stürzen. Wenn man sich einmal an den Rhythmus der Stadt gewöhnt hat, offenbart Fès all seine – teilweise auch überraschenden – Vorzüge. Was zunächst nach einer Sackgasse aussieht, führt vielleicht zu einem Platz mit bildschönem Brunnen oder Kupferwerkstätten, aus denen gleichmäßige Hammerschläge erschallen. Und hinter Holztüren mit feinen Schnitzereien kann sich eine *medersa* (Koranschule) oder ein restauriertes Riad verbergen – sich in Fès zu verlaufen, stellt den Auftakt zu einem ganz besonderen Abenteuer dar.

Geschichte

Idriss I., der Begründer der ersten marokkanischen Königsdynastie, beschloss im Jahr 789, eine großartige neue Hauptstadt zu bauen, da ihm Oualili (Volubilis) zu klein geworden war. Bevor er jedoch seinen Plan verwirklichen konnte, starb er. Als Gründer von Fès ging deshalb sein Sohn Idriss II. in die Geschichtsbücher ein, der den Traum seines Vaters realisierte. Eine *zawiya* (Sitz einer religiösen Bruderschaft am Grab eines Heiligen) mitten in Fès el Bali hält das Andenken an Idriss II. lebendig.

Bis 809 entstanden die ersten Teile von Fès. Der Name leitet sich angeblich vom arabischen Wort für Hacke her: Einer Sage nach

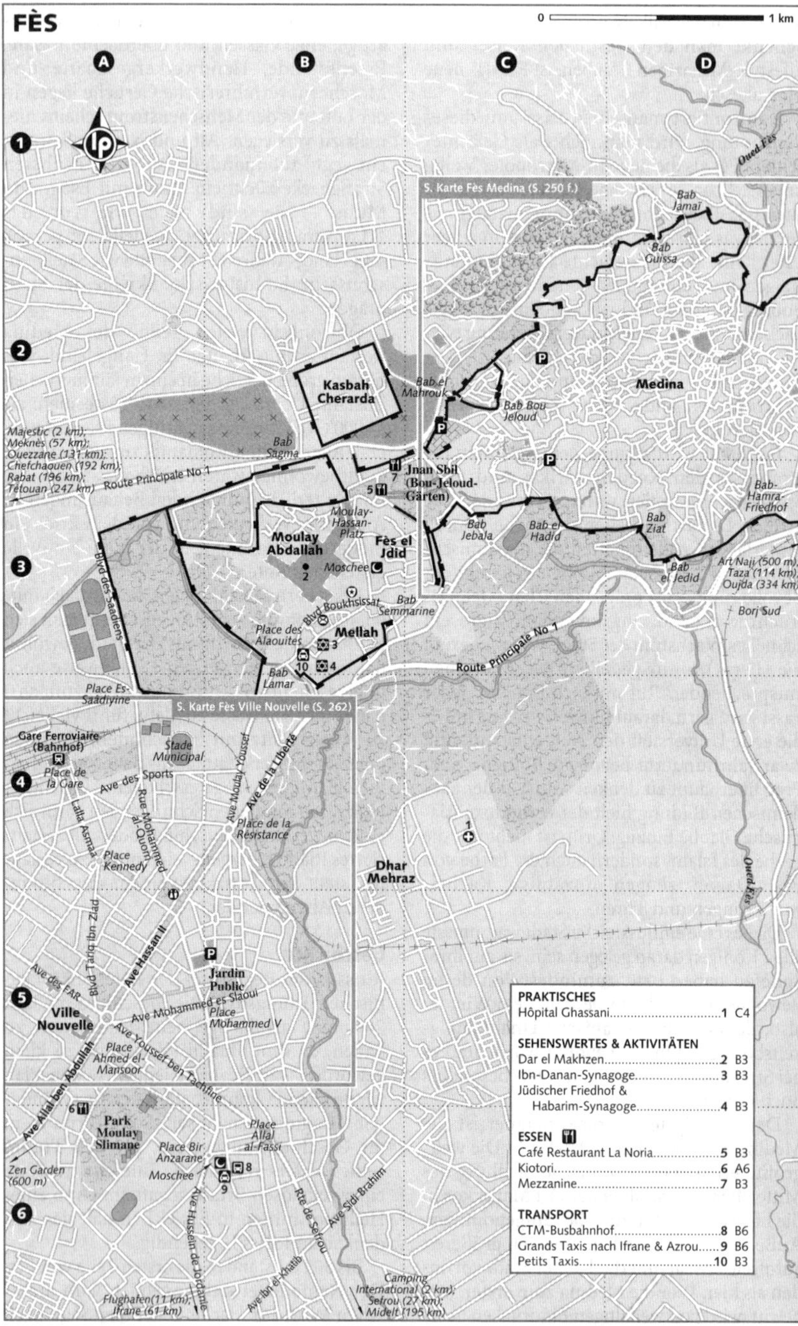
FÈS
0 1 km
A
B
C
D
1
2
3
4
5
6
S. Karte Fès Medina (S. 250 f.)
S. Karte Fès Ville Nouvelle (S. 262)
Oued Fès
Bab Jamaï
Bab Guissa
Medina
Kasbah Cherarda
Bab el Mahrouk
Bab Bou Jeloud
Majestic (2 km); Meknès (57 km); Ouezzane (131 km); Chefchaouen (192 km); Rabat (196 km); Tétouan (247 km)
Route Principale No 1
Bab Sagma
Jnan Sbil (Bou-Jeloud-Gärten)
Moulay-Hassan-Platz
Moulay Abdallah
Fès el Jdid
Moschee
Bab Jebala
Bab el Hadid
Bab Ziat
Bab-Hamra-Friedhof
Bab el Jedid
Art Naji (500 m); Taza (114 km); Oujda (334 km)
Borj Sud
Blvd des Saadiens
Blvd Boukhsissat
Bab Semmarine
Place des Alaouites
Mellah
Bab Lamar
Place Es-Saâdiyine
Gare Ferroviaire (Bahnhof)
Place de la Gare
Stade Municipal
Ave des Sports
Ave Moulay Youssef
Ave de la Liberté
Rue Mohammed al-Quorri
Lalla Asmaa
Place Kennedy
Place de la Résistance
Dhar Mehraz
Blvd Tariq Ibn Ziad
Ave Hassan II
Jardin Public
Ave des FAR
Ave Mohammed es Slaoui
Place Mohammed V
Ville Nouvelle
Place Ahmed el-Mansoor
Ave Youssef ben Tachfine
Ave Allal ben Abdullah
Park Moulay Slimane
Place Bir Anzarane
Moschee
Place Allal al-Fassi
Zen Garden (600 m)
Ave Hussein de Jordanie
Rte de Sefrou
Ave Sidi Brahim
Ave Ibn el-Khatib
Flughafen (11 km); Ifrane (61 km)
Camping International (2 km); Sefrou (27 km); Midelt (195 km)
PRAKTISCHES
Hôpital Ghassani 1 C4
SEHENSWERTES & AKTIVITÄTEN
Dar el Makhzen 2 B3
Ibn-Danan-Synagoge 3 B3
Jüdischer Friedhof & Habarim-Synagoge 4 B3
ESSEN
Café Restaurant La Noria 5 B3
Kiotori 6 A6
Mezzanine 7 B3
TRANSPORT
CTM-Busbahnhof 8 B6
Grands Taxis nach Ifrane & Azrou 9 B6
Petits Taxis 10 B3

fand man hier bei Beginn der Bauarbeiten eine goldene Spitzhacke.

Anfangs war Fès eine kleine Berberstadt. Doch schon bald ließen sich 8000 Flüchtlingsfamilien aus Al-Andalus (Andalusien) am Ostufer des Oued Fès nieder. Später dann folgten arabische Familien aus Kairouan im heutigen Tunesien, die am Westufer siedelten und das Viertel Kairaouine schufen. Die Traditionen beider Bevölkerungsgruppen bildeten eine solide Basis für den späteren religiösen, kulturellen und architektonischen Reichtum der Stadt. Die Erben von Idriss II. teilten das Königreich unter sich auf, bis ins 10. Jh. aber herrschten in Fès weiterhin Frieden und Wohlstand.

In den folgenden Jahrhunderten ging es unter wechselnden Dynastien mit Fès auf und ab. Berberinvasionen brachten Bürgerkriege und Hungersnöte. Nur mit dem Aufstieg der Almoravidendynastie trat zwischenzeitlich eine gewisse Ruhe ein. Als sie aber 1154 die Macht wieder einbüßte, flüchteten ihre Anhänger aus Fès, nicht ohne zuvor noch die Stadtmauern zu zerstören. Erst als die nachfolgende Dynastie der Almohaden sich der Loyalität der Fassis sicher war, bauten sie die Stadtmauern wieder auf. Große Teilstücke aus dieser Zeit sind bis heute erhalten.

Fès blieb eine wichtige Metropole, wenn auch ihr geistiger Einfluss größer war als der politische. Mit der etablierten Kairaouine-Moschee und -Universität war sie *das* geistige und kulturelle Zentrum eines Reiches, das von Spanien bis in den Senegal reichte. Ihre politische Stellung erlangte die Stadt erst um 1250 unter der Merenidendynastie wieder.

Als architektonisches Vermächtnis hinterließen die Mereniden (1269–1420) kunstvolle *medersas* und den Stadtteil Fès el Jdid („Neu-Fès"). Nach dem Zusammenbruch der Merenidendynastie schaffte es keines der sich um die Macht balgenden Herrscherhäuser, länger am Ruder zu bleiben. Aber oft residierten die Sultane in Fès, um ihre Kontrolle über den Norden zu festigen.

Als im 19. Jh. die Macht der Zentralregierung bröckelte und die Europäer immer einflussreicher wurden, waren die Unterschiede zwischen Marrakesch und Fès mehr und mehr verwischt: Beide Orte fungierten praktisch als Hauptstädte eines gestückelten Landes. Fès konnte sich jedoch immerhin den Status als „moralische" Hauptstadt sichern. Am 30. März 1912 wurde hier der Vertrag unterzeichnet, der Marokko zum spanischen und französischen Protektorat machte. Kaum drei Wochen später brachen Aufstände und Revolten gegen die neuen Herrscher los – ganz, als wollte die Stadt an ihre Unbeständigkeit erinnern.

Die Franzosen erkoren zwar Rabat zur politischen Hauptstadt, Fès aber blieb eine Größe, mit der man zu rechnen hatte. Hier gründete Allal al-Fassi seine Istiqlal-(Unabhängigkeits-)Partei. Jede Menge Anstöße, die Franzosen zu vertreiben, nahmen in der Stadt ihren Anfang. Und in den 1980er-Jahren brachen in Fès gewaltsame Streiks und Unruhen aus.

Der Rest des Landes empfindet gegenüber Fès und dessen langer Tradition eine gewisse Ehrfurcht – und vielleicht auch etwas Neid. Ein beachtlicher Teil der geistigen und wirtschaftlichen Elite Marokkos stammt aus der Stadt. Immer wieder heißt es (vor allem bei Fassis), wer in der Medina von Fès geboren wurde, sei ganz automatisch religiöser, kultivierter, kunstsinniger und gebildeter als Landsleute aus anderen Regionen. Und auch die Frauen aus Fès gelten als die elegantesten Marokkos, als die besten Köchinnen und als die begehrtesten Ehefrauen. Die Einheimischen überraschte es daher kein bisschen, als bekannt wurde, dass die Braut Mohammeds VI. aus Fès stammte.

Orientierung

Fès hat drei Stadtteile: Fès el Bali (der Kern der Medina) im Osten, Fès el Jdid (mit dem jüdischen Viertel Mellah und dem Königspalast) im Zentrum und die Ville Nouvelle, das von den Franzosen errichtete moderne Verwaltungsviertel, im Südwesten. Da die Bevölkerung permanent wächst, hat sich die Stadt inzwischen über die Ville Nouvelle hinaus auf die Hänge im Norden und Süden ausgedehnt.

Fès el Bali ist für Besucher eindeutig das spannendste Viertel. Hauptzugänge sind das Bab Bou Jeloud und das Batha in der Nordwestecke. Die Ville Nouvelle ist im typischen französischen Kolonialstil mit breiten Alleen, Plätzen und Parks angelegt. Der Blvd Mohammed V verläuft in Nord-Süd-Richtung über die Place Mohammed V und kreuzt die Hauptstraße Ave Hassan II. An diesen beiden Straßen findet man die meisten Restaurants und Mittelklassehotels sowie Post und Banken.

Zwischen Ville Nouvelle und Medina verkehren zahlreiche Stadtbusse. Sie fahren über die Ave de la Liberté und von dort Richtung

Norden oder Süden an der alten Stadtmauer entlang, vorbei am Bab el Jedid oder Bab el Mahrouk. Alternativ geht's zu Fuß von der Ave Hassan II über den Blvd Moulay Youssef durch die Mellah und am Königspalast (Dar el Makhzen) vorbei. Der Fußmarsch von der Place Florence bis zum Bab Bou Jeloud dauert etwa 30 Minuten.

STADTPLÄNE

Hammad Berradas tolles Buch *Fez from Bab to Bab: Walks in the Medina* enthält elf Rundgänge durch die Medina von Fès und hilft Lesern, in diesem Labyrinth unbekannte Winkel und Höfe zu entdecken. Die *Fès Medina Tourist Circuits Guides* führen Besucher auf markierten Wegen durch die Medina.

Praktische Informationen

BUCHLÄDEN

Librarie Fikr al-Moasser (Karte S. 262; 15 Rue du 16 Novembre) Hat eine kleine Auswahl an fremdsprachigen Titeln auf Lager, darunter Reiseführer.

GELD

Am Blvd Mohammed V in der Ville Nouvelle befinden sich zahlreiche Banken mit Geldautomaten; so ziemlich alle wechseln auch Geld. In der Medina sind Banken dagegen eher dünn gesät. Hier zwei Adressen:

Banque Populaire (Karte S. 250 f.; Ave des Français; Mo–Do 8.45–12 & 14.45–18, Sa 8.45–12 Uhr) Geldautomat und -wechsel.

Société Générale (Karte S. 250 f.; Ave des Français; Mo–Do 8.45–12 & 14.45–18, Fr 8.45–11, Sa 8.45–12 Uhr) Geldautomat und -wechsel.

INTERNETZUGANG

Cyber Batha (Karte S. 250 f.; Derb Douh; 10 Dh/Std.; 9–22 Uhr) Praktisch: Hat Tastaturen mit englischer (und französischer) Tastenbelegung.

Cyber Club (Karte S. 262; Blvd Mohammed V; 6 Dh/Std.; 9–22 Uhr)

Teleboutique Cyber Club (Karte S. 262; Blvd Mohammed V; 7 Dh/Std.; 9–23 Uhr) Über der Téléboutique an der Ecke.

KULTURZENTREN

Institut Français (Karte S. 262; ☎ 0535 623921; www.institutfrancaisfes.com; 33 Rue Loukili) Organisiert Filmvorführungen, Konzerte, Ausstellungen und Theaterstücke.

MEDIEN

L'Agenda Kostenloses, im Zwei-Wochen-Takt erscheinendes, französischsprachiges Magazin, erhältlich bei der Touristeninformation sowie in einigen Riads und Restaurants. Herausgeber ist der regionale Tourismusverband.

The View From Fez (riadzany.blogspot.com) Aktuelle Nachrichten usw. aus Fès.

MEDIZINISCHE VERSORGUNG

Hôpital Ghassani (Karte S. 246; ☎ 0655 622777) Eines der größten Krankenhäuser der Stadt (östlich der Ville Nouvelle im Bezirk Dhar Mehraz).

Nachtapotheke (Karte S. 262; ☎ 0535 623493; Blvd Moulay Youssef; 21–6 Uhr) Im Norden der Ville Nouvelle; jeweils ein Arzt und ein Apotheker sind im Dienst.

POST

Hauptpost (Karte S. 262; Ecke Ave Hassan II & Blvd Mohammed V) Für postlagernde Sendungen muss man sich ganz links halten, der Paketschalter hat einen eigenen Eingang.

Post (Karte S. 250 f.; Place Batha) In der Medina; mit Geldautomat.

REISEBÜROS

Carlson Wagonlit (Karte S. 262; ☎ 0535 622958; Fax 0535 624436) Hinter dem Zentralmarkt; bucht Flüge und Fähren.

TOURISTENINFORMATION

In der Medina gibt es keine Touristeninformation.

Syndicat d'Initiative (Touristeninformation; Karte S. 262; ☎ 0535 623460; Place Mohammed V)

Gefahren & Ärgernisse

Verglichen mit ähnlich großen Städten in Industrienationen ist Fès sicher. Dennoch sollte man nicht spätabends allein durch die Medina laufen – das gilt besonders für Frauen. Es ist schon vorgekommen, dass Touristen mit Messern bedroht und beraubt wurden. Auf Anfrage werden viele Hotels und Restaurants zu vorgerückter Stunde Taxis oder andere Transportmittel für ihre Gäste organisieren.

Die *faux guides* (inoffizielle Führer) und Schlepper der Teppichhändler von Fès sind berüchtigt. Sie haben es auf die Dirhams ahnungsloser Touristen abgesehen. *Faux guides* lungern vor allem am Bab Bou Jeloud herum, dem westlichen Haupttor der Medina. Ihre Zahl ist aber stark zurückgegangen, nachdem die Regierung diverse Razzien hat durchführen lassen.

Doch auch viele offizielle Fremdenführer werden Besucher dazu drängen, ihren Rundgang in eine Shoppingtour zu verwandeln. Dabei kann der Druck, etwas zu kaufen, richtig heftig werden. Die Teppichhändler von Fès sind Meister ihres Faches. Wer nichts kaufen will, sollte erst gar keinen Fuß in ihre Läden setzen: Die Fülle schöner Teppiche kann selbst den willensstärksten Traveller dazu verführen, etwas mitzunehmen, was er eigentlich gar nicht will (honigsüße Behauptungen, der Teppich ließe sich später mit großem Gewinn bei eBay weiterverkaufen, sind mit äußerster Vorsicht zu genießen). Wer in Begleitung eines Fremdenführers einen Laden betritt, sollte sich darüber im Klaren sein, dass dessen Provision immer auf den Preis draufgeschlagen wird. Shoppen in Fès muss aber nicht in einen Kampf ausarten: Am besten betrachtet man es als Spiel – und stellt sich entsprechend darauf ein.

Die Schlepper, die früher am Bahnhof von Fès auf Kundenfang waren, steigen heute oft schon in Sidi Kacem in die Züge in die Stadt ein. Besonders gegenüber freundlichen jungen Männern, die sich als Studenten oder Lehrer auf der Heimreise ausgeben, sollte man misstrauisch sein: Nicht selten haben sie „Brüder", die ein Hotel, einen Teppichhandel oder Ähnliches betreiben.

Sehenswertes

MEDINA (FÈS EL BALI)

Wer Fès el Bali im Anschluss an die Ville Nouvelle besichtigt, wird sich wie ein Zeitreisender fühlen: Der Grundriss der Medina ist seit fast einem Jahrtausend praktisch unverändert – aufgrund der umliegenden Hügel konnte sich die Altstadt nicht weiter ausdehnen. Zuletzt wurde die traditionelle Medina im 13. Jh. erweitert; damals entstand Fès el Jdid (S. 254). Heute leben ca. 150 000 Fassi in dem Labyrinth aus schmalen Straßen, Sackgassen und versteckten Suks, das für Besucher einer der verwirrendsten und zugleich umwerfendsten Orte in ganz Marokko ist.

Das Bab Bou Jeloud im Westen ist das Haupttor zur Altstadt. Zwei Hauptstraßen führen in die Medina hinab: die Talaa Kebira (Große Steige) linker Hand und die Talaa Seghira (Kleine Steige) rechter Hand. Nahe der Place an-Nejjarine treffen sie wieder aufeinander. Von dort aus ist es nur noch ein Katzensprung zur Kairaouine-Moschee und zum Mausoleum Zawiya Mulai Idris II, dem Herzen der Altstadt. Weiter geht's bergauf zu den nördlichen Toren Bab Guissa und Bab Jamaï. Oder man schlendert nach Süden zum Bab R'cif, einem der wenigen Bereiche der Medina, in dem Autos fahren dürfen.

In diesem Kapitel sind die wichtigsten Sehenswürdigkeiten aufgelistet. Diese machen aber nur einen Bruchteil des eigentlichen Charmes der Medina aus. Es lohnt sich also, einfach drauflos zu laufen und sich von Gerüchen oder Geräuschen leiten zu lassen. Sie führen zu Frauen mit Bündeln frischer Gewürze, Kindern, die Tabletts voller Brotlaibe in das Backhaus um die Ecke tragen, oder Cafés, in denen würziger Kaffee angeboten wird. Vielleicht stößt man unterwegs auf einen bildschönen Mosaikbrunnen, eine Werkstatt, in der hölzerne Hamam-Eimer hergestellt werden, einen Kamelkopf, der auf einen spezialisierten Metzger hinweist, oder eine Gruppe Kinder, die in ihrer Straße Fußball spielen. Die Mulitreiber weisen derweil mit einem lautstarken *balak* (Achtung) darauf hin, dass sich ein schwer beladenes Packtier nähert. Und regelmäßig wird man den Ruf des Muezzin vernehmen.

Es ist gar nicht so leicht, sich hier zurechtzufinden. Früher oder später wird man sich unter Garantie verlaufen, doch das gehört zur ultimativen Fès-Erfahrung einfach dazu. Tipp: auf die „Hauptstraßen" achten, die entweder zu einem Tor oder Wahrzeichen führen, oder den Menschenmassen folgen. Wer mag, kann auch die Ladenbesitzer nach dem Weg fragen oder sich für ein, zwei Dirhams von eifrigen Kindern helfen lassen.

Kairaouine-Moschee & Universität

Der **Moschee-Komplex** (**Mosquée El Kairaouine**; Karte S. 250 f.), der größte in ganz Afrika, beherbergt die wahrscheinlich älteste Universität der Welt. Zudem ist er das spirituelle Zentrum von Fès und ganz Marokko. Tunesische Flüchtlinge errichteten das Bauwerk 859, im 12. Jh. wurde es von den Almoraviden, einer Berberdynastie, erweitert. Es bietet Platz für bis zu 20 000 Gläubige. Wer sich einen Gesamteindruck von dieser riesigen Moschee machen will, wird Schwierigkeiten haben – im Verlauf der Jahrhunderte sind die Straßen und Häuser des Kairaouine-Viertels so nah an das Gebäude „herangerückt", dass seine eigentliche Form kaum noch zu erkennen ist. Nicht-Muslime dürfen die vor Kurzem renovierte Moschee nicht betreten und werden sich damit begnügen müssen, von den Toren an der Talaa Kebira und an der Place as-Seffarine einen Blick auf die schier unzähligen Säulen zu werfen. Tipp: Die Moschee mit ihrem grünen pyramidenförmigen Dach und

FÈS MEDINA

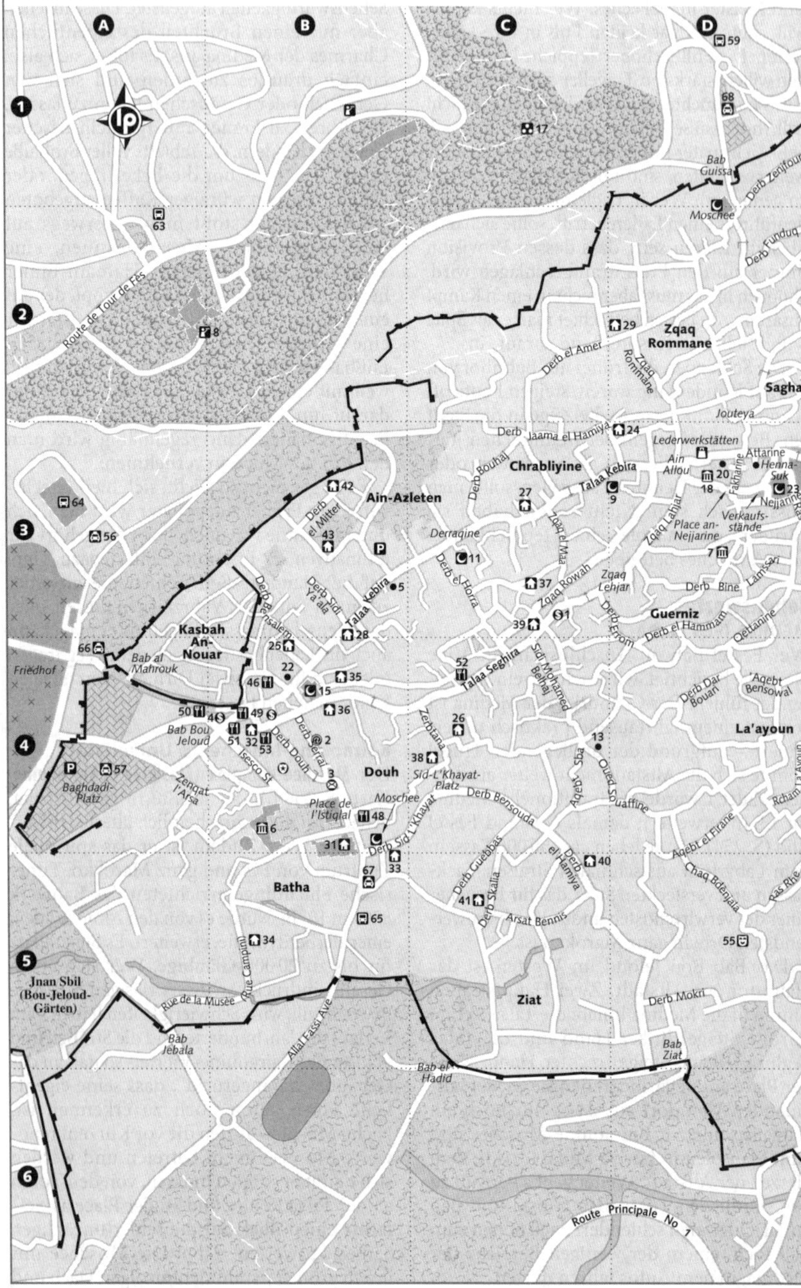
A
B
C
D
1
2
3
4
5
6
17
59
68
63
8
Route de Tour de Fès
Bab Guissa
Derb Zenjfour
Moschee
Derb Funduq
29
Zqaq Rommane
Zqaq Rommane
Derb el Amer
Sagha
Jouteya
Derb Jaama el Hamiya
24
Lederwerkstätten
Attarine
Henna-Suk
Ain Allou
20
18
23
Fakharine
Nejjarine
Ras
Verkaufs-stände
Place an-Nejjarine
Chrabliyine
Derb Bouhaj
Talaa Kebira
9
27
42
Ain-Azleten
Derb el Mitter
43
P
64
56
Derraqine
11
Zqaq el Maa
Derb el Horra
7
Lamsari
Derb Bine
Zqaq Lehjar
Zqaq Lehjar
37
Zqaq Rowah
Derb Sidi Ya ala
Talaa Kebira
5
28
Derb Bensalem
Kasbah An-Nouar
Bab al Mahrouk
66
Friedhof
25
22
46
15
35
52
Talaa Seghira
39
1
Derb Errom
Guerniz
Derb el Hammam
Qettanine
Sidi Mohammed Belhaj
Derb Dar Bouan
Aqebt Bensowal
La'ayoun
50
4
49
51
32
53
36
Bab Bou Jeloud
Derb Douh
Derb Serraj
2
26
Zerbtana
13
Aqebt Sba
Oued Souaffine
Rcham La'Ayoun
P
57
Baghdadi-Platz
Isesco St
Zenqat l'Arsa
3
Douh
38
Sid-L'Khayat-Platz
Derb Bensouda
Place de l'Istiqlal
48
Moschee
6
31
Derb Sid L'Khayat
33
67
Batha
Derb el Hamiya
40
Aqebt el Firane
Chaq Bdenjala
Ras Rhe
Derb Guebbas
Derb Skalia
41
Arsat Bennis
65
34
55
Jnan Sbil (Bou-Jeloud-Gärten)
(Rue Campini)
Rue de la Musée
Allal Fassi Ave
Ziat
Derb Mokri
Bab Jebala
Bab el Hadid
Bab Ziat
Route Principale No 1

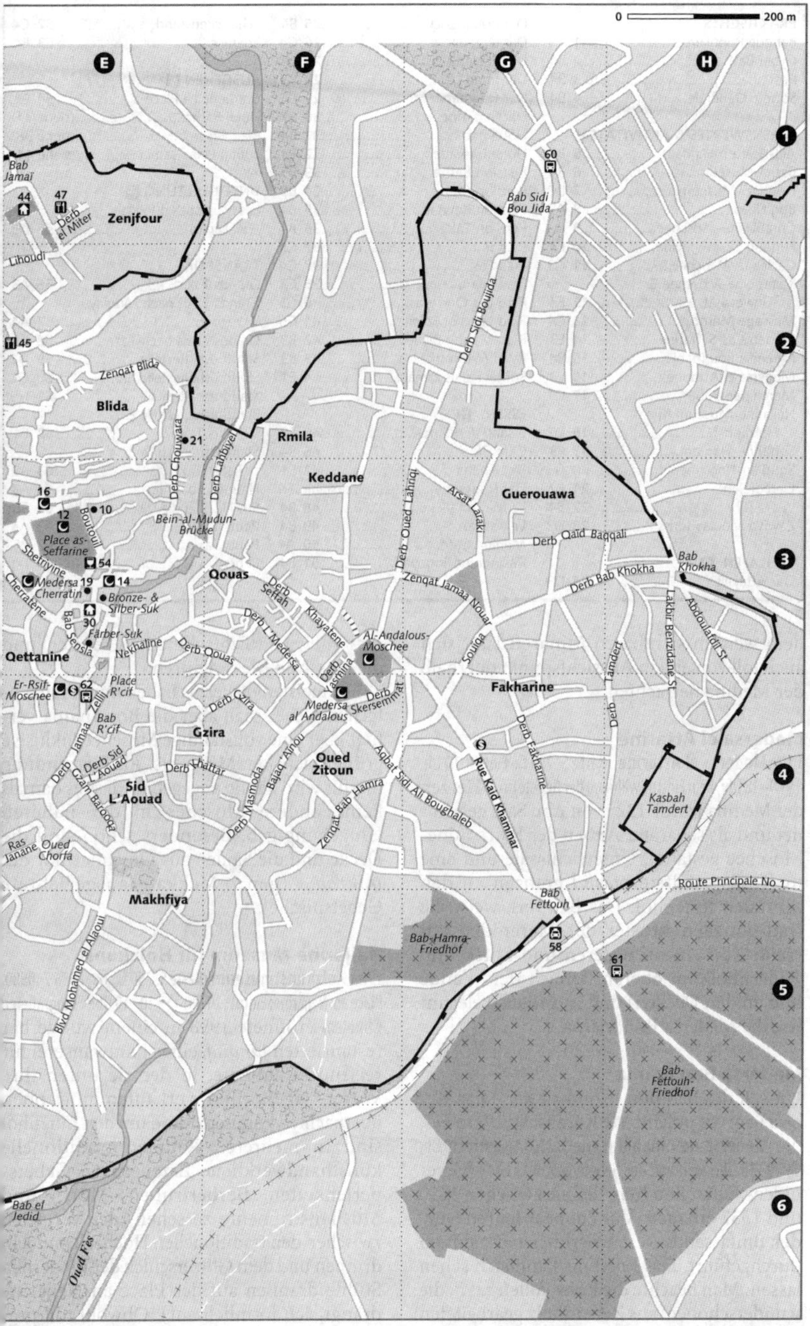

KÖNIGSSTÄDTE, MITTLERER ATLAS & DER OSTEN

PRAKTISCHES
Banque Populaire **1** C3
Cyber Batha **2** B4
Post **3** B4
Société Générale **4** B4

SEHENSWERTES & AKTIVITÄTEN
Ain-Azleten-Hamam **5** B3
Batha-Museum **6** B4
Belghazi-Museum **7** D3
Borj Nord **8** A2
Chrabliyine-Moschee **9** D3
Funduq Tastawniyine **10** E3
Gazleane-Moschee **11** C3
Kairaouine-Moschee & -Universität **12** E3
Massage Maroc **13** C4
Medersa as-Seffarine **14** E3
Medersa Bou Inania **15** B4
Medersa el Attarine **16** E3
Merenidengräber **17** C1
Nejjarine-Museum für Holzkunst **18** D3
Seffarine-Hamam **19** E3
Souq an-Nejjarine **20** D3
Gerbereien **21** E2
Wasseruhr **22** B4
Zawiya Moulay Idriss II **23** D3

SCHLAFEN
Dar Attajalli **24** D3
Dar Bouânania **25** B4
Dar Dmana **26** C4
Dar El Hana **27** C3
Dar Iman **28** B3
Dar Roumana **29** D2
Dar Seffarine **30** E3
Hôtel Batha **31** B4
Hôtel Cascade **32** B4
Pension Batha **33** B5
Pension Campini **34** B5
Pension Kawtar **35** B4
Pension Talaa **36** B4
Riad 9 **37** C3
Riad Fès **38** C4
Riad Laaroussa **39** C3
Riad Les Oudayas **40** C5
Riad Lune et Soleil **41** C5
Riad Maison Bleue **42** B3
Ryad Mabrouka **43** B3
Sofitel Palais Jamaï **44** E1

ESSEN
B'sara-Verkäufer **45** E2
Café Clock **46** B4
Dar Anebar **47** E1
Dar Roumana (siehe 29)
La Maison Bleue **48** B4
Le Kasbah **49** B4
Médina Café **50** A4
Restaurant Bouayad **51** B4
Schneckenstand **52** C4
Thami's **53** B4

AUSGEHEN
Cremerie La Place **54** E3
Hotel Batha (siehe 31)
Riad Fès (siehe 38)
Sofitel Palais Jamaï (siehe 44)

UNTERHALTUNG
Les Musicales du Palais el Mokri **55** D5

TRANSPORT
Grands Taxis **56** A3
Grands Taxis nach Moulay Yacoub **57** A4
Grands Taxis nach Taza **58** G5
Stadtbushaltestelle **59** D1
Stadtbushaltestelle **60** G1
Stadtbushaltestelle **61** H5
Stadtbushaltestelle & Petits Taxis **62** E4
Stadtbushaltestelle & Petits Taxis **63** A2
Hauptbusbahnhof **64** A3
Bus Nr. 9 in die Ville Nouvelle **65** B5
Petits Taxis **66** A4
Petits Taxis **67** B5
Petits Taxis **68** D1

dem weithin sichtbaren Minarett lässt sich auch toll von einem Aussichtspunkt oberhalb der Medina betrachten.

Medersa el Attarine

Die **Medersa el Attarine** (Karte S. 250 f.; Eintritt 10 Dh; 9–18 Uhr, kein Eintritt während der Gebete) im Herzen der Medina wurde 1325 von Abu Said gegründet und als separater Anbau der Kairaouine-Moschee gestaltet. Unterrichtssäle und eine maßvoll gestaltete *masjid* grenzen an den zentralen Innenhof. Das Bauwerk weist die traditionellen Muster der Mereniden auf (*zellij*-Kacheln im unteren und Stuck und Zedernholz im oberen Bereich der Wände und an den Decken) und ist genauso elegant wie die Medersa Bou Inania.

Medersa Bou Inania

Unweit des Bab Bou Jeloud an der Talaa Kebira liegt die prächtigste Koranschule von Fès, die **Medersa Bou Inania** (Karte S. 250 f.; Eintritt 10 Dh; 9–18 Uhr, während der Gebete geschl.). Der Mereniden-Sultan Bou Inan ließ sie zwischen 1350 und 1357 erbauen. Vor ein paar Jahren wurden umfassende Restaurierungsmaßnahmen durchgeführt. Das Ergebnis kann sich sehen lassen: Man beachte die kunstvollen *zellij*, die wunderschönen, aus Zedernholz gearbeiteten *mashrabiyyas* (Sichtschutz fürs Fenster) und die massiven Messingtüren.

Die meisten *medersas* haben nur einen einfachen Gebetssaal, aber die Bou Inania verfügt über eine vollständige Moschee inklusive grüngekachelten Minaretts. Als Begründung hierfür wird häufig angegeben, dass es damals keine andere Moschee in der näheren Umgebung gab. Besonders schön sind die Decke und die Säulen aus Onyxmarmor der *mihrab* (gen Mekka ausgerichtete Gebetsnische).

Nejjarine-Museum für Holzkunst

Das **Holzkunstmuseum** (Karte S. 250 f.; ☎ 0535 740580; Place an-Nejjarine; Eintritt 20 Dh; 10–19 Uhr; Fotografieren verboten) eröffnete 1998 in einem wunderbar restaurierten *funduq*, einer Karawanserei für reisende Kaufleute, in der sie unten ihre Waren lagern und verkaufen und oben übernachten konnten. Rund um den Innenhof sind in mehreren Räumen traditionelle kunsthandwerkliche Erzeugnisse, Gebetsperlenketten, Berbertruhen, Möbel und Musikinstrumente zu sehen (der Vergleich zwischen den traditionellen Hochzeitsmöbeln drinnen und dem Glitzerschick der modernen Stühle draußen auf der Place an-Nejjarine drängt sich förmlich auf). Obwohl toll präsentiert, werden die Ausstellungsstücke von dem faszinierenden Gebäude etwas in den Schatten gestellt. Das Dachcafé bietet einen herrlichen Blick über die Altstadt. Fotos schießen ist verboten.

Batha-Museum

Dieser wunderschöne Sommerpalast aus dem 19. Jh. dient seit 1916 als **Museum** (Karte S. 250 f.; ☎ 0535 634116; Rue de la Musée, Batha; Eintritt 10 Dh; ⌚ Mi–Mo 8.30–12 & 14.30–18 Uhr). Hier werden traditionelle marokkanische Kunstwerke und Kunsthandwerkserzeugnisse ausgestellt, beispielsweise feine Holzschnitzereien, *zellij* und verzierte Gipselemente. Viele Exponate stammen aus den zerstörten bzw. maroden *medersas* der Stadt. Darüber hinaus können typische Fassi-Stickarbeiten, bunte Berberteppiche und antike Instrumente besichtigt werden.

Das eigentliche Highlight ist die Keramiksammlung mit Arbeiten aus dem 14. Jh. bis heute. Sie umfasst u. a. ein paar phantastische Beispiele für die berühmten blauen Tonwaren aus Fès. Die bei der Herstellung verwendete Kobaltglasur entsteht bei einem speziellen Verfahren, das bereits im 10. Jh. entwickelt wurde.

Im andalusischen Museumsgarten findet man Zuflucht vor dem bunten Treiben und dem Lärm der Medina. Die Steineichen liefern eine malerische Kulisse für Open-Air-Konzerte, die hier während des Festivals der geistlichen Musik und während des Sufi-Kulturfestivals stattfinden (S. 258).

Belghazi-Museum

Das **Belghazi-Museum** (Karte S. 250 f.; ☎ 0535 741178; 19 Derb Ghorba; Eintritt 40 Dh; ⌚ 9–18.30 Uhr) ist im Privatbesitz der Familie gleichen Namens. Seine Sammlung kann fast mit der im Batha-Museum mithalten. Der Palast aus dem 17. Jh. bietet den perfekten Rahmen für erlesene Teppiche, Schmuck, Waffen und Hochzeitstruhen. Viele der Stücke sind zu verkaufen – natürlich nur, wenn der Preis stimmt.

Im Palast gibt's ein Café im schattigen Innenhof und eine Terrasse mit toller Aussicht über die Stadt. Das Museum mitten in der Medina ist von der Kairaouine-Moschee und der Place as-Seffarine aus gut ausgeschildert.

Gerberviertel

Die Chouwara-**Gerbereien** (Karte S. 250 f.; Derb Chouwara, Blida) liefern mit die typischsten Bilder (und Gerüche) von Fès. Wer von der Place as-Seffarine nach Osten oder Nordosten geht und nach 50 m links abbiegt, hat schon bald den unverkennbaren Gestank von Fellen und Färbemitteln in der Nase, der mitten ins Gerberviertel führt (spätestens die Schlepper, die einem sehr gerne den Weg zeigen wollen, sorgen dafür, dass man es nicht verfehlt).

Die Gerbereien selbst sind nicht zugänglich, aber es gibt jede Menge Aussichtspunkte an den umliegenden Straßen, die alle fest in der Hand von Lederhändlern sind (was einmal mehr für die typische Findigkeit der Fassi spricht). Von ihren Terrassen lässt sich das Treiben gut verfolgen. Am besten kommt man morgens, wenn die Bottiche mit Farbbädern

DAS LEBEN IM LEDERVIERTEL

Die Gerbereien illustrieren vielleicht am besten, wie entschlossen man in manchen Teilen Marokkos an mittelalterlichen Handwerktechniken festhält. Seit Jahrhunderten zählen marokkanische Lederwaren, besonders die aus Fès, zu den besten der Welt. Feines Saffianleder, das vor allem von Buchbindern verwendet wird, heißt auch schlicht „Maroquin".

Angeblich wird in Marokko schon seit Jahrtausenden Leder gegerbt. Und das Verfahren hat sich seit dem Mittelalter kaum verändert. Noch immer schleppen Esel die Tierhäute durch die engen Gassen zu den Bottichen, die ganz nach alter Tradition gebaut sind (ergänzt um moderne Keramikfliesen). Die Gerber sind nach den alten Zunftregeln organisiert, die meisten werden in diesen Beruf hineingeboren. Leider sind die Gesundheits- und Sicherheitsbestimmungen genauso von gestern: Gesundheitsschäden sind nichts Ungewöhnliches bei den Arbeitern, die den ganzen Tag knietief in Chemikalien waten.

Die Gerbereien stinken wie die Pest. Empfindliche Besucher bekommen oft ein paar Minzblätter in die Hand gedrückt: Wenn man sie sich unter die Nase hält, wird es etwas erträglicher (auch Regen hilft ein bisschen). Zur Verarbeitung der Tierhäute werden vor allem Schweinedung und Rinderurin (wegen der Pottasche) mit Asche verwendet. Zum anschließenden Färben nimmt man Naturstoffe wie Indigo, Safran und Mohn.

gefüllt sind. Die Händler erklären gern die Arbeitsschritte gegen ein kleines Trinkgeld oder, noch besser, einen Handel. Es wirkt zwar alles ziemlich kommerziell, eine bessere Auswahl an marokkanischem Leder zu vernünftigen Preisen wird man allerdings kaum finden.

FÈS EL JDID (NEU-FÈS)

Dass ein Viertel, das schon 700 Jahre auf dem Buckel hat, als „neu" bezeichnet wird, kann es eigentlich nur in einer so alten Stadt wie Fès geben. Der paranoide Mereniden-Sultan Abu Yusuf Yacub (1258–86) ließ den Stadtbezirk bauen und von syrischen Söldnern bewachen, um sich von seinen Untergebenen abzugrenzen. Bis heute wird etwa die Hälfte des Areals vom Königspalast eingenommen, der bei Mohammed VI. nach wie vor hoch im Kurs steht. Ein weiteres Charakteristikum von Neu-Fès ist das architektonische Erbe der frühen jüdischen Bewohner.

Der Eingang zum **Dar el Makhzen** (Königspalast; Karte S. 246; Place des Alaouites) stellt ein beeindruckendes Beispiel moderner Restaurationskunst dar, das 80 ha große Palastgelände ist der Öffentlichkeit aber leider nicht zugänglich. Besucher müssen sich daher mit dem Blick auf das imposante Messingportal zufrieden geben, das von feinen *zellij* und geschnitztem Zedernholz umgeben ist. Man beachte auch die Zitronenbäume – die Touristenführer pflücken die Früchte ganz gerne, um an den Palastpforten zu demonstrieren, dass Zitronensaft das perfekte Putzmittel ist.

Mellah

Im 14. Jh. diente Fès el Jdid als Zufluchtsort für Juden. So entstand die *mellah* (jüdisches Viertel). Aufzeichnungen zufolge sollte den Juden, denen der Sultan wohlgesonnen war, mehr Schutz geboten werden; im Gegenzug konnte er sich in schwierigen Zeiten auf ihre Loyalität verlassen. Heute leben ca. 200 Juden in Fès. Sie sind mittlerweile in die Ville Nouvelle umgezogen, ihre alten Häuser in der Mellah stehen aber noch. Diese unterscheiden sich deutlich von den muslimischen Bauten – man erkennt sie an den offenen Balkons zur Straße hin.

Im Südwesten des Viertels befinden sich der faszinierende **jüdische Friedhof & die Habarim-Synagoge** (Karte S. 246; Spenden willkommen; 🕑 7–19 Uhr). Ein Meer aus strahlend weißen Grabsteinen ergießt sich über den Hang; in abgetrennten Gräbern haben Rabbis die ewige Ruhe gefunden. Hoch oben am Nordende des Friedhofs liegt eines der ältesten Gräber. Es ist die letzte Ruhestätte von Rabbi Vidal Hasserfaty (gest. 1600). In dem großen, grün eingefassten Grab am Hang unterhalb ist die Märtyrerin Solica beigesetzt. 1834 weigerte sich das damals 14-jährige Mädchen, zum Islam zu konvertieren, und sperrte sich gegen die Annäherungsversuche des Statthalters von Tanger. Daraufhin schnitt man ihr die Kehle durch.

DIE BRUNNEN VON FÈS

Die Fassis haben seit jeher eine besondere Vorliebe für *seqqâyas* – in der Medina von Fès wird man an nahezu jeder Ecke einen öffentlichen Brunnen entdecken. Die bedeutendsten hydrotechnischen Arbeiten wurden größtenteils unter der Herrschaft der Almoraviden (1061–1147) und Almohaden (1147–1248) verrichtet. In ganz Marokko lenkte man Flüsse um, legte Seen an und baute umfassende Kanalsysteme, um die Städte mit Wasser zu versorgen. Seine Blüte erreichte der Brunnenbau aber in der Königsstadt Fès.

Angeblich gibt es weit über 60 öffentliche Brunnen in der Medina, die von Prinzen oder wohlhabenden Händlern in Auftrag gegeben wurden. Wie die Hamams befinden sie sich üblicherweise in der Nähe der Moscheen. Einige Brunnen sind sehr schlicht und bestehen aus einem einfachen Becken an einer Mauer, die meisten sind jedoch wahre Schmuckstücke aus bunten Kacheln, die häufig ein Dach aus kunstvoll geschnitztem Holz haben. Mit am schönsten ist der an-Nejjarine-Brunnen aus dem 18. Jh., verziert mit *zellij*-Kacheln und filigranen Stuckmustern, die an komplizierte Stickereien erinnern.

Noch heute holen zahlreiche Einheimische Wasser am Brunnen um die Ecke. Viele davon werden aus Quellen gespeist, andere sind nicht mehr funktionstüchtig, was eventuell auf einen Rohrbruch irgendwo unterhalb der Stadt zurückzuführen ist. Die Leidenschaft für Brunnen ist übrigens nicht auf die Medina beschränkt: Erst kürzlich wurden entlang der Ave Hassan II in der Ville Nouvelle ultramoderne Exemplare errichtet.

WAS GEHT IN DER VILLE NOUVELLE?

Im Vergleich zur Medina, die ein Fest für die Sinne bereithält, wirkt die Ville Nouvelle vielleicht eher öde. Sie ist hochmodern, aber richtig viel los ist hier nicht. Die meisten Fassis sehen das anders: Für sie ist das Viertel viel interessanter und fortschrittlicher als das „marode" Fès el Bali. In den letzten Jahren wurde sehr viel Geld in die Ville Nouvelle gepumpt. Das Resultat kann vor allem auf dem langen Blvd Ave Hassan II mit seinen gepflegten Rasenflächen, Palmen, Blumenrabatten und Brunnen begutachtet werden. Abends wimmelt es von Spaziergängern, Familien mit Kindern, aufgestylten Teenies und flirtenden Pärchen. Tipp: Ein Eis essen oder sich einfach nur so auf eine Bank hocken und Leute beobachten – die hiesige Atmosphäre ist mindestens genauso typisch für Marokko wie die Packesel in den Gassen der Altstadt.

In der Habarim-Synagoge am anderen Ende des Friedhofs ist heute ein Museum mit einem bunten Sammelsurium von Exponaten untergebracht. Man kann ein paar ergreifende Fotos und Postkarten betrachten, die nach dem jüdischen Exodus zurückgelassen wurden. Sollte das Museum geschlossen sein, kann man den Friedhofswärter bitten, für einen aufzuschließen.

Er kann Besuchern außerdem den Weg zur nahe gelegenen **Ibn-Danan-Synagoge** (Karte S. 246; Spenden erwünscht) weisen, die 1999 mit Unterstützung der Unesco restauriert wurde. Es gibt keine regulären Öffnungszeiten, normalerweise wird jedoch jemand vor Ort sein, um Besucher einzulassen und ihnen u. a. die Mikwe (Ritualbad) zu zeigen. Häuser mit auffälligen Stuckarbeiten und hölzernen bzw. schmiedeeisernen Balkons säumen die **Rue des Mérinides** (Karte S. 246).

Jnan Sbil (Bou-Jeloud-Gärten) & Baghdadi-Platz

Seit über 100 Jahren steht Besuchern diese üppig grüne **Gartenanlage** (Karte S. 250 f.; Ave Moulay Hassan) offen, die auch unter dem Namen Jnan Sbil bekannt ist. Sie liegt grob zwischen der Mellah und dem Bab Bou Jeloud und wurde zum Zeitpunkt der Recherche im großen Stil umgestaltet. Von hier aus kann man zum **Baghdadi-Platz** (Karte S. 250 f.) schlendern, einem Markt unter freiem Himmel am Rande der Medina.

NÖRDLICH DER MEDINA

Von den umliegenden Hügeln aus verschmilzt das Häusergewirr von Fès zu einer weiß gesprenkelten Sandsteinpalette. Nur hier und da setzen die grünen Ziegeldächer der Moscheen und Medersas einen Farbtupfer. Mit den schönsten Panoramablick über die Stadt bietet die Festung **Borj Nord** (Karte S. 250 f.). Sultan Ahmed al-Mansur erbaute die Bastion und ihr Pendant auf den südlichen Hügeln (Borj Sud) Ende des 16. Jhs., um die potenziell rebellische Bevölkerung von Fès in Schach zu halten.

Noch weiter bergauf liegen die **Merenidengräber** (Karte S. 250 f.). In ihrem fortgeschrittenen Verfall wirken sie geradezu dramatisch. Leider ist von ihrer prachtvollen Dekoration nur wenig übrig. Aber die spektakuläre Aussicht auf Fès lohnt trotzdem den Weg hinauf. Der schwarze Rauch, der am Südrand der Stadt aufsteigt, stammt von den Töpfereien. Besonders stimmungsvolle Momente verbringt man hier in der Abenddämmerung, wenn die Lichter erstrahlen und die Gebetsrufe der Muezzine durchs Tal hallen. Nach Einbruch der Dunkelheit sollte man sich hier allerdings nicht mehr aufhalten. Ein Taxi vom Bab Bou Jeloud kostet nicht mehr als 7 Dh; in die Medina sind es zehn Gehminuten bergab.

Aktivitäten

HAMAMS

Der Riad Maison Bleue (S. 261) und der Riad Laaroussa (S. 261) bieten tolle Privat-Spas für ein etwas opulenteres Hamam-Erlebnis (Wellnessanwendungen ab 300 Dh).

Ein guter öffentlicher Hamam ist das **Ain Azleten** (Karte S. 250 f.; Talaa Kebira, Ain Azleten; ⌚ Männer 6–12 & 20.30–23 Uhr, Frauen 12–20.30 Uhr). Es ist komfortabel, ausländerfreundlich und wurde kürzlich renoviert. Eine Runde Schwitzen kostet ca. 40 Dh; Bademeister sind dabei behilflich, dem Schmutz zu Leibe zu rücken.

Ein geniales Beispiel für traditionelle Badehausarchitektur liefert der **Seffarine-Hamam** (Karte S. 250 f.; Seffarine Sq; ⌚ Männer 6–24 Uhr, Frauen 8–22 Uhr). Es wurde vor Kurzem vom Venice Institute for Urban Sustainability zum Restaurationsobjekt erkoren. Eine Dampfbadsitzung kostet etwa 40 Dh.

MASSAGE

Massage Maroc (Karte S. 250 f.; ☎ 0668 823040; www.massagemaroc.com, franz.; 9 Derb Moulay Ismail; ⏰ nur mit Termin) Bietet u. a. Ayurveda- und Reflexzonenmassagen, Reiki, Meditation und Kundalini-Yoga an.

Stadtspaziergang: Magische Medina

Dieser Stadtspaziergang (Karte S. 257) dauert zwischen ein paar Stunden und einem ganzen Tag (je nachdem, wie viel Zeit man sich fürs Bummeln, Gucken und Staunen nehmen möchte). Er führt vom Bab Bou Jeloud zur Kairaouine-Moschee und anschließend Richtung Norden zum Sofitel Palais Jamaï.

Anders als die Stadtmauern und die übrigen Tore ist der Haupteingang zur Medina, das **Bab Bou Jeloud (1)** von 1913, noch gar nicht so alt. Jenseits des Torbogens herrscht emsige Betriebsamkeit. Früher stürzten sich hier Horden von Schleppern und *faux guides* auf bemitleidenswerte Touristen, mittlerweile wird man aber weitgehend verschont. Die Cafés (dort, wo die Straße zur Talaa Seghira abknickt) eignen sich gut, um die Gepflogenheiten der Fassi zu studieren.

Die erste Straße links nehmen, dann nach rechts gehen. An diesem Abschnitt der Talaa Kebira werden Frischwaren verkauft (nach den Metzgern Ausschau halten, die mit Kamelköpfen auf ihr spezielles Angebot hinweisen!). Als nächstes stößt man auf die **Medersa Bou Inania (2)**, ein formvollendetes Beispiel für den Baustil der Mereniden.

Gegenüber dem Eingang zur *medersa* ist eine berühmte **Wasseruhr (3)**, die im 14. Jh. von einem Uhrenmacher und Zauberer entworfen wurde: An geschnitzten Balken hatte er Messingschalen befestigt, die sich mit Wasser füllten und so Aufschluss über die Uhrzeit gaben. Das Geheimnis des Mechanismus hat der Meister wohl mit ins Grab genommen.

Etwa 400 m weiter macht die Straße einen Knick. Nun wird man das hübsche, grün gekachelte Minarett der **Chrabliyine-Moschee (4)** erspähen. Sie wurde nach den Schuhmachern benannt, die noch heute in der Umgebung ansässig sind.

Vorbei an Schuhverkäufern und einigen Lederarbeitern geht's weiter bergab. Etwa 230 m hinter der Gazleane-Moschee rechts in die Derb Fkahrine abbiegen, wo ein Schild auf einen winzigen Platz mit Bäumen weist, den **Henna-Suk (5)** (wer am Restaurant Dar Saada rauskommt, ist zu weit gelaufen). Heutzutage verkaufen die Stände mehr blaue Fès-Keramiken als Henna, das marokkanische Frauen dazu benutzen, sich bei Festen wie Hochzeiten Hände und Füße zu schmücken.

Vom Henna-Suk geht's wieder ein Stück zurück zum Restaurant Dar Saada und von dort nach Süden. Nach 50 m biegt der Weg rechts ab auf die **Place an-Nejjarine (6)**. Der große Platz wird beherrscht vom schönsten Brunnen der Stadt und einem imposanten *funduq* (Karawanserei). Das wunderbar restaurierte Gebäude beherbergt heute das **Nejjarine-Museum für Holzkunst (7)**. Die Gassen unmittelbar nördlich des Museums gehören zum **Suk an-Nejjarine** (**8**; Tischler-Suk). Hier kann man beobachten, wie Handwerker prachtvollen Hochzeitsthronen den letzten Schliff geben.

Am Südende der Place an-Nejjarine geht's links unter einer Schranke für Esel und Maultiere durch. Die Gasse voller Stände mit Kerzen und anderen Votivgaben führt zum Eingang der **Zawiya Mulai Idris II (9)**. Für Nicht-Muslime ist hier Endstation, allerdings können sie einen Blick in den strahlend hell gefliesten Innenhof werfen. Die Verehrung für Mulai Idris II. ist groß: Für viele Fassis ist sein Grabmal das Herz ihrer Stadt.

Die einfachste Route führt von hier wieder zurück zum Restaurant Dar Saada in der Talaa Kebira. Richtung Osten geht's über einen kleinen Hügel vorbei an Kleiderständen bis zu einer 100 m entfernten Abzweigung. Hier steht die **Medersa el Attarine (10)**.

Nach dem Besuch der Medersa wendet man sich nach links (Süden). Hinter der **Pâtisserie Kortouba (11)** – super für einen kleinen Stopp – hören die Läden abrupt an den Mauern der großen **Kairaouine-Moschee & -Universität (12)** auf. Die Hochschule, die sich als älteste der Welt bezeichnet, rangiert als geistiges Zentrum des Islam gleich hinter der Al-Azhar-Universität in Kairo. Zu den zahlreichen Gelehrten, die sie hervorgebracht hat, gehört auch der herausragende Historiker Ibn Khaldun. Wer Glück hat, erhascht einen Blick auf seine Nachfolger, die zu ihren Vorlesungen eilen.

Gegen den Uhrzeigersinn an den Mauern der Universität entlanglaufend, kommt man bald auf die hübsche kleine **Place as-Seffarine** (**13**; Platz der Messingschmiede). Das Hämmern der Messing- und Kupferschmiede hallt aus allen Ecken wider. Ihre riesigen Töpfe und Platten werden für Hochzeiten verliehen. Im Norden begrenzen die Mauern der Universität (und der Eingang zu ihrer Bib-

STADTSPAZIERGANG

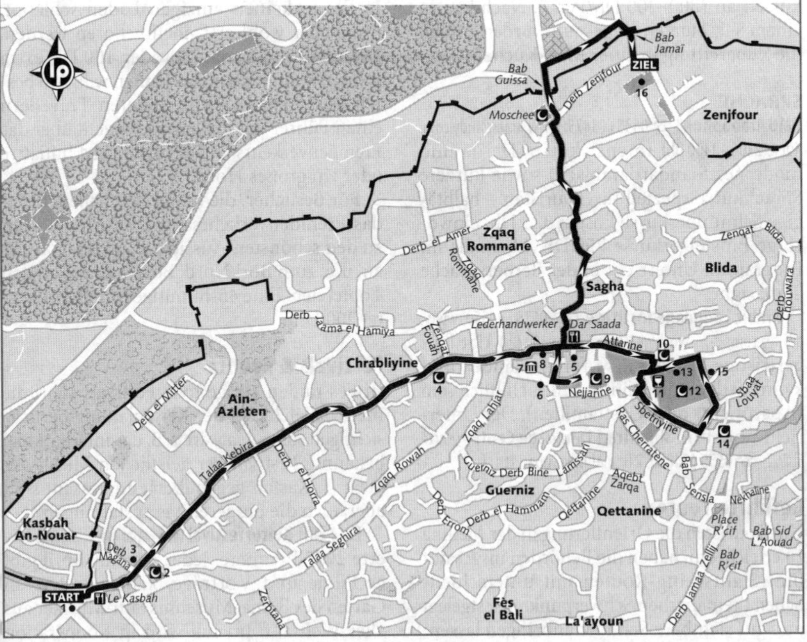

ROUTENINFOS

Start Bab Bou Jeloud
Ziel Palais Jamai
Strecke 3 km
Dauer mind. 2–3 Std.

liothek) den Platz. An der Ostseite führt eine eisenbeschlagene Zederntür in die kleine **Medersa as-Seffarine (14)** aus dem Jahr 1280; die älteste Medersa von Fès ist leider ziemlich renovierungsbedürftig.

Es geht weiter gegen den Uhrzeigersinn an den Mauern der Kairaouine-Universität entlang (nun Richtung Norden). Auf der rechten Seite taucht das **Funduq Tastawniyine (15)** aus dem 14. Jh. auf, das an seinen baufälligen Holzgalerien zu erkennen ist. Die ursprüngliche Karawanserei der Kaufleute aus Tétouan diente jahrhundertelang reisenden Händlern als Herberge und Lagerhaus.

Vorbei am reich verzierten Nordtor der Kairaouine geht's zurück zur Konditorei. Von hier kann man hügelaufwärts wieder zum Bab Bou Jeloud gehen. Alternativ biegt man auf der Talaa Kebira bei Ain Allou südlich ab – diese Straße geht in die Talaa Seghira über, die zweite „Hauptstraße" durch die Medina.

Oder aber am Restaurant Dar Saada nach Norden zum Bab Guissa in der nördlichen Altstadt abbiegen. Wer auf den breiteren Gassen bleibt, erreicht einen kleinen Platz mit einem ehemaligen Kino an der Nordseite. Von hier führt eine Gasse nach Nordwesten bergauf, wo viele Packesel mit den Säcken eines Zementhändlers unterwegs sind.

In der Nähe des Bab Guissa ist schon das **Sofitel Palais Jamaï (16)** zu sehen. Sidi Mohammed ben Arib al-Jamaï, Großwesir von Mulai al-Hassan I., ließ Ende des 19. Jhs. diesen Palast bauen, der heute ein Luxushotel beherbergt. Die gut bewässerten Gärten sind ideal, um zu relaxen und die Aussicht zu genießen. Am Bab Guissa gibt's Taxis.

Kurse

KOCHEN

Wer marrokanisch kochen lernen möchte, könnte sich an Chefkoch **Lahcen Beqqi** (www.

fescooking.com) wenden. Er bietet eine bunte Mischung aus ein- und mehrtägigen Kochkursen an (300–400 Dh/Pers.). Nachdem in einem Suk Zutaten eingekauft wurden, erfolgt die Zubereitung in einer Riad-Küche.

SPRACHE

DMG Arabophon (☎ 0535 603475; www.arabicstudy.com; Kurse 2100–8400 Dh) Intensivkurse (Darija und modernes Standardarabisch) sowie kürzere Sprachkurse speziell für Touristen – halbtägige Schnupperkurse kosten 325 Dh, einwöchige Einsteigerkurse 750 Dh. Ebenfalls im Programm: Unterricht in der Berbersprache Tamazight.

Arabic Language Institute (☎ 0535 624850; www.alif-fes.com; 3-/6-wöchige Kurse 5200/9400 Dh) Hat längerfristige Sprachkurse für Ausländer und kann bei der Unterkunftssuche behilflich sein (Apartments oder Gastfamilien). Der Unterricht findet im **American Language Center** (Karte S. 262; ☎ 0535 624850; 2 Rue Ahmed Hiba) statt.

Geführte Touren

Um Touristen die Orientierung in der Medina zu erleichtern, haben die Behörden insgesamt fünf Sightseeing-Routen mit unterschiedlichen thematischen Schwerpunkten festgelegt und gut sichtbare Schilder anbringen lassen:

Dunkelblau Denkmäler und Suks
Grün Andalusische Paläste und Gartenanlagen
Orange Fès el Jdid
Hellblau Andalusisches Viertel
Lila Kunsthandwerk

Die in Kopfhöhe angebrachten Markierungen weisen in Richtung des nächsten größeren Monuments und sind leicht zu entdecken. In regelmäßigen Abständen gibt's Infotafeln mit englischsprachigen Erklärungen.

Alternativ kann man auch einen Fremdenführer engagieren. Sie machen Besucher auf architektonische Perlen und versteckte Winkel aufmerksam und können Fragen zur Kultur beantworten, Sprachbarrieren überwinden helfen und – was vielleicht am wichtigsten ist – andere Möchtegern-Fremdenführer abschrecken. Eine ganztägige Führung mit einem offiziellen Fremdenführer kostet 250 Dh. Auf jeden Fall den Ausweis zeigen lassen!

Die Qualität der Führer kann ziemlich unterschiedlich sein. Um eine Führung optimal zu nutzen, ist es wichtig, seine Vorstellungen klar zu äußern. Wer vor allem auf eine Shoppingtour aus ist, sollte das von Anfang an sagen. Ein Fremdenführer, der Besucher in Fès in keinen einzigen Laden schleppt, muss aber wohl erst noch geboren werden. Eventuell muss man 50 oder 100 Dh extra zahlen, wenn man nichts kaufen will. Am besten lässt man sich von anderen Travellern einen Führer empfehlen oder bucht über das Fremdenverkehrsamt, das Syndicat d'Initiative oder ein großes Hotel.

Für Besucher, die wenig Zeit haben, bietet das Fremdenverkehrsamt Stadtrundfahrten zu den schönsten Aussichtspunkten von Fès an, u. a. zum Borj Nord, Borj Sud und zu den Töpfereien. Eine 45-minütige Rundfahrt kostet 200 Dh.

Festivals & Events

In Fès finden einige tolle Festivals statt, die man vielleicht bei der Reiseplanung berücksichtigen sollte. Da wäre z. B. das international bekannte Festival der geistlichen Musik der Welt (s. Kasten gegenüber); interessant sind aber auch die jüngeren Veranstaltungen.

Das **Sufi-Kulturfestival** (www.par-chemins.org) feierte 2007 Premiere. Jedes Jahr im April gibt es Filme und Vorträge, zudem treten im Garten des Batha-Museums Sufi-Musiker aus aller Welt auf. Im Juli wird in Kooperation mit dem Institut Royal de la Culture Amazigh das **Nationale Festival der Berberkultur** ausgerichtet, das sich dem Schutz und der Förderung der Amazigh-Kultur widmet. Auf dem Programm stehen Musikdarbietungen, Vorträge und Workshops.

Das bedeutendste religiöse Fest von Fès zählt gleichzeitig zu den größten des Landes: Der *moussem* (Fest zu Ehren eines Heiligen) für den Stadtgründer Mulai Idris ist ein echter Publikumsmagnet. Kunsthandwerker präsentieren speziell zu diesem Anlass gefertigte Arbeiten und eine lange Prozession zieht durch die Medina. Außerdem werden traditionelle Musik gespielt und Tänze aufgeführt, wobei Musiker (und Zuschauer) mit Orangen- oder Rosenwasser besprengt werden.

Ein netter Aufhänger für einen Tagesausflug ist das Kirschfest von Sefrou in der Nähe von Fès. Es findet jedes Jahr im Juli statt (s. S. 271).

Schlafen

In Fès mangelt es definitiv nicht an Unterkünften – von einfachen Pensionen bis zu Boutique-Riads ist alles dabei. Die wichtigste

FESTIVAL DER GEISTLICHEN MUSIK

Jedes Jahr im Juni zieht das **Festival der geistlichen Musik** (☎ 0535 740691; www.fesfestival.com) Musiker und Künstler aus aller Welt an, darunter auch Ravi Shankar, Youssou N'Dour und Salif Keita. Es fußt auf dem Pluralismus des marokkanischen Sufismus und zählt mittlerweile zu den erfolgreichsten Weltmusikfestivals überhaupt. An verschiedenen Orten finden Konzerte statt, u. a. im Garten des Batha-Museums und auf dem Platz vor dem Bab Bou Jeloud. Mindestens genauso interessant wie die Headliner sind die kleineren Konzerte marokkanischer *tariqas* (Sufi-Bruderschaften). Neben Musikveranstaltungen sind auch Kunstausstellungen, Filmvorführungen und Diskussionen in Literaturcafés geboten. 2001 lobte die VN das Festival als eine wichtige Plattform zur Förderung des interkulturellen Dialogs. Die Tickets gehen weg wie heiße Semmeln und auch die Unterkünfte sind häufig schon weit im Voraus ausgebucht – wer dabei sein möchte, muss frühzeitig mit der Planung beginnen.

Frage ist wohl, ob man sich mitten im Trubel der Medina oder lieber in der Ville Nouvelle einquartieren möchte (letztere ist die günstigere Option). Insgesamt sind Übernachtungen in Fès im Vergleich mit anderen marokkanischen Städten teuer (s. S. 506). In der Hauptsaison und vor allem anlässlich des Festivals der geistlichen Musik im Juni ist es zudem ratsam, Zimmer im Voraus zu buchen (und mit höheren Preisen zu rechnen). Die Preise sind im Folgenden in Dirham angegeben, viele Riads listen jedoch Preise in Euro; bei der Buchung auf Wechselkurse achten.

Die Agentur **Fez Riads** (☎ 0672 513357; www.fez-riads.com) hilft bei der Unterkunftssuche in der Medina und steckt einen Teil ihres Gewinns in Sanierungsprojekte vor Ort.

MEDINA

Budgetunterkünfte

Die meisten Budgetoptionen sind nur einen Katzensprung vom Bab Bou Jeloud entfernt – man ist also „mitten drin". Die Bäder werden normalerweise gemeinschaftlich genutzt. In den günstigsten Pensionen gibt's kein warmes Wasser.

Pension Talaa (Karte S. 250 f.; ☎ 0535 633359; pacohicham@hotmail.com; 14 Talaa Seghira; EZ/DZ 90/120 Dh) Die kleine Pension in günstiger Lage an der Talaa Seghira hat freundliche Mitarbeiter und schneidet bei Beurteilungen der Gäste gut ab. Die wenigen Zimmer sind häufig ausgebucht.

Hôtel Cascade (Karte S. 250 f.; ☎ 0535 638442; 26 Rue Serrajine, Bab Bou Jeloud; Zi. 160 Dh, B 80 Dh, Frühstück 20 Dh) Ein echter Opa unter den marokkanischen Budgethotels – und dennoch nach wie vor beliebt. Für den Preis darf man allerdings nicht allzu viel erwarten: Das Ganze ist schon ziemlich einfach. Wer aber sparen und ein paar Leute treffen möchte, denen es genauso geht, liegt hier genau richtig.

Pension Batha (Karte S. 250 f.; ☎ 0535 741150; 8 Sidi L'Khayat, Batha; Zi. inkl. Frühstück 250 Dh) Eine nette Unterkunft mit einfachen Zimmern und einer heimeligen Atmosphäre im Viertel Batha (vom Haupttaxistand aus muss man ein Stück bergab laufen). Die zahlreichen Treppenstufen in dem hohen, schmalen Gebäude führen zu einer hübschen Terrasse hinauf. Nicht mit dem nahe gelegenen Hôtel Batha zu verwechseln.

Pension Kawtar (Karte S. 250 f.; ☎ 0535 740172; pension_kaw@yahoo.fr; Derb Taryana, Talaa Seghira; EZ/DZ 200/300 Dh, DZ mit Bad 350 Dh, B 60 Dh, Frühstück 25 Dh) Dieser marokkanische Familienbetrieb ist Wohnhaus und Hostel in einem – faszinierend eigentlich, dass hier zehn Zimmer Platz haben! Die im Erdgeschoss sind allerdings etwas düster (Faustregel: Je näher man der Dachterrasse kommt, desto schöner das Zimmer). Das Kawtar ist relativ neu und gut ausgeschildert; es befindet sich in einer Gasse unweit der Talaa Seghira. Überzeugendes Preis-Leistungs-Verhältnis.

Pension Campini (Karte S. 250 f.; ☎ 0535 637342; pensioncampini@gmail.com; Rue Campini, Batha; EZ/DZ 200/300 Dh) Das Campini präsentiert sich mit frischem Anstrich und liegt nicht weit vom Batha-Museum entfernt in einem ruhigeren Gebiet etwas außerhalb des eigentlichen Kerns der Medina. Man schläft in Zimmern mit eigenen Bädern und kann von der kleinen Terrasse einen Blick auf die Bou-Jeloud-Gärten erhaschen.

Dar Bouânania (Karte S. 250 f.; ☎ 0535 637282; 21 Derb Bensalem, Talaa Kebira; EZ/DZ 200/500 Dh, EZ/DZ mit Dusche 300/600 Dh, 4BZ 400 Dh, Frühstück 30 Dh) Sehr beliebt bei Backpackern. Das traditionelle Haus mit Innenhof und einem Dekor aus *zellij*-Kacheln und bunt bemalten Holzarbeiten bietet Riad-ähnlichen Komfort für Leute mit schmalem Geldbeutel. Auf mehreren Ebenen befinden sich angenehm große Zimmer, die allesamt zur Innenseite liegen und entsprechend dunkel sein können. Die Gemeinschaftsbäder sind sauber und man kann auf der Dachterrasse entspannen – insgesamt ein gutes Preis-Leistungs-Verhältnis. Einige Leser haben sich allerdings darüber beschwert, dass Stadtführer in der Unterkunft Werbung in eigener Sache machen durften. In der Hauptsaison werden 100 Dh pro Person auf die Preise aufgeschlagen.

Mittelklassehotels

In der Medina zählen viele Mittelklassehotels (insbesondere Riads und Dars) in puncto Preis schon fast zur Luxuskategorie. Es gibt aber auch ein paar erschwinglichere Optionen mit schlichteren Zimmern. In den hier genannten Preisen ist ein Frühstück enthalten.

Hôtel Batha (Karte S. 250 f.; ☎ 0535 741077; Fax 0535 741078; Place Batha; EZ/DZ 395/520 Dh; ❄ 🏊) Die tolle Lage, die vielen Zimmer und der Pool sind Gründe dafür, dass sich die Touris hier die Klinke in die Hand geben. Das Hotel ist relativ modern und bietet anständige Zimmer und kühle, ruhige Rückzugsorte, an denen man sich vom hektischen Treiben in der Medina erholen kann. Eine gute Wahl, wenn man mal von den merkwürdigen Regeln bezüglich warmen Wassers absieht: Das gibt's nämlich nur zu bestimmten, oftmals ziemlich ungünstigen Zeiten.

Dar Iman (Karte S. 250 f.; ☎ 0535 636528; www.fes-hostel.com; 6 Derb Benazahoum, Talaa Kebira; EZ/DZ/3BZ 600/700/960 Dh; ❄) Nett und einladend ist dieses liebevoll restaurierte, 400 Jahre alte Stadthaus in unmittelbarer Nähe der Hauptstraße. Das Preis-Leistungs-Verhältnis ist super, das Dekor mit *zellij*, hohen Holztüren & Co. nach dem Motto „weniger ist mehr" absolut stimmig. Die cremefarbenen Wände strahlen zudem mehr Wärme aus als das harte Weiß anderer Unterkünfte. Einziges Manko: die fehlende Aussicht von der Terrasse.

Dar El Hana (Karte S. 250 f.; ☎ 0535 635854; www.moroccangetaway.com; 22 Rue Ferrance Couicha, Chrabliyine; Zi. ab 800 Dh; WLAN) Falls es ein noch gemütlicheres Dar mit einer noch persönlicheren Atmosphäre in Fès geben sollte, wollen wir das unbedingt wissen! In den drei hübschen Zimmern können maximal acht Personen übernachten. Wir haben uns in die Freiluftdusche auf der Terrasse und die „versteckten" Fenster verliebt, durch die man die Straße unbemerkt beobachten kann. Wer sich wie ein echter Medina-Bewohner fühlen möchte, kann das ganze Haus mieten.

Riad Lune et Soleil (Karte S. 250 f.; ☎ 0535 634523; www.riadluneetsoleil.com; 3 Derb Skalia, Batha; Zi. 800–1200 Dh; ❄ WLAN) In diesem Riad wird Gastfreundschaft großgeschrieben: Das Besitzerpaar wird die Neuankömmlinge an den Zitronenbäumen vorbei in den Hof geleiten und alles tun, damit sie sich wie zu Hause fühlen. Jedes einzelne Zimmer ist vollgestopft mit alten Postkarten, Stickarbeiten, Schnitzereien usw. Und hinter allen Gegenständen verbirgt sich eine Geschichte. Doch keine Bange: Dies ist kein Museum und der Komfort kommt nicht zu kurz; manche Zimmer verfügen sogar über einen Jacuzzi! Unten befindet sich eines der besten Restaurants in der Medina.

Dar Seffarine (Karte S. 250 f.; ☎ 0671 113528; www.darseffarine.com; 14 Derb Sbaalouyat, Rcif; Zi. ab 859 Dh; ❄ WLAN) Beim Einchecken sollte man sich das Album mit den Restaurierungsfotos ansehen – es ist schwer vorstellbar, dass dieses wunderschöne Bauwerk einmal so heruntergekommen war! Der zentrale Innenhof ist geradezu überladen mit Säulen und bemaltem Stuck, die Zimmer mit dem schlichten Holzdekor wirken um einiges dezenter. Die einzige Ausnahme ist die Suite mit der bemalten gewölbten Decke. Man kann auf der Terrasse oder in dem ruhigeren Hof neben der Küche entspannen. Das Dar ist nicht weit vom Bab Rcif entfernt.

Dar Dmana (Karte S. 250 f.; ☎ 0535 740917; www.riaddardmana.net; 21 Rue Sournas; Zi./Suite 1200/1800 Dh; ❄) Das Dar hat 14 Zimmer und schafft den Spagat zwischen traditionellem marokkanischem Haus und Hotel. Das Dekor im Erdgeschoss erinnert an eines der so genannten „Palastrestaurants", und der hohe, überdachte Innenhof mit der filigranen Balustrade aus geschnitztem Zedernholz verströmt eine gewisse Leichtigkeit. Die Zimmer sind moderner und dezent mit einer Prise Marokko.

Spitzenklassehotels

Ryad Mabrouka (Karte S. 250 f.; ☎ 0535 636345; www.ryadmabrouka.com; 25 Derb el Mitter, Ain Azleten; Zi. 900–1150 Dh, Suite 1300–1600 Dh; ❄ 🏊) Ein alteingesessener Favorit in der Riad-Szene von Fès. Bei der Restaurierung dieses arabisch-andalusischen Stadthauses wurde auf jedes Detail geachtet. Der Hof wartet mit Stuck, Mosaiken, prächtigen Zedernholztüren und einem fröhlich plätschernden Brunnen auf und geht auf einen hübschen Garten voller Blumen und Bäume hinaus. Man schläft in einem von sieben Räumen mit gefliesten Böden und Berberstoffen und kann ein einfaches Frühstück oder ein opulentes marokkanisches Festmahl auf der Veranda mit Blick auf die Medina einnehmen.

LP Tipp **Dar Attajali** (Karte S. 250 f.; ☎ 0535 637728; www.attajalli.com; Derb Qettana, Zqaq Rommane; Zi. 1000–1500 Dh; WLAN) Das Dar Attajali ist relativ neu und ein eindrucksvolles Beispiel für eine gelungene Restauration. Es wurde alles daran gesetzt, die ursprüngliche Struktur des Gebäudes zu erhalten, und es wurden so wenig moderne Techniken und Chemikalien verwendet wie möglich. Das Ergebnis ist ein höchst komfortables Dar. Das Dekor wird mittels verschiedenfarbiger Fassi-Stoffe in Szene gesetzt; das Farbmotiv setzt sich in der Bepflanzung des Terrassengartens auf dem Dach fort. Das gesamte Konzept zielt darauf ab, dass man sich von der ersten Minute an entspannen kann (als wäre das Frühstück mit Bioprodukten aus der Region nicht schon genug, das einen super Start in den Tag garantiert!).

Dar Roumana (Karte S. 250 f.; ☎ 0535 741637; www.darroumana.com; 30 Derb el Amer, Zkak Roumane; Zi. 1000–1700 Dh; WLAN) Das Dar Roumana erfreut sich immer größerer Beliebtheit. Das liegt wohl an der wunderschön restaurierten und geschmackvoll dekorierten Innenausstattung und der tollen Dachterrasse mit der besten Aussicht auf die Medina (ein großartiger Ort für ein Frühstück oder ein überlegt zusammengestelltes Abendmenü). Das Management ist zuvorkommend und legt Wert auf Details wie diverse Hygieneartikel.

Riad 9 (Karte S. 250 f.; ☎ 0535 947610; www.riad9.com; 9 Derb Lamsside, Zqaq el Maa; Zi. 1200–2400 Dh; WLAN) Ein echtes Juwel unter den Pensionen mit nur drei Zimmern (man zieht aber in Erwägung, sich auf das Grundstück nebenan auszudehnen). Das Dekor ist eigen, aber witzig: Zu nennen sind z. B. das Zimmer mit den Zahnarztstühlen und die Wand voller alter Gepäckstücke. Nachts werden die zahlreichen Fenster zum Hof von Kerzen erleuchtet, sodass das Gebäude wie ein Schmuckkästchen funkelt.

Riad Maison Bleue (Karte S. 250 f.; ☎ 0535 741873; www.maisonbleue.com; 33 Derb el Mitter, Ain-Azleten; EZ/DZ ab 1700/1900 Dh; P) Wer nicht aufpasst, kann sich in diesem Komplex aus vier Häusern leicht verlaufen. Vom andalusisch gehaltenen Hof mit Orangenbäumen begibt man sich in eines von 13 Zimmern – sofern man nicht unterwegs im Spa, an der Bar, im Restaurant oder in der trendig dunklen und vornehmen „Blue Lounge“ mit noch mehr Essen und Trinken hängen bleibt. Auf der Terrasse ist Relaxen mit Blick auf die Borj Nord angesagt.

Riad Fès (Karte S. 250 f.; ☎ 0535 947610; www.riadfes.com; Derb ibn Slimane, Zerbtana; Zi./Suite ab 1700/3000 Dh; WLAN) In dem labyrinthartigen Riad verschmelzen Alt und Neu auf stilvolle Weise. Der ältere Bereich trumpft mit erstklassigem traditionellen Dekor auf, während die neueren Zimmer in ein Pariser Boutiquehotel passen würden und dennoch ein typisch marokkanisches Flair pflegen. Zu den Einrichtungen zählen eine trendige Hofbar, ein Restaurant, ein Hamam und jede Menge Terrassen. Und weil es einen Aufzug gibt, ist das Fès auch für Menschen mit körperlichem Handicap zu empfehlen.

Riad Laaroussa (Karte S. 250 f.; ☎ 0674 187639; www.riad-laaroussa.com; 3 Derb Bechara, Talaa Seghira; Zi. 1800–2650 Dh; WLAN) Wenn man den dunklen Eingangsbereich passiert hat, wird man überrascht sein angesichts des riesigen Gartens, der die Gäste mit Orangenbäumen und leise plätscherndem Brunnen umgarnt – ein Anblick, der entspannt. Weiter geht's auf die eleganten Zimmer mit moderner Kunst und ungewöhnlichen Möbeln. Keine Frage, die Besitzer haben nicht einfach Ideen aus der aktuellen Ausgabe eines marokkanischen Lifestyle-Magazins geklaut. Das Riad Laaroussa ist stolz darauf, qualitativ hochwertiges Essen anzubieten (Abendessen 300 Dh), die Getränkepreise sind allerdings happig.

Riad Les Oudayas (Karte S. 250 f.; ☎ 0535 636303; www.lesoudayas.com; 4 Derb el Hamiya, Ziat; Zi. 2400 Dh; WLAN) Der Besitzer, ein Marokkaner, arbeitet als Designer in Paris, und das sieht man: In den Salons und in den schicken, komfortablen Zimmern wurden traditionelle Elemente und moderne Ästhetik mit Bedacht kombiniert. Ein paar Stufen führen in den Garten im Hof mit dem Pool hinab, daneben lockt der hauseigene Hamam. Oben befindet sich eine große (Gemeinschafts-)Terrasse. Für all diejenigen, die mehr Privatsphäre wünschen: Zwei der fünf Zimmer haben eine separate Terrasse.

Sofitel Palais Jamaï (Karte S. 250 f.; ☎ 0535 634331; www.sofitel.com; Bab Guissa; EZ/DZ inkl. Frühstück ab 1950/2600 Dh;) Das prächtige Hotel diente Ende des 19. Jhs. einem Wesir des Sultans als „Vergnügungspalast“. Rundum erstreckt sich ein andalusischer Garten mit Blick

FÈS VILLE NOUVELLE

0 400 m

auf die Medina. Die Zimmer wurden kürzlich renoviert, um mit den schicken Pensionen in der Altstadt mithalten zu können. Mitunter dominiert allerdings nach wie vor nichtssagendes, internationales Dekor. Auch Nicht-Gäste sollten sich einen Drink auf der Terrasse bei Sonnenuntergang nicht entgehen lassen.

VILLE NOUVELLE

In der Ville Nouvelle kann man wesentlich günstiger übernachten als in der begehrten Medina – oft gibt's Mittelklasseservice zum Budgetpreis.

Budgetunterkünfte

Hôtel Kairouan (Karte S. 262; ☎ 0535 623590; 84 Ave Soudan; EZ/DZ 100/120 Dh, mit Bad 140/150 Dh) Die dunklen Flure sind schuld daran, dass dieses Hotel beengter wirkt, als es tatsächlich ist. Das Management spricht Englisch und ist hilfsbereit, die Zimmer sind vernünftig und auch die Unterkünfte mit Gemeinschaftsbad haben immerhin ein eigenes Waschbecken.

Hôtel Royal (Karte S. 262; ☎ 0535 624656; 36 Ave Soudan; EZ/DZ mit Bad 120/150 Dh, nur mit Dusche 100/130 Dh) Eines der zuverlässigeren und beliebteren Budgethotels in günstiger Lage (nahe der Place Florence). Ein paar Bäder wirken etwas klobig (warmes Wasser nur morgens), die Zimmer aber sind groß und haben vielfach einen Balkon.

Hôtel Central (Karte S. 262; ☎ 0535 622335; 50 Rue Brahim Roudani; EZ/DZ 130/160 Dh, mit Dusche 150/180 Dh) Eine helle, luftige Budgetoption, sehr beliebt

PRAKTISCHES		Hôtel Kairouan	14 B2	Restaurant Marrakech	30 C4		
Carlson Wagonlit	1 C3	Hôtel Menzeh Fès	15 C3	Restaurant Pizza Mamia	31 B2		
Cyber Club	2 C4	Hôtel Menzeh Zalagh	16 D3	Restaurant Zagora	32 C4		
Institut Français	3 C2	Hôtel Mounia	17 C4				
Librarie Fikr al-Moasser	4 C3	Hôtel Olympic	18 C3	**UNTERHALTUNG**			
Hauptpost	5 C3	Hôtel Perla	19 A2	Crown Palace Fès	(siehe 10)		
Nachtapotheke	6 C1	Hôtel Royal	20 B2	Le Marocain	33 C4		
Syndicat d'Initiative	7 C4	Hôtel Splendid	21 B4				
Teleboutique Cyber Club	8 C4	Youth Hostel	22 C3	**TRANSPORT**			
				Grands Taxis nach Meknès & Rabat	34 A2		
SEHENSWERTES & AKTIVITÄTEN		**ESSEN**					
American Language Center	9 D3	Assouan	23 A4	Grands Taxis nach Sefrou	35 C2		
		Café Jawharat Fes	24 C2	Stadtbusse	36 A2		
SCHLAFEN		Hauptmarkt	25 C3	Stadtbusse	37 C2		
Crown Palace Fès	10 A4	Billiglokale	26 C3	Petits Taxis	38 C4		
Grand Hôtel de Fes	11 C3	Chez Vittorio	27 C4	Petits Taxis	39 A1		
Hôtel Central	12 C4	Chicken Mac	28 B3	Petits Taxis	40 C4		
Hôtel de la Paix	13 C2	Crémerie Skali	29 C3	RAM	41 C2		

und häufig ausgebucht, in unmittelbarer Nähe des belebten Blvd Mohammed V. Die Zimmer haben keinen direkten Zugang zu einer Toilette, aber Waschbecken.

Hôtel Olympic (Karte S. 262; ☎ 0535 932682; Fax 0655 932665; Ecke Blvd Mohammed V & Rue 3; EZ/DZ inkl. Frühstück 275/350 Dh;) Praktisch in der Nähe des Hauptmarkts gelegen und deshalb oft belegt (begehrt bei Reisegruppen); am besten vorher anrufen. Die Zimmer sind eher nichtssagend, dafür aber komfortabel und mit Bad, TV, Telefon und schicken Messingbettgestellen ausgestattet.

Hôtel de la Paix (Karte S. 262; ☎ 0535 625072; www.hotellapaixfes.com, franz.; 44 Ave Hassan II; EZ/DZ 285/365 Dh;) Typisch Touristenklasse, aber das Preis-Leistungs-Verhältnis stimmt. Solide, gemütliche Zimmer mit TV. Außerdem gibt's eine Bar und ein ganz anständiges Restaurant.

Hôtel Perla (Karte S. 262; ☎ 0535 943641; www.hotelperlamaroc.com; 15 Rue de la Jordannie; EZ/DZ 339/402 Dh;) Noch mal „Kategorie Touri", nur einen Steinwurf vom Bahnhof entfernt. Kompakte, moderne Zimmer und zuverlässiger Service. Wirkt irgendwie angenehm uninteressant.

Hôtel Splendid (Karte S. 262; ☎ 0535 622148; splendid@iam.net.ma; 9 Rue Abdelkarim el-Khattabi; EZ/DZ 318/412 Dh;) Das Splendid zählt zwar zu den Budgetunterkünften, ist aber ein heißer Anwärter auf drei Sterne. Es ist modern und ordentlich, die Bäder sind gut, die Betten bequem, der Pool sorgt für Abkühlung und die Bar für Unterhaltung am Abend. Nicht zu vergessen ist das Restaurant; das Frühstück ist allerdings nicht im Preis inbegriffen.

Grand Hôtel de Fès (Karte S. 262; ☎ 0535 932026; grandhotel@fesnet.net.ma; 12 Blvd Chefchaouni, Ecke Blvd Mohammed V; EZ/DZ 360/450 Dh;) Eine Topadresse, als Marokko noch französisches Protektorat war (ein Zeitungsausschnitt in der Lobby erinnert an die feierliche Eröffnung in den 1920er-Jahren). Es wird hart daran gearbeitet, den Standard aufrecht zu erhalten und sich gegenüber den modernen „Rivalen" zu behaupten. Jenseits der altmodischen Lobby befinden sich große Zimmer mit hohen Decken und stuckverzierten Wänden. Sie sind einfach, aber makellos sauber und haben vernünftige Bäder.

Youth Hostel (Karte S. 262; ☎ 0535 624085; 18 Rue Abdeslam Serghini; B 450 Dh; Tor geöffnet 8–10, 12–15 & 18–22 Uhr) Die gepflegte Jugendherberge im Herzen der Ville Nouvelle zählt zu den besseren in Marokko: ordentliche, blitzsaubere Zimmer und Einrichtungen (darunter Toiletten im westlichen Stil). Wer keinen internationalen Jugendherbergsausweis besitzt, muss 5 Dh extra zahlen. In den Duschen fließt kein warmes Wasser, es empfiehlt sich daher ein Hamam-Besuch (vor allem im Winter!).

Hôtel Mounia (Karte S. 262; ☎ 0535 624838; www.hotelmouniafes.ma, französisch; 60 Blvd Zerktouni; EZ/DZ inkl. Frühstück ab 399/518 Dh;) Die *zellij*-Lobby stimmt einen auf dieses moderne, elegante Hotel ein, das gern von Reisegruppen gebucht wird. Die Zimmer sind hell und gepflegt (inkl. Satelliten-TV), die Mitarbeiter hilfsbereit (häufig gibt's gute Rabatte), das Restaurant ist o. k. und in der verrauchten Bar wird man jede Menge Wasserpfeifen entdecken. Achtung: In den Zimmern an den Fluren in Barnähe kann es laut werden.

Mittel- & Spitzenklassehotels

Hôtel Menzeh Zalagh (Karte S. 262; ☎ 0535 625531; menzeh.zalagh@fesnet.net.ma; 10 Rue Mohammed Diouri; EZ/DZ inkl. Frühstück 950/1300 Dh;) Vier-Sterne-Hotel in toller, zentrumsnaher Lage auf einem niedrigen Grat mit super Aussicht auf Fès el Bali. Traditionelles Dekor zaubert in die modern eingerichteten Zimmer einen Hauch von Marokko. Oft ist ein eigener Balkon mit dabei.

Hotel Menzeh Fes (Karte S. 262; ☎ 0535 943849; menzeh.zalagh@fesnet.net.ma; 28 Rue Abdessalam Serghini; EZ/DZ inkl. Frühstück 950/1300 Dh;) Hat so ziemlich die gleichen Einrichtungen wie der Schwesterbetrieb Zalagh die Straße rauf, die Räumlichkeiten sind aber ein bisschen kleiner. Nicht alle gewähren einen Blick auf die Altstadt (beim Einchecken nachfragen). Wer kein Zimmer mit Aussicht ergattert, sollte zumindest mal mit dem Glasaufzug an der Seite des Gebäudes fahren.

Crown Palace Fes (Karte S. 262; ☎ 0535 948000; www.crownpalace.ma; 85 Ave des FAR; EZ/DZ ab 1800/2100 Dh;) Die Lage könnte zentraler sein, vor allem wenn man beabsichtigt, Fès zu Fuß zu erkunden. Das ändert aber nichts daran, dass das Crown Palace das beste Hotel in der Ville Nouvelle ist. Die Zimmer zeichnen sich durch aufwändiges, aber geschmackvolles Dekor, viel natürliches Licht und Geräumigkeit aus. Außerdem gibt's mehrere Restaurants, ein Fitnessstudio und einen Hamam sowie Cocktails an der Bar.

Essen

RESTAURANTS

In Fès zu speisen, ist schon etwas ganz besonderes – die Fassi-Küche wird in ganz Marokko gerühmt. In der Medina stehen reichlich gute Restaurants zur Auswahl. Sehr beliebt bei Reiseleitern und ihren Gruppen sind die sogenannten „Palastrestaurants“: Man isst in überladen-verschwenderischem Ambiente zu Abend; dabei werden meist einfache Menüs zu horrenden Preisen aufgetischt. Fans einer vertraulicheren Atmosphäre werden sich in den Riad-Restaurants wohlfühlen. Viele von ihnen stehen auch Nicht-Gästen offen und haben ausgezeichnete Küchen. Wenn es günstig sein soll, sind die Lokale rund ums Bab Bou Jeloud eine gute Anlaufstelle. Die Ville Nouvelle trumpft mit einem noch umfangreicheren (und internationaleren) Essensangebot auf.

Medina

LP Tipp Thami's (Karte S. 250 f.; Rue Serrajine; Hauptgerichte 30–70 Dh; 10–23 Uhr) Zwischen dem Bab Bou Jeloud und der Talaa Seghira befinden sich eine Reihe von Straßenrestaurants. Dieses kleine Lokal unter dem Maulbeerbaum ist einer unserer Favoriten. Die leckeren Gerichte – u. a. Tajine mit *kefta* (gewürzte Fleischbällchen), gebratener Fisch und Bohneneintopf – werden ordentlich heiß serviert, und beim Essen hat man den bunten Medina-Alltag stets im Blick.

Restaurant Bouayad (Karte S. 250 f.; ☎ 0535 637464; Rue Serrajine; Hauptgerichte 40–60 Dh; 10–23 Uhr) Gleich hinter dem Bab Bou Jeloud. Hier kehren mehr Touris als Einheimische ein, dabei besteht eine gute Auswahl an marokkanischen Speisen. Die Fisch-Tajine ist besonders zu empfehlen. Drinnen ist es kühl, allerdings produzieren die Angestellten eine Menge Wärme, wenn der Laden richtig brummt und die kleine Küche auf Hochtouren läuft!

Le Kasbah (Karte S. 250 f.; Rue Serrajine; Hauptgerichte 40 Dh, Menü 70 Dh; 8–24 Uhr) Top-Lage: Le Kasbah nimmt mehrere Etagen gegenüber den Billighotels am Bab Bou Jeloud ein. Ganz oben kann man sein Essen mit Blick auf die Altstadt genießen. Die Speisekarte haut einen nicht gerade vom Hocker, ist aber durchaus ansprechend; es gibt Tajinen, Couscous und gegrilltes Fleisch. Achtung: Getränke kosten das Doppelte, wenn man nichts zu essen dazu bestellt.

LP Tipp Café Clock (Karte S. 250 f.; ☎ 0535 637855; www.cafeclock.com; 7 Derb el-Mergana, Talaa Kebira; Hauptgerichte 55–80 Dh; 9–22 Uhr; WLAN) Es war Liebe auf den ersten Blick: Das außergewöhnliche Café ist in einem restaurierten Stadthaus untergebracht und bietet ein erfrischend anderes Speisensortiment (ab und an muss auch mal was Nicht-Marokkanisches auf den Tisch!): Falafel, Grillsandwiches, ein paar interessante vegetarische Optionen, gigantisch große Kamelburger, köstliche Kuchen und Törtchen … Extra Pluspunkte gibt's für das Clock-Kulturprogramm mit Kalligrafie- und Konversationskursen, einer Vortragsreihe und sonntäglichen Sonnenuntergangskonzerten (Eintritt ca. 20 Dh), das einen interessanten Mix aus Einheimischen, in Fès ansässigen Ausländern und Touristen anzieht.

Médina Café (Karte S. 250 f.; ☎ 0535 633430; 6 Derb Mernissi, Bab Bou Jeloud; Hauptgerichte 70–100 Dh; 8–22 Uhr) Eine kleine Oase der Gelassenheit am Bab Bou Jeloud. Die Deko ist maßvoll und traditionell und zeugt von Liebe zum Detail. Tagsüber bekommt man Snacks oder kann einen erfrischenden Saft trinken, abends wird gehobenere marokkanische Küche geboten: Die Lamm-Tajine mit getrockneten Feigen

AUF DIE PLÄTZE, FERTIG, MITTAGESSEN!

Die Restaurantbetreiber in der Nähe des Bab Bou Jeloud scheinen Stunden damit zu verbringen, die Aufmerksamkeit der Touristen auf sich zu lenken und sie in ihre Lokale zu locken. Wir haben uns mit einem von ihnen unterhalten: Thami Bouziani vom Thami's (S. 264).

Warum sind Sie Gastronom geworden? Mein älterer Bruder brachte mir bei, wie man kocht – manchmal hilft er mir noch heute. Ich habe nie etwas anderes gemacht. Seit 16 Jahren habe ich diesen Laden mit Blick auf die Talaa Seghira. Zuerst bot ich Sandwiches zum Mitnehmen für die Leute an, die auf dem Weg ins Kino nebenan waren. Das gibt es aber seit Kurzem nicht mehr. Damals hatte ich noch keine Tische und Stühle. Erst seit drei oder vier Jahren kommen Touristen zu mir. Mittlerweile besitze ich zwei große Tische und einen kleinen und ich habe gerade erst meine Küche renoviert.

Ihr Laden ist winzig! Wie machen Sie das bloß? Ich bereite alles in meiner Küche zu. Sie ist mit zwei Gaskochern, einem *brochettes*-Blech, einem Kühlschrank, einem kleinen Waschbecken und einem Tisch ausgestattet. Wenn richtig viel los ist, hilft mir eine Mitarbeiterin. Sie kümmert sich um die „Frauengerichte", z.B. Couscous. Meine Schicht beginnt morgens gegen 10 Uhr. Dann mache ich die Tomatensauce für die Tajine mit *kefta* [gewürzte Fleischbällchen] und bereite das Gemüse vor. Fleisch, Fisch und Gemüse hole ich auf dem Bou-Jeloud-Suk um die Ecke. Da ich nicht genug Platz habe, um selbst Saft zu pressen und Kaffee oder Tee zu kochen, bestelle ich diese Getränke in den Cafés nebenan. Das gilt auch für Wasserflaschen und Softdrinks.

Hat sich in der Medina etwas verändert? Ja, es sind viel mehr Touristen unterwegs. Die Stadtverwaltung hat erst kürzlich Schatten spendende *mamounie* (hölzernes Flechtwerk) über der Straße anbringen lassen. Außerdem werden Mauern und Wege ausgebessert. Sie mussten den großen Maulbeerbaum über meinem Restaurant zurückschneiden, das ist aber in Ordnung. Ich mag Veränderungen. Ein Ausländer meinte, ich solle ein Schild mit meinem Namen aufstellen. Ich glaube, das werde ich tun.

Wie werben Sie für Ihr Restaurant? In dem Blog *The View from Fez* wurde ein englischsprachiger Artikel über mein Restaurant mit einem Foto von mir veröffentlicht. Ich habe den Artikel laminiert und zeige ihn den Touristen gemeinsam mit der Speisekarte. Außerdem habe ich ein paar Brocken Englisch gelernt und kann z.B. „excellent food" sagen.

Was wünschen die Touristen? Häufig sind es Neulinge, die sich mit marokkanischem Essen nicht auskennen. Wenn sie meine *makoda* (Reibekuchen) oder *loubia* (Bohnen) probiert haben, wollen sie immer noch mehr davon haben, weil es so gut schmeckt. Sie mögen mein Essen, weil es angenehm gewürzt ist.

Und was für Gerichte bestellen sie? Normalerweise bitten mich die Touristen um Rat und ich empfehle ihnen z.B. Truthahn-*brochettes*, *kefta*-Tajine mit Ei, Couscous, gebratenen Fisch oder Hühnchen- bzw. Rindfleisch-Tajine. Sie können auch die *melange* [Mischung] bestellen, um von allem etwas zu kosten. Manchmal fragen mich Besucher nach einem tollen Gericht, das sie in einem der Hotels gegessen haben. Dann bitte ich sie, am nächsten Tag wiederzukommen, und lasse mir von meiner Mitarbeiterin zeigen, wie es zubereitet wird.

Sie haben auch viele marokkanische Gäste. Haben die andere Wünsche als die Touristen? Oh ja. Die Einheimischen achten mehr aufs Geld. Sie bestellen häufig ein ganz einfaches Gericht, z.B. einen Teller *loubia* oder gebratenen Fisch, und essen dazu ein oder zwei Laibe Brot. Die Touristen hingegen möchten für gewöhnlich ein umfangreiches Menü mit Salat, Hauptgang, Nachspeise und Minztee. Manchmal kommen auch sehr, sehr arme Menschen zu mir und bitten mich um etwas zu essen. Sie bekommen Brot mit Fisch, *makoda, loubia* oder Eier von mir, Geld verlange ich dann aber nicht.

und Aprikosen ist ein echter Knüller. Die Couscousplatte reicht für zwei Esser.

Mezzanine (Karte S. 246; ☎ 0535 633430; 17 Kasbah Chams; Tapas-Auswahl ab 100 Dh, ca. 30 Dh/Teller; ⏰ 12–1 Uhr) Die neue Tapasbar liegt gegenüber vom Eingang zum Jnan Sbil und etwas abseits des Bou-Jeloud-Platzes. Sie bringt ein gewisses Stadtflair in die Medina. Das Dekor ist stylish mit modernen marokkanischen Möbeln und *tadelakt*-Wänden (glatter Kalkputz). Einfach auf der hübschen Dachterrasse marokkanische und mediterrane Tapas genießen und anschließend eine süße Nachspeise bestellen. Ach ja: Hier wird Alkohol ausgeschenkt.

Dar Anebar (Karte S. 250 f.; 0535 635787; 25 Derb el Miter, Zkak Roumane; Hauptgerichte ab 120 Dh; ab 19.30 Uhr) Noch ein tolles Riad-Restaurant mit traumhaftem Ambiente: Gegessen wird im Hof oder in einem der gemütlichen Salons. Die Speisekarte ist durch und durch marokkanisch und die Gerichte sind von allerbester Qualität. Wer mag, kann eine Flasche Wein dazubestellen.

Dar Roumana (Karte S. 250 f.; 0535 741637; 30 Derb el Amer, Zkak Roumane; Hauptgerichte ca. 150 Dh; Di–Sa 19.30–21.30 Uhr) Der Name des Riads – „Haus der Granatäpfel" – ist Programm: Die Köche bereiten Mediterranes mit marokkanischem Touch zu. Dabei entstehen u. a. interessante Meeresfrüchtekreationen wie Schwertfisch mit Granatäpfeln. Das Essen wird entweder im Hof oder, bei schönem Wetter, oben auf der tollen Terrasse serviert. Stimmiges Gesamtkonzept; alkoholische Getränke erhältlich.

La Maison Bleue (Karte S. 250 f.; 0535 636052; 2 Place de l'Istiqlal; Menü inkl. Wein 550 Dh; Abendessen ab 19.30 Uhr) Ohne Reservierung geht in diesem eleganten Riad-Restaurant gar nichts. Die Stimmung ist romantisch-vertraulich, für musikalische Untermalung sorgt ein Oud-Spieler (gegen Ende des Abends gibt's dann lebendigere Gnawa-Lieder und -Tänze). Die Gäste werden mit Salaten, Tajine-Gerichten, Couscous, *bastilla* (herzhafte Blätterteigpastete) und Desserts aus Filo-Teig verwöhnt. In puncto Atmosphäre und Aufmachung einfach top.

Ville Nouvelle

Chicken Mac (Karte S. 262; Ave Lalla Meriem; Hauptgerichte ca. 30 Dh; 9–23 Uhr) An diesem Teil der Straße gehen mehrere gut besuchte Lokale scheinbar nahtlos in einander über. Das Letzte in der Reihe (von der Ave Hassan II aus betrachtet) ist das Chicken Mac. Kaum hat man bestellt, schon werden großzügige Portionen Brathähnchen, *harira* (Suppe) und andere Sattmacher aufgetragen.

Kiotori (Karte S. 246; 0535 651700; 12 Rue Ahmed Chaouki; Sushi 50–105 Dh, Maki-Sushi 20–25 Dh; mittags & abends;) Sushi, hier in Fès? Hmm … Warum eigentlich nicht?! Das Kiotori muss sich nicht verstecken: Der Chefkoch ist Japaner, das Ambiente typisch nüchtern-minimalistisch, und die Auswahl an Sushi, Tempura (im Teigmantel ausgebackene Meeresfrüchte oder Gemüsestückchen) und Menüs beachtlich. Einige Fassi machen einen Bogen um das Restaurant, weil es keine Alkohollizenz hat – aber man muss es ihnen ja nicht gleichtun.

Restaurant Marrakech (Karte S. 262; 0535 930876; 11 Rue Omar el Mokhtar; Hauptgerichte ab 55 Dh;) Hinter einer dicken Holztür befindet sich das reizvolle Restaurant, das sich kontinuierlich verbessert. Rote *tadelakt*-Wände, dunkle Möbel und die Kissen im Salon hinten schaffen eine schöne Atmosphäre. Die Auswahl an Gerichten wie Hühnchen-Tajine mit Äpfeln und Oliven oder Lamm mit Aubergine ist originell. Außerdem wird ein dreigängiges Menü angeboten.

Chez Vittorio (Karte S. 262; 0535 624730; 21 Rue Brahim Roudani; Hauptgerichte ab 80 Dh, Salate ab 30 Dh, Pizza oder Pasta ab 56 Dh) Das wie eh und je beliebte Vittorio versteht sich auf rustikal-italienische Küche, das in mit Kerzen und karierten Tischdecken passend gestaltetem Ambiente serviert wird. Das Preis-Leistungs-Verhältnis überzeugt. Auch wenn es manchmal etwas länger dauert, bis man seine Bestellung aufgeben kann, sind die Angestellten in der Küche für gewöhnlich wirklich fix. Wir empfehlen die Pizzas und Steaks, die Pasta ist eher enttäuschend. Zum Essen kann man ein Glas Wein genießen.

Restaurant Zagora (Karte S. 262; 0535 940686; 5 Blvd Mohammed V; Hauptgerichte 80–100 Dh) Stilvolles Restaurant unweit des südlichen Endes des Blvd Mohammed V, gleichermaßen beliebt bei Reisegruppen und Einheimischen. Die Weinkarte ist die wahrscheinlich umfangreichste in der gesamten Ville Nouvelle, und auch das Essensangebot ist vielfältig. Das nette Ambiente inklusive Oud-Untermalung wird allerdings zum Anlass genommen, um den Preis für Speis und Trank ordentlich in die Höhe zu treiben.

Zen Garden (0535 932929; 26 Ave Omar Ibn Khattab; Hauptgerichte ab 100 Dh; mittags & abends;) Es lohnt sich, die Taxifahrt zum Zen Garden auf sich zu nehmen; es ist ähnlich schön wie das Majestic (s. unten), reißt aber ein kleineres Loch ins Budget. Der verdientermaßen beliebte Laden bietet kontinentale Küche plus Alkohol und eine durchdachte Kulisse.

Majestic (0535 729999; Rte de Zwagha; Hauptgerichte 140–190 Dh; 12–22 Uhr;) Auch bei diesem gehobenen Restaurant kommt man um eine Taxifahrt nicht herum. Ausnahme: Wer vorab reserviert, kann den Abhol- und Heimfahrservice in Anspruch nehmen. Der trendige offene Grundriss ist von Londoner und Pariser Hochglanzmagazinen inspiriert, das Speisenrepertoire tendiert eindeutig in Richtung französische Küche mit mediterranen Einflüssen; besonders zu empfehlen sind die Fischvariationen. Das Ganze wird durch eine tolle Weinkarte und herausragenden Service abgerundet. Man sollte allerdings einige Scheinchen extra in seinen Geldbeutel stecken.

AUF DIE SCHNELLE

In der Medina ist man nie allzu weit vom nächsten Lokal oder Imbiss entfernt: In winzigen Räumen werden *brochettes* (Bratspieße) oder Sandwiches zubereitet und Suppen gekocht, während Straßenverkäufer mit Handkarren ihre Erdnusskekse anpreisen. Rund ums Bab Bou Jeloud befinden sich eine ganze Reihe von Läden, man kann sich aber auch einfach von den verlockenden Gerüchen leiten lassen. In der Ville Nouvelle ist der Blvd Mohammed V (besonders die Gegend um den Hauptmarkt) eine gute Anlaufstelle für günstige Snacks. Wer Lust auf ein Sandwich hat, könnte sich in der Nähe der Place Yacoub al-Mansour umschauen.

B'sara-Verkäufer (Karte S. 250 f.; Acherbine; Suppe 4 Dh) Die Fassi-Spezialität *b'sara* (Knoblauch-Bohnen-Suppe) sollte man unbedingt probiert haben. Sie wird in winzigen „Lokalen", die über die ganze Medina verteilt sind, aus riesigen Suppenkesseln geschöpft und mit einem Stück Brot und einem Schuss Olivenöl gereicht – die perfekte Mahlzeit vor einer Sightseeingtour. Die *b'sara*-Verkäufer in und rund um die Rue Acherbine haben uns am besten gefallen.

LP Tipp **Schneckenstand** (Karte S. 250 f.; Ecke Talaa Seghira & Derb el-Horra; Schnecken 5 Dh) Die Nr. 1 in Sachen Fast Food mit organischer „Verpackung". Einfach die Weichtiere mit der Zange aus ihrem Häuschen ziehen und genießen … Mmmh, köstlich!

Restaurant Pizza Mamia (Karte S. 262; Place Florence; Salate 20 Dh, Pizzas ab 25 Dh; mittags & abends) Das Mamia ist kompakt und gemütlich und zaubert im Handumdrehen leckere Pizzas aus dem Holzofen. Weitere Fast-Food-Optionen wie Salate, Burger usw. sind ebenfalls erhältlich. Beliebt bei Familien und jungen Pärchen.

Billiglokale (Karte S. 262; Ave Hassan Ouazzani & Ave Abdellah Chefchaouni; Gerichte ca. 35 Dh) Die sauberen, günstigen Lokale unweit des Jardin Public können in puncto Essen (z. B. frische Salate, *brochettes* und Tajine-Gerichte) problemlos mit einigen der gehobeneren Restaurants in der Stadt mithalten. Unser Favorit ist der Laden, der dem Park am nächsten ist.

CAFÉS, PATISSERIEN & EISDIELEN

Manchmal hat es den Anschein, als bestünde die Hauptbeschäftigung der Ville-Nouvelle-Bewohner darin, Kaffee zu trinken und Croissants zu verzehren. Die meisten Cafés befinden sich auf dem Blvd Mohammed V und an der Ave Hassan II. Viele Restaurants am Bab Bou Jeloud in der Medina dienen gleichzeitig als Cafés. Darüber hinaus gibt es zahlreiche „Minilokale".

Crémerie Skali (Karte S. 262; Blvd Mohammed V; Frühstück ca. 20 Dh; 6–22 Uhr) Günstig gelegen bietet sich das Skali für ein Frühstück mit Gebäck, Säften und superleckerem Rührei an. Der Laden ist bei Büroangestellten und Familien gleichermaßen beliebt.

Café Restaurant La Noria (Karte S. 246; Fès el Jdid; Hauptgerichte 40–60 Dh; 7–21 Uhr) Abseits des städtischen Trubels in den Bou-Jeloud-Gärten liegt dieses Café. In dem schattigen Hof kann man wunderbar bei einem Drink oder Saft relaxen, abends gibt's auch was zu essen. Gleich nebenan befindet sich ein altes Wasserrad.

Café Jawharat Fes (Karte S. 262; 16 Ave Farhat Hachad; WLAN) Nicht allzu weit vom American Language Center entfernt. Das Jawharat besticht durch ein extravagantes Dekor, eine hübsche Terrasse und eine freundliche Atmosphäre. Laptopbesitzer werden sich über kostenloses WLAN-Internet freuen.

Assouan (Karte S. 262; 4 Ave Omar Ibnou Khattab) Es gibt drei gute Gründe, sich für dieses Straßencafé zu entscheiden: der Kaffee, der Kuchen und die Lage (ideal, um Leute zu beobachten!). Hier steppt immer der Bär.

Cremerie La Place (Karte S. 250 f.; Seffarine-Platz; 7.30–20 Uhr) Befindet sich in einer der interessantesten Ecken der Medina. Bei Saft, Tee, Kaffee und Gebäck kann man den Blick über das bunte Treiben auf dem Platz schweifen lassen und dem Hämmern der Kupferschmiede lauschen.

SELBSTVERSORGER

Obst und Gemüse, Gewürze, Nüsse, Oliven oder köstliche Datteln bekommt man nirgendwo frischer als auf dem **Hauptmarkt** (Karte S. 262; Blvd Mohammed V; 8.30–14.30 Uhr) in der Ville Nouvelle. Hier finden sich auch ein paar gute Käsestände. In der unmittelbaren Umgebung gibt's zudem einige Läden, die alkoholische Getränke verkaufen.

In der Medina sind frische Lebensmittel im Überfluss zu haben: Von den Obst- und Gemüseständen oben an der Talaa Kebira kann man sich weiter vorarbeiten (wer etwas empfindlich ist, sollte bei den Fleischständen mit ihren Schaf- und Rinderköpfen lieber weggucken). Überall bieten Marktschreier lautstark frische Datteln und Oliven an.

Ausgehen

Wer sich ein Gläschen genehmigen will, wird in der Ville Nouvelle ein größeres Angebot an Lokalen finden als in der Medina. Die Bars liegen im marokkanischen Durchschnitt: Für gewöhnlich sind es schäbige, verrauchte Schuppen, in denen Männer und Frauen als Prostituierte arbeiten – nicht, dass es nachher heißt, wir hätten unsere Leser nicht gewarnt! Im Folgenden sind ein paar Lokalitäten mit angenehmerer Atmosphäre aufgelistet; Zapfenstreich ist gegen 23 Uhr.

Hotel Batha (Karte S. 250 f.; Place Batha) Günstig gelegenes Hotel in der Medina mit einer Poolbar – im Winter mit wärmendem Holzfeuer –, der Churchill Bar sowie der Consul Bar an der Rückseite (Seiteneingang benutzen). Letztere hat eine entspanntere Atmosphäre für einen Dämmerschoppen oder zwei. Bis Mitternacht ist Disko angesagt. Montags ist der Laden geschlossen.

Riad Fès (Karte S. 250 f.; 5 Derb ibn Slimane) Die eleganteste Adresse für einen Drink in der ganzen Stadt. Die Hofbar des Riad Fès ist einfach toll: Das Licht, das vom zentralen Pool reflektiert wird, tanzt über die stuckverzierten Säulen, während im Hintergrund leise Musik säuselt. Man kann an der Glasbar sitzen oder sich in die Kissen fallen lassen und verschiedene Biere, Weine oder Spirituosen bestellen. Da es sich um eine offene Bar handelt, kann es im Winter schon mal etwas frisch werden; im Sommer ist es dafür angenehm kühl.

Mezzanine (Karte S. 246; ☎ 0535 633430; 17 Kasbah Chams; 🕒 12–1 Uhr) Was den „Fashionfaktor" betrifft, ein echter Renner – und auch die Öffnungszeiten sind was für Nachtschwärmer. Die neue Bar ist das Angesagteste, was die Medina zu bieten hat, und gehört eher in die Kategorie Ibiza als Moulay-Idriss. Die Terrasse mit Blick auf den Jnan-Sbil-Park bietet sich zum Entspannen mit einem Bier oder Cocktail an. Für den kleinen Hunger sind die Tapas genau das Richtige (s. S. 264).

Sofitel Palais Jamaï (Karte S. 250 f.; Bab Guissa) Super für einen Umtrunk pünktlich zum Sonnenuntergang: Die Terrasse gewährt eine geniale Aussicht auf die Altstadt. Besser kann man einen Tag in der Medina eigentlich gar nicht ausklingen lassen. Vor dem Abendessen kosten die Getränke zwar etwas mehr, dafür stehen aber jede Menge kostenlose Knabbereien bereit.

Unterhaltung

Livemusik-Fans wissen es wahrscheinlich schon: Fès besucht man am besten anlässlich eines der zahlreichen Festivals (s. S. 258). Im Café Clock (s. S. 264) finden regelmäßig gute Konzerte statt (So abends, Sonnenuntergang).

Les Musicales du Palais el Mokri (Karte S. 250 f.; ☎ 0668 601791; www.lesmusicalesdefes.com, französisch; Mokri Palace, Chaq Bdenjala, Ziat; Eintritt 60 Dh; 🕒 Mi & So 16–18 Uhr) Traditionelle Musik in den Salons des Mokri-Palasts und ein tolles Ambiente – hier kann man sich wie ein Pascha aus längst vergangenen Zeiten fühlen! Den Veranstaltungskalender auf der Website konsultieren (keine Aufführungen im August). Im Eintritt mit drin sind Tee und marokkanisches Gebäck.

Crown Palace Fes (S. 264; 85 Ave des FAR; 🕒 ab 18 Uhr) Betuchtere Fassi landen für gewöhnlich früher oder später in der Pianobar oder in der Zigarren-Cocktail-Bar des Crown Palace. Gegen 1 Uhr ist Zapfenstreich; dann zieht es die Nachtschwärmer in den Club im Untergeschoss. Im „VIP" legt jede Nacht von 24 bis 3 Uhr ein DJ auf.

Le Marocain (Karte S. 262; 38 Ave Mohammed Slaoui; 🕒 ab 21 Uhr) In der Bar im rückwärtigen Bereich dieses berüchtigten Nachtlokals suchen die Vertreterinnen des horizontalen Gewerbes nach Freiern, ihre männlichen Kollegen tummeln sich für gewöhnlich vorne. Es ist eher unwahrscheinlich, dass die Band und die Sängerin in naher Zukunft auf den großen Bühnen Europas zu Hause sein werden, aber sie sorgen für ausreichend Stimmung, bevor man die Tanzfläche erobert. Die Getränke sind günstig (Bier 15 Dh) und es gibt tapasähnliche Snacks.

Shoppen

Fès ist die Kunsthandwerkhauptstadt Marokkos. Die Auswahl von Arbeiten ist riesig, die Qualität ausgezeichnet und die Konkurrenz groß – man sollte sich Zeit nehmen und die Preise vergleichen. Gute Adressen sind die

KERAMIKWAREN AUS FÈS

Fès quillt geradezu über vor Keramikarbeiten: Man muss bloß einen Blick auf die typisch blauen Tonwaren und die filigranen Mosaiken an den Brunnen und in den Riads werfen. **Art Naji** (☎ 0535 669166; www.artnaji.net; Ain Nokbi; 🕑 8–18 Uhr) ist die Adresse für authentische Arbeiten. Dort kann der komplette Herstellungsprozess mitverfolgt werden, angefangen mit dem Formen von Gefäßen und anderen Keramikwaren auf der Drehscheibe bis hin zur akribischen Gestaltung der *zellij*-Kacheln, die von Hand bemalt werden –ein faszinierendes Schauspiel. Die Töpferwerkstatt befindet sich ca. 500 m östlich des Bab el Ftouh. Die Strecke ist problemlos mit einem Petit Taxi zurückzulegen. Schwarze Rauchschwaden weisen den Besuchern den Weg. Olivenkerne sind für den Qualm verantwortlich: Mit ihnen wird der Brennofen befeuert. Auf Anfrage werden sogar Mosaiken nach Wunsch angefertigt und an die Heimatadresse verschickt.

kleinen Geschäfte abseits der Touristenmeilen – dazu zählen vor allem die Talaa Kebira und die Talaa Seghira in der Medina. Die besten Lederwaren gibt's erwartungsgemäß in der Nähe der Gerbereien.

Viele restaurierte Riads und *funduqs* in der Altstadt wurden zu Verkaufsräumen für Teppiche umfunktioniert. Hier bietet sich natürlich die Gelegenheit, ein Tässchen Minztee zu trinken, das atemberaubende Ambiente zu genießen und ein paar herrliche Knüpfarbeiten zu bestaunen. Doch Vorsicht: Nirgendwo in Marokko werden hemmungslosere Verkaufsstrategien angewandt. Vielfach sind echte Schmuckstücke dabei, es wird jedoch auch jede Menge Schrott aus der Fabrik zu horrenden Preisen angeboten. Wer sich auf den Teppichkauf in Fès vorbereiten möchte, dem seien die Hinweise auf S. 248 ans Herz gelegt.

An- & Weiterreise

AUTO

Parkplätze in der Nähe der Medina findet man z. B. direkt südlich der Place l'Istiqal, auf der Ave des Français vor dem Bab Bou Jeloud und in Ain Azleten innerhalb der Altstadtmauern (nördlich der Talaa Kebira). In der Ville Nouvelle gibt's vor dem Hauptmarkt einen bewachten Parkplatz.

CTM

Der wichtigste Bahnhof für **CTM-Busse** (☎ 0535 732992) befindet sich nahe der Place Atlas im Süden der Ville Nouvelle (Karte S. 246). In der Hauptsaison Fahrkarten unbedingt im Voraus besorgen, vor allem wenn's nach Tanger, Marrakesch oder Chefchaouen gehen soll.

CTM fährt täglich siebenmal via Rabat (80 Dh, 3½ Std.) nach Casablanca (100 Dh, 5 Std.), und zwar zwischen 6.30 und 16.30 Uhr. Von 8.30 bis 20.30 Uhr gibt's sechs Verbindungen nach Meknès (20 Dh, 1 Std.), zwei Busse pro Tag steuern Marrakesch an (160 Dh, 9 Std.; morgens & abends).

Auch Ziele im Norden und Osten werden bedient: Drei Busse fahren nach Tanger (100 Dh, 6 Std.), ebenfalls drei nach Chefchaouen (70 Dh, 4 Std.), zwei nach Tétouan (93 Dh, 5 Std.), einer nach Al-Hoceima (90 Dh, 6 Std.), zwei nach Nador (74 Dh, 7 Std.) und einer nach Oujda (100 Dh, 6 Std.).

Eurolines (mit internationalen Verbindungen nach Spanien und Frankreich) startet am CTM-Busbahnhof.

Noch mehr Busunternehmen

Die Busse anderer Unternehmen fahren am **Hauptbusbahnhof** (Karte S. 250 f.; ☎ 0535 636032) in der Nähe des Bab el Mahrouk ab. Sie sind etwas günstiger als die CTM-Busse. Auf den beliebteren Routen können Sitzplätze reserviert werden. Praktisch ist die **Gepäckaufbewahrung** (5 Dh/Stück, 🕑 6–24 Uhr).

Tag für Tag gibt's mindestens sechs Verbindungen nach Casablanca, Chefchaouen, Er-Rachidia, Marrakesch, Meknès, Oujda, Rabat, Tanger und Tétouan. Die Strecken nach Rissani (120 Dh, 10 Std.), Ouarzazate (142 Dh, 14 Std.) und Tinerhir (108 Dh, 10 Std.) werden nicht ganz so häufig bedient.

Regelmäßig steuern Busse Ziele in der näheren Umgebung an, z. B. Azrou (18 Dh, 2 Std.), Ifrane (16 Dh, 90 Min.), Moulay Yacoub (8 Dh, 30 Min.), Sefrou (8 Dh, 40 Min.), Taza (34 Dh, 3 Std., stündl.) und Ouezzane (34 Dh, 3 Std., 2-mal tgl.).

FLUGZEUG

Der **Flughafen** (☎ 0535 674712) ist in Saïss, 15 km südlich der Stadt. **RAM** (Karte S. 262; ☎ 0535 625516;

KÖNIGSSTÄDTE, MITTLERER ATLAS & DER OSTEN

54 Ave Hassan II) fliegt täglich nach Casablanca (internationale Flugverbindungen, vor allem nach Frankreich, s. S. 512).

TAXI

Grands-Taxis-Stände befinden sich überall in der Stadt. Wer nach Meknès (16 Dh, 1 Std.) und Rabat (59 Dh) fahren möchte, schnappt sich eines vorm Hauptbusbahnhof (Karte S. 250 f.; vorm Bab el Mahrouk) oder in der Nähe des Bahnhofs (Karte S. 262). Ist Taza das Ziel (44 Dh, 2½ Std.), muss man sich zum Bab Fettouh (Karte S. 250 f.), dem Südosttor der Medina, begeben. Auf dem offenen Gelände westlich des Bab Bou Jeloud (Karte S. 250 f.) stehen Taxis für Fahrten nach Moulay Yacoub (9 Dh, 20 Min.) bereit, vom Stand unterhalb der Place de la Résistance in der Ville Nouvelle (Karte S. 262) gelangt man nach Sefrou (12 Dh, 30 Min.). Die Azrou- (30 Dh, 1 Std.) und Ifrane-Taxis (21 Dh, 45 Min.) warten auf dem Parkplatz westlich des CTM-Busbahnhofs im Süden der Ville Nouvelle (Karte S. 246).

ZUG

Der **Bahnhof** (Karte S. 262; ☎ 0535 930333) in der Ville Nouvelle liegt nordwestlich der Place Florence (zu Fuß 10 Min.). Wer die **Gepäckaufbewahrung** (10 Dh/Stück; 🕑 6–20 Uhr) nutzen will, muss seine Taschen mit einem Schloss versehen.

Zwischen 7 und 17 Uhr fährt alle zwei Stunden ein Zug via Rabat (76 Dh, 3½ Std.) und Meknès (18 Dh, 1 Std.) nach Casablanca (103 Dh, 4¼ Std.). Zusätzlich gibt es zwei Nachtzüge. Die Strecke Fès–Marrakesch wird von acht Zügen bedient (180 Dh, 8 Std.). Es besteht eine Direktverbindung nach Tanger (97 Dh, 5 Std.), vier weitere Züge fahren über Sidi Kacem. Mit täglich drei Direktzügen geht's via Taza (39 Dh, 2 Std.) nach Oujda (108 Dh, 6 Std.).

Unterwegs vor Ort

BUS

Fès hat ein zuverlässiges Stadtbusnetz. Zu bestimmten Zeiten ähneln die Busse allerdings Sardinendosen, zudem sind sie berüchtigt für Taschendiebe. Der Standardfahrpreis beträgt 2,50 Dh. Hier ein paar nützliche Buslinien:

Linie 9 Von der Place Atlas über Blvd Abdallah Chefchaouni (beide in der Ville Nouvelle) bis nahe Dar Batha Museum (Fès el Bali); zurück geht's über die Place de la Résistance, Ave Hassan II und Ave des FAR.

Linie 10 Vom Bahnhof über das Bab Guissa (nördliches Fès el Bali) bis zum Bab Sidi Bou Jida (nordöstliches Fès el Bali).

Linie 19 Vom Bahnhof über die Ave Hassan II (beide in der Ville Nouvelle) und dem Bab el Jdid (südliches Fès el Bali) bis zur Place er-Rcif (Fès el Bali Mitte).

Linie 47 Vom Bahnhof zum Bab Bou Jeloud (Fès el Bali).

VOM/ZUM FLUGHAFEN

Zwischen Flughafen und Bahnhof verkehren im Halbstundentakt Busse (Linie 16; 3 Dh, 25 Min.). Grands Taxis verlangen einen Festpreis von 120 Dh.

TAXI

Die Fahrer der roten Petits Taxis schalten im Allgemeinen ohne Murren ihre Taxameter ein. Vom Bahnhof oder CTM-Busbahnhof zum Bab Bou Jeloud kostet die Fahrt ca. 9 Dh. Nach 20 Uhr gilt der übliche Aufschlag von 50 %. Taxistände sind vor allen Stadttoren der Altstadt zu finden. Zum Flughafen fahren nur Grands Taxis (s. linke Spalte).

RUND UM FÈS

Sefrou

Sefrou liegt gerade mal 30 km südöstlich von Fès. Wer genug von der Großstadt hat, kann einen Tagesausflug in das Berberstädtchen machen. Es nimmt ein malerisches Fleckchen am Rande des Mittleren Atlas ein und hat eine kleine, aber interessante Medina, in der einst eine der größten jüdischen Gemeinden Marokkos lebte (in manchen Berichten ist von 8000 Menschen die Rede). Außerdem überwachte Idriss II. von hier aus den Bau der Stadt Fès.

PRAKTISCHE INFORMATIONEN

BMCE (Blvd Mohammed V) Hat einen Geldautomaten.

Club Internet Ibn Battouta (nahe dem Blvd Mohammed V; 7 Dh/Std.; 🕑 9–24 Uhr)

Hauptpostamt (Blvd Mohammed V)

Pharmacie de Sefrou (Blvd Mohammed V; 🕑 Mo–Sa 8–20 Uhr)

Post (Rte de Fès)

SEHENSWERTES & AKTIVITÄTEN

Sefrous Medina ist, vor allem im Vergleich zu der von Fès, relativ übersichtlich. Der Oued Aggaï fließt durch den Ortskern und lässt die Medina offener und luftiger wirken als viele andere Altstädte. Am besten betritt man sie durch das nördliche Stadttor **Bab el Maqam**. Von hier geht's nach Südosten bergab, immer der Menge nach, vorbei an zwei Moscheen, dann über den Fluss und die Haupteinkaufsstraße runter, bis diese sich gabelt: Der Weg

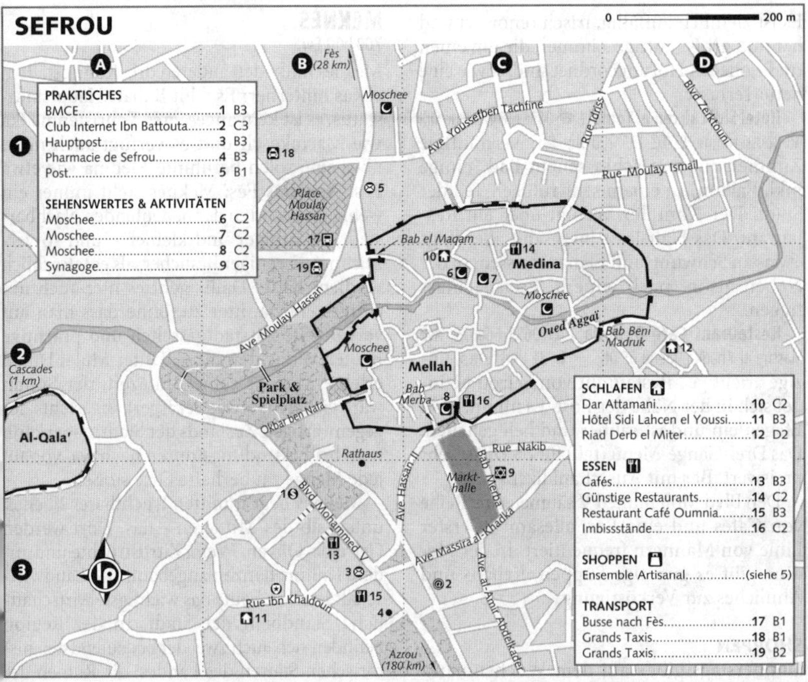

geradeaus führt zum Bab Merba in der südlichen Stadtmauer in der Nähe einer weiteren Moschee; rechts kommt man in die **Mellah.** Das ehemalige jüdische Viertel zieht sich von hier nordwestlich am Fluss entlang. Die Juden haben den Ort zwar schon länger verlassen, aber es gibt hier immer noch ein paar Häuser mit typischen Holzgalerien und so enge Gassen, dass kaum zwei Leute aneinander vorbeikommen. In ihrer Blütezeit war die Mellah so finster und überfüllt, dass selbst am Tag Straßenlaternen brennen mussten. Direkt südlich des Bab Merba steht eine **Synagoge.** Sie ist allerdings geschlossen. Zuletzt hatte der König Geld versprochen, um die Stadtmauern zu restaurieren; der Plan, Teile des Flusses durch die Medina zu überbauen, rief eher gemischte Reaktionen hervor.

Ein 1,5 km langer Spaziergang führt zu den **Cascades**, einem netten Wasserfall westlich der Stadt. Von der Ave Moulay Hassan gibt's Schilder, die den Weg an **Al-Qala'** (einem teilweise befestigten Dorf) vorbei durch das üppig grüne Flusstal zeigen.

Im Großen und Ganzen ist Sefrou ein verschlafenes Nest. Lebendiger geht's hier nur am Markttag (Do) und beim jährlichen **Kirschfest** Anfang Juni zu. Drei Tage lang werden die Straßen dann zum Schauplatz von Musik, Umzügen und sportlichen Wettkämpfen, Highlight ist die Krönung der Kirschkönigin.

SCHLAFEN & ESSEN

Dar Attamani (☎ 0535 969174; www.darattamani.com; 414 Bastna, Medina; EZ/DZ/3BZ ab 140/240/330 Dh; WLAN) Eine sehr schöne Unterkunft im Herzen der Medina. Für den Preis ist auffällig viel Wert auf das Dekor gelegt worden: Das Attamani hat seinen ganz eigenen Stil, und jedes Zimmer (mit eigenem Bad oder Gemeinschaftsbädern) wurde individuell gestaltet. Leute mit knapperem Budget werden sich über die Betten auf der Dachterrasse freuen (80 Dh). Ein echtes Schmuckstück für so eine kleine Stadt – in Fès müsste man für ein gleichwertiges Hotel das Dreifache zahlen. Nach Vereinbarung sind auch Mahlzeiten erhältlich.

Riad Derb el Miter (☎ 0535 660602; www.riadderbelmiter.com; 304 Derb el Miter; EZ/DZ inkl. Frühstück 190/380 Dh; 💻) Das pinkfarbene, marokkanische Gebäude mit den blauen Fenstern liegt auf der anderen Brückenseite neben dem Bab Beni Madruk.

Es ist ziemlich auffällig, frisch renoviert und hat fünf große, luftige Zimmer, die um einen traditionellen Hof angeordnet sind, sowie eine nette Terrasse.

Hôtel Sidi Lahcen el Youssi (☎ 0535 683428; Rue Sidi Ali Bousserghine; EZ/DZ 165/200 Dh; P) Vernünftige Zimmer mit angeschlossenem Bad (einige inkl. Balkon) in einem sehr ruhigen Teil der Stadt. Der Komplex verfügt über ein Restaurant. Das Flair lässt insgesamt allerdings etwas an Schwung und Elan vermissen. In der Nebensaison nach einem Preisnachlass fragen.

Restaurant Café Oumnia (☎ 0655 660679; Ave Massira al-Khadka; Menü 65 Dh; 8–21 Uhr) Das einzige „richtige" Restaurant von Sefrou befindet sich in der Nähe der Post. Es nimmt zwei Etagen ein und ist sauber und hell gehalten. Das Drei-Gänge-Menü (tgl.) für 65 Dh ist sehr preiswert. Bar mit Ausschanklizenz.

Den Blvd Mohammed V säumen eine Reihe von Cafés und eine Bar, allesamt in erster Linie von Männern frequentiert. In der Medina gibt es günstige Suppen, Kebabs und Ähnliches zur Verköstigung.

SHOPPEN

Donnerstags gibt's auf dem Wochenmarkt die Chance, ein Schnäppchen zu machen. Ansonsten bietet das **Ensemble Artisanal** (Rte de Fès) die übliche Auswahl von Teppichen, Keramiken, Kleidern und Lederwaren zu Festpreisen.

AN- & WEITERREISE

Linienbusse (8 Dh, 40 Min.) und Grands Taxis (12 Dh, 30 Min.) verkehren zwischen Sefrou und der Place de la Résistance in Fès. Nach Azrou nimmt man ein Grand Taxi bis Immouzzer (12 Dh) und steigt dort um.

Bhalil

Wer mit einem eigenen fahrbaren Untersatz unterwegs ist, sollte einen Abstecher in dieses eigentümliche Dorf 5 km nördlich von Sefrou machen – es lohnt sich. In den malerischen Berghängen gibt's diverse Höhlenwohnungen, angemalt in zartem Rosa, Gelb und Blau. Manche Leute benutzen die Höhlen sogar als kühle, geräumige Wohnzimmer. Schlafzimmer und andere Privaträume sind darüber gebaut. Einer der Bewohner, ein offizieller Fremdenführer, bietet Führungen an. Meistens bittet er die Besucher in seine eigene Höhlenwohnung.

MEKNÈS

700 000 Ew.

Meknès hinkt den anderen drei Königsstädten etwas hinterher: Es fehlt Rabats Hauptstadtstatus, es ist kein angesagtes Touristenmekka wie Marrakesch und es verfügt auch nicht über eine solch berühmte Medina wie etwa Fès. Apropos Fès: Meknès steht immer ein wenig im Schatten der bedeutenden Nachbarstadt, ist ruhiger und kleiner – und so verzeichnet es weniger Besucher, als es tatsächlich verdient hätte. Dafür geht es hier auch um einiges entspannter zu, ohne dass man auf verwinkelte Altstadtgässchen und prächtige Bauten verzichten muss. Unter Mulai Ismail erlebte Meknès seine Blütezeit; der Sultan wäre vielleicht etwas verärgert angesichts des gegenwärtigen Zustands der Stadt, dabei kann man bei Erkundungstouren nach wie vor auf jede Menge zauberhafte Orte stoßen.

Meknès liegt inmitten fruchtbarer Ebenen unterhalb des Mittleren Atlas. Dort werden Getreide, Oliven, Wein, Zitrusfrüchte und andere Kulturpflanzen angebaut. Die Landwirtschaft ist noch heute das wichtigste wirtschaftliche Standbein der Stadt. In der Region befinden sich auch zwei der bedeutendsten historischen Stätten des Landes: die Ruinen der römischen Stadt Volubilis und die Grabstätte von Mulai Idris. Keine Frage, in Meknès kommt so schnell keine Langeweile auf.

Geschichte

Der Berberstamm der Meknessa (daher der Stadtname) ließ sich hier erstmals im 10. Jh. nieder. Die Almohaden und Mereniden vergrößerten die Altstadt von Meknès und errichteten einige der ältesten Bauwerke der Stadt, die bis heute erhalten sind.

Aber erst im 17. Jh. gewann Meknès an Einfluss. Der Begründer der Alawitendynastie, Mulai ar-Rashid, starb 1672. Sein Bruder und Nachfolger, Mulai Ismail, machte Meknès zur Hauptstadt und regierte von hier aus 55 Jahre lang sein Reich.

Ismail ließ eine imposante, 25 km lange Stadtmauer mit prachtvollen Stadttoren bauen; ein riesiger Palastkomplex wurde nie fertiggestellt. Dass er für die Bauprojekte Zeit und Geld aufbringen konnte, verdankte er auch seiner Politik: Ausgesprochen erfolgreich unterdrückte er jede Opposition in Marokko, selten akzeptierte er Einmischung von außen. Behilflich war ihm dabei seine berüchtigte Schwarze Garde (s. S. 277).

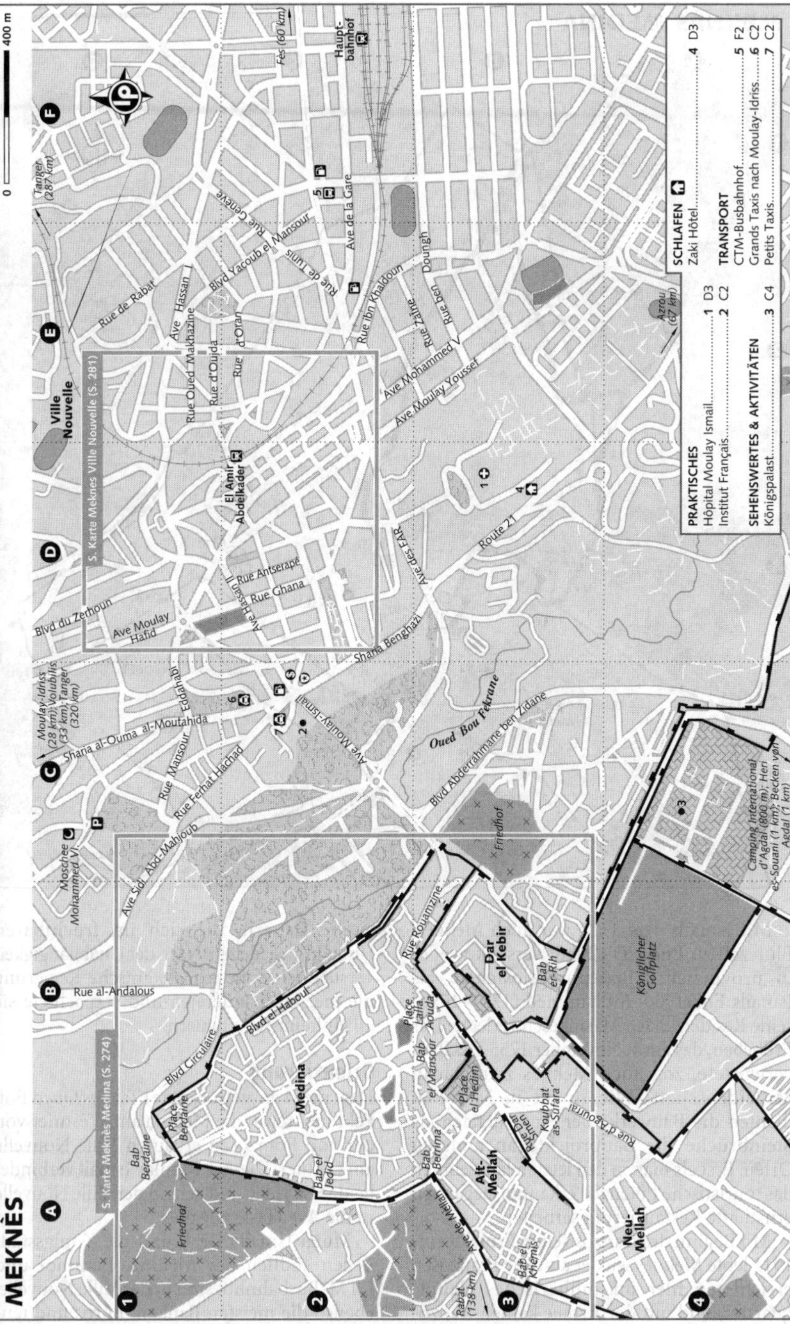
MEKNÈS
0 400 m
PRAKTISCHES
Hôpital Moulay Ismail 1 D3
Institut Français 2 C2
SEHENSWERTES & AKTIVITÄTEN
Königspalast 3 C4
SCHLAFEN
Zaki Hôtel 4 D3
TRANSPORT
CTM-Busbahnhof 5 F2
Grands Taxis nach Moulay-Idriss 6 C2
Petits Taxis 7 C2
S. Karte Meknès Medina (S. 274)
S. Karte Meknès Ville Nouvelle (S. 281)
Ville Nouvelle
Medina
Dar el Kebir
Alt-Mellah
Neu-Mellah
Friedhof
Königlicher Golfplatz
Hauptbahnhof
El Amir Abdelkader
Moschee Mohammed VI.
Oued Bou Fekrane
Place Berdaine
Bab Berdaine
Bab el Jedid
Bab Berrima
Bab el Khemis
Place Lalla Aouda
Place el Hedim
Bab el Mansour
Bab er-Rih
Koubbat as-Sufara
Rue al-Andalous
Blvd Circulaire
Blvd el Haboul
Rue Rouamzine
Rue Dar Smen
Rue d'Agouray
Ave de Mellah
Ave Sidi Abd-Mahjoub
Rue Ferhat Hachad
Rue Mansour Eddahabi
Sharia al-Ouma al-Moutahida
Ave Moulay Ismail
Blvd Abderrahmane ben Zidane
Shahia Benghazi
Ave des FAR
Route 21
Ave Moulay Youssef
Ave Mohammed V
Ave Moulay Hafid
Blvd du Zerhoun
Ave Hassan II
Rue Antserape
Rue Ghana
Rue d'Oran
Rue d'Oujda
Rue Oued Makhazine
Ave Hassan I
Rue de Rabat
Blvd Yacoub el Mansour
Rue Genève
Rue de Tunis
Ave de la Gare
Rue Ibn Khaldoun
Rue Zaïne
Rue ben Dough
Moulay-Idriss (28 km); Volubilis (33 km); Tanger (320 km)
Tanger (287 km)
Fès (60 km)
Azrou (67 km)
Rabat (138 km)
Camping International d'Agdal (800 m); Heri es-Souani (1 km); Becken von Agdal (1 km)

MEKNÈS MEDINA

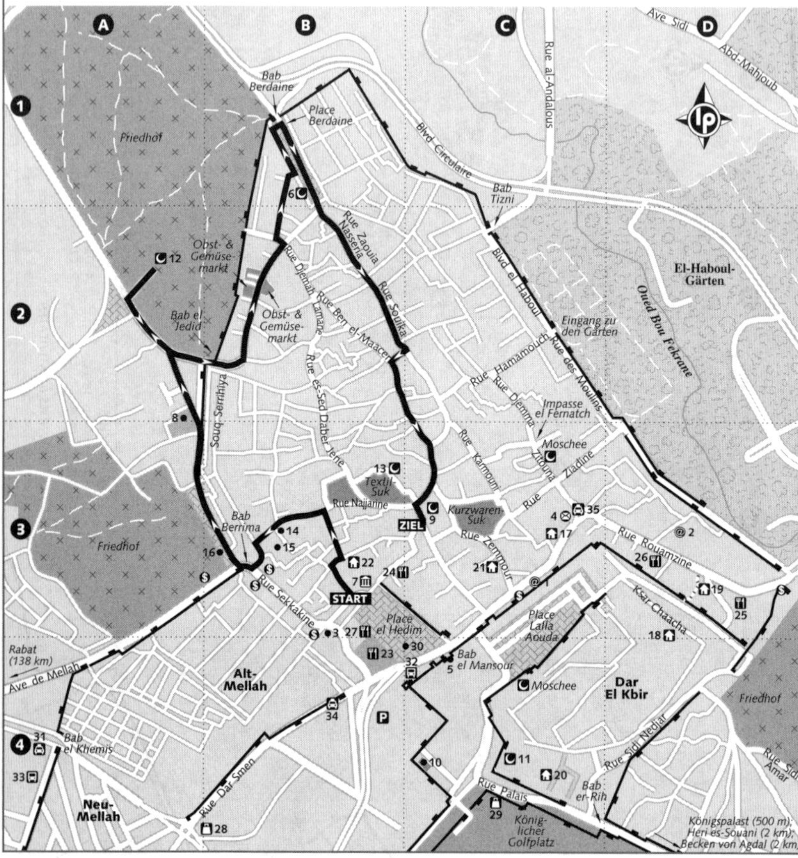

Mit Ismails Tod 1727 war auch Meknès' Blütezeit zu Ende. Die Stadt versank wieder in provinzieller Bedeutungslosigkeit, als Ismails Enkel Sidi Mohammed (1757–1790) seine Residenz nach Marrakesch verlegte. Das Erdbeben, das am 1. November 1755 Lissabon verwüstete, zog auch Meknès ziemlich in Mitleidenschaft. Wie so oft in Marokko dienten die Bauwerke der Stadt danach als Steinbrüche für Bauprojekte an anderen Orten. Erst als man in den letzten Jahrzehnten das touristische Potenzial erkannte, begannen ernsthafte Restaurierungsarbeiten.

Mit Beginn des französischen Protektorats 1912 lebte Meknès wieder auf: Die Franzosen errichteten hier ihr militärisches Hauptquartier, und mit der Armee kamen französische Bauern, die sich im fruchtbaren Umland ansiedelten. Nach der Unabhängigkeit verstaatlichte die marokkanische Regierung die meisten Ländereien und verpachtete sie an einheimische Bauern.

Orientierung

Das (meist ausgetrocknete) Tal des Oued Bou Fekrane trennt die Medina am Westufer von der von Franzosen erbauten Ville Nouvelle am Ostufer. Die Ave Moulay Ismail verbindet beide Stadtteile und geht in der Ville Nouvelle in die Ave Hassan II über.

Mulai Ismails Grab und die Königsstadt liegen südlich der Medina. Bahnhof und CTM-Busbahnhof sind in der Ville Nouvelle, ebenso die meisten Banken, Büros und teu-

PRAKTISCHES	Qissaria ad-Dahab 15 B3	Restaurant Riad .... (siehe 18)
Cyber Bab Mansour 1 C3	Gewürz-, Kräuter- & Nuss-Suk 16 B3	Rue Rouamzine Eateries 26 D3
Meet Net 2 D3		Ryad Bahia .... (siehe 22)
Apotheke el Fath 3 B3	**SCHLAFEN**	Sandwichstände 27 B3
Post 4 C3	Hôtel Regina 17 C3	
SEHENSWERTES & AKTIVITÄTEN	Maison d'Hôtes Riad 18 D3	**SHOPPEN**
Bab el Mansour 5 C4	Maroc Hôtel 19 D3	Centre Artisinale 28 B4
Berdaine-Moschee 6 B1	Palais Didi 20 C4	Töpfereien .... (siehe 23)
Dar-Jamaï-Museum 7 B3	Riad Safir 21 C3	Souvenirläden 29 C4
Flohmarkt 8 A2	Ryad Bahia 22 B3	
Große Moschee 9 C3		**TRANSPORT**
Koubbat as-Sufara' 10 C4	**ESSEN**	Calèches 30 C4
Moulay-Ismail-Mausoleum 11 C4	Markthalle 23 B4	Grands Taxis 31 A4
Sidi-ben-Aïssa-Mausoleum 12 A2	Dar Sultana .... (siehe 22)	Stadtbusse 32 C4
Medersa Bou Inania 13 B3	Restaurant Mille et Une Nuits 24 B3	Hauptbusbahnhof 33 A4
Okchen-Markt 14 B3	Restaurant Oumnia 25 D3	Petits Taxis 34 B4
		Petits Taxis 35 C3

reren Hotels. Der Fußweg von der Alt- in die Neustadt dauert 20 Minuten. Zwischen beiden verkehren (überfüllte) Linienbusse und Grands Taxis.

Praktische Informationen

BUCHLÄDEN

Librarie Dar al-Kitab al-Watani (Karte S. 281; ☎ 0535 521280; 10-21 Blvd Allal ben Abdallah) Vor allem französische, aber auch ein paar englische Bücher.

GELD

Banken mit Geldautomaten sind in der Ville Nouvelle (vor allem entlang der Ave Hassan II und Ave Mohammed V) wie auch in der Medina (Rue Sekkakine) zahlreich vorhanden.

BMCE (Karte S. 281; 98 Ave des FAR; ⌚ 10–13 & 16–19 Uhr) Geldumtausch auch außerhalb der üblichen Geschäftszeiten (im Südosten der Ville Nouvelle).

INTERNETZUGANG

Cyber Bab Mansour (Karte S. 274; Zankat Accra; 6 Dh/Std.; ⌚ 9–24 Uhr)

Cyber de Paris (Karte S. 281; Rue Accra; 8 Dh/Std.; ⌚ 9–2 Uhr)

Meet Net (Karte S. 274; Rue Rouamzine; 8 Dh/Std.; ⌚ Mo–Sa 10–13 & 15–21.30 Uhr)

Quick Net (Karte S. 281; 28 Rue Emir Abdelkander; 6 Dh/Std.; ⌚ 9–22 Uhr)

KULTURZENTREN

Institut Français (Karte S. 273; ☎ 0535 515851; inst.fr.mek@aim.net.ma; Rue Ferhat Hachad; ⌚ Mo–Sa 8.30–12 & 14.30–18.30 Uhr) Mittelpunkt des kulturellen Lebens von Meknès. Film- und Theatervorführungen, Konzerte und Ausstellungen.

MEDIZINISCHE VERSORGUNG

Hôpital Moulay Ismail (Karte S. 273; ☎ 0535 522805; nahe der Ave des FAR)

Nachtapotheke (Karte S. 281; Rue de Paris)

Pharmacy el Fath (Karte S. 274; Place el Hedim)

POST

Hauptpost (Karte S. 281; Place de l'Istiqlal) Paketaufgabe in demselben Gebäude (Eingang um die Ecke, Rue Tétouan).

Post (Karte S. 274; Rue Dar Smen) In der Medina.

REISEBÜROS

Carlson Wagonlit (Karte S. 281; ☎ 0655 521995; 1 Rue Ghana) Flugzeug-, Fähr- und Bustickets.

RAM (Karte S. 281; ☎ 0655 520963; 7 Ave Mohammed V) Flugtickets (alle großen Airlines).

TOURISTENINFORMATION

Délégation Régionale du Tourisme (Karte S. 281; ☎ 0655 524426; Fax 0655 516046; Place de l'Istiqlal; ⌚ Mo–Do 8.30–12 & 14.30–18.30, Fr 8–11.30 & 15–18.30 Uhr) Nicht allzu umfassende Infos für Touristen; hat auch Broschüren.

Sehenswertes

MEDINA

Die Place el Hedim ist das Zentrum der Medina und entstand in der Regierungszeit von Mulai Ismail. Der große Platz am Bab el Mansour wurde ursprünglich für königliche Verlautbarungen und öffentliche Hinrichtungen genutzt, heutzutage lädt er dazu ein, Menschen zu beobachten und Atmosphäre aufzusaugen: Fußball spielende Kinder, Händler, die ihre Wunderheilmittel anpreisen, und Familien beim Nachmittagsspaziergang. Kurz: Hier ist immer etwas geboten. Irgendwie wird man das Gefühl nicht los, dass die Behörden die Place el Hedim am liebsten in einen zweiten Djemma el-Fna (Platz in Marrakesch) verwandeln würden – die überdachten Sitzbereiche der Lokale mit Blick auf die alten Mauern gibt es noch gar nicht so lange. Dahinter befindet sich übrigens ein sehr guter Lebensmittelmarkt (s. S. 282).

Das monumentale Bab el Mansour im Süden führt in die Königsstadt von Mulai Ismail. Im Westen der Medina verlaufen die schmalen Straßen der Mellah. Dort stehen alte Häuser mit Balkons, die ganz typisch für den jüdischen Baustil sind.

Dar-Jamaï-Museum

Vom 1882 erbauten Dar Jamaï aus hat man die Place el Hedim bestens im Blick. Der Palast wurde von der mächtigen Jamaï-Familie errichtet, der insgesamt zwei Wesire des Sultans Mulai al-Hassan I. entstammten. Als dieser 1894 verstarb, fielen die Jamaï am Hof in Ungnade und verloren alles. Der Palast ging daraufhin in den Besitz der einflussreichen Al-Glaoui-Familie über, bis ihn 1912 die Franzosen in ein Militärkrankenhaus umfunktionierten.

Seit 1920 beherbergt das Dar Jamaï neben der Administration des Beaux Arts eines der besten **Museen** (Karte S. 274; ☎ 0655 530863; Place el Hedim; Eintritt 10 Dh; 🕑 Mi–Mo 9–12 & 15–18.30 Uhr) des Landes. Zu den Exponaten zählen traditionelle Keramikwaren, Schmuck, antike Teppiche aus verschiedenen Regionen Marokkos, einige phantastische Textilien und Stickereien. Nicht verpassen sollte man die Brokatsättel und Handarbeiten (z. B. die extravaganten Kaftane). Die *koubba* (Kuppelsaal) oben ist eingerichtet wie ein traditioneller Salon (inkl. luxuriöser Teppiche und Kissen).

Die Ausstellungen wurden durchdacht gestaltet. Erklärungen gibt's in französischer, arabischer und manchmal auch englischer Sprache. Im andalusischen Garten und im Hof ist es schattig und ruhig, die Orangenbäume schaffen eine besondere Atmosphäre.

Grande Mosquée & Medersa Bou Inania

Gegenüber der Grande Mosquée steht die **Medersa Bou Inania** (Karte S. 274; Rue Najjarine; Eintritt 10 Dh; 🕑 9–12 & 15–18 Uhr). Sie wurde 1358 von Bou Inan erbaut, nach dem auch eine noch prachtvollere Koranschule in Fès benannt ist. Die kunstvolle Innenausstattung dieser Medersa ist typisch für Bauten aus der Merenidenzeit. Alle klassischen marokkanischen Stilelemente sind zu bewundern: *zellij*-Fliesen, filigrane Stuckdekorationen und geschnitzte Holzdecken.

Schüler von acht bis zehn Jahren wohnten früher jeweils zu zweit in einer Kammer im Erdgeschoss, ältere Studenten und Lehrer im Obergeschoss. Die Dachterrasse bietet einen schönen Blick auf die grünen Dächer und das Minarett der benachbarten Grande Mosquée. Nicht-Muslime dürfen die Medersa allerdings nicht betreten.

KÖNIGSSTADT

Bab el Mansour

Das riesige, gut erhaltene Bab el Mansour, das vielleicht herrlichste aller marokkanischen Königstore, dominiert die Place el Hedim. Es ist mit üppigen (etwas verblassten) *zellij* und Inschriften am oberen Rand verziert. Der Sohn Mulai Ismails, Mulai Abdallah, ließ es 1732 bauen. Man kann das Bab selbst nicht durchqueren – es wird nur gelegentlich geöffnet, um Ausstellungen zu beherbergen. Normalerweise geht man stattdessen durch einen Durchgang an der linken Seite.

Mulai-Ismail-Mausoleum

Diagonal gegenüber dem Koubbat as-Sufara' befindet sich die **letzte Ruhestätte** (Karte S. 274; Spenden erwünscht; 🕑 Sa–Do 8.30–12 & 14–18 Uhr) von Mulai Ismail. Der Sultan, der Meknès im 17. Jh. zu seiner Hauptstadt ernannte, zählt zu den bedeutendsten Herrschern Marokkos. Zunächst passiert man eine Reihe von friedlichen Höfen, die die Besucher in eine demütige Stimmung versetzen sollen – das klappt aber leider nicht immer (etwa wenn eine Busladung Touristen im Anmarsch ist). Die aufwendig gestaltete Grabhalle steht im Kontrast zur nüchternen Außenanlage und trumpft mit Meisterwerken marokkanischer Handwerkskunst auf (Fotografieren erlaubt!). Achtung: Nicht-Muslime müssen dem eigentlichen Grab fernbleiben.

Koubbat as-Sufara'

Südlich vom Bab el Mansour liegt der *mechouar* (Paradeplatz), die Place Lalla Aouda, auf der Mulai Ismail seine berüchtigte Schwarze Garde zu inspizieren pflegte. Für diese Eliteeinheit holte er 16 000 Sklaven aus Schwarzafrika und sicherte den Fortbestand der Truppe, indem er die Soldaten heiraten und ihre Kinder für den Dienst in der Garde ausbilden ließ. Bis zu seinem Tod hatte sich die Truppenstärke der Schwarzen Garde verzehnfacht. Sie erstickte erfolgreich Rebellionen im Inland, fegte europäische Mächte

DER ALLMÄCHTIGE MULAI

Nur wenige Männer haben die Geschichte ihres Landes so stark beeinflusst wie die übermächtige Gestalt des Sultans Mulai Ismail (1672–1727). Er stammte aus den Ebenen der Tafilalet-Region, über die die Sandstürme nur so dahinbrausen. Seine Familie waren Scherifen, Nachfahren des Propheten Mohammed – bis heute ein Stützpfeiler der Monarchie.

Skrupellosigkeit und eine gute Abstammung waren die wesentlichen Eigenschaften, die ein zukünftiger Sultan mitbringen musste. Als Mulai Ismail den Thron von seinem Bruder Mulai ar-Rashid erbte, machte er mit seinen 83 sich um die Macht balgenden Brüdern und Halbbrüdern kurzen Prozess: Noch am Tag seines Amtsantritts ließ er alle ermorden, die sich weigerten, sich seiner Herrschaft zu unterwerfen. Auch in der Folge blieb seine Politik ausgesprochen blutig. Mit Feldzügen im Süden, im Rifgebirge und im algerischen Hinterland eroberte er den größten Teil des heutigen Marokkos. Er brachte sogar die Korsaren von Salé unter seine Fuchtel, erhob Steuern auf ihre Beute und besserte so die Staatskasse erheblich auf.

Nachdem Mulai Ismail den Frieden im Land hergestellt hatte, zog er sich in seine Hauptstadt Meknès zurück. Hier baute er seinen grandiosen Königspalast, für den er die besten Materialien aus dem ganzen Land zusammenplünderte. Außerdem ließ er Stadtmauern, Kasbahs und viele neue Städte errichten. Diese kulturelle Blütezeit war Marokkos letztes goldenes Zeitalter.

Neben Gewalt und Architektur galt Mulai Ismails Leidenschaft den Frauen. Zwar hielt er vergeblich um die Hand der Tochter Ludwigs XIV. von Frankreich an, was ihn aber freilich nicht daran hinderte, Hunderte von Kindern zu zeugen. Dummerweise versäumte er es angesichts solch bewundernswerter Manneskraft, seine Nachfolge zu regeln. Nach seinem Tod erschütterten das Sultanat daher verheerende Machtkämpfe, von denen sich die Alawiten nie wieder erholten.

Trotzdem bildete sein Vermächtnis die Basis für das moderne Marokko. Er befreite Tanger von den Briten, unterwarf die Berberstämme und entriss den Spaniern große Teile ihrer marokkanischen Territorien. Mulai Ismail legte den Grundstein für die heutige Monarchie. Mit fester Hand band er das Land zu einer Einheit zusammen, die erstmals das moderne Staatsgebilde Marokko erahnen ließ.

aus dem Norden Marokkos und beseitigte die osmanische Bedrohung aus Algerien.

Am rechten Platzende führt eine Straße zu einem Rasenplatz mit einem kleinen Gebäude: der **Koubbat as-Sufara'** (Karte S. 274; Eintritt 10 Dh; 🕑 9–12 & 15–18 Uhr). Sie diente früher als Empfangshalle für ausländische Botschafter. Neben dem Eingang führen Schächte in riesige Kellergewölbe runter. In dieser finsteren, etwas gespenstischen Anlage wurden früher Lebensmittel aufbewahrt. Fremdenführer erzählen gern, sie sei ein Gefängnis für christliche Sklaven gewesen, die Mulai Ismail in seiner Bauwut als Arbeitskräfte genutzt habe. Nicht glauben! Es ist ratsam, eine Taschenlampe mitzubringen.

Heri es-Souani & Becken von Agdal

Ca. 2 km südöstlich des Mausoleums sind Mulai Ismails weitläufige Kornspeicher und Stallungen zu sehen: **Heri es-Souani** (Eintritt 10 Dh; 🕑 9–12 & 15–18.30 Uhr). Die geniale Bauweise des Gebäudes mit winzigen Fenstern, dicken Mauern und einem Netz unterirdischer Wasserläufe sorgte für gleichmäßig kühle Temperaturen und eine gute Luftzirkulation. Untergebracht waren hier Ställe und Futter für die unglaubliche Menge von 12 000 Pferden. Mulai Ismail selbst hielt es für eines seiner gelungensten Bauprojekte.

Das Dach stürzte schon vor langer Zeit ein, die ersten Joche des imposanten Gewölbes wurden allerdings restauriert. Die grelle Beleuchtung macht die Atmosphäre ziemlich zunichte, stimmungsvoller sind die dunkleren Ecken. Dahinter verteilen sich auf einem riesigen Areal die halb verfallenen Gebäudeteile.

Unmittelbar nördlich der Kornspeicher und Stallungen befindet sich ein gigantisches Wasserbecken, das **Bassin de l'Agdal**. Es wird von einem komplexen, 25 km langen Kanalsystem gespeist und diente als Wasserreservoir für die Gärten des Sultans und als Vergnügungssee. Viele Bänke laden beim Spaziergang am Wasser zum Verschnaufen ein. Die riesige Statue eines traditionellen Wasserverkäufers erinnert an Arbeiten Giacomettis.

Im Sommer ist der Fußmarsch vom Mausoleum Mulai Ismails hierher lang und eine schweißtreibende Angelegenheit. Ein Taxi oder eine Pferdekutsche (*calèche*) ist dann sicherlich keine schlechte Idee. Wer trotzdem laufen will, folgt vom Mausoleum der Straße nach Süden, zwischen hohen Mauern hindurch und vorbei am Haupteingang des Königspalasts (keine Besichtigungsmöglichkeit) und einem Campingplatz bis zum Eingang.

Stadtspaziergang: Bummel durch die Suks

Der folgende Spaziergang ist auf der Karte der Medina von Meknès (S. 274) markiert. In die Suks kommt man am einfachsten durch den Torbogen links des Dar-Jamaï-Museums am Nordende der Place el-Hedim. Wer sich hier ins Getümmel stürzt und nach Norden geht, stößt nach kurzer Zeit auf Souvenirstände und Teppichläden.

Unterwegs sollte man einen Blick in die diversen *qissarias* (Markthallen) rechts und links werfen. In zwei der Hallen gibt's ausschließlich Textilien und Teppiche, die sonntagmorgens lautstark versteigert werden. Der **Okchen-Markt** in der letzten *qissaria* links vor der Einmündung in die Rue Najjarine ist auf feine Stickereien spezialisiert.

Auf der Rue Najjarine angelangt, geht's rechts zur **Grande Mosquée** und zur **Medersa Bou Inania**. Unser Spaziergang führt aber zunächst nach links, vorbei an Ständen mit bunten Reihen von *babouches* (Lederpantoffeln). Kurz bevor man in die Rue Sekkakine kommt, ist links die **Qissaria ad-Dahab**, der Schmuck-Suk.

Durch das Bab Berrima geht's raus aus der Altstadt und an der Stadtmauer entlang nach Norden über den farbenfrohen **Suk** für Gewürze, Kräuter und Nüsse und einen quirligen **Flohmarkt.** Auf der anderen Straßenseite produzieren Werkstätten gigantische „Paddel", mit denen Bäcker Brot aus dem Backofen holen.

Dahinter befüllen andere Arbeiter eifrig Matratzen. Von hier führt ein Abstecher nach links nordwestlich zum frisch renovierten **Sidi-ben-Aïssa-Mausoleum** (für Nicht-Muslime geschl.). Sidi ben Aïssa war Gründer einer der ungewöhnlicheren Bruderschaften Marokkos, die bekannt war für Selbstverstümmelung und Unempfindlichkeit gegenüber Schlangenbissen. Alljährlich im April und im Juli versammeln sich hier seine Anhänger aus ganz Marokko und anderen Ländern (s. rechte Spalte).

Von den Matratzenmachern geht's rechts durch das Bab el Jedid wieder in die Medina. Unter dem Torbogen finden sich einige Musikinstrumentenhändler. Links kommt man auf der Rue el Hanaya über einen kleinen **Obst- und Gemüsemarkt** zur **Berdaine-Moschee** und schließlich zum nördlichsten Stadttor, dem Bab Berdaine.

Unser Rundgang schlängelt sich weiter auf der Rue Zaouia Nasseria (die in die Rue Souika übergeht) an Schneidern und vereinzelten Teppichläden vorbei und mündet mit etwas Glück auf die Grande Mosquée.

Geführte Touren

Im Vergleich zu Fès und Marrakesch ist die Orientierung in der Medina von Meknès relativ einfach. Wer wenig Zeit hat oder einen besseren Einblick in die örtlichen Gegebenheiten gewinnen will, kann über die Touristeninformation für 250 Dh pro Tag einen offiziellen Fremdenführer buchen. Kutschfahrten mit Führung durch Meknès gibt's rund um das Mulai-Ismail-Mausoleum. Sie kosten rund 150 Dh für ca. zwei Stunden.

Festivals & Events

Einer der größten *moussems* von ganz Marokko findet im April auf dem Gelände des Sidi-ben-Aïssa-Mausoleums außerhalb der Medinamauern statt. Die Mitglieder der von ihm gegründeten Sufi-Bruderschaft sind dafür bekannt, sich in einen Trancezustand zu versetzen, in dem sie keinerlei Schmerz empfinden. Die öffentlichen Demonstrationen von Glasessen, Schlangenbissen und rituellem Piercing sind zwar mittlerweile untersagt, doch man wird überall in der Stadt zahlreiche Bilder zu sehen bekommen. Der Ben-Aïssa-Moussem ist nach wie vor ein beliebtes, gut besuchtes Festival mit *fantasias* (Reiterspiele inkl. Musketenschüsse), Jahrmarktständen und den typischen Gesangs- und Tanzvorführungen.

Schlafen

Die meisten Unterkünfte befinden sich in der Ville Nouvelle.

MEDINA

Viele der supergünstigen Schlafgelegenheiten von Meknès säumen die Rue Dar Smen und die Rue Rouamzine in der Altstadt. Da sie in der Hauptsaison und während des Festivals schnell ausgebucht sind, sollte man besser vorab reservieren oder möglichst früh am Tag einchecken.

Budgetunterkünfte

Camping International d'Agdal (☎ 0535 551828; Erw./Kind 17/12 Dh, Zelt/Fahrrad/Auto/Wohnwagen/Wohnmobil zzgl. 10/10/17/17/20 Dh) Ein schattiger Zeltplatz mit kleinem Laden, Café und Restaurant in toller Lage: Er ist keine 50 m vom Heri es-Souani entfernt und befindet sich nahe der Straße zum Königspalast (leider schlecht ausgeschildert). Eine warme Dusche kostet 7 Dh, Strom 15 Dh, Wasser 20 Dh. Gepflegte Anlage.

Hôtel Regina (Karte S. 274; ☎ 0535 530280; 19 Rue Dar Smen; EZ/DZ/3BZ 70/100/130 Dh, Duschen 5 Dh) Das Regina ist supergünstig, macht aber ehrlich gesagt einen ziemlich verbrauchten Eindruck. Die Zimmer sind absolut schnörkellos, doch der zentrale Hof beugt klaustrophobischen Anfällen vor. Duschen kostet extra – das bedeutet allerdings nicht automatisch, dass man immer warmes Wasser hat!

Maroc Hôtel (Karte S. 274; ☎ 0535 530075; 7 Rue Rouamzine; EZ/DZ 90/180 Dh) Nach wie vor eine beliebte Anlaufstelle für Leute mit schmalem Geldbeutel. Wir haben in den letzten Jahren immer mal wieder vorbeigeschaut ... und das Maroc hat nie nachgelassen: Hoher Standard, nett und ruhig, frisch gestrichene Zimmer (mit Waschbecken) und saubere Gemeinschaftsbäder. Extrapunkte gibt's für die tolle Terrasse und den Hof mit den Orangenbäumen.

Mittel- & Spitzenklassehotels

Maison d'Hôtes Riad (Karte S. 274; ☎ 0535 530542; www.riadmeknes.com; 79 Ksar Chaacha, Dar el Kabir; Zi. inkl. Frühstück 650–750 Dh; ❄ 💻) Das Riad liegt inmitten der Ruinen des Palais Ksar Chaacha, in dem im 17. Jh. Mulai Ismail residierte. Die sechs Zimmer wurden nach dem Motto „Tradition trifft auf Moderne" sehr geschmackvoll eingerichtet, die Gäste erwarten aber auch ein paar Überraschungen, etwa in Form einer Sammlung afrikanischer Masken und einer Wand voller alter Uhren und Radios. Das hiesige Essen genießt einen super Ruf; es kann in verschiedenen Salons genossen werden. Lust auf Faulenzen? Dann auf zum Pool oder in den Kakteengarten.

LP Tipp **Ryad Bahia** (Karte S. 274; ☎ 0535 554541; www.ryad-bahia.com; Derb Sekkaya, Tiberbarine; Zi. inkl. Frühstück 670 Dh, Suite 950–1200 Dh; WLAN; ❄) Bildschönes kleines Riad, nur einen Steinwurf von der Place el-Hedim entfernt. Es ist schon seit dem 17. Jh. in Familienbesitz (damals trat ein Vorfahre als Richter in den Dienst Mulai Ismails). Seit Neuestem gehört das Grundstück gegenüber auch noch dazu. Man kann in dem Raum übernachten, in dem der aktuelle Besitzer geboren wurde, oder sich in dem neuen Dachterrassenzimmer à la Aladins Höhle einquartieren. Der Haupteingang geht auf einen Hof mit einem tollen Restaurant hinaus. Insgesamt wirkt das Bahia luftiger und offener als viele andere Riads und die hübschen Räumlichkeiten wurden liebevoll restauriert. Die Besitzer, selbst leidenschaftliche Traveller, tauschen gern Reisegeschichten aus und führen ihre Gäste durch die Medina.

Riad Safir (Karte S. 274; ☎ 0535 534785; www.riadsafir.com; 1 Derb Lalla Alamia; Zi./Suite inkl. Frühstück 1200/1500 Dh; WLAN) Nur drei wunderschöne Zimmer – ein Garant für eine private, sehr heimelige Atmosphäre. Das Safir kommt ganz ohne beeindruckende *zellij* und Stuck aus: Mittels Holzelementen und weicher Stoffe und Teppiche in Creme- und warmen Orangetönen werden feine Akzente gesetzt. Wenn das Grundstück nebenan wie geplant dazugekauft wird, dürfen sich die Gäste bald über einen Pool und den Luxus eines separaten Apartments freuen.

Palais Didi (Karte S. 274; ☎ 0535 558590; www.palaisdidi.com; 7 Dar el Kbir; Zi./Suite 1200/1500 Dh; ❄ 🏊; WLAN) Sieht sich selbst als die Grande Dame unter den Hotels in der Medina von Meknès und ist die mit Abstand größte Unterkunft. Fünf Zimmer und fünf Suiten sind um einen mit Marmorkacheln gefliesten Hof angeordnet. Alle Räumlichkeiten sind individuell gestaltet und warten mit antiken Möbeln und *zellij*-Bädern mit großen Wannen auf. Eine gute Alternative, wenn auch – verglichen mit den kleineren Hotels in der Stadt – ein bisschen teuer. Auch Nicht-Gäste sollten dem Restaurant auf der Dachterrasse einen Besuch abstatten (Menü 150 Dh); die Aussicht auf die Königsstadt ist schlichtweg genial.

VILLE NOUVELLE

Hier findet man neben vernünftigen Budgetunterkünften auch ein paar teurere Adressen.

Budgethotels

Hôtel Majestic (Karte S. 281; ☎ 0535 522035; 19 Ave Mohammed V; EZ/DZ 127/168 Dh, mit Dusche 165/198 Dh, mit Bad 197/229 Dh, Frühstück 22 Dh) Seit 1937 in Betrieb. Das Majestic ist in einem der schönsten Art-déco-Gebäude der Stadt untergebracht, bietet unterschiedliche Zimmer (alle inkl. Waschbecken) und hat jede Menge Flair (man beachte die Originallampen), einen ruhigen Hof, eine Dachterrasse und ein sehr nettes Management. Eine Budgetunterkunft, die schwer zu toppen ist.

Hôtel Palace (Karte S. 281; ☎ 0535 400468; Fax 0655 401431; 11 Rue Ghana; EZ/DZ 180/230 Dh) Sieht von draußen alles andere als ansprechend aus, doch der Schein trügt: Drinnen erwarten einen große, luftige Zimmer mit angrenzenden Bädern und oft auch Balkon, während in den Zwischengeschossen Sofas zum Chillen einladen. Das Palace ist häufig ausgebucht; am besten vorher anrufen.

Hôtel Ouislane (Karte S. 281; ☎ 0535 524828; 54 Rue Allal ben Abdallah; EZ/DZ 205/242 Dh) Eine weitere gute, saubere Unterkunft im oberen Preissegment der Budgetkategorie. Man schläft in großen, luftigen Zimmern mit angrenzendem Bad. Das Ouislane reißt einen zwar nicht unbedingt vom Hocker, aber das Preis-Leistungs-Verhältnis stimmt.

Hôtel Volubilis (Karte S. 281; ☎ 0535 525082; Ave des FAR; EZ/DZ 228/270 Dh) Das Volubilis hat eine Generalüberholung hinter sich und ist eine ganz anständige Option mit angemessenen Zimmer, die recht bequeme Betten und eigene Bäder haben. Manchmal ist es in den Räumen zur Hauptstraße hin die ganze Nacht hindurch unangenehm laut.

Mittel- & Spitzenklassehotels

Hôtel Bab Mansour (Karte S. 281; ☎ 0535 525239; Fax 0655 510741; 38 Rue el-Emir Abdelkader; EZ/DZ 324/400 Dh, Frühstück 40 Dh; ❄) Das Bab Mansour ist recht bequem und bietet alles, was man von einem Touristenklassehotel erwarten würde. Irgendwie mangelt es ihm aber an Persönlichkeit – die Badkacheln zeigen den Namensgeber, das berühmte Tor, sehen aber eher nach Baumarkt als nach traditionell marokkanischen *zellij* aus. Gutes Management.

Hôtel Akouas (Karte S. 281; ☎ 0535 515967; 27 Rue Emir Abdelkader; EZ/DZ/3BZ 341/422/543 Dh; ❄ 🏊) Nettes, familienbetriebenes Drei-Sterne-Hotel. Wirkt etwas authentischer als seine Konkurrenz. Die Zimmer sind nicht riesig, aber modern, funktional und preislich absolut in Ordnung. Zur Anlage gehören ein anständiges Restaurant und ein Nachtclub.

Hôtel de Nice (Karte S. 281; ☎ 0535 520318; nice_hotel@menara.ma; Ecke Rue Accra & Rue Antserapé; EZ/DZ 387/482 Dh, Frühstück 46 Dh; ❄) Nach wie vor tonangebend in puncto Qualität und Service. Dieses Hotel ist modern, sein Management arbeitet effizient. Angesichts dessen ist es verwunderlich, dass die Zimmer nicht gute 100 Dh mehr kosten! Die Räumlichkeiten sind nett gestaltet und haben eine gute Größe. Einladend sind auch die Bar und das Restaurant. Besser vorab buchen.

Hôtel Rif (Karte S. 281; ☎ 0535 522591; hotel_rif@menara.ma; Rue Accra; EZ/DZ 402/503 Dh, Frühstück 50 Dh; ❄ 🏊) Seit unserem letzten Aufenthalt im Rif hat sich ordentlich was getan: Die Zimmerpreise erscheinen jetzt angemessener. Das Dekor hat noch immer eine leicht unkonventionelle, moderne Note, und wir lieben die eigenwillige Betonfassade. Es gibt einen Pool im Hof, wer dort allerdings „richtig" baden gehen will, wird sich extrem beobachtet fühlen (vor allem Frauen) – die Barbesucher haben alles im Blick.

Zaki Hôtel (Karte S. 273; ☎ 0535 514146; Blvd Al Massira, Rte 21; EZ/DZ 1318/1486 Dh; ❄ 🏊) Das Zaki ist die schickste Adresse in Meknès und einen kurzen Fußweg vom Stadtzentrum entfernt. Gäste dürfen sich auf eine gepflegte Anlage, kunstvolle *zellij* und Stuck in der Lobby, ein Restaurant und eine Bar sowie durch und durch aufmerksamen und professionellen Service freuen. Die Zimmer warten mit all dem modernen Schnickschnack auf, den sich Touristen und Geschäftsleute nur wünschen können. Und das Dekor stellt auf dezente Weise sicher, dass man nicht vergisst, in welchem Land man sich gerade aufhält.

Essen

RESTAURANTS

Medina

Restaurant Mille et Une Nuits (Karte S. 274; ☎ 0535 559002; unweit der Place el-Hedim; Hauptgerichte 45–85 Dh) Das Mille et Une Nuits mit dem eher protzigen „Palastrestaurant"-Ambiente befindet sich in einem umgebauten Haus ganz in der Nähe der Place el-Hedim. Auf der Karte stehen alle typisch marokkanischen Klassiker; preiswert.

Restaurant Oumnia (Karte S. 274; ☎ 0535 533938; 8 Ain Fouki Rouamzine; Menü 80 Dh) Erinnert weniger an ein förmliches Restaurant als vielmehr an ein paar Zimmer eines privaten Wohnhauses, die in Speisesäle umfunktioniert wurden. Hier sind herzlicher Service und herzhaftes marokkanisches Essen Trumpf. Das Drei-Gänge-Menü (die einzige Mahlzeitenvariante) ist ein echter Renner – es besteht aus köstlicher *harira* (Linsensuppe), Salaten und einer Auswahl an verschiedenen Tajine-Gerichten.

Ryad Bahia (Karte S. 274; ☎ 0535 554541; www.ryad-bahia.com; Derb Sekkaya, Tiberbarine; Hauptgerichte 80–

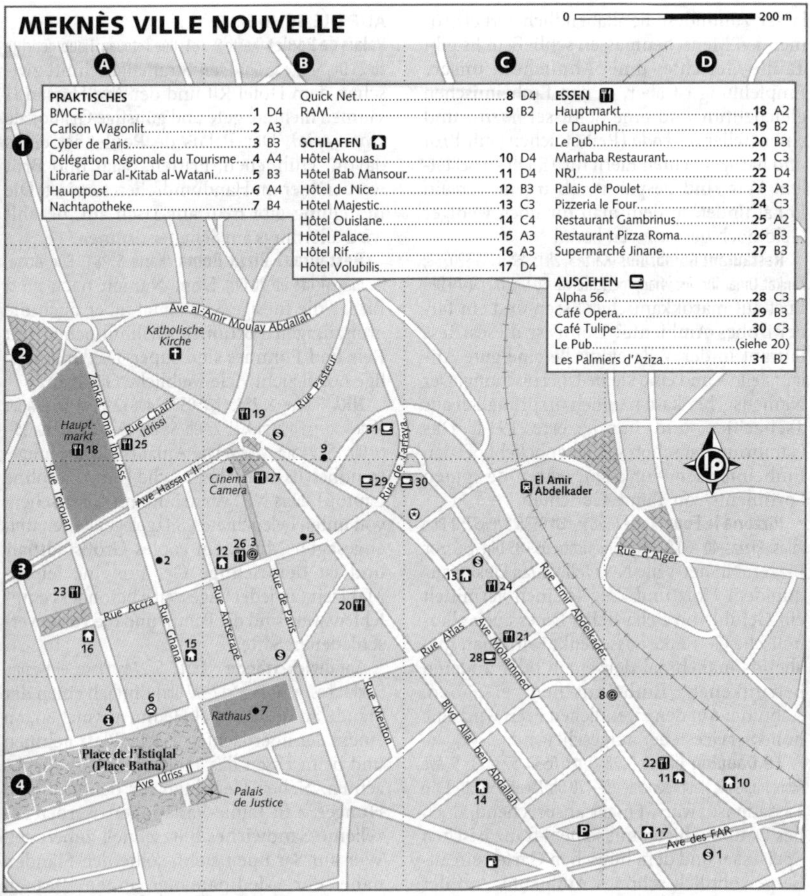

100 Dh) Auch Nicht-Gäste dürfen im Restaurant dieses Riads speisen. An den Tischen im Hof sitzt es sich abends besonders gemütlich. Die typisch marokkanischen Gerichte sind sehr lecker und werden hübsch angerichtet.

Restaurant Riad (Karte S. 274; ☎ 0655 530542; 79 Ksar Chaacha; Menüs 110 & 160 Dh) Eigentlich haben alle Riads in der Medina von Meknès sehr nette Restaurants, aber dies ist wahrscheinlich die Top-Adresse. Man sitzt in einem üppig grünen Hof, in dem man wunderbar entspannen kann, und genießt Menüs mit Salaten, Tajine-Gerichten und Couscous. Das Essen ist einfach, aber köstlich, und wird mit viel Liebe und Sorgfalt zubereitet.

Dar Sultana (Karte S. 274; ☎ 0535 535720; Derb Sekkaya, Tiberbarine; Hauptgerichte ab 70 Dh, 3-Gänge-Menü 150 Dh) Auch unter dem Namen Sweet Sultana bekannt. Das kleine, ansprechende Restaurant ist in einem umgebauten Medinahaus untergebracht. Die Zeltüberdachung im Hof sorgt für eine vertrauliche, romantische Atmosphäre, die Wände schmücken Hennamotive und Textilien in kräftigen Farben. Was die Speisekarte betrifft, ist die Auswahl von marokkanischen Salaten ein ganz besonderes Highlight.

Ville Nouvelle

LP Tipp **Marhaba Restaurant** (Karte S. 281; 23 Ave Mohammed V; Tajine 25 Dh; 12–22 Uhr) Wir lieben dieses kantinenartige Restaurant, weil es der Inbegriff von günstig und nett ist. Und mit dieser Meinung sind wir nicht allein – darauf lassen zumindest die allabendlich herbeiströmenden Menschenmassen schließen. Es gibt Tajine-Gerichte und Ähnliches, unsere Empfehlung ist aber, es den Einheimischen gleichzutun und eine Schüssel *harira* und einen Teller *makoda* (Reibekuchen) mit Brot und hart gekochten Eiern für 15 Dh zu bestellen. Wir sind gespannt, ob irgendwer ein Lokal findet, in dem man für noch weniger Geld noch besser essen kann!

Restaurant Gambrinus (Karte S. 281; ☎ 0535 520258; Zankat Omar ibn Ass; Hauptgerichte ca. 50 Dh, Menü 70 Dh) Lust auf marokkanisches Essen und ein farbenfrohes Ambiente? Dann ist dieses Restaurant in der Ville Nouvelle eine gute Anlaufstelle – und eine kleine Überraschung: Der Namensgeber kam nämlich ursprünglich aus Tschechien und immigrierte 1914. Das Gambrinus ist schon seit jeher beliebt bei den Einheimischen, vor allem wegen des guten Sortiments von Tajine-Gerichten.

Pizzeria le Four (Karte S. 281; ☎ 0535 520857; 1 Rue Atlas; Pizzas 40–60 Dh, Hauptgerichte 65–85 Dh) Super Pizzeria in der Ville Nouvelle. Das Dekor aus dunklem Holz und Ziegelsteinen vermittelt ein Gefühl von Bella Italia. Da es auch alkoholische Getränke ausschenkt, wird man spät abends manchmal den einen oder anderen betrunkenen Einheimischen erspähen. Achtung: Auf den eigentlichen Preis wird eine hohe Servicesteuer aufgeschlagen!

Le Dauphin (Karte S. 281; ☎ 0535 523423; 5 Ave Mohammed V; Hauptgerichte 75–120 Dh, Menü 150 Dh) Die Fassade ist zwar weniger ansprechend, doch das Dauphin bietet mit seinem französischen Speisesaal und dem hübschen Garten ein außergewöhnlich schönes Ambiente. Auf der Speisekarte stehen kontinentale Gerichte, u. a. einige leckere Fleisch- und Fischvariationen. Alkohollizenz.

Le Pub (Karte S. 281; ☎ 0535 524247; 20 Blvd Allal ben Abdallah; Hauptgerichte 75–150 Dh; 🕒 11–24 Uhr) Angesichts der dunklen, verspiegelten Fenster und der Türsteher fragt man sich vielleicht, ob es wirklich eine so gute Idee ist, hier zu essen. Tatsächlich ist Le Pub aber eine willkommene Abwechslung für all diejenigen, die erst mal genug von Tajine & Co. haben. Neben europäischen Gerichten werden hier auch chinesische und thailändische Klassiker auf marokkanische Art zubereitet. Uns haben die orientalischen Gerichte und Steaks besser geschmeckt als die Nudeln. Schenkt alkoholische Getränke aus – der Name lässt auch nichts anderes erwarten.

AUF DIE SCHNELLE

Palais de Poulet (Karte S. 281; Rue Tétouan; Hauptgerichte ab 25 Dh, Salate 15 Dh) Den Straßenabschnitt zwischen dem Hôtel Rif und der Ave Hassan II säumen mehrere gute und günstige Grilllokale *(rotisserie)*. Der Palais de Poulet ist eines davon. Hühnchen, Fritten, Salat und Brot werden hier im Handumdrehen serviert. Die Bestellung gibt man am Tisch auf, bezahlt wird allerdings am Schalter drinnen.

Restaurant Pizza Roma (Karte S. 281; Rue Accra; Hauptgerichte ab 20 Dh) Dem Namen nach sind Pizzas die hiesige Spezialität, aber auch die großzügigen Portionen Grillhühnchen mit Reis und Pommes sind super. Das unauffällige Lokal zieht viele weibliche Gäste an.

NRJ (Karte S. 281; ☎ 0535 400324; 30 Rue Amir Abdelkader; Frühstück ab 22 Dh, Salate 20–30 Dh, Pizza 35–60 Dh; 🕒 24 Std.; WLAN) Die Anlaufstelle für junge, trendbewusste Einheimische (mit und ohne Laptop). Das NRJ verströmt mit Glastischen, von unten beleuchteten Sitzgelegenheiten und angesagter Musik ein cooles Großstadtflair und ist der richtige Ort für eine leichte Mahlzeit (zu jeder Tageszeit); besonders empfehlenswert sind die Panini und die vielen verschiedenen Säfte.

Sandwich-Stände (Karte S. 274; Place el-Hedim; Sandwiches ca. 30 Dh; 🕒 7–22 Uhr) Einfach einen der Stände an der Place el Hedim aussuchen, an einem der überdachten Tische Platz nehmen und beim Essen das Treiben ringsum beobachten. Neben Gerichten für den größeren Hunger, z. B. Tajine-Variationen, werden exzellente Sandwiches blitzschnell zubereitet. Wer auf Sardinen steht, sollte den Ständen nahe der Medinamauer einen Besuch abstatten.

Lokale an der Rue Rouamzine (Karte S. 274; Rue Rouamzine; Gerichte 30–50 Dh; 🕒 11–22 Uhr) An der Rue Rouamzine gibt's einige tolle Restaurants, die auf Sandwiches, Kebabs, Tajines, gegrilltes Huhn, Fruchtsäfte und Eiscreme spezialisiert sind. Besonders günstige Anlaufstelle für Gäste der günstigen Hotels am Rande der eigentlichen Medina.

SELBSTVERSORGER

Markthalle (Karte S. 274; Place el-Hedim) *Die* Adresse in Meknès für frische Lebensmittel ist schon an sich eine Attraktion: Hier gibt's phantastisch arrangierte Pyramiden aus zuckersüßen Delikatessen, Datteln, Nüssen, Oliven und kandierten Limonen, außerdem Obst, Gemüse und Fleisch in guter Qualität. Zartbesaitete sollten allerdings um die automatischen Hühnerrupfanlagen im hinteren Teil der Halle einen Bogen machen.

Hauptmarkt (Karte S. 281; Ave Hassan II) Gute Einkaufsmöglichkeit in der Ville Nouvelle mit diversen Lebensmittelständen, Alkoholläden und einer Auswahl Importwaren.

Supermarché Jinane (Karte S. 281; Ecke Ave Hassan II; 🕑 7.30–22 Uhr) Großer Supermarkt, führt alle Basics.

Ausgehen

CAFÉS

Wer klebrig-süßes Gebäck mag, muss unbedingt *marakchia* kosten, die lokale Éclair-Variante mit Cremefüllung und dickem Schokomantel. Freunde entspannter Cafékultur sollten die Ville Nouvelle ansteuern (besonders zu empfehlen sind die Ave Mohammed V und Umgebung sowie die Fußgängerzone rund um das Cinema Camera). In folgenden Cafés dürften sich Frauen – gemessen an marokkanischen Standards – wohlfühlen.

Les Palmiers d'Aziza (Karte S. 281; 9 Rue de Tarfaya) Hinter der Fassade in typischem Marrakesch-Pink befindet sich ein beliebtes Café mit einem sonnigen Garten, einem „Kekstresen", bei dessen Anblick einem das Wasser im Munde zusammenläuft, und einer überdachten Terrasse, die nicht von außen einsehbar ist – ein lauschiges Plätzchen also, das gern von flirtenden Pärchen genutzt wird. Das Eis und die Smoothies sind hervorragend.

Alpha 56 (Karte S. 281; Ave Mohammed V) Beliebt bei der hippen, jungen Generation. Das Alpha wartet mit einem guten Gebäcksortiment auf. Wenn es einem unten zu verraucht ist, kann man sich in den Salon oben zurückziehen.

Café Tulipe (Karte S. 281; Rue de Tarfaya) Auf der großen schattigen Terrasse oder im modernen Lokal nicht weit von der Hauptstraße lassen sich wunderbar eine oder zwei Stunden vertrödeln.

Café Opera (Karte S. 281; 7 Ave Mohammed V) Ein Klassiker: luftig, altmodisch und sehr schick. Marokkanische Männer trinken hier gern ihren Minztee. Es ist ein toller morgendlicher Zeitvertreib, draußen zu sitzen und Leute zu beobachten.

BARS

Ein bekanntes geflügeltes Wort besagt, dass es in Meknès mehr Bars gibt als in irgendeiner anderen marokkanischen Stadt. Zumindest in der Ville Nouvelle wird man keine Probleme haben, ein Lokal zu finden, in dem man auf die Schnelle eine Flasche Flag-Bier trinken kann. Viele Bars haben sich rund um den Blvd Allal ben Abdallah angesiedelt. Es handelt sich dabei jedoch im Allgemeinen um ziemlich zwielichtige Spelunken, in denen ernsthaft gebechert und geraucht wird und Frauen überhaupt nicht willkommen sind.

In den Hotelbars, die unter der Rubrik Schlafen aufgeführt sind, und in den erwähnten Restaurants mit Ausschanklizenz herrscht eine offenere Atmosphäre. Le Pub (s. gegenüber) ist eine der netteren Adressen für einen Drink. Dort kann man auf einem gemütlichen Stuhl bzw. direkt an der Bar Platz nehmen oder unten eine Shisha rauchen. An den Wochenenden wird Livemusik gespielt.

Shoppen

Die Suks von Meknès sind nicht so groß wie die in Fès oder Marrakesch. Dafür werden Besucher nicht so aufdringlich belagert und können so wunderbar nach Souvenirs stöbern. Näheres auf S. 278.

Wie üblich ist das staatliche **Centre Artisanale** (Karte S. 274; Ave Zine el Abidine Riad; 🕑 Mo–Sa 9–13 & 15–19 Uhr) die ideale Anlaufstelle, um sich einen Überblick über Angebot und Preise zu verschaffen. Es bietet gute Qualität zu Festpreisen. Weitere Läden sind direkt vor dem Mulai-Ismail-Mausoleum. Und an der Westseite der Place el-Hedim sind relativ gute **Töpferstände** (Karte S. 274) zu finden.

An- & Weiterreise

BUS

Der **CTM-Busbahnhof** (Karte S. 273; ☎ 0535 522585; Ave des FAR) liegt 500 m östlich der Kreuzung Ave des FAR/Ave Mohammed V. Der Hauptbusbahnhof für die übrigen Linien (Karte S. 274) befindet sich vor dem Bab el Khemis, westlich der Medina. Hier gibt's eine Gepäckaufbewahrung und die üblichen Imbissbuden.

CTM-Fernbusse fahren u. a. nach Casablanca (80 Dh, 4 Std., 6-mal tgl.) via Rabat (50 Dh, 2½ Std.), nach Fès und Marrakesch (120 Dh, 8 Std., 1-mal tgl.), nach Tanger (80 Dh, 5 Std., 3-mal tgl.), nach Oujda (110 Dh, 6 Std., 2-mal tgl.) via Taza (65 Dh, 3 Std.), nach Er-Rachidia (110 Dh, 6 Std., 1-mal tgl.) und nach Nador (110 Dh, 6 Std.).

Etwas günstiger als CTM sind andere Fernbusse, die von den nummerierten Haltebuchten des Hauptbusbahnhofs abfahren:

Nr. 5 Rabat und Casablanca (6–15 Uhr, stündl.)
Nr. 6 Tanger (5–16 Uhr, stündl.), Tétouan (4-mal tgl.), Chefchaouen (3-mal tgl.), Ouezzane (5-mal tgl.)
Nr. 7 Fès (5–18 Uhr, stündl.), Taza (4-mal tgl.), Oujda (4–23.30 Uhr, stündl.), Nador (5-mal tgl.)
Nr. 8 Moulay-Idriss (8–18 Uhr, stündl.)
Nr. 9 Marrakesch (7-mal tgl., meist morgens)

TAXI

Die meisten Grands Taxis (Karte S. 274) warten auf einem Schotterplatz neben dem Busbahnhof am Bab el Khemis auf Fahrgäste. Von hier fahren regelmäßig Taxis nach Fès (16 Dh, 1 Std.), Ifrane (24 Dh, 1 Std.), Azrou (32 Dh, 1 Std.) und Rabat (44 Dh, 90 Min.). Weniger häufig verkehren Taxis nach Taza (70 Dh, 2½ Std.). Grands Taxis nach Moulay-Idriss (12 Dh, 20 Min.) fahren gegenüber vom Institut Français (Karte S. 273) ab. Hier starten auch Rundfahrten nach Volubilis.

ZUG

Meknès hat zwei Bahnhöfe. Der praktischere, **El Amir Abdelkader** (Karte S. 281; ☎ 0535 522763), liegt zwei Blocks östlich der Ave Mohammed V. Von hier fahren täglich neun Züge nach Fès (18 Dh, 1 Std.), davon drei weiter nach Taza (55 Dh, 3½ Std.) und Oujda (124 Dh, 6½ Std.). Acht Züge verkehren nach Casablanca (86 Dh, 3½ Std.) via Rabat (59 Dh, 2¼ Std.). Nach Marrakesch (162 Dh, 7 Std.) gibt es fünf Direktverbindungen, nach Tanger aber nur einen Zug täglich (80 Dh, 4 Std.); alternativ nimmt man einen Zug Richtung Westen und steigt in Sidi Kacem um.

Unterwegs vor Ort

AUTO

Einen praktischen Parkplatz gibt's südwestlich vom Bab el Mansour, einen weiteren in der Ville Nouvelle nahe der Kreuzung Ave Idriss II und Ave des FAR.

BUS

Überfüllte Stadtbusse pendeln zwischen der Medina und der Ville Nouvelle. Die brauchbarsten sind die Linie 2 (vom Bab el Mansour zum Blvd Allal ben Abdallah und auf der Ave Mohammed V zurück in die Medina) und die Linie 7 (vom Bab el Mansour zum CTM-Busbahnhof). Tickets kosten 2 Dh.

TAXI

Grands Taxis (silberne Mercedes mit schwarzem Dach) verkehren zwischen der Ville Nouvelle und der Medina. Sie verlangen pro Platz 2,50 Dh bzw. 15 Dh für den ganzen Wagen. Die hellblauen Petits Taxis benutzen Taxameter: Vom Bahnhof El Amir Abdelkader in die Medina zahlt man ca. 8 Dh.

Touristischer geht's mit der Pferdekutsche (*calèche*) durch die Medina. Sie stehen an der Place el-Hedim und vor dem Mulai-Ismail-Mausoleum und verlangen um die 60 Dh pro Stunde.

RUND UM MEKNÈS

Volubilis (Oualili)

Die römischen Ruinen von Volubilis liegen in einer fruchtbaren Ebene 33 km nördlich von Meknès. Die Stadt ist die besterhaltene Ausgrabungsstätte Marokkos und gehört seit 1997 zum Unesco-Weltkulturerbe. Faszinierend sind vor allem die vielen herrlichen Mosaiken, die vor Ort noch erhalten sind.

Ein Besuch in Volubilis lässt sich mit einem Abstecher ins nahe Moulay-Idriss optimal zu einem phantastischen Tagesausflug von Meknès verbinden.

GESCHICHTE

Wie Ausgrabungen gezeigt haben, siedelten hier als Erste karthagische Händler im 3. Jh. v. Chr. Im Jahr 42 n. Chr. erhielt Volubilis als einer der entlegensten Vorposten des römischen Reiches das Stadtrecht. Einigen Historikern zufolge machte Rom seinen nordafrikanischen Provinzen strenge Vorschriften, was sie produzieren durften bzw. mussten – je nach ihren Bedürfnissen. Das führte u. a. zur umfangreichen Rodung von Wäldern und dem großflächigen Anbau von Weizen in der Umgebung von Volubilis. In ihrer Blütezeit lebten bis zu 20 000 Menschen in der Stadt. Die imposantesten Bauwerke entstanden im 2. und 3. Jh. n. Chr.: Triumphbogen, Kapitol, Thermen und Basilika.

Angriffe von Berberstämmen aus der Umgebung veranlassten die Römer, Volubilis 280 n. Chr. aufzugeben. Die Einwohner der Stadt – Berber, Griechen, Juden und Syrer – sprachen bis zur Islamisierung jedoch weiterhin Latein. Mulai Idris fand hier im 8. Jh. Zuflucht, bevor er Fès zu seiner Hauptstadt machte. Volubilis war bis ins 18. Jh. bewohnt. Mulai Ismail nutzte es bereits als Marmorsteinbruch für den Bau seiner Paläste in Meknès. Das große Erdbeben von Lissabon zerstörte die Stadt dann am 1. November 1755 endgültig.

PRAKTISCHE INFORMATIONEN

Bis heute ist nicht mal die Hälfte des 40 ha großen **Ausgrabungsgeländes** (Eintritt 20 Dh, Parken 5 Dh; 🕑 8 Uhr–Sonnenuntergang) freigelegt. Ab und an machen Archäologen immer noch faszinierende Entdeckungen, die inzwischen meistens im Archäologischen Museum in Rabat (s. S. 129) ausgestellt werden. Allerdings ist ein Museum in Volubilis in Planung, in dem alle Funde gesammelt werden sollen.

Manche Ruinen sind abgesperrt, ansonsten aber können die Besucher sich auf dem Gelände ungehindert bewegen. Abgesehen von einigen vagen Schildern gibt's kaum Hinweistafeln oder Informationen zu dem, was man gerade vor sich sieht. Es lohnt sich also, einen Führer zu engagieren, vor allem wenn man nicht viel Zeit hat. Wer die Ruinenstadt lieber auf eigene Faust erkunden will, sollte mindestens zwei Stunden einplanen, um die wesentlichen Dinge zu sehen. Echte Enthusiasten brauchen locker einen ganzen Tag.

Im Sommer brennt die Sonne in Volubilis extrem, daher Sonnenhut und -creme und ausreichend Wasser mitbringen. Die ideale Zeit für einen Besuch ist das Frühjahr. Dann blühen Wildblumen zwischen den Steinen und die umliegenden Felder sind saftig grün. Die günstigste Tageszeit ist der frühe Morgen oder der Spätnachmittag. Dann hat man das Gelände weitgehend für sich – nur der Esel des Wächters grast zwischen den Ruinen. Seine ganze Magie entfaltet Volubilis in der Dämmerung, wenn die letzten Sonnenstrahlen auf die antiken Säulen fallen.

Führer

Viele offizielle Fremdenführer aus Fès und Meknès wissen gut über die Ausgrabungsstätte Bescheid. Die meisten begleiten Besucher gern zu ihrem üblichen Tagessatz. Eine bessere Wahl sind aber die örtlichen Fremdenführer am Eingang der Stätte. Sie bieten für ca. 140 Dh gute einstündige Führungen an und sprechen meist genug Englisch, um auch Details erklären zu können.

SEHENSWERTES

Die bekannteren Bauwerke befinden sich im Nordteil der Anlage; praktischer ist es jedoch,

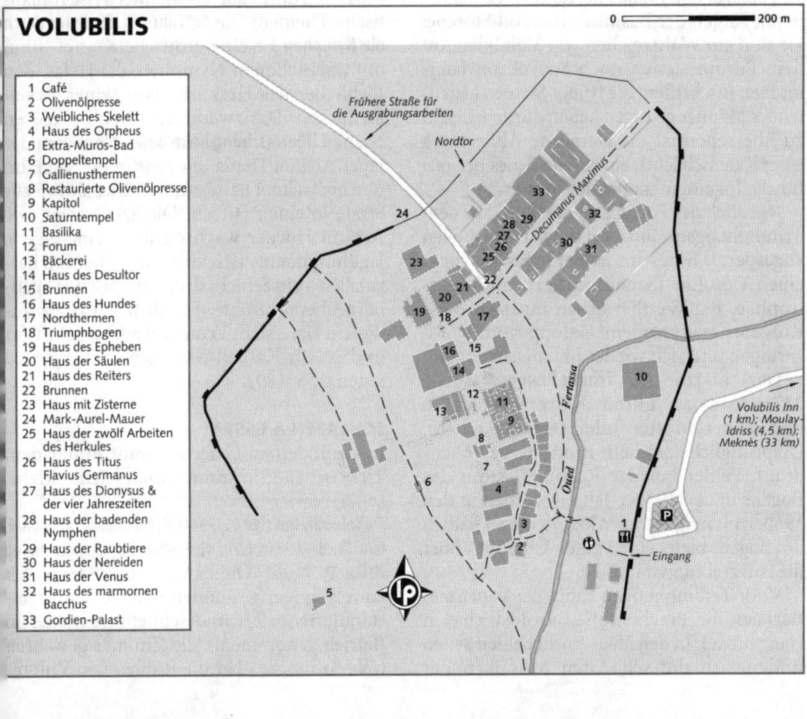

VOLUBILIS

den Rundgang im Süden anzufangen. Hinter dem Oued Fertassa führt der Weg auf das Plateau und durch das Wohnviertel. In diesem wenig bemerkenswerten Teil der Ausgrabungsstätte zeugen **Olivenölpressen** von den wirtschaftlichen Grundlagen der antiken Stadt Volubilis. Noch heute wachsen in der Umgebung ausgedehnte Olivenhaine. In der Nähe der Ölpressen wurde ein **weibliches Skelett** in einer der Mauern gefunden – vermutlich von einer Muslimin, denn sie war mit dem Gesicht Richtung Mekka beigesetzt. Heute schützt eine Eisentafel die Gruft.

Neben dem Haus des Orpheus liegen die Reste der **Gallienus-Thermen.** Sie sind zwar ziemlich kaputt, lassen aber noch gut die ausgeklügelte Fußbodenheizung dieser römischen Bäderanlage erkennen. Gegenüber vom Dampfbad waren einst die Gemeinschaftslatrinen. Hier konnten die Bürger ihr Geschäft verrichten und dabei Handel abschließen – oder auch nur ein wenig schwatzen.

Kapitol, Basilika und das 1300 m² große Forum lagen wie üblich etwas erhöht. Das **Kapitol**, Jupiter, Juno und Minerva geweiht, stammt von 218 n. Chr.; nördlich schließen sich **Basilika** und **Forum** an. Auf den rekonstruierten Säulen der Basilika nisten oft Störche: Sie sind ein Wahrzeichen von Volubilis. Auf dem Forum stehen noch Sockel mit lateinischen Inschriften, die früher Statuen bedeutender Männer getragen haben dürften. Leicht zu übersehen ist die steinerne Abdeckung eines Kanalschachts, ein bescheidenes Beispiel für die Ingenieurskunst der Römer

Nördlich des Forums, genau links vor dem Triumphbogen, sind zwei **Mosaiken** mit Seilen abgesperrt. Eines im **Haus des Desultor** zeigt einen Desultor (Schausportler) mit Siegestrophäe. Bei Wettbewerben mussten diese Kunstreiter in vollem Galopp vom Pferd springen und sich wieder hinaufschwingen.

Der marmorne **Triumphbogen** wurde 217 n. Chr. zu Ehren Kaiser Caracallas und seiner Mutter Julia Domina erbaut. Ursprünglich stand ein Bronzewagen obendrauf. Fehler bei der Rekonstruktion des Bogens in den 1930er-Jahren wurden in den 1960ern korrigiert. Der kleine Hügel östlich des Bogens bietet einen guten Überblick über die Ausgrabungsstätte.

Vom Triumphbogen führt der **Decumanus Maximus**, die Prachtstraße, nordöstlich den Hang hinauf. In den Häusern zu beiden Seiten finden sich die schönsten Mosaiken der Ausgrabungsstätte. Das erste, das **Haus des Epheben,** noch vor dem Triumphbogen, hat ein prachtvolles Mosaik, das Bacchus in einem von Panthern gezogenen Wagen darstellt.

Daneben steht das **Haus der Säulen**, benannt nach den Säulen um den Innenhof. Hingucken: Sie gehören verschiedenen Ordnungen an; manche haben spiralförmige Kanneluren. Als Nächstes folgt das **Haus des Reiters** mit einem Mosaikfragment von Dionysos und Ariadne. Die nackte Ariadne hat etwas unter den Aufmerksamkeiten ihrer Bewunderer gelitten – oder unter muslimischen Bilderstürmern.

Tolle Mosaiken sind auch in den beiden Nachbarhäusern zu sehen: Sie zeigen die **Aufgaben des Herkules** und die **Badenden Nymphen**. Ein fast kreisrunder Bildstreifen schildert die zwölf Heldentaten des Herkules, die er angeblich teilweise in Marokko vollbrachte. Das machte ihn damals hierzulande sehr populär.

Die besten Mosaiken kommen am Schluss des Rundgangs. Über den Decumanus Maximus geht's zu der einsamen Zypresse vor dem **Haus der Venus.** Die zwei besonders schönen Mosaiken dort haben passenderweise romantische Themen: Die **Entführung des Hylas durch die Nymphen** ist eine erotische Komposition mit zwei schönen Nymphen, die Hylas, den Liebhaber des Herkules, von seiner Arbeit fortlocken. Das zweite trägt den nebulösen Namen **Überraschung beim Bade.** Nachdem der Jäger Actäon Diana, die Göttin der Jagd, im Bad beobachtet hatte, verwandelte sie ihn zur Strafe in einen Hirsch. Die Szene zeigt, wie Actäon Hörner wachsen und seine eigene Jagdhundmeute sich anschickt, über ihn herzufallen – ein Schicksal, das mythischen Spannern überall drohte. Ein drittes Mosaik aus diesem Haus stellt Venus auf einem Schiff dar und ist im Kasbah-Museum in Tanger zu sehen (s. S. 189).

SCHLAFEN & ESSEN

In dem kleinen Caférestaurant hinter dem Ticketschalter bekommt man leichte Mahlzeiten serviert.

Volubilis Inn (☎ 0535 544405; hotelvolubilisinn@gmail.com; Rte de Meknès; EZ/DZ ab 856/996 Dh, Hauptgerichte ab 70 Dh; P) Dieses Vier-Sterne-Hotel hat jahrelang leer gestanden, wurde dann vollständig renoviert und schließlich wieder in Betrieb genommen. Alle Zimmer gewähren tolle Ausblicke über die Ruinen von Volubilis und die umliegende Landschaft. Zur Anlage gehören einige Terrassen mit ein paar Restaurants und eine ausgefallene Bar. Die gemeinschaftlich genutzten Bereiche wirken ziemlich vornehm, die Zimmer erinnern hingegen mitunter an ein Flughafenhotel. Sie sind nach altertümlichen Göttern benannt. Überraschenderweise wird man öfter auf griechische Bezeichnungen (z. B. Restaurant Aphrodite) stoßen statt, wie zu erwarten wäre, auf römische.

AN- & WEITERREISE

Am einfachsten und schnellsten gelangt man von Meknès nach Volubilis, indem man sich für Hin- und Rückfahrt ein Grand Taxi mietet. Ein Halbtagesausflug mit zweistündigem Aufenthalt an Ausgrabungsstätte und Abstecher nach Moulay-Idriss dürfte um die 350 Dh kosten. Es lohnt sich aber auch, über Nacht in Moulay-Idriss (s. unten) zu bleiben.

Billiger ist es, mit einem Sammeltaxi vom Institut Français in Meknès nach Moulay-Idriss (10 Dh) zu fahren und dort ein Grand Taxi nach Volubilis (komplett 40 Dh) zu nehmen. Wenn es nicht allzu heiß ist, kann auch ein Spaziergang von Moulay-Idriss zur Ausgrabungsstätte schön sein (45 Min.).

Nach Volubilis fahren keine Busse.

Moulay-Idriss

Knapp 5 km von Volubilis entfernt erstreckt sich Moulay-Idriss auf zwei von Bergen umgebenen grünen Hügeln. Die malerische Stadt mit den weißgetünchten Häuschen ist eine der bedeutendsten Pilgerstätten des Landes. Ihr Namensgeber ist Mulai Idris, ein Urenkel des Propheten Mohammed. Er war der Begründer der ersten Dynastie des Landes und ist der am meisten verehrte Heilige in Marokko. Sein Grab im Herzen der Stadt steht im Mittelpunkt des landesweit größten *moussem* (jedes Jahr im August).

Ende des 8. Jhs. musste Mulai Idris aus Mekka fliehen, um der Verfolgung durch das in Bagdad residierende Abbasiden-Kalifat zu entgehen. Er ließ sich in Volubilis nieder, sorgte dafür, dass die Einheimischen zum Islam konvertierten, und wurde ihr Anführer – die Idrisidendynastie war geboren.

Schon seit einiger Zeit dürfen auch Nicht-Muslime in Moulay-Idriss übernachten, und die familienbetriebenen Pensionen haben begonnen, ihre Pforten für Touristen zu öffnen – bis Mitte des 20. Jhs. war diesen der Zutritt zur „heiligen Stadt" versagt gewesen und noch heute lassen sich manche Traveller von der äußerst frommen Bevölkerung hier abschrecken. Wer sich aber auf diesen ungewöhnlichen Ort einlässt, wird seinem Charme in jedem Fall erliegen: Moulay-Idriss ist sehr hübsch, es hat eine entspannte Atmosphäre und ein Zentrum garantiert ohne Teppichhändler und Autoverkehr – eine perfekte Gelegenheit also, das wahre Marokko kennenzulernen.

An der Hauptstraße, die von der Bushaltestelle bzw. dem Grands-Taxis-Stand zur Place Mohammed VI. führt, befinden sich ein Banque-Populaire-Geldautomat und ein paar Internetcafés.

SEHENSWERTES

Die Stadt auf den beiden Hügeln besteht aus einem wahren Labyrinth aus schmalen Straßen und Sackgassen, die wenigen Sehenswürdigkeiten sind aber leicht zu finden. Als Erstes ist das **Mulai-Idris-Mausoleum** zu nennen. Es ist Gegenstand höchster Verehrung und steht im Mittelpunkt des bedeutendsten *moussem* des Landes, der stets mit *fantasias,* Märkten und Musik einhergeht: Jedes Jahr Ende August unternehmen unzählige Menschen, auch Mitglieder des Königshauses, die Pilgerfahrt nach Moulay-Idriss (fünf Teilnahmen am *moussem* entsprechen einer Hadsch nach Mekka).

Von der Hauptstraße (dort halten Busse und Grands Taxis) geht's bergauf und an der Weggabelung nach rechts. Schnell erreicht man die weitläufige Place Mohammed VI. Sie ist von zahlreichen Cafés und günstigen Lokalen gesäumt. Es bietet sich an, sich ein Plätzchen zu suchen und das Treiben zu beobachten, um ein Gespür für die Stadt zu bekommen. Am oberen Ende des Platzes befindet sich der Eingang zum Mausoleum (ein paar Stufen führen zu einem Tor mit drei Bogen). In den Läden ringsum werden religiöse Utensilien an die Pilger verkauft. Die Absperrung kurz hinter dem Tor dürfen nur Muslime passieren. Mulai Ismail schuf diese Pilgerstätte, indem er das Mausoleum errichten und die sterblichen Überreste von Mulai Idris herbringen ließ. Auf diese Weise wollte er sich die Unterstützung der Gläubigen sichern.

Vor dem Mausoleum hält man sich links; Es geht bergauf in das Gewirr aus verwinkelten Straßen und zu ein paar Aussichtspunkten, die es einem ermöglichen, das Bauwerk wenigstens aus der Ferne zu betrachten – zudem kann man herrliche Panoramablicke auf die Stadt und das Umland genießen. Überall bieten Touristenführer ihre Dienste an. Eine informative, unterhaltsame Führung kostet mitunter nur 30 Dh.

Wer die Gegend lieber auf eigene Faust erkunden möchte, kann bis zur Weggabelung zurückgehen und der Straße bergan folgen (nach dem Schild „Municipalité" Ausschau halten). Fast ganz oben, kurz vor dem Agfa-Laden, biegt man in die kopfsteingepflasterte Straße zur Rechten ein; auch hier hat man es mit einer Steigung zu tun. Unterwegs wird man das einzige **zylinderförmige Minarett** von ganz Marokko entdecken (erbaut 1939). Grüne Kacheln bilden einen stilisierten Schriftzug: *La illah illa Allah* bedeutet so viel wie „es gibt keinen anderen Gott als Allah". Hat man den höchsten Punkt des Gipfels erreicht, sollte man sich von einem Einheimischen den Weg zur **grande terrasse** oder **petite terrasse** weisen lassen, zwei tollen Aussichtspunkten hoch über dem Mausoleum und der Stadt.

SCHLAFEN & ESSEN

Während des *moussem* schießen die Zimmerpreise in die Höhe, und man sollte so früh wie möglich buchen.

Maison d'Hôte Slimani (☎ 0535 544793; www.maisondhote-slimani.tk; 39 Rue Drazat; EZ/DZ 100/200 Dh, Frühstück 30 Dh) Um zu dieser günstigen, netten Unterkunft im Backpackerstil zu gelangen, muss man vom Hauptheiligtum aus den Schildern mit der Aufschrift „View Panoramique" folgen. Um den Hof sind auf mehreren Etagen ein paar einfache Zimmer mit eigenem Bad angeordnet. Der Preis geht in Ordnung.

Hotel Diyar Timnay (☎ 0535 544400; amzday@menara.ma; 7 Aïn Rjal; EZ/DZ/3BZ inkl. Frühstück 160/240/300 Dh; ❄) Das einzige „formelle" Hotel der Stadt befindet sich in der Nähe der Grands-Taxis-Stände. Von außen betrachtet würde man gar nicht denken, dass es so groß ist! Die hellen Zimmer sind o.k., aber eher unspektakulär. Die meisten haben ein eigenes Bad, einige wenige ein separates, das aber mit niemandem geteilt werden muss. Im hauseigenen Restaurant ist mittags der Teufel los (Hauptgerichte 50–60 Dh): Dann werden Reisegruppen vor oder nach ihrer Volubilis-Tour herangekarrt. Toller Blick auf die Ausgrabungsstätte.

La Colombe Blanche (☎ 0535 544596; www.maisondhote-zerhoune.ma; 21 Derb Zouak Tazgha; Zi. inkl. Frühstück 300–500 Dh) Das Colombe Blanche ist im Prinzip ein umfunktioniertes Wohnhaus: Im Erdgeschoss lebt eine Familie, oben übernachten die Gäste – die Stimmung ist entsprechend freundlich-familiär. Hausgemachtes Essen gibt's auf Anfrage; es kann bei gutem Wetter auf der Terrasse mit Blick über Volubilis eingenommen werden. Am Mausoleum rechts den Hügel hinaufgehen und der Beschilderung folgen.

Maison d'Hôte El Kasaba (☎ 0535 544354; senhab@hotmail.com; 32 Ou Bab Kasbah; inkl. Frühstück 200 Dh/Pers.) Eine weitere ausgesprochen heimelige Unterkunft mit ein paar netten Zimmern. Die Besitzer bereiten ihren Gästen einen herzlichen Empfang und ermuntern sie dazu, Kochunterricht zu nehmen – und zwar postwendend! Ehe man sich's versieht, steht man in der Küche und bereitet das Abendessen zu.

Buttons Inn (☎ 0535 544371; www.buttonsinn.ma; 42 Derb Zouak Tazgha; B/EZ/DZ/3BZ inkl. Frühstück 180/250/400/600 Dh; 💻) Neue Backpackerunterkunft rechts oberhalb des Hauptschreins. Das Haus wurde liebevoll im traditionellen Stil restauriert, hat eine Reihe von unterschiedlichen Zimmern und ein paar Terrassen. Die Einrichtungen sind durchweg gut und das Personal ist sehr nett.

Dar Al Andaloussiya Diyafa (☎ 0535 544749; Derb Zouak Tazgha; Zi. 600–1000 Dh; ❄) Mit diesem großen weißen Eckgebäude in der Nähe des Colombe Blanche soll ein bisschen Riad-Schick im Großstadtformat in Moulay-Idriss Einzug halten. Die Rechnung ist im Großen und Ganzen aufgegangen: Tolle Zimmer und Einrichtungen und marokkanische Stoffe sind Trumpf.

Les Trois Boules d'Or (View Panoramique) Das Caférestaurant bietet den schönsten Ausblick über Moulay-Idriss und eignet sich gut als letzter Stopp auf dem Stadtspaziergang, da man hier einen Minztee oder etwas erfrischend Kaltes trinken kann. Zum Zeitpunkt der Recherche war das Trois Boules gerade geschlossen. Es hieß aber, dass die neuen Besitzer den Laden bald wiedereröffnen würden.

Lust auf einen schnellen Imbiss? Rund um den Hauptplatz befinden sich einige gute und günstige Stände. Gegrilltes Huhn mit Salat ist so etwas wie die hiesige Spezialität.

AN- & WEITERREISE

Die Grands Taxis (12 Dh, 20 Min.) nach Moulay-Idriss fahren vor dem Institut Français, die Busse am Busbahnhof von Meknès ab (6 Dh; 8–18 Uhr, stündl.). Der Taxistand von Moulay-Idriss befindet sich am Fuße der Stadt an der Hauptstraße.

Traveller mit fahrbarem Untersatz können via Nzala-des-Béni-Ammar nach Fès oder durch das Dorf El Merhasiyne nach Meknès fahren. Beide Strecken sind landschaftlich reizvoll – doch Vorsicht: Die Straßen sind schlecht ausgebaut und eigentlich nur im Sommer passierbar, sofern man mit einem Wagen mit Allradantrieb unterwegs ist.

MITTLERER ATLAS

IFRANE

10 000 Ew.

Während sich ausländische Besucher auf die Medinas stürzen, um das „wahre Marokko" kennenzulernen, zieht es marokkanische Urlauber eher in Städte wie Ifrane. Der Ort wirkt ordentlich und „geradlining", ist modern und erinnert mehr an die Schweiz als an Nordafrika.

Die Stadt wurde in den 1930er-Jahren von den Franzosen erbaut, denen dabei wohl eine Art Alpinresort vorschwebte. In Ifrane findet man Häuser mit schmucken roten Dächern, Blumenrabatten und Parkanlagen mit Seen. Alles ist wie aus dem Ei gepellt. Zahlreiche große Arbeitgeber (u. a. auch die Regierung) unterhalten hier Ferienapartments für ihre Angestellten. Im Sommer ist Ifrane ein beliebtes Ziel für Tagesausflügler, während in der Skisaison die Reichen und Schönen in Scharen herbeiströmen; das „gemeine Volk" gibt sich indessen übermütigen Schneeballschlachten hin. Außerhalb der vorlesungsfreien Zeit tummeln sich zudem die wohlhabenden, trendbewussten Studenten der angesehenen Al-Akhawayn-Universität in der Stadt.

Orientierung

Die Hauptstraße von Meknès verläuft als Blvd Mohammed V in West-Ost-Richtung durch Ifrane. An ihr befinden sich westlich des Stadtzentrums der Busbahnhof, an der Kreuzung mit der Ave des Tilluels findet man die Touristeninformation. Die meisten Cafés und Hotels liegen zehn Gehminuten in südlicher Richtung entfernt an zwei Parallelstraßen im Zentrum: der Rue de la Cascade und der Ave de la Poste. Östlich vom Zentrum kreuzen sie die Ave Hassan II, die Richtung Norden aus der Stadt (und nach Fès) führt. Von Fès aus kommend, befindet sich das Zentrum Ifranes direkt hinter dem künstlich angelegten See.

Praktische Informationen

BMCE (Ave de la Marche Verte) Eine von mehreren Banken mit Geldautomaten in dieser Straße.

Pharmacie Mischliffen (Rue de la Cascade) Apotheke.

Post (Ave de la Poste)

Touristeninformation (☎ 0535 566821; Fax 0535 566822; Ave Prince Moulay Abdallah; ⏲ Mo–Fr 8.30–12 & 14.30–18.30 Uhr)

Sehenswertes

Am Nordrand der Stadt steht die Al-Akhawayn-Universität, ein geschniegeltes Musterbeispiel des modernen marokkanischen Bildungswesens. König Hassan II. von Marokko und König Fahd von Saudi-Arabien gründeten sie 1995. Eines ihrer hoch gesteckten Ziele lautet, die Toleranz zwischen den Religionen zu fördern. Vorerst brauchen sich hier nur die Reichen und Schönen zu bewerben: Der Parkplatz ist gerammelt voll mit schicken Autos und überall dudeln die angesagtesten Handy-Klingeltöne. Der englischsprachige Unterricht basiert auf dem amerikanischen Lehrsystem und es gibt amerikanische Dozenten und Austauschstudenten. Wer will, kann ein bisschen über den gepflegten Campus schlendern. An Nachmittagen unter der Woche finden sich immer Studenten, die Besucher herumführen.

Ifranes zweite Sehenswürdigkeit ist der **steinerne Löwe** auf einer Rasenfläche am Hôtel Chamonix. Ein deutscher Soldat schuf ihn im Zweiten Weltkrieg, als es in Ifrane für kurze Zeit ein Kriegsgefangenenlager gab; er erinnert an den letzten wild lebenden Berberlöwen, der hier in den frühen 1920er-Jahren erlegt wurde. Ein beliebtes Ritual für Tagesausflügler scheint es zu sein, sich vor dem Löwen knipsen zu lassen.

Schlafen

In den Übernachtungspreisen spiegelt sich der Wohlstand der Gemeinde wider. Da Ifrane das ganze Jahr über ein beliebtes Reiseziel ist, sind Hotelzimmer zu jeder Zeit heiß begehrt.

Hotel les Tilleuls (☎ 0535 566658; Fax 0535 566079; Ecke Ave des Tilleuls & Rue de la Cascade; EZ/DZ ab 260/320 Dh) Das komfortable, alte Hotel am Hauptplatz ist die günstigste Unterkunft in Ifrane.

Hôtel Chamonix (☎ 0535 566028; Fax 0535 566826; Ave de la Marche Verte; EZ/DZ 359/408 Dh; ❄) Gepflegte Drei-Sterne-Anlage im Zentrum. Die Zimmer mit separaten Bädern wirken etwas nichtssagend, sind aber hell und sauber. Auch Restaurant und Bar sind in Ordnung. Praktisch: Im Hotel werden Skiausrüstungen verliehen.

Hôtel Perce-Neige (☎ 0535 566404; Fax 0535 567116; Rue des Asphodelles; EZ/DZ 387/459 Dh) Die hübscheste Unterkunft von Ifrane liegt ca. 200 m südöstlich des Zentrums. Die gemütlichen Zimmer (mit Satelliten-TV und Bad) könnten etwas größer sein. Pluspunkte gibt's auch für das gute Restaurant mit Ausschanklizenz (Menü 120 Dh) und den Laden in der Lobby, in dem Bilder lokaler Künstler verkauft werden.

Hôtel Mischliffen (☎ 0535 566607; P ❄ ⛷) Überdimensional große Ski-Lodge inmitten von Kiefern- und Eichenwäldern nördlich von Ifrane. Der Besitzer ist niemand geringeres als der König. Das Gebäude war zum Zeitpunkt der Recherche wegen umfassender Baumaßnahmen geschlossen – mehr und mehr erinnert es an eine trutzige Burg. Keiner weiß, wann es seine Pforten wieder öffnen wird, man kann sich aber schon jetzt auf Fünf-Sterne-Luxus und entsprechende Preise einstellen.

Direkt westlich der Bushaltestelle befindet sich ein **Campingplatz** (Blvd Mohammed V; Camping 7 Dh/Pers., Auto/Zelt/Wohnmobil zzgl. 8/15/30 Dh; 🕑 im Winter geschl.) mit viel Grün.

Essen

Rund um die Bushaltestelle drängen sich einige Cafés und günstige Imbisse. Dort befindet sich auch der Frischwarenmarkt.

Le Crouistillant (Rue de la Cascade; 🕑 7–21 Uhr) Nettes Eckcafé mit Blick auf den Platz. Hier gibt's Getränke und klebrig-süßes Gebäck.

Complexe Touristique Aguelman (Ave Hassan II, Gerichte 30–50 Dh; 🕑 9–22 Uhr) Ein Wirrwarr verschiedener Optionen unter einem Dach, die – wie der Name schon sagt – voll und ganz auf Touristen abzielen. Man kann in dem einfachen Imbiss Pizzas, Nudelgerichte, Omelettes oder Sandwiches bestellen oder die Bar aufsuchen. Das Restaurant ist auf marokkanische Speisen spezialisiert und bietet ein gediegeneres Ambiente für ein Abendessen. Bei gutem Wetter sind die Tische draußen mit Blick auf den künstlich angelegten See an der Hauptstraße zu empfehlen.

Cookie Craque (☎ 0655 567171; Ave des Tilleuls; Pizza 50–60 Dh, Crêpe 24–40 Dh; 🕑 7–24 Uhr) Caférestaurant mit super Auswahl an Süßem und Pikantem und Eiscreme (alles auch zum Mitnehmen). Besonders populär sind die getoasteten Sandwiches und die gefüllten Crêpes, daneben wird aber auch jede Menge Substanzielleres auf den Tisch gezaubert. Im Winter unbedingt versuchen, einen Sitzplatz am Kaminfeuer zu ergattern!

Café Restaurant la Rose (☎ 0655 566215; 7 Rue de la Cascade; Hauptgerichte ca. 45 Dh, Menü 70 Dh) Seit jeher beliebtes kleines Restaurant (war während unseres Besuchs geschlossen). Es bereitet traditionelle marokkanische Speisen und Forellen aus den Gebirgsflüssen des Mittleren Atlas zu.

Le Pain (Ave de la Marche Verte; Hauptgerichte ca. 60 Dh; 🕑 9–22 Uhr) Oberhalb des Hôtel Chamonix. Das Le Pain verfügt über eine große Glasfront und verschiedene Sitzbereiche; in manchen werden nur Getränke, in anderen auch Snacks serviert. Dann wäre da noch ein separater Restaurantbereich für vollständige Mahlzeiten; dort gibt's z. B. passable Pizzas.

An- & Weiterreise

Busbahnhof und Standplatz der Grands Taxis sind neben dem Markt, westlich vom Stadtzentrum.

Jeden Morgen fahren CTM-Fernbusse nach Marrakesch (130 Dh, 8 Std.) via Beni-Mellal (60 Dh, 4 Std.), nach Casablanca (100 Dh, 4½ Std.) via Meknès (24 Dh, 1 Std.) und nach Rabat (65 Dh, 3½ Std.).

Busse anderer Gesellschaften verkehren häufiger: stündlich nach Fès (16 Dh, 1 Std.) und Azrou (7 Dh, 25 Min.), seltener nach Beni-Mellal (55 Dh, 4 Std.), Marrakesch (105 Dh, 8 Std.) und Midelt (42 Dh, 3½ Std.).

Grands Taxis nach Fès (21 Dh), Meknès (24 Dh), Midelt (55 Dh) und Azrou (10 Dh) gibt's im Überfluss.

RUND UM DIE SEEN (ROUTE DES LACS)

Ein reizvoller Abstecher führt von Ifrane nördlich um den **Dayet Aoua.** Die Route ist 17 km nördlich von Ifrane an der Hauptstraße nach Fès ausgeschildert und schlängelt sich 60 km lang durch das Seengebiet. Wer kein eigenes Fahrzeug hat, kann in Ifrane ein Grand Taxi mieten; eine zweistündige Tour sollte um die 250 Dh kosten. Einen richtigen Eindruck bekommt man aber erst, wenn man am Seeufer spazieren geht und die friedliche Landschaft genießt. Die Gegend ist toll für Wanderer und Mountainbiker. Wer längere Wanderungen unternehmen und zelten will, wendet sich am besten an den ortsansässigen Führer **Mulai Abdellah Lahrizi** (☎ 0663 772687; www.tourisme-vert-ifrane.com).

Der Dayet Aoua liegt inmitten von Wäldern. Die Region ist bekannt für ihre Vogelvielfalt. Mit etwas Glück bekommt man Raubvögel wie Zwergadler, schwarze und rote Milane und Weihen zu Gesicht. Der See lockt zudem jede Menge Enten, Watvögel, Kammblesshühner, Spechte, Waldbaumläufer und Kleiber an, die zwischen den Bäumen am Südostende des Sees herumfliegen.

An Wochenenden kommen viele Familien zum Picknick an den See, an Werktagen hat man ihn aber ziemlich für sich. Hinter dem Dayet Aoua schlängelt sich die Straße erst nach Osten und dann nach Süden, vorbei am Dayet Ifrah und dem noch kleineren Dayet Hachlat. Sie ist gut befahrbar, im Winter allerdings wegen Schnee öfters gesperrt.

Wer hier länger Station machen will, findet am Dayet Aoua zwei gute Übernachtungsmöglichkeiten. In der Urlaubssaison ist bei beiden eine vorherige Buchung ratsam.

Am Nordufer des Sees befindet sich das attraktive **Hôtel Restaurant Chalet du Lac** (☎ 0535 663277; Fax 0535 663197; EZ/DZ mit HP 330/570 Dh) unter französischer Leitung, in dem man in passablen Zimmern nächtigt. Hauptattraktion ist das Restaurant (Hauptgerichte 80–120 Dh, Tagesmenü 190 Dh), das die meisten Gäste anlockt. Nach dem genialen Vier-Gänge-Schlemmermenü am Mittag kann man die Kalorien bei einem Spaziergang um den See verbrennen.

Le Gîte Dayet Aoua (☎ 0535 604880; www.gite-dayetaoua.com; Zi. inkl. Frühstück ab 300 Dh, EZ/DZ mit HP 400/540 Dh; Hauptgerichte 60–70 Dh) Urig-rustikales, ruhiges Haus am Ostufer des Dayet Aoua. Die fünf hübschen Zimmer sind im berberischen Stil eingerichtet. Im munteren Speiseraum (Hauptgerichte 80–110 Dh) gibt's Alkohol und herzhafte, ländliche Küche; bei schönem Wetter kann man auch draußen in einem traditionellen Zelt essen. Die Preise variieren je nach Nachfrage und Gericht. Der *gîte* (Hostel) bietet außerdem beste Insiderinformationen über Wanderungen, stellt Führer (250 Dh) und vermietet Zelte (50 Dh) und Pferde (300 Dh), falls man die Umgebung eingehend erkunden möchten (alle Preise pro Tag).

AZROU

50 000 Ew,

Tief im Mittleren Atlas liegt Azrou, ein bedeutendes Handelszentrum, in dem die Straßen nach Fès, Meknès, Midelt und Khenifra aufeinandertreffen. Ringsum erstrecken sich eine atemberaubend schöne Landschaft aus Zedern- und Kiefernwäldern sowie hoch gelegene Bergwiesen, die im Frühling in voller Blüte stehen. Die Berberstadt zeichnet sich durch eine gelassene Stimmung aus und ist der passende Zufluchtsort für all diejenigen, die erst einmal genug vom Großstadttrubel haben.

Azrou ist Schauplatz eines der größten Suks in der Region (immer dienstags), der besonders für das Angebot an Berberteppichen bekannt ist. Es lohnt sich, seinen Besuch so zu legen, dass man am Markttag in der Stadt ist. Schon seit einigen Jahren wird an einem Museum des Mittleren Atlas gebaut, ein Eröffnungstermin steht allerdings noch nicht fest. Um das Gebirge auch so besser kennenzulernen, lässt man Azrou einfach hinter sich und unternimmt eine Tageswanderung. Die Natur und die frische Bergluft wird man ohnehin in keinem Museum so authentisch erleben – manchmal können sogar ein paar einheimische Berberaffen gesichtet werden!

Orientierung

Azrou (Großer Fels) ist nach der Felsnase benannt, die die Stadt im Westen begrenzt. Davor erhebt sich die neue (und große) Ennour-Moschee – ein guter Orientierungspunkt. Der Busbahnhof und die Taxistände sind im Norden, dahinter findet der allwöchentliche Suk statt. Hotels, Banken und Restaurants findet man weiter südöstlich an der und rund um die Place Mohammed V.

Praktische Informationen

BMCE (Place Mohammed V) Wechselstube und einer von vielen Geldautomaten am Platz.
Cyber Abridn (Place Mohammed V; 6 Dh/Std.; 🕒 9–24 Uhr)
Cyber Kawtar (Busbahnhof; 6 Dh/Std.; 🕒 9–24 Uhr)
Pharmacie Sakhra (Place Mohammed V) Apotheke.
Post (Blvd Prince Héritier Sidi Mohammed)

Schlafen

Gemessen an der Größe verfügt Azrou über eine überraschend umfangreiche Auswahl von Unterkünften. Vor den Toren der Stadt entstehen an der Straße nach Fès derzeit sogar noch mehr: Das „Schloss" im Disneyland-Stil soll Touristen aus den Golfstaaten anlocken.

Hôtel Salame (☎ 0535 562562; salame_hotel@yahoo.fr; Place Moulay Hachem ben Salah; EZ/DZ 60/120 Dh)

Kleines, superangenehmes Hotel. Die schnuckeligen Zimmer mit einem Hauch von traditionellem Berberdekor sind sehr ansprechend und das nette Personal bereitet den Gästen einen herzlichen Empfang. Saubere Gemeinschaftsbäder und Duschen mit warmem Wasser (24 Std.; 10 Dh).

Hôtel Beau-Sejour (☎ 0535 560692; beau-sejour-hotel@yahoo.fr; 45 Place Moulay Hachem ben Salah; EZ/DZ/3BZ 70/100/180 Dh, kalte/heiße Duschen 5/10 Dh) Vernünftige Budgetoption mit ziemlich schlichten Zimmern, die komplett ohne Schnickschnack auskommen. Die Dachterrasse gewährt einen netten Blick auf Azrou.

Hôtel des Cèdres (☎ 0535 562326; Place Mohammed V; EZ/DZ/3BZ 75/105/160 Dh) Das 1925 erbaute Hotel besticht durch eine Reihe von interessanten antiken Einrichtungen und das eine oder andere Art-déco-Element. Die Zimmer (alle mit Waschbecken) sind ihr Geld wert, man muss sich manchmal allerdings die Duschen und Toiletten mit anderen Gästen teilen. Das soll sich aber bald ändern.

Hôtel Azrou (☎ 0535 562116; Rte de Khenifra; EZ/DZ mit Dusche 109/142 Dh, mit Dusche & WC 138/163 Dh) Gute Mittelklasseunterkunft im Süden der Stadt. Das Azrou bietet gemütliche Zimmer, eine Bar, ein Restaurant und eine mit Efeu bewachsene Terrasse. Leider wirkt das Ganze nachts mitunter etwas zwielichtig. Spielernaturen aufgepasst: Die Angestellten sind die lokalen *pétanque*-Meister (eine Boule-Art).

Auberge du dernier Lion de l'Atlas (☎ 0535 561868; a.elkhaldi@menara.ma; Rte de Meknès; EZ/DZ inkl. Frühstück 150/250 Dh) Die Jugendherberge befindet sich ca. 500 m östlich der Stadt; sie liegt nicht direkt an der Straße. Die Einrichtungen sind recht einfach: In den Duschen gibt's beispielsweise kein warmes Wasser (kosten ja auch nur 20 Dh). Hier können nur Besitzer eines internationalen Jugendherbergsausweises übernachten.

Hôtel le Panorama (☎ 0535 562010; panorama@extra.net.ma; EZ/DZ 280/342 Dh) Spaziert man vom Zentrum aus Richtung Nordosten, gelangt man bald zum komfortabelsten Hotel der Stadt, das an ein stattliches Alpenchalet erinnert. Es steht auf einem ruhigen, bewaldeten Fleckchen Erde und hat einen hübschen Garten. Der Service ist freundlich und effizient. Die modernen Zimmer warten mit Balkons auf, und es gibt ein gutes Restaurant.

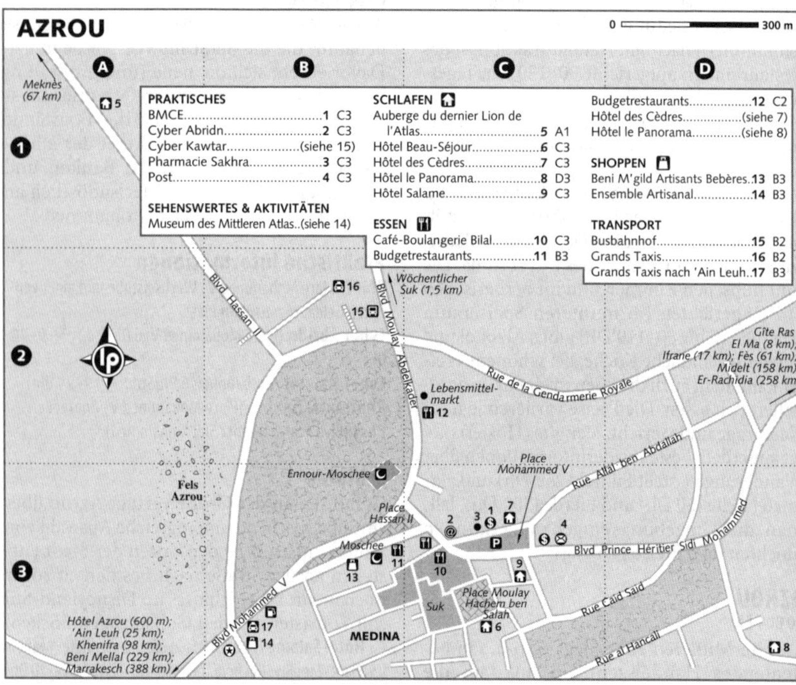

WANDERN RUND UM AZROU

Azrou ist der ideale Ausgangspunkt für Tageswanderungen zu ein paar der schönsten Ecken des Mittleren Atlas – einfach ein bisschen Wegproviant einpacken, und schon kann's losgehen. In dieser Region leben viele Berberaffen und mit etwas Glück wird man unterwegs ein paar Vertretern dieser Makakenart begegnen. Es ist prinzipiell möglich, von Azrou aus loszumarschieren, einige der besten Wanderwege können allerdings nur mit einem fahrbaren Untersatz erreicht werden.

Das hübsche Dorf **'Ain Leuh** liegt 25 km südwestlich von Azrou. Der Weg dorthin führt durch dichten Zedernwald – wer Lust hat, kann das Auto irgendwo unterwegs abstellen und loslaufen. Jeden Mittwoch findet ein großer Wochenmarkt in 'Ain Leuh statt (an diesem Tag ist die Anbindung mit öffentlichen Verkehrsmitteln am besten). Er zieht zahllose Besucher aus der gesamten Region an, besonders Berber vom Stamm der Beni M'Guild. In den Hügeln hinter dem Dorf gibt's einen Wasserfall. Der Spaziergang dorthin führt über einfache Straßen und vorbei an Häusern mit Flachdächern – er lohnt sich.

Etwa 20 km weiter südlich führt eine noch malerischere Route zu den Wasserfällen an den **Sources de l'Oum-er-Rbia**. Am **Lac Ouiouane** muss man die Straße verlassen und dem Pfad folgen, der an ein paar Bauernhäusern vorbei in ein kleines Tal führt. Dort überspannt eine Brücke den Fluss Rbia. Von ihr aus sind es noch ca. 15 Minuten bis zu einer Schlucht, in der an mehreren Dutzend Stellen Quellen aus dem Fels hervorsprudeln und ein paar Wasserfälle speisen. Cafés laden zu einer Verschnaufpause ein.

Ambitionierte Wanderfreunde können diese kürzeren Strecken im Rahmen eines sehr viel längeren Rundwegs ablaufen (dauert bis zu 6 Tage). Ausgangspunkt ist 'Ain Leuh. Der Trekkingführer **Boujemaa Boudadoud** (☎ 0663 760825; boujemaatoumliline@yahoo.fr) wohnt in Azrou, spricht gut Englisch und kann bei der Organisation von kürzeren und längeren Touren behilflich sein.

Essen

Das beste günstige Essen findet man in folgenden drei Gegenden: entlang des Blvd Moulay Abdelkader südlich des Busbahnhofs sowie rund um die beiden Plätze Place Hassan II und Place Moulay Hachem ben Salah. Zu den gängigen Speisen gehören bewährte Klassiker wie gegrilltes Huhn, *brochettes* (Fleischspieße) und *harira*, die ordentlich heiß in Schüsseln serviert wird.

Café Boulangerie Bilal (Place Mohammed V) Hier ist ständig der Teufel los. Das Angebot an Sandwiches und Gebäck ist super. Außerdem gibt's Fruchtsäfte und Eiscreme. Sitzgelegenheiten befinden sich oben.

Hôtel des Cèdres (☎ 0535 562326; Place Mohammed V; Hauptgerichte ca. 50 Dh) Das Hotelrestaurant mit dem Speisesaal aus den 1920er-Jahren und dem gemütlichen Holzfeuer ist unser Favorit in Azrou. Die Forelle (aus Fischgründen in der Umgebung) schmeckt immer hervorragend. Außerdem werden in der Küche ein paar ausgefallene Gerichte zubereitet, z. B. Tajine mit Kaninchenfleisch.

Hôtel le Panorama (☎ 0535 562010; Menü 130 Dh) Auch hierbei handelt es sich um ein Hotelrestaurant. Am besten kommt man abends; dann kann man ein Glas Wein oder ein Bier zum Essen genießen. Auf der Karte stehen leckere Tajines und ein paar europäische Gerichte. Angenehmes Ambiente.

Shoppen

Der Wochenmarkt findet jeden Dienstag ca. 1,5 km nordöstlich vom Stadtzentrum statt. Berberfrauen aus den Nachbardörfern feilschen hier mit Händlern von Webteppichen, Obst, Gemüse und alle möglichen anderen Waren. Sollte mal ein Regenschauer niedergehen, versinkt der Suk leider schnell im Morast. Ansonsten findet man Teppiche und Handwerksprodukte in Hülle und Fülle in den Läden an der Place Hassan II und in der Medina.

Beni M'gild Artisants Bebères (7 Place Hassan II; ⌚ 10–18 Uhr) Einer von mehreren Läden in diesem Teil der Stadt, die eine große Auswahl an Teppichen aus dem Mittleren Atlas führen. Hier gibt's auch Teppiche der halbnomadischen Beni-M'Guild-Berber.

Ensemble Artisanal (Blvd Mohammed V; ⌚ 8.30–12 & 14.30–18.30 Uhr) Bietet neben Berberteppichen interessante Schnitzereien aus Zedern- und Zypressenholz feil. Gleich nebenan entsteht das Museum des Mittleren Atlas.

An- & Weiterreise

In Azrou kreuzen sich die Hauptstraßen von Meknès nach Er-Rachidia in Nordwest-Südost-Richtung und von Fès nach Marrakesch in Nordost-Südwest-Richtung.

BUS

CTM-Fernbusse (☎ 0535 562002) fahren täglich vom Busbahnhof am Blvd Moulay Abdelkader nach Beni-Mellal (55 Dh, 3 Std.), Casablanca (105 Dh, 6 Std.), Fès (27 Dh, 2 Std.), Marrakesch (135 Dh, 7 Std.) und Meknès (25 Dh, 1½ Std.).

Preiswerter sind andere Busgesellschaften, die auch mehrmals täglich Fès (18 Dh), Meknès (16 Dh), Ifrane (7 Dh), Midelt (30 Dh) und Er-Rachidia (70 Dh) ansteuern.

TAXI

Vom Busbahnhof führt eine Treppe runter zum Stand der Grands Taxis. Sie fahren regelmäßig nach Fès (30 Dh, 1 Std.), Meknès (32 Dh, 1 Std.), Khenifra (25 Dh, 1 Std.), Ifrane (10 Dh, 10 Min.) und weniger häufig nach Midelt (47 Dh, 90 Min.). Sammeltaxis nach 'Ain Leuh (14 Dh, 20 Min.) warten an der Shell-Tankstelle an der Hauptstraße nach Südwesten.

MIDELT

35 000 Ew.

Midelt liegt mitten im Niemandsland zwischen dem Mittleren und dem Hohen Atlas. Die Landschaft nördlich der Stadt wirkt ganz besonders trocken und unwirtlich, wer dieses Ödland aber durchquert, wird mit ein paar spektakulären An- und Ausblicken belohnt: Der östliche Hohe Atlas scheint ganz plötzlich und wie aus dem Nichts aufzutauchen.

Midelt gehört eigentlich zu den Orten, die man nur von der Durchreise kennt. Es bietet sich aber z. B. als Stopp auf dem Weg von Fès in die Wüste an und ist vielleicht auch für all diejenigen interessant, die einen Teppich kaufen wollen. Hinzu kommt, dass es in der Umgebung einiges zu entdecken gibt. Man kann etwa den Jbel Ayachi erklimmen (keine Bergsteigererfahrung nötig).

Die Stadt besteht aus nicht viel mehr als einer Hauptstraße, die im Norden Ave Mohammed V und im Süden Ave Hassan II heißt, einem passablen Suk und ein paar sehr großen Restaurants, in denen Passagiere von Reisebussen auf dem Weg gen Süden einkehren.

Praktische Information

BMCI (Ave Hassan II) Eine von mehreren Banken inklusive Geldautomat an der Ave Hassan II.

Complexe Touristique Timnay Inter-Cultures (☎ 0535 360188; timnay-tourisme.com; Rte de Zaidia) Ca. 15 km nördlich von Midelt befindet sich das beste Infozentrum im Ostteil des Hohen Atlas. Hier werden auch Trekkingführer vermittelt und Wagen mit Allradantrieb vermietet.

Post (in der Nähe der Ave Hassan II) Südlich des Zentrums.

Sawtcom (Rue Ezzerqutouni; 6 Dh/Std.; 8–24 Uhr) Internetzugang.

Sehenswertes

KASBAH MYRIEM

Der Weg in diese **Werkstatt** (Atelier de Tissages et Borderie; ☎ 0535 582443; Mo–Do & Sa 8–12 & 14–17.30 Uhr) 1,5 km außerhalb der Stadt lohnt sich besonders für alle Teppichjäger. Die Einrichtung wird von Franziskanerinnen geleitet und hilft Berberfrauen, die Stick- und Webkunst zu erlernen. Die Werkstatt stellt Webstühle, Material und einen einfachen Arbeitsraum zur Verfügung, wo sachkundige Frauen jungen einheimischen Mädchen ab ca. 15 Jahren Weben und auch Lesen und Schreiben beibringen. Der Weg ist von der Hauptstraße aus beschildert (Eingang hinter der Klinik).

Wer schon einmal hier ist, kann auch einen Blick ins **Kloster** (Messen tgl. 7.15 & So 10 Uhr) werfen. Hier wohnen fünf Franziskanerinnen. Kapelle und Klostergarten sind wunderbar friedliche Fleckchen, um seine Gedanken zu ordnen. Die Klosterglocke ist am Tor neben der Werkstatt.

KASBAH DES NOYERS

Das Dorf **Berrem**, 6 km westlich von Midelt, wird nach den uralten Walnussbäumen, die hier für Schatten sorgen, auch Kasbah des Noyers genannt. Viel los ist nicht, doch das urige Dorf mit seiner farbenfrohen Moschee und den alten Lehmmauern ist ein prima Ziel für eine Tageswanderung ab Midelt. Der Hauptweg führt durch die Kasbah zu einem Aussichtspunkt über die imposanten **Gorges des Berrem**. Ein Grand Taxi von Midelt kostet ca. 40 Dh.

Schlafen

Hôtel Atlas (☎ 0535 582938; 3 Rue Mohammed el Amraoui; EZ/DZ 70/100 Dh) Die winzige Pension ist eine gute Budgetoption. Auf Anfrage wird hausgemachtes Essen für die Gäste zubereitet. Die Zimmer sind erwartungsgemäß einfach, aber sauber. Gleiches gilt für die Gemeinschaftsbäder mit den Hockklosetts (heiße Dusche 10 Dh). Man sollte sich allerdings auf aggressive Verkaufsmethoden von Teppichhändlern gefasst machen – ein paar Traveller haben uns entsprechende Leserbriefe geschrieben.

Hôtel Massira (☎ 0535 361010; 11 Rue des Anciens Combatants; EZ/DZ/3BZ 50/100/200 Dh) Tolles neues Hotel im Osten der Stadt. Gemessen am Preis sind die Zimmer geräumig und wirklich hervorragend; in denen mit eigenem Bad gibt's warmes Wasser im Überfluss. Die Dachterrasse gewährt hübsche Panoramablicke und ist der perfekte Ort, um das großzügige Frühstück zu genießen (20 Dh).

Auberge Jaafar (☎ 0535 583415; Fax 0655 583514; Berrem; Zi. 225 Dh;) Der Gebäudekomplex erinnert an eine Kasbah und befindet sich ca. 6 km westlich von Midelt (direkt hinter dem Dorf Berrem). Die unterschiedlich großen Zimmer sind um Terrassen und blühende Höfe angeordnet. Sanitäranlagen & Co. sind sauber und werden gemeinschaftlich genutzt. Leider lässt der Service manchmal etwas zu wünschen übrig. Wer im Jaafar zu Abend essen möchte, sollte dem Personal tagsüber Bescheid geben.

Hôtel Kasbah Asmaa (☎ 0535 580405; EZ/DZ 300/350 Dh;) Ca. 3 km südlich von Midelt gelegen, beliebt bei Reisegruppen und schwer zu übersehen. Auch das Asmaa ruft Assoziationen an eine Kasbah hervor und zeugt davon, dass man auf dem Weg in den Süden ist. Der Pool am unteren Ende des Grundstücks ist weit von den Zimmern (vernünftiger Standard) entfernt und den Blicken ihrer eventuell neugierigen Bewohner entzogen. Das Restaurant mit Ausschanklizenz nimmt einige traditionell gestaltete Salons ein – eine gute Anlaufstelle für Nicht-Gäste.

Hôtel el Ayachi (☎ 0535 582161; hotelayachi@caramail.com; Rue d'Agadir; EZ/DZ 290/355 Dh) Einer der Oldies von Midelt (man beachte die betagte Aufmachung aus den 1950er-Jahren). Die Haupteinnahmequelle sind Reisegruppen, die eine Nacht bleiben und nie wiederkehren. Die Zimmer sind ein wenig heruntergekommen und passen zu den recht feuchten Bädern.

Complexe Touristique Timnay Inter-Cultures (☎ 0535 360188; http://timnay-tourisme.com; Rte de Zaïdia; Camping 20 Dh/Pers., Zelt/Auto/Wohnmobil zzgl. 15/15/25 Dh, Bungalows ab 200 Dh, Berberzelte 25 Dh/Pers.;) Dieses Zentrum ist ein marokkanisch-belgisches Gemeinschaftsprojekt zur Förderung des Tourismus in der Region. Es liegt ca. 15 km nörd-

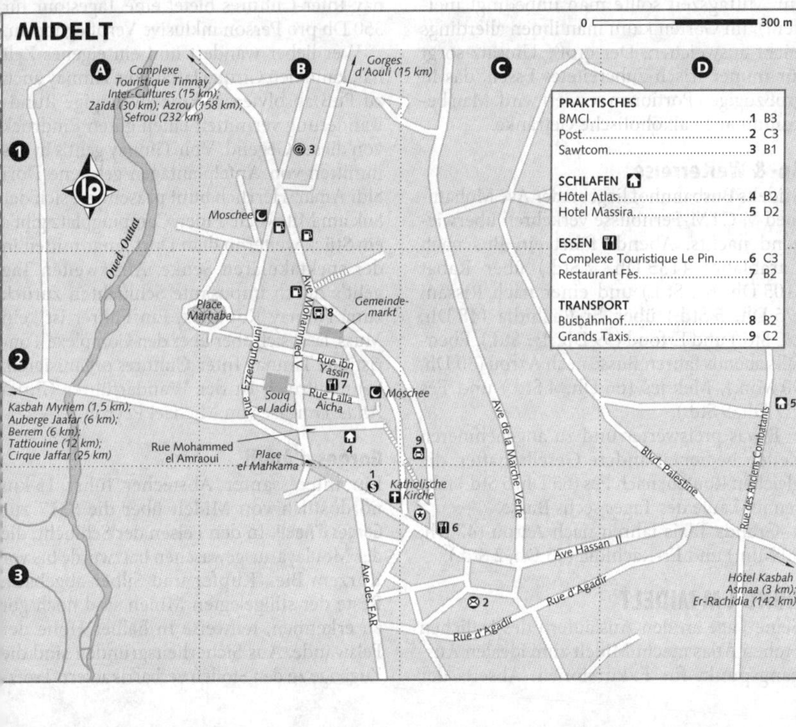

lich von Midelt. Die Schlafmöglichkeiten sind sehr einfach (am besten hat man sein eigenes Zelt bzw. Wohnmobil dabei). Camping Timnay eignet sich hervorragend als Basis für Erkundungstouren in die Umgebung, da vor Ort Wanderungen organisiert und Führer vermittelt werden können. Praktisch ist auch, dass es ein Restaurant und eine Bar gibt (für die Abendstunden). Anfahrt: eines der Grands Taxis nach Zaïdia nehmen und den Fahrer bitten, unterwegs am Timnay zu halten.

Essen

Wie üblich gibt's jede Menge günstige Lokale und Imbissbuden rund um den Busbahnhof. Hier befindet sich auch der Bauernmarkt.

Restaurant Fès (☎ 0662 057754; Rue Lalla Aicha; Festpreismenü 70 Dh) Traditionelle Küche und Riesenportionen machen dieses Restaurant allseits beliebt. Das Menü ändert sich anscheinend nie: Salat oder Suppe, Tajine, Obst. Es ist immer einfach, aber frisch zubereitet.

Complexe Touristique Le Pin (☎ 0535 583550; Ave Hassan II; Hauptgerichte 50–60 Dh, Buffet 70 Dh; ganzjährig 12–17 Uhr & Apr.–Aug. 19–22 Uhr) Dieses große Restaurant lockt Reisegruppen an (das Gedränge zur Mittagszeit sollte man unbedingt meiden!), im Garten kann man ihnen allerdings leicht ausweichen. Der große Umsatz sorgt für immer frisch zubereitetes Essen, das in großzügigen Portionen serviert wird. Man bekommt auch alkoholische Getränke.

An- & Weiterreise

Midelts Busbahnhof liegt an der Ave Mohammed V. CTM-Fernbusse verkehren überwiegend nachts. Abends fährt ein Bus nach Casablanca (135 Dh, 7 Std.) über Rabat (105 Dh, 6½ Std.) und einer nach Rissani (75 Dh, 5 Std.) über Er-Rachidia (48 Dh, 2½ Std.) und Erfoud (59 Dh, 4½ Std.). Ebenfalls abends fahren Busse nach Azrou (30 Dh, 90 Min.), Meknès (66 Dh, 4 Std.) und Fès (77 Dh, 5 Std.).

Etwas preiswerter und zu angenehmeren Zeiten bedienen andere Gesellschaften die gleichen Routen; nach Fès (65 Dh, 5 Std.) fahren im Laufe des Tages sechs Busse.

Grands Taxis fahren nach Azrou (47 Dh, 90 Min.) und Er-Rachidia (55 Dh, 2 Std.).

RUND UM MIDELT

Seine Lage an den Ausläufern des östlichen Hohen Atlas macht Midelt zum idealen Ausgangspunkt für Exkursionen. Abseits der Hauptrouten sind die Pisten ziemlich holperig und selbst mit Geländewagen oft nur von Mai bis Oktober befahrbar. Für Mountainbiker ist die Gegend das reinste Paradies, aber auch Wanderer kommen voll auf ihre Kosten. Der Complexe Touristique Timnay Inter-Cultures und Safari Atlas in Midelt vermieten Allradfahrzeuge (mit Fahrer) für ca. 1000 Dh – für kleine Gruppen ein günstiger Preis.

Cirque Jaffar

Der Cirque Jaffar schlängelt sich 25 km südöstlich von Midelt durch die Ausläufer des Jbel Ayachi. Außerhalb des Hochsommers dürfte die raue Piste normalen Autos schwer zu schaffen machen. Doch die Landschaft ist absolut traumhaft: dramatische Berge des Hohen Atlas, Zedernwälder an den Hängen und winzige Bergdörfer der Berber. Ca. 10 km hinter Midelt zweigt der Weg von der Straße nach Zaïdia ab in das Dorf Aït Oum Gam. Von dort folgt er den Hinweisschildern nach Matkan Tounfit und windet sich über Tattiouine und die S3424 zurück nach Midelt. Für die 80 km lange Rundtour braucht man einen ganzen Tag. Der Complexe Touristique Timnay Inter-Cultures bietet eine Tagestour für 350 Dh pro Person inklusive Verpflegung an.

Wer lieber wandert und ein eigenes Zelt hat, kann den Cirque Jaffar von Timnay auch zu Fuß absolvieren. Eine zweitägige Rundwanderung vermittelt einen guten Eindruck von dieser Gegend. Von Timnay geht's in das inmitten von Apfelplantagen gelegene Dorf Sidi Amar. Herrlich bunt präsentiert sich der Suk am Mittwoch. Einen Campingplatz gibt's ein Stück weiter in dem Dorf Jaffar mitten in der spektakulären Senke. Am zweiten Tag geht's durch imposante Schluchten zurück zum Timnay-Komplex. Ein Führer ist kein Muss, lässt sich aber über den Complexe Touristique Timnay Inter-Cultures organisieren. Sehr hilfreich ist der Wanderführer *Grand Atlas Traverse* von Michael Peyron.

Gorges d'Aouli

Ein interessanter Abstecher führt 15 km nordöstlich von Midelt über die S317 zur **Gorges d'Aouli.** In den Felsen der Schlucht, die der Moulaya ausgewaschen hat, wurde bis vor Kurzem Blei, Kupfer und Silber abgebaut. Reste der stillgelegten Minen sind noch gut zu erkennen, teilweise in halber Höhe der Felswände. Aus Sicherheitsgründen sind die Zugänge zu den Stollen verbarrikadiert. Trotz-

BESTEIGUNG DES JBEL AYACHI

Der höchste Berg im östlichen Hohen Atlas, der Jbel Ayachi (3737 m), ist kein einzelner Gipfel, sondern eher ein Bergmassiv, das sich südwestlich von Midelt über eine Länge von 45 km erstreckt. Man kann es auf unzähligen Wanderrouten erkunden – eine davon ist die Besteigung des höchsten Gipfels, des Ichichi n'Boukhlib.

Die beste Zeit für Wanderungen am Jbel Ayachi sind die Monate April bis Mai bzw. September bis November. Oberhalb von 3400 m kann sich der Schnee allerdings noch bis in den Juli halten. Von Midelt geht's mit einem Grand Taxi in das Dorf Tattiouine, wo der Anstieg losgeht. Er ist zwar anstrengend, birgt aber keine sonderlichen Schwierigkeitsgrade und ist in einem Tag zu schaffen. Auf dem Gipfel gibt es ein einfaches Biwak. Proviant muss man selbst mitbringen.

Auf jeden Fall ist ein Bergführer eine gute Idee. Am besten organisiert man die Wanderung über den Complexe Touristique Timnay Inter-Cultures (S. 294) nördlich von Midelt; der Tagessatz liegt bei ca. 300 Dh. Oder man engagiert in Tattiouine einen Maulesel mit Eseltreiber – sofern man sich zutraut, das zu managen.

dem hat der Ort einen gespenstischen Touch, besonders bei Sonnenuntergang. Ein Stück weiter an der Straße liegt das Dörfchen **Aouli** vor der spektakulären Kulisse der Schlucht. Diese Gegend ist ideal für Mountainbiker (die Piste fordert allerdings Material und Mensch stellenweise besonders heraus). Eine Rundfahrt mit einem Grand Taxi von Midelt dürfte nicht mehr als 250 Dh kosten.

DER OSTEN

TAZA

200 000 Ew.

Auf den ersten Blick scheint Taza alle typischen Merkmale einer verschlafenen Provinzhauptstadt aufzuweisen. Während in anderen, ähnlich großen marokkanischen Städten geschäftiges Treiben herrscht, geht es hier beschaulich zu. Darüber hinaus ist diese Stadt so ausgedehnt, dass sie manchmal geradezu verlassen wirken kann. Dennoch lohnt es sich, einen Zwischenstopp in Taza einzulegen, um die alte Festungsanlage von Taza Haute zu erklimmen und den Panoramablick zu genießen: Im Norden ragt das Rifgebirge auf, im Süden der Mittlere Atlas. Taza ist zudem eine praktische Basis für Ausflüge in den östlichen Mittleren Atlas, zum Gouffre du Friouato, eine der phantastischsten Höhlen der Welt, und in den Tazzeka-Nationalpark.

Geschichte

Die Festung von Taza schmiegt sich an eine Steilklippe über dem einzigen natürlichen Pass zwischen Rif und Mittlerem Atlas. Die ganze marokkanische Geschichte hindurch spielte die Garnisonsstadt Taza eine wichtige Rolle bei der Kontrolle der östlichen Landesteile.

Der Tizi n'Touahar, wie die Passstraße heißt, war von alters her die Einfallsroute für die Armeen, die von Tunesien und Algerien nach Westen vorrückten. Auf ihr kamen auch die Römer und Araber nach Marokko. Almohaden, Mereniden und Alawiten nutzten die Stadt als Stützpunkt, um von hier aus das marokkanische Unterland zu erobern und ihre Dynastien zu etablieren.

Alle marokkanischen Sultane sorgten für die Befestigung von Taza. Ihre Kontrolle über die Region blieb trotzdem immer heikel, denn die stolzen, unabhängigen und rebellischen Berberstämme der Umgebung nutzten jede Schwäche der Zentralmacht aus, um die Stadt zu stürmen. Anfang des 20. Jhs. ließ sich hier „El Rogui" Bou Hamra, der große Teile Nordostmarokkos beherrschte, zum Gegensultan ausrufen.

Die Franzosen besetzten Taza 1914 und bekämpften von hier aus den ungebremsten Widerstand der Berberstämme im Rifgebirge und im Mittleren Atlas.

Orientierung

Wer mit dem Zug oder Bus in Taza ankommt, findet sich wahrscheinlich an der Hauptstraße von Fès nach Oujda wieder, die eine kurze Taxifahrt nördlich der Place de l'Indépendance verläuft . An diesem Platz mitten in der Ville Nouvelle (auch Taza Bas, Unter-Taza, genannt) befinden sich Banken, die Hauptpost, die meisten Hotels und Restaurants und der CTM-Busbahnhof.

Die Medina, die von beeindruckenden Mauern umgeben ist und meistens Taza Haute

TAZA

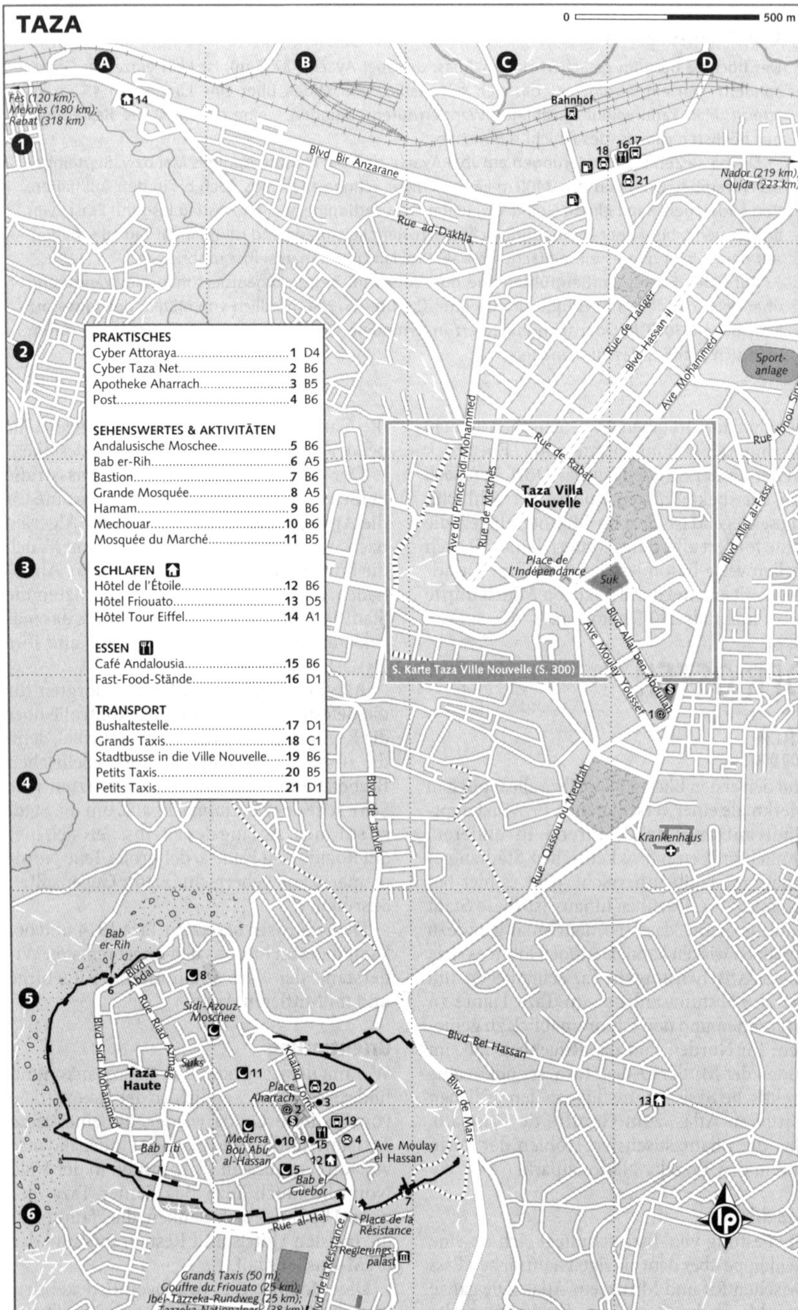

PRAKTISCHES
- Cyber Attoraya.......1 D4
- Cyber Taza Net.......2 B6
- Apotheke Aharrach.......3 B5
- Post.......4 B6

SEHENSWERTES & AKTIVITÄTEN
- Andalusische Moschee.......5 B6
- Bab er-Rih.......6 A5
- Bastion.......7 B6
- Grande Mosquée.......8 A5
- Hamam.......9 B6
- Mechouar.......10 B6
- Mosquée du Marché.......11 B5

SCHLAFEN
- Hôtel de l'Étoile.......12 B6
- Hôtel Friouato.......13 D5
- Hôtel Tour Eiffel.......14 A1

ESSEN
- Café Andalousia.......15 B6
- Fast-Food-Stände.......16 D1

TRANSPORT
- Bushaltestelle.......17 D1
- Grands Taxis.......18 C1
- Stadtbusse in die Ville Nouvelle.......19 B6
- Petits Taxis.......20 B5
- Petits Taxis.......21 D1

(Ober-Taza) genannt wird, liegt auf einem Plateau 2 km südlich der Neustadt. Stadtbusse (2 Dh) und himmelblaue Petits Taxis (6 Dh) fahren regelmäßig zwischen Ville Nouvelle und der Place Aharrach (gegenüber der Post) in der Altstadt hin und her.

Praktische Informationen

Apotheke Aharrach (Karte S. 298; Place Aharrach)
Attajariwafa Bank (Karte S. 300; Ave Moulay Youseff) Hat einen Geldautomaten.
BMCI (Karte S. 300; Place de l'Indépendance) Ebenfalls mit Geldautomat.
Cyber Attoraya (Karte S. 298; Rue Allal ben Abdallah; 5 Dh/Std.; 24 Std.)
Cyber Taza Net (Karte S. 298; Place Aharrah, Taza Haute; 4 Dh/Std.; 8–23 Uhr)
Hamam (Karte S. 298; Place Aharrach; 10 Dh; Männer 5–12 & 19–24 Uhr, Frauen 12–19 Uhr)
Hauptpost (Karte S. 300; nahe der Rue de Marché)
Post (Karte S. 298; Ave Moulay el Hassan) Gegenüber vom Hauptplatz.

Sehenswertes & Aktivitäten

Die 3 km langen **Stadtmauern der Medina** (Karte S. 298) sind teilweise verfallen. Sie stammen aus dem 12. Jh., als Taza kurze Zeit Hauptstadt der Almohaden war. Die **Bastion** mit ihren hohen Mauern am Ostrand der Altstadt entstand 400 Jahre später unter den Saaditen. Der spannendste Teil der Stadtbefestigung befindet sich rund um das **Bab er-Rih** (Tor des Windes; Karte S. 298); von hier hat man einen herrlichen Blick über die gesamte Umgebung. Die strategisch günstige Lage Tazas ist sofort erkennbar: im Südwesten die bewaldeten Hänge des Jbel Tazzeka im Mittleren Atlas, im Norden das Rif.

Nicht weit vom Bab er-Rih steht die **Grande Mosquée** (Karte S. 298). Die Almohaden fingen 1135 mit dem Bau an, die Mereniden vollendeten ihn dann im 13. Jh. Für Nicht-Muslime ist er tabu. Von außen gewinnt man leider nur einen flüchtigen Eindruck. Von der Moschee schlängelt sich die Hauptstraße Richtung Südwesten bis ans andere Ende der Medina. Genau hinschauen lohnt sich – man sieht immer wieder wunderschöne, aufwändig dekorierte Haustüren und alte geschnitzte Fensterläden aus Zedernholz.

Die **Suks** und **Qissarias** fangen an der Mosquée du Marché (Karte S. 298) an. Auf dem Berbermarkt gibt's Matten und Teppiche des Berberstamms Beni Ouarain aus den umliegenden Bergen. Am Ende der Hauptstraße, nicht weit vom **Mechouar**, steht die **Andalusische Moschee** (Karte S. 298) aus dem 12. Jh.

Schlafen

In Taza gibt es nur ein paar wenige Hotels. Dass sich die Touristen hier nicht gerade die Klinke in die Hand geben, merkt man an der generellen Bereitschaft, Gästen bei mehr als einer Übernachtung Rabatte von bis zu 25 % zu gewähren.

Hôtel de l'Étoile (Karte S. 298; ☎ 0655 270179; 39 Ave Moulay el Hassan; EZ/DZ 40/50 Dh) Das Budgethotel in der Nähe der Place Aharrach ist in spanischem Besitz und kann leicht übersehen werden (das Schild befindet sich versteckt unter der Arkade). Drinnen erwartet die Gäste eine Farbexplosion in Erdbeerrosa. Das Étoile ist ganz nett und so schlicht, wie man es angesichts des Preises erwarten würde. Die Zimmer sind o. k. (mit Hockklosetts und Waschbecken), es gibt allerdings keine Duschen. Wer mehr als eine Katzenwäsche braucht, kann das nahe gelegene Hamam aufsuchen.

Hôtel Dauphiné (Karte S. 300; ☎ 0655 673567; Place de l'Indépendance; EZ/DZ 130/165 Dh) Super Lage am Hauptplatz und eine sehr gute Option im Budgetsegment. Die Zimmer sind zwar nicht gerade umwerfend, aber größtenteils recht geräumig; die an der Vorderseite haben sogar kleine Balkone. Im Erdgeschoss des Dauphiné sind eine Bar und ein Restaurant untergebracht.

Hôtel Friouato (Karte S. 298; ☎ 0655 672593; Fax 0655 672244; Blvd Bel Hassan; EZ/DZ 275/315 Dh; P) Ziemlich genau zwischen Taza Haute und Taza Bas befindet sich das Friouato: eine gute Adresse, wenn man sich nach Drei-Sterne-Komfort inklusive Bar und Restaurant und einem Pool sehnt und idealerweise mit einem eigenen fahrbaren Untersatz unterwegs ist. Das Dekor wirkt teilweise etwas veraltet.

Hôtel Tour Eiffel (Karte S. 298; ☎ 0655 671562; tourazhar@hotmail.com; Blvd Bir Anzarane; EZ/DZ 316/401 Dh, Frühstück 28 Dh;) Das Tour Eiffel liegt an der Straße, die aus Taza hinausführt. Jenseits der beengten Lobby fährt man mit dem Aufzug zu den angemessen großen und recht komfortablen Zimmern hinauf. Viele gewähren tolle Ausblicke auf die Berge. Im Restaurant gibt's leckere Säfte und Meeresfrüchtegerichte.

Essen

In der Medina sucht man „richtige" Restaurants vergeblich, stattdessen muss man sich

TAZA VILLE NOUVELLE

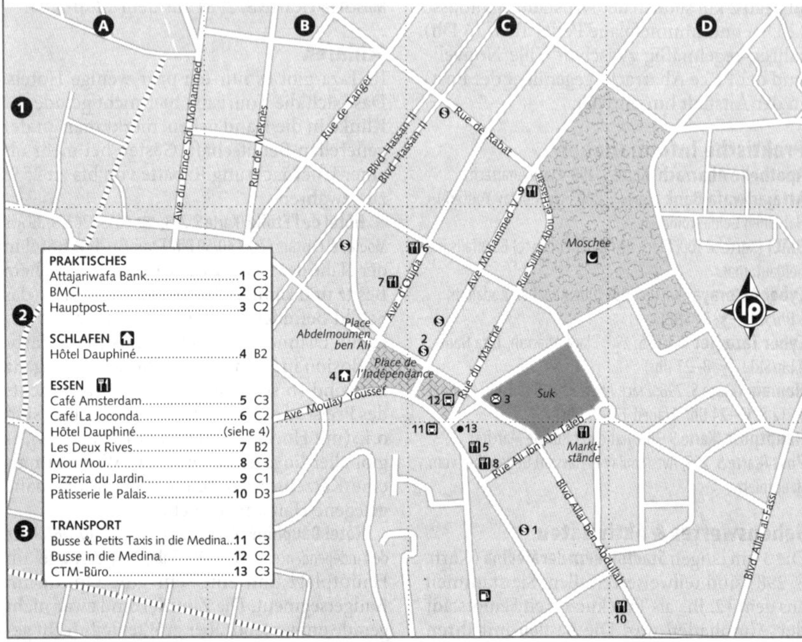

an Imbissständen verpflegen, die Kebabs und Ähnliches verkaufen. Eine Alternative sind Suks mit Obst, Gemüse und anderen Lebensmitteln. Auch der Straßenmarkt unweit der Place de l'Indépendance in der Ville Nouvelle bietet Frischwaren und jede Menge Essensstände, an denen vor allem abends etwas los ist. Weitere Lebensmittelhändler findet man entlang der Ave Mohammed V. An der Bushaltestelle am Blvd Bir Anzarane (der Straße von Fès nach Oujda) können sich Traveller vor der Weiterfahrt an einem der Fast-Food-Stände stärken.

Les Deux Rives (Karte S. 300; ☎ 0655 671227; 20 Ave d'Oujda; Hauptgerichte 30–60 Dh) Gemütliches, kleines Restaurant. Auf der Karte stehen marokkanische und europäische Gerichte: Man hat die Wahl zwischen Tajine-Variationen, Couscous, leckerer *bastilla* (Blätterteigpastete), Pizzas und gegrilltem Fleisch.

Pizzeria du Jardin (Karte S. 300; 44 Rue Sultan Abou el Hassan; Hauptgerichte 35–40 Dh) In diesem netten Lokal werden ein paar Tajine-Gerichte, Pizzas, Fast Food und große Salate zubereitet. Man speist unter den wachsamen Blicken von Humphrey Bogart und Greta Garbo – Hochglanzfotos zieren die Wände. Abends brummt der Laden, tagsüber wirkt er hingegen wie ausgestorben.

Hôtel Dauphiné (Karte S. 300; ☎ 0655 673567; Place de l'Indépendance; Gerichte 80 Dh) In dem Hotelrestaurant im Erdgeschoss wird neben der typischen Palette marokkanischer Klassiker (besonders erwähnenswert ist der Fisch) auch das eine oder andere europäische Gericht serviert. Das Essen schmeckt und der Service ist effizient. Das Einzige, was fehlt, ist eine stimmige Atmosphäre.

Mou Mou (Karte S. 300; Ave Moulay Youssef; Pizzas ab 30 Dh, Shawarmas ab 30 Dh) Wer geglaubt hat, Taza wäre ein verschlafenes Nest, wird in diesem chronisch überfüllten Laden sein blaues Wunder (und jede Menge glückliche Kunden!) erleben. Köstliches Fast Food ist Trumpf, also ran an die Shawarmas (Kebabs), Paninis, Pizzas und Säfte.

Café Amsterdam (Karte S. 300; Ave Moulay Youssef) Super Frühstücksadresse inklusive eigener Konditorei – die nächste klebrig-süße Kleinigkeit ist zum Greifen nah! Schade eigentlich, dass man nicht im Freien sitzen kann. Dafür ist der Innenraum nett gestaltet.

Café la Joconda (Karte S. 300; Ave d'Oujda) Ein gutes, modernes Straßencafé. Weibliche Gäste sind gern gesehen.

Pâtisserie le Palais (Karte S. 300; 65 Blvd Allal ben Abdullah) Viele sind der Meinung, dass es hier das beste Gebäck von ganz Taza gibt.

Café Andalousia (Karte S. 298; Place Aharrach) Wer mag, kann es den alten Männern gleichtun und einen kompletten Nachmittag damit zubringen, an einer Tasse Kaffee zu nippen und den Blick auf den Medinaplatz zu genießen.

An- & Weiterreise

BUS

Es gibt nur wenige Busse, die in Taza selbst abfahren. Viele passieren jedoch die Stadt auf dem Weg von Oujda Richtung Westen (z. B. nach Fès, Tanger und Casablanca) bzw. an die Küste.

Das **CTM-Büro** (Karte S. 300; ☎ 0655 673037; Place de l'Indépendance) ist in der Ville Nouvelle. Morgens gibt's Verbindungen nach Oujda (55 Dh, 3½ Std.) und Nador (50 Dh, 2½ Std.) im (Nord-)Osten sowie nach Casablanca (135 Dh, 8 Std.) im Westen mit Stopps in Fès (45 Dh, 2 Std.), Meknès (65 Dh, 2½ Std.) und Rabat (105 Dh, 6½ Std.). Zwei Busse fahren nachts nach Tanger (140 Dh, 8 Std.).

Busse anderer Unternehmen bedienen dieselben Routen; sie halten an der Straße zwischen Fès und Oujda neben dem Grands-Taxis-Gelände. Die Fahrpläne sind ziemlich unübersichtlich und willkürlich gestaltet. Es ist daher ratsam, sich einen Tag vor der Abreise nach den Abfahrtszeiten zu erkundigen – und ein Grand Taxi zu nehmen, wenn alle Stricke reißen.

TAXI

Die meisten Grands Taxis fahren auf der Hauptstraße (Fès–Oujda) in der Nähe des Bahnhofs ab. Die Strecke Taza–Fès wird ziemlich häufig angeboten (44 Dh, 2½ Std.); Fahrten nach Oujda (75 Dh, 3½ Std.) und Al-Hoceima (65 Dh, 2½ Std.) sind seltener. Wer ein Grand Taxi zum Gouffre du Friouato nehmen möchte (14 Dh), muss sich zu dem Platz südlich der Medina begeben.

ZUG

Das praktischste Verkehrsmittel für die Reise nach Taza ist der Zug. Es gibt täglich vier Verbindungen nach Fès (39 Dh, 2 Std.); zwei der Züge fahren weiter nach Meknès (55 Dh, 3 Std.), Rabat (109 Dh, 6 Std.) und Casablanca (134 Dh, 7 Std.). Auch die Strecke Taza–Tanger wird bedient (132 Dh, 8 Std.); wer den Direktzug verpasst, kann in Sidi Kacem umsteigen. Richtung Osten gehen drei Züge nach Oujda (73 Dh, 3 Std.).

RUND UM TAZA

Jbel-Tazzeka-Rundweg

Wer Lust auf einen interessanten Tagesauflug hat, kann den Rundweg um den Jbel Tazzeka südwestlich von Taza abmarschieren – und auf diese Weise gleich mehrere Highlights auf einen Schlag erleben: die Cascades de Ras el Oued am Rande des Tazzeka-Nationalparks, das Höhlensystem des Gouffre du Friouato und die Schluchten des Oued Zireg. Die Szenerie ist phantastisch, die schmale Straße allerdings streckenweise sehr kurvenreich und unübersichtlich (manchmal schießen Grands Taxis völlig unerwartet um die Ecke). Außerdem sind kaum Fahrzeuge unterwegs, weshalb Trampen eigentlich keine Option ist. Wer keinen eigenen fahrbaren Untersatz hat, kann in Taza für einen Tag ein Grand Taxi chartern (ca. 500 Dh). Vielleicht erwischt man aber auch eines der Grands Taxis in der Nähe der Medina, die direkt zum Gouffre du Friouato fahren.

ERSTE ETAPPE

Als Erstes stehen die **Cascades de Ras el Oued** 10 km hinter Taza auf dem Programm (wo man auch gut ein zweites Frühstück in Form eines Picknicks einnehmen kann). Am eindrucksvollsten sind die Wasserfälle zu Beginn des Frühlings, wenn es dank Regen und Schmelzwasser „Wasser Marsch!" heißt. Gegen Ende des Sommers ist von dieser Pracht nur noch ein dünnes Rinnsal übrig geblieben. In dem Dorf **Ras el-Mar** oberhalb der Cascades de Ras el Oued gibt's ein kleines Café; der Ausblick auf die Berge ist grandios. In der Nähe befindet sich der Eingang zum **Tazzeka-Nationalpark**. Die hiesigen Korkeichenwälder laden zum Wandern ein.

Hat man die Wasserfälle hinter sich gelassen, geht's an der Weggabelung rechts weiter auf das Plateau und einen kleinen Pass hinauf. Linker Hand befindet sich eine eigenartige Senke: die **Daïa Chiker**, das Bett eines meist ausgetrockneten Sees, in dem sich lediglich im Frühling oft ein wenig Wasser sammelt. Der saisonale See ist eine Laune der Natur; er entsteht aufgrund von Verwerfungen in dem kalkhaltigen Gestein.

GOUFFRE DU FRIOUATO

Eine sehr steile Straße führt zum 25 km von Taza entfernten und gut ausgeschilderten **Gouffre du Friouato** (☎ 0667 640626; Eintritt 3 Dh, Führer 100 Dh, Taschenlampe 100 Dh; 🕑 8–18 Uhr). Die Höhle ist das Highlight der Jbel-Tazzeka-Tour – der Weg lohnt sich schon allein wegen des Blicks in den gähnenden Höhlenschlund.

Der mehr als 20 m breite und 230 m tiefe Gouffre du Friouato gilt als tiefster Höhlentrichter Nordafrikas. Wahrscheinlich gibt es in diesem Teil der Welt auch kein ausgedehnteres Höhlensystem. 1935 wurde es erstmalig erkundet, bislang ist es aber nur bis zu einer Tiefe von 300 m erforscht (Speläologen vermuten, dass es 500 m tiefer noch mehr Kammern gibt).

520 steile Stufen mit Geländer führen bis zum Grund der Höhle (der Rückweg ist ziemlich anstrengend). Unten angekommen kann man sich durch ein Loch zwängen und die eigentliche Höhlenexpedition starten: Nach weiteren 200 Stufen wird man auf faszinierende Kammern stoßen. Sie sind dunkel, schmutzig, unheimlich und wunderschön zugleich. Besonders beeindruckend sind die Tropfsteingebilde in der **Salle de Lixus** und der **Salle de Draperies**; der Name Draperie – Faltenwurf – ist passend gewählt angesicht der Formationen, die tatsächlich an dünne, versteinerte Vorhänge erinnern. Für den Hin- und Rückweg sollten insgesamt mindestens drei Stunden eingeplant werden

Wer das Eintrittsgeld bezahlt hat, kann bis zum Höhleneingang gehen. Die größten unterirdischen Kammern dahinter dürfen nur in Begleitung eines Guides erkundet werden. Achtung: Ab und an ist bei engen Abschnitten Bauch einziehen angesagt – nichts für Leute mit Platzangst. Wir empfehlen, eine Taschenlampe mitzunehmen (gibt's am Eingang) und robustes Schuhwerk sowie warme Kleidung zu tragen.

ZURÜCK NACH TAZA

Hinter der Gouffre du Friouato geht's rauf in die Nadelwälder um **Bab Bou-Idir.** Das Dorf ist den Großteil des Jahres verlassen. Nur im Sommer erwacht es zum Leben, wenn sich Urlauber auf dem Campingplatz und in den Ferienhäusern mit dem alpinen Touch einnisten. Es ist ein idealer Startpunkt für Tageswanderungen: Im Dorf fangen einige markierte Wanderwege an. Das Informationsbüro des Nationalparks ist im Sommer offen.

Ca. 8 km hinter Bab Bou-Idir zweigt eine holperige Piste rechts zum Gipfel des **Jbel Tazzeka** (1980 m) ab. Der 9 km lange, steile Weg führt zu einer Fernsehsendeanlage. Von hier bietet sich ein atemberaubender Panoramablick auf Rif und Mittleren Atlas.

Die Hauptstrecke mündet nach weiteren 38 km bei Sidi Abdallah de Rhiata wieder in die Straße von Fès nach Taza. Unterwegs schlängelt sie sich in Haarnadelkurven durch dichte Wälder und die imposante Schlucht des **Oued Zireg.** Von der Kreuzung in Sidi Abdallah de Rhiata führt die Landstraße östlich zurück nach Taza. Bei einer Rast in **Tizi n'Touahar** kann man noch mehr herrliche Ausblicke genießen.

OUJDA

880 000 Ew.

Oujda, die größte Stadt im Osten Marokkos, hat ein modernes Aussehen, das nicht auf eine 1000-jährige Geschichte schließen lässt. Manchmal gewinnt man den Eindruck, ausländische Touristen seien für die Einheimischen ein eher seltener Anblick. Doch das war nicht immer so: Ein Blick auf die Karte zeigt, dass Oujda an das Schienennetz angeschlossen (hier befindet sich der Endbahnhof) und entsprechend gut zu erreichen ist. Außerdem liegt die Stadt unweit des einst meist genutzten Grenzübergangs nach Algerien und war deshalb früher ein bedeutendes Zentrum für Handel und Tourismus. Und das ist der Knackpunkt: Die Schließung der Grenze im Jahre 1995 war ein schwerer Schlag für Oujdas Wirtschaft, den die Stadt wohl noch immer nicht ganz verwunden hat. Die Einheimischen hoffen, dass die Entwicklung der touristischen Infrastruktur entlang der nahe gelegenen Mittelmeerküste sich auch positiv auf Oujda auswirken wird. Derzeit ist die angesehene Universität das wichtigste Standbein und der Fokus des akademischen Lebens der Stadt.

Oujda mangelt es an „richtigen" Sehenswürdigkeiten, dafür aber kann es mit einer entspannten Atmosphäre aufwarten: Wer gerade das Rifgebirge erkundet oder den langen Weg aus Figuig und der Sahara im Süden hinter sich gebracht hat, findet hier einen Ort zum Durchatmen.

Geschichte

Durch seine Lage an der Hauptachse, die Marokko mit dem übrigen Nordafrika verbindet, spielte Oujda schon immer eine

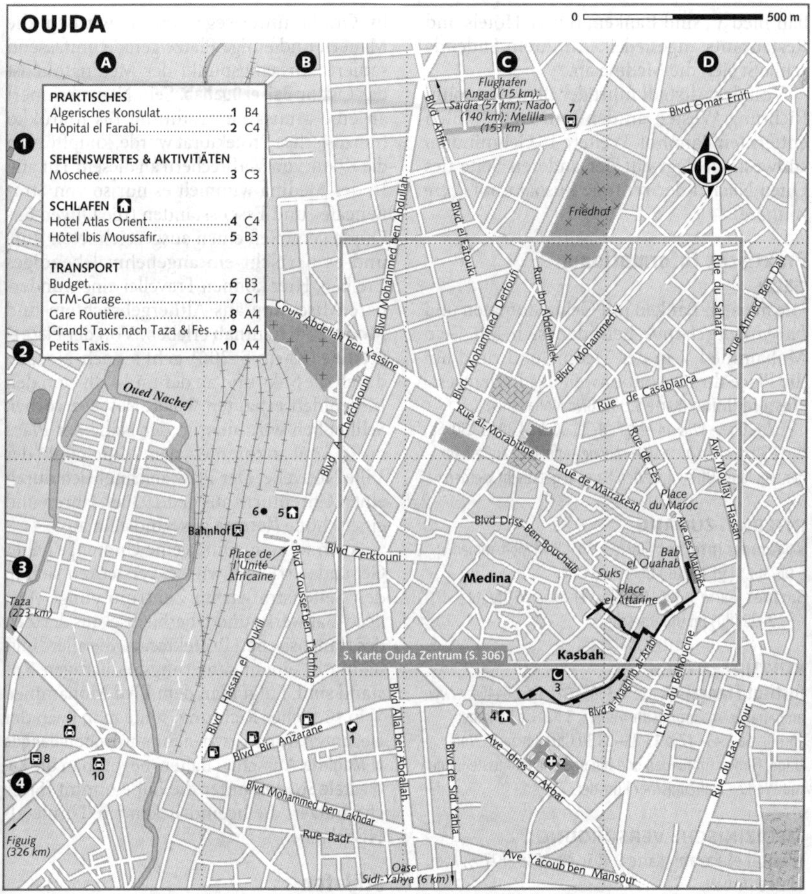

wichtige Rolle (bereits die Römer bauten hier eine Straße). Wie Taza hatte die Stadt einst eine Schlüsselposition für die Kontrolle über den Ostteil des Landes inne, zudem war sie oft ein strategisch wichtiger Brückenkopf für Armeen, die das Kernland um Fès erobern wollten.

Der Berberstamm der Meghraoua gründete Oujda im 10. Jh. Die Stadt bewahrte sich ihre Unabhängigkeit, bis die Almohaden sie im 11. Jh. stürmten. Unter den Mereniden eroberten mehrfach algerische Herrscher aus Tlemcen die Stadt. Im 17. Jh. fiel sie an die Osmanen, die ihrem Herrschaftsbereich inzwischen Algerien einverleibt hatten.

Dem setzte Mulai Ismail 1687 ein Ende. Ab da blieb Oujda marokkanisch, bis französische Truppen 1907 über die algerische Grenze vorstießen und die Stadt besetzten. Solche „Zwischenfälle" kamen damals häufiger vor, auch wenn das Protektorat noch weitere fünf Jahre auf sich warten ließ. Doch der Sultan war außer Stande, es zu verhindern.

Unter den Franzosen wuchs Oujda beträchtlich. Es entwickelte sich zur Provinzhauptstadt und zum bedeutendsten Zentrum für den Handel mit Algerien. Die örtliche Industrie basiert auf Bergbau, der weiter südlich gelegen vor allem Zink gewinnt.

Orientierung

Oujda ist zwar groß, doch dürfte nur das Zentrum für Besucher interessant sein. An der und um die Hauptstraße, den Blvd Mohammed V, sind Banken, Büros, Hotels und Restaurants angesiedelt. An ihrem Südende schließt sich die Medina an.

Von der Altstadt führt der Blvd Zerktouni Richtung Westen an den fünf Gehminuten entfernten Bahnhof. Weitere 15 Gehminuten südwestlich liegt auf der anderen Seite des Oued Nachef der zentrale Busbahnhof *(gare routière)*.

Praktische Informationen

GELD

Die meisten Banken mit Geldautomaten und *bureau de change* befinden sich am Blvd Mohammed V in der Medina und rund um die Place du 16 Août unweit des Rathauses.

Western Union (Karte S. 306; Blvd Mohammed V; ⌚ Mo–Do 8–12 & 14–18, Fr 8–11.30 & 14.30–18.30, Sa 9–12.30 Uhr) Im *bureau de change* kann auch außerhalb der regulären Öffnungszeiten Bargeld getauscht werden.

INTERNETZUGANG

K@ramoss Internet (Karte S. 306; Blvd Mohammed V; 5 Dh/Std.; ⌚ 24 Std.) Über dem Café.

Surfnet (Karte S. 306; Ave Idriss el-Akbar; 6 Dh/Std.; ⌚ 9–23 Uhr) Im Untergeschoss.

KULTURZENTREN

Institut Français (Karte S. 306; ☎ 0536 684404; www.ambafrance-ma.org/institut/oujda; 3 Rue de Berkane; ⌚ Di–Sa 8.45–12 & 13.45–18.30 Uhr) Konzerte, Vorträge, Filmvorführungen und hin und wieder Ausstellungen mit Werken einheimischer Künstler.

MEDIZINISCHE VERSORGUNG

Hôpital el-Farabi (Karte S. 303; ☎ 0536 682705; Ave Idriss el-Akbar)

Pharmacie Mouslime (Karte S. 306; Blvd Mohammed V)

POST

Hauptpost (Karte S. 306; Blvd Mohammed V)

REISEBÜROS

Carlson Wagonlit (Karte S. 306; ☎ 0536 682520; Blvd Mohammed V) Fähr- und Flugtickets.

Maroc Voyages (Karte S. 306; ☎ 0536 683993; 110 Blvd Allal ben Abdallah)

TOURISTENINFORMATION

Touristeninformation (Karte S. 306; ☎ 0536 684329; Place du 16 Août; ⌚ Mo–Fr 8.30–12 & 14.30–18.30 Uhr)

Sehenswertes

Die kleine **Medina** (Karte S. 306) ist auf jeden Fall einen Besuch wert. Als wir das letzte Mal in Oujda unterwegs waren, wurden die Mauern und einige Plätze gerade umfassend saniert. Ausgangspunkt der Medinatour ist das Osttor **Bab el Ouahab**. Sein Name erinnert an eine grausame Tradition: Bis Marokko französisches Protektorat wurde, knüpfte man die Köpfe von Verbrechern an diesem Tor auf. In der Medina wimmelt es nur so von Straßencafés und Essensständen (die Oliven aus Oujda genießen einen ausgezeichneten Ruf) und es herrscht ein angenehm lebendiges Treiben. Hier können Traveller eine wunderbare Mischung aus Althergebrachtem und Modernem hautnah erleben. Von der **Place el Attarine** (Karte S. 306) geht's nach Norden durch die Suks und an der im 14. Jh. von den Mereniden erbauten **Grande Mosquée** vorbei. Schließlich wird man in der Nähe der Place du 16 Août ankommen, dem Mittelpunkt der Ville Nouvelle. Der Platz zeichnet sich durch einen Uhrenturm aus den 1930er-Jahren und eine schöne **Moschee** aus Sandstein aus.

Auch wenn in Oujda eine Unmenge neuer Gebäude errichtet wurde, verstecken sich in den Seitenstraßen im Zentrum einige Art-déco-Bauwerke und Überbleibsel aus der Zeit des französischen Protektorats, die allerdings häufig in einem sanierungsbedürftigen Zustand sind. Folgt man dem Blvd Mohammed V in südlicher Richtung, sollte man nach der eleganten französisch-neumaurischen **Banque al-Maghrib** Ausschau halten, bevor man die **Kathedrale St. Louis** unter die Lupe nimmt (Störche nutzen die beeindruckenden Türme als Nistplatz).

Schlafen

Auf Anfrage werden in den meisten Hotels bereitwillig Rabatte eingeräumt, vor allem, wenn Gäste länger als eine Nacht bleiben wollen.

BUDGETHOTELS

Hôtel Tlemcen (Karte S. 306; ☎ 0536 700384; 26 Rue Ramdane el Gadhi; Zi. 60 Dh/Pers.) Nette, kleine Unterkunft mit tollem Preis-Leistungs-Verhältnis. Die Lobby sieht ausgesprochen edel aus, die Zimmer sind klein, aber hell (mit Bad und TV).

Hôtel al-Hanna (Karte S. 306; ☎ 0536 686003; 132 Rue de Marrakesh; EZ/DZ 57/77 Dh, mit Bad 77/93 Dh) Verkehrsgünstige Lage, luftige Zimmer mit Waschbecken und vielfach auch mit eigenem Balkon. Es lohnt sich, in eine Unterkunft mit angrenzendem Bad zu investieren.

Hôtel Atrah (Karte S. 306; ☎ 0536 686533; in einer Seitenstraße der Rue Ramdane el Gadhi; EZ/DZ 113/178 Dh) Kacheln und Stuck verleihen der Lobby ein traditionell marokkanisches Flair. Die voll ausgestatteten Zimmer wirken etwas gedrungen. Dennoch: eine gute Budgetoption.

Hôtel Angad (Karte S. 306; ☎ 0536 691451; Rue Ramdane el Gadhi; EZ/DZ 90/140 Dh, Hauptsaison 161/194 Dh) Die Nr. 1 im unteren Preissegment ist dieses erschwingliche Zwei-Sterne-Haus. Man schläft in Zimmern mit großen Bädern und TV; die nach hinten raus sind ruhiger als die an der Straße. Im Café gibt's Frühstück und Pizzas.

Hôtel la Concorde (Karte S. 306; ☎ 0536 682328; 57 Blvd Mohammed V; EZ/DZ 177/206 Dh) Der Rezeptionsbereich mit der niedrigen Decke wirkt ziemlich beengt, aber die Zimmer dann sind netter, als man vermuten würde. Das Concorde vermittelt ein bisschen den Eindruck, als würde es gerade schlechte Zeiten durchmachen, am Preis und an der Lage ist allerdings nichts auszusetzen.

MITTEL- & SPITZENKLASSEHOTELS

Hôtel Oujda (Karte S. 306; ☎ 0536 684093; Fax 0536 685064; Blvd Mohammed V; EZ/DZ 278/352 Dh;) Gemessen am Dekor ist die Zeit in diesem Hotel irgendwann in den frühen 1970er-Jahren stehen geblieben (man beachte die Lobby im „Weltraumzeitalter"-Stil und die abgefahrenen Badezimmerfliesen). Das Gesamtbild ist aber absolut stimmig – hierfür sorgen behagliche Räumlichkeiten und ein sehr zuvorkommendes Personal. Das Restaurant bietet einen hübschen Blick auf den nahe gelegenen Platz und die Église St. Louis.

Hotel Al Manar (Karte S. 306; ☎ 0536 688855; hotelalmanara@menara.ma; 50 Blvd Zerktouni; EZ/DZ 360/420 Dh;) Das emporragende Bauwerk ist zentral gelegen und macht seinem Namen (Leuchtturm) alle Ehre. Das Dekor scheint ganz unter dem Motto „funktional und praktisch" zu stehen. Die Zimmer sind ihren Preis wert, in die an der Innenseite dringt jedoch durch kleine Fenster nur wenig Tageslicht.

Hotel Atlas Orient (Karte S. 303; ☎ 0536 700606; www.hotelsatlas.com; Place Syrte, Ave Idriss el Akbar; EZ/DZ 512/624 Dh, Suite ab 1200 Dh; P) Das beste Hotel von Oujda – und zwar mit gehörigem Abstand. Das Atlas ist eine neue, professionell geführte Anlage für gehobene Business-Class-Ansprüche. Die eleganten Zimmer gewähren einen Blick auf die Medina bzw. den hübschen Garten; es gibt zwei Restaurants, einen Club und einen Pool.

Hôtel Ibis Moussafir (Karte S. 303; ☎ 0536 688202; www.ibishotel.com; Blvd Abdella Chefchaouni; EZ/DZ inkl. Frühstück 539/698 Dh;) Direkt am Bahnhof. Das Ibis hat eine topmoderne Ausstattung und bietet all den Komfort, den man von einer internationalen Hotelkette erwartet. Das Ganze präsentiert sich allerdings sehr im 08/15-Look – nichts deutet konkret darauf hin, in welchem Teil der Welt man sich gerade befindet.

Essen

RESTAURANTS

Restaurant Nacional (Karte S. 306; ☎ 0536 703257; 107 Blvd Allal ben Abdallah; Gerichte ab 25 Dh) Sieht von außen eher unauffällig aus, ist aber tatsächlich eine echte Institution in Oujda: Zur Mittagszeit stehen die Leute Schlange, um in dem großen und chronisch überfüllten Speisesaal oben einen Tisch zu ergattern. Die Salate sind super, die Kellner balancieren aber auch Teller mit gegrilltem Fleisch oder gebratenem Fisch und Tajine auf ihren Tabletts. Sehr zu empfehlen.

Restaurant Miami Inn (Karte S. 306; 67 Blvd Mohammed V; Gerichte um die 30 Dh) Günstig, schnell und beliebt. Im Miami Inn gibt's gegrilltes Huhn, Pommes Frites und großzügige Portionen Salat.

Ramses Pizza (Karte S. 306; Blvd Mohammed V; Pizzas um die 40 Dh) In der Nähe der Kathedrale. Das Ramses besteht aus einem Café (sehr verraucht) und einem Restaurant. Die Pizzas sind ganz gut.

Restaurant Le Comme Chez Soi (Karte S. 306; ☎ 0536 686079; 8 Rue Sijilmassa; Gerichte ab 85 Dh) Oujdas gediegenstes Restaurant ist jeden Dirham wert. Auf der Speisekarte stehen leckere Fleisch- und Fischgerichte sowie ein paar Pizzas. Die Küche weist insgesamt starke französische Einflüsse auf. Mit Alkohollizenz.

Restaurant Le Dauphin (Karte S. 306; ☎ 0535 686145; 38 Rue de Berkane; Hauptgerichte 75–100 Dh) Die Fischvariationen genießen einen ausgezeichneten Ruf und erinnern daran, dass das Mittelmeer gar nicht so weit weg ist. Während man noch herumgrübelt, welcher frisch gefangene Meeresbewohner letztendlich auf dem Teller landen soll, schenken die Kellner bereits ein Gläschen Wein ein.

CAFÉS, BÄCKEREIEN & EISSALONS

Als wir im Zug nach Oujda saßen, fragten wir einen Einheimischen, was er an seiner Stadt am schönsten findet. „Es gibt sehr viele Cafés", lautete die Antwort – und er hat nicht gelogen:

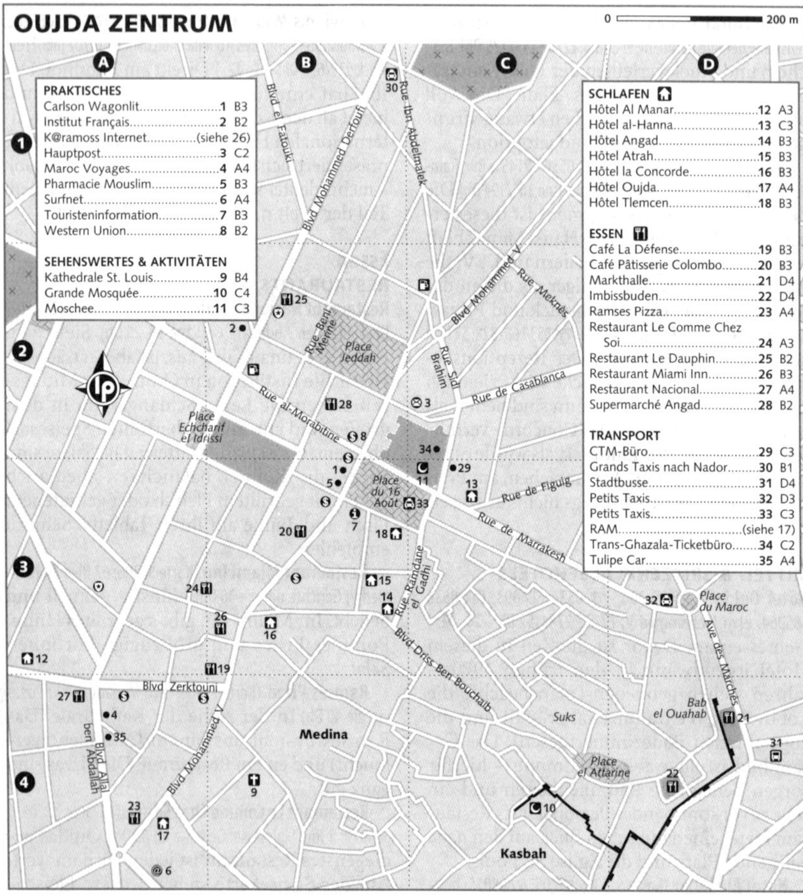

Insbesondere die Männer scheinen einen Großteil des Tages damit zuzubringen, Kaffee oder Minztee zu trinken und dabei Leute zu beobachten. Die am besten besuchten Cafés säumen den Blvd Mohammed V südlich der Place du 16 Août. Unsere Favoriten sind das Café Pâtisserie Colombe und das Café la Défense. Aber wahrscheinlich ist man besser beraten, wenn man sich einfach treiben und von seinen Sinnen leiten lässt.

AUF DIE SCHNELLE

Gute Anlaufstellen für Kebabs, Sandwiches, Säfte und andere Snacks in der Ville Nouvelle sind die Rue de Marrakesh und die Fußgängerzone gleich südlich der Place du 16 Août. An den Ständen am Bab el Ouahab in der Medina werden traditionellere Speisen angeboten, z. B. *kefta, harira* und gekochte Schnecken.

SELBSTVERSORGER

Wenn man Zutaten für ein Picknick kaufen möchte (z. B. frisches Obst und Gemüse), wird man in der Markthalle nördlich des Bab el Ouahab fündig werden. Eine gute Adresse für abgepackte Waren ist der **Supermarché Angad** (Karte S. 306; nahe der Place Jeddah; 🕑 7.30–12 & 15–20.30 Uhr).

An- & Weiterreise

AUTO

Budget (Karte S. 303; ☎ 0536 681011; Fax 0536 681013) am Bahnhof und **Tulipe Car** (Karte S. 303; ☎ /Fax

0536 683861; Résidence Le Paris, Blvd Allal ben Abdallah) vermieten Autos.

BUS

Im **CTM-Büro** (Karte S. 306; ☎ 0536 682047; Rue Sidi Brahim) nahe der Place du 16 Août werden Tickets für die zwei täglich verkehrenden Busse verkauft; einer fährt via Taza (55 Dh, 3½ Std.), Fès (100 Dh, 4½ Std.), Meknès (110 Dh, 5 Std.) und Rabat (155 Dh, 9½ Std.) nach Casablanca (170 Dh, 11 Std.), der andere mit denselben Zwischenstopps nach Tanger (150 Dh, 12½ Std.). Die Busse fahren abends vom CTM-Terminal am Blvd Omar Errifi ab.

Die SAT- und Trans-Ghazala-Busse starten am *gare routière* (Busbahnhof). Beide Unternehmen bieten täglich insgesamt sechs Fahrten nach Casablanca an (via Fès, Meknès und Rabat). Fahrkarten sind bei **Trans Ghazala** (Karte S. 306; ☎ 0536 685387; Rue Sidi Brahim) gegenüber vom CTM-Büro oder am *gare routière* erhältlich.

Viele weitere Busunternehmen mit Fahrkartenschaltern am Busbahnhof haben häufige Verbindungen nach Taza, Fès und Meknès sowie nach Berkane (12 Dh, 1 Std.) und Nador (28 Dh, 3 Std.) im Angebot. Auch die Strecken nach Saïdia (14 Dh, 1½ Std.) und Al-Hoceima (58 Dh, 5 Std.) werden mehrmals täglich bedient. Zwei Busse pro Tag fahren via Chefchaouen und Tétouan nach Tanger (140 Dh, 14 Std.), und morgens gibt es Verbindungen nach Bouarfa (54 Dh, 5 Std.) und Figuig (80 Dh, 7 Std.).

FLUGZEUG

Der **Flughafen Angad** (Karte S. 303; ☎ 0536 683261) liegt 15 km nördlich von Oujda abseits der Straße nach Saïdia (Festpreis für eine Fahrt mit dem Grand Taxi 120 Dh). Wer Geld sparen möchte, kann in einen der Busse nach Nador, Berkane, Saïdia usw. einsteigen und sich vom Fahrer an der Hauptstraße unweit des Flughafens absetzen lassen; das kostet nur ein paar Dirham.

RAM (Karte S. 306; ☎ 0536 683909; 45 Blvd Mohammed V) fliegt pro Tag zwei- oder dreimal nach Casablanca. Direktflüge gehen außerdem nach Frankreich (mehr Infos auf S. 513).

TAXI

Vor dem *gare routière* fahren regelmäßig Grands Taxis nach Taza ab (75 Dh, 3½ Std.). Die Grands Taxis, die in den Norden fahren, z. B. nach Nador (54 Dh, 3 Std.), Saïdia (24 Dh, 1 Std.) und Berkane (18 Dh, 1 Std.), warten nahe der Kreuzung zwischen der Rue ibn Abdelmalek und dem Blvd Mohammed Derfoufi im Norden der Stadt.

ZUG

Oujda wartet mit einem eleganten französisch-neumaurischen **Bahnhof** (Karte S. 303; ☎ 0536 686737) auf. Er liegt am westlichen Ende des Blvd Zerktouni. Täglich fahren drei Direktzüge nach Casablanca (202 Dh, 10 Std.) und einer nach Tanger (via Sidi Kacem, 202 Dh, 11 Std.). Alle Züge halten unterwegs in Taza (73 Dh, 3½ Std.), Fès (108 Dh, 6 Std.) und Meknès (125 Dh, 6½ Std.). Es gibt eine **Gepäckaufbewahrung** (Stück 10 Dh/Tag, 🕓 6–21 Uhr).

GRENZÜBERGÄNGE

Nach Algerien

Kaum einer geht davon aus, dass die algerische Grenze in naher Zukunft wieder passiert werden kann. Früher herrschte hier reger Verkehr: Busse und Grands Taxis überquerten die Grenze, um weiter nach Tlemcen zu fahren. Bleibt zu hoffen, dass das irgendwann wieder so sein wird.

RUND UM OUJDA

Oase Sidi Yahya

Marokkanische Muslime, Juden und Christen verehren gleichermaßen die Oase Sidi Yahya, 6 km südlich von Oujda, als letzte Ruhestätte von Sidi Yahya Ben Younes – der nach christlicher Überlieferung kein anderer ist als Johannes der Täufer.

Im Grunde ist die Oase ein enttäuschend hässlicher Vorort von Oujda, aber jedes Jahr im September (das genaue Datum verschiebt sich nach dem Mondkalender) strömen Tausende von Pilgern für den einwöchigen *moussem* in die Oase. Der gehört zu den größeren religiösen Festen des Landes, bei dem auch eine *fantasia* im Programm ist– durchaus lohnend für einen Abstecher. Die Bäume rund um das (für Nicht-Muslime geschlossene) Grabmal hängen voller Tücher, die Segen bringen sollen: ein Rückfall in vorislamische Fruchtbarkeitszauber.

Vom Bab el Ouahab in Oujda fährt die Buslinie 1 (4 Dh) nach Sidi Yahya. Ein Petit Taxi kostet rund 18 Dh.

BOUARFA

Die lange Fahrt nach Bouarfa und weiter nach Figuig im Süden kann einem wie eine Reise ins Niemandsland vorkommen. Schon bald wird man den Anblick der spärlich bewachsenen Wüstenlandschaft eintönig finden. Nur hie und da sorgen ein Kamel oder die gelangweilten Gendarmen an den Kontrollpunkten für etwas Abwechslung (Figuig liegt direkt an der algerischen Grenze).

Bouarfa ist eine Verwaltungs- und Garnisonsstadt, aber auch ein regionaler Verkehrsknotenpunkt. Wer auftanken, sich die Beine vertreten oder einen Happen essen möchte, ist hier an der richtigen Adresse.

Die beste Übernachtungsmöglichkeit ist das **Hôtel Climat du Maroc** (☎ 0536 796382; Blvd Hassan II; DZ/Suite 380/500 Dh; ❄ 🅿). Der auffällige Eingangsbereich und der Anstrich in „Wüstenrosa" sind kaum zu übersehen. Die Zimmer sind für diese abgeschiedene Lage erstaunlich gut. Achtung: Nicht vergessen, das Abendessen weit im Voraus zu bestellen! Das **Hôtel Tamlalt** (☎ 0536 798799; Blvd Massira; DZ 60 Dh) südlich der Bushaltestelle ist sehr spartanisch eingerichtet, aber angesichts des Preises durchaus passabel.

Der Magen knurrt? Rund um das Busterminal kann er mit dem üblichen Sortiment an *brochettes*, gegrilltem Huhn & Co. besänftigt werden. Für all diejenigen, die lieber sitzen möchten, ist das **Restaurant Elwafa** (Blvd Hassan II; Gerichte 30 Dh) nahe dem Hôtel Climat du Maroc die beste Option. Dort gibt's Tajine-Gerichte und Couscous. Das **Café Amsterdam** (Ecke Blvd Mohammed V & Blvd Hassan II) serviert Gebäck zum Frühstück.

Täglich fahren eine Handvoll Busse nach Oujda (54 Dh, 5 Std.; Abfahrt meistens vormittags) und Figuig (24 Dh, 2 Std.). Außerdem gibt es morgens eine Verbindung nach Er-Rachidia (58 Dh, 5 Std.); dort kann man in Busse umsteigen, die weiter Richtung Süden fahren.

Ein gemietetes Grand Taxi für eine Fahrt nach Figuig kostet ca. 400 Dh.

FIGUIG

15 000 Ew.

Zwischen Marokko und Algerien scheinen Welten zu liegen, dabei ist das Nachbarland nur 2 km von Figuig (*fig-ieg*) entfernt. Als der Grenztourismus noch florierte, war diese Ansammlung von insgesamt sieben traditionellen Wüstendörfern ein relativ beliebtes Reiseziel; heutzutage verirren sich aber nur noch wenige Urlauber hierhin. Wirklich schade, denn die Stadt hat durchaus ihre Reize: Sie ist von 200 000 Dattelpalmen umgeben, die von artesischen Brunnen bewässert werden, und war einst eine bedeutende Station für Pilger auf dem Weg nach Mekka. Jetzt erwacht Figuig nur anlässlich der Dattelernte im Herbst aus dem Dornröschenschlaf.

Orientierung & Praktische Informationen

Die Hauptstraße von Bouarfa führt in Nord-Süd-Richtung durch die Oase und – theoretisch – weiter nach Beni Ounif in Algerien.

An der Hauptstraße, dem Blvd Hassan II, liegen Tankstelle, Busbahnhof, zwei Hotels und die Post. Figuigs einzige Bank, die Banque Populaire, hat einen Geldautomaten und eine Wechselstube. Bei **Figuig Net** (10 Dh/Std.) kommt man ins Internet.

Hinter dem zweiten Hotel, dem Figuig Hotel, führt die Hauptstraße runter in die „Unterstadt": Die Senke voller Palmen ist der älteste Teil von Figuig. Der Steilhang ist eine praktische Orientierungshilfe und bietet eine tolle Aussicht über die oasenartige *palmeraie* (Palmenplantage).

Sehenswertes & Aktivitäten

Figuig besteht aus sieben *ksour*, die versprengt in der dürren Landschaft liegen. Die Häuser haben denselben Ockerton wie die Erde, aus der sie gebaut sind. Jedes Dorf verwaltet ein Gebiet der *palmeraie* und deren lebenswichtige Wasserversorgung. Früher leiteten sich befehdende Familien die Wasserkanäle um die Fundamente der feindlichen Kasbah um – in der Hoffnung, dass sie die Mauern zum Einsturz bringen würden.

Das größte und lohnendste *ksar* ist **Zenaga**, südlich des Hangs, der die Oase teilt. Viele Wege führen an den Bewässerungskanälen entlang durch die Palmenhaine und die gepflegten Gemüsegärten. Unvermittelt erreicht man ein Gewirr überdachter Gassen. In diesen tunnelartigen Wegen sind immer wieder wunderbare alte Holztüren zu bestaunen. Manchmal gerät man allerdings auch unversehens in einen Hinterhof.

Viele *ksour* sind so baufällig, dass ihre raffinierte Konstruktion gut zu erkennen ist: Sie sind aus Palmenstämmen und Stampflehm gebaut und mit Palmwedeln gedeckt. Es ist kühl, dunkel und oft gespenstisch still. Ab und an trifft man verheiratete Frauen, die in weiße Ganzkörperschleier gehüllt sind. In den Gassen kann man sich leicht verirren. Kinder aus dem Dorf führen Besucher für ein paar Dirham gern herum. Eine offizielle halbtägige Führung lässt sich über das Figuig Hotel organisieren.

In der Oberstadt westlich der Hauptstraße steht im **Ksar el Oudahir** ein hübsches Minarett mit achteckigem Grundriss aus dem 11. Jh. Warum es *sawmann al-hajaria* („steinerner Turm") heißt, ist wohl offensichtlich.

Jeden Mittwoch findet in der Unterstadt ein Suk statt. Hier gibt's hübsche Textilien und Stickereien aus der Umgebung. Ein ziemlich verschlafenes **Ensemble Artisanal** (Blvd Hassan II; 4–20 Uhr) findet sich am anderen Ende des Parks vor der Post.

Schlafen & Essen

In Figuig gibt es nur zwei Hotels, die geduldig auf bessere Zeiten warten. In den Nächten kann es ganz schön kalt werden – bei Bedarf einfach nach zusätzlichem Bettzeug fragen.

Das einzige „vernünftige" Hotel in der Stadt ist das **Figuig Hotel** (0536 899309; EZ/DZ 160/190 Dh; Camping 35 Dh/Pers.;). Es hat angemessene, gemütliche Zimmer; von den Unterkünften in der *palmeraie* (Palmenhain) aus blickt man Richtung Algerien. Keine Frage: Dies ist ein Wüstenhotel. Es gibt ein Restaurant vor Ort (Gerichte ca. 50 Dh) – das Essen sollte allerdings im Voraus bestellt werden, damit die Angestellten Gelegenheit haben, noch schnell ein paar Sachen einzukaufen. Auf dem Gelände darf übrigens auch gezeltet werden.

Die Auswahl von Restaurants ist ziemlich überschaubar. Neben dem Figuig Hotel ist das **Café des Palmeraie** (Blvd Hassan II) gegenüber der Bushaltestelle die beste Anlaufstelle. Dort werden einfache Omelettes, *brochettes* und Pommes Frites serviert. Wer nur einen Kaffee trinken oder eine Kleinigkeit essen möchte, kann ins **Café Oasis** (Blvd Hassan II) in dem öffentlichen Park bei der Post einkehren.

An- & Weiterreise

BUS

Ankommende Busse halten in Figuig am „Busbahnhof" (drei Fahrkartenschalter an einer Kreuzung) am Nordende des Ortes. Sie fahren weiter in die Unterstadt. Wer ins Figuig Hotel möchte, muss den Fahrer bitten, dort zu halten.

Über die Busverbindungen sollte man sich immer einen Tag vor der Abreise informieren. Es gibt zwei Busse am frühen Morgen nach Oujda (80 Dh, 7 Std.) mit Halt in Bouarfa (24 Dh, 2 Std.). Nach Bouarfa verkehren mehr Busse. Wer dort den Anschluss nach Er-Rachidia bekommen will, sollte den ersten Bus am Tag nehmen.

GRENZÜBERGÄNGE

Nach Algerien

Die Grenze nach Algerien ist derzeit geschlossen. Die marokkanische Grenzstation ist 3 km von Figuig entfernt, die algerische noch 1 km weiter östlich. Beni Ounif, die erste algerische Stadt, liegt 3 km hinter der Grenze.

Marrakesch & Zentralmarokko

Die Karten können nichts dafür, aber sie werden Zentralmarokko nicht gerecht. Auf dem Stadtplan sieht Marrakeschs ummauerte Altstadt wie ein ordentliches Bündel Straßen und die legendäre Jemaa el Fna wie ein Parkplatz aus – selbst die beste Satellitentechnik kann die Labyrinthe in den überdachten Suks und das Gewimmel der Gnawa-Musiker nicht einfangen. Im Süden ist der Jbel Toubkal eingezeichnet, aber man bekommt keine Vorstellung davon, wie einem die schneebedeckten Berge des Hohen Atlas um Marrakesch an einem heißen Sommertag den Kopf kühlen. Nur auf den Pfaden zwischen den Gipfeln kann man die Länge der Strecke, die die Kinder auf dem Weg zur Schule im abgelegenen Zattal zurücklegen, oder die Existenz von Lehmdörfern in Felsspalten im Âït-Bou-Goumez-Tal begreifen.

Vor allem scheint es ausgeschlossen, dass es so dicht an der Wüste hinter dem Tizi-n'Tichka-Pass so viel Leben geben kann. Was die Koordinaten nicht zeigen, sind der Fluss, der die Todraschlucht durchschneidet, und die Felsen, die mit dem Grün der Dadèsschlucht verschmelzen. Wenn alle Vegetation im Ziz- und Draâtal zu verdorren scheint, sickert Wasser durch Spalten und bricht in Oasen hervor. Dann geht das Gelände in die Saharadünen Erg Chebbi und Erg Chigaga über. Die Strecke gestattet es, von dort an einem Tag nach Marrakesch zurückfahren, aber in Zentralmarokko sollte man die Karte wegpacken und ein bisschen leben.

HIGHLIGHTS

- Sich auf der von der Unesco gefeierten **Jemaa el Fna** (S. 319) das Spektakel anschauen, das schon seit 1000 Jahren veranstaltet wird und doch immer neu ist
- In Marrakeschs **Suks** (S. 345) die Trends der nächsten Saison aufspüren, die von gewieften Handwerkern mit mittelalterlichen Werkzeugen geprägt werden
- Hinter den schlichten rosa Mauern eines echten **Riads** von Marrakesch verloren geglaubte gesellschaftliche Umgangsformen wiederentdecken
- Durch Marokkos Paradies, das atemberaubende **Âït-Bou-Goumez-Tal** (S. 352), wandern
- Auf einem Kamel den Karawanenrouten folgen und in den sanft geschwungenen Dünen des **Erg Chigaga** (S. 377) campen
- In der **Dadèsschlucht** (S. 384) Felsdörfer und in Palmenoasen verschwindende bizarre geologische Formationen erkunden
- Felsgiganten bewundern: 300 m hohe Steilwände in der **Todraschlucht** (S. 388)
- Dem Singen des wandernden Sands in den wundervollen Dünen des **Erg Chebbi** (S. 397) nahe Merzouga lauschen

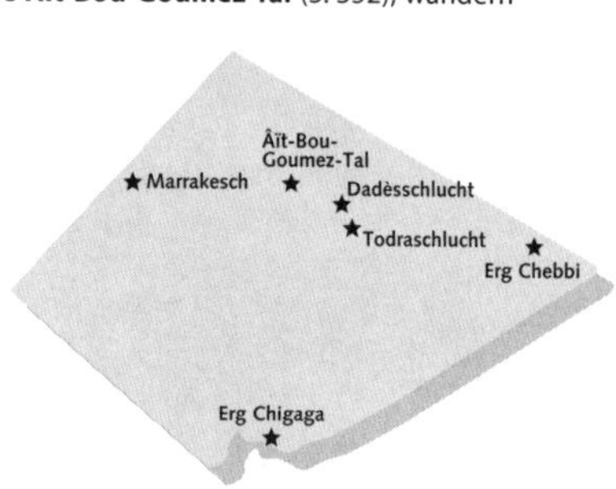

GESCHICHTE

Auf der Karte sieht es so aus, als wäre Zentralmarokko durch die Berge und die Wüste auf drei Seiten völlig vom Rest der Welt abgeschnitten, aber als letzte Etappe der legendären transsaharischen Handelsrouten hat es afrikanische, arabische und europäische Geschichte geschrieben. Die Handelskontakte mit Südmarokko könnten Portugal angeregt haben, übers Meer zu kommen und die Schätze Afrikas zu entdecken – Reisen, die das Zeitalter der Erkundung und den europäischen Kolonialismus einläuteten. Hätten die Almoraviden hier nicht ihr Machtzentrum gehabt und ihr Reich bis nach Europa ausgedehnt, hätte es vielleicht nie Muslime in Spanien gegeben, ganz zu schweigen von maurischer Architektur. Ohne die saaditischen Zuckerhändler und die jüdischen Salzhändler hier wären europäische Gerichte vielleicht noch immer so fad wie im Mittelalter und auch die Weltgeschichte wäre deutlich weniger würzig.

Marrakesch stand oft im Zentrum des historischen Geschehens, da es die Hauptstadt für drei Dynastien war – mehr als die Königsstädte Fès und Meknès. Aber auch andere Stätten waren von historischer Bedeutung, die weit über ihre Größe oder Lage hinausging. Im verschneiten Hohen Atlas können Kletterer Felszeichnungen entdecken, die Zeichen einer menschlichen Zivilisation von vor 1500 Jahren sind. Die Lieder und Erzählungen, die bei *moussems* (Festen) in Berberdörfern wiedergegeben werden und die von der Unesco anerkannte Jemaa el Fna erzählen Geschichten von erfolgreichen einheimischen Helden und Liebestragödien. Zu ihrer Zeit waren die Lehmziegel-*ksour* (Schlösser) und Wachtürme entlang des Drâatals nützlicher als Wegmarkierungen, um die kostbare Karawanenfracht an ihr Ziel zu bringen. Winzige Glaoui-Bergfestungen spielten in der Geschichte des französischen Kolonialismus in Afrika und auch für die Unabhängigkeitsbewegung eine riesige Rolle. Heute ist die Region der Besuchermagnet Marokkos und ein multikultureller orientalischer Schauplatz, der seiner Geschichte treu und dessen Zukunft vielversprechend ist.

KLIMA

Die geographische Bandbreite Zentralmarokkos reicht von Wüstendünen über Felsplateaus bis zu 4000 m hohen Bergen. Entsprechend extrem ist auch das Klima: bitterkalte Winter im Hohen Atlas, die im September beginnen und bis Juni dauern, und drückende Hitze in der Wüste, die einen schon im Mai nach Wasser dürsten lässt.

Frühling und Herbst sind die besten Reisezeiten; dann herrschen Durchschnittstemperaturen von 20 bis 25 °C. Im April ist Sandsturmsaison in der Wüste. Schon Winde mit einer Geschwindigkeit von 10 km/h wirbeln feinen Sand und Staub auf und fegen ihn über die Ebenen. Die Stürme dauern oft drei bis vier Tage – dann sollte man nicht in der Wüste unterwegs sein. Wer doch in die Wüste reist, sollte ein paar Tage mehr einplanen, um auch wirklich die Dünen und nicht nur sandigen braunen Nebel zu sehen.

SPRACHE

Im Hohen Atlas wird vor allem der Berberdialekt Taschelhit (in manchen Winkeln auch Tamazight) gesprochen. Ansonsten verständigt man sich überall in Darija (marokkanischem Arabisch) und Französisch.

AN- & WEITERREISE

Marrakesch ist der Verkehrsknotenpunkt der Region und wird von vielen Zügen, Bussen und Flugzeugen angesteuert. Billigflieger wie Easyjet, RyanAir und AtlasBlue bieten Direktflüge von London zum Flughafen Menara in Marrakesch an und häufige Flüge und Zugverbindungen von Casablanca aus vergrößern die Zahl der Reisemöglichkeiten noch. Royal Air Maroc (RAM) fliegt täglich nach Ouarzazate (über Casablanca) sowie nach Marrakesch. Mann kann aber auch mit einem der mehrmals wöchentlich abhebenden Flieger direkt von Paris nach Ouarzazate fliegen. Flüge von Marrakesch nach Ouarzazate gehen unsinnigerweise über Casablanca – da ist man schneller, wenn man fährt.

Eine direkte Zugverbindung (3 Std.) nach bzw. von Casablanca verbindet Marrakesch mit den Großstädten im Norden. Busse von Supratours fahren weiter nach Essaouira, Agadir und bis ganz in den Süden nach Laâyoune und Dakhla. CTM und andere lokale Busunternehmen bieten ähnlichen Service an, aber die Busse sind meist voller und nicht so komfortabel.

UNTERWEGS VOR ORT

Abgesehen von der Strecke Casablanca–Marrakesch gibt es in Zentralmarokko keine Zugverbindungen. Busse sind noch immer

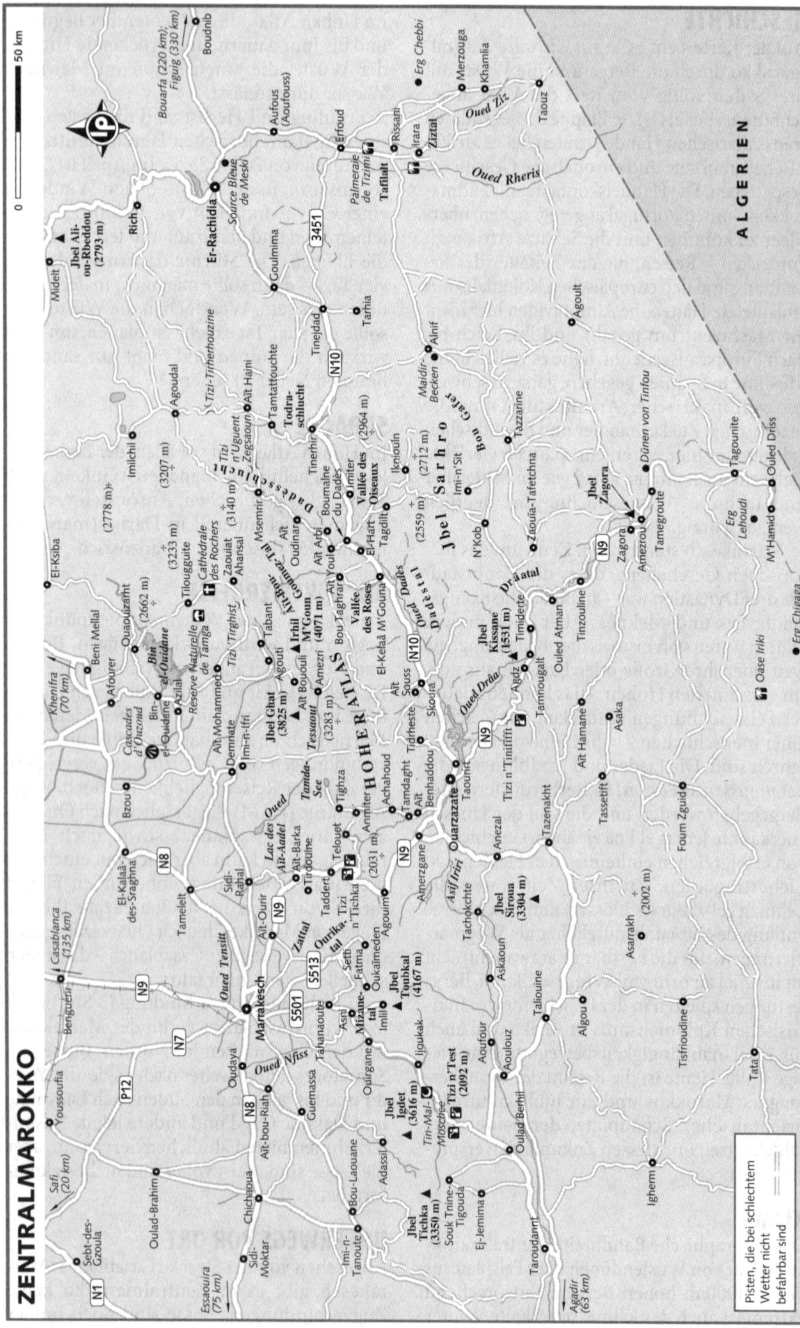
ZENTRALMAROKKO
0
50 km
ALGERIEN
HOHER ATLAS
Jbel Sarhro
Marrakesch
Ouarzazate
Er-Rachidia
Erfoud
Rissani
Merzouga
Khamlia
Taouz
Erg Chebbi
Oued Ziz
Oued Rheris
Tafilalt
Palmeraie de Tizimi
Ziztal
Aufous (Aoufouss)
Source Bleue de Meski
Boudnib
Bouarfa (220 km); Figuig (330 km)
Midelt
Jbel Ali-ou-Rbeddou (2793 m)
Rich
Goulmima
Tinejdad
Tarhia
Alnif
Maïdir-Becken
Agoult
Tinerhir
Todra-schlucht
Tamtattouchte
Aït Haini
Agoudal
Imilchil
Tizi-Tirherhouzine
Tizi n'Uguent Zegsaoun
Dadesschlucht
Msemrir
Boumalne du Dadès
Imiter
Vallée des Oiseaux
Iknioulin
Bou Gafer
Tazzarine
Imi-n'Sit
N'Kob
Zaouïa-Tafetchna
Dünen von Tinfou
Tagounite
Ouled Driss
Erg Lehoudi
M'Hamid
Tamegroute
Amezrou
Zagora
Jbel Zagora
Erg Chigaga
Oase Iriki
Drâatal
Tinzouline
Ouled Atman
Timiderte
Jbel Kissane (1531 m)
Agdz
Tamnougalt
Oued Drâa
Asaka
Aït Hamane
Tassetift
Foum Zguid
Tizi n'Tinififft
Tazenakht
Anezal
Jbel Siroua (3304 m)
Tachokchte
Asif Iriri
Amerzgane
Taourirt
Tidrheste
Skoura
Aït Souss
El-Kelaâ M'Gouna
Vallée des Roses
Dadèstal
Oued Dadès
Tagdilt
Aït Arbi
Oudinar
Aït Youl
El-Harit
Bou Taghrar
Irhil M'Goun (4071 m)
Aït Bououli
Amezri
Jbel Ghat (3825 m)
Tessaout
Agouti
Tabant
Aït-Bou-Goumez-Tal
Zaouiat Ahansal
Cathédrale des Rochers
Tilougguite
Réserve Naturelle de Tamga
Bin-el-Ouidane
Azilal
Cascades d'Ouzoud
Ouaouizarht
Afourer
Beni Mellal
El-Ksiba
Khenifra (70 km)
Aït Mohammed
Demnate
Imi-n-Ifri
Tamda-See
Lac des Aït-Aadel
Tighza
Anmiter
Telouet
Achahoud
Tamdaght
Aït Benhaddou
Tizi n'Tichka
Agouim
Taddert
Aït-Barka
Tidouine
Sidi-Rahal
Aït-Ourir
Zattal
Ourika-tal
Setti Fatma
Oukaïmeden
Jbel Toubkal (4167 m)
Imlil
Asni
Mizane-tal
Tahanaoute
Ouirgane
Ijoukak
Tizi n'Test (2092 m)
Tin-Mal-Moschee
Jbel Igdet (3616 m)
Guemassa
Oudaya
Oued Nfiss
Aït-bou-Riah
Adassil
Bou-Laouane
Jbel Tichka (3350 m)
Souk Trine-Tigouda
Ej-Jemima
Taroudannt
Oulad Berhil
Aoulouz
Aoufour
Askaoun
Taliouine
Algou
Asarrakh
Tisfrioudine
Tata
Igherm
Imi-n-Tanoute
Chichaoua
Sidi-Moktar
Oulad-Brahim
Sebt-des-Gzoula
Safi (20 km)
Youssoufia
Essaouira (75 km)
Agadir (63 km)
Benguerir
Casablanca (135 km)
Tamelelt
El-Kelaâ-des-Sraghna
Oued Tensift
Bzou
N1
N7
N8
N9
N10
P12
S501
S513
3451
Pisten, die bei schlechtem Wetter nicht befahrbar sind

die preiswerteste Art, um durch Zentralmarokko zu reisen, aber sie werden zunehmend teurer, da der Ölpreis in die Höhe schnellt – Angestellten der Busgesellschaften zufolge kann man davon ausgehen, dass die in diesem Kapitel aufgeführten Preise steigen werden. Wer plant, mit dem Bus zu fahren, sollte also sein Budget aufstocken.

CTM hat regelmäßige Verbindungen, aber Supratours und andere private Unternehmen bieten jetzt häufigere Abfahrten, klimatisierte Reisebusse und Sitzplatzreservierungen bei Fahrten zu Touristenzielen an. Sammeltaxis (Grands Taxis) sind eine Alternative, da inzwischen fast alle Orte, von denen in diesem Kapitel die Rede ist, über gute befestigte Straßen zu erreichen sind. Die Bergregionen bereist man am besten zu Fuß, mit dem Mountainbike, Maultier oder Geländewagen (1200–1400 Dh/Tag). Wüstenreisende müssen für das ultimative Erlebnis bei den Sanddünen von Erg Chigaga und Erg Chebbi entweder einen Geländewagen oder Kamele (pro Pers. 350–400 Dh/Tag) mieten.

MARRAKESCH

1,61 Mio. Ew.

Von dem Augenblick an, in dem man in Marrakesch ankommt, wird man das Gefühl nicht mehr los, irgendetwas vergessen zu

MARRAKESCH IN ...

zwei Tagen

Zuerst erfrischt man sich mit einem frisch gepressten Orangensaft von einem Stand auf der **Jemaa el Fna** (S. 319) und taucht dann in das Gassenlabyrinth der Suks in Richtung Rahba Qedima ein, wo Zaubertrankverkäufer Heiltränke für alles anbieten, was einen so quälen kann, von angestoßenen Zehen bis zu gebrochenen Herzen. Die Straße rauf lässt einen die prächtige Verzierung der **Medersa ben Youssef** (S. 319) die Augen aufreißen – das hebt die Stimmung. Dar Bellarj zeigt, was die kreativen Köpfe in Marrakesch in letzter Zeit so drauf haben, und die Schaukästen mit Kunsthandwerk im **Musée de Marrakech** (S. 322) bieten eine Vergleichsmöglichkeit für die Arbeiten, die man im Suk so sieht. Beim Shoppen bis zum **Souq Sebbaghine** (Färber-Suk) gehen, wo Wollstränge zum Trocknen rumhängen, den Trubel am **Mouassine-Brunnen** (S. 325) hinter sich lassen und dann bei einem gediegenen Mittagessen auf der **Terrasse des Épices** (S. 339) relaxen. Danach geht's auf einen Kaffee oder Tee inmitten saaditischer Pracht ins **Dar Cherifa** (S. 342) und anschließend auf die **Jemaa el Fna**, um das Schauspiel zum Sonnenuntergang zu erleben, bevor man sich zum Abendessen in die schicke **Villa Flore** (S. 339) begibt.

Am nächsten Tag kann man den Prunk der **Saaditengräber** (S. 322) genießen, bevor man sich im **Bahia-Palast** (S. 321) von den Decken mit Holzarbeiten königlich beeindrucken lässt. Dann schnappt man sich in der **Mechoui-Gasse** (S. 341) *mechoui* (geröstetes Lamm) „to go" und genießt das Gourmet-Picknick in der technikbasierten Pracht des **CyberPark** (S. 325). Nach dem *mechoui* feilscht man sich zu einem Taxi durch, um im **Jardin Majorelle** (S. 325) zu chillen und anschließend durch die **Galerien** an der Rue Yougoslavie (S. 325) und die **Boutiquen** an der Rue de la Liberté (S. 345) zu schlendern. Ein Cocktailpäuschen auf dem Dach des ultracoolen **Kechmara** (S. 343) tut gut, bevor es zum Abendessen ins nahe gelegene **Al-Fassia** (S. 340) geht. Mit einem Toast in Gesellschaft von redegewandten Diplomaten und sich wiegenden Tänzern im **Comptoir** (S. 343) kriegt die Nacht einen krönenden Abschluss.

vier Tagen

Nach den beiden oben beschriebenen Tagen macht man am dritten Tag einen lockeren Ausflug, um in den Ausläufern des Hohen Atlas beim hübschen **Imlil** (S. 359) zu wandern, das zwischen schneebedeckten Bergen und Hügeln mit terrassenartig angelegten Feldern liegt. Aber rechtzeitig zur Cocktailstunde wieder in der **Kosybar** (S. 343) in Marrakesch sein! Der Tag endet mit einem unvergesslichen Essen auf der **Jemaa el Fna** (S. 319).

Am vierten Tag einen **Kochkurs** (S. 329) machen oder in der Palmeraie **Rad fahren** (S. 327) und danach in einem von Marrakeschs legendären **Hamams** (S. 326) porentief rein werden. Für ein stilvolles Ende lässt man sich noch im **Pacha** (S. 344) blicken.

MARRAKESCH

PRAKTISCHES
- Cyber Café im CyberPark ...(siehe 4)
- Institut Français ... 1 A2

SEHENSWERTES & AKTIVITÄTEN
- Badi Palace ... 2 F5
- Bains de Marrakech ... 3 F6
- CyberPark ... 4 E4
- Hammam Bab Doukkala ... 5 E3
- Hammam Dar el-Bacha ... 6 E4
- Jardin Majorelle ... 7 D2
- La Maison Arabe ... 8 E3
- Jüdischer Friedhof Miaâra ... 9 H5
- Museum für Islamische Kunst ... (siehe 7)
- Saaditengräber ... 10 F6
- Sultana Spa ... (siehe 13)

SCHLAFEN
- Dar Soukaina ... 11 F3
- La Mamounia ... 12 E5
- La Sultana ... 13 F6
- Maison Mnabha ... 14 F6
- Riad al Massarah ... 15 E3
- Riad Nejma Lounge ... 16 E3
- Riad Zahr ... 17 F3
- Talaata wa Sitteen ... (siehe 11)

ESSEN
- Aswak Assalam ... 18 D3
- La Sultana ... (siehe 13)
- Nid'Cigogne ... 19 F6

AUSGEHEN
- Comptoir ... 20 D5
- La Maison Arabe Bar ... (siehe 8)

UNTERHALTUNG
- CantoBar ... 21 C4
- Jad Mahal ... 22 D5
- Théâtro ... 23 D5

SHOPPEN
- Ensemble Artisanal ... 24 E4

TRANSPORT
- Fahrradverleih ... 25 B1
- Busse nach Telouet ... 26 H5
- CTM-Busse ... (siehe 30)
- Grands Taxis ... 27 E2
- Grands Taxis & Busse nach Asni ... 28 E6
- Lhasnaoui Rent ... 29 D2
- Hauptbusbahnhof ... 30 E3

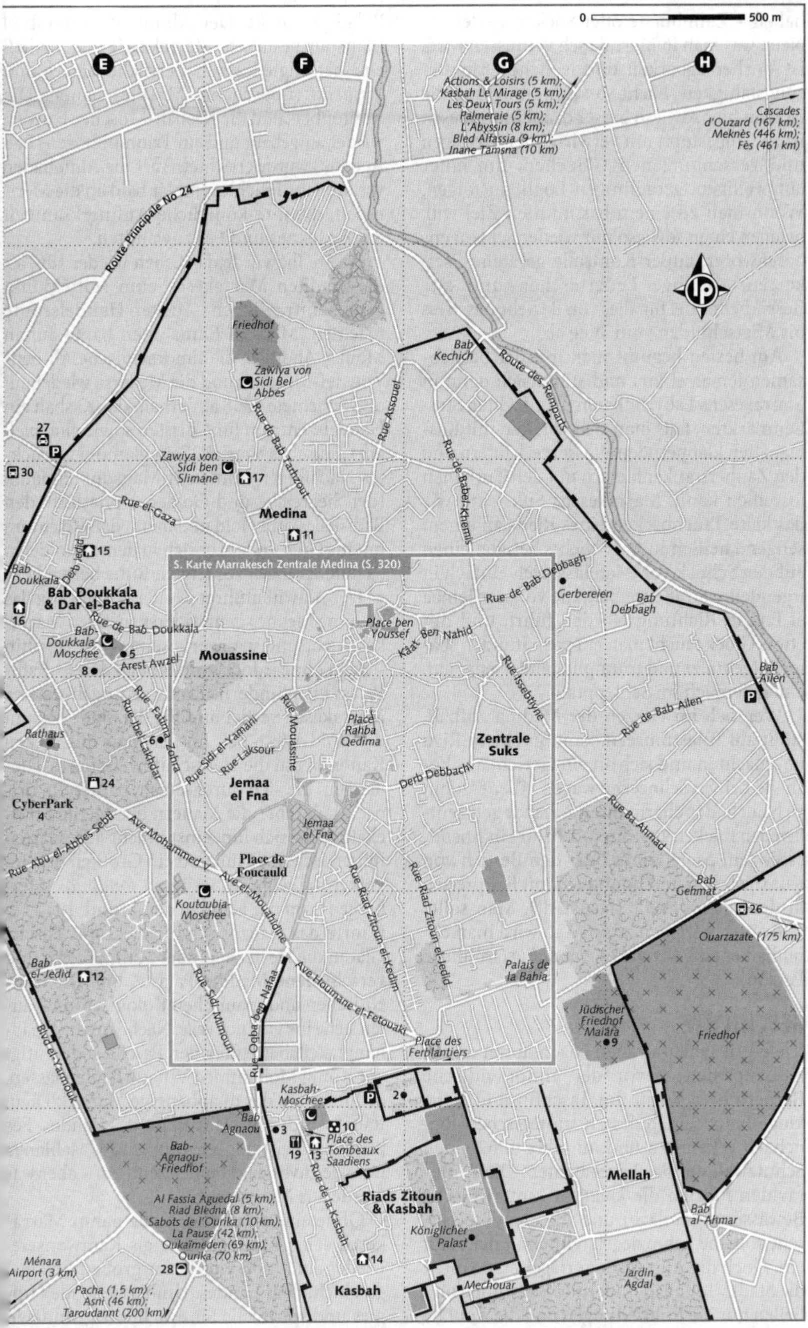
0 500 m
E
F
G
H
Actions & Loisirs (5 km);
Kasbah Le Mirage (5 km);
Les Deux Tours (5 km);
Palmeraie (5 km);
L'Abyssin (8 km);
Bled Alfassia (9 km);
Jnane Tamsna (10 km)
Cascades d'Ouzard (167 km);
Meknès (446 km);
Fès (461 km)
Route Principale No 24
Friedhof
Zawiya von Sidi Bel Abbes
Bab Kechich
Route des Remparts
Rue Assouel
Rue de Bab Tahzout
Rue de Babel-Khemis
Zawiya von Sidi ben Slimane
17
27
30
Rue el-Gaza
Medina
11
15
Bab Doukkala
Derb Jedid
Bab Doukkala & Dar el-Bacha
16
Rue de Bab Doukkala
Bab-Doukkala-Moschee
5
8
Arest Awzel
S. Karte Marrakesch Zentrale Medina (S. 320)
Rue de Bab Debbagh
Gerbereien
Bab Debbagh
Place ben Youssef
Kâat Ben Nahid
Mouassine
Rue Isebtiyne
Bab Ailen
Rue de Bab Ailen
Rue Mouassine
Rue Sidi el-Yamani
Rue Laksour
Place Rahba Qedima
Zentrale Suks
Rue Fatima Zohra
Rue Ibel Lakhdar
Rathaus
6
24
Jemaa el Fna
Derb Debbachi
Rue Ba Ahmad
CyberPark
4
Rue Abu el-Abbes Sebti
Ave Mohammed V
Place de Foucauld
Rue Riad Zitoun el-Kedim
Rue Riad Zitoun el-Jedid
Bab Gehmat
26
Ouarzazate (175 km)
Koutoubia-Moschee
Ave el-Mouahidine
Bab el-Jedid
12
Rue Sidi Mimoun
Rue Oqba ben Nafaa
Ave Houmane el-Fetouaki
Palais de la Bahia
Jüdischer Friedhof Maiara
9
Friedhof
Blvd el-Yarmouk
Place des Ferblantiers
Kasbah-Moschee
2
Bab Agnaou
3
10
19
13
Place des Tombeaux Saadiens
Bab-Agnaou-Friedhof
Rue de la Kasbah
Riads Zitoun & Kasbah
Mellah
Al Fassia Aguedal (5 km);
Riad Bledna (8 km);
Sabots de l'Ourika (10 km);
La Pause (42 km);
Oukaïmeden (69 km);
Ourika (70 km)
Königlicher Palast
Bab al-Ahmar
14
Ménara Airport (3 km)
28
Pacha (1,5 km);
Asni (46 km);
Taroudannt (200 km)
Kasbah
Mechouar
Jardin Agdal

haben – Zahnbürste oder Socken vielleicht? Nein, was man in Marrakesch vermissen wird, ist Vorhersagbarkeit und jegliche Orientierungsfähigkeit. Nicht so schlimm: Ohne die ist man hier sowieso besser dran! Marrakesch ist zu vollgestopft mit verwirrenden Irrwegen und verschlungenen Gässchen, um einer langweiligen, geradlinigen Logik zu folgen. Wenn man zu einem bestimmten Ziel will, bringen einen sowieso nur wieder Schlangenbeschwörer, außer Kontrolle geratene Eselkarren, trendige Ledertaschen und alte Berberheilmittel für alles von Beziehungsstress bis Mietschulden vom Weg ab.

Am besten beginnt man mit der betriebsamen Jemaa el Fna und stürzt sich dann in Marrakeschs Labyrinth von überdachten Straßenmärkten, falls man sich von den mit Kastagnetten klappernden Wasserverkäufern und den Zaubertrankanbietern mit den Turbanen losreißen kann. Marrakeschs Suks sind wie das kalte Tauchbecken eines Riads an einem sengend heißen Julitag: Nichts bereitet einen auf den Schock vor. Man lässt sich einfach in irgendeine Straße treiben, die von der Jemaa el Fna in Richtung Norden führt, und mit etwas Glück taucht man ein paar Stunden später aufgekratzt und triumphierend wieder auf, einen Teppich im Schlepptau.

Wer sich im Herzen der Medina aufhält, stößt auf Palastmuseen, kann in einem Riad übernachten und sich an ein Gericht aus kochend heißen Schnecken wagen. Aber es lohnt sich auch, der charmanten Altstadt gelegentlich den Rücken zu kehren, z. B. für ein Abendessen, ein paar Drinks oder den Besuch von Kunstgalerien und Boutiquen mit Festpreisen in der *ville nouvelle* (Neustadt). Man sollte sich einfach treiben lassen – so wird man ehrenhalber eine Marrakescher *bahja* (fröhliche Person).

GESCHICHTE

Viele Wüstenkarawanen zogen durch diesen Außenposten, bevor der almoravidische Berberführer Yusuf ibn Taschfin und seine kluge Frau Zeinab dessen strategische Möglichkeit erkannten und im Jahre 1062 einen Schutzwall um das Lager bauten. Die Almoraviden führten die *khettara* (unterirdische Bewässerungsanlage) und die charakteristische rötliche Lehmziegelarchitektur der Stadt ein. Doch die Almohadenkrieger erstürmten die Stadt wie eine plündernde Bautruppe und ließen nur die Rohrleitungen und die Koubba Ba'adiyn intakt. Der Almohade Yakoub el Mansour gestaltete Marrakesch neu, er ließ eine befestigte Kasbah, herrliche Gärten und *qissariat* (überdachte Märkte) bauen. Die Koutoubia- und die Kasbah-Moschee wurden wieder aufgebaut und ein Triumphbogen (Bab Agnaou) wurde errichtet. Aber die Almohaden verloren ihr Prachtexemplar bald an die Meriniden, die ihre königliche Aufmerksamkeit dann Meknès und Fès zuwandten.

Im 16. Jh. wurde das Leben wieder süß, als die Saaditen Marrakesch zum Mittelpunkt ihrer einträglichen Zucker-Handelsroute machten. Mit den Einnahmen baute Sultan Moulay Abdullah die almoravidische Ali-ben-Youssef-Moschee und die Medersa wieder auf und errichtete 1558 außerhalb der Kasbah ein Handelszentrum für Christen sowie eine *mellah* (jüdisches Viertel). Sein glamourverrückter Nachfolger Ahmed el Mansour Eddahbi (der Siegreiche und Goldene) pflasterte den Badi-Palast mit Gold und nahm den Reichtum mit ins Grab, indem er sich in den vergoldeten Saaditengräbern zur letzten Ruhe betten ließ.

Der Alawitenführer Moulay Ismaïl zog das fromme Meknès dem widerspenstigen Marrakesch vor und verlagerte seinen Sitz dorthin – nicht ohne jedoch vorher noch den El-Badi-Palast zu plündern. Das wartungsintensive Marrakesch verfiel und für die Stadt begann die Wild-West-Zeit, in der man mit dicken Kanonen um die Herrschaft wetteiferte. Diejenigen, die sich durchsetzen, bauten luxuriöse Riads, aber die Mauern der Medina bröckelten vor sich hin, einst prachtvolle Gärten füllten sich mit Müll und ein Großteil der Bevölkerung lebte in beengten *fondouqs* (Herbergen) von der Hand in den Mund. 1912 gewährte das französische Protektorat Pascha Glaoui die Herrschaft über Südmarokko und verschiedene Medina-Paläste, und die französischen und spanischen Kolonisatoren bauten sich eine *ville nouvelle*. Nachdem die Unabhängigkeitsbewegung den Pascha gedemütigt vor König Mohammed V. hatte heulen lassen, ordnete man das unabhängige Marokko neu. Rabat wurde zur Hauptstadt des Landes, Fès blieb das geistige Zentrum und Casablanca war wie zuvor das Handelszentrum – aber was wurde aus Marrakesch?

Ohne eine eindeutige Rolle nahm Marrakesch seine Ersatzkarriere als Karawanserei wieder auf – und wurde zur großen Erfolgsgeschichte des Landes. Umherziehende Hippies und spirituelle Sinnsucher begründeten in den 1960er- und 1970er-Jahren den geheimnisvollen Nimbus der Stadt und Besuche der Rolling Stones, der Beatles und von Led Zeppelin brachten der Stadt Starglanz. Mit Yves St. Laurent, Jean-Paul Gaultier, diversen *Vogue*-Redakteuren und Scharen von Supermodels, die alle Luxusherbergen verlangten, hielt die Modewelt hier Einzug. In den 1990ern wurden erstmals private Medina-Villen in B&Bs umgewandelt und Billigflieger brachten Horden von Wochenendbesuchern bis an die messingbesetzten Türen der Riads. Die Größe der Stadt hat sich verdoppelt, und jetzt wartet Marrakesch gierig auf Traveller: Die Stadt hat im Jahr 2007 2 Mrd. US$ in die Tourismusinfrastruktur gesteckt. Unterdessen stimmen die Gnawa-Musiker auf der Jemaa el Fna ihre dreisaitigen Banjos und üben ihr Megawatt-Grinsen, wie sie es schon seit tausend Jahren jeden Abend tun.

ORIENTIERUNG

Wenn man vom Zentrum der *ville nouvelle* zu Fuß zur Jemaa el Fna, dem größten Platz im Herzen der Altstadt, geht, braucht man etwa 30 Minuten. Da die Häuserblocks bis zur Medina lang und öde sind, nimmt man aber vielleicht lieber einen Bus oder ein Taxi.

Die wichtigsten Stadtviertel der *ville nouvelle* sind **Guéliz** und **Hivernage**. Die meisten Mittelklasse- und Spitzenklassehotels sowie Nachtclubs befinden sich in Hivernage, während die meisten günstigen Unterkünfte, Restaurants, Cafés, Galerien und Boutiquen in Guéliz um die Ave Mohammed V herum liegen. Der Bahnhof befindet sich am Südwestrand von Guéliz auf der Ave Hassan II, ein paar lange Blocks von der zentralen Place du 16 Novembre entfernt. Der Hauptbusbahnhof liegt gleich außerhalb der Medina beim Bab Doukkala, 15 Minuten Fußweg nordöstlich von der Place du 16 Novembre oder 20 Minuten zu Fuß von der Jemaa el Fna.

Die meisten Budgetunterkünfte sind in den engen Gassen südlich der **Jemaa el Fna** versammelt. Westlich der Jemaa el Fna befindet sich das wichtigste Wahrzeichen der Stadt und ein praktischer Orientierungspunkt: das Minarett der Koutoubia-Moschee. Die wichtigsten Suks, Moscheen und *zawiyas* (Heiligengräber) liegen nördlich der Jemaa el Fna, die meisten Paläste dagegen südlich entlang der **Rue Riad Zitoun el-Jedid**. Geht man diese Straße weiter, stößt man auf die **Mellah** (jüdisches Viertel; Karte S. 314 f.). Wenn man am überdachten Markt der Mellah nach Westen abbiegt und dann an den Mauern entlang in Richtung Süden bis zum Bab Agnaou läuft, erreicht man den Triumphbogen, der zur königlichen **Kasbah** (Karte S. 314 f.) führt. Hier befinden sich die vergoldeten Saaditengräber, der momentane Königspalast (nicht für Besucher geöffnet) sowie 6,5 ha königliche Gärten, die auf das Jahr 1166 zurückgehen.

Fremdenführer

Mit einem Guide durch die Suks zu laufen, nimmt ihnen ihre Abenteuerlichkeit und ihre Mystik, aber wenn man in ein oder zwei Stunden bestimmte Sehenswürdigkeiten abklappern will, lohnt es sich vielleicht. Man darf nur keine tollen Geschäfte erwarten: Führer bekommen auf alles, was man kauft, Provision, das treibt die Preise in die Höhe. Manche Riads und die meisten Reisebüros können Fremdenführer vermitteln (s. S. 330); offizielle Fremdenführer können für 250 bzw. 400 Dh pro halben bzw. ganzen Tag bei der Touristeninformation (S. 318) und in größeren Hotels gebucht werden.

PRAKTISCHE INFORMATIONEN

Apotheken

Phar (Karte S. 320; ☎ 0524 430415; Jemaa el Fna; 🕑 9–24 Uhr) Zentral gelegen; hat das Wichtigste.

Pharmacie de l'Unité (Karte S. 331; ☎ 0524 435982; Ave des Nations Unies, Guéliz; 🕑 8.30–23 Uhr) Bis spät abends geöffnet. Es gibt alle importierten Medikamente, Homöopathisches und aromatherapeutische Mittel. Gegenüber vom Marché Municipale Ibn Toumert.

Buchläden

Internationale Zeitungen kann man an Ständen in der ganzen Stadt kaufen, z. B. vor der zentralen Touristeninformation und am Marché Municipale Ibn Toumert in Guéliz sowie vor dem Hôtel CTM an der Jemaa el Fna.

ACR Libraire d'Art (Karte S. 331; ☎ 0524 446792; 55 Blvd Mohammed Zerktouni, Guéliz; 🕑 Mo–Fr 10–13.30 & 15.30–19.30 Uhr) Hat tolle Bildbände über marokkanische Gärten, Kunst und Architektur auf Französisch und Englisch sowie nützliche Bücher zu den Themen Kochen, Mosaiken und *tadelakt* (Kalkputz).

Café du Livres (Karte S. 331; ☎ 0524 432149; 44 Rue Tariq ibn Ziad, Guéliz; 🕑 Di–So 9.30–21 Uhr) Ein Kleinod für Bücherwürmer mit Wänden voller gebrauchter Bücher auf Englisch und Französisch zum Schmökern, bequemen Sitzgelegenheiten, Veranstaltungen rund ums Buch und Gedichtlesungen sowie kostenlosem WLAN und leckerem Essen (s. S. 341).

MarraBook Café (Karte S. 320; ☎ 0524 376448; Derb Kabada 53, abseits der Ave des Princes; ⌚ 9–21 Uhr) Französisch- und englischsprachige Taschenbücher im Erdgeschoss, Fotoausstellungen oben, Tee und Kaffee auf der Terrasse – eine willkommene Ruheoase ganz in der Nähe der Jemaa.

Geld

Die meisten Banken tauschen Bargeld oder Reiseschecks und es gibt jede Menge Geldautomaten. Die *bureaux de change* (Wechselstuben) haben den offiziellen, staatlich festgelegten Wechselkurs und verlangen keine Gebühren.

Crédit du Maroc Ville Nouvelle (Karte S. 331, 215 Ave Mohammed V); Medina (Karte S. 320, Rue de Bab Agnaou; ⌚ Mo–Sa 8.45–13 & 15–18.45 Uhr) Wechselt auch nach Schalterschluss Geld.

Voyages Schwartz (Karte S. 331; ☎ 0524 437469; 1 Rue Mauritanie, Immeuble Moutawakil, 2. Stock, Guéliz; ⌚ Mo–Fr 8.30–12 & 15.30–18.30, Sa 8.30–12 Uhr) Vertritt American Express.

Gepäckaufbewahrung

Der **Hauptbusbahnhof** (Karte S. 314 f.; Bab Doukkala; Gepäckaufbewahrung 8 Dh/Tag; ⌚ 24 Std.) hat eine Gepäckaufbewahrung, und im **Bahnhof** (Karte S. 331; Ave Hassan II; 10 Dh/Tag; ⌚ 24 Std.) gibt's Schließfächer mit Vorhängeschloss, bis der Umbau abgeschlossen ist.

Internetzugang

Viele Hotels und Riads bieten kostenloses Internet oder WLAN und im Café du Livres (S. 317) ist WLAN beim Einkauf inklusive. Die Cybercafés, die die Jemaa el Fna umgeben, verlangen 8 bis 12 Dh pro Stunde; einfach den „c@fe"-Schildern folgen. Die meisten öffnen um 10 und schließen gegen 23 Uhr.

Cyber Café im CyberPark (Karte S. 314 f.; Ave Mohammed V; 10 Dh/Std.; ⌚ 9.30–20 Uhr) Überraschung: 15 Anschlüsse mit schnellen Verbindungen zwischen den Olivenbäumen im CyberPark in der Nähe des Eingangs, gegenüber vom Ensemble Artisanal (S. 346).

Hassan Internet (Karte S. 320; ☎ 0524 441989; Immeuble Tazi, 12 Rue Riad el-Moukha; 8 Dh/Std.; ⌚ 7–1 Uhr) Ein geschäftiger Ort mit zwölf Computern in der Nähe des Hotels Tazi.

Kulturzentren

American Language Center (Karte S. 320; ☎ 0524 447259; http://marrakesh.aca.org.ma; 3 Impasse du Moulin, Guéliz; ⌚ Mo–Fr 9–12 & 15–19, Sa 9–12 Uhr) Sprachinstitut für Englisch mit einem Buchladen, einer Bibliothek mit Ausleihe und einem Café, in dem einen marokkanische Studenten mit Hollywood-Akzent begrüßen.

Institut Français (Karte S. 314 f.; ☎ 0524 446930; www.ifm.ma, französisch; Route de Targa, Guéliz; ⌚ Mo–Sa 10–12 & 15–18 Uhr) Bietet Französischkurse an und veranstaltet tolle Konzerte, Film- und Tanzvorführungen.

Notfall

Krankenwagen (☎ 0524 443724)

Brigade Touristique (Karte S. 314 f.; ☎ 0524 384601; Rue Sidi Mimoun; ⌚ 24 Std.)

Feuerwehr (☎ 15)

Polizei (Karte S. 331; ☎ 19; Rue Ouadi el-Makhazine)

Polyclinique du Sud (Karte S. 331; ☎ 0524 447999; Ecke Rue de Yougoslavie & Rue ibn Aicha, Guéliz; ⌚ 24 Std.) Privates Krankenhaus für ernste Fälle und Notfallzahnbehandlungen.

Post & Telefon

Öffentliche Kartentelefone sind überall zu finden, vor allem in der Nähe der Rue de Bab Agnaou in der Medina und in der Ave Mohammed V in Guéliz. Karten können an Zeitungskiosken und in *téléboutiques* (privaten Telefonläden) gekauft werden.

DHL (Karte S. 331; ☎ 0524 437647; www.dhl.com; 113 Ave Mohammed Abdelkrim el-Khattabi, Guéliz; ⌚ Mo–Fr 8–18, Sa 8.30–12.20 Uhr) Internationaler Kurierdienst; Versicherung gegen Aufpreis.

FedEx (Karte S. 331; ☎ 0524 448257; 113 Ave Abdelkrim el-Khattabi, Guéliz; ⌚ Mo–Fr 8–18.30, Sa 8–12.15 Uhr) Internationaler Kurierdienst.

Hauptpost (Barid al-Maghrib; Karte S. 331; ☎ 0524 431963; Place du 16 Novembre, Guéliz; ⌚ Mo–Sa 8.30–14 Uhr) Postlagernde Sendungen gibt's an Schalter 3, das Paketbüro liegt um die Ecke in der Ave Hassan II. Päckchen noch nicht zukleben, da sie überprüft werden müssen!

Post (Karte S. 320; Rue de Bab Agnaou; ⌚ Mo–Fr 8–12 & 15–18 Uhr) Zweigstelle gegenüber der Jemaa el Fna.

Toiletten

Wenn in der Medina die Natur ruft, kann man die Toiletten unten im Les Terrasses de l'Alhambra (S. 341) benutzen oder einen Orangensaft-Boxenstopp im Café des Épices (S. 341) einlegen. Entlang der Ave Mohammed V in Guéliz gibt's Dutzende von schicken Cafés, wo man mal schell auf die Toilette gehen kann.

Touristeninformation

Office National Marocain du Tourisme (ONMT) (Karte S. 331; ☎ 0524 436179; Place Abdel Moumen ben Ali, Guéliz; ⌚ Mo–Fr 8.30–12 & 14.30–18.30, Sa 9–12 & 15–18 Uhr) Hat offizielle Werbebroschüren und eine Reihe von zugelassenen Fremdenführern, aber sonst nicht viel.

SEHENSWERTES

Medina

Die meisten Denkmäler Marrakeschs befinden sich innerhalb der Altstadtmauern (die einen 16 km langen Ring bilden). Wer vom Kurs abkommt und die **Suks** (Karte S. 320; ⌚ 9–19 Uhr, Freitagnachmittag viele Geschäfte geschl.) und Paläste erkundet, muss wahrscheinlich jemanden nach dem Weg zurück zur Jemaa el Fna fragen (am besten einen Ladenbesitzer – Kinder führen Ausländer gerne in die Irre) oder läuft in Richtung Koutoubia-Minarett (zum höchsten in der Stadt).

JEMAA EL FNA

Was auf diesem Platz abgeht, ist wie Zappen: Wo immer man auf der **Jemaa el Fna** (Karte S. 320; ⌚ tgl. ca. 9–1 Uhr, während des Ramadan später), Marrakeschs größtem Platz und Freilichttheater, auch hinschaut, überall sind Spektakel im Gange. Schlangenbeschwörer spielen wie wahnsinnig Oboe, um Kobras, die vorbeirasende Vespas anzischen, zu beruhigen; Wasserverkäufer mit Fransenhüten schlagen Messingbecher gegeneinander in der Hoffnung, die Leute zum Trinken zu bewegen. Auf den oberen Balkonen eines Cafés planen junge Liebende, deren Beziehung unter einem schlechten Stern steht, im Geheimen ihr nächstes Treffen, während unten Hollywood-Stars mit Sonnenbrille und Basecaps mit Studiologo nicht wirklich inkognito frisch gepressten Orangensaft schlürfen. Aber die Gnawa-Musiker stehlen zweifellos allen die Schau, wenn sie groovige Rhythmen anstimmen, die die Fesquasten wirbeln und Vorübergehende grinsen lassen. Um zu sehen, wie es weitergeht, muss man nicht bis morgen warten – Applaus und ein paar Dirhams garantieren eine Zugabe.

Ununterbrochen Rummel und *halqa* (Straßentheater) gibt's auf der Jemaa schon, seit dieser Platz ca. 1050 n. Chr. zum Schauplatz öffentlicher Hinrichtungen wurde – daher der Name, „Platz der Toten". Auf „La Place" ist vom Morgengrauen bis weit nach Mitternacht was los, und auch wenn man sich vor zweifelhaften Essensständen, Taschendieben und den Pferdekutschen in Acht nehmen muss, sollte man zum Sonnenuntergang hier sein, um zuzuschauen, wie 100 kleine Restaurants mitten im Zentrum des Geschehens aufgebaut werden. Den Grillstand mit den frischsten Zutaten in der Auslage suchen, sich eine Bank heranziehen und die Show genießen!

Einige der besten abendlichen Spektakel auf der Jemaa haben sich in tausend Jahren kaum verändert; schon ewig gibt es hier Astrologen, Heiler und Transvestiten-Bauchtänzer. Geschichtenerzähler tragen alte Märchen vor und an den Zahnarztständen nebenan sind Zähne in Gläsern ausgestellt. Die Unesco erklärte die Jemaa el Fna 2001 zu einem „Meisterwerk des mündlichen und immateriellen Erbes der Menschheit", weil sie allabendlich die Legenden und mündlichen Überlieferungen Marokkos zum Leben erweckt.

Medersa Ali ben Youssef

Wenn Marokkaner vor etwas stehen, was zu großartig ist, um es mit Worten zu beschreiben, sagen sie *allahuakbar*, was „Gott ist großartig" bedeutet – und mit *allahuakbar* muss man die **Medersa Ali ben Youssef** (Karte S. 320; ☎ 0524 441893; Place Ben Youssef; Eintritt 40 Dh, mit Musée & Koubba 60 Dh; ⌚ 9–18 Uhr) beschreiben. Wenn man in der Eingangshalle nach oben schaut, fühlt man sich unter den aufwändig geschnitzten Zedernholzkuppeln und den *mashrabiyya*-Balkonen (Wandschirmen aus Holz) plötzlich ganz klein. Sobald man den Innenhof der *medersa* (Koranschule) betreten hat, ist man von spanisch-maurischen Wunderwerken umgeben, von fünffarbigem, hochglänzendem *zellij* (Mosaik) und kunstvollem kufischem Stuck im irakischen Stil mit Buchstaben, die mit Blättern und Knoten verwoben sind.

Diese Koranschule, die im 14. Jh. unter den Meriniden gegründet wurde, war einst die größte in Nordafrika und ist noch heute eine der prächtigsten. Das Zentrum ist an die nahe gelegene **Moschee Ali ben Youssef** (Karte S. 320; für Nichtmuslime geschl.) angegliedert. Einst wohnten hier 900 Studenten in 132 Schlafsälen und studierten Religions- und Rechtstexte. In einigen der 3 m² großen Schlafsäle im zweiten Stock auf der Westseite des Innenhofs kann man sich anschauen, wie die Studenten gelebt haben. Das Original-Marmorbecken aus dem 10. Jh., das den Innenhof der *medersa* schmückte, wurde jetzt ins Museum Dar Si Said (S. 322) gebracht.

Die Schule wurde im 19. Jh. modernisiert, aber die wenigen Badezimmer waren ein ernsthaftes Problem. Als die *medersa* verfiel, verlor sie Studenten an ihren akademischen Rivalen, die Medersa Bou Inania in Fès (S. 252). Aber sie verströmt noch immer eine wundervolle, gelehrige Ruhe – und jetzt, wo

MARRAKESCH ZENTRALE MEDINA

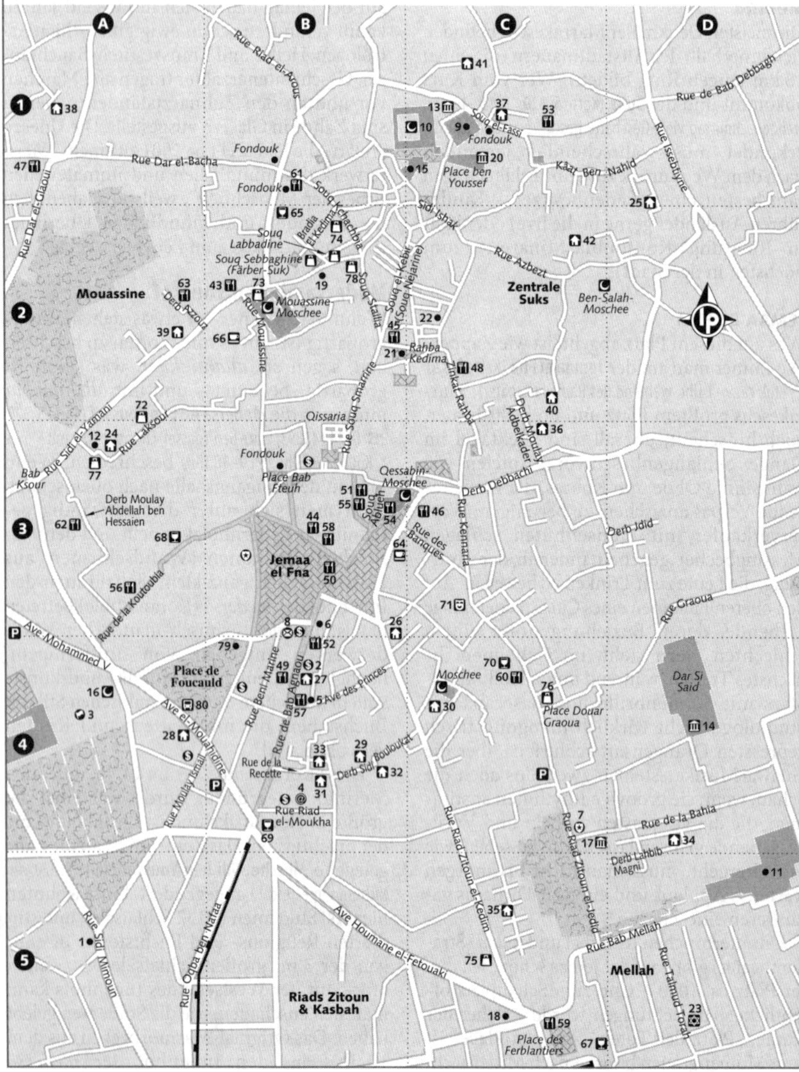

die Besucher den Ort fest in ihrer Hand haben, sind die grün-weißen *zellij*-Badezimmer erstklassig!

Koutoubia

Fünfmal am Tag, beim *adhan*, dem Ruf zum Gebet, übertönt eine Stimme den Krawall der Jemaa: Das ist der Muezzin, der vom Minarett der **Koutoubia-Moschee** (Karte S. 320; Ecke Rue el-Koutoubia & Ave Mohammed V; ⌚ Moschee & Minarett für Nichtmuslime geschl., Gärten 8–20 Uhr) die Gläubigen in allen vier Himmelsrichtungen ruft. Vom Minarett der Koutoubia zu rufen, ist der ultimative Muezzin-Auftritt in Marrakesch. Dieser 70 m hohe Turm aus dem 12. Jh. ist das architektonische Vorbild für die Giralda

PRAKTISCHES
- Brigade Touristique 1 A5
- Crédit du Maroc (Geldautomat & Bureau de Change) 2 B4
- Französisches Konsulat 3 A4
- Hassan Internet 4 B4
- MarraBook Café 5 B4
- Phar 6 B3
- Polizei 7 C4
- Post .... (siehe 7)
- Post 8 B3

SEHENSWERTES & AKTIVITÄTEN
- Medersa Ali ben Youssef 9 C1
- Moschee Ali ben Youssef 10 C1
- Palais de la Bahia 11 D5
- Dar Attajmil 12 A3
- Dar Bellarj 13 C1
- Dar Si Said 14 D4
- Koubba Ba'adiyn 15 C1
- Koutoubia 16 A4
- Maison Tiskiwin 17 C4
- Markt in der Mellah 18 C5
- Mouassine-Brunnen 19 B2
- Musée d'Art Marocain .... (siehe 14)
- Musée de Marrakech 20 C1
- Rahba Kedima 21 C2
- Souk Cuisine 22 C2
- Synagoge 23 D5

SCHLAFEN
- Dar Attajmil 24 A3
- Dar Tayib 25 D1
- Hotel Belleville 26 B3
- Hôtel Central Palace 27 B4
- Hôtel de Foucauld 28 A4
- Hotel Essaouira 29 B4
- Hôtel Sherazade 30 C4
- Hôtel Souria 31 B4
- Jnane Mogador 32 B4
- Le Gallia 33 B4
- Riad Akka 34 D4
- Riad Eden 35 C5
- Riad el Borj 36 C3
- Riad Farnatchi 37 C1
- Riad Julia 38 A1
- Riad L'Orangeraie 39 A2
- Riad Magi 40 C2
- Tamkast 41 C1
- Tchaikana 42 C2

ESSEN
- Bougainvillea 43 B2
- Café Argana 44 B3
- Café des Épices 45 B2
- Chegrouni 46 C3
- Dar Moha 47 A1
- Dar TimTam 48 C2
- Fast Food Alahbab 49 B4
- Imbissstände 50 B3
- Haj Mustapha 51 B3
- La Maison du Couscous 52 B4
- Le Foundouk 53 C1
- Les Terrasses de L'Alhambra 54 B3
- Mechoui-Gasse 55 B3
- Narwama 56 A3
- Pâtisserie des Princes 57 B4
- Qissaria-Imbissstände 58 B3
- Restaurant Place Ferblantiers 59 C5
- Ryad Jama 60 C4
- Terasses des Épices 61 B1
- Tobsil 62 A3
- Villa Flore 63 A2

AUSGEHEN
- Aqua 64 B3
- Café Arabe 65 B2
- Dar Cherifa 66 B2
- Kosybar 67 C5
- Piano Bar Les Jardins de la Koutoubia 68 A3
- Restaurant/Bar du Grand Tazi 69 B4
- Ryad Tamsna 70 C4

UNTERHALTUNG
- Cinéma Eden 71 C3

SHOPPEN
- Al-Kawtar 72 A2
- Assouss Cooperative d'Argane 73 B2
- Cooperative Artisanale Femmes de Marrakech 74 B2
- Creations Pneumatiques 75 C5
- Jamade 76 C4
- Kif-Kif 77 A3
- L'Art du Bain Savonnerie Artisanale 78 B2

TRANSPORT
- Caléche-Stand 79 B4
- Lokalbusse 80 A4

im spanischen Sevilla sowie für den Hassanturm in Rabat (S. 128) und ein monumentales Lehrbuch für maurisches Design: muschelförmige Schlusssteine, gezackte Zinnen (Krenelierung) und mathematisch gefällige Proportionen. Das Minarett war ursprünglich ganz mit dem für Marrakesch typischen rosafarbenen Putz ummantelt, aber die Experten beschlossen bei seiner Restaurierung in den 1990ern, die freigelegten Steine und den altehrwürdigen Charakter zu erhalten.

Als die heutige Moschee und ihr berühmtes maurisches Minarett im 12. Jh. unter dem Almohadensultan Yakoub el Mansour fertiggestellt wurden, gab es rundherum 100 Buchhändler – daher der Name Koutoubia, abgeleitet von *kutubiyyin* (Buchhändler). In den erst kürzlich verschönerten Gärten um die Moschee sieht man vielleicht noch eine Ausgrabung aus jüngerer Zeit, die eine alte Legende aus Marrakesch bestätigt hat: Die ursprüngliche Moschee, die von nicht allzu sorgfältigen almoravidischen Architekten geplant wurde, war nicht genau nach Mekka ausgerichtet, aber die frommen Almohaden bemerkten den Fehler, machten das Gebäude dem Erdboden gleich und bauten eine ordentliche Moschee. Die Koutoubia-Moschee ist für Nichtmuslime tabu, aber die Gärten sind frei zugänglich und ein tolles Plätzchen, um den *adhan* von der Koutoubia von Nahem zu hören.

Palais de la Bahia

Man versuche einmal, sich vorzustellen, was man bauen könnte, wenn einem Marokkos Spitzenhandwerker 14 Jahre lang zur Verfügung stünden. Et voilà: der **Bahia-Palast** (Karte S. 320; ☎ 0524 389564; Rue Riad Zitoun el-Jedid; Eintritt 10 Dh; Mo–Do & Sa–So 8.30–11.45 & 14.30–17.45, Fr 8.30–11.30 & 15–17.45 Uhr). *La Bahia* (die Schöne) steht in der Nähe der Place des Ferblantiers und ist vom Boden bis zur Decke voller Verzierungen, mit denen der Großwesir Si Moussa in den 1860er-Jahren begann und die zwischen 1894 und 1900 von Abu „Bou" Ahmed weitergeführt wurden. Die bemalten, vergoldeten Intarsiendecken haben noch immer die beabsichtigte Wirkung – sie beeindrucken die Massen. Die Stuckarbeiten sind so geschickt nach unten ausgerichtet, dass man sie gut sehen kann.

Nur ein Teil der 8 ha und 150 Zimmer des Palastes ist für die Öffentlichkeit zugänglich, aber man kann sich den unmöblierten, opulent verzierten Harem anschauen, der einst Bou Ahmeds vier Frauen und 24 Konkubinen beherbergte. Ebenfalls zu sehen ist der große Ehrenhof, auf dem sich einst die Menschen drängten, die um die Gnade des Despoten baten. Feinde und Frauen des Großwesirs räumten den Palast leer, noch bevor sein korpulenter Leichnam kalt war. Der Kriegsherr Pascha Glaoui unterhielt von 1908 bis 1911 europäische Freunde im Bahia-Palast. Dann warfen seine französischen Gäste ihren Gastgeber raus und richteten hier das *résident-généraux* des Protektorats ein. König Mohammed VI. wählt seine königlichen Gäste – von Würdenträgern bis zu Rapper Sean „Diddy" Combs – sorgfältiger aus …

Saaditengräber

Wer behauptet, man könne nichts mit ins Jenseits nehmen, hat die **Saaditengräber** (Karte S. 314 f.; Rue de la Kasbah, in der Nähe der Kasbah-Moschee; Eintritt 10 Dh; ⌚ 8.30–11.45 & 14.30–17.45 Uhr) noch nicht gesehen. Der Saaditensultan Ahmed el Mansour ed-Dahbi scheute bei seinem Grab keine Kosten: Er importierte italienischen Carrara-Marmor und verzierte wabenförmige *muqarnas*- (Verputz-)Bögen mit reinem Gold, um aus dem Raum der 12 Säulen eine angemessen prächtige letzte Ruhestätte zu machen. Der Marrakesch-Midas bevorzugte seine Günstlinge selbst noch im Tod und ließ die Alphamännchen unter den Prinzen in seiner Nähe im Saal der drei Nischen begraben; etwa 170 Kanzler und Frauen wurden derweil auf das Gartengrundstück verbannt. Aber das alles stellt das große Mausoleum seiner Mutter in den Schatten, das mit aufwändigen Holzarbeiten verziert ist. Diese sind den Naturgewalten ausgesetzt, werden aber von streunenden Katzen aufmerksam bewacht.

El Mansour starb 1603 inmitten von Prunk, aber nur wenige Jahrzehnte später ließ der Alaouitensultan Mulai Ismail die Saaditengräber zumauern, um seine Vorgänger aus den Augen und aus dem Sinn zu kriegen. Die Gräber waren nur durch einen kleinen Durchgang in der Kasbah-Moschee zu erreichen und wurden von allen außer den Störchen vergessen, bis sie 1917 bei Luftaufnahmen wiederentdeckt wurden.

An der Südecke der Kasbah-Moschee weisen Schilder den Weg durch einen schmalen Gang zu den Gräbern. Man kann alleine durch das Gelände laufen oder sich am Eingang einen Guide suchen, der einen für ein bescheidenes Trinkgeld (15–20 Dh) begleitet und erklärt, was man gerade sieht.

Dar Si Said

Mit dem **Dar Si Said** (Karte S. 320; ☎ 0524 389564; vom Riad Zitoun el-Jedid ausgeschildert, in der Nähe der Rue Kennaria; Eintritt 30 Dh; ⌚ Mi–Mo 9–12 & 15–18 Uhr) wurde ein Denkmal für die marokkanischen *mâalems* (Handwerksmeister) geschaffen. Es huldigt Marrakeschs eleganter Riad-Architektur und lokaler Handwerkskunst – auch wenn die Anerkennung für die spektakulär bemalten Holzarbeiten in dem gewölbten Hochzeitszimmer im Obergeschoss Handwerkern aus Fès gilt. Si Said, der Bruder des Großwesirs Bou Ahmed, schien es nichts auszumachen, auf einer Baustelle zu leben, und er gab seinen *mâalems* (Handwerksmeister) Zeit, um den Dar Si Said zu einem Beispiel für die zurückhaltende Eleganz des 19. Jhs. zu machen.

Passenderweise beherbergt diese Sehenswürdigkeit des Kunsthandwerks jetzt das Museum der marokkanischen Künste. Die mit Schnitzereien verzierte Tür und die Sammlungen von Dolchen mit Intarsien im Erdgeschoss, die fröhlich mit Blumen bemalten Balkone für die Musiker im Hochzeitszimmer im ersten Stock, die etwas bedrohlichen Küchengeräte in der *douira* (Küche) im zweiten Stock und die Sicht über den schönen *zellij*-Harem-Innenhof (wird gerade saniert) sollten Marrakeschbesucher sich nicht entgehen lassen. Die Erklärungen sind nur auf Arabisch und Französisch; wer beides nicht versteht, kann zumindest die Namen der Orte und die Daten lesen und den Anblick der schönen handgefertigten Kunstgegenstände genießen.

Musée de Marrakech

Vielleicht sind die Gerüchte über einen Fluch auf dem Mnebhi-Palast, in dem jetzt das **Musée de Marrakech** (Karte S. 320; ☎ 0524 441893; www.museedemarrakech.ma, französisch; Place ben Youssef; Eintritt 30 Dh ⌚ 9–18.30 Uhr) untergebracht ist, ja wahr. Dieser helle, geräumige Innenhof mit Säulengang und niedrigen Mauern bot Mehdi Mnebhi, dem Verteidigungsminister während der kurzen, unruhigen Herrschaft von Sultan Moulay Abdelaziz (1894–1908), keinen Platz, um sich zu verstecken. Während Minister Mnebhi von Zuhause fort war, um von Queen Victoria eine Medaille in Empfang zu nehmen, schmiedete das heimtückische England mit Frankreich und Spanien ein Komplott, um

Nordafrika zu kolonialisieren. In Mnebhis Abwesenheit klaute der Autokrat Pascha Glaoui dessen Palast – nach der Unabhängigkeit wurde er jedoch vom Staat beschlagnahmt. Der Palast wurde 1965 zu Marokkos erster Mädchenschule, die Unterhaltskosten und die Toiletten erwiesen sich jedoch als Problem.

Das Schicksal des Palastes wendete sich endlich 1997, als er durch die Omar-Benjelloun-Stiftung saniert und in ein elegantes Museum verwandelt wurde. Die wechselnden Ausstellungen traditioneller Kunst beinhalten u. a. Stickereien aus Rabat, marokkanisch-jüdische Gegenstände und Teppiche aus dem Hohen Atlas sowie die übliche orientalische Kunst im Originalhamam. Gelegentlich finden Konzerte in dem großen Innenhof statt, die man nicht verpassen sollte. Das Café im Hof bietet leckere Omelettes an und stellt faszinierende zeitgenössische marokkanische Kunst aus, und der Buchladen hat ein kleines, aber anspruchsvolles Sortiment an Kunstbüchern, Postern und Postkarten.

Palais El Badi

Als Sultan Ahmed el Mansour im 16. Jh. den Badi-Palast (Karte S. 314 f.; nahe Place des Ferblantiers; Eintritt Palast/Palast & Koutoubia Minbar 10/20 Dh; 🕒 8.30–12 & 14.30–18 Uhr) mit Gold, Türkisen und Kristallen pflasterte, witzelte sein Hofnarr: „Das wird eine schöne Ruine geben". Der Narr war kein Dummkopf: 75 Jahre später wurde der Palast geplündert. In dem kahlen Innenhof fällt es heutzutage schwer, sich die Pracht von *el-Badi* („der Unvergleichliche") vorzustellen. Die Hauptattraktion hier (und die zusätzlichen 10 Dh wert) ist das *minbar* (Gebetskanzel) aus der Koutoubia. Seine Stufen aus Zedernholz, in die Marketerien eingelegt sind, weisen komplizierte Schnitzereien und winzige Gold- und Silberkalligrafien aus dem 12. Jh. auf, die von Künstlern aus Cordoba und einem *mâalem* namens Aziz stammen (die Restaurierung durch das Metropolitan Museum of Art legte seine Unterschrift unter der Intarsie frei).

Wie Marrakesch aus der Vogelperspektive aussieht, lässt sich vom *pisé*-Wall aus testen. Außerdem sollte man abchecken, ob ein Konzert oder Event stattfindet. Bryan Ferry war vor Kurzem der Star eines Lounge-Musikfestivals, dass hier abgehalten wurde. Die prächtige Kulisse sorgt auch beim Folklorefestival im Juli (s. S. 492) und dem Internationalen Filmfestival (s. S. 330) für Atmosphäre.

Um den Eingang des Palasts zu erreichen, durch das Tor auf der Rückseite der Place des Ferblantiers gehen und an den Mauern nach rechts abbiegen. Der Eingang und der Kartenschalter liegen dann geradeaus.

Dar Bellarj

Höhenflüge gehören automatisch zum **Dar Bellarj** (Karte S. 320; ☎ 0524 444555; 9 Toulalat Zaouiat Lahdar; Sonderausstellungen 15 Dh; 🕒 9–13.30 & 14.30–18 Uhr), einem ehemaligen Storchenkrankenhaus (*bellarj* ist arabisch für Storch), das in Marrakeschs erstklassiges Kunstzentrum verwandelt wurde. Jedes Jahr legt die gemeinnützige Dar-Bellarj-Stiftung ein Programmthema fest: 2007 war es das Geschichtenerzählen durch Filme (das Zentrum schloss kurzzeitig, um eine marokkanische Filmakademie unterzubringen), 2008 standen die beiden Frauen-Traditionen Weberei und Geschichtenerzählen im Mittelpunkt. Vorführungen von arabischer Kalligrafie, Vernissagen, Kunsthandwerksausstellungen und Kunstworkshops sind für Einheimische und Besucher gleichermaßen Anziehungspunkte; Minztee gibt's zum Eintritt kostenlos dazu. Das Zentrum liegt an der Ecke der Ali ben Youssef Medersa; s. auch Kasten S. 324.

Mellah

Die **Mellah** (Karte S. 314 f.; östlich auf der Rue Riad Zitoun el-Jedid), die sich südlich vom Bahia-Palast befindet, ist die historische Heimat eines großen Teils der jüdischen Gemeinde von Marrakesch. In den engen *derbs* (Gassen) leben nur noch ein paar jüdische Familien – die meisten sind in den 1950er-Jahren nach Casablanca, Israel oder Frankreich gezogen –, aber man kann noch immer Davidsterne sehen, die die alten Türen schmücken, und beim Klatsch von einem schmiedeeisernen *mellah*-Balkon zum anderen zuhören.

Örtliche Fremdenführer zeigen einem die hiesige **Synagoge** (Rue Talmud Torah; Spende von 20–30 Dh/Pers. erbeten), die noch in Betrieb ist, und den **miaâra** (Karte S. 314 f.), den jüdischen Friedhof. Der Pförtner lässt Besucher ein, sodass man die weiß getünchten Gräber besichtigen kann, die zum Gedenken mit Steinhaufen gekrönt sind (10 Dh Trinkgeld erbeten). Um jedoch das pulsierend lebendige Vermächtnis der Gewürzhändler und Künstler der *mellah* zu sehen, muss man den Markt und die Ausstellungsräume der Künstler in und um die Place des Ferblantiers erkunden.

Maison Tiskiwin

Mit der privaten Kunstsammlung des niederländischen Anthropologen Bert Flint, die er in seinem Haus, der **Maison Tiskiwin** (Karte S. 320; ☎ 0524 389192; 8 Rue de la Bahia; Eintritt 15 Dh; 9.30–12.30 & 15–17.30 Uhr), ausstellt, kann man virtuell nach Timbuktu und wieder zurück reisen. Jedes Zimmer präsentiert eine Region Marokkos und zeigt Kunsthandwerk: von lange benutzten Lederkamelsätteln der Tuareg bis hin zu feinen Teppichen aus dem Mittleren Atlas – mit ihnen sollte man die im Suk vergleichen. Motive wie die *khamsa* (Hand der Fatima) und das Kreuz des Südens, die Sternenkonstellation, die einst Wüstenreisenden als Orientierung diente, kehren immer wieder. Flint lebt in einem anderen Teil des Hauses und die Maison Tiskiwin scheint ein traditionelles Marrakesch-Haus zu sein – ein Eindruck, der durch die verlockenden Düfte von Essen noch verstärkt wird.

Koubba Ba'adiyn

Niemand weiß, warum die Almohaden die **Koubba Ba'adiyn** (Karte S. 320; gegenüber der Moschee Ali ben Youssef; Eintritt 15 Dh, inkl. Medersa & Koubba 60 Dh; 9–19 Uhr) verschont haben. Sie zerstörten alles andere, was ihre almoravidischen Vorgänger in Marrakesch erbaut hatten, aber sie übersahen eine kleine, zierliche *koubba* (Grabstätte) aus dem 12. Jh., die vermutlich für Waschungen verwendet wurde. Die Überreste machen deutlich, was die spanisch-maurische Architektur der Almohaden den Almoraviden verdankt: Schlüssellochbögen, Rippengewölbe, verflochtene geschnitzte Arabesken und eine gewölbte Kuppel auf einem mit Zinnen versehenen Sockel.

MAHA EL-MADI

Die Direktorin der Dar-Bellarj-Stiftung ist in Marrakesch geboren und in Sachen Kultur sehr engagiert.

Veränderungen in der Medina: Ich wurde in diesen *derbs* (Gassen) geboren und bin dort aufgewachsen. Ich sehe, wie sich alles und gleichzeitig nichts verändert. Die Suks und *zawiyas* [Schreine; normalerweise einem Heiligen geweiht] sind noch immer hier und das Leben in den *derbs* prägen weiter *farnatchis* (Gemeinschaftsöfen) und *fondouqs*. Man sieht Menschen, die neben einkaufenden Travellern ihre Pilgerfahrt machen. Das war auch schon vor Hunderten von Jahren so. Viele Leute sagen, dass sich die Medina verändert – aber eigentlich sind wir diejenigen, die sich verändern.

Den Platz beobachten: Wenn Besucher heute nach Marrakesch kommen, wollen sie Riads sehen, aber obwohl sie herrlich sind, sind sie nicht unser entscheidendes Markenzeichen. Unser wichtigstes Denkmal, die Jemaa el Fna, ist kein Gebäude oder Grundstück: Sie ist ein offener Platz für den Austausch und für Ideen. Sie gehört zu Marrakesch, aber sie gehört auch der Welt. Ich glaube, wir in der Medina sind uns dessen bewusst. Die Geschichte von Handel, Religion, Kunst und Macht, die man hier überall sehen kann, ist gleichzeitig auch die Geschichte der Welt.

Ein Gefühl für den Ort: Unsere Mütter erzählten uns Geschichten über unsere Stadtviertel, unsere örtlichen Heiligen und Helden – gewöhnliche Menschen, die Dinge taten, die niemand von ihnen erwartet hatte. Dies waren Geschichten, die uns sagten, wer wir sind, was wir werden können, und die von unserer Medina erzählten. Die Geschichten unserer Mütter erinnern uns daran, dass wir jeden Tag unsere eigenen Geschichten hervorbringen. Wenn Frauen jetzt während der vielen Stunden zusammensitzen, die sie brauchen, um eine Stickerei fertig zu stellen oder ein Stück Stoff zu weben, werden Geschichten erzählt, die man im Fernsehen gesehen hat – meist *telenovelas* aus Spanien oder Filme aus Hollywood. Aber was haben diese Erzählungen mit uns zu tun? Wenn wir unsere Geschichten verlieren, verlieren wir unser Gefühl für den Ort.

Traditionen miteinander verweben: Dieses Jahr haben wir von Dar Bellarj uns entschlossen, uns darauf zu konzentrieren, zwei Stränge wieder miteinander zu verweben: die Tradition des Kunsthandwerks der Frauen und das Geschichtenerzählen der Frauen. Wir haben uns Geschichtenerzähler von der Jemaa el Fna und aus unseren Stadtvierteln ins Haus geholt und sie haben die Erzählungen, an die wir uns kaum noch erinnern, wieder mit Details versehen. Selbst wenn wir die Teppiche oder Stickereien verkaufen, behalten wir die Geschichten, denen wir gelauscht und die wir erzählt haben, während wir sie angefertigt haben. Wir müssen diese Geschichten sorgfältig hüten, denn sie sind das Erbe für unsere Kinder.

Mouassine-Brunnen
In der Medina gab es zu Beginn des 20. Jhs. 80 Brunnen, und jedes Stadtviertel war auf seinen eigenen angewiesen, um Wasser zum Kochen, für die öffentlichen Bäder, für Obstgärten und Gärten zu bekommen. Der **Mouassine-Brunnen** (Karte S. 320; Rue Sidi el-Yamani, nahe Rue Mouassine) mit seinen geschnitzten Holzdetails ist ein klassisches Beispiel, und er ist in diesem Viertel noch immer *die* Fläche zum Trocknen von Wolle und zum Tratschen.

Fondouks
Seit dem Mittelalter lebten die meisten Marrakeschis in der Medina nicht in schicken Riads, sondern in **Fondouks** (Karte S. 320; ⌚ allgemein 9–19 Uhr; einzelne Handwerkerateliers unterschiedl. Öffnungszeiten). Diese Karawansereien haben Handwerkerateliers im Erdgeschoss und einen Kamelparkplatz im Hof. Wer sich schon einmal gefragt hat, wo Marrakesch seine wilden Ideen und die Kreativität her hat, sollte sich ein paar der 140 *fondouqs*, die es noch in der Medina gibt, anschauen. In der Nähe der Place Bab Ftueh, der Rue Dar el-Bacha, des Souq el-Fassi (bei der Medersa Ali ben Youssef) und der Rue Mouassine steht Besuchern so manche Tür zu einem langgestreckten *fondouq* offen.

Ville Nouvelle
Wem die Medina sowohl die Nerven als auch die Sohlen aufzureiben beginnt, der kann nach **Guéliz** in die Kunstgalerien um die **Rue Yougoslavie** herum, in die Festpreisboutiquen und die hippen Cafés auf der **Rue de la Liberté** oder in den stets trendigen **Jardin Majorelle** fliehen. Am Südwestende der *ville nouvelle* bieten sich **Hivernage** und die Gegend um die **Ave el-Qadissa** (Karte S. 314 f.) an; dort gibt es Restaurants und Clubs, in denen man den Abend verbringen kann.

Wenn man mal kurz Erholung von der Stadt braucht, macht man einen Ausflug: In nur 20 Minuten Entfernung von der Stadt kann man im **Palmeraie** einen Kochkurs belegen, einen Hamam besuchen, sich einen Drink genehmigen oder übernachten.

Jardin Majorelle & Museum für islamische Kunst
Andere Gäste bringen Blumen mit. Yves Saint Laurent aber hat Marrakesch gleich den gesamten **Jardin Majorelle** (☎ 0524 301852; www.jardinmajorelle.com; Ecke Ave Yacoub el-Mansour & Ave Moulay Abdullah; Garten 30 Dh, Museum 15 Dh; ⌚ Sommer 8–18 Uhr, Winter 8–17 Uhr) geschenkt. Die Stadt „adoptierte" den Designer 1964 nach einer Reihe von Ereignissen, die in eher unvorteilhafter Reihenfolge kamen: die Erfindung der Hippiemode, der Ruhm als wegweisende Schwulenikone und ein Pflichtdienst im französischen Militär. Saint Laurent und sein Partner Pierre Bergé kauften die knallblaue Villa und den dazugehörigen Garten, um die Vision des ursprünglichen Besitzers, des gefeierten Landschaftsmalers Jacques Majorelle, zu retten, und machten ihn der Öffentlichkeit zugänglich. Wunschgemäß wurde Saint Laurents Asche nach seinem Tod im Juni 2008 im wundervoll restaurierten Jardin Majorelle verstreut.

Dank Bergé, Saint Laurent und dem Botaniker Abderrazak Benchaâbane aus Marrakesch ist der botanische Garten, den Majorelle 1924 zu kultivieren begann, heute eine psychedelische Wüsten-Fata-Morgana mit über 300 Pflanzenarten. Pinkfarbene Bougainvillea sprengen fast ihre zitronengelben Terrakottakübel, dürre Kakteen lehnen sich gegen kobaltblau verputzte Wände wie zugedröhnte Rockstars und Goldfische huschen wie knallorangene Blitze durch hellgrün schimmernde Pools.

In Majorelles Art-déco-Villa befindet sich jetzt das Museum für islamische Kunst, in dem Saint Laurents Sammlung dekorativer Kunst sowie Majorelles elegante Lithografien von Landschaften Südmarokkos untergebracht sind. Eine kleine Boutique verkauft einen Duft, der vom Garten inspiriert ist und von Benchaâbane kreiert wurde, und ein neues Café auf dem Gelände bietet Getränke und frisch zubereitete Mittagssnacks zu Haute-Couture-Preisen – aber bei der Aussicht kann man darüber nicht meckern.

Noch mehr Gärten
Marrakesch ist schon seit der Zeit der Almoraviden für seine Gärten berühmt, und obwohl nach Grundstücksspekulationen viele Gärten der *ville nouvelle* mit hohen Wohngebäuden zugebaut wurden, gibt es außer dem Jardin Majorelle noch ein paar andere wundervolle Gärten. Es lohnt sich z. B., im **CyberPark** (Karte S. 314 f.; Ave Mohammed V, Nähe Bab Nkob; ⌚ 9–19 Uhr; 💻 WLAN), einem 8 ha großen königlichen Garten aus dem 18. Jh., einen Zwischenstopp einzulegen. Hier hat man jetzt kostenlosen WLAN-Zugang, sodass man beim Lesen seiner E-Mails den Rosenduft genießen kann.

Auf Parkbänken inmitten von Teenagern und nervösen Internetdatern muss man abwarten, bis man mit dem kostenlosen Internetzugang an der Reihe ist, oder man bezahlt und nutzt das elegante klimatisierte Cybercafé (10 Dh/ Std.; s. S. 325).

Eine hiesige Legende erzählt von einem Sultan, der seine Gäste beim Abendessen verhexte und sie dann in die schimmernden Pools der **Menara-Gärten** (außerhalb der Karte S. 314 f.; Ave la Menara, Hivernage; Eintritt Garten frei, Picknickpavillon 20 Dh; ⌚ 5.30–18.30 Uhr) stieß, damit sie ertranken. Schwimmen scheint heute das Letzte zu sein, woran die am Pool knutschenden Pärchen inmitten der königlichen Olivenhaine denken. An klaren Tagen kommen Familien, um in einem herrschaftlichen Pavillon aus dem 19. Jh. zu picknicken. Marrakeschbesucher sollten sich unbedingt den Sonnenuntergang vorm Hintergrund des Atlasgebirges anschauen; die Sound- und Lichtshow am Abend, eine 65-minütige patriotische Version der Geschichte Marrakeschs mit Lasern und Ausdruckstanz, kann man sich aber schenken.

Galerien

Was denkt sich das unermüdlich kreative Marrakesch als nächstes aus? Um das herauszufinden, macht man eine kurze Tour durch die junge Kunstszene Marrakeschs auf der und um die Rue Yougoslavie. Am besten beginnt man in der **Galerie Noir sur Blanc** (Karte S. 331; ☎ 0524 422416; 48 Rue Yougoslavie, 1. Stock; ⌚ Mo–Fr 3–19, Sa 10–13 & 15–19 Uhr), einem Schaukasten größten marokkanischen Talents. Zu sehen sind dort u. a. kleine kalligrafische Zeichnungen von Larbi Cherkaoui aus Marrakesch. Auf der anderen Straßenseite und rechts entlang der Fußgängerzone Passage Ghandouri sieht man die glänzende schwarze Marmorfassade der **Matisse Art Gallery** (Karte S. 331; ☎ 0524 448326; www.matisse-art-gallery.com; 43 Passage Ghandouri, bei 61 Rue Yougoslavie; ⌚ Mo–Sa 9.30–12.30 & 15.30–19.30 Uhr), in der man genauso ätherische Figuren aus Bienenwachs und natürlichen Pigmenten vom berühmtesten Künstler Marrakeschs, Mahi Binebine, sieht wie Hennamalereien von Farid Belkahia, die an Berber-*baraka* (Segen) erinnern.

Wenn man die Werke der wichtigsten Künstler Marokkos gesehen hat, überquert man die Ave Mohammed V und geht die Rue ibn Toumert hinab, um in der **Galerie Ré** (Karte S. 331; ☎ 0524 432258; http://editmanar.free.fr; Résidence Al Andalous III, Ecke Rue de la Mosquée & Rue Ibn Toumert; ⌚ Di–Sa 9.30–13 & 15–20, So 11–18 Uhr) die Kunststars der nächsten Generation unter die Lupe zu nehmen. Ausschau halten nach Amina Benbouchtas hieroglyphisch-minimalistischen Gemälden, den Radierungen von Mauoal Bouchaïb, die von Felszeichnungen inspiriert sind, von Galeriekünstlern illustrierten Gedichtbänden und Ausstellungseröffnungen (immer voll, immer toll!).

AKTIVITÄTEN

Hamams

Eine authentische Hamam-Erfahrung zum Schnäppchenpreis gibt's im örtlichen Nachbarschaftshamam – man findet in der Nähe der meisten großen Moscheen einen, da sich die Hamams traditionell mit den Brunnen für Waschungen eine Wasserquelle teilen. Der Eintritt kostet hier weniger als 10 Dh, Massagen kosten 50 bis 100 Dh und *gommage* (Peeling) 15 bis 20 Dh. Zwei der eindrucksvolleren historischen Hamams sind der riesige **Hammam Dar el-Bacha** (Karte S. 314 f.; 20 Rue Fatima Zohra; Eintritt Männer/Frauen 7/7,50 Dh; ⌚ Männer 7–13 Uhr, Frauen 13–21 Uhr) und der aus dem 17. Jh. stammende **Hammam Bab Doukkala** (Karte S. 314 f.; Rue Bab Doukkala, südöstliche Ecke der Bab Doukkala Moschee; Eintritt 7,50 Dh; ⌚ Frauen 12–19 Uhr, Männer ab 20 Uhr). Besucher sollten ihre eigene Hamam-Ausrüstung mitbringen: Handtuch, Badelatschen, Plastikmatte und eine Unterhose zum Wechseln (man muss eine tragen).

Manche Riads und Hotels haben ihren eigenen Hamam im Haus. Normalerweise muss man seine Nische im Voraus buchen, da es ein paar Stunden dauern kann, das Hamam aufzuheizen. Gemeinschaftshamams sind eine umweltfreundlichere Variante, da pro Person weniger Wasser und Heizstoff benötigt werden, damit alle porentief rein werden.

Marrakesch bietet auch gehobenere Spa-Erlebnisse mit marokkanischem Touch. Die Heilbehandlungen mit dem besten Preis-Leistungs-Verhältnis sind die Hamam-/*gommage*-Behandlungen für 160 Dh, denen man sich in dem glänzenden Graphit-*tadelakt*-Hamam im Inneren der Art-déco-Villa des **Les Secrets de Marrakesh** (Karte S. 331; ☎ 0524 434848; 62 Rue de la Liberté; paarweise, 150 Dh/Pers.; ⌚ 9–19 Uhr) unterziehen kann, und Massagen für 350 Dh pro Stunde im **Bains de Marrakech** (Karte S. 314 f.; ☎ 0524 381428; www.lesbainsdemarrakech.com; 2 Derb Sedra, Bab Agnaou, Medina; ⌚ 9–20 Uhr). Diese Behandlungen sollten allerdings mindestens zwei Wochen im Voraus gebucht werden.

Pure Dekadenz bietet das **La Maison Arabe** (Karte S. 314 f.; ☎ 0524 387010; www.lamaisonarabe.com; 1 Derb Assehbe, Bab Doukkala), wo man bei der Grundbehandlung für 300 Dh mit einheimischen Kräutern und Mineralien umhüllt wird und dann Hamam, *gommage* und eine *masque* mit Lehm genießt, zerkleinerte Rosenblätter und Geranienöl inklusive. Massagen kosten 600 Dh die Stunde. Noch üppiger ist das **Sultana Spa** (Karte S. 314 f.; ☎ 0524 388008; www.lasultanamarrakech.com; Rue de la Kasbah, nahe den Saaditengräbern; P), wo man sich Hamam-Behandlungen in einem unterirdischen Spa aus reinem Marmor (einfaches Hamam 200 Dh, Zimt-*gommage* 350 Dh) und vierhändige Massagen mit Bernsteinöl auf der Dachterrasse mit Blick auf die Saaditengräber (ab 750 Dh) unterziehen kann.

Radfahren

Fahrräder kann man in Marrakesch in den meisten Budgetunterkünften bei der Jemaa el Fna oder in den großen Hotels an der Ave Mohammed Abdelkrim el-Khattabi in der *ville nouvelle* ausleihen; sie kosten etwa 70 bis 80 Dh am Tag. Für Mountainbike-, Rennrad- und Fahrradtouren durch den Hohen Atlas und die Wüste wendet man sich am besten an **Actions & Loisirs** (außerhalb der Karte S. 314 f.; ☎ 0524 430931; actionsportloisirs@yahoo.fr; Tikidia Garden Hotel, Palmeraie; 2 Std./halber Tag 140/350 Dh), **D&O** (☎ 0524 421996) oder **CycleActive** (☎ 44 1768 840 400; www.cycleactive.co.uk) mit Sitz in Großbritannien. Wer dem Stadtverkehr entfliehen möchte, fährt nach Palmeraie: In dem palmenbeschatteten Bezirk 5 km nordwestlich vom Zentrum kann man sich Lehmziegeldörfer und Villen von Stars anschauen.

Schwimmen

Medina-Riads dürfen nur Tauchbecken haben, da die Lehmziegelfundamente gefährdet wären, wenn größere Pools auslaufen. Angesichts der Wasserknappheit in Marokko und der Verschmutzung durch chemische Poolreiniger ist das eine gute Sache für die Umwelt. Von Pools mit Olympiamaßen und Wasserparks im ausgedörrten Zentral- und Südmarokko rät Lonely Planet mit Nachdruck ab.

Wer mit gutem Gewissen ein paar Bahnen schwimmen möchte, geht zum Mittagessen und für ein Bad ins **Jnane Tamsna** (außerhalb der Karte S. 314 f.; ☎ 0524 329423; www.jnanetamsna.com; Douar Abiad, Palmeraie; Eintritt inkl. 3-gängigem Bio-Mittagessen mit Wein 400 Dh), wo das Poolwasser von duftenden Biogärten gefiltert und beschattet wird. Schwimmer können ihren „feuchten Fußabdruck" auch mit einem Besuch und einer Spende bei einer lokalen Wohltätigkeitsorganisation (s. S. 360) wieder wett machen.

STADTSPAZIERGANG

Um die verborgenen Highlights der Medina zu entdecken, muss man sich nicht hoffnungslos in den Suks verirren (auch wenn das eigentlich zu empfehlen ist) oder im Morgengrauen durch die *derbs* rennen. Nachdem man im Riad gefaulenzt oder sich auf der Terrasse seines Hotels gesonnt hat, beginnt man den gemächlichen Nachmittagsspaziergang gegen 14.30 Uhr am **Palais de la Bahia** (**1;** S. 321), wenn der Palast gerade wieder öffnet, aber bevor die Massen kommen. Wenn man über die aufwändig bemalten Decken im Bahia gestaunt hat, läuft man die Rue Riad Zitoun el-Jedid rauf und folgt den Schildern, die nach rechts unter einem Bogengang durch zum **Dar Si Said** (**2;** S. 322) weisen, wo die bemalte Kuppel des Hochzeitszimmers den vom Bahia-Palast verwirrten Geist noch mehr durcheinander bringt.

Zurück zur Rue Riad Zitoun el-Jedid gehen und der Straße Richtung Norden zur **Jemaa el Fna** (**4;** S. 319) folgen, vorbei am mit Fliesenstückchen gepflasterten Eingang und den Bollywood-Postern des **Cinéma Eden** (**3;** S. 345) links. Man muss gut aufpassen, um Motorrollern, Pferdekutschen, kriecherischen Schlangenbeschwörern und Henna-Tätowierern, die jede Hand als leere, um Kunst bettelnde Leinwand ansehen, auszuweichen. Auf die Minzstände in der Nordwestecke zusteuern, rechts zur Place Bab Fteuh einbiegen und den Platz in Richtung des überdachten Eingangs zur Rue el-Mouassine überqueren. Rechts befindet sich das **Fondouk Bab Fteuh** (**5;** S. 325), wo man in kleinen Handwerkerateliers zuschauen kann, wie Schmuck und Tabletts bearbeitet werden.

Danach geht's auf der Rue el-Mouassine nach Norden bis zur Kreuzung mit der Rue el-Ksour, die unter einem Bogen nach links führt. Hier kann man einen Shopping-Abstecher nach Westen zu **Al-Kawtar** (**6;** S. 345) und **Kif-Kif** (**7;** S. 345) einbauen (entlang der Rue el-Ksour) und dann über die Rue Sidi el-Yamani wieder auf die Rue el-Mouassine zurückkehren. Ansonsten geht man weiter nach Norden, am Eingang der Mouassine-Moschee auf der rechten Seite vorbei. Man sollte nach einem

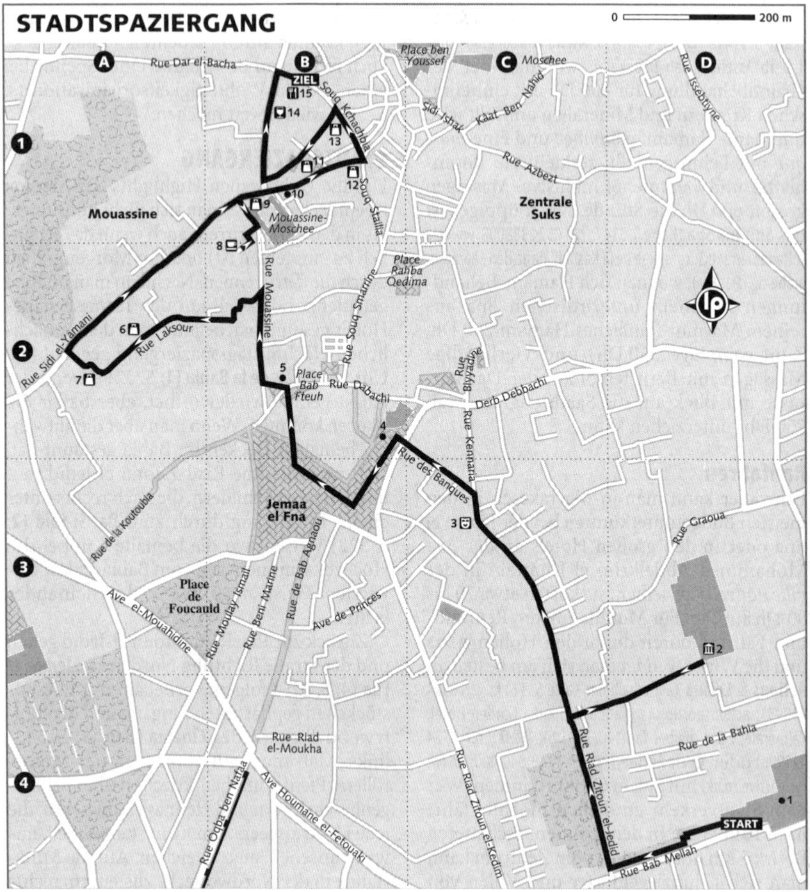

ROUTENINFOS

Start Palais de la Bahia
Ziel Terrasse des Épices
Strecke 4,25 km
Dauer 4 Std.

Hinweisschild zum **Dar Cherifa** (**8;** S. 342) Ausschau halten. Schilder weisen nach links und dann unter einem Bogen nach rechts zu dieser Sehenswürdigkeit aus dem 15. Jh., wo man inmitten saaditischer Stuckpracht Minztee genießen kann. Den gleichen Weg bis zur Rue Mouassine zurückgehen und ein paar Schritte nach links zur Kreuzung mit der Rue Sidi el-Yamani laufen.

Nach rechts abbiegen; der zweite Laden zur Rechten ist die **Assouss Cooperative d'Argane** (**9;** S. 345), die Vorübergehende mit kostenlosen Proben von fair gehandeltem Arganöl und *amelou* (Argankernbutter) ködert. Weiter geradeaus steht der **Mouassine-Brunnen** (**10;** S. 325), wo man die Holzarbeiten bewundern kann (oder nur so tun als ob, während man dem lokalen Klatsch lauscht). Durch den Torbogen geht's zum malerischen **Souq Sebbaghine** (**11**; Färber-Suk) mit den vielen Strängen gelber und roter Wolle, die unter dem strahlend blauen Himmel zum Trocknen herumhängen. Die Abzweigung nach rechts führt durch Werkstätten, in denen Filz hergestellt wird; wer weiter geradeaus läuft, kann seiner Nase zum duftenden Seifenladen **L'Art du Bain**

Savonnerie (**12;** S. 345) auf der rechten Seite folgen. An der nächsten Abzweigung nach links zum Souq el-Attarine abbiegen und diese nach links gebogene Marktstraße entlanggehen, bis auf der linken Seite die **Cooperative Artisanale Femmes de Marrakesh** (**13;** S. 345) zu sehen ist. Dann geht man um die nächste Ecke und nimmt die Straße nach links zurück in Richtung Souq Sebbaghine und Mouassine-Brunnen.

Zurück auf der Rue el-Mouassine nach rechts und dann geradeaus marschieren, um zur Cocktailstunde auf der Terrasse des **Café Arabe** (**14;** S. 343) einzukehren oder weiter nach Norden zu wandern, vorbei an restaurierten *fondouqs* auf der Rechten zur Kreuzung mit der Rue Dar el-Bacha. Hier lässt man sich von seinem knurrenden Magen nach rechts führen und sucht nach den Hinweisschildern zur **Terrasse des Épices** (**15;** S. 339) auf der rechten Seite. Dort direkt nach oben gehen, sich auf eine Couch plumpsen lassen und diesen tollen Nachmittag in Marrakesch beim Sonnenuntergang ausklingen lassen.

KURSE

Kochen

Viele Riads in der Medina bieten Kurse bei ihrem Koch an, im Rahmen derer man lernen kann, einfache *tajine* oder Couscous zuzubereiten. Bei **Souk Cuisine** (Karte S. 320; ☎ 0673 804955; www.soukcuisine.com; Zniquat Rahba, 5 Derb Tahtah, Medina; 350 Dh/Tag inkl. Mahlzeit & Wein) kann man kochen lernen wie die *dadas* (Chefköche). Kochschüler gehen mit der Englisch sprechenden Holländerin Gemma van de Burgt im Suk die Zutaten einkaufen, kochen gemeinsam mit zwei marokkanischen Hochzeitsmahl-Köchinnen und genießen dann das viergängige Mittagessen, bei dessen Zubereitung sie geholfen haben.

Andere interaktive Kochworkshops gibt's bei **Jnane Tamsna** (☎ 0524 329423; www.jnanetamsna.com; Douar Abiad, Palmeraie; Kurs inkl. Essen 550 Dh), wo man mit Bioprodukten aus dem Garten kocht, bei **Bled Alfassia** (außerhalb der Karte S. 314 f.; ☎ 0524 329660; www.bledalfassia.com; Route de Fez, Palmeraie; Preise auf Anfrage), wo man die Geheimnisse der Köche vom Al-Fassia (S. 340) enthüllt, sowie bei **Dar Attajmil** (Karte S. 320; ☎ 0524 426966, 0664 235954; www.darattajmil.com; 23 Rue Laksour; Kurs inkl. Essen 500 Dh).

Sprachen

Das **Institut Français** (S. 318) bietet zu jeder Zeit Privatunterricht in Arabisch und Französisch (250 Dh/Std.) an. Im Juli wird ein Französisch-Intensivkurs (850 Dh) abgehalten und während des Semesters gibt's Kurse in marokkanischem Arabisch (1600 Dh) und Französisch (850 Dh). Um die Sprache der Einheimischen zu lernen, kann man auch über **Study Arabic in Marrakech** (☎ 0611 921065; studyarabic@menara.ma) Kontakt zu einem Privatlehrer aufnehmen.

MARRAKESCH MIT KINDERN

Diese Märchenstadt ist toll für Kinder; die labyrinthartige Anordnung gibt ihrer Fantasie Raum. Bei den Zaubertrankverkäufern auf der **Rahba Qedima** (Karte S. 320) könnten auch Harry Potter und die Hogwarts-Meute ihren Schulbedarf kaufen. Schlangenbeschwörer und Schneckenverkäufer auf der **Jemaa el Fna** (s. S. 319) lassen die Kids vor angeekeltem Entzücken kreischen. Viele Sukstände haben was für Kinder – kindervernarrte Händler können die Kleinen an einem einzigen Tag schrecklich verziehen, indem sie sie mit kostenlosen Leckerbissen, Spielzeug und Süßigkeiten verwöhnen. Wenn Erwachsene zu alt sind, um eine gute Gesellschaft zu sein, trifft man im nächsten Park andere Kinder.

Wer Knirpse hat, sollte sich zweimal überlegen, ob er in einem Riad übernachtet. Tauchbecken und steile Treppen sind nicht unbedingt kindersicher und Geräusche hallen durch den Innenhof. Die meisten Riadbesitzer und das Personal sind in Babys vernarrt, aber das gilt nicht immer auch für die schlafberaubten Mitgäste, die einem beim Frühstück böse Blicke zuwerfen.

Ein postkartenreifes Familienabenteuer ist ein Kamelausritt. Kamele gibt's normalerweise in Palmeraie; eine Viertelstunde Herumzockeln kostet 30 bis 50 Dh. **Kasbah Le Mirage** (außerhalb der Karte S. 314 f.; ☎ 0524 314444; Ouahat Sidi Brahim, Palmeraie; 1½ Std. Kamelritt 290 Dh) organisiert Dromedarausritte durch Palmeraie (zum Schluss gibt's marokkanische Eierkuchen). Marrakesch hat auch eine große Auswahl an Pferde- und Ponyställen; die **Sabots de l'Ourika** (außerhalb der Karte S. 314 f.; ☎ 0660 031110; Km 11 Ourika Rd; Tour 1/3 Std. 250/550 Dh) sind auf ein- bis dreistündige Ausritte auf dem Land spezialisiert. Wer wissen will, wo in der Nähe des Hotels Pferde sind, hält eine Pferdekutsche (s. S. 348) an.

GEFÜHRTE TOUREN

Die meisten Touranbieter haben Büros auf oder in Nähe der Ave Mohammed V, westlich der Place du 16 Novembre in Guéliz. Die meisten Riads und Hotels können Ausflüge organisieren oder einen an eine angesehene Agentur verweisen. Damit alle Spaß haben und das Ganze sicher abläuft, immer offizielle, versicherte Fremdenführer verlangen und, falls erforderlich, angeben, dass man einen Englisch sprechenden Guide braucht.

Inside Morocco Travel (außerhalb der Karte S. 314 f.; ☎ 0661 182090; Riad Bledna, Palmeraie; ⌚ Mo–Sa 9–12 & 15–19 Uhr) Marokko aus Sicht eines Einheimischen – Mohamed Nour, der Marrakescher Ökotourismus-Experte und Geologe, der genauso wie sein mehrsprachiges Team jeden geheimen Winkel des Atlas und jede versteckte Oase in der Sahara kennt, nimmt Gäste mit auf individuell gestaltete, ökobetonte Abenteuer.

Mountain Voyage (Karte S. 331; ☎ 0524 4219965; www.mountain-voyage.com; Ave Mohammed V, Immeuble El Batoul, 2. Stock, Guéliz; ⌚ Mo–Sa 9–12.30 & 15.30–19 Uhr) Bei diesem britischen Unternehmen mit Sitz in Marrakesch kann man lizensierte, Englisch sprechende Fremdenführer für individuelle Marrakesch-Touren, umweltfreundliche Trips in den Mittleren Atlas und Ausflüge in den Hohen Atlas mit Übernachtung auf dem unternehmenseigenen Anwesen, der Kasbah du Toubkal (S. 361), buchen.

Diversity Excursions (☎ 0524 329423; www.diversity-excursions.co.uk) Die Global Diversity Foundation organisiert Touren in und um Marrakesch, die von marokkanischen Experten für einheimische Kultur, Geschichte, Botanik und Ökologie geführt werden und einem die Augen öffnen. Manchmal kann man private Gärten oder eines der Projekte der Stiftung besuchen.

Desir du Maroc (☎ 0661 163585; www.desirdumaroc.com) Abdelhay Sadouk aus Marrakesch hat 30 Jahre Erfahrung darin, Besuchern die marokkanische Kultur nahezubringen: Er leitet Geschichts- und Kulturtrips, die von Marrakesch zur Küste, in die Wüste und in die Berge führen. Yoga- und Tai-Chi-Workshops sind möglich; Englisch sprechende Guides gibt's auch.

FESTIVALS & EVENTS

Marrakesch-Marathon (www.marathon-marrakech.com; Gebühr Halbmarathon 25 €, Marathon 40 €) Rennen, als wäre ein Teppichverkäufer hinter einem her: 5000 Marathonläufer überqueren beim jährlichen Straßenrennen im Januar die Ziellinie an der Jemaa el Fna.

Festival zeitgenössischen Tanzes (www.maghrebarts.ma/musique.html, französisch) Im Januar wird dieses inspirierende Vorzeigeprojekt für modernen Tanz aus der ganzen Welt abgehalten. Wer will, kann wie eine marokkanische Martha Graham die Tanzfläche erobern.

Rencontres Musicales de Marrakech (☎ 0666 102729; www.maghrebarts.ma, französisch) Im März trifft der Osten auf der Bühne auf den Westen. Kostenlose Konzerte und Events im Palais de la Bahia, im Jardin Agdal und auf der Jemaa el Fna.

Folklorefestival (☎ 0524 446114; www.maghrebarts.ma/musique.html, französisch) Über 40 Jahre alt und stolz darauf: Marrakeschs bedeutendstes Festival wurde von der Unesco 2005 zu einem „Meisterwerk des mündlichen und immateriellen Erbes der Menschheit" erklärt, da es jedes Jahr im Juli verschiedene Tanz-, Musik- und Geschichtenerzähltraditionen aus ganz Marokko zeigt.

Internationales Filmfestival (☎ 0524 420200; www.festival-marrakech.com) Stars aus Hollywood, Bollywood und dem ganzen Maghreb machen dieses einwöchige Festival im Dezember zu einem kosmischen Event (s. Kasten S. 65).

> **ÜBERNACHTUNGEN BUCHEN**
>
> Bett gesucht? Auf www.lonelyplanet.com/hotels kann man sich eine Übernachtungsmöglichkeit suchen und sie buchen. Für Marrakesch werden mehr als 30 Häuser vorgestellt – jedes wurde von einem Lonely Planet Autor persönlich besucht, sorgfältig geprüft und empfohlen. Wir haben für jede Preisklasse, von Hostels bis Spitzenklassehotels, die Orte aufgestöbert, die einzigartige und besondere Erlebnisse garantieren. Im Netz sind unabhängige Kritiken von Autoren und anderen Travellern sowie praktische Informationen zu finden, z. B. Angaben zu Einrichtungen, Karten und Fotos. Das gewünschte Zimmer lässt sich einfach und sicher über unseren Onlinebuchungsservice „Hotels & Hostels" reservieren.

SCHLAFEN

Marrakesch hat einfach alles zu bieten: von der schäbigsten Absteige bis zum tollsten orientalischen Märchenpalast. Zunächst muss man sich entscheiden, wo man übernachten möchte – direkt im Herzen der Suks in einer versteckten Medina-*derb*, in der *ville nouvelle*, wo man Hotels sämtlicher Kategorien von Economy bis Business Class findet, oder in Palmeraie, abseits vom Getümmel der Stadt inmitten von sich wiegenden Palmen? Viele Traveller kombinieren das alles und verbringen ein oder zwei Tage in einem günstigen Hotel in der *ville nouvelle* oder an der Jemaa el Fna, gönnen sich dann ein paar Nächte in Marrakeschs wundervollen Riads und suchen anschließend die Ruhe von Palmeraie oder dem nahe gelegenen Hohen Atlas.

Egal wofür man sich entscheidet, man sollte wissen, dass die Preise für Unterkünfte in Marrakesch höher sind als anderswo in Marokko. Und sie steigen weiter. Da der Wert des Dirham im Verhältnis zum Euro ständig steigt und fällt, erhebt der Staat zusätzliche Steuern auf Hotels. Aber dennoch kommen immer mehr Traveller für ein zweites, drittes und siebentes Mal, um die Marrakescher Gastfreundschaft zu genießen.

Die in diesem Kapitel genannten lizensierten Riads wurden nicht nur wegen ihres Aussehens, sondern auch wegen ihrer günstigen Lage, des freundlichen Personals und der hausgemachten marokkanischen Gerichte ausgewählt. Lonely Planet empfiehlt Riads,

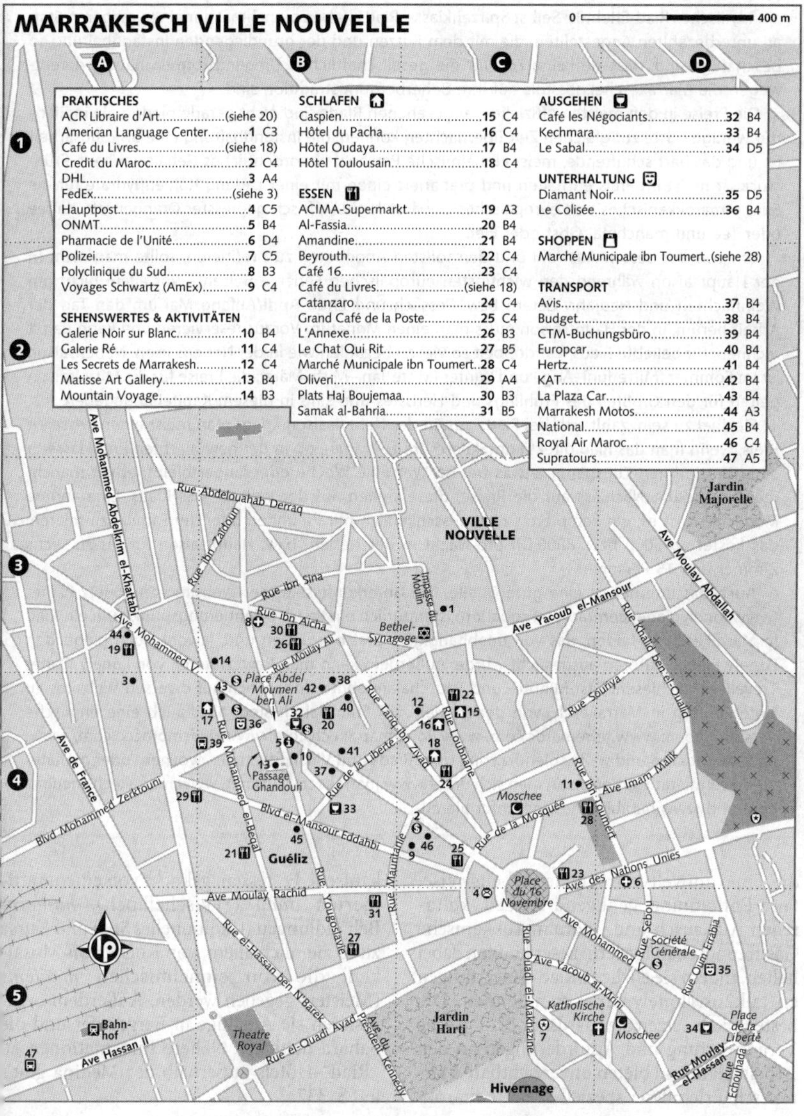

RIADS GÜNSTIG

Wer in einem Riad übernachtet, lernt die Marrakescher Kunst der Gastfreundschaft kennen und bekommt einen Einblick in das Marrakesch hinter den messingbeschlagenen Toren der Medina. Aber es ist nicht immer alles so, wie es auf den Websites mit den retuschierten, tollen Aufnahmen im Kerzenlicht scheint, die eine Lage „5 Minuten entfernt" von der Jemaa el Fna versprechen. Manche befinden sich in abgelegenen Teilen der Medina, weit weg von Restaurants, Taxisständen und anderen Annehmlichkeiten für Traveller, in gewundenen, überdachten *derbs* (Gassen), die schon am helllichten Tage düster und bedrohlich wirken. Der Preis ist auch keine Garantie für ein idyllisches Riad-Erlebnis: Selbst Spitzenklasse-Riads haben manchmal nur einen mageren Stab an unterbezahlten Angestellten, die mit dem Putzen und der grundlegenden Instandhaltung so beschäftigt sind, dass sie keine Zeit für die gesellschaftlichen Umgangsformen haben, derentwegen die Marrakescher so stolz auf ihre Beherbergungstradition sind.

Die Preise in den meisten offiziellen, angesehenen Riads sind nicht gerade niedrig, da in Riads nur wenige Gäste zur gleichen Zeit übernachten können, die Instandhaltung eine Sisyphosarbeit ist und das hart schuftende, meist einheimische Personal ein ordentliches Gehalt verdient. Frühstück ist meist im Preis enthalten und präpariert einen mit einer Ladung Kohlenhydrate für die Suks – marokkanisches und europäisches Gebäck, Joghurt, frisch gepresster Orangensaft, Kaffee oder Tee und manchmal Obst oder Eier.

Um von der besten Auswahl und den tollsten Angeboten zu profitieren, sollte man nicht in der Hauptsaison während den wichtigsten europäischen Ferien anreisen – vor allem nicht um Weihnachten und Neujahr, Ostern bzw. Pessach und Ende April/Anfang Mai um den Tag der Arbeit herum. In der Hauptsaison muss man einen Monat im Voraus reservieren und kann damit rechnen, für beliebte Riads fast doppelt so viel zu bezahlen wie in der Nebensaison. Nebensaison ist im Sommer (Mitte Juni–Aug.) und Winter (Mitte Jan.–Mitte März); die Preise für die Mittelsaison gelten für den Großteil des Frühlings und Herbstes und sind in diesem Kapitel angegeben.

Flexibel zu sein, zahlt sich bei Riads aus. In der Nebensaison kriegt man meist einen besseren Preis, wenn man das Riad direkt kontaktiert, um zu fragen, ob in der gewünschten Preisklasse in einer bestimmten Zeitspanne etwas frei ist. Wer eine Woche oder länger bleibt, erhält manchmal bis zu 30 % Nachlass auf die Preise; diese stehen auf der Website des Riads. Eine andere Möglichkeit ist es, ein komplettes Riad ausschließlich mit Freunden oder der Familie zu mieten; das kostet ab 5000 bzw. 8000 Dh pro Nacht in der Neben- bzw. Hauptsaison für bis zu sechs Zimmer und 15 Personen.

Auch das Internet ist eine gute Quelle. Die Unterkunftsseite der Website von Lonely Planet (www.lonelyplanet.com/accommodation) ist natürlich ein erster Orientierungspunkt, um ein Riad in Marrakesch zu finden, das von unabhängigen, preisbewussten und, jawohl, auch pingeligen Lonely Planet Autoren ausgesucht wurde. Außerdem kann man Bewertungen von Lonely Planet Travellern nachlesen. Last-Minute- und Pauschalangebote finden sich auf diversen Websites zu Unterkünften in Marrakesch, von denen viele auf Französisch sind, aber auch eine englische Version haben: www.terremaroc.com, www.ilove-marrakech.com, www.riadsmorocco.com, www.riadomaroc.com und www.splendia.com. Über Riads und Villen, die tage-, wochen- oder monateweise vermietet werden, kann man sich unter www.marrakech-riads.net, www.marrakech-medina.com und www.habibihomes.com informieren.

die eine umweltverträgliche Arbeitsweise, faire Entlohnung, genügend Freizeit, kulturellen Austausch und wahre marokkanische Gastfreundschaft fördern. Leser können dabei helfen, indem sie ehrliche Riad-Bewertungen an talk2us@lonelyplanet.com senden. Die besten Riads setzen Standards für ökologische Verantwortung und Anforderungen an den Arbeitsplatz und bieten unverzichtbare Marrakesch-Erlebnisse: speziell kreierte marokkanische Festessen, gekocht von einem raffinierten *dada* (Hauschefkoch), *hamam*-Behandlungen (traditionelles Spa) und Kurse zu so ziemlich allem, von Kochen bis Mosaiken, die von einheimischen *maâlems* (Meister) gegeben werden. Außerdem organisieren sie Ausflüge in Bergdörfer und die Sahara dahinter. Nähere Informationen zu „Riad"-Hotels außerhalb der Medina gibt's auf S. 337.

Medina

BUDGETUNTERKÜNFTE

In den Gassen direkt südlich der Jemaa el Fna gibt's haufenweise Budgetunterkünfte. Außer der Lage, der Professionalität des Personals, dem Grad der Sauberkeit und dem Zustand der Duschen gibt es zwischen ihnen oft keine großen Unterschiede. Sie sind klein, daher sind die besten wirklich schnell voll. Es lohnt sich also, vorher anzurufen. Manche lassen gestrandete Traveller für ca. 50 Dh auf einer Matratze auf der Terrasse schlafen.

Hotel Essaouira (Karte S. 320; ☎ 0524 443805; www.jnanemogador.com/hotelessaouira-marrakech.htm; 3 Sidi Bouloukat, Nähe Jnane Mogador; EZ/DZ 90/140 Dh, Matratze auf dem Dach 30 Dh, Dusche zzgl. 10 Dh) Dieses ziemlich schwer fassbare, vielseitige Hotel mit 30 Zimmern versteckt sich in einer *derb*, die von der Rue Riad Zitoun el-Qedim abgeht, und ist nur fünf Minuten von der Jemaa el Fna entfernt. Das ehemalige Wohnhaus wurde schon in den 1960er-Jahren zu einem Hotel umfunktioniert und der noch erhaltene, psychedelisch mehrfarbige Stuck lässt seine wilde Vergangenheit erahnen. Die Zimmer haben eine fröhliche, nicht zusammenpassende Deko (manche auch Waschbecken), aber keine eigenen Badezimmer – man muss also mit Wartezeiten bei den Duschen und Toiletten rechnen.

Hôtel Souria (Karte S. 320; ☎ 0524 445970; 17 Rue de la Recette; EZ/DZ 130/170 Dh) „Wie geht's? Ist alles in Ordnung?" Selbst wenn nur ein paar Minuten vergangen sind, seit man sie das letzte Mal gesehen hat, fragen das einen die Frauen, die dieses Hotel leiten, immer wieder. Die Atmosphäre ist unkompliziert und das sind auch die Zimmer – es gibt zehn Zimmer ohne Schnickschnack mit Gemeinschaftsbad um einen Innenhof mit einer Patchwork-Fliesen-Terrasse und einem Garten –, aber irgendwie wirkt alles sehr herzlich. Unbedingt vorher reservieren!

Hôtel Central Palace (Karte S. 320; ☎ 0524 440235; hotelcentralpalace@hotmail.com; 59 Derb Sidi Bouloukat; DZ 155 Dh, mit Dusche/Bad 205/305 Dh) Zentral stimmt schon, aber palastartig? Doch, in der Tat. Das Central Palace ist ein seltenes Exemplar eines stattlichen Budgethotels und hat 40 saubere Zimmer auf vier Etagen, die um einen plätschernden Brunnen im Hof herum angeordnet sind, sowie eine Dachterrasse, die über der Jemaa el Fna schwebt. Im Sommer die kühleren Zimmer im ersten Stock nehmen!

Hôtel Sherazade (Karte S. 320; ☎ 0524 429305; www.hotelsherazade.com; 3 Derb Djemaa, Riad Zitoun el-Kedim; EZ/DZ mit Gemeinschaftsbad 180/230 Dh, EZ mit eigenem Bad ab 220–640 Dh, DZ mit eigenem Bad ab 270–690 Dh; ❄) Gespräche ergeben sich in diesem entspannten Riad, das eine marokkanisch-deutsche Familie führt, ganz von allein. Es gibt 22 Zimmer und einen wundervollen gelben, zentralen Innenhof mit einem vor sich hin tröpfelnden Brunnen und Bodenkissen. Die Zimmerpreise variieren abhängig von Klimaanlage, Ausstattung und Bad; einige Quartiere haben verführerische *tadelakt*-Wannen. Die Zimmer mit Gemeinschaftsbad, die sich auf der Terrasse befinden, schreien geradezu nach Ohropax, denn sie werden auf der einen Seite von der Backpackerabteilung und auf der anderen von dem unwirschen Muezzin beschallt.

Hôtel de Foucauld (Karte S. 320; ☎ 0524 440806; Ave el-Mouahidine; EZ/DZ 220/250 Dh; ❄) Das einen Häuserblock von der Jemaa el Fna entfernte Foucauld bietet geräumige, verwohnte Zimmer mit eigenem Bad und ein überraschend gutes Restaurant mit fairen Preisen. Es ist ein gutes Plätzchen, um Wanderer und Biker am Frühstücksbuffet (25 Dh) um Tipps für Erkundungstouren im Hohen Atlas zu bitten. Auch wenn es der Intuition widerspricht: Nach einem Zimmer fragen, das zur Straße und zur Place Foucauld hinausgeht, sonst wacht man um 5 Uhr morgens auf und denkt, der Muezzin der Koutoubia stünde direkt im eigenen Zimmer.

Hotel Belleville (Karte S. 320; ☎ 0524 426481; 194 Riad Zitoun el-Kedim; EZ/DZ/3BZ inkl. Frühstück 250/300/400 Dh) Direkt hinter der Jemaa el Fna versteckt, aber mit netteren Quartieren und einem aufmerksameren Service, als man ihn in größeren Budgethotels findet. Was den neun Zimmern an Größe fehlt, machen sie durch Charakter wieder wett: Es gibt Badezimmer mit *zellij*-Ausstattung, Himmelbetten und hohe Decken. Wer einen leichten Schlaf hat, sei gewarnt: Ein Zimmer abseits der belebten Straße nehmen und Ohrstöpsel mitbringen!

Talaata wa Sitteen (Karte S. 314 f.; ☎ 0524 383026; www.tlaatawa-sitteen.com; 63 Derb el-Ferrane, Riad Laârouss; Zi. pro Pers. mit Gemeinschaftsbad/eigenem Bad 280/445 Dh) Ungezwungen charmantes Haus mit Hockern, die an Teetische aus Kieferholz herangezogen werden können, Chaiselongues mit Stoffüberwürfen auf der Terrasse, absolut schicken Zimmern und überall verteilten Strohmatten und Sonnenhüten. Es ist nicht weit von der Medersa Ali ben Youssef, aber einen ordentlichen Fußmarsch von der Jemaa entfernt – aber die geselligen, leckeren Abendessen hier sind ein Highlight und die *tadelakt*-Gemeinschaftsbäder sind schicker als in jedem Budgethotel an der Jemaa. Frühstück inklusive.

Le Gallia (Karte S. 320; 0524 445913; Fax 0524 444853; www.ilove-marrakesh.com/hotelgallia; 30 Rue de la Recette; EZ/DZ inkl. Frühstück 320/500 Dh;) Gäste können sich in einem der 17 klimatisierten bzw. geheizten Zimmer breit machen, die um zwei grüne Innenhöfe liegen, gemächlich ein Frühstück einnehmen, das man von den glänzenden, gefliesten Art-déco-Böden essen könnte, und sich auf der Fliesenterrasse die Sonne auf den Pelz brennen lassen, während sie den Singvögeln in den Käfigen unten lauschen. Das freundliche Gallia, das seit 1929 von derselben französischen Familie geführt wird, ist ständig voller Traveller, die zum wiederholten Mal da sind, daher muss man mindestens einen Monat vorab per Fax reservieren.

Jnane Mogador (Karte S. 320; 0524 426323; www.jnanemogador.com; Derb Sidi Bouloukat, 116 Rue Riad Zitoun el-Kedim; EZ/DZ/3BZ/4BZ 360/480/580/660 Dh;) Ein authentisches Riad aus dem 19. Jh. mit allen Merkmalen, die ein Gästehaus aus dem 21. Jh. haben muss: Spitzenlage, Hamam im Haus, zwei Dachterrassen und die entspannte Gastfreundschaft von Besitzer Mohammed. Das Haus ist bei Diplomaten auf Besuch und Künstlern sehr beliebt; also weit im Voraus reservieren und beim Frühstück (zzgl. 40 Dh, lohnt sich aber) die faszinierenden Gespräche genießen.

Riad Julia (Karte S. 320; 0524 376022; www.riadjulia.com; 14 Derb Halfaoui; DZ inkl. Frühstück 495–715 Dh;) Jedes Zimmer ist die Huldigung einer Handwerkskunst aus Marrakesch, von der Perlmutt-Einlegearbeit bis zur Zedernholzschnitzerei. Fünf der sieben Zimmer haben Klimaanlagen, aber alle sind gepflegt und gemütlich. Sie bieten Bademäntel und weiche Berberhochzeitsdecken mit Fransen und Glück verheißenden (zwinker) Münzen. Ziad spricht Englisch und organisiert Ausflüge, Henna-Tätowierungen und Abendessen in einem Berberzelt. Babysitterservice möglich.

Riad Eden (Karte S. 320; 0672 046910; www.riadeden-marrakech.com; 25 Derb Jdid, Rue Riad Zitoun el-Kedim; DZ inkl. Frühstück 490–1090 Dh;) Freigiebige Köche, ein heimeliges Wohnzimmer und die Besitzer, eine junge, dynamische französische Familie, machen das Eden zu einem anziehenden, geselligen Plätzchen. Man kann sich in der klimatisierten Küche einen Stuhl heranziehen und zusehen, wie kulinarisch gezaubert wird. Die Standardzimmer sind gemütlicher und schnuckliger als die Suiten, vor allem das afrikanisch angehauchte Feigenzimmer und das Orangenzimmer auf dem Dach.

Riad Nejma Lounge (Karte S. 314 f.; 0524 382341; www.riad-nejmalounge.com; 45 Derb Sidi M'Hamed el-Haj, Bab Doukkala; DZ inkl. Frühstück 495–795 Dh;) Salonlöwen chillen auf pinkfarbenen Kissen in dem weiß getünchten Innenhof, während bleiche Clubgänger auf der roten Dachterrasse die Sonne genießen. Grafische Farbtupfer machen die Gästezimmer mit Holzbalken total modern, die rustikalen Duschen können allerdings launisch sein. Das Riad liegt günstig bei den Restaurants und Geschäften der *ville nouvelle*. Die leckeren Mahlzeiten hier und die Einkaufstipps des jungen, hippen Personals sollte man sich nicht entgehen lassen.

Dar Tayib (Karte S. 320; 0524 383010; www.riad-dartayib.com; 19 Derb Lalla Azzouna; DZ 500–850 Dh, Suite 600–950 Dh;) Die Marrakescher Besitzerin Latifa und ihr französischer Ehemann Vincent, ein Architekt, erzeugen Berbercharme mit Teppichen voller Glückssymbole und Blechlampen. Das Zimmer „Yasmina" mit Himmelbett, Badewanne und stimmungsvoller Beleuchtung macht Liebestränke überflüssig und hübsche Eckchen auf dem Dach kurieren jede Schreibblockade. Vincent führt Ausflüge durch und Latifa organisiert das Abendessen und die Kochkurse.

MITTELKLASSEHOTELS

Viele Riads mit gemäßigten Preisen befinden sich etwas abseits der Touristenpfade in den Wohngegenden der Medina. Um auf dem Weg zu seinem Riad nicht samt Gepäck hoffnungslos verloren zu gehen, ist es am besten, mit dem Riad-Personal einen Flughafentransfer zu vereinbaren, damit ein Mitarbeiter einen am Flughafen abholt, in ein Taxi verfrachtet und an einen Guide mit einem Kofferwagen übergibt, der einen zum Riad bringt. Dieser Service kostet normalerweise 150 bis 200 Dh sowie ein kleines Trinkgeld. Wer sich in Marrakesch schon auskennt, aber nicht weiß, wo das Riad liegt, kann darum bitten, dass ihn jemand an einem geeigneten Orientierungspunkt abholt; ein Trinkgeld für diesen Service und die Hilfe mit dem Gepäck lässt den Aufenthalt gut beginnen.

Riad Zahr (Karte S. 314 f.; 0524 389267; www.riadzahr.com; 14 Derb El Kori, Sidi Ben Slimane; EZ 540 Dh, DZ 870–1100 Dh;) Eine Studie der Kontraste: ein Chromtisch auf *tadelakt*-Boden, weiße Verner-Panton-Liegen aus Kunststoff auf einfachen, roten Berber-Teppichen. Die Unterkunft ist nichts für jedermann und es ist ein kleiner Schock, auf der Pilgerstrecke zu einer alten *zawiya* ein modernes Zen-Quartier zu finden, weit weg von allen touristischen Sehenswürdigkeiten – aber Taxis sind jederzeit schnell erreichbar.

Tamkast (Karte S. 320; ☎ 0524 384860; www.riad-tamkast.com; 10 Derb Sidi bou Amar; DZ inkl. Frühstück 600–960 Dh) Ausgefallen, exklusiv und umweltfreundlich: Das Tamkast hat vier Zimmer, vegetarische Bioküche und unerhört gute Preise. Die Schuhe müssen an der Eingangstür ausgezogen werden. Ein Zimmer ist mit Klavier und Parkettböden ausgestattet, hat das Bad aber auf der anderen Seite des Flurs; ein anderes besitzt ein Bad, in dem man wohnen könnte. Das Haus ist hinter der Moschee Ali ben Youssef versteckt. Die Nachbarn sind französische Popstars und italienische *Vogue*-Redakteure.

Riad Magi (Karte S. 320; ☎ 0653 634230; www.riad-magi.com; 79 Derb Moulay Abdelkader, Derb Debbachi; EZ/DZ inkl. Frühstück 650/930 Dh;) Sechs Zimmer in so leuchtend limetten-, zitronen- und blaubeerfarbenem *tadelakt*, dass man versucht ist, daran zu lecken. Die Suks sind gleich um die Ecke, aber der Rest der Welt scheint unter den Zitronenbäumen in diesem ruhigen blaugelben Hof meilenweit entfernt. Den Englisch sprechenden Manager nach Kochkursen vor Ort und nach Restaurants fragen; Essen ist hier eines der Lieblingsthemen!

Dar Soukaina (Karte S. 314 f.; ☎ 0661 245238; www.darsoukaina.com; 19 Derb el-Ferrane, Riad Laârouss; inkl. Frühstück EZ/3BZ 790/1150 Dh, DZ 970–1400 Dh;) Das passende Riad für jeden: Das Original hat hohe Decken, gemütliche Eckchen und anmutige Bögen, der neuere Anbau auf der anderen Straßenseite dagegen riesige Betten, einen großen Innenhof und schöne Holzarbeiten. Dank Omar laufen beide Häuser wie am Schnürchen, und er kann Insidertipps zu Marrakesch geben. Zu Fuß sind es 20 Minuten bis zur Jemaa und zum nächsten Tor, aber das lohnt sich.

Maison Mnabha (Karte S. 314 f.; ☎ 0524 381325; www.maisonmnabha.com; 32-33 Derb Mnabha, Kasbah; DZ inkl. Frühstück 830–1150 Dh, 3BZ inkl. Frühstück 1800 Dh;) Dieses Plätzchen in der Kasbah aus dem 17. Jh. mit seinen Stuckelementen und überall verteilten Fundstücken ist was für Schatzsucher. In den mit Antiquitäten möblierten Salons brechen Starköche, berühmte Autoren und andere Stammgäste dank Khadijas toller saisonaler Küche regelmäßig in Begeisterungsstürme aus. Die englischen Brüder Peter und Lawrence sowie der Manager Aziz sind eine sprudelnde Quelle für objektive Ratschläge zu Antiquitäten und kulturelle Einblicke (Peter hat seinen Doktor in Geschichte der Kasbah gemacht). Sie organisieren erholsame Massagen, Henna-Tätowierungen und umweltbewusste Wüstenabenteuer.

Dar Attajmil (Karte S. 320; ☎ 0524 426966; www.darattajmil.com; 23 Rue Laksour; DZ inkl. Frühstück 880–1100 Dh; WLAN) Dieser Riad ist rosafarben und relaxt, und Letzteres wird man auch sein, wenn man ein paar Tage innerhalb der Marrakescher *tadelakt*-Mauern im Herzen des Suks verbracht hat. Lucrezia und ihr aufmerksames Personal heißen Gäste aufs Wärmste willkommen und bieten ihnen ein noch wärmeres Hamam auf dem Dach sowie leckere Marokko-Fusion-Küche zum Abendessen, Kochkurse, *zellij*-Workshops und Ausflüge nach Essaouira.

Riad el Borj (Karte S. 320; ☎ 0524 391223; www.riadelborj; 63 Derb Moulay Adbelkader; DZ 935–1540 Dh;) Dies war einst der Aussichtspunkt des Großwesirs Madani Glaoui – heute kann man selbst den großen Herrscher spielen, z. B. von der Suite mit Original-*zellij*, extra hohen Decken und einer Wanne mit Oberlicht aus oder vom Refugium im Turm mit der gewölbten Decke und einer Schmökerecke. Am Pool im „Berberanbau" lässt sich's prima relaxen, im Hamam kann man Dampf ablassen oder man nutzt die Gelegenheit zu einem Ausflug in die Berge. Babysitterservice.

Tchaikana (Karte S. 320; ☎ 0524 385150; www.tchaikana.com; 25 Derb el Ferrane 25; DZ inkl. Frühstück 1100–1800 Dh) Um sich ein Bild von den Ausmaßen und dem Sinn für Einrichtung hier machen zu können: In einem Zimmer hängt ein Bootskörper von der Decke herunter, ein anderes ist mit Tuaregzeltstäben verziert. Alles ist komfortabel, kreativ und umweltfreundlich; es gibt Naturstoffe, Bioküche und Ventilatoren anstelle von Klimaanlagen. Durch die sich windende, dunkle *derb* hierher zu gelangen, ist nur beim ersten Mal furchterregend. Die Englisch sprechenden belgischen Besitzer schicken abends jemanden zur Begleitung mit.

SPITZENKLASSEHOTELS

Riad Akka (Karte S. 320; ☎ 0524 375767; www.riad-akka.com; 65 Derb Lahbib Magni, nahe Rue Riad Zitoun el-Jedid; DZ inkl. Frühstück 1200–1500 Dh; WLAN) Mit arabischen Redewendungen über interkulturelles Verständnis, die um den Innenhof herum gemalt sind, und Graphit-*tadelakt*-Gästezimmern ist das Dekor des Akka hip, kosmopolitisch und peppig – dasselbe lässt sich über das Personal sagen. Den Restaurant- und Einkaufsempfehlungen von Manager Mbarka vertrauen und sich das Hamam im Haus gönnen!

Riad Al Massarah (Karte S. 314 f.; ☎ 0524 383206; www.riadalmassarah.com; 26 Derb Jedid; DZ inkl. Frühstück 1200–2000 Dh; WLAN) Das ultimative Wohlfühlrefugium: Die britisch-französischen Besitzer Michel und Michael haben dieses historische Riad umgestaltet, um Komfort und Sonnenlicht zu maximieren und den Bedarf an elektrischem Licht, Wasser und die Umwelteinflüsse runterzufahren. Das Riad bietet ein erstklassiges Hamam, Massagen, Kochkurse und Ökotouren. Außerdem spenden die Besitzer lokalen gemeinnützigen Organisationen Geld und bieten dem fünfköpfigen Personal alle Arbeitgeberleistungen.

Riad L'Orangeraie (Karte S. 320; ☎ 0661 238789; www.riadorangeraie.com; 61 Rue Sidi el-Yamani; DZ inkl. Frühstück 1430–1870 Dh; WLAN) Ruhiges, freundliches Haus mit polierten *tadelakt*-Wänden, Massageduschen (den besten der Stadt), einem großen Pool und geräumigen Zimmern. Das Riad bietet sieben Zimmer, um die sich fünf Angestellte kümmern, ein Auto samt Fahrer auf Abruf, großartiges Frühstück und beruhigende Hamam-Behandlungen.

Riad Farnatchi (Karte S. 320; ☎ 0524 384910; www.riadfarnatchi.com; 2 Derb el-Farnatchi, Ka'at Benahid; Suite inkl. Frühstück 3400–4750 Dh; WLAN) Alles zielt darauf ab, die Gäste zufriedenzustellen: Die Salons sind lichtdurchflutet dank Dachfenster und Kaminen, prächtige Tagesdecken aus Wildleder laden zum Kuscheln ein, wie von Zauberhand tauchen Kekse und Kanapees auf, und eine *djellaba* und Pantoffeln in der richtigen Größe, mit denen man im Riad faulenzen und die man mit nach Hause nehmen kann, gibt's auch. Noch bevor man seinen Fünf-Sterne-Traumurlaub beschreiben kann, haben die kanadische Geschäftsführerin Lynn Perez und ihr perfekt Englisch sprechendes Personal bereits alles organisiert: Autos mit Chauffeur, persönliche Einkäufer, hauseigenes Hamam, Massagen, Filmvorführungen mit Popcorn und alles, was noch so dazugehört.

Ville Nouvelle

BUDGETUNTERKÜNFTE

In der *ville nouvelle* gibt's einige Budgetunterkünfte abseits der Ave Mohammed V, in der Nähe des Blvd Mohammed Zerktouni, Rue Tariq ibn Ziad und Rue ibn Aicha.

Hôtel Toulousain (Karte S. 331; ☎ 0524 430033; www.geocities.com/hotel_toulousain; 44 Rue Tariq ibn Ziad; EZ/DZ mit Gemeinschaftsbad 140/190 Dh, mit eigener Dusche & Gemeinschaftstoilette 150/200 Dh, mit eigenem Bad 180/230 Dh, alle inkl. Frühstück) Ein lässiges Budgethotel im Herzen von Guéliz, das von einer freundlichen marokkanisch-amerikanischen Familie geführt wird. Die 31 Zimmer sind nicht besonders schick und die im ersten Stock können im Sommer stickig werden, daher hängen die Gäste in den ruhigen Höfen unter den Bananenbäumen herum. Man wohnt hier inmitten von Boutiquen und preiswerten, guten Restaurants; nebenan gibt's sogar ein Literaturcafé.

Hôtel du Pacha (Karte S. 331; ☎ 0524 431327; Fax 0524 431326; 33 Rue de la Liberté; EZ/DZ 275/360 Dh;) Dieses koloniale Hotel schreit geradezu danach, der Schauplatz eines Romans zu sein. Das Haus verfügt über Balkone und große französische Fenster, durch die eine frische Brise und der Klatsch aus der Nachbarschaft hereindringen. Die Zimmer haben hohe Decken und sind altmodisch; der mit Stuck verzierte Eingang, die Bar im Bogart-Stil sowie der Innenhof tragen zum *roman-noir*-Charme bei. Das 30 Dh teure Frühstück sollte man sich schenken und stattdessen lieber die Straße runter zu den großartigen Patisserien gehen.

Hôtel Oudaya (Karte S. 331; ☎ 0524 448512; www.oudaya.ma; 147 Rue Mohammed el-Beqal; EZ/DZ/3BZ inkl. Frühstück 380/500/690 Dh, Suite inkl. Frühstück ab 720 Dh;) Was von außen wie eine sowjetische Kasbah aussieht, öffnet sich zu einem großen, mit Bougainvillea bepflanzten Innenhof mit Swimmingpool und einem Grashügel. Alle 77 Zimmer haben Zugang zum hoteleigenen Hamam und Pool sowie Marmorbäder und geometrische Holzverzierungen.

Caspien (Karte S. 331; ☎ 0524 422282; www.lecaspien-hotel.com; 12 Rue Loubnane; EZ/DZ 440/560 Dh;) Zentral, aber ruhig gelegen, von tollem Personal geführt und nicht so groß, dass man im Gewimmel der Reisegruppen verloren gehen könnte: In dem neuen Hotel gibt's spitz zulaufende Bögen, *zellij* auf den Böden, Messinglampen und Balkone, die für Marrakesch-Atmosphäre sorgen. Wer's ruhig will, sollte ein Zimmer oben mit Poolblick wählen.

MITTEL- & SPITZENKLASSEHOTELS

Am Rand der *ville nouvelle* gibt es mehr als genug große, schicke, charakterlose Hotels um Reisegruppen und Geschäftsreisende unter Quarantäne zu halten. Der Großteil der Mittelklassehotels befindet sich in Guéliz oder im ruhigeren und grüneren Hivernage. Die meisten größeren Hotels mit Swimmingpools in dieser Kategorie sind günstiger, wenn sie als Teil eines Pakets mit Flug gebucht werden; im Internet findet man wahrscheinlich die besten Angebote.

Riads bieten ein unvergesslicheres Marrakesch-Erlebnis zu niedrigeren Preisen, aber wer wirklich nur geschäftlich in der Stadt ist, findet die üblichen Kettenhotels auf der Ave Mohammed VI (in der Nähe des Palais des Congrès) und weiter stadtauswärts an der Straße nach Casablanca. Zum Zeitpunkt der Recherche war die Art-déco-Grande-Dame der mondänen Marrakescher Hotels, das **La Mamounia** (Karte S. 314 f.; ☎ 0524 388600; www.mamounia.com; Ave Houmane el-Fetouaki; ❄ 🏊), noch immer wegen Renovierung geschlossen, obwohl die Wiedereröffnung für 2008 angekündigt worden war; auf der Website sind aktuelle Infos zu finden.

Palmeraie & Außenbezirke

Wem die Medina etwas zu turbulent ist, der kann draußen in Palmeraie in einer Villa in einer Palmenoase chillen. Wenn der Blutdruck sinkt und man den Wahnsinn von Marrakesch zu vermissen beginnt, sind es nur 30 Minuten Fahrt bis zum Zentrum des Geschehens. Eine Taxifahrt in die Stadt ist der einfachste Weg, wird aber ziemlich teuer (150–250 Dh), da man den Fahrer meist für Hin- und Rückfahrt bezahlen muss. Die ideale Kombination ist, ein paar Tage in einem Hotel oder Riad in der Medina zu verbringen und dann ein paar Tage fern vom Trubel im Luxus zu schwelgen.

MITTELKLASSEHOTELS

Riad Bledna (☎ 0615396 20195; www.riadbledna.com; 2 km, Route de Ouarzazate; DZ inkl. Frühstück 600–800 Dh) Ein nettes Ökorefugium, das von einer marokkanisch-britischen Familie geführt wird, die sich für ihre Gäste – und die Umwelt – jeglichen Komfort überlegt hat. Vier helle, angenehme Gästezimmer mit Solarstrom befinden sich inmitten von 1,6 ha Biogärten, in denen Kompost und Brauchwasser wiederverwertet und massenweise gute Lebensmittel angebaut werden. Gäste können sich aus einer breiten Palette von Kursen in marokkanischer Kunst (auf Englisch) etwas aussuchen: Es gibt z. B. Web-, *tadelakt*-, *zellij*- und *zellij*-Quilt-Lehrgänge. Die Aufenthalte lassen sich mit einer Tageswanderung, einer Flusswanderung zu entlegenen Berberdörfern oder einem Picknick in einer verlassenen Geisterstadt verbinden.

LP Tipp **La Pause** (☎ 0661 306494; www.lapause-marrakech.com; Douar Lmih Laroussiéne, Commune Agafay; DZ inkl. HP ab 1100 Dh; 🏊) Wer dem Alltag entfliehen möchte, kann das auf einem Ausflug in die Wüste 45 Minuten von Marrakesch entfernt (Transport mit Fahrer von/nach Marrakesch inkl.) tun. Hier spielt man mit geliehenen Schlägern oder Frisbeescheiben eine Runde Golf oder Gelände-Disc-Golf oder hängt in einer Hängematte unter Olivenbäumen am sauberen Swimmingpool ab. Tagsüber lässt sich die Wüste zu Fuß, mit dem Rad, auf Araberhengsten oder auf Dromedaren erkunden und abends genießt man den sternenklaren Himmel und ein Biofestessen bei Kerzenschein. Gäste übernachten in großen Berberzelten mit Schaumstoffmatratzen und dicken Teppichen und duschen im Freien mit Blick auf das Flussbett, oder sie lesen beim Schein des Feuers in der eigenen minimalistisch-schicken, solarstromversorgten Lehmziegelbehausung.

SPITZENKLASSEHOTELS

Les Deux Tours (Karte S. 314 f.; ☎ 0524 329525; www.les-deuxtours.com; Douar Abiad, Circuit de la Palmeraie; EZ/DZ inkl. Frühstück 2120/2240 Dh, Suite EZ/DZ ab 2620/2740 Dh; ❄ 🏊 💻 WLAN) Das moderne marokkanische Gästehaus des tunesischen Architekten Charles Boccara hat in Palmeraie den Trend zur Villa und die Sache mit den Hotelhamams begründet – und nur wenige seiner langweiligen Nachbarn in dieser Oase sind so schön und unverwechselbar stylish wie das Les Deux Tour. In verwunschenen Gärten breiten sich ein Labyrinth von Gästezimmern mit eigenen Balkonen und verborgenen Gängen, das legendäre Hamam-Spa und der traditionelle schimmernde Pool aus. Im spiegelnden Wasser sehen Cocktails nippende Faulenzer größer und dünner aus, als sie im wahren Leben sind.

Jnane Tamsna (außerhalb der Karte S. 314 f.; ☎ 0524 329423; www.jnanetamsna.com; Douar Abiad, Palmeraie; DZ inkl. Frühstück ab 2200 Dh, Suite inkl. Frühstück ab 3700 Dh; ❄ 🏊 💻 WLAN) Stars wie Brad Pitt, Giorgio Armani und David Bowie kamen schon in dieses nordafrikanische Nirwana. Jnane Tamsna ist ein Puzzle aus eleganten Höfen und abgeschirmten Terrassen inmitten einer 2,5 ha großen Biofarm. Meryanne Loum-Martin setzt den Standard für verantwortungsbewussten Tourismus: Es gibt wasserspeichernde Pflanzen, gefilterte Pools, Bioküche, eine Fair-Trade-Designboutique und „Diversity Excursions" rund um die marokkanische Kultur. Diese werden von Meryannes englischstämmigem Ehemann Gary durchgeführt, der Ethnobotaniker ist. Die Kochkurse, das Yoga-Angebot und die Literatursalons sind ein riesiger Erfolg – die Gewinnerin des Booker Prize, Kirin Desai, gab vor Kurzem hier einen Workshop, dessen Einnahmen an ein lokales Alphabetisierungsprogramm gingen.

ESSEN

Langsam gebratenes Lamm, würzig-salzige grüne Oliven, mit Kreuzkümmel aromatisiertes Auberginenmus, herzhafte Suppe mit weißen Bohnen … Marrakeschs traditionelle Spezialitäten sind köstlich, aber sie machen nur einen Teil der Speisekarte aus. Sonnengereiftes lokales Gemüse, mediterrane Inspirationen und die Begeisterung für asiatische Aromen haben der lokalen Küche einen ganz anderen Dreh verpasst – es gibt z. B. korsische Pizza mit Atlasgebirgskräutern, Entenbrustsalat mit Arganöldressing, Thai-Curry mit marokkanischer Minze und vieles mehr.

Wer in einem Riad wohnt, für den ist dort Gekochtes eine weitere verlockende Option. Viele Riad-Köche sind *dadas*, die einst für Marrakeschs High Society gekocht haben, daher sind die Gerichte, die man auf der Terrasse genießt, nach lokalen Maßstäben höchstwahrscheinlich feudal genug für eine Hochzeit.

Der nicht so angenehme Teil des kulinarischen Erlebnisses in Marrakesch ist der Moment, wenn die Rechnung kommt: Einheimische gehen nicht oft essen und bei 65 bis 80 Dh für eine magere Hühnchen-*tajine* auf der Jemaa und Menüs im Restaurant ab 300 Dh versteht man auch, warum. Preiswerte Restaurants lassen sich vor allem in der *ville nouvelle* finden, aber sie haben ganz schön zu kämpfen, um die Preise niedrig zu halten – die hiesigen Zubereitungsmethoden sind arbeitsintensiv und die Zutaten und die Brennstoffe werden immer teurer.

Medina

Gegen Sonnenuntergang fahren Eselkarren auf die Jemaa el Fna und schleppen Gasbehälter und Zubehör für Hunderte kleiner Essensstände auf den Platz. Binnen einer Stunde sind die Stände aufgebaut und die Köche drängen die Vorübergehenden, die Sauberkeit des Grills, die Frische von Fleisch, Gemüse und Speiseöl und die aromatischen Gewürzmischungen zu begutachten. Das gegrillte Fleisch und die gekochten Beilagen sind günstig und meist lecker, und trotz beängstigender Warnungen dürfte dem Magen nichts passieren, wenn man an Stelle von abgespültem Besteck Brot benutzt und nur Wasser aus Flaschen trinkt. Abenteuerlustige Gourmets können dampfende Schneckensuppe, Schafshirn und Herzen am Spieß probieren – immer zu den belebtesten Ständen mit dem frischesten Fleisch gehen!

Günstig

Haj Mustapha (Karte S. 320; Ostseite des Souq Ablueh; Tangia mit Brot & Oliven 35–50 Dh; ⌚ 18–22 Uhr) Bei Einbruch der Dunkelheit stellen mehrere Stände mit Papier bedeckte Gartöpfe voller *tangia* (Lamm, das den ganzen Tag langsam in Asche gegart wird) raus. Diesen „Junggesellen-Eintopf" kann man nicht essen, ohne zu kleckern, aber Haj Mustapha bietet trotzdem (neben grässlicher Junggesellendeko, soll heißen: verblassten Fotos in zerbrochenen Bilderrahmen) die saubersten Sitzgelegenheiten. Am besten Brot benutzen, um die mit Kreuzkümmel und Salz bestreute *tangia* zusammen mit Oliven in den Mund zu befördern.

Chegrouni (Karte S. 314 f.; Nähe Rue des Banques; Tajine 50–70 Dh, Omelette 25–35 Dh; ⌚ 8–23 Uhr) Hier muss man seine Bestellung aufschreiben, aber der Kellner wird es vermutlich sowieso erraten: Die Gäste sind entweder Feinschmecker, die wegen der klassischen *tajine* mit Hühnchen, eingelegten Zitronen und Oliven für 50 Dh hier sind, Veggies, die das mit Gemüsebrühe zubereitete Couscous mit sieben Gemüsesorten wählen, oder *tajine*-übersättigte Traveller, die ganz dringend ein ordentliches Omelett mit erstklassigen Pommes brauchen.

Bougainvillea (Karte S. 320; ☎ 0524 441111; 33 Rue Mouassine, Ecke Rue Sidi el-Yamani; Sandwiches 25–60 Dh; ⌚ 11–22 Uhr) In diesem zentral gelegenen, künstlerisch gestalteten, fuchsiafarbenen Riad kann man neben der *zellij*-Wasserwand bei frisch gepressten Säften und guten Sandwiches Energie für die nächste Runde in den Suks tanken.

Nid'Cigogne (Karte S. 314 f.; ☎ 0524 382092; 60 Place des Tombeaux Saadiens; Gerichte 40–85 Dh; ⌚ 9–21 Uhr) In diesem Dachlokal ist man mit den Störchen gegenüber bei den Saaditengräbern auf Augenhöhe. Die gegrillten *kefta*-Sandwiches (mit Hackfleischbällchen), die leichten Salate und die *tajines* sind ganz o. k., der Blick aber ist einfach unvergesslich und der Service beeindruckend, vor allem wenn man bedenkt, wie steil die Treppen sind!

La Maison du Couscous (Karte S. 320; ☎ 0524 386892; 53 Rue Bab Agnaou; Couscous 65–85 Dh; 🕑 11.30–22 Uhr; ❄) Mit seinem an Couscous erinnernden Brunnen und der arktischen Klimaanlage brüllt dieser Ort „Touristenfalle" – aber Einheimische kommen wegen des richtig lockeren Couscous, der mit duftendem *smen* (gewürzte geklärte Butter) durchzogen ist. Der Atlas-Hühnchen-Couscous ist süß-würzig und mit Zwiebeln, und auf die Gefahr hin, lokale Rivalitäten anzuheizen: Der scharfe tunesische Couscous mit Merguez-Würstchen und Hackfleischbällchen (85 Dh) ist gar noch besser.

Mittelteuer

Ryad Jama (Karte S. 320; ☎ 0524 429872; 149 Toualat Kennaria; Gerichte 70–90 Dh; 🕑 11–16 Uhr) À-la-carte-Mittagessen zu vernünftigen Preisen serviert dieses familiengeführte Riad-Restaurant. Man bekommt in einem freundlichen, grünen Garten großzügige Lamm-*tajines* mit Backpflaumen und Mandeln, und das kostet kaum mehr, als man für eine kleinere Portion im Gedränge der staubigen Jemaa zahlen würde.

Dar TimTam (Karte S. 320; ☎ 0524 391446; Zinkat Rahba, nahe der Rahba Kedima; Salate 65 Dh, Mittagessen 120–150 Dh; 🕑 11.30–16 Uhr) Am besten geht man durch das dämmrige Restaurant hindurch in den innersten Hof dieses Riads aus dem 18. Jh., wo man inmitten von Singvögeln ein köstliches, leichtes Mittagessen aus verjüngendem Minztee und einem großzügigen Salatangebot zu sich nehmen kann.

LP Tipp **Villa Flore** (Karte S. 320; ☎ 0524 391700; www.villa-flore.com; 4 Derb Azzouz; Hauptgerichte 80–120 Dh; 🕑 12.30–15 & 19.30–23 Uhr) In diesem fabelhaften, schwarz-weißen Art-déco-Riad gibt's marokkanische Salate mit neuem Dreh, aromatisches, zartes Lamm und Ente, und alles wird von elegant gekleideten Kellnern gekonnt aufgetragen. Man zieht sich ein Sofa in die Nähe der Fenstertür oder setzt sich mit einem Glas Wein in den sonnigen Innenhof mitten im Herzen der Suks und relaxt.

Le Foundouk (Karte S. 320; ☎ 0524 378190; www.foundouk.com; 55 Souq el-Fassi nahe Ali ben Youssef Medersa; Hauptgerichte 90–160 Dh; 🕑 Di–So 12–1 Uhr) Ein riesiger, spinnenartiger Eisenkronleuchter mit Kerzen schafft das richtige Ambiente für die außergewöhnlichen Gerichte auf der Speisekarte, z. B. Rind mit wilden Artischocken oder Orangen-Möhren-Suppe. Wenn das Essen der Deko gerecht wird, ist es phantastisch, und wenn nicht, naja, dann hat man für sein Geld zumindest die richtige Stimmung bekommen. Die Sitzgelegenheiten auf der Terrasse sind schön, aber kühl, und die begehrten Sitzplätze unten muss man lange im Voraus reservieren.

Terrasse des Épices (Karte S. 320; ☎ 0524 375904; 15 Souq Cherifia; Tagesgerichte 100–150 Dh) Wer in der Lehmziegel-*bhou* (Bude) nach oben geht, kann ein Mittagessen über den Dächern der Stadt genießen. Auf der Wandtafel ist das Festpreis-Sonderangebot (100 Dh) angeschrieben: marokkanische Salate gefolgt von magerer, aber leckerer Hühnerschenkel-*tajine* mit Pommes, danach Erdbeeren und Minze. In der Hauptsaison sollte man reservieren.

Narwama (Karte S. 320; ☎ 0524 442510; 30 Rue el-Koutoubia, nahe Jemaa el Fna; Hauptgerichte 80–140 Dh; 🕑 20–1 Uhr) Im Narwama ziehen Gegensätze sich an. Getreu seinem Namen („Feuer und Wasser") gibt's unkonventionelle Kombinationen wie grünes Thai-Curry und Mandel-Sahne-*bastilla* (Gebäck), einen DJ, der brasilianische, italienische und arabische Rhythmen auflegt, und den besten marokkanischen Minz-Mojito der Stadt – das alles in einem Riad aus dem 19. Jh. mit Zen-Deko aus dem 21. Jh. Es wird Alkohol ausgeschenkt.

Teuer

Dar Moha (Karte S. 320; ☎ 0524 386400; www.darmoha.ma; 81 Rue Dar el-Bacha; Mittagessen 220 Dh, À-la-carte-Abendessen ab 250 Dh; 🕑 Di–So Mittagessen 12–15 Uhr & Abendessen 19.30–24 Uhr) Küchenchef Mohammed Fedal gibt den Geschmacksnerven mit raffinierten Variationen marokkanischer Zutaten einen Kick: Es gibt eine „*zellij*" aus gegrilltem Saisongemüse mit Berberkräutern und einer Birne gekrönt von Safransorbet und gerösteten Mandeln. Das Mittagsmenü für 220 Dh ist ein etwas traditionelleres Festmahl, bei dem ein unwiderstehliches Gericht nach dem anderen auf den Tisch kommt, z. B. nach Orangenblüten duftende Gurken und mit Gewürzen marinierte gegrillte Lammkoteletts. Hat eine Ausschanklizenz.

Tobsil (Karte S. 320; ☎ 0524 444052; 22 Derb Moulay Abdellah ben Hessaien, nahe Bab Ksour; 5-Gänge-Menü inkl. Wein 600 Dh; 🕑 Mi–Mo 19.30–23 Uhr, Reservierung erforderlich)

In diesem intimen Riad können maximal 50 Gäste Fünf-Gänge-Menüs samt Aperitif und passendem Wein genießen, während Gnawa-Musiker im Hof spielen. Es gibt keinen übertriebenen Glitzer und keine Bauchtänzerinnen, die von *mezze* (Salaten), *bastilla, tajines* (ja, mehreren) und Couscous ablenken. Dazu bzw. danach bekommt man Minztee, frische Früchte und marokkanisches Gebäck.

La Sultana (Karte S. 314 f.; ☎ 0524 388008; www.lasultanamarrakech.com; Rue de la Kasbah; À-la-carte-Hauptgerichte ab 200 Dh, Tagesgerichte 450–600 Dh; ⏲ mittags & abends) In den traulichen überdachten Gängen oder auf dem Dach mit Blick über die Saaditengräber speisen? Lieber die französische Ente, die zarter ist als die letzte Liebesaffäre, oder die marokkanische *pastilla,* die so leicht schmeckt, als könne eine Brise sie vom Dach pusten? Die Preise sind hoch, die Bedienung ist langsam und man muss reservieren, aber das Essen und die Location sind großartig. Es wird Alkohol ausgeschenkt.

VILLE NOUVELLE

Die Mehrzahl der Restaurants in der *ville nouvelle* serviert internationale Küche, aber wer will, kann in dieser europäischen Oase auch einige ausgezeichnete marokkanische Speisen probieren. Alle genannten Lokale schenken Alkohol aus.

Günstig

Catanzaro (Karte S. 331; ☎ 0524 433731; 42 Rue Tariq ibn Ziyad, Guéliz; Pizza od. Pasta 60–80 Dh, Hauptgerichte 80–120 Dh; ⏲ Mo–Sa 12–14.30 & 19.30–23 Uhr; ❄) Wo sind wir eigentlich genau? Die dünne Pizza aus dem Holzofen sagt Italien, die Holzbalkone und die leistungsstarke Klimaanlage lassen auf die Alpen tippen, und die scharfen Gewürze und die noch schärferen Gäste gehören eindeutig ins Zentrum von Marrakesch. Das gegrillte Fleisch ist saftig und die Portion großzügig, aber der Renner ist die neapolitanische Pizza mit Kapern, einheimischen Oliven und Atlantik-Sardellen.

Le Chat Qui Rit (Karte S. 331; ☎ 0524 434311; 92 Rue Yougoslavie; Pizzas 50–80 Dh, Tagesmenü 150 Dh; ⏲ Di–So 19.30–23 Uhr; ❄) Hier gibt's ordentliche Pasta: Sie ist *al dente* und wird zusammen mit frischem Gemüse und Kräutern und mit fruchtigem Olivenöl beträufelt serviert. Der korsische Koch und Besitzer Bernard kommt mit dem Grinsen eines Küchenchefs, der die Antwort bereits kennt, aus der Küche, um jeden zu fragen, wie ihm die Pasta schmeckt. Die Meeresfrüchtevariationen in der Saison sind auch prima und die Zutaten dafür kommen täglich direkt von der Küste.

Mittelteuer

L'Annexe (Karte S. 331; ☎ 0524 434010; www.lannexemarrakech.com; 14 Rue Moulay Ali; Mittagsmenü 80–120 Dh, Hauptgerichte 100–140 Dh; ⏲ So–Fr 12–15.30 & Mo–Sa 19–23 Uhr) Das verspiegelte Café-Bistro ist der richtige Ort für ein französisches Mittagessen, günstig gelegen für alle, die in den Boutiquen der *ville nouvelle* unterwegs sind. Nach der x-ten *tajine* sind die leichten, klaren Aromen eine willkommene Abwechslung: Enten-*confit* (Ente, im eigenen Fett langsam gekocht) auf Salat, Thunfischtatar und Créme Brulée.

Beyrouth (Karte S. 331; ☎ 0524 423525; 9 Rue Loubnane; Hauptgerichte 80–160 Dh) Klare, zitronige libanesische Aromen sind hier Trumpf. Es gibt *mezze* mit Tabouleh, Spinattörtchen und Falafel für 160 Dh zum Selberzusammenstellen – ein Festmahl für zwei. Das rauchige, geschmeidige *baba ghanoush* (Auberginendip) konkurriert mit dem marokkanischen Auberginenmus ernsthaft darum, der beste orientalische Brotaufstrich zu sein.

Grand Café de la Poste (Karte S. 331; ☎ 0524 433038; www.grandcafedelaposte.com; Blvd el-Mansour Eddahbi, Ecke Ave Imam Malik; Vorspeisen 75–120 Dh, Hauptgerichte 80–190 Dh; ⏲ 8–22 Uhr; ❄) Erst vor Kurzem wurde das Restaurant renoviert, sodass es jetzt mit Flapper-Ära-Glamour und Topfpalmen in neuem Glanz erstrahlt. Das La Poste hat sowohl in der Küche als auch im Speisesaal Stars zu bieten (z. B. Tom Hanks und Lawrence Fishburne). Der Chef der mediterranen Küche, Cyril Lignac, und der marokkanische Chefkoch Sana Gamas bereiten Fusion-Food zu, u. a. gebratenes Hühnchen mit wildem Berberthymian und Oliven sowie einen köstlichen Salat mit heimischem Ziegenkäse und Zitronen-Kräuter-Vinaigrette. Das Lokal befindet sich hinter der Hauptpost.

LP Tipp **Al-Fassia** Guéliz (Karte S. 331; ☎ 0524 434060; 55 Blvd Mohammed Zerktouni, Hauptgerichte 120–180 Dh; ⏲ Mi–So 12–22.30 Uhr; ❄) Zone Touristique de l'Aguedal (Al Fassia Aguedal; Karte S. 331; ☎ 0524 383839; www.alfassia-aguedal.com; MH 9 Bis, Route de l'Ourika) Die Gäste greifen mit glasigen Augen tapfer zu Brotstücken und kratzen noch die letzte karamellisierte Zwiebel vom Teller, auf dem einst Berberkürbis und Lamm-*tajine* waren. Die *mezze* aus neun Vorspeisen allein ist schon ein ordentliches Festmahl, aber den legendären Hauptgerichten, die im Stil des Mittleren Atlas von einem nur aus Frauen bestehenden Team zubereitet werden, kann niemand widerstehen. Das Essen wird mit einem herzlichen *B'saha!* (zum Wohl!) serviert.

Cafés, Patisserien & Eisdielen

MEDINA

Café des Épices (Karte S. 320; ☎ 0524 391770; Place Rahba Kedima; Frühstück 25 Dh, Sandwich od. Salat 25–50 Dh; 🕒 8–21 Uhr) Hier kann man bei einem frisch gepressten O-Saft den Zaubertrankverkäufern der Rahba Kedima dabei zusehen, wie sie Wunder wirken. Salate und Sandwiches sind frisch, aber fad – noch ein Grund mehr, um sich auf die Süßigkeiten zu stürzen.

Café Argana (Karte S. 320; ☎ 0524 445350; 2 Jemaa el Fna, nahe Place Bab Fteuh; Hauptgerichte 80–100 Dh; 🕒 7–23 Uhr) Man sollte sich frühzeitig einen Platz sichern, wenn man bei Sonnenuntergang, wenn an den Imbissständen gegrillt wird und die Bauchtänzer sich zu regen beginnen, eine gute Sicht auf die Jemaa haben will. Die oberste Etage ist Paaren vorbehalten, die sich eher fades Eis teilen, und auf den Balkonen im ersten Stock sitzen die Gäste, die nur Snacks zu sich nehmen, in den hinteren Reihen und die, die *tajines* bestellen, vorne. Kaffee und Eis in der Waffel gibt's unten.

Les Terrasses de L'Alhambra (Karte S. 320; Jemaa el Fna; Gerichte 100–150 Dh; 🕒 8–23 Uhr) Die schattigen Balkone bieten eine tolle Sicht auf die Geschichtenerzähler und die Zaubertrankverkäufer – und man kriegt anständigen italienischen Espresso. Die Pizza ist dünn und zu wenig gewürzt, liefert aber eine nützliche Ladung Kohlenhydrate für die nächste Suk-Runde.

Pâtisserie des Princes (Karte S. 320; ☎ 0524 443033; 32 Rue de Bab Agnaou; 🕒 5–23.30 Uhr; ❄) Dies ist eine der berühmtesten Patisserien der Stadt – und das zu Recht! Das verlockende Angebot an hiesigen Köstlichkeiten, Kuchen und Eis bringt jede Naschkatze zum Schnurren. Im kleinen Café hinten können Frauen ein Päuschen einlegen und Ruhesuchende gemütlich einen Kaffee trinken.

VILLE NOUVELLE

LP Tipp **Café du Livres** (Karte S. 331; ☎ 0524 432149; 44 Rue Tariq ibn Ziad, Guéliz; Frühstück 40 Dh, Gerichte 55–80 Dh; 🕒 Di–So 9.30–21 Uhr; WLAN) Ein traumhafter Zufluchtsort: Es gibt kostenloses WLAN, kräftigen Cappuccino, Wandregale voll gebrauchter Bücher auf Englisch und Französisch sowie großartigen Ziegenkäsesalat und Schokokuchen (Michelin-Sternekoch Richard Neat hat bei der Zusammenstellung der Speisekarte geholfen).

Café 16 (Karte S. 331; ☎ 0524 339670; 18 Place du 16 Novembre; Kuchen 25–50 Dh, Eis 20–50 Dh; 🕒 9–12 Uhr) Das helle Holzdekor und die Preise scheinen europäisch, aber die Begrüßung ist Marrakesch pur, genau wie die verblüffenden Eissorten, z. B. Minztee und *kaab el-gazelle* (Mandelkeks). Die hausgemachte Schoko-Kaffee-Cremetorte und der Himbeermoussekuchen sind allererste Sahne.

Amandine (Karte S. 331; ☎ 0524 449612; 177 Rue Mohammed el-Beqal, Guéliz; Frühstück 40–50 Dh; 🕒 6–23 Uhr) Im Amandine kann man Einheimische beobachten, die sich im Netz kennengelernt haben und sich das erste Mal treffen: Entweder hängen sie ewig über einem Kaffee herum oder sie kippen ihn an der Espressobar mit Marmorplatte in Rekordzeit runter. Wer genug gesehen hat, geht in den sonnigen Dessertsalon und gönnt sich Blätterteigcroissants oder mit Himbeeren belegte, samtige Schokomoussekuchen.

Oliveri (Karte S. 331; ☎ 0524 448913; 9 Blvd el-Mansour Eddahbi; Eis ab 15 Dh; 🕒 7–22 Uhr; ❄) Thermometer sind in Marrakesch nicht nötig; alles was man braucht, um zu beurteilen, wie warm es ist, sind die Schlangen bei Oliveri. In dieser Eisdiele wird schon seit 50 Jahren Eis hergestellt. Obwohl die saisonalen, frischen Fruchteissorten herrlich sind, ist es das Pistazieneis, das die Leute immer wieder herkommen lässt.

Auf die Schnelle

MEDINA

Zur Mittagszeit, bevor die Stände auf der Jemaa el Fna in Betrieb sind, können sich Hungrige auf der Rue Beni Marine und in der *qissaria* (überdachter Markt) auf der Nordseite des Platzes etwas aussuchen; dort gibt's ein ähnliches Angebot. Verschiedene Verkäufer, die sich eine zentrale Küche teilen, zaubern Gerichte für weniger als 50 Dh, u. a. *tangia*, gebratenen Fisch, Zitronenhühnchen und Pommes frites. Am besten isst man das, was frisch und lecker aussieht, auch wenn man auf einen freien Stuhl warten muss. Gleich um die Ecke von der Koubba Ba'adiyn sind eher labyrinthartige *qissarias* mit Ständen, die *tajines*, gegarte Schnecken und geschmorten Schafskopf zum Mittagessen feilbieten.

LP Tipp **Mechoui-Gasse** (Karte S. 320; Ostseite des Souq Ablueh; 250 g Lamm mit Brot 30–50 Dh; 🕒 11–14 Uhr) Kurz vor Mittag beginnen die Verkäufer an dieser Reihe von Ständen damit, dampfende Hälften *mechoui* (langsam gebratenes Lamm) aufzuteilen, als würden sie Heinrich VIII. zum Mittagessen erwarten. Auf das am besten aussehende Stück Fleisch zeigen und um ein „*nuss*" (halbes) oder „*rubb*" (viertel) Kilo bitten. Darauf folgt meist ein bisschen Gefeilsche, aber am Ende hat man eine Tüte leckeres, fast vom Knochen abfallendes Lammfleisch mit frischem Brot, Kreuzkümmel, Salz und Oliven (auch wenn man sich Letztere besser im Suk aussucht).

Fast Food Alahbab (Karte S. 320; Rue de Bab Agnaou; Salate 15–25 Dh, Sandwiches 20–30 Dh; ⌚ 7–23 Uhr) Die Werbung „recommended by Lonely Planet" auf der Markise dürfte jetzt 25 Jahre alt sein, aber wir stehen noch immer zu unserer Bewertung: Das *shawarma* mit vier Saucen und perfekten Pommes für 35 Dh ist gut. Den Avocadomilchshake lässt man aber besser aus.

Restaurant Place Ferblantiers (Karte S. 320; Westeingang Place des Ferblantier; Tajines 45–65 Dh; ⌚ mittags) Hier kann man sich im Hof auf einen Plastikstuhl plumpsen lassen und das nehmen, was gerade auf dem Herd vor sich hin köchelt. Fleisch und Gemüse sind frisch vom Markt in der *mellah* gegenüber und der Koch zaubert die Gerichte direkt vor der Nase der Gäste.

VILLE NOUVELLE

Billiges marokkanisches Essen gibt's in einer Reihe von unscheinbaren Lokalen an der Rue ibn Aicha. Dort kostet eine ordentliche Mahlzeit aus gegrilltem Hühnchen oder Brochettes, Pommes und Salat 35 bis 60 Dh. Man schaut sich das frische Fleisch an der Kühltheke an und zeigt auf die Stücke, die einem zusagen.

Ein anderer lokaler Geheimtipp direkt in Sichtweite ist die Reihe fröhlicher Stände auf dem Fußweg an der Ave Moulay Rachid in der Nähe der Kreuzung mit der Rue Mauritanie. Hier werden frischer Fisch von der Küste und Pommes verkauft.

LP Tipp **Plats Haj Boujemaa** (Karte S. 331; 25 Rue ibn Aicha; 35–75 Dh ⌚ Di–So 12–20 Uhr) Eine bewährte Option: Man kann sich unter einem Schirm auf dem Gehweg einen Stuhl schnappen und darauf vertrauen, dass Haj das Fleisch der persönlichen Wahl perfekt zubereitet. Aber aufgepasst: Schafshoden haben, selbst wenn sie richtig gekocht werden, bis sie golden sind, eine eklig mehlige Struktur und außerdem sehnige Stückchen, die einem zwischen den Zähnen hängen bleiben. Die Pommes sind aber echt phantastisch.

Samak al-Bahria (Karte S. 331; Ave Moulay Rachid, Ecke Rue Mauritanie; Fisch mit Pommes 30–80 Dh; ⌚ Di–So 12–22 Uhr) Die beste Wahl entlang diesem Streifen von Straßenständen. Das Al-Bahria serviert frischen Fisch und perfekt gebratene Calamares mit großen Zitronenstücken sowie Salz und Kreuzkümmel.

Selbstversorger

Eine ordentliche Auswahl an frischem Obst und Gemüse, Trockenfrüchten und Nüssen hat der neue **Marché Municipale ibn Toumert** (Karte S. 331; Rue ibn Toumert, abseits der Ave Mohammed V). Die Suks sind auch voller Stände, die Oliven, Datteln und Süßigkeiten verkaufen, und Karren mit Obst und Gemüse. Die Preise im Bab Doukkala (Lebensmittel-Suk) sind besser als direkt an der Jemaa. Wer Dinge wie Käse, Müsli und Alkohol kaufen möchte (die anderswo oft schwer zu finden sind), wird vielleicht in einem der Märkte in der *ville nouvelle* fündig; ansonsten kann man in die Supermärkte **ACIMA** (Karte S. 331; 109 Ave Mohammed Abdelkrim el-Khattabi, Guéliz) und **Aswak Assalam** (Karte S. 314 f.; Ave du 11 Janvier, Bab Doukkala) oder in den riesigen Laden **Marjane** (außerhalb der Karte S. 314 f.; Straße nach Casablanca) 4 km außerhalb der Stadt gehen.

AUSGEHEN

Cafés

LP Tipp **Dar Cherifa** (Karte S. 320; ☎ 0524 426463; 8 Derb Cherfa Lakbir, bei der Rue el-Mouassine; Tee/Kaffee 15–25 Dh; ⌚ 12–19 Uhr) In diesem ruhigen saaditischen Riad aus dem späten 15. Jh., wo Tee und Safrankaffee unten inmitten von zeitgenössischer Kunst und Literatur oder oben mit Blick von der Terrasse serviert werden, können sich die rund geguckten Augen wieder erholen.

Aqua (Karte S. 320; ☎ 0524 381324; 68 Place Djemaa el-Fna) Dies ist das romantischste der Cafés, die die Jemaa umgeben; es bietet Kerzenschein, elegantes, modernes Dekor und eine Bedienung, die aufmerksam, aber nicht aufdringlich ist. Man sollte bei Kaffee, Tee und Süßspeisen bleiben, denn die Salate und Hauptgerichte sind seltsam fad.

Café les Négociants (Karte S. 331; ☎ 0524 435762; 110 Ave Mohammed V; ⌚ 6–23 Uhr) Liegt erstklassig an der Ecke gegenüber der Touristeninformation. Bei einem Espresso oder *nus-nus* (halb Kaffee, halb Milch) kann man Marrakesch an sich vorbeiziehen lassen. Das Publikum ist überwiegend männlich, aber immer mehr Frauen bevölkern die Tische auf der Seite des Blvd Mohammed Zerktouni.

Bars

Wie überall in Marokko sind die traditionellen Bars in Marrakesch überwiegend von Männern bevölkert und ziemlich gammelig. Die trendigen edleren Bars sind für Frauen angenehmer und einladender, besonders die, in denen das „schwächere Geschlecht" während der Woche oder sonntags freien Eintritt hat und/oder Gratis-Drinks bekommt – schnell hin, bevor das geändert wird! Die meisten Frauen, die man anstehen sieht, um ihre kostenlose Geschenke einzufordern, sind aus dem Westen, aber auch immer mehr marokkanische Ladys gehen abends gemeinsam aus. Viele Bars servieren auch Essen und verwandeln sich später am Abend noch in Partylocations, z. B. das Le Foundouk (S. 339) und das Café de la Poste (S. 340).

Kechmara (Karte S. 331; ☎ 0524 434060; 3 Rue de la Liberté, Guéliz; Tagesmenü 80–120 Dh; ❖) Auf einem der Tulpenstühle von Saarinen lässt es sich in diesem eleganten, zeitgenössischen Café mit coolem Marrakescher Publikum eine Weile aushalten. Es gibt einheimische Kunst zu sehen, tolle Musik läuft, und die Terrasse mit der kleinen Cocktailbar ist mit silbernem *tadelakt* ausgelegt. Die Auswahl von günstigen Sandwiches und marokkanisch-mediterranen Hauptgerichten sowie der hervorragende Espresso machen es schwer, vom Stuhl wieder aufzustehen.

Comptoir (Karte S. 314 f.; ☎ 0524 437702; Rue Echouhada, Hivernage; ⌚ 20–1 Uhr; ❖) Das Restaurant unten am besten gar nicht beachten – die schicke Lounge oben ist *die* Location, wo schneidige Diplomaten, Modedesigner auf Besuch und verheiratete Casablanca-Playboys abhängen und sich bei Cocktails oder Wein unters Volk mischen. Den Bauchtänzerinnen, die alle zwei Stunden en masse wie knapp bekleidete Anstandsdamen hereinschneien, um das Geflirte zu stören, entkommt man nicht.

Café Arabe (Karte S. 320; ☎ 0524 429728; www.cafearabe.com; 184 Rue Mouassine, Medina; ⌚ 10–24 Uhr; ❖) Hier entspannt man bei Sonnenuntergang und freut sich bei einem Cocktail auf dem Dach oder bei einem Glas Wein neben dem Zen-*zellij*-Brunnen im Innenhof über seine Sukeinkäufe. Die Pasta ist weich und fad, aber die Lamm-*tajines* sind lecker und die Weinpreise für eine so stylishe Location günstig.

Kosybar (Karte S. 314 f.; ☎ 0524 380324; http://kozibar.tripod.com; 47 Place des Ferblantiers, Medina; ⌚ 12–1 Uhr; ❖) Zur „Marrakesch-trifft-Kyoto"-Einrichtung gehören vornehme, intime Nischen, aber richtig cool sind die niedrigen Stühle oben auf der Dachterrasse. In der treffend benannten Kosybar lässt sich bei Sambamusik prima ein Glas Wein süffeln, während die Störche einen von ihren Nestern in der Nähe aus beäugen. Das Sushi schmeckt nach Pappe – am besten bleibt man bei den Barsnacks.

La Maison Arabe Bar (Karte S. 314 f.; ☎ 0524 387010; www.lamaisonarabe.com; La Maison Arabe, 1 Derb Assehbe, Bab Doukkala; ⌚ 20–1 Uhr; ❖) Es könnte an dem 20 Jahre alten Single-Malt-Scotch liegen, aber in dieser Bar mit handgeschnitzten Holzwänden sehen die anderen Gäste, die in den Klubsesseln aus Leder am Kamin rumlümmeln, irgendwie hemingwaymäßig aus. Die Fusion-Tapas sind mal weich, mal frittiert, aber die Cocktails sind nach einem Besuch im Hamam Maison Arabe (S. 327) immer genau das Richtige.

Piano Bar Les Jardins de la Koutoubia (Karte S. 320; ☎ 0524 388800; www.lesjardinsdelakoutoubia.com; Les Jardins de la Koutoubia Hotel, 26 Rue de la Koutoubia; Eintritt frei bei Verzehr; ⌚ 17–1 Uhr) Man ist vielleicht nicht der Erste, der zum Pianisten sagt „Spiel's noch einmal, Sam", aber er wird dennoch tapfer „As Time Goes By" klimpern. Das Les Jardins de la Koutoubia ist durch und durch ein eleganter Laden, von den naturbelassenen Zedernholzdecken bis zu den vornehmen Berberteppichen. Im Restaurant auf der Terrasse wird gutes indisches Curry serviert, falls einen der Heißhunger überfällt.

Restarant/Bar du Grand Tazi (Karte S. 320; ☎ 0524 442787; Ave el-Mouahidine, Ecke Rue de Bab Agnaou; ⌚ 19–1 Uhr) Laut, aber nicht heruntergekommen. Hier wird einheimisches Bier für 25 Dh an Massen von Travellern und Marrakeschern ausgeschenkt, die gerade von der Arbeit in den Suks kommen. Je später der Abend, desto haarsträubender die Geschichten – aber manch einem gefällt so etwas ja.

L'Abyssin (außerhalb der Karte S. 314 f.; ☎ 0524 328584; www.palaisrhoul.com; Palais Rhoul, Dar Tounsi, Route de Fès, Palmeraie; ⌚ Di 20–23, Mi–So 12–15.30 & 20–23 Uhr; ❖) Hier heißt es cool bleiben und noch cooler aussehen, wenn man sich in den weißen Pavillons räkelt, die sich im Garten der Villa Palais Rhoul befindet. Wer seinen großen Auftritt auf dem Laufsteg am reflektierenden Pool gehabt hat, will sicher den ganzen Abend hier bleiben und das mediterrane und marokkanische Essen probieren (die Ente ist zu empfehlen).

Le Sabal (Karte S. 331; ☎ 0524 422422; www.lesabal.com; Ave Mohammed V, Place de la Liberté, Guéliz; ⌚ 12–2

Uhr) In dieser umgebauten Villa von 1925 mit Sitzgelegenheiten im sonnigen Garten und einer Zeltbar im Erdgeschoss sowie einer edlen, violetten Nachtlounge oben wird der Tag zur Nacht. Jetzt, unter hipper Marrakescher Leitung, ist das Publikum eher locker und einheimisch und wird von günstigen Drinks und dem einladenden À-la-carte-Menü angelockt.

UNTERHALTUNG

Nachtclubs

Schlafen wird einfach überbewertet in einer Stadt, in der das Nachtleben erst gegen Mitternacht beginnt. Die heißesten Clubs liegen in Hivernage oder der neuen Gegend außerhalb der Stadt, entlang dem Blvd Mohammed VI, in der neuen Hotelzone Aguedal, die eine Erweiterung von Hivernage sein soll. Der Eintritt kostet zwischen 150 und 350 Dh, ein Getränk ist inklusive; wer zeitig kommt und auch mitten in der Woche schick zurechtgemacht ist, kommt vielleicht sogar umsonst rein. Jeder weitere Drink kostet mindestens 50 Dh. Bei den Clubs außerhalb der Stadt wie dem Pacha sollte man bedenken, dass ein Taxi zurück echt teuer werden kann – die Taxifahrer wissen, dass man hier festsitzt.

Pacha (Karte S. 314 f.; ☎ 0524 388405; www.pachamarrakech.com; Complexe Pacha Marrakech, Blvd Mohammed VI, Hotelzone Aguedal, Hivernage; Eintritt vor 22 Uhr frei, nach 22 Uhr Mo–Fr 150–200 Dh, Sa & So 200–300 Dh; ⌚ 20–5 Uhr;) Das Pacha Ibiza stand Modell für diesen riesigen Ausgehkomplex, den größten in ganz Afrika. DJs mixen internationale und Maghreb-Hits für die gewaltigen Ströme von Casa-Hipstern und feiernden Rabatis, die an den Wochenenden hier einfallen. Zur Anlage gehören zwei tolle Restaurants und ein Pool, an dem man am Nachmittag faulenzen kann, bis die Party los geht. Da für Getränke heftig abkassiert wird, schmuggeln schlaue Clubgänger Wasser mit rein. Das Pacha erreicht an Werktagen nicht einmal annähernd die maximale Besucherzahl von 3000 Personen, daher sollte man sich seine eigene Begleitung mitbringen. Vielleicht kommt man dann auch kostenlos rein.

Diamant Noir (Karte S. 331; ☎ 0524 434351; Hôtel Marrakech, Ecke Ave Mohammed V & Rue Oum Errabia, Guéliz; Eintritt ab 100 Dh; ⌚ 22–4 Uhr) Werktags ist „Le Dia" voll, weil er einer der wenigen schwulenfreundlichen Clubs ist, an Wochenenden dagegen, weil er diesen gewissen heruntergekommenen Charme hat. Die düstere Tanzfläche pulsiert im Hip-Hop-Rhythmus und schimmert wegen der vielen Spiegel und der mit Selbstbräuner aufgehübschten Haut. In der zwielichtigen Ecke der Bar im Obergeschoss drücken sich Prostituierte herum. Man kann nur bar zahlen.

Jad Mahal (Karte S. 314 f.; ☎ 0524 436984; 10 Rue Haroun Errachid, Hivernage; Eintritt frei bei Verzehr; ⌚ 19.30–2 Uhr) Gäste sollten durch das Restaurant hindurch bis zum hinteren Ende des Hofes gehen, dort ist die Bar Jad Mahal. Sie ist beliebt bei Einheimischen, die mit einem Cocktail um den bronzenen Elefanten herumlungern, bis das Personal bei einem Ohrwurm die Lautstärke hochdreht, die hauseigene Cover-Band kommt oder die Restaurantgäste zu einem Lied aus den 1980ern spontan zu tanzen beginnen – je nachdem, was davon als erstes passiert.

Théâtro (Karte S. 314 f.; ☎ 0524 448811; Hôtel es Saadi, Rue Qadissia, Hivernage; Eintritt 200 Dh; ⌚ 23.30–5 Uhr) Es lohnt sich nicht, den Türsteher zu umgarnen, um in den langweiligen VIP-Bereich gelassen zu werden, denn in diesem umgebauten Theater ist die Tanzfläche der eigentliche Schauplatz: brechend voll, schweißfeucht, relaxt, fabelhaft. Samstags ist „White Night", dann tragen alle Clubgänger Weiß und feiern bis zum Morgengrauen zu einem Mix aus House, Techno, R'n'B und Marokko-Pop.

CantoBar (Karte S. 314 f.; ☎ 0524 42335038; Ave Moulay Hassan, Ecke Ave President Kennedy, Guéliz; Eintritt frei bei Verzehr; ⌚ 19.30–4 Uhr) Die hinter dem Stadion el-Harti in Taumelentfernung zur Le Sabal Bar und zur Disko Diamant Noir gelegene CantoBar vervollständigt den Ausgeh-Hattrick mit Karaoke und Kitsch. Gute Mojitos und wenig Beleuchtung nehmen einem die Sorge, falsch zu singen, und danach kann man sich in roten Sesseln verstecken, die wie Pumps geformt sind.

Kino

Eine gute Auswahl von französischen und manchmal auch marokkanischen Filmen bietet das Programm des Institut Français (s. S. 318), wo die Filme normalerweise auf Französisch oder mit französischen Untertiteln laufen.

Le Colisée (Karte S. 331; ☎ 0524 448893; Blvd Mohammed Zerktouni, nahe Rue Mohammed el-Beqal, Guéliz; Parkett/Rang Mo 15/25 Dh, Di–So 25/35 Dh; ⌚ 15, 19 & 21.30 Uhr) Das vornehmste Kino der Stadt. Le Colisée ist supergemütlich und hat einen tollen Sound. Das Publikum ist durch und durch gemischt, Marokkaner und Ausländer, Männer und

MARRAKESCH & ZENTRALMAROKKO

Frauen. Die Filme werden manchmal in der Originalsprache (u. a. Englisch) und mit französischen Untertiteln gezeigt.

Cinéma Eden (Karte S. 320; Derb Debachi, nahe Rue des Banques, Medina; 15 Dh; ⌚ 15, 18 & 21 Uhr) Das Publikum hier ist ungehobelt, einheimisch und ausschließlich männlich. Bollywood-Filme zum Mitsingen stehen unangefochten an erster Stelle. Die Filme sind normalerweise in marokkanischem Arabisch synchronisiert (mit Ausnahme der Lieder).

SHOPPEN

Medina

Shopper, aufgepasst: Wer in Marrakesch ist, wird es verfluchen, dass er nur eine begrenzte Menge mit sich rumschleppen kann, besonders in der Medina. Die Suks sind vollgestopft mit Haushaltsgegenständen, ohne die man auf keinen Fall leben kann – vom Sand raue Berbertruhen aus Zedernholz, geniale Teekannen mit Dromedarhöckern, aufsehenerregende eiserne Bodenlaternen –, aber angesichts der Preise für Transport und Versicherung (s. S. 504) muss man sich wohl mit ein paar handgeschnitzten Schmuckkästchen, *tadelakt*-Seifenschalen und Kerzenhaltern aus recycelten Sardellendosen begnügen. Nicht wenige der hier lebenden Ausländer, die man trifft, sind Designfans, die den ganzen Suk-Fundstücken nicht widerstehen konnten und am Ende Riads gekauft haben, um diese unterzubringen.

Doch es gibt jede Menge Schnickschnack, auf den man nicht verzichten will, z. B. Mini-Koutoubia-Minarette aus Keramik oder unbequeme Nackenkissen, die bis zur Unkenntlichkeit mit Fransen, Quasten und Spiegeln verziert sind. Tipps: Wählerisch sein, plaudern, bevor man um Dinge zu handeln beginnt, die man wirklich will, und nur bei Ladenbesitzern kaufen, die im Gegenzug freundlich sind – auf diese Art bekommt man noch eine tolle Geschichte zu seiner Ausbeute dazu und steht am Ende nicht wütend und genervt in den Suks.

NACHHALTIGES SHOPPEN

Egal wie man sich sonst in den Suks schlägt – in den Läden der Medina, die gemeinnützige Projekte unterstützen, hat man ein richtig tolles Einkaufserlebnis. Gleiches gilt für Boutiquen, die von Kooperativen und Unternehmen hergestellte Artikel verkaufen, weil diese Kooperativen sich für fairen Handel mit den hart arbeitenden Kunsthandwerkern einsetzen. Und das Beste ist: Die Preise in solchen Geschäften sind fair und fix.

Cooperative Artisanale Femmes de Marrakesh (Karte S. 320; ☎ 0524 378308; 67 Souq Kchachbia; ⌚ 9.30–12.30 & 14.30–18.30 Uhr) Ein verborgener Schatz im Suk, den zu suchen sich lohnt. Hier werden luftige Baumwollkleidungsstücke und Haushaltstextilien verkauft, die von einer Marrakescher Frauenkooperative angefertigt werden. Außerdem gibt es einen kleinen Anbau voller Produkte von gemeinnützigen und Frauenkooperativen aus ganz Marokko, z. B. Holzschalen aus nachhaltig angebautem Thujaholz aus Essaouira, Teegeschirr aus Safi und kleinere Teppiche aus dem Mittleren Atlas.

Al-Kawtar (Karte S. 320; ☎ 0524 378293; www.alkawtar.org; Rue Laksour 57; ⌚ 10–18 Uhr) Noch eine großartige gemeinnützige Boutique, in der man erstklassige Haushaltstextilien mit fein bestickten Rändern finden kann, die weniger kosten, als man zu Hause für einfache Baumwollstoffe zahlen würde. Man kann auch großartige handgenähte Marrakesch-Tuniken, Kleider, Shirts und Hosen kaufen. Von der Stange oder maßgeschneidert – wenn was geändert werden muss, zahlt man nichts extra. Alle Artikel hier werden von behinderten Frauen hergestellt und mit dem Verkauf werden ihre Löhne, Trainingsprogramme und ein Zentrum für Kinderbetreuung finanziert.

Assouss Cooperative d'Argane (Karte S. 320; ☎ 0661 729678; 94 Rue el-Mouassine, Ecke Rue Sidi el-Yamani; ⌚ Sa–Do 9–13 & 15–19, Fr 9–12 Uhr) Die Anlaufstelle, wenn man Verwöhnendes und Leckeres sucht: Dies ist die Marrakescher Verkaufsstelle einer Argan-Kooperative außerhalb von Essaouira. Das nur aus Frauen bestehende Personal drängt einem die kostenlosen Proben förmlich auf und erklärt stolz, wie ihre superpflegenden Kosmetiköle und Gourmet-Salatöle hergestellt werden.

L'Art du Bain Savonnerie Artisanale (Karte S. 320; ☎ 0668 445942; www.lartdubain.com; Souq Lebbadine, nahe Souq Sebbaghine; ⌚ 9.30–19.30 Uhr) Verkauft auch Arganöl von einer Kooperative in Essaouira sowie handgemachte Seifen mit duftenden Mischungen aus einheimischen Kräutern, Blumen und Gewürzen.

Kif-Kif (Karte S. 320; ☎ 0661 082041; www.kifkifbystef.com; 8 Rue Laksour, Nähe Bab Ksour; ⌚ 10–20 Uhr) Eine coole Boutique, die die originellsten Kunsthandwerker der Stadt engagiert. Unter den pfiffigen Geschenken, die diese kreieren, finden sich Tragetaschen aus Pop-Art-Planenstoff, Ringe mit austauschbaren Filzkugeln und süße gestreifte Baby-Dschellabas aus Jersey. 15 % der Preise für die Kinderartikel gehen an eine lokale gemeinnützige Organisation, die behinderte Kinder unterstützt.

Jamade (Karte S. 320; ☎ 0524 429042; 1 Pl Douar Graoua, Ecke Rue Riad Zitoun el-Jedid; ⏲ 10–13.30 & 15.30–19.30 Uhr) Verkauft ebenfalls vor Ort entworfene Artikel zu Festpreisen, u. a. coole, handgenähte Untersetzer und Platzdeckchen aus der Frauenkooperative Tigmi.

Tadert Titbirine (☎ 0524 377416; titbirine@menara.ma) Dieses Textilatelier wendet traditionelle marokkanische Web- und Sticktechniken mit zeitgenössischem Touch an. Wer es besuchen möchte, kann die Fair-Trade-Design-Unternehmerin Brigitte Perkins kontaktieren. Das Atelier ist staatlich anerkannt, denn es hat mit handgewebten, nach Kundenwunsch bestickten Seidenstolas und limitierten Mengen von Haushaltstextilien aus ökologischer Rif-Baumwolle für Leute wie Calvin Klein die Standards für marokkanisches Kunsthandwerk angehoben.

Wer direkt bei den berühmten Marrakescher Recycling-Kunsthandwerkern kaufen will, geht rüber zum Riad Zitoun el-Kedim und schaut sich die geschickt hergestellten Artikel aus recycelten Reifen an: Michelin-Spiegel, weitgereiste Fußbänke und Männerhandtaschen mit Coolnessfaktor. Es gibt jede Menge Zeugs zur Auswahl, aber normalerweise findet man das beste zwischen den gerahmten Bob-Marley-Postern bei **Creations Pneumatiques** (Karte S. 320; ☎ 0666 091746; 110 Rue Riad Zitoun el-Kedim; ⏲ 7–22 Uhr).

Ville Nouvelle

Als Starthilfe für die Suks besuchen schlaue Einkäufer das **Ensemble Artisanal** (Karte S. 314 f.; ☎ 0524 443503; Ave Mohammed V, gegenüber vom CyberPark; ⏲ Mo–Sa 9.30–12.30 & 15–19 Uhr), schauen dort den Kunsthandwerkern bei der Arbeit zu und informieren sich über das Handwerk und die Preise, die Marrakesch zu bieten hat. Die Festpreise hier sind höher als im Suk und die Auswahl ist natürlich begrenzter, aber man kann stressfrei shoppen – und die Hersteller werden direkt bezahlt.

Es lohnt sich, sich wegen Geschenken, Mode und Haushaltstextilien in den gehobenen Boutiquen mit Fixpreisen in der *ville nouvelle*, und zwar in und um die **Rue de la Liberté** in Guéliz, umzusehen. Der nahe gelegene **Marché Municipale ibn Toumert** (Karte S. 331; Rue ibn Toumert, bei Ave Mohammed V, Guéliz; ⏲ 8–19 Uhr) bietet Schmuck und Keramik zu angemessenen Preisen, wenn man bereit ist zu handeln.

Liebhaber von marokkanischem Design nehmen morgens oder am späten Nachmittag ein Taxi, um die Fabrikverkäufe 4 km außerhalb von Marrakesch im **Quartier Industrial Sidi Ghanem** (außerhalb der Karte S. 314 f.; Km 4, Route de Safi; ⏲ Mo–Sa 9–18 Uhr) zu durchforsten; wer das tut, sollte einen Festpreis von 150 bis 250 Dh für den Transport von der bzw. zur Medina aushandeln. Entweder nimmt man in einem geöffneten Verkaufsraum eine Karte des Viertels mit oder man läuft einfach die Gassen ab, um zu checken, welche Outlets geöffnet haben (unregelmäßige Öffnungszeiten).

In Palmeraie befindet sich im **Jnane Tamsna** (außerhalb der Karte S. 314 f.; ☎ 0524 329423; www.jnanetamsna.com; Douar Abiad, Palmeraie) eine Boutique mit wunderschönen Designartikeln und einheimischer Kunst, die den fairen Handel mit lokalen Kunsthandwerkern unterstützt.

AN- & WEITERREISE

Auto

Die hiesigen Autovermietungen haben oft günstigere Angebote als internationale Anbieter. Los geht's bei 400 Dh pro Tag (ohne Kilometerbegrenzung); meist wird's günstiger, wenn man das Auto für mindestens drei Tage mietet. Für Geländewagen sollte man 700 bis 1000 Dh pro Tag bei minimaler Versicherung einplanen. Meistens lassen sich Rabatte von 10 bis 20 % aushandeln, in der Nebensaison (Okt.–Mitte Dez. & Mitte Jan.–Ende Feb.) sogar noch höhere. Wer in den Bergen oder in der Wüste lieber auf die Landschaft als auf die Straße gucken möchte, kann bei einer lokalen Autovermietung (s. S. 330) ein Auto samt Fahrer mieten; das kostet für einen Geländewagen oder einen Minibus pro Tag ab 1350 Dh, zuzüglich Trinkgeld. Es sind allerdings nicht immer Englisch sprechende Fahrer zu haben.

INTERNATIONALE AUTOVERMIETUNGEN

Avis (www.avis.com; Ave Mohammed V **Karte S. 331;** ☎ **0524 432525;137 Ave Mohammed V;** Flughafen ☎ 0524 433169)

Budget (www.budget.com; Blvd Mohammed Zerktouni **Karte S. 331;** ☎ **0524 431180; 80 Blvd Mohammed Zerktouni;** Flughafen ☎ 0524 438875)

Europcar (www.europcar.com; Blvd Mohammed Zerktouni **Karte S. 331;** ☎ **0524 431228; 63 Blvd Mohammed Zerktouni;** Flughafen ☎ 0524 437718)

Hertz (www.hertz.com; Ave Mohammed V Karte S. 331; ☎ 0524 439984; 154 Ave Mohammed V; Flughafen ☎ 0524 447230)
National (Karte S. 331; www.nationalcar.com; Rue de la Liberté ☎ 0524 430683; 1 Rue de la Liberté; Flughafen ☎ 0524 437846)

LOKALE AUTOVERMIETUNGEN
La Plaza Car (Karte S. 331; ☎ 0524 421801; www.laplazacar.com; Immeuble 141, 23 Rue Mohammed el-Beqal)
Lhasnaoui Rent (Karte S. 314 f.; ☎ 0524 312415; www.lhasnaouirent.com; Ecke Blvd Allal el-Fassi & Yacoub el-Mansour, 15 Immeuble el-Omairi)
KAT (Karte S. 331; ☎ 0524 433581; http://membres.lycos.fr/katcar; 68 Blvd Mohammed Zerktouni)

Bus

Die meisten Busse verkehren vom bzw. zum **Hauptbusbahnhof** (Karte S. 314 f.; ☎ 0524 433933; Bab Doukkala) direkt außerhalb der Stadtmauern am Bab Doukkala; es sind 25 Minuten zu Fuß dorthin. Man kann auch für 5 bis 10 Dh von der Jemaa el Fna im Taxi fahren. Das große Hauptgebäude ist voller Schalter für Nah- und Fernziele; Fahrkarten für Busse, die früh am Morgen abfahren, sollte man am Tag vorher kaufen, da manche Schalter so früh nicht geöffnet haben. Die meisten Busse fahren zwischen 4 und 19 Uhr.

Der Busbahnhof hat eine praktische **Gepäckaufbewahrung** (kleine/große Tasche pro Tag 5/8 Dh; 🕑 24 Std.), aber die rauchigen Cafés, die ekligen Toiletten und die aufdringlichen Schlepper hier sollte man meiden.

Eine Reihe von Unternehmen hat Busse nach Fès (ab 130 Dh, 8½ Std., mind. 6-mal tgl.) und Meknès (ab 120 Dh, 6 Std., mind. 3-mal tgl.).

Busse nach Asni (10 Dh) fahren auch von der Südseite der Medina außerhalb des Bab er-Rob ab. Es gibt mindestens einen Bus pro Tag nach Telouet (50 Dh, 4 Std.), der am Nachmittag vom Bab Gehmat an der Südwestmauer der Medina abfährt.

CTM (Karte S. 314 f.; ☎ 0524 434402; www.ctm.co.ma; Schalter 10, Bab-Doukkala-Busbahnhof) lässt täglich Busse nach Fès (160 Dh, 8½ Std., 1-mal tgl.) über Beni Mellal (70 Dh, 2½ Std.), nach Ouarzazate (75 Dh, 4 Std., 1-mal tgl.) sowie nach Tan Tan (195 Dh, 6 Std., 5-mal tgl.) über Tiznit (120 Dh, 5 Std.) fahren. Es gibt auch tägliche Verbindungen nach Agadir (90 Dh, 4 Std., 9-mal tgl.), Casablanca (85 Dh, 4 Std., 3-mal tgl.) und Laâyoune (290 Dh, 14 Std., 4-mal tgl.). CTM-Busse nach Essaouira (80 Dh, 3 Std.) sind schnell voll, daher die Fahrkarte am besten einen Tag vorher kaufen.

Tickets können auch im **CTM-Büro** (Karte S. 331; ☎ 0524 448328; 12 Blvd Mohammed Zerktouni, Guéliz) gekauft werden. Hier ist zudem der Abfahrts- und Ankunftsort für die internationalen Busse, u. a. die von bzw. nach Paris (ab 1000 Dh, 48 Std.) und Madrid (ab 900 Dh, 36 Std.), dienstags, mittwochs und samstags.

Supratours (Karte S. 331; ☎ 0524 435525; Ave Hassan II) sitzt westlich vom Bahnhof. Von hier kann man nach Agadir (90 Dh, 4 Std., 5-mal tgl.), Dakhla (420 Dh, 25 Std., 1-mal tgl.), Essaouira (65 Dh, 2½ Std., 3-mal tgl.), Laâyoune (280 Dh, 15 Std., 2-mal tgl.) und Tan Tan (180 Dh, 10 Std., 2-mal tgl.) fahren. Supratours hat auch Anschlussbusse für Züge; Fahrpläne und Verbindungen sind auf S. 348 angegeben.

Flugzeug

Sechs Kilometer südwestlich der Stadt liegt der kürzlich ausgebaute, schicke **Ménara Airport** (☎ 0524 447865; 🕑 Infoschalter 8–18 Uhr). Der Flughafen hat einen Infoschalter in der Check-in-Halle und es gibt ein paar Banken, bei denen man Geld wechseln kann.

Royal Air Maroc (RAM; Karte S. 331; ☎ Callcenter 0890 000800, 0524 436205; www.royalairmaroc.com; 197 Ave Mohammed V, Guéliz; 🕑 8.30–12.20 & 14.30–19 Uhr) hat täglich mehrere Flüge nach und von Casablanca (hin & zurück ab 650 Dh, 40 Min.), von wo es Anschlussflüge sowie einen wöchentlichen Direktflug nach Agadir (hin & zurück ab 1100 Dh, 35 Min.) gibt. Es ist ratsam, Buchungen beim 24-Stunden-Callcenter bestätigen zu lassen. RAM hat auch internationale Direktflüge nach London (3½ Std.) und Genf (3 Std.) an sechs Tagen pro Woche sowie täglich Flüge nach Paris (3¼ Std.).

Atlas Blue (☎ 08002 009090; www.atlas-blue.com; Ménara Airport), die Schwestergesellschaft der RAM, fliegt von London, Paris, Amsterdam und vielen anderen europäischen Städten günstig nach Marrakesch. Andere Fluggesellschaften gibt's auch, z. B. **Air France** (http://www.airfrance.co.ma/), die mindestens einmal täglich nach Paris fliegt. **Easyjet** (www.easyjet.com) schickt jeden Tag Flieger von London-Gatwick nach Marrakesch und **Ryanair** (www.ryanair.com) fliegt mindestens viermal wöchentlich von London-Luton nach Marrakesch.

Taxi

Grands Taxis fahren von außerhalb des Bab er-Rob in der Nähe des Königspalastes zu

Zielen im Hohen Atlas, u.a. nach Asni (18 Dh), Ijoukak (20 Dh), Ouirgane (35 Dh) und Setti Fatma (35 Dh).

Die Taxis zu weiter entfernten Fahrzielen versammeln sich auf einem Schotterplatz nördlich vom Hauptbusbahnhof. Sie fahren z.B. nach Agadir (120 Dh), Azilal (75 Dh), Beni Mellal (110 Dh), Demnate (55 Dh), Essaouira (130 Dh), Ouarzazate (90 Dh) und Taroudannt (110 Dh).

Zug

Vom **Bahnhof** (Karte S. 331; ☎ 0524 447768, nur Info 0890 203040; www.oncf.ma; Ecke Ave Hassan II & Blvd Mohammed VI, Guéliz) kann man ein Taxi oder einen Stadtbus (u.a. Bus 3, 8, 10 od. 14; 3 Dh) ins Zentrum nehmen.

Neun Züge fahren täglich nach Casablanca (2. Klasse *rapide*, 84 Dh, 3 Std.) und Rabat (112 Dh, 4 Std.). Es gibt Direktverbindungen nach Fès (180 Dh, 7 Std., 8-mal tgl.), Meknès (162 Dh, 6½ Std.) und Safi (25 Dh, 3 Std., 1-mal tgl.). Nachtzüge nach Tanger (190 Dh, 10½ Std.) starten einmal täglich. Die Fahrkarte nach Tanger kostet 350 Dh, wenn man einen Schlafplatz möchte, und 650 Dh, wenn man ein ganzes Schlafwagenabteil haben will; mindestens zwei Tage im Voraus buchen.

UNTERWEGS VOR ORT

Auto & Motorrad

Am besten bewegt man sich zu Fuß durch die Medina, die zum größten Teil für den Autoverkehr gesperrt ist. In Marrakesch Auto zu fahren, ist ein Extremsport und bei den Motorrollern, die auf allen Seiten vorbeischießen, und den Kreisverkehren überlässt man das Fahren besser den unbeeindruckten Taxifahrern, wann immer das möglich ist. Für Tagesausflüge kann man ein Rad, Auto oder Motorrad mieten. **Marrakesh Motos** (Karte S. 331; ☎ 0524 448359, 0661 316413; 31 Ave Mohammed Abdelkrim el- Khattabi; ⌚ 9–22 Uhr), das sich etwa 2 km außerhalb des Stadtzentrums an der Straße nach Casablanca gleich hinter der Goodyear-Werkstatt befindet, vermietet Roller und 125-ccm-Motorräder für 250 bis 300 Dh pro Tag.

Falls man ein Auto oder Motorrad mietet, kann man oft in der Nähe der Tore und Eingänge zur Medina parken. Öffentliche Parkplätze sind in der Nähe der Koutoubia und gleich südlich der Place de Foucauld auf der Ave el-Mouahidine zu finden; man sollte mit 20 bzw. 40 Dh Parkgebühr tagsüber bzw. für 24 Stunden rechnen. Wer einen Parkplatz an der Straße findet, sollte einem Wächter 10 Dh Trinkgeld geben, damit er ein Auge auf das Fahrzeug wirft. Wächter sind die Typen im blauen Jackett. Das Trinkgeld erst im Nachhinein bezahlen!

Bus

Lokalbusse (Karte S. 320; ☎ 0524 3433933; Fahrpreis 3 Dh) fahren in scheinbar unregelmäßigen Abständen von der Place Foucauld in der Nähe der Jemaa el Fna in die *ville nouvelle*. Die wichtigsten Buslinien sind:

Nr. 1 & 20 Medina–Guéliz (auf der Ave Mohammed V)
Nr. 2 und 10 Medina–Gare Routière
Nr. 3 und 8 Medina–Bahnhof
Nr. 11 Medina–Jardin Ménara

Calèches

Calèches sind die grünen Pferdekutschen, die man auf der Place Foucauld neben der Jemaa el Fna sieht. Sie sind ein angenehmes Fortbewegungsmittel, wenn man die Hauptverkehrszeiten (8 Uhr, mittags & 17.30–19.30 Uhr) meidet. Einfache Fahrten innerhalb der Medina kosten offiziell 15 Dh; sonst gelten die staatlich festgelegten Preise von 100 Dh pro Stunde. Eine Tour um die Stadtmauern dauert etwa eineinhalb Stunden, Palmeraie erreicht man in ca. 3 Stunden. In Hivernage stehen Calèches vor großen Hotels entlang der Ave el-Qadissia und der Rue Echouhada.

Vom/Zum Flughafen

Ein Petit Taxi vom Flughafen (6 km) nach Marrakesch sollte tagsüber nicht mehr als 60 Dh und nachts höchstens 80 Dh kosten. Es kann allerdings schwierig werden, auch den Fahrer davon zu überzeugen. Wie bei jeder Taxifahrt sollte das Taxameter eingeschaltet werden. Alternativ fährt in unregelmäßigen Abständen Bus 11 zur Jemaa el Fna. Transfers, die durch die Hotels oder Riads in der Medina oder der *ville nouvelle* organisiert werden, dürften 150 bis 200 Dh kosten, bis Palmeraie bezahlt man 150 bis 250 Dh.

Taxi

Die cremefarbenen Petits Taxis in der Stadt verlangen pro Fahrt 5 bis 15 Dh. Sie sollten alle ihre Taxameter benutzen, aber es kann sein, dass man darauf bestehen muss, besonders wenn man vom Bahnhof oder Flughafen kommt. Gruppen von mehr als drei Leuten müssen ein Grand Taxi nehmen und sich auf Diskussionen gefasst machen.

ÖSTLICH VON MARRAKESCH

Nach ein paar heißen Tagen in Marrakesch fühlt man sich wie ein Kebab, der zu lange auf einem Grill auf der Jemaa el Fna gelegen hat. Ein spektakulärer, erholsamer Szenenwechsel ist dann eine Fahrt ins malerische Âït-Bou-Goumez-Tal oder zu den sprudelnden Wasserfällen Cascades d'Ouzoud.

DEMNATE

Wer hätte gedacht, dass man in nur eineinhalb Stunden Entfernung von Marrakesch authentische Berberkultur und -küche kennenlernen kann? Demnate ist seit Jahrhunderten ein Zentrum für Gastronomie und Kultur und wird von den Touristenmassen, die zu den Cascades d'Ouzoud hetzen, oft übersehen. So bleibt unerschrockenen Travellern praktischerweise Raum, um sich Demnates indigene Berberkultur anzusehen, anzuhören und einzuverleiben. Wie in anderen Städten, die vom unbarmherzigen Glaoui beherrscht worden sind, bröckeln die einst prächtige Kasbah und der Lehmziegelwall vor sich hin und der Triumphbogen wurde niedergerissen. Demnates faszinierendes Erbe kann man sich aber noch anschauen – und der Ort blüht, entgegen aller Wahrscheinlichkeit.

Sehenswertes & Aktivitäten

Im Herzen der Stadt gibt's eine **Mellah**; der Eingang befindet sich 150 m hinter dem Haupttor der Stadt rechts. Hunderte jüdischer Familien reisen jedes Jahr im Juli aus Marokko, Frankreich, Israel, Kanada und den USA zum historischen **jüdischen Moussem** (Fest) an, einem einwöchigen mystischen Ereignis, bei dem es Wunderheilungen schlimmer Krankheiten gegeben haben soll. Demnate hat auch zwei *zawiyas*, durch die das jährliche **Hamdouchi Moussem** im September doppelt wild begangen wird. Die Mitglieder jeder *zawiya* folgen dem Takt ihres eigenen Trommlers und tanzen bei einem ganztägigen Tanz- und Musikfest im Stadtzentrum gemeinsam, aber zu unterschiedlichen Rhythmen, bevor sie in eigenen, jeweils dreistündigen Paraden zu den *zawiyas* wandern. Manchmal gipfelt der *moussem* in einem Blutritual: Die Tänzer schneiden sich in einem dramatischen Akt ritueller Reinigung selbst in die Kopfhaut.

KULTURELLE BEGEGNUNGEN

Auch außerhalb der *moussems* und der lauten Hochzeiten den ganzen Sommer über ist die einheimische Musikszene recht aktiv. Wer sich davon überzeugen möchte, nimmt an einem Abendessen mit Konzert teil, das von Demnates Selbsthilfeorganisation **Complexe Association de l'Entreaide Demnate** (☎ 0668 131304 französisch, 0668 909801 englisch; ettajmi@yahoo.fr; Ave Mohammed V, nahe Tor; Abendessen mit Konzert gegen Spende von 300–550 Dh/Pers. inkl. allem, je nach Anzahl der Gäste; 🕐 nach vorheriger Anmeldung) organisiert wird. Das Catering übernimmt dabei eine Kooperative einheimischer Frauen und die Berbertexte werden auf Französisch oder Englisch erklärt. Die Einnahmen fließen an eine beeindruckende Palette von Hilfsprogrammen der Gemeinschaft, denen man nach Absprache mit dem freundlichen Leiter Mohammed Ettajami im Komplex bei der Arbeit zusehen kann. Zu den lokalen Initiativen, die in dem Komplex stattfinden, gehören u. a. Leseunterricht, Catering-Trainingskurse, Unternehmerkurse für Frauen, Kinderbetreuung der Gemeinschaft und ein Computerpraktikum. Spenden sind bei jedem Besuch der Organisation erwünscht.

Wer nachmittags vorbeikommt, kann über **Association Attadamoun Pour les Handicapés** (☎ 0668 909801; handicadem1@yahoo.fr; Demnate) eine Teestunde bei einer einheimischen Familie vereinbaren. Die Association ist eine weitere wunderbare, gemeinnützige Organisation, die behinderten Jugendlichen in der ganzen Region eine Schulausbildung, eine Berufsausbildung und die wesentlichen Fähigkeiten des Lebens vermittelt. Der Leiter des Vereins, Hassan Khallaf, spricht fließend Englisch. Er ist sehr fachkundig und stolz auf Demnates muslimisch-jüdisches Erbe. Wenn man es vorher vereinbart, macht er wunderbare historische Touren durch Demnates *mellah*, die durch Suks und *fondouqs* führen und an einer lokalen Grundschule enden, die von religionsübergreifenden Stiftungen unterstützt wird. Die Einnahmen aus Teestunden, *mellah*-Spaziergängen und Übernachtungen im hübschen Salon des Vereins (empfohlene Spende 100–300 Dh/Pers.) unterstützen die heldenhaften Anstrengungen des Vereins, grundlegende Unterstützung und Bildungsmöglichkeiten für alle zugänglich zu machen.

Die Association de l'Entreaide, Demnates Catering-Kooperative, arbeitet mit lokalen Naturführern zusammen, um ein neues Programm ins Leben zu rufen: Es soll Naturwanderungen und Spaziergänge durch die Oliven- und Mandelhaine in Demnates Umgebung geben, bei denen Gourmetpicknicks auf malerische Berggipfel oder an tolle Plätzchen am Fluss geliefert werden. Auf Bestellung bekommt man hier auch Demnates duftenden, handgerollten Couscous aus Gerste, Mais oder Weizen. Reservierungen sollten mindestens zwei Tage vorab über den Verein (s. S. 349) gemacht werden. Die Einnahmen finanzieren die Catering- und Geschäftsentwicklungsprogramme des Vereins für Frauen.

NATUR & WANDERN

Wenn man in Demnate ist, lässt sich prima ein Abstecher 6 km Richtung Osten nach **Imi-n-Ifri** (in der Berbersprache „Eingang der Grotte") machen. Das ist eine natürliche Brücke über einer Schlucht, die wie das gähnende Maul eines Monsters aussieht. Man kann in die Schlucht runterklettern und selbst durch dieses zähnefletschende Maul wandern – die Wege sind deutlich markiert und wurden erst vor Kurzem geebnet. Es lohnt sich dennoch, einem einheimischen Führer ein kleines Trinkgeld (20–30 Dh) zu geben, damit er einem über ein paar komplizierte Felsbrocken hilft und die hiesige Legende erklärt, die mit dieser Travertinbrücke, die sich vor etwa 1,8 Mio. Jahren gebildet hat, verbunden ist.

Die beiden Seiten der Brücke sollen einheimische Liebende darstellen, die von ihren Familien voneinander getrennt gehalten wurden. Romeo und Julia von Demnate hielten Händchen und wurden zu Stein. Auf der Südseite der Schlucht ist eine Quelle mit Wasser, das reich an natürlichen Mineralsalzen ist. Bräute kommen vor ihrer Hochzeit hierher; im Sommer kann man bei Junggesellinnenabschieden der Berber Frauen singen und Trommel und Tamburin spielen hören. Auf der anderen Seite der Schlucht befindet sich eine Süßwasserquelle, deren Wasser Akne heilen soll, was erklärt, warum hier so viele Teenager rumhängen. Wer unter der Brücke durchgeht, befindet sich auf einmal in einer *Herr-der-Ringe*-Kulisse. Krähenschwärme schießen dort von beeindruckenden Stalaktiten herab.

Entlang der Straße, die bei Imi-n-Ifri nach links abzweigt, liegt eines der atemberaubendsten und unberührtesten Täler der Ausläufer des Hohen Atlas, das in das Âït-Bou-Goumez-Tal übergeht. Es ist, als würde man in ein impressionistisches Gemälde hineinfahren: Goldene Weizenfelder wiegen sich im Wind und sind im Frühling mit rotem Mohn gesprenkelt, Frauen in Schürzen und gepunkteten Kopftüchern ernten Weizen mit einer Sense, und die Berge sind golden, grün und purpurrot gestreift. Auf den Terrassen mit den Steinwänden wächst Weizen, und Dörfer aus rotem Stein klammern sich wie architektonische Chamäleons an rote, eisenhaltige Felshänge. Die Straße hier ist ziemlich neu, sodass das Tal von der Zeit unberührt scheint.

Von Imi-n-Ifri geht es auf der Straße 6 km weiter zum Dorf Iouaridene – und schon befindet man sich auf prähistorischem Territorium. Schilder führen zu dem, was Geologen für **Dinosaurierfußabdrücke** halten, die im mittleren Jura, also etwa vor 170 Mio. Jahren, entstanden sind. Vierbeinige fleischfressende Dinosaurier durchstreiften einst diese Gegend und die einheimischen Kinder machen einem gern mal den T-Rex – allerdings erbärmlich schlecht. Zum Zeitpunkt der Recherche war die Brücke hinter Iouaridene kaputt, aber in der Trockenzeit sollte es möglich sein, diesen spektakulären Zugang zum Âït-Bou-Goumez-Tal zu Fuß oder mit einem Geländewagen zu erkunden.

In den 100 Jahre alten Olivenhainen an den Hängen um Demnate wächst der Rohstoff für das Olivenöl, das weithin als das beste Marokkos gilt. Es enthält Spuren von Mineralsalzen und erhält durch die Terrassenanbaumethode eine goldene Farbe und einen feinen Geschmack. Manche vergleichen es sogar mit Sorten aus der Toskana. Mandeln sind ein weiteres berühmtes lokales Erzeugnis. Wenn im März die Bäume blühen, ist eine super Zeit für einen Besuch.

Schlafen

Außer der Übernachtungsmöglichkeit bei der Association Attadamoun Pour les Handicapés (S. 349) gibt's auch nette, preiswerte Unterkünfte im neuen **LP Tipp** **Riad Aykbalou** (☎ 0523 507498; www.iminifri-riad.com; 2 km von Imi-n-Ifri, 8 km von Demnate; EZ inkl. HP mit Gemeinschaftsbad/eigenem Bad 120/150 Dh, DZ inkl. HP mit Gemeinschaftsbad/eigenem Bad 250/280 Dh). Es steht 500 m links von der Gabelung der Straße nach Imi-n-Ifri. Die Zimmer sind einfach und fröhlich mit leuchtenden Farbtupfern, Kiefernmöbeln und Hennalampen. Die saisonalen *tajines* bestätigen den guten kulinarischen Ruf Demnates, denn sie sind mit frischen Kräutern, aromatischem

Gemüse und Fleisch zubereitet (Nichtgäste zahlen 80 Dh für *tajine*, 20 Dh für Salate). Eine gehobenere Option ist die umweltfreundliche **Kasbah Timdaf** (☎ 0523 507178; 15 Min. von Demnate entfernt an der Straße nach Azilal; GPS-Koordinaten N 31°46,50 W 007°01,13; EZ 495 Dh, DZ 660–880 Dh, 4BZ 1650 Dh) mit geräumigen Zimmern und *tadelakt*-Bädern in einem Farmhaus aus Stein und Lehmziegeln inmitten von Mandel- und Olivenhainen.

Essen

Ein klarer Hinweis darauf, dass man sich in einer Gourmethauptstadt befindet, sind die 40 Imbissstände, die die Hauptstraße säumen – das ist ungefähr einer pro 50 Einwohner! Der harte Wettbewerb bedeutet, dass die Köche hier versuchen müssen, für um die 20 Dh die frischesten und leckersten *tajines* zuzubereiten. Am besten hält man sich an den Stand, der am jeweiligen Tag die Massen anzulocken scheint, oder man bleibt beim bewährten **Café d'Ouzoud** (☎ 0523 456087; Ave Mohammed V) ein paar hundert Meter vor dem Stadttor nach Demnate. Wer lieber gediegener essen und ein erfrischendes Bad im Restaurantpool nehmen möchte, geht ins **Café-Restaurant Al Jazeera** (☎ 0644 458239; Gare Routiére, Demnate; 🕑 8–20 Uhr; 🏊). Man sollte vorher anrufen, um den feinkörnigen, mit einheimischem Olivenöl beträufelten Couscous zu probieren, der so typisch ist für Demnate.

Shoppen

Der sonntägliche **Suk** zehn Minuten südlich der Stadt ist eine Gelegenheit, um einheimische Oliven, Olivenöle und Mandeln zu probieren und um sich Holzarbeiten und Oberbekleidung aus Wolle anzuschauen. Einfache Töpferwaren mit Berberglückssymbolen aus Henna, die für maximalen Kocherfolg sorgen sollen, kriegt man hier auch. Die Töpfereien befinden sich 2 km außerhalb der Stadt im Dorf Boughlou; um hinzukommen, bei der Moschee rechts abbiegen und 4 km durchs Gelände fahren. Man kann einen Führer anheuern, der einen durch Demnates Association de l'Entreaide (S. 349) begleitet und den mühsamen Prozess erklärt, in dem Töpfe gebrannt und in einem unverwechselbaren Gelbton glasiert werden.

An- & Weiterreise

Grands Taxis nach Marrakesch (55 Dh) und Azilal (45 Dh) fahren vor dem Stadttor ab. Bis 18 Uhr gehen vom Busbahnhof (vor dem Stadttor rechts abbiegen) aus alle paar Stunden Busse nach Marrakesch (25 Dh, 1½ Std.).

CASCADES D'OUZOUD

Etwa 167 km nordöstlich von Marrakesch und scheinbar Welten entfernt von der Hitze der Stadt befinden sich Marokkos Wasserfälle. Sie sind bei Touris und Marokkanern gleichermaßen einer der beliebtesten Tagesausflüge von Marrakesch aus. Der Oued Ouzoud fällt hier in drei Stufen 110 m tief in die Schlucht Oued el-Abid. Obwohl Dürre die Wassermenge in letzter Zeit verringert hat, ist der Anblick von der Quelle der Wasserfälle aus noch immer beeindruckend. Und er wird noch besser, wenn man in die Kühle der Schlucht hinabsteigt, vorbei an den Sprühnebeln, die am späten Nachmittag in allen Regenbogenfarben leuchten, und den Becken auf dem Boden. Die Wasserfälle sind von März bis Juni am spektakulärsten, weil es da mehr Wasser gibt, aber junge Marokkaner zelten auch in der Sommerhitze oft auf den Terrassen den Wasserfällen gegenüber.

Um die Fälle zu erreichen, an den Schildern zum Riad Cascades d'Ouzoud (s. S. 352) vorbei in Richtung Hang gehen, wo sich mehrere Wege runter zu den Fällen schlängeln. Links vom Marktplatz reihen sich Souvenirstände und Cafés aneinander. Ein Mittagessen auf Augenhöhe mit den Wasserfällen kann man im **Chez Amis Salah** (🕑 8–18 Uhr) einnehmen, wo es *tajines* für 80 Dh oder Omelettes für 60 Dh (beides mit Salat & Brot) gibt. Mehrere andere Cafés bieten ähnliche Speisen zu ähnlichen Preisen, aber die Sitzgelegenheiten am Rande der Klippe heben dieses hervor. Die Toiletten, die sich mehrere Cafés teilen, befinden sich nach hinten raus und sollten vor dem Mittagessen besser nicht aufgesucht werden. Einfach an den meckernden Ziegen vorbeigehen.

Einheimische bieten sich Fremden für ein paar Dirhams als Führer in die Schlucht an, aber man kann auch einfach den ausgelatschten Wegen folgen. Unten angekommen kann man am Flussbett entlangwandern oder den Fluss überqueren und einen anderen Weg nehmen, der wieder hoch ins Dorf führt. Berberaffen betteln auf diesem Weg um Aufmerksamkeit und Essen, aber ein Schild verbietet, sie zu füttern.

Flussabwärts liegen ein paar kleine, relativ saubere Teiche, in denen man baden kann.

Um das malerische Berberdorf Tanaghmelt zu sehen, dem Weg an den unteren Teichen und einem Bauernhaus vorbei 1,5 km den Hang hinauf folgen. Wer längere Wanderungen machen will, folgt dem Flussverlauf bis zu den Höhlen (2 Std.) und zur Schlucht Oued el-Abid (weitere 2 Std.).

Viele Cafés an den Wasserfällen bieten schattige Zeltstellflächen für 15 Dh mit schrecklichen Klos, die eher Löcher im Boden sind. Traveller, die Wert auf eine gewisse Hygiene legen, sind auf Stellplätzen und in Berberzelten besser untergebracht, deren Bewohner die Toiletten und Duschen im **Dar Essalam Hotel** (☎ 0615 972385; Stellfläche ohne/mit Leihzelt 20/40 Dh, EZ/DZ/3BZ 50/100/150 Dh) auf dem Marktplatz mitbenutzen dürfen. Man hat Blick auf die Wasserfälle; kahle Zimmer mit Gemeinschaftsbädern gibt's auch.

Riad Cascades d'Ouzoud (☎ 0662 143804; www.ouzoud.com; EZ 510–610 Dh, DZ 710–810 Dh, 3BZ 950 Dh, Suite 1050–1150 Dh, inkl. Frühstück) ist ein rustikal-geschmackvolles Refugium in Sichtweite der Fälle. Das Duschwasser ist solargeheizt, und die Zimmer sind mit geschnitzten Holzmöbeln ausgestattet. Die Türen sind im Berberstil gehalten. Das Personal begrüßt Neuankömmlinge aufs Herzlichste. Das Riad bietet Wanderungen mit einheimischen Führern an, die auch Kajaktouren, River-Sliding, Besuche ländlicher Suks und Teestunden bei einheimischen Familien organisieren können.

An- & Weiterreise

Von Marrakesch aus ist es am einfachsten, mit öffentlichen Verkehrsmitteln direkt nach Azilal zu fahren, von wo Grands Taxis nach Ouzoud (hin & zurück 25 Dh/Pers. od. 250 Dh für das ganze Taxi) fahren, sobald sie voll sind. Nach 16 Uhr könnte es allerdings schwierig werden, nach Azilal zurück zu kommen.

AZILAL

Dieses schmucke Zentrum für regionale Entwicklung ist für Traveller hauptsächlich als praktischer Verkehrsknotenpunkt zwischen Demnate, den Cascades d'Ouzoud und dem Âït-Bou-Goumez-Tal interessant. Einen guten Boxenstopp für ein Mittagessen mit leckerem gegrilltem Hühnchen und Pommes für 30 Dh gibt das **Ibnou Ziad Restaurant** (Ave Hassan II) ab, auch wenn Fußballfans durch die hier im Fernsehen gezeigten Spiele aufgehalten werden könnten. Donnerstag ist Markttag und der **Complexe Artisanal** (auf der rechten Seite gegenüber vom Rathaus) veranstaltet gelegentlich regionale Kunst- und Kunsthandwerksausstellungen.

Hier gibt's die letzte Möglichkeit, ins Internet zu gehen, bevor man ins Âït-Bou-Goumez-Tal kommt; E-Mail-Süchtige können bei **Cyber Adrau** (Ave Hassan II, neben dem Hôtel Assounfou; 8 Dh/Std.; ⌚ 8–24 Uhr) ein letztes Mal ihre Post checken. Geldautomaten sind für die nächsten Kilometer auch erst einmal Mangelware, man sollte also vielleicht die Automaten der **Banque Populaire** (Ave Hassan II) neben der Polizei noch einmal nutzen.

Gegenüber vom Ibnou Ziad Restaurant liegt das entspannte **Hôtel Souss** (☎ 0672 328495; EZ/DZ mit Gemeinschaftsbad 35/70 Dh, heiße Dusche 5 Dh), das neben einer freundlichen Begrüßung geräumige Zimmer, dicke Decken und seltsam niedliche Schreibtische in Kindergröße bietet; oben ist ein Videobereich mit Playstation.

Zwischen Azilal und Marrakesch (45 Dh, 2- bis 6-mal tgl.) verkehren Busse. Jede Menge Grands Taxis fahren vom Taxistand hinter Marrakeschs Busbahnhof nach Azilal (70 Dh) und, seltener, von Azilal nach Demnate (34 Dh).

ÂÏT-BOU-GOMEZ-TAL

Das wohl am besten gehütete Geheimnis Marokkos ist die Region, die als das „Glückliche Tal" bekannt ist. Bis 2001 war sie vier Monate im Jahr eingeschneit und außer zu Fuß oder per Maultier kaum zu erreichen. Manche Straßen sind zwar noch immer nur mit Geländewagen befahrbar, aber man hat mit gepflasterten Straßen einen guten Zugang geschaffen, um zu den Lehmziegeltürmen und charakteristischen *ighremt* (steinverstärkten Häusern) aus rötlichem Stein mit den von weißen Steinen umrandeten Fenstern zu gelangen, die die Ausläufer des Hohen Atlas sprenkeln. Hier kann man Handys, Chefs und die zahllosen anderen kleinen Störungen des modernen Lebens vergessen und die Tage glücklich und in den Anblick blühender Obstgärten, mysteriöser Felszeichnungen und sich im Wind wiegender Gerste vertieft verbringen. Dieses Tal ist ein Art Natur-Antidepressivum, vor allem für Wanderer, die sich beim Besteigen des M'Goun-Massivs (s. S. 467) selbst bis an ihre Grenzen bringen.

Aber außer Naturschönheit begegnet man im Âït Bou Goumez auch bemerkenswertem und beeindruckendem Einfallsreichtum. Selbst steile Berghänge werden für den Terras-

DIE GUTE TAT: EINE TOUR DURCHS GLÜCKLICHE TAL

Ein gutes Gefühl: Man verbringt vier Nächte und fünf Tage in spektakulärer Landschaft und hat damit elf ehrenwerte einheimische Projekte unterstützt.

Tag 1

- Abfahrt aus Marrakesch; Wanderung und Picknick außerhalb von Demnate, organisiert von einheimischen Führern und Frauen der **Association de l'Entreaide Demnate** (S. 349).
- Tee bei einer einheimischen Familie oder Tour durch die **Mellah,** arrangiert von Demnates **Association Attadamoun Pour les Handicapés** (S. 349).
- Abendessen mit Konzert, organisiert von der Association de l'Entreaide Demnate (S. 349).
- Übernachtung bei der Assocation Attadamoun Pour les Handicapés oder im **Riad Aykbalou** (S. 350) in Imi-n-Ifri.

Tag 2

- Abfahrt aus Demnate; Mittagessen im **Ibnou Ziad Restaurant** (gegenüber) in Azilal.
- Optionaler Abstecher zur Teppichkooperative **Association Assamer** (S. 354) und Tee bei **Hassan Benkoum** (S. 354).
- Besuch eines Holzschnitzerateliers bei der **Association Ighrem Atelier du Sculpture** (S. 354).
- Ziegenkäse, Walnussbutter und Berghonig bei der **Cooperative Tikhiouine** (S. 354) kosten.
- Abendessen und Übernachtung in der **Ecolodge Dar Itrane** (S. 355).

Tag 3

- Morgenwanderung zur **Zawiya Sidi Moussa,** organisiert durch die **Association Renaissance de Âït Bougomez** (S. 355).
- Mittagessen im **Café des Amis** (S. 355) in Tabant.
- Nach Schulschluss in Tabants Mädcheninternat (S. 355) eine Stunde Englisch unterrichten.
- Nach Zaouiat Ahansal; das Frauenweberkollektiv und das Trainingsprogramm im **Atelier du Tissages de l'Association du Zaouiat Ahsal** (S. 355) besichtigen.
- Abendessen und Übernachtung in den *gîtes* **Sidi Ahmed Amahdar** (S. 356).

Tag 4

- Fahrt ins **Reserve Naturelle de Tamga,** um an der **Cathédrale des Rocher** zu klettern oder mit den Leuten der **Association Renaissance de Âït Bougomez** (S. 355) Wildblumen zu besichtigen oder Vögel zu beobachten.
- Mittagessen in der **Gite le Cathedrale** (S. 356).
- Fahrt nach Ben Ouirgane; Übernachtung im umweltfreundlichen **Little Morocco** (S. 356).

Tag 5

- Rückfahrt nach Marrakesch über Cascades d'Ouzoud; Mittagessen bei **Chez Amis Salah** (S. 351) in Cascades d'Ouzoud.

senfeldbau genutzt; es sind winzige Weizenparzellen zu sehen, die auf ummauerten Terrassen in schwindelerregender Höhe liegen. Die Dörfer sind aus Stein und Lehm, die vor Ort abgebaut wurden, und fügen sich daher oft perfekt in die spektakuläre Kulisse ein. Da sich die nächste Apotheke in Tabant befindet, werden Bergpflanzen gesammelt, um daraus pflanzliche Heilmittel zu machen.

Das Âït Bou Goumez mag zwar ein Ort des Glücks sein, aber die Menschen hier müssen hart arbeiten, um über die Runden zu kommen und ihre Kinder zur Schule schicken zu können. Um das Glück zukünftiger Generationen zu sichern, haben die Einheimischen hier ehrgeizige Initiativen gegründet – für Holzarbeiter, Mädchenschulen, Biolandwirtschaft und Ökotourismus –, und sie freuen sich, wenn Traveller vorbeikommen und das unterstützen.

Âït Bououli

Von Azilal aus erreicht man zuerst Âït Mohammed, wo man der Straße nach Südwesten durch Hügel folgen kann, in denen die geologische Zeit an Streifen von roten, violetten und weißen Mineralablagerungen abzulesen ist. Bevor man auf dieser Straße nach Agouti kommt, können Abenteurer mit Geländewagen und eisernen Nerven einen Abstecher in eine steile Schlucht aus rotem Lehm nach Âït Bououli machen. Bis vor ein paar Jahren war der Ort sogar per Maultier monatelang unerreichbar. In diesem abgelegenen Dörfchen, 14 km von der Hauptstraße entfernt, gibt es einen Suk, der samstags wilde Bergkräuter verkauft, Felszeichnungen, die man mit Hilfe eines einheimischen Führers besichtigen kann, sowie einen Haltepunkt, an dem man sich mit Talblick Tee, hausgemachtes Brot und Butter, ein kaltes Getränk oder eine *tajine* einverleiben kann: **Chez Hassan Benkoum** (Tajine 70–100 Dh, Tee mit Brot und Butter gegen Spende).

Etwa 2,5 km hinter Âït Bououli liegt ein malerisches Trio von Dörfern, die direkt in den zweifarbigen Felshang gebaut wurden. Am anderen Ende des Trios befinden sich ein Fußballfeld und ein Gebäude, in dem die **Association Assamer** (⌚ 8–12 Uhr) untergebracht ist. Diese unterstützt eine Frauenkooperative, die Teppiche webt und dabei lokal hergestellte Naturfarben verwendet. Traveller können beim Verein nachfragen, ob sie die Teppiche anschauen dürfen. Manchmal wird einem die Arbeit auf dem Gelände gezeigt oder man wird zu einem Mitglied nach Hause geführt, wo man bei der Arbeit zusehen darf.

Agouti

Ein Paradies für Trekker: Agouti hat eine Reihe von *gîtes d'étape* (rustikalen Hotels) und familiären Pensionen, viele von ihnen mit brillanter Aussicht und bodenständiger Berbergastfreundschaft. Die erste auf der linken Seite ist **Flilou** (☎ 0524 343796; tamsilt@menara.ma; B mit Gemeinschaftsbad 50 Dh, EZ/DZ mit eigenem Bad inkl. HP 120/150 Dh), das saubere Schlafsäle für Trekker (zwei mit Bergblick), Doppelzimmer mit handbemalten roten Betten um einen Innenhof, leckeres Essen und saubere, modernisierte Bäder mit wohltuend warmem Wasser hat. Zu den vielen einfacheren *gîte*-Optionen an der Straße gehört das **Chez Daoud** (☎ 0662 105183; B 50 Dh), einen kurzen Fußweg von der Straße entfernt neben Gerstenfeldern. Es bietet rudimentäre Waschgelegenheiten.

In Agouti gibt es auch eine Holzarbeitergenossenschaft, die **Association Ighrem Atelier du Sculpture** (500 m vom Flilou entfernt auf der linken Seite); hier wird einem ein flüchtiger Blick auf Holzarbeiter gestattet, die tagsüber ihre Gegenstände abschleifen. Man hat die Möglichkeit, aus duftendem Wacholderholz geschnitzte Löffel, Schalen und Honigschöpfer direkt beim Hersteller zu kaufen; ein Teil der Einnahmen fließt für die Berufsausbildungsprogramme an die Genossenschaft.

Eine andere bemerkenswerte lokale Initiative ist die **Cooperative Tikhiouine** (☎ 0523 459736). Sie liegt 5 km von Agouti entfernt an der Hauptstraße, im Dorf Timmit (ab der Straße den Schildern 50 m runter ins Zentrum folgen). Die Frauenkooperative wurde 2005 von beherzten jungen Frauen gegründet, obwohl ihre Eltern und andere Einheimische protestierten. Die Frauen besorgten sich EU-Fördermittel und begannen mit dem Anbau von Biowalnüssen, der Herstellung von Berghonig, dem Verkauf von lokal angebautem Safran und der Produktion ihres eigenen milden, gereiften Ziegenkäses. Im Zentrum der Kooperative kann man diese Produkte probieren und kaufen. „Lebensmittelverpackungsunternehmen schlagen aus unseren Erzeugnissen Kapital, und wir wollten zeigen, dass wir bessere Produkte zu einem fairen Preis herstellen können, indem wir sie handwerklich herstellen und selbst verpacken", erklärt die 21 Jahre alte, tatkräftige Präsidentin der Kooperative. „Am Anfang wollten manche Leute nicht, dass ihre Töchter mitmachen, aber jetzt sind wir schon 60 Mitglieder und seit wir in Marokko einen Preis als Modellkooperative gewonnen haben, wollen sich alle Familien beteiligen".

Tabant

Tabant ist auf mehr als eine Art das Zentrum des Tals und zieht Abenteurer, Ökotouristen und Besucher an, die diese spektakuläre, abgelegene Region unbedingt erhalten und unterstützen wollen. In diesem Ort befindet sich die einzige offizielle Schule für Bergführer, und obwohl es hier kein offizielles *bureau des guides* (Touristeninformation) gibt, können Wanderungen durch das Tal und zu den Bergen dahinter organisiert werden. Das macht Brahim Aitsri, der Tourismusdirektor, der für die regionale Selbsthilfeorganisation **Association Renaissance de Âït Bougomez** (☎ 0661 497001, 0523 459085; ausf_maroc2@yahoo.fr) zuständig ist. Zu den vorgeschlagenen Trips gehören zwei- bis dreistündige Spaziergänge durch das Tal, bei denen man Vögel beobachten oder Berberheilkräuter sammeln kann, aber auch viertägige Dromedartouren über die Berge, die alten Nomadenrouten folgen. Ein anderer beliebter Ausflug ist die Wanderung den kegelförmigen Berg hinauf zur *zawiya* des lokalen *marabout* (Heiliger) **Sidi Moussa**, wo Unfruchtbarkeit geheilt werden kann (oder auch nicht). Auf alle Fälle hat man aber einen bewegenden, romantischen Ausblick über das Tal. Ein Teil der Toureinnahmen geht an die Projekte des Vereins, u. a. Leseprogramme für Frauen, Wasserreinigungsprojekte und ein Mutter-Kind-Gesundheitsprogramm.

Der Verein betreibt auch ein Internat für Mädchen, die in Dörfern ohne Schule leben. Die Schule kann nach vorheriger Vereinbarung mit ihrem Englischlehrer Merzouk Farami (☎ 0672 180937; farami1982@hotmail.com; Spende erbeten) besucht werden. Traveller können der Schule auch einfache englische Bücher spenden und/oder nach Schulschluss denjenigen Englischunterricht geben, die scharf drauf sind, mit einem Europäer zu üben.

SCHLAFEN

Der *gîte* **Âït Oliqdim Mohamed** (☎ 0523 459326; B 50 Dh) in Tabant ist sauber und hat Kaltwasserduschen und hält bei Voranmeldung eine leckere *tajine* bereit. Im Nachbarort Ikhf-n-Ighir gibt's drei *gîtes*. Das **Outagloute Benassar** (☎ 0523 459175; B 50 Dh) bietet saubere Schlafsäle, Außentoiletten und eine Auswahl an Wanderkarten und Büchern.

Eine sehr reizvolle Übernachtungsmöglichkeit gleich außerhalb von Tabant im Dorf Imelghas ist die **LP Tipp** **Ecolodge Dar Itrane** (☎ 0610 086930; www.origins-lodge.com; Imelghas; inkl. HP 440 Dh/Pers.), wo scheinbar gegensätzliche Ideen harmonisch nebeneinander bestehen: ökologisch und gemütlich, ländlich und cool, internationales Eigentum und lokales Engagement. Achtzehn makellose Zimmer in einem ehemaligen *gîte* wurden mit handgefertigten Einrichtungsgegenständen im Berberstil sowie Bädern in glänzendem *tadelakt* und gehämmertem Messing samt solargeheizten Duschen ausgestattet. Die offene Bioküche lädt Neugierige zum Gucken ein und das hydroelektrisch betriebene Hamam lässt Erschöpfte entspannen. Wenn gerade kein Strom da ist, kann man sich die Zeit in der Bibliothek voller Bücher und Videos über die Berberkultur oder beim Durchstöbern der Boutique mit lokal hergestellten Waren vertreiben. Mit 22 Dh Spende pro Gast hilft das Dar Itrane bei der Restaurierung der Zawiya Sidi Moussa.

ESSEN

Zu Tabants Attraktionen gehören sein geschäftiger regionaler **Sonntagssuk** mit einem Obst- und Gemüsemarkt an der Hauptstraße, neben dem Platz, wo Second-Hand-Esel verkauft werden, und das **Café des Amis** (50 m die Hauptstraße runter) gleich gegenüber der Post. Für gerade einmal 20 Dh kommt dort in 30 Minuten eine leckere *tajine* mit gartenfrischem Gemüse, Fleisch von Tieren aus Freilandhaltung und aromatischen Bergkräutern auf den Tisch.

An- & Weiterreise

Minibusse fahren morgens gelegentlich von Azilal nach Tabant (40 Dh, 3 Std.), sobald sie voll sind. Sie starten in der Nähe der Hauptmoschee. Manchmal ist auch ein Grand Taxi zu ergattern (60 Dh pro Platz). Donnerstags fahren viele Lastwagen nach Azilal, weil freitags Markt ist.

ZAOUIAT AHANSAL

Man braucht einen Geländewagen, um über die 40 km lange *piste* und den 2629 m hohen Tizi 'Tirghist nach Zaouiat Ahansal zu gelangen. Am nördlichen Ende von Imelghas ist eine *piste,* die nach links in Richtung Zauoiat Ahansal führt, und ca. 15 km weiter auf einem felsigen Hügel bei einem gelben Schild befindet sich eine weitere Weggabelung. Dort nimmt man die rechte Straße nach Zaouiat Ahansal. Teile dieser Straße werden gerade asphaltiert, aber es geht auf den kurvigen Bergstraßen langsam voran, besonders montags, wenn Markt ist. In Zaouiat Ahansal überquert man die Brücke in Richtung der prächtigen Lehmziegeltürme des **alten douar** (Dorfs) auf einem steilen Hügel; dort lebte einst die gesamte 300-Seelen-Gemeinde.

Gleich hinter diesem Orientierungspunkt auf der linken Seite liegt das **Atelier du Tissages**

de l'Association du Zaouiat Ahsal (Di–So 13–18 Uhr), ein Weberinnenzentrum mit Berufsausbildungsprogramm. Hier kann man Lehrlingen und *mâalems* (Meister) beim Teppichweben zusehen. Ihren Händen kann der Blick nicht mehr folgen, wenn sie mit gezackten, alten Teppichwerkzeugen arbeiten, mit denen weniger geschickte Hände leicht ein Auge ausstechen könnten. Damit alle was zu lachen haben, kann man fragen, ob man es auch mal versuchen darf – aber nicht beleidigt sein, wenn sie den Knoten wieder rausmachen! Die Teppiche stehen zum Verkauf; ein Teil der Einnahmen unterstützt das Ausbildungsprogramm und die Apotheke der Dorfgemeinschaft, der Rest geht direkt an die Frau, die den Teppich angefertigt hat.

Schlafen

Der Verein betreibt auch den *gîte d'étape* von **Sidi Ahmed Amahdar** (☎ 0523 459393; 20 Dh), der heiße Duschen, saubere Gemeinschaftsbäder und eine lautstarke Begrüßung durch die Chefinnen garantiert; die Einnahmen unterstützen die angrenzende Apotheke und die Weberinnenschule. In den umliegenden Dörfern Agoudim, Amezrai und Taghia (Letzteres liegt 2 Stunden zu Fuß flussaufwärts) gibt es weitere *gîtes*. Richtung Norden liegt Ouaouizarht (wah-ri-sat), wo ein Hotel zur Verfügung steht. Mittwoch ist Markttag.

An- & Weiterreise

Wenn man einen Zeitplan einzuhalten hat, ist die einzig zuverlässige Transportmöglichkeit ein Geländewagen. Ansonsten fahren sonntags Laster von Tabant nach Zaouiat Ahansal. Zwischen Zaouiat Ahansal und Âït Mohammed (40 Dh) verkehren regelmäßig Minivans; weniger regelmäßig gehen sie über Tilougguite nach Ouaouizarht.

CATHÉDRALE DES ROCHER & RESERVE NATURELLE DE TAMGA

Wenn man von Zaouiat Ahansal entlang der Hauptstraße weiter nach Norden fährt, kommt man zur **Cathédrale des Rocher**, der „Felskathedrale". Sie hat glatte Steinwände, die die ultimative Herausforderung für Kletterer sind. Außerdem erreicht man das **Reserve Naturelle de Tamga**, ein riesiges Naturschutzgebiet aus acht einzelnen Parks. Vogelliebhaber werden beim Beobachten der 107 Vogelarten – u. a. leben hier einige seltene und bedrohte Arten – einen großartigen Tag (oder auch mehrere) erleben. Ein kleiner **botanischer Garten** 3 km nach dem Schild, das den Eingang zum Park markiert, zeigt einen Mikrokosmos der vielfältigen Pflanzenwelt des Parks. Man findet z. B. duftenden nordafrikanischen Wildthymian und Arzneikräuter, die Rheuma heilen sollen. Übernachtet werden kann 2 km hinter dem Hinweisschild auf die Cathédrale im **Gîte le Cathedrale** (B od. Stellplatz inkl. HP 150 Dh/Pers.; Mittagessen/Abendessen 50/60 Dh). Eine Taschenlampe mitbringen – die solarstrombetriebene Beleuchtung geht zeitig aus und der Weg zum Gemeinschaftsbad ist stockdunkel!

BIN EL-OUIRGANE

Wenn man es erst einmal bis zur Cathédrale geschafft hat, kann man über die asphaltierte Straße, die nach Bin el-Ouirgane führt, zurück nach Azilal fahren. Verwirrenderweise tragen ein See, der Damm, der den See geschaffen hat, und der Ort am Ufer des Sees denselben Namen. Der Damm liefert den größten Teil des Stroms in der Region, und obwohl der Wasserstand in den letzten trockenen Jahren gefallen ist, bietet der See noch immer einen tollen Anblick. Schlafen können Besucher im umweltfreundlichen (und auch sonst freundlichen) **Little Morocco** (☎ in Großbritanien 44 0 1239 820951, in Marokko 0663 42373; www.littlemorocco.co.uk; außerhalb des Dorfs Ben Ouidane, Karte & Adresse s. Website; EZ/DZ inkl. HP 300/600 Dh), einem Gemeinschaftsunternehmen für verantwortungsbewussten Tourismus, das von einer britischen Familie und einer einheimischen Berberfamilie gegründet wurde. Die Zimmer sind in einem traditionellen Stein- und Lehmziegelhaus und werden ohne schädliche Chemikalien gereinigt; im Zimmerpreis ist der Hamamzugang enthalten. Kletterexpeditionen, Ausritte auf Maultieren, Sukbesuche auf dem Land, volkstümliche Musikabende und Kajakfahrten können organisiert werden.

IMILCHIL

Die meiste Zeit des Jahres ist Imilchil einfach nur ein wunderschönes Berberdorf im Mittleren Atlas, wie so viele andere. Aber während seines dreitägigen *moussem* im September wird es von Besuchern überschwemmt. Auf dem riesigen Jahrmarkt decken sich einheimische Berber für die langen Monate winterlicher Isolation ein und halten nach Ehepartnern Ausschau. Die Frauen stolzieren in gestreiften Wollumhängen und mit kunstvollem Schmuck behängt herum und die Kerle putzen sich mit flatternden weißen *djellabas* für die Feier heraus.

Das Fest findet normalerweise in der dritten oder vierten Septemberwoche von Freitag bis Sonntag statt; die Termine sind in den Touristeninformationen im ganzen Land ausgehängt. Geführte Touren zu dem Event werden in den Großstädten in Zentralmarokko angeboten. Busladungsweise werden Touristen über die neue asphaltierte Straße von Rich nach Imilchil hergekarrt; die beäugen dann die zukünftigen Pärchen. Bei all den Betrügern, *faux guides* und Souvenirständen, die Touristen im Visier haben, ist die Zahl der Schaulustigen mittlerweile fast höher als die der jungen Liebenden – aber die voyeuristische Faszination des Ereignisses lässt sich wirklich nicht leugnen.

Während des Festes werden in der ganzen Gegend Zeltunterkünfte angeboten; ansonsten gibt's zwei simple Hotels, ein paar primitive Hütten und mehrere Café-Restaurants.

Um von Marrakesch nach Imilchil zu gelangen, fährt man mit dem Bus oder Grands Taxis Richtung Nordosten bis Kasba Tadla. Hier heißt es in ein Grand Taxi nach El-Ksiba umsteigen. Von El-Ksiba fährt täglich ein Bus nach Aghbala. Die Abzweigung nach Imilchil ist in der Nähe des Tizi n'Isly, etwa 10 km vor Aghbala. Von hier sind es noch 61 km auf einer asphaltierten Straße gen Süden nach Imilchil. Es gibt hier ein paar Grands Taxis oder Suklaster, die diese Strecke fahren, besonders freitags und sonntags, wenn Markt ist.

Wer viel Zeit hat, kann auch von Boumalne du Dadès oder Tinerhir nach Imilchil fahren (atemberaubende 160 km mit einem Suklaster oder Geländewagen). Samstags fahren Minivans von Imilchil nach Tinerhir (50–55 Dh).

SÜDLICH VON MARRAKESCH

OURIKATAL

Dieses idyllische, blühende Tal ist eine Wohltat für die Augen und die von der Stadt aufgeriebenen Nerven. Es ist nur eine 45-minütige Auto- oder Grand-Taxi-Fahrt von Marrakesch entfernt und quasi der Notausgang der Stadt. Die Temperaturen sind hier, östlich vom Jbel Toubkal, niedriger und der Anblick der schneebedeckten Gipfel des Hohen Atlas lässt einen die Belastungen des Stadtlebens wieder aus der richtigen Perspektive betrachten. Patchworkartige Felder breiten sich wie ein grüner Teppich in Richtung Marrakesch aus und bieten Platz, um zu campen, zu picknicken oder einfach nur um abzuhängen und zuzuhören, wie der Blutdruck sinkt. Von Februar bis April, wenn die Mandel- und Kirschbäume blühen und die Wildblumen alles geben, ist das Tal besonders belebend.

Beliebte Ziele in der Gegend sind das Skiresort Oukaïmeden (besonders während der Hauptschneesaison, Nov.–März), das Dorf und die Wasserfälle von Setti Fatma weiter östlich sowie der terrassenartig angelegte Ort Imlil, der in einen Spalt unterhalb des Jbel Toubkal eingezwängt ist. Aber die Region ist voller versteckter Täler, Dörfer an Klippen, alter Felszeichnungen, Plateaus mit Mondlandschaften und plätschernder Bergflüsse. Traveller, die ihre Wanderschuhe eingepackt haben, werden belohnt. Einen Überblick kann man sich im **Centre d'Informations Touristique Ourika** (☎ 0668 465545; 🕑 Mo–Sa 8.30–19, So 8.30–13 Uhr) im Dorf Tnine, 33 km von Marrakesch, verschaffen. Dieses Büro wird von einer lokalen NGO (Nichtregierungsorganisation) betrieben und bietet Infos und eine Karte zu den Attraktionen des Tals. Wer im Winter wandern geht, sollte sich vor den gelegentlichen Überschwemmungen in Acht nehmen; ein besonders verheerendes Hochwasser forderte 1995 Hunderte von Menschenleben.

Wer montags durch Tnine fährt, kann den wöchentlichen Suk an der Hauptstraße nicht verfehlen. Zu einem anderen lohnenden Ziel in Tnine folgt man den Schildern, die von der

MARKTTAGE

Im Ourikatal, rund um den Jbel Toubkal und in Richtung Tizi-n'Tichka-Pass werden an folgenden Tagen lokale Märkte abgehalten, auf denen es Kunsthandwerk, Obst und Gemüse und Esel gibt:

- Montag: Tnine de l'Ourika
- Dienstag: Tahanaoute, Âït Ourir
- Mittwoch: Tirdouine
- Donnerstag: El-Khemis
- Freitag: Jemaa Rhemat
- Samstag: Asni
- Sonntag: Setti Fatma

Hauptstraße vor der Brücke nach links weisen. Hier liegt der ökologisch-botanische Garten von **Nectarôme** (☎ 0524 313800; www.nectarome.com; 🕒 10–17 Uhr), einem französisch-marokkanischen Naturkosmetik- und Hautpflegeunternehmen, das traditionelle Berberheilmittel und Hamambehandlungen mit moderner Aromatherapie kombiniert. Egal ob man auf Aromatherapie steht oder nicht: Der Garten duftet toll, und ein Fußbad plus Fußmassage mit ätherischen Bioölen (100–200 Dh) sind perfekt nach einem langen Trek.

Gartenpicknicks mit Blick auf die Berge erwarten einen bei **Timalizene** (☎ 0524 484059, 0663 564656; www.timalizene.com, französisch; Eintritt Garten 15 Dh, Mittagessen 120 Dh, Reservierung empfohlen), einem duftenden Garten samt Gästehaus (EZ/DZ inkl. Frühstück 275/380 Dh), bei dem auch Botaniktrips und Besuche in Berberdörfern angeboten werden. Es liegt ca. 8 km hinter Tnine in Richtung Setti Fattma, auf der anderen Seite der Brücke am Fluss.

Etwa 45 km von Marrakesch entfernt ist die **Auberge le Maquis** (☎ 0524 484531; www.le-maquis.com, französisch; Aghbalou; inkl. HP 450 Dh/Pers.), ein familiärer Zufluchtsort und Start- und Zielpunkt für Radler und Trekker. Sie hat acht Zimmer und bietet eine herzliche Begrüßung. Das Management schafft es, dass Gäste sich beim Abendessen wie unter Freunden fühlen, und es hat ein Herz für Kinder: Kids unter zwölf bekommen Halbpension zum Preis des Abendessens. Das Hotel organisiert Touren zu den Felszeichnungen auf dem Yaggour-Plateau und Ausflüge auf Maultieren für die Kleinen. Wer nicht Gast ist, darf den Pool für 80 Dh nutzen. Außerdem gibt es einen Spielplatz für den Nachwuchs.

Noch 5 km weiter auf der Straße Richtung Setti Fatma liegt das bezaubernde **LP Tipp** **Ourika Garden** (☎ 0524 484441; www.ourika-garden.com; Aghbalou; EZ inkl. HP 660 Dh, DZ inkl. HP 770–960 Dh), ein Hotel inmitten eines Gärtnertraums: Terrassenbeete mit aromatischen Biokräutern, Sukkulenten und Gemüse, und dazwischen Brückenstege und Sicht aufs Tal. Das Frühstück auf der Terrasse ist eine herrliche Schlemmerei, und es gibt frischen Ziegenkäse und Olivenöl. Das aufmerksame Personal lächelt die ganze Zeit – ein Wunder, dass es noch keine Gesichtsmuskelzerrung hat …

Oukaïmeden

Oukaïmeden (2650 m, 75 km von Marrakesch) ist zwar vor allem als einziges Skiresort Marokkos bekannt, aber auch eine praktische Basisstation, um Felsritzungen in der Gegend zu erkunden; der Club Alpin Français (CAF) kann einem die Wege dorthin zeigen. In der Hauptschneesaison finden Skifahrer sieben Pisten (vom Idiotenhügel bis zur schwarzen Piste), sechs Schlepplifte und den höchsten Skilift in Afrika (3243 m) vor. Skiausrüstung, -pässe und -kurse gibt's im Ort zu Preisen, die an europäische oder amerikanische Preise gewöhnte Skifahrer erfreuen werden.

Die Hauptsaison reichte ursprünglich von Ende Januar bis März, aber in den letzten Jahren war Schnee schon im März Mangelware. Es gibt Umweltignoranten, die darüber nachdenken, die Saison mit Kunstschnee zu verlängern. Wenn man Marokkos knappe Wasservorkommen und die Energiemenge bedenkt, die in die Schneeproduktion gesteckt werden müsste, wird klar, dass umweltbewusste Skihasen, wenn der Schnee knapp ist, besser bei den Dünen in Merzouga (S. 397) „snowboarden".

SCHLAFEN & ESSEN

CAF Refuge (☎ 0524 319036; www.caf-maroc.com; CAF- od. HI-Mitglieder/Nichtmitglieder pro Pers. 69/92 Dh; heiße Dusche 5 Dh) hat Schlafsäle, ein paar Doppelzimmer, ein Bar-Restaurant (Frühstück 18 Dh) und eine super ausgestattete Küche. Schlafsäcke müssen selber mitgebracht werden. Das Personal holt Gruppen aus Marrakesch ab (300–400 Dh für bis zu 4 Pers. mit Grand Taxi od. 700–900 Dh für 9–12 Pers. mit Minibus od. Geländewagen). Vor Ort wird eine Auswahl von Wander- und Bergführern auf Französisch verkauft.

Das **Hôtel Chez Juju** (☎ 0524 319005; www.hotelchezjuju.com; EZ/DZ inkl. VP 390/680 Dh) hat ein gutes Bar-Restaurant im Alpenstil. Die Zimmer haben Holzdecken und tropfende Duschen in einer Ecke, die nur durch einen Vorhang abgetrennt sind, sowie Gemeinschaftstoiletten. Ein Fremdkörper inmitten der schneebedeckten Berge ist das orangefarbene Hochhaus **Hotel Kenzi Louka** (☎ 0524 319080; Fax 0524 319088; www.kenzi-hotels.com; EZ/DZ 750/900 Dh; Frühstück 90 Dh; ❄ 🏊) mit 101 farblosen Zimmern und einem gleichermaßen farblosen internationalen Restaurant. Das Haus hat unter den Schneehäschen trotzdem eine Fangemeinde, die von den Stühlen am Innenpool aus gerne die Sicht auf die Berge genießt.

Die einfachste Möglichkeit, nach Ouakaïmeden zu kommen, ist, den Transport über den CAF zu organisieren. Ansonsten kann man ein Grand Taxi mieten (hin & zurück ab Marrakesch 600 Dh) oder einen Bus nach Setti Fatma oder Aghbalou nehmen und versuchen, von dort in die Berge zu trampen.

Setti Fatma

Setti Fatma ist ein kleines Dorf, das in den letzten zehn Jahren jede Menge touristischer Aktivitäten erlebt hat. Es stellt noch immer einen malerischen Stopp dar, um an dem Fluss, der durch den Ort fließt, zu Mittag zu essen, und man kann Wanderungen zu sieben Wasserfällen in einem nahe gelegenen, verborgenen Tal machen. Das Dorf schmiegt sich in eine Schlucht neben den Bergen des Hohen Atlas. Es befindet sich am äußeren Ende der Straße durch das Ourikatal, 24 km südlich der Abzweigung nach Oukaïmeden. Die besten Zeiten für einen Besuch sind Anfang März, wenn die Kirsch- und Mandelbäume blühen, oder im August zum viertägigen *moussem* mit seinem Jahrmarkt und Rummel bei der *koubba* von Setti Fatma. Im Sommer ist der Ort voller überhitzter Besucher aus Marrakesch, die nach Luft schnappen. Um sich fernab der Massen abzukühlen, sollte man lieber ins weniger bekannte und herrlich unberührte Zattal (S. 362) fahren.

Wanderungen zu den Wasserfällen können einfache, 20-minütige Spaziergänge sein, aber auch anstrengende Flusstouren. Die *faux guides* ignoriert man am besten und sucht sich beim **bureau des guides** (☎ /Fax 0524 426113) 200 m hinter dem Hôtel Asgaour einen offiziellen Führer, der einem den Weg zu Fuß oder per Maultier zeigt. Das *bureau des guides* gibt auch Tipps zu längeren Wanderungen (s. S. 464), z. B. Treks nach Tourcht im Osten, nach Imi n'Taddert im Norden, nach Anammer und Tizi n'Oucheg im Âït-Oucheg-Tal und vom Yaggour-Plateau ins Zattal.

Das LP Tipp **Hôtel Restaurant La Perle D'Ourika** (☎ 0661 567239; DZ inkl. Frühstück 200–450 Dh; Tagesmenü 80–100 Dh) ist farbenfroh wie ein Marrakescher Wasserverkäufer und wird von der mütterlichen Ammaria geführt, die einen mit Bergen ihrer legendären Couscousgerichte (u. a. mit Wildpilzen) versorgt. Das **Hôtel Asgaour** (☎ 0666 416419; Zi. für bis zu 3 Pers. mit Gemeinschaftsbad/eigenem Bad 150/100 Dh) hat einfache, aber luftige und saubere Zimmer mit etwas klumpigen Kissen und Gemeinschaftsduschen (5 Dh). Das Restaurant unten serviert kochend heiße, gut karamellisierte *tajines* für 50 bis 60 Dh.

Zu beiden Seiten des Flusses reihen sich rustikale Café-Restaurants aneinander, die *tajines* anbieten. Zwei der besseren Optionen sind das **Café-Restaurant Imlil** (auf der linken Seite neben dem Parkplatz am Ortsausgang) und das **Café-Restaurant Azrrabzou** (gegenüber vom Fluss). Man muss über eine wacklige Bohlenbrücke rüber; sie stehen inmitten von Mandelbäumen. Beide bieten Menüs mit Salat, *tajine* und Mineralwasser ab 50 Dh oder großzügige *tajines* für 30 Dh, die für zwei Trekker mit Kohldampf reichen.

Grands Taxis nach Setti Fatma fahren den ganzen Tag über regelmäßig vom Bab er-Rob in Marrakesch ab (35 Dh). Minibusse fahren nicht so oft (15–25 Dh). Zurück geht's, sobald ein Fahrzeug voll ist.

JBEL TOUBKAL

Um klare Bergluft zu atmen, die die Hitze zerschneidet und Schwindel erregt, sollte man rauf auf den höchsten Berg Nordafrikas: den schneebedeckten Jbel Toubkal. Bergwege, die kreuz und quer über den Hohen Atlas (S. 454) verlaufen, beginnen und enden an Basecamps in Imlil. Dort befindet sich auch ein hilfreiches, sehr informatives **bureau des guides** (☎ /Fax 0524 485626). Reisebüros in Marrakesch können auch mehrtägige Treks mit Englisch sprechenden Führern organisieren.

Asni

Der Suk am Samstag ist die Hauptattraktion für Traveller an dieser Kreuzung der Marrakesch-Taroudannt-Route und der Straße ins Mizanetal nach Imlil, 47 km südlich von Marrakesch. Verkäufer bringen Obst, Gemüse und Vieh über das Atlasgebirge, um es hier zu verkaufen; zwischen den Eseln werden aber zunehmend auch Schmuck, Teppiche und Souvenirs angeboten. Von Asni gibt's einen alten Maultierpfad, der durch das Mizanetal und an winzigen Berberdörfern aus Stein vorbei nach Imlil führt; für die Strecke braucht man etwa sechs Stunden.

Imlil

Der Sensationserfolg des Mizanetals: Das winzige terrassenartige Imlil (1740 m) ist zu einem beliebten Ziel für Trekker und überhitzte Marrakesch-Flüchtlinge geworden. Die asphaltierte Straße endet in Imlil, und von hier aus sind es fünf Stunden bis zum Fuß des Jbel Toubkal. Kombiniert mit einer Wanderung an einem Bergfluss kann man einen

DIE GUTE TAT: EINE TOUR DURCH VERSTECKTE OASEN

Zu sich selbst finden: Auf diesem vier Nächte und fünf Tage dauernden Ökoabenteuer kann man bei tollen Gemeinschaftsunternehmen neue Inspirationsquellen entdecken.

Tag 1

- Abfahrt in Marrakesch; Naturwanderung und Übernachtung im Zattal bei **L'Association des Amis du Zat** (S. 363).

Tag 2

- Flusswanderung im Zattal; Mittagessen von der **L'Association des Amis du Zat** (S. 363).
- Über den Tizi-n'Tichka-Pass nach Telouet wandern; die **Glaoui-Kasbah** (S. 363) besichtigen.
- Einen Baum pflanzen in Tighza mit **Baraka Community Partnerships** (S. 364).
- Abendessen und Übernachtung in Tighza mit **Homestays Morocco** (S. 363).

Tag 3

- Fahrt von Tighza nach Telouet und weiter, um die **Âït-Benhaddou-Kasbah** (S. 364) zu besuchen.
- Mittagessen mit Blick auf die Kasbah im **Auberge Cafe-Restaurant Bilal** (S. 365).
- Fair-Trade-Shoppingausflug in Ouarzazate zu **Coopérative de Tissage** (S. 370), **Ensemble Artisanal** (S. 370) und **Horizon Artisanat** (S. 370).
- Weiter nach Agdz, um das **Gemeinschaftsgartenprojekt Association Development Hart Chaou** (S. 371) anzuschauen.
- Abendessen und Übernachtung in Zagora im umweltfreundlichen **Dar Raha** (S. 374).

Tag 4

- In **Amezrous Mellah** (S. 375) und bei der **Frauenkooperative Arc-en-Ciel** (S. 375) nach Kunsthandwerk stöbern.
- Zu einem Wüstentrip zum Erg Chigaga aufbrechen, der vom nachhaltig arbeitenden Reisebüro **Inside Morocco Travel** (S. 330) organisiert wurde.
- Abendessen am Lagerfeuer und Übernachtung unter den Sternen im **Erg Chigaga** (S. 377).

Tag 5

- Abfahrt aus der Wüste über **Foum Zguid** (S. 379).
- Auf Wunsch Teppichkauf bei den dörflichen Weberkollektiven **Cooperative Ahilal des Tapis** (S. 379) und **Iklane Association** (S. 379).
- Mittagessen in **I Rocha** (S. 364) und optional Übernachtung, sonst:
- Am Abend Rückkehr nach Marrakesch.

Tagesausflug daraus machen. Die eigentliche Attraktion hier ist jedoch, in einem Winkel des Hohen Atlas aufzuwachen, der im Frühling von blühenden Bäumen umgeben ist und in der Sommerhitze vom schneebedeckten Jbel Toubkal überragt wird.

Auf dem Weg nach Imlil kann man auf einen erfrischenden Berbertee und einen Besuch im gemeinnützigen Kräutergarten und in der Schule bei **Dar Taliba** (El Hanchane nahe Imlil; Spenden erbeten & klug verwendet) halten. Diese innovative Mädchenschule schafft Mädchen vom Land Zugang zu mittlerer Schulbildung und bewahrt das botanische Wissen der Berber.

SCHLAFEN & ESSEN

Die rustikalen Unterkünfte ohne Warmwasser, sowohl die in Imlil selbst als auch die *gîtes* im saftigen Tal mit Terrassenfeldbau östlich von Imlil, sind in letzter Zeit schicker geworden. Während der europäischen Hauptferienzeit sollte man lieber vorher reservieren, aber sonst kann man sein Glück bei einem der *gîtes* versuchen, sobald man da ist. In der Hauptsaison zwischen April und Oktober steigen die Preise um mindestens 15 %; manche Hotels schließen in der kalten Nebensaison zwischen November und Februar.

Budgetunterkünfte

Hôtel el-Aïne (☎ 0524 485625; B unterm Dach 30 Dh, Zi. 45 Dh/Pers.) Helle, angenehme Zimmer im Obergeschoss um einen ruhigen Innenhof mit einem alten Walnussbaum, heiße Duschen und Gemeinschaftstoiletten.

CAF Refuge (☎ 0524 485612; www.caf-maroc.com; B CAF- & HI-Mitglieder/Nichtmitglieder 35/58 Dh, Camping Pers./Zelt 6/12 Dh) Ein Bergsteigerhostel mit Schlafsälen mit Doppelstockbetten, Kochmöglichkeit und Erste-Hilfe-Ausrüstung. Lonely Planet Reiseführer zeigen, um den HI-Preis zu bekommen! CAF bietet auch Stellplätze.

Hotel Café Aksoual (☎ 0524 485612; EZ/DZ/3BZ/4BZ 70/80/100/120 Dh) Eines der größeren Hotels im Ort mit sauberen, komfortablen Zimmern und warmen Duschen. Verlässliche Trekking-Tipps gibt Manager und Führer Hassan.

Hôtel Etoile de Toubkal (☎ 0524 485618; EZ/DZ/3BZ 120/160/230 Dh, DZ mit Bad 250 Dh) Nicht gerade mit malerischer Sicht (beim Parkplatz am Ortseingang), aber die günstigen Zimmer haben alle einen Balkon und manche auch ein Bad.

Atlas Gîte Imlil (Chez Jean Pierre; ☎ /Fax 0524 485609; DZ inkl. HP 170 Dh; ⏲ Mitte Feb.–Ende Okt.) Vier einfache Zimmer mit Gemeinschaftsbädern, kuscheligen Sitzecken, einer Bar und einem Restaurant, das marokkanisches Essen mit einem Hauch von Burgund serviert.

Dar Adrar (☎ 0670 726809; http://toubkl.guide.free.fr/gite; DZ inkl. Frühstück/HP 220/330 Dh) Hoch über der Welt und Imlil gelegen. Dar Adrar hat einfache Zimmer, die nicht von der Sicht auf die Berge ablenken, einen hauseigenen Hamam (40 Dh, im Voraus buchen) und mit dem Besitzer und erfahrenen Atlas-Führer Mohamed Aztat eine unschätzbare Informationsquelle.

Café-Hotel Soleil (☎ /Fax 0524 485622; DZ inkl. Frühstück ohne/mit Bad 170/220 Dh, HP pro Pers. ohne/mit Bad 170/220 Dh) Spartanische, aber saubere Zimmer mit Betten oder Matratzen auf dem Boden und heiße Duschen. Die Mahlzeiten gibt's auf der Terrasse mit Blick auf den Fluss. Das Haus ist gegenüber vom *bureau des guides*.

Spitzenklassehotels

Kasbah du Toubkal (☎ 0524 485611, 0661 343337; www.kasbahdutoubkal.com; DZ/3BZ inkl. Frühstück 1430/2750 Dh, Suite 3410–4850 Dh) Diese umgebaute historische Kasbah (1800 m) thront über Imlil und bietet Panoramasicht auf verschneite Gipfel und grüne Täler. Der britische Besitzer und das einheimische Personal führen das Haus mit der Umwelt und der Gemeinschaft im Hinterkopf. Sie erheben 5 % Gemeinschaftstaxe auf Übernachtungen, die dazu beigetragen hat, eine Mädchenschule zu bauen und einen Krankenwagen zu kaufen. Die elf Zimmer sind von altmodisch süß bis kasbah-cool eingerichtet, in drei „Berbersalons" mit Hochbetten können Familien und Gruppen nächtigen. Für Gäste gibt's einen traditionellen Hamam (vorher buchen), Brettspiele, die man am Kamin spielen kann, einheimisches Personal, das sich echt zu freuen scheint, einen zu sehen (keine Spur von Arroganz hier) und superleckeres Essen (180–250 Dh).

AN- & WEITERREISE

Südlich vom Bab er-Rob in Marrakesch (südlich der Medina) fahren regelmäßig Regionalbusse (15 Dh, 1½ Std.) und Grands Taxis (30 Dh, 1 Std.) nach Asni. Auf den letzten 17 km zwischen Asni und Imlil verkehren lokale Minibusse und ab und zu Taxis (15–20 Dh, 1 Std.). Mit dem Auto braucht man von Marrakesch nach Imlil mindestens 2,5 Stunden.

ZUM TIZI N'TEST

Selbst mit vor Angst weißen Knöcheln und zusammengebissenen Zähnen muss man zugeben, dass die Strecke nach Taroudannt toll ist: Sie windet sich durch den Hohen Atlas und über den 2092 m hohen Tizi n'Test und führt dann runter in die Sousebene. Als wäre die Straße nicht schon abenteuerlich genug, kann sich auch noch das Wetter blitzschnell ändern. Bei tief hängenden Wolken und Nebel ist die Sicht auf der Passhöhe gleich null. Im Winter liegt außerdem oft Schnee. Bevor es wieder runter geht also unbedingt nach den Wetterverhältnissen fragen!

Unterwegs kann man in dem hübschen Ort Ouirgane, 15 km südlich von Asni, übernachten oder weiterfahren, um die uralte **Tin-Mal-Moschee** zu besichtigen. Wenn man aus Marrakesch kommt, liegt das Dorf Tin Mal rechts von der Straße gleich hinter einer Kasbah auf einem Felsvorsprung auf der linken Seite. Die

Moschee des Dorfes aus der Almohadenzeit wurde 1156 zu Ehren des strengen geistigen Oberhaupts der Dynastie, Mohammed ibn Tumart, gebaut, der zertrümmerte Weinkrüge und Musikinstrumente hinterließ. Die Moschee wird noch für das Freitagsgebet genutzt, aber an anderen Tagen führt einen der Wächter durch ihre massiven Tore und rosafarbenen Bögen in die ruhige Gebetshalle hinein (10–20 Dh Trinkgeld erbeten).

Au Sanglier Qui Fume (☎/Fax 0644 485707; www.ausanglierquifume.com; Km 61, Route de Taroudannt; EZ inkl. Frühstück/HP 325/420 Dh, DZ inkl. Frühstück/HP 415/605 Dh, DZ-Suite inkl. Frühstück 505–655 Dh, inkl. HP 695–845 Dh;) Seit 1945 betreibt dieselbe französische Familie diese ehemalige Unterkunft für Fremdenlegionäre. Alle 15 Zimmer und zehn Suiten sind mit eigenen Badezimmern ausgestattet, die meisten auch mit Kamin oder Holzofen. Chronisch Rastlose können Billard-, Tischtennis- und Dartturniere organisieren und Reitausflüge oder Mountainbiketouren (100 Dh/Tag) unternehmen.

Naturliebhaber kommen in Scharen ins umweltbewusste **Dar Tassa** (☎ 0679 886081; www.dartassa.com; Douar Tassa Ouirgane; DZ 605 Dh, Suite 660–770 Dh) im Bergdorf Tassa Ouirgane (1300 m), das an das Takherkhort-Naturschutzgebiet in der Nähe von Ouirgane grenzt. Hier kann man sich nach Ausflügen und Treks im Schutzgebiet erkundigen, bei denen man Mähnenschafe, Gazellen und andere seltene und bedrohte Tierarten vor die Linse kriegt. Hinterher genießen müde Trekker den Whirlpool in der Suite und das Wissen, dass ein Teil des Zimmerpreises der High Atlas Foundation hilft, Bäume zu pflanzen.

Romantisch genug, um selbst den hartherzigsten Zyniker weich werden zu lassen: Das **Chez Momo** (☎ 0524 485704; www.aubergemomo.com, französisch; Route de Taroudannt, 62 km, 150 m von der Hauptstraße im Stadtzentrum von Ouirgane; DZ/Suite inkl. HP 650/880 Dh;) hat sechs kuschlige Zimmer mit schmiedeeisernen Betten und anregender Beleuchtung sowie Blick auf den Wildblumengarten und den Pool; die Suiten haben sogar Kamine.

Grands Taxis (25 Dh/Pers.) fahren vom Bab er-Rob in Marrakesch nach Ouirgane.

ZUM TIZI N'TICHKA

Der Tizi-n'Tichka-Pass ist zwar höher als der Tizi n'Test im Westen, aber die Straße, die Marrakesch mit den Oasen am Sahararand verbindet, ist einfacher zu fahren – wenn das Wetter mitspielt. Im Winter bei der **Gendarmerie von Col du Tichka** (☎ 0524 890615) fragen, ob der Pass geöffnet ist; 2005 starben auf dem Pass mehrere liegengebliebene Touristen in ihrem Auto.

Kurz hinter Âït Ourir und der Straße, die zum Zattal führt, wird die bergauf führende Route zwischen Eichen, Walnusshainen und Oleanderbüschen hindurch malerisch. Hinter dem Dorf Taddert wird die Straße noch steiler und der Landschaft geht die Farbe aus, abgesehen von winterharten Wildblumen und Kindern, die an der Straße Drusen verkaufen, die knallig rot und grün gefärbt sind. Oben auf dem Tizi-n'Tichka-Pass kann man sich im Café-Restaurant **Assanfou** (☎ 0661 132130; 9–19 Uhr) mit einem belebenden Espresso und toller Aussicht belohnen. Der Tizi n'Tichka ist auch zu Fuß durch das spektakuläre Zattal erreichbar.

Auf der anderen Seite des Passes fährt man hinunter in die Mondlandschaft des Antiatlas und die dahinter liegende Wüste. Wer einen Geländewagen oder ein Mountainbike hat, muss nicht auf der asphaltierten Straße von Tizi n'Tichka nach Ouarzazate bleiben, sondern kann der 36 km langen unbefestigten *piste* südlich von Telouet folgen. Es geht durch den Ouadi Ounila über Anmiter und Tamdaght bis Âït Benhaddou. Die meisten Hotels in Telouet können für etwa 250 bis 300 Dh pro Tag Führer und Maultiere für die Wanderung organisieren.

Zattal

Jahrzehntelang haben Trekker das Geheimnis eines der unberührtesten Täler im Hohen Atlas wie ihren Augapfel gehütet, aber das Zattal besteht aus mehr als nur seinem großartigen Wanderwegestartpunkt. Während Marrakesch nur 50 km nordwestlich vor sich hin schwitzt, wehen hier Brisen durch Gerstenfelder und lassen die Pappeln an den Wegen dieses bezaubernden Flusstals rauschen.

Um hierher zu kommen, die Staatsstraße N9 nach Ouarzazate nehmen, bis sie den Oued Zat bei Âït Ourir kreuzt, dann nach Süden in Richtung der Transportstadt Tighdouine fahren, die fast am Ende des Tales liegt. In Tighdouine kriegt man leckere *tajine* an der Straße und das eigenartige Gefühl, kurz vor einer Grenze zu stehen – der Grenze zur Phantasiewelt Zats: Man sieht Gärten, die direkt in den Felsen angelegt wurden, Steinhäuser mit leuchtend blauen Türen und weiß umrandeten Fenstern und filmreif schöne Familien, die sich rauslehnen, um hallo zu sagen.

Das alles kann man am besten zu Fuß oder mit dem Maultier genießen. Es gibt eine Straße, die sich über den Talboden schlängelt, aber nur Fahrer, die in der Lage sind, Abstände auf den Millimeter genau zu berechnen, sollten sie wagen. Weil das Zattal zur nationalen Sicherheitszone erklärt wurde (was bedeutet, dass der Luftraum darüber frei von Elektrizitätswerken und Handytürmen bleiben muss), ist die Entwicklung zusätzlich beschränkt. Das Tal scheint von der Zeit vergessen worden zu sein, was nicht nur Vorteile hat: Einige kleine Dörfer hier haben kein fließendes Wasser und keinen Zugang zu medizinischer Notversorgung, und die Kinder müssen mehr als 8 km pro Strecke zurücklegen, um die nächste Schule zu erreichen.

Aber die lokale Selbsthilfeorganisation hat sich eine hausgemachte Lösung einfallen lassen, die funktioniert, ohne die einheimische Landschaft zu zerstören: Sie bietet zwei- bis fünftägige Wanderungen mit Maultieren für alle an, die beim Anblick der natürlichen Schönheit des Zattals weiche Knie bekommen. Die **L'Association des Amis du Zat** (☎ 0524 485543; azat96@yahoo.fr) organisiert für Gruppen ab sechs Personen malerische Wanderungen durch das Tal. Die empfohlene Spende für die Touren inklusive Wanderführer, Mahlzeiten, Übernachtungen und Maultieren, falls benötigt, bewegt sich zwischen 400 und 750 Dh pro Tag.

Wanderer übernachten an malerischen Haltepunkten entlang des Tals in jedem der drei *gîtes,* die von der Organisation geleitet und von Dorfbewohnern mit den Spenden vieler Trekker gebaut wurden, die über die Jahre von diesem Tal berauscht waren. Wenn Dorfbewohner, die sich mit winzigen Terrassenfeldern mühsam durchschlagen müssen, einen zu sich nach Hause einladen und ihr bestes hausgemachtes Brot, Butter, Walnüsse und Wildsalbeitee mit einem teilen, schmilzt auch das härtestes Herz wie der Schnee auf den Bergen des Hohen Atlas in der Sonne. Es gehört sich, ein kleines finanzielles Zeichen der Wertschätzung anzubieten; man sollte aber nicht darauf bestehen, wenn es abgelehnt wird, sondern größere Spenden für die Organisation aufheben, die es für wichtige Gemeinschaftsprojekte wie Brücken, Aufforstung, Alphabetisierungsprogramme und eine Apotheke verwendet.

Telouet

Vor 1928 kam um diesen Stopp auf der Karawanenroute durch die Sahara niemand herum: Jeder, der den Tizi n'Tichka passierte, zahlte für dieses Privileg Zölle an die einheimischen Kriegsherren. Aber Telouets prima Situation änderte sich 1953, als Pascha Glaoui, Sohn der Stadt und französischer Kollaborateur, durch die marokkanische Unabhängigkeitsbewegung vertrieben wurde. Man sagt, dass Menschen, die Jahre zuvor auf mysteriöse Weise aus ihren Dörfern verschwunden waren, benommen auf die Straßen von Telouet stolperten, als die imposanten Tore der hiesigen Glaoui-Kasbah endlich aufgerissen wurden: Sie waren jahrelang in Glaouis Keller eingesperrt gewesen. Der neue Staat stand der Heimatstadt des Glaoui-Clans zwiespältig gegenüber. Durch wenig Investitionen von außen und eine asphaltierte Straße, die komplett an dem Ort vorbeigeht, scheint Telouet in der Zeit von vor einem halben Jahrhundert gefangen.

Die einst prächtige **Glaoui-Kasbah** (Eintritt gegen Spende, 10 Dh empfohlen) bröckelt vor sich hin. Der beste Beweis für Telouets einstige Position als Zentrum eines Handelsimperiums ist die Empfangshalle im zweiten Stock. Nicht weniger als 300 Handwerker wurden rekrutiert (wenn man das so sagen kann), um die Salons mit Stuck, *zellij* und bemalten Decken aus Zedernholz zu versehen, die Marrakeschs königlichen Bahia-Palast wie ein Gesellenstück aussehen lassen. Man sollte sich dieses architektonische Meisterwerk ansehen, solange es noch geht – in den vielen mit einem roten X gekennzeichneten Räumen sind die Decken bereits eingestürzt.

SCHLAFEN & ESSEN

In den Oasen des engen Flusstals hinter Telouet gibt's noch mehr verfallene Glaoui-Kasbahs, alte befestigte Dörfer wie **Anmiter** (11 km von Telouet, erreichbar mit dem Bus) und immer mal wieder grüne und silberne Streifen entlang des Flusses unten. Am besten besucht man diese über LP Tipp **Homestays Morocco** (☎ 77840487; www.homestaysmorocco.net), die Übernachtungen bei einheimischen Familien in dem und um das Dorf Tighza organisieren, um so dieser abgelegenen, von Subsistenzlandwirtschaft lebenden Gemeinschaft (21 *piste*-Kilometer von Telouet entfernt) dringend benötigtes Einkommen zu verschaffen. Gäste werden von den Familien wie ein

Fußballstar begrüßt, das Essen ist farmfrisch und beschämend großzügig und die Sterne scheinen nachts zum Greifen nah. Mohamed El Qasemy aus Tighza und seine britische Frau Caroline (ja, sie haben sich im Urlaub kennengelernt) leiten dieses Programm, und zum Zeitpunkt des Schreibens stellten sie gerade eine neue solar- und windbetriebene Kasbah-Unterkunft in Tighza fertig (wegen Verfügbarkeit und Preisen ☎ 77840487 anrufen). Außerdem managen sie die **Baraka Community Partnerships** (www.barakacommunity.com), die Freiwillige einteilt, um Schulen zu bauen, Bäume zu pflanzen und grundlegende medizinische Versorgung zu schaffen (s. S. 487).

Die **Auberge Lion D'Or** (☎ 0524 888507; Matratze auf dem Dach 25 Dh, DZ inkl. HP 250 Dh) in Telouet hat 16 Zimmer mit eigenem Bad und einfachen Kieferbetten und liegt günstig direkt an der Treppe zum Eingang der Kasbah. Außerdem werden sättigende *panachés* (Fruchtshakes) serviert, auch wenn die Luxusversion mit Mandelmilch, Avocado, Bananen und importierten Kiwis vielleicht zu viel des Guten ist. Wer was anderes will, probiert es in den Restaurants um Telouets zentralen Platz herum, wo man *tajine* für 40 Dh und Berberomelettes (mit Tomaten, Oliven und Bergkräutern) für 30 Dh kriegt.

Auf halber Strecke zwischen den Abzweigungen nach Telouet und Âït Benhaddou liegt das LP Tipp **I Rocha** (☎ 0667 737002; www.irocha.com; Tisseldi, Ighrem N'Oudal; DZ inkl. HP 460 Dh/Pers.;), eine Pension an einer Klippe. Man wohnt dort erhaben über dem grünen Flusstal unten, sodass auch der reisemüde Geist sich erholen kann. Die 10 Zimmer haben lässigen Berbercharme: bemalte Decken, Volkskunst auf recyceltem Styropor und schicke *tadelakt*-Wände. Die Besitzer Ahmed und Katherine bieten eine familiäre Atmosphäre und sagenhafte französisch-marokkanische Speisen mit Kräutern frisch aus dem Terrassengarten; für 350 Dh können Gäste lernen, wie man sie kocht. Um nach geführten Wanderungen zur Oase Fint und den nahen natürlichen Quellen zu entspannen, bietet sich ein Besuch im Hamam (80 Dh) oder ein Bad im kleinen Pool an.

AN- & WEITERREISE

Von der Straße N9 (Marrakesch–Ouarzazate) geht ein paar Kilometer hinter dem Pass die Straße nach Telouet ab. Es gibt täglich einen Bus vom Bab Gehmat in Marrakesch (55 Dh), der um 7 Uhr nach Marrakesch zurückfährt. Von Ouarzazate startet mittags ein Bus, der auch um 7 Uhr zurückfährt (40–50 Dh). Grands Taxis für 50 bis 70 Dh pro Platz sind eine Option, aber es kann sein, dass man hängenbleibt, wenn nicht alle sechs Plätze besetzt werden.

ÂÏT BENHADDOU

Diesen Ort muss man eigentlich nicht vorstellen, da die meisten die rote Lehmziegelkasbah, 32 km von Ouarzazate entfernt, aus Filmen wie *Lawrence von Arabien, Jesus von Nazareth* (für den ein Großteil von Âït Benhaddou wieder aufgebaut wurde), *Auf der Jagd nach dem Juwel vom Nil* (die verdächtig ägyptischen, kegelförmigen Tortürme beachten) und *Gladiator* kennen werden. Wie so mancher geliftete Star wirkt auch diese Unesco-geschützte Kasbah ein bisschen zu sehr in der Zeit erstarrt; mit Hilfe von Hollywood-Retuschen ähnelt sie noch immer ihren Jugendtagen als Karawanserei der Almoraviden im 11. Jh.

Wer vom Hôtel la Kasbah an den Souvenirständen vorbei bergabschlendert, erblickt die Kasbah auf der anderen Seite des ausgetrockneten Flussbettes des Oued Ounila. Aber wo sind die ganzen Leute? In den letzten Jahren ist die Bevölkerung der Âït-Benhaddou-Kasbah geschrumpft, was dem Ort bei Sonnenuntergang die schaurige Atmosphäre eines verlassenen Filmsets verleiht. Die paar verbliebenen Einwohner verdienen ein paar Dirhams damit, Touristen durch ihre Häuser in die Kasbah gehen zu lassen (10 Dh Trinkgeld üblich). Wenn man in der Kasbah hochklettert, kann man einen verfallenen *agadir* (befestigter Kornspeicher) sehen, von dem aus man eine super Aussicht auf die *palmeraie* drumherum und die gnadenlose *hammada* (Steinwüste) hat.

Eine weniger retouchierte Kasbah findet sich 7 km nördlich von Âït Benhaddou an der Asphaltstraße: die **Tamdaght Kasbah** (Spende an den Wärter 10 Dh), eine weitere verfallene Glaoui-Festung, die von Storchennestern gekrönt wird.

Schlafen

Auberge Baraka (☎ 0524 890305; Fax 0524 886273; Matratze auf der Terrasse 30 Dh, EZ/DZ 100/170 Dh) Wenn besonderer Komfort und die Optik nicht an erster Stelle stehen, ist das Baraka mit seinen einfachen, zweckdienlichen Zimmern mit Bad und einem marokkanischen Restaurant (Tagesmenü 80 Dh) im Ortszentrum die richtige Wahl.

Riad Maktoub (☎ 0524 888694; www.riadmaktoub.com; Âït Benhaddou; DZ inkl. HP 500 Dh, Suite inkl. HP 600–1100 Dh) Innerhalb dieser Stampflehmmauern befinden sich mehrere Zimmer mit Blick auf den Gartenhof und vier mit Kamin. Die Suiten sind mit flauschigen, schweren Stoffen und Filmrequisiten-Schnickschnack für die Wüste ein bisschen überladen; die gemütlichen, einfachen Doppelzimmer mit bequemen neuen Matratzen sind ein toller Deal.

Kasbah Ellouze (☎ 0524 890459; www.kasbahellouze.com; Tamdaght; EZ/DZ mit Gemeinschaftsbad inkl. HP 528/704 Dh, mit Bad inkl. HP 737/924 Dh, Suite inkl. HP 1364 Dh) Dieses neue Stampflehmhotel in Tamdaght, 7 km nördlich von Âït Benhaddou, passt gut in die alte Glaoui-Kasbah, die sich innerhalb des angrenzenden ummauerten Dorfes befindet und Blick auf die Mandelhaine (*luz* bedeutet Mandeln) hat. Die Turmzimmer mit Gemeinschaftsbad haben ein tolles Preis-Leistungs-Verhältnis; die grün gekachelte Suite ist zwar schick, aber auch nicht viel anders als die stilvollen Doppelzimmer mit Klimaanlage im Anbau gegenüber.

Dar Mouna (☎ 0528 843054; www.darmouna.com; EZ/DZ inkl. Frühstück 480/600 Dh, inkl. HP 720/840 Dh, Suite inkl. Frühstück/HP 780/960 Dh; ❄ 🏊) Ein elegantes Stampflehmhotel, das dem Kasbah-Filmstar vom Tal direkt gegenüber die Schau zu stehlen droht. Man sollte eines der hellen Zimmer mit hohen Decken und Sicht aufs Tal nehmen, auch wenn die ebenerdigen Suiten für Familien ideal sind. Beim Essen gibt's Gartenkräuter, Honig und Brot aus eigener Produktion und eine unbezahlbare Aussicht von der Terrasse. Zu den Annehmlichkeiten gehören eine Bar, ein Hamam, ein übergroßer gechlorter Pool sowie ein Verleih für Räder, Maultiere und Dromedare.

Essen

Auberge SouSou (in der Nähe des Kasbah-Eingangs; Gerichte ab 30 Dh) Dieses Lokal an der Straße serviert Sandwiches ohne Schnickschnack für 30 Dh, Omelette nach Berberart für 40 Dh und verschiedene *tajines* für 40 bis 60 Dh, während die Gäste auf staubigen, aber lustigen Gartenmöbeln sitzen.

Auberge Cafe-Restaurant Bilal (☎ 0668 248370) Wer zum Mittagessen eine tolle Aussicht haben möchte, sollte sich im Innenhof einen Stuhl schnappen und auf Âït Benhaddou gegenüber blicken. Tagesmenüs mit Salat, *plat du jour* und Nachtisch kosten 90 Dh für Einzelpersonen oder 65 Dh in der Gruppe.

An- & Weiterreise

Von Ouarzazate geht's auf der Hauptstraße Richtung Marrakesch bis zur ausgeschilderten Abzweigung (22 km); von da führt eine Asphaltstraße noch einmal 9 km runter nach Âït Benhaddou. Mit dem Rad braucht man von Ouarzazate aus etwa drei Stunden.

Grands Taxis starten, wenn sie voll sind, beim Busbahnhof in Ouarzazate (20 Dh/Pers.) und von der Abzweigung (einfache Strecke 120 Dh, halber Tag mit Rückfahrt 250–350 Dh). Von Tamdaght nach Ouarzazate fahren morgens Minibusse, sobald sie voll sind.

OUARZAZATE

79 000 Ew.

Ouarzazate (War-sasat) liegt strategisch genug, um nicht malerisch sein zu müssen: Es hat sich schon immer mit Köpfchen statt mit Schönheit über Wasser gehalten. Die lang gestreckte Kasbah Taourirt wurde auf einem erstklassigen Handelsgrundstück erbaut, und jahrhundertelang trafen hier Menschen aus dem Atlas, dem Drâa- und dem Dadèstal zusammen, um Geschäfte zu machen. Die moderne Stadt, die man heute sieht, wurde in den 1920er-Jahren als französische Garnisonsstadt gebaut, damit das Protektorat ein wachsames Auge auf seine Geschäftsinteressen haben konnte. Nachdem die Franzosen in den 1950er-Jahren abzogen, entwickelte sich schrittweise das Filmgeschäft in Ouarzazate. Die Region Ouarzazate hat seitdem als Double für Tibet, Rom, Somalia und Ägypten hergehalten.

Ouarzazate ist immer einsatzbereit und voller gut ausgestatteter Supermärkte, wo man sich von Feuchttüchern bis Whiskey mit allen wichtigen Vorräten für die Wüste eindecken kann. Mit jeder Menge Reisebüros und Vermietungen für Räder, Motorräder und Kamele ist es ein idealer Ausgangspunkt, um in die Berge, die Wüste und die Schluchten zu kommen. Zwischen November und März muss man sich auf eisige Winde einstellen, die von den Bergen des Hohen Atlas ohne Vorwarnung einfallen können.

Das geschäftstüchtige Ouarzazate war traditionell eher auf Pauschaltouristen als auf unabhängige Traveller ausgerichtet und wurde infolgedessen als Zwischenstation für Touris auf dem Weg zu den Dünen angesehen. Aber jetzt, wo König Mohammed VI. hier Zeit verbracht hat und die Straßen hat in Ordnung bringen lassen, arbeitet Ouarzazate daran,

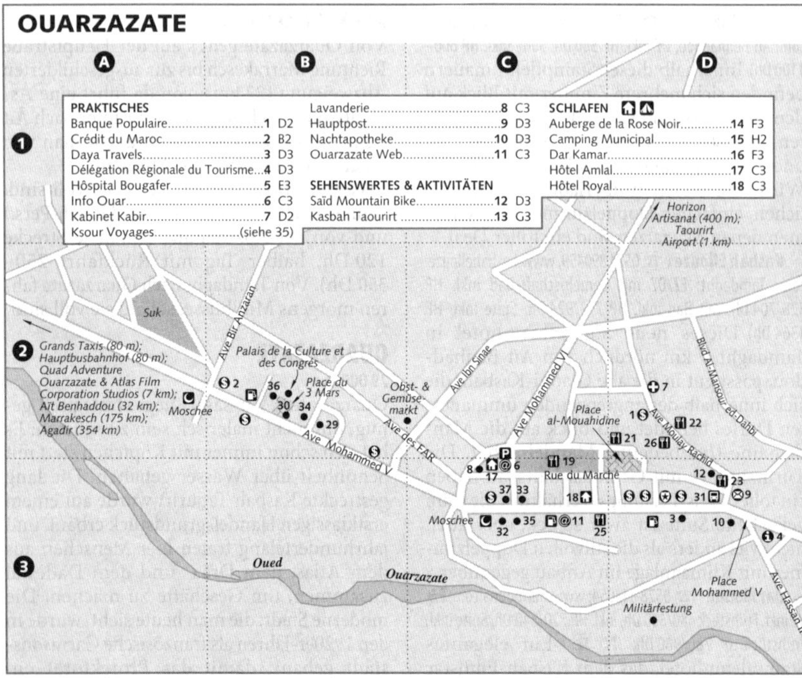

seine Wüstenmystik wieder herzustellen. Der neue Platz im Stadtzentrum zeigt die gewünschte Wirkung und zieht Einheimische und Besucher zu Abendspaziergängen an. Der Golfplatz am östlichen Ende der Stadt wurde schlauerweise aufgegeben und wird nun wieder zur Wüste. Wenn Ouarzazate aber wirklich zu den Karawansereiwurzeln zurückfinden möchte, müssen die langweiligen Eigentumswohnungs- und Hotelbauten noch einmal überdacht werden.

Praktische Informationen

GELD

Am Nordende der Ave Mohammed V gibt's jede Menge Banken mit Geldautomaten.

Banque Populaire (Ave Moulay Rachid; Mo–Fr 8.30–11.30 & 14.30–16.30, Sa 15–18, So 9–13 Uhr)

Crédit du Maroc (Ecke Ave Mohammed V & Ave Bir Anzaran) Am Westrand der Stadt; zahlt Bares gegen Kreditkarte aus.

INTERNETZUGANG

Info Ouar (10 Dh/Std.) Gleich um die Ecke vom Hôtel Amlal.

Ouarzazate Web (Ave Mohammed V; 10 Dh/Std.) Zentraler, professionell geführter Laden.

MEDIZINISCHE VERSORGUNG

Hôspital Bougafer (☎ 0524 882444; Ave Mohammed V) Städtisches Krankenhaus östlich von der Touristeninformation.

Kabinet Kabir (☎ 0524 885276) Zuverlässigere Privatklinik, in der sich westliche, in Marokko lebende Ausländer behandeln lassen.

Nachtapotheke (☎ 0524 882490; Ave Mohammed V; 8–13 & 15.30–23 Uhr)

NOTFALL

Polizei (☎ 190; Ave Mohammed V)

POST & TELEFON

Im Zentrum gibt's mehrere Telefonläden.

Hauptpost (Ave Mohammed V; Mo–Fr 8.30–12 & 14.30–18, Sa 8.30–12 Uhr) Postdienste und internationales Direktwahltelefon.

REISEBÜROS

Daya Travels (☎ /Fax 0524 887707; www.dayatravels.com; Ave Mohammed V) Die Englisch sprechenden holländisch-marokkanischen Besitzer organisieren Wüstenexkur-

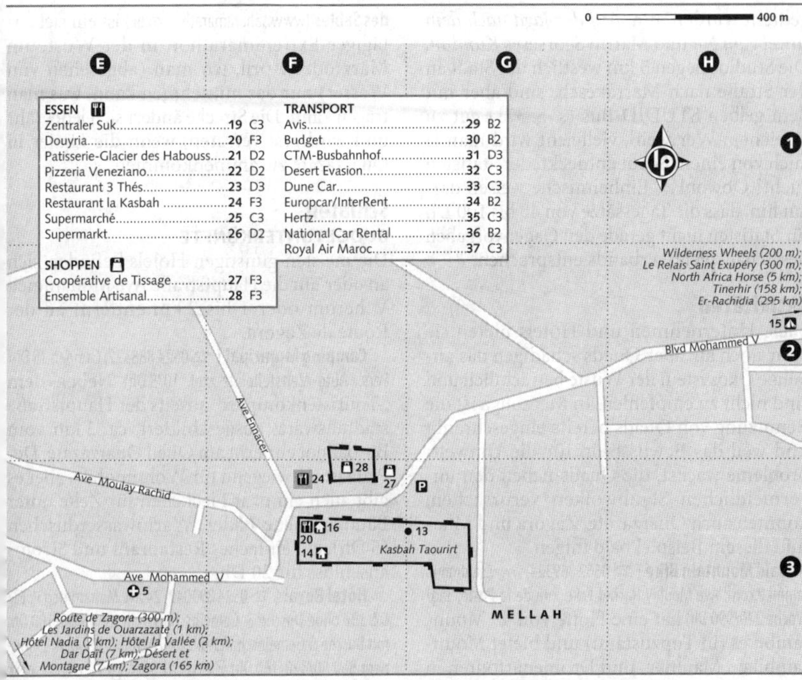

sionen, vermieten Mountainbikes und verteilen kostenlos Radwanderkarten.

Desert Dream (☎ 0524 885343; www.sahara-desert-dream.com; 4 Blvd Al-Mansour ed-Dahbi) Günstiges, freundliches Büro, das zu Festpreisen Pauschalexkursionen in die Wüste oder die Schluchten anbietet, per Kamel, Geländewagen oder zu Fuß. Gegenüber vom Berber Palace Hotel.

Désert et Montagne (☎ 0524 854949; www.desert-montagne.ma, französisch) Marokkos erste weibliche Bergführerin und ihr Unternehmen organisieren Touren speziell für Frauen und Familien, auf denen diese in den Bergen Berberfrauen kennenlernen. Andere Angebote sind u. a. Wander- oder Geländewagentouren im Hohen Atlas, drei- bis 15-tägige Wüstentouren und längere Trips auf den Karawanenrouten. Agiert vom Dar Daïf aus (s. S. 369).

Ksour Voyages (☎ 0524 882840; www.ksour-voyages.com; 11 Place du 3 Mars) Bucht Flüge und organisiert Touren von Bergwanderungen bis Wüstenexkursionen im Geländewagen mit Englisch sprechenden Fahrern; vermietet auch Mountainbikes.

TOURISTENINFORMATION

Délégation Régionale du Tourisme (ONMT; ☎ 0524 882485; Fax 0524 885290; Ave Mohammed V; 8.30–16.30 Uhr) Überdurchschnittlich effizientes und nützliches Fremdenverkehrsamt.

WASCHSALON

Lavanderie (Rue du Marché; 9–12 & 14–20 Uhr; Waschen 30 Dh, Trocknen 20 Dh) Beim Hôtel Amlal, mit modernen Waschmaschinen und Trocknern.

Sehenswertes

Anders als andere Glaoui-Kasbahs ist die **Kasbah Taourirt** (10 Dh; 8–18.30 Uhr) dem Verfall entkommen, indem sie in *Star Wars* einen Auftritt als Hollywood-Kulisse hatte und die Aufmerksamkeit der Unesco auf sich gezogen hat. Diese hat kleine Teile des Allerheiligsten der Glaoui sorgfältig restauriert, u. a. unmöblierte Empfangsbereiche und Wohnräume. Man kann auch durch das Dorf im Inneren der Kasbahmauern schlendern, und wer gewieft feilscht, ergattert in den Läden in den Seitenstraßen vielleicht sogar ein paar Schnäppchen.

Filmfans und deren Kinder werden in den **Atlas Film Corporation Studios** (☎ 0524 882212/23; www.atlasstudios.com; Erw./erm. 30/15 Dh; 8.30–11.50 & 14.30–17.50 Uhr, geführte Touren alle 30–40 Min.) riesigen Spaß haben. Dort kann man sich Sets und Requisiten von den berühmten Filmen anschauen, die im ersten „Ouallywood"-Studio gedreht wurden, u. a. *Auf der Jagd nach dem Juwel vom Nil* und Martin Scorseses *Kundun*. Die Studios liegen 5 km westlich der Stadt an der Straße nach Marrakesch, sind aber mit dem gelben STUDID-Bus (s. S. 371) gut zu erreichen. Wer weiß, vielleicht wird man ja auch von einem Scout entdeckt, der Statisten sucht? Obwohl … Einheimische weisen darauf hin, dass die Tagessätze von 40 bis 100 Dh für Statisten nicht gerade den Gagenvorgaben des Schauspielerverbands entsprechen.

Aktivitäten

Viele Unternehmen und Hotels bieten sie zwar noch an, aber Quads schädigen das anfällige Ökosystem der Wüste beträchtlich und sind nicht zu empfehlen. In Merzouga ist die Benutzung von Quads bereits eingeschränkt und weil das Bewusstsein für die Umweltprobleme wächst, die Quads neben den unvermeidlichen Staubwolken verursachen, könnten auch Ouarzazate, Zagora und Mhamid diesem Beispiel bald folgen.

Saïd Mountain Bike (☎ 0662 869324; www.saidmountainbike.com; Ave Moulay Rachid Ecke Rue de la Poste; Tag/Woche 220/990 Dh) hat eine Flotte von 43 Mountainbikes (in Topzustand) und bietet Mountainbike-, Maultier- und Dromedartouren in die Berge und die Wüste.

Wer sich für professionell geführte „*off-piste*"-Motorradtouren in ganz Südmarokko interessiert, ist beim britischen Unternehmen **Wilderness Wheels** (☎ 0524 888128, in Marrakesch 0524 330443; www.wildernesswheels.com; 44 Hay al-Qods, Touren ab 3 Tagen/2 Nächten für 8470 Dh) abseits der Ave Mohammed V richtig. Im Preis inbegriffen sind Übernachtungen, die komplette Ausrüstung und ein Servicefahrzeug für bis zu 20 Bikes. Das Unternehmen organisiert von seinem Büro in Marrakesch aus auch Touren, die in Marrakesch beginnen.

North Africa Horse (☎ 0524 886689; www.northafricahorse.fr, französisch; Route de Skoura, gegenüber vom Royal Golf Ouarzazate), 20 km von Ouarzazate entfernt, übernimmt Stunts mit Pferden und Dromedaren für Hollywood-Produktionen und organisiert fünf- bis sechstägige Ausritte und Kameltouren. Manchmal wird auch eine Pferdeshow für Touristen mit nachgestellten Stunts aus Filmen wie *Königreich der Himmel*, *Gladiator* und *Alexander der Große* gegeben.

Festivals & Events

In Ouarzazate selbst findet im August der *moussem* von Sidi Daoud statt. Der **Marathon des Sables** (www.saharamarathon.co.uk) ist ein siebentägiger Extremmarathon in der Wüste im März oder April, wo man (abgesehen von Wasser) nur das mitnehmen kann, was man tragen kann. Die Strecke ändert sich jedes Jahr und wird erst verraten, wenn die Läufer in Ouarzazate zusammenkommen.

Schlafen

BUDGETUNTERKÜNFTE

Die meisten günstigen Hotels befinden sich an oder um die Hauptstraße Ave Mohammed V herum oder 1 bis 2 km entfernt an der Route de Zagora.

Camping Municipal (☎ 0524 888322; Campen 15 Dh/Pers., Auto-/Zeltstellplatz zzgl. 10/5 Dh) Neben dem „Touristenkomplex" abseits der Hauptstraße stadtauswärts ausgeschildert, ca. 3 km vom Busbahnof entfernt am Oued Ouarzazate. Der Platz ist vorwiegend für Wohnmobile, aber es gibt auch ein paar Fleckchen für Zelte unter Bäumen, neue Bäder, Warmwasserduschen (6 Dh), ein einfaches Restaurant und Stromanschluss für 20 Dh.

Hôtel Royal (☎ 0524 890042; 24 Ave Mohammed V; EZ/DZ/3BZ ohne Dusche & Gemeinschaftstoilette 45/80/100 Dh, mit Dusche & Gemeinschaftstoilette 70/100/140 Dh, mit eigenem Bad 90/120/160 Dh) Zentral gelegen und sehr viel hübscher, als man für den Preis erwarten würde. In den Zimmern, die zur Straße raus gehen, sollten Gäste jedoch Ohropax dabei haben. Traveller hängen gerne bei frischen Säften, gutem Kaffee, passabler Pizza (45 Dh) und *tajine* (40 Dh) auf der Terrasse und im Innenhof ab.

Hôtel Nadia (☎ 0524 854940; Km 2 Route de Zagora; EZ/DZ inkl. Frühstück 180/200 Dh; ⁂ ⁂ ⁂) Mit glänzenden, neu gefliesten Bädern und Zimmern, neuen, federnden Betten, lebhaftem Personal und einem anständigen Pool ist dieses Haus eine willkommene Abwechslung zu den üblicherweise staubigen Budgetunterkünften und gefakten Kasbahs.

Hôtel Amlal (☎ 0524 884030; www.hotel-amlal.com; 24 Rue du Marché; EZ/DZ/3BZ/4BZ 200/250/300/350 Dh; ⁂) Einen Häuserblock nördlich der Ave Mohammed V steht das überraschend ruhige, freundliche und saubere Hôtel Amlal. Die Zimmer sind mit eisernen Bettgestellen und klitzekleinen Fernsehern ausgestattet und entzückend merkwürdig dekoriert.

Hôtel La Vallée (☎ 0524 854034; www.la-valleemezgarne.com; 2 km auf der Route de Zagora; EZ/DZ mit Gemeinschaftsbad 100/120 Dh, EZ/DZ/Suite mit eigenem Bad 160/300/350 Dh; ⁂ ⁂) Trekker, Biker und Fami

MARRAKESCH & ZENTRALMAROKKO

lien füllen die 41 Zimmer ohne Probleme. Dass es zum Essen Livemusik gibt, lässt die Rennerei zum Buffet im Berberzelt am Pool noch wilder werden (Frühstück 20 Dh). Stuckdecken, Wüstenwandmalereien und zuverlässige heiße Duschen sorgen für das gewisse Etwas.

MITTELKLASSEHOTELS

Les Jardins de Ouarzazate (☎ 0524 854200; www.lesjardinsdeouarzazate.com; 1 km von der Route de Zagora; DZ inkl. Frühstück/HP 440/550 Dh; WLAN) Dieses Hotel mit Blick auf eine *palmeraie* ist nicht so krass auf städtisch gemacht wie seine Nachbarn. Die Lobby ist eine überwältigende Huldigung der marokkanischen Dekomuster und es gibt einen pompösen, gechlorten Pool. Die 27 Zimmer sind weniger aufregend und dank den Gartenzelten mit WLAN können Gäste inmitten idyllischer Pracht E-Mails schreiben.

SPITZENKLASSEHOTELS

LP Tipp **Dar Kamar** (☎ 0524 888733; www.darkamar.com; 45 Kasbah Taourirt; EZ 880–1078 Dh, DZ 1100–1320 Dh;) Man würde nie vermuten, dass dieses freundliche, üppig ausgestattete Stampflehmhotel in seinem früheren Leben ein strenges Glaoui-Gerichtsgebäude aus dem 17. Jh. war. Selbst die Dekoration zeigt Sinn für Humor: umgedrehte *tajines* dienen als Waschbecken, Seilflaschenzüge wurden zu Treppengeländern und in den Bädern haben sich einheimische Eisenarbeiter ausgetobt (ein Hamam ist im Bau). Das Personal organisiert gerne kulturelle Treffen und Fotoexkursionen ins Dorf, die der Selbsthilfeorganisation des Dorfes zugutekommen. Wenn sie auf den Auslöser drücken, treten Fotografen also wirklich mit ihrem Motiv in Verbindung.

Auberge de la Rose Noir (☎ 0524 882016; Quartier de la Mosquée, Hay Taourirt; DZ 850–950 Dh, Suite 1350 Dh) Die Auberge ist ein Stampflehmhaus, versteckt im Inneren der Kasbah, vom Haus des Großvaters der Besitzerin aus gesehen auf der anderen Seite der *derb* (Gasse). Rose Hitti hat ein romantisches Refugium mit sieben Zimmern geschaffen, die stimmungsvoll beleuchtet und mit großen Betten und hauchdünnen Stoffen ausgestattet sind. Als Extras gibt's u. a. einen Kinderbetreuungsservice und eine Direkthandelsausstellung von Teppichen einheimischer Frauen zu von ihnen festgelegten Preisen (200–2000 Dh).

Dar Daïf (☎ 0524 854232; www.dardaif.ma, französisch; Douar Talmasla; DZ/3BZ inkl. Frühstück 370/814 Dh, Suite inkl. Frühstück 1166–1661 Dh;) Diese mit neuem Leben erfüllte Kasbah aus Stampflehm direkt am Rand der *palmeraie* neben der verfallenen Kasbah des Cigognes ist ein Labyrinth aus Innenhöfen, Gästezimmern, privaten Suite-Terrassen und einem Pool. Die Hamambenutzung ist gratis, aber das Abendessen kostet und ist obligatorisch (Erw./Kind 188/110 Dh). Um hierher zu kommen, fährt man 1,5 km die Straße Richtung Zagora entlang, biegt am Schild hinter dem Hotel la Vallée links ab und folgt dann den Schildern 5 km auf der *piste*.

Essen

Patisserie-Glacier des Habouss (Rue du Marché; 6–22 Uhr) Der magnetischen Anziehungskraft der französischen Eclairs (7 Dh) und des marokkanischen Gebäcks und Eis kann niemand widerstehen: An milden Abenden führen alle Spaziergänge hierher. Morgens stehen sowohl Trekker als auch Einheimische Schlange, um leckere frische Baguettes (10 Dh), Croissants (2,50 Dh) und Kaffee zu genießen.

Pizzeria Veneziano (☎ 0524 887676; Ave Moulay Rachid; Pizzas 30–45 Dh, 12–21.30 Uhr) Das helle, preiswerte Veneziano serviert leckere dünne Pizza mit tollem Belag aus der Region (z. B. Wüstenkräuter und Ziegenkäse) sowie die üblichen Pastagerichte, echten italienischen Espresso und eine Menge *panachés* (15 Dh).

Restaurant 3 Thés (☎ 0524 886363; Ecke Ave Moulay Rachid & Rue de la Poste; Hauptgerichte 30–55 Dh; mittags & abends) Die schmiedeeisernen Sitzgelegenheiten auf dem Fußweg und die Inneneinrichtung zum Wohlfühlen erinnern an ein Pariser Café, aber auf der Speisekarte stehen leckere vegetarische *tajine* (30 Dh), Cheeseburger (35 Dh) und Fleisch-*tajine* mit Feigen, Backpflaumen und Mandeln (55 Dh).

Restaurant la Kasbah (☎ 0524 882033; Ave Mohammed V; Hauptgerichte 60–80 Dh, Tagesmenü 98 Dh; mittags & abends) Hat nette Terrassen mit Blick auf die Kasbah Taourirt. Das Lokal ist bei erschöpften Touristen beliebt und macht ein gut gewürztes Rindfleischcouscous.

Douyria (☎ 0524 885288; 72 Ave Mohammed V; Hauptgerichte 80–110 Dh; morgens, mittags & abends) Romantiktipp: Abendessen bei Kerzenschein in einer Nische voller lila und grüner Kissen auf einer Terrasse über der Kasbah Taourirt. Abends sind der Spezialcouscous und das leicht süße Milch-*brik* (Gebäck) zu empfehlen. Zum Frühstück unter Sonnenschirmen wiederkommen – Vorsicht: Die schmiedeeisernen Stühle werden ganz schön heiß!

Le Relais Saint Exupéry (☎ 0524 887779; www.relaissaintexupery.com; 13 Blvd Moulay Abdallah; Tagesmenü 90–260 Dh, Hauptgerichte abends 90–130 Dh; ⏰ mittags & abends, Mi mittags & Juli geschl.) Nein, das ist keine Fata Morgana: Hier hat man wirklich die Wahl zwischen gebratener Ente mit Wein-Senf-Sauce oder dem Dromedarfleisch spezial. Wer sich wundert, solch abenteuerlustige Gastronomie in einem Vorort in der Nähe des Flughafens von Ouarzazate anzutreffen, sollte bedenken: Dieser Flughafen diente Antoine de Saint-Exupéry, Pilot und der Autor von *Der kleine Prinz*, als Inspiration.

SELBSTVERSORGER

Supermarché (Ave Mohammed V) hat alles Wichtige, was man für die Wüste braucht: Wasser, Zahnpasta, Lippenbalsam, Tütensuppen, Kekse, Filme, Wodka und Anti-Cellulite-Lotion aus Arganöl. Es gibt noch einen größeren **Supermarkt** (Ave Moulay Rachid) mit importierten europäischen Lebensmitteln. Frischen Käse, Fleisch und Gemüse findet man auf dem täglichen **zentralen Suk** (Rue du Marché).

Shoppen

Gegenüber vom Eingang zur Kasbah ist die **Coopérative de Tissage** (Weberkooperative; ☎ 0524 884057; Ave Mohammed V), wo man einheimischen Handwerkerinnen bei der Arbeit an *hanbels* (vor Ort gewebten Teppichen) und bestickten Strohmatten über die Schulter schauen und zu Festpreisen von 550 bis 750 Dh pro Quadratmeter einen mit nach Hause nehmen kann. Nebenan befindet sich das **Ensemble Artisanal** (⏰ 9–12 & 15–18.30 Uhr), der staatliche Verkaufsraum, in dem es Reliefs, Töpferwaren und Wollteppiche gibt, die von den Ouzguita-Berbern in der Umgebung gewebt wurden. Am Nordrand der Stadt verkauft **Horizon Artisanat** (☎ 0524 882415; 181 Ave de la Victoire; ⏰ Mo–Fr 9–18 Uhr) handgemachte Keramik, Metallarbeiten und Teppiche. Die Produkte wurden von der örtlichen Horizon Association hergestellt, die sich für die Integration behinderter Kinder und Erwachsener in die Gemeinschaft einsetzt.

An- & Weiterreise

AUTO

Um nach Lust und Laune auf dem Weg in die Wüste an den prachtvollen *ksour* (Schlössern) im Drâatal anhalten zu können, lohnt es sich, ein Auto zu mieten (ab 350 Dh/Tag). Busse oder Grands Taxis düsen nämlich einfach vorbei und man kommt enttäuscht in Zagora an. Die meisten Autovermietungen sind an der Ave Mohammed V und der Place du 3 Mars, u. a.:

Avis (☎ 0524 888000; www.avis.com; Ecke Ave Mohammed V & Place du 3 Mars)
Budget (☎ 0524 884202; www.budget.com; Ave Mohammed V & Flughafen)
Desert Evasion (☎ 0524 888682; www.desert-evasion.net; Imm El Ghifari, Ave Mohamed V) Geländewagen mit einheimischen Fahrern für individuelle Fahrten zu Festpreisen (je nach Fahrzeugtyp 800–1250 Dh). Bezahlung bei Schlüsselübergabe.
Dune Car (☎ 0524 887391; Fax 0524 884901; Ave Mohammed V) Zuverlässig und viel billiger als die internationalen Autovermietungen; hat auch Geländewagen.
Europcar/InterRent (☎ 0524 882035; www.europcar.com; Place du 3 Mars)
Hertz (☎ 0524 882084; www.hertz.com; 33 Ave Mohammed V)
National Car Rental (☎ 0524 885244; Place du 3 Mars)

BUS

Am praktischsten gelangt man mit **CTM** (☎ 0524 882427; Blvd Mohammed V) in die Stadt: Die Haltestelle ist mitten im Zentrum neben der Post. CTM-Fernbusse fahren nach Marrakesch (65 Dh, 5 Std., 3-mal tgl.) und Casablanca (135 Dh, 8½ Std., 1-mal tgl.).

Am Hauptbusbahnhof, 1,5 km nordwestlich vom Stadtzentrum, starten Trans-Ghazala-Busse nach Marrakesch (65 Dh, 4–5 Std., 6-mal tgl.); Satas schickt um 11 Uhr einen Bus nach Er-Rachidia (75 Dh, 6 Std.). Es gibt viele Busse nach Agadir (115 Dh, 4–5 Std., 6-mal tgl.), Boumalne du Dadès (25 Dh, 5-mal tgl.) und Taroudannt (75 Dh, 5 Std., 5-mal tgl.); einer davon fährt über Tazenakht (20 Dh), Foum Zguid (45 Dh, 4 Std.) und Tata (60 Dh, 5 Std.). Außerdem gibt's Busse nach M'Hamid (70 Dh, 7 Std., 4-mal tgl.) via Zagora (45 Dh, 4 Std.).

FLUGZEUG

Der **Taourirt Airport** (☎ 0524 882383) liegt 2 km nördlich der Stadt. Busse fahren nicht in die Stadt, aber ein Taxi sollte auch nicht mehr als 35 bis 60 Dh kosten. **Royal Air Maroc** (RAM; ☎ 0524 885102; 1 Ave Mohammed V) hat täglich Direktflüge nach Casablanca (ab 1690 Dh, 1 Std.), Flüge am Morgen nach London über Casablanca und mehrere Flüge pro Tag über Casablanca nach Paris. Außerdem gibt's regelmäßig Charterflüge nach Belgien, Frankreich und Deutschland.

TAXI

Taxis fahren vom Hauptbusbahnhof nach Agdz (30 Dh), Âït Benhaddou (20 Dh), Boumalne du Dadès (40 Dh), Marrakesch (90–110 Dh), Skoura (15 Dh), Tinerhir (55 Dh) und Zagora (70 Dh).

Unterwegs vor Ort

Auf der Ave Mohammed V pendeln kleine Sammeltaxis. Sie kosten pauschal 5 Dh pro Kopf (bei 3 Fahrgästen). Der gelbe STUDID-Bus (5 Dh) fährt alle halbe Stunde die Ave Mohammed V rauf und runter.

DRÂATAL

Solange man das einsame Drâatal nicht kennengelernt hat, kann man nicht wirklich verstehen, wie Marokko das Kunststück fertigbringt, zu existieren. Bevor die Almoraviden das ganze Gebiet von Marrakesch bis hoch nach Barcelona erobern und bevor die Saaditen die Kontrolle über den saharischen Zucker- und Goldhandel an sich reißen konnten, mussten sie erst einmal an uneinnehmbaren Schluchten, Lehmziegelwachttürmen und kämpferischen autonomen Oasenbewohnern vorbei. Eine asphaltierte Straße und komfortable Hotels machen das Vorankommen heutzutage deutlich einfacher. Diese den Naturgewalten ausgesetzte Landschaft hat aber noch immer etwas an sich, das sie absolut abenteuerlich erscheinen lässt.

Von Ouarzazate führt die Staatsstraße N9 südöstlich ins Drâatal. Es wurde durch einen schmalen Streifen Wasser aus dem Hohen Atlas geformt, der sich durch den Fels geschnitten hat. Immer mal wieder versickert der Fluss im Sand, bevor er in einer üppigen Oase dann triumphierend wieder auftaucht. Der saftigste und faszinierendste Teil des Tals sind die 95 km zwischen Agdz und Zagora. Dahinter geht's 96 km weiter in Richtung Süden bis nach M'Hamid. Dieser Ort 40 km vor der algerischen Grenze ist erst seit Kurzem ein wichtiges Wüstentourismusziel und verströmt noch immer eine Niemandsland-atmosphäre.

Die Fahrt nach Zagora dauert etwa drei bis vier Stunden. Mit einem Geländewagen kann man die langsamer zu befahrende, landschaftlich reizvollere *piste* nehmen, die von Tamnougalt nach Zagora parallel zur Straße und zum Fluss verläuft.

AGDZ

Traveller, die von Ouarzazate nach Zagora rasen, verpassen Agdz (Ag-des), eine klassische Karawanenoase mit einer noch unberührten *palmeraie*, einer Lehmziegelkasbah, raffinierten Gärten, einem donnerstäglichen Bauernmarkt (Okt.–Nov.) und tollen Unterkünften, die auf schmalen *pistes* östlich der asphaltierten Hauptstraße liegen. Der *tajine*-förmige Jbel Kissane thront über dem Ort und in 20 km Entfernung liegt der 1660 m hohe Tizi n'Tinififft. Zu den Handwerkstraditionen in Agdz gehören Schnitzen, Töpfern und Korbflechten und in den Läden an der Hauptdurchfahrtsstraße können Traveller vielleicht ein paar Exemplare oder einen safranfarbenen Teppich aus dem nahe gelegenen Tazenakht erstehen.

Ein faszinierender Zwischenstopp für leidenschaftliche Gärtner auf dem Weg stadtauswärts ist das **Gemeinschaftsgartenprojekt Association Development Hart Chaou** (☎ 0676 872842; tasawante@hotmail.com; Hart Chaou, 1 km südl. von Agdz; Spende erbeten; ⏲ vorher anrufen). In den letzten zehn Jahren war dieses kleine, landwirtschaftlich geprägte Dorf, an dem die Zeit und der Tourismus vorbeigehen, mit Trockenheit und schweren Zeiten konfrontiert. Mehrere Familien hatten kein Land, Wasser oder andere Mittel, um ihr Überleben zu sichern – also kam das Dorf zusammen und bestimmte eine freie Fläche in der Nähe eines funktionierenden Brunnens zum Gemeinschaftsgarten. Die Dorfbewohner benutzten das Wasser und den Komposthaufen der Gemeinschaft abwechselnd. Zwei Jahre später lieferte dieser kleine Biogarten 80 % des Nährmittelbedarfs der 114 Familien im Dorf. Um diese tolle Oase zu sehen, sollte man Wärter Mohammed Moussas (☎ 0676 872842) mindestens zwei Stunden vorher anrufen; er wartet dann an der Hauptstraße und führt einen zum Garten. Interessierte können ein paar gartenfrische Kichererbsen oder eine Tomate kosten, Gartentipps austauschen, in der nahe gelegenen Schule, die der Verein aufgebaut hat, einen Tee trinken und mit einer Spende helfen, das Saatgut für das nächste Jahr zu kaufen (Tipp: 200 Dh reichen für ein Feld Bohnen oder Zwiebeln und 800 Dh für Tomaten).

Schlafen & Essen

Casbah Caïd Ali (☎ 0524 843640; www.casbah-caidali.net; Rue Hassan II; DZ mit/ohne Frühstück 229/209 Dh, Zelt/Fahrzeug 15/20 Dh, zzgl. 13 Dh/Pers.; 🅿) Diese frühere

MARRAKESCH & ZENTRALMAROKKO

Kasbah des örtlichen *caid* (Anführer), dessen Nachfahren ihr historisches Wohnhaus für Gäste geöffnet haben, liegt östlich der Hauptstraße. Die Salons um den teilweise restaurierten Innenhof wurden in große Gästezimmer mit Berbermotiven an den gewölbten Decken und einfachen Holz- und Schmiedeeisenmöbeln umfunktioniert. Die Quartiere sind ziemlich gemütlich und haben Gemeinschaftsbäder. Mahlzeiten (Tagesmenü 65–85 Dh) werden in Berberzelten am kleinen Quellwasserpool (das Wasser wird hinterher für den Garten verwendet) serviert. Zeltstellflächen unter Palmen gibt's im Garten.

Rose du Sable (☎ 0524 886452; www.rosedusable.com; EZ/DZ/3BZ 462/627/792 Dh;) Dieses Hotel mit acht Zimmern versucht, nicht aufzufallen, aber mit seinen abgefahrenen gelben Buntglasfenstern, feuersteinmäßigen Graniteinlegewänden und uneingeschränktem Zugang zu den Zimmern für Rollstuhlfahrer kann es gar nicht anders, als wie ein Rockstar in der Wüste hervorzustechen. Familie Jolie-Pitt empfiehlt dieses Hotel – wie könnten wir da widersprechen?

Dar Qamar (☎ 0524 843784; www.locsudmaroc.com; Agdz; EZ 440–715 Dh, DZ 550–880 Dh, 3BZ 770–990 Dh;) Rote Stampflehmwände, mit Tinherirkacheln geflieste Gänge und Fische im Brunnen, die die Mücken fressen: Bei vielen Dingen in diesem schicken Ökohotel fragt man sich, warum nicht schon vor Jahren jemand darauf gekommen ist. Man kann Räder mieten, die *palmeraie* erkunden, ein Glas Wein und einheimische Datteln im Garten genießen, den hauseigenen Hamam benutzen oder sich zum nahe gelegenen historischen Gemeinschaftshamam führen lassen.

Am Ortseingang auf der linken Seite gibt's eine Tankstelle mit einem Tante-Emma-Laden und einem Café, die **Kasbah Total** (8–21 Uhr, evtl. im Sommer & Winter geschl.), wo man sich mit gutem Espresso und abgepackten Snacks in Hülle und Fülle eindecken kann.

An- & Weiterreise

CTM und ein paar andere Busgesellschaften halten hier auf dem Weg von Ouarzazate nach Zagora, allerdings gelingt es nicht immer, einen Sitzplatz zu ergattern. Ansonsten fahren hin und wieder Grands Taxis nach Ouarzazate (25 Dh) und Zagora (28 Dh).

VON AGDZ NACH ZAGORA

Das befestigte Dorf **Tamnougalt** (Eintritt 10 Dh; obligat. Führung 50 Dh) aus dem 16. Jh. ist die Mutter aller *ksour* (Schlösser). Es ist eines der ältesten noch existierenden Lehmziegel-*ksour* und ein unverzichtbarer Halt auf jeder Architekturpilgerfahrt durch Marokko. Im Labyrinth der Räume kommt man durch eine ziemlich große *mellah,* taucht ab unter die Erde (strategisch platzierte Oberlichter und Kerzen in Nischen spenden Licht) und erreicht in den blendend hellen Hofstallungen mit Hufeisenbögen wieder die Oberfläche. Wer kann die arabischen, andalusischen und berberisch-jüdischen Motiven, die nahtlos ineinander übergehen, voneinander unterscheiden?

Um nach Tamnougalt zu kommen, von der Hauptstraße 4 km hinter Agdz abbiegen, dann 2 km auf einer holprigen *piste* nach Osten fahren. **Chez Yacob** (☎ 0524 843394; www.chezyacob.com; Km 4 auf der Route de Zagora, Agdz; HP 250 Dh/Pers.) liegt direkt neben dem größten *ksar* und hat fünf schlichte, gemütliche Zimmer mit Gemeinschaftsbad um einen von Fackeln beleuchteten Innenhof, über dem eine große Terrasse mit Sicht auf die Kasbah und die *palmeraie* schwebt. Tagesmenüs kosten 80 Dh.

Ein paar Schritte von der *palmeraie* entfernt liegt die **Kasbah Itrane** (☎/Fax 0524 843614; merrsana@gmail.com; Route de Zagora, 5 km südl. von Agdz; pro Pers. inkl. HP ohne/mit Bad 200/220 Dh;) mit nicht ganz so viel Charakter, aber sauberen Zimmern, einem Garten samt gechlortem Pool und einem Tagesmenü für 80 Dh.

Wer so richtig auf Kasbahs abfährt, sollte die erstklassigen Exemplare an der Hauptstraße bei Timiderte besichtigen: die **Kasbah Said Arabi** in Ouled Atman und die Kasbah in Tinzouline. Dort ist montags ein toller Suk. Man merkt, dass man sich Tinzouline nähert, wenn man Leute sieht, die süße *boufeggou*-Datteln an Vorbeifahrende verkaufen. In Tansikht, 30 km vor Zagora, steht ein alter Wachturm mit toller Aussicht über eine *palmeraie.* Auf den Schildern steht „Oasis Du Drâa".

Mit einem Geländewagen kann man mehrere Ausflüge auf die Nordseite des Drâatals unternehmen; die Routen sind an der Straße als „*circuits touristiques*" ausgeschildert. Von Tamnougalt geht's auf einer *piste* parallel zum Drâatal durch Dörfer und über Felder. Den ganzen Weg bis nach Zagora über hat man immer wieder herrliche Blicke auf den Fluss.

ZAGORA

34 821 Ew.

Das kultige Schild „Tombouktou, 52 jours" (Timbuktu, 52 Tage) wurde zwar vor Kurzem im Rahmen eines unerklärlichen Regierungsprogramms zur Verschönerung entfernt, aber Zagoras Ruhm als Wüstenposten ist unauslöschlich. Von hier aus zogen die Saaditen 1591 los, um Timbuktu zu erobern, und die vielen Wüstenkarawanen, die durch diese Oase kamen, haben dem isolierten Ort seinen coolen, kosmopolitischen Charakter gegeben.

Das kann man im benachbarten Dorf Amezrou (etwa 1,5 km südlich vom Stadtzentrum Zagoras auf der anderen Seite des Oued Drâa) gut sehen. Hier gibt's noch immer eine historische *mellah*, wo Kunsthandwerker Glücksbringer aus afrikanischen, berberischen, jüdischen und muslimischen Traditionen in ihre Kunst einarbeiten – wer 52 Tage lang die Wüste durchquert, braucht alles Glück, das er kriegen kann. Der Jbel Zagora und eine *palmeraie* bilden eine dramatische Kulisse für die eher eintönigen Gebäude aus der Zeit als französischer Kolonialaußenposten und für den sensationellen neuen Rathauskomplex. Doch wenn ein Sandsturm furchterregende bronzefarbene Schleier in die Stadt weht, sieht man das alles nicht mehr. Allen Modernisierungen der letzten Zeit zum Trotz ist Zagora im Herzen noch immer ein Handelsposten: Mittwochs und sonntags wird ein großer Markt mit Obst, Gemüse, Kräutern, Eisenwaren, Kunsthandwerk, Schafen, Ziegen und Eseln abgehalten. Der *moussem* von Moulay Abdelkader Jilali findet zur selben Zeit statt wie Moulid an-Nabi (s. S. 490) und bringt Leben in die Stadt.

Praktische Informationen

Apotheke von Zagora (☎ 0524 847195; Blvd Mohammed V; ⏲ Mo–Fr 8.30–13 & 15–20, Sa 8.30–13 Uhr)

Banque Populaire (Blvd Mohammed V) Hat einen Geldautomaten.

BMCE (Blvd Mohammed V) Geldautomat.

Placenet Cyber Center (95 Blvd Mohammed V; 10 Dh/Std.) Internetzugang.

Sehenswertes & Aktivitäten

Es lohnt sich, den spektakulären **Jbel Zagora** zu erklettern, der sich über dem Oued Drâa erhebt, denn man hat von dort eine tolle Aussicht. Man braucht allerdings eine Menge Durchhaltevermögen und Sonnenschutz und sollte früh losgehen. Hin und zurück dauert es zum Jbel Zagora ca. zwei bis drei Stunden zu Fuß oder 45 Minuten mit dem Auto auf einer *piste* rechts hinter dem Camping de la Montagne. Auf halbem Wege liegen die

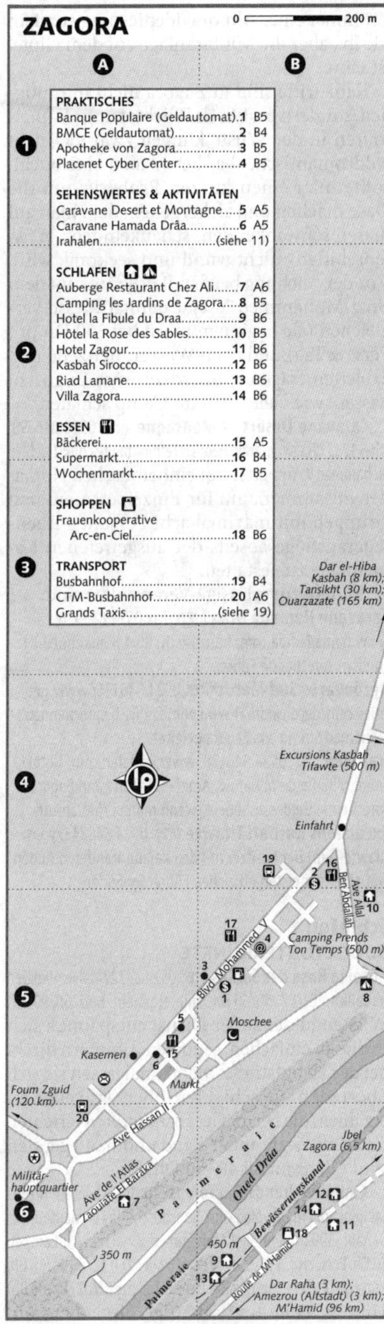

Trümmer einer Almoravidenfestung aus dem 11. Jh., aber die Militäranlage auf dem Gipfel ist tabu.

Kamelritte sind in Zagora nicht nur möglich, sondern praktisch Pflicht. Lange Kameltouren in der Wüste klingen zwar vielleicht wildromantisch, aber bevor man eine bucht, sollte man einen kurzen Proberitt um die Oase machen und sichergehen, dass man auf diesen schwankenden, schaukelnden „Wüstenschiffen" nicht wund und seekrank wird. Vor der Buchung bei den Reisebüros auf dem Blvd Mohammed V erst einmal Preise vergleichen (sie beginnen meist bei 350 Dh pro Pers. & Tag) und nach Wasser, Bettzeug und Toiletten fragen. Außerdem wäre es gut zu wissen, wie viele noch im Camp schlafen.

Caravane Desert et Montagne (☎ 0524 846898, 0666 122312; www.caravanedesertetmontagne.com; 112 Blvd Mohammed V) arbeitet mit einheimischen Nomaden zusammen, um für Einzelpersonen und Gruppen mit maximal acht Personen Abenteuerausflüge abseits der ausgetretenen Kamelpfade zu gestalten.

Andere zuverlässige Veranstalter sind:

Caravane Hamada Drâa (☎ /Fax 0524 846930; www.hamadadraa.com, französisch; Blvd Mohammed V) Englisch sprechende Führer.

Découverte Sud Maroc (☎ 0524 846115; www.geocities.com/decousudma) Wird vom Englisch sprechenden Mohamad Sirirou aus Zagora geleitet.

Irahalen (☎ 0524 846178; www.irahalen.com; Hotel Zagour, Route de M'Hamid, Amezrou) Man kann Englisch sprechende Guides anheuern, wenn man vorher anruft.

Excursions Kasbah Tifawte (☎ 0524 848843; www.tifawte.com) Der Besitzer mit den kajalumrandeten Augen war einer der ersten offiziellen Führer im Süden.

Schlafen

BUDGETUNTERKÜNFTE

Hôtel la Rose des Sables (☎ 0524 847274; Ave Allal Ben Abdallah; EZ/DZ 50/60 Dh, mit eigenem Bad 60/90 Dh) Wüstenguides außer Dienst entspannen sich in diesen einfachen, sauberen Zimmern direkt bei der Hauptstraße. Manchmal lassen sie sich überreden, Geschichten über Traveller zu erzählen, die bei den leckeren *tajine*-Gerichten im Straßencafé außer Rand und Band geraten sind (Tagesmenü 40–50 Dh).

Camping Prends Ton Temps (☎ 0524 846543; http://campingauberge.skyblog.com, französisch; Hay El-Mansour ed-Dahabi, 300 m vom Blvd Mohammed V nach links; Campen 10 Dh/Pers. zzgl. 5 Dh/Zelt, feststehendes Zelt EZ/DZ 40/60 Dh, Hütte 30 Dh/Pers., Hütte mit Dusche & Toilette EZ/DZ 80/100 Dh) Hütten, Zelte und schattige Fleckchen, um sein eigenes Zelt aufzustellen. Frühstück (20 Dh) und gute, einfache Gerichte sind auch zu haben (60 Dh).

Camping les Jardins de Zagora (☎ 0524 846971, 0668 961701; Amezrou; Berberzelt 40 Dh, Campen inkl. Zelt & Auto 50 Dh/2 Pers., DZ mit eigenem Bad 150 Dh) Im Schatten dieses sauberen, blumenbewachsenen Campingplatzes neben dem Hotel Ksar Tinzouline lässt es sich mit Blick auf den Jbel Zagora prima entspannen. Wer ein Bett in einem Berberzelt nimmt, hat auch Strom. Auf Bestellung werden *tajines* gekocht (Tagesmenü 80 Dh).

Auberge Restaurant Chez Ali (☎ 0524 846258; www.chezali.prophp.org; Ave de l'Atlas Zaouiate El Baraka; Gartenzelt 40 Dh/Pers., Dusche 5 Dh, Zi. pro Pers. inkl. Frühstück/VP 100/260 Dh, mit Terrasse inkl. Frühstück/VP 200/360 Dh) Die Pfauen, die durch den Garten stolzieren, lassen sich nicht stören, aber alle anderen hier begrüßen Gäste begeistert. Die Zimmer oben mit den Dachfenstern haben neue Kiefernmöbel und geflieste Böden. Manche Matratzen sind allerdings ein bisschen klumpig. Das Essen ist Berberhausmannskost. Die äußerst beliebten Touren mit Übernachtung werden von den freundlichen, Englisch sprechenden Führern Mohamed und Yusuf veranstaltet (vorher reservieren).

Hotel Zagour (☎ 0524 846178; www.zagour.com; Route de M'Hamid, 600 m vor der Brücke, Amezrou; DZ inkl. Frühstück/HP 250/400 Dh; 🅿) Schlösschen aus Keramik halten die Fernbedienungen, Kamelzügel wurden zu Handtuchhaltern umfunktioniert, neue Matratzen und neue Farbe gleichen aus, dass frühere Gäste etwas unsanft mit dem Hotel umgegangen sind. Die Gerichte werden beim Pool eingenommen oder in einem pastellfarbenen Restaurant mit Stuck, in dem sich Marie Antoinette heimisch fühlen würde.

Hotel la Fibule du Draa (☎ 0524 847318; www.zagora-desert.com; 50 m rechts der Route de M'Hamid, Amezrou; EZ/DZ/3BZ inkl. Frühstück 380/430/700 Dh; 🅿) Ein Team von Einheimischen führt dieses Hotel wie sein eigenes Zuhause. Alle 24 grün und beigefarbenen Zimmer haben einen kleinen Kühlschrank, sodass man sich selbst versorgen und das aus Ouarzazate mitgeschleppte Bier verstauen kann. Ein Zimmer mit Blick auf den Pool oder Garten wählen und beim Frühstücksbuffet richtig zuschlagen!

MITTELKLASSEHOTELS

LP Tipp Dar Raha (☎ 0524 846993; http://darraha.free.fr; Amezrou; EZ/DZ inkl. Frühstück 220/410 Dh, inkl. HP 300/550 Dh) „Wie aufmerksam!" denkt man hier permanent. Vom herzlichen Hallo und den halben

Preisen für Kinder von fünf bis zwölf Jahren bis hin zu oasenmäßigen Details wie Palmenmatten, recycelten Drahtlampen und dicken Stampflehmmauern, die Pool oder Klimaanlage unnötig machen, ist alles durchdacht. Gäste können die hausgekochten Mahlzeiten und die Gespräche in der Küche genießen und die Ausstellung von Zeichnungen und Kunsthandwerk heimischer Künstler ansehen; hier im Herzen der Amezrou-*mellah* können Atelierbesuche organisiert werden

Kasbah Sirocco (☎ 0524 846125; www.kasbah-sirocco.com; Amezrou; EZ/DZ/3BZ & 4BZ inkl. Frühstück 425/660/957 Dh, EZ/DZ inkl. HP 616/990 Dh;) Die von Fackeln erleuchtete Halle aus Stampflehm macht den Zugang zu den hellen, entspannten Zimmern mit Blick auf die *palmeraie* spektakulär. Zusätzliche Highlights sind die leckeren marokkanischen Speisen, besonders das *mechoui* (langsam gegartes Lamm, 120 Dh; Hauptgerichte 60–70 Dh), und die Ausflüge. Kameltouren, Zelten in der Wüste und Trekking werden angeboten. Man kann sich am unnötig großen, gechlorten Pool oder besser noch in der unterirdischen Höhlenbar mit Cocktails abkühlen.

Villa Zagora (☎ 0524 846093; www.mavillaausahara.com; Amezrou; inkl. Frühstück Berberzelt 220 Dh, DZ mit Gemeinschaftsbad/eigenem Bad 286/365 Dh, Suite 495 Dh, inkl. HP DZ mit Gemeinschaftsbad/eigenem Bad 418/506 Dh, Suite 638 Dh;) Hell, luftig und mit Personal, das sich mit natürlichem Charme um einen kümmert wie marokkanische Tanten und Onkel, von denen man gar nicht wusste, dass man sie hat). Die Mahlzeiten hier sind eine endlose Folge von mit frischesten Zutaten zubereiteten Gerichten; den Platz im Magen gut einteilen, damit der Küchenchef zeigen kann, was er drauf hat! Der Pool ist angemessen klein und sein Wasser wird intelligent für die duftenden Gärten verwendet. Die Kamele vergessen und den ganzen Tag auf der Veranda schmökern!

SPITZENKLASSEHOTELS

Riad Lamane (☎ 0524 848388; www.riadlamane.com; Amezrou; ummauertes „Zelt" inkl. HP 350 Dh, Bungalow inkl. HP pro Pers. 600–800 Dh; WLAN) Zweistöckige, runde Lehmziegelbungalows und edlere polierte *tadelakt*-„Zelte" in einem schönen Garten mit WLAN und einer schicken Bar im afrikanischen Stil. Dem Weg am Bewässerungskanal 100 m hinter La Fibule folgen.

Essen & Ausgehen

Alle Hotels haben ihre eigenen Restaurants und servieren Nichtgästen nach vorheriger Reservierung Tagesmenüs für 100 bis 150 Dh. Marokkanische Speisen in weniger atmosphärischem Rahmen gibt's in den günstigen beliebten Lokalen am Blvd Mohammed V. Zutaten für ein Picknick kriegt man an Marktständen, die frisches Obst und Gemüse verkaufen, im Supermarkt am Nordende der Stadt (begrenzte Auswahl; kein Alkohol) und in der Bäckerei. Die Datteln von hier sind in ganz Marokko berühmt, werden aber wegen der Wurzelfäule, einer von einem Pilz verursachten Krankheit, die viele Palmen in Nordafrika hat eingehen lassen, immer knapper. Wer einen Drink will, geht in die Bar am Pool im La Fibule du Draa (gegenüber), den Weinkeller in der Kasbah Sirocco (linke Spalte) oder die afrikanische Bar im Riad Lamane (linke Spalte).

Shoppen

In der malerischen **Mellah Amezrou** gibt es noch ein paar Silberwerkstätten, die in der Traditon der jüdischen Kunsthandwerker arbeiten. Die **Frauenkooperative Arc-en-Ciel** (Route de M'Hamid; 9–12 & 14–19 Uhr) an der Kreuzung nach Amezrou verkauft folkloristische Taschen, Babysachen und abgefahrene Fleecepullover aus Stoffresten.

An- & Weiterreise

BUS

Der **CTM-Busbahnhof** (☎ 0524 847327; Blvd Mohammed V) liegt am Südwestende der Mohammed V; der **Busbahnhof** und die Haltestelle der Grand Taxis sind am Nordende. Täglich fährt ein CTM-Bus nach Ouarzazate (50 Dh, 4 Std.), und weiter nach Marrakesch (100 Dh, 9½ Std.) und Casablanca (175 Dh, 12½ Std.).

Andere Unternehmen fahren mindestens einmal täglich (morgens od. abends ca. 21 Uhr) nach Boumalne du Dadès (75 Dh), Casablanca (175 Dh), Erfoud (85 Dh), Er-Rachidia (125 Dh), Marrakesch (90 Dh, 2-mal tgl.), Ouarzazate (40 Dh) und Rabat (180 Dh). Dreimal pro Woche gehen Busse nach Rissani (80 Dh) über N'Kob (20 Dh) und Tazzarine (30 Dh). Am Morgen kommt der Bus nach M'Hamid (20 Dh, 2 Std.) durch Zagora. Den ganzen Tag über fahren Minibusse nach M'Hamid (25 Dh), sobald sie voll sind.

FLUGZEUG

Der neue Flughafen von Zagora für Inlandsflüge und internationale Flüge sollte letztes Jahr eröffnet werden, aber die Treibstoffpreise haben die Sache verzögert.

TAXI

Grands Taxis starten regelmäßig, meistens frühmorgens, u. a. nach Agdz (30 Dh, 1½ Std.), Ouarzazate (62 Dh, 3 Std.), M'Hamid (30 Dh, 1½ Std.), Tazzarine (45 Dh, 2½ Std.) und N'Kob (38 Dh, 1½ Std.).

SÜDLICH VON ZAGORA

Tamegroute

Gestresst? Dann ist das hier der richtige Ort: Tamegroutes **Zawiya Nassirija** soll dank dem postmortalen beruhigenden Einfluss von Sidi Mohammed ben Nassir, dem Gründer der einflussreichen und sehr lernbegierigen Nassirija-Bruderschaft im 17. Jh., Ängste und Bluthochdruck heilen. Nichtmuslime können zwar das grün überdachte Grab nicht besichtigen, aber von Samstag bis Freitag kann jeder morgens und am späten Nachmittag die Bibliothek ansehen und die *medersa* für Koranschüler betreten, die an Sidi Mohammed ben Nassirs Schrein angrenzt (Spende für den Erhalt erwartet). Unter den Bibliotheksbüchern in den Glasvitrinen sind außer Koranen aus dem 13. Jh., die zum Teil auf Gazellenhaut geschrieben sind, antike Medizin-, Mathematik-, Algebra- und Rechtstexte.

Außer dafür, dass es Spannung abbaut, ist Tamegroute auch noch für sein Labyrinth aus *ksour* bekannt. Diese sind durch dunkle Gänge miteinander verbunden, die man, um die Fähigkeit seines inneren Kompasses zu testen, alleine oder mit einem einheimischen Fremdenführer erkunden kann. Wer sich verloren umguckt, dem werden Einheimische wahrscheinlich den Weg zur **Gemeinschaftstöpferei** (🕑 Mo–Fr 8–18 Uhr) weisen, wo die unverwechselbare rustikale, grüne Tamegroute-Keramik hergestellt und mit *baraka*-erhöhenden Hennasymbolen bemalt wird. Um von der Straße aus herzukommen, einfach den Schildern zur *Cooperative des Potiers* folgen. Samstags ist Markt in Tamegroute.

Wenn der sanfte Zauber der *zawiya* zu wirken beginnt, die Straße zum **Auberge-Restaurant-Camping Jnane Dar Diafa** (☎ 0524 840622; www.jnanedar.ch, deutsch; EZ/DZ mit Gemeinschaftsbad 125/170 Dh; EZ/DZ/3BZ/Suite mit eigenem Bad ab 200/300/400/600 Dh) überqueren und in dem luftigen Gartenrestaurant ein entspanntes Mittagessen mit Gemüse aus dem eigenen Garten genießen. Man kann sich auch in den ganz schön verwohnten, aber wegen der Mystik reizvollen Zimmern oben, die Blick auf den Garten bieten, aufs Ohr hauen. Nach dem Comsa-Zimmer mit Moskitonetzen über den Betten oder dem Malika-Zimmer mit Sternendeko fragen!

Dünen von Tinfou

Dieses kleine Fleckchen mit zwei bis drei großen Dünen sieht zwar im Vergleich zum tollen Sanddünenmeer im Landesinneren in Merzouga oder Erg Chebbi wie eine Sandkiste aus, aber die Dünen von Tinfou sind ein Vorgeschmack auf den Saharasand. Wenn man von Tamegroute 8 km in Richtung Süden fährt, sieht man sie auf der linken Seite. An manchen Tagen herrscht so viel Betrieb, dass es einem vorkommt, als wäre man auf einem Spielplatz. Es macht aber trotzdem Spaß, die großen Dünen hochzuklettern und runter zu rennen.

Von Tinfou nach M'Hamid

Wer bei den Dünen von Tinfou auf den Geschmack gekommen ist, kann nach Osten zu den gewaltigen rosafarbenen Dünen von Merzouga (s. S. 397) fahren oder über M'Hamid zum Erg Chebbi, wo sich eine Pause in der offenen Wüste anbietet. Die Straße nach Süden verschwindet bei M'Hamid 96 km südlich von Zagora und etwa 40 km von Algerien (der Verlauf der Südgrenze ist noch immer strittig zwischen den beiden Ländern), im Sand. Die Fahrt nach M'Hamid führt durch eine trostlos schwarze Landschaft mit von der Sonne verbranntem Geröll, und genau dann, wenn es monoton wird, steigt die Straße an und führt über den Pass Tizi Beni Selmane. Im Dorf Tagounite sind eine Tankstelle, eine Handvoll Cafés und das *ksar* Oulad Driss zu finden, das einen Zwischenstopp vor dem 5 km entfernten Ziel M'Hamid wert ist.

M'Hamid

3000 Ew.

Einst war es eine einsame Oase, aber heute ist M'Hamid kein Mauerblümchen mehr. Grenzspannungen zwischen Algerien, Marokko und der Polisario isolierten diesen einst florierenden Karawanenrastpunkt bis in die 1990er-Jahre, als es Abkommen zufolge M'Hamid wieder erlaubt war, Besucher zu beherbergen. An der Straße reihen sich jetzt Hotels auf, um Traveller unterzubringen, die von den goldenen Dünen des nahe gelegenen Erg Chigaga angelockt werden. Man kann den perversen Nervenkitzel und das metallische Licht der Sandstürme erleben und die Straße im Nichts verschwinden sehen.

Dieser Punkt auf der Karte steht eigentlich für zwei Orte und fünf verschiedene ethnische Gruppen: Haratin, Berber, Chorfa, Beni M'Hamid und die sagenhaften nomadischen „Blauen Menschen". M'Hamid Jdid, der vorzeitig gealterte „neue" Ort hat eine Moschee, Café-Restaurants an der Straße, kleine, meist düstere Hotels, eine Handvoll Mischmasch-Handwerksläden und einen Montagsmarkt. In der Altstadt M'Hamid Bali, 3 km entfernt auf der anderen Seite vom Oued Drâa, gibt's eine gut erhaltene Kasbah.

SEHENSWERTES & AKTIVITÄTEN

M'Hamids Hauptattraktionen beginnen, wo keine Gebäude mehr stehen und die unbarmherzige Wüste die Herrschaft übernimmt, obwohl es aus Palmen gewebte Absperrungen gibt, um sie auf Abstand zu halten. Hier herrscht die Atmosphäre einer Grenzstadt. Harte Jungs mit *shesh* (Turban) und Sonnenbrille hängen in M'Hamid Jdid in verstaubten Cafés rum und erzählen sich die Geschichte über den Touristen, der in der Wüste verloren ging, um zwei Jahre später wieder aufzutauchen – verheiratet und mit Kindern. Schon von den Touristen gehört, die die Dienste eines einheimischen Führers ablehnten und in einem Sandsturm nur 2 km vom Ort entfernt verloren gingen? Wer noch ein bisschen bleibt, wird sie zu hören kriegen – Verkaufstricks gehören hier automatisch dazu, aber man sollte sich von der Angstmacherei der *faux guides* nicht einwickeln lassen. Touren zu Fuß, per Kamel oder Geländewagen nach Erg Chigaga mit zuverlässigen, offiziellen Guides können in Marrakesch, Zagora oder direkt hier in M'Hamid organisiert werden.

Das Highlight ist **Erg Chigaga**, ein irrer, 40 km langer Streifen goldener Saharadünen, die bis zu 300 m hoch sind. Sie liegen etwa 56 km von M'Hamid entfernt und können bei guten Bedingungen mit einem Geländewagen in zweieinhalb bis drei Stunden erreicht werden. Am besten man kommt auf die klassische, filmreife Art hierher: mit einem Kamel. Das dauert hin und zurück fünf bis sieben Tage (ab 380 Dh/Tag). Wer beim Kamelreiten den Bogen raushat, kann sich auf eine malerische zwölftägige Kameltour über Erg Chigaga nach Foum Zguid begeben.

Ansonsten muss man für einen Geländewagen etwa 1300 Dh plus noch einmal 250 Dh für das Camp berappen. Viele Reisebüros bieten Führer und/oder Fahrer an, was eine gute Idee ist – selbst einheimische Fahrer, die die Wüstenbedingungen gut kennen, sollen schon vom Kurs abgekommen oder im Sand steckengeblieben sein. Die bequemsten All-Inclusive-Touren mit Kamelen oder Geländewagen zu Wüstencamps bietet die einheimische Agentur **Sahara Services** (☎ 0661 776766; www.saharaservices.info; Kasbah Sahara Services, M'Hamid, nach 300 m auf der rechten Seite nach dem Ortseingang von M'Hamid): Hin- und Rücktour zu einem Lager aus mit Lehmziegeln ummauerten Berberzelten in Erg Chigaga samt Abendessen und Musik bei Feuerschein in den Dünen. Dabei sind auch Dromedartouren vom Lager aus und außergewöhnliche Extras – Toiletten mit Spülung, warmes Essen und sogar warme Duschen. Die Agentur nicht mit ihrem Konkurrenten Saharia Services verwechseln, einem Wettbewerber ohne professionellen Ruf! Eine andere empfehlenswerte Agentur ist **Zbar Travel** (☎ 0668 517280; www.zbartravel.com); sie bietet ähnliche Touren zu einem Lager in Erg Chigaga an oder Übernachtungen unter dem Sternenhimmel (wenn es der Wind erlaubt), Sandboarding, Dromedar- und Wandertouren zum Erg Ezahar (einer hohen „schreienden Düne", die schaurig heult, wenn der Wind aufdreht) sowie Einblicke in die Kultur und Botanik der Saharawi.

Viele Kameltouren mit Übernachtung (ab 300 Dh/Pers.) von M'Hamid aus enden 10 km nördlich bei **Erg Lehoudi** (den Judendünen), 100 m hohen Dünen mit Biwaks. Hier müsste dringend mal Müll aufgesammelt werden … Mit einem Geländewagen kann man auf einer *piste*, die von der Hauptstraße 18 km vor M'Hamid abgeht, hier rausfahren, aber ein Führer sollte dabei sein. Andere Ziele sind die **Oase Iriki**, ein winziger Flecken nicht weit vom Erg Chigaga in der Nähe einer riesigen Luftspiegelung, die aussieht wie ein See, oder die kleineren Dünen von Mesouria, 8 km von M'Hamid entfernt.

SCHLAFEN & ESSEN

Hotel Tabarkat (☎ 0524 848688; www.tabarkat.com; Douar Ksar Bounou BP 35, M'Hamid; EZ 450 Dh, DZ 580–670 Dh;) Die große Kasbah mit den Art-déco-Postern von Marokko ist schon ganz schön, aber die besten Deals finden sich hinten im Kaktusgarten. Die „Gartenzimmer" sind eigentlich freistehende Lehmziegelhäuser, deren Bäder mit grünen Tamegroute-Kacheln gefliest sind und die schlicht eingerichtet und afrikanisch dekoriert sind.

WELCHE WÜSTE?

Die Sonne über sanft geschwungenen Saharadünen untergehen zu sehen, ist eine einmalige Erfahrung, die man in Marokko sogar an zwei Orten machen kann: im Erg Chebbi (bei Merzouga) und im Erg Chigaga (bei M'Hamid). Aber inwieweit erfüllen diese beiden Ziele die wichtigsten, von Lonely Planet Travellern vorgeschlagenen Dünenkriterien? Hier ist das Ergebnis:

- **Naturschönheit**: Beide. Merzougas rosa-goldene Dünen heben sich von der sonnengeschwärzten, harten *reg* (Wüste) ab, die sie umgibt. Die Dünen von Erg Chigaga sind gelbgolden und von sonnengebleichter *reg* und sandiger *sahel* (eine Mischung aus weichem und hartem Sand) umgeben und mit hübschen, aber giftigen Madarbäumen gesprenkelt.
- **Dromedartouren**: Merzouga. Mit dem Dromedar gelangt man binnen einer halben Stunde vom Zentrum Merzougas zu den sanft geschwungenen Dünen. Für M'Hamid hingegen sind zwei Stunden mit dem Geländewagen nötig, um so nah ran zu kommen.
- **Ruhe**: Erg Chigaga ist abgelegener und weiter entfernt vom Stadtlärm. Merzouga hat die Nutzung von Quads an den Dünen endlich beschränkt, nachdem der Krach und die Zerstörung der Natur die Einheimischen aufgebracht und die Touristen abgeschreckt haben. Aber beide Regionen müssen was tun, um den Strom von Geländewagen zum *sahel* bei den Dünen zu stoppen: Dromedarritte verlieren ihren Zauber, wenn Autos vorbeirasen, und die Ankunft von Geländewagen nach Sonnenuntergang nervt ziemlich beim Sternegucken.
- **Romantik**: Erg Chigaga hat hier die Nase vorn durch Lagerfeuer und Kerzen, die für Stimmung sorgen, ohne die Sicht bei Nacht in der Wüste zu behindern. Im länger etablierten Merzouga dagegen haben einige, seit Langem bestehende Camps sogar Straßenbeleuchtung, die mit ihrem grellen fluoreszierenden Licht das Sternegucken fast unmöglich und die romantischen Aussichten zunichte machen.
- **Bequemlichkeit**: Merzouga gewinnt, aber ganz knapp. Hier kann man in einem komfortablen Hotel mit toller Sicht auf die Dünen übernachten und auf einem zweistündigen Kamelritt die Landschaft genießen. Erg Chigaga ist von Marrakesch aus schneller zu erreichen, aber von M'Hamid aus sind es mit einem Geländewagen und einem Führer noch mal mindestens zweieinhalb Stunden.
- **Umweltbewusstsein**: Keine. Nichts zerstört diese perfekte Dünentraumlandschaft bei Sonnenuntergang so sehr wie der Anblick von Müll, der über den unberührten Sand weht. Wenn jeder Besucher, der diese Dünen liebt, seinen Müll einpacken und ein paar verirrte Plastiktüten und -flaschen aufheben würde, wären die Sonnenuntergänge und die Umweltaussichten hier viel rosiger, aber auch die Reisebüros müssen in ihren Wüstencamps ihren Teil dazu beitragen, den Müll einzudämmen. Toiletten mit Spülung sind besorgniserregend, da die Wasseraufbereitungsanlagen weit weg sind.
- **Kinderfreundlichkeit**: Beide. Da Geräusche durch die ganze Wüste hörbar sind, müssen elektronische Spielzeuge und alles andere, was piepst, ausgeschaltet werden, um die ruhige Zeitlosigkeit der Dünen zu bewahren. Aber keine Sorge: Dies ist ein natureigener Spielplatz, wo Kinder nach Herzenslust rennen und herumtollen können. Mit ein bisschen Glück schlafen sie die ganze Fahrt zurück nach Marrakesch.

Dar Azawad (☎ 0524 848730; www.darazawad.com; Douar Ouled Driss, M'Hamid; Zelt/DZ/Suite inkl. HP 500/700/900 Dh;) Die acht „Nomadenzelte" mit den geschickt entworfenen Lehmziegelwänden, den gelben Buntglasfenstern und den Bädern mit heißen Duschen sind ideal für Nomaden in Armani. Die zehn geräumigen normalen Zimmer mit originellen Schmiedearbeiten (u. a. einer eisernen Lunge als Dusche), Decken aus Palmholz und beigen *tadelakt* Wänden sind genauso nett wie die fünf Sui ten, die zusätzlich Terrassen und Badewanne haben. Extras sind ein Spa, eine Bar und ein Boutique mit edlem Kunsthandwerk.

Camping Hammada du Drâa (☎ 0524 848080; Cam pen 15 Dh/Pers. zzgl. 20 Dh/Auto, Berberzelte 50 Dh/Pers. Dieses fröhlich geführte Camp hat sauber Gemeinschaftseinrichtungen.

Kasbah Sahara Services (☎ 0661 776766; www.saharaservices.info; Kasbah Sahara Services, M'Hamid, 300 m auf der rechten Seite hinter dem Ortseingang; HP pro Pers. Zelt/Zi. 150/240 Dh) Sechs kokonartige Zimmer mit eigenem Bad und Dusche sowie Berberzelte nach hinten raus und ein Restaurant, das großzügige Portionen Salat, Kebab und Pommes für 80 Dh anbietet.

AN- & WEITERREISE

Täglich um 16.30 Uhr fährt ein CTM-Bus nach Zagora (25 Dh, 2 Std.), Ouarzazate (70 Dh, 7 Std.), Marrakesch (120 Dh, 11–13 Std.) und Casablanca (205 Dh, 15 Std.). Privatbusse nach Marrakesch (über Zagora und Ouarzazate) starten um 7 und um 14 Uhr (120 Dh, 15 Std.).

VON FOUM ZGUID NACH TIZI N'TICHKA

Wer mit dem Geländewagen nach Erg Chigaga fährt, braucht nicht nach M'Hamid zurückzufahren, um nach Marrakesch zu gelangen. Stattdessen kann man die Wüste über Foum Zguid in Richtung Marrakesch verlassen. Auf dem Weg durch *sahel* und *reg* liegt zur Rechten die **Oase Iriki** unter einem imposanten Plateau. Es gibt ein einsames Café, das kühle Getränke und Tee auf Liegestühlen mit Blick über einen riesigen See mit ein paar durstigen Vögeln und Gazellen am Ufer anbietet. Aber noch einmal richtig hinsehen: Der „See Iriki" ist eigentlich eine Luftspiegelung mit irreführenden Umrissen giftiger Madarsträucher.

Wenn man etwa 30 km hinter dem Café Iriki nach Norden abbiegt, fährt man auf ein Plateau auf der linken Seite zu. Man würde schwören, dass das ein Hotel ist, aber es ist die Wache von Foum Zguid (eine weitere geografische Täuschung), wo man eventuell seinen Pass zeigen muss. Foum Zguid ist noch immer ein strategischer Militärstützpunkt, daher hört man manchmal Berichte der nahe gelegenen Wachtürme das Radioprogramm unterbrechen. Der Ort selbst ist bloß eine Kreuzung, aber es gibt alles Nötige: Wasser, Benzin, öffentliches Telefon, anständige Omelettes und Kaffee in Cafés auf der rechten Seite hinter der größten und einzigen Kreuzung des Ortes. Auf der anderen Straßenseite steht sogar ein Tischfußballspiel.

Wer ein üppigeres Gericht möchte, muss km nach Norden in Richtung Marrakesch bis zur Abzweigung zur *piste* nach Zagora/ Amezrou auf der rechten Seite fahren. Dort ist die **Maison d'Hôte Hiba** (☎ 0615 727282; 8 km von Foum Zguid), ein mit Steinen übersätes Restaurant mit Höhlenmenschencharme. Auf einer malerischen Terrasse werden sehr leckere Tagesmenüs aus *tajine*, Salat und Obst für 80 Dh serviert. Wenn man der *piste* noch 2,5 km folgt, kommt man zur **Cooperative Ahilal des Tapis**, wo in sauberen und gut ausgestatteten Räumen Teppiche, *tajine*-förmige Körbe und *lugnâa*, ein einheimischer Umhang mit grafischen, abstrakten Blumenmustern in frechen Farben auf einfachem weißen und schwarzem Stoff, hergestellt werden. Die Preise sind fix und ein kleiner Prozentsatz geht für Unkosten, Ausrüstung, Ausbildung sowie Kinderbetreuung an die Genossenschaft; der Rest fließt direkt an die Frauen, die die Artikel hergestellt haben. Dieses Projekt stellt für die Familien in dieser felsigen Antiatlasregion eine wichtige Unterstützung dar, daher wird jedem Käufer mit aufrichtiger Dankbarkeit begegnet.

Der nächste Halt auf dem Weg nach Tizi n'Tichka ist Tazenakht, die letzte Gelegenheit, einen schnellen Happen, Kaffee, Benzin und Teppiche zu erstehen. In diesem Ort gibt's ein paar Kreuzungen und mehrere Teppichläden, die überwiegend an Wiederverkäufer verkaufen. Am besten kauft man direkt bei der **Iklane Association** (Irkane Dorf, 4 km auf der Tazenakht Rd), 4 km außerhalb von Tazenakht. Hier behält der Verein 8 % des fairen Verkaufspreises für Initiativen wie das Aufräumprogramm der Gemeinschaft ein (daher das makellose Dorf), der Rest geht an den Teppichhersteller.

VON ZAGORA NACH RISSANI

Traveller, die in die Wüste wollen, nehmen meist den kürzesten Weg von Ouarzazate nach M'Hamid. Wenn man aber noch einen oder zwei Tage dranhängt, kann man auf einer landschaftlich schöneren Strecke in die Wüste bei Merzouga fahren. Die Straßen, die das kahle Jbel-Sarhro-Massiv umgeben, ermöglichen eine Schleife von Ouarzazate nach Zagora, rüber nach Rissani und Merzouga und zurück über die Todra- und die Dadèsschlucht. Die Zagora–Rissani-Strecke, an der die meisten Fotomotive zu finden sind, geht durch das Dorf N'Kob mit den vielen Schlössern, führt dann 98 km zurück durchs Drâatal und zweigt schließlich (am Restaurant la Gazelle) nach Tazzarine ab.

Zwischen Tazzarine und Ouarzazate (70 Dh), Tazzarine und Alnif (25 Dh) sowie

Alnif und Rissani (30 Dh) fahren Grands Taxis. Wer kein eigenes Auto hat, kann die Strecke also auch so bewältigen. Dienstags, freitags und sonntags fährt zudem ein Bus zwischen Rissani und Zagora über Alnif, Tazzarine und N'Kob. An der Strecke gibt es Ziz-Tankstellen, aber manchmal geht denen das Benzin aus. Eine Tankfüllung müsste aber locker von Zagora nach Rissani reichen.

N'Kob, Tazzarine & Alnif

Eines der am besten gehüteten Geheimnisse Marokkos ist das Oasendorf N'Kob, wo einen sage und schreibe 45 Lehmziegel-*ksour* (Schlösser) anhalten und staunen lassen. Noch besser: In ein paar zu Hotels umfunktionierten Schlössern können Traveller auch übernachten (s. unten). Man kann Tagswanderungen zu N'Kobs faszinierender architektonischer oder geologischer Geschichte machen, die das **Bureau des Guides** (☎ 0667 487509) an der Hauptstraße organisiert, oder einen längeren Trek durch die Jbel-Sarhro-Region (s. S. 478); außerdem ist sonntags Markt. Dieser Abstecher von der Wüste aus ist ein Ziel für sich.

Hinter N'Kob liegt Tazzarine (150 km von Rissani), ein heruntergekommener Ort, in dem sich die Straßen aus Zagora und Agdz treffen und Fahrer wegen Internetcafés, Mittagessen, Benzin und eines Dienstagsmarkts anhalten. Danach kommt man in den Oasenort Alnif und in eine der fossilienreichsten Gegenden Marokkos: das Maidirbecken voller Trilobiten, den Vorfahren der Krebse. An den Straßen werden Fossilien verkauft, aber man sollte sich in Acht nehmen vor den täuschend echten Fälschungen, die in Kunstharz geschnitzt sind. Echte Fossilien zu Festpreisen sind im **Ihmadi Trilobites Centre** (☎ 0666 221593; trilobites@caramail.com; Alnif) zu haben. Der Besitzer ist Geologe und bietet Kurztrips zu örtlichen Fossilienfundorten an (180 Dh/Nachmittag). Um auf dem Weg nach Rissani noch ein paar weitere Oasen abzuklappern, kann man von hier über eine *piste* 47 km nach Norden fahren, die auf die Hauptstraße von Ouarzazate nach Er-Rachidia trifft (Infos und Karten gibt's beim Ihmadi Trilobites Centre). Ansonsten führt die asphaltierte Straße auf ca. 100 km direkt durch die *hammada* nach Rissani.

SCHLAFEN

Auberge Restaurant Ennakhil (☎ 0524 839719; N'Kob; EZ/DZ/3BZ 90/130/160 Dh; Frühstück 30 Dh, Hauptgerichte 50–80 Dh) Überall Berber-*baraka*: süße Zimmer mit Hochzeitsplaids, in die Palmdecken geschnitzten Berberglückssymbolen, raffinierten Waschbecken, die nach oben gedrehte Wasserkrüge sind, sowie Palmenstümpfen als Sitze auf der Terrasse mit Sicht auf das Dorf und den Jbel Saghro.

Kasbah Baha Baha (☎ 0524 839763; www.bahabaha.com, französisch; N'Kob; Berberzelt EZ/DZ/3BZ 80/150/210 Dh, EZ/DZ/3BZ mit Gemeinschaftsbad 200/300/400 Dh, EZ/DZ mit Dusche 300/400 Dh) Alles wie zu Hause – falls das eigene Zuhause eine wunderschön restaurierte Kasbah mit riesigem Garten, eigenem Holzofen zum Brotbacken und einem ethnografischen Museum sein sollte. Außerdem hat man Rundumblick auf eine Oase und die angrenzenden Schlösser. Anders als in anderen edlen Hotels ist das Personal hier locker, reißt Witze und plaudert mit den Gästen.

Ouadjou (☎ 0524 839314; www.ouadjou.com; 2 km vor N'kob; Zelt ohne/mit HP 50/150 Dh, EZ ohne/mit HP 130/200 Dh, DZ ohne/mit HP 240/360 Dh; P) Dieser neue Campingplatz 1,5 km vor N'kob bietet Zelte, die ebenso nett sind wie die Zimmer mit Nachttischchen, Leselampen, Bettzeug und Decken. Es gibt warmes Wasser zum Duschen, Stromanschluss, ein Waschbecken zum Wäschewaschen und eine Wäscheleine; wer zum Mittagessen herkommt, kann für zusätzliche 30 Dh den Pool benutzen.

Camp Amasstou (☎ 0524 839078, inkl. HP 150 Dh/Pers. P) Schilder weisen den Weg nach Süden in die Oase Tazzarine zur besten Budgetunterkunft im Tal. In dieser friedlichen *palmeraie* befindet sich ein wunderschöner, ummauerter Garten mit vier großen, wollenen Berberzelten und einem kleinen Pool. Auf der Bank aus Ziegenleder sitzend kann man mit anderen Travellern Geschichten austauschen oder man entspannt sich im schmalen Zeltbett mit dem sauberen Bettzeug.

LP Tipp **Ksar Jenna** (☎ 0524 839790; www.ksarjenna.com; 2 km vor N'Kob; HP 550 Dh/Pers.;) Hier wohnt man in einem tollen Riad im Marrakesch-Stil, aber für einen Bruchteil des Marrakesch-Preises. Es gibt sieben traumhafte Designerzimmer, unvergessliche Speisen im Esszimmer mit der prächtig bemalten Decke und Aperitifs oder hervorragenden Espresso in der Gartenbar (das Ganze ist ein marokkanisch-italienisches Unternehmen).

Kasbah Imdoukal (☎ 0524 839798; www.kasbahimdoukal.com, französisch; N'Kob; DZ/3BZ/Suite 770/990/1100 Dh;) Berberstolz trifft Bordeaux-Coolness: von Berbern geschnitzt

Holzmöbel und luxuriöse Kissen, Amazigh-Friese über *tadelakt*-Wänden, Ausflüge in Berberdörfer mit anschließendem Abhängen am Pool und Abendessen mit *madfouna* (Berber-Calzone) und einem Glas Wein.

ESSEN

Etwas zwischen die Kiemen bekommt man in seinem Hotel oder in einer Handvoll guter Lokale auf dem Weg:

Kasbah Meteorites (☎ 0535 783809; www.kasbahmeteorites.c.la, französisch; Alnif; Gerichte 70–80 Dh;) Ein angenehmer Boxenstopp, wenn man ein sättigendes Mittagsmenü braucht oder ein Bad in einem übergroßen gechlorten Pool nehmen will. Vermietet auch einfache Unterkünfte.

Kasbah Riad Du Sud (☎ 0524 886453; www.hotelriaddusud.com; Tamsahlte über Tazzarine; Mittagsmenü 100 Dh; Reservierung erforderlich) Wer Merzouga am Morgen verlässt und das Mittagessen nicht dem Zufall überlassen will, sollte wegen eines unvergesslichen Hirsecouscous oder einer Ziegen- oder Dromedar-*tajine* in dieser Gastro-Oase besser vorher anrufen. Hat auch teure Zimmer.

DADÈSTAL & DIE SCHLUCHTEN

Nomadenkreuzungen, Täler voller Rosen, zweifarbige Kasbahs und Felsen: Auf dem Papier klingt die Beschreibung des Dadèstals ziemlich unglaublich. Es erstreckt sich vom gewaltigen Hohen Atlas im Norden bis zur zerklüfteten Jbel-Sarhro-Gebirgskette im Süden. Das Tal ist mit Oasen und den Lehmziegelpalästen gesprenkelt, die der Region ihren märchenhaften Spitznamen geben: Tal der tausend Kasbahs. Die schönsten Dinge sieht nur, wer zu Fuß unterwegs ist, an verborgenen Durchgängen zwischen den Schluchten Dadès und Todra vorbei und auf den rauen *piste*-Nomadenstrecken zum Mittleren Atlas.

SKOURA

In dieser riesigen, labyrinthartigen Oase, nur 39 km vom staubigen Ouarzazate entfernt, verstecken sich hinter jeder Ecke architektonische Wunder aus Lehmziegeln. Was Architektur und Unterkünfte angeht, ist sie wirklich eine Klasse für sich. Die am einfachsten zugängliche Kasbah ist die **Kasbah Amerdil** (Eintritt gegen Spende von 15 Dh), die sich in Familienbesitz befindet. Sie ist ausgeschildert und liegt nur ein paar hundert Meter von der Hauptstraße entfernt. Der Besitzer führt einen durch das Schloss, das die marokkanische 50-Dh-Note schmückt, und durch seine preisgekrönte Familiensammlung alter Werkzeuge. Um eine echte Vorstellung von der Pracht Skouras zu bekommen, sollte man in einer umgebauten Kasbah übernachten und am nächsten Tag die *palmeraie* mit dem Drahtesel erkunden.

SCHLAFEN & ESSEN

Kasbah Âït Abou (☎ 0524 852234; www.chez.com/kasbahaitabou; rot ausgeschildert in der Palmeraie de Skoura; inkl. HP 180 Dh/Pers.) Man muss nicht stinkreich sein, um in dieser Familienkasbah, die 1825 erbaut wurde, wie ein *caid* zu wohnen. Sie hat einen 25 m hohen Lehmziegelturm, der ein technisches Wunder ist und der größte, der in der Region noch steht. Die Zimmer sind richtig groß und cool, das Wasser ist warm und das Abendessen bei Kerzenschein im Innenhof und das Frühstück im Garten sind echte Highlights.

Chez Talout (☎ 0662 498283; www.talout.com; 7 km nordwestlich von Skoura ausgeschildert; DZ mit Gemeinschaftsbad/eigenem Bad inkl. HP 400/500 Dh, Suite inkl. HP 800 Dh;) Diese Sehenswürdigkeit gehört Einheimischen und gibt einen malerischen, erholsamen Stopp ab für ein Mittagessen (100 Dh) auf der Terrasse mit Blick auf die Oase. Übernachten kann man in Zimmern mit Holzbalken und Arbeiten örtlicher Kunsthandwerker. Außerdem lassen sich Ausflüge zu Fuß, mit dem Pferd oder mit dem Mountainbike machen. Mit einem Teil der Einnahmen wird die örtliche Selbsthilfeorganisation der Kunsthandwerker unterstützt.

Maison d'Hôtes Amerdil (☎ 0524 852279; neben der Kasbah Amerdil; DZ inkl. HP 400–500 Dh) In den Turmzimmern dieses neuen Lehmziegelhotels, die viel schöner sind als die dunklen, höhlenartigen Zimmer unten, erwacht man mit Blick auf die Kasbah nebenan. In den Badezimmern sind die Duschköpfe über den Toiletten angebracht – gut für zwanghafte Multitasker. Der Plasmafernseher im Erdgeschoss ist nicht besonders romantisch, lockt aber Sportfans aus kilometerweiter Entfernung an.

LP Tipp **Sawadi** (☎ 0524 852341; www.sawadi.ma; grün ausgeschildert am Nordende der Palmeraie de Skoura; EZ inkl. HP 500–690 Dh, DZ inkl. HP 950–1250 Dh, großes Haus für bis zu 7 Pers. 2800–3250 Dh;) Extrem freundlich zu den Gästen und auch zur Umwelt: Versteckte Bungalows aus Stampflehm und familienfreundliche Villen stehen inmitten von

Biogemüse- und Kräutergärten, in denen es auch einen genialen salzgefilterten Pool gibt. Man kann sich hier mit hauseigener Biokost vollstopfen und aufs Äußerste verwöhnen lassen oder einen unvergesslichen Ausflug unternehmen und die Naturwunder der Region erkunden (es gibt u. a. 100 Vogelarten).

Kasbah Aït ben Moro (☎ 0524 852116; www.aitbenmoro.com; EZ/DZ mit Gemeinschaftsbad inkl. HP 350 Dh; mit Bad inkl. HP EZ 700 Dh, DZ 1000–1100 Dh, 3BZ 1350 Dh;) Eine Kasbah aus dem 18. Jh., die im Jahr 2000 stilvoll rundumerneuert wurde. Mit ihren original Palmendeckenbalken, stimmungsvoll schwach beleuchteten Gängen, Kaktusgärten, natürlich kühlen Innenhöfen, Berberdecken und der Wassersparpolitik (also kein Pool) ist sie ihrer Wüstenlocation aber treu geblieben. Die drei Turmzimmer sind der beste Deal: Sie teilen sich ein Bad und bieten eine atemberaubende Sicht über Skoura.

Jardins de Skoura (☎ 0524 852324; www.lesjardinsdeskoura.com; Palmeraie de Skoura; Zi./Suite inkl. Frühstück 880/1200 Dh;) Hier wurde der ruhige, sehr romantische Skoura-Stil begründet. Gäste sitzen in intimen, in die Stampflehmwände gehauenen Nischen und wohnen in Zimmern mit vor Ort hergestelltem Kunsthandwerk und schicken, indischen Sari-Gardinen. Tagesmenüs (130–180 Dh) mit marokkanischen Hauptgerichten und französischen Desserts sind ebenfalls zu haben.

Von Ouarzazate und Tinerhir (40 Dh) fahren regelmäßig Busse, wenn auch selten. Besser ist der Ort mit einem Grand Taxi von Ouarzazate (25 Dh) aus zu erreichen.

MARRAKESCH & ZENTRALMAROKKO

KELAÂ M'GOUNA

Seinen Namen verdankt das kleine Örtchen Kelaâ M'Gouna zwar dem nahen Berg M'Goun, aber berühmt ist es vor allem für Rosen und Dolche. Man merkt schon 50 km vor Skoura, dass man sich der Stadt nähert, weil man rosa Rosen durch dichte Hecken an der Straße gucken sieht. Im Ort angekommen, kann man die Flaschen mit Rosenwasser, die in jedem Geschäft verkauft werden, gar nicht übersehen. Das hier gewonnene Rosenwasser erkennt man an seinem reinen, berauschenden Duft; das zuckersüße, synthetische Zeug aus Casablanca dagegen ist abgefüllter Kopfschmerz pur. Zur Ernte im Mai hängen überall Rosengirlanden, vor allem während des Rosenfests des Ortes (am ersten Maiwochenende). Mittwoch ist Markttag; hier kann man sich mit essbaren getrockneten Rosen eindecken.

Aber das Leben in Kelaâ M'Gouna war wohl nicht immer so rosig, denn die Region hat auch eine lange Tradition der Dolchherstellung. Es gibt einen Verkaufsraum voller Dolche in Hunderten von Stilen zu Festpreisen bei der **Cooperative Artisan du Poignards Azlag** (Hauptsaison 9–17 Uhr, manche mittags geschl.) an der Hauptstraße am Ostende des Ortes. Zeremonielle Dolche kosten dort zwischen 200 Dh und mehreren tausend Dirham. Die anderen Boutiquen im Innenhof betritt man auf eigene Gefahr: Wer sich umsieht, wird dazu gedrängt, etwas zu kaufen, und Feilschen kommt einem hier fast schon wie ein Duell vor.

Wer wirklich anhalten und bei einem Spaziergang in der Natur an den Rosen schnuppern will, fragt beim **bureau des guides** (☎ 0661 796101, 0662 132192) 1 km westlich vom Ort nach oder bucht bei einem örtlichen Hotel einen offiziellen Guide. Weitere Infos zum Trekking im M'Goun-Massiv stehen auf S. 467.

Schlafen & Essen

Hôtel du Grand Atlas (☎ 0524 836838; Ave Mohammed V; EZ/DZ/3BZ 50/100/150 Dh) Angeschlagen, aber noch immer lebhaft: Das Haus hat ramponierte Wände, weiche Betten, ordentliche Gemeinschaftsbäder, einen hauseigenen Hamam (10 Dh, Massage 50 Dh), ein beliebtes Café-Restaurant (Frühstück mit Omelette 25 Dh) und ein fröhliches Management, das Kontakt zu offiziellen Wanderführern herstellen kann.

Kasbah Itran (☎ 0524 837103; www.kasbahitran.com; El Kelaa Mgouna BP 124; DZ inkl. HP mit Gemeinschaftsbad/eigenem Bad 350/500 Dh) Ein Labyrinth aus Terrassen und neun gemütlichen Zimmern mit Kamin. Von den meisten Quartieren haben Gäste Ausblick über den Fluss M'Goun auf das nahe Ang Ksar und die Kasbah des Glaouis. Trekker kommen in Scharen hierher, um herzhafte *tajines* zu verschlingen, und machen sich dann wieder auf zu Naturkundewanderungen mit einheimischen Guides, die vor Ort arrangiert werden. Vom Ort fahren Minivans vorbei an der Kasbah ins Dorf Torbis (5 Dh).

Rosa d'Amaskina (☎ 0524 836913; www.rosadamaskina.com; Gerichte 70–120 Dh) Anhalten und an den Rosen schnuppern, die den Rosengarten im Innenhof dieses 6 km vor dem Ort gelegenen Restaurants überschwemmen! Auf der Terrasse am Fluss kann man saisonale marokkanische Gerichte genießen.

Sonst kann man auch in jedem Café-Restaurant im Stadtzentrum, das mehr oder weniger voll aussieht, einen Happen essen oder man vertraut auf das Menü aus Suppe, *tajine*, Dessert und Tee für 80 Dh im **Hôtel du Grand Atlas** (Ave Mohammed V).

An- & Weiterreise

Zwischen Ouarzazate und Tinerhir und zu weiter entfernten Zielen fahren Busse. Die sind aber meist rappelvoll. Grands Taxis gehen nach Ouarzazate (30 Dh), Skoura (10 Dh), Boumalne-du-Dadès (7 Dh) und Tinerhir (6 Dh).

BOUMALNE-DU-DADÈS

Boumalne an der Kreuzung zum Dadèstal bietet eine Aussicht über das Flusstal und praktische Einrichtungen wie Banken, Internetcafés, einen Fahrradverleih und einen öffentlichen Hamam. Von Kelaâ M'Gouna fährt man 24 km nach Nordosten, bis man an eine Weggabelung kommt: Die Hauptstraße geht weiter über den Fluss zum Ort Boumalne-du-Dadès am Hang, während die linke Abzweigung in die wirklich atemberaubende Dadèsschlucht führt. Mittwochs ist hier Markttag.

Wer meint, dies sei ein Ort für Vögel, hat recht: In der *hammada* und den grünen Ebenen direkt südlich von Boumalne-du-Dadès kann man prima Piepmätze beobachten. Um hinzukommen nimmt man die *piste*, die hinter dem Ort nach Süden von der Hauptstraße in Richtung des Dorfs Tagdilt und dem Vallée des Oiseaux (Vogeltal) abzweigt. Dort angekommen, hält man nach Lerchen, Steinschmätzern, Flughühnern, Bussarden und Uhus Ausschau.

Die meisten Besucher kommen in diesen Ort, um Sachen zu erledigen, bevor sie sich in die Dadèsschlucht stürzen. Die **Banque Populaire** (Ave Mohammed V) wechselt Geld und hat einen Geldautomaten. In derselben Straße gibt's bei **Taziri Net** (5 Dh/Std.; 9–23 Uhr) Internetzugang. Trekkingtouren lassen sich über einige Hotels oder über den erfahrenen, offiziellen Guide **Hamou Aït Lhou** (☎ 0667 593292; hamou57@voila.fr; Ave Mohammed V) organisieren, der Touren zu Fuß oder mit dem Mountainbike führt und auch Mountainbikes vermietet (120 Dh/Tag).

Geht man durch das Tor zum Suk und auf die andere Seite der Plaza, erblickt man den

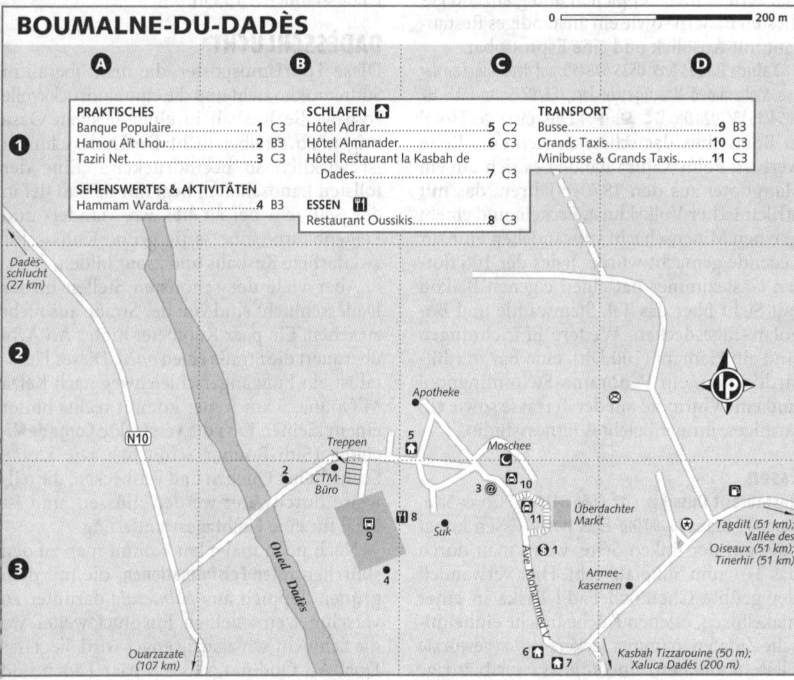

Hamam Warda (Eintritt 8 Dh zzgl. Trinkgeld für den Bademeister; 8–20 Uhr). Er ist für Männer und Frauen.

Schlafen

Hôtel Adrar (☎ 0524 830765; Ave Mohammed V; DZ inkl. Frühstück/HP 150/250 Dh;) Günstig in der Nähe des Busbahnhofs gelegen und sauber. Im beliebten marokkanischen Restaurant im Erdgeschoss kriegen Hungrige was zu beißen. Wegen des Getümmels hier sollte man besser Ohropax mitnehmen oder eines der sechs Zimmer mit Klimaanlage mieten, sodass man die Fenster zulassen kann.

Hôtel Almanader (☎ 0524 830172; Ave Mohammed V; DZ/3BZ inkl. HP 360/520 Dh) Das Alamanader ist persönlicher und kleiner als sein Nachbar La Kasbah und hat 12 saubere, schnörkelige Zimmer mit winzigen Terrassen, Stuck in Bonbonfarben und kahlen Glühlampen. Das Personal ist entspannt.

Hôtel Restaurant la Kasbah de Dades (☎ 0524 830505; http://kasbahdedades.com; Ave Mohammed V; inkl. HP 200 Dh/Pers.;) Das La Kasbah thront über dem Tal und bietet 32 frisch gestrichene Zimmer mit Balkonen, schmuddligen, von Reisegruppen zerlatschten Teppichen und glänzend gefliesten Bädern sowie ein anständiges Restaurant mit Ausblick und eine Espressobar.

Xaluca Dadés (☎ 0535 578450; auf dem Hügel an der Ave Mohammed V ausgeschildert; EZ/DZ/Suite inkl. HP 1054/1518/2028 Dh; P) Das einzige Hotel in Boumalne, das schon an sich eine Reise wert ist. Beim Xaluca handelt es sich um ein Hanghotel aus den 1970er-Jahren, das mit afrikanischer Volkskunst, Fackeln und einem in einen Minenschacht verwandelten Flur zur Legende gemacht wurde. Jedes der 106 flotten Gästezimmer hat einen eigenen Balkon mit Sicht über das Tal, Steinwände und Bogolan-Tagesdecken. Weitere Einrichtungen sind ein Hamam (100 Dh), eine Bar mit Billardtischen, ein Panorama-Swimmingpool und ein Whirlpool auf der Terrasse sowie ein lärmiges, immer belebtes Fitnessstudio.

Essen

Restaurant Oussikis (☎ 0666 641421; Place de Souk, Boumalne Dades; 70–90 Dh) Das beste Essen kriegt man auf der linken Seite, wenn man durch das Tor zum Sukplatz geht. Hier verwandelt der geübte Chefkoch Fadil Faska in einer makellosen, offenen Küche frische einheimische Zutaten in immer leckere *kefta* (gewürzte Fleischklößchen) und *tajines*; wer blättrige *bastilla* (Gebäck) zum Dahinschmelzen probieren möchte, sollte vorher anrufen.

Einfacheres Essen serviert das Restaurant unter dem Hôtel Adrar: Gäste bekommen eine sättigende Mahlzeit aus *tajine* oder *brochettes* mit Salat und einem Getränk für 35 bis 70 Dh. Die lokale Spezialität ist *gallia-tajine* (mit einheimischem Huhn). Die Restaurants des Hôtel Almanader und des Hôtel Restaurant la Kasbah de Dades bieten auch gute Menüs (70–100 Dh) und tolle Aussicht.

An- & Weiterreise

BUS

Busse fahren täglich nach Ouarzazate (40 Dh), Zagora (65 Dh), Tinerhir (25 Dh), Fès (135 Dh), Casablanca (150–190 Dh) und Rabat (195 Dh) sowie mehrmals täglich nach Er-Rachidia (45 Dh), Erfoud (60 Dh) und Marrakesch (70–90 Dh).

TAXI, PICK-UP & MINIBUS

Es dauert manchmal eine Weile, bis ein Grand Taxi oder ein Minibus voll ist. Eine Fahrt nach Ouarzazate kostet 50 Dh, nach Tinerhir 30 Dh und nach Âït Oudinar (dem Eingang zur Dadésschlucht) 15 Dh.

DADÈSSCHLUCHT

Diese Tourismusposter, die man überall in Südmarokko sieht und die eine eindrucksvolle rosa-weiße Kasbah in einer felsigen Oase zeigen, übertreiben nicht: Die Dadèsschlucht ist wirklich so beeindruckend. Eine der tollsten Landschaften liegt nur 6,5 km tief in der Schlucht bei **Âït Arbi**, wo Mandel- und Feigenbäume eine saftig grüne Kulisse für zweifarbige Kasbahs und *ksour* bilden.

Aber viele der schönsten Stellen in der Dadésschlucht sind von der Straße aus nicht zu sehen. Ein paar Kilometer hinter Âït Arbi überquert die Straße einen *oued*. Dieses Flusstal ist ein Fußgängerschleichweg nach Kelaâ M'Gouna. 5 km weiter kommt rechts hinter einem kleinen Pass die versteckte **Gorge de Miguirne** (Sidi-Boubar-Schlucht). Die kleine Schlucht hat Quellen und Felsbecken, die teilweise durchwatet werden müssen, und ist ideal für eine Halbtageswanderung.

Nach noch mal 4 km kommt man zu den skurrilen **roten Felsformationen**, die mit dem grünen Teppich aus *palmeraie* darunter zu verschmelzen scheinen. Ein Stück weiter, wo die Schlucht schlagartig enger wird, liegt das Dorf Âït Oudinar, das ein paar Läden und

MARRAKESCH & ZENTRALMAROKKO

einen Sonntagssuk hat. Etwa 2 km hinter Âït Oudinar windet sich die Straße in mehreren Haarnadelkurven durch die Schlucht. Wenn sie schließlich wieder gerader wird, kann man das als Hinweis nehmen und wieder umdrehen: Der landschaftlich schönste Teil der Schlucht, den man ohne Geländewagen sehen kann, liegt bereits hinter einem.

Bis Msemrir (63 km) ist die Straße asphaltiert, aber ab da braucht man einen Geländewagen, vor allem auf der *piste,* die nach Osten und dann nach Süden in die Todraschlucht führt. Viele *pistes* sind im Winter oder nach starken Regenfällen nicht befahrbar und selbst bei gutem Wetter kann es sehr holprig werden. Wer Lust auf eine Herausforderung hat, kann von Msemrir nach Norden in den Kern des Hohen Atlas und weiter nach Imilchil vordringen. Die Strecke ist lang, aber machbar, da Pick-ups und Minivans hier regelmäßig auf dem Weg zum Markt langfahren. In Msemrir ist samstags Markt.

Die meisten Hotels in der Schlucht und in Boumalne-du-Dadès können Kontakt zu Wanderführern (170–220 Dh/Tag) herstellen und Geländewagentouren in die Todraschlucht organisieren, und sie verleihen Fahrräder (70–100 Dh/Tag). In den kleineren Schluchten östlich und westlich vom Oued Dadès lassen sich ein paar anspruchsvollere Wanderungen zu den Weideflächen der Nomaden machen. Ein klasse Wanderweg führt Richtung Nordwesten. Er beginnt 28 km hinter Boumalne-du-Dadès bei der Ansammlung von Hotels auf der anderen Flussseite.

Schlafen

Die meisten hier genannten Übernachtungsoptionen sind maximal 28 km von Boulmane-du-Dadès entfernt (alle Kilometerangaben beziehen sich auf die Entfernung von Boumalne). Fast alle lassen Gäste auch für ca. 25 Dh im Salon oder auf der Terrasse schlafen (selbst im Sommer besser im Schlafsack) oder für etwa 10 Dh am Fluss zelten. In Msemrir stehen zwei einfache Hotels zur Auswahl: das fröhliche **Hôtel El-Ouarda** (☎ 0524 831609; Zi. 70 Dh/Pers.) oder das **Café Agdal** (Zi. 70 Dh/Pers.).

Café Mirguirne (☎ 0668 763804; 14 km; Matratze auf dem Dach 20 Dh, DZ mit Hock-/Sitztoilette 70/100 Dh; 💻) Von diesem pinkfarbenen Hochsitz hoch über der Schlucht, bei dem zähe Trekker aufeinandertreffen und das einheimische Personal Begeisterung für die Besucher verströmt, haben Gäste eine tolle Aussicht auf die Schlucht. Die Zimmer sind mit Strohmatten ausgelegt und mit weichen Betten samt frischem Bettzeug ausgestattet, aber nur sechs der neun Zimmer haben Sitztoiletten. Es gibt preiswertes Abendessen (*tajine*/Couscous 35/26 Dh) und Internetzugang für 5 Dh.

Auberge des Gorges du Dadès (☎ 0524 831719; www.aubergeaitoudinar.com; 25,5 km; Campen 15 Dh/Pers., Zi. pro Pers. inkl. Frühstück/HP 120/200 Dh) Eine temperamentvoll geführte Herberge mit Blick auf den Fluss. Die Auberge hat zwölf Zimmer mit sensationellen Amazigh-Motiven und großen Badezimmern sowie einen angenehm schattigen Campingbereich. Der Trekkingführer macht seinen Job seit über 23 Jahren und spricht Englisch, Französisch und Spanisch.

Hôtel le Vieux Chateau du Dadès (☎ 0524 831261; Fax 0524 830221; 27 km; Zi. pro Pers. inkl. HP unten/oben 150/220 Dh) Die Aussicht auf den Fluss, das gute Preis-Leistungs-Verhältnis und ein Terrassenrestaurant inmitten von pipsenden Singvögeln sind es wert, für dieses Hotel ein Stückchen weiter zu fahren. Die gefliesten Zimmer im Obergeschoss bieten eine bessere Aussicht, aber die lauschigen Gästezimmer mit Stampflehmwänden unten sind mit glückverheißenden Amazigh-Symbolen versehen, die für Berber-*baraka* sorgen. Wanderungen und das Aufmalen natürlicher Hennatattoos (Tattoo 35 Dh/Hand) lassen sich an der Rezeption organisieren.

Les 5 Lunes (☎ 0524 830723; 23 km, Âït Oudinar; DZ mit Gemeinschaftsbad inkl. Frühstück/HP 200/360 Dh, 3BZ mit eigenem Bad inkl. Frühstück/HP 300/540 Dh) In dieser gemütlichen baumhausartigen Option, die über den Baumkronen des Tals wippt, liegt Romantik in der Luft. Es gibt vier einfache, aber hübsche Doppelzimmer und ein Dreibettzimmer sowie ein in den Fels gehauenes Badezimmer. Wer am Kamin des Restaurants zu Abend essen und dann durch ein Teleskop im Hof die Sterne betrachten möchte, muss vorher reservieren.

LP Tipp **Kasbah de Mimi** (☎ 0524 830505; mimi.kasbah@laposte.net; 12 km, Âït Ibrine; inkl. HP 440 Dh/Pers.; 🅿) Statt sich um Freunde mit einem tollen Landhaus zu bemühen, kann man auch einfach ein Wochenende in einem der vier Zimmer in der Kasbah de Mimi buchen. In diesem sorgfältig restaurierten Refugium am Hang ist alles von erlesenem Geschmack: die original Berber-*baraka,* die an die Wände des Wohnzimmers gemalt sind, die Paté-*hors-d'ouevres*, der wassersparende Terrassengarten und das große Klavier in der gut bestückten Bibliothek.

Die Zufahrt ist grauenvoll; das Auto oben am Schild parken und runter laufen.

Chez Pierre (☎ 0524 830267; http://chezpierre.ifrance.com; 27 km; inkl. HP 570 Dh/Pers., mind. 2 Pers.;) Dieses Hotel scheint am Felsen hochzuklettern. Es hat acht luftige Zimmer und ein Apartment, das direkt über der Schlucht schwebt. Die Deko ist einfach gehalten, um die Aufmerksamkeit nicht vom Wesentlichen abzulenken: der Aussicht über das Tal von den blumengeschmückten Terrassen und dem Sonnendeck am Pool. Picknicks und Wanderungen mit offiziellen Guides können organisiert werden.

Essen

Die meisten Hotels bieten Halbpension an. Nach dem Abendessen gibt's oft Berbermusik. Mit Läden sieht es in der Schlucht eher schlecht aus, man sollte sich also in Boumalne oder Ouarzazate mit Reiseproviant eindecken.

Restaurant Isabelle (15 km; Menü 70 Dh) Das Essen auf der Terrasse dürfen Gäste mit einer Portion Verblüffung über den Anblick des Tals mit den schmelzenden Felsen genießen. Das herzhafte Omelett und die *tajine* werden mit Salat und einem Getränk serviert.

Restaurant Panorama (☎ 0524 831555; www.auberge-panorama.sup.fr; 10 km, Âït Ibrirne; Hauptgerichte 60–80 Dh) Wer keine Zeit hat, um in der Schlucht zu übernachten, kann sich wenigstens beim Essen im Panorama an der Aussicht freuen. Kurz hinter dem Eingang der Schlucht serviert es u. a. leckere vegetarische Gerichte, guten hausgemachten Couscous und die örtliche Spezialität: Kebab vom zerhackten *gallia*.

An- & Weiterreise

In Boumalne starten Grands Taxis und Minibusse in die Schlucht. Die Fahrt kostet 15 Dh pro Kopf bis zur Ansammlung von Hotels in der Mitte der Schlucht (nahe Vieux Chateau) und 30 Dh bis Msemrir; Fahrgäste können sich beim gewünschten Hotel absetzen lassen. Wer zurück will, stellt sich einfach an die Straße und stoppt ein vorbeifahrendes Fahrzeug. Ein Miettaxi für einen Halbtagesausflug in die Schlucht kostet etwa 200 Dh.

Traveller mit guter Kondition können die Besuche der Dadès- und der Todraschlucht verbinden und von der einen zur anderen wandern (2–3 Tage); ansonsten braucht man einen Geländewagen.

Nach Msemrir fahren relativ viele Minibusse; der letzte Minibus zurück nach Boumalne startet gegen 16 Uhr. Laster fahren samstags nach Tamtattouchte und Âït Haini und am nächsten Tag weiter nach Imilchil. In Tamtattouchte (s. S. 389) gibt es Unterkünfte, nicht aber in Âït Haini (Suk ist am Donnerstag).

TINERHIR

In dieser staubigen Bergbaustadt zu verweilen, ist nicht sonderlich sinnvoll, wo doch nur 12 km weiter die Todraschlucht wartet. Aber wer nach der 51 km langen Fahrt von Boumalne-du-Dadès eine Pause braucht, findet hier eine Handvoll Optionen, um zu essen oder günstig zu übernachten.

Im Westen der Stadt gibt's mehrere Banken mit Geldautomaten, u. a. **BMCE** (Ave Mohammed V) und **Crédit du Maroc** (Ave Mohammed V). **Tichka Internet** (Rue Zaid Ouhmed; 6 Dh/Std.; 7–21.30 Uhr) befindet sich neben dem Hôtel de l'Avenir. Die Altstadt grenzt im Südosten an das moderne Zentrum und hat einen Suk und ein interessantes altes *ksar* zu bieten. Montags wird 2,5 km westlich vom Zentrum ein riesiger Suk abgehalten. In der Innenstadt gibt's samstags einen kleineren Viehmarkt.

Schlafen

Hôtel de l'Avenir (☎ 0524 834599; www.avenir.tineghir.net; 27 Rue Zaid Ouhmed; Matratze auf dem Dach 30 Dh, EZ/DZ/3BZ 30/100/150 Dh) Ein geselliges Plätzchen mit Cafés an dem Platz draußen und 10 Zimmern um einen die Kommunikation fördernden Essbereich innen (Frühstück 25 Dh). Alles deutet auf ein beliebtes Travellerzentrum hin: jede Menge geschenkte Bücher, Reisefotos und Postkarten an den Wänden, Mountainbikeverleih und genug Tipps, um ein Leben lang in der Todraschlucht trekken zu gehen.

Hôtel l'Oasis (☎ 0524 833670; Ave Mohammed V; Zi ohne/mit Bad 100/150 Dh, DZ inkl. HP 350 Dh) Die Zimmer sind sauber und überraschend ruhig wenn man bedenkt, dass die Total-Tankstelle gleich nebenan liegt. Das auf die Gemeinschaft bedachte Management verkauft Kunsthandwerk, das angefertigt wurde, um die einheimische Association des Handicapés (Hilfsorganisation für Behinderte) zu unterstützen. Das Essen hier ist eine Stufe besser als in den anderen Lokalen der Stadt, und das nicht nur, weil es auf der oberen Terrasse serviert wird – die Gerichte sind so zuverlässig lecker, dass viele Einheimische hier ihre Hochzeitsempfänge abhalten.

Hôtel Tomboctou (☎ 0524 834604; www.hoteltomboctou.com; 126 Ave Bir Anzarane; Terrassen-EZ/DZ mit Ge

meinschaftsbad inkl. Frühstück 210/320 Dh, inkl. HP 280/460 Dh, EZ/DZ/3BZ/4BZ inkl. Frühstück 500/590/780/920 Dh, inkl. HP 570/730/990/1200 Dh, Suite inkl. HP 1400 Dh;) Eigenartige kleine, rosa Zimmer in einer renovierten Kasbah, die 1936 für den örtlichen *caid* gebaut wurde. Die Badezimmer mit rosafarbenen Marmorwaschbecken, solargeheiztem Wasser und Whirlpool in den Suiten sind sensationell. Die große Attraktion hier ist jedoch die voll ausgestattete Bar am Pool im Innenhof. Es können Bergwanderungen und Fahrradtouren organisiert werden.

Essen

In der Ave Hassan II haben sich ein paar einfache Restaurants angesiedelt, z. B. das **Café des Amis** (Ave Hassan II), das superleckere *brochettes* verkauft, das **Café Central** (Ave Hassan II) und das **Restaurant Essaada** (Ave Hassan II) – sie alle servieren einfache marokkanische Gerichte. Mehr Auswahl bietet die Ave Mohammed V. Das Restaurant im Hôtel l'Oasis tischt ein gutes Drei-Gänge-Menü für 80 bis 100 Dh auf. Das Restaurant **l'Avenir** (27 Rue Zaid Ouhmed) im selben Gebäude, das aber nicht zum Hotel gehört, serviert gute Grillgerichte und Salate.

Für ein gehobeneres Dinnererlebnis an der Straße in Richtung Todraschlucht sollte man 3 km aus der Stadt rausfahren. Auf der linken Seite kommt dann das **Chez Michéle** (☎ 0524 835151; www.chez-michele.com; Hauptgerichte 90–140 Dh; mittags & abends) in Sicht, wo die adrette Bedienung feierlich Gerichte wie Wildhuhn mit frischen Morcheln und zartes Rind mit Quitten aufträgt.

An- & Weiterreise

BUS

Im Zentrum starten Busse von der Place Principale, abseits der Ave Mohammed V, über Ouarzazate (45 Dh) nach Marrakesch (105 Dh, 5-mal tgl.), außerdem nach Casablanca (165 Dh), Erfoud (30 Dh, 3-mal tgl.), Meknès (115 Dh, 6-mal tgl.), Rissani (45 Dh) und Zagora (80 Dh). Alle Busse in Richtung Westen halten in Boumalne-du-Dadès (15 Dh).

TAXI & MINIVAN

Grands Taxis nach Ouarzazate (55 Dh) und Er-Rachidia (45 Dh) fahren am Ostende der Gartenanlage ab. Hier finden sich auch Mitfahrgelegenheiten (Taxis, Laster od. Pick-ups) in die Todraschlucht (8 Dh) und weiter.

Um 8 Uhr fährt ein Minivan nach Tamtattouchte (15–20 Dh), Âït Haini (25–30 Dh) und Imilchil (30–40 Dh); nachmittags rollen nochmal Minivans los.

TODRASCHLUCHT

In der Klemme zu stecken, kann eine phantastische Erfahrung sein, die man in der Todra-Schlucht machen kann. Die gewaltige Bruchlinie, die den Hohen Atlas vom Jbel Sarhro trennt, ist hier an manchen Stellen gerade breit genug, dass sich ein kristallklarer Fluss und ein paar Trekker durchzwängen können. Die Straße von Tinerhir führt durch grüne *palmeraies* und gelbliche Berberdörfer, bis sie nach 15 km von hohen Wänden aus rosafarbenem und grauem Fels eingerahmt wird. Die Anfahrt ist bewegend und man hat das Gefühl, sich beeilen zu müssen, weil die Himmelstüren sich gerade vor einem schließen.

Die Ankunft in der Todraschlucht legt man am besten auf den Morgen, wenn die Sonne den Grund der Schlucht kurz aufleuchten lässt und einen strahlend golden begrüßt. Am Nachmittag kann es sehr finster und – im Winter – eiskalt werden. Wer durch die Schlucht hindurch und auf der Straße weiter nach oben fährt, erreicht am Ende der Asphaltstrecke das atemberaubend schöne Berberdorf Tamtattouchte.

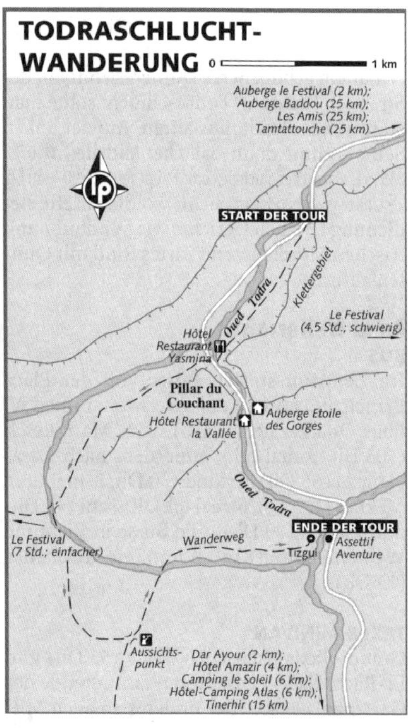

Aktivitäten

TREKKING & KLETTERN

Zu Fuß sind es 30 Minuten zur Petite Gorge hinter der Hauptschlucht. Hier beginnen viele schöne Tageswanderungen, u. a. eine, die bei der Auberge-Camping le Festival 2 km hinter der Petite Gorge losgeht.

Für die dreistündige Wanderung vom Nordende der Schlucht nach Tizgui an ihrem Südrand braucht man mehr Kondition. Los geht's hinter der Hauptschlucht (Karte S. 388); wo die Straße nach rechts abbiegt (Nordosten), führt ein Pfad links (nach Südwesten) den Hang hoch. Er ist größtenteils gut zu erkennen, weil hier Esel und Maultiere langtrampeln. Von der Passhöhe geht es runter Richtung Südosten zum nächsten Pass. Ein Stück weit weg vom Hauptweg kann man über den Klippenrand in die Schlucht runtergucken. Aber Achtung – der Wind bläst hier oben ordentlich! Vom zweiten Pass führt der Weg runter ins hübsche Dorf Tizgui, von wo man durch *palmeraies* zurück zur Schlucht laufen kann.

Mit all den Kasbahruinen in den *palmeraies* südlich von hier ist die Gegend ein Traum für jeden Fotografen. Wer weitergehen will, kann durch die *palmeraies* in drei bis vier Stunden zurück nach Tinerhir laufen.

An den Steilwänden der Schlucht zu klettern, kommt immer mehr in Mode. Es gibt ein paar super Kletterrouten (Schwierigkeitsgrad 5 nach französischer Skala), teilweise mit Kletterhaken. Beim Pillar du Couchant, nahe dem Eingang zur Schlucht, sind klassische lange Kletterstrecken zu finden; die Petite Gorge ist eher was für Anfänger und bietet ein paar gute Kurzrouten. Mehr Infos bekommt man in den meisten Hotels. Die erfahrensten Führer sprechen allerdings meist nur Spanisch und kaum Englisch.

Assettif Aventure (☎ 0524 895090; www.assettif.org; französisch), 700 m vor der Schlucht, organisiert Touren zu Fuß oder mit dem Pferd (Tagestrip 500 Dh). Außerdem werden Räder (100 Dh./Tag) und Bergsteigerausrüstung vermietet. Ein Ausritt mit Übernachtung, Führer und Verpflegung kostet 800 Dh. Vor allem fü

Touren mit Übernachtung und in der Hauptsaison ist es ratsam, vorher zu buchen.

Ein Netz schwieriger *pistes* führt in den Hohen und Mittleren Atlas und stellt für Dörfer, die sonst nahezu unerreichbar wären, eine lebenswichtige Verbindung dar. Die beliebtesten Strecken sind die rauen *pistes* nach Westen zur Dadèsschlucht (s. Kasten rechte Spalte) und Richtung Norden nach Imilchil. Man braucht auf jeden Fall einen Geländewagen und erkundigt sich besser bei den Einheimischen nach den aktuellen Bedingungen auf diesen Straßen, bevor man losfährt – auch im Frühling und Sommer.

Schlafen & Essen

Auberge Etoile des Gorges (☎ 0524 895045; Fax 0524 832151; EZ/DZ/3BZ mit Gemeinschaftsbad 50/70/100 Dh, Zi. mit eigenem Bad 120 Dh) Ein mutiges kleines Budgethotel im Rachen der gewaltigen Schlucht. Es gibt sechs einfache Zimmer mit orthopädisch wertvollen (festen) Betten sowie Duschen mit solarbeheiztem Wasser und ein klein wenig Straßenlärm, der sich aber auf dem Dach dank der Nahaufnahme von der Schlucht und der günstigen Gerichte (3-Gänge-Menü 60–70 Dh) leicht ignorieren lässt.

Hôtel Restaurant la Vallée (☎ 0524 895126; DZ mit Gemeinschaftsbad 120 Dh, DZ mit eigenem Bad inkl. Frühstück/HP 150/300 Dh) Auf der einen Seite blickt man auf den Fluss, auf der anderen auf die Schlucht. In diesem einfachen Hotel dreht sich alles um die Aussicht von den Zimmern im zweiten Stock. Neun der zwölf Zimmer haben eigene Bäder mit Duschen, die sich ungünstig über den Toiletten befinden. Dafür sind sie hell.

LP Tipp **Dar Ayour** (☎ 0524 895271; www.darayour.com; 13 km Gorges du Todra, Tinghir; Zi. mit Gemeinschaftbad/eigenem Bad 100/150 Dh, Zi. inkl. Frühstück/HP 200/350 Dh) Mit diesem freundlichen, künstlerischen fünfstöckigen Hotel haben die Riads in der Todraschlucht Einzug gehalten. Überall liegen Teppiche aus dem Mittleren Atlas, Decken und Kissen mit Spiegeln. Bunte abstrakte Gemälde gibt's auch. Im zweiten Stock ist eine Suite mit drei Zimmern, in der eine siebenköpfige Familie Platz findet, die dritte Etage hat drei Zimmer mit Bad. Frühstück (35 Dh) mit Aussicht wird auf der Terrasse serviert.

Hôtel Restaurant Yasmina (☎ 0524 895118; www.todragorge.com; EZ/DZ inkl. Frühstück 160/250 Dh, inkl. HP 250/400 Dh) Das Yasmina versteckt sich unterhalb steiler Felswände mitten in der Schlucht und verfügt über ziemlich kleine, zweckmäßige Zimmer sowie ein gutes Terrassenrestaurant (Tagesmenü 70–100 Dh), wo Gäste die Aussicht genießen können. Die Toplage hat auch ihre Schattenseiten: Tagsüber wird das Yasmina von Reisegruppen überrannt.

Auberge Le Festival (☎ 0661 267251; http://aubergelefestival.com; im Haupthaus inkl. HP EZ/DZ 300/460 Dh, Turm EZ/DZ 400/700 Dh, Höhle DZ/3BZ 700/900 Dh) Man kann hier in einem direkt in den Hang gebuddelten Höhlenzimmer seine Urinstinkte ausleben oder als Verkörperung von Romeo und Julia auf dem schmiedeeisernen Turmbalkon sein Bestes geben. Das Essen ist lecker und kreativ – wer hätte gedacht, dass eine *tajine* mit geschmolzenem Käse lecker wäre? – und der charmante, mehrsprachige Besitzer kann Trekking- und Klettertouren organisieren.

Hôtel Amazir (☎ 0524 895109; DZ/3BZ inkl. Frühstück 400/600 Dh, inkl. HP 600/800 Dh;) Man darf sich von dem strengen steinernen Äußeren nicht täuschen lassen: Drinnen ist dieses Plätzchen relaxt und hat schöne, schlichte Zimmer und eine von Palmen umgebene Terrasse mit Pool. Unten rauscht der Fluss vorbei; sein Geräusch

VON SCHLUCHT ZU SCHLUCHT

An die 42 km von Tamtattouchte in die Dadèsschlucht sollte man sich nur im Geländewagen und in den Sommermonaten (Mai–Sept.) wagen. Die anstrengende fünfstündige Fahrt schüttelt einem sämtliche Knochen durch, ist aber wegen der atemberaubenden Landschaft aus geschwungenen Hügeln und dem Tizgui-n'Ouadda-Tal mit den verstreuten Felsbrocken auf alle Fälle was fürs Auge.

Im Mai schlagen viele nomadische Berber mit Häusern in Aït Haini ihre Zelte im Tal auf und weiden große Schafherden. Wer anhält, wird oft von Berberfrauen zum Tee in ihr Zelt eingeladen. Sie tauschen gerne Geschichten aus.

Auf halber Strecke erreicht man den 2639 m hohen Tizi n'Uguent Zegsaoun, bevor die holprige Abfahrt nach Msemrir beginnt. Da die *piste* zu Beginn des Frühjahrs oft überschwemmt ist, sollten Traveller vor der Abfahrt immer den aktuellen Streckenzustand checken. Die *piste* zweigt kurz hinter Tamtattouchte unterhalb der Pension auf dem Hügel ab. Die Route ist schwer zu finden, deshalb empfiehlt es sich, einen einheimischen Führer mitzunehmen.

lullt einen in den Schlaf. Das Amazir liegt an einer Kurve der Straße am Südende der Schlucht, 5 km bevor man reinfährt und weit weg von den gaffenden Massen.

CAMPING

An der Straße zur Schlucht, etwa 9 km vor Tinerhir, gibt es eine Reihe von Zeltplätzen, die alle auch einfache Zimmer vermieten; sie liegen wunderschön inmitten der *palmeraie*. Einer der besten und freundlichsten ist **Camping le Soleil** (☎ 0524 895111; Campen 15 Dh/Pers., Zelt/Auto/Wohnmobil zzgl. 15/15/25 Dh, DZ ohne/mit Bad 120/240 Dh), der auch der erste ist, an dem man vorbeikommt. Er hat u. a. ein gutes Restaurant, saubere Warmwasserduschen, schattige Stellplätze und eine Waschmaschine (20 Dh/Ladung). Ebenfalls zu empfehlen ist **Hôtel-Camping Atlas** (☎ 0524 895046; Pers./Zelt/Auto/Wohnmobil 10/15/15/20 Dh; EZ/DZ 100/140 Dh). Warm duschen ist im Preis mit drin, Frühstück kostet 20 Dh und Abendessen 70 Dh.

Seit die Straße bis zum oberen Ende der Schlucht asphaltiert ist, kann man den ganzen Weg bis nach Tamtattouchte fahren. Luxuszelte gibt's bei der knallpinken, alteingesessenen **Auberge Baddou** (☎ 0672 521389; EZ mit Bad 60–110 Dh, DZ mit Bad 110–220 Dh, 3BZ mit Bad 220–320 Dh, Campen mit eigenem Zelt/im Nomadenzelt pro Pers. 20/30 Dh) oder auf dem neuen **Les Amis** (☎ 0670 234374; amistamt@yahoo.fr; Campen Pers./Wohnmobil 15/35 Dh, DZ od. 3BZ inkl. HP 200 Dh/Pers.).

An- & Weiterreise

Infos zu Transportmöglichkeiten in die Schlucht stehen auf S. 386.

Richtung Norden fahren praktisch an allen Tagen Minivans von Tinerhir nach Âït Haini (Donnerstag ist Markttag); ab hier müssen sich Traveller eine Mitfahrgelegenheit suchen. Inzwischen ist die Straße bis nach Âït Haini (wird gerade bis Imilchil weitergeführt) asphaltiert. Von da führt eine *piste* über den Tizi Tirherhouzine nach Agoudal (das ist der höchste Ort an der Strecke; es gibt einfache Unterkünfte) und weiter nach Imilchil, etwas mehr als 100 km von der Schlucht entfernt.

GOULMIMA

Goulmima ist ein Zentrum der Berberkultur und interessanter als Er-Rachidia, das wiederum aber bessere Übernachtungsoptionen hat. Markttage sind Dienstag, Donnerstag und Samstag. Geldautomaten, Internet und Cafés sind entlang der Hauptstraße zu finden.

Das Highlight des Ortes ist das labyrinthartige **Ksar Âït Goulmima**. Anders als in vielen *ksour* und Kasbahs der Region leben hinter den Mauern dieses Dorfes noch mehrere Hundert Leute. Besucher können sich von einem Führer zur 500 Jahre alten Moschee, durch die **Mellah** und in die *palmeraie* führen lassen.

Um zum *ksar* zu kommen, fährt man durch den Hauptteil des Ortes durch und biegt am Kreisverkehr nach bzw. von Er-Rachidia rechts ab. Nach 500 m passiert man die Maison d'Hôtes les Palmiers, nochmal 800 m weiter zweigt die Straße links zur Jugendherberge ab; zum *ksar* geht's geradeaus.

Die ruhige **Maison d'Hôtes les Palmiers** (☎/Fax 0535 784004; EZ/DZ/3BZ/4BZ 180/260/330/360 Dh, HP 250 Dh/Pers.) gehört einem französisch-marokkanischen Ehepaar. Das umgebaute Wohnhaus steht in einem Garten am Rand der *palmeraie*. Die Zimmer sind geräumig und blitzsauber und haben geflieste Bäder; im Winter werden alle beheizt, aber nur ein Zimmer hat Klimaanlage. Das überwiegend marokkanische Essen ist sagenhaft (Abendessen 95 Dh). Hier kriegt man Infos zu Trekkingtouren und Führungen durch das *ksar*.

Auch die von einer marokkanischen Familie geleitete **Jugendherberge** (☎ 0666 908442; www.aub.ht.st, französisch; Hay Othmane Secteur 3, Nr. 4 Ksar Goulmima; Matratze/DZ pro Pers. 50/100 Dh) ist in einem ehemaligen Wohnhaus untergebracht. Egal wo man sich in diesem ummauerten Gartenkomplex hinhauen möchte, man findet überall einen weichen Platz: auf dem Gras oder den Bergen von Teppichen, auf gepolsterten Matratzen mit Blumenmuster und Kissen mit Spiegeln. Es gibt ein paar Doppelzimmer, Gemeinschaftsduschen mit gelegentlich warmem Wasser und eine Küche. Frühstück kostet 20 Dh, Mittag- bzw. Abendessen 50 Dh.

Grands Taxis fahren nach Er-Rachidia und Tinerhir, sobald sie voll sind.

ZIZTAL & TAFILALET

Der Oued Ziz ist der Lebensspender in dieser dürren Landschaft. Hinter dem Dörfchen Rich hat er ein Tal ausgewaschen, das sich über Merzouga hinaus Richtung Süden zieht. Entlang der Straße nach Er-Rachidia sieht man die spektakuläre Jura-Geografie der Zizschluchten, die 20 km südlich von Rich beim von den Franzosen gebauten Tunnel du

Légionnaire anfangen und mit ihren freiliegenden Schichten Tausende von Jahren geologischer Zeit zeigen. Diese Strecke führt durch palmengesäumte Orte, an mehreren *ksour* und einer Reihe von Stauseen vorbei, u.a. am Barrage Hassan Adakhil, dessen türkisblaues Wasser von der Hauptstraße aus zu sehen ist. Hinter Er-Rachidia führt die Straße an der fruchtbaren Oase Source Bleue de Meski vorbei, bevor sie zur Wüste und zu den sanft geschwungenen Sanddünen von Merzouga hin abfällt.

Das raue Tafilalet war eine der letzten Regionen, die vor der französischen Kontrolle unter dem Protektorat kapitulierten. Die Stämme hier leisteten noch bis 1932 sporadisch Widerstand; zwei Jahre später galt Marokko offiziell als „befriedet". Damit es dabei blieb und um die Tafilalet-Stämme im Auge zu behalten, wurde Erfoud als Verwaltungszentrum und Garnisonsstadt gebaut.

ER-RACHIDIA

Garnisonsstädte sind ja nicht gerade für ihren Charme oder ihre Kultur bekannt, aber Er-Rachidia versucht gerade, das zu ändern. Neben einigen schönen Übernachtungsmöglichkeiten gibt es jetzt ein riesiges Theater, und seit 2003 findet jedes Jahr im Mai das **Festival du Desert** (www.festivaldudesert.ma) statt. Es lockt Künstler aus der ganzen Sahara hierher. Markttage sind Sonntag, Dienstag und Donnerstag.

Praktische Informationen

In der Stadt gibt es mindestens vier Banken, u.a. die **BMCE** (Place Moulay Hassan) und die **Banque Populaire** bei der Hauptstraße in Richtung Erfoud. Beide haben Geldautomaten.

Cyber Challenge Internet (Rue Sidi Bou Abdallah; 5 Dh/Std.; 7–24 Uhr) ist in einem Obergeschoss nicht weit von der Markthalle. Wer mit den öffentlichen Verkehrsmitteln bis hierher gekommen ist, aber in die Wüste selbst fahren will, findet mit **Camino Car** (☎ 0535 574947; 102 Blvd Zerktouni 1. Stock, Er-Rachidia; 300–350 Dh/Tag) eine der letzten Autovermietungen bis Merzouga.

Schlafen

Hôtel Errachidia (☎ 0535 570453; hotelerrachidia@yahoo.fr; 31 Rue Ibn Battuta; EZ/DZ/3BZ 250/320/410 Dh;) Von der Lage hinter dem Busbahnhof (praktisch,

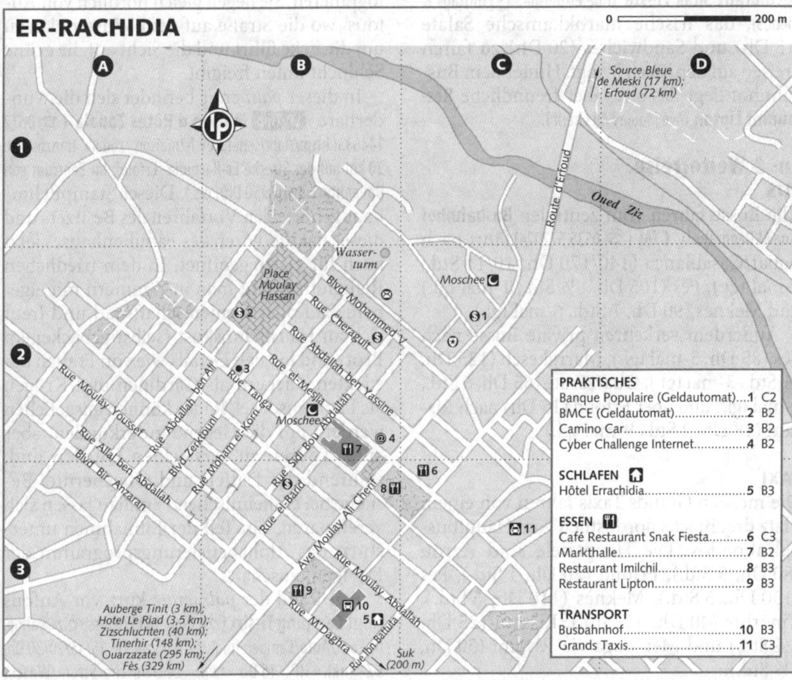

wenn man sehr früh oder spät ankommt) oder der Betonfassade im sowjetischen Stil sollte man sich nicht abschrecken lassen: Drinnen gibt es 26 superkomfortable Zimmer mit strahlend weißen Badezimmern. Die meisten gehen nach hinten raus und sind relativ ruhig. Nur zehn der Gästezimmer haben Klimaanlagen.

Hotel le Riad (☎ 0535 791006; www.hotelleriad.com; Route de Goulmima, Er-Rachidia; EZ 600 Dh, DZ & 3BZ 700 Dh;) Ein echtes Business-Class-Hotel ist in Er-Rachidia gelandet – mitsamt dem ganzen Programm: Internetzugang, große Suiten, Marmorwannen, ein absurd riesiger Pool und Anzugträger auf Pharmakonferenzen. Überaus komfortabel und angesichts des hohen Standards nicht zu teuer.

Essen

Gegenüber der **Markthalle**, wo man alles Nötige für ein Picknick einsacken kann, liegt das **Restaurant Imilchil** (☎ 0535 572123; Ave Moulay Ali Cherif), das bereits verzehrfertige Alternativen anbietet: Es serviert gute *tajines* auf einer großen Terrasse (Tagesgericht 70 Dh).

Gegenüber in der Rue el-Mesjia ist das **Café Restaurant Snak Fiesta** (Rue el-Mesjia; mittags & abends), das frische marokkanische Salate (15 Dh) und Sandwiches (20 Dh) zu fairen Preisen auf den Tisch bringt. Hinter dem Busbahnhof liegt das alte, aber freundliche **Restaurant Lipton** (Ave Moulay Ali Cherif).

An- & Weiterreise

BUS

Alle Busse fahren vom zentralen **Busbahnhof** (Rue M'Daghra) ab. **CTM** (☎ 0535 572024) fährt nach Rabat/Casablanca (140/170 Dh, 10/11 Std., 1-mal tgl.), Fès (105 Dh, 8½ Std., 1-mal tgl.) und Meknès (90 Dh, 7 Std., 6-mal tgl.).

Außerdem verkehren private Busse nach Fès (85 Dh, 5-mal tgl.), Marrakesch (125 Dh, 11 Std., 3-mal tgl.), Ouarzazate (65 Dh, 6 Std., 3-mal tgl.) und über Erfoud (15 Dh) nach Rissani (18 Dh, 2 Std., 9-mal tgl.) .

TAXI

Die meisten Grands Taxis fahren von einem Platz drei Blocks nordöstlich vom Hauptbusbahnhof los. Die Hauptziele sind Azrou (80 Dh, 5 Std.), Erfoud (20 Dh, 1 Std.), Fès (130 Dh, 5 Std.), Meknès (110 Dh, 5 Std.), Tinerhir (40 Dh, 1½ Std.), Rissani (25 Dh, 1½ Std.) und Merzouga via Rissani (50 Dh, 1½ Std.).

RUND UM ER-RACHIDIA

Source Bleue de Meski

Diese natürliche Quelle, die 17 km südöstlich von Er-Rachidia in ein Schwimmbecken sprudelt, ist am Wochenende ein Magnet für hitzegeplagte Einheimische aus Er-Rachidia. An Werktagen kann man hier prima ein schnelles Bad (5 Dh) nehmen, auch wenn manch einer verlegen werden könnte, wenn ihn die Dorfbewohner dabei beobachten, wie er sich bis auf die Unterhose auszieht. Wer lieber erst ins Schwitzen gerät, bevor er ein kühles Bad nimmt, dem sei die schöne Wanderung vom Campingplatz zum verlassenen Ksar Meski am anderen Ufer des *oued* empfohlen.

Die Quelle liegt 1 km westlich der Hauptstraße und ist ausgeschildert. Zwischen 7 und 21 Uhr fahren öffentliche Busse von Er-Rachidia zu einer Haltestelle oberhalb der Quelle (3 Dh). Ansonsten lassen auch Busse oder Grands Taxis nach Erfoud oder Aufous Fahrgäste an der Abzweigung aussteigen. Hier können sie ein Grand Taxi anhalten oder trampen. Wer nach Süden in Richtung Erfoud fährt, kann tolle *palmeraies* im Ziztal fotografieren. Sie liegen gleich nördlich von Aufous, wo die Straße auf dem Wüstenplateau um die Ecke führt und die Sicht auf die grüne Schlucht unten freigibt.

In dieser *palmeraie* befindet sich die wunderbare **LP Tipp** **Maison d'Hôtes Zouala** (☎ 0672 144633; http://labrisenet.free.fr/maison_zouala, französisch; 30 km auf der Strecke Er-Rachidia–Erfoud, im Zentrum von Douar Irgroum; HP 250 Dh/Pers.). Dieses Stampflehmhaus gehörte den Vorfahren des Besitzers und dieser hat die Türen des Familienhauses jetzt auch für Gäste geöffnet. In dem friedlichen Refugium wohnt man in Zimmern mit eigenem Bad oder Gemeinschaftsbad und freut sich an Hausmannskost (selbst gebackenem Brot) und lokalen Details wie von Frauen bestickten Tüchern als Gardinen und Krügen als Lampensockel. Räder können ausgeliehen werden, um die Gegend zu erkunden, aber auch Touren zu versteckten Quellen und, während der Dattel- und Olivenernte, Besuche bei einheimischen Familien lassen sich vereinbaren. Ein Teil der Einnahmen unterstützt das Alphabetisierungsprogramm der Dorfgemeinschaft.

Am Rand der *palmeraie* kurz vor Aufous liegt **Camping Tissirt** (☎ 0662 141378; tissirtziz@yahoo.fr; Pers./Auto/Campen im Auto/Wohnmobil 15/15/20/30 Dh, DZ inkl. HP 15 Dh zzgl. Zelt/Dusche/Strom/Wasser

15/10/15/20 Dh, Essen zzgl. 60–70 Dh), ein gemütlicher und landschaftlich schöner Halt unter Palmen auf dem Weg zu den Dünen von Merzouga. Die Bungalows aus Stampflehm mit gefliesten Böden und Tischen aus Palmenstümpfen sind besonders toll. Zu essen kriegt man u. a. *madfouna* (einheimische Berber-Calzone). Asous hat nützliche Dinge und Einrichtungen – Essen, Benzin und Telefon –, ein paar umwerfende Stampflehmgebäude und oberhalb eine beeindruckende Kasbah-Ruine zu bieten. Donnerstags ist Suk.

ERFOUD

24 000 Ew.

Fossilienbadewannen und saftige, süße Datteln sind die Besonderheiten Erfouds, aber das war nicht immer der Fall. Bis vor Kurzem hörte in Erfoud die Straße auf und die Stadt war ein lebendiger und beliebter Startpunkt für Wüstentouren, aber jetzt, wo die Asphaltstraße bis direkt zum Anfang der Dünen in Merzouga reicht, kann man gemütlich in den Straßencafés hier sitzen und sich das Rauschen der Geländewagen anhören, die an Erfoud vorbei zu den Hotels mit Dünenblick gleich die Straße runter rasen. Die Straße nach Merzouga ist deutlich gekennzeichnet, deshalb muss man nicht anhalten, um einen Führer anzuheuern. Es lohnt sich trotzdem, hier eine Pause zu machen und einen Kaffee zu trinken, Pizza zu essen, Fossilien anzuschauen und während der Erntezeit von September bis Oktober frische Datteln zu kaufen.

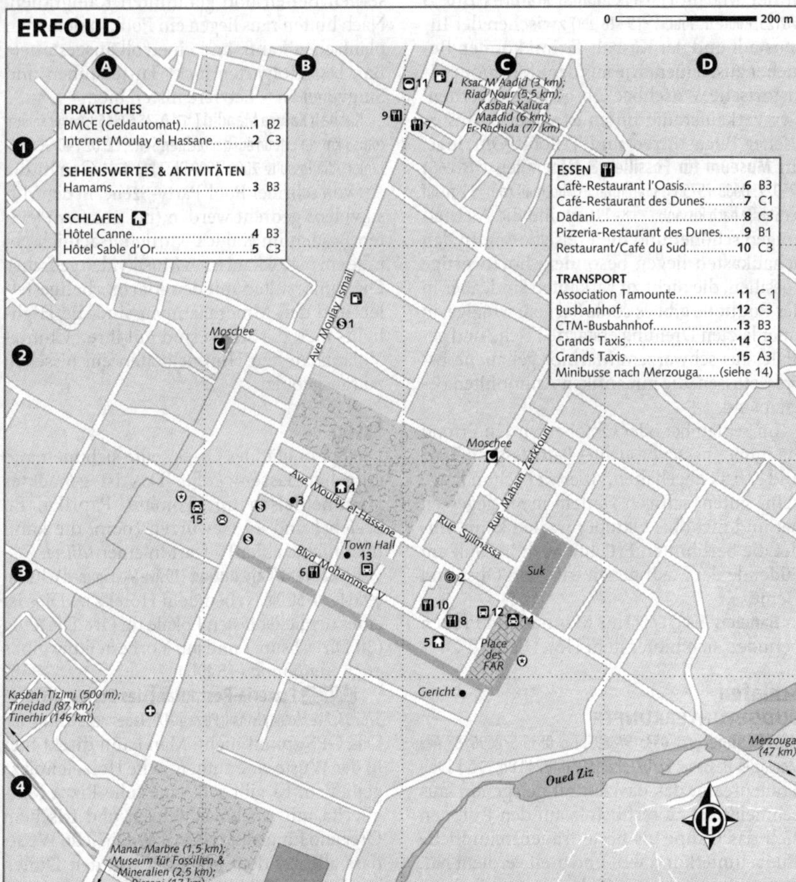

Praktische Informationen

Es gibt zwar mehrere Banken in der Stadt, aber nur die **BMCE** (Ave Moulay Ismail) hat einen Geldautomaten. Internetzugang bietet **Internet Moulay el Hassane** (Ave Moulay el-Hassane; 5 Dh/Std.; 10–1 Uhr).

Sehenswertes & Aktivitäten

In Erfoud ist mehr Geschichte zu entdecken, als einem sofort ins Auge springt. Nur 5 km nördlich von Erfoud etwa steht das beeindruckende **Ksar M'Aadid**, das man besuchen kann, wenn man ein Auto zur Verfügung hat.

Um Erfouds andere historische Besonderheit zu finden, muss man schon ein bisschen graben: glänzend schwarzer Marmor mit Fossilien, der in der nahen Wüste abgebaut wird. In der Marmorfabrik **Manar Marbre** (☎ 0655 578125; Route de Jouf; 9–18 Uhr) zwischen der Innenstadt und der Kasbah Tizimi können Besucher zuschauen, wie aus dem Marmor prähistorische Waschbecken gehauen werden. Der Verkaufsraum unten ist voller prähistorischer Buchstützen und Trilobit-Ohrringe. Im **Museum für Fossilien & Mineralien** (☎ 0661 425927, 0668 757563; brahimtahiri@hotmail.com; 3 km auf der Straße nach Rissani; 8–19 Uhr) sind die Ausstellungen schöner und die Preise besser. In den Schaukästen liegen besonders hochwertige Fossilien, die nicht zu verkaufen sind, aber in der Boutique gibt es coole Sachen: winzige, in einer letzten Drehung erstarrte Fische und geniale, aus schwarzem Marmor gehauene Espressotassen, die mit antiken Ammoniten besetzt sind.

Im September oder Oktober wird in Erfoud ein immer besser besuchtes **Dattelfest** mit Tanz und Musik abgehalten. Aber wer schon lange keine guten, saftigen Datteln mehr gegessen hat und nicht bis Oktober warten kann, findet die berühmten Früchte auch im Suk am Südende der Stadt neben frischem Obst und Gemüse.

Hamams (Eintritt 7 Dh) für Männer und Frauen befinden sich hinter dem Hôtel Sable d'Or.

Schlafen

BUDGETUNTERKÜNFTE

Hôtel Canne (☎ 0535 578695; Fax 0535 578696; 85 Ave Moulay el-Hassane; EZ/DZ/3BZ 150/180/240 Dh;) Das Frauenteam, das das zentral gelegene Haus schmeißt, ist zu recht stolz auf den Ruf, den sich das Canne als beste frauenfreundliche Budgetunterkunft weit und breit verdient hat. Auf den wasserblauen Badezimmermöbeln ist keine Spur von Zahnpastaspritzern zu sehen und das saubere Bettzeug sitzt so straff, dass man sich förmlich ins Bett kämpfen muss.

Hôtel Sable d'Or (☎ 0535 576348; Blvd Mohammed V; EZ/DZ 150/170 Dh) Dieses relaxte Haus an einer Straße mit vielen Cafés hat einfache Zimmer mit Bad, abblätternder Farbe, gefliesten Böden und sauberem Bettzeug.

MITTEL- & SPITZENKLASSEHOTELS

Riad Nour (☎ 0535 577748; http://riad-nour.ifrance.com; 5 km vor Erfoud auf der rechten Seite; EZ/DZ 240/590 Dh;) Der Riad Nour ist zwar der Nachbar des glitzernden Xaluca, aber sie haben vermutlich nicht dieselbe Zielgruppe. Hier ist innerer Frieden das Ziel. Es gibt zwölf Gästezimmer in Weiß mit blauen Akzenten, schmiedeeisernen Betten und gerahmten Kalligrafien. Nach hinten raus liegen ein Pool, in dem man plantschen kann, und eine voll ausgestattete Bar. Der Hofgarten lockt Turteltauben und Singvögel an – Letztere nisten hier.

Kasbah Xaluca Maadid (☎ 0535 578450; www.xaluca.com; 5 km vor Erfoud auf der rechten Seite; EZ/DZ 740/900 Dh, Junior-/Königssuite 2000/2900 Dh;) Genau die Art von schriller Pool-Party-Szene, in der Musikvideos gedreht werden (bei unserem letzten Besuch im Xaluca wurde tatsächlich gerade ein marokkanisches Musikvideo gedreht). Die Juniorsuiten mit den Marmorbettgestellen und den Minerallampen sind die Highlights hier; die Suiten sind mit ihren Chintz-Volants an den Himmelbetten ein bisschen zu rausgeputzt.

Essen

Die Spezialität des Ortes sollte sich niemand entgehen lassen: *kalia*. Das ist gehacktes Hammelfleisch mit Tomate, Paprika, Ei, Zwiebel und 44 Gewürzen (nein, die kann man nicht zählen) gegart in einer *tajine*.

Restaurant/Café du Sud (19 Ave Mohammed V; Hauptgerichte 30–50 Dh) Neben dem Hôtel Ziz. Dies ist eines der beliebtesten Lokale im Ort. Die *kalia* (30 Dh) ist super und auf Vorbestellung gibt's auch *madfouna* (45 Dh).

LP Tipp **Pizzeria-Restaurant des Dunes** (☎ 0535 576793; Ave Moulay Ismail; Pizza 40 Dh, Tagesmenü 80–100 Dh) Das GPS spinnt nicht: Man kann direkt hier in der Wüste eine authentische Holzofenpizza genießen. Es gibt z. B. eine tolle Pizza Margherita mit Anchovis, Oliven und frischem Oregano für gerade einmal 40 Dh. Jede Wette, dass alle auf dem Rückweg von den Dünen wieder hier Halt machen werden!

Café-Restaurant des Dunes (☎ 0535 576793; Ave Moulay Ismail; Gerichte 60 Dh) In diesem Straßencafé kann man sich einen Eisenstuhl mit Kissen an einen Tisch ziehen und zum frisch gepressten O-Saft für nur 5 Dh ein paar Sonnenstrahlen genießen. Derselben Familie gehören auch die Luxusherberge Kasbah Zaluca Maadid und das Pizzarestaurant auf der anderen Straßenseite.

Beliebt sind auch das neue **Dadani** (Ave Mohammed V; Menü 70 Dh, Hauptgerichte 40–45 Dh, Frühstück 20 Dh) und das **Café-Restaurant l'Oasis** (Ave Mohammed V; Hauptgerichte 35–45 Dh). Beide servieren solide marokkanische Kost zu annehmbaren Preisen.

An- & Weiterreise

BUS

Vom **CTM-Busbahnhof** (☎ 0535 576886; Ave Mohammed V) fährt zweimal täglich ein Bus nach Fès (95 Dh, 7 Std.) über Er-Rachidia (15 Dh, 1¼ Std.), Marrakesch (135 Dh, 11½ Std.), Midelt (59 Dh, 5 Std.), Meknès (125 Dh, 6½ Std.) und Rissani (5 Dh, 20 Min.).

Busse anderer Unternehmen starten an der Place des FAR in Richtung Tinerhir (30 Dh, 2-mal tgl.), Ouarzazate (70 Dh, 3-mal tgl.) und Fès (97 Dh, 3-mal tgl.).

Ein Regionalbus fährt dienstags und donnerstags um 8.30 Uhr nach Zagora (75 Dh, 6 Std.). Gelegentlich geht ein Minivan vom Parkplatz an der Place des FAR nach Merzouga (15–20 Dh). Der Fahrer versucht manchmal, die Passagiere zu einem Hotel zu kutschieren, das ihm Provision zahlt. Wer schon eine andere Unterkunft im Auge hat, sollte sich nicht bequatschen lassen. Die Minibusse lassen einen bei jeder Unterkunft an der Strecke raus.

TAXI

Grands Taxis sind in der Regel das zuverlässigere Transportmittel. Einige warten an der Place des FAR, andere gegenüber der Post. Sie fahren nach Merzouga (30 Dh, 1 Std.), Rissani (7 Dh, 20 Min.), Er-Rachidia (20 Dh, 1 Std.) und Tinerhir (60 Dh). Seit die Straße bis Merzouga ausgebaut wurde, ist es billiger, einen Geländewagen mit Fahrer zu mieten. Früher war es *nur* so möglich, die *piste* heil zu überstehen. **Association Tamounte** (☎ 0535 577523; 5 Ave Moulay Ismail) vermietet Autos mit Fahrer für 450 Dh pro Tag, zuzüglich Spritkosten.

RISSANI

Viele Besucher fahren einfach nur durch Rissani durch, aber Fotografen, Geschichtsfans und Architekturbegeisterte können an dieser ausgetretenen Karawanenstrecke tagelang durch heruntergekommene *ksour*, kunstvoll vor sich hin bröckelnde Kasbahs, eine für alle geöffnete *zawiya* und ein kürzlich eröffnetes *ksar*-Museum streifen. In Rissani versickert der Oued Ziz, aber früher floss hier das Glück in Form von Gold und Sklaven der Karawanen aus dem *sahel* durch. Rissani war strategisch so günstig gelegen, dass die Filali (die Vorfahren der heute herrschenden Alaouitendynastie) es als Ausgangspunkt für ihre legendäre Schlacht nutzten, als sie den Saaditen die Herrschaft über Marokko zu entreißen versuchten.

Das Zentrum von Rissani ist ziemlich klein und übersichtlich und in seiner Mitte steht noch ein bedeutendes *ksar* mit einigen wichtigen Alaouiten-Denkmälern. Reisende finden fast alles, was sie brauchen, am Nordende des Suks. Dort ist jeden Sonntag, Dienstag und Donnerstag die Hölle los.

Praktische Informationen

Am Nordende der Altstadtmauern gibt's ein Post- und Telefonamt und gegenüber vom Suk eine Banque Populaire mit Geldautomat. **Info Keys Cyber Club** (5 Dh/Std.) ist eines von mehreren Internetcafés.

Sehenswertes & Aktivitäten

Einen Eindruck von Rissanis alter architektonischer Pracht, von der berühmten *palmeraie* und dem Leben am Rande der Wüste erhält man auf dieser 21 km langen Rundtour (Karte S. 396) südlich von Rissani. Genau hinschauen: Manche Sehenswürdigkeiten stehen an holprigen Straßen, die an den Ruinen mehrerer *ksour* und den spärlichen Überresten der sagenumwobenen Stadt Sijilmassa vorbeiführen.

Vom Suk im Zentrum von Rissani führt die Strecke erst nach Norden und dann auf der Hauptstraße nach Westen. Etwa 2 km südöstlich vom Ort steht die fröhlich gelbe **Zawiya Moulay Ali ash-Sharif** (für Nichtmuslime geöffnet; Eintritt frei; ⏰ 9–18 Uhr), die zu Ehren des Gründers der Alaouitendynastie, die in Marokko noch heute an der Macht ist, gebaut wurde. Hinter der *zawiya* kommt man über einen Feldweg zu den phantastischen verfallenen Türmen des **Ksar Aber** aus dem 19. Jh. Hier waren früher unerwünschte oder in Ungnade gefallene Mitglieder der Dynastie untergebracht – und genau wie diese schwarzen Schafe wurde auch das *ksar* schließlich sich selbst überlassen.

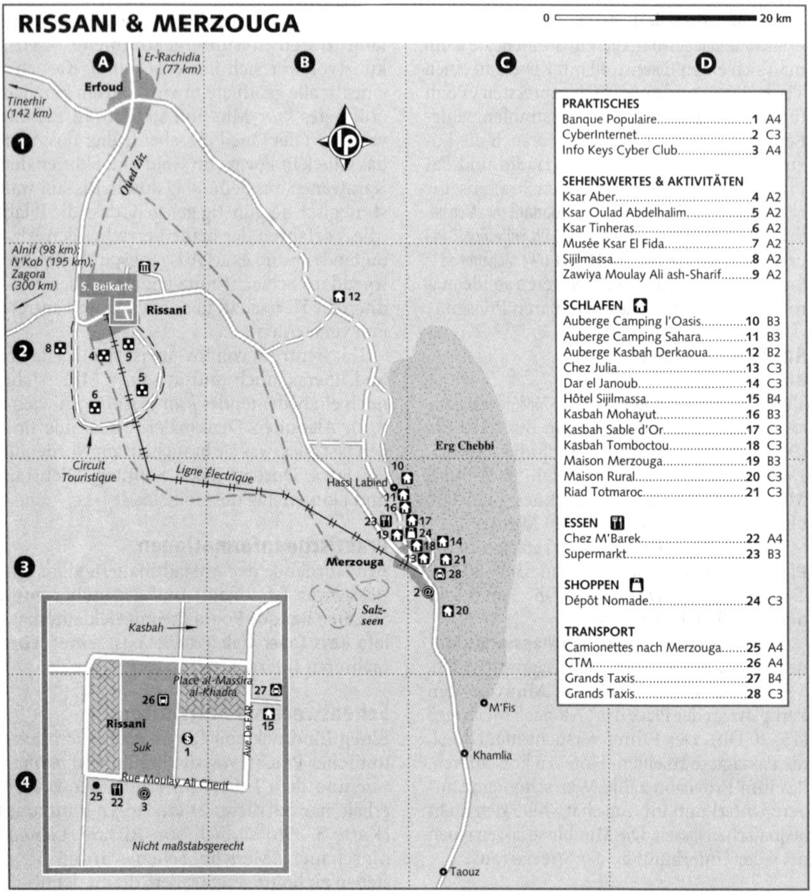

Gut 1 km hinter der *zawiya* steht auf der rechten Seite das **Ksar Oulad Abdelhalim**, das gegen 1900 von Sultan Moulay Hassans älterem Bruder gebaut wurde. Durch das Holztor betritt man das ummauerte Gelände, geht rechts, links und wieder rechts und gelangt in die Ruine des Palastes, der einst „Alhambra von Tafilalet“ genannt wurde. Außer ein paar bemalten Deckenbalken und etwas Stuck ist wenig erhalten. Für Fotografen gibt's aber jede Menge faszinierende Motive – eine zusätzliche Speicherkarte ist hier angebracht.

Zurück auf der Straße kommt man an einer weiteren Gruppe von *ksour* vorbei, von denen einige noch immer von Mitgliedern der Filali bewohnt werden. Vom **Ksar Tinheras** hat man eine tolle Aussicht.

Kurz vor Rissani liegen die Ruinen von **Sijilmassa**. Dies war einst die Hauptstadt eines praktisch unabhängigen islamischen Fürstentums, das in den frühen Tagen der arabischen Eroberung Nordafrikas schiitische „Ketzerei“ (s. S. 60) praktizierte. Über die Gründung von Sijilmassa ist nichts Genaues bekannt – manche sagen, die Stadt sei 757 entstanden. Fakt ist, dass sie Ende des 8. Jhs. eine Schlüsselrolle als Zwischenstation für den Trans-Sahara-Handel spielte. Karawanen mit bis zu 20 000 Kamelen durchquerten die Sandwüste zu den abgelegenen Salzminen von Taodeni und Tagahaza (im heutigen Mali) und liefen weiter nach Niger und Ghana. Dort bekam man für ein Pfund Saharasalz eine Unze afrikanischen Goldes.

Aber wie die Berber sagen: Wo es Gold gibt, da gibt es auch Ärger. Zwangsläufig kam es zu Fehden, die im 14. Jh. zum Zusammenbruch der sagenhaften Stadt führten. Sijilmassa ist heute eine Ruine, und außer zwei verzierten Toren und ein paar anderen teilweise erhaltenen Mauern deutet nur wenig auf seine vergangene Pracht hin. Der ganze prächtige Zerfall schreit geradezu danach, das Motiv für ein Albumcover zu werden.

In der Gegend gibt es noch mehr *ksour*, z. B. Ksar al-Beidha, Ksar Haroun und einige *ksour* an der Straße nach Merzouga; wenn man nach Süden aus der Stadt fährt, nach den Schildern auf der linken Seite Ausschau halten. Nur 2,5 km südlich ist auch ein Musée ausgeschildert, das einen Abstecher lohnt. Das **Musée Ksar El Fida** (☎ 0661 847817; Rissani; Eintritt mit Führer 10 Dh) ist eine riesige, restaurierte Alaouiten-Kasbah, die zwischen 1854 und 1872 erbaut wurde. Das Museum zeigt, wie sich das Leben im 19. Jh. in diesen Mauern abspielte, kunstvolle Kostüme genauso wie den Inhalt einer Werkzeugkiste aus dem 19. Jh.

Schlafen & Essen

Die meisten Touristen übernachten in Erfoud oder Merzouga. Deshalb sieht es mit Unterkünften in Rissani eher mau aus und der Standard ist nicht besonders hoch.

Hôtel Sijilmassa (☎/Fax 0535 575042; Place al-Massira al-Khadra; EZ 80 Dh, DZ 140–160 Dh; ❄) Befindet sich in der Nähe des Busbahnhofs und der Haltestelle für Grands Taxis und ist somit günstig für alle, die sehr früh oder spät ankommen. Die Zimmer sind sauber und gemütlich, aber die Badezimmer, bei denen man erst durch die Dusche muss, um zur Toilette zu kommen, sind sonderbar. Mit Ausnahme von einem haben alle Zimmer Klimaanlagen, und das Restaurant unten macht eine herzhafte *kalia*.

LP Tipp **Chez M'barek** (☎ 0667 501658; panorama 72003@yahoo.fr; 7 Rue Moulay Ali Chrif, Rissani; Frühstück 15 Dh, Tagesmenü 40 Dh) serviert in einem coolen Keller oder auf der luftigen Terrasse eine authentische *kalia* mit viel Tomate und Fleisch oder eine gut gewürzte *madfouna*, die für mindestens vier Leute reicht (80 Dh). Die *madfouna*-Bestellung zwei Stunden vorher telefonisch aufgeben, damit sie fertig ist, wenn man kommt!

Shoppen

Wer etwas Zeit mitbringt, kann in den Beständen der Teppich- und Schmuckläden am Hauptplatz von Rissani stöbern. An Markttagen lohnt es sich, auf dem Suk nach hochwertigen *djellabas* oder Burnussen, Kunsthandwerk oder Schmuck Ausschau zu halten.

An- & Weiterreise

Busse starten beim neuen *gare routière*, der 400 m vom Hauptplatz entfernt an der Straße nach Erfoud liegt. Es gibt Verbindungen nach Fès (110 Dh, 13 Std., 2-mal tgl.) über Meknès (100 Dh, 9 Std.) und Marrakesch (150 Dh, 10 Std., 1-mal tgl.,) sowie einen Nachtbus nach Casablanca (150 Dh, 15 Std., 1-mal tgl.). Manchmal fahren Busse nach Zagora (80 Dh, 5 Std.) und Tinerhir (50 Dh, 6 Std.); die Abfahrtszeiten findet man am Busbahnhof. Jeden Tag verkehren sechs Busse über Erfoud nach Er-Rachidia (20 Dh, 3 Std.).

CTM (☎ 0666 367006; Place de la Marche Verte) hat im Stadtzentrum ein Büro. Täglich fährt um 20 Uhr ein Bus nach Fès/Meknès (135/125 Dh, 8–9 Std.) über Er-Rachidia (30 Dh, 1½ Std.).

Grands Taxis fahren regelmäßig gegenüber vom Hôtel Sijilmassa nach Erfoud (12 Dh), Er-Rachidia (28 Dh), Tinerhir (65 Dh), Merzouga (15 Dh) und manchmal nach Taouz (30 Dh).

Merzouga ist auch mit der *camionette* (Minivan; 10 Dh) zu erreichen, die stündlich beim Chez M'Barek abfährt.

ERG CHEBBI, MERZOUGA & HASSI LABIED

Natürlich hat eine so außergewöhnliche Sehenswürdigkeit auch ihre eigene Legende: Als eine reiche Familie einer armen Frau und ihrem Sohn keine Gastfreundschaft gewähren wollte, war Gott erzürnt und begrub die Familie unter einem Sandhügel 50 km südlich von Erfoud, der jetzt **Erg Chebbi** genannt wird. Erg Chebbi erhebt sich über **Merzouga** und **Hassi Labied**, wo man in Hotels mit toller Sicht auf die Dünen übernachten kann. Die Sonnenaufgänge und -untergänge allein zeigen noch nicht die Vielseitigkeit des *erg*, der ständig die Form verändert und Höhen von 160 m erreicht. Selbst im grellen Mittagslicht leuchtet er in einem atemberaubenden rosa-goldenen Ton. Die Sonne färbt die Dünen abwechselnd orange, gelb, pink und lila; als Silhouette vor dem Mondlicht sehen sie sogar noch gewaltiger aus.

Sehenswertes & Aktivitäten

Fast alle Hotels bieten Ausflüge in die Dünen an. Eine zweistündige Kameltour bei Sonnen-

FRAGEN VOR EINER KAMELTOUR

Bevor man eine Kameltour bucht, sollte man dem Führer ein paar wichtige Fragen stellen:

Wie groß ist das Camp und wie viele Leute werden heute Nacht dorthin geführt? Die billigeren Touren haben meist dasselbe Ziel. Wer also davon träumt, allein unter Sternen in den Dünen zu sein, muss sich einen Anbieter mit einem gesonderten Camp suchen oder eine längere Tour unternehmen.

Wie weit ist es bis zum Camp? Nicht jeder ist fürs Dromedarreiten geschaffen – manche Leute werden davon seekrank, andere wund. Wer auf eine lange Tour geht, sollte Tabletten gegen Reisekrankheit und Speisestärke oder Talkumpuder mitnehmen.

Spricht der Tourguide Englisch oder eine andere Sprache, die ich kann? Das ist für einen unwahrscheinlichen Notfall in der Wüste wichtig und macht peinliche Erklärungen mit Gesten, wenn man mal aufs Klo muss, unnötig.

aufgang oder Sonnenuntergang kostet zwischen 80 und 200 Dh. Für Touren mit Übernachtung in einem Berberzelt, Abendessen und Frühstück dürfte man normalerweise zwischen 300 und 650 Dh pro Kopf hinlegen. Geländewagentouren sind teurer und kosten bis zu 1200 Dh am Tag pro Auto mit bis zu fünf Mitfahrern.

Für Vogelfans ist dies wohl die beste Gegend, um in Marokko viele Wüstenarten zu sichten, z. B. Wüstensperlinge, ägyptische Ziegenmelker, Wüstengrasmücken, rote Schmätzer und Bienenesser. Nordwestlich von Merzouga bildet sich im Frühling manchmal (je nach Regenmenge) ein flacher See, der Scharen von Flamingos und anderen Wasservögeln anlockt.

In den letzten Jahren zieht es Vögel und Touristen jedoch immer weiter weg von den ausgetretenen Pfaden in **Merzouga**, und zwar aus einem einzigen Grund: Lärm. Der ständige Quadverkehr hat die Dünen abgeflacht und die widerhallenden Vibrationen waren für Tiere, Traveller und Einheimische gleichermaßen abschreckend. Der Ort macht jetzt dagegen mobil und hat ein Schild aufgestellt, das Quads in den Dünen verbietet. Und noch besser: Die Nachfrage scheint zu sinken, da Traveller sensibler für die Probleme (und den Staub) werden, die sie verursachen.

Was die Ärgernisse angeht: Schnell wird klar, dass in Merzouga keine Gelegenheit ausgelassen wird, Travellern Dienste anzubieten. Man braucht doch bestimmt einen Führer? Eine Dromedartour? Eine Unterkunft? Wer ohne Guide im Ort ankommt, muss mit solchen Anmachen rechnen. Aber mal nüchtern betrachtet: Da es so schwer ist, in der Wüste über die Runden zu kommen, wäre man an ihrer Stelle sicher auch manchmal etwas aufdringlich. Man sollte sich nur nichts aufschwatzen lassen, was man nicht will, und sich zurückziehen, wenn man das Gefühl hat, unter Druck gesetzt zu werden.

Praktische Informationen

Merzouga ist zwar ein winziges Dorf, aber es hat *téléboutiques*, Lebensmittelläden, eine Autowerkstatt und – natürlich – ein paar Teppichläden. Außerdem gibt's im Stadtzentrum ein Internetcafé, das **CyberInternet** (5 Dh/Std.; 9–22 Uhr) heißt. Das noch kleinere Hassi Labied hat das **Dépôt Nomade**, eine frühere Handelsstation für Wüstenkarawanen, die heute Teppiche verkauft.

Schlafen & Essen

Puristen beklagen das Vordringen zwar, aber dennoch flankiert nun ein Streifen von Hotels die Westseite des Erg Chebbi, von Merzouga in Richtung Norden vorbei am Oasendorf Hassi Labied. Ein Vorteil ist, dass man von fast allen der Zimmer und Terrassen einen tollen Blick auf die Dünen hat. Die meisten Hotels bieten Halbpension an und oft können Gäste für 30 bis 50 Dh pro Person (in schickeren Resorts auch mehr) auf einer Matratze auf dem Dach oder in einem Berberzelt schlafen. „Sandspielzeug" (Snowboards, Ski etc.) und Fahrräder kann man bei den meisten Hotels kostenlos ausleihen.

Im Mai 2006 verursachten starke Regenfälle eine plötzliche, außergewöhnliche Überschwemmung in Merzouga, die sechs Menschenleben kostete und 300 Wohnhäuser und ein Dutzend Hotels zerstörte; zum Zeitpunkt der Recherche befanden sich einige dieser Hotels noch im Wiederaufbau. Manchmal behaupten Taxifahrer, dass das Hotel, in dem der Fahrgast übernachten will, bei der Überschwemmung zerstört wurde. Alle Hotels, die in diesem Reiseführer aufgeführt sind, gibt es aber eindeutig noch. Mit einem Handy lässt sich die Frage leicht klären: Man sollte beim Hotel anrufen und das Personal bitten, dem Fahrer zu erklären, wo man hin will.

Zu vielen Unterkünften führen *pistes*, die 1 km oder weiter Richtung Osten von der Asphaltstraße abgehen. Da sie nicht alle nah beieinander sind – Hassi Labied liegt 5 km von Merzouga entfernt, und manche der hier aufgeführten Hotels sind noch weiter weg – lohnt es sich, vorher anzurufen, um sicherzugehen, dass Zimmer frei sind.

Wer ein Picknick in der Wüste veranstalten oder sich mit Snacks eindecken will, findet im Supermarkt 2 km vor Merzouga auf der linken Seite die wichtigsten Dinge.

HASSI LABIED

Dieses winzige Dorf 5 km nördlich von Merzouga und ein gutes Stück weg von der Asphaltstraße hat eine gute Auswahl an Unterkünften.

Auberge Camping Sahara (☎ 0535 577039; EZ inkl. HP 110 Dh, DZ/3BZ/Suite mit Bad inkl. HP 140/170/250 Dh, Campen auf der Terrasse 20 Dh/Pers.) Diese freundliche, von Tuareg geführte Unterkunft gleich bei den Dünen am Südende des Dorfes hat einfache, aber picobello saubere Zimmer und türkische Toiletten. Hier werden Ausflüge organisiert und man bekommt sogar Hilfe, wenn man sich auf dem Markt ein komplettes Tuareg-Outfit zulegen will.

Kasbah Sable d'Or (Chez Isabelle & Rachid; ☎ 0535 577859; http://kasbah-sable-dor.co; pro Pers. inkl. HP mit Gemeinschaftsbad/eigenem Bad 140/170 Dh) Wenn die Ziege „willkommen" meckert, ist man richtig. Rachid und Isabelle bieten in ihrem Haus vier Zimmer mit handgemalten Bildern auf den Türen und Ventilatoren statt Klimaanlagen an. Leckere hausgemachte Abendessen im Salon der Familie bekommen Traveller auch. Man kann sogar in einem Beduinenzelt schlafen (25 Dh), eine Kameltour mit Übernachtung machen (300–500 Dh) oder früh aufstehen, um die Sonne von einem Kamelrücken aus aufgehen zu sehen (150 Dh).

Kasbah Mohayut (☎ 0666 039185; www.mohayut.com; EZ/DZ/Suite pro Pers. inkl. HP 350/300/250 Dh;) Im Mohayut findet jeder seinen Lieblingsaufenthaltsort: in den *tadelakt*-Zimmern, im Schatten am kleinen Pool oder auf dem Dach mit Sicht auf die Dünen. Die alten Türen, Berberteppiche und die bemalten Holzkopfbretter der Betten sorgen für Charme, auch wenn die Matratzen und Duschköpfe mal ausgetauscht werden müssten. Die Standardzimmer sind netter als die Suite. Am schönsten sind die Doppelzimmer mit Kamin und Salon.

Maison Merzouga (☎ 0535 577299; Fax 0535 578428; EZ/DZ inkl. Frühstück 350/540 Dh, inkl. HP 500/600 Dh) Anders als die Hotels, die näher an den Dünen stehen, konzentriert sich dieses familiengeführte Gästehaus mit 14 Zimmern auf Berber-Gastfreundschaft statt auf Wüstendeko. Wer in seinem Zimmer oder im hauseigenen Hamam rumhängt, verpasst was, denn die Gastgeber laden ihre Gäste gerne in die offene Küche ein, um zu zeigen, wie sie ihr Brot backen, oder nehmen sie in die *palmeraie* mit, wo sie erklären, wie die alten Bewässerungssysteme funktionieren. Das beste Zimmer hier ist das günstigste Turmzimmer mit Dünenblick.

LP Tipp **Dar el Janoub** (☎ /Fax 0535 577852; www.dareljanoub.com; DZ normal/groß/Suite pro Pers. 500/600/700 Dh;) Die Nachbarhotels wählen das *Tausendundeine-Nacht*-Motiv, aber das Dar el Janoub ist ein Amazigh-Haiku. Die tollen grafischen Muster an den Wänden der Lobby stellen das Berberalphabet dar, und der Architekt hat es bei schlichten Gebäudeformen belassen, weil die Sicht auf die Dünen genügend Aufmerksamkeit beansprucht. Der Preis ist hoch, aber dafür bekommt man eine 1-Mio.-Dirham-Sicht, Halbpension, einen gechlorten Pool – und reine Poesie.

Kasbah Tomboctou (☎ 0535 577091; Fax 0535 578449; www.xaluca.com; EZ/DZ & 3BZ/Suite inkl. HP pro Pers. 1045/764/1014 Dh;) Die Statue mit den sich küssenden Kamelen an der Tür sagt einem schon, was einen hier erwartet: marokkanische Extravaganz mit einem Augenzwinkern. Das Hotel ist wie ein *douar* (Dorf) angeordnet. Überall hängen Schilder, die den Weg zum Spa und Hamam, zum Pool und zum riesigen Restaurant weisen. Die Gästezimmer sind überraschend schlicht und aus Stampflehm, aber mit farbenfrohen Himmelbetten und *tadelakt*-Bädern ausgestattet; die Suiten sind ähnlich, nur größer.

MERZOUGA

Die meisten Unterkünfte liegen südlich des heruntergekommenen Dorfes.

Maison Rural (☎ 0535 577871; mit eigenem Zelt & Strom 20 Dh, im Berberzelt in den Dünen mit Kamelritt 250 Dh, mit Gemeinschaftsbad/eigenem Bad inkl. HP pro Pers. 150/200 Dh) Hier kriegt man ein ländliches Zimmer mit Aussicht. Alle zehn Zimmer um den ruhigen Innenhof haben orthopädische Betten, Ventilatoren und Heizungen (keine Klimaanlage). Manche Zimmer bieten Dünenblick – falls möglich sollte man das Eckzimmer nehmen. Im Rahmen einer Kameltour in einem Zelt in den Dünen zu übernachten, ist ein verlockendes Angebot.

Chez Julia (☎ 0535 573182; EZ/DZ/3BZ/4BZ 160/180/200/230 Dh) Echter Charme im Herzen von Merzouga: Das Chez Julia hat neun einfach möblierte Zimmer in sanften, sonnigen Farben mit supersauberen, weiß gekachelten Gemeinschaftsbädern. Alles weist Spuren der Koexistenz mit den oft rauen Naturgewalten auf: sonnengebleichte Türen, stoppelige, mit Stroh strukturierte Stampflehmwände und reizend abgenutzte, alte Kaminsimse. Die Marokkanerinnen, die das Haus führen, bringen jede Menge leckere marokkanische Speisen und österreichische Gerichte wie Schnitzel und Apfelstrudel auf den Tisch (Gerichte 100 Dh; Frühstück 38–50 Dh).

Riad Totmaroc (☎ 0670 624136; www.totmarroc.com; Merzouga; inkl. HP 350 Dh/Pers.) Eine moderne Kasbah, in der sich Gäste wunderbar von der weißen, heißen Wüste erholen können. Es gibt fünf Gästezimmer in gewagten, augenberuhigenden Blau- und Grüntönen, schattige Innenhöfe, die direkten Blick auf die Dünen bieten, eine offene Küche, in der leckere Speisen gezaubert werden, und Touren über Nacht mit Dromedaren und einem erfahrenen, offiziellen Führer.

NÖRDLICH VON HASSI LABIED

Auberge Kasbah Derkaoua (☎ /Fax 0535 577140; www.aubergederkaoua.com, französisch; Erw./Kind unter 16 Jahren inkl. HP 500/275 Dh; Jan. & teilw. Juni–Aug. geschl.;) Die nördlichste Unterkunft (wenn man von Rissani aus kommt, weist eines der ersten Schilder den Weg) ist ein ehemaliges Sufizentrum und genau der richtige Ort, um sich von der Gesellschaft zurückzuziehen: Hier kann man im eigenen Bungalow in einer ummauerten Gartenanlage über die Bedeutung der Wüste nachdenken. Wenn man dann bereit ist, sich der Welt wieder anzuschließen, kann man an einem vom Haus organisierten Ausflug mit Kamel, Pferd oder Geländewagen teilnehmen. Das Essen ist eine köstliche Kombination französischer und marokkanischer Küche und wird unter dem Sternenhimmel im Garten oder in einem nahe gelegenen Zeltcamp serviert.

An- & Weiterreise

Zum Glück geht die Asphaltstraße jetzt ganz bis nach Merzouga und noch 25 km weiter bis Taouz. So gehen Traveller nicht mehr so leicht *faux guides* ins Netz.

Die meisten Hotels liegen mindestens 1 km abseits der Straße am Beginn der Dünen. Alle sind mit dem Auto zu erreichen, aber die *pistes* sind oft miserabel. Es kann sein, dass die Karre im Sand stecken bleibt, auch wenn das nicht oft passiert. Für Notfälle unbedingt jede Menge Wasser und ein Handy mitnehmen!

Wer kein eigenes Auto hat, ist auf die sporadisch von Merzouga nach Rissani und Erfoud und zurück fahrenden Grands Taxis und Minivans angewiesen. Alle Minibusse können einen in Hassi Labied abholen oder rauslassen – das kann vorher über die Unterkunft geregelt werden. Minivans fahren in der Hauptsaison zwischen 7.30 und 9.30 Uhr in Merzouga ab.

In Merzouga starten Grands Taxis im Zentrum gegenüber vom Restaurant Dakar. Von dort geht's nach Norden bis Rissani (12 Dh) und nach Süden bis zum Ende der Straße in Taouz (hin & zurück 100 Dh, inkl. 45 Min. Aufenthalt).

TAOUZ

Wer wissen will, wie das Ende der Welt aussieht, muss nach Taouz fahren. Außer der Wüste mit ihren Felsen, den versteckten Mineralien und den Dinosaurierüberresten, die man gelegentlich findet, ist in diesem einsamen Dorf nur die **Casa Taouz** sehenswert. Dieses Haus hinter dem Dorf serviert Tee und manchmal auch etwas zu essen.

Das Dorf Khamlia liegt zwischen Merzouga und Taouz. Seine Einwohner sollen von Sklaven abstammen, die von südlich der Sahara hierher verschleppt wurden, dem Verkauf irgendwie entgingen und sich hier niederließen. Der Ort sieht aus wie jeder andere Grenzort, aber er ist das Heimatdorf von ein paar Gnawa-Musikern. Die bekanntesten sind Les Pigeons du Sable; ihre CDs werden auch in Europa verkauft. Manchmal treten sie hier und beim jährlichen Festival du Desert (s. S. 391) auf. Mehr Infos finden Interessierte in ihrem (durch ein Transparent erkennbaren) Haus.

Rund um Taouz gibt's ein paar Unterkünfte, die nur per Geländewagen erreichbar sind. Schilder an der Straße geben ihre GPS-Koordinaten an.

Sousebene, Antiatlas & Westsahara

Fruchtbare Ebenen, Granitberge und langgestreckte Sandstrände – Marokkos Südwesten verspricht etwas Besonderes. Die Sousebene und der Antiatlas haben eine abwechslungsreiche Geografie und eine ganz besondere Kultur zu bieten. Die weite, faszinierende Natur scheint die Menschen besänftigt zu haben: Turbulenzen, auf die Besucher andernorts in Marokko gefasst sein müssen, sind hier eher selten, und die Gastfreundschaft ist legendär.

Die Sousebene – in ihrem Zentrum Taroudannt mit seinen roten Mauern – gehört zu Marokkos wichtigsten Anbaugebieten. Nach Süden hin erstreckt sich der Antiatlas. Er ist keine so große Herausforderung wie der Hohe Atlas, aber es ist weniger besucht und bietet doch viel Sehenswertes, beispielsweise die zerklüfteten Hänge des Jbel Bani, prähistorische Felsschnitzereien in der Oase Akka und das idyllische, friedliche Tal der Ammeln.

Agadir ist der wichtigste Hafen im Süden und zugleich Marokkos Badeort Nummer eins. Die großartige Küste erstreckt sich Hunderte Kilometer südwärts, vorbei an Naturschutzgebieten, dem prachtvollen Art déco von Sidi Ifni und dem Städtchen Tarfaya. Weiter südlich bildet das Gebiet Westsahara einen dünn besiedelten Teil der Hammada (Steinwüste). Hier leben die Sahrauis (Wüstenstämme), Fischergemeinden und hart arbeitende Marokkaner. Es ist eine Gegend großer Spannungen, überwacht von allgegenwärtigen Sicherheitskräften.

HIGHLIGHTS

- In **Taghazout** (S. 414), Marokkos bestem Surfspot, auf Killerwellen reiten oder anderen dabei zusehen
- Antoine de Saint-Exupérys *Kleinem Prinzen* in **Tarfaya** (S. 440) begegnen
- Weg von den Menschenmassen und rund um **Tata** (S. 437) prähistorische Felsschnitzereien entdecken
- Abhängen an einem der sechs coolen Strände von **Mirleft** (S. 424)
- Die Seele baumeln lassen im idyllischen **Tal der Ammeln** (S. 435) zwischen rosa Granitfelsen und saftig grünen *palmeraies*
- Die zerklüfteten Ausläufer des **Antiatlas** (S. 431) durchwandern oder per Auto erkunden
- Über Dakhla hinaus bis ans Ende der Straße in die **Westsahara** (S. 437) fahren

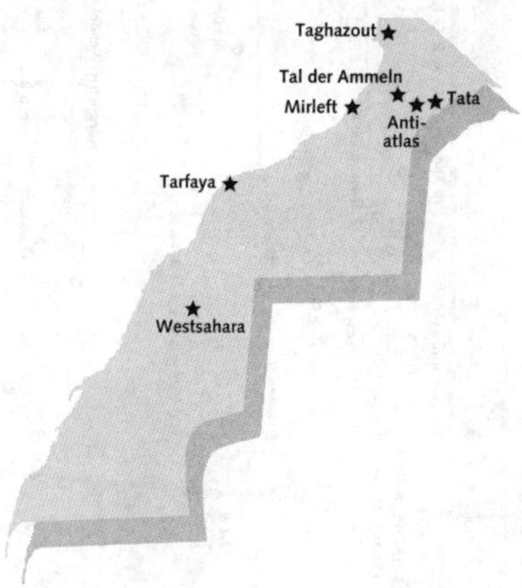

SOUSEBENE, ANTIATLAS & WESTSAHARA

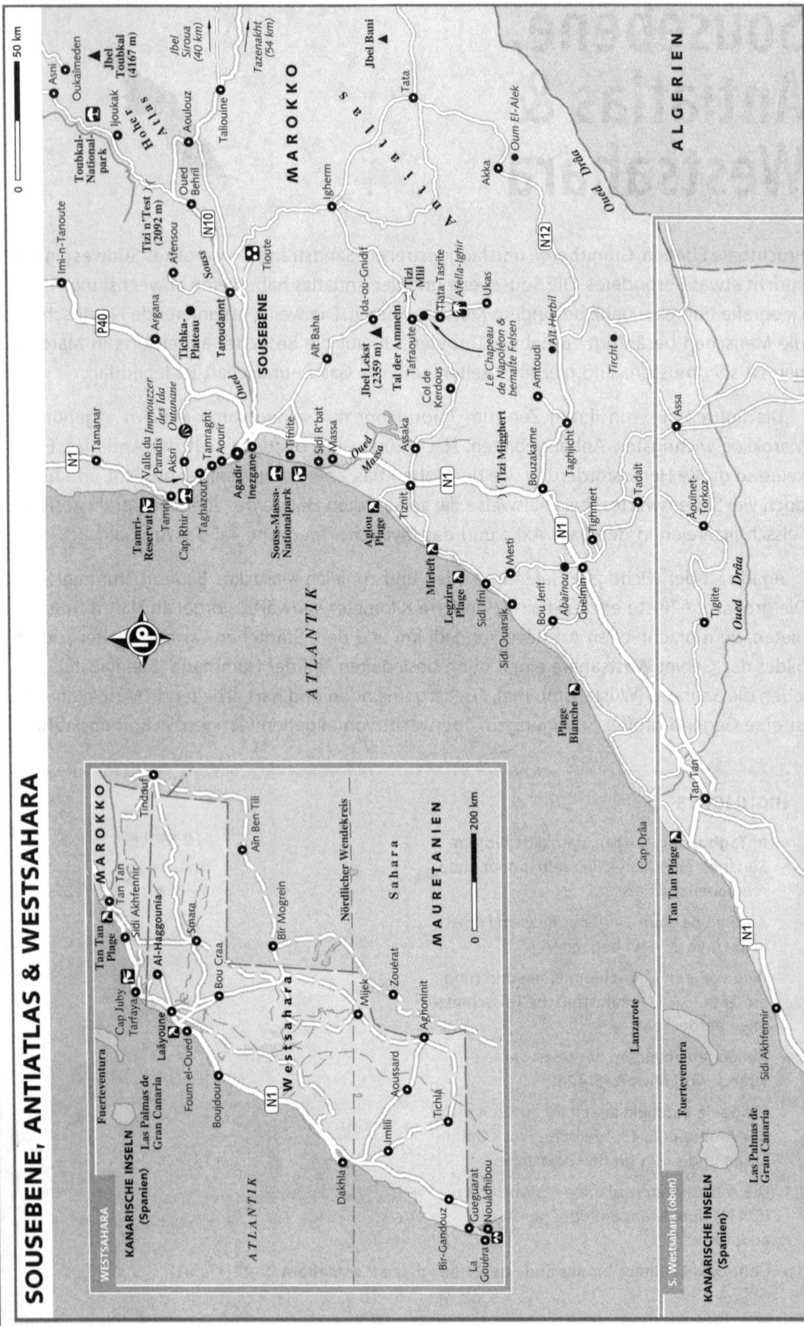

GESCHICHTE

Die Geschichte der Region ist so vielfältig wie ihre Landschaft. Die Vergangenheit von Taroudannt in der Sousebene ähnelt der Marrakeschs: Die Mauern stammen aus dem 11. Jh. und während der Blütezeit im 16. Jh. gehörte die Stadt zu einem Imperium, das bis nach Timbuktu reichte. Agadir hat eine gemeinsame Geschichte mit den nördlichen Atlantikhäfen, die beide von Portugal und Spanien besetzt waren. Dagegen waren die Stämme der Chleuh lange Zeit auf Eigenständigkeit und Unabhängigkeit aus. Viele dieser Gemeinschaften blieben bis in die 1930er-Jahre außerhalb zentralstaatlicher Kontrolle.

Weiter im Süden liegt die „wilde Grenze". Die als Sahrauis bekannten nomadischen Wüstenstämme bilden die einheimische Bevölkerung der Westsahara. Ihr Drang nach Unabhängigkeit führte im 20. Jh. zur Befreiungsbewegung Frente Polisario. Das anhaltende Autonomiestreben der Provinz Westsahara bleibt der gegenwärtigen Regierung ein Dorn im Auge. Über die Hintergründe informiert umfassend *Endgame in the Western Sahara: What Future for Africa's Last Colony?* von Toby Shelley, einem Experten für Resource Politics, der an eine friedliche Konfliktlösung glaubt.

KLIMA

Geografisch gliedert sich der Süden in drei verschiedene Zonen mit jeweils eigenem Mikroklima. Die halbtropische grüne Sousebene ist heiß und feucht; die Temperaturen liegen zwischen 22 °C und dunstigen 38 °C, wenn Wasserdampf wie Nebel aus den riesigen Zitrushainen der Talebene aufsteigt. Im Frühling ist die Ebene starken Winden ausgesetzt. Das Klima des kargen Antiatlas schwankt zwischen eisigen Wintern und heißen, trockenen Sommern. Die Küste im tiefen Süden bietet hingegen ganzjährig ein stabiles, sonniges Klima.

SPRACHE

Arabisch ist immer noch die Verkehrssprache in allen größeren Städten des Südens. In der Sousebene sprechen die Stämme der Chleuh Tachelait – einen Berberdialekt, der sonst vor allem in den Dörfern im Tal der Ammeln und im Antiatlas verbreitet ist. Vielerorts wird Französisch gesprochen und in einigen einstmals spanischen Gebieten hört man noch Spanisch.

AN- & WEITERREISE

Agadir ist der zentrale Flughafen im Süden, wird aber im Vergleich zu Marrakesch selten angeflogen. Internationale Verbindungen sind meist europäische Charterflüge und wegen der eigenartigen Bestimmungen der Fluglinien ist es unmöglich, ein One-Way-Ticket ab Agadir zu buchen. **Royal Air Maroc** (RAM; ☎ 0522 311122; www.royalairmaroc.com) bietet Flüge von und nach Laâyoune (Fr, So, Di) und Dakhla (Mi) und weitere über Casablanca. Direktflüge in die Westsahara sind oft teurer als über Casablanca; günstig sind allerdings überhaupt keine Flüge. **Regional Air Lines** (RGL; ☎ 0522 536940; www.regionalmaroc.com) bietet Direktflüge nach Dakhla und Laâyoune.

Es gibt keine Züge ab Agadir, aber Supratours (ein Busunternehmen der Bahn) fährt regelmäßig nach Marrakesch (4-mal tgl.), Tiznit, Laâyoune und Dakhla. Auch die Busgesellschaft CTM fährt eine Reihe von Zielen an, u. a. Casablanca und Essaouira.

UNTERWEGS VOR ORT

CTM, Satas und andere lokale Busunternehmen bieten Linien kreuz und quer durch die Region, z. B. nach Taroudannt, Tiznit, Laâyoune und Dakhla. Grands Taxis sind die schnellsten öffentlichen Verkehrsmittel und fahren die meisten Ziele in der Gegend an.

Um die Entfernungen, vor allem im Süden, zu überwinden, sollte man darüber nachdenken, ein Auto zu mieten. Dafür ist Agadir einer der besseren Orte in Marokko; alle wichtigen Verleiher sind hier vertreten.

SOUSEBENE

AGADIR

679 000 Ew.

Das Agadir-Feeling ist einzigartig in Marokko. Ursprünglich war Agadir eine belebte Hafenstadt um die befestigte Kasbah, 1960 wurde es durch ein Erdbeben komplett zerstört. Seitdem ist es zu Marokkos wichtigstem Badeort ausgebaut worden mit heute 30 000 Betten für Besucher. Ein groß angelegtes Straßennetz im Stadtzentrum ist von weitläufigen Wohngegenden umgeben. Der Trubel auf den Straßen, typisch für so viele marokkanische Städte, fehlt hier. Das dürfte der neue Luxusyachthafen allerdings bald ändern. Bisher war der größte Anziehungspunkt der breite Sandstrand. Besser geschützt als viele

AGADIR

PRAKTISCHES
Adrar Net 1 C4
Al Mouggar Bookshop 2 C5
Bank Populaire (Bureau de Change) 3 B5
Carlson Wagonlit 4 B4
Clinique al-Massira 5 C4
Complete Tours 6 B4
Internet Swiss 7 C5
Hauptpost 8 C4
Zeitungskiosk ..... (siehe 12)
Zeitungskiosk 9 B4
Nachtapotheke 10 B4
Polizei 11 D5
Syndicat d'Initiative 12 A4
Wafa Bank (Bureau de Change) ..... (siehe 29)

SEHENSWERTES & AKTIVITÄTEN
Jardim de Olhão 13 C3
Musée du Patrimoine Amazigh 14 B5
Mémoire d'Agadir 15 B3
Palm Beach 16 A6
Sunset Beach 17 A5
Tifaouine Argane 18 C5
Vallée des Oiseaux 19 B4

SCHLAFEN
Hôtel Kamal 20 B4
Hôtel La Petite Suède 21 A4

ESSEN
Allo Pizza ..... (siehe 28)
Zentraler Markt 22 B4
Cuisine Gourmande 23 B4
La Scala 24 A5
La Verandah 25 C5
Le Nomade 26 B4
Mezzo Mezzo 27 B5
SOS Poulet 28 C4
Uniprix-Supermarkt 29 B4
Yacout 30 C4

AUSGEHEN
Bar Fly 31 A5
Piano Bar ..... (siehe 31)

SHOPPEN
Rip Curl 32 B4
Tawarguit ..... (siehe 18)
Uniprix-Supermarkt ..... (siehe 29)

TRANSPORT
Always Cars ..... (siehe 33)
Avis ..... (siehe 33)
Budget 33 A4
Grands Taxis 34 D6
Hertz ..... (siehe 33)
Stadtbushaltestelle 35 D6
Royal Air Maroc 36 A4

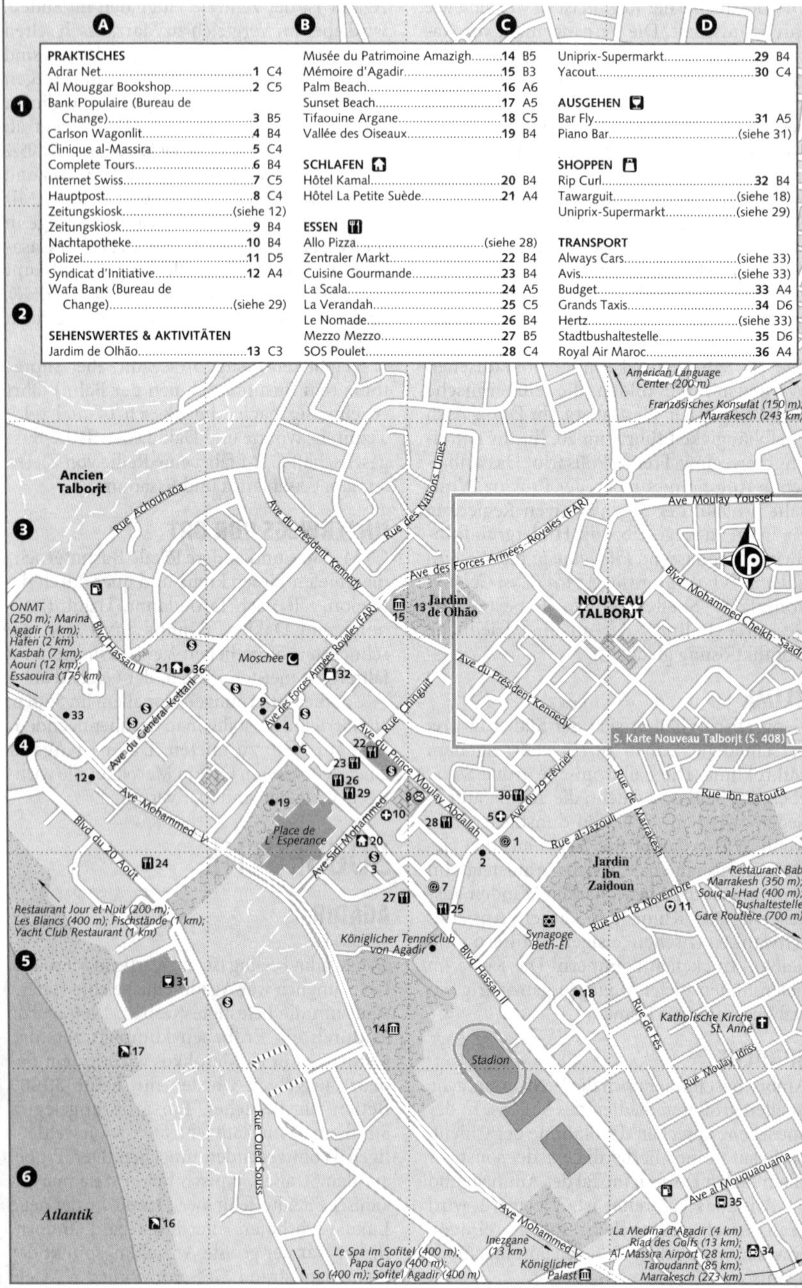

andere Atlantikstrände, bietet er sauberes Wasser, sicheres Badevergnügen und 300 Sonnentage im Jahr!

Der Tourismus ist zwar vor allem auf Pauschalurlauber ausgerichtet, aber Agadirs Flair zieht auch immer mehr Individualreisende an. Ein Zwischenstopp lohnt sich – nicht nur um gepflegt zu entspannen und die immer besser werdenden Restaurants zu testen, sondern auch, um einiges zu sehen: die Ruine der Kasbah, unerschlossene Strände in der Nähe, genial zum (Wind-)Surfen, und der Sous-Massa-Nationalpark.

Geschichte

Die Stadt, die nach dem *agadir* (befestigter Kornspeicher) des Irir-Stammes benannt wurde, hat viele Höhen und Tiefen erlebt. Sie wurde im 15. Jh. von portugiesischen Kaufleuten gegründet, die Handelsverbindungen mit den Karawanen der Sahara aufbauen wollten. Seit Mitte des 16. Jhs., als sich das Reich der Saaditen ausdehnte, wurde der Hafen schwer reich durch den Export von Zucker, Baumwolle und Salpeter. Dazu kamen Waren des Saharahandels, den die Marokkaner kontrollierten. Mit diesem Wohlstand war es dann aber urplötzlich vorbei: In den 1760er-Jahren verlegte der alawitische Sultan Sidi Mohammed ben Abdallah den Handel ins nördliche Essaouira.

Französische Siedler unternahmen einiges, um Agadir im 20. Jh. zu sanieren, aber das verheerende Erdbeben vom 29. Februar 1960 zerstörte die gesamte Stadt. Dabei starben 18 000 Menschen, etwa die Hälfte der damaligen Bevölkerung. Die Behörden waren unfähig, die apokalyptischen Folgen – Tod und Seuchen – zu bewältigen und ließen die Stadt unter Kalk und DDT verschwinden: Große Teile Agadirs und seine toten Bewohner wurden unter einem Hügel begraben, der heute im Norden der neuen Stadt liegt und als Ancien Talborjt bekannt ist.

Seit dem Wiederaufbau ist Agadir zu einer wichtigen Hafenstadt mit einer großen Fischfangflotte geworden, die Marokko zum weltgrößten Exporteur von Ölsardinen machte. Zur selben Zeit wurde die Stadt zu Marokkos angesagtestem Badeort. Die Eröffnung des neuen Luxusyachthafens deutet auf Pläne hin, die Entwicklung der Gegend noch weiter zu pushen – die gleichen Zeichen setzt das neu angelegte riesige Luxusareal in Taghazout.

Orientierung

Agadir erstreckt sich über ein großes Gebiet sowohl entlang der Küste als auch ins Landesinnere hinein. Vom nördlichen Ende und dem Yachthafen verlaufen drei große Blvds durch das Haupttouristengebiet: 20 Aout, dem Meer am nächsten, Mohammed V und Hassan II. Einige der besten Hotelanlagen befinden sich im südlichen Distrikt Founti. Landeinwärts im nordöstlichen Teil der Stadt liegt das Geschäftszentrum Nouveau Talborjt (Neu-Talborjt). Dort sind auch die meisten Budgetunterkünfte zu finden.

Praktische Informationen

BUCHLÄDEN

Die Zeitungsstände am Blvd Hassan II, vor allem in der Nähe der Kreuzung mit der Ave des Forces Armées Royals (FAR), haben eine gute Auswahl internationaler Zeitungen (meistens ein bis zwei Tage alt) und Zeitschriften.

Al Mouggar Bookshop (Karte S. 404; ☎ 0528 842712; Ave du Prince Moulay Abdallah) Gleich bei der Ave du 29 Février; hat eine große Auswahl französischer Bücher von Belletristik und Geschichte bis zu Reiseführern und auch einige englische Bücher über Marokko.

GELD

Die meisten Banken haben Geldautomaten und auch am Flughafen gibt's Wechselschalter und Geldautomaten. Große Hotels tauschen Bargeld und Reiseschecks. Folgende Banken haben Wechselschalter (*bureaux de change*):

Banque Populaire (Karte S. 404; Blvd Hassan II)

Wafa Bank (Karte S. 404; Blvd Hassan II)

INTERNETZUGANG

Agadir hat Dutzende von Internetcafés, die 5 bis 10 Dh pro Stunde nehmen.

Adrar Net (Karte S. 404; Ave du 29 Février, Talborjt; 5 Dh/Std.).

Internet Swiss (Karte S. 404; Blvd Hassan II; 10 Dh/Std.; ⌚ 9–23 Uhr) Das meistbesuchte und am günstigsten gelegene Cybercafé.

MEDIZINISCHE VERSORGUNG

An der Tür des Syndicat d'Initiative (S. 406) hängt eine Liste mit Ärzten und Apotheken.

Clinique al-Massira (Karte S. 404; ☎ 0528 843238; Ave du 29 Février)

Nachtapotheke (Karte S. 404; ☎ 0528 820349; Ave Sidi Mohammed) Im Untergeschoss des Rathauses, neben der Post. Eine Liste der Nachtapotheken hängt für gewöhnlich in den Fenstern aller Apotheken.

NOTFALL

Die meisten großen Hotels in Agadir können vertrauenswürdige englischsprechende Ärzte empfehlen.

Krankenwagen (☎ 15)

Polizei (☎ 19; Rue du 18 Novembre)

POST

Hauptpost (Karte S. 404; Ave Sidi Mohammed; Mo–Fr 8.30–18.30, Sa 8.30–12 Uhr)

REISEBÜROS

Atlantic Sport Travel (Karte S. 404; ☎ 0661 387177; atlantic.sport.travel@gmail.com) Bietet Tagestouren und Mountainbiketrips ab Agadir an.

Carlson Wagonlit (Karte S. 404; ☎ 0528 841528; 26 Ave des Forces Armées Royales) Vertritt alle großen Fluggesellschaften.

Complete Tours (Karte S. 404; ☎ 0528 823401; Immeuble Oumlil 26, Ave Hassan II; www.complete-tours.com) Bietet Touren nach Taroudannt, Immouzzer und zu anderen Orten der Region an.

TOURISTENINFORMATION

Informationsschalter (☎ 0528 839077; Al-Massira Flughafen; 8.30–12 & 14.30–18.30 Uhr)

ONMT (Délégation Régionale du Tourisme; Karte S. 404; ☎ 0528 846377; Fax 0528 846379; Immeuble Ignouan, Ave Mohammed V; Mo–Do 8.30–12 & 14.30–18.30, Fr 8.30–11.30 & 15–18.30 Uhr) Beste Adresse für Informationen über Stadt und Region.

Syndicat d'Initiative (Karte S. 404; ☎ 0528 825304; Ave Mohammed V; 9–12 & 15–18.30 Uhr) Hilfreich wegen der Liste der Ärzte und Apotheken.

Sehenswertes

Die Ruine der alten **Kasbah** (Karte S. 404), weithin sichtbar auf einem Berg 7 km nordwestlich des Zentrums gelegen, ist ein seltenes Überbleibsel des Erdbebens. Die Kasbah wurde 1541 unter dem Saaditensultan Mohammed esch-Scheikh erbaut und in den 1740er-Jahren restauriert. Die Inschriften über dem Eingangsbogen sind holländisch und arabisch („Glaube an Gott und achte den König") und erinnern an die Anfänge des Handels mit den Niederlanden. Die Lage verschlechterte sich in den 1750er-Jahren, als Agadir sich dem lokalen Widerstand gegen den alawitischen Sultan Moulay Abdallah anschloss. Er rächte sich, indem er die Kasbah in eine Garnison verwandelte, die jüdische Gemeinde nach Essaouira verlegte und den Handel verbot. Den Bewohnern Agadirs überlassen, wurde die Garnison einst von fast 300 Menschen bewohnt. Heute stehen nur noch die Außenmauern und einige Reste früherer Wohnstätten. Aber der Besuch lohnt sich aus einem anderen Grund: Die Aussicht über Agadir mitsamt Hafen, Marina und den ausgedehnten Vororten ist ein Traum. Die mit Gras bewachsene Gegend unterhalb der Kasbah, **Ancien Talborjt** (Karte S. 404), bedeckt die Überreste der alten Stadt. Hier wurden auch die Toten des Erdbebens von 1960 begraben. Der Weg zu Fuß hinauf zur Kasbah ist lang, heiß und unbequem: also besser ein Taxi nehmen (20–25 Dh) und nur zurück laufen. Danach lohnt sich ein Abstecher zum **Hafen** (Karte S. 404), um zu essen oder einfach die Atmosphäre zu genießen.

Das kleine **Musée du Patrimoine Amazigh** (Karte S. 404; ☎ 0528 821632; Passage Aït Souss, Blvd Hassan II; Eintritt 20 Dh; Mo–Sa 9.30–17.30 Uhr) zeigt eine außergewöhnliche Sammlung von Kunsthandwerksobjekten der Berber, vor allem Schmuck. Inspiriert durch Bert Flint, den niederländischen Besitzer der Maison Tiskiwin in Marrakesch (S. 324), ist dies ein großartiger Ort für Leute, die sich für die Kultur der Berber interessieren. Eine kostenlose Führung kann auf Nachfrage arrangiert werden (Trinkgeld ist willkommen). In der Nähe liegt das **Vallée des Oiseaux** (Tal der Vögel; Karte S. 404; Erw./Kind 5/3 Dh; 9.30–12.30 & 14.30–19 Uhr), ein schattiger Kinderspielplatz mit Vogelhaus und kleinem Zoo. Er wurde in einem trockenen Flussbett angelegt, das vom Blvd Hassan II nach Süden zum Blvd du 20 Août verläuft.

Ebenso erfrischend ist der **Jardin de Olhão** (Karte S. 404; Ave du Président Kennedy; 8–18 Uhr), ein kühler, erholsamer Ort, der 1992 anlässlich der Städtepartnerschaft mit Olhão in Portugal errichtet wurde. In der südwestlichen Ecke liegt das **Mémoire d'Agadir** (Karte S. 404; Eintritt frei; Di–Sa 9–12.30 & 15–19 Uhr), ein kleines Museum zum Gedenken an das Erdbeben von 1960. Die Ausstellung zeigt interessante Fotos von Agadir seit den 1920er-Jahren; andere Bilder vermitteln einen Eindruck von den Folgen des Bebens.

Die neueste Sehenswürdigkeit der Stadt ist die **Marina Agadir** (Karte S. 404; ☎ 0528 828298; www.port-marina-agadir.com), ein milliardenschwerer Freizeithafen zwischen Strand und Handelshafen. Der Hafen bietet nicht nur Wasserspaß, sondern auch eine Vielzahl von Apartments und ein Hotel (zum Zeitpunkt der Recherche noch nicht geöffnet). Diese Gegend wird sich mehr und mehr zum Aktivzentrum der City

MARIE-LUCE MILANO KRIMI

Marie-Luce Milano Krimi stammt ursprünglich aus dem Elsass und ist Assistentin des Generaldirektors vom Agadir Beach Club Hotel.

Seit wann leben Sie in Agadir? Seit 22 Jahren! Ich bin seit 1986 hier.

Wie hat es Sie hierher verschlagen? Ich habe den Sommer über im Club Med gearbeitet, dort meinen späteren Mann kennengelernt (einen Marokkaner, der auch dort beschäftigt war), und wir wollten versuchen, ob es mit uns beiden klappt. 22 Jahre später haben wir jetzt zwei Töchter, zwei Hunde, zwei Katzen, mehrere Vögel, einige Goldfische und viele Freunde.

Hat sich hier inzwischen viel verändert? Und wie! Früher war das hier ein kleines Nest, in dem jeder jeden gekannt hat. Jetzt ist es fast eine Großstadt, viele neue Leute, viele Europäer … Die Stadt ist schön und sauber geworden, aber sie hat ihren typischen Touch verloren. Wie wir alle wissen, hat der Fortschritt seine guten und seine schlechten Seiten. Und Marjane, der große Supermarkt, gehört nicht zu den guten Seiten. Ich mochte den Tante-Emma-Laden nebenan, der den ganzen Tag offen hatte – und fast die ganze Nacht! Sein Besitzer konnte nur arabisch, verstand aber sofort, was man wollte, völlig egal mit welcher Sprache man ankam. Und wenn man das Geld nicht passend hatte, meinte er: „Kein Problem! Bring's morgen vorbei."

Was gefällt Ihnen hier am besten? Die Mentalität der Leute. Die Weite. Der Strand. Wenn ich morgens aufstehe, ist der Himmel blau, die Vögel singen, und wenn man rausgeht, grüßt einen jeder. Das liebe ich! Außerdem: „Geht nicht" gibt's nicht bei Marokkanern. Alles ist möglich – man braucht nur ein bisschen Geduld.

Und Ihr Lieblingsrestaurant? Ich mag das Mezzo Mezzo wegen seines Besitzers Jean Mi. Seine Pizza ist die beste in der Stadt.

Haben Sie einen Lieblingsausdruck auf Arabisch, Berberisch oder Französisch? Inschallah. Früher habe ich es gehasst. Aber inzwischen bin ich der Meinung, dass die ganze Welt es benutzen sollte! Ich selbst benutze es tausendmal am Tag. Inschallah ist eine Philosophie.

Was machen Sie so am Wochenende? Wir arbeiten beide viel. Deshalb besteht unser Wochenende eigentlich nur aus dem Sonntag. Meine Töchter verbringen ihre Samstage mit Surfen. Manchmal gehe ich im Suk shoppen. Dann gehen wir zum Strand oder nach Taroudannt und am Abend treffen wir uns mit Freunden. Jedenfalls sitzen wir nicht daheim vor der Glotze.

entwickeln, mit Läden (vor allem internationale Marken), Cafés und Restaurants.

5 km südlich von Agadir an der Straße nach Inezgane schuf der in Rabat geborene italienische Architekt Coco Polizzi **La Médina d'Agadir** (☎ 0528 280253; www.medinapolizzi.com, französisch; Aghroud Ben Sergao; Erw./Kind 40/20 Dh; 🕑 8.30–18.30 Uhr). Dieses Berberdorf wurde mit traditionellen Techniken und Materialien nachgebaut und hat Werkstätten für 30 freischaffende Kunsthandwerker. Im Café-Restaurant gibt's Erfrischungen. Von Agadir fahren Shuttlebusse (Erw./Kind 60/30 Dh) vom Kiosk am Blvd du 20 Août nach La Médina d'Agadir, die unterwegs auch ein paar Hotels abklappern.

Aktivitäten

STRÄNDE

Das Highlight von Agadir ist der sichelförmige **Strand**, der meistens verschont bleibt, wenn anderswo der Wind vom Atlantik pustet. Er ist sauber und gepflegt und wird in der Hauptsaison (Juni–Sept.) von Rettungsschwimmern (starke Unterströmung!) und der Polizei überwacht.

Am Strand hat man im Allgemeinen seine Ruhe, aber alleinreisende Frauen und Familien relaxen wahrscheinlich besser an einem der privaten Strände (Liegestuhl mit Sonnenschirm 20 Dh), z. B. am **Sunset Beach** oder **Palm Beach** (Karte S. 404), wo es auch Duschen, Toiletten und einen Spielplatz gibt. Viele größere Hotels und Surfclubs am Strand vermieten Equipment zum Windsurfen (120 Dh/Std.), Jetskis (300 Dh/20 Min.), Bodyboards (60 Dh/Std.) und Surfboards (120 Dh/Std.). Für alle, die lieber bummeln gehen: Die **Promenade** erstreckt sich über mehrere Kilometer von der Marina bis zum königlichen Palast.

Segelfreunde wenden sich an **Voiles du Sud** (☎ 0661 215746; www.voilesdusud.com; morgens 300 Dh/Pers., Tagestrip inkl. Mittagessen 450 Dh/Pers.), die von der Marina aus Touren auf einer zweimastigen 16-Personen-Yacht und einem Katamaran für 30 Personen anbieten.

NOUVEAU TALBORJT

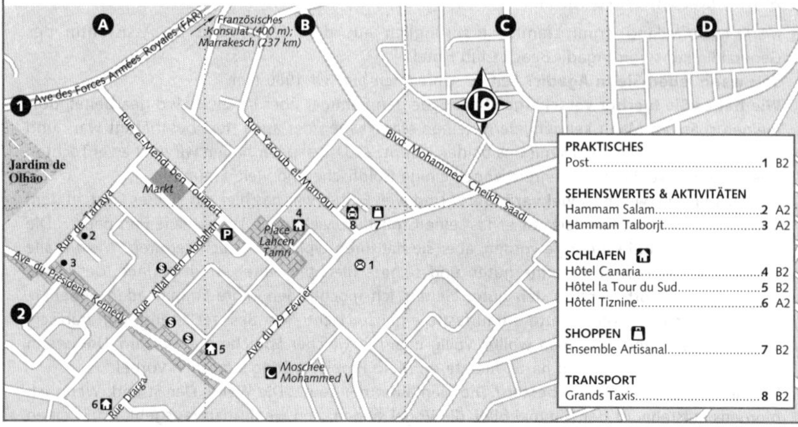

HAMAMS

In Nouveau Talborjt gibt's einige Hamams, darunter den **Hammam Salam** (Karte S. 408; 12 Rue de Tarfaya; ab 10 Dh) und den schicken **Hammam Talborjt** nur für Frauen (Karte S. 408; Rue de Tarfaya; ab 10 Dh) direkt südlich der Ave du Président Kennedy. Außerdem haben viele der großen Hotels luxuriöse Hamams, wo man es sich ab 80 Dh richtig gut gehen lassen kann.

Für den gehobeneren Anspruch bieten einige Hotels Heilbäder, Massagen und eine Reihe von Anwendungen. Unter den besten ist das **Le Spa im Sofitel** (außerhalb der Karte S. 404; ☎ 0528 820088; www.sofitel.com; Baie des Palmiers, Ben Sergao; Massage ab 650 Dh/Std.). **Tifaouine Argane** (Karte S. 404; ☎ 0528 690043; www.tifaouine-argane.com; Blvd Mahdi Ben Barka, No. 8 Riad Salam; 2 Std. Massage ab 350 Dh) im Stadtzentrum ist ein Zentrum, in dem man Öle und Kosmetika auf Arganbasis kaufen und sich mit Massagen verwöhnen lassen kann.

Schlafen

In Agadir gibt es überwiegend Hotels in der mittleren und oberen Preiskategorie, aber jenseits vom Strand findet man auch zahlreiche Budgetunterkünfte. In der Hochsaison um Ostern, im Sommer und zur Weihnachtszeit kommen überwiegend europäische Pauschalurlauber. Wer sich ein Zimmer in dieser Zeit sichern will, sollte möglichst früh buchen. In der Nebensaison bieten Mittel- und Spitzenklassehotels ihre Zimmer zu ermäßigten Preisen an; Onlinerecherche im Vorfeld zahlt sich also aus. Die Preise der Budgetunterkünfte schwanken übers Jahr gesehen hingegen nur wenig.

BUDGETUNTERKÜNFTE

Der Blick auf den Atlantik hat seinen Preis, deshalb liegen die meisten Budgethotels in Nouveau Talborjt nicht direkt am Meer. Nächtlicher Busverkehr und Prostitution sorgen dafür, dass die meisten Rezeptionen rund um die Uhr besetzt sind. Wer also schon ein Zimmer gebucht hat, kann ruhig spät ankommen.

Hôtel Canaria (Karte S. 408; ☎ 0528 846727; Place Lahcen Tamri; EZ/DZ ohne Bad 70/90 Dh, mit Bad 80/100 Dh) Mit Blick auf einen schönen Platz. Die Zimmer mit Kiefernmöbeln und Topfpflanzen gehen allerdings auf den höher gelegenen Innenhof.

Hôtel Tiznine (Karte S. 408; ☎ 0528 843925; 3 Rue Drarga; EZ/DZ 80/120 Dh, mit Dusche 120/160 Dh) Eine der besten Budgetunterkünfte mit zwölf gut geschnittenen Zimmern rund um einen grünweiß gekachelten blühenden Innenhof. Einige Zimmer haben eigene Bäder, aber auch die Gemeinschaftsbäder sind top. Der Manager spricht gut Englisch, und Yacout (S. 410) lädt zum Frühstück.

Hôtel La Petite Suède (Karte S. 404; ☎ 0528 840779; Fax 0528 840057; Ecke Blvd Hassan II & Ave du Général Kettani; EZ/DZ/3BZ 160/244/333 Dh) Einfaches, aber super gelegenes Hotel, fünf Minuten zu Fuß vom Strand entfernt, mit sehr gutem, freundlichem Service. Die Zimmer zur Straße haben große Balkons, die nach hinten sind dafür ruhiger.

Hôtel La Tour du Sud (Karte S. 408; ☎ 0528 822694; Ave du Président Kennedy; EZ/DZ 191/223 Dh) Die Zimmer mit Bad in diesem soliden Zwei-Sterne-Hotel (früher Hotel de Paris) sind traditionell eingerichtet und liegen um zwei Innenhöfe mit Bäumen herum. Das Café im Erdgeschoss ist gut und serviert Frühstück (24 Dh) auf der Terrasse.

MITTELKLASSEHOTELS

LP Tipp **Hôtel Kamal** (Karte S. 408; ☎ 0528 842817; Fax 0528 843940; Blvd Hassan II; EZ/DZ 403/462 Dh;) Ein sehr beliebtes und gut geführtes Hotel im Zentrum. Der moderne weiße Block in Rathausnähe zieht verschiedenste Gäste an, darunter Reisegruppen und marokkanische Urlauber. Die Zimmer sind hell und sauber, das Personal ist hilfsbereit, und es gibt einen Pool, der groß genug zum Schwimmen ist. Zimmer zur Straße können laut sein, das Frühstück (36 Dh) ist etwas fad und zu teuer.

SPITZENKLASSEHOTELS

Die meisten Luxushotels am Meer sind auf Pauschaltouristen ausgerichtet, aber viele bieten auch Zimmer zu ermäßigten Preisen an – einfach fragen!

Sofitel Agadir (Karte S. 404; ☎ 0528 820088; www.sofitel.com; Baie des Palmiers, Ben Sergao; EZ/DZ ab 750/900 Dh;) Das Sofitel sticht aus einer langen Reihe von Anlagen heraus. Gebaut wie eine niedrige Kasbah, erscheint es trotz seiner vor Kurzem aufgewerteten 240 Zimmer recht klein. Die Ausstattung ist vom Feinsten mit Thalassotherapie, Heilbädern, Hamam, mehreren Pools, einem gepflegten Strand und Restaurants. Die Anlage rühmt sich auch, den angesagtesten Nachtclub in Agadir zu besitzen (s. S. 410).

Riad des Golfs (☎ 0528 337033; www.riaddesgolfs.com; Chemins des Francais; ab 1760 Dh;) Versteckt im Süden von Agadir widersetzt sich diese Villa dem Trend der Megahotels. Von einem französischen Architekten und seiner Frau entworfen und betrieben, hat sie acht große und elegante Suiten, einen von Olivenbäumen umringten beheizten Pool und ein Restaurant, wo mit das beste Essen der Stadt serviert wird (nur für Hausgäste) – verlockend also nicht nur für Golfer auf dem Weg zu den nahen Golfplätzen.

Essen

Agadir war einst kulinarische Wüste und Tajine oder Pizza waren meist das höchste der Gefühle. In letzter Zeit haben ein paar Neueröffnungen die Situation jedoch verbessert. Viele Lokale servieren nach 22 Uhr kein Essen mehr, einige bieten jedoch noch länger Getränke an. Sofern es nicht anders angegeben ist, bekommt man in Agadirs Restaurants auch Alkohol.

RESTAURANTS

Le Nomade (Karte S. 404; ☎ 0528 841186; Blvd Hassan II; Hauptgerichte 60 Dh) Unter den Restaurants in der Nähe des städtischen Marktes bietet die Küche von Hadj Larbi echte marokkanische Klassiker: Couscous, Tajine und Brochettes, zubereitet auf einem Holzfeuergrill. Kein Alkoholausschank.

La Scala (Karte S. 404; ☎ 0528 846773; Rue du Oued Souss; Gericht inkl. Wein 350 Dh) Hervorragendes marokkanisches Restaurant, beliebt bei reichen Marokkanern, arabischen und westlichen Besuchern – daher stammt auch das kosmopolitische Flair. Das Essen ist exquisit, frisch und die reinste Augenweide.

LP Tipp **Les Blancs** (außerhalb der Karte S. 404; ☎ 0528 828388; Marina; Hauptgerichte ab 90 Dh) In eindeutig bester Lage in Agadir, ganz am nördlichen Strandende am Eingang zum neuen Yachthafen, wartet diese entspannte, elegante Kombination von weiß gekachelter Bar, Lounge und Restaurant. Ein Spanier zaubert einen Mix aus andalusischen und marokkanischen Gerichten. Der Service kann etwas lahm sein.

Yacht Club Restaurant (Karte S. 404; ☎ 0528 843708; Handelshafen; Gericht 200 Dh) Das moderne Lokal, auch als Restaurant du Port bekannt, liegt direkt am Wasser im Fischereihafen – der Fisch könnte also nicht frischer sein. Beleuchtung und Dekor sind einfach, aber das Essen ist verlässlich, vor allem der frisch zubereitete Fang des Tages und die Calamari. Der Service ist unkompliziert, und für warme Tage gibt's eine Terrasse.

Mezzo Mezzo (Karte S. 404; ☎ 0528 848819; Blvd Hassan II; Gericht 200 Dh) Fragt man Einheimische nach ihren Lieblingsrestaurants, ist diese Pizzeria garantiert dabei. Warum? „Weil man hier einfach immer Spaß hat." „Ich hab' dort noch nie schlecht gegessen." „Es lohnt sich, schon allein, um Maitre Jean Michel bei der Arbeit zuzusehen." Auf den Tisch kommen klassische Pizza und Pasta.

Restaurant Bab Marrakesh (Karte S. 404; ☎ 0528 826144; Rue de Massa; Tajine für 2 Pers. 100 Dh, Couscous 70 Dh, Sandwiches 25–35 Dh) In der Nähe des Souk al-Had, weit entfernt von den Touristenfallen am Strand. Dieses Restaurant steht bei den

Einheimischen hoch im Kurs und bietet echt marokkanisches Essen zu vernünftigen Preisen.

CAFÉS

In den unzähligen Cafés der Stadt lässt es sich gut mit Kaffee und Gebäck in den Tag starten. Man kann sich hier auch wunderbar vom anstrengenden Strandleben erholen. Die meisten Cafés öffnen um 8 und schließen frühestens um 20 Uhr.

Yacout (Karte S. 404; Ave du 29 Février) Mit seinem schattigen Garten, kreischenden Papageien und dem köstlichen marokkanisch-westlichen Gebäck ist das Yacout der Frühstückstreff von Agadir. Später am Tag werden Sandwiches, marokkanische Süßigkeiten und Eistorten serviert; das Hauptmenü lässt man allerdings besser aus …

La Verandah (Karte S. 404; Blvd Hassan II) Das Café mit Pariser Touch liegt gegenüber dem Königlichen Tennisclub und hat eine viel versprechende Auswahl an süßen und delikaten Überraschungen; gut zum Leute beobachten.

Cuisine Gourmande (Karte S. 404; ☎ 0528 821542; Zentraler Markt, Blvd Hassan II) An einer Ecke des Parkplatzes vom Zentralen Markt bietet dieses von Franzosen betriebene Café und *traiteur* Salate und fertige Gerichte, ideal für zwischendurch oder ein Strandpicknick. Hier gibt's den besten Kuchen und das leckerste Gebäck in ganz Agadir.

AUF DIE SCHNELLE

Die günstigen Snackbars in Nouveau Talborjt und rund um die Bushaltestellen haben lange auf. **SOS Poulet** (Karte S. 404; Ave du Prince Moulay Abdallah) und der Ableger **Allo Pizza** (Karte S. 404; Ave du Prince Moulay Abdallah) machen leckere Grillhähnchen (halbes Hähnchen 54 Dh) und Pizzas (45–50 Dh). Superfrischen Fisch bekommt man bei den vielen **Fischständen** (außerhalb der Karte S. 404; Gerichte um 50 Dh) am Eingang zum Handelshafen.

SELBSTVERSORGER

Der große **Uniprix-Supermarkt** (Karte S. 404; Blvd Hassan II) hat alles im Angebot: von Käse und Keksen bis zu Bier, Wein und Spirituosen. Auf dem **Zentralen Markt** (Karte S. 404) gibt's frische Lebensmittel und auch Touristenkram. Obst und Gemüse aus der Sousebene bekommt man auf dem **Souk al-Had** (außerhalb der Karte S. 404; 🕑 Di–So); samstags und sonntags ist hier am meisten los.

Ausgehen

Am Strand laden viele Bars und Kneipen dazu ein, nachmittags zu entspannen oder abends dem Sonnenuntergang zuzuprosten. Am Palm Beach bleiben manche Läden im Sommer bis 1 Uhr offen. Die meisten Bars haben allabendlich von 17 bis 20 Uhr Happy Hour, und einige bieten fragwürdige Unterhaltungswonnen wie Karaoke oder schnulzige Entertainer.

Restaurant Jour et Nuit (Karte S. 404; ☎ 0528 840610; Rue de la Plage; 🕑 24 Std.) Beliebter Spot für einen Sundowner, zu fortgeschrittener Stunde wird es jedoch etwas zwielichtig.

Piano Bar (Karte S. 404; Tafoukt Complex, Blvd du 20 Août) Ein echter Pianist unter Palmen und mit das billigste Bier von Agadir. Im selben Komplex befindet sich auch die irische Bar The Pub.

Bar Fly (Karte S. 404; ☎ 0528 840123; www.tafoukthotel.com; Blvd du 20 Août) Die Bar zum Sehen-und-Gesehen-werden; dienstags nur für Mädels und donnerstags Salsa, Getränke ab stolzen 60 Dh.

Unterhaltung

Jedes Jahr im Juli lockt das Musikfestival **Festival Timatar** (☎ 0528 820338; www.festival-timatar.com) eine Reihe der angesagtesten Musiker aus Marokko und ganz Afrika nach Agadir. Das ganze Jahr sind eine Reihe anständiger Clubs geöffnet, z. B. am Blvd du 20 Août oder in den großen Hotels.

Wenn die Bars gegen 1 Uhr schließen, ziehen Marokkaner und Touristen in die Hotelclubs. Der Eintritt kostet hier zwischen 50 und 250 Dh am Wochenende, inklusive eines Drinks. In der Nebensaison kommen Touristen oft umsonst rein, dann schließen die Clubs schon gegen 2 Uhr.

Papa Gayo (außerhalb der Karte S. 404; ☎ 0528 845400; Riu Tikida Beach, Chemins des Dunes; 🕑 22–4 Uhr) Immer noch einer der beliebtesten Nachtclubs, wo sich auch angesehene marokkanische Herrschaften treffen. Hier die Nacht durchtanzen und dann am Strand chillen – einfach perfekt!

So (außerhalb der Karte S. 404; Sofitel Agadir, Baie des Palmiers; 🕑 22–5 Uhr) Der coolste Club in Agadir und einer der teuersten. Auf verschiedenen Ebenen gibt's u. a eine Champagnerbar, eine Wodkabar, eine Bühne mit Livemusik, ein Restaurant und eine Tanzfläche mit einem Chill-out-Bereich. Donnerstags legen Gast-DJs auf. Nachtschwärmer sparen sich diese Location als abendlichen Höhepunkt auf.

Shoppen

In Agadir kommen die meisten Souvenirs aus anderen Landesteilen und sind oft nicht von bester Qualität. Der **Uniprix-Supermarkt** (Karte S. 404; Blvd Hassan II) verkauft Kunsthandwerk zu Festpreisen. Für marokkanisches Flair empfiehlt sich der **Souk al-Had** (außerhalb der Karte S. 404; Di–So) in den südöstlichen Vororten. Hier gibt's Souvenirs, Haushaltswaren und einen Secondhandmarkt vor dem westlichen Tor. Bessere Qualität findet man im **Ensemble Artisanal** (Karte S. 408; ☎ 0528 823872; Ave du 29 Février; Mo–Sa 9–13 & 15–19 Uhr).

Tawarguit (Karte S. 404; ☎ 0528 848225; Lotissement Faiz, Rue 206) hat eine Auswahl an großartigen, allerdings auch teuren Haushaltswaren, Kunsthandwerk und Bildern, darunter auch exklusive Stücke. Strandkleidung findet man in der City bei **Ripcurl** (Karte S. 404; ☎ 0528 827154; Ave des Forces Armées Royales).

An- und Weiterreise

AUTO & MOTORRAD

Ein Auto zu mieten, ist in Marokko selten billig. In Agadir lassen sich jedoch noch am ehesten Schnäppchen machen. Also: Preise der lokalen Verleiher am Blvd Hassan II vergleichen. Sie beginnen bei ca. 300 Dh pro Tag für den kleinsten Wagen, aber Handeln lohnt sich immer. Always Cars gehört zu den verlässlichsten Anbietern, den mehrere ausländische Reiseveranstalter favorisieren. Es gibt auch Motorroller und Motorräder. Man sollte jedoch den Zustand der Maschinen sorgfältig prüfen, da es schon Klagen über den Wartungsstandard gab.

Always Cars (Karte S. 404; ☎ 0528 846061/840760; Ave Mohammed V)
Avis (Karte S. 404; ☎ Flughafen 0528 839244, Büro 0528 841755; www.avis.com; Ave Mohammed V)
Budget (Karte S. 404; ☎ Flughafen 0528 839101, Büro 028 848222; www.budget.com; Immeuble Marhaba, Ave Mohammed V)
Hertz (Karte S. 404; ☎ Flughafen 0528 839071, Büro 028 840939; www.hertz.com; Immeuble Marhaba, Ave Mohammed V)

BUS

Auch wenn viele Busse Agadir ansteuern, passiert es leicht, dass man im 13 km südlich gelegenen regionalen Verkehrsknotenpunkt Inezgane landet. Also fragen, bevor man sein Ticket kauft. Zwischen Inezgane und Agadir pendeln viele Grands Taxis (10 Dh) und Busse (5 Dh).

Eher wie eine Baustelle als wie eine Haltestelle sieht der neue *gare routière* (Hauptbusbahnhof; Karte S. 404) in der Rue Chair al-Hamra Mohammed ben Brahim hinter dem Souk al-Had aus. Trotzdem erfüllt das massive kreisförmige Gebäude seine Funktion; alle großen Busunternehmen bieten Verbindungen von hier an. Will man mit einem bestimmten Bus reisen, sollte man das Ticket im Voraus kaufen.

CTM (☎ 0528 825341; www.ctm.co.ma) bietet Verbindungen nach Casablanca (180 Dh, 8 Std., 6-mal tgl.). Der Bus um 22.30 Uhr fährt weiter nach Rabat (195 Dh, 10 Std.). Außerdem fahren Busse nach Marrakesch (80 Dh, 4 Std., 7-mal tgl.), Essaouira (60 Dh, 2 Std., 1-mal tgl.), Dakhla (340 Dh, 20 Std., 3-mal tgl.), Laâyoune (190 Dh, 10 Std., 5-mal tgl.), Tanger (300 Dh, 13 Std., 1-mal tgl.) und Fès (235 Dh, 12 Std., 1-mal tgl.).

Supratours (☎ 0528 224010) hat schnelle Verbindungen zum Bahnhof von Marrakesch (90 Dh, 4 Std., mehrmals tgl.), Tiznit (40 Dh, 4 Std., 2-mal tgl.), Laâyoune (210 Dh, 11 Std., 1-mal tgl.), Dakhla (340 Dh, 21 Std., 1-mal tgl.) und Essaouira (60 Dh, 3 Std., mehrmals tgl.). **Satas** (☎ 0528 842470), **Tassaout** (☎ 0670 595856), **SICR** (☎ 0528 214133), **Bab Salama** (☎ 0528 826220) und andere Unternehmen steuern die gleichen Ziele an.

FLUGZEUG

Der **Al-Massira Airport** (außerhalb der Karte S. 404; ☎ 0528 839122) 28 km südöstlich von Agadir wird von vielen europäischen Charterlinien angeflogen. Man findet dort Wechselschalter und Geldautomaten, Autovermietungen, eine Touristeninformation und auch ein paar Restaurants.

Royal Air Maroc (RAM; Karte S. 404; ☎ 0528 829120; www.royalairmaroc.com; Ave du Général Kettani) fliegt täglich Casablanca und Paris an sowie wöchentlich Dakhla, Marrakesch und einige europäische Großstädte.

Regional Air Lines (☎ 0528 820330; www.regionalmaroc.com) fliegt nach Casablanca, Marrakesch, Ouarzazate, Laâyoune und Dakhla sowie nach Las Palmas auf den Kanarischen Inseln.

TAXI

Der Hauptstand für Grands Taxis befindet sich am südlichen Ende der Rue de Fès. Einen kleineren gibt's in der Rue Yacoub el-Mansour in Nouveau Talborjt. Ein Sitzplatz für eine Langstreckenfahrt (mehr als 50 km) kostet etwa 4 Dh pro Kilometer. Fahrziele sind u. a. Inezgane (8 Dh), Taghazout (8 Dh), Taroudannt (35 Dh), Essaouira (70 Dh), Marrakesch (120 Dh), Laâyoune (200 Dh) und Dakhla (350 Dh).

Unterwegs vor Ort

BUS

Der Hauptbahnhof für Stadtbusse liegt neben dem Stand der Grands Taxis am südlichen Stadtrand. Die Linien 5 und 6 fahren etwa alle zehn Minuten nach Inezgane (3 Dh). Die Ratag-Buslinien 12 und 14 fahren nach Taghazout (5 Dh).

VOM/ZUM FLUGHAFEN

Es gibt keine direkte Busverbindung zwischen dem Flughafen und Agadir. Die Buslinie 22 fährt vor dem Flughafen ab (an der Straße ca. 500 m geradeaus) und nach Inezgane (5 Dh), und zwar etwa alle 40 Minuten bis ca. 20.30 Uhr. Von Inezgane fahren mehrere Busse nach Agadir (3 Dh), ansonsten nimmt man ein Grand Taxi (8 Dh).

Ein Grand Taxi zwischen Flughafen und Agadir, das bis zu sechs Personen mitnimmt, kostet tagsüber 150 Dh und nachts 200 Dh. Gepäck wird meistens extra berechnet.

TAXI

Überall in der Stadt fahren die orangefarbenen Petits Taxis. Der Fahrpreis wird per Taxameter berechnet, also darum bitten, dass es auch eingeschaltet wird.

RUND UM AGADIR

Inezgane

Inezgane ist einer der Verkehrsknotenpunkte der Region und liegt 13 km südlich von Agadir. Es ist kein Touristenziel, aber gerade deswegen machen einige Traveller hier gerne Station. Gegenüber vom Busbahnhof, wo sich auch der Taxistand befindet, gibt's einen großen Markt mit frischen Lebensmitteln. Dienstag ist der wichtigste Suk-Tag.

Wer hier übernachten will oder muss, findet einige billige Hotels rund um den Busbahnhof.

Hôtel Louz (☎ 0528 331990; Fax 0528 331842; Ave Mokhtar Soussi; EZ/DZ 80/130 Dh, mit Dusche 100/160 Dh) Das freundliche Hotel hat moderne, allerdings schuhkartonähnliche Zimmer mit Bad, eine TV-Lounge und ein Restaurant (das Essen an den Ständen rund um den Hauptplatz ist aber besser).

Hôtel-Restaurant La Pergola (☎ 0528 271803; la pergola@menara.ma; Km 8 Route d'Agadir; EZ/DZ 194/226 Dh) Dieses Überbleibsel eines anderen, zurückhaltenden Agadir bietet komfortable Bungalows in einem Garten voller Blumen. Das Haus wird gern von Vogelbeobachtern genutzt, weil es nur ein paar Minuten von der Sous-Mündung entfernt ist. Das Restaurant (Frühstück 24 Dh, Menü 115 Dh) bietet traditionelle französische Küche und einige marokkanische Spezialitäten – alles höchst willkommen nach einer langen Busfahrt.

In der Stadt findet man außerdem etliche billige Cafés und Restaurants rund um den Hauptplatz sowie am Markt.

Von Inezgane fahren Busse in alle Richtungen. Der Busbahnhof liegt in der Nähe der Straße Agadir–Tiznit. Die Büros von CTM und Supratours befinden sich zu beiden Seiten der Ave Mokhtar Soussi.

Von hier verkehren auch jede Menge Grands Taxis nach Essaouira (50 Dh, 3 Std.), Tiznit (20 Dh, 2 Std.) und Taroudannt (20 Dh, 2½ Std.) sowie Taxis nach Guelmin (50 Dh, 4½ Std.) und Tan Tan (90 Dh, 6 Std.), die aber nicht so oft fahren.

Ihren Teil zum organisierten Chaos tragen auch die regulären Nahverkehrsbusse (3 Dh) und Grands Taxis (5 Dh) nach Agadir und zum Flughafen Al-Massira (Linie 22) bei.

SOUS-MASSA-NATIONALPARK

Orte wie der Sous-Massa-Nationalpark werden immer wichtiger für die Zukunft Marokkos. Das bedeutendste Naturschutzgebiet des Landes erstreckt sich über 70 km von Agadir gen Süden, zwischen Strand und Nord-Süd-Hauptstraße. Auf über 330 km² bietet es eine großartige wilde Landschaft aus Felsen, Sanddünen, Ackerland, Küstensteppe und Wäldern.

Der Nationalpark wurde 1991 gegründet, hauptsächlich wegen seiner Bedeutung als Brutplatz für Vögel. Neben der Sous-Mündung bei Inezgane ist er besonders beliebt bei Vogelfreunden, aber auch Trekkingfans werden begeistert sein. Ideal für einen Besuch ist die Zeit von März bis April oder von Oktober bis November.

Im Winter bekommt man hier oft Fischadler und große Schwärme von Tafel- und anderen Enten sowie Flamingos zu Gesicht. Die größte Attraktion ist die Kolonie Waldrappe (eine Ibisart); diese Vögel wurden im Alten Ägypten verehrt, waren einst in Mitteleuropa

Nordafrika und dem Mittleren Osten weit verbreitet und gehören nun zu den bedrohten Arten. Ein paar kleinere Kolonien und einzelne Brutpaare wurden im östlichen Mittelmeerraum gesichtet, über die Hälfte der weltweiten Population lebt jedoch im Sous-Massa. Die größte Gefahr geht heute vom Tourismus aus: Vor ein paar Jahren erhielt Club Med die Erlaubnis, eine riesige neue Anlage an der Küstenseite des Parks zu bauen. Nach Protesten von BirdLife International, der globalen Instanz in Sachen Vogelschutz, und anderen besorgten Organisationen wurden die Pläne verschoben; Club Med zog sich zurück. Besucher dürfen derzeit nicht zu den Brutplätzen, aber rund um den Oued Massa oder an der Mündung des Flusses Tamri kann man nach den Rappen Ausschau halten.

Außerdem tummeln sich Schakale, Rotfüchse, Wildkatzen, Ginsterkatzen und eurasische Wildschweine im Park. In einem großen umzäunten Gebiet im Norden des Parks gibt's Arten, die inzwischen aus dem Süden verschwunden sind, u.a. Dorkasgazellen, Mendesantilopen, Rothalsstrauße und Säbelantilopen. Die **Zentrale des Sous-Massa-Nationalparks** (☎ 0528 333880), die täglich im Park nach dem Rechten sieht, befindet sich am Oued Souss. Um dorthin zu kommen, fährt man auf der Schnellstraße Agadir–Inezgane am Golf des Dunes vorbei, nimmt dann die rechte Abzweigung, und bevor man zum königlichen Palast kommt, erreicht man den Parkeingang. Während unseres Besuchs war das Zentrum geschlossen, weil – wie es hieß – die Regierung die Verträge nicht verlängert hatte. Die Situation hat sich hoffentlich mittlerweile gebessert.

Oued Massa

58 km südlich von Agadir befindet sich beim Dorf Massa ein zweiter Parkeingang, der an der Schnellstraße ausgeschildert ist. Ausgebildete Führer (100–150 Dh) sowie Eselritte für Kinder können im Büro des Parkdirektors neben dem Parkplatz gebucht werden. Ein Weg führt am Fluss entlang zur Meeresmündung (3 km) und in das Dorf Sidi R'bat.

Das winzige Dorf **Sidi R'bat** erhebt Anspruch auf doppelten Ruhm: Hier soll der Wal den biblischen Jonas ausgespuckt haben, und hier soll Uqba bin Nafi, der arabische Eroberer Marokkos im 7. Jh., triumphierend mit seinem Pferd ins Meer geritten sein – als Beweis dafür, dass es kein Land mehr zu erobern gab.

Die Unterkunft **Ksar Massa** (☎ 0661 280319; www.ksarmassa.com; Sidi R'bat, Oued Massa; B&B 900 Dh/Pers., VP 1350 Dh/Pers.;) liegt mitten im Park spektakulär am Strand. Das wundervolle Haus mit den geräumigen Luxuszimmern und Suiten in hellen Farben und einem Pool mit Meerblick ist der perfekte Ort zum Relaxen. Das Management arrangiert bei Interesse geführte Touren in den Park und die gesamte Region. Die Unterkunft ist ab Massa ausgeschildert.

An- & Weiterreise

Von Agadir aus fahren Geländewagen in den Park, aber sowohl zum Oued Massa als auch zum Oued Souss geht's für gewöhnlich mit einem normalen Wagen (oder Grand Taxi). Die Gab-Buslinie 17 fährt alle 30 Minuten von Inezgane nach Massa (10 Dh). Von hier ist es noch ungefähr eine Stunde zu Fuß bis zur Mündung des Oued Massa. Zum Oued Souss und zur Parkzentrale kann man die Buslinie 40 von jeder Haltestelle an der Ave Mohammed V in Agadir nehmen.

NÖRDLICH VON AGADIR

Die meisten Strände in der Nähe von Agadir haben Ausländer in Beschlag genommen, die hier Wintervillen hinstellten. Auch König Fahd von Saudi-Arabien, der nördlich von Agadir an der Straße nach Taghazout einen Palast hat, sponserte den Bau der Straße an diesem Küstenstreifen.

Wer tolle Breaks und weniger überlaufene Strände sucht, sollte weiter nach Norden fahren, wo es alle paar Kilometer wunderbare kleine Buchten mit Sandstränden gibt.

Der Nahverkehrsbus 12 fährt vom Busbahnhof in Agadir (mit Stopp am Blvd Mohammed V, vor dem Royal Mirage Hotel) die Küste rauf nach Taghazout (5 Dh) und weiter. Die täglich zwischen Essaouira und Agadir verkehrenden Busse halten ebenfalls hier.

Aourir & Tamraght

Aourir und Tamraght liegen mitten in Bananenplantagen, deshalb tragen sie auch einen gemeinsamen Namen: Banana Village. 12 km bzw. 15 km nördlich von Agadir und getrennt vom Oued Tamraght teilen sich die beiden Orte den Banana Beach, der für Surfanfänger ideal ist. Jeden Donnerstag findet in Aourir ein lebendiger Suk auf der Straßenseite zum Meer hin statt.

Trotz ihrer wenig einnehmenden Lage in der Nähe von Aourir ist die **Villa Mandala** (☎ 0528 314773; www.villa-mandala.com; Aourir; EZ/DZ inkl. Frühstück 550/880 Dh) etwas ganz Besonderes. Die Unterkunft wurde 1999 geschaffen, um das Reisen für Frauen in Marokko sicherer zu machen. Seitdem hat sie sich zu einem Gästehaus entwickelt, das Kunsthandwerker unterstützt. Die Villa am Strand hat fünf luftige Zimmer, Gemeinschaftsduschen und einen großen Salon. Es wird gemeinsam gegessen (130 Dh) und Gäste können sich frei im Haus bewegen – etwa in der Küche, um bei der Zubereitung lokaler Köstlichkeiten zu helfen. Es gibt einen Hamam (100 Dh) und Wellnessangebote. Eine Mitarbeiterin nimmt auch gerne Gäste mit zum Hamam in Aourir (250 Dh). Les Amis des Artisans, eine hier gegründete Kunsthandwerksgenossenschaft, hat ihr Büro in Agadir. Eine Auswahl ihrer Töpfer- und Eisenwaren und von anderen Kunsthandwerkserzeugnissen werden hier ausgestellt und verkauft.

In Tamraght, mitten zwischen zig Surfläden, sind **Surf Marokko** (☎ 0668 395124; www.surfmarokko.de) und **Dynamic Loisir** (☎ 0528 314655, 0661 259838; Tamraght) bei Surfern angesagt. Sie bieten Boards und Kurse an. Zum Dynamic Loisir gehört auch das Strandcafé.

Taghazout

6 km von Tamraght entfernt liegt das relaxte Fischerdorf Taghazout, das einst für Calamari und Hippies berühmt war. Heute gilt es als einer von Marokkos wichtigsten Surfspots, und schon bald wird es bekannt sein als eine der größten Urlaubsgegenden: Während der Recherche für diesen Führer rollten schon die Bulldozer und machten den Boden zwischen den Dörfern Tamraght und Taghazout platt. Die ersten Hotels und der Golfplatz sollen Ende 2009 ihre Tore öffnen; bis alle 20 000 Betten zur Verfügung stehen, dürfte es allerdings noch ein paar Jährchen dauern. Inzwischen lässt sich weiter fröhlich surfen. Spots wie Killer Point, La Source und Anka Point locken vor allem die Cracks an; Anfänger versuchen ihr Glück am Hash Point (ein passender Name übrigens: *hash* heißt sowohl „Durcheinander" als auch „Haschisch"). Am verlässlichsten sind die Surfbedingungen von September bis Mai.

Für Surfer ist die Villa LP Tipp **Surf Maroc** (☎ 0528 200368; www.surfmaroc.co.uk; Zi. inkl. HP ab 500 Dh/Pers.) direkt am Strand genau das Richtige. Sie wird von einer Gruppe passionierter britischer Surfer geführt und bietet ein Surfcamp mit Rundumservice für alle Niveaus sowie Yogakurse. In den einfachen Zimmern hat man das an diesem Küstenabschnitt seltene Vergnügen, beim Rauschen der Brandung einzuschlafen. Gefrühstückt wird auf einer Terrasse mit Blick auf die Wellen. Es gibt eine Reihe von Pauschalangeboten, z. B. Halbpension ab 500 Dh pro Person inklusive Surfguides, die einen zu den besten Wellen bringen. Anzüge und Surfboards gibt's ab 200 Dh am Tag. Im Angebot sind auch Luxusapartments für Selbstversorger.

Im Dorf kann man Zimmer mieten, und außerhalb der Hochsaison wird man für gewöhnlich auch fündig. Ansonsten ist da noch die **Résidence Amouage** (☎ 0528 200006; www.residence-amouage.com; EZ/DZ 170/220 Dh; 💻) mit einfachen Studios für Selbstversorger und einem öffentlichen Internetzugang.

An der Hauptstraße findet man einige gute Orte zum Essen, aber schließlich ist man ja hier, um das Meer zu sehen, und es gibt einige einfache Café-Restaurants oberhalb vom Strand. **Panorama** (Frühstück 18 Dh, Tajine 40 Dh) am südlichen Strandende hat die schönste Aussicht. Der Service ist langsam, aber der Fisch frisch – der richtige Platz für den Sonnenuntergang.

IMMOUZZER DES IDA OUTANANE

Dieser absolut empfehlenswerte Abstecher führt 60 km nordöstlich von Agadir in das Vorland des Hohen Atlas. Auf dem Weg kommt man durch das **Valle du Paradis**, das seinen Namen zu Recht trägt. Die von Oleander und Palmen gesäumte Schlucht ist ideal für Picknicks und zum Schwimmen.

Die berühmten Wasserfälle von Immouzzer gehören zu den schönsten in Nordafrika. Zwischen Februar und August führen sie am meisten Wasser, zu anderen Zeiten tröpfeln sie eher. Der Ort ist im Wandel: Es gibt Pläne, Gebäude in der Nähe der Wasserfälle zu entfernen und den Zugang sowie die Besucheranlagen zu verbessern.

Das Wasser fällt in mehreren Kaskaden vom Rand des Plateaus hinab und sammelt sich in Becken am Grund des Felsens – hier kann man in einen kühlen Pool springen. Ein zweiter Wasserfall ist ganz in der Nähe. Dorfbewohner freuen sich, Besucher hierher zu führen, und erzählen unterwegs die Story, wie Jimi Hendrix und das Peace/Love-Symbol das in den Fels geritzt ist, zusammenhängen. Immouzzer ist auch in der wasserarmen Zeit ein nettes Fleckchen, um ein paar Tage zu entspannen und zu wandern. Stufen führen hinab zum Grund, aber es lohnt sich auch, zur Quelle des Flusses oberhalb der Wasserfälle zu wandern. Im Restaurant Chez Rachid nach den Wegen dorthin fragen!

Das Frühjahr steht ganz im Zeichen der Mandelblüte. Im Juli/August steht die Honigernte (und ein Fest zu deren Ehren) an, und wer Glück hat, erlebt die Olivenernte gegen Ende November. Dann klettern die Dorfbewohner in die Bäume und schütteln die Früchte von den Ästen. Jeden Donnerstag ist Suk-Tag.

Schlafen & Essen

Hôtel Tifrit (☎ 0528 826044; Valle du Paradis; EZ/DZ inkl. HP 250/390 Dh;) Dieser Familienbetrieb liegt direkt am Fluss und nach der Abzweigung von der Küstenstraße auf halber Strecke nach Immouzzer. Die Zimmer sind zweckmäßig und die Gemeinschaftsbäder sauber. Auf der schönen Terrasse mit Blick auf den Fluss werden leckere marokkanische Gerichte serviert.

Auberge à la Bonne Franquette (☎ 0528 823191; www.bonnefranquette-agadir.com, französisch; EZ/DZ mit HP 600/725 Dh;) Im Dorf Aksri, 15 km von Immouzzer entfernt, stößt man überraschend auf diese von Arganbäumen umgebene Unterkunft. Es gibt fünf gemütliche Zimmer mit Bad und einen beheizten Pool (ganzjährig geöffnet). Gute und erschwingliche französische Küche wird in einem blühenden Hof serviert, wenn es das Wetter erlaubt (Gerichte um 120 Dh). Wer will, kann nach dem Essen was für seine Linie tun und einen Spaziergang durch den Palmenhain machen.

Hôtel des Cascades (☎ 0528 826016; www.cascades-hotel.com, französisch; EZ/DZ HP 600/900 Dh;) Hotel in wundervoller Lage hoch über dem Tal, direkt östlich von Immouzzer. Es liegt mitten in einem wilden Garten mit herrlichen Mandel- und Apfelbäumen, außerdem gibt es Tennisplätze und ein gutes Restaurant (Festpreismenü 150 Dh) mit Terrasse. Das Haus hat drei Stockwerke; die großen Zimmer (die besten liegen im 3. Stock) haben jeweils eigene Terrassen oder Balkons nach Westen raus. Zu den Wasserfällen führt ein Pfad durch Olivenhaine, und auch sonst lässt sich in der Umgebung super wandern. Im Hotel nach Empfehlungen fragen!

An- & Weiterreise

Ein ausgesprochen unzuverlässiger Bus fährt vom Busbahnhof in Agadir nach Immouzzer (30 Dh, 3 Std.) – aber auch das leider nur, wenn genug Leute mitwollen. Außerdem muss man bis zum nächsten Morgen auf den genauso unzuverlässigen Bus zurück warten. Deshalb teilt man sich wohl besser ein Grand Taxi (35 Dh), was an einem Donnerstag am einfachsten ist, denn dann ist Markttag. Viele Hotels und Reisebüros in Agadir bieten Touren nach Immouzzer an.

TAROUDANNT

70 000 Ew.

Taroudannt (auch Taroudant geschrieben) gilt auch als „Klein-Marrakesch", aber der Vergleich hinkt: Diese Stadt hat ihr ganz eigenes, geheimnisvolles Flair. Vor dem Hintergrund der schneebedeckten Gipfel des Hohen Atlas liegt sie versteckt hinter prächtigen roten Lehmmauern. In Taroudannt wird auch eifrig Handel getrieben; die Berber verkaufen hier ihre Produkte aus der reichen und fruchtbaren Sousebene.

Es gibt zwar nichts, was man unbedingt gesehen haben muss, aber Taroudannt ist ein Ort zum Bummeln und Verweilen. Es lohnt sich, über die Suks zu schlendern: Hier geht's entspannter zu als in Marrakesch, aber viel lebendiger als in Agadir. Viele Leute kommen für einen Tag, denn Agadir ist nur 80 km entfernt. Taroudannt ist auch ein guter Ausgangspunkt für Reisende, die im wenig erschlossenen Westen des Hohen Atlas (s. S. 477) wandern wollen.

53 km östlich von Taroudannt zweigt die Straße zur Tizi-n'Test-Straße ab (s. S. 361), eine der spektakulärsten und gefährlichsten Routen durchs Land. Sie führt über den Hohen Atlas und weiter nach Marrakesch.

Geschichte

Taroudannt war einer der frühen Stützpunkte der Almoraviden, die sich hier im Jahr 1056 zu Beginn ihrer Eroberung Marokkos niederließen. Im 16. Jh. ernannten die aufstrebenden Saaditen die Stadt zu ihrer Hauptstadt. Sie zogen nach 20 Jahren weiter nach Marrakesch, aber bis dahin hatten sie die Sousebene, in der Taroudannt liegt, zum landesweit wichtigsten Anbaugebiet von Zuckerrohr, Baumwolle, Reis und Indigo gemacht – wertvolle Waren für den Trans-Sahara-Handel, den die Dynastie unbedingt unter Kontrolle bringen wollte.

SOUSEBENE, ANTIATLAS & WESTSAHARA

TAROUDANNT

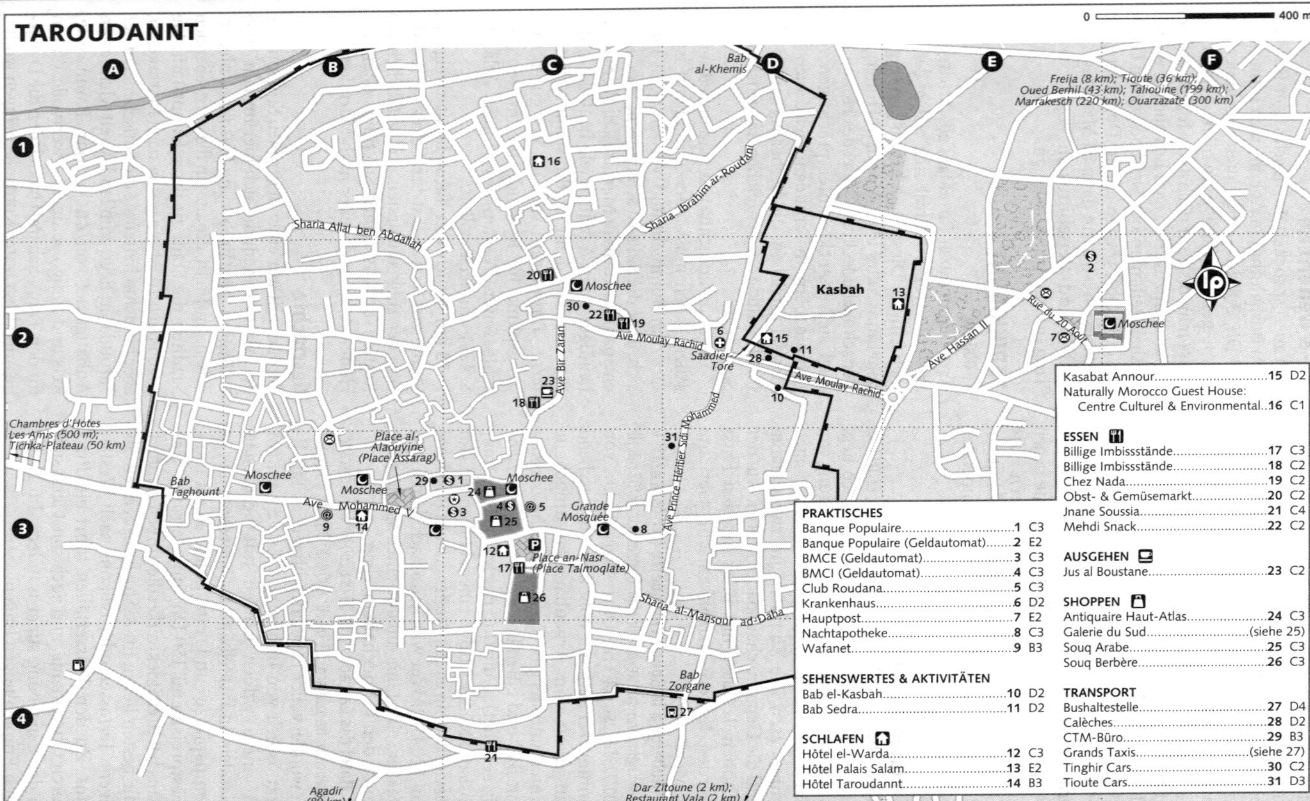

PRAKTISCHES

Banque Populaire	1	C3
Banque Populaire (Geldautomat)	2	E2
BMCE (Geldautomat)	3	C3
BMCI (Geldautomat)	4	C3
Club Roudana	5	C3
Krankenhaus	6	D2
Hauptpost	7	E2
Nachtapotheke	8	C3
Wafanet	9	B3

SEHENSWERTES & AKTIVITÄTEN

Bab el-Kasbah	10	D2
Bab Sedra	11	D2

SCHLAFEN

Hôtel el-Warda	12	C3
Hôtel Palais Salam	13	E2
Hôtel Taroudannt	14	B3
Kasabat Annour	15	D2
Naturally Morocco Guest House: Centre Culturel & Environmental	16	C1

ESSEN

Billige Imbissstände	17	C3
Billige Imbissstände	18	C2
Chez Nada	19	C2
Obst- & Gemüsemarkt	20	C2
Jnane Soussia	21	C4
Mehdi Snack	22	C2

AUSGEHEN

Jus al Boustane	23	C2

SHOPPEN

Antiquaire Haut-Atlas	24	C3
Galerie du Sud	(siehe 25)	
Souq Arabe	25	C3
Souq Berbère	26	C3

TRANSPORT

Bushaltestelle	27	D4
Calèches	28	D2
CTM-Büro	29	B3
Grands Taxis	(siehe 27)	
Tinghir Cars	30	C2
Tioute Cars	31	D3

Die Saaditen errichteten den alten Teil der Stadt und die Kasbah. Große Teile davon wurden jedoch 1687 zerstört: Die Bewohner leisteten Widerstand gegen Mulai Ismail und wurden dafür massakriert. Nur die Festungsmauern blieben erhalten. Das meiste, was sich innerhalb der Mauern befindet, stammt aus dem 18. Jh.

Taroudannt blieb bis weit ins 20. Jh. hinein stur und rebellisch gegenüber der Zentralregierung. Auch Idrissid El-Hiba fand hier Zuflucht; der Clanführer aus dem Süden widersetzte sich dem Vertrag von Fès (1912), der die Grundlage für das französische Protektorat darstellte.

Orientierung

Im Gegensatz zu vielen anderen südmarokkanischen Städten war Taroudannt, vielleicht auch wegen seiner notorischen Aufsässigkeit, nie französisches Verwaltungszentrum oder Militärstützpunkt und hat deshalb auch kein „europäisches" Viertel und keine Neustadt.

Die günstigeren Hotels liegen alle an den beiden zentralen Plätzen oder nicht weit davon: am Place al-Alaouyine (noch unter seinem früheren Berbernamen Place Assarag bekannt) und am Place an-Nasr (früher Place Talmoqlate). In dieser Gegend gibt's auch Banken, Restaurants und eine kleine Post.

Die meisten Busse und Grands Taxis stehen direkt vor dem Südtor der Medina, dem Bab Zorgane.

Praktische Informationen

Es gibt drei Banken mit Geldautomat an der Place al-Alaouyine (Banque Populaire, BMCE und BMCI), die alle auch Geld wechseln und Reiseschecks einlösen. BMCE stellt auch Bargeldvorschüsse bereit.

Club Roudana (Ave Bir Zaran; 8 Dh/Std.) Internetzugang.

Krankenhaus (Ave Moulay Rachid) Neben der Kasbah.

Hauptpost (Rue du 20 Août) Hinter der Ave Hassan II, östlich der Kasbah.

Nachtapotheke (☎ 0528 854599) Gleich neben der Grande Mosquée.

Wafanet (Ave Mohammed V; 8 Dh/Std.) Internetzugang.

Sehenswertes

Die 7,5 km lange **Festungsmauer** um Taroudannt gehört zu den besterhaltenen *pisé*-Mauern (Stampflehm) in Marokko. Je nach Tageszeit wechselt ihre Farbe von goldbraun zu tiefrot. Sie ist leicht zu Fuß zu erkunden (2 Std.), am besten am späten Nachmittag oder bei Mondschein mit dem Fahrrad oder einer *calèche* (s. S. 419).

Die Reihe der mächtigen, im 16. und 17. Jh. gebauten Wehrtürme bilden die Stadttore. Mit am häufigsten genutzt wird das Tor **Bab el-Kasbah** mit den drei Bogen, zu dem man durch eine Allee von Orangenbäumen gelangt. Hier hindurch und rechts vorbei an einer Olivenölpresse kommt man zu einem anderen Tor, dem **Bab Sedra** (nur für Fahrradfahrer und Fußgänger), das ins alte Kasbah-Viertel führt. Einstmals war dieses Viertel eine Festung, errichtet von Mulai Ismail; heute ist es der ärmste Teil der Stadt. Auch der Gouverneurspalast gehörte zur Kasbah und ist jetzt Teil des Hôtel Palais Salam (S. 418).

Aktivitäten

Ballade Roudana des Remparts (☎ 0668 395696; 30 Dh/Std. plus Trinkgeld) bietet faszinierende Fahrradtouren entlang der Mauern und rund um die Stadt (großteils auf Französisch).

Taroudannt ist eine super Basis für Trekkingtouren in den westlichen Hohen Atlas und zum abgelegenen **Tichka-Plateau**, wo es wunderschöne Wiesen mit Frühlingsblumen und verborgene Schluchten gibt (mehr zu den Wanderungen auf S. 466). Mehrere Veranstalter in der Stadt bieten Touren an, aber es ist ratsam, nur mit einem qualifizierten Guide zu reisen.

Schlafen

BUDGETUNTERKÜNFTE

Die meisten günstigen Hotels um die Place al-Alaouyine sind einfache Unterkünfte mit Dachterrassen, die bestens geeignet sind zum Sonnetanken und Leute beobachten.

Hôtel el-Warda (☎ 0528 852763; Place an-Nasr; EZ/DZ 50/70 Dh) Das beste der Budgetquartiere. Von der abgefahrenen *zellij*-(Fliesen-)Terrasse schaut man auf die Place an-Nasr. Die Zimmer sind einfach und haben ein Waschbecken, es gibt Gemeinschaftstoiletten und -duschen. Das Hotel wird von Frauen betrieben, aber alleinreisende Frauen lassen sich vielleicht vom Eingang und dem nur von Männern besuchten Café abschrecken.

Chambres d'Hotes Les Amis (☎ 0667 601686; Sidi Belkass; EZ/DZ 80/150 Dh) Einfache, aber ziemlich große, geweißte Zimmer mit gemusterten Bodenfliesen und Tagesdecken. Es gibt ein großes Gemeinschaftsbad, einige Salons und eine Terrasse. Der Besitzer ist sehr engagiert

– was braucht es mehr, um ein Gästehaus zu empfehlen? Ein kurzer Weg führt hinaus aus der Medina, aber das Haus ist deshalb auch ruhiger und entspannter.

Hôtel Taroudannt (☎ 0528 852416; Ave Mohammed V & Place al-Alaouyine; EZ/DZ/3BZ 140/160/200 Dh) Das Taroudannt ist etwas heruntergekommen, die Zimmer haben auch schon bessere Tage gesehen, sind aber sauber. Hier herrscht eine ganz besondere Atmosphäre – vom Dschungel im Hof bis zu den Gemeinschaftsräumen mit kolonialem Touch. Die Bar kann laut werden, schließt aber früh. Es gibt ein gutes Restaurant (Menü 70 Dh) und für Wanderlustige werden tolle Touren in die umliegenden Berge organisiert. Der Führer El Aouad Ali (☎ 0666 637972) ist großartig. Gilt nach wie vor als die beste Budgetoption der Stadt.

MITTEL- & SPITZENKLASSEHOTELS

LP Tipp **Naturally Morocco Guest House: Centre Culturel & Environmental** (☎ Buchung 0044 1239 710814, 028 551628/067 297438; www.naturallymorocco.co.uk; 422 Derb Afferdou; HP 410 Dh/Pers., „Real Morocco"-Paket 1 Wo. 3500 Dh/Pers.) Schade, dass es nicht mehr Locations wie dieses Medinahaus gibt, das von Ortsansässigen geführt wird und einen seltenen Einblick ins marokkanische Leben bietet. Es wird in Zusammenarbeit mit der britischen Organisation Naturally Morocco betrieben, die sich dem sanften Tourismus und der interkulturellen Begegnung verschrieben hat. Geboten werden Touren unter kundiger Führung, aufregende kulturelle Events und leckere marokkanische Mahlzeiten. Sonntagabends gibt es nach dem Dinner Berbermusik und Tanz. Wenn keine Gruppen da sind, organisieren die Mitarbeiter Ökotouren mit den Schwerpunkten Vogelbeobachtung, Flora und Fauna.

Hôtel Palais Salam (☎ 0528 852501; www.palaisalam.com; Kasbah; EZ/DZ inkl. Frühstück ab 692/934 Dh;) Diese frühere Pascharesidenz galt als bestes Hotel in der Stadt. Leider ist ihr Glanz verblichen, die Angestellten sind lustlos und der exotische Garten wurde zugebaut. Die Zimmer im alten Flügel sind groß, könnten aber aufpoliert oder zumindest gründlich gereinigt werden. Momentan wird in Teilen des Hauses renoviert – die neuen Zimmer, etwas nichtssagend zwar, aber besser ausgestattet, sollten bald fertig sein.

Kasabat Annour (☎ 0528 854576; www.kasabatannour.com; Kasbah; EZ/DZ inkl. Frühstück 880/1320 Dh;) Diese kürzlich eröffnete Unterkunft an den Kasbah-Mauern, rund um das ehemalige Haus eines Colonel erbaut, ist für Taroudannt wirklich eine Bereicherung. Sechs elegante und geräumige Zimmer liegen um einen großen Pool; auf Anfrage gibt es auch Mahlzeiten, Hamambesuche und Massagen. In die Stadtmauer hineingebaut sind noch ein paar günstigere Zimmer. Es ist gesetzlich verboten, hier Wasserleitungen einzubauen; die Toilettenräume sind deshalb außerhalb.

Dar Zitoune (☎ 0528 551141; www.darzitoune.com; EZ/DZ/Suite inkl. Frühstück 900/1200/1540 Dh;) Eine Reihe von Bungalows in einem wundervollen Garten mit Obstbäumen. Die Zimmer sind groß und schlicht im einheimischen Stil eingerichtet, aber mit allen Annehmlichkeiten für den gehobenen Anspruch. Die Suiten sind riesig und ihren Preis wert, und man kann sich's am Kamin gemütlich machen. Der Pool ist im Winter beheizt und es gibt einen Hamam. Das Restaurant ist eines der besten der Stadt (Menü 150 Dh).

Essen

Die Hotelterrassen an der Place al-Alaouyine laden zum Frühstücken ein; außerdem werden preiswerte Menüs angeboten, bestehend aus Couscous und Salat (75 Dh).

RESTAURANTS

Chez Nada (☎ 0528 851726; Ave Moulay Rachid; Menü 70 Dh; mittags & abends;) Modernes familienbetriebenes Lokal westlich des Bab al-Kasbah, das berühmt ist für seine phantastischen günstigen Tajines, vor allem die mit Taubenfleisch. Unten ist ein Café, das überwiegend von Männern besucht wird, und auf der Terrasse im 1. Stock liegt der Hauptspeisesaal mit toller Aussicht über die Gärten. Das hausgemachte Essen ist ausgezeichnet. Wer *pastilla* (Pasteten) oder Couscous (60–95 Dh) essen möchte, sollte ein paar Stunden vorher bestellen.

Jnane Soussia (☎ 0528 854980; Festpreismenü 75 Dh; abends;) Wirklich reizendes Restaurant, nur ein paar Schritte vom Bab Zorgane entfernt. Man isst in einem Garten direkt an der Festungsmauer unter Zelten rund um einen großen Pool. Spezialitäten des Hauses sind leckeres *mechoui* (ganzes gebratenes Lamm) und Tauben-*pastilla*, die vorher bestellt werden müssen. Aber eigentlich ist hier alles gut.

Restaurant Vala (☎ 0528 850249; Km 2, National 10; 3-Gänge-Menü ab 110 Dh; mittags & abends) Hier zeigt sich die marokkanische Gegenwart von ihrer besten Seite. Das Restaurant befindet sich in einer Villa 2 km vom Zentrum entfernt und serviert ortsansässigen Geschäftsleuten und Verwaltungsangestellten gute Hausmannskost. Am Wochenende wimmelt es von Familien. Für Couscous (80–150 Dh) oder *pastilla* (120–150 Dh) empfiehlt sich eine Vorbestellung.

AUF DIE SCHNELLE

Die meisten günstigen Lokale und Imbisse findet man rund um die Place an-Nasr und in der Ave Bir Zaran Richtung Norden. Hier gibt's die übliche Tajine, *harira* (Linsensuppe) und Salate. Einige Imbissbuden rund um die Place al-Alaouyine haben Sandwiches und Gegrilltes im Angebot.

Mehdi Snack (abseits der Ave Moulay Rachid; Festpreismenü 25–45 Dh; ⌚ mittags & früher Abend) Direkt hinter dem Chez Nada und von derselben Familie geführt liegt diese gute Snackbar mit billigen Burgern, Salaten und gebratenen Sardinen.

Jus al Boustane (Ave Bir Zaran; Saft 5 Dh) In der Nähe der Lycée Mohammed V ist dies ein idealer Ort, um sich – umgeben von Bergen von Früchten – vom fröhlichen Inhaber mit Vitaminen in Form von frischem Saft versorgen zu lassen.

SELBSTVERSORGER

In Taroudannt kriegt man alles für ein Picknick: Neben den Ständen der Suks gibt es auch noch einen **Obst- und Gemüsemarkt** am nördlichen Ende der Ave Bir Zaran.

Shoppen

Taroudannt ist das Chleuh-Zentrum in der Sousebene und damit ein guter Ort, um sich nach dem hochwertigen Silberschmuck umzusehen, für den der Stamm berühmt ist. Der Schmuck ist sowohl von den Sahara-Stämmen als auch von jüdischen Silberschmieden beeinflusst. Juden machten bis in die 1960er-Jahre hinein einen bedeutenden Teil der Stadtbevölkerung aus.

Der einfachste Weg zur charmanten Medina führt durch das Bab Taghount. Südlich der Place an-Nasr befindet sich der **Souk Berbère**, wo frisches Gemüse, Gewürze sowie Ton- und Korbwaren angeboten werden. Auf dem Hauptsuk, dem **Souk Arabe** östlich der Place al-Alaouyine, entdeckt man in den ruhigen Sträßchen versteckte Antiquitäten- und Souvenirläden. Unbedingt nach dem **Antiquaire Haut-Atlas** (☎ 0528 852145; 61 Souq el Kabir) umsehen: Hier bietet einer der namhaftesten Händler eine riesige Auswahl von ausgewählten Teppichen, schönem Schmuck und antiken Keramiken – alles von höchster Qualität. In der **Galerie du Sud** (☎ 0677 608260; 16 Souk el Karaza) verkauft der Künstler Amahou Mohamed seine bemerkenswerten Bilder, deren Rahmen aus recycelten Fahrradreifen gemacht sind.

Zum großen Suk, der sonntags früh direkt vor dem Bab al-Khemis stattfindet, strömen Menschen aus der ganzen Region.

An- & Weiterreise

AUTO

Bei den einheimischen Autovermietungen **Tinghir Cars** (☎ 0528 850810; Ave Moulay Rachid Ferk Lahbab) und **Tioute Cars** (Ave Prince Héritier Sidi Mohammed) bekommt man einen kleinen Wagen ab 300 Dh pro Tag.

BUS

Alle Busse starten von der Hauptbushaltestelle vor dem Tor Bab Zorgane. **CTM** (Hotel Les Arcades, Place al-Alaouyine) hat die zuverlässigsten Verbindungen. Ein Bus fährt täglich über Marrakesch (90 Dh, 6 Std.) nach Casablanca (150 Dh, 10 Std.).

Auch andere Unternehmen verbinden den ganzen Tag über mit den beiden Städten sowie mit Agadir (30 Dh, 2½ Std.), Inezgane (15 Dh, 2½ Std.) und Ouarzazate (80 Dh, 5 Std.). Ein Bus geht nach Tata (50 Dh, 5 Std.).

TAXI

Die Grands Taxis sammeln sich ebenfalls an der Bushaltestelle vor dem Bab Zorgane. Hauptziele sind Inezgane (23 Dh), manchmal geht's auch nach Agadir (28 Dh) und Marrakesch (130 Dh).

Unterwegs vor Ort

Wer will, kann die Festungsmauer von einer *calèche* aus besichtigen. Die Kutschen warten direkt hinter dem Bab al-Kasbah, auf der Place al-Alaouyine und an anderen zentralen Punkten der Stadt. Eine Stadtrundfahrt kostet 15 bis 20 Dh, der Preis für eine einstündige Tour hängt vom eigenen Verhandlungsgeschick ab (50 Dh aufwärts). Taroudannt ist auch ein toller Ort zum Radeln: Zuverlässige Räder kann man bei **Bab Tamaklat** (☎ 0612 987351) in der Nähe der Place Talmoqlate ausleihen.

TALIOUINE

Über den zerstreut liegenden Häusern des Dorfes Taliouine, auf halber Strecke zwischen Taroudannt und Ouarzazate, thront die beeindruckende Glaoui-Kasbah. Die Gemäuer sind zerfallen, aber im besterhaltenen Teil leben noch immer Nachfahren der Diener der Glaoui. Der Hausmeister führt einen gerne herum.

Taliouine ist ein Zentrum für Safran. Das teuerste Gewürz der Welt wächst nur auf einem sehr schmalen Streifen Land. Die Pflanze (*crocus sativus*), aus der Safran gewonnen wird, blüht zwischen Ende Oktober und November; dann wird auch ein Erntefest gefeiert. Die **Coopérative Souktana du Safran** (☎ 0668 395215; www.safran-souktana.mezgarne.com; 🕑 7.30–13.30 & 14–20 Uhr) hat ein kleines Museum, wo man auch Safran probieren und kaufen kann. Beim Abwiegen dabei bleiben! Auberge le Safran (s. unten) verkauft ebenfalls erstklassigen Safran für ca. 30 Dh pro Gramm.

Das Dorf erwacht zum Leben, wenn montags hinter der Kasbah der **Suk** stattfindet.

Taliouine mausert sich zur angesagten Basis für Wanderungen auf den nahen **Jbel Siroua** (s. S. 477). Trekkingfans finden hier ein paar der tollsten Touren im Antiatlas.

Die N 10, die östlich von Taroudannt nach Taliouine führt, ist zwar nicht so spektakulär wie die Tizi-n'Test-Straße, aber eine gute Alternative für alle, die nach Ouarzazate wollen. Die Straße nördlich von Taliouine verläuft durch eine schöne, grandios weite Landschaft, bevor sie in der Nähe der Abzweigung nach Aït Benhaddou auf die Hauptstraße von Marrakesch nach Ouarzazate trifft.

Schlafen

Auberge le Safran (☎/Fax 0528 534046, 0668 394223; www.auberge-safran.com, französisch; DZ/3BZ/4BZ 170/200/280 Dh) Liegt näher beim Zentrum und ist momentan die beste Übernachtungsmöglichkeit vor Ort. Die fünf Zimmer mit Bad sind in hellen Farben gehalten – einfach, aber schön. Die Familiensuiten sind besonders geräumig und von der Dachterrasse hat man eine grandiose Aussicht. Hier wird eigener Safran angebaut, verkauft und für die leckeren Gerichte (ab 80 Dh) verwendet. Außerdem sind diverse Gebirgstouren im Angebot.

Auberge Souktana (☎ 0528 534075; souktana@menara.ma EZ/DZ mit Dusche 180/220 Dh, Bungalow 100/160 Dh, Zelt 50/80 Dh) Die frühere Jugendherberge ist heute eine familiengeführte Unterkunft 1 km östlich vom Dorf an der Hauptstraße. Gäste wohnen in frisch modernisierten Zimmern oder in einem der vier kleinen Bungalows. Es gibt einen Pool und Platz zum Zelten. Die mehrsprachigen Besitzer haben jede Menge Informationen über die Gegend parat, außerdem bieten sie Touren zum Jbel Siroua an. In der Trekkinghauptsaison unbedingt vorher reservieren!

Hotel Ibn Toumerte (☎ 0528 534125; Fax 0528 534126; EZ/DZ 445/538 Dh; ❄ 🏊) Direkt neben der Kasbah liegt dieses bunkerähnliche Hotel aus den 1970ern. Es hat wenig Charakter, dafür ein erstaunliches Retro-Dekor, kleine komfortable Zimmer mit toller Aussicht, einen vernachlässigten Pool und die einzige Bar der Stadt. Essen gibt's für 169 Dh.

An- & Weiterreise

Die Busse aus Ouarzazate und Taroudannt fahren durch Taliouine (30 Dh), haben aber nicht immer freie Plätze; zum Zusteigen am besten an der Hauptbushaltestelle im Ort warten. Grands Taxis fahren Richtung Westen nach Oued Berhil, wo man nach Taroudannt umsteigen kann, und Richtung Osten nach Tazenakht (20 Dh), wo es nach Ouarzazate weitergeht (27 Dh).

TIZNIT

53 600 Ew.

Tiznit ist eine Medina mit alten Stadtmauern, umgeben von modernen Bauten, und liegt südlich der Sousebene jenseits des westlichen Endes des Antiatlas. Hier gab es zunächst eine Ansammlung von Kasbahs; im 19. Jh. wurden sie von einer soliden, 5 km langen Mauer eingefasst. Der Ort wurde schnell zu einem Handelszentrum und ist noch immer die Provinzhauptstadt und eine wichtige Verbindung zwischen den Küstenstädten und dem Antiatlas. Ein Besuch lohnt sich; üblicherweise schaut man sich den Ort auf der Durchreise an, bei einem Tagestrip nach Mirleft oder in eine andere Küstenstadt.

Geschichte

1881 erkor Sultan Moulay Al-Hassan (1873–1894) Tiznit zu seiner Basis, um von hier aus seinen Machtanspruch über die rebellischen Berberstämme des Südens geltend zu machen. Er ließ die Mauern um die Stadt errichten. Jüdische Silberschmiede wurden in die Stadt geholt, die dadurch zu einem Zentrum für Silberschmuck wurde.

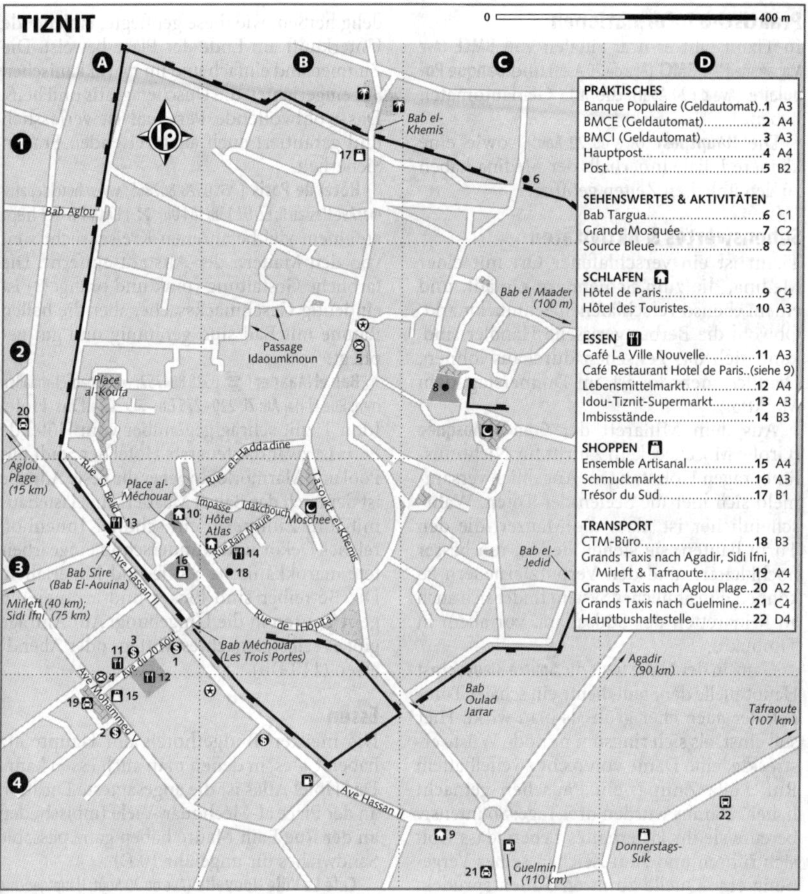

Aber Tiznit blieb in Aufstände verwickelt. Im Jahr 1912 war es ein Zentrum des Widerstands gegen den Vertrag von 1912, der Marokko zu einem französischen und spanischen Protektorat machte. Anführer dieser Widerstandsbewegung war El-Hiba aus der Westsahara, genannt „Der Blaue Sultan". Seinen Spitznamen bekam er verpasst, weil er sein Sahraui-Gewand niemals ablegte.

Nach Sultan Moulay Hafis Unterwerfung unter die Franzosen im Vertrag von Fés rief El-Hiba sich in der Moschee von Tiznit 1912 selbst zum Sultan aus. Die Südstämme erhoben sich, um ihn zu unterstützen, und El-Hiba marschierte nach Norden an der Spitze einer Armee aus Männern der Tuareg und Stämmen des Antiatlas. In Marrakesch wurden sie als Befreier bejubelt, doch als die Armee nach Fès weiterzog, wurden die meisten Kämpfer von den Franzosen niedergemetzelt. El-Hiba zog sich zurück: erst nach Taroudannt, dann nach Tiznit und schließlich hoch in den Antiatlas. Von dort führte er seinen Kampf gegen die Franzosen weiter, bis er 1919 starb.

Orientierung

In der Medina finden sich an der Place al-Méchouar der Schmuckmarkt und Budgethotels. Vor dem Haupttor Bab Méchouar sind der zentrale Taxistand, die Hauptpost, Banken, Restaurants und ein Lebensmittelmarkt.

Mittel- und Spitzenklassehotels liegen südlich der Medina.

Praktische Informationen

In Tiznit gibt es u. a. Filialen von **BMCE** (Ave Mohammed V), **BMCI** (Ave du 20 Août) und **Banque Populaire** (Ave du 20 Août), die alle Geldautomaten haben.

Die **Hauptpost** (Ave du 20 Août) sowie eine kleinere Filiale innerhalb der Medina haben zu den üblichen Zeiten geöffnet.

Sehenswertes & Aktivitäten

Tiznit ist ein verschlafener Ort mit einer Medina, die zum Schlendern einlädt, und einem ebenso verschlafenen Schmuckmarkt. Obwohl die Berber gerissene Händler sind, kann sich das Feilschen durchaus lohnen. Deutlich mehr los ist am Donnerstag, dem Markttag.

Aus dem Minarett der **Grande Mosquée** (Große Moschee; kein Zutritt für Nichtmuslime) ragen Holzstangen. Angeblich versammeln sich hier die Seelen der Toten. Wahrscheinlicher ist, dass die Maurer, die den Turm bauten, sie stehen ließen, um besser hochklettern und den Verputz erneuern zu können. Ein ähnliches System findet sich auch an Minaretten der Südsahara, vor allem in Timbuktu.

Ganz in der Nähe liegt die **Source Bleue**, einst Hauptquelle der Stadt, heute ein schaler Tümpel, der auch eher grün als blau wirkt. Hier soll einst, als sich ringsum nur öde Wüste erstreckte, eine Dame von recht zweifelhaftem Ruf, Lalla Zninia, ein Päuschen gemacht haben. Daraus wurden drei Tage: So intensiv bereute sie ihr lasterhaftes Leben, dass Gott sich rühren und zum Zeichen seiner Vergebung eine Quelle zu ihren Füßen sprudeln ließ. Der Name der Büßerin ging auf das Dorf über, an dessen Stelle im 19. Jh. Moulay al-Hassans Festungsstadt erbaut wurde.

Wer will, kann Teile der 5 km langen Stadtmauer besteigen, die 29 Türme und neun Tore hat. Vom **Bab Targua** aus hat man einen phantastischen Blick über die üppigen Palmenhaine. Hier gibt's eine natürliche Quelle, an der die Frauen aus dem Ort früher ihre Wäsche wuschen.

Schlafen

Viele Budgetunterkünfte liegen direkt an der Place al-Méchouar; alleinreisende Frauen finden diese Gegend abends wahrscheinlich eher abschreckend.

Hôtel des Touristes (☎ 0528 862018; Place al-Méchouar; EZ/DZ 50/90 Dh) Billig muss nicht schmuddelig heißen, wie diese gepflegte, einladende Unterkunft am Ende der Place beweist. Die Zimmer sind einfach und im marokkanischen Stil eingerichtet, die Duschen gratis und heiß. Das wohlwollende Personal ist verlässlich und garantiert auch alleinreisenden Frauen Sicherheit.

Hôtel de Paris (☎ 0528 862865; www.hoteldeparis.ma; Ave Hassan II; EZ/DZ 138/164 Dh;) Das Hotel liegt an einem viel befahrenen Kreisel nicht weit von den Mauern der Altstadt entfernt. Die farbliche Gestaltung (pink und orange??) ist eindeutig Geschmackssache, aber die hellen Räume mit Bad sind geräumig und gut gepflegt.

Bab el Maader (☎ 0528 864252; www.bab-el-maader.com; Rue El Haj Ali; Zi. 220–275 Dh;) Das Hotel Idou Tiznit schräg gegenüber vom Hôtel de Paris ist zwar das teuerste Hotel der Stadt mit Pool und Marmorlobby, aber die beste Adresse ist dennoch das Bab el Maader: ein Gästehaus mit fünf Zimmern, ein schöner Innenhof, reiches Dekor und wunderschön eingearbeitete marokkanische Stoffe und Materialien. Die Betreiber sind locker und arrangieren gern Touren in die Umgebung. Auf Anfrage gibt es selbstgemachtes Mittag- oder Abendessen (110 Dh).

Essen

Die meisten Budgethotels am Hauptplatz haben Cafés, in denen man auch essen kann. Das Hôtel Atlas ist die angesagteste Location an der Place al-Méchouar. Viele Imbissbuden an der Rue Bain Maure haben ganz passable Sandwiches für ungefähr 10 Dh.

Café La Ville Nouvelle (Ave du 20 Août; Hauptgerichte 35–55 Dh; mittags & früher Abend) Ein nettes Restaurant, das klassische Salate, Brochettes und Couscous serviert. Das beliebte Café im unteren Stock ist der richtige Ort für Kaffee und Kuchen.

Café-Restaurant Hôtel de Paris (☎ 0528 862865; www.hoteldeparis.ma; Ave Hassan II; Hauptgerichte 40–50 Dh; mittags & abends) Das helle, gekachelte Esszimmer hat etwas wunderbar Altmodisches und Formelles. Ganz dem Namen entsprechend, werden dort vor allem französische Gerichte aufgetischt. Es gibt ein großes Salatangebot (12–13 Dh), einfache Fisch- und Fleischgerichte, dazu Fruchtsäfte und während der Saison auch Mandelsaft. Der laute Fernseher kann das Vergnügen dämpfen.

Wer für ein Picknick einkaufen will, geht am besten zum **Markt** (Ave du 20 Août) oder zum

HINTER DEM FUNKELN UND GLITZERN

Berberschmuck ist traditionell weit mehr als ein dekoratives Accessoire. Der Schmuck, den eine Frau trägt, kennzeichnet sie als Mitglied einer bestimmten Familie oder eines Stammes. Er ist ein Zeichen von Wohlstand und steht für kulturelle Traditionen. Außerdem soll er magische Kräfte besitzen, die seine Trägerin vor dem bösen Blick schützen.

Bis zur Hochzeit bekommt eine Frau Schmuck von ihrer Mutter. Von ihrem zukünftigen Mann erhält sie als Aussteuer Schmuckstücke, die seine Mutter oder seine Schwester beigesteuert haben. Im Laufe der Ehe kommen neue Stücke hinzu. Berberschmuck wird immer aus Silber gefertigt, nie aus Gold, da dieses Metall Unglück bringen soll. Halsketten sind besonders wichtig. In den südlichen Oasentälern werden neben Silber traditionell auch rote Korallen, Amazonit, Bernstein, Glas und Perlen aus westafrikanischem Elfenbein verarbeitet. Zu den Schätzen einer Frau gehören auch Armbänder, *fibulas* (kunstvolle, meist dreieckige Spangen, mit denen Kleider zusammengehalten werden), Fußkettchen, Ohrringe und Kopfschmuck. Manche Schmuckstücke werden täglich getragen, aber die wertvollsten sind für besondere Gelegenheiten wie Feste, Wallfahrten oder Beerdigungen vorgesehen.

Es ist extrem wichtig, dass der Schmuck beschützt, heilt und magische Kräfte hat. In die Halsketten ist ein Zauber eingewirkt, der bei heiligen Männern oder Zauberern gekauft wird. Er schützt gegen den bösen Blick, Krankheiten, Unfälle und Komplikationen bei der Geburt.

Silber soll gegen Rheuma helfen, Korallen symbolisieren Fruchtbarkeit und haben Heilkräfte; Bernstein wird als Zeichen des Wohlstands und zum Schutz vor Hexerei getragen. Er gilt auch als Aphrodisiakum und Mittel gegen Erkältung. Amazonit und Karneol sind nützlich für Weissagungen, und Muscheln aus Ostafrika stehen ebenfalls für Fruchtbarkeit.

Als Motive werden bei den Talismanen stilisierte Tiere, Sonne, Mond und Sterne eingesetzt. Ihnen allen werden übernatürliche Kräfte nachgesagt. Ein verbreitetes Symbol zur Abwehr des bösen Blicks ist die Hand Fatimas, der Tochter des Propheten Mohammed. Jede Darstellung der Hand (die für kreative Kraft und menschliche Herrschaft steht) oder der Zahl Fünf hat den gleichen Effekt – mit den Fingern und den Worten *khamsa fi ainek* (fünf in dein Auge) wird quasi der böse Blick gebrochen.

Idou-Tiznit-Supermarkt (☎ 0528 602397; Carrefour de Tiznit). Hier kann man sowohl einheimische als auch alle möglichen importierten Lebensmittel kaufen.

Shoppen

Der **Schmuckmarkt** mit einer langen Tradition von Silberschmieden verkauft mit die besten Waren im Süden. Der Schmuck wird zum Teil in Tiznit gefertigt, er kommt aber auch von den Stämmen der südlichen Sahara. Es braucht etwas Zeit, um sich einen Überblick zu verschaffen und die besten Preise auszuhandeln.

Abseits vom Suk liegt **Trésor du Sud** (☎ 0528 862885; www.tresordusud.com; 27 Bab al-Khemis); die Arbeiten sind nicht gerade günstig, aber von hoher Qualität. Hier wird nur reines Silber mit Prägung verkauft, und man kann einem Kunsthandwerker bei der Fertigung zusehen.

Das **Ensemble Artisanal** (Ave du 20 Août; 🕒 8.30–13 & 14.30–20.30 Uhr) gegenüber der Hauptpost bietet die ganze Palette einheimischen Kunsthandwerks.

An- & Weiterreise

BUS

Alle Busse fahren von der Hauptbushaltestelle nahe der Straße nach Tafraoute hinter dem Donnerstags-Suk ab. Tickets gibt's auch im CTM-Büro an der Place al-Mechouar. Die CTM-Busse fahren einmal am Tag nach Agadir (40 Dh, 2 Std.), Casablanca (220 Dh, 10 Std.), Marrakesch (120 Dh, 5 Std.,) und je zweimal täglich nach Guelmin (35 Dh), Tan Tan (75 Dh), Laâyoune (190 Dh) und Dakhla (340 Dh).

Andere Busunternehmen fahren nicht nur täglich zu den oben genannten Zielen, sondern auch nach Sidi Ifni (25 Dh, 1½ Std.), Tafraoute (35 Dh, 4 Std.) und Tata (80 Dh, 6½ Std.).

TAXI

Grands Taxis nach Sidi Ifni (23 Dh), Mirleft (16 Dh), Agadir (25 Dh) und ab und an auch nach Tafraoute (40 Dh) starten vom zentralen Taxistand gegenüber der Hauptpost im Westteil der Stadt.

Grands Taxis nach Goulmime (35 Dh) warten an einem Stand südlich des Kreisverkehrs beim Hôtel Idou Tiznit. Nach Aglou Plage (5 Dh) geht's von der Ave Hassan II.

RUND UM TIZNIT

Aglou Plage

15 km von Tiznit entfernt liegt Aglou Plage, ein langer Strand mit einer wahnsinnigen Brandung. Wegen der starken Unterströmung ist Schwimmen aber meistens gefährlich. Wenn es vom Atlantik her stürmt, ist der Ort wild und fast unheimlich; er ist immer noch ziemlich unerschlossen. Hinter einem erhöhten Gehweg sind ein paar Cafés mit Meerblick. Das beste ist das **Idou Aglou** (☎ 0528 613189; Hauptgerichte 50 Dh), das zum Hotel in Tiznit gehört. Hier werden Snacks (Sandwiches 15 Dh) gereicht und es gibt ein komplettes Menü. Wer über Nacht bleiben möchte, findet in **Le Chant du Chameau** (☎ 0668 167255; www.chantduchameau.com; HP 385 Dh/Pers.) am südlichen Strandende eine entzückende französisch-marokkanische Pension: ein rostrotes Haus, ein paar phantasievolle Zelte und ein dramatischer Blick auf Strand und Meer. Im Angebot sind auch Exkursionen in die Umgebung und ein einwöchiger Kurs in *tadelakt,* der einheimischen Verputztechnik.

Von Tiznit aus fahren Grands Taxis nach Aglou Plage (5 Dh).

MIRLEFT

6500 Ew.

Eine der schönsten Straßen in der Region führt von Aglou Plage nach Süden und bietet wunderbare Aussichten auf das Meer, zerklüftete Hügel und gelegentlich eine einsame Bucht. Und dann: Mirleft, 38 km südwestlich von Tiznit, 140 km von Agadir entfernt und noch immer ein ziemlicher Geheimtipp in dieser Gegend. Umso angesagter ist der Ort aber bei Künstlern, Musikern, Backpackern, die von extremen Wüstentouren zurückkommen, und Marokkanern, die mal aussteigen wollen aus dem Weltgeschehen. Das Klima ist angenehm, die Luft rein und die Aussicht traumhaft. Mirleft ist allerdings nicht mehr ganz jungfräulich: Es gibt eine Bank (mit Geldautomat) und eine Post. Aber im Gegensatz zur Entwicklung des marokkanischen Tourismus andernorts sind hier nicht große Firmen oder Hotelketten die treibende Kraft, sondern sympathisch engagierte Einzelpersonen.

Am Anfang mag die Stadt etwas langweilig wirken, aber keine Sorge: Die sanfte Geschäftigkeit steckt an. Nach einem geselligen Morgenkaffee geht's zum Strand – entweder zum Fish Beach, Camping Beach, Coquillage Beach, Aftas Beach, Plage Sauvage oder zum Marabout's Beach. Letzterer ist wegen des Grabs eines *marabout* (Heiligen) und der wilden Felsformationen am romantischsten. Dann geht's wieder in den Ort zurück. Beim Schlendern durch die kurze Hauptstraße findet man einen Billardsalon, Kunsthandwerk, einen Laden mit Argan-Produkten, Telefonzellen, Cafés, Restaurants und einen kleinen Gemüsemarkt. Auch außerhalb des Dorfes wird einem bestimmt nicht langweilig: Am Strand kann man in der Brandung wunderbar angeln, und die Hotels helfen gerne bei der Organisation von Touren – aufs Meer zum Fischen, in die Wüste oder wohin auch immer. Wen es in die Höhe zieht, der kann von **Le Nid d'Aigle** aus (☎ 0671 668505; www.nidaigle.com) Drachen fliegen. **Mirleft Ride** (☎ 0661 441933; mirleftride.net) betreibt Surfschulen und organisiert sowohl Angeltouren als auch Bergwanderungen. **Anzid Quad Evasion** (☎ 0677 756548; www.anzidquadevasion.com) bietet eine Auswahl von Quadtouren in die Umgebung.

Schlafen

LP Tipp **Hôtel Resto Abertih** (☎ 0528 710304, 0672 225872; www.abertih.com; Zi. mit Gemeinschaftsbad/eigenem Bad 100/150 Dh pro Pers.; WLAN) Traumhaftes blaugelbes Gästehaus in den oberen Stockwerken des Gebäudes. Schlichte Stoffe und kräftige Farben schmücken die elf Zimmer. Unten gibt's eine stimmungsvolle Bar mit Restaurant, wo sich im Ort lebende Ausländer treffen. Hier hält auch der freundliche französische Besitzer Hof. Das Menü (80 Dh) ist einfach und lecker: gegrillter Fisch, marokkanische Standards, Apfeltarte und auf Wunsch Hummer.

Hôtel Atlas (☎ 0528 719309; www.atlas-mirleft.com, französisch; Zi. ohne/mit Dusche 120/150 Dh pro Pers.;) Ähnlich wie das Hotel Resto Abertih und im Besitz derselben Familie. Der Balkon im ersten Stock zur Straßenseite ist wunderbar für frühe Abendstunden. Kräftiges Aquamarin, Gelb und Terrakottatöne sorgen in den 17 Zimmern für Farbe. Es gibt auch eine riesige Dachterrasse mit Sofas und Kissen für sommerliche Barbecues und Musik. Essen wird gewöhnlich nur auf Anfrage serviert.

Sally's Bed & Breakfast (☎ 0528 719402, 0661 469888; www.sallymirleft.com; DZ ab 660 Dh) Am Felsrand oberhalb von Tourga Beach liegt diese wunderbare Villa. Eine englische Pferdeliebhaberin hat diesen Ort geschaffen, wo man sich wie zu Hause fühlen kann. Es gibt fünf Zimmer mit Bad und eine Sonnenterrasse mit Whirlpool. Sally arrangiert auch Ausritte.

Les 3 Chameaux (☎ 0528 719187; www.3chameaux.com; DZ/Suite HP 750/1000 Dh;) Mirlefts beste Adresse liegt hoch oben auf dem Berg und ist ein renoviertes Fort aus den 1930er-Jahren. Das wunderschöne Gästehaus bietet einen traumhaften Blick über das Dorf und das Meer dahinter. Weiß getünchtes Holz und Terrakotta-Kübel sorgen für eine ruhige und entspannte Umgebung. Der Pool ist beheizt, das Restaurant locker und der ganze Ort wie dafür geschaffen, mal so richtig abzuschalten. Kein Wunder also, dass Marokkaner hierher kommen, um dem Trubel zu entfliehen. Ungewöhnlich: Die Suiten sind preiswerter als die kleinen Zimmer.

Essen

Abgesehen von den hervorragenden Restaurants der oben genannten Hotels haben auch ein paar Cafés in der Hauptstraße frischen Fisch im Angebot, der hier tonnenweise an Land kommt. In der Suk-Straße serviert das **Restaurant Ayour** (☎ 0528 719371; Gerichte 85 Dh; mittags & abends) solide Tajines und gegrillten Fisch. Das **Restaurant Tikiout** (☎ 0528 719463; Hauptstraße) – der Newcomer von Mirleft – wird von einem Chefkoch aus Agadir betrieben und serviert klassische französische Gerichte wie *salade de chevre* (Ziegenkäsesalat), Quiche und Hühnerleber.

An- & Weiterreise

In Mirleft halten Nahverkehrsbusse und Grands Taxis, die zwischen Tiznit und Sidi Ifni verkehren. Es gibt auch täglich einen Bus nach Agadir (30 Dh).

SIDI IFNI

20 600 Ew.

Der Außenposten Sidi Ifni, der im Juli und August oft in Atlantiknebel gehüllt ist, wirkt sehr verlassen. Seine berühmte, verfallende spanische Art-déco-Architektur erinnert stark an Spaniens imperialistische Ambitionen: Sidi Ifni lag mitten in der ehemaligen Kolonie Spanisch-Sahara und war ein Zentrum des Sklavenhandels. Später wurde von hier tonnenweise Fisch ins spanische Mutterland exportiert.

Die Stadt ging erst 1969 an Marokko zurück, und die prächtige Esplanade und die *calle*s (Straßen) sehen immer noch ziemlich spanisch aus. In jedem Fall geht's hier gelassen zu, und das zieht erstaunlich viele Besucher an. Auch als Basis für Surfer und Paraglider ist Sidi Ifni zunehmend angesagt.

Geschichte

Nachdem die Spanier die marokkanische Armee im Krieg von 1859 besiegt hatten, fiel die Enklave Sidi Ifni in ihre Hand. Sie nannten ihre neue Eroberung Santa Cruz del Mar Pequeña, wussten aber offenbar nicht recht, was sie damit anfangen sollten: So richtig nahmen sie die Stadt erst 1934 in Besitz. Daher stammt auch der größte Teil Sidi Ifnis aus den 1930er-Jahren. Die Architektur ist ein wilder Mix aus verblasstem Art déco und traditionellen marokkanischen Baustilen.

Als Marokko 1957 unabhängig wurde, verweigerte Spanien den Rückzug mit dem Argument, dass etwa 60 % der Bevölkerung spanisch war. Der zähe Streit über Territorialrechte endete schließlich mit einem Abkommen unter UN-Schirmherrschaft, in dem sich Spanien verpflichtete, die Enklave 1969 an Marokko zurückzugeben. Santa Cruz wurde wieder in Sidi Ifni zurückbenannt, Namenspatron ist ein heiliger Mann, der Anfang des 20. Jhs. hier bestattet wurde. Der Unabhängigkeitstag am 30. Juni wird immer noch jedes Jahr mit einer großen Party auf dem stillgelegten Flughafen gefeiert.

Praktische Informationen

Banque Populaire (Ave Mohammed V) und **BMCE** (Ave Mohammed V) haben Wechselschalter und Geldautomaten. Vor der **Post** (Ave Mohammed V) ganz in der Nähe sind ein Briefkasten mit der Aufschrift „Correos – Avion/Ordinario" (Post – Luftpost/Inland) und ein Geldautomat zu finden. Internetzugang hat man u. a. im **Fabionet** (Ave Mohammed V; 4 Dh/Std.) bei der Bushaltestelle um die Ecke. Informationen über die Stadt bietet die englischsprachige Website www.geocities.com/ifnirocks.

Sehenswertes & Aktivitäten

Das große Plus von Sidi Ifni ist die Atmosphäre: Sie hat schon so manchen Ausländer auf der Durchreise verlockt, sich hier niederzulassen. Eine der Hauptattraktionen stellt die kleine spanische Altstadt dar. Ihr Herz ist die **Place Hassan II** (wird oft noch Plaza de España

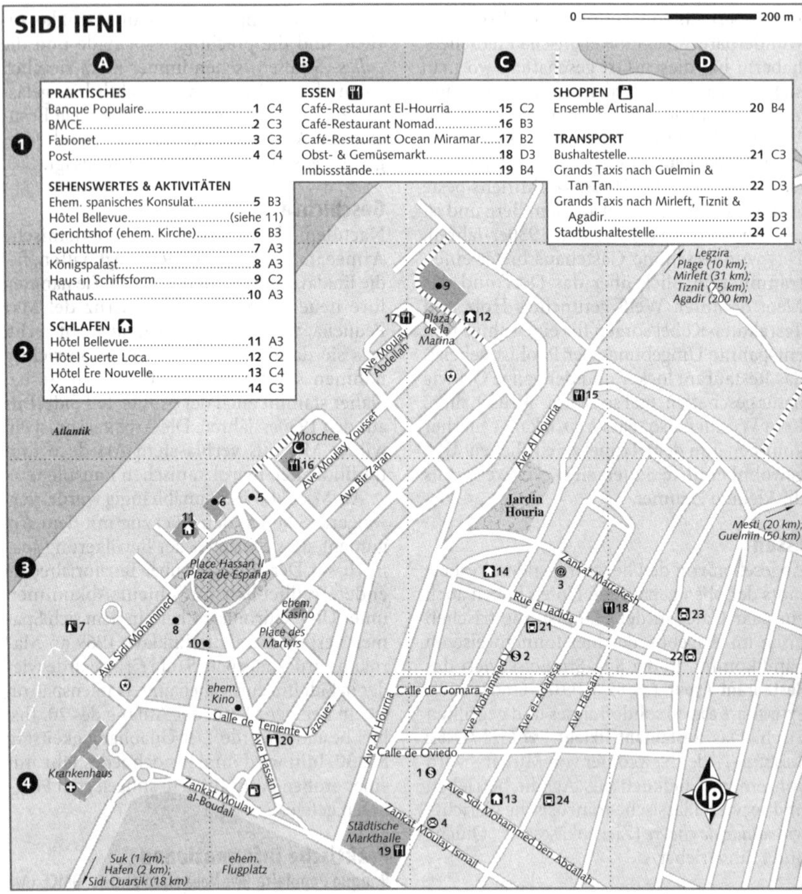

genannt), eine koloniale Anlage aus einem großen quadratischen Platz mit einem kleinen Park im Zentrum. Ringsum liegen die wichtigsten Verwaltungsgebäude: Gerichtshof (früher eine Kirche), Königspalast, spanisches Konsulat und Rathaus, überwiegend in bombastischem Art-déco-Stil.

Andere interessante Zeugen der Kolonialzeit sind das **Hôtel Bellevue**, ebenfalls an der Place Hassan II, ein **Leuchtturm** in der Nähe und das **Haus in Schiffsform** am Rand der Klippe, in dem die spanische Marineverwaltung untergebracht war (gleich beim Hôtel Suerte Loca). Außerdem kann man sich in den Straßen östlich der Place Hassan II auf die Suche nach ziemlich außergewöhnlicher Art-déco-Architektur begeben.

Der Strand ist groß und wenig belebt, abe trotzdem nicht immer sauber. Am südliche Ende liegt der Hafen. Ifni lebt von Fischere im kleinen Stil; der größte Teil des Fangs wir in Agadir verkauft. Die seltsame Konstruktion ein kleines Stück vor der Küste ist di Ruine einer Transportanlage, mit der frühe Schiffsladungen in den alten spanische Hafen geschafft wurden. Hier gibt es toll Surfspots – im Hotel Suerte Loca (s. gegenüber) oder im Café-Restaurant Nomad (s gegenüber) nach Tipps fragen!

Schlafen

Wie der Rest von Ifni haben auch die meiste Hotels schon bessere Tage erlebt. Das **Hôte Bellevue** (☎ 0528 875072; Place Hassan II) im Kolonial stil war bei unserem letzten Besuch wegen Renovierung geschlossen.

Hôtel Ère Nouvelle (☎ 0528 875298; 5 Ave Sidi Mohammed ben Abdallah; EZ/DZ 30/50 Dh) Ein zentral gelegenes Schnäppchen mit passablen Zimmern (die besten im helleren Obergeschoss) und Gemeinschaftsbädern. Es gibt eine Terrasse und ein ordentliches Restaurant (Hauptgerichte 25–40 Dh).

Hôtel Suerte Loca (☎ 0528 875350; Fax 0528 780003; Ave Moulay Youssef; EZ/DZ 70/105 Dh, mit Dusche 120/170 Dh) Die Unterkunft mit Strandblick hat schlichte Zimmer mit Balkon. Das Restaurant (Festpreismenü 56 Dh) mit seiner französischen, spanischen und marokkanischen Küche ist sehr beliebt; hier gibt's auch Paella.

LP Tipp **Xanadu** (☎ 0528 876718; www.maisonxanadu.com; 5 Rue el Jadida; Zi. inkl. Frühstück 330 Dh; 💻) Die charmanteste Adresse vor Ort ist ein restauriertes Haus im Zentrum, in der Nähe der Ave Mohammed V. Einzigartig in Ifni, besticht das französisch-marokkanische Unternehmen durch beruhigende Farben, Eleganz und fein nuancierte Extras in den fünf Zimmern. Kinder sind willkommen und Abendessen gibt's auf Anfrage (110 Dh).

Essen

Es gibt ein paar kleine Café-Restaurants in der Ave Hassan II sowie Imbissbuden, die bei Sonnenuntergang am südlichen Ende der Ave Mohammed V aufgebaut werden. Besseres Essen bekommt man im Hôtel Suerte Loca. Wenn möglich, sollte man vorher Bescheid geben. Keines der folgenden Restaurants serviert Alkohol.

Café-Restaurant el Hourria (☎ 0528 876343; Ave Al Hourria; Hauptgerichte 30–40 Dh; 🕑 morgens, mittags & abends) Das Hourria, auch bekannt als Chez Omar, serviert ganztägig alles vom Frühstück (20 Dh) bis zum Abendessen. Es hat einen ruhigen Innenraum und eine Terrasse, die an einen öffentlichen Garten grenzt. Auf dem Speiseplan stehen französische und marokkanische Gerichte und jede Menge frischer Fisch.

Café-Restaurant Ocean Miramar (☎ 0528 876637; Ave Moulay Abdellah; Hauptgerichte 40–60 Dh; 🕑 mittags & abends) Wurde erst kürzlich in der Nähe des Hotel Suerte Loca eröffnet. Neben dem Meerblick hat das Miramar Verschiedenes im Angebot, z. B. Pizza (30 Dh) und Eis, aber die Spezialität des Hauses ist natürlich Fisch.

Café-Restaurant Nomad (☎ 0662 173308; 5 Ave Moulay Youssef; Gerichte 85 Dh; 🕑 mittags & abends) Zwei Freunde leiten Ifnis Top-Allround-Lokal. Und nicht nur, dass diese immer gut aufgelegten Menschen künstlerisch und musikalisch talentiert sind – sie kochen auch noch wie die Weltmeister, z. B. eine großartige Fisch-Tajine (60 Dh). Das Warten aufs Essen überbrückt man mit einem Milchshake oder einem Fruchtcocktail – oder man fragt die Besitzer über die Region aus.

Für Selbstversorger bietet Ifni einen **Fischmarkt** (🕑 17–20 Uhr) in der städtischen Markthalle und einen überdachten **Obst- & Gemüsemarkt** (abseits der Zankat Marrakesh). Ein großer Suk findet sonntags, 1 km außerhalb der Stadt, an der Straße zum Hafen statt.

Shoppen

Liebhabern von Kunsthandwerk empfiehlt sich ein Abstecher zum **Ensemble Artisanal** (Ave Hassan II). Auf den Märkten sollte man sich nach *melhaf* umsehen, den sehr feinen und bunten Stoffen, in die sich die Frauen der Sahara hüllen.

An- & Weiterreise

Busse fahren ab der Ave Mohammed V in der Nähe von Fabionet. Verbindungen nach Agadir (40 Dh, 3½ Std., 1-mal tgl.) und Marrakesch (130 Dh, 8½ Std., 1-mal tgl.) gehen über Mirleft (10 Dh, 30 Min.) und Tiznit (25 Dh, 1½ Std.). Der Nahverkehrsbus nach Legzira Plage kostet 3 Dh und startet an der Stadtbushaltestelle in der Ave Hassan I. Grands Taxis fahren vom Nordosten der Stadt nach Tiznit (23 Dh), Guelmin (20 Dh), Tan Tan und Mirleft (10 Dh). Es gibt auch unregelmäßig Grands Taxis nach Agadir (50 Dh).

RUND UM SIDI IFNI

Alle Hotels geben Tipps zu den vielen Touren, die man im Umland von Sidi Ifni machen kann. Ein 18 km langer Küstenpfad führt südwärts nach **Sidi Ouarsik**, einem Fischerdorf mit tollem Strand.

El Gzira, auch **Legzira Plage** genannt, liegt 10 km nördlich von Ifni an der Straße nach Mirleft. Hier gibt's eine herrliche abgeschiedene Bucht mit feinstem Sand und zwei spektakulären **Felsbögen**, die aus dem Meer ragen. In der Nähe der Zufahrtstraße stehen ein paar Häuser, aber das meiste hier ist ursprünglich und unerschlossen. Die **Auberge Legzira** (☎/Fax 0528 780457; EZ/DZ 150/300 Dh) ist die älteste und beste Übernachtungsoption mit 20 einfachen

Zimmern. Der benachbarte **Beach Club** (☎ 0670 522800; EZ/DZ 150/200 Dh) ist ähnlich. Die Preise variieren je nach Nachfrage. Beide bieten gutes Essen mit frischem Fisch (ab 60 Dh) oder Tajine (80 Dh/2 Pers.) und ein Bett für die Nacht. Wenn es geöffnet hat, serviert **Snack Les Amies** (☎ 0528 875510; Menü 35 Dh) günstigeres Mittagessen. Der Bus, der zwischen Tiznit, Sidi Ifni und Guelmin verkehrt, hält in Legzira Plage.

An der Straße nach Guelmin liegt 25 km südlich von Ifni das Berberdorf Mesti. Hier lohnt es sich, die **Tafyoucht Cooperative** (☎ 0528 867252; Di–Sa 7–12 & 14–18 Uhr) zu besichtigen. Sie wird von Frauen geführt und produziert Öl und andere Produkte aus dem vielseitigen Arganbaum. An der Abzweigung nach Mesti verkauft der Laden **Miel Afoulki** (☎ 0667 166418), ebenfalls eine Kooperative, Honig in außergewöhnlichen ortstypischen Geschmacksrichtungen, beispielsweise Orange und Euphorbia (Wolfsmilch).

GUELMIN

96 000 Ew.

Das staubige und heruntergekommene Guelmin war einst das „Tor zur Sahara". Der Ort entstand als Grenzstadt, in der Bauern aus der fruchtbaren Sousebene Handel mit Nomaden aus dem Süden trieben.

Zu Guelmins Blütezeiten kamen die Tuareg, die „blauen Männer", aus der Wüste, um auf dem wöchentlichen Suk mit Kamelen zu handeln. Abends tanzten die Frauen den hypnotischen *guedra*-Tanz zu Trommelrhythmen. Heute bekommt man davon nur noch eine vage Vorstellung, wenn im Juli oder August (der Termin variiert) der einwöchige *moussem* (Fest) und der Kamelmarkt stattfinden.

Wer von Norden kommt, wird Guelmin als Grenzstadt wahrnehmen, in der die Mehrheit der Bewohner Sahrauis sind. Es gibt kaum einen Grund anzuhalten. Die einzige Attraktion sind die unspektakulären Ruinen des Palastes von Caid Dahman aus dem frühen 20. Jh. (Eintritt frei). Sie liegen in der Straße hinter der Jugendherberge am Blvd Mohammed V. Nicht gerade angenehm ist auch die gewisse unterschwellige Aggression hier, die einem in Orten wie Tan Tan oder Sidi Ifni nicht begegnen wird.

Einmal die Woche erwacht die Stadt zum Leben, wenn Tagesausflügler aus Agadir samstagmorgens im Suk einfallen, der ein paar Kilometer außerhalb der Stadt an der Straße nach Tan Tan stattfindet. Hier gibt's zwar jede Menge Obst und überteuerte Souvenirs, aber die meisten Ausflügler fahren ziemlich enttäuscht wieder ab.

Praktische Informationen

Die Place Bir Anazarane ist der Mittelpunkt der Stadt. Hier findet man eine Post, Banken und Internet. Zum Busbahnhof und den Grands Taxis geht's vom Platz etwa 1 km nach Norden die Ave Abaynou entlang.

Die **Touristeninformation** (☎ 0528 872911; 3 Résidence Sahara, Route d'Agadir; Mo–Fr 9–12 & 14.30–18 Uhr) informiert über die Stadt und über Trips weiter in den Süden.

Internetzugang gibt's im **Anakhla Net** (Ave Youssef ibn Tachfine; 8 Dh/Std.) neben dem Hôtel Salam.

Schlafen

In Guelmin übernachtet man nur, wenn es sein muss. Die Hotels sind einfach und einige für Frauen heikel, weil dort vor allem Kaufleute absteigen, die im Trans-Sahara-Handel tätig sind. Wenn man mobil ist, findet man außerhalb der Stadt eine bessere Unterkunft.

Fort Bou-Jerif (☎ 0672 130017; www.fortboujerif.com; Stellplatz 20 Dh zzgl. 30 Dh/Pers., Zi. ab 320 Dh, HP Motel/Hotel 340/440 Dh pro Pers.; 💻) Diese wundervolle Oase der Zivilisation liegt ca. 40 km nordwestlich der Stadt mitten in der Wüste (die letzten 9 km sind raue *piste*). Das Hotel steht in der Nähe eines verfallenen Forts der französischen Fremdenlegion und bietet diverse Übernachtungsmöglichkeiten – von Zimmern im Motel oder Hotel bis zu Nomadenzelten und einem Platz zum Campen. Es gibt auch ein super Restaurant (Menü 175 Dh), wo man Kamel-Tajine probieren kann. Ein französisches Ehepaar managt die Anlage und bietet Touren im Geländewagen nach Plage Blanche an, einem einsamen und unberührten Strandabschnitt 40 km westlich von Bou-Jerif.

Domaine Khattab (☎ 0661 176411; Fax 0528 873150; Km 12 Route d'Assa; Stellplatz 50 Dh zzgl. 25 Dh/Zelt, Bungalow EZ/DZ 150/200 Dh) Dieser 20 ha große Bauernhof mit winzigem Zoo ist ein Paradies für Familien. Es gibt Bungalow-Zimmer und einen Campingplatz sowie ein Restaurant mit Festpreismenüs (55 Dh). Die sanitären Anlagen sind top, und wer will, kann bei Kerzenlicht warm duschen (10 Dh). Der nette Besitzer organisiert Touren in der Gegend.

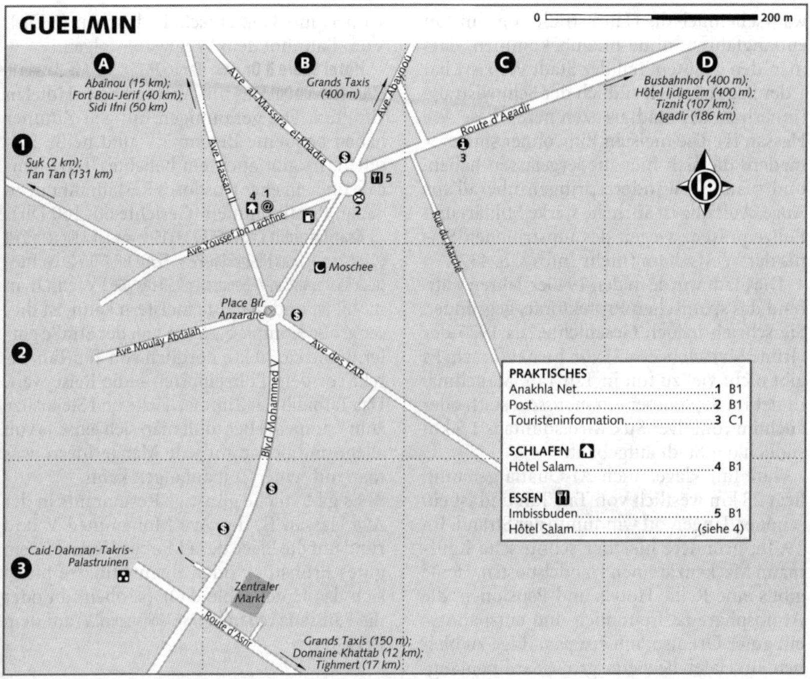

Hôtel Ijdiguen (☎ 0528 771453; Blvd Ibnou Battouta; EZ/DZ 75/150 Dh) Praktisch gelegen gegenüber vom Eingang zum Busbahnhof. Das einfache Hotel vermietet saubere, geflieste Zimmer (ruhiger sind die auf der Rückseite) mit Gemeinschaftsduschen (7 Dh).

Essen

Das beste Essen der Stadt gibt's im **Hôtel Salam** (☎ 0528 872057; Fax 0648 770912; Ave Youssef ibn Tachfine); ein traditionell marokkanisches Drei-Gänge-Menü kostet 85 Dh. Es gibt auch Alkohol.

Gute Grill- und Imbissbuden gibt's an der Place Bir Anzarane.

An- & Weiterreise

BUS

Der Busbahnhof liegt abseits der Ave Abaynou Route d'Agadir, zehn Minuten zu Fuß vom Zentrum entfernt. **CTM** (☎ 0528 873855) fährt nach Marrakesch (125 Dh, 7 Std., 1-mal tgl.) über Tiznit (35 Dh, 2 Std.) und Agadir (65 Dh, 4 Std.). Täglich gibt es zudem eine Verbindung nach Tan Tan (39 Dh, 1½ Std.), Laâyoune (142 Dh, 7 Std.) und Dakhla (280 Dh, 15 Std.).

Andere Anbieter, z. B. Satas und Supratours, fahren viermal täglich Richtung Süden (Tan Tan 45 Dh; Tarfaya 120 Dh; Laâyoune 140 Dh; Dakhla 300 Dh) und fünfmal täglich Richtung Norden nach Agadir (75 Dh) über Tiznit (40 Dh). Viermal am Tag gibt's eine Verbindung nach Marrakesch (130 Dh).

TAXI

Neben dem Busbahnhof stehen Grands Taxis nach Abaïnou (8 Dh), Sidi Ifni (20 Dh), Tiznit (50 Dh), Tan Tan (40 Dh), Inezgane (50 Dh) und Laâyoune (130 Dh). Grands Taxis nach Tighmert (7 Dh) sind südöstlich der Stadt an der Straße nach Asrir zu finden.

TAN TAN & TAN TAN PLAGE

50 000 Ew.

Wer südlich von Goulmime das trockene Tal Oued Drâa durchquert, kommt in die echte Sahara. Die 125 km lange Strecke über die Wüstenstraße nach Tan Tan ist beeindruckend: nichts als Einöde und raue *hammada* (flache Steinwüste).

Wenn man nicht unterwegs von Sicherheitskräften angehalten würde, könnte man wahrscheinlich die Hauptstraße von Tan Tan entlangfahren, ohne mitzubekommen, dass man den größten Teil der Stadt verpasst hat – der liegt nämlich südlich der Schnellstraße (innerhalb der Stadtgrenzen heißt diese Ave Hassan II). Die meisten Einwohner sind Nomaden, die sich hier niedergelassen haben, und blaue Gewänder springen überall ins Auge. Auffällig ist auch die starke Militär- und Polizeipräsenz wegen des umstrittenen Status der Westsahara (mehr Infos s. S. 437).

Die Stadt wurde in den 1940er-Jahren während des spanischen Protektorats gegründet. Sie schrieb jedoch Geschichte, als 1975 der Grüne Marsch (s. S. 47) von hier aufbrach. Es gibt nicht viel zu tun in Tan Tan. Manchmal findet im September ein *moussem* statt, oder auch im Juni. Der Suk wird sonntags 1,5 km südlich der Stadt aufgebaut.

Tan Tan Plage, auch Al-Ouatia genannt, liegt 28 km westlich von Tan Tan und ist ein schöner, langer, oft windumtoster Strand. Im 19. Jh. gründete hier der schottische Kaufmann Mackenzie einen Handelsposten. Heute gibt's eine Reihe Hotels und Pensionen, die Atmosphäre ist freundlich und entspannt – ein guter Ort also, um ein paar Tage zu bleiben. Im Hafen liegt eine große Sardinenfangflotte und Angeln am Strand geht auch.

Praktische Informationen

TAN TAN

Banque Populaire (Ave Mohammed V).
BMCE (Ave Hassan II) Geldautomat und Wechselschalter, neben der Shell-Tankstelle.
El-Hagounia Internet (Ave Hassan II; 8 Dh/Std.)
Hauptpost (Ave Hassan II) Im Osten der Stadt.

TAN TAN PLAGE

Im Ortskern gibt's eine Post, eine BMCE und einen Geldautomaten bei der Banque Populaire, die auch Geld wechselt.

Schlafen & Essen

TAN TAN

Hôtel Bir Azzarane (☎ 0528 877834; Ave Hassan II; EZ/DZ 50/80 Dh) Etwas abgenutzt, aber bemerkenswert freundlich, neben dem königlichen Palast (und daher absolut sicher) auf der Westseite des Flusses. Die Zimmer sind schuhschachtelartig und viele haben Fenster nur zum Korridor, aber bei dem Preis …

Hôtel el-Hagounia (☎ 0528 878561; Rue Sidi Ahmed Rguibi; EZ/DZ 50/80 Dh) Beste und sichere Lage beim Busbahnhof. Die Zimmer sind einfach, aber sauber, mit Gemeinschaftsduschen (5 Dh). Vom Bahnhof dem Wegweiser folgen.

Hôtel Sable d'Or (☎/Fax 0528 878069; Ave Hassan II; EZ/DZ 150/200 Dh) Das mit Abstand beste Hotel in Tan Tan. Die geräumigen luftigen Zimmer haben bequeme Betten, TV und heiße Duschen. Es gibt auch ein beliebtes Terrassencafé und ein eher trostloses Restaurant mit zu vielen Plastikblumen (Gerichte 60–100 Dh).

Ksar Tafnidilt (☎ 0663 233115; www.tafnidilt.com; Zelt 60 Dh/Pers., Biwak HP 245 Dh/Pers., EZ/DZ HP 470/740 Dh, Frühstück 35 Dh, Mittag-/Abendessen 150 Dh;) Wenn man mobil ist und die *piste* meistern kann, ist dieser große Komplex – 6 km von der Straße entfernt und ca. 20 km nördlich von Tan Tan, direkt vor dem Polizeiposten – die Reise wert. Das Tafnidilt hat Zimmer, Zelte und Stellplätze zum Campen. Hier fühlt man sich jenseits von allem und bekommt jede Menge Ideen, was man mit seiner Zeit anfangen kann.

Es gibt etliche günstige Restaurants in der Ave Hassan II, der Ave Mohammed V und rund um die Place de la Marche Verte. Für ein gutes Frühstück oder einen Minztee bietet sich das Hôtel Sable d'Or (s. oben) an oder die **Pâtisserie Le Jardin** (Ave Mohammed V) auf dem Berg.

TAN TAN PLAGE

Résidence Raja (☎ 0528 879503; neben dem Taxistand; EZ/DZ 70/100 Dh) Die beste Budgetoption im Dorf. Die kleinen Zimmer sind mehr oder weniger sauber, die Gemeinschaftsduschen mehr oder weniger heiß, aber man wird eindeutig mehr als weniger freundlich aufgenommen. Verkehrstechnisch günstig gelegen.

LP Tipp **Villa Océan** (☎ 0528 879660/879641; villa ocean@menara.ma; Blvd de la Plage; EZ/DZ 150/200 Dh) Ein wundervolles zum Meer hin gelegenes Gästehaus mit einer Handvoll geräumiger und luftiger Zimmer, einige mit Meerblick, und sauberen Bädern. Die Unterkunft ist ihren Preis wert. Die französischen Besitzer helfen mit ihrem großen Wissen über die Region gerne weiter und arrangieren Trips zu Höhlen und anderen Sehenswürdigkeiten an Land (halber Tag 300 Dh) sowie Angeltouren. Das Restaurant und die Terrasse haben blau-weiß karierte Tischdecken, der Grillfisch kommt direkt aus dem Meer (Gerichte 80 Dh) und es gibt Alkohol. Spezialität des Hauses: Tajine aus Früchten (30 Dh).

Hotel de France (☎ 0528 879641; www.hotel-tantan com; EZ/DZ 200/250 Dh) Größeres Gebäude eine Straße vom Meer entfernt, hat die gleichen

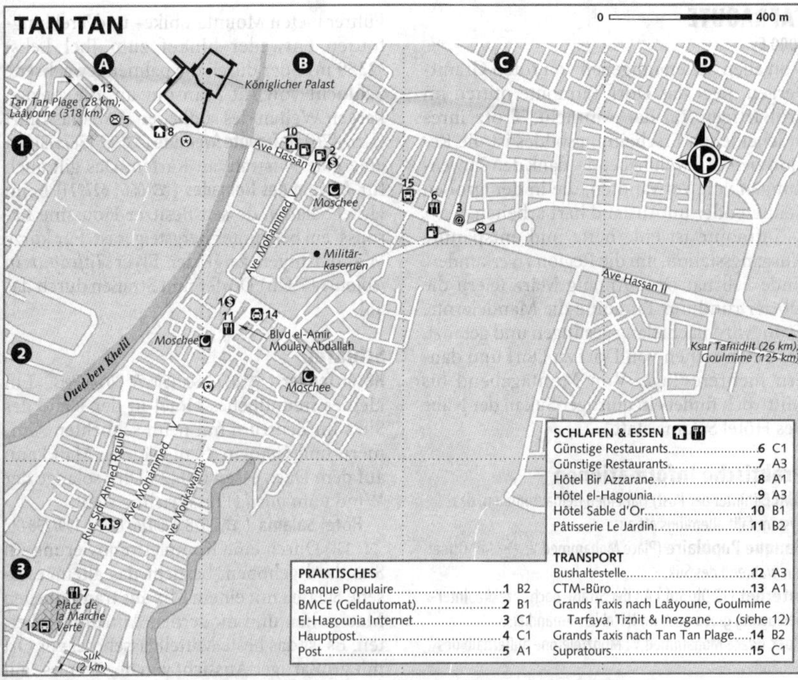

Besitzer wie die Villa Ocean. Die Zimmer haben trotzdem Meerblick und Balkon. Bei unserem letzten Besuch war das Restaurant geschlossen.

An- & Weiterreise

BUS

Die Busse von **CTM** (Ave Hassan II) fahren spät in der Nacht nach Laâyoune (120 Dh, 4½ Std.) und Dakhla (250 Dh, 14 Std.). Außerdem gibt's Verbindungen nach Guelmin (39 Dh, 1½ Std.), Tiznit (75 Dh, 3½ Std.) und Agadir (90 Dh, 4½ Std.).

Weiter östlich bietet **Supratours** (Ave Hassan II) ähnliche Verbindungen zu ganz ähnlichen Preisen an.

Auch die Busse der anderen, billigeren Unternehmen steuern die gleichen Orte an. Sie starten von der Hauptbushaltestelle 500 m südlich des Zentrums an der Place de la Marche Verte.

TAXI

Von der Bushaltestelle an der Place de la Marche Verte fahren Grands Taxis nach Laâyoune (100 Dh), Guelmin (40 Dh) und ab und zu auch nach Tarfaya (60 Dh), Tiznit (80 Dh) und Inezgane (100 Dh). Grands Taxis nach Tan Tan Plage (12 Dh) starten vom oberen Ende des Blvd el-Amir Moulay Abdallah weiter nördlich.

ANTIATLAS

Der Antiatlas gehört zu den noch immer selten besuchten Bergregionen Marokkos – erstaunlich, denn die Gegend ist sehr schön und liegt außerdem in der Nähe von Agadir. Das Gebirge ist die Hochburg der Chleuh-Stämme, die hier in einem losen Zusammenschluss von Dörfern über die kargen Berge verteilt leben – einige noch immer jenseits der staatlichen Kontrolle. Die Region wurde erst in den 1930er-Jahren durch die Franzosen befriedet.

Umgeben von einer anspruchsvollen Landschaft aus Granitfelsen und roten Lavaströmen haben sich die Chleuh seit jeher der Landwirtschaft in üppigen Oasentälern gewidmet, die heute zu den schönsten *palmeraies* des Landes gehören.

TAFRAOUTE

5000 Ew.

Von allen Seiten umgeben von roten Granitbergen, liegt das Dorf Tafraoute mitten im großartigen Tal der Ammeln. Trotz ihres bescheidenen Erscheinungsbildes ist die Region ziemlich wohlhabend – dank den Zuwendungen von Verwandten, die in den großen Städten oder im Ausland hart arbeiten.

Tafraoute ist eine nette und entspannte Ausgangsstation, um die Region zu erkunden. Ende Februar bzw. Anfang März feiern die Dörfer rund um Tafraoute die Mandelernte. Dann wird nächtelang gesungen und getanzt, die Feten ziehen von Dorf zu Dorf und dauern mehrere Tage. Von Montagabend bis Mittwoch findet ein quirliger Suk in der Nähe des Hôtel Salama statt.

Praktische Informationen

BMCE (hinter der Post) Hat einen Geldautomaten, das System fällt allerdings oft aus.

Banque Populaire (Place Mohammed V; 🕑 Mi) Öffnet nur während des Suk.

Internet (12 Dh/Std.) An der Straße nach Tazekka. Internetzugang gibt's auch im Hôtel Les Amandiers.

Post (Place Mohammed V) Münztelefone außerhalb des Gebäudes.

Aktivitäten

RADFAHREN

Die schönen Dörfer im Tal der Ammeln lassen sich am besten zu Fuß oder per Fahrrad erkunden. Räder kann man bei Abid neben dem Hôtel Salama oder im Geschäft **Artisanat du Coin** ausleihen (60 Dh/Tag). **Tafraoute Aventure** (☎ 0661 387173) und **Au Coin des Nomades** (☎ 0661 627921) verleihen Mountainbikes und bieten auch Touren an. Mountainbikes und Helme gibt's außerdem bei **Tafraoute Quadbikes** (☎ 0670 409384).

HAMAMS

Tafraoute ist der perfekte Ort für ein authentisches Hamam-Erlebnis, da die meisten Haushalte noch immer keinen Wasseranschluss haben. Es gibt drei Hamams vor Ort, Einheimische bevorzugen das alte direkt hinter dem Markt, die zweite Wahl ist das beim Hauptkreisverkehr. Alle kosten 10 Dh.

TREKKING

Für Trekkingfans hat Tafraoute eine Menge zu bieten. Die meisten Wanderungen sind anspruchsvoll. Mehrere Unternehmen und Führer bieten Mountainbike- und Trekkingtouren entweder hinauf zum Jbel Lekst (2359 m) oder durch die palmenbewachsene Schlucht von Aït-Mansour an, die zu den kargen Weiten des südlichen Antiatlas führt (s. S. 476). **Tafraoute Aventure** (☎ 0661 387173) hat eine gute Auswahl an Karten. Das gilt auch für **Au Coin des Nomades** (☎ 0661 627921) beim Hôtel Salama, dessen Besitzer Houssine Laroussi ein bekannter Bergsteiger ist. Für kurze Wanderungen zeigt der Flyer *Tafraout in Colours* (7 Dh) Dörfer und Straßen durch das Tal.

Schlafen

Hôtel Tanger (☎ 0528 800190; Zi. 30 Dh/Pers.) Ein kleines freundliches Hotel in der Nähe des Suks im Zentrum mit neun schlichten Zimmern und Gemeinschaftsbädern. Man kann auf dem Dach essen (20–35 Dh), solange der Wind vom *oued* (Fluss) richtig steht.

Hôtel Salama (☎ 0528 800026; EZ/DZ 199/298 Dh; ❄ 💻) Durch eine Komplettrenovierung im Standard gehoben, besticht das alteingesessene Salama mit einem Mix aus traditionellen Materialien und modernen Annehmlichkeiten. Es ist das beste Mittelklassehotel vor Ort mit großartiger Aussicht von der Terrasse auf die Berge, einem Restaurant, das komplette Gerichte (65 Dh) anbietet, und einem Teehaus mit Blick auf den Marktplatz.

Hôtel Les Amandiers (☎ 0528 800088; hotellesamandiers@menara.ma; EZ/DZ ab 350/450 Dh; ❄ 🏊) Thront über der Stadt auf einem Berggipfel und hat den Ehrgeiz, in jeder Beziehung Tafraoutes Tophotel zu werden. Das Haus im Kasbah-Stil hat geräumige, wenn auch glanzlose Zimmer, einen Pool mit einmaliger Aussicht, eine Bar und ein Restaurant (Festpreismenü 120 Dh). Der Service – wie zum Teil auch die Einrichtung – ist verschlafen, aber in Ordnung.

Essen

Abgesehen von den Hotelrestaurants hat Tafraoute ein paar gute Lokale zu bieten.

Restaurant Marrakech (☎ 0663 229250; Rue An-nahda; Festpreismenü 55 Dh) Günstiges familiengeführtes Restaurant an der Straße, die vom Busbahnhof den Berg hoch führt, mit kleiner Terrasse und guter, solider Kost. Hier trifft sich die einheimische Meute. Auf den Tisch kommt einfache Tajine (35 Dh).

Restaurant L'Étoile d'Agadir (☎ 0528 800268; Place Mohammed V; Gerichte um 75 Dh; 🕑 8–18 Uhr) Einhei-

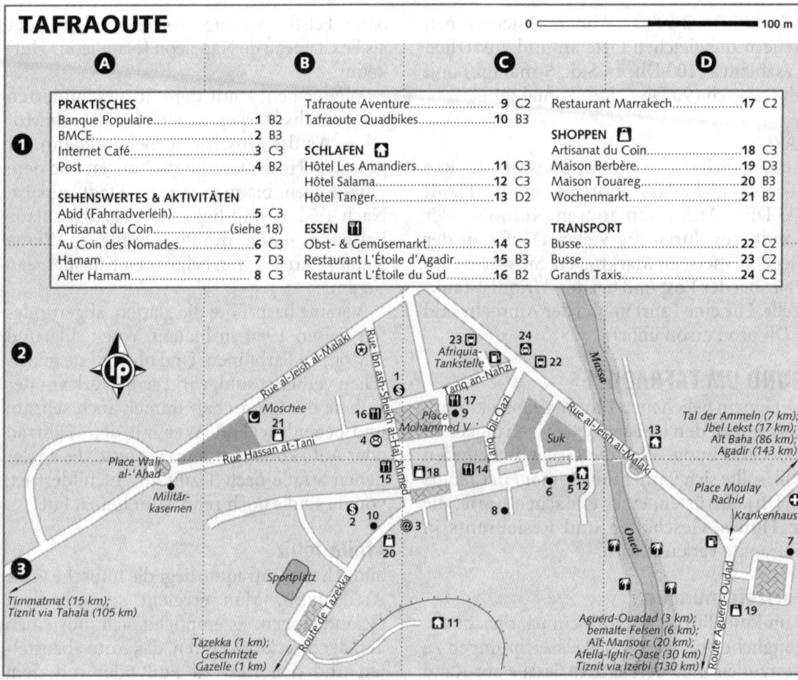

mische schwören auf dieses Lokal wegen seiner saftigen Tajines, die auch noch schön angerichtet sind. Auch perfekt, um mit einem Kaffee entspannt den Tag zu beginnen.

Restaurant L'Étoile du Sud (☎ 0528 800038; Festpreismenü 90 Dh; ⏲ mittags & abends) In einem eher kitschigen Beduinenzelt wird ein exzellentes Menü serviert. Leider wird das Lokal oft von Reisegruppen in Beschlag genommen, vor allem zur Mittagszeit. Man darf allerdings seinen eigenen Wein mitbringen, und die Lamm-Tajine ist sehr zu empfehlen.

Viele kleine Lebensmittelläden verkaufen Käse und einfache Zutaten für ein Picknick als Ergänzung zu Obst und Gemüse, das man auf dem Markt erstehen kann.

Shoppen

Wer sich für die traditionellen Lederpantoffeln (gelb für Männer, rot für Frauen; ab 75 Dh, echte Qualitätsprodukte sind aber teurer) interessiert, wird rund um den Markt gleich in mehreren Läden fündig. Es lohnt sich auch immer, nach Händlern Ausschau zu halten, die Argan- und Olivenöl aus der Region anbieten.

In Tafraoute kann man Teppiche wesentlich stressfreier kaufen als in Marrakesch. Die zwei großen Geschäfte sind **Maison Touareg** (Rte Tazekka) und **Maison Berbère** (Rte Aguerd-Oudad). Kleine Händler bieten auf dem wöchentlichen **Suk** an der Rue Hassan at-Tani auch Berberteppiche an.

Artisanat du Coin (Sharia ibn ash-Sheikh al-Haj Ahmed) in der Nähe der Post ist auf Berberschmuck und anderen tragbaren Nippes spezialisiert.

An- & Weiterreise

AUTO

Maison Touareg und Tafraoute Aventure vermieten Geländewagen inklusive Fahrer für ca. 1200 Dh pro Tag plus Sprit (3000 Dh für eine ganztägige Tour).

BUS

Die Busse starten vor den Filialen der verschiedenen Unternehmen an der Rue al-Jeish al-Malaki.

Trans Balady bietet Verbindungen nach Agadir (40 Dh, 6 Std., tgl.). Die Busse um 14 und um 18.30 Uhr fahren über Tiznit (25 Dh, 4 Std.); der Bus um 18 Uhr fährt durch Aït

Baha (20 Dh, 2½ Std.). Andere Unternehmen steuern die gleichen Orte an und zusätzlich Casablanca (100 Dh, 14 Std., 5-mal tgl.) und Marrakesch (90 Dh, 7 Std., 4-mal tgl.).

TAXI

Gelegentlich fahren Grands Taxis von der Rue al-Jeish al-Malaki morgens nach Tiznit (35 Dh). Ansonsten touren Kombis oder Landrover durch die vielen Dörfer in der Gegend, meist an Markttagen. Sie warten am Platz bei der Post und bei der Afriquia-Tankstelle. Für eine Fahrt ins Tal der Ammeln sind 7 Dh pro Person üblich.

RUND UM TAFRAOUTE

Mit einem geliehenen Mountainbike kommt man gut zu den meisten Sehenswürdigkeiten der Umgebung. Wer die Gegend erkunden will, sollte sich vorher mit *Tafraout in Colours* (7 Dh) ausrüsten, einer einfachen Karte, die in Hotels, Geschäften und Restaurants in Tafraoute verkauft wird.

Felszeichnungen

Rund um Tafraoute gibt's ein paar leicht zugängliche prähistorische Felszeichnungen zu bestaunen. Zur **Geschnitzten Gazelle** am Rand von **Tazekka** ist es nur ein kurzer Fußweg: erst auf der Straße an der BMCE und dem Sportplatz vorbei und dann einfach den Pfad durch die Palmenhaine Richtung Südwesten nehmen. Nach ca. 15 Minuten ist man schon am Dorfrand. Hierfragt man am besten jemanden aus dem Dorf nach dem Weg zur Gazelle, einer einfachen Ritzung auf der Oberseite eines umgestürzten Felsblocks.

Die anderen Zeichnungen in **Tirnmatmat** sind weiter westlich Richtung Aït Omar (Rte 7148 nehmen). Kurz vor dem Dorf führt eine nicht ausgeschilderte *piste* gegenüber von einem Brunnen nach Tirnmatmat, wo sich die *gravures* an einem Flussbett befinden. Die Kinder aus dem Dorf führen einen hin, oder man engagiert einen Führer aus Tafraoute. Das Dorf ist ganz zauberhaft gelegen und Trekkingfans können von hier in alle Richtungen aufbrechen.

Le Châpeau de Napoléon & die bemalten Felsen

Das Dorf Aguerd-Oudad 3 km südlich von Tafraoute eignet sich perfekt für einen netten Spaziergang oder eine Fahrradtour. Unterwegs dorthin kommt man an den unverwechselbaren Felsformationen vorbei, die hier jeder als Le Châpeau de Napoléon (Napoleons Hut) kennt.

Weiter geht's auf dem ausgeschilderten Weg durchs Dorf bis zu einem Platz mit Moschee. An der Moschee vorbei und dann der *piste*, den Hochspannungsleitungen und dem Fluss folgen, bis man aus der Stadt raus ist. Nach 1,5 km sind links ein paar blassblaue Felsen zu sehen, die Pierres Bleues (Blaue Steine) – kreiert vom belgischen Künstler Jean Verame.

Verame besprühte die glatten, abgerundeten Felsen 1984 in blauen, roten, lila und schwarzen Farbtönen. Und obwohl sie inzwischen verblasst sind, wirkt sein Werk vor der Kulisse der Landschaft immer noch seltsam und beeindruckend. Wer mit dem Fahrrad oder Auto kommt, nimmt die *piste*, die an der neuen Straße nach Tiznit ausgeschildert ist; von da sind's noch zehn Minuten zu Fuß.

Afella-Ighir

Südlich von Tafraoute liegt die hübsche Oase Afella-Ighir. Man erreicht sie mit dem Geländewagen. Es empfiehlt sich, nur einen Teil der Strecke zu fahren, das Auto abzustellen und den Rest zu Fuß oder mit dem Mountainbike zurückzulegen. Alternativ schlägt man sein Basislager im Dorf Tiwadou mit der wunderbaren **Auberge Sahnoun** (☎/Fax 0528 216609, 0667 095376; m_sahnoun@hotmail.com; HP 150 Dh/Pers.) auf. Hier gibt's drei einfache Zimmer mit gemeinsamen sanitären Anlagen. Der Besitzer Mohamed Sahnoun ist ein erfahrener Bergführer. Er organisiert drei- bis siebentägige Touren in die Region, hat aber auch ein eigenes Museum eingerichtet – ein Raum voller Dinge, die vom früheren täglichen Leben in der Gegend erzählen (S. 436). Der Ort eignet sich bestens als entlegener Ausgangspunkt.

Reisende nach Afella-Ighir nehmen ab Tafraoute die neue Straße nach Aguerd-Oudad. 3 km südlich vom Dorf links abbiegen und dann ca. 19 km über einen Gebirgspass (im Winter verschneit) und durch Tlata Tasrirte fahren. So kommt man zum Eingang der spektakulären Schluchten von Aït-Mansour. Die befestigte Straße führt weiter nach Süden zum Dorf Aït-Mansour. Es liegt am Grund der Schlucht, wo **Chez Messaoud** (☎ 0670 793567, 0528 801245) Tee und Saft serviert. Wer im Voraus bucht, kriegt hier auch ein Mittagessen, z. B. Couscous oder Tajine (40 Dh). Ein

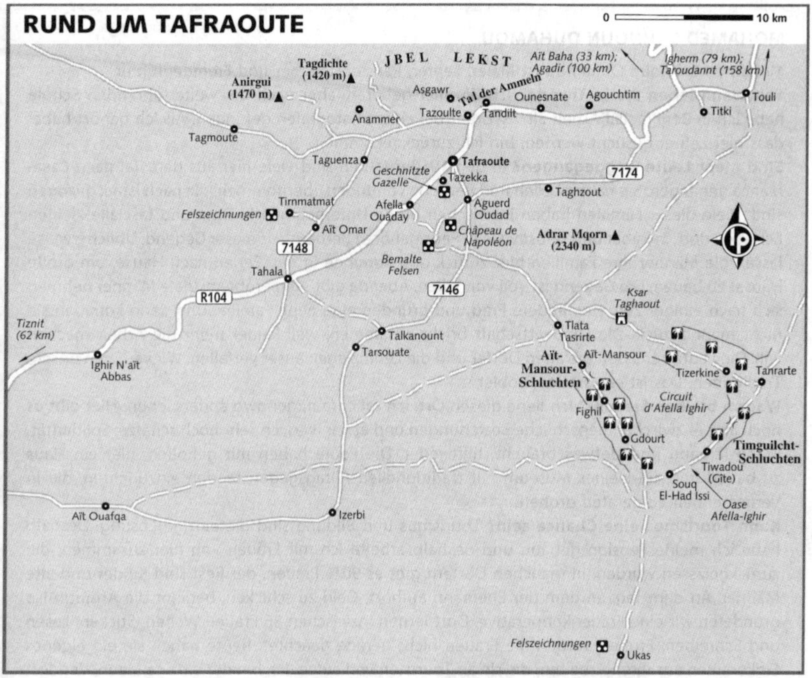

Stück weiter läuft der Fluss über die Straße. Hier beginnt die Oase Afella-Ighir. Von dort aus führt eine holprige Straße ca. 10 km lang durch mehrere Dörfer bis nach Souk el-Had Issi (30 km von Tafraoute entfernt), eine eher deprimierende Stadt. Sie platzt aus allen Nähten, seit die nahe gelegene Goldmine Minas de Akka Scharen von Arbeitsuchenden anzieht. Von Souk el-Had Issi aus kann man eine 25 km lange Schleife durch die Schluchten von Timguilcht und zurück hinauf nach Tlata Tasrite fahren. Für Archäologiefans geht's 12 km südlich nach Ukas, wo ein paar tolle Felszeichnungen zu sehen sind. Allerdings findet man die wahrscheinlich nur mithilfe eines Ortskundigen.

An Markttagen fahren manchmal Grands Taxis in die Dörfer der Gegend, sonst muss man wohl das ganze Taxi allein zahlen.

TAL DER AMMELN & JBEL LEKST

Tafraoute liegt in einem Talkessel und ist fast gänzlich von zerklüfteten, rosa-goldenen Granitfelsen umgeben. Im Nordwesten gibt es einen Felsgrat, auf dessen Rückseite das Tal der Ammeln liegt. An der Nordseite des Tals ragt der **Jbel Lekst** (2359 m) auf. Wer von Tafraoute aus schaut, kann hier einen Felsen erkennen, der an das Gesicht eines Löwen erinnert. Die Leute aus den Dörfern ulken, dass er auf die Frauen aufpasst, während die Männer bei der Arbeit sind.

Über die Straße nach Agadir gelangt man in das Tal mit seinen malerischen Berberdörfern. 4 km hinter Tafraoute gabelt sich die Straße; die rechte Abzweigung führt ostwärts das Tal hinauf Richtung Agadir. Kurz darauf taucht links von der Straße das Dorf **Tandilt** auf, dazwischen ein *oued*. **Yamina** (☎ 0670 523883; www.yamina-tafraout.com; HP 350 Dh/Pers.; ☒) wird von einer Berberfrau und ihrem französischen Mann betrieben. Sie haben einen einzigartigen Stilmix geschaffen: ein Berberhaus, wie man es selten findet, aus Palmen und Putz, unglaublich schön und mit komfortablen Räumen. Yamina bereitet leckere und ungewöhnlich leichte einheimische Gerichte zu.

Nach ein paar weiteren Kilometern erreicht man **Oumesnate**. Ein Wegweiser nach links führt zu einer kurzen *piste* und einem Fußweg zum **Maison Traditionelle** (☎ 0666 917768, 0666 918145; maisondhote@gmail.com; Eintritt 10 Dh; 🕐 8.30–

MOHAMED SAHNOUN OUHAMOU

Mohamed Sahnoun Ouhamou ist Maler, Lehrer, Pensionsinhaber und Fremdenführer.

Seit wann leben Sie in Tiwado? Ich bin hier geboren, aber nach der weiterführenden Schule habe ich in Beni Mellal Arbeit als Assistent bei einem Fotografen gefunden. Als ich gehört habe, dass hier Lehrer gesucht werden, bin ich zurückgekommen.

Sind mehr Leute weggegangen? In den 1950er-Jahren sind viele hier aus dem Tal nach Casablanca gegangen. Sie haben Läden und Betriebe von Juden übernommen, die nach Israel gezogen sind. Viele dieser Familien haben inzwischen große Unternehmen in Casa und fast alle kleinen Eckläden dort, in Rabat und selbst viele in Paris gehören Berbern aus dieser Gegend. Üblicherweise lassen die Männer ihre Familien hier zurück und kommen in den Ferien nach Hause, um große Häuser zu bauen. Die Gegend ist voll von Villen. Aber da gibt's ein Problem: Viele Männer nehmen sich nach einiger Zeit eine andere Frau und gründen eine neue Familie. Und dann kommen sie nicht mehr zurück. Die Landwirtschaft bricht zusammen, weil keiner mehr die Arbeit machen will. Die Leute verlassen die alten Dörfer und die Lehmziegelhäuser verfallen. Wir verlieren unsere Traditionen. Das ist ein großes Problem.

Warum bleiben Sie hier? Ich liebe diesen Ort. Ich möchte nirgendwo anders leben. Hier gibt es noch immer zwischenmenschliche Beziehungen und etwas, was ich sehr hoch schätze: Solidarität. Wenn jemand irgendetwas braucht, hilft jeder. Die Leute haben mir geholfen, hier ein Haus zu bauen und ein kleines Museum mit traditionellen Alltagsgegenständen einzurichten, die in Vergessenheit zu geraten drohen.

Kann Tourismus eine Chance sein? Tourismus und Bildung sind die einzige Lösung. Deshalb habe ich meine Pension gebaut, und deshalb arbeite ich mit Frauen von hier zusammen, die zurückgelassen wurden: In manchen Dörfern gibt es 90 % Frauen, der Rest sind Kinder und alte Männer. An dem Tag, an dem der Ehemann aufhört, Geld zu schicken, beginnt die Armut. Also gründeten wir eine Frauenkooperative. Dort lernen inzwischen 86 Frauen Weben, Sticken, Lesen und Schreiben. Früher wurden die Frauen nicht gerade geachtet, heute haben sie ein eigenes Einkommen aus ihren Arbeiten, die sie an Touristen verkaufen. Ich bin der einzige Mann, der dort Zutritt hat, weil ich sie unterrichte. Wir unterrichten auch ihre Kinder, sodass jetzt alle mindestens drei Jahre lang die Grundschule besuchen. Aber die Menschen hier legen großen Wert aufs „Geschäft", deshalb gehen die Jungs mit 14 ins Berufsleben. Bildung kümmert hier wenig.

Welche Zeit mögen Sie am meisten? Im März liebe ich den *moussem* von Timguilcht. Das Grab des Heiligen liegt zwar im Dorf, aber die Leute pilgern zum heiligen Berg Afarkad in der Nähe, weil sie glauben, dass er dort lebt. Wenn man siebenmal dort war, zählt das wie einmal Mekka. Wir gehen alle zusammen und es ist jedes Mal eine tolle Zeit.

Welche Gegend mögen Sie am liebsten? Mich faszinieren die Felszeichnungen. Ich habe mir das Malen selber beigebracht und ich liebe das, was meine Vorfahren geschaffen haben. Die Felszeichnungen hier sollen mit einigen in Gabon identisch sein. Es gibt sieben Fundorte. In den Wintermonaten organisiere ich Drei-, Fünf- und Siebentagestouren dorthin. Ich genieße es, Fremden diese Gegend vorzustellen, in die Berge abzuhauen und die vollkommene Ruhe zu erleben.

Haben Sie ein Lieblingsrestaurant? Hier gibt es keine Restaurants, aber meine Frau kocht die beste Tajine. Wenn Leute in dieser Gegend wandern, können sie vorher anrufen und meine Frau kocht für sie mit. Es ist einfach das Leckerste.

Wohin gehen Sie zum Entspannen? Ich liebe das Schöne, deshalb habe ich diesen wundervollen Garten in der *palmeraie*. Er ist mein kleines Paradies.

Sonnenuntergang). Seit 1982 ist dieses dreistöckige (ca. 400 Jahre alte) Haus für Besucher geöffnet. Ein älterer Herr, der hier aufwuchs und später erblindete, nimmt Besucher mit auf eine faszinierende Reise und erzählt Geschichten über das traditionelle Leben in dieser Gegend. In der Nähe dient ein Familienheim als Restaurant und Pension. Es empfiehlt sich, vorher anzurufen, um ein leckeres Mittagessen mit Couscous oder Tajine auf der Terrasse mit Talblick (60 Dh) oder ein Zimmer zu reservieren (HP 200 Dh/Pers.).

Details zu Trekkingtouren am Jbel Lekst und im Tal der Ammeln gibt's ab S. 476.

TATA

40 000 Ew.

Tata liegt in der Sahara-Ebene am Fuß des Jbel Bani. Früher war die kleine, aber moderne Stadt eine Oasensiedlung an der Handelsroute zwischen Zagora und Tan Tan. Unweit der algerischen Grenze gelegen, hat sie heute etwas von einer Garnisonsstadt, die von militärischen Posten auf dem Hügel oberhalb des Ortes überragt wird.

Es lohnt sich, die *palmeraie* zu besichtigen und die alte **Kasbah**, die heute das Hotel Dar Infiane (s. unten) und ein kleines Museum beherbergt.

Mehr als alles andere ist Tata die beste Basis für Touren jenseits der ausgetretenen Pfade: Wie wär's mit Zelten in der Wüste oder einem Trip zur Oase Akka und zu Felszeichnungen bei Oum el-Alek, Tircht und Aït Herbil, die zu den schönsten in Marokko zählen? Näheres erfährt man bei der Touristeninformation im **Maison du Patrimoine Tataoui** (☎ 0672 130395; Ave Mohammed V) in der Hauptstraße. Glück hat, wer im Dar Infiane unterkommt, denn die Mitarbeiter arrangieren eine Reihe phantastischer Ausflüge.

Die Post und die Banque Populaire (mit Geldautomat) sind ganz in der Nähe der Hauptstraße. Dort ist auch die **Délégation de Tourisme** (Touristeninformation; ☎ 0528 802076, 0676 002699) mit hilfsbereiten Angestellten.

Schlafen & Essen

In der Ave Mohammed V gibt's mehrere einfache Hotels für ca. 40 Dh pro Person.

Hôtel Renaissance (☎ 0528 802225; Fax 0528 802042; Ave Mohammed V; DZ/Suite 140/285 Dh;) Dieses große Hotel nimmt beide Seiten der Straße ein. Auf der einen steht der ältere Teil, auf der anderen ein Neubau mit komfortablen Mini-Suiten. Das Restaurant serviert marokkanische Standards, hat aber auch Alkohol im Angebot.

Le Relais des Sables (☎ 0528 802302; Fax 0528 802300; EZ/DZ ohne Bad 235/316 Dh, mit Bad 375/466 Dh, Suite 414 Dh;) Diese Unterkunft ist bei Reisegruppen beliebt und eine der besten Optionen der Stadt. Es gibt eine Bar und ein Restaurant mit Alkohollizenz; die Zimmer sind rund um Innenhöfe voller Blumen angelegt. Die paar Dirhams mehr für dieses Hotel lohnen sich, auch wenn die günstigeren Zimmer etwas klein sind.

LP Tipp **Dar Infiane** (☎ 0528 24437292, 0661 610170; www.darinfiane.com; EZ/DZ inkl. Frühstück 620/1000 Dh;) Inmitten der *palmeraie* gelegen, wurde die alte Kasbah von Tata vor der Architektin Latifa Maali und dem Eigentümer Patrick Simon in eine außergewöhnliche Pension umgewandelt. Rund um den mit Teppichen ausgelegten Innenhof liegen sechs Zimmer und eine fabelhafte Terrasse mit Blick auf ein Palmenmeer. Die Touren von Dar Infiane werden sorgsam arrangiert: mit dem Leichtflugzeug über die grünen Adern der südlichen Oasen fliegen, mit Latifa über lokale Märkte streifen oder Felszeichnungen mit erfahrenen Führern besuchen. Das Abendessen (200 Dh) ist köstlich, und die Dachterrasse verheißt magische Momente in der Stille der nächtlichen Sahara.

Café Restaurante el-Amal (Ave Mohammed V; Hauptgerichte 50 Dh) Nett neben dem Campingplatz gelegenes Café-Restaurant, das ordentliche Tajines und Brochettes serviert.

An- & Weiterreise

Busse und Taxis stehen an der Place Massira, einen Block östlich der Ave Mohammed V. Alle zwei Tage fährt ein Bus von Satas über Tiznit (60 Dh, 6½ Std.) nach Agadir (80 Dh, 8 Std., 3-mal tgl.). Andere Unternehmen bieten Verbindungen nach Marrakesch (120 Dh, 1-mal tgl.), nach Agadir über Tiznit oder Taroudannt (70 Dh, 5 Std., 1-mal tgl.) und nach Guelmin (60 Dh, 6 Std., 1-mal tgl.).

Grands Taxis fahren nach Tiznit (100 Dh), Taroudannt (70 Dh), Agadir (90 Dh) und Guelmin (80 Dh).

WESTSAHARA

Jeder Marokkaner, den man nach dem Status der Westsahara fragt, antwortet sofort: „Die gehört zu uns." Aber dies ist für die UN strittig. Marokkanische Landkarten zeigen das Gebiet als Teil ihres Landes – aber nur wenige außerhalb Marokkos teilen diese Ansicht.

Das Gebiet umfasst die ehemaligen spanischen Kolonien Spanisch-Sahara und einen Teil von Tarfaya. Wer hier unterwegs ist, wird über den ganzen Streit wohl nur den Kopf schütteln: Die Städte sind langweilige Verwaltungszentren, und auf der Fernstraße geht's durch endlose *hammada* – öde, trocken, einsam und unwirtlich.

In der Wüste wimmelt es noch von marokkanischem Militär, obwohl der Krieg zwischen Zentralregierung und Polisario 1991 mit einem Waffenstillstand beendet wurde. Aber von den endlosen Polizeikontrollpunkten mal abgesehen, ist die Fahrt nach Süden in Richtung Dakhla heute problemlos machbar.

Die Region Atlas-Sahara ist eine steuerfreie Zone; deshalb gibt's Benzin hier etwas billiger als im Rest des Landes. Die erste günstige Tankstelle liegt ein kurzes Stück südlich von Tarfaya.

Geschichte

In der Westsahara gibt's nichts als windgepeitschte Trostlosigkeit. Trotzdem hat die Region eine lange und blutige Geschichte hinter sich. Islamische Missionare fingen im 7. Jh. an, die Stämme der Zenata- und der Sanhadscha-Berber zu bekehren. Richtig arabisch wurde die Gegend aber erst im 13. Jh., als eine zweite Welle von arabischen Siedlern in die Wüste kam: die Maqil aus dem Jemen.

Im 19. Jh. bekam die Wüste wieder neue Herrscher: Die Spanier rissen sich Westsahara unter den Nagel und nannten das Gebiet Río de Oro – obwohl von Wasser und Gold jede Spur fehlte. In Wirklichkeit kontrollierten bis 1934 Sheikh Ma El-Ainin und sein Sohn El-Hiba die Wüste und ihre Nomadenstämme. Danach herrschte ein wackeliger kolonialer Frieden, bis Marokko 1956 unabhängig wurde. Eine neue Nationalbewegung entflammte, aus der die Polisario-Front und der Guerillakrieg gegen die Spanier entstanden.

Als Spanien die Wüstenregion 1975 aufgab, erhoben sowohl Marokko als auch Mauretanien Anspruch darauf. Allerdings stieg Mauretanien schon bald wieder aus dem Machtpoker aus. Im November 1975 stellte König Hassan II. den Grünen Marsch auf die Beine: 350 000 Marokkaner zogen nach Süden, um Marokkos historische Ansprüche auf die Westsahara klarzumachen (s. Kasten S. 47).

In den nächsten Jahren schickte man 100 000 marokkanische Soldaten zur Bekämpfung der Aufständischen. Als Libyen und Algerien die Polisario nicht weiter unterstützten, gewann Rabat schnell die Oberhand. 1991 handelten die UN einen Waffenstillstand aus, außerdem wurde ein Referendum verspro-

EINE WÜSTE DER TRÄUME UND ALBTRÄUME

Allein der Name lässt die meisten von uns träumen. „Sahara" kommt vom arabischen Wort *sahra* und bedeutet Wüste. Die Sahara ist das weltweit größte Trockengebiet. Sie ist aber auch der Schauplatz von Albträumen – nur wer gut angepasst und vorbereitet ist, kann überleben in diesen 5 Mio km^2 Sanddünen, kahlen Bergen und Geröllwüsten.

Der britische Geograf James Rennell fasste im 18. Jh. die Herausforderungen der Sahara in seinen *Geographical Elucidations* (erschienen 1790) so zusammen: „Afrika ist aus geografischer Sicht einmalig … Seine Regionen werden von der am schwersten zu überwindenden Grenze voneinander getrennt, einer öden Wüste von einem solchen Ausmaß, als sei sie dazu geschaffen, Grenzverletzer zu bedrohen mit dem grausamsten aller Tode, dem durch Verdursten." Die Römer haben es nie geschafft, die Wüste zu durchqueren, und sich damit begnügt, ihre Nordgrenze zu bewachen. Sie hatten gute Gründe, sich fernzuhalten: Reisende, die die Tour durch die Sahara mit viel Glück überlebt hatten, berichteten, dass die Wüstenwege gesäumt waren von menschlichen und tierischen Skeletten.

Europäische Forscher, die sich Ende des 18. und Anfang des 19. Jhs. durch die Weiten der Sahara kämpften, um die Rätsel des Schwarzen Flusses, der sagenumwobenen Stadt Timbuktu und der Goldfelder Westafrikas zu lösen, wurden ebenso oft von der Landschaft wie von Räubern überwältigt. Und auch im 20. Jh. machte die Wüste Siedlern und Luxusreisenden einen Strich durch die Rechnung. Paul Bowles hat dies in seinem Roman *Himmel über der Wüste* elegant eingefangen: Eine Gruppe reicher Amerikaner kommt immer mehr in die Bredouille, je weiter sie in die Sahara vordringt.

Die Gefahren, die das Reisen durch die Sahara mit sich bringt, geben den Menschen, die in dieser Wildnis leben, eine ganz eigene Stellung in der Gesellschaft. Wenn man durch die Städte im Süden kommt, Essaouira und Guelmin beispielsweise, die beide von den Handelswegen durch die Wüste leben, kann man einigen von ihnen begegnen.

Die Gnawas in Essaouira sind Nachkommen von Sklaven, die vor langer Zeit von Westafrika aus durch die Wüste geschleppt worden sind. Während viele Sklaven auf dem Markt verkauft und über den Atlantik oder nach Europa verschifft wurden, haben sich andere an der Atlantikküste

chen, bei dem die Sahrauis die Wahl haben sollten zwischen Unabhängigkeit und Anschluss an Marokko. Letzteres lässt bis heute auf sich warten.

Seitdem hat Marokko seine Macht in der Region gefestigt. Es ist ordentlich Geld geflossen: in Infrastrukturprojekte und vor allem in die Offshore-Ölförderung. Außerdem werden Marokkaner aus dem Norden ins steuerfreie Paradies gelockt. Der Konflikt ist noch nicht beendet, aber praktisch scheint Marokko seinen Anspruch auf das Gebiet erfolgreich durchgesetzt zu haben.

Aktuelle Informationen über die Westsahara bzw. die Demokratische Arabische Republik Sahara (wie sie sich selbst offiziell nennt) gibt's unter:

- www.un.org
- www.wsahara.net
- www.arso.org

Klima

An die Ausläufer des Antiatlas schließt sich ein unfruchtbares, staubtrockenes Hinterland an. Am Tag klettern die Temperaturen hier teilweise auf über 45 °C und nachts geht's unter 0 °C. Gleichzeitig regnet es im Jahr (!) weniger als 125 mm. Das sorgt für eine extrem niedrige Luftfeuchtigkeit von 5 bis 30 % – trocken genug, um Leichen zu mumifizieren. Von März bis April wüten noch dazu Sandstürme; in dieser Zeit nicht mit dem Auto durch die Wüste fahren! Der Wüstenwind wird von den Einheimischen auch *chergui*, *irifi* oder *sirocco* genannt.

Für Wüstentraveller gilt: immer genug Wasser dabeihaben und im Winter einen dicken Schlafsack und warme Kleidung. Die Nächte können bitterkalt sein.

Gefahren & Ärgernisse

Sowohl in Laâyoune als auch in Dakhla ist viel Militär und Polizei unterwegs. Beide reagieren superempfindlich auf Fotografen in der Nähe von militärischen Einrichtungen.

Es wird auch gar nicht gern gesehen, wenn in den beiden Städten die trostlosen Flüchtlingslager fotografiert werden, wo immer

angesiedelt. Unter ihnen waren Schamanen aus dem Süden, die oft mit Trancemusik arbeiteten. Einige dieser Musiker, meist Trommler, wurden für die Saharadurchquerung in den Armeedienst gezwungen, um Rhythmen zu erfinden, zu denen sich die Sklavenzüge bewegten.

Keine Gruppe verbindet man enger mit der Wüste als die Tuareg, zu denen der sogenannte „Blaue Mann" gehörte, der an Orten wie Guelmin gesehen wurde. Fast völlig verhüllt, sodass nur die Augen dem versengenden Klima der Wüste ausgesetzt sind, und an feste Stammesregeln gebunden, hatten die Tuareg lange den Ruf von Zähigkeit und Unabhängigkeit. Im 14. Jh. schrieb der arabische Reisende Ibn Battuta über sie: „Sie tragen Schleier vor dem Gesicht und man kann wenig Gutes über sie sagen. Sie sind Schurken." Diese Meinung wurde Jahrhunderte lang von Berufspendlern durch die Sahara bestärkt, die oft ihr Hab und Gut oder ihr Leben durch die Tuareg verloren.

Wenn es der Gedanke an ein Überleben in einer so unwirtlichen Gegend ist, der den Traum von der Sahara so faszinierend macht, so ist es auch das Mystische, das mit ihrer immensen Ödnis verbunden ist. Es ist kein Zufall, dass Moses die göttliche Führung in einer Wüste fand; Jesus wanderte vierzig Tage allein durch die Wüste (wenn auch nicht durch die Sahara), um sich auf seinen Weg vorzubereiten; die frühchristlichen Wüstenväter verbargen sich dort, um dem Göttlichen näherzukommen; der Prophet Mohammed brachte seine Lehre über eine neue Religion aus der Wüste. Und in Marokko kamen viele Reformbewegungen aus den Randgebieten der Wüste; insbesondere der Reformeifer Almoravids und Almohads entstand in der Sahara.

Die Faszination liegt für viele Besucher jedoch auch einfach nur in der reinen Schönheit der Landschaft. In Marokko gibt es wenige richtige Sanddünen (Algerien und Libyen haben einige der schönsten Dünen der Sahara), aber was es besitzt, sind Tausende Kilometer unwirtliches Land. Man muss nur von Guelmin aus Richtung Süden fahren nach Tan Tan und Tarfaya oder in die sandigeren Gebiete im Südosten, um einen Eindruck von der Sahara zu bekommen: von ihrer kühlen Schönheit bei Sonnenaufgang, der furchteinflößend grellen Mittagssonne und der unvorstellbaren Ruhe, wenn sich der Abend über ein Land senkt, das leer zu sein scheint, es aber nicht ist, das weiter ist, als das Auge reicht, und größer, als die meisten Besucher es sich vorstellen können.

noch viele Sahrauis leben. Das geschäftige Rotlichtviertel in Dakhla gegenüber dem Armeehauptquartier und der Kaserne ist für Westler ebenfalls tabu.

Wer die Grenze zu Mauretanien überquert, muss (auf Verlangen der mauretanischen Behörden) einen ortsansässigen Führer anheuern. Nur so lässt sich abseits der *piste* ein gefahrloser Weg in die Hafenstadt Nouâdhibou finden, denn alles ist voller Landminen.

Sprache

Fast überall in der Westsahara wird Arabisch und Französisch gesprochen. Da die Gegend früher spanisches Protektorat war, war bis vor Kurzem noch eher Spanisch die Zweitsprache; vor allem die ältere Generation pflegt diese Tradition weiterhin. Wegen der hier stationierten UN-Blauhelme ist aber auch Englisch zu hören.

An- & Weiterreise

Es gibt keine offizielle Grenze zwischen Marokko und Westsahara: Marokko behandelt die Region als Teil des Landes.

Laâyoune wird regelmäßig von Casablanca aus angeflogen und seltener auch von Agadir und Dakhla. In Dakhla gibt's einen kleinen Flughafen, wo einmal pro Woche eine Maschine nach Agadir startet; nach Casablanca fliegen ein paar mehr.

Es ist die Rede davon, eine Busverbindung zwischen Dakhla und der Grenze einzurichten, aber zur Zeit muss man sich noch einen Jeep für die Tour besorgen. Unbedingt reichlich Trinkwasser und Lebensmittel mitnehmen (genug für 2 Tage) und für die 380 km mindestens sechs Stunden einplanen! Was die Grenze angeht, ist das Hôtel Erraha (S. 445) in Dakhla die beste Informationsquelle vor Ort. Jeepfahrer findet man in der Nähe des Checkpoints in Dakhla und im Hôtel Sahara. Sie verlangen etwa 500 bis 600 Dh pro Person für die Fahrt über die Grenze. In der Wintersaison (Nov.–März) nimmt einen vielleicht auch ein Fernfahrer mit.

An der Grenze gibt's zwei Zollkontrollen: eine auf marokkanischer und eine auf mauretanischer Seite.

Es ist zwar möglich, in Rabat ein Visum für Mauretanien zu bekommen, aber man sollte sich tunlichst schon vor der Abreise nach Afrika darum kümmern.

Mehr Tipps zur Grenzüberquerung nach Mauretanien gibt's auf S. 517.

Unterwegs vor Ort

Supratours und CTM fahren beide nach Laâyoune und Dakhla; die Busse von Supratours sind schneller und zuverlässiger.

VON TAN TAN NACH TARFAYA

Von Tan Tan sind es 225 km bis Tarfaya, immer eine monotone Wüstenstraße entlang. Aber die Straße ist gut und der Verkehr nicht sehr dicht.

Unterwegs sieht man Fischerhütten auf den Klippen – viele der Fischer verkaufen ihren Fang an der Straße. Weiter südlich trotten Kamelherden langsam durch die *hammada*. Nach 110 km kommt Sidi Akhfennir in Sicht – ein guter Ort, um Pause zu machen, entweder an einer der Tankstellen oder in einem Café, in dem fangfrischer gegrillter Fisch auf den Tisch kommt.

Wer länger bleiben will, kann in einem der sauberen und bequemen Zimmer der **Auberge Pêche et Loisirs** (☎ 0661 211983; http://peche.sudmaroc.free.fr; französisch; HP 330 Dh/Pers.) übernachten. Der Inhaber, ein leidenschaftlicher Angler, organisiert auch Angeltrips zur nahe gelegenen Naïla-Lagune oder zum Meer.

Die Gegend direkt nördlich von Tarfaya ist super malerisch: wilde, unberührte Atlantikstrände und eine ganze Reihe von surreal wirkenden Schiffwracks, die, von der Straße aus zu sehen, halb aus dem Wasser ragen.

TARFAYA

4500 Ew.

Der winzige Fischerhafen Tarfaya war die zweitgrößte Stadt im spanisch kontrollierten Teil, der denselben Namen trug. Die erste Kolonie wurde wahrscheinlich im späten 19. Jh. von Donald Mackenzie, einem schottischen Kaufmann, gegründet, der auf einem Felsen vor der Küste einen kleinen Handelsposten baute. Er nannte ihn Port Victoria. Als die Spanier die Macht übernahmen, eigneten sie sich auch Mackenzies Gebäude an und nannten den Komplex Casa Mar (Haus im Meer; s. gegenüber). Heute stehen Tarfaya große Bauvorhaben bevor. Spanische und jordanische Ingenieure sind gemeinsam am Planen und man munkelt, dass die Fährverbindung zu den Kanarischen Inseln wieder aufgenommen werden soll.

Aber Tarfaya wird vor allem immer mit dem französischen Piloten und Schriftsteller Antoine de Saint-Exupéry in Verbindung gebracht. Ab 1926 flog er als Kurier von Frankreich nach Saint-Louis im Senegal; Tarfaya, damals bekannt als Cap Juby, war eine seiner Stationen unterwegs. 1927 wurde er zum Standortvorsteher von Tarfaya ernannt und blieb einige Jahre in der Stadt. Hier schrieb er den Roman *Courrier Sud* (Südkurier) und erfand seine berühmteste Geschichte, *Der kleine Prinz*, die von einem in der Wüste notgelandeten Piloten erzählt. 1944 ist Saint-Exupérys Flugzeug bei einem Aufklärungsflug, der von Korsika startete, verschollen. Heute gilt es als wahrscheinlich, dass er von einem deutschen Flieger abgeschossen wurde.

Die **Casa Mar** steht leer, kann aber bei Ebbe leicht erreicht werden. Wie in vielen Orten im tiefen Süden gibt's in Tarfaya sonst nicht viele Sehenswürdigkeiten, aber das, was es zu sehen gibt, dreht sich vor allem um Saint-Exupéry. Am nördlichen Ende des Strandes wurde ihm zu Ehren ein Denkmal errichtet: eine Bréguet 14. Mit diesem Typ Doppeldecker ist er gewöhnlich geflogen. In der Nähe befindet sich das **Musée Saint-Exupéry** (Ave Mohammed V; 8.30–16.30 Uhr), das die Lebensgeschichte des Autors erzählt und über den Kurierdienst informiert, für den er gearbeitet hat. Die Beschreibungen sind auf Französisch.

Jedes Jahr wird mit der Rallye Saint-Exupéry an diesen Kurierdienst erinnert, bei der Flugzeuge von Toulouse nach Saint-Louis und wieder zurück fliegen. Im Oktober 2007 landeten sie in Tarfaya, um daran zu erinnern, dass der Schriftsteller vor 80 Jahren hier seinen Job angetreten hat, und um das 25-jährige Bestehen der Rallye zu feiern.

In Tarfaya gibt es einige einfache Hotels. Eines der besseren ist das **Bahja** (☎ 0528 895506; Blvd Bir Anzarane; EZ/DZ 100/130 Dh). Der Mann, der für das Museum zuständig ist, Sadat Melainime, vermietet auch drei Zimmer (☎ 0661 079488; Ave Mohamed V; EZ/DZ 150/250 Dh). An beiden Orten gibt es eine gute Fisch-Tajine. Mehr Essgelegenheiten findet man um die Hauptstraße herum, wo einige Cafés Bratfisch anbieten.

Im Dezember 2007 wurde schon mal eine neue Fährlinie zwischen Tarfaya und Fuerteventura eröffnet. In der Hoffnung auf einen Wohlstandsboom begannen Investoren sich einzukaufen, um das verschlafene Nest in eine Goldgrube zu verwandeln. Aber am 30. April 2008 lief die Fähre in der Nähe der Küste auf Grund und die Betreiber **Armas** (www.navieraarmas.com) schweigen sich darüber aus, ob der Fährbetrieb wieder aufgenommen wird. Derzeit beschränken sich die Verkehrsmittel nach Tarfaya auf Busse und gelegentliche Grands Taxis, die von Tan Tan im Norden nach Laâyoune im Süden fahren. Sie verkehren täglich, aber die Fahrpläne sind völlig unzuverlässig.

LAÂYOUNE (AL-'UYUN)

200 000 Ew.

Die Spanier gründeten Laâyoune als Außenposten, von dem aus sie die nahe gelegenen Phosphatminen bei Bou Crea verwalteten. Die Marokkaner hatten ehrgeizige Pläne und investierten über 1 Mrd. US$, um Laâyoune in die wichtigste Stadt der Westsahara zu verwandeln. Die Bevölkerung besteht nun überwiegend weder aus Sahrauis noch aus Spaniern, sondern aus Marokkanern, aus dem Norden hergelockt durch die Aussicht auf gute Löhne und zollfreie Waren.

Laâyoune ist in erster Linie Regierungszentrum und Militärstützpunkt; wie der Rest der Region steht es ja offiziell unter fremder Herrschaft. Es gibt also nicht wirklich viel zu sehen. Aber egal, ob man nach Norden oder Süden unterwegs ist: Die Entfernungen sind so groß, dass man hier auf alle Fälle eine Pause einlegen muss.

Orientierung

Das Vorzeigeobjekt der Stadt ist die riesige Place du Méchouar, wo abends gelangweilte Jugendliche rumhängen, aber es gibt kein wirkliches Zentrum. Post, Banken und die meisten Hotels befinden sich in der Ave Hassan II bzw. am Blvd de Mekka.

Busse stehen meistens vor den Büros am südlichen Ende des Blvd de Mekka. Die Stände der Grands Taxis sind über die ganze Stadt verteilt.

Praktische Informationen

Es gibt mehrere Banken mit Geldautomat und Wechselschalter in der Nähe der Kreuzung Blvd Hassan II und Blvd Mohammed V.

Banque Populaire (Place Dchira) Hat eine weitere Filiale im Blvd Mohammed.

BMCE (Place Hassan II) Weitere Filiale an der Place Dchira.

Délégation Régionale du Tourisme (ONMT; ☎ 0528 891694; Ave de l'Islam; Mo–Fr 9–12 & 14.30–18.30 Uhr) Wenig Infomaterial, aber bemühtes Personal.

Post (Place Hassan II; Sa–Do 8.30–12 & 14.30–18.30, Fr 8.30–11.30 & 15–18.30 Uhr) Hier gibt's auch öffentliche Fernsprecher mit internationaler Verbindung. Eine kleinere Filiale (nur Post) ist an der Place Dchira.

Sahar@Network (Blvd de Mekka; 10 Dh/Std.) Internet.

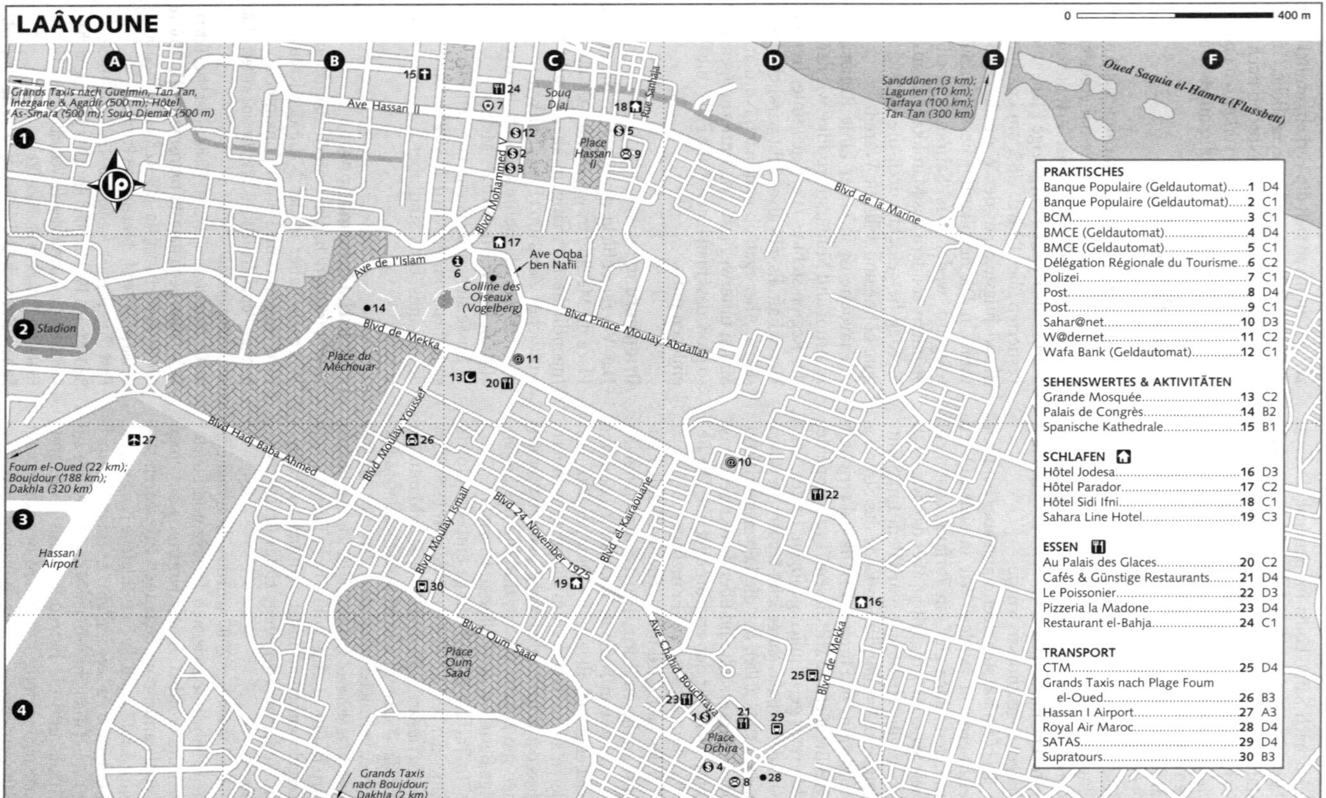
LAÂYOUNE
0 400 m
A
B
C
D
E
F
1
2
3
4
Grands Taxis nach Guelmin, Tan Tan, Inezgane & Agadir (500 m); Hôtel As-Smara (500 m); Souq Djemal (500 m)
Ave Hassan II
Souq Djaj
Rue Sahabja
Place Hassan II
Sanddünen (3 km); Lagunen (10 km); Tarfaya (100 km); Tan Tan (300 km)
Oued Saquia el-Hamra (Flussbett)
Blvd de la Marine
Blvd Mohammed V
Ave de l'Islam
Ave Oqba ben Nafii
Colline des Oiseaux (Vogelberg)
Stadion
Blvd de Mekka
Place du Méchouar
Blvd Prince Moulay Abdallah
Blvd Hadj Baba Ahmed
Blvd Moulay Youssef
Foum el-Oued (22 km); Boujdour (188 km); Dakhla (320 km)
Hassan I Airport
Blvd Moulay Ismail
Blvd 24 November 1975
Blvd el-Kairaouane
Blvd Oum Saad
Place Oum Saad
Ave Chahid Bouchraya
Place Dchira
Blvd de Mekka
Grands Taxis nach Boujdour; Dakhla (2 km)
PRAKTISCHES
Banque Populaire (Geldautomat) 1 D4
Banque Populaire (Geldautomat) 2 C1
BCM 3 C1
BMCE (Geldautomat) 4 D4
BMCE (Geldautomat) 5 C1
Délégation Régionale du Tourisme 6 C2
Polizei 7 C1
Post 8 D4
Post 9 C1
Sahar@net 10 D3
W@dernet 11 C2
Wafa Bank (Geldautomat) 12 C1
SEHENSWERTES & AKTIVITÄTEN
Grande Mosquée 13 C2
Palais de Congrès 14 B2
Spanische Kathedrale 15 B1
SCHLAFEN
Hôtel Jodesa 16 D3
Hôtel Parador 17 C2
Hôtel Sidi Ifni 18 C1
Sahara Line Hotel 19 C3
ESSEN
Au Palais des Glaces 20 C2
Cafés & Günstige Restaurants 21 D4
Le Poissonier 22 D3
Pizzeria la Madone 23 D4
Restaurant el-Bahja 24 C1
TRANSPORT
CTM 25 D4
Grands Taxis nach Plage Foum el-Oued 26 B3
Hassan I Airport 27 A3
Royal Air Maroc 28 D4
SATAS 29 D4
Supratours 30 B3

W@dernet (Blvd de Mekka; 10 Dh/Std.) Internetzugang.
Wafa Bank (Ecke Ave Hassan II & Blvd Mohammed)

Sehenswertes & Aktivitäten

Die marokkanische Regierung möchte die Aufmerksamkeit der Besucher auf die pompöse Place du Méchouar lenken, aber das **Palais de Congrès** (Blvd de Mekka) und die neue **Grande Mosquée** (Moulay-Abdel-Aziz-Moschee; Blvd Moulay Youssef) dort sind nicht besonders fotogen. Die ursprüngliche spanische Stadt liegt am Flussbett des Saquia el-Hamra, darüber thront die beeindruckende (inzwischen geschlossene) **spanische Kathedrale** in der Ave Hassan II. Ihre riesige weiße Kuppel passt gut zur Architektur der Gegend. Südwestlich der Kathedrale geht's zum **Souq Djemal**, dem lebendigsten Viertel der Stadt mit einigen der besten Imbissbuden.

Verlockender als die Stadt sind die kilometerlangen Sanddünen, die sich nach Norden und Westen ausbreiten. Sie sind von vielen Stellen in und außerhalb der Stadt gut zu sehen. Wer sie erkunden will, fährt am besten mit dem Geländewagen von der Straße nach Tarfaya ab (ortsansässige Reisebüros organisieren Touren). Die Lagunen im Norden sind ein begehrtes Ziel für Vogelfreunde.

Schlafen

In Laâyoune ist die UN sehr präsent und belegt gerne mal die besseren Hotels – deshalb vorher buchen! Wie zu erwarten, sind gute Unterkünfte in diesem öden Vorposten für marokkanische Verhältnisse relativ teuer.

BUDGETUNTERKÜNFTE

Hôtel Sidi Ifni (☎ 0528 893488; 12 Rue Sanhaja, Souq Djaj; EZ/DZ 35/55 Dh) Mit Abstand die beste der ganz billigen Unterkünfte, Lokalkolorit inklusive. Aus den Duschen läuft kaltes, salziges Bohrwasser – aber zum Glück gibt's gegenüber öffentliche Duschen.

Hôtel Jodesa (☎ 0528 992064; Fax 0648 893784; 223 Blvd de Mekka; EZ/DZ ohne Dusche 100/144 Dh, mit Dusche 144/155 Dh) Zentrale Lage, nördlich der Place Dchira. Dieses moderne Hotel ist eine günstige und gute Alternative: Die Zimmer sind einfach, aber die Größe geht in Ordnung. Manche haben ein eigenes Bad.

MITTEL- & SPITZENKLASSEHOTELS

Hôtel Parador (☎ 0528 892814; Fax 0528 890962; Ave de l'Islam; EZ/DZ 1100/1400 Dh;) Ein Hauch von alten spanischen Zeiten, im Hacienda-Stil erbaut. Hier gibt's grüne Innenhöfe, eine Bar, die an Kolonialzeiten erinnert, und ein gutes, recht teures Restaurant (Festpreismenü 200 Dh). Die Zimmer mit kleiner Terrasse sind so luxuriös, wie es die Preise erwarten lassen.

Sahara Line Hotel (☎ 0528 995454; Fax 0528 990155; Blvd el-Kairaouane; EZ/DZ/3BZ 399/506/614 Dh;) Solides Drei-Sterne-Hotel. Die schicken Zimmer haben Teppich, Klimaanlage, Kühlschrank, Bad und TV. Im obersten Stockwerk gibt's ein Restaurant (Frühstück 50 Dh), aber keine Bar.

Essen

Rund um die Place Dchira gibt's eine Menge Cafés und einfache Restaurants, in denen man für 20 Dh gut satt wird. Imbissbuden, an denen ein bisschen mehr los ist, findet man im Souk Djemal.

Wer's exklusiver mag, geht in die Restaurants im Sahara Line Hotel im Parador.

Au Palais des Glaces (☎ 0528 980476; Blvd de Mekka; Frühstück 10–17 Dh) Stilvoller, sehr europäischer Laden mit Teestube, Konditorei und Eisdiele. Hier gibt's das beste Eis der Stadt. Auch ein guter Ort, um in den Tag zu starten.

Restaurant el-Bahja (Blvd Mohammed V; Festpreismenü 20 Dh; mittags & abends) Einfaches gegrilltes Fleisch – Lamm natürlich, vielleicht auch Kamel – wird hier serviert ohne viel Tamtam, dafür mit massig Fett und Pommes. Ideal, wenn man von Fisch genug hat.

Pizzeria la Madone (☎ 0528 993252; 141 Ave Chahid Bouchraya; Pizzas 40–60 Dh) Gemütliches Lokal, in dem viele Gerichte zum Mitnehmen über die Theke gehen. Krosse Pizza, *harira* (Linsensuppe), Salate, Omelettes und Pasta Marinara – alles superlecker.

Le Poissonier (☎ 0528 993262, 0661 235795; 183 Blvd de Mekka; Gerichte 60–90 Dh; mittags & abends) Abgesehen von den Restaurants der Spitzenklassehotels das beste Lokal in der Stadt. Und wenn man schon in Laâyoune sein muss, gibt es Schlimmeres, als seine Zeit an diesem netten Ort mit einer Fischsuppe oder Hummer zu verbringen.

An- & Weiterreise

BUS

CTM (Blvd de Mekka) hat morgens eine Busverbindung nach Dakhla (141 Dh, 7 Std., 1-mal tgl.) und fährt nach Agadir (190 Dh, 10½ Std., 3-mal tgl.) über Tan Tan (100 Dh, 4 Std.) und Guelmin (142 Dh, 7 Std., 3-mal tgl.)

Supratours (Place Oum Essad) fährt nach Marrakesch (270 Dh, 16 Std., 2-mal tgl.) und nach Dakhla (150 Dh, 9 Std., 1-mal tgl.)

Satas (Blvd de Mekka) bringt einen nach Tiznit (130 Dh, 9 Std., 2-mal tgl.), Agadir (190 Dh, 2-mal tgl.), Dakhla (140 Dh, 1-mal tgl.) und Tan Tan (100 Dh, 2-mal tgl.).

FLUGZEUG

Der **Hassan I Airport** (☎ 0528 893346) liegt 2 km südlich von Laâyoune. **Royal Air Maroc** (RAM; ☎ 0528 894071; Place Dchira) fliegt dreimal wöchentlich direkt nach Casablanca (1½ Std.) und nach Dakhla (1 Std.). Die **Regional Air Lines** (☎ in Casablanca 0522 538080; www.regionalmaroc.com) bieten Verbindungen nach Agadir (1¼ Std.).

TAXI

Grands Taxis Richtung Norden nach Tan Tan (100 Dh), Guelmin (130 Dh) und Inezgane (zur Weiterfahrt nach Agadir; 180 Dh) stehen ca. 1,5 km östlich der Place Hassan II in der Ave Hassan II. Dorthin kommt man mit einem lokalen rot-weißen Petit Taxi für ungefähr 5 Dh; beim Fahrer als Fahrziel Place Tan Tan angeben.

Grands Taxis Richtung Süden nach Boujdour (70 Dh) und Dakhla (170 Dh) fahren ab der Place Boujdour in den südlichen Vororten. Ein Petit Taxi dorthin kostet ungefähr 4 Dh.

Der Taxistand, von dem es nach Foum el-Oued (8 Dh) geht, dem nächsten Strand, ist leichter zu erreichen: Er liegt direkt südlich hinter der Grande Mosquée.

DAKHLA (AD-DAKHLA)

40 000 Ew.

„Marrakesch ist für Touristen", steht in einem marokkanischen Blog, „aber Dakhla ist für Reisende". Das scheint bereits veraltet zu sein: *Le Figaro* hat Dakhla ja wohl nicht ohne Grund auf seine Liste der coolen Touristenziele gesetzt. So langsam geht's hier nämlich ab.

Dakhla wurde 1844 von den Spaniern gegründet und damals Villa Cisneros genannt. Die Stadt liegt etwas nördlich vom nördlichen Wendekreis auf einer sandigen, 40 km langen Halbinsel, die parallel zur Küste verläuft. Die 520 km von Laâyoune aus sind eine ziemlich einsame Fahrerei (über 1000 km von Agadir) durch die endlose *hammada*. Man könnte denken, diese Route lohne sich nur für Traveller, die weiter Richtung Mauretanien wollen oder sich ganz gerne mal verirren: Nach so vielen Stunden Fahrt kann man sich leicht vorstellen, demnächst am Ende der Welt anzukommen. Und trotzdem: Gerade hier konzentrieren sich einige Hotelprojekte der Extraklasse und man fühlt sich weniger im Nirgendwo als in vielen anderen Städten des Südens.

Dakhlas weiß getünchte Arkaden haben nicht viel Charakter, aber es ist trotzdem nett hier und die Regierung steckt weiter viel Geld in den Ort: An den Stadträndern schießen neue Apartmentblocks aus der Erde, Straßen werden asphaltiert, im riesigen neuen Hafen liegt Marokkos größte Fischereiflotte, von den nahe gelegenen Kanarischen Inseln kommen Tagesausflügler per Schiff und bummeln auf der Suche nach marokkanischer Exotik durch die Stadt. Und es kann gar nicht mehr lange dauern, bis einige reiche Herrschaften aus Marrakesch am Wochenende mit ihren Privatjets andüsen.

Der alte **spanische Leuchtturm** bei Point Durnford bietet einen traumhaften Ausblick. Und was kann man hier noch? Beispielsweise auf vier Rädern in die Wüste brettern oder unten am Strand windsurfen oder kitesurfen, paragliden oder Fischen gehen (kann in allen Hotels arrangiert werden).

Orientierung & Praktische Informationen

In Dakhla kommt man leicht klar: Die Büros der Busunternehmen, die Hauptpost und die meisten Hotels und Cafés liegen rund um den alten Markt im Zentrum.

Die **Touristeninformation** (☎ 0528 898228; 1 Rue Tiris; Mo–Fr 8.30–12 & 14.30–18.30 Uhr) ist in einer Seitenstraße östlich des Büros von CTM untergebracht.

An der Küstenstraße gibt's eine Reihe von Banken mit Geldautomaten, darunter **BMCE** (Ave el-Walaa) und **Crédit du Maroc** (Ave Mohammed V). Internetcafés sind über die ganze Stadt verteilt (10 Dh/Std.).

Vor allem in der Neustadt im Südwesten gibt's viele Autowerkstätten. Hier kann man vor einer Tour in den Süden sein Auto durchchecken lassen.

Schlafen & Essen

Café Restaurant Samarkand (☎ 0528 898316; Ave Mohammed V; Hauptgerichte 40–80 Dh) Der beste Ort, um ein Stündchen oder zwei unter Pergolas zu entspannen mit Blick auf Lichterketten, Gaslichtattrappe und Steinlöwen. Morgens gibt es normalerweise Kaffee und Croissants, später Fisch und Omelettes.

Casa Luis (☎ 0528 898193; 14 Ave Mohammed V; Gerichte um 100 Dh) Ein gutes spanisches Restaurant, in dem man exzellenten Tintenfischsalat oder eine anständige Paella mit Bier oder Wein hinunterspülen kann.

Hôtel Aigue (☎ 0528 897395; Ave Sidi Ahmed Laaroussi; EZ/DZ 60/80 Dh) Ein pfirsichfarbener Anstrich, warmes Wasser und überdurchschnittliche Sauberkeit machen dieses Hotel zu einer der besten Budgetoptionen von Dakhla. Helle Zimmer und Gemeinschaftswaschräume.

Sahara Regency (☎ 0528 931555; www.sahararegency.com; Ave al-Walae; EZ/DZ/Suite inkl. Frühstück 660/880/1100 Dh;) In nicht allzu ferner Zukunft wird es hier ein Fünf-Sterne-Hotel à la Marrakesch geben, aber bis dahin ist dieses moderne Vier-Sterne-Hotel, 100 m vom traumhaften Strand entfernt, die Nummer Eins. Die farbenfrohen geräumigen Zimmer bieten jeden Komfort. Außerdem sind alle möglichen Wassersportarten im Angebot, u.a. Angeln und Kitesurfen. Das Hotel hat sage und schreibe drei Bars und ein Dachrestaurant. Allerdings fließt in den Badezimmern, wie anderswo auch in Dakhla, nicht durchgehend Wasser.

Hôtel Erraha (☎ /Fax 0528 898811; Ave Beuchekroune; EZ/DZ 180/220 Dh) Dieses schmucke Hotel hat rund um die Uhr heißes Wasser, außerdem große Zimmer, manche mit Kochnische. Allerdings liegt es ca. 1 km südwestlich vom Zentrum, bei der neuen Edderhem-Moschee – nervig zum Ausgehen in die Stadt, aber günstig für Grands Taxis und die Haltestellen von SAT und Supratours.

Hôtel Doumss (☎ 0528 898046; Fax 0528 898045; Ave el-Walaa; EZ/DZ 250/300 Dh) Die großen Zimmer haben Bad und Balkon, sind aber ansonsten ziemlich öde und funktional gestaltet. Erstaunlicherweise gibt es eine Bar, die aber um 19 Uhr schließt. Das Hotel ist leicht zu finden: nach Norden zum Wasserturm und dann noch 200 m weiter.

An- & Weiterreise

Der **Aéroport Dakhla** (☎ 0528 897049) liegt am Westrand der Stadt. Ein Petit Taxi zu einem der Hotels kostet 4 Dh, aber die meisten sind zu Fuß zu erreichen. **RAM** (☎ 0528 897049; Ave des PTT) fliegt dreimal pro Woche nach Casablanca; eine Maschine legt einen Zwischenstopp in Agadir ein und zwei stoppen in Laâyoune. **Regional Airlines** (☎ 0802 000080) bieten wöchentlich zwei Flüge nach Casablanca, drei nach Laâyoune, zwei nach Las Palmas auf den Kanaren und einen nach Agadir.

Die Busse von **CTM** (Blvd 4 Mars), **Supratours** (Ave Mohammed V) und **Satas** (Blvd de Walae) fahren täglich nach Laâyoune (141 Dh, 8 Std.), Tan Tan (250 Dh, 14 Std.) und Agadir (340 Dh, 21 Std.); Tickets im Voraus kaufen!

Grands Taxis nach Laâyoune (170 Dh) fahren im Bezirk Al-Messira im Südwesten der Stadt ab.

Trekking

Noch vor recht kurzer Zeit war Trekking in Marokko leidenschaftlichen Bergsteigern und ein paar wagemutigen Amateuren vorbehalten, die sich zum Gipfel des Jbel Toubkal aufmachten – mit 4167 m ist er der höchste Berg Nordafrikas. Aber die Situation hat sich verändert: Inzwischen gibt es passende Routen für alle Jahreszeiten und Fitness-Stufen. Manche Treks bringen auch durchtrainierte Vollblutsportler an ihre Grenzen, bei anderen sind hingegen Gepäckträger mit von der Partie und am Ziel warten ein Mittagessen und bequeme Betten.

Marokko besitzt ein paar der dramatischsten und schönsten Gebirgslandschaften des Planeten; in viele kommen nur wenige, in manche überhaupt keine ausländischen Besucher. Marokkos breites Klimaspektrum ist für Wanderer ein Segen: Wenn Schneefälle im Dezember eine Besteigung des Jbel Toubkal unmöglich machen, kann man stattdessen den Jbel Sarhro auf der südlichen Seite des Atlasgebirges erklimmen. Und wenn hohe Temperaturen sommerliche Trekkingtouren im Rif verhindern, schmilzt dafür der Schnee am Toubkal.

Dieses Kapitel deckt längst nicht alle marokkanischen Gebirgsregionen ab. Die Auswahl beschränkt sich auf ein paar Routen, die wir als die spannendsten und interessantesten dieses facettenreichen Wanderparadieses erachten. Ein echter Klassiker ist z. B. der Trip durch das M'Goun-Massiv. Andere Strecken sind weniger bekannt, aber ebenso außergewöhnlich. Da Trekking in Marokko zunehmend beliebter wird, stehen immer mehr Optionen zur Wahl: Es lassen sich Pauschalreisen inklusive aller Flüge, Transport, Führer und Verpflegung bequem von zu Hause aus buchen, oder man reist einfach zum Ausgangspunkt, sucht sich einen Führer und Maultiere und bricht auf ins Stammland der Berber. Egal wie: Wandertouren sind oft die Highlights bei einem Marokkobesuch.

HIGHLIGHTS

- Mit dem Gipfel des **Jbel Toubkal** (S. 462) Nordafrikas höchsten Berg besteigen
- Etwas leichtere Wanderungen durch die menschenleeren Zedernwälder des **Rif** (S. 471) unternehmen
- Am **Jbel Sarhro** (S. 478) eine der wildesten und herrlichsten Landschaften Marokkos erkunden – am besten im Winter
- Dank dramatischer Täler und wunderschöner Dörfer im einsamen **M'Goun-Massiv** (S. 467) dem Trubel der Welt entfliehen
- Im Frühling zum entlegenen **Tichka-Plateau** (S. 466) hinaufklettern und durch Wiesen voller Wildblumen waten

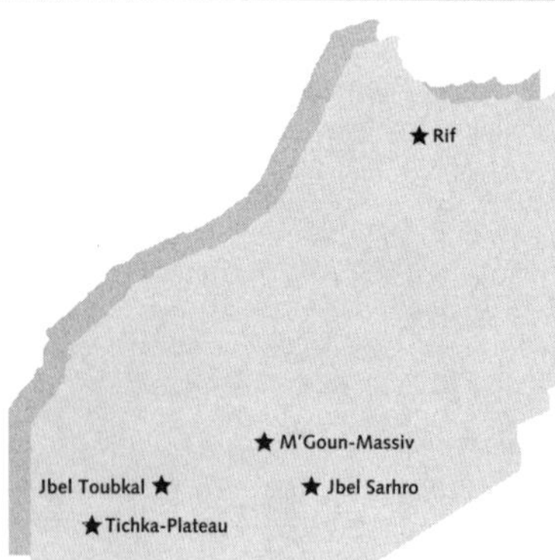

BEVOR ES LOSGEHT

KARTEN

Es gibt für Marokko topografische Karten in den Maßstäben 1:100 000 und 1:50 000. Da letztere aber z. T. nicht allgemein erhältlich sind, werden Jbel Sarhro, östlicher Hoher Atlas und Mittlerer Atlas nur lückenhaft abgedeckt. Aufgrund offizieller Beschränkungen beim Kartenkauf halten sich Traveller, die große Gebiete erwandern wollen, am besten an Ausgaben im Maßstab 1:100 000. Versionen im selben Maßstab wurden früher auch vom sowjetischen Militär angefertigt; auch mit kyrillischer Beschriftung sind sie so präzise wie das übrige Kartenmaterial zu Marokko.

Die **Division de la Cartographie** (☎ 0537-708-935; Ecke Ave Moulay Youssef & Hassan I, Rabat; www.acfcc.gov.ma, französisch; ⌚ Mo–Fr 9–15.30 Uhr) der marokkanischen Vermessungsbehörde hat zahlreiche Geländekarten und Stadtpläne auf Lager. Sie stammen in vielen Fällen vom französischen Institut Géographique National (IGN). Das Personal rückt Karten nur ungern heraus, wenn die betreffende Region als heikel erachtet wird. Manche Versionen müssen sogar schriftlich beantragt werden: Das Schreiben muss französischsprachige Angaben zur eigenen Person und zum jeweiligen Verwendungszweck enthalten. Da das zuständige Gremium immer freitags tagt, erhält man seinen Bescheid frühestens am Freitagnachmittag oder muss oft bis zum Montagmorgen warten.

Unbedingt den Reisepass mitbringen! Karten zur Region Toubkal im Hohen Atlas sind normalerweise frei verkäuflich. Die vierteilige Wanderkarte *Toubkal Massif* im Maßstab 1:100 000 kann auch online bei Stanfords (www.stanfords.co.uk) und anderswo bezogen werden. Unter ☎ 0800-002-929 liefert die Division de la Cartographie kostenlose Infos – allerdings nur auf Französisch und Arabisch.

Wer die Karten von der Toubkal-Region, dem M'Goun-Massiv und dem Jbel Sarhro in Rabat nicht kriegt, kann es z. B. in den Läden von Marrakesch oder Imlil versuchen. Die Rezeption des **Hôtel Ali** (☎ 0524 444979; www.hotel-ali.hostel-marrakech.co.uk; Rue Moulay Ismail) in Marrakesch verkauft manchmal Kopien der Karten von Teilen des Hohen Atlas, allerdings zu gepfefferten Preisen von 140 Dh und mehr.

Im deutschsprachigen Raum ist es eher schwierig, vorab passendes Kartenmaterial zu bekommen. Das marokkanische Fremdenverkehrsamt verweist auf die oben genannten Stellen vor Ort bzw. auf den hiesigen Fachbuchhandel, aber der konnte zum Zeitpunkt der Recherche auch nicht wirklich weiterhelfen. Dafür bietet der Lehrstuhl für Stadtgeografie und Geografie des ländlichen Raums der Uni Bayreuth (Fax 0921-55 22 31; www.uni-bayreuth.de; Universitätsstraße 30, 95447 Bayreuth) sehr gute Wanderkarten für den zentralen Hohen Atlas sowie für den Jbel Sarhro an. Kartenmaterial ist auch über Aree Greul (☎ /Fax 069-666 187; www.mountain-bookshop.de) zu beziehen. Ein guter Tipp sind außerdem verschiedene Stellen in Großbritannien. Bei **Stanfords** (☎ 020-7836 1321; www.stanfords.co.uk) kann man in einer der weltweit größten Kartensammlungen stöbern. Zum Zeitpunkt der Recherche war nur die vierseitige Toubkal-Karte im Maßstab 1:100 000 im Angebot, aber manchmal gibt's auch andere. Die Kartenabteilung der **Royal Geographical Society** (☎ 020-7591 3050; www.rgs.org; 1 Kensington Gore, London SW7 2AR) führt auch eine ansehnliche Sammlung von Marokkokarten und ist der Öffentlichkeit zugänglich. Ein paar Exemplare können online bestellt werden.

Die Karten von West Col Productions, die es u. a. für Toubkal und das M'Goun-Massiv gibt, werden auf verschiedenen Websites verkauft, eventuell auch bei Amazon (www.amazon.de). Die ganze Palette sowjetischer Karten, die z. T. runtergeladen werden können, gibt's bei **Omnimap** (www.omnimap.com).

Eine andere bewährte Quelle für Karten, Informationen und Trekkingtouren sind die **Atlas Mountains Information Services** (☎ /Fax 015-92 87 3546; 26 Kirkcaldy Road, Burntisland, Fife, Scotland KY3 9HQ) von Hamish Brown. Der hoch spezialisierte Autor, Dozent, Fotograf und Touristenführer durch den Atlas tingelt seit über 40 Jahren durch Marokko und leitet auch heute noch Touren. Wer ihn erwischen will, muss sich frühzeitig anmelden, am besten per Fax.

BÜCHER

Das marokkanische Fremdenverkehrsamt heißt Office National Marocain du Tourisme (ONMT) und gibt eine extrem hilfreiche Broschüre mit dem Titel *Morocco: Mountain and Desert Tourism* (2005) heraus. Eine französische Ausgabe wird ebenfalls angeboten. Die Broschüre bietet nicht nur eine gute Einführung zum Trekking in Marokko, sondern auch Listen von Autovermietungen, Guide-Agenturen, Touristeninformationen, *gîtes d'étape* (Hostels für Trekker), Berghütten, Campingplätzen, Markttagen etc. Die Broschüren müssten im Büro der Association of Guides in Imlil, im Büro des ONMT in Marrakesch und anderen Großstädten und bei den marokkanischen Touristenbüros im Ausland ausliegen.

Ein paar Trekkingreisehandbücher sind im Kasten gegenüber aufgelistet. Das ONMT und das Verlagshaus Edisud/Belvisi haben außerdem die Bücher *Gravures Rupestres du Haut*

INTERNATIONALE ANBIETER VON REISEHANDBÜCHERN UND KARTEN

Aree Greul (☎ /Fax 069-666 187; www.mountain-bookshop.de)
Au Vieux Campeur (☎ 01 53 10 48 27; www.au-vieux-campeur.fr, französisch; 2 Rue de Latran, Paris, Frankreich, auch andere Filialen)
Map Shop (☎ 016-8459 3146; www.themapshop.co.uk; 15 High St, Upton upon Severn, Worcestershire, UK)
Stanfords (☎ 020-7836 1321; www.stanfords.co.uk; 12-14 Long Acre, Covent Garden, London, UK)
Uni Bayreuth; Lehrstuhl für Stadtgeografie und Geografie des ländlichen Raums (Fax 0921-55 22 31; www.uni-bayreuth.de; Universitätsstr. 30; 95447 Bayreuth; hier kann Kartenmaterial bestellt werden)

TOP-TREKKINGFÜHRER

- *Great Atlas Traverse* von Michael Peyron. Peyron lebte jahrzehntelang in Marokko. Seine zweibändige Ausgabe ist der ultimative Trekkingführer durch den Atlas (Teil 1 behandelt die Toubkal-Region). Nicht unbedingt was für Gelegenheitstrekker.
- *Le Massif du Toubkal* von Jean Dresch & Jacques de Lépiney; herausgegeben von Edisud/Belvisi auf Französisch. Vor allem für Bergsteiger geeignet, die die hohen Berge rund um den Toubkal anvisieren.
- *Trekking in the Atlas Mountains: Toubkal, Mgoun Massif and Jbel Sahro* von Karl Smith. Wanderreiseführer des Verlags Cicerone, eher was für Trekkingspezialisten, mit Routenbeschreibungen und wetterfestem Einband, aber minimalem Kartenmaterial.
- *Trekking in the Moroccan Atlas* von Richard Knight. Das neueste Reisehandbuch, beschreibt auch Jbel Sarhro und Jbel Siroua; detaillierte Kartenskizzen von den einzelnen Streckenabschnitten. Wahrscheinlich das beste für unerfahrene Wanderer, aber leider auch das dickste.

Atlas, das sich der Felsenkunst des Plateau du Yagour nordöstlich von Setti-Fatma widmet, und *Randonnées Pédestres Dans le Massif du Mgoun* veröffentlicht. Sie sind nur hier und da in Touristeninformationen erhältlich, in Buchläden von Rabat und Marrakesch, beim Club Alpin France (CAF) und an der Berghütte in Oukaïmeden, aber online müsste es auch klappen.

Zur Einstimmung – und wenn man eine gute Lektüre sucht – empfiehlt sich der englischsprachige Reisebericht *The Mountains Look on Marrakech*, in dem Hamish Brown von einem 96-tägigen Trek erzählt.

VEREINE

Die **Fédération Royale Marocaine de Ski et de Montagne (Königlich-Marokkanischer Ski- & Bergsteigerverband)** (☎ 0522 203798; www.frmsm.ma; Le Ministère de la Jeunesse et Sport, Parc de la Ligue Arabe, PO Box 15899, Casablanca) betreibt drei einfache Berghütten (s. S. 451) und versorgt Trekkingfans mit jeder Menge Infos.

Der **Club Alpin Français** (CAF; ☎ 0522 270090; www.cafmaroc.co.ma, französisch; 50 Boulevard Moulay Abderrahman, Quartier Beauséjour, Casablanca) betreibt die wichtigsten Berghütten der Toubkal-Region, vor allem in Imlil, Oukaïmeden und auf dem Toubkal (s. S. 461). Die Website des Clubs ist voller nützlicher Trekkinginformationen mit Links zu empfohlenen Bergführern.

GEFÜHRTE WANDERUNGEN

Mehr über ausländische und marokkanische Trekkingtourveranstalter in Marokko gibt's auf S. 521.

KLEIDUNG & AUSRÜSTUNG

Egal zu welcher Jahreszeit: feste, eingetragene Wanderschuhe sind das A und O, genau wie wetterfeste Kleidung – das Wetter kann von einer Sekunde auf die andere umschlagen. Im Sommer (Juni–Aug.) sind leichte, weite Baumwollhosen und langärmelige Shirts richtig. Der Winter (Nov.–März) kann überall eiskalt sein. Wer außerhalb des Hochsommers im Hohen Atlas unterwegs ist, braucht warme Klamotten, Wollmütze und Handschuhe. Auch die Sommernächte können in 1800 m Höhe noch so kalt sein, dass es ohne warmen Pulli nicht geht. Sonnenhut, Sonnenbrille und Sonnencreme mit hohem Schutzfaktor gehören das ganze Jahr über ins Gepäck.

Zelten oder nicht – das ist die wichtigste Entscheidung bei der Tourplanung. Ein gutes Zelt lässt beim Trekking jede Menge Möglichkeiten offen und ermöglicht es einem, den Massen zu entfliehen; es muss ja nicht das eigene sein. Die meisten Veranstalter, manche Bergführer oder auch zentrale Startpunkte wie Imlil verleihen Zelte. Wer keine Lust hat zu campen, findet fast überall eine Unterkunft in einem Dorf: in *gîtes d'étape* oder *chez l'habitant* (bei jemandem zu Hause). Hier darf sich allerdings keiner wundern, wenn auf dem Boden nicht mal eine Matratze liegt, schon gar nicht in den abgelegeneren Gebieten. In Orten wie Imlil findet man aber meistens den Luxus eines Betts im Zimmer.

Ob Zelt oder Haus: Im Hohen Atlas und am Jbel Sarhro ist von September bis Anfang April der Allwetterschlafsack ein absolutes Muss. Die Temperaturen können um diese

FITTE FÜSSE

Die Berber der Berge marschieren meist auf Sandalen durch die Gegend. Manchmal rennen sie sogar die Hänge hinauf und hinunter – bloß wie? Hier macht lebenslange Übung den Meister. Sollte man es ihnen gleichtun? Wer auch in Zukunft weiterhin wandern möchte, lässt es besser bleiben. Die häufigsten Schwierigkeiten unterwegs entstehen, wenn schlecht sitzendes Schuhwerk oder ungeeignete Socken schmerzhafte Blasen an den Füßen verursachen. Um längere Wanderungen jenseits von harmlosen Talspaziergängen richtig genießen zu können, empfiehlt sich dringend ein Paar genau passender und wasserdichter Stiefel (am besten aus Gore-Tex). Selbst wenn sie vorab intensiv eingelaufen werden, bekommt man vielleicht noch Blasen. Viele Wanderer haben für diesen Fall spezielle Blasenpflaster aus Kunststoff dabei, die Schmerzen lindern bzw. stillen.

Zeit locker auf –10 °C fallen. In tiefer gelegenen Gebirgsregionen ist auch noch im Hochsommer ein Schlafsack bis 0 °C sinnvoll. Jetzt fehlt nur noch eine dicke Isomatte oder eine dünne Schaumstoffmatratze für den extrem steinigen Boden (meist bei den Bergführern zu haben).

Wer zwischen November und Mai auf über 3000 m kraxeln will, braucht Erfahrungen im Winterbergsteigen. Steigeisen, Eispickel, Schneeschaufel und andere unverzichtbare Ausrüstungsgegenstände gehören auch ins Gepäck. Das alles kann man bei vielen Veranstaltern oder in Imlil leihen.

Die meisten *gîtes* bieten Kochmöglichkeiten, trotzdem reisen viele Camper nicht ohne ihren Kocher. Ideal sind Mehrstoffkocher, die vom Flugbenzin bis zum Diesel alles verbrennen. Brennspiritus ist nicht so leicht zu kriegen, Petroleum dagegen immer. Einweg-Butangaskartuschen gehen auch, sind in puncto Umwelt aber ein Fehlgriff. Im Allgemeinen kennen sich die Guides mit der Thematik gut aus.

Eine Reiseapotheke mit den wichtigsten Medikamenten und Wasserreinigungstabletten bzw. mechanische Reiniger sollte jeder parat haben – wenn das Wasser nicht direkt aus der Quelle kommt, muss es vor dem Trinken behandelt werden.

Wer Trekking mit etwas Sightseeing verbinden will, kann vor der Wanderung überflüssiges Gepäck einlagern. Die meisten Hotels machen das, manchmal gegen eine kleine Gebühr. Auch in den Gepäckaufbewahrungen der Bahnhöfe in den größeren Städten sind die Sachen sicher. Viele davon nehmen aber nur abgeschlossenes Gepäck an.

FÜHRER

Unabhängig von individuellen Wandererfahrungen und Fähigkeiten im Kartenlesen sollten immer qualifizierte Führer angeheuert werden – und wenn auch nur, um als Übersetzer zu fungieren: Die eigenen Berberkenntnisse dürften sich meist in Grenzen halten. Zudem schrecken offizielle Führer ihre „falschen" Berufskollegen (*faux guides)* ab, handeln gute Preise aus und erweisen sich quasi als „Audioguides", die den kulturellen Horizont immens erweitern. Gute Führer kennen die jeweilige Region und deren Einwohner ganz genau; dadurch wird man unweigerlich zum Tee oder Essen eingeladen und lernt das Berberleben viel intensiver kennen. Und bei Problemen können ortskundige Führer am schnellsten und effektivsten Hilfe holen. Jedes Jahr kommen Ausländer in den marokkanischen Bergen ums Leben, sei es durch heftige Unwetter, Steinschläge oder unglückliches Ausrutschen. In Begleitung eines Führers sind die Überlebenschancen unzweifelhaft höher. Wie groß das eigene Selbstvertrauen auch sein mag: Wanderer sollten niemals auf eigene Faust durchs Gebirge marschieren.

Manchmal ist es gar nicht so einfach, den richtigen Führer zu finden. Großspurige englischsprachige *faux guides* (inoffizielle Führer) aus Marrakesch sind keinesfalls ein adäquater Ersatz für wettergegerbte, erfahrene Bergfexe, die das Terrain ihrer Heimat wie ihre Westentasche kennen. Alle offiziellen Führer besitzen entsprechende Lichtbildausweise. Sie sollten von der Fédération Royale Marocaine de Ski et de Montagne (Königlich-Marokkanischer Ski- & Bergsteigerverband) oder der l'Association Nationale des Guides et Accompagnateurs en Montagne du Maroc als *guides de montagnes* (Bergführer) autorisiert sein. Dies garantiert, dass die betreffende Person eine mindestens sechsmonatige Ausbildung am Centre de Formation aux Métiers de Montagne absolviert hat. Diese

Bergführerschule ist in Tabant (Aït-Bou-Goumez-Tal) ansässig. Achtung: *Accompagnateurs* (Begleiter) haben lediglich einwöchige Schulungen hinter sich und sind für die Leitung von Bergtouren nicht versichert. Auch *guides de tourisme* (Touristenführer) mangelt es für diese Aufgabe an der nötigen Qualifikation.

Autorisierte Bergführer können ihren Status immer mit einem Ausweis belegen. Zu ihrer Ausbildung gehört auch Erste Hilfe; bei unbeständigem Wetter oder in Notfällen sind sie unendlich viel hilfreicher als billigere Führer ohne Erfahrung. Wenn ein Guide seinen Ausweis mit dem Foto nur widerwillig zeigen will, hat er vielleicht keinen oder er ist abgelaufen (er muss alle drei Jahre aufgefrischt werden).

In Marokko arbeiten mehr als 400 zugelassene Bergführer, von denen viele über die *bureaux des guides* in Imlil, Setti Fatma, Tabant (Aït-Bou-Goumez-Tal) und El-Kelaâ M'Gouna vermittelt werden.

Manche *guides de montagne* absolvieren ein Zusatztraining in Felsenklettern, Canyoning und Bergsteigen. Alle Führer sprechen Französisch und einige Englisch, Spanisch oder Deutsch. In den letzten Jahren haben sich ein paar junge marokkanische Frauen in die vorher ausschließlich männliche Welt des Bergführens gemogelt – und sie sind sehr gefragt.

Zum Zeitpunkt der Recherche lag der Minimallohn für einen offiziellen Bergführer bei 300 Dh am Tag (pro Gruppe, nicht pro Person); der Preis kann aber je nach Jahreszeit und Region variieren. Essen und Unterkunft sind nicht mit drin. Die Guides schlafen meistens umsonst in den Berghütten und *gîtes,* für ihre Verpflegung muss aber nicht selten der Gast zahlen. Wer nur in eine Richtung wandern will, bezahlt dem Führer auch den Rückweg.

Alle Kosten werden vor der Tour ausgehandelt, außer dem Trinkgeld von etwa 10 % – das wird am Ende fällig, wenn alles gut gelaufen ist. Organisiert der Guide die Tour selbst (statt eines Veranstalters), müssen alle Einzelheiten vorher geklärt werden: Start- und Endpunkte der Tagesetappen, wie viele Leute in die Zelte passen (die meisten Guides haben Zelt oder Schlafsack dabei), wie viele Maultiere gemietet werden, wer das Kochen übernimmt (bei vielen Teilnehmern besteht der Führer vielleicht auf einen Koch, der ca. 100 Dh pro Tag kostet), wer was essen will, die Wasserversorgung und die Aufteilung von Essen und Ausrüstung innerhalb der Gruppe.

MAULTIERE

Maultiere (ab und zu auch Esel) sind in Marokko beliebte Helfer, um Güter durch die Berge zu transportieren. Jeder kann sich problemlos eines mieten. Das macht vor allem dann Sinn, wenn man größere Vorräte dabeihat oder in einer großen Gruppe unterwegs ist, denn so ein Tier trägt locker das Gepäck von vier Leuten. Über den Daumen gepeilt kann es bis zu 120 kg schaffen, aber nur wenn der Weg nicht zu steil oder anstrengend ist. Dann pocht der Maultiertreiber womöglich auf weniger Traglast, weil er natürlich das Wohl seines „Goldesels" im Sinn hat, wobei Marokkaner selten wirklich an ihren Packtieren hängen.

Ein paar Routen sind für Maultiere tabu; dann können sie aber oft Umwege nehmen. Wenn auf den hohen Pässen Schnee liegt, sind Träger die bessere Alternative (sie schleppen bis zu 18 kg). Ein Maultier samt Treiber kostet ungefähr 100 Dh am Tag.

Wie die Bergführer wollen auch die Maultiertreiber bei Touren in nur eine Richtung die Kosten für die Rückreise erstattet bekommen.

UNTERWEGS

UNTERKUNFT

Der Großteil der Trekkingunterkünfte im Hohen und Mittleren Atlas sind *gîtes.* Im Rif und dem kaum besuchten Antiatlas sind *gîtes* die Ausnahme, dort schlafen die Wanderer meistens bei den Einheimischen oder in Zelten.

Gîtes bieten wirklich nur das Nötigste, oft nicht mehr als eine Schaumstoffmatratze in einem leeren Zimmer bzw. auf einer Dachterrasse oder einem Balkon. Bad und Toilette gibt's in einfachster Ausführung, die besseren sind aber mit heißer Dusche. Wenn der Eigentümer vorher Bescheid weiß, kann er vielleicht eine Tajine zaubern. Der Standardpreis liegt gerade bei 50 Dh pro Person und Nacht, das kann sich aber je nach Jahreszeit und Gegend ändern. Essen kostet extra (ca. 30–50 Dh/Pers.), genau wie Duschen (ca. 10–15 Dh/Dusche). Bei gehobenem Standard nehmen privat geführte *gîtes* bis zu 100 Dh für die

Übernachtung und noch mal so viel fürs Essen. Eine neue Luxuslodge verlangt 2000 Dh pro Nacht für ein Doppelzimmer (s. S. 361).

Der CAF unterhält fünf Berghütten in der Region Toubkal/Oukaïmeden. Offiziell sollen alle Besucher ihre Unterkunft im Voraus beim **Oukaïmeden Refuge** (☎ 024 319036; ouka@caf maroc.co.ma) buchen, es reicht aber auch noch, in Imlil nach freien Plätzen in den anderen Hütten der Toubkal-Region zu fragen. Aber Achtung: Im Juli und August platzen die oft aus allen Nähten. Mitglieder des CAF und anderer angeschlossener und anerkannter alpiner Organisationen zahlen am wenigsten für ein Bett, gefolgt von HI-Mitgliedern. Für Kinder zwischen fünf und 15 Jahren kostet es nur die Hälfte.

Die Fédération Royale Marocaine de Ski et de Montagne hat Berghütten (50 Dh/Pers., Frühstück 20 Dh) in Oukaïmeden (gepflegt und komfortabel) und am Jbel Bou Iblane (weniger komfortabel, aber mit Wächter) im Mittleren Atlas, 60 km südlich von Taza. Ihre Hütte bei Ain Aflafal, an der Südwand des Irhil M'Goun, ist allerdings zu einem Kiosk umfunktioniert worden und verkauft nun im Sommer Wasser und Softdrinks.

ESSEN

Im ländlichen Marokko ist die Auswahl an Trockennahrung ziemlich mager. Sie beschränkt sich größtenteils auf Milchpulver, diverse Trockenfrüchte, Tütensuppen, Fischkonserven, Kekse und Datteln. Die Supermärkte größerer Siedlungen und Städte haben ein wesentlich breiteres Sortiment, so dass sich der Speiseplan mittels Maultier dennoch etwas abwechslungsreicher gestalten lässt.

In manchen Bergdörfern bekommt man eventuell Brot, Eier, Gemüse und ein paar Grundnahrungsmittel wie Tee oder Thunfisch in der Dose; man sollte sich aber besser nicht darauf verlassen. Mancherorts bereiten vor allem *gîtes* und *refuges* auch richtige Mahlzeiten zu (ca. 30–50 Dh/Pers.), die in der Regel jedoch vorab bestellt werden müssen. Nochmal: Nie auf das örtliche Angebot als einzige Nahrungsmittelquelle verlassen, sofern im Vorfeld nicht entsprechende Vereinbarungen getroffen wurden. Zudem ist es ratsam, Bares in der nächsten größeren Stadt umzutauschen und immer genug kleine Scheine in der Tasche zu haben. Falls das Geld ausgeht, helfen eventuell Euroscheine weiter.

VERANTWORTUNGSBEWUSST TREKKEN

Marokko wird als Wanderregion gerade entdeckt, aber viele Regionen sind sehr abgelegen und deshalb extrem anfällig gegenüber den kulturellen und umweltspezifischen Auswirkungen des Tourismus. Zahlreiche Traveller sind bewegt von der Warmherzigkeit und Gastfreundschaft des Berbervolkes. Steigende Besucherzahlen erhöhen jedoch den Druck auf die Einheimischen. Somit sollten sich Besucher im Gegenzug unbedingt respektvoll und verantwortungsbewusst verhalten.

Interkulturelle Tipps

Angemessene Kleidung ist extrem wichtig, gerade bei den abgeschieden lebenden Bergvölkern, die in ihren Gewohnheiten sehr konservativ geblieben sind. In den Dörfern sollten Traveller zugeknöpfte Hemden oder T-Shirts tragen und keine ärmellosen Tops – die gelten als Unterwäsche; kurze Hosen sind völlig tabu, sowohl für Männer als auch für Frauen. Es kann gar nicht oft genug betont werden, wie wichtig in den Dörfern dieser Dresscode ist (jeder genervte und peinlich berührte Bergführer wird das bestätigen). Und egal, wie man die konservative Haltung findet: Respekt vor den Traditionen zahlt sich aus, nicht zuletzt durch Kontakte, Gastfreundschaft und Hilfe.

Einladungen zum Tee oder Essen sind in den Bergen gang und gäbe. Und wer einen im Dorf bekannten und beliebten Bergführer dabei hat, wird noch herzlicher aufgenommen. Kein Berber erwartet dafür eine Gegenleistung, aber die Leute hier bauen gerade so viel an, dass es für sie selber reicht; große Vorräte legt hier keiner an, und in entlegenen Dörfern gibt es vielleicht keine anderen Möglichkeiten, sich zu versorgen. Schon ein bisschen chinesischer Gunpowder-Tee (der mit kugelig gerollten Blättern wie Schießpulver aussieht) oder Zucker (am liebsten Zuckerhüte) zaubern den Gastgebern ein Lächeln ins Gesicht. Über Trockenobst freuen sie sich auch, und natürlich über alles, was aus fremden Ländern kommt. Traveller sollten deshalb beim Proviantkauf für sich selbst und die Führer ruhig großzügig kalkulieren.

In abgeschiedenen Gegenden fragen die Leute, die man unterwegs trifft, oft nach Dingen wie Desinfektionsmitteln, Bandagen, Schmerzmitteln oder Cremes für trockene Haut (viele Kinder haben hier trockene Haut).

TREKKINGGLOSSAR

Schon ein paar Brocken einer fremden Sprache können einem völlig unerwartete Erfahrungen ermöglichen. Die folgenden Begriffe sind beim Trekking in Marokko u. U. ganz hilfreich – (A) bedeutet Arabisch, (B) Berbersprache. Weitere nützliche Ausdrücke in beiden Sprachen stehen im Glossar ab S. 546.

adfel (B) – Schnee
adrar (B) – Berg (Plural *idraren*)
afella (B) – Gipfel
agdal (B) – Weide (auch *aougdal*)
aghbalu (B) – Wasserquelle
'ain (A) – Wasserquelle
aman (B) – Wasser
anzar (B) – Regen
argaz (B) – Mann
asserdoun (B) – Maultier
assif (B) – Wasserlauf, Fluss
azaghar (B) – Ebene, Plateau (auch *izwghar*)
azib (B) – Saisonunterstand für Schäfer
brhel (A) – Maultier
châba (B) – Schlucht
iferd (B) – See
ifri (B) – Höhle
jebel (A) – Berg oder Hügel
kerkour (B) – Steinhaufen
taddart (B) – Haus
talat (B) – ausgetrocknete(r) Schlucht oder Wasserlauf
tamada (B) – See
tigm (B) – Haus
tizi (B) – Bergpass

Ihnen muss der Führer genau erklären, wie diese Dinge anzuwenden sind.

Alles über Alkohol, Fotografieren und Geschenke für Kinder s. Kasten S. 486.

Umwelttipps

MÜLL

Alle Abfälle müssen wieder ins Gepäck und dürfen nicht vergraben oder verbrannt werden (bei uns übliche Verpackungen verbrennen sowieso nicht richtig). Der Guide würde vielleicht einfach den ganzen Müll nehmen und über eine Klippe pfeffern, aber das geht überhaupt nicht. Marokko entwickelt sich gerade erst zum Trekkingparadies, und was jemand mitbringt, kann er auch wieder mitnehmen. Am besten die Verpackungen reduzieren und Verpflegung in Mehrwegbehältern transportieren. Und wer noch ein bisschen Müll von anderen mit zurücknimmt, gibt ein gutes Beispiel.

Mit gekauftem Wasser aus Plastikflaschen ist es so eine Sache, weil die Entsorgung der Flaschen in Marokko langsam zum Riesenproblem wird. Quellwasser wird mit Jod- oder anderen Reinigungstabletten auch trinkbar.

BESEITIGUNG DER EXKREMENTE

Menschliche Fäkalien im Wasser können zur Übertragung von Hepatitis, Typhus und Darmparasiten führen. Das passiert besonders oft in dichter besiedelten Trekkinggebieten.

Wo eine Toilette ist, kann sie auch genutzt werden; gibt es keine, lassen sich die Hinterlassenschaften vergraben. Ein kleines, ca. 15 cm tiefes Loch, mindestens 100 m von einem Wasserlauf entfernt, sollte reichen. Der Abstand zum Wasser ist sehr wichtig, denn viele Trekkingrouten folgen Flüssen und Bächen. Ein leichter Spaten gehört mit ins Gepäck, im trockenen Atlasgebirge wird das Graben sonst schwierig. Die Exkremente mit Erde und einem Stein bedecken und Toilettenpapier sparsam einsetzen, wenn möglich verbrennen oder mit vergraben. Bei Schnee natürlich bis ins Erdreich graben; sonst liegt nach der Schneeschmelze alles wieder offen da.

WASCHEN

Keine Waschmittel oder Zahnpasta an oder in der Nähe von Wasserläufen benutzen, auch nicht, wenn sie biologisch abbaubar sind. Waschen kann man sich mit biologisch abbaubarer Seife, aber mindestens 50 m vom nächsten Fluss entfernt. Das benutzte Wasser muss dann weiträumig verteilt werden, damit der Boden es komplett filtern kann, bevor es wieder in den Wasserlauf gelangt. Kochgeschirr wird auch mit Bürste, Sand oder Schnee sauber – ohne Reinigungsmittel. Und auch hier ist eine Entfernung von 50 m von den Bächen wichtig.

EROSION

Erosion ist vor allem in großen Höhen eine Gefahr für die Berghänge. Deshalb ist es keine gute Idee, die Wege zu verlassen und Abkürzungen zu nehmen, nur um sich die Serpentinen zu sparen. Jeder neu gebahnte Weg den Hang hinunter wird spätestens beim nächsten starken Regen zu einem Wasserlauf und verursacht Bodenverlust und tiefe Einschnitte.

SCHONEND KOCHEN & CAMPEN

Wer unbedingt am offenen Feuer kochen will, sollte an die vielen Bäume denken, die dafür gefällt werden müssen – und dann schauen, was von den riesigen Waldflächen Marokkos noch übrig ist. Ideal sind leichte Mehrstoff- oder Petroleumkocher, die nicht mit Butangas aus Einwegbehältern betrieben werden. Wer doch ein Feuer macht, muss es unbedingt komplett löschen: die Glut verteilen und mit Wasser übergießen. Eine Feuerstelle darf erst verlassen werden, wenn ohne Weiteres die Hand in die Asche gehalten werden kann.

Die Pflanzenwelt in großen Höhen braucht besonderen Schutz. Also beim Campen immer auf die Umwelt achten und keine Pflanzen um das Zelt herum ausreißen oder kaputtmachen. Und damit die ständige und zerstörerische Überweidung in vielen Gebieten nicht noch schlimmer wird, muss genug Futter (Gerste) für alle Lasttiere mit. Das alles vor der Tour unbedingt abchecken!

HOHER ATLAS

Der Hohe Atlas ist der höchste Gebirgszug Nordafrikas und ein Paradies für Trekkingfans. Er zieht sich diagonal durch Marokko, von der Atlantikküste nordöstlich von Agadir bis nach Nordalgerien. Auf einer Länge von fast 1000 km ragen mehrere Gipfel über 4000 m in die Höhe. Mehr als 400 Berge sind über 3000 m hoch: eine märchenhafte Trekkingkulisse, in der sich mehrere Gipfel auf einer Tour besteigen lassen. Die höchsten Berge stehen in der Toubkal-Region, die die meisten Besucher des Hohen Atlas anlockt. Sie liegt nur zwei Stunden von Marrakesch entfernt und ist mit öffentlichen Verkehrsmitteln leicht zu erreichen.

Die Berber nennen den Hohen Atlas Idraren Draren (die Berge der Berge). Durch sie wird eine Wanderung hier erst unvergesslich. So rau und unwirtlich die Gegend auch ist, die Berber siedeln schon lange hier. Ihre Lehmhäuser mit den flachen Dächern scheinen oberhalb der terrassierten Gärten und der vielen Walnuss- und Obstbäume geradezu aus den Berghängen zu wachsen.

Die erste Straße wurde am Anfang des 20. Jhs. in diese abgeschiedene Gegend gebaut und führt den Tizi n'Test hoch. Davor waren die Berge nur über die ausgetretenen Maultierpfade zugänglich, die kreuz und quer hindurchführen. Auf ihnen zogen früher die Handelskarawanen und Pilger zwischen der Sahara und den Ebenen im Norden entlang. Wer heute hier wandert, fühlt sich in eine längst vergangene Zeit zurückversetzt.

TIERE & PFLANZEN

Die Berge sind spektakulär zerklüftet und spärlich bewachsen. Es gibt gestufte Klippen, gewaltige Steilhänge, tiefe Schluchten und abgeflachte Gipfel; wo die Felsen freiliegen, ist eine dicke Schicht aus Sediment- und Vulkangestein zu sehen, vorwiegend Kalkstein aus dem Jura, durchzogen von Granitschichten. Die ältesten Felsen sind die 610 Mio. Jahre alten Granite und Granodiorite aus der Ourika-Region (nahe Setti Fatma). Vor ca. 45 000 Jahren fand auch noch eine kleinere Vergletscherung statt.

Die Berberbauern haben die Hänge und Täler über die Jahrhunderte ganz schön verändert, an den Steilhängen Terrassen angelegt und sie mit raffinierten Systemen aus kleinen Kanälen (in der Berbersprache *targa)* bewässert, die das Wasser aus Flüssen und Bächen umleiten.

Trotz des rauen Klimas mit eiskalten Wintern und glühend heißen Sommern ist der Atlas sehr fruchtbar und ertragreich. In den Tälern stehen Mandelbaum- und Aprikosengärten, außerdem wachsen hier Johannisbrot-, Quitten-, Granatapfel-, Apfel-, Kirsch- und Feigenbäume. Die Gemüsebeete geben Kartoffeln, Möhren, Rüben, Zwiebeln, Linsen und Bohnen her. Im Oktober werden viele Terrassenfelder für die Wintersaat gepflügt, z. B. Gerste, die Ende Mai oder im Juni geerntet wird. Walnüsse kommen vor allem aus den höher gelegenen Dörfern und sind Ende September reif.

Überweidung, Ackerbau und die Abholzung der Wälder zur Brennstoffgewinnung haben im Hohen Atlas ihre Spuren hinterlassen: Viele der heimischen Pflanzen sind ganz von der Bildfläche verschwunden. Die subalpine Zone (2400–3200 m) ist mit einem Dickicht aus Spanischem Wacholder *(Juniperus thurifera)* bewachsen. Der Wind hat vielen dieser dicken, knorrigen Bäume skurrile Formen verpasst, und ihre freiliegenden Wurzeln klammern sich an die Felsen wie Krallen. Weiter oben haben „Igelpflanzen" die Oberhand: dornige, kuppelförmige Büsche, die im Frühling für kurze Zeit durch eine dichte Blütenpracht verzaubern. Wild wachsende

Kräuter wie Lavendel, Rosmarin und Thymian gibt es überall – beim Wandern duftet es ständig danach.

Säugetiere kommen im Hohen Atlas selten vor, nur hier und da ein paar Mufflons (Bergschafe mit gewaltigen Hörnern), Wildschweine und Gazellen. Außerdem sind hier heimisch: Mauergeckos, Spanische Mauereidechsen, Gemalte Scheibenzüngler (Frösche) und kleine Schlangen. Um Letztere kümmern sich aber die Guides, bevor sie jemand zu Gesicht bekommt.

In der subalpinen Zone flattern Diademrotschwänze und Rotflügelgimpel und in den Waldgebieten Atlasgrünspechte herum. Krähen sind überall, und manchmal erhascht man einen flüchtigen Blick auf majestätische Raubvögel wie Bartgeier, Ägyptische Geier und Steinadler.

PLANUNG

Die beste Zeit

Trekking im Hohen Atlas geht immer, aber je nach Jahreszeit sind die Erlebnisse völlig unterschiedlich. Oberhalb von 2000 m fallen die Temperaturen zwischen November und Mai oft unter Null. Dann liegt auf den höheren Gipfeln und Pässen Schnee. Wanderer müssen sich dann mit den tiefergelegenen Tälern begnügen, außer sie sind mit Seilen und Steigeisen ausgerüstet. Die ideale Reisezeit dauert von Ende April bis Ende Juni. Im April und Mai stehen die Hochgebirgsblumen in voller Blüte und im Juni, wenn Marrakesch schon vor Hitze japst, sind die Tagestemperaturen hier noch angenehm warm.

Im Hochsommer sind die Tage lang und die Pässe schneefrei (nur der Toubkal nicht immer), aber in den Tälern weiter unten kann es schon brütend heiß und das Wasser knapp sein. Das meiste Wasser führen die Flüsse im Herbst (Nov.) und am Frühlingsende (April oder Mai) nach der Schneeschmelze. Auch wenn im Hochsommer viele Flüsse auf Rinnsale zusammenschrumpfen, kann es nach heftigen Sommergewittern flutartige Überschwemmungen geben. Also aufpassen, wo man sein Zelt aufbaut! Komischerweise treiben die heißen Monate Juli und August die meisten Besucher nach Marrakesch und in den Hohen Atlas. Auch dann kann Trekking traumhaft sein, aber eher frühmorgens oder am späten Nachmittag. Zwischendurch bleibt viel Zeit für Mittagspausen an schattigen Plätzchen und Ruhephasen.

Führer & Maultiere

Imlil ist mit Abstand der beste Ort, um einen Guide und auf Wunsch auch ein Maultier anzuheuern. Auf dem Dorfplatz gibt's ein **Bureau des Guides** (☎/Fax 0524 485626) mit einer Liste der offiziellen Führer – alle mit Foto, was Betrüger abschrecken soll. Die Guides arbeiten nach dem Rotationsprinzip. Wer also spezielle Vorstellungen hat, organisiert sich besser einen im Voraus. Von den 60 offiziellen Bergführern der Toubkal-Region sind vielleicht nur zehn gleichzeitig in Imlil. Ein paar der besseren sind der Kasbah du Toubkal zugeteilt.

Ein Maultier zu chartern ist eigentlich kein Problem, meistens klappt das gleich nach dem Anheuern eines Guides mit dessen Hilfe. Wanderer müssen aber wissen, dass die Mulis von November bis Mai kaum über den Tizi-n-Ouanouns östlich des Lac d'Ifni oder den Tizi-n-Taddate zwischen den Berghütten von Toubkal und Tazaghart kommen. Und während die Lasttiere einen Umweg nehmen, müssen die Traveller ihre Verpflegung und Ausrüstung für einen Tag selbst über die Pässe bugsieren. Das alles muss vorher mit dem Führer und dem Maultiertreiber geklärt werden. Ein Tag reicht aus, um einen Guide zu engagieren und die Tour mit allem Drum und Dran vorzubereiten.

Unterkunft

Imlil ist der bequemste und am besten ausgestattete Ausgangspunkt für Trips durch den Hohen Atlas bzw. zum Toubkal. Empfehlungen zu Unterkünften und Restaurants in Imlil stehen auf S. 360.

Aroumd oder Armed (1960 m) liegt 3 km oberhalb von Imlil am Beginn eines breiten Tals, das hinauf in Richtung Toubkal führt. Das langsam wachsende Dorf inmitten von Obstplantagen und Terrassenfeldern ist mittlerweile auch über eine befahrbare *piste* (unbefestigte Straße) erreichbar. Diverse Trekkingveranstalter nutzen Aroumd als Basis für Gruppenwanderungen durch die Toubkal-Region; vier *gîtes* machen das Dorf zu einer prima Zwischenstation auf dem Weg zum Gipfel.

Gîte Atlas Toubkal (☎ 0524-485-664 od. 0668-882-764; B 30 Dh, heiße Dusche 10 Dh) Das große *gîte* wird von der Familie des Bergführer-Urgesteins Mohamed Id Balaïd geleitet. Seine sauberen, einfachen Schlafsäle bieten ein gutes Preis-Leistungs-Verhältnis. Wanderer können sich zudem mit tollem Frühstück oder Abendessen stärken.

Les Roches Armed/Chez Lahcen (☎ 0667-644-915; B 30 Dh, heiße Dusche 10 Dh) Wie alle Unterkünfte in Aroumd wurde auch Lahcens Haus oberhalb vom Dorf bis heute stetig vergrößert. Der Aufstieg ist zwar ganz schön steil, doch Gäste werden u. a. mit einem tollen Bergblick belohnt. Auf den Böden der feschen, sauberen Zimmer liegen Matratzen. Nach Vereinbarung gibt's auch etwas zu essen.

Hôtel Armed (☎ 0524-485-745; idbelaid@menara.ma; EZ/DZ inkl. Frühstück 150/300 Dh) Als Aroumds allererste offizielle Unterkunft wird das Hotel mittlerweile in der zweiten Generation geführt und zählt immer noch zu den besten Optionen in Aroumd. Dank stetiger Erweiterungen stehen hier diverse schlichte Zimmer mit Matratzen zur Auswahl. Dazu kommen heiße Duschen, eine Terrasse mit Panoramablick und ein Restaurant mit solider marokkanischer Hausmannskost. Eignet sich super für wandernde Familien. Der Eigentümer organisiert verschiedene Treks.

Camping-Auberge Atlas Toubkal/Chez Omar le Rouge (☎ 0524-485-750 od. 0666-936-488; omar_id_mensour@hotmail.com; EZ/DZ 50/100 Dh, Stellplatz 10 Dh/Zelt, heiße Dusche 10 Dh) Omars einfache Zimmer sind mit Matratzen versehen und teilen sich verschiedene Einrichtungen. Gegenüber betreibt er zusätzlich einen primitiven Zeltplatz, dessen Benutzer auf die Gemeinschaftsduschen im Haus zurückgreifen können. Neben Frühstück (15 Dh) kommt hier auch Tajine (30 Dh) auf den Tisch.

TOUBKAL-RUNDTOUR ÜBER DEN LAC D'IFNI

Diese Rundwanderung bietet das Beste aus zwei verschiedenen Welten: zum einen gigantische Gipfel und sagenhafte Blicke auf den Jbel Toubkal, zum anderen faszinierende Einblicke in die Kultur der abgeschieden lebenden Berber des Hohen Atlas. Ohne Zelt und Campingausrüstung ist die Tour nicht möglich. Allerdings kann man auch Abstecher zu *refuges* oder einfachen Dorfunterkünften machen. Das bietet sich vor allem am Anfang und Ende der Saison an, wenn die Temperaturen noch in den Keller fallen können.

Die Route hat es in sich, also plant man vielleicht einen Extra-Tag zum Ausruhen ein. Und die Möglichkeit, die Tour abzukürzen, gibt es auch. Wer das Folgende zu heftig findet, kann sich immer noch für den einfachen und beliebten Zweitagesaufstieg von Imlil aus entscheiden (s. S. 462).

Der Großteil der Strecke verläuft oberhalb von 2000 m, ein paar hohe Pässe liegen sogar über 3000 m. Rauf auf den Jbel Toubkal geht's am sechsten Tag – nach fünf Tagen der Akklimatisierung, was oberhalb 3000 m immer wichtig ist. Für die hier beschriebene Rundtour sind Spätfrühling und Sommer perfekt. Von der Strecke gehen noch haufenweise anderer Trekkingrouten ab.

Planung

Der Trip lässt sich am besten in Imlil (S. 359) organisieren. Die Rundwanderung dauert sieben Tage, kann aber nach Belieben verkürzt oder verlängert werden. Von Azib Likemt aus bietet sich z. B. die westliche Route über den Tizi n'Tazagharat (3465 m) nach Sidi Chamharouch an, was von Imlil aus eine Dreitagestour wäre (zweite Übernachtung in Azib Tifni). Wer nach der Toubkal-Besteigung die Tour über den Tizi n'Taddate zur Tazaghart-Berghütte auslässt, spart auch zwei Tage ein. Unermüdliche können Gipfel „sammeln" oder die Nebenrouten erkunden, z. B. die zum Tazaghart-Plateau. Je nach Zeit, Können und Kondition finden die Bergführer für jeden genau das Richtige.

Karten

Die Faltkarte *Jbel Toubkal* (Maßstab 1 : 50 000) deckt die gesamte Toubkal-Rundwanderung ab. Sie ist gelegentlich beim Bureau des Guides in Imlil erhältlich. Mit etwas Glück lässt sich die übersichtlichere und genauere Ausgabe von 1994 ergattern.

Die vierteilige Geländekarte *Toubkal Massif Walking Map* (Maßstab 1 : 100 000) umfasst ebenfalls die gesamte Rundtour. Sie wird von der Division de la Cartographie (Marokkanische Vermessungsbehörde) herausgegeben und kann normalerweise über deren Büro in Rabat oder über Stanfords in London bezogen werden (s. S. 448).

Auch auf den topografischen *Cartes des Randonnées dans le Massif du Toubkal* (Maßstab 1 : 100 000) der marokkanischen Regierung sind diverse Trekkingrouten vermerkt. Aufgrund ihrer geringeren Detailtreue hält sich ihr Nutzen allerdings in Grenzen.

Toubkal and Marrakech (Maßstab 1 :50 000) von Orientazion ist das neueste Produkt auf dem marokkanischen Kartenmarkt. Trotz

ihrer Übersichtlichkeit und praktischen Wasserfestigkeit enthält diese Version mehrere falsche Bezeichnungen, zudem fehlen diverse Schluchten und Steilkanten.

Tag 1: Von Imlil nach Tacheddirt

3½–4½ Std./9,5 km/560 m Aufstieg

Der erste Tag ist noch relativ harmlos. Der Weg verläuft die meiste Zeit auf einer 4WD-Piste, die **Imlil** (1740 m) mit dem Dorf **Ouaneskra** verbindet, das 2 km westlich von Tacheddirt (2300 m) liegt.

Unterwegs geht's durch das Zentrum von Imlil und dann links über den Fluss **Assif n'Aït Mizane**. Dann steigt die *piste* in östlicher Richtung leicht an. Sie führt durch Gerstenfelder, Walnuss-, Apfel- und Kirschbaumgärten und schließlich im Zickzack rauf nach **Aït Souka**.

Nach etwa einer Stunde kommt ein Bach, der Talat n'Aït Souka. Gleich dahinter geht's ostwärts weiter auf einem gut gekennzeichneten, aber steinigen Pfad, der um das Dorf **Tamatert** herumführt. Dieser Pfad zieht sich noch ca. 15 Minuten in östlicher Richtung hin, vorbei an einem Kiefernwäldchen und über die Straße. Dann klettert er in nordöstlicher Richtung steil zum Pass **Tizi n'Tamatert** (2279 m) hoch. Der Aufstieg dauert 30 bis 45 Minuten. Oben am Pass gibt's in der verwitterten Blechhütte Bivi Thé Softdrinks und Minztee, aber nur, wenn genug los ist. Nach Nordosten gibt's phantastische Blicke auf den **Tizi n'Eddi** (2928 m), den Pass zum Winter-

DIE TOUR AUF EINEN BLICK

Dauer 7–9 Tage
Strecke 60,2 km
Schwierigkeitsgrad mittel–schwer
Start/Ziel Imlil
Höchster Punkt Jbel Toubkal (4167 m)
Nächste große Stadt Marrakesch
Unterkunft Camping, *gîtes* in Dörfern und Berghütten
Öffentliche Verkehrsmittel ja
Zusammenfassung Einen Katzensprung von Marrakesch entfernt: Diese Tour führt rund um (und auf) den Jbel Toubkal durch die unterschiedlichsten Landschaften – von üppig bebauten Tälern und Berberdörfern bis zu Respekt einflößenden Gipfeln und kahlen Hochpässen. Eine anspruchsvolle Tour mit langen, zermürbenden Kletterpartien über felsiges Gelände. Ein Bergführer ist ein Muss, gute Fitness die Voraussetzung.

sportort Oukaïmeden, und auf den **Tizi n'Tacheddirt** (3172 m); nordöstlich von ihm liegt das wunderschöne **Ourikatal.**

Am Tizi n'Tamatert trifft der Weg wieder auf die unbefestigte Straße. Von hier aus ist es nur noch ein 45-minütiger Spaziergang zum Dorf Ouaneskra. Der ganze Abschnitt verzaubert durch herrliche Aussichten über das Tal zu den hübschen Berberhäuschen und den üppigen Terrassen von Talate n'Chaoute, Tamguist und Ouaneskra.

Kurz vor Ouaneskra teilt sich der Weg. Der Maultierpfad nach rechts durchquert die Südseite des Tals und ist eine Abkürzung zum besten Campingplatz nicht weit von der Route und vom Flüsschen **Irhzer n'Likemt**, einer sicheren Wasserquelle. Von hier aus startet die Klettertour am nächsten Tag.

Wen die längere Route über Ouaneskra und Tacheddirt mehr reizt, der wendet sich nach der Überquerung des Tizi n'Tamatert der Nordseite des Tals zu. In Ouaneskra gibt es drei *gîtes* und ein nettes kleines Restaurant – wenn das nicht verlockend ist für eine Übernachtung! Das Pensum des zweiten Tages wird dadurch aber mehr. Also vielleicht doch nur eine Mittagspause einlegen und dann weiter. Das Dorf **Tacheddirt** liegt 2 km weiter am gut gekennzeichneten Maultierpfad und an der holprigen Straße, die sich an der Nordseite des Hanges entlangzieht. In Tacheddirt können 50 Leute im **Tigmmi n Tacheddirt** (☎ 062 105 169; ab 50 Dh/Pers.) übernachten, dem neuen *gîte*, das dem Besitzer des Hôtel Armed in Aroumd gehört. Vielleicht klappt's auch in der CAF-Unterkunft *chez l'habitant* im Haus des *gardien* (Wächter) der Hütte oder woanders im Dorf (30–50 Dh).

Von Tacheddirt aus schlängelt sich der Wanderweg in südlicher Richtung zum Campingplatz in der Nähe des Irhzer n'Likemt.

Tag 2: Von Tacheddirt nach Azib Likemt

5–6 Std./9 km/1200 m Aufstieg/900 m Abstieg

An diesem Tag heißt es klettern, aber es lohnt sich allemal. Von Tacheddirt aus gibt's zwei Möglichkeiten: geradeaus über den **Assif n'Imenane** und dann am Campingplatz vorbei aufwärts, oder die leichtere Route um das obere Talende bis zum Anfang des Aufstiegs. Egal wie, jeder will so früh wie möglich aus Tacheddirt los, um den zwei- bis dreistündigen Aufstieg zum **Tizi Likemt** (3550 m) hinter sich zu bringen. Obwohl der Großteil der Strecke im Schatten liegt, kommen vor allem die ins Schwitzen, die weder an die Höhe noch an die Anstrengung gewöhnt sind. Auf halbem Weg wird es steiler und das letzte, extrem steile Stück bis zum Gipfel liegt auch noch voller Geröll. Der Altmeister der Atlas-Bezwinger Michael Peyron nennt diese Wegstrecke „den Großvater aller Atlas-Geröllhänge". Er verlangt auch Skiläufern alles ab, die ihn bei Schnee hinuntersausen.

Nicht weit vom Campingplatz entfernt führt ein gut erkennbarer, steiniger Weg hoch zur Mitte der engen Schlucht auf der Ostseite des Flussbetts (das er zweimal überquert). Er führt ungefähr 50 Minuten aufwärts und geht dann nach links (Richtung Südost) hoch zum Pass. Die Blicke vom Tizi Likemt auf die zerklüfteten Gipfel und fruchtbaren Täler bis nach Oukaïmeden, an klaren Tagen sogar bis zum Jbel Toubkal, lassen wieder jede Mühe vergessen.

Der Weg, der auf der anderen Seite hinunterführt (Richtung Südost), ist ziemlich felsig. Nach 30 Minuten kommt links eine Quelle, die allerdings nicht immer Wasser führt, nach einer weiteren Stunde die erste der bewässerten Weiden oberhalb von **Azib Likemt**. Ein *azib* ist eine Sommersiedlung, und Azib Likemt (2650 m) wird immer etwa von der ersten Mai- bis zur letzten Oktoberwoche bewohnt. Während dieser Zeit bauen die

Einheimischen auf den bewässerten Terrassenfeldern Getreide an und mästen ihre Rinder auf den saftigen Sommerweiden. Ihre primitiven Steinbehausungen, die gut bewirtschafteten Terrassen und die pure Schönheit des Tals sind ein unglaublicher Anblick.

Eine Unterkunft oder einen Platz zum Zelten angeboten zu bekommen ist keine Seltenheit in Azib Likemt. Wer das Glück nicht hat, kann immer noch durch die Terrassen runter zum **Assif Tifni** laufen und den Fluss überqueren. Dann geht's nach rechts flussaufwärts bis zu einer Gruppe großer Felsblöcke. Nahe am Ufer findet man ebenen Boden zum Zelten.

Tag 3: Von Azib Likemt nach Amsouzert

6–7½ Std./15,2 km/470 m Aufstieg/1380 m Abstieg

Dieser direkte Weg Richtung Süden nach **Amsouzert** ist mit der Schinderei von Tag 2 nicht zu vergleichen. Ein echtes Kontrastprogramm: steil abfallende Täler, sensationelle Gipfel und bildschöne Streckenabschnitte auf dem Gebirgskamm.

Von Azib Likemt führt der gut ausgetretene Pfad hinter dem Campingplatz nach Süden, den Berghang hinauf und in die riesige Schlucht, die durch den **Assif n'Tinzer** entstanden ist. Hoch über seinem Ostufer schlängelt sich der Weg oberhalb des **Tombe-Asmine-Wasserfalls** (der zu bestimmten Jahreszeiten ganz schön tost) und eines anderen Campingplatzes entlang. Dahinter fällt er in Flussnähe wieder ab. Jetzt ungefähr zwei Stunden lang dem Fluss folgen, vorbei an imposanten Klippen und quer durch riesige Weiden, bis ein klar erkennbarer Weg an der Seite des Tals zum **Tizi n'Ououraïne** (auch Tizi n'Ouaraï genannt, 3120 m) hochführt.

Die Wahnsinnsblicke von hier auf die Ostwand des Toubkal, den **Dôme d'Ifni** (3876 m) und den Rest des zerklüfteten Toubkal-Massivs sind Genuss pur. Dagegen wirken der **Agounss n'Tiniline** (3674 m), 90 Minuten nordwestlich gelegen, und andere niedrigere Berge und Gebirgskämme im Osten viel sanfter und runder. (Vom Tizi n'Ououraïne bieten sich auch noch ausgiebige Gebirgskammwanderungen oder eine große Runde zurück nach Azib Likemt an.)

Weiter geht's über den Pass, wo die Route das obere Talende durchquert, bis zu einem Felsvorsprung und einer Wegkreuzung. In südwestlicher Richtung führt ein Pfad den Kamm hinunter nach **Tagadirt** (nach 50 m kommt ein phantastischer Aussichtspunkt, wo im Süden der **Jbel Siroua** zu bestaunen ist). Es geht weiter nach links in südöstlicher Richtung und den Maultierpfad entlang nach Süden. Jetzt noch um das obere Ende eines weiteren Tals herum und an der Flanke eines Felsvorsprungs entlang, bis nach etwa 90 Minuten endlich der Kamm erreicht ist. Im Westen kommt der **Lac d'Ifni** in Sicht. Nach weiteren 15 Minuten, kurz vor zwei spitzen Felsnasen, teilt sich der Weg. Rechts abbiegen und dann weiter langsam abwärts nach Süden bis zu einem großen Steinhaufen (noch ein guter Aussichtspunkt). Weiter runter nach Südwesten, dann westlich bis zum Ende des Vorsprungs, bis nach 30 Minuten Amsouzert (1740 m) auftaucht.

Das Dorf Amsouzert ist ziemlich groß und wohlhabend (mit einer Moschee und sogar ein paar Satellitenschüsseln) und erstreckt sich über beide Flussseiten. Wer einen Ruhetag braucht, findet keinen besseren Ort. Neben der Schule wartet ein Café im Schatten eines riesigen Walnussbaums. Übernachtet wird im **Zelt** (Zelt 20 Dh) oder im **Gîte Himmi Omar** (B 40 Dh, Tajine 30 Dh) bzw. im neuen *gîte* derselben Familie ein Stück weiter die Straße runter.

Oberhalb des Dorfes, direkt unterhalb des Weges zum Lac d'Ifni, thront stolz das **Hotel Igroute**, das zur Zeit der Recherche zu hatte.

In Amsouzert gibt es diverse kleine Läden und Cafés rund um die Dorfschule gleich westlich des Flusses. Frühmorgens fahren öffentliche Verkehrsmittel zur N10, der Straße von Taroudannt nach Ouarzazate, mit Verbindungen nach Marrakesch und Ouarzazate. Etwa 3 km südlich von Amsouzert liegt das Dorf Imlil, wo jeden Mittwoch ein Suk stattfindet (nicht zu verwechseln mit dem Imlil nördlich der Gebirgskette, das als Tour-Ausgangspunkt dient).

ABSTECHER: AGOUNSS N'TINILINE

Der einfachste Abstecher vom Tizi n'Ououraïne führt geradeaus in anderthalb Stunden zum **Agounss n'Tiniline** (3674 m) im Nordwesten. Auf dem Weg zum Gipfel stehen mehrere kleinere Berge im Weg, aber dann gibt's eine Superaussicht auf die Toubkal-Gebirgskette.

Tag 4: Von Amsouzert nach Azib Imi n'Ouassif

5½–6 Std./10,5 km/1100 m Aufstieg

Pech für die Leute mit Maultieren – die Lasttiere kommen von November bis Mai nicht weiter als 2 km westlich des Lac d'Ifni. Die Maultiertreiber werden ihre Tiere also den Umweg über Sidi Chamharouch bis zur Toubkal-Hütte führen müssen. Solange schleppt jeder seine Sachen selbst nach **Azib Imi n'Ouassif** und über den **Tizi n'Ouanoums** (3600 m) bis zur Toubkal-Hütte. Für Entschädigung sorgt der Lac d'Ifni: Der größte See im Atlas ist eine tolle Abwechslung zur kargen Landschaft auf dem Weg dahin.

Von Amsouzert führt die ebene, viel benutzte Holperstraße oberhalb des nördlichen Flussufers weiter in Richtung Nordwesten zum Lac d'Ifni. Der Weg zieht sich durch die Dörfer **Ibrouane**, **Takatert** und **Tisgouane** bis nach **Aït Igrane**, wo ein paar Cafés und eine einfache Unterkunft im **Gîte Belaïde** (B 40 Dh) winken. Der schattige Campingplatz (30 Dh) auf dem flachen, steinigen Boden gleich hinter dem Café Toubkal hat einfache Duschen (kalt) und Toiletten.

Von Aït Igrane aus folgt man der 4WD-Piste am Flussbett in nordwestlicher Richtung. Weiter geht's auf dem schmalen, steinigen Maultierpfad am Ende des Flusstals, wo die Vegetation plötzlich aufhört und die Straße den Fluss überquert (im Norden ist eine Quelle) und scharf links abbiegt. Der Maultierpfad führt dann um das Nordufer des Lac d'Ifni (2295 m) herum, über unglaublich schroffes, felsiges, karges und unwirtliches Gelände. Am Anfang steigt der Weg steil an, wird aber leichter, wenn er zur nordöstlichen Ecke des Lac d'Ifni abfällt. Der See ist unerwartet groß und sehr verlockend – eine riesige, ruhige, grüne Wasserfläche. Die Wanderung zum See dauert zwei bis drei Stunden. Wenn der See schon zu sehen, aber das Ufer noch nicht erreicht ist, kommt man an einer Art Café vorbei. Hier gibt's zwar keinen Kaffee, aber wenn jemand da ist, werden Wasser und Softdrinks verkauft. Und wenn kein anderer vorbestellt hat, besteht eine reelle Chance auf eine Tajine.

An dem kleinen Strand am Nordufer befinden sich ein paar Höhlen, die ein bisschen Schatten spenden – ein Spitzenplatz für eine Mittagspause, auch wenn manchmal die Fliegen nerven. Der Boden ist steinig und von Vegetation kann keine Rede sein, aber der See ist sicher – und sehr erfrischend – zum Baden.

Jeden Oktober treffen sich die Dorfbewohner aus der Gegend am Lac d'Ifni zu einem dreitägigen *moussem* (Fest) zu Ehren eines hiesigen *marabout* (Heiligen), dessen Grab herrlich einsam hoch über dem Südostrand des Sees liegt. Ein Weg führt um das nordöstliche Seeufer herum rauf zum Grab. Sonst gehört der See den Anglern, die sich ein paar der berühmten Forellen rausfischen wollen.

Von der Nordwestseite des Sees aus durchquert der Weg den weiten, trockenen Teil des Lac d'Ifni und geht dann im Schlängelkurs über mehr als 1 km in Richtung **Tizi n'Ouanoums**. Gleich hinter dem See führt er am südlichen Flussufer entlang durch eine felsige Schlucht. In der Nachmittagssonne kann die Kletterei heiß und schweißtreibend sein; Erleichterung schafft nur das erfrischende Geräusch von fließendem Wasser. Ungefähr 3,5 km vom See entfernt liegt **Azib Imi n'Ouassif** (2841 m; ist auf der Karte im Maßstab 1 : 100 000 nur an einer Höhenangabe zu erkennen) an einer Stelle, wo gewaltige Schluchten zusammentreffen. Dahinter steigt der Weg steil nach oben zum Tizi n'Ouanoums. In der Nähe sorgen ein paar kleine Wasserfälle (die auch im Hochsommer eiskalt sind) für Abkühlung. Der ebene Steinboden ist praktisch zum Zelten und die natürlichen Unterstände in den umliegenden Klippen werden wohl schon seit Jahrhunderten von den Schäfern genutzt.

Tag 5: Von Azib Imi n'Ouassif zur Toubkal-Hütte

3–4 Std./4 km/759 m Aufstieg/393 m Abstieg

Der Pfad nach Tizi n'Ouanoums (3600 m) beginnt unmittelbar nordwestlich vom Zeltplatz und verläuft durch eine besonders felsige, zerklüftete Landschaft. Unterwegs müssen größtenteils steile, anspruchsvolle Aufstiege gemeistert werden. Dafür hat man auf dem Gipfel einen herrlichen Panoramablick über den **Assif n'Moursaïne**. Er fließt eingezwängt zwischen den schroffen Gebirgsketten von **Adrar bou Ouzzal** und **Ouimeksane** dahin. Hinter dem Zeltplatz führt der Pfad mehrmals über den Fluss. Nach rund einer Stunde kommen eine steinerne Schutzhütte und eine Wasserquelle in Sicht. Von hier aus sind es noch einmal rund 60 Minuten bis zum Pass. Ganz oben muss sogar im Hochsommer stets mit Kälte und starken Böen gerechnet werden, während in schattigen Klüften noch eine gute Ladung Schnee liegen kann.

Beim Abstieg auf der anderen Seite sieht man sich mit tückischem Geröll konfrontiert, bis Juli auch mit Schnee. An dieser Stelle fällt der Blick auf den Jbel Toubkal und den Pfad zum Gipfel des **Tizi n'Melloul** (3850 m) im Westen. Nach dem Abstieg erreicht die Route relativ ebenes Terrain und führt direkt nordwärts zur Toubkal-Hütte (3207 m). Sie liegt ungefähr zwei Wanderstunden von Tizi n'Ouanoums entfernt.

Die **Toubkal-Hütte** (☎ 0664-071-838; B CAF-Mitglieder/HI-Mitglieder/Nichtmitglieder 46/69/92 Dh) der CAF hieß früher Neltner und wurde in den 1990er-Jahren komplett umgebaut. Dennoch leidet sie unter Platzmangel und Feuchtigkeit – ganz zu schweigen vom Mangel an Einrichtungen: Die Warteschlangen vor den Duschen (10 Dh) und Toiletten sind zu Spitzenzeiten schlichtweg eine Zumutung. Dafür gibt's Mahlzeiten und einen kleinen Laden, dessen begrenztes Sortiment u. a. aus Schokolade, Cola, Keksen und anderen Lebensmitteln besteht. Reservierungen nimmt auch die **Oukaïmeden-Hütte** (☎ 0524-319-036; ouka@cafmaroc.co.ma) entgegen. Das neue **Refuge Mouflon** (☎ 0661-213-345; afoud@wanadoo.net.ma; B 75 Dh) direkt neben der Toubkal-Hütte befindet sich in Privatbesitz und ist eine willkommene Alternative. Neben einer manchmal etwas kühlen Lounge besitzt die ansonsten angenehmere Option mehr Einrichtungen (Dusche 10 Dh) und einen Laden mit größerem Angebot. Und gute Mahlzeiten (50 Dh) gibt's auch.

Wer möchte, kann sein Zelt auch ein Stück flussabwärts vom *refuge* oder 20 Minuten weiter südlich auf einer flachen Weidefläche aufstellen. Diese Variante ist im Grunde die bessere, aber dann hat man keinen Zutritt zu den Einrichtungen der Hütte.

Falls man das *refuge* schon am Vormittag erreicht, bieten sich nachmittags ein paar nette Wanderungen an, beispielsweise der drei- bis vierstündige Abstieg, der direkt nordwärts zum Ausgangspunkt Imlil zurückführt (falls eine Besteigung des Toubkal nicht geplant ist). Es gibt auch noch eine heftige Route, die hoch über den Tizi n'Taddate zur Tazaghart-Hütte am oberen Ende des Azzadenetals verläuft, oder den Aufstieg am Jbel Ouanoukrim, den man optimalerweise gleich nach dem Abstieg vom Tizi n'Ouanoums absolviert. Wenn noch drei anstrengende Wandertage folgen bzw. der Jbel Toubkal am nächsten Morgen bezwungen werden soll (s. S. 462), ist die allerbeste Vorbereitung aber entspanntes Nichtstun am Nachmittag.

Wer die Toubkal-Rundtour über die Tazaghart-Hütte mit den Maultieren zu Ende bringen will, schickt die Tiere am besten am Tag der Toubkal-Besteigung voraus. Möglich ist es auch, die Maultiere schon an der Toubkal-Hütte zu entlassen (wenn man wieder mit allem versorgt ist) oder sogar schon am Lac d'Ifni – mit zwei hohen Pässen vor der Nase, die sie sowieso nicht hochkommen, und den zu Ende gehenden Vorräten ist das vielleicht keine schlechte Idee. Der Rückweg der Treiber samt Tieren nach Imlil muss aber bezahlt werden.

ABSTECHER: AUFSTIEG ZUM JBEL OUANOUKRIM

Die letzten Etappen des Rundwegs haben es in sich, aber wer noch nicht genug hat, kann am Nachmittag auf den zweithöchsten Berg der Region namens Jbel Ouanoukrim (4088 m, hin & zurück 5–6 Std.) kraxeln.

Der Weg dahin geht nach dem Abstieg vom Tizi n'Ouanoums links ab, wo er auf den Fluss trifft, und dann in südlicher Richtung das Tal hinauf. Wie immer ist man mit Bergführer oder zumindest einer guten Einweisung besser dran. Hinter der Abzweigung zum Tizi n'Ouanoums geht's auf dem Talweg zurück und weiter hoch zum Tizi n'Ouagene (3750 m); von dort einfach dem Kamm bis zum Gipfel folgen.

Tag 6: Von der Toubkal-Hütte nach Azib Tamsoult

5½–6 Std./6 km/493 m Aufstieg/1300 m Abstieg

Von der Berghütte aus führt der Maultierpfad nach Nordwesten, bevor er in nördlicher Richtung sanft am Hang hochklettert. Jetzt geht's durch eine zerklüftete, enge Schlucht, dann hoch über dem Bach nach links und einen Gebirgskamm in westlicher Richtung entlang in das zweite Tal hinein. Erst bleibt man an der Südseite der Schlucht, aber bald wechselt der unebene Weg auf die Nordseite, wird noch anspruchsvoller und erfordert jetzt echtes Kraxeln.

Nach ca. 80 Minuten, ein paar flacheren Abschnitten und einer Quelle taucht ein breiter und schwieriger Geröllhang auf: Mit schwerem Gepäck kann die Kletterei jetzt ans Eingemachte gehen. Der Weg folgt dem holprigen Zickzackkurs hoch zu einer kleinen Klippenwand im Nordosten, wendet sich dann nach links und überquert den felsigen und freiliegenden **Tizi n'Taddate** (3700 m). Links vom Pass liegt **Biginoussen** (4008 m). Geradeaus überquert der Weg den Oberlauf des **Assif**

n'Timellite zu einem weiteren Pass. (Die Gegend ist bis Mitte Juni schneebedeckt, manchmal noch länger.) Von diesem zweiten Pass geht's steil und schwierig abwärts zur Nordseite der engen Felsschlucht. In der ersten Stunde ist Klettern angesagt, bis die Klippen sich teilen. Dann folgt ein einfacher Abstieg auf 3000 m zur kleinen, aber feinen **Tazaghart-Hütte des CAF** (☎ 0667 852754 od. über das CAF-Chalet in Oukaïmeden 0524 319036; B CAF-Mitglieder/HI-Mitglieder/Nichtmitglieder 42/63/83 Dh) neben einem herrlichen Wasserfall.

Vor Kurzem erst wurde eine andere Strecke zwischen den Hütten von Toubkal und Tazaghart freigegeben. Von der Toubkal-Hütte geht's ca. 15 Minuten den Maultierpfad entlang. In der Nähe einer kleinen, abgerundeten Mauer, die als Schafhürde genutzt wird, kommt eine Gabelung. Nach links, in westlicher Richtung, führt im Zickzack ein Maultierpfad bergauf, auf dem man nach etwa zwei Stunden den **Tizi n'Aguelzim** (3560 m) erreicht. Oben ist wieder Staunen angesagt: im Osten der Toubkal-Gipfel, im Nordosten das Imlil-Tal, im Nordwesten Azzadene und im Westen das Tazaghart-Plateau. Von hier fällt der Weg in ca. 72 Haarnadelkurven ab, bis er ganz unten einen Bach überquert. Nach weiteren 20 Minuten geht's an der Gabelung nach links und 15 Minuten später noch mal. Dann steigt der Weg etwa zehn Minuten an bis zur Tazaghart-Hütte.

Hier ein Zimmer zu buchen ist ganz schön knifflig, weil der *gardien* in Tizi Oussem wohnt. Entweder man ruft vorher an oder lässt von vorbeiziehenden Maultiertreibern oder Schäfern eine Nachricht übermitteln. Das ist für Leute, die aus dem Norden kommen, einfacher. Wer nicht reserviert hat, kommt gar nicht erst in die Herberge rein. Es gibt Matratzen für 22 Leute, Gaslampen und eine einfache Küche (für Gas muss bezahlt werden). Camper können ihre Zelte neben der Hütte oder oberhalb des Wasserfalls aufstellen.

Vor allem Bergsteiger, die die Klippen des Tazaghart hochkraxeln wollen, nutzen die Hütte. Der Gipfel (3845 m) ist aber auch bei Trekkingfans ein Hit, die dabei gleich noch das wunderschöne **Tazaghart-Plateau** im Westen zu Gesicht bekommen.

Über den **Tizi n'Melloul** (3850 m), südöstlich der Tazaghart-Hütte, verläuft nicht nur die schwierigere Route zur Toubkal-Hütte und wieder zurück, hier geht's auch zum südöstlich des Passes aufragenden **Afella** (4045 m) und zu dem schroffen Gebirgskamm, der in nördlicher Richtung nach Biginoussen führt.

Der Weg runter nach **Azib Tamsoult** (2400 m) geht immer geradeaus. Kurz hinter den eindrucksvollen **Cascades d'Irhoulidene** gibt's wieder Vegetation und ein paar Bäume sind schon zu sehen. Vom Fuß des Wasserfalls sind es nur fünf Minuten Fußweg zu einem hübschen kleinen Wäldchen, das zum Campen ideal ist. Zum Dorf sind's zehn bis 15 Minuten zu Fuß in Richtung Norden.

Tag 7: Von Azib Tamsoult nach Imlil

4½–5 Std./6 km/89 m Aufstieg/749 m Abstieg

Wer gut in der Zeit liegt und noch Reserven hat, schafft es noch am Tag 6 zurück nach Imlil. Von den Gemüsebeeten von Azib Tamsoult, mit dem **Assif n'Ouarzane** unten links, ist im Norden ein Maultierpfad zu sehen. Er durchquert die bewaldeten Hänge des Tals. Auf den geht man zu, durchs Dorf und über den Fluss, dann weiter, ohne links ins Tal abzubiegen.

Es geht leicht aufwärts und immer nach Nordosten, wobei der **Tizi Oussem** genau im Westen liegt, bis zum **Tizi n'Mzik** (2489 m). Hier kann man zelten. Nach Imlil sind es jetzt nur noch 90 Minuten Abstieg auf einem gut ausgetretenen Maultierpfad; nach 20 Minuten kommt rechts vom Weg eine Quelle.

AUFSTIEG ZUM JBEL TOUBKAL

Nordafrikas höchster Gipfel ist ein richtiger Besuchermagnet. Jedes Jahr, im Sommer wie im Winter, wird der Bergriese von Tausenden erklommen. Der Toubkal ist u. a. deshalb so beliebt, weil er im Sommer ohne besondere Klettererfahrung gemeistert werden kann: Wer körperlich einigermaßen fit ist, erreicht den Gipfel ohne Probleme. Bergläufer joggen von Imlil aus in wenigen Stunden hinauf, turnschuhtragende Übernachtungsgäste aus Marrakesch brauchen naturgemäß etwas länger. Technisch gesehen ist der Aufstieg zwar nicht sonderlich schwierig, aber dennoch eine Herausforderung. Das liegt auch am schnell wechselnden extremen Klima und den langen, steilen Geröllhängen aus dunkelbraunem, rotem und beinahe schwarzem Vulkangestein. Auch die Höhenkrankheit ist ein ernstzunehmender Faktor: Am 4167 m hohen Toubkal kann sie durchaus in Erscheinung treten. Daher sollte unbedingt genügend Zeit für einen langsamen und gleichmäßigen Aufstieg eingeplant werden.

Bei der hier beschriebenen Wanderung handelt es sich um eine Standardroute, die von den meisten Toubkal-Besuchern absolviert wird. Natürlich sind eine Menge andere Varianten möglich, die beispielsweise verschiedene Nebengipfel umfassen können. Viele (wirklich) fitte Menschen bezwingen zwischendurch gleich noch den Ouanoukrim (4088 m). Man kann den Aufstieg aber etwas gemütlicher gestalten, indem man unterwegs zwischen Imlil und Toubkal-Hütte übernachtet – entweder im Zelt oder in den Unterkünften von Sidi Chamharouch. Auch in diesem Fall ist es immer ratsam, einen Führer anzuheuern.

Karten

Für den Aufstieg zum Gipfel empfehlen sich dieselben Karten wie für die Toubkal-Rundwanderung (S. 456).

DIE TOUR AUF EINEN BLICK

Dauer 2 Tage
Strecke 22 km
Schwierigkeitsgrad mittel–schwer
Start/Ziel Imlil
Höchster Punkt Jbel Toubkal (4167 m)
Nächste große Stadt Marrakesch
Unterkunft Camping und Berghütten
Öffentliche Verkehrsmittel ja
Zusammenfassung Die Besteigung des Jbel Toubkal gehört zu den beliebtesten Touren im Hohen Atlas. Die Aussicht von dort oben ist sensationell. Eine ganz unkomplizierte Route, die eigentlich auch ohne Bergsteigerfahrung und Guide (außer im Winter und Frühling) zu machen ist. Trotzdem sollte man sie nicht unterschätzen: Der Aufstieg auf dem Geröllhang ist nicht ohne. Dazu kommt die Höhenkrankheit, die so manchen Trekkingfreund umhaut – und nicht zu vergessen das extreme Klima: Sogar im Juni kann es noch schneien.

Tag 1: Von Imlil zur Toubkal-Hütte

4–6 Std./10 km/1467 m Aufstieg

Schon beim Start in Imlil (s. S. 359) türmt sich der Toubkal vor einem auf. Je früher man zur Toubkal-Hütte aufbricht, desto besser. Auch wenn der Weg nicht sonderlich steil ist, geht es doch die ganze Zeit bergauf. Dazu kommt, dass es hinter Aroumd kaum noch Schatten gibt. Das kann sehr ermüdend sein, vor allem wenn man noch keine Aufwärmwanderungen gemacht hat oder noch nicht akklimatisiert ist. Der Weg führt die unbefestigte Straße entlang durch Imlil in Richtung **Aroumd (Armed)**. Am oberen Dorfende bahnt sich links ein Maultierpfad seinen Weg steil bergauf durch Gerstenfelder, an Apfel- und Walnussbäumen und der imposanten Kasbah du Toubkal (s. S. 361) vorbei. Hinter der Kasbah geht's im Zickzack steil bergauf und wieder auf die Straße bei Aroumd, wo hoch aufragende Hänge die breite Talsohle umgeben.

Wenn Aroumd hinter einem liegt, geht es quer durch das breite, steinige Tal. Auf der anderen Seite folgt die Route dem klar erkennbaren Maultierpfad. Er klettert bis zu einem riesigen Felsen über dem Ostufer des Assif Reraya hoch (der schon von der Talsohle zu sehen ist) und führt zu dem Dörfchen und *marabout* (Heiligenmausoleum) Sidi Chamharouch. Die Ursprünge von **Sidi Chamharouch** (2310 m) sind möglicherweise präislamisch, aber der *marabout* ist heute eine Pilgerstätte für Muslime. Also ist nicht jeder, der hier unterwegs ist, ein Gipfelstürmer. Weil so viele Pilger und Bergkraxler kommen, ist hier ein kleiner Ort entstanden – eine Ansammlung von Ständen ziemlich genau auf der Hälfte zwischen Imlil und der Toubkal-Hütte, die Softdrinks, ein paar Lebensmittel und manchmal auch Schmuck und Souvenirs verkaufen. Gleich hinter dem *marabout* (für Nichtmuslime tabu) links vom Weg warten ein paar schöne Wasserfälle und Tümpel, die einen tollen Platz zum Mittagessen abgeben. Unter den Felsüberhängen findet man Schatten.

Nach der Flussüberquerung auf der Brücke bei Sidi Chamharouch geht der felsige Weg für ein paar Kilometer weg vom Fluss und verläuft im Zickzackkurs oberhalb der Talsohle. Dann wird er ein bisschen flacher, bevor er wieder dem Fluss folgt. Die Berghütte (S. 460) ist schon eine gute Stunde vor der Ankunft zu sehen und liegt direkt unterhalb der Westflanke des Jbel Toubkal.

Tag 2: Der Aufstieg

7–8 Std./12 km/960 m Aufstieg & Abstieg

In der Berghütte knistert es vor angespannter Erwartung, weil das Abenteuer schon so greifbar nah ist. Zwei Kare (Täler, die durch glaziale Erosionen entstanden sind) ziehen sich an der Westseite des Toubkal entlang und werden durch den von West nach Nordwest verlaufenden Gebirgskamm geteilt, der vom Gipfel herabführt. Das südliche Kar ist die öfter genutzte Route und startet direkt unterhalb der Hütte. Nur wer sehr früh aufbricht, muss nicht in der grellen Sonne klettern. Außer den Felsen gibt's keine Schattenspender und mit Wasser und Proviant darf auf keinen Fall gegeizt werden. Warme Kleidung ist ein Muss, weil einem auf dem Gipfel nicht selten ein starker und eisiger Wind um die Ohren pfeift.

Wer auf einer Tagestour von Imlil hier hoch gekommen ist, ist vielleicht noch nicht richtig akklimatisiert und riskiert, höhenkrank zu werden. Also ein schön langsames, aber gleichmäßiges Tempo einlegen. Bei schwereren Symptomen (z. B. starken Kopfschmerzen oder Erbrechen) ist der Abstieg die einzige Lösung. Und egal wie verlockend es ist, auf keinen Fall am Hang ein Schläfchen einlegen!

Der Weg durch das südliche Kar fängt hinter der Berghütte an, geht über den Fluss und dann ostwärts zu dem deutlich sichtbaren Geröllhang. Auf dem klar erkennbaren Weg an der linken Hangseite darf jetzt geklettert werden. Weiter geht's durch ein „Feld" von Felsblöcken und geradeaus auf dem Zickzackweg hoch zum **Tizi n'Toubkal** (3940 m), der sich am Horizont auftürmt. Von dort biegt der Weg nach links ab (Richtung Nordost) und folgt dem Gebirgskamm bis zum Gipfel (4167 m). Wenn gerade kein Hitzeflimmern stört, winken großartige Aussichten rundherum, vor allem frühmorgens. Bis zu vier Stunden sind bis zum Gipfel einzuplanen, je nach der persönlichen Fitness und den Wetterbedingungen.

Zurück nimmt man dieselbe Route; links orientieren, wenn die Hütte in Sicht kommt. Der Abstieg zur Hütte sollte in ein bis zwei Stunden erledigt sein, sodass es danach gleich zurück nach Aroumd oder Imlil geht. Wer noch eine Nacht in der Hütte bleiben will, kann die längere Route über die Südrunde *(Ihibi sud)* nehmen. Auf der wandert man zwei bis drei Stunden geradeaus bis zur Hütte.

VON IMLIL NACH SETTI FATMA

Bei dieser Wanderung bekommt man von allem etwas: hohe, windgepeitschte Pässe, wilde Felslandschaften, saftig grüne Täler – eben alles, was die Berge so zu bieten haben. Und das Leben scheint sich hier seit Jahrhunderten nicht verändert zu haben. Der Weg zieht sich kreuz und quer durch verschiedenste Landschaften und an mehr als zehn Berberdörfern vorbei. Einige davon hängen noch nicht mal am Stromnetz. Ein Plus: Der Ausgangsort der Tour ist von Marrakesch in nur zwei Stunden mit öffentlichen Verkehrsmitteln zu erreichen.

Planung

Die Wanderung dauert nicht länger als drei Tage. Wer richtig fit ist, braucht sogar nur zwei – allerdings ohne Abstecher und Umwege, und die bieten sich haufenweise an, vor allem rund um Timichi. Wer länger bleiben will, muss an extra Proviant denken. Das Gebiet ist auf der Karte *Oukaïmeden-Toubkal* im Maßstab 1 : 100 000 aus dem staatlichen Vermessungsamt drauf.

In Setti Fatma gibt's ein **Bureau des Guides** (☎/Fax 0524 426113), diverse kleine Hotels (mit heißen Duschen) und Cafés ohne Ende; s. S. 359. Busse und Grands Taxis (30 Dh) fahren ziemlich oft zwischen Setti Fatma und Bab er-Rob in Marrakesch (67 km).

Tag 1: Von Imlil nach Ouaneskra

3–3½ Std./7 km/560 m Aufstieg

Die erste Etappe dieser Trekkingtour deckt sich fast komplett mit Tag 1 der Toubkal-Rundtour (s. S. 456): vom Ausgangspunkt in Imlil in die Berge. Am **Tizi n'Tamatert** (2279 m) angekommen, ist es nur noch ein 45-minütiger Spaziergang zum Dorf **Ouaneskra** auf einem Weg mit traumhaften Ausblicken über das Tal.

Ouaneskra hat drei gut geführte *gîtes* (50 Dh/Pers., Essen 30 Dh, heiße Dusche 10 Dh). Das erste steht genau da, wo's über den Fluss geht, noch außerhalb des Dorfes. Die anderen zwei liegen an beiden Dorfenden. Wo man absteigt, hängt wahrscheinlich davon ab, zu wem der Führer verwandtschaftliche Beziehungen hat.

Wer sich morgens früh genug nach Ouaneskra aufmacht, kann sich auf einen schönen Nachmittag im **Imenanetal** freuen, das sich von Ouaneskra und Tacheddirt in nordwestlicher Richtung bis nach Asni hinzieht. Es ist fruchtbar, gut bewässert und entsprechend kräftig bebaut. Deshalb häufen sich hier auch die Berberdörfer.

Wer will, kann an diesem Tag auch noch einen Vorsprung für den nächsten Tag rausholen. Um die 2 km nach **Tacheddirt** (2300 m) noch hinter sich zu bringen, folgt man der neuen Straße, die kurz vor Ouaneskra nach rechts abbiegt und das Amagdoul-Plateau durchquert. Im Sommer ist das ein beliebter Biwakplatz. In Tacheddirt kann man in einer **CAF-Hütte** (B CAF-Mitglieder/HI-Mitglieder/Nichtmitglieder 30/45/60 Dh) übernachten oder *chez l'habitant* im Haus einer der Hüttenbetreiber (40 Dh). Die beste Option aber ist das neue **Tigmmi n' Tacheddirt** (☎ 0662 105 169; ab 50 Dh/Pers.).

Tag 2: Von Ouaneskra nach Timichi

6–7 Std./12 km/900 m Aufstieg/1300 m Abstieg

Der gut ausgetretene Maultierpfad führt aus Ouaneskra raus bis zum Dorf Tacheddirt, das von zahllosen wunderschönen Terrassenfeldern umgeben ist. Von der anderen Dorfseite steigt der Weg über ca. 850 m stetig an, bis er den **Tizi n'Tacheddirt** (3172 m) erreicht, der die ganze Zeit zu sehen ist. Der steinige Pfad führt an der linken Seite des Flussbetts entlang und kraxelt die letzte halbe Stunde im Zickzackkurs rauf zur Südwand des **Jbel Angour** (3616 m). Der Pass ist Wind und Wetter ausgesetzt, bietet dafür jedoch beeindruckende Aussichten. Der Abstieg runter nach **Timichi** ist hübsch, aber geradezu endlos (min. 3 Std.); nach ungefähr 30 Minuten vom Pass runter kommt endlich eine geschützte Stelle für die Mittagspause.

Weiter geht's abwärts an uraltem, knorrigem Wacholder vorbei und um die Ostflanke des Jbel Angour herum. Am Frühlingsanfang bringen die Hirten ihre Schafe und Ziegen zum Weiden her – vielleicht sieht man die Hirten nicht, aber sie sehen einen sicher. Dieser Wegabschnitt ist gut markiert, aber ziemlich felsig, und führt manchmal gefährlich nah am Abhang entlang. Das blasse Kaffeebraun der Landschaft wechselt langsam zu Rot und geht dann ins Grüne. Endlich tauchen die abfallenden Terrassen des Dörfchens **Iabassene** auf. Jetzt geht's zu dem riesigen alten Walnussbaum, der vor dem Dorf steht, und auf dem Weg weiter, der an den Häusern des Dorfes vorbeiführt. Er wendet sich nach

> **DIE TOUR AUF EINEN BLICK**
>
> **Dauer** 3 Tage
> **Strecke** 30 km
> **Schwierigkeitsgrad** leicht–mittel
> **Start** Imlil
> **Ziel** Setti Fatma
> **Höchster Punkt** Tizi n'Tacheddirt (3172 m)
> **Nächste große Stadt** Marrakesch
> **Unterkunft** Camping und *gîtes*
> **Öffentliche Verkehrsmittel** ja
> **Zusammenfassung** Spitzenmäßige, relativ entspannte Dreitageswanderung durch einige der spektakulärsten Gegenden des Hohen Atlas. Auf der Route gibt's nur einen felsigen Hochpass zu bezwingen, bevor ein langer Abstieg ins obere Ourikatal führt. Kultiviertes Land überall, jede Menge grüne Terrassen und schattige Walnusshaine, die in Wellen von den steilen Berghängen abfallen.

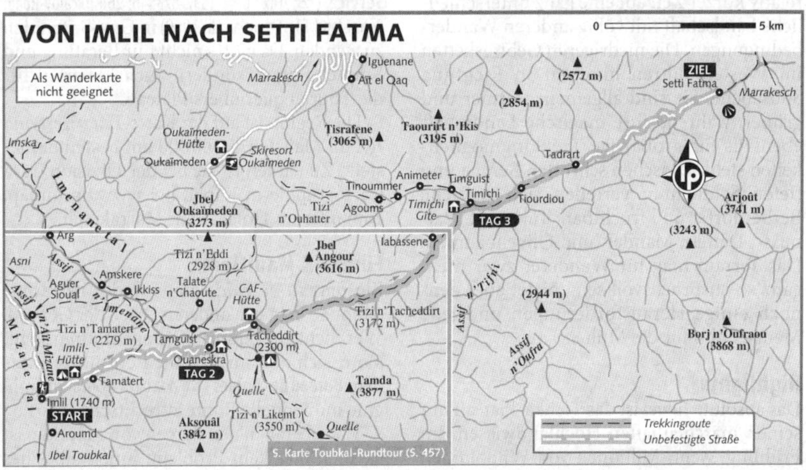

Nordosten und kommt nach nur 2 km in Timichi an.

Hier gibt's zwei *gîtes*, **Chez Ali Ouhya** (B 30 Dh) in Iabassene, und Chez Oussalem Brahim in Timichi. Letzteres liegt außerhalb des Dorfes am südlichen Flussufer. Von der tollen Terrasse lässt sich prima beobachten, was im Dorf so passiert. Einfaches Essen bekommt man in beiden *gîtes*.

Tag 3: Von Timichi nach Setti Fatma

4–4½ Std./11 km/370 m Abstieg

An diesem Tag geht's über das Flussbett rüber und nach rechts auf einem langen, kinderleichten Weg in Richtung Osten. Er verläuft hoch über dem Tal voller Getreidefelder und Walnusshaine und führt durch Tiourdiou und die Dörfchen Tiwediwe, Anfli und Tadrart. Die Aussicht von hier oben auf die verschlungenen Bewässerungskanäle und Dorfterrassen ist einfach umwerfend. Gegen Ende Mai bzw. Anfang Juni strahlen die Terrassen von der goldenen Gerste, die auf die Sommerernte wartet. Wo das Tal sich langsam öffnet, klettert der Pfad höher – dicht an den kahlen Berghängen entlang.

Der Weg wird jetzt immer felsiger. Viele gehen deshalb bei Tadrart lieber auf der Schotterstraße weiter, die in anderthalb Stunden nach **Setti Fatma** (S. 359) führt. Wer keine Lust auf Straße hat, kann von Tiwediwe aus dem Flusslauf folgen.

WESTLICHER HOHER ATLAS

Westlich des Jbel Toubkal stößt man nach relativ kurzer Zeit auf eine ganz unterschiedliche Landschaft mit völlig anderen Wanderbedingungen. Die niedrigeren Gebirgsketten im Westen führen hinunter in Richtung Sousebene. Sie sind allgemein wärmer und grüner, während ihre magische Landschaft ebenfalls für großartige Trekkingmöglichkeiten steht. Zwischen schroffen Bergen und tiefen Schluchten verteilen sich typische Berberdörfer und fruchtbare Täler mit Walnuss-, Dattel-, Mandel- und Olivenbäumen. Das Terrain mag für Wanderer zwar nicht ganz so anspruchsvoll sein, bietet aber dennoch einige Herausforderungen und jede Menge Lohn für die Mühen.

Highlights

Das absolute Juwel ist das Tichka-Plateau mit seinen märchenhaften Hochlandwiesen. Im Frühling, wenn Millionen von Wildblumen blühen, sind sie besonders zauberhaft. Das Wandern schlaucht nicht so wie in der Toubkal-Region und die versteckten Schluchten und dichten Wälder, die Berge drumherum samt faszinierenden Berberdörfern lassen keine Wünsche offen.

Praktische Informationen

So einsame Wanderwege wie hier gibt's selten in Marokko. Manche Dörfer sind komplett von der restlichen Welt isoliert und sehen nur alle Jubeljahre mal einen ausländischen Besucher – anders als im Toubkal-Gebiet oder dem M'Goun-Massiv.

Das ist zwar genau der Grund, warum man hierher kommt, aber ganz so einfach ist es deshalb eben auch nicht. Unterkünfte muss man mit der Lupe suchen, es gibt keine offiziellen Berghütten und fast keine Hotels, abgesehen von den beiden Basisstationen Taliouine (S. 420) und Tioute. Neuerdings findet man in Afensou ein charmantes Hotel im Riadstil; in anderen Bergdörfern können Wanderer in Berberhäusern unterkommen. Auf den meisten Routen müssen sie aber die komplette Zeltausrüstung und alle Vorräte mitschleppen. Auch wenn es in den Bergen Berberdörfer gibt, heißt das noch lange nicht, dass man da oben Lebensmittel, Wasser oder sonst was kaufen kann.

Um sich mit diesen Problemen nicht allein herumschlagen zu müssen, sollte unbedingt ein Guide angeheuert werden, der sich gut auskennt. Ansonsten gibt es noch die Möglichkeit, sich an den **Atlas Mountain Information Service** (☎/Fax 00 44 1592-873546; 26 Kirkcaldy Road, Burntisland, Fife, Schottland KY3 9HQ) in Großbritannien zu wenden. Da gibt' s nicht nur Beratung und Empfehlungen, sondern auch Experten für die Touren quer übers Plateau.

Die Region ist auf der Karte *Tizi n'Test and Igli* im Maßstab 1 : 100 000 am besten dargestellt. Zu kaufen ist sie bei der Division de la Cartographie in Rabat, bei www.omnimap.com oder im Hotel Ali in Marrakesch.

Führer & Maultiere

Ein *bureau de guide* gibt's weder in Taroudannt noch in den anderen Orten der Gegend. Wer nicht auf geführte Gruppentouren steht, kann sich zusammen mit Bergführern aus dem **Bureau des Guides** (☎/Fax 0524 485626) in Imlil eine individuelle Route zurechtschneidern.

Wie überall in den Bergen von Marokko ist es auch hier kein Problem, innerhalb eines

Tages ein Maultier samt Treiber zu finden. Der Führer kann einem auch dabei helfen.

Routen

Campingmuffel haben nicht so viele Möglichkeiten, können aber von Afensou aus (wo sie gemütlich im Hotel logieren) so manche Tagesrundwanderung unternehmen, z. B. die 9 km lange Runde nach Imoulas, wo sonntags ein Suk stattfindet, oder den Zweitagestrip zum Dorf Zawyat Tafilalt mit Übernachtung in einem Berberhaus und einem Rückweg am nächsten Tag über Tazoudot.

Eine ganz entspannte Wochentour durch das Tichka-Plateau mit Start in Afensou könnte so aussehen: Am Tag 1 wandert man nach Tazoudot und schläft *chez l'habitant*. Tag 2: Weiter nach Imamarn, dann das Medlawatal hoch zum Plateau und dort zelten. Tag 3: Das Plateau überqueren und wieder zelten. Tag 4: Vielleicht den Jbel Amendach (3382 m) raufkraxeln und damit einen Gipfel abhaken. Tag 5: Runter vom Plateau durch die spektakuläre Nfis-Schlucht und in der Nähe des Dorfes Imi n'Oksar zelten. Tag 6: Runter nach Souk Sebt Talnakant, wo es öffentliche Verkehrsmittel gibt; die meisten fahren nach dem allwöchentlichen Samstagsmarkt ab.

Das Tichka-Plateau wird vom Oued Nfis geteilt. Wanderer unterwegs nach Imlil und weiter zum Jbel Toubkal können sich gut an ihm orientieren. Diese Route dauert länger (12 Tage), aber in fünf oder sechs Tagen ist man in Tin Mal und bei der Tizi-n'Test-Straße.

Verkehrsmittel & -wege

Der westliche Teil des Hohen Atlas ist über **Imi n'Tanoute**, **Timesgadiouine** oder **Argana** zu erreichen (über die Straße Agadir–Marrakesch) oder von **Taroudannt** in Richtung Süden.

Wer von Westen kommt, kann die unbefestigten Straßen nach **Afensou** nehmen (nicht zu verwechseln mit dem gleichnamigen Dorf im Süden). Dort fahren öffentliche Verkehrsmittel zu den Minen in der Nähe und mittwochs zum Donnerstags-Suk. **Souk Sebt Talnakant** liegt weiter westlich und näher an Timesgadiouine und Argana. Auch von hier kann man gut starten. Freitags fahren öffentliche Verkehrsmittel zum Samstags-Suk.

Etwas einfacher ist es auf der Strecke von Taroudannt nach Süden, weil da regelmäßig *camionettes* (Pick-ups) unterwegs sind: am Oued Ouaar entlang nach **Tasguint** und **Imoulas** (mit Suk am Sonntag) und weiter nach **Tagmout** und **Souk Tnine-Tigouga** (mit Suk am Montag).

ZENTRALER HOHER ATLAS – M'GOUN-MASSIV

Während sich die Besucherströme am Jbel Toubkal drängeln – er ist immerhin der höchste Berg Marokkos und liegt schön nah bei Marrakesch –, zieht es immer mehr Trekkingfans weiter zum zentralen Hohen Atlas und ins **M'Goun-Massiv**. Im M'Goun kann man sich noch besser austoben als in der Toubkal-Region, denn hier ist es wunderbar einsam und praktisch unerschlossen – und dabei genauso spannend wie rund um den Toubkal: tolle Gesteinsformationen, dramatische Gebirgskämme und Steilhänge. Dazu kommt, dass die Erosion gewaltige Schluchten mit dunkelroten und orangefarbenen Felswänden eingemeißelt hat. Sie gehören zu den Highlights der Gegend. Manche können durchwandert bzw. durchwatet werden (manchmal steht einem das Wasser bis zur Taille) – das sind unvergessliche, geradezu schaurig-schöne Erlebnisse. Besonders Spaß macht es, einem Fluss bis hoch zu seiner Quelle zu folgen, dann über den Berg zu kraxeln und auf der anderen Seite den nächsten Fluss wieder runter ins Tal zu begleiten.

Planung

KARTEN

Auf den Kartenblättern *Azilal, Zawyat Ahannsal, Qalat M'Gouna* und *Skoura* im Maßstab 1:100 000 sind alle großen Trekkingregionen eingezeichnet. Die staatlich produzierte *Carte des Randonnées de Zaouiat Ahancal* im Maßstab 1:100 000 stellt die Gegend von Agouti im Osten bis nach Zaouiat Ahansal im Westen dar, aber diese Gegend ist für die meisten Wanderer kaum interessant.

Leichter zu kriegen und brauchbarer ist die *Mgoun-Massif*-Karte von West Col Productions im Maßstab 1:100 000 (ab und zu in Marokko zu haben, sonst bei Amazon Marketplace, Stanfords, www.stanfords.co.uk, oder Omnimap, www.omnimap.com). Zwar fehlen die Höhenlinien, aber die Wege sind eingezeichnet – deshalb kann sie bei der Planung ganz nützlich sein.

Die in Deutschland produzierte Karte *Kultur-Trekking im Zentralen Hohen Atlas* zeichnet eine Tour von Aït Bou-Goumez nach

El-Kelaâ M'Gouna nach. Toll ist, dass die vielen *gîtes* der Bergkette eingezeichnet und bewertet sind.

Randonnées Pédestres Dans le Massif du M'Goun heißt ein französischer Trekkingreiseführer für die Region, der normalerweise in den großen marokkanischen Städten verkauft wird.

AUSRÜSTUNG & PROVIANT

Grundnahrungsmittel (Fleisch, Obst, Gemüse & Mineralwasser) sind in Tabant zu kriegen. Alles andere wie Gaskartuschen gibt's eher im Supermarkt in Marrakesch, Benzin, Diesel und Petroleum sonst auch in Azilal.

Mineralwasser wird fast überall verkauft, aber gereinigtes Wasser aus hiesigen Quellen ist die bessere Alternative (s. S. 452).

Ein *gîte* hat Rougoult noch nicht, aber der Zeltplatz am Fluss ist super. Meistens kann der Guide Zelte besorgen. Wenn nicht, geht auch eine Übernachtung in Sebt Aït Bou Wlli. Dann ist die Strecke am zweiten Tag aber ein ganzes Stück länger.

Nicht nur im Frühling ist ein Wanderstock ideal: Er hilft beim Springen über Bäche oder beim Balancieren, wenn man über Flüsse von Stein zu Stein hopsen muss. Bei hohem Pegel bleibt nur der Weg durchs Wasser. Wenn das Flussbett zum Barfußlaufen zu steinig ist, sind wasserunempfindliche Schuhe oder Plastiksandalen angesagt. Ansonsten werden die Wanderschuhe eben nass.

FÜHRER & MAULTIERE

Die Bergführerschule heißt Centre de Formation aux Métiers de Montagne und liegt in Tabant. Vielleicht kennen sich die Guides deswegen besonders gut im M'Goun aus. Die Führer aus den Regionen von Dadès und Sarhro im Süden und aus Imlil und Marrakesch (weiter westlich) sind bestimmt alle gut ausgebildet und motiviert genug, eine Tour durch das M'Goun-Massiv zu leiten.

Die Guides können immer ein Maultier samt Treiber organisieren.

M'GOUN-ÜBERQUERUNG

Das M'Goun-Massiv gilt als äußerst anspruchsvoll. Hier befinden sich ein paar der höchsten Gipfel und mit die schwierigsten Trekkingrouten des Landes. Die folgende Wanderung ist dennoch für alle Erfahrungs- und Leistungsstufen geeignet. Sie kann auch von Familien absolviert werden – vorausgesetzt, der Nachwuchs bewältigt steilere Abschnitte und Flussüberquerungen gerne auf einem Maultierrücken. Die unglaublich facettenreiche Landschaft reicht von üppigen Tälern bis zu nackten Felswänden. Die charakteristische Berberarchitektur dieses Tals bekommt man ansonsten nur noch in Afghanistan und im Jemen zu Gesicht.

DIE TOUR AUF EINEN BLICK

Dauer 4 Tage
Strecke 57 km
Schwierigkeitsgrad mittel
Start Agouti
Ziel Aït Alla
Höchster Punkt Tizi n'Rougoult (2860 m)
Unterkunft Camping und *gîtes*
Öffentliche Verkehrsmittel ja
Zusammenfassung Eine Tour mitten durchs Herz des M'Goun für alle – erfahren oder nicht –, sogar für die Kleinen. Eine lange Tageswanderung ist dabei, aber auch viel Abwechslung: phantastische Gebirgslandschaften und schöne, fruchtbare Flusstäler. Mit dem einen Fluss geht's den Berg hoch und mit dem nächsten wieder runter ins Tal.

Ankunftstag

Alle, die aus Marrakesch anreisen, werden sich erst mal die Beine vertreten wollen. Wer Campingausrüstung dabei hat, kann schon mal das Tal runter nach Agerssif schlendern. Hier gibt's einen perfekten Zeltplatz am Fluss (nahe der Brücke) unter Walnussbäumen. Eine Alternative ist die einstündige Wanderung auf der ruhigen Straße von Agouti nach Tabant. Hier kann man in den Läden die Vorräte aufstocken oder es sich in dem schlichten Café gemütlich machen. Von Tabant ist es nicht weit zum *marabout* und zum *agadir* von Sidi Moussa, der oben auf einem unverkennbaren Pyramidenhügel nordwestlich des Dorfes thront. Sidi Moussa sei sehr effektiv darin, Mädchen unter die Haube zu bekommen und ihnen zum Kinderkriegen zu verhelfen, sagt man. Das Âït-Bou-Goumez-Tal (S. 352) ist vor allem im Frühling wunderschön und die Aussichten vom *marabout* lassen den langen, verschlungenen Hinweg schnell vergessen.

Mehrere *gîtes* stehen in Agouti und dem Nachbardorf Talsnant zur Auswahl; am ru-

M'GOUN-ÜBERQUERUNG

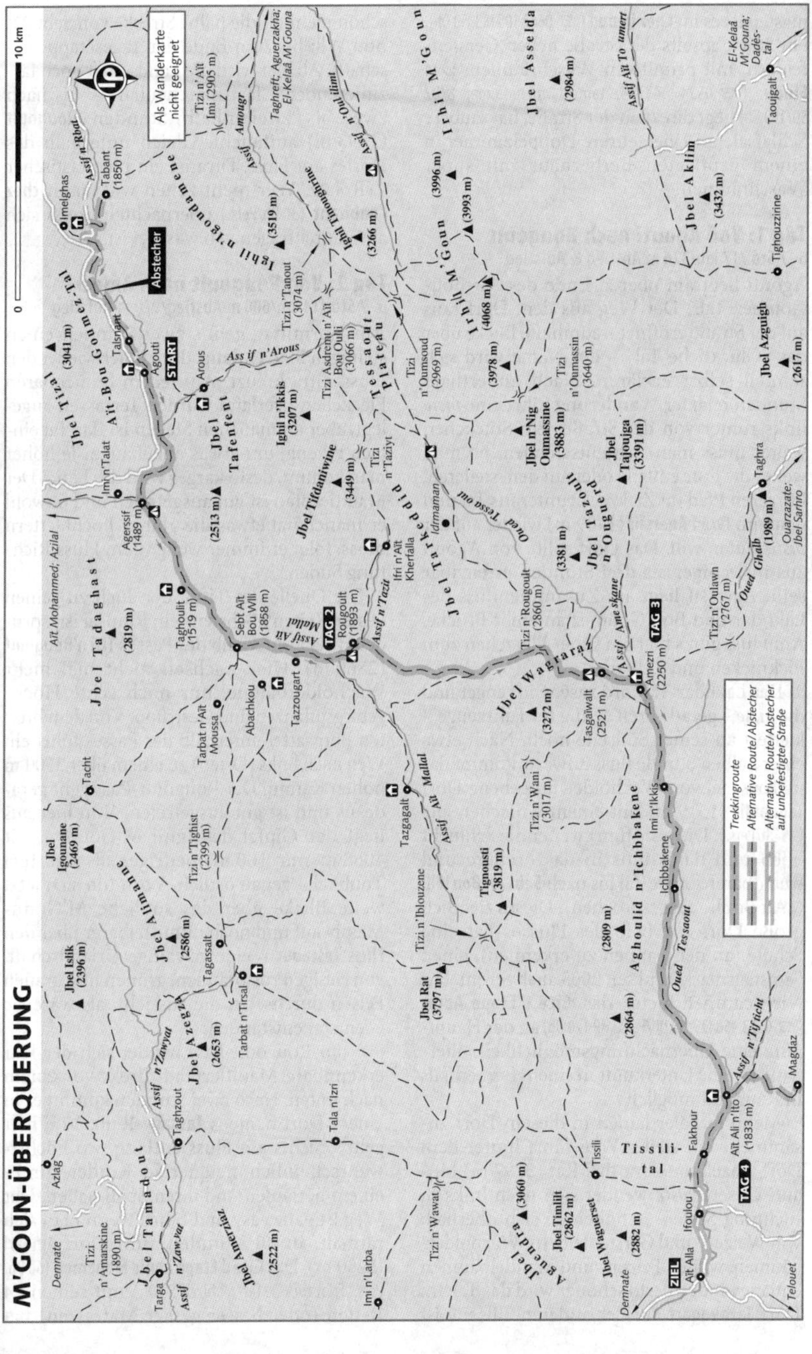

higsten ist es im **Chez Daoud** (☎ 0662 105183, 50 Dh), ein Stück abseits der Straße neben Gerstenfeldern, mit primitiven Waschräumen. Das **Flilou** (☎ 0524 343796; tamsilt@menara.ma; B/DZ 50/150 Dh) liegt direkt an der Straße, hat saubere Schlafsäle und viel teurere Doppelzimmer in einem gepflegten Berberhaus mit super Waschräumen.

Tag 1: Von Agouti nach Rougoult

6–7 Std./17 km/326 m Abstieg & Aufstieg

Agouti liegt am oberen Ende des Aït-Bou-Goumez-Tals. Der Weg aus dem Dorf raus auf der Straße eröffnet traumhafte Blicke über das „Glückliche Tal" – der Name wird sich schnell selbst erklären. Nach anderthalb Stunden relaxter Wanderung führt eine *piste* links runter von der Straße. Ein Stückchen weiter muss man sich entscheiden, ob man weiter die *piste* entlang oder auf dem steileren, kürzeren Pfad im Zickzack runter ins Tal und dann im Dorf **Agerssif** (1489 m) wieder auf der *piste* laufen will. Das Dorf sollte von Agouti aus in weniger als drei Stunden erreichbar sein. Agerssif liegt am Zusammenfluss des Lakhdar und Bou Goumez an einer Brücke. Am Fluss gibt's hier ein super Plätzchen zum Picknicken und Zelten.

Das Lakhdar-Tal wird zusehends enger und die *piste* – gerade breit genug für Fahrzeuge – klettert an seiner Südseite hoch. Nach etwa einer halben Stunde flussaufwärts kommt das malerische, von Wacholder umgebene Dorf **Taghoulit** (1519 m) mit einem einfachen *gîte* (45 Dh/Pers.). Die *piste* führt weiter die Schlucht hoch und dann raus in das breitere und fruchtbarere obere Tal bis nach **Sebt Aït Bou Wlli** („Ait Bouli" ausgesprochen). Dieses ziemlich große Dorf oberhalb des Flusses hat eine Schule (an den Fahnen zu erkennen), einen Samstagsmarkt und seit 2005 auch Strom. Für Nichtcamper bietet das **Gîte d'Etape Adrar** (☎ 0523 458479; 50 Dh/Pers., HP 120 Dh) an der Haupt*piste* eine Übernachtungsmöglichkeit; alternativ ist eine Unterkunft in einem Berberhaus in Rougoult möglich.

Mehrere Täler laufen in diesem Dorf zusammen: Ein steiler Weg führt hinter dem Dorf Abachkou zum Jbel Rat (3797 m) hinauf. Unsere *piste* wendet sich nach links in Richtung Süden. Je höher sie sich oberhalb von Weizen- und Gerstenfeldern, Wacholderbäumen, wilden Feigen- und Mandelbäumen entlangwindet, desto schöner wird das Tal. Im Dorf **Tazouggart** auf der anderen Talseite ist schon mehr als die halbe Strecke von Sebt Aït Bou Wlli bis zum Ende der Tagesetappe geschafft. Ab hier wird die Landschaft noch faszinierender – fast märchenhaft –, bis nach zwei bis zweieinhalb Stunden **Rougoult** (1893 m) auftaucht. Gleich unterhalb des Dorfes am Fluss Tifra ist ein phantastischer Zeltplatz. Wer nicht zelten will, kann **chez l'habitant** (30 Dh/Pers.) übernachten, muss sich aber durchfragen, wo was frei ist.

Tag 2: Von Rougoult nach Amezri

6–7 Std./14 km/600 m Abstieg/970 m Aufstieg

Am Vormittag geht's zwei Stunden einen steinigen Pfad entlang, der immer wieder den Fluss Tifra kreuzt. Auf jedem brauchbaren Fleckchen Uferland wurden Terrassen angelegt, aber an manchen Stellen ist das Tal einfach *zu* eng, um etwas anzubauen. Je höher man kommt, desto karger wird das Land. Der Maultierpfad ist gut ausgetreten und obwohl er manchmal etwas die Hänge hochklettern muss, folgt er immer weiter dem Fluss Richtung Süden.

Die Quelle des Tifra, der auch zu seinen besten Zeiten höchstens ein Rinnsal ist, sprudelt direkt unterhalb des Passes **Tizi n'Rougoult** (2860 m). Hier wachsen nicht mal mehr Wacholderbäume, nur noch echte Hochgebirgspflanzen und Gestrüpp. Von dem breiten Bergsattel unterhalb des Passes führt ein Weg nach links (Osten) zu einem über 3500 m hohen Kamm. Der Rougoult-Pass geht geradeaus und ist gut ausgetreten. Von hier aus liegt der Gipfel des Ighil M'Goun – mit 4068 m nur 100 m niedriger als der Jbel Toubkal – genau östlich. Vorn tun sich jetzt weite Blicke über das südliche M'Goun-Massiv auf und noch unmittelbarer über den **Fluss Tessaout** – eine gewaltige Urlandschaft, von riesigen rostbraunen, grünen und grauen Felsen durchsetzt, die aussieht, als wäre sie eben erst entstanden.

Vom Rougoult-Pass windet sich der klar erkennbare Maultierpfad direkt vor einem nach unten. Nach zwei Stunden kommt er in einem Dorf namens **Tasgaïwalt** an. Von hier geht's rechts am Fluss entlang, wo höchstwahrscheinlich neugierige Kinder hinter einem herlaufen und ihren Spaß haben. Der Weg ist ganz easy und führt, wenn man sich ranhält, in 40 Minuten zum Dorf **Amezri** (2250 m). Das **Gîte d'Etape Agnid Mohamed** (50 Dh/Pers., Frühstück 20 Dh, Mahlzeit 50 Dh) mit seinen 24 Betten (oder besser gesagt Matratzen) hat mehrere große Schlafräume (manche mit Talblick), eine primitive Dusche, Toiletten und Zeltmöglichkeiten (ca. 20 Dh).

Tag 3: Von Amezri nach Aït Ali n'Ito

6 Std./18 km/427 m Abstieg/150 m Aufstieg

Der dritte Tag ist mit der schönste. Der Weg folgt dem Fluss Tessaout und fällt ganz sachte von 2250 auf 1833 m ab. Um das Tal herum erheben sich imposante Felsen. Besonders beeindruckend ist die Ichbbakene-Steilwand, die vom Fluss aus 1000 m in die Höhe ragt.

Die Fische sind fast ganz aus dem Fluss verschwunden, seit sie vor ein paar Jahren von einer großen Flut weggespült wurden. Aber zur Bewässerung taugt er noch allemal. Auf diesem unglaublich fruchtbaren Boden bauen die Berber vom Aït-Atta-Stamm alle möglichen Saisongetreide an. Im Frühling überschwemmen Wildblumen die Täler; Obst- und Nussbäume in voller Blüte machen das prächtige Bild komplett. Hier fließt der Tessaout in mehr oder weniger westlicher Richtung und nimmt eine ganze Menge kleinerer Bäche in sich auf, die Schmelzwasser aus den höheren Bergen mitbringen.

An diesem Tag führt der Weg immer wieder über den Fluss. Die meiste Zeit des Jahres kann man über die Steine springen, nur nicht im Frühling. Gerade dann, wenn sich das Tal von seiner schönsten Seite zeigt, kann der Fluss so tief sein, dass er Wanderer zum Durchwaten zwingt, so auch beim Dorf **Imi n'Ikkis**, ca. 5 km von Amezri entfernt. Eigentlich ist das nur eine Ansammlung von Häusern, aber immerhin mit einem Laden (ohne Schild), der normalerweise Wasser und Softdrinks verkauft. Vielleicht bekommt man auch die eine oder andere Lebensmittelkonserve und die grell-grünen Plastikschuhe, mit denen die Dörfler durch die Flüsse stapfen.

Nach anderthalb Stunden flussabwärts führt der Pfad unterhalb des größeren Ortes **Ichbbakene** vorbei, der vor einer hoch aufragenden Steilwand sitzt. Besonders sehenswert ist das imposante Gebäude des Hotels Edare, gebaut von einem Dorfbewohner, der mal in Frankreich gearbeitet hat. Zum Zeitpunkt der Recherche war es aber geschlossen.

Zweieinhalb Stunden später, nachdem der Weg ein paar Mal den Fluss gekreuzt hat, wird er schmaler und quetscht sich unterhalb der Stein- und Lehmhäuser des Dorfes Aït Hamza vorbei. Am unteren Ende des Dorfes dreht sich eine **Wassermühle**. Sie wird mit Flusswasser betrieben und mahlt die alljährliche Weizenernte. Nach einer weiteren Stunde lockeren Spazierens taucht das Dorf Aït Ali n'Ito auf. Das **Gîte d'Etape Assounfou** (☎ 0666 075060, 0524 385747; Fax 0524 385744; 50 Dh/Pers.; Frühstück 25 Dh) gehört zu den besten der Gegend, mit phantastischem Talblick, einem Laden, Strom und – kaum zu glauben – heißen Duschen (10 Dh).

Wer noch Zeit übrig hat, kann einen Abstecher zum Dorf **Magdaz** machen, eine dreistündige Rundtour südlich von Aït Ali n'Ito. Sie lohnt sich auf jeden Fall, denn es ist eines der schönsten Dörfer im ganzen Atlasgebirge: herrliche Lage, einmalige Architektur. Solche auf Stufen angelegten „Turmhäuser" aus Stein und Holz gibt's sonst nur noch in Fakhour (das dann morgen drankommt), Jemen und Afghanistan.

Tag 4: Von Aït Ali n'Ito nach Aït Alla

2½–3 Std./8 km/150 m Abstieg

Eine unbefestigte Straße am Fluss bringt die Wanderer ganz entspannt zum Ziel der Trekkingroute. Ab und zu steigt der Weg leicht an, bevor er das entzückende Dörfchen **Fakhour** erreicht. Hier scheinen die Häuser am Hang hochzuklettern und es gibt einen bekannten *agadir,* der sich auch besichtigen lässt. Eintritt wird nicht verlangt, aber der *gardien* freut sich über 10 Dh Trinkgeld.

Eine knappe Stunde hinter Fakhour liegt Ifoulou an einer Fluss- und Straßenbiegung. Das Dorf schlummert den größten Teil der Woche vor sich hin, mit gerade mal einem offenen Getränkeverkauf. Nur montags wacht es auf für einen riesigen Suk, zu dem die Dörfler aus allen umliegenden Tälern kommen, um Handel zu treiben und Neuigkeiten auszutauschen. Eine halbe Stunde hinter dem Dorf trifft die *piste* auf die Hauptstraße Demnate–Skoura, genau an der neuen Straßenbrücke über den Fluss Tessaout unterhalb des Dorfes Aït Alla. Von hier gibt es öffentliche Verkehrsmittel in beide Richtungen – nur weiß kein Mensch, wann oder wie oft.

RIFGEBIRGE

Warum kommen nicht mehr Besucher in dieses perfekte Trekkinggebiet? Das Rif ist der erste und niedrigste der Gebirgszüge, die sich südwärts durch Marokko erstrecken. Es ist mit herrlichen Bergketten, Schluchten und

Tälern gesegnet, die von Zedern-, Korkeichen- und Tannenwäldern überzogen sind. Dank der Nähe zum Mittelmeer ist das Rif außerdem Marokkos grünstes Gebirge. Ein paar der wunderbarsten Wanderungen warten im Frühling, wenn sich die Gegend in ein wahres Wildblumenmeer verwandelt.

Mit seinem einschlägigen Ruf als Drogenanbauregion schreckt das Rif möglicherweise so manchen Wanderer ab. Östlich von Chefchaouen werden tatsächlich über drei Viertel aller Anbauflächen zur Produktion von *kif* (Marihuana) genutzt. Dennoch besteht kein sonderlicher Grund zur Sorge – vor allem dann nicht, wenn man die Gegend in Begleitung eines Führers erkundet. Die Dorfbewohner reagieren auf Fremde ehrlich interessiert und überrascht. Der folgende Trek beginnt in Chefchaouen und ist gut ausgetreten – es sollte also keine Probleme wegen der speziellen landwirtschaftlichen Nutzung geben.

Das Rifgebirge ist kaum höher als 2500 m. Die meisten Routen verlaufen nur selten oberhalb von 2000 m; verglichen mit anderen Landesteilen muss man sich wegen der Höhenkrankheit also höchstwahrscheinlich keine Gedanken machen.

TIERE & PFLANZEN

Durch das Wetter und seine Nähe zu Europa hat das Rif Mittelmeerklima – es wirkt wie die Fortsetzung der südspanischen Sierras. Die Zeder ist eine der häufigsten Baumarten hier. Seltener ist die heimische *Abies maroccana,* eine Variante der Spanischen Zeder, die sich nur oberhalb von 1500 m wohlfühlt – ein Überbleibsel aus der kühleren Vergangenheit Marokkos. Außerdem sprenkeln noch Korkeichen, Steinpinien und wilde Oliven die Kalksteinberge. Sonst wächst auf dem steinigen und nährstoffarmen Boden kaum was. Die Entwaldung ist wie in den anderen Landesteilen auch hier ein heikles Thema.

Die Einheimischen munkeln gern von Wölfen in den Bergen, aber darauf ist nicht viel zu geben – wenn sich mal ein Rotfuchs oder ein Wildhund in die Nähe des Dorfes verirrt, ist das schon viel. Wildschweine treiben sich hier auch rum, aber so zurückhaltend, dass sie kaum einer zu Gesicht kriegt. Die mit Abstand berühmtesten Säugetiere des Rifs sind die Berberaffen (hier *mgou* genannt), deren Lebensraum sich bis in den Mittleren Atlas hinein erstreckt.

Spannender zu beobachten ist die Vogelwelt: Überall kreisen Raubvögel wie Gleitaare, Steinadler und Adlerbussarde am Himmel, und Raben heben sich wunderbar von den weißen Kalksteinklippen ab.

Skorpione sind im Rif zwar nicht ganz ungefährlich, aber harmloser als weiter südlich. Vorsicht vor dem roten Skorpion; seine Stiche tun höllisch weh. Die giftige Hufeisennatter (mit einem hufeisenähnlichen Zeichen auf dem Kopf) ist wahrscheinlich schneller weg, als man überhaupt an Flucht denken kann.

PLANUNG

Im Rifgebirge ist das ganze Jahr Wandersaison, obwohl es zwischen November und März schneien und bitterkalt werden kann. Viel Regen gibt's zwischen Ende September und Juni, und im Hochsommer trocknet die glühende Hitze (auch auf den Bergen) so manche Wasserquelle aus.

Die Gegend ist relativ unerschlossen. Trotzdem gibt es in vielen Dörfern schon einfache *gîtes* zum Übernachten. Ansonsten ist ein Zelt extrem nützlich und ein vernünftiger Schlafsack ist ganz unabhängig von der Jahreszeit ein Muss, genau wie eine leichte Regenjacke – wegen der vielen Schauer. Die meisten Touren starten in Chefchaouen, wo es Proviant und Brennstoff zu kaufen gibt.

Trekkingführer können bei Abdeslam Moude angeheuert werden, dem Chef der **Association des Guides du Tourisme** (☎ 0662 113917; guiderando@yahoo.fr; Tagestour 350 Dh) in Chefchaouen. Er hat kein Büro, sondern ist nur direkt kontaktierbar. Die Association nimmt 250 Dh pro Tag für einen Guide und 200 Dh für eine Übernachtung im *gîte* inklusive Abendessen und Frühstück. Es ist aber auch möglich, von unterwegs ein *gîte* zu organisieren. Dabei besteht allerdings das Risiko, dass der *gardien* nicht immer da und das *gîte* geschlossen ist – das passiert öfter.

Zumindest Camper sollten sich ein Maultier für den Gepäcktransport leisten. Sie kosten hier mehr als sonst (ab 200 Dh/Tag inkl. Treiber) und müssen rechtzeitig organisiert werden. Wenn von August bis Oktober die Marihuana-Ernte auf Hochtouren läuft, sind sie schwer zu kriegen und die Preise steigen ins Astronomische.

Für die Route von Chefchaouen nach Bab Taza sind die staatlichen Karten *Chaouen* und *Bab Taza* im Maßstab 1:50 000 unbedingt notwendig.

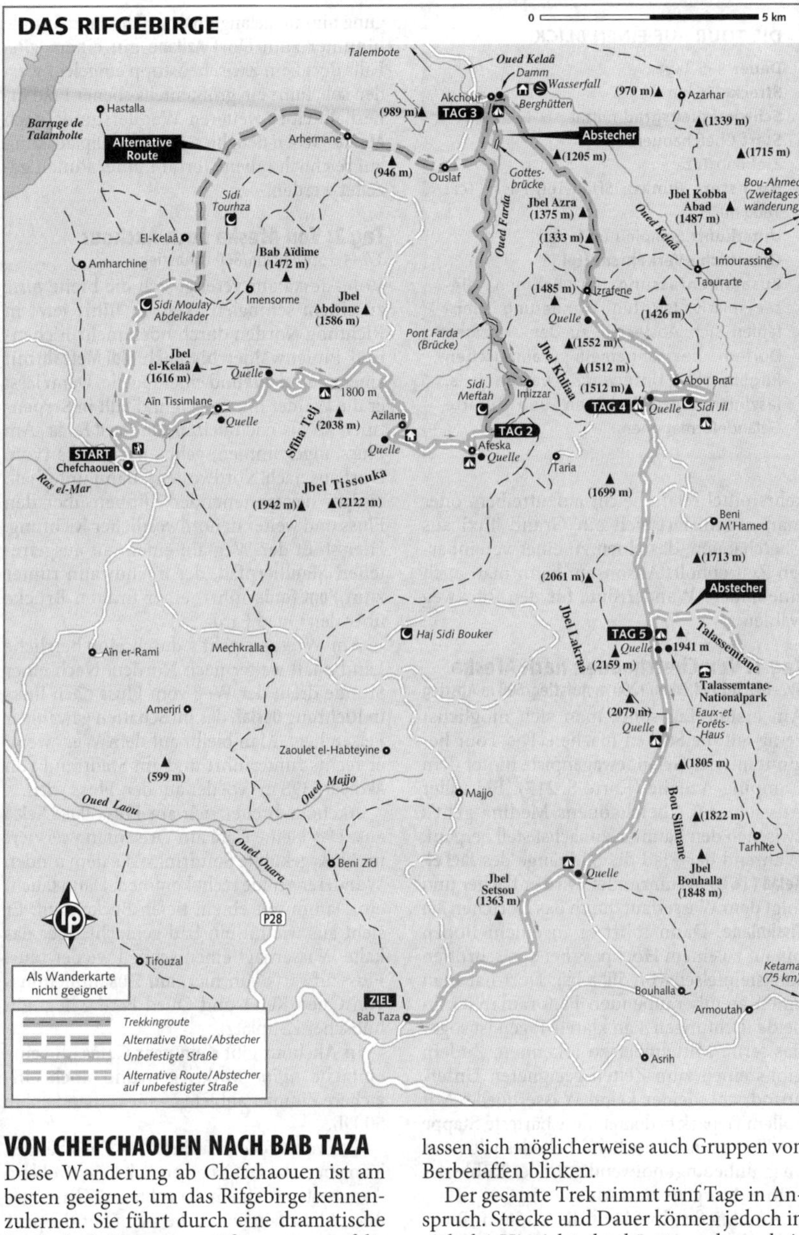

VON CHEFCHAOUEN NACH BAB TAZA

Diese Wanderung ab Chefchaouen ist am besten geeignet, um das Rifgebirge kennenzulernen. Sie führt durch eine dramatische Landschaft. Unterwegs stößt man u. a. auf die bizarr anmutende „Gottesbrücke", einen natürlichen Steinbogen über den Oued Farda. Am Rand des Talassemtane-Nationalparks lassen sich möglicherweise auch Gruppen von Berberaffen blicken.

Der gesamte Trek nimmt fünf Tage in Anspruch. Strecke und Dauer können jedoch in vielerlei Hinsicht abgekürzt werden – beispielsweise, indem man sich am Ende des zweiten Tages von Akchour nach Chefchaouen zurückbringen lässt. In Akchour sind Ver-

DIE TOUR AUF EINEN BLICK

Dauer 4–5 Tage
Strecke 56 km
Schwierigkeitsgrad mittel
Start Chefchaouen
Ziel Bab Taza
Höchster Punkt Sfiha-Telj-Pass (ca. 1800 m)
Unterkunft Camping und *gîtes*
Öffentliche Verkehrsmittel ja
Zusammenfassung Im Rahmen dieser relativ leichten Wanderung empfehlen sich Abstecher zu den winzigen Dörfern des ungemein dramatischen Rifgebirges. Unterwegs warten u.a. faszinierende Schluchten und bizarre Geländeformationen.

kehrsmittel relativ leicht aufzutreiben, oder man organisiert sich ein Grand Taxi aus Chefchaouen, das einen zu einer vereinbarten Zeit abholt. Ansonsten kann man auch eine andere Wanderroute für den Rückweg wählen.

Tag 1: Von Chefchaouen nach Afeska

5½–6½ Std./14,5 km/1200 m Aufstieg/600 m Abstieg

Am ersten Tag sollte man sich möglichst zeitig auf die Socken machen. Die Tour beginnt mit der Geländewagenpiste hinter dem Camping Azilane (Karte S. 217). Bei toller Aussicht auf Chefchaouens Medina geht's zwischen den Bäumen zunächst steil bergauf. Während der Pfad die Südhänge des **Jbel el-Kelaâ** (1616 m) umrundet, wird er flacher und folgt dem Wasserlauf durch das Dörfchen **Aïn Tissimlane**. Dann führt er in einem Bogen hinauf zu einem Hochpass bei den schroffen Kalksteinfelsen von **Sfiha Telj**. Dort hat man einen atemberaubenden Panoramablick in beide Richtungen – an klaren Tagen ist sogar das ferne Mittelmeer zu erkennen. Zudem gibt's einen zum Zelten geeigneten Untergrund, aber leider keine Wasserquelle. Mit vollem Gepäck bedeutet diese härteste Etappe des Treks echte Knochenarbeit; deshalb ist es auch unbedingt notwendig, in der Kühle des frühen Morgens zu starten.

Anschließend verläuft die Route in Richtung Osten und schließlich bergab. Unterwegs heißt es regelmäßig pausieren, um die fabulöse Aussicht zu genießen. Wer an der Gabelung nun die rechte (südliche) Abzweigung nimmt, gelangt in ungefähr einer Stunde hinunter zum Dorf **Azilane** mit einem *gîte*. Falls dort kein Zwischenstopp eingelegt werden soll, führt ein größtenteils ebener Pfad innerhalb einer weiteren Wanderstunde nach **Afeska**. Neben dem hiesigen Fußballplatz kann auf reichlich rauem Terrain unter Pinien gezeltet werden.

Tag 2: Von Afeska nach Akchour

3½–4½ Std./10 km/860 m Abstieg

Von Afeska aus verengt sich die breite *piste* zu einem schmalen Weg. Er führt jetzt in Richtung Norden durch noch mehr Eichen- und Pinienwälder bis nach **Sidi Meftah** mit einem *marabout* und einer Quelle. Dann lässt er die Wälder hinter sich und fällt in Serpentinen ab bis nach **Imizzar** am **Oued Farda**. Am Fluss angekommen, geht's nach links (vom Dorf aus nach Nordwesten), dann unterhalb einiger hervorstehender Klippen über den Fluss und weiter in nordwestlicher Richtung. Hier stößt der Weg auf einen gut ausgetretenen Maultierpfad, der irgendwann runter zum **Pont Farda** führt, einer uralten Brücke über den Oued Farda.

Am Westufer geht's durch eine herrliche Landschaft weiter nach Norden. Nach einer Stunde dreht der Weg vom Fluss nach links in Richtung **Ouslaf**, das im Schatten gewaltiger Felsen liegt. Man bleibt auf dem Weg, wenn er rechts runterführt und am Stadtrand von **Akchour** (398 m) wieder auf den Fluss trifft.

Akchour breitet sich am Fluss **Oued Kelaâ** aus. Das kleine Café am Ortsanfang serviert im Fluss gekühlte Softdrinks, die dem müden Wanderer gerade recht kommen. Dann taucht ein Damm mit einem tiefen Becken auf. Er sieht aus wie für ein Bad gemacht, aber das kalte Wasser jagt einen schnell wieder raus! Flussaufwärts von hier, am Zusammenfluss von Oued Kelaâ und Oued Farda, liegt ein hübscher Zeltplatz.

In Akchour gibt's ein paar Cafés, die eine einfache *tajine* hinkriegen und noch einfachere Zimmer anbieten – für verhandelbare 50 Dh.

Sich von Akchour zurück nach Chefchaouen bringen zu lassen, ist eigentlich kein Problem – am besten in einem der robusten Kleinbusse oder Allradfahrzeuge, die sich über die *piste* kämpfen. Wenn hier nichts fährt, dann vielleicht im 2 km nördlichen **Talembote**. Vom Dienstagsmarkt dort verkehren regelmäßig öffentliche Verkehrsmittel nach Chefchaouen

(15 Dh). Die meisten Gefährte nehmen einen mit, wenn Platz ist – eine Art bezahltes Trampen. Vielleicht jedoch schmeißen sie einen schon bei Dar Ackoubaa raus, einer kleinen Stadt an einer Kreuzung 10 km nördlich von Chefchaouen auf der P28.

ABSTECHER: „GOTTESBRÜCKE"

Wer in Afeska früh startet, kann schon mittags in Akchour sein und noch den Kurztrip (1½ Std., hin & zurück 3 km) zur **„Gottesbrücke"** dranhängen, einem bizarren Gebilde, das man eigentlich nicht verpassen darf.

Der Weg vom Damm in Akchour nach Süden, den Oued Farda flussaufwärts, ist stellenweise ganz schön holprig, aber der Stress lohnt sich. Zweimal geht's über den Fluss, was an den seichten Stellen kein Thema ist – von ein paar Spritzern mal abgesehen. (Wer die Tour im Frühling machen will, muss allerdings in Afeska checken, ob die Schneeschmelze den Fluss unpassierbar gemacht hat.) Die „Gottesbrücke" ist ca. 45 Minuten von Akchour entfernt. Der gewaltige rote Steinbogen erhebt sich sage und schreibe 25 m über den Fluss – kaum zu glauben, dass er nicht von Menschen, sondern wirklich von der Natur geschaffen wurde. Jahrtausendelang war der Fluss ein unterirdischer Wasserlauf, der den Felsen abtrug und eine immer tiefere Rinne ausspülte, sodass irgendwann trocken und hoch eine Brücke aus der Erde ragte.

Tag 3: Von Akchour zu den Weiden oberhalb von Abou Bnar

4½–6 Std./12 km/977 m Aufstieg

Frühmorgens geht's los ab Akchour in nördlicher Richtung (mit gefüllten Trinkflaschen, denn auf der Strecke nach Izrafene sind Quellen Mangelware), über die Brücke am Oued Kelaâ und dann rechts (Richtung Südosten) weiter auf dem Weg nach Izrafene. Die Tour rauf auf den **Jbel Azra** (1375 m) und drum herum ist besonders malerisch. Der Blick wandert dabei von den tiefen Schluchten nach oben über die geschwungene, offene Berglandschaft. Wer nichts gegen eine Kletterpartie hat, braucht nur eine halbe Stunde bis auf den Gipfel, wo noch mehr sagenhafte Aussichten winken.

Nach der Umwanderung des Berges wird Richtung Süden das Land nach und nach sanfter und flacher. Am Dorf **Izrafene** ist die Hälfte des Tagespensums geschafft. Kurz davor geht an einem Pass ein Weg nach Osten ab – für Abenteuerlustige eine echte Versuchung, die ganze Bab-Taza-Tour zu vergessen und dafür nach Taourarte und weiter nach **Bou-Ahmed** an der Küste zu wandern. Das wäre noch mal eine Zweitageswanderung.

Ab Izrafene verwandelt sich der Weg in eine 4WD-*piste* – die erste seit Afeska. Sie führt durch ein schmales Tal, das sich nach und nach Richtung Osten wendet und zu einem Gebirgskamm mit schöner Aussicht hochführt. An der Gabelung geht's nach links und dann, nur 25 m weiter, rechts auf einen Weg Richtung Südosten, der durch einen Eichenwald nach **Abou Bnar** führt. Hier gibt es eigentlich nichts zu sehen. Darum kann man gleich am Fluss (nicht die Geländewagenpiste) durch das offene Grasland bis zum *marabout* von **Sidi Jil** weitergehen. Dort ist es ganz nett zum Zelten, aber schon eine halbe Stunde weiter kommt eine noch schönere Stelle auf einer riesigen Weide in der Nähe einer Quelle – ein wirklich idyllisches Plätzchen für die Nacht.

ALTERNATIVE ROUTE: ZURÜCK NACH CHEFCHAOUEN

Ein Tag reicht, um auf einer anderen Route von Akchour zurück nach Chefchaouen zu laufen – über die Dörfer **Ouslaf**, **Arhermane** und **El-Kelaâ**. In El-Kelaâ steht die faszinierende **Mosquée Srifiyenne** mit ihrem komischen schiefen Minarett. Diese Strecke ist in sechs Stunden zu schaffen und erspart größere Auf- oder Abstiege.

Tag 4: Von den Weiden oberhalb von Abou Bnar zum Talassemtane-Nationalpark

2–2½ Std./6 km/352 m Aufstieg

Vom Zeltplatz südwestlich von Abou Bnar geht's zurück zur Geländewagenpiste, dann nach links, über den Fluss und nach Süden in die Pinienwälder hinein. An der T-Kreuzung hält man sich rechts (der linke Weg führt abwärts nach Beni M'Hamed), wo die Strecke langsam wieder ansteigt.

Die nächsten Kreuzungen und Abzweigungen kann man getrost ignorieren. Der Weg führt immer höher über mehrere Minipässe zu neuen Panoramablicken. Im Westen beherrscht der gewaltige **Jbel Lakraa** (2159 m) die Landschaft.

Am späten Vormittag ist der Rand des **Talassemtane-Nationalparks** erreicht. Ein kleines Schild weist die Besucher von der *piste* runter nach links bis zum Haus des *guardien des*

Eaux et Forêts im Park. Da gibt's Wasser und einen Zeltplatz und der Wächter kann kleine Trips in den Park empfehlen.

ABSTECHER

Das kurze Tagespensum lässt noch massig Zeit zur Erkundung der Gegend und der Tierwelt. Wenn sich wirklich mal ein Berberaffe zeigen sollte, dann im Talassemtane-Nationalpark.

Es geht nach Norden, auf der Geländewagenpiste oberhalb des *guardien*-Hauses zurück bis zu einer Lichtung und Kreuzung, dann nach rechts und weiter in östlicher Richtung ins Affenland. Horden der Tierchen treiben sich hier rum, verstecken sich aber ruck, zuck in den Bäumen, wenn es für sie brenzlig wird. Der Weg biegt nun nach Süden ab und eröffnet grandiose Blicke übers Tal bis zum Kamm des **Jbel Taloussisse** (2005 m), bevor er sich noch mal nach Osten wendet. Jetzt geht's rechts Richtung Süden über den Ausläufer des **Talassemtane** (1941 m) zu einem Fußballplatz – unglaublich, aber wahr! – auf einem flachen Stückchen Land. Von hier kommt man durch eine felsige Landschaft querfeldein nach Westen zurück zum Zeltplatz.

Echte Trekkingfreaks können auch noch den **Jbel Lakraa** besteigen, am besten von Norden her über den Kamm. Runter geht's durch eine der engen Schluchten südöstlich des Gipfels. Leider gibt's keinen festen Trampelpfad und die Kraxelei ist streckenweise echt heftig. Für Hin- und Rückweg müssen etwa dreieinhalb Stunden eingeplant werden.

Tag 5: Vom Talassemtane-Nationalpark nach Bab Taza

2½–3½ Std./13,5 km/825 m Abstieg

Den letzten Tag bildet der schnelle Abstieg auf der Geländewagenpiste nach Bab Taza, wo der *kif*-Anbau nicht mehr zu übersehen ist. Der Weg läuft quer über weites Weideland und weiter durch die Korkwälder des **Jbel Setsou** (1363 m), bis er das quirlige **Bab Taza** (jedenfalls kommt es einem nach ein paar stillen Tagen in den Bergen so vor) an seinem Fuß erreicht.

In Bab Taza gibt's jede Menge Cafés und ein paar schmuddelige Hotels an der Hauptstraße, aber das größte Geschäft wird wohl mit den riesigen Düngemittelsäcken für den Marihuana-Anbau gemacht. Grands Taxis fahren tagsüber regelmäßig vom westlichen Stadtrand nach Chefchaouen (30 Min., 12 Dh).

ANTIATLAS

Das letzte nennenswerte Gebirge vor der Sahara ist der karge Antiatlas, der in den Farben Pink und Ocker schimmert. Trekking ist hier noch nicht so verbreitet, dabei gibt's super Möglichkeiten dazu. **Tafraoute** ist der ideale Startpunkt. Das Quarzitmassiv **Jbel Lekst** (2359 m, s. S. 435), der „Amethystberg", liegt ca. 10 km nördlich, die Zwillingsgipfel des **Adrar Mqorn** (2344 m) 10 km südöstlich. Unterhalb der trockenen, zerklüfteten Berge finden sich üppige, bewässerte Täler und eine Reihe Oasen.

Am Ostrand des Antiatlas, fast genau südlich des Jbel Toubkal, ragen die kahlen Felsmassen des **Jbel Siroua** (3305 m) aus der Landschaft auf. Dieser spektakuläre Vulkan ist die absolute Krönung einer abwechslungsreichen Langstreckenwanderung. Mehr allgemeine Infos zur Region stehen auf S. 431.

RUND UM TAFRAOUTE

Bei der Unmenge an Trekkingmöglichkeiten in Marokko ist es eigentlich kein Wunder, dass eine Gegend wie die um Tafraoute noch nicht besonders erschlossen ist. Abenteuerlustige finden hier wie überall im Süden des Landes anspruchsvolle und lohnende Wanderwege, denn zerklüftete, karge Felsen und saftig grüne Täler gibt's im Antiatlas in Hülle und Fülle.

Die Top-Attraktion ist der Jbel Lekst („Amethystberg") – ein riesiger Gebirgskamm, der sich nordwestlich von Tafraoute ausdehnt. Wie es die Berber in Dörfern wie Tagoudiche schaffen, dieser öden Landschaft noch Weizen, Gerste, Oliven, Feigen und Mandeln abzuringen, bleibt ein Rätsel. Der heißeste Tipp für Wanderer ist die Gegend um den Jbel Aklim (2531 m) nordöstlich von Tafraoute. Von Taroudannt und Agadir leicht zu erreichen, liegt der Jbel Aklim noch abgeschiedener als der Jbel Lekst. Trotzdem ist er in den Tälern von Berberdörfern umgeben, die von alten *kasbahs* bewacht werden. Der Blick vom Gipfel des Jbel Aklim rüber zum Hohen Atlas und zum Jbel Siroua ist absolut unschlagbar.

Die Gegend wirkt rauer als am M'Goun oder am Tichka-Plateau. Wanderer müssen sich darauf einstellen, dass es an Einrichtungen überall fehlt und das Klima ganz schön ungemütlich ist. So nah an der Sahara sind die

Sommer brütend heiß und im Winter kann es auf den hohen Pässen und Gipfeln schon mal schneien. Daher ist das Ende des Winters – am besten Ende Februar – die ideale Zeit zum Trekking. Tagsüber werden es dann so 20 °C, nachts kann die Temperatur allerdings noch unter 0 °C fallen.

Hier und da ein kleiner Laden, das ist alles, was an Versorgungsmöglichkeiten zu erwarten ist. Die große Frage wird also sein, wie der ganze Proviant inklusive Wasser befördert werden soll. Wie überall in den abgeschiedenen Ecken Marokkos gibt's auch hier Unterkünfte in Berberhäusern, aber die eine oder andere Nacht im Zelt und die Plackerei mit den Vorräten sind wohl nicht ganz zu vermeiden.

Außer man erwischt einen Führer und Maultiere. Es gibt zwar kein *bureau des guides* in Taliouine oder Taroudannt, aber es sind immer Guides in der Nähe – und leider noch mehr *faux guides*. Also wie immer Ausweis verlangen und seine Zeit nicht mit dem Falschen verschwenden. Ausgebildete Bergführer laufen in der Regel nicht herum und biedern sich an. Mulis sind als Lasttiere im Antiatlas nicht so verbreitet, aber vielleicht kann der Guide eines organisieren.

Der Jbel Lekst und die Zufahrtswege von Tafraoute sind auf den Karten *Had Tahala* und *Tanalt* im Maßstab 1 : 50 000 verzeichnet. Für das ganze Gebiet gelten die Kartenblätter *Annzi, Tafrawt, Foum al-Hisn* und *Taghjijt* im Maßstab 1 : 100 000.

Etwa 26 Dörfer sind hübsch über das Tal der Ammeln an der Südseite des **Jbel Lekst** verstreut – und jedes einzelne ist einen Besuch wert. Eine komplette Rundtour würde Wochen dauern, aber auf einer sehr reizvollen Fünftageswanderung gibt's auch schon eine Menge zu sehen. Start ist in **Oumesnate**, von dort geht's an mehreren Dörfern vorbei bis hoch zum Dorf Tagdichte, dem Ausgangspunkt für den Tagesaufstieg zum Jbel Lekst. Das ist eine echte Kletterei. Am besten baut man sie in eine angenehme Wanderung östlich durchs Tal ein: von Tirnmatmat – wo noch andere schöne Tagesrouten starten – nach Oumesnate (beide Dörfer liegen an der Straße 7148). Die Gegend ist fürs Trekking einfach märchenhaft.

Südöstlich von Tafraoute ist es aber genauso spannend. Die Kraxelei zum **Adrar Mqorn** ist schweißtreibend, aber lohnend. Direkt südlich seiner Zwillingsgipfel liegen die mit Palmen gefüllten Schluchten **Aït Mansour** und **Timguilcht** und bilden die Oase **Afella-Ighir**. Dort gibt's jede Menge zu entdecken.

Der Jbel Aklim mit seinen Kupferminen macht sich gut als Highlight einer Vier- oder Fünftageswanderung von Irghem aus. Von hier einfach in Richtung Berg stapfen – er ist nicht zu übersehen.

Mit öffentlichen Verkehrsmitteln ist es in diesem Teil des Antiatlas so eine Sache. *Camionettes* fahren zuverlässig, aber selten, und Grands Taxis sind nur an Suk-Tagen regulär unterwegs. Sonst bleibt wohl nichts weiter übrig, als eines zu chartern und sich zum Start chauffieren zu lassen.

JBEL SIROUA

Etwas südlich des Hohen Atlas, am Ostrand des Antiatlas, liegt der Vulkan **Jbel Siroua** (3304 m). Er lässt wohl jedes Trekkerherz höher schlagen. Abgelegene Dörfer, gewaltige Schluchten, ein kniffliger Schlussanstieg und sensationelle Landschaften machen diesen Ort einmalig und perfekt für alle, die Einsamkeit, pure Schönheit und echte Herausforderungen suchen.

Die Besteigung des Jbel Siroua ist ein Muss, aber wie überall in Marokko bleibt besonders das Drumherum in Erinnerung: die Schönheit der üppigen Täler, die Gastfreundschaft der Berber, die Lichterspiele an den Felsen und die Nähe zur Sahara. Wer also keine Lust hat, den Gipfel zu stürmen, kann sich trotzdem auf eine Bergtour der Spitzenklasse freuen.

Die **Auberge Souktana** (S. 420) liegt ein paar Kilometer östlich von Taliouine an der Hauptstraße und ist die beste Infostelle. Sie gehört einem französisch-marokkanischen Paar und hat sich mit der Zeit zur Basis der Wanderung entwickelt. Hier kann man Führer, Maultiere und Ausrüstung für die Tour organisieren. An Karten eignen sich *Taliwine* im Maßstab 1 : 100 000 und *Sirwa* im Maßstab 1 : 50 000. Im Winter kann es klirrend kalt werden, die beste Trekkingzeit ist daher der Frühling. Mehr allgemeine Infos auf S. 420.

Wer noch Verpflegung braucht, kann sich mittwochs auf den Märkten in Taliouine und Aoulouz eindecken, donnerstags in Askaoun oder sonntags in Tazenakht und Igli.

Maultiere lassen sich in den Dörfern rund um den Berg wie immer kurzfristig auftreiben (oft schon für den nächsten Tag).

Es gibt eine anspruchsvolle Wochentour, die in Taliouine startet. Sie führt zuerst auf einem sanften, unbefestigten Weg Richtung Osten das **Zagmouzinetal** hoch bis nach **Tagmout**. In nordöstlicher Richtung geht's dann weiter nach **Atougha**. Von dort sind es sechs Stunden Fußmarsch bis zum Gipfel des Jbel Siroua. Bei normalem Tempo müsste der Aufstieg am Vormittag des vierten Tages geschafft sein. Nach dem Abstieg und der Nacht in einer der Schluchten führt der Weg am fünften Tag am außergewöhnlichen Felsendorf **Tisgui** vorbei, bevor er **Tagouyamt** erreicht. Unterkünfte gibt's hier kaum. Wer kein Zimmer findet, kann sein Zelt in der grandiosen **Tislitschlucht** aufstellen. Von Tagouyamt erstreckt sich das Tal weiter bis nach **Ihoukarn**. Hier heißt es sich entscheiden: entweder die südliche Route zur Straße Taliouine–Ouarzazate nehmen und am Tizi n'Taghatine auf ein Beförderungsmittel warten, oder die Rundtour beenden und in westlicher Richtung zurück nach Taliouine wandern.

Eine andere Route, die noch seltener gewählt wird, geht im Dorf Tamlakout (mit einem eingestuften *gîte*) los. Sie führt vorbei an Aït Tigga, am Assif Mdist und am Fuß des Jbel Siroua. Dann geht's den Berg hoch, weiter nach Aziouane und zum Schluss über die Bergwiesen. Hin und wieder ist die Tour nicht ohne, aber dafür sind sechs Stunden Wandern das maximale Tagespensum.

Taliouine und Anezale (von wo es weiter nach Tamlakout geht) liegen beide an der Hauptstraße Agadir–Taroudannt–Ouarzazate. Hier kommen regelmäßig Grands Taxis und Busse vorbei.

JBEL SARHRO

Die Gebirgskette des **Jbel Sarhro** führt die Linie des Antiatlas weiter. Mit dem ihr eigenen schroffen Charme erhebt sie sich zwischen dem Hohen Atlas und dem Dadèstal im Norden und der Sahara im Süden.

Die Landschaft ist kaum besucht und touristisch noch ziemlich unerschlossen. Sie hat Hochebenen, tiefe Schluchten und schiefe Vulkangipfel zu bieten. Dattelpalmen und Mandelhaine verpassen dem Ganzen eine weichere Note. In dieser dennoch wilden, ausgedörrten und einsamen Gegend lebt der Stamm der Aït Atta – es sind große Krieger, die für ihren Kampf gegen die Franzosen im Jahr 1933 am **Jbel Bou Gafer** berühmt sind, wo sie den letzten Widerstand leisteten.

PLANUNG

Die zahllosen Möglichkeiten am Jbel Sarhro machen die Routenauswahl nicht gerade leicht, und egal, wohin es einen verschlägt, es ist immer einfach traumhaft schön. Auf jeden Fall sollte man sich aber eine Route aussuchen, die das Herzstück der Bergkette zwischen **Igli** und **Bab n'Ali** streift. Übrigens ist der Sarhro ein echtes Wintertrekkingziel, aber nicht täuschen lassen: Es kann immer noch frieren und schneien, sogar bis auf 1400 m hinunter. Der Unterschied zu den höheren Routen im Atlas ist, dass es nicht pausenlos schneit – und wenn doch, kann man trotzdem wandern. Im Frühling ist noch Wasser da und die Temperaturen fallen nicht unter null. Im Spätherbst verlegen die Berberclans ihre Behausungen von den höheren Bergen weiter nach unten. Und in der sengenden Sommerhitze (über 35 °C) versiegen die Wasserquellen, dann gibt's Schlangen und Skorpione wie Sand am Meer. Und immer schön viel trinken, denn Dehydrierung kann einem das ganze Jahr über zu schaffen machen.

Der Jbel Sarhro wird von drei Trekking-Zentren bedient: **Kelaâ M'Gouna** (S. 382), **Boumalne du Dadès** (S. 383) im Norden und **N'Kob** (S. 380) im Süden. Mehrere ausländische Tourveranstalter (z. B. Explore, Exodus & Walks Worldwide) organisieren günstige Trips, aber die drei Sarhro-Center haben auch **bureaux des guides** (☎/Fax El-Kelaâ 0661 796 101/ 0662 132 192; ☎ Boumalne 0667 593292; ☎ N'Kob 0667 487 509). Sie verlangen rund 300 Dh pro Tag für einen Führer bzw. 100 Dh für ein Maultier.

Verpflegung muss vorher in Ouarzazate oder Marrakesch gekauft werden, obwohl es in den drei Orten auch Tee, Dosenfisch, Kekse und Brot gibt, vielleicht sogar Eier, Datteln, Mandeln. In dieser Gegend und bei all dem Wasser, das mitgeschleppt werden muss, sind Maultiere eine gute Investition und in der Regel leicht aufzutreiben.

Die Karten *Boumalne* und *Tazzarine* im Maßstab 1 : 100 000 umfassen die Region, aber die brauchbarste Wanderkarte heißt *Kultur-Trekking im Dschebel Saghro* bzw. *Randonnée culturelle dans le Djebel Sarhro* (von Mohamed Aït Hamza und Herbert Popp) im Maßstab 1 : 100 000. Sie ist von der Uni Bayreuth herausgegeben, dort zu beziehen (Fax 0921-55 22 31; www.uni-bayreuth.de; Universität Bayreuth; Lehrstuhl für Stadtgeografie und Geografie des ländlichen Raums; Universitätsstraße 30; 95447 Bayreuth) oder in Marokko zu kaufen, was zwar dort nicht ganz billig

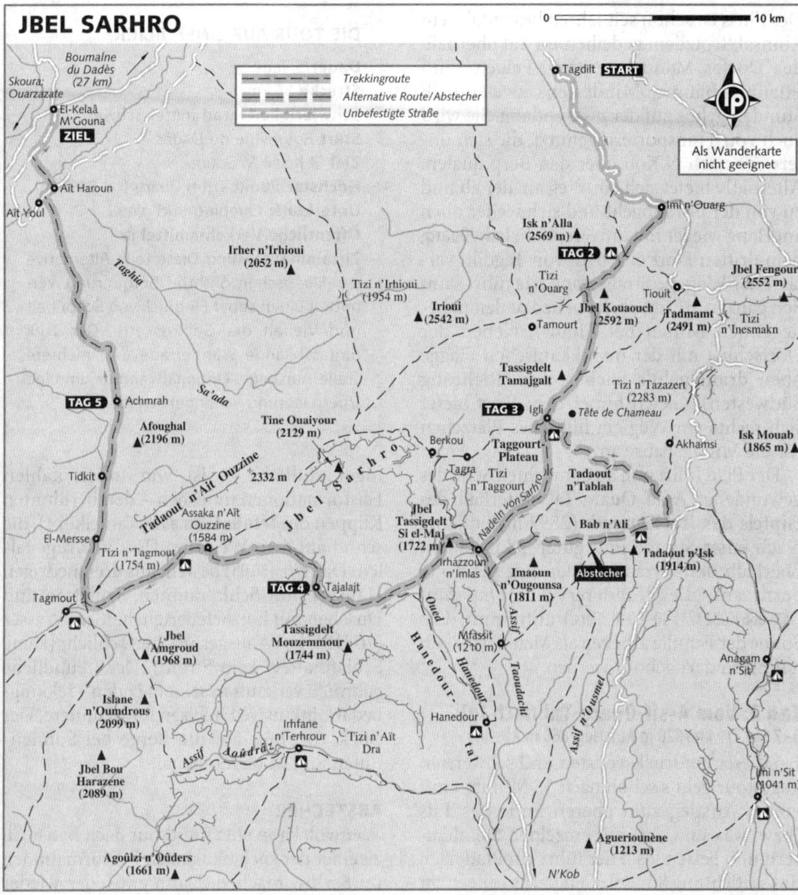

(150 Dh), aber das Geld wert ist, wegen der Geschichts- und allgemeinen Infos wie auch wegen des Kartenmaterials.

Von Boumalne du Dadès nach Ikniouln am Nordrand der Bergkette fahren Minibusse (25 Dh). Gegen Mittag geht's los und am nächsten Morgen kommen sie früh nach Boumalne zurück. Der Markt in Ikniouln findet mittwochs statt.

SARHRO-RUNDTOUR

Die klassische Sarhro-Wanderung führt mitten durch die Gebirgskette. Sie ist absolut phantastisch und wird schon von vielen örtlichen und ausländischen Veranstaltern angeboten. Start ist in Boumalne du Dadès oder El-Kelaâ M'Gouna, Ziel ist N'Kob.

Die Sarhro-Rundtour ist genauso abwechslungsreich und spannend, hat aber einen großen Vorteil: Sie endet auf derselben Seite der Berge, wo sie anfängt, sodass man nach der Tour weiter in die Dadèsschluchten oder nach Merzouga und zu den Dünen wandern kann. Die Richtung ist egal. Zelte sind immer gut, aber an der Strecke gibt's genug Möglichkeiten, in *gîtes* oder *chez l'habitant* zu schlafen. Das ist vor allem im Winter nicht zu verachten, wenn über Nacht 1 m Schnee fällt.

Tag 1: Von Tagdilt zum Assif-Ouarg-Tal

4 Std./17 km/200 m Aufstieg

Tagdilt ist ein langweiliges Nest, aber ein guter Startpunkt. Es gibt drei *gîtes* und jeden Tag fährt eine *camionette* von Boumalne hierher.

Der Fluss ist schon seit Jahren bestenfalls ein Rinnsal, trotzdem gedeihen im Tal oberhalb des Dorfes Mandel-, Apfel-, Feigen- und Pflaumenbäume. Mindestens zweieinhalb Stunden geht's auf der *piste* entlang. Sie wird auch von Transportern genutzt, die sich unterwegs nach N'Kob über den Berg quälen. Alternativ bietet sich ein Weg an, der ab und zu von der *piste* abgeht und sich weiter oben am Hang wieder mit ihr vereint. In **Imi n'Ouarg**, dem dritten Dorf oberhalb von Tagdilt, verlässt der Weg die Straße ganz (sie führt samt den ganzen Stromkabeln weiter zu den naheliegenden Minen bei Tiouit). Neben der Dorfschule mit der marokkanischen Flagge oben drauf geht's nach rechts (Richtung Südwesten). Gleich hinter dem Dorf bietet sich rechts am Weg ein hübsches Plätzchen für die Mittagspause an.

Der Pfad führt nun an der rechten Seite des gewundenen Assif-Ouarg-Tals unterhalb des Gipfels des **Jbel Kouaouch** (2592 m) entlang. Nach einer Stunde und guten 3 km taucht oberhalb der Terrassenfelder eine gepflegte Farm auf, die Wanderer *chez l'habitant* (☎ 0661 082321; 30–50 Dh/Pers.) aufnimmt. Die Söhne der Familie arbeiten als Maultiertreiber; auf Essen darf gehofft werden.

DIE TOUR AUF EINEN BLICK

Dauer 5 Tage
Strecke 56 km
Schwierigkeitsgrad mittel-schwer
Start Boumalne du Dadès
Ziel El-Kelaâ M'Gouna
Höchster Punkt Tizi n'Ouarg (ca. 2300 m)
Unterkunft Camping und *gîtes*
Öffentliche Verkehrsmittel ja
Zusammenfassung Diese tolle Alternative zur klassischen Sarhro-Überquerung vermittelt einen super Eindruck von Schönheit und Vielfalt der Gebirgskette. Der Trek umfasst lange Wandertage und mehrere steile Aufstiege. Optional kann er um eine Übernachtung verlängert werden.

Tag 2: Vom Assif-Ouarg-Tal nach Igli

6–7 Std./19 km/620 m Aufstieg/860 m Abstieg

Bei dieser eindrucksvollsten und schwersten Tagestour geht's schon nach 35 Minuten mit einem Anstieg zum oberen Ende des Tals (bzw. was so wirkt) mit einzelnen Steinhäusern und Felsen los. Hier führt ein Pfad nach links (Richtung Süden). Geradeaus beherrscht der Jbel Kouaouch die Landschaft, der höchste einer ganzen Reihe von Bergen. Der Pfad geht im Zickzack über einen Bach bis hoch zum Kouaouch und zu einem einzelnen, riesigen alten Wacholderbaum – genau richtig für eine Verschnaufpause. Je nach Fitness und Wetter dauert es noch ungefähr eine Stunde bis zum Pass. Aber erst mal gibt's einen schönen Blick zurück nach Tagdilt, und hinter dem Kamm rücken der Hohe Atlas und ein Großteil des Jbel Sarhro ins Blickfeld.

Jetzt fällt ein Pfad geradeaus steil ab. Aber der hier beschriebene Wanderweg schwenkt nach rechts (Richtung Südwesten) über die Talschulter und einen weiteren Kamm – mit phantastischen Blicken über die ganze Bergkette bis nach **N'Kob**. **Igli** liegt von hier aus hinter mehreren Hängen versteckt mehr oder weniger südlich. Es ist von tollen kahlen Felsformationen umgeben – den berühmten Klippen des **Tête de Chameau** (Kamelkopf), die schon auf dem Weg zum Dorf ins Auge fallen. Das *gîte* (30 Dh) besteht aus drei niedrigen Häusern mit Schlafräumen, Toiletten und Duschen mit holzbefeuertem heißem Wasser (10 Dh). Es ist ausgesprochen schlicht (keine Schlafmatten, kein Strom). Der freundliche *guardien* verkauft in seinem Laden Trekkingbedarf, inklusive Hufeisen für Maultiere. Der Blick von hier auf die Berge bei Sonnenuntergang ist phänomenal.

ABSTECHER

Wer will, kann eine Rundtour nach Bab n'Ali zu einer der spektakulärsten Felsformationen im Sarhro machen. Dann entweder wieder zurück und in Igli schlafen oder im *gîte* (30 Dh) von Irhazzoun n'Imlas, damit das Pensum von Tag 3 kleiner wird.

Tag 3: Von Igli nach Tajalajt

7–7½ Std./24 km/350 m Aufstieg/400 m Abstieg

Das Highlight der ersten Etappe ist der Kamelkopf, der sich rechts auftürmt. Eigentlich ist er der Gipfel des **Jbel Amlal**. Den Aït-Atta-Berbern, von denen einige jeden August hier zusammenkommen, ist er heilig. Die Vormittagsetappe ist leichter als die am Vortag und führt durch breite, felsige Täler. Nach etwa anderthalb Stunden macht der Weg unterhalb des Dörfchens Taouginte einen Bogen um einen Friedhof der Aït Atta; die Gräber sind durch Steinhaufen markiert. Dahinter geht's weiter unterhalb der **Nadeln von Sarhro**, einer langen und dramatischen Klippe, die nach weiteren anderthalb Stunden zum Fluss Amguis abfällt. An diesem phantastischen Ort laufen mehrere Täler zusammen; mit seinen Palmen und Oleandersträuchern ist er wie geschaffen zum Zelten. Eine halbe Stunde südwärts das Tal runter liegt **Ighazoun**, ein kleines Dorf oberhalb liebevoll gepflegter Felder mit einem Spitzenplatz für ein Mittagessen am Fluss.

In Ighazoun trifft der Weg auf eine *piste*, die links nach N'Kob und rechts in Richtung Dadès abgeht. Hier geht's rechts entlang (Richtung Nordwesten) auf eine steile Klippe linker Hand zu. Darunter führt der felsige Pfad zu einem immer breiter werdenden Tal. Die *piste* macht nun einen Bogen um die Nordseite des Jbel Tassigdelt Si el-Haj (1722 m) und wendet sich dann wieder nach Süden in Richtung Tiguiza mit seinem schlichten **gîte** (☎ 0671 728006; 30 Dh). Kurz vor Tiguiza führt eine andere *piste* nach rechts (Richtung Westen) zum Dorf Akerkour und weiter in ein schmaler werdendes, fruchtbares Tal mit Palmen. Dann geht's einen Hang hoch zum hübsch gelegenen Dorf **Tajalajt**, wo man **chez l'habitant** (30–40 Dh/Pers.) schlafen kann und (vorausgesetzt, es ist überhaupt etwas da) einfaches Essen bekommt.

Tag 4: Von Tajalajt nach Achmrah

8–8½ Std./26 km/200 m Aufstieg/300 m Abstieg

Ein langer Tag, aber noch ein Tag voller Highlights. Los geht's auf der Tal-*piste* von Tajalajt oberhalb terrassierter Kornfelder, Palmen- und Mandelhainen. Knapp anderthalb Stunden sind es bis nach **Assaka n'Aït Ouzzine** (1584 m), wo eine riesige Kasbah-Ruine über dem wunderschönen Tal thront. Von hier führt die *piste* aus dem Tal raus in eine völlig andere Landschaft, nämlich eine felsige Steppe, wie aus Zentralasien hergezaubert, inklusive Windgeheul. Von Assaka, das zwischen 2000 m hohen Gebirgskämmen liegt, sind es anderthalb Stunden nach **Tagmout**, das auch Amgroud genannt wird (nach einem der Berge). Das gut geführte **gîte** (30 Dh/Pers.; Frühstück 25 Dh) hat Strom, Matratzen und Decken. Ein einfaches Mittagessen (25–30 Dh) sollte auch drin sein.

Von Tagmout führt die *piste* nach Nordwesten zum Dadèstal und gen Süden nach N'Kob. Die Chancen, auf der Strecke ein öffentliches Verkehrsmittel zum Mittwochs-Suk in Boumalne oder zum Sonntags-Suk in N'Kob zu erwischen, stehen nicht schlecht. Der Wanderweg führt nach Norden und klettert in gut einer Stunde hoch auf den Tizi n'Tagmout (1754 m). Der Blick auf M'Goun, Jbel Siroua und Toubkal ist überwältigend. Gut eine Stunde später erreicht man **El-Mersse** mit Schatten und Frühling das ganze Jahr über.

Es geht weiter nach Norden. Meistens ist es ein sanfter Abstieg, nur ab und zu muss geklettert werden. Knapp anderthalb Stunden hinter El-Mersse gibt's noch einen Zeltplatz in **Tidkit**, schön schattig an einem Fluss. Ein paar Häuser stehen da auch, also geht vielleicht auch was *chez l'habitant*, oder aber eine Stunde Fußmarsch weiter in **Achmrah**. Die Berber auf dieser Seite des Jbel Sarhro sind allerdings Halbnomaden und vielleicht gar nicht da. Wenn die Häuser leer sind, sind es die Ställe auch – nicht gerade ein Luxushotel, aber immerhin ein Dach über dem Kopf.

Tag 5: Von Achmrah zum Dadèstal

4 Std./14 km/leichter Anstieg/450 m Abstieg

Das beste der Vormittagsetappe ist Anfang und Ende. Nördlich von Achmrah steigt der Weg kurz an und eröffnet ganz plötzlich noch mehr Blicke auf M'Goun und Siroua. Knapp eine halbe Stunde später kreuzt er eine gut ausgebaute Straße, die zu einer Anthrazitmine führt – einfach ignorieren. Stattdessen geht's weiter in nördlicher, manchmal nordwestlicher Richtung auf einem gut ausgetretenen Weg, der eine Schlucht hinunter bis zum Dadèstal führt. Beim Näherkommen taucht links das Dorf Aït Youl und rechts Aït Haroun auf. In dieser Gegend ist das Tal mit alten Kasbahs übersät. Jetzt am besten Kurs auf Aït Haroun nehmen, wo eine Brücke den Dadès-Fluss überspannt. Die Straße Boumalne–El-Kelaâ M'Gouna ist auch nicht weit.

Allgemeine Informationen

INHALT

AKTIVITÄTEN

Marokko ist das perfekte Ziel für Trekkingfreunde. Es hat landschaftliche Vielfalt und Touren für jeden Geschmack zu bieten. Aber Wandern ist wahrlich nicht das einzige Angebot, das Marokko aktiven Urlaubern macht: Hobbyornithologen, Golfer, Radfahrer, Kletterer, Reiter und Badeurlauber kommen genauso auf ihre Kosten. Und noch mehr Anregungen gibt's im Abschnitt „Kurse" (S. 501).

Hamams

Der Besuch eines Hamams, eines traditionellen Badehauses, ist definitiv angenehmer als eine kalte Dusche in einer Budgetunterkunft. An diesem lebhaften geselligen Ort gibt's jede Menge heißes Wasser und immer jemanden, der einen ordentlich abschrubbt. Auch kann man hier ohne Probleme mit Einheimischen Kontakte knüpfen. Und vor allem Frauen können sich vom Stress auf den Straßen erholen.

Jede Stadt hat mindestens einen Hamam. Oft gibt's unterschiedliche für Männer und Frauen, andernfalls haben sie normalerweise getrennte Öffnungszeiten. Eines zu finden, kann aber manchmal zum Problem werden: Mal fehlt von einem Schild jede Spur, mal gibt es nur ein Bildchen mit Männlein oder Weiblein an der Hauswand. Die Einheimischen zeigen einem aber gern den Weg. In den meisten Hamams wird man herzlich empfangen; nur in seltenen Fällen (oft in der Nähe von Moscheen) sind sie für ausländische Reisende nicht zugänglich.

Besucher eines Hamams müssen ein Handtuch (wasserdicht verpackt), eine Plastikmatte oder Ähnliches als Sitzunterlage und Badelatschen dabeihaben. Jeder bekommt einen Eimer und eine Kelle in die Hand gedrückt. Um den eigenen Eimer mit heißem oder kaltem Wasser zu füllen, wird der Gemeinschaftseimer benutzt. Einige Hamams verkaufen Toilettenartikel und auch eine Handvoll *ghassoul* (Wascherde mit Kräutern, getrockneten Rosen und Lavendel), das zum Waschen verwendet wird.

Ein Besuch im Hamam kostet ca. 10 Dh, eine Massage 15 Dh. Die meisten Hamams haben auch Duschen. In einigen Mittel- und Spitzenklassehotels gibt's private Hamams, die aber nur auf Bestellung (bis zu 24 Std. vorher) aufgeheizt werden (bis zu 100 Dh/Pers; min. 4–5 Pers.).

Kameltouren & Wüstensafaris

Eine Kameltour in die marokkanische Sahara zählt zu den unvergesslichsten Unternehmungen, die man in Marokko erleben kann. Ob nun als Kurztrip mit einer Übernachtung oder als zweiwöchige Tour – bei kaum einer anderen Gelegenheit wird man das raue Land auf eine faszinierendere Weise kennenlernen. Die besten Routen durch Saharasand führen nach Zagora (S. 372) und Tinfou (S. 376) im

ALLES ÜBER HAMAMS

Für Traveller aus westlichen Ländern kann der Besuch eines Hamams zum Kulturschock ausarten: Wo soll man hingucken? Wo setzt man sich hin? Sitzt man zu dicht beieinander? Was trägt man? All das nackte Fleisch wirkt wie ein Minenfeld der gesellschaftlichen Katastrophen und Peinlichkeiten.

Für Muslime ist es dagegen weder peinlich noch unangenehm, sich unter Geschlechtsgenossen unbekleidet zu zeigen. Nacktheit wird hier deutlich weniger verklemmt gesehen als im Westen. Auf der Straße ist Zurückhaltung in Marokkos Gesellschaft extrem wichtig – darum ist es umso überraschender, dass Frauen im Hamam ohne Hemmungen neugierig nachfragen, warum man sich die Schamhaare nicht rasiert. Und ganz pragmatisch betrachtet ist der Hamam ein guter Ort, um sich zu waschen, weil es in den Häusern oft schlichtweg kein fließendes Wasser gibt.

Die meisten „guten" öffentlichen Hamams in den Städten sind modern, gekachelt und geräumig. Marokkaner kommen mit einem groben *el-kis* (Handschuh), schwarzer Seife aus Olivenharz (die in den Augen brennt!), Henna (das Frauen verwenden) und *ghassoul* (Wascherde) hierher.

Nachdem man sich bis auf die Unterwäsche entkleidet hat, geht man direkt in den heißen Raum und belegt mit seiner Matte und seinen Toilettenartikeln einen Platz. Dann im Zweifelsfall einfach alles so machen wie die anderen – das bedeutet in der Regel: mit schwarzer Seife einreiben und eine Weile schwitzen, um die Haut für die spätere Behandlung aufzuweichen. Nach rund fünf Minuten schrubbt ein Freund oder ein Masseur bzw. eine Masseurin die Seife herunter. Das ist nichts für Zartbesaitete, denn die abgestorbenen Hautschuppen werden mit der schwarzen Seife mit abgerubbelt. Und hier gibt's auch keine vornehme Zurückhaltung: Die Arme werden hochgehoben, Brust und Innenseite der Schenkel geschrubbt, die Ohren ausgespült – und alles so hingebungsvoll wie bei einer Baby-Badezeremonie.

Wenn der Schmutz ab ist, gehen die meisten Besucherinnen eines Frauen-Hamams in den lauwarm temperierten Raum. Hier werden das rotbraune Henna und das *ghassoul* aufgetragen, das auch zum Haarewaschen verwendet wird. Die alten Hausmittel machen die Haut weich – kein echter Marokkaner würde sie gegen irgendein schickes Markenprodukt eintauschen.

Wer erst mal alle Hemmungen abgelegt hat, wird den Aufenthalt in einem Hamam total entspannend und angenehm finden und verstehen, warum die Badehäuser so beliebt sind: Sie sind ein intimer, netter Ort zum Relaxen und Plaudern – und vor allem für marokkanische Frauen eine willkommene Pause von langweiliger Hausarbeit und schwierigen Ehemännern. Hinterher fühlt man sich wie neugeboren und komplett erholt. Und vielleicht so sauber wie nie zuvor.

Drâatal, nach M'Hamid und zu den Dünen des Erg Chigaga (S. 377), 95 km weiter südlich, sowie zu den Dünen des Erg Chebbi (S. 397) in der Nähe von Merzouga südöstlich von Rissani.

Eine Wüstensafari kann man nur im Herbst (Sept. & Okt.) und Winter (Nov.–Anfang März) machen. Die Preise beginnen bei 300 Dh pro Person (oder 350 Dh für Touren über Nacht), variieren aber je nach Gruppengröße, Tourlänge und Verhandlungsgeschick. Der Veranstalter organisiert das Nachtlager, das bei kürzeren Ausflügen auch ein festes Camp sein kann. Dazu werden manchmal Berber-Musik und *mechoui* (Lamm vom Grill) geboten.

Kameltouren lassen sich vielerorts buchen. Wer Zeit hat, kommt einfach nach Zagora, M'Hamid und Merzouga und organisiert dort einen ortsansässigen Führer und Verpflegung. Das hat den Vorteil, dass die lokale Bevölkerung was davon hat. Und man trägt dazu bei, dass junge Männer nicht ihrer Heimat den Rücken zukehren, um sich in den Tourismuszentren Jobs zu suchen. Wer sich dafür entscheidet, sollte sich von anderen Travellern Tipps geben lassen und 300 bis 350 Dh für eine Tour mit Übernachtung einplanen. Längere Trips kosten im Schnitt 300 Dh pro Person und Tag. Von den drei genannten Orten dürfte sich solch ein Abenteuer vermutlich am leichtesten in M'Hamid organisieren lassen. Allerdings ist die Auswahl in Zagora (hier gibt's drei professionelle Anbieter) und Merzouga größer.

Wer weder Zeit noch Lust hat, eine halbe Ewigkeit zu warten, bis alles auf die Beine gestellt ist, kann eine Tour auch im Voraus buchen – entweder bei einem internationalen oder bei einem regionalen Anbieter in Ouarzazate oder Marrakesch. Mehr Informationen

PRAKTISCH & KONKRET

- **Zeitungen & Zeitschriften** Obwohl die Zensur gelockert wurde, betreiben die Zeitungen nach wie vor bis zu einem gewissen Grad Selbstzensur. Unter den französischsprachigen Zeitungen beleuchtet *L'Opinion* (www.lopinion.ma, französisch) ein paar der gesellschaftlichen Streitpunkte Marokkos; das Blatt steht der Oppositionspartei Istiqlal nahe. *Libération* (www.liberation.press.ma, französisch), die Tageszeitung der Union Socialiste des Forces Populaires, ist vergleichbar, aber weniger schlagkräftig. *Al-Bayane* (www.albayane.ma, französisch), eine weitere französischsprachige Tageszeitung der Opposition, hat ganz gute Auslandsnachrichten. Eine komplette Liste marokkanischer Tageszeitungen findet sich online unter www.onlinenewspapers.com/morocco.htm. In den meisten größeren Städten, großen Hotels und Ferienanlagen gibt's auch eine Auswahl an deutschsprachigen Zeitungen, normalerweise die üblichen Verdächtigen wie *Frankfurter Allgemeine Zeitung*, *Die Welt*, die *Süddeutsche Zeitung* und *Bild*. Auch der *Spiegel* ist dort zu haben.
- **Radio** In der marokkanischen Radiolandschaft gibt's nur eine Handvoll lokaler Mittel- und Kurzwellenstationen, von denen die meisten auf Arabisch oder Französisch senden. Midi 1 (97,5 MHz) deckt das nördliche Marokko, Algerien und Tunesien ab und spielt gute Musik.
- **Fernsehen** Satellitenschüsseln sind in Marokko weit verbreitet, der Empfang ausländischer Sender ist also kein Problem. Es gibt zwei staatliche Sender, TVM und 2M, die auf Arabisch und Französisch ausgestrahlt werden. TV5 ist ein europäischer Satellitenimport aus der französischsprachigen Welt, 2M ist der meist gesehene Sender in privaten Haushalten.
- **Video- & DVD-Systeme** In Marokko und Frankreich gilt die Fernsehnorm Secam, das nicht mit dem in fast allen europäischen Ländern gebräuchlichen PAL-System kompatibel ist. Bei DVDs setzt Marokko aber auf das PAL-DVD-System. Da aber marokkanische DVDs zur DVD-Region 5 gehören (Westeuropa: Region 2), wird man Probleme haben, sie auf DVD-Playern zu Hause abzuspielen.
- **Strom** Marokkanische Steckdosen sind meistens für die in Europa üblichen runden bzw. flachen zweipoligen Stecker geeignet. Ein Adapter für Typ-E-Steckdosen französischen Musters kann aber nicht schaden. Aus der Dose kommt Wechselstrom mit 220 V/50 Hz, in älteren Gebäuden gibt es aber auch mitunter nur eine Spannung von 110 V. Im Allgemeinen ist die Stromversorgung zuverlässig und in fast allen touristischen Gegenden verfügbar.
- **Maße & Gewichte** Es wird das metrische System verwendet.

zu den Veranstaltern stehen auf S. 521 sowie in den Abschnitten zu Zagora (S. 372) und Ouarzazate (S. 365).

Klettern

Klettern wird in Marokko immer beliebter. Es gibt ein paar phantastische Möglichkeiten, senkrecht die Wände hoch zu gehen. Erfahrung sollte man aber schon haben – und seine eigene Kletterausrüstung mitbringen.

In einigen Gegenden des Antiatlas und des Hohen Atlas geht alles – von Bouldern bis Extremklettern (letzteres setzt reichlich Erfahrung voraus). Geniale Locations sind die Dadès- (S. 384) und die Todraschluchten (S. 388).

Wer sich mit anderen Kletterern austauschen will, kann folgende Organisationen kontaktieren:

Fédération Royale Marocaine de Ski et Montagne (Königlich-Marokkanischer Ski- & Bergsteigerverband; ☎ 0522 474 979; www.frmsm.ma; Casablanca) Veranstaltet Kletterwettbewerbe in der Todraschlucht.

Nicolo Berzi (☎ 039 335 6535 349; nicolobe@tiscalinet.it) Italienischer Kletterführer, der Trips zur Todraschlucht organisiert.

Serac Outdoors Sports (www.seracoutdoorsports.co.uk) Britischer Anbieter für Klettertouren im Antiatlas.

Motorrad-, Quad- & Kartfahren

Riesige unbebaute Flächen und atemberaubende Landschaft locken mehr und mehr Tourenfahrer ins südliche Zentralmarokko. Einzige einheimische Agentur für Offroad-Motorradtrips ist **Wilderness Wheels** (☎ 0524 888 128; www.wildernesswheels.com; 44 Hay al-Qods, Ouarzazateh; Ausflüge halb-/ein-/zweitägig 800/1400/3500 Dh) mit Ausflügen ins Dadès- und Drâatal. Zudem wird die Wüste bis hinunter nach Merzouga im Süden erkundet.

Quad- und Karttouren werden auch in Abenteuerzentren wie Ouarzazate, Merzouga, Zagora und Erfoud immer beliebter.

Mountainbiken

Man kann zwar auch mit herkömmlichen Straßenrädern Touren in Marokko unternehmen, mit Mountainbikes stehen einem aber mehr Möglichkeiten offen. Die Straßen sind gut in Schuss, wenn auch oft sehr schmal. Wer gut austrainiert ist, kann vor allem das ausgedehnte Netz von *pistes* (unbefestigten Wegen) und Fußwegen im Hohen Atlas nutzen. Aber auch im Antiatlas, auf dem Jbel-Sarhro-Plateau und im Drâatal gibt's ausgezeichnete Strecken. Ferner ist Oualidia (S. 159) ein interessantes Ziel. Einige Reiseagenturen und Mittelklassehotels vermieten Mountainbikes für etwa 100 Dh pro Tag, für ausgedehnte Touren sind sie aber in der Regel nicht geeignet. Wer nicht nur eine Kaffeefahrt plant, sollte einen der auf S. 521 aufgelisteten Touranbieter kontaktieren.

Reiten

Was Ausritte hoch zu Ross angeht, ist der Süden Marokkos sehr beliebt – seien es die südlichen Strände von Diabat (S. 169) und Agadir oder die üppigen Täler von Sous und Ouirgane. Auch Mittlerer bzw. Hoher Atlas, die dramatische Todraschlucht und die Wüstenregionen des Südens lassen sich vom Pferderücken aus erkunden.

Diverse Reiseveranstalter sind auf geführte Pferdetreks durch Marokko spezialisiert.

Club Farah (☎ 0535 548 844; www.clubfarah.com) Bietet hervorragende Reittouren in der Umgebung von Meknès an, darunter Individual- und Gruppentrips im Mittleren Atlas.

Unicorn Trails (☎ 01767 600606; www.unicorntrails.com) Britischer Veranstalter mit diversen Reittouren im Hohen Atlas und an der Atlantikküste.

Skifahren

Marokkos Skiorte und -pisten sind nicht im entferntesten mit denen in den Alpen zu vergleichen. Sollte man aber ohnehin zwischen November und April im Land sein, kann ein Skiausflug eine nette Abwechslung darstellen.

Tourenski *(ski randonné)* wird immer populärer – besonders von Dezember bis Februar, wenn das Tal Âït Bou-Goumez (S. 352) mit den besten Pisten Marokkos lockt.

Das Skigebiet Oukaïmeden (S. 358), 70 km südlich von Marrakesch, hat den höchsten Lift Nordafrikas. Hier kann man auch eine Ausrüstung leihen. Andere Skigebiete wie etwa Mischliffen liegen verstreut im Mittleren Atlas – in den letzten paar Jahren gab es allerdings kaum genug Schnee für eine ordentliche Saison.

Surfen

Tausende Küstenkilometer machen Marokko zu einem tollen, wenn auch unterschätzten Ziel für Surfer. Die Plage Mehdiya (S. 141) wartet ganzjährig mit verlässlichen Breaks auf – ebenso ein paar weitere Spots weiter oben in Richtung Larache.

Auch der Anchor Point in Agadir hat einen guten Ruf, Surfer müssen hier aber mitunter mit einem recht unbeständigen Wellengang rechnen. Das entspannte Taghazout (S. 414) in der Nähe ist bei Surfern schwer angesagt. **Surf Maroc** (www.surfmaroc.co.uk) betreibt dort ein super Surfcamp für alle Leistungsstufen.

Ein par Surfer zieht es auch nach Essaouira, das sich aber wesentlich besser zum Windsurfen eignet.

Die wahrscheinlich besten Breaks des Landes findet man gleich nördlich von Safi – genauer gesagt am Strand von Lalla Fatna (S. 164). Eine der längsten Right Handers des Planeten wurde dort bereits von ein paar der bekanntesten Szenegrößen bezwungen. Weitere Strände in Safis Umgebung sind ebenfalls einen Wellenritt wert. **Dream Surf Oualidia** (☎ 0661 817817 od. 0641 291838; 🕑 ganzjährig) in Oualidia und das **Surfland** (☎ 0523 366110; 🕑 April–Mitte Nov.) am Stadtstrand geben verlässliche Informationen. Surfland veranstaltet zudem tolle Anfängerkurse in der geschützten Bucht (Details s. S. 159). Prima Brandung gibt's zudem rund um Rabat (S. 141) und El-Jadida (S. 156).

Trekken

Umfassende Infos über Marokkos traumhafte Trekkingrouten gibt's auf S. 446. Nützliches erfährt man auch im Kasten auf S. 486.

Vogelbeobachtungen

Marokko ist das reinste Paradies für Vogelfreunde. In den vielfältigen Ökosystemen und Landschaften ist eine erstaunliche Artenvielfalt zu Hause, besonders in den Feuchtgebieten an der Küste: Ca. 460 Arten sind in Marokko registriert, u. a. viele Zugvögel, die

REISEN AUF ALLAHS WEG

Marokko wird auch wegen seines „So Gott will"- und „Erstmal noch 'ne Tasse Tee"-Charmes geliebt. Für Trekking-Urlauber ist das allerdings weniger prickelnd: Sicherheitsvorkehrungen werden nicht allzu ernst genommen und Umweltschutz ist oft gar kein Thema. Folgende Tipps sind darum ganz nützlich:

- Sich den örtlichen Gepflogenheiten gemäß kleiden (S. 53).
- Aktuelle topografische Karten benutzen und die Route möglichst mit einem einheimischen Guide besprechen. Wer in der Gegend lebt, kennt Wasserquellen und kann auf ausgetrocknete Flussbetten hinweisen.
- Nur auf ausgewiesenen Campingplätzen zelten. Felder sind in Privatbesitz und wichtige Einkommensquellen für einheimische Familien.
- Feuerholz kaufen oder sammeln (nichts abbrechen!) und sparsam verwenden – es ist Mangelware.
- Skorpione verstecken sich unter Felsen und eventuell auch in Schuhen oder Schlafsäcken; diese also ab und zu ausschütteln. Die Tiere stechen nur, wenn sie gereizt werden.
- Wer in Bächen oder Flüssen Wäsche wäscht oder badet, verschmutzt wichtige Wasserquellen.
- Müll in die nächste Stadt oder ins nächste Dorf mitnehmen.
- In einigen Dörfern gilt fotografieren als Blasphemie, in anderen zieht eine Kamera die Leute magisch an. Nie ist es aber angebracht, jemanden ohne dessen Einwilligung zu knipsen. Vor allem wenn man die Kamera auf eine Frau richtet, kann das als Beleidigung aufgefasst werden.
- Tiere weder füttern noch streicheln – selbst Berberaffen nicht, die einen mit ihrem frechen Charme umgarnen.
- Tramper sind auf eigene Gefahr unterwegs. Wer ein Grand Taxi anhält, ist nicht länger Tramper, sondern muss die Fahrtkosten in die nächste Stadt zahlen.
- Vor einer Tour auf abenteuerlichen, kleinen Straßen unbedingt die Off-Road-Fähigkeit des Geländewagens überprüfen (s. Kasten S. 97).
- Kinder in ländlichen Regionen sollten immer ein Lächeln und ein paar nette Worte bekommen. Wer ihnen aber Geld, Süßigkeiten oder andere Geschenke gibt, bringt ihnen bei, zu betteln und Besucher zu belästigen. Will man den Kindern eines Dorfs etwas Gutes tun, sollte man am besten einer lokalen Wohltätigkeitsorganisation oder der Schule Geld spenden.
- In abgelegenen Dörfern besser keinen Alkohol trinken – das wird als Beleidigung verstanden.

im Frühling und Herbst hier Station machen, wenn sie zwischen dem Süden Afrikas und ihren Brutgebieten in Skandinavien, Grönland und Nordrussland pendeln. Andere Arten kommen nach Marokko, um dem harten nordeuropäischen Winter zu entfliehen. Vor allem in den frühen Wintermonaten ist in den Feuchtgebieten ordentlich was los. Die schönste Zeit im Jahr sind allerdings die Monate März bis Mai: Bei angenehmem Wetter gibt es dann eine riesige Artenvielfalt zu beobachten. Weitere Informationen zur marokkanischen Vogelwelt stehen auf S. 100.

Im Merja-Zerga-Nationalpark arbeitet der bekannte Marokkaner Hassan Dalil als Guide (s. S. 143). Folgende ausländische Unternehmen haben Vogelbeobachtungstouren nach Marokko im Programm:

Birdfinders (☎ 01258 839066; www.birdfinders.co.uk)
Birdwatching Breaks (☎ 01381 610495; www.birdwatchingbreaks.com)
Naturetrek (☎ 0196 273 3051; www.naturetrek.co.uk)
Wildwings (☎ 0117 965 8333; www.wildwings.co.uk)

Wildwasser-Rafting

In Marokko steckt Wildwasser-Rafting noch in den Kinderschuhen. Nichtsdestotrotz fließen die Flüsse des Hohen Atlas durch eine atemberaubende Landschaft. Dies gilt vor allem für die Umgebung des Bin-el-Ouidane-Damms rund um Azilal und Afourer.

Nur wenige Veranstalter, die sich auf Adventure-Touren spezialisiert haben, bieten Raftingtrips in Marokko an. Eine empfehlenswerte Option ist **Water by Nature** (www.waterbynature.com) mit Ablegern in Großbritannien und den USA. Ob blutiger Anfänger oder abgehärteter Crack – jeder kommt auf seine Kosten.

Wind- & Kitesurfen

Vor der selbsternannten „Windstadt" Essaouira (S. 164) und besonders vor Sidi Kaouki (S. 177) finden Wind- und Kitesurfer hervorragende Bedingungen vor. Hier wie dort kann man Ausrüstung ausleihen (Windsurfbretter 170 Dh/Std.). Zudem trifft man dort ganzjährig auf eine große Windsurfergemeinde. Die Umgebung von El-Jadida (S. 154) ist ebenfalls ein gutes Revier, und das Surfland in Oualidia (S. 159) veranstaltet sogar einige Kitesurfing-Kurse.

ALLEINREISENDE

Marokko ist ein tolles Ziel für Alleinreisende und entsprechend beliebt bei Backpackern und Travellern, die gern auf eigene Faust unterwegs sind. In den vielen Budgetunterkünften ist es kein Problem, einen Reisepartner zu finden – vor allem in Fès und Marrakesch. Die Marokkaner sind gastfreundlich, neugierig und offen, sodass niemand allein bleiben muss – auch wenn Einheimische verblüfft sein und einen bemitleiden werden, dass man lieber allein unterwegs ist statt mit Freunden oder (besonders) der Familie. Außerhalb der Städte werden Zimmerpreise oft pro Person und nicht pro Zimmer berechnet– deshalb stellt es selten ein Problem dar, eines allein zu buchen. Da es aber in Riads nur eine begrenzte Anzahl an Betten gibt, ist hier der Preisnachlass für eine Einzelbelegung eher gering.

Frauen werden es in Marokko anstrengender finden, allein unterwegs zu sein, als Männer. Trotzdem waren die meisten unserer Leserinnen der Ansicht, dass die positiven Erlebnisse die Scherereien aufwiegen. Vorsicht ist zwar angesagt, Paranoia aber fehl am Platz. Denn wer sich gegenüber den Einheimischen komplett abschottet, wird einige der schönsten Seiten einer Marokkoreise verpassen.

Mehr Infos für reisende Frauen gibt's auf S. 493.

ARBEITEN IN MAROKKO

In Marokko ist die Arbeitslosigkeit hoch; vor allem Jugendliche finden keinen Job. Darum ist es nicht leicht, in diesem Land Arbeitsmöglichkeiten aufzutun. Sehr gute Französischkenntnisse sind ein Muss, etwas Arabisch macht die Sache ebenfalls leichter. Wer als Ausländer einen Job gefunden hat, braucht die Hilfe des Arbeitgebers, um eine Arbeitserlaubnis und einen Wohnsitz zu bekommen. Das kann langwierig und kompliziert sein. Es gibt ein paar Möglichkeiten, ehrenamtlich zu arbeiten und Deutsch oder Englisch zu unterrichten, eine fürstliche Entlohnung sollte man aber nicht erwarten. Folgende Internetseiten können hilfreich sein: www.workingabroad.com und www.idealist.org.

Fremdsprachenunterricht

Es ist prinzipiell möglich, in Marokko Deutsch und Englisch als Fremdsprachen zu unterrichten. Einer der besten Orte dafür ist Rabat. Interessierte können sich zunächst an das Goethe-Institut (www.goethe.de/ins/ma/rab/deindex.htm) bzw. den British Council (www.britishcouncil.org.ma) wenden. Allerdings gibt's nicht viele offene Stellen.

Die besten Erfolgsaussichten hat man in den Monaten September und Oktober (Anfang des Studienjahres) und eingeschränkt auch Anfang Januar.

Freiwilligenarbeit

Viele internationale und marokkanische Organisationen vermitteln Freiwilligenjobs bei regionalen Entwicklungsprojekten. Teilnehmer erhalten normalerweise keine Bezahlung und teilweise nicht einmal ein Dach über dem Kopf. Die Projekte zielen vor allem auf junge Leute ab, die ihre mehrwöchigen Sommerferien einmal anders verbringen möchten. Z. T. handelt es sich dabei um echte Ferienlager und internationale Austauschprogramme.

Baraka Community Partnerships (www.barakacommunity.com) in der Nähe von Telouet setzt Freiwillige u. a. bei Baumpflanzungen, dem Bau von Schulen und der Bereitstellung einer medizinischen Grundversorgung ein. Zudem kann man über Initiativen dazu beitragen, die Ernährungssitutation in den Partnergemeinden zu verbessern.

Volunteer Abroad (www.volunteerabroad.com/morocco.cfm) ist ein prima Ausgangspunkt für die Recherche nach Freiwilligenjobs. Dort finden sich zahlreiche Links zu nicht staatlichen Organisationen mit Hilfsprogrammen in Marokko. Ebenso lohnen Blicke in das *Gap Year*

Book von Lonely Planet. Darin sind Hunderte von NGOs (Nicht-Regierungs-Organisations) aufgeführt, die Studienaufenthalte, Freiwilligenjobs und andere Tätigkeiten in aller Welt vermitteln. Auch das eigene Außenministerium hilft eventuell weiter, wenn man Engagements bei Hilfsprojekten und nicht staatlichen Organisationen sucht. Dann sind jedoch häufig spezielle Berufserfahrungen bzw. kommunikationssichere Arabisch- oder Berberkenntnisse erforderlich.

Folgende marokkanische und internationale NGOs veranstalten gelegentlich Ferienlager oder Freiwilligenprogramme vor Ort:

Chantiers Sociaux Marocains (☎ 0537-262-400; csm@wanadoo.net.ma; Rabat) Marokkanische NGO, die 18- bis 30-jährige Freiwillige aus aller Welt in den Bereichen Gesundheit, Bildung und Entwicklung einsetzt.

Jeunesse des Chantiers Marocains (http://perso.menara.ma/youthcamps) Die gemeinnützige Gruppe fördert den kulturellen Austausch mittels drei- bis vierwöchiger Kurse in marokkanischem Arabisch. Die 18- bis 30-jährigen Teilnehmer werden bei Familien untergebracht und machen bei diversen Kulturveranstaltungen mit.

International Cultural Youth Exchange (www.icye.org) Erleichtert die Suche nach neuen Freiwilligenprogrammen in Marokko.

Peace Corps (www.peacecorps.gov) Die renommierte US-Freiwilligenorganisation ist in Marokko tief verwurzelt. Die Freiwilligenprogramme dauern zwei Jahre.

United Planet (www.unitedplanet.org) Vermittelt vor allem längerfristige Engagements, die teilweise in Marokko absolviert werden können.

BOTSCHAFTEN & KONSULATE

Botschaften & Konsulate in Marokko

Ausländische Botschaften und Konsulate befinden sich größtenteils in Rabat.

Algerien Botschaft Rabat (Karte S. 126; ☎ 0537 661574; algerabat@iam.net.ma; 46–48 Ave Tariq ibn Zayid; 🕑 Mo–Fr 8.30–16 Uhr); Konsulat Oujda (Karte S. 303; ☎ 0656 710452; Blvd Bir Anzarane)

Deutschland Botschaft Rabat (Karte S. 130; ☎ 0537 709662; www.rabat.diplo.de; 7 Rue Madnine, 10000 Rabat; 🕑 Mo–Fr 9–12 Uhr); Honorarkonsulat Agadir (☎ 0528 841025; 8 Rue de Madrid, Sect. Résidentiel, 80000 Agadir)

Mauretanien Botschaft Rabat (außerhalb der Karte S. 126; ☎ 0537 656678; ambassadeur@mauritanie.org.ma; 7 Rue Thami Lamdaouar, Soussi I, Rabat; 🕑 Mo–Do 8.30–15, Fr 8.30–12 Uhr)

Österreich Botschaft Rabat (☎ 0537 76 40 03; rabat-ob@bmeia.gv.at; 2 Zankat Tiddas, Rabat; 🕑 Mo–Fr 9–12 Uhr)

Schweiz Botschaft Rabat (☎ 0537 26 80 30; www.eda.admin.ch/rabat; Square de Berkane, 10001 Rabat; 🕑 Mo–Fr 8–11 Uhr)

Spanien Botschaft Rabat (Karte S. 126; ☎ 0537 633900; emb.rabat@mae.es; Rue Ain Khalouiya, Route des Zaers, Km 5 300 Souissi, Rabat) Dazu Konsulate in Agadir, Casablanca (Karte S. 108), Nador, Rabat (Karte S. 126), Tanger und Tetouan.

Marokkanische Botschaften

Die Website des Ministeriums für Auswärtige Angelegenheiten und Kooperation (www.maec.gov.ma) informiert über diplomatische Vertretungen Marokkos im Ausland.

Deutschland (☎ 030 2061240; www.maec.gov.ma/berlin; Niederwallstr. 39, 10117 Berlin)

Österreich (☎ 01 5866650; emb-pmissionvienna@morocco.at; Opernring 3–5, 1010 Wien)

Schweiz (☎ 031 3510362; www.amb-maroc.ch; Helvetiastr. 42, 3005 Bern)

ERMÄSSIGUNGEN

Für ein paar Dirham extra kann in den meisten Hostels auch ohne internationalen

DIE EIGENE BOTSCHAFT

Es ist wichtig zu wissen, was eine Botschaft für ihre Landsleute in Schwierigkeiten tun und (was öfter vorkommt) nicht tun kann. Sie ist im Allgemeinen keine große Hilfe, wenn man sich die Probleme mehr oder weniger selbst eingebrockt hat. Es gelten immer die Gesetze des Reiselandes. Darum wird die Botschaft auch kein Verständnis für Traveller zeigen, die nach einem Vergehen im Gefängnis landen – selbst wenn dieselbe Handlung in der Heimat keine Straftat wäre.

In Notfällen unterstützt einen die Botschaft, aber nur, wenn alle anderen Möglichkeiten bereits ausgeschöpft sind. Wer z.B. dringend nach Hause muss, kann nicht auf einen Freiflug hoffen – die Botschaft erwartet, dass man sich für solche Fälle abgesichert hat. Falls das gesamte Geld sowie die Ausweispapiere gestohlen wurden, hilft sie bei der Beschaffung eines neuen Passes. Aber einen Kredit für die Weiterreise sollte man nicht erwarten.

Einige Botschaften haben früher Briefe für Reisende gelagert und hatten einen kleinen Lesesaal mit heimischen Zeitungen. Aber der Postservice wurde fast überall eingestellt – und selbst die Zeitungen sind mittlerweile immer öfter veraltet.

Jugendherbergsausweis (HI) übernachtet werden. Es lohnt also kaum, sich einen solchen speziell für einen Marokkotrip zuzulegen.

Internationale Studentenausweise (ISIC) bringen in puncto Ermäßigung allgemein nicht viel (z. B. bei Sehenswürdigkeiten). Traveller unter 30 Jahren erhalten damit allerdings bei der Royal Air Maroc (RAM) auf Inlands- und auch auf einige internationale Flüge bis zu 60 % Rabatt. Will man viele Bahnkilometer zurücklehnen, können sich diverse Ermäßigungsoptionen lohnen; diese sind nicht nur Studenten und Senioren vorbehalten. Reisende über 60 Jahren erhalten normalerweise auch vergünstigte Tickets für Fährpassagen ab/nach Spanien.

ESSEN

In diesem Reiseführer sind Restaurants zuerst nach Stadtbezirk, dann nach Preiskategorie geordnet. Meistens liegen die Mittel- und Spitzenklasserestaurants in den Neubauvierteln der großen Städte; einige tolle Ausnahmen gibt's in Fès und Marrakesch.

Zusammen und aus demselben Topf zu essen, hat in Marokko eine wichtige soziale Bedeutung. Die meisten Leute hetzen für das gemeinsame Mittagessen nach Hause und tun damit was für den familiären Zusammenhalt. Ein Restaurantbesuch ist darum vielen marokkanischen Arbeitern immer noch fremd. Das erklärt die riesige Kluft zwischen den günstigen Cafés (in denen Marokkaner nur etwas trinken oder schnell ein Sandwich einwerfen) und den teuren, schicken Restaurants. In Letzteren trifft man vor allem in Marokko lebende Franzosen, reiche Marokkaner und Urlauber.

Sandwichbars und Straßencafés offerieren Sandwichs und Brochettes (20–40 Dh). Die billigsten Menüs in Budgetrestaurants und Lokalen außerhalb der größeren Städte kosten dagegen zwischen 70 und 150 Dh. Gerichte in den Mittelklasserestaurants der größeren Städte gibt's für 150 bis 250 Dh (hängt davon ab, ob man Wein trinkt). Am oberen Ende der Skala tummeln sich die Palast- und Riad-Restaurants sowie einige superschicke französische Lokalitäten. Wer hier isst, muss 400 bis 500 Dh pro Person (inkl. Wein) anlegen, in Marrakesch noch mehr. Wein ist in Marokko relativ teuer und schlägt auf der Rechnung mit 100 bis 250 Dh extra zu Buche.

In besseren Restaurants wird auf die Rechnung automatisch noch eine Servicegebühr aufgeschlagen. Außerdem kann die *Taxe sur la Valeur Ajoutée* (TVA; ähnlich der Mehrwertsteuer) erhoben werden. Die liegt bei 10 %, ist aber meistens schon im Preis für die Gerichte enthalten.

Mehr Informationen zu der marokkanischen Küche und den regionalen Essgewohnheiten finden sich ab S. 85.

FEIERTAGE & FERIEN

Alle Banken, Postschalter und die meisten Geschäfte haben an den wichtigsten gesetzlichen Feiertagen geschlossen. Der öffentliche Personenverkehr läuft aber meistens weiter wie üblich. Für die meisten Marokkaner haben ohnehin die großen religiösen Feste mehr Bedeutung – dann sind auch die Nahverkehrsbusse nur eingeschränkt oder abweichend von den Fahrplänen unterwegs.

Wie in Europa kann die Atlantikküste in den Sommerferien ziemlich überlaufen sein: Dann zieht es viele marokkanische Familien ans Meer, vor allem in die Ferienorte bei Asilah, El-Jadida, Oualidia, Safi und Essaouira. Zu Ostern und Weihnachten sorgen auch die europäischen Urlauber für Engpässe in den Hotels – also im Voraus buchen!

Staatliche Feiertage

Neujahr 1. Januar

Unabhängigkeitstag 11. Januar – erinnert an die Proklamation des marokkanischen nationalistischen Manifests der Unabhängigkeit in Fès.

Tag der Arbeit 1. Mai

Thronfest 30. Juli – erinnert an die Inthronisierung König Mohammeds VI. im Jahr 1999.

Treue von Oued Eddahab 14. August – feiert die „Rückkehr zum Vaterland" der Region Oued Eddahab im Süden, eines Gebiets, das einst von Mauretanien beansprucht wurde.

Jahrestag der Revolution des Königs und des Volks 20. August – erinnert an die Verbannung Mohammeds V. durch die Franzosen im Jahre 1953.

Fest der Jugend 21. August – feiert den Geburtstag von König Mohammed VI.

Jahrestag des Grünen Marschs 6. November – Zur Erinnerung an den Grünen Marsch im November 1975, der Spanien zur Übergabe der Westsahara an Marokko bewegen sollte.

Unabhängigkeitstag 18. November – erinnert an die Unabhängigkeit von Frankreich.

Muslimische Feiertage

Öffnungszeiten und öffentliches Leben orientieren sich größtenteils am gregorianischen

Kalender. In religiöser Hinsicht ist Marokko jedoch strikt an den muslimischen Hedschra-Mondkalender gebunden, der etwa elf Tage kürzer ist als sein gregorianisches Pendant. Das Wort *hedschra* bezieht sich auf Mohammeds Auswanderung vom Mekka nach Medina im Jahr 622 n. Chr., die das erste Jahr des muslimischen Kalenders markiert. Gekennzeichnet wird die muslimische Jahreszählung mit A. H. (für *Anno Hegirae*). Das Jahr 1430 A. H. begann übrigens am 29. Dezember 2008 A. D.

Jeder Tag dauert von Sonnenuntergang bis Sonnenuntergang. Jeder Monat beginnt mit der Sichtung der Mondsichel nach Neumond– bestimmt wird dies von religiösen Autoritäten in Fès. Das Datum zukünftiger Feiertage kann somit streng genommen nur geschätzt werden und steht immer erst unmittelbar vor dem jeweiligen Monatsbeginn fest. Wer unruhige Marokkaner nach dem genauen Ende des Fastenmonats Ramadan fragt, wird deren Frustration verstehen. Aus diesem Grund sind die im folgenden genannten Termine lediglich als Anhaltspunkte zu verstehen. An den Feiertagen haben alle Behörden und Geschäfte geschlossen (eine Ausnahme stellt der erste Tag des Ramadan dar).

Die folgenden islamischen Feiertage werden landesweit begangen.

RAS AS-SANA

Das muslimische Neujahrsfest feiert Marokko am ersten Tag des Hedschra-Kalenders. Mit dem 1. Muharram beginnt somit das muslimische Mondjahr.

MAWLID AN-NABI

Der Geburtstag des Propheten Mohammed fällt auf den 12. Rabi al-Awal im 3. Monat des muslimischen Kalenders. Das auch „Mouloud an-Nabi" genannte Fest wird in vergleichsweise kleinerem Stil zelebriert. Dabei erhalten Kinder häufig Geschenke.

RAMADAN

Beim Ramadan handelt es sich um den heiligen Monat, in dem Muslime von Sonnenaufgang bis Sonnenuntergang fasten. In den Ramadan fällt die „Nacht der Vorherbestimmung", in der Mohammed der Koran offenbart wurde (27. Ramadan). Muslimen ist in diesem Monat Essen, Trinken und Rauchen bei Tageslicht allgemein untersagt. Ausnahmen gelten für Kinder, schwangere Frauen, Kranke und Alte. Der Ramadan zählt zu den fünf Säulen des Islam. Das Fasten ist jedoch nur ein Aspekt dieses Monats – vielmehr sollen Gläubige dabei ihre Beziehung zu Gott erneuern. Parallel dazu werden Muslime traditionell zur *zakat* (Almosengabe) angehalten, einer der weiteren Säulen des Islam. All dies begleitet eine intensive Koranlektüre.

Das arabische Wort für Fasten heißt *sawm*. Manche Besucher hören die Frage „*Inta sa'im?*" („Fasten Sie?"). Wer dann mit „*La, ana faatir*" („Nein, ich breche das Fasten") antwortet, wird eventuellzum Mitmachen aufgefordert. Von Nicht-Muslimen wird das Fasten aber keinesfalls erwartet, auch wenn es ihnen besonders fromme Glaubensvertreter ans Herz legen. Normalerweise passt man sich dieser Praxis aber in gewisser Form an.

Denn auch Marokkobesucher bekommen die Auswirkungen des Ramadan in vielerlei Hinsicht zu spüren – am offensichtlichsten anhand der zahlreichen Restaurants, die tagsüber schließen. (Details zum Essen während des Ramadan stehen auf S. 92.) Ebenfalls wichtig: Der gesamte Lebensrhythmus des Landes ändert sich. Die meisten Büros und viele Geschäfte haben nur noch von 8 bis 15 oder 16 Uhr geöffnet und bleiben abends geschlossen. Die öffentlichen Verkehrsmittel stellen zwar ihren Betrieb nicht komplett ein, doch man muss häufig mit starken Einschränkungen rechnen – das liegt einerseits am Angebot (weniger Fahrer wollen arbeiten), andererseits an der Nachfrage (viele Marokkaner verschieben Reisen gern auf die Zeit nach dem Ramadan). Die meisten Tour- und Trekkingveranstalter bieten ihre Trips auch während des Fastenmonats an. Bei Vorausbuchung ist es dennoch ratsam, sicherheitshalber nachzufragen. Wer im Ramadan in eine kleine Siedlung kommt, wird vielleicht mit Führern konfrontiert sein, die keine sonderliche Wanderlust verspüren – da spielt es keine Rolle, dass man selbst nicht fasten muss. Auch können sonst höfliche Marokkaner während des Fastens ausgesprochen mürrisch sein. Alles scheint länger zu dauern als es eigentlich dürfte – vor allem dann, wenn der Ramadan auf die endlosen Tage des Sommers fällt (was in den nächsten Jahren nach Erscheinen dieser Auflage der Fall ist). Je näher der Sonnenuntergang rückt, desto nervöser werden die Menschen. Da dann jedermann hektisch nach Hause eilt, ist der Verkehr besonders chaotisch. Hungrige Taxifahrer schät

VORAUSBERECHNTE DATEN MUSLIMISCHER FEIERTAGE (2009–2012)

Feiertag	2009	2010	2011	2012
Beginn Ramadan	22. Aug.	11. Aug.	1. Aug.	20. Juli
Eid al-Fitr	20. Sept.	9. Sept.	30. Aug.	19. Aug.
Mawlid an-Nabi	9. März	26. Feb.	16. Feb.	5. Feb.
Neujahr (Jahreszahl A. H.)	18. Dez. (1431)	8. Dez. (1432)	27. Nov. (1433)	15. Nov. (1433)
Eid al-Adha	28. Nov.	17. Nov.	7. Nov.	26. Okt.

zen es nicht besonders, wenn man sie zu dieser Zeit heranwinkt.

Andererseits entschädigen die feierlichen Aspekte des Ramadan beinahe ganz für die Mühen vergangener Tage. Beim *iftar* (täglichen Fastenbrechen) herrscht stets munteres Treiben: Menschen treffen sich zum gemeinsamen Essen, Trinken und Beten. Wer das Glück hat, von einer marokkanischen Familie zu diesem nächtlichen Fest eingeladen zu werden, hat ein unvergessliches Erlebnis vor sich. Unbedingt ein paar Datteln als Geschenk mitbringen – diese werden traditionell als erste Mahlzeit nach dem Fasten verzehrt.

EID AL-FITR

Eid al-Fitr, das Fest des Fastenbrechens, markiert das Ende des Ramadan – oder besser gesagt die ersten Tage des folgenden Monats Shawwal. Es wird auch Eid as-Sagheer („kleines Fest") genannt. Die Fastenzeit endet traditionell mit einer *harira* (Linsensuppe), Datteln und Honigkuchen *(griwash)*. Normalerweise dauert Eid al-Fitr vier oder fünf Tage, an denen das öffentliche Leben mehr oder weniger zum Erliegen kommt. Es gibt wahrlich bessere Zeiten, um in Marokko unterwegs zu sein: Familien reisen im ganzen Land umher, um ihre Verwandten zu besuchen – verstopfte Straßen sind programmiert. Aber dafür kann es eine tolle Erfahrung sein, wenn man z. B. in einer Familie mitfeiern darf. Das Fastenbrechen ist ein absolutes Familienfest – etwa wie Weihnachen hierzulande.

HADSCH & EID AL-ADHA

Für alle Gläubigen, die es sich leisten können, ist die fünfte Säule des Islam eine Pilgerreise nach Mekka – der Hadsch. Er kann jederzeit unternommen werden, mindestens einmal sollte er im Zuul-Hijjam, dem zwölften Monat des muslimischen Kalenders, stattfinden. Der Hadsch gipfelt in der rituellen Schlachtung eines Lamms, dessen Fleisch oft an Bedürftige verteilt wird. Sie soll an Abrahams Opfer erinnern und eröffnet das Opferfest Eid al-Adha, das auch Eid al-Kabeer („großes Fest") genannt wird. Gefeiert wird vom 10. bis 13. Zuul-Hijja (12. Monat des muslimischen Kalenders).

FESTE & EVENTS

Moussems (Feste) zu Ehren der *marabouts* (lokalen Heiligen) würzen den marokkanischen Kalender. Manche sind nicht viel mehr als besonders lebhafte Markttage, andere sind von regionaler oder sogar nationaler Bedeutung. Die Feste gehören zur Berberkultur und finden meist in den Sommermonaten statt.

Bei den *moussems* haben sich islamische Orthodoxie und lokale Bräuche friedlich vereint, und zwar obwohl orthodoxe Sunniten die Heiligenverehrung eher ablehnen. Die Feste sind von einem Mix aus vorislamischer Berbertradition und mystischem Gedankengut der Sufis inspiriert. Einige extreme Bräuche, z. B. Selbstverstümmelungen in ekstatischer Trance, waren früher bei solchen Veranstaltungen an der Tagesordnung, werden aber inzwischen offiziell als „Barbarei" kritisiert und sind komplett verschwunden

Es lohnt sich, bei den Tourismusbüros nachzufragen, wann *moussems* und ähnliche Feste stattfinden. Im Folgenden sind einige der wichtigsten in chronologischer Reihenfolge aufgeführt.

Februar

Mandelblütenfest Ein äußerst lohnendes Ereignis, das von Ende Februar bis Anfang März im Tal der Ammeln bei Tafraoute stattfindet. Letzteres verwandelt sich dann in ein einziges Blütenmeer (S. 432).

März/April

Marathon des Sables (www.saharamarathon.co.uk) Sechstägiger Wüstenwettlauf. Die 243 km lange Strecke beginnt und endet in Ouarzazate (S. 62).

Nomad Festival Jeden März oder April feiert M'Hamid die Nomadenkultur mit Straßenkünstlern, Essen, Kunsthandwerk und Kamelritten.

Moussem de Sidi Abdallah ibn Hassoun Prozession am Vorabend des Prophetengeburtstags (Mawlid), die von Musik und Tanz begleitet wird. Dabei tragen muslimische Bruderschaften riesige Wachskerzen zur Großen Moschee.
Sufi-Kulturfestival Als Ableger des Festival de Musique Sacrée umfasst dieses neue Fest in Fès u. a. Konzerte, Workshops und kulturellen Austausch (S. 259).

Mai/Juni

Rosenfestival Das Kelaâ-M'Gouna-Tal bei Ouarzazate feiert seine gigantischen Ernteerträge persischer Rosen mit einem bunten Fest. Tänzer werden mit Rosenblättern überschüttet, während Kinder duftende Girlanden am Straßenrand verkaufen. Steigt meistens im Mai (S. 382).
Festival du Desert (www.festivaldudesert.ma) Im Mai treffen sich Musiker aus allen Ecken der Sahara zu diesem Musik- und Tanzevent zwischen Er-Rachidia, Merzouga und Rissani.
Gnawa- & Weltmusikfestival (www.festival-gnaoua.co.ma) Das leidenschaftliche Festival findet am dritten Juniwochenende in Essaouira statt. Neben Kunstausstellungen gibt's dabei auch Konzerte internationaler, nationaler und lokaler Künstler zu sehen (S. 171).
Moussem de Sidi Mohammed Ma al-Ainin Ende Mai bzw. Anfang Juni bekommt man bei diesem Fest in Tan Tan eventuell Tuareg-Nomaden aus der Sahara zu Gesicht. Es dient zudem als Handelstreffen verschiedener Volksstämme.
Moussem de Ben Aïssa Bei einem der größten *moussems* des Landes bebt die Koubba von Sidi ben Aïssa in Meknès – und zwar vor mittelalterlichem Prunk mit Zauberern und waghalsigen Reitern (S. 278).
Festival de Musique Sacrée Das neuntägige Riesenfestival in Fès findet verdientermaßen auch international große Beachtung. Dar-Batha-Museum, Grand Mechouar und Volubilis werden dabei zu Veranstaltungsorten für Konzerte (S. 259).
Kirschenfest Dreitägiges Festival, das Sefrou immer Anfang Juni mit jeder Menge Folkloremusik und -tanz erfüllt. Höhepunkt ist die reizende Krönung der Kirschkönigin (S. 271).

Juli

Festival International de Rabat Mit traditionellem Theater und Musikern aus ganz Afrika. Das alljährliche Filmfestival gehört ebenfalls zum Programm (S. 131).
Moussem de Sidi Bousselham Weiteres großes *moussem* in Moulay-Bousselham bei Larache. An einem herrlichen Plätzchen über dem Meer wird dabei dem örtlichen Heiligen gedacht.
Festival de Casablanca Stadtfest mit Schwerpunkt auf Straßentheater, Musik und Kino.
Marrakesch-Folklorefestival (www.maghrebarts.ma, französisch) Farbenfrohe Großveranstaltung in Marrakesch, die Musik und Tanz der Berber zelebriert. Die Teilnehmer stammen aus ganz Marokko.
Moussem & Kamelmarkt Große Kamelhändlermesse, die Goulmime zum Leben erweckt. Geschäftliche wie religiöse Zusammenkunft.
Internationales Kulturfestival Zeitgenössisches Kunstfestival in Asilah mit öffentlichen Vorführungen und Workshops (teilweise speziell für Kinder). Dazu kommen Theater- und Musikdarbietungen (S. 151).
Timitar Einmal im Jahr steht Agadir ganz im Zeichen von Musikern aus Marokko und aller Welt.

August

Moussem de Moulay Abdallah Großes Festival voller Magie. Steigt südlich von El-Jadida im Nest Sidi Bouzid und bringt die Bewohner der umliegenden Dörfer zusammen.
Moussem de Sidi Ahmed Stark religiös geprägtes Fest in Tiznit, dessen Besucher sich der Wallfahrt und dem Gebet widmen.

September/Oktober

Heiratsmarkt Berühmte dreitägige Veranstaltung in Imilchil, bei der sich Tausende von Menschen zu einer ernsthaften Brautschau versammeln. Ledige Damen wählen dabei ihre zukünftigen Ehemänner (S. 356).
Moussem de Moulay Idriss II. Das größte *moussem* im heiligen Fès findet Ende Oktober oder Anfang Oktober statt. Dann strömen Tausende in die Stadt, um den Prozessionen zum Grab des Heiligen beizuwohnen (S. 258).
Internationales Filmfestival (www.festival-marrakech.com) Bei dem einwöchigen Festival im September oder Oktober laufen neben arabischen und afrikanischen Filmen auch Produktionen aus anderen Teilen der Welt (S. 330).
Dattelfest Ende Oktober feiert Erfoud mit der Dattelernte die Lebensgrundlage der Oasendörfer. Parallel erwecken Musik und Tanz diese Wüstengegend zum Leben (S. 393).

FOTOS & VIDEO

Marokko ist ein Traum für alle Fotografen. Aber Achtung: Niemals etwas ins Visier nehmen, das nur im Entferntesten militärisch oder sonstwie sicherheitsrelevant anmutet – also auch nicht Flughäfen, Brücken, Regierungsgebäude und Angehörige der Polizei oder Armee. Ganz besonders sollte man diesen Ratschlag im Süden, in der Westsahara und an der Grenze zu Algerien beherzigen.

Die Höflichkeit gebietet es, Fremde um Erlaubnis zu bitten, wenn man sie fotografieren will. In den Städten sehen die Marokkaner das nicht so eng, auf dem Land jedoch lassen sich die Einheimischen recht ungern ablichten. Vor allem Frauen und Ältere mögen es nicht, wenn man das Objektiv auf sie richtet. Ih

Recht auf Privatsphäre sollte auf jeden Fall respektiert werden.

Speicherkarten und Batterien für Digitalkameras sind in größeren Städten (vor allem Casablanca und Marrakesch) problemlos zu bekommen. Bei einem kürzeren Urlaub bringt man aber am besten genügend von zu Hause mit. Ein USB-Speicherstick ist praktisch, um Fotos zu sichern. In den meisten marokkanischen Internetcafés ist es aber auch kein Problem, CDs zu brennen.

Wer Negativfarbfilme (35 mm od. APS) oder Videobänder benötigt, sollte ebenfalls in den größeren Zentren fündig werden; sie kosten allerdings etwas mehr als in Europa. Diafilme sind schwerer zu bekommen. Beim Kauf eines Films in Marokko ist es ratsam, auf das Verfallsdatum zu gucken. Professionelle Fotolabors bieten auch Filmentwicklungen an.

Umfassende Ratschläge zum Fotografieren finden sich in den Lonely Planet Bänden *Travel Photography*, *Landscape Photography* und *People Photography*.

FRAUEN UNTERWEGS

Vor der Hochzeit haben marokkanische Männer nur wenig Gelegenheit, Frauen zu treffen und kennenzulernen. Das ist der Hauptgrund, warum westlichen Frauen so viel Beachtung geschenkt wird. Sie sind nicht durch die Zwänge der marokkanischen Gesellschaftsstruktur oder religiöse Vorgaben gebunden und gelten als aufregend unabhängig und im Allgemeinen „verfügbar"!

Ca. 70 % der marokkanischen Bevölkerung sind jünger als 30 Jahre. Am Ende ihrer Reise werden die meisten Frauen aus dem Westen wohl meinen, alle Männer dieser Gruppe getroffen zu haben. Die permanente Aufmerksamkeit wird bald anstrengend – die Typen sind einfach nicht abzuschütteln, egal mit welcher Taktik.

Bei der ersten Reise nach Marokko wird man anfangs etwas geschockt sein, doch entwickelt man recht schnell eine dicke Haut gegenüber den Komplimenten und unerwünschten Blicken der Männer. Frauen, die nicht für den Rest ihrer Reise das Gefühl haben wollen, belästigt zu werden, sollten vorsichtig bleiben, ohne deswegen eine Paranoia zu entwickeln. In den allermeisten Fällen bleiben die Belästigungen harmlos. Wird es trotzdem zu viel, sollte man sich nach – den immer häufiger werdenden – Orten umsehen, an denen sich alleinstehende Marokkanerinnen aufhalten; das Obergeschoss eines *salon de thé* (Teehaus), ein Café, ein Restaurant oder Hotelterrassen sind eine gute Wahl. Auch ein Hamam ist als männerfreie Zone eine entspannende Rückzugsmöglichkeit.

In einem Land mit so viel Arbeitslosigkeit wie in Marokko werden Urlauber aus dem Westen oft als umherspazierende Ausreisevisa betrachtet. Das müssen vor allem weibliche Traveller erfahren: Gelangweilte Jugendliche (und die, die es gerne noch wären) haben mitunter wenig zu verlieren, wenn sie einer Ausländerin schöne Augen machen – um so in ein anderes Land zu gelangen oder wenigstens ein sexuelles Abenteuer zu erleben, das sie mit Marokkanerinnen nicht haben können. Um Missverständnissen vorzubeugen: Es kommen nur sehr wenige Frauen nach Marokko, um sich dort einen Mann für eine Urlaubsromanze zu angeln. Und natürlich gibt es auch Ferienflirts, die harmlos begannen und sich als die große Liebe entpuppten. Dennoch sollte man argwöhnisch bleiben, wenn einem Marokkaner wortgewaltig ewige Treue schwören – mitunter haben sie nur kurz zuvor schon eine andere Frau mit den gleichen Worten bezirzt.

Frauen in männlicher Begleitung werden höchstwahrscheinlich seltener belästiget und angegangen. Auch wenn man nur miteinander befreundet ist, kann die Behauptung, verheiratet zu sein, helfen (alles andere ist hier ohnehin schwer vermittelbar).

Für marokkanische oder marokkanisch aussehende Frauen, die einen nicht marokkanischen Ehemann haben, ist es ratsam, eine Kopie der Heiratsurkunde dabeizuhaben. Sex vor der Ehe ist für Muslime verboten – und in Marokko ist Prostitution ein heikles Thema. Wenn umgekehrt der Mann für einen Marokkaner gehalten werden könnte, muss man aus demselben Grund an der Hotelrezeption mit unangenehmen Situationen rechnen. In größeren Städten sollte das allerdings meist kein Problem darstellen.

Bei allen Unannehmlichkeiten – alleinreisende Frauen in Marokko haben dennoch einen großen Vorteil: Im Gegensatz zu Männern bieten sich ihnen viele Gelegenheiten, einheimische Frauen kennenzulernen. Auf diese Weise können sie einen Einblick in einen der weniger bekannten Bereiche der marokkanischen Gesellschaft gewinnen. Über die Situation der Frauen in Marokko erfährt man auf S. 59 mehr.

Sicherheitsvorkehrungen

Marokkaner gehören wohl zu den gastfreundlichsten Menschen der Welt. Sie sprechen aufrichtige Einladungen aus und sind Fremden gegenüber sehr hilfsbereit. Dabei kann es sogar von Vorteil sein, eine Frau zu sein – vor allem wenn man sich verlaufen hat oder sich in irgendeiner Notlage befindet. Marokkaner sind in der Regel besonders um das „schwache Geschlecht" besorgt und bieten Frauen in einer potenziell schwierigen Situation Schutz und Unterstützung an.

Verbrechen mit Frauen als Opfer sind sehr selten. Verbale Übergriffe – und zwar durch Frauen und Männer – kommen schon eher mal vor. Dies gilt vor allem für Gegenden, in denen in den letzten Jahren viele Touristen unterwegs waren. Uns haben aber auch schon Berichte von Handgreiflichkeiten bei Musikfestivals in Essaouira erreicht.

Frauen sollten immer ein paar einfache Vorsichtsmaßnahmen beachten:

- Nicht trampen.
- Einige billige Unterkünfte wie Budgethotels über beliebten Einheimischenbars dienen auch als Bordelle. Nicht die eigene Sicherheit für ein paar gesparte Dirhams aufs Spiel setzen!
- In öffentlichen Verkehrsmitteln möglichst neben eine Frau setzen – das gilt vor allem in Grands Taxis, in denen man ziemlich gequetscht sitzt, und in Zugabteilen. In Grands Taxis kann es ratsam sein, für zwei Sitzplätze zu zahlen, um während der Fahrt alleine vorne zu sitzen. Aber: Viele Frauen sind in einem Grand Taxi auch völlig unbehelligt von A nach B gelangt – ganz unabhängig von ihrem Sitzplatz.
- Nachts nicht allein durch die Straßen ziehen – *good girls* sollten nach Einbruch der Dunkelheit zu Hause sein. Notfalls ein Taxi nehmen.
- In abgelegenen Regionen wie an verlassenen Stränden, in Wälder und Sanddünen sollte frau nicht alleine unterwegs sein.
- Lust auf einen Drink? Dann ist ein großes Hotel die beste Anlaufstelle. Bars sind eine Männerdomäne; Prostituierte sind normalerweise die einzigen Frauen, die dort zu finden sind. Die sind aber auch in schickeren Hotels mitunter anzutreffen …
- Eine Sonnenbrille schützt vor Blickkontakt. Trotzdem sollte man sich nicht während des ganzen Aufenthalts in Marokko dahinter verstecken.
- Nicht aggressiv verhalten – es könnte erwidert werden. Ein gut gelauntes *non merci* oder *la shukran* („Nein, danke") ist deutlich wirkungsvoller als ein Schimpfwort.

Ein Ehering oder ein Foto des – notfalls gefakten – Ehemanns oder Kindes können Wunder wirken. Ist man als Frau ohne die Familie unterwegs, kann man dennoch argwöhnische Blicke ernten. Dann hilft die Behauptung, man träfe sie am nächsten Reiseziel wieder. Jungen marokkanischen Männern ist es allerdings oft egal, ob eine Frau verheiratet ist oder nicht – sie bleiben hartnäckig.

Ein Leser hat uns geschrieben, dass „Respekt" das Zauberwort sei – ein für die meisten Marokkaner sehr wichtiger Begriff. Es ist einen Versuch wert. Eine Lonely Planet Autorin bestätigt: „Männer zu bitten, mir Respekt entgegenzubringen, war das beste Mittel, jede unerwünschte Aufmerksamkeit mir gegenüber zu beenden."

Marokkobesucherinnen sollten sich stets bedeckt halten und bedenken, dass Hotelpools und öffentliche Schwimmbäder in der Regel scharenweise Männer anziehen. Diese gehen dort entweder selbst schwimmen oder trinken etwas an der Poolbar. Bikinis sorgen generell für Aufsehen. Die forcierte Förderung des Tourismus in Marokko erhöht auch den Anteil von Travellern, die auf den kulturellen Unterschied zwischen muslimischen und westlichen Ländern nicht vorbereitet sind und davon schlicht nichts wissen. Obwohl manche Urlauberinnen recht offenherzig in Hotpants herumlaufen, sind solche Kleidungsstücke in der Medina von Marrakesch auf keinen Fall angemessen. Wir waren genauso geschockt wie die Einheimischen, bei einem Trip nach Essaouira eine sonnenbadende Touristin oben ohne zu sehen.

Wer jedoch ein Kopftuch oder sogar eine Dschellaba (weiter, landestypischer Umhang) trägt, wird besonders in ländlichen Regionen überall respektvoll behandelt werden. Allerdings muss frau dann auch mit zahllosen Fragen bezüglich ihrer Kleidung rechnen – beispielsweise, ob sie Muslima oder Marokkanerin bzw. mit einem Marokkaner verheiratet ist.

Weitere Infos zu angemessener (und unangemessener) Kleidung in Marokko stehen auf S. 53.

GEFAHREN & ÄRGERNISSE

Marokko ist ein relativ sicheres Reiseland. Der Großteil der Bevölkerung ist freundlich und ehrlich. Ein wachsames Auge kann dennoch nicht schaden.

In den Großstädten treibt die Verzweiflung Menschen zum Äußersten. Gewalttätige Übergriffe auf Ausländer sind zwar selten, sie passieren aber. Vor allem in den Medinas ist daher nachts Vorsicht geboten.

Diebstahl

In Marokko ist man vor Dieben relativ sicher. Reisende können das Restrisiko verringern, indem sie in größeren Städten besonders aufmerksam sind und einige Grundregeln beherzigen.

Beim Sightseeing nimmt sollte man nur das Nötigste mitnehmen und es ein bisschen verstecken. Besondere Vorsicht ist geboten, wenn man an Automaten Geld abhebt. Offen getragene Geldbeutel fallen auf, Brustbeutel und Geldgürtel unter der Kleidung eher nicht; dorthin gehören Geld, Reisepass und wichtige Dokumente.

In einige Medinas, z. B. in Marrakesch, Casablanca und Tanger, treiben Taschendiebe ihr Unwesen. Bei einer beliebten Taktik lenkt eine Person das Opfer ab, während eine zweite ihm die Taschen leert. Ständige Alarmbereitschaft ist übertrieben, ein bisschen Wachsamkeit jedoch sicherlich ratsam.

Die Hotelrezeption kann nicht benötigte Wertgegenstände (wie Kameras) verwahren. Wer es bevorzugt, sie im Hotelzimmer zu lassen (möglichst im abgeschlossenen Koffer), hat mit großer Wahrscheinlichkeit nichts zu befürchten. Problematisch ist es allerdings, etwas im Auto liegen zu lassen – selbst wenn es von außen nicht sichtbar ist.

Drogen

Marokkos Ära als Hippie-Paradies mit Marrakesch-Express etc. ist längst Geschichte. Im Rif-Gebirge wird zwar Cannabis (bekannt als *kif)* angebaut, doch sollte man sich keine falschen Illusionen machen: Wer mit Drogen erwischt wird, wird eingebuchtet – und man kann sich sicher bessere Orte als Marokko vorstellen, um ein Gefängnis von innen kennenzulernen.

Die meisten marokkanischen Storys rund um Erpressung und Raub haben mit Drogen zu tun. Ein beliebter Trick ist, jemanden mit Drogen abzufüllen, ihm ein Stück Haschisch von der Größe eines Ziegelsteines aufzuschwatzen und dann die Polizei zu rufen (oder es zumindest anzudrohen). Klar, wer ein bisschen Haschisch intus hat, holt wahrscheinlich nicht die Polizei – und die Gauner wissen das ganz genau.

In Tangers Underground einzutauchen, ist nur was für Eingeweihte. Neulinge sollten spätabendliche Angebote von Hasch und Gras dankend ablehnen – die Dealer haben einen sechsten Sinn für Greenhorns und lassen keine Gelegenheit aus, ihnen eine Menge Geld abzunehmen. Tetouan, Asilah, Casablanca und Marrakesch sind weitere beliebte Orte für Betrügereien dieser Art. Hasch wird manchmal auch als „Schokolade" oder öfter noch als „etwas ganz Spezielles" bzw. „Shit" bezeichnet. Und in dieser sitzt man tatsächlich, wenn man damit erwischt wird.

Manchmal wird auch *majoun* angeboten, eine klebrige, zähe Masse (ähnlich wie Sirup), die aus zerstoßenen Marihuana-Samen hergestellt wird. Schon ein kleines Kügelchen davon haut einen um – man sollte den Erfahrungsberichten von Paul Bowles in *Der Weg nach Tassemsit ... und andere Reiseerzäh-*

NEIN, DANKE

Folgende Tipps helfen vielleicht, aufdringliche Leute loszuwerden und Nervenzusammenbrüche oder peinliche Situationen zu vermeiden:

- Höflich alle Hilfsangebote ablehnen und ein paar gut gelaunte Antworten parat haben (möglichst auf Arabisch). Aber nicht die Hand geben oder sich in längere Gespräche verwickeln lassen.
- Den Eindruck vermitteln, man wisse genau, wohin man geht. Oder erklären, dass man am ersten Tag einen Führer engagiert habe und nun die Stadt auf eigene Faust erkunden möchte.
- Eine dunkle Sonnenbrille aufsetzen und sich in ein Café, Restaurant oder Taxi zurückziehen, wenn man die Nerven verliert. Notfalls das Wort *police* fallen lassen und dabei so gucken, als meine man es ernst.

lungen aus der nicht-christlichen Welt oder *So mag er fallen* Glauben schenken).

Issaguen und das Rif sind Zentren des marokkanischen *kif*-Anbaus. Vor allem in Issaguen kann es schnell mal Ärger geben – um den Ort sollte man ohne einen zuverlässigen Führer an der Seite besser einen Bogen machen.

Die jüngste Gesetzgebung und hartes Durchgreifen hat Dealer zur Aufgabe ihre aggressiven Verkaufstaktiken gezwungen. Doch die Probleme sind noch lange nicht vom Tisch. Obwohl die Einheimischen selbst noch zum Entspannen und Zeitvertreib Marihuana rauchen, sollte man als Urlauber nicht meinen, es ihnen gleichtun zu müssen. Kauf und Konsum von Haschisch sind in Marokko verboten! Wer erwischt wird, zahlt eine Geldbuße oder muss schlimmstenfalls bis zu fünf Jahre ins Gefängnis. Weitere Infos stehen auf S. 503.

Die spanische Polizei sieht den Besitz von geringen Mengen Cannabis für den Eigenbedarf relativ locker. Der spanische Zoll allerdings ist ziemlich rigoros gegenüber Leuten, die von Marokko aus einreisen und Drogen im Gepäck haben. Das wird als Dealen angesehen. Autos werden an der Grenze mit großer Wahrscheinlichkeit durchsucht. Niemals – wirklich niemals! – sollte man für andere Leute ein Päckchen mitnehmen oder ein Auto über die Grenze bringen.

Rauchen

Rauchen ist in Marokko anscheinend ein Volkssport. Nichtraucher-Restaurants und -hotels wird man lange suchen müssen – und wahrscheinlich dennoch nicht finden. Da viele Speiselokale auch Plätze im Freien haben, ist das Qualmproblem aber nicht allzu tragisch.

Nur in richtigen Nobelhotels (hauptsächlich der Kette Sofitel) gilt der Grundsatz der Rauchfreiheit.

In muslimischen Ländern wird es nicht gern gesehen, wenn Frauen rauchen. Außerhalb der großen Städte (und selbst dort) sieht man selten Frauen mit einem Glimmstengel in der Hand – wobei dies eher eine kulturelle als eine religiöse Regel ist. Allerdings betrachten die meisten Geistlichen Rauchen wie Trinken als *haram* (verboten). Praktisch wird diese Regel aber nur tagsüber im Fastenmonat Ramadan ernsthaft befolgt.

Dies alles muss Besucher nicht allzu sehr beeinflussen. Frauen sollten lediglich in Häusern von Einheimischen auf Zigaretten verzichten und andernorts möglichst diskret rauchen.

Sanitäre Anlagen

Bei sanitären Anlagen in Marokko ist Geduld angesagt. In preiswerten Hotels ohne Stern sind ein tröpfelnder Wasserhahn und Hocktoiletten oft Usus.

Manchmal wird enthusiastisch warmes Wasser angepriesen – doch der Traum von einer heißen Dusche wird oft genug von lauwarmem Wasser zunichtegemacht. Und selbst das gibt es manchmal nur zu bestimmten Tageszeiten. Auf dem Land wird Wasser mitunter durch Holzöfen erwärmt. Das kommt der Umwelt nicht gerade zugute – in Marokko ist Holz teuer, Wasser oft nur in geringen Mengen vorhanden und Entwaldung ein großes Problem. In kleinen Städten und in ländlichen Regionen ist ein Hamam die bessere Wahl.

Schlepper, Führer & Abzocker

Die legendären marokkanischen Gauner sind und bleiben eine unvermeidbare Erfahrung.

Vor einigen Jahren wurden spezielle *brigades touristiques* (Touristenpolizisten) eingestellt. Sie sollen in den Haupttouristenorten streng gegen Marokkos notorische *faux guides* und Gauner vorgehen. Jeder, der versucht, sich als inoffizieller Führer zu betätigen, riskiert das Gefängnis und/oder eine hohe Geldstrafe.

Das hat zwar das Problem der *faux guides* weitgehend *entschärft*, aber nicht vollständig *beseitigt*. Diese Leute kämpfen um ihren Lebensunterhalt – und sie können dabei hartnäckig und unfreundlich sein. Normalerweise hängen sie an den Zugängen zu den Medinas der großen Städte sowie an den Busbahnhöfen und Bahnhöfen herum. Wer die Fähre in Tanger verlässt oder besteigt, sollte sich auf ein paar Scherereien mit Schleppern und Gaunern (s. S. 185) einstellen. Trotzdem: Nirgends wird man regelrecht belagert. Und wer zum ersten Mal in einem Ort ankommt, kann von einem Führer durchaus profitieren – ob der nun offiziell ist oder nicht.

Obwohl die Arbeitslosigkeit die Anzahl der *faux guides* in die Höhe treibt, sind nicht notwendigerweise alle Hochstapler. Viele haben Erfahrung und sprechen ein halbes Dutzend Sprachen. Ihr Hauptinteresse besteht in der Regel darin, von Hotels oder Suk-Händlern Provisionen zu kassieren. Der Preis für einen

UNBEHOLFEN, UNERFAHREN & UNBEDARFT?

Viele Marokkaner sind absolut davon überzeugt, dass Menschen aus dem Westen zwar vielleicht aus einer technologisch weiter entwickelten Welt kommen als sie selbst, ansonsten aber naiv, leichtgläubig und schlichtweg dumm sind. Vor allem die berüchtigten *faux guides* (inoffiziellen Führer) versuchen, das auszunutzen.

Gleich zu Beginn einer Begegnung checken diese Leute, was der potenzielle Kunde wert ist. Von Äußerlichkeiten (Armbanduhr, Schuhe und Kleidung) mal abgesehen helfen ihnen dabei zahllose Fragen – wie lange man in Marokko bleibt, ob das der erste Urlaub in diesem Land ist, was man beruflich macht, ob man Familie hat (ein Zeichen für Wohlstand) usw. Bei so einer intensiven Befragung ist Vorsicht geboten – im Zweifelsfall vorgeben, sich super auszukennen. Ein paar Worte auf Arabisch wirken ebenfalls überzeugend.

In absteigender Reihenfolge gelten Traveller aus den folgenden Ländern und Regionen als „lukrativ": Japan, USA, Kanada, Australien, Großbritannien, Nordeuropa, Südeuropa, Mittlerer Osten. Am wenigsten Erfolg versprechen sich die *faux guides* bei Menschen aus dem subsaharischen Afrika und Arabern aus anderen nordafrikanischen Staaten.

Eine typische Masche zur Kontaktaufnahme ist das Angebot reiner Freundschaftsdienste wie einer Stadtführung, dem Zeigen günstiger Geschäfte oder Hilfe bei der Hotelwahl. Etwas subtiler sind Ansagen wie „ich will mein Deutsch verbessern" oder „ich brauche Hilfe beim Lesen und Entziffern offizieller Dokumente bzw. Briefen von Freunden". Wer solchen Typen einen Korb gibt, muss damit rechnen, dass sie ans Gewissen appellieren oder einem unterstellen, man sei ein Rassist, der etwas gegen Marokkaner oder Muslime hat.

Wer merkt, dass er abgecheckt wird, kann mit der Behauptung, aus einem total obskuren Land zu stammen, Verwirrung stiften. Manchmal hilft es auch, sich einfach blöd zu stellen und so die Situation zu kontrollieren. Aber Vorsicht: Marokkaner sind sehr sprachbegabt. Es kann passieren, dass die eigene Tarnung auffliegt, wenn man behauptet, Ukrainer zu sein und der „neue Freund" plötzlich fließend Ukrainisch spricht. Oder man gibt vor, ein Hirnchirurg zu sein, und er ist zufällig auch einer …

Führer sollte ebenso vorher festgelegt werden wie einige Rahmenbedingungen: Was möchte man sehen? Wie viele Läden sollen besucht werden? Nicht lizenzierte Führer kosten ca. 50 bis 100 Dh pro Tag (immer pro Führer, nicht pro Person). Ein paar Dirhams sollten reichen, wenn man zu einem bestimmten Ort geführt werden will (z. B. zu einem Medina-Ausgang). Was auch immer man anbietet – es wird immer der „Das kann doch nicht ihr Ernst sein"-Blick aufgesetzt. Die beste Antwort ist der „Das ist schon mehr als das Übliche"-Blick. Nur nicht den Humor verlieren und sich damit trösten, dass man nach einigen Tagen an einem Ort deutlich weniger belästigt wird.

Offizielle Führer können in den Tourismusbüros oder Hotels engagiert werden. Sie kosten einen Fixbetrag von 250 bis 300 Dh pro Tag (plus Trinkgeld). Für einen Besuch der Medinas von Fès und Marrakesch lohnt es sich, einen Führer zu engagieren. Ihre Ortskenntnis ist bemerkenswert. Außerdem bewahren sie ihre Kunden vor Belästigungen durch Möchtegern-Führer. Wer seinen Rundgang nicht in eine Shoppingtour verwandelt sehen will, sollte dies vorher klären.

Autofahrer sollten auf den Zufahrtsstraßen nach Fès und Marrakesch mit „motorisierten Gaunern" rechnen. Diese Plagegeister auf Mofas wollen ein Hotel, einen Zeltplatz oder irgendetwas anderes vermitteln und können genauso hartnäckig sein wie ihre Kollegen zu Fuß. Wenn man mit dem Zug in Städten wie Fès und Marrakesh ankommt, läuft man dort auch manchmal „Studenten" oder anderen „schrecklich hilfsbereiten Menschen" in die Arme, die unheimlicherweise wissen, dass das Hotel, in dem man absteigen wollte, geschlossen oder ausgebucht ist. Doch wie's der Zufall will, kennen sie zum Glück ein anderes nettes Plätzchen …

Verlaufen

Eines der kleineren Probleme sind die sich ständig ändernden Straßennamen in marokkanischen Städten. Seit Jahren werden die alten französischen, spanischen und berberischen Namen durch arabische ersetzt. Das führt dazu, dass man mit bis zu drei verschiedenen Straßennamen konfrontiert wird – je nachdem, wer Auskunft gibt, welche Karte benutzt wird oder in welchem Teil einer Straße man sich befindet.

Das übliche arabische Wort für Straße ist *sharia*, in Medinas heißen sie *derb* (kleinere Straßen *zankat*). Im Norden wird sie, wie im Spanischen, *calle* und *avenida* genannt, öfter aber noch *avenue, boulevard* oder *rue* wie im Französischen.

In einigen Fällen hat sich das Arabische durchgesetzt. In diesem Reiseführer werden Straßen *sharia* oder *zankat* genannt, wenn sie im Alltag auch so bezeichnet werden.

Im Labyrinth der Medinas helfen Straßennamen sowieso relativ wenig, eher ein Kompass. Wer meint, sich verlaufen zu haben, geht zur Hauptgasse (in der meist viele Menschen unterwegs sind). Hier sollte sich recht bald eine Orientierungshilfe oder ein Ausgang finden lassen.

GELD

Die marokkanische Währung heißt Dirham (Dh), 1 Dh sind 100 Centimes. Es gibt Banknoten mit Werten bis zu 200 Dh und verschiedene Münzen (1 Dh, 2 Dh, 5 Dh & 10 Dh, seltener 10, 20 und 50 Centimes).

Der Dirham ist keine frei konvertible Währung, d.h., sie darf nicht außer Landes gebracht werden und ist im Ausland nicht verfügbar. Trotzdem ist der Dirham sehr stabil, sodass es keine wild schwankenden Wechselkurse gibt. Am einfachsten sind Euro, US-Dollar und britische Pfund einzutauschen.

Die wichtigsten Wechselkurse sind in der vorderen Umschlaginnenseite dieses Buches abgedruckt, einige Beispielspreise stehen auf S. 22.

Bargeld

Bargeld ist besonders praktisch – und zugleich riskant. Wenn man es verliert, ist es weg, und nur sehr wenige Reiseversicherer werden in diesem Fall helfen. Am besten ist es, für die alltäglichen Erledigungen einen kleineren Betrag im Geldbeutel zu haben (der niemals in der Gesäßtasche sitzen sollte!). Das restliche Geld sollte in einem Geldgürtel oder an einem anderen sicheren Ort verwahrt werden. Wer in abgelegene Orte reist, braucht so viel Bargeld, dass es reicht, bis man wieder in eine etwas größere Stadt kommt. Ein Geheimversteck für Euros oder Franken ist ebenfalls eine gute Idee.

Manche mögen riesige Menge Kleingeld lästig finden. Andererseits ist es extrem praktisch für Taxis, Trinkgelder, Führer und Bettler.

Bargeld umtauschen

Der Im- und Export des marokkanischen Dirhams ist verboten. Es darf aber eine beliebiger Betrag Geld fremder Währung ins Land gebracht werden. In den spanischen Enklaven Ceuta und Melilla gilt der Euro. Die meisten Währungen können in den Banken eingetauscht werden.

Reisende, die aus den Enklaven Ceuta und Melilla kommen oder dorthin reisen, sollten beachten, dass die marokkanischen Banken an den Grenzen nur Bargeld umtauschen. Die Banken in Ceuta und Melilla handeln mit Dirhams, bieten aber niedrigere Kurse als ihre Kollegen in Marokko an.

Die Banken arbeiten zuverlässig, flott und effizient. Die Kurse variieren leicht von Bank zu Bank. Vergleichen lohnt sich also. Die besten Konditionen bieten normalerweise die Filialen von BMCE und Crédit du Maroc; oft haben sie eigene *bureau-de-change*-Schalter, die auch an Wochenenden geöffnet sind. Die großen Niederlassungen der Hauptbanken sind auch samstagvormittags offen.

Wer Reiseschecks eintauschen will, benötigt hierzu einen Ausweis (und manchmal auch die Quittung für die Schecks). Einige Banken wollen auch beim Geldumtausch einen Pass sehen. Wichtig: die Umtauschquittung aufheben. Diese muss bei den meisten marokkanischen Banken vorgelegt werden, wenn man das Restgeld in eine andere Währung zurücktauscht.

Geldautomaten

Geldautomaten (*guichets automatiques*) gibt's größtenteils sogar in den kleinsten Ortschaften. Praktisch alle Geräte akzeptieren Visa-, MasterCard,- Electron-, Cirrus-, Maestro- und InterBank-Karten. Sie stellen die bequemste Möglichkeit dar, um in Marokko an Bares zu kommen. Die Automaten der BMCE (Banque Marocaine du Commerce Extérieur), Crédit du Maroc, Banque Populaire, Banque Marocaine pour le Commerce et l'Industrie (BMCI), Societé Générale und Attajariwafa-Bank sind zuverlässig. Banken berechnen normalerweise für jede Abhebung an ausländischen Automaten eine Gebühr. Informationen dazu sollten daher zu Hause bei der eigenen Bank eingeholt werden. Der

Höchstbetrag bei Abhebungen hängt normalerweise von den Konditionen der jeweiligen Karte ab. Die meisten marokkanischen Automaten haben ein Tageslimit von 2000 Dh. Achtung: An Wochenenden geht manchen Geräten das Geld aus!

Kreditkarten

Die wichtigsten Kreditkarten werden in Touristenzentren meistens akzeptiert. Der marokkanische Händler muss aber oft eine Gebühr von rund 5 % abdrücken, wenn mit Karte bezahlt wird.

Zu den am weitesten verbreiteten Kreditkarten gehören Mastercard und Visa. Wer sich auf das Plastikgeld verlassen will, sollte am besten beide dabeihaben. Noch besser ist eine Kombination aus Kreditkarten, Bankkarten und Reiseschecks – dann hat man auch dann noch eine Alternative, wenn der Geldautomat die Karte nicht nimmt oder die einzige Bank in der Umgebung geschlossen hat. In den meisten großen Bankfilialen kann mit Visa- oder MasterCard-Karten Bargeld abheben (s.. hierzu die Informationen im Abschnitt „Geldautomaten" in der rechten Spalte.)

Reiseschecks

Reiseschecks sind etwas aus der Mode gekommen. Die meisten Urlauber heben lieber Geld am Automaten ab oder nutzen ihre Kreditkarten. Allerdings bieten Reiseschecks einen etwas besseren Schutz vor Diebstahl.

Schecks von American Express, Visa und Thomas Cook werden größtenteils akzeptiert und haben gute Konditionen. Auf jeden Fall ist es wichtig, sich die Schecknummern zu notieren und verwendeten abzuhaken. Nur so können verloren gegangene Reiseschecks auch ersetzt werden. Der Zettel mit den Nummern sollte von den Schecks getrennt aufbewahrt werden.

Fast alle Banken kassieren für die Einlösung von Reiseschecks eine Gebühr (ca. 10–20 Dh/Scheck). Bei manchen Banken sind dagegen 10 Dh pro Transaktion fällig. Also vorher nachfragen! Kleinere Banken nehmen manchmal keine Reiseschecks.

Schwarzmarkt

Da sich Geld an offiziellen Stellen recht problemlos umtauschen lässt, bleibt wenig Spielraum für einen Schwarzmarkt. Trotzdem sind auf den Straßen Schwarzhändler unterwegs, die anbieten Geld zu wechseln, besonders in Tanger, Casablanca sowie an den Grenzen (und innerhalb) der Enklaven Ceuta und Melilla. Es ist besser, diesen Gestalten aus dem Weg zu gehen: Einen finanziellen Nutzen gibt es nicht und Betrügereien sind nicht selten.

Trinkgeld

Trinkgeld gehört zum marokkanischen Leben einfach dazu. Für fast jede Dienstleistung werden ein paar Münzen erwartet. Allerdings sollte sich niemand unter Druck setzen lassen. Die clevere Verteilung von Dirhams für einen bereitwillig geleisteten Dienst kann jedoch das Leben spürbar erleichtern.

Ein Trinkgeld in Höhe von 10 % der Restaurantrechnung ist angebracht, wenn der Service in Ordnung war. In einem Café reichen ein paar Dirhams aus. Museumsführer, *gardiens de voitures* (Parkplatzwächter), Portiers, Gepäckträger und Tankwarte rechnen mit 3 bis 5 Dh (bzw. 10 Dh, wenn das Auto über Nacht bewacht wurde). Wer über die Höhe des Trinkgelds nachdenkt, sollte sich zuvor bewusst machen, dass unqualifizierte Arbeiter in Marokko weniger als 80 Dh pro Tag verdienen.

INTERNETZUGANG

In Marokko stellt es kein großes Problem dar, ins Internet zu gelangen. Landesweit herrscht kein Mangel an guten und günstigen Internetcafés (4–10 Dh/Std.). Von den normalerweise beeindruckend schnellen Verbindungen zeugen zahlreiche Jugendliche, die mit ihren Freunden via Webcam plaudern. Oft sind jedoch nur französische oder arabische Tastaturen vorhanden. Dies zwingt die meisten Traveller zum Einfinger-Tippsystem und zum mühsamen Suchen nach versteckten Interpunktionszeichen.

Immer mehr Hotels vor allem im Mittel- und Spitzenklassesektor sind mit einem drahtlosen Internetzugang (WLAN) ausgestattet (darauf wird bei der Nennung der jeweiligen Unterkunft in diesem Reiseführer explizit hingewiesen). Im Großteil der Riads und *maisons d'hôtes* ist WLAN mehr oder weniger Standard.

KARTEN & STADTPLÄNE

Direkt vor Ort wird man Schwierigkeiten haben, passable Marokkokarten aufzutreiben – es ist daher ratsam, eine von zu Hause mitbringen.

Die vielleicht beste Wahl ist die *Marco Polo Kontinentalkarte Marokko* im Maßstab 1 800 : 000; sie umfasst u. a. eine Übersichtskarte, Pläne Marokkos inklusive der Westsahara, eine Entfernungstabelle, ein Ortsregister und fünf Citypläne. Vermerkt sind darin landschaftlich reizvolle Strecken und Sehenswürdigkeiten. Ebenfalls nützlich ist die Michelin-Karte Nr. 742 (früher Nr. 959), die ebenfalls verschiedene Einzelpläne, Stadtpläne und Umgebungspläne in diversen Mäßstäben (1 : 600 000–1 : 4 000 000) enthält. Eingezeichnet sind Kasbahs, *marabouts* (Grabmale örtlicher Heiliger), besonders schöne Panoramastraßen und wöchentlich stattfindende Märkte. Die Michelin-Karte wird auch in marokkanischen Großstädten verkauft.

Weitere ähnlich gestaltete Alternativen sind die übersichtliche, detailreiche und mitunter ebenfalls direkt vor Ort erhältliche *World Map Morocco* von GeoCenter (Maßstab 1 : 800 000) und Hildebrands *Morocco* (Maßstab 1 : 900 000) mit Landkarte und sieben kleinen Stadtplänen.

Diverse Regionalkarten decken ganz Nordwestafrika ab. Die Michelin-Karte Nr. 741 (Maßstab 1 :4 000 000) fasst inzwischen die beiden früheren Nummern 953 und 153 zusammen. Der Klassiker für großangelegte Touren widmet sich ganz Westafrika und einem Großteil der Sahara. Denselben Maßstab besitzt die Karte *Africa, North and West* von Kümmerley & Frey.

Schließlich können in Fachgeschäften russische Detailkarten (Maßstab 1 :200 000) und Luftaufnahmen bestellt werden. Sie haben allerdings Lieferzeiten von bis zu sechs Wochen. Auf S. 447 gibt es Tipps, wie Wanderer an noch detailliertere Geländekarten gelangen.

Die meisten der erwähnten Karten bekommt man bei **Stanfords** (☎ 0044 20 7836 1321; www.stanfords.co.uk), dem größten Kartenshop der Welt. Ansonsten empfehlen sich auch große Online-Buchhändler wie www.amazon.de.

KINDER

Kinder sind entscheidend im Vorteil: Sie haben noch keine Vorurteile gegenüber Afrika und dem Nahen Osten. Ihr erster Eindruck von diesem Kontinent ist sicher die Wärme und Herzlichkeit der Menschen. Viele Marokkaner wachsen in großen Familien auf; deshalb helfen Kinder, das Eis zu brechen und Türen zu öffnen. Durch sie kommt man schnell in Kontakt mit Einheimischen. Diese sind gegenüber Kindern meist extrem freundlich, hilfsbereit und beschützend (umgekehrt werden Paare, die allein unterwegs sind, oft gefragt, warum sie keine Kinder haben). Im Endeffekt eröffnet einem das Reisen mit Kindern in Marokko eine ganz neue Welt. Oder, wie einer unserer Autoren schrieb: „Mit Kindern in Marokko umherzureisen, ist das Größte. Habe es oft und gern gemacht."

Für weitere Tipps und Informationen zu Reisen mit Kindern ist der Lonely Planet Band *Travel with Children* von Cathy Lanigan sehr empfehlenswert.

PRAKTISCH & KONKRET

In den meisten Hotels übernachten Kinder unter zwei Jahren kostenlos. Für Kinder von zwei bis zwölf Jahren, die sich das Zimmer mit ihren Eltern teilen, wird normalerweise der halbe Preis fällig. Es empfiehlt sich, ein Zimmer zumindest in einem Mittelklassehotel zu buchen, da hier die sanitären Anlagen einen hohen Standard haben.

Wer ein wenig sucht, kriegt alles, was man für kleinere Kinder braucht. Spezielle Nahrung und Sonnenschutz mit hohem Lichtschutzfaktor sollten allerdings mitgebracht werden. Einwegwindeln sind unterwegs – trotz des Müllproblems – eine praktische Lösung. Internationale Marken sind problemlos zu haben; zehn Stück kosten ca. 25 Dh.

Um Verdauungsbeschwerden zu vermeiden, sollte nur gereinigtes oder abgefülltes Wasser verwendet werden. Pasteurisierte H-Milch und Milchpulver gibt's überall zu kaufen. Bei der Restaurantauswahl sollte man besonders vorsichtig sein. Außerdem: Salate vermeiden und für die Kleinen nur durchgegarte Gerichte wie Tajine, Couscous, Suppen und Omelettes wählen. Marokkanische Märkte haben ein riesiges Angebot an Obst und Gemüse, das allerdings gut gewaschen und geschält werden sollte.

Nicht zu empfehlen ist eine Tour durchs Landesinnere im Hochsommer: Die Temperaturen klettern dann mitunter über die 40°-C-Marke. Auch an bewölkten Tagen an ausreichend Wasser und Sonnenschutz denken!

In Marokko gibt's ein gut ausgebautes Bahnnetz. Zugreisen sind wahrscheinlich die einfachste und netteste Art, mit Kindern von A nach B zu gelangen. Hier können sie sich bewegen und an Klapptischen malen und spielen. Kinder unter vier Jahren fahren kostenlos, für Kinder zwischen vier und zwölf gibt's zwischen 10 und 50 % Rabatt, abhängig vom Service. Grands Taxis und Busse sind für Kinder wenig spaßig, da sie nicht als Passagiere, sondern als zappelndes Gepäck zählen. Sie müssen bei Erwachsenen auf dem Schoß sitzen. Der Sicherheitsstandard der Busse und Sammeltaxis ist niedrig und viele Straßen sind eine einzige Ansammlung von Schlaglöchern. Leihwagen haben selten Kindersitze. Falls benötigt, sollte man diesen selbst mitbringen – und darauf achten, dass er richtig an den Sicherheitsgurten befestigt ist.

Es gibt wenig professionelle Babysitter. Spitzenklassehotels können allerdings bei der Suche behilflich sein. Alternativ wendet man sich an Organisationen von Ausländern, die in Marokko leben. Sie sind gerade in Marrakesch sehr aktiv. Wer einen deutschsprachigen Babysitter wünscht, sollte dies extra erwähnen.

Und noch ein Tipp: Ein Leser schrieb uns, dass herumtobende Kinder in Teppichläden beim Feilschen sehr nützlich sein können …

SEHENSWERTES & AKTIVITÄTEN

Damit der Urlaub Eltern wie Kindern gleichermaßen Spaß macht, müssen Kompromisse eingegangen werden. Am allerwichtigsten: bloß nichts übertreiben. Aktivitäten sollten den Nachwuchs immer mit einbeziehen, wobei sich ältere Kids auch an der Planung beteiligen können. Am besten sucht man sich etwas heraus, das die kindliche Phantasie anregt – dies dürfte in Marokko kaum ein Problem darstellen. Das alle Sinne ansprechende, chaotische Treiben auf den Suks von Fès und Marrakesch sind unendlich faszinierend. Dort erlebt man viele aufregende und vielleicht auch ärgerliche Moment. Lagerfeuernächte mit Berbermusik stehen ebenfalls für ein unvergessliches Erlebnis. Am Ende eines heißen Tages reicht aber vielleicht schon ein Hotelpool, um stundenlang für gute Laune zu sorgen.

Auch Kamel- oder Pferdeausritte an den Stränden von Essaouira (S. 170) und Agadir bzw. durch die Sanddünen von M'Hamid (S. 376) oder Merzouga (S. 397) sind für Kinder immer ein Riesenspaß. Mit älteren Sprösslingen kommen auch Quad- oder Motorradtouren rund um Ouarzazate (S. 368) in Frage.

Ebenfalls sehr beliebt sind Fahrten mit *calèches* (Pferdekutschen) entlang der Stadtmauern von Marrakesch (S. 348) oder Taroudannt (S. 419).

Für jüngere Kinder eignen sich zudem Attraktionen wie der Vergnügungspark Yasmina in Casablanca (S. 114), das Surfland (S. 159) in Oualidia und der Parque Marítimo del Mediterráneo (S. 205) in Ceuta, das Vallée des Oiseaux (S. 406) in Agadir und die Atlas Film Corporation Studios (S. 367) in Ouarzazate.

Darüber hinaus wird im gesamten Reiseführer auf kinderfreundliche Sehenswürdigkeiten hingewiesen. Die Kapitel zu Marrakesch (S. 329), Casablanca (S. 114) und Rabat (S. 131) enthalten separate Abschnitte.

KLIMA

Marokkos Wetterverhältnisse sind genauso facettenreich wie die Geografie des Landes. An den Küsten herrscht allgemein ein recht mildes Klima, das aber oben im Norden auch kühl und feucht sein kann. Rekordhalter in puncto Niederschlägen sind das Rifgebirge und der Norden des Mittleren Atlas; dort sind nur die Sommermonate trocken. In den oberen Lagen des Mittleren und Hohen Atlas sind die Winter bitterkalt und schneereich, die Sommer kühl und frisch. In allen anderen Landesteilen fällt der meiste Regen zwischen November und März. Allerdings lassen sich Niederschläge nie genau voraussagen, und Dürren sorgen regelmäßig für Probleme. Am Atlantik weht oft ein stürmischer Wind. Im Landesinneren ist der Sommer häufig drückend heiß, wobei das Thermometer schnell über die 40 °C-Marke klettern kann. Die Ebenen am Rand der Wüste werden im Frühling – besonders im April – von extrem unangenehmen Sandstürmen (Schirokko, *chergui* oder *irifi*) heimgesucht.

Infos zur besten Reisezeit stehen auf S. 21. Klimatabellen finden sich auf S. 502.

KURSE

Wer die arabische Sprache oder marokkanische Kochkünste erlernen oder sich als Reiseschriftsteller versuchen will, findet vor Ort ein tolles Angebot an kurzen und langen Kursen.

Kochen

Das größte Angebot an Kochkursen gibt es in Marrakesch; eine der besten Adressen ist Souq Cuisine (S. 329) . Auch Fès (S. 257) hat einige interessante Kochschulen zu bieten.

Kreatives Schreiben

Marokko regt die Phantasie in jeglicher Hinsicht an. Wer seine Eindrücke und Gedanken etwas dauerhafter in Worte fassen möchte, sollte die Schreibkurse von **Traveller's Tales** (www.travellerstales.org) in Marrakesch besuchen. Sie werden von Anthony Sattin geleitet, der auch an diesem Reiseführer mitgewirkt hat.

Sprache

In den marokkanischen Großstädten kann man Kurse belegen, in denen modernes Standard-Arabisch unterricht wird. In Rabat (S. 129) und Casablanca (S. 114) ist die Auswahl an zeitlich unterschiedlich bemessenen Kursen besonders groß.

Den höchsten „Romantikfaktor" bietet jedoch zweifelsohne Fès. Das dort ansässige **Arabic Language Institute** (www.alif-fes.com; Kurse 3/6 Wochen 5200/9400 Dh) ist die wahrscheinlich renommierteste Sprachschule des Landes. Es veranstaltet Langzeitkurse, die sich speziell an Ausländer richten; zudem besteht die Möglichkeit, individuelle Privatstunden zu buchen. Auf Wunsch wird eine Unterkunft bei einer marokkanischen Familie vermittelt. **DMG Arabophon** (www.arabicstudy.com; Kurse 2100–8400 Dh), eine weitere hervorragende Einrichtung in Fès, unterricht Tamazight-Berberisch.

ÖFFNUNGSZEITEN

Obwohl Marokko ein muslimisches Land ist, gilt bei den Ladenöffnungszeiten die Arbeitswoche von Montag bis Freitag. Nichtsdestotrotz ist der Freitag der Hauptgebetstag, weshalb viele Geschäfte am Freitagnachmittag eine ausgedehnte Mittagspause einlegen. Während des Ramadans ticken im ganzen Land die Uhren anders – Geschäfte haben dann nur von 8 bis 15 oder 16 Uhr geöffnet.

Weitere Informationen zu Geschäftszeiten von Läden, Banken, Postfilialen und Restaurants finden sich unter „Auf einen Blick" auf der Umschlaginnenseite.

Die Öffnungszeiten der Banken variieren. Einige Banken schließen werktags um 11.30 Uhr. In den wichtigsten Urlaubsorten haben *bureaux de change* (Wechselstuben) abends länger (oft bis 20 Uhr) und auch am Wochenende geöffnet.

Bei Einkaufsplanungen sollte man berücksichtigen, dass sich die Suks in den Medinas und die Lebensmittelmärkte in den *villes nouvelles* (Neustädten) der größeren Städte am Donnerstagnachmittag leeren und freitags

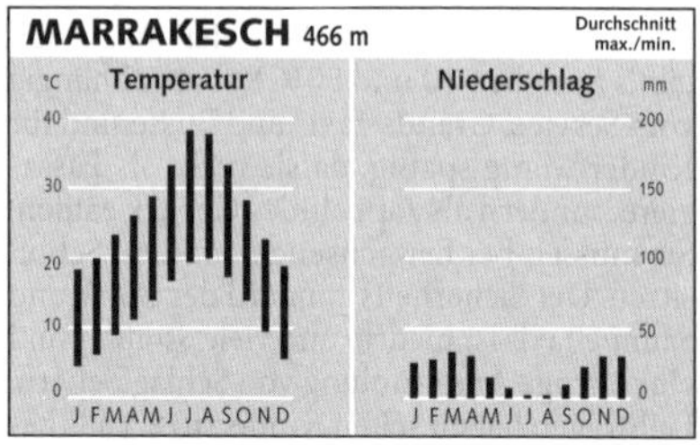

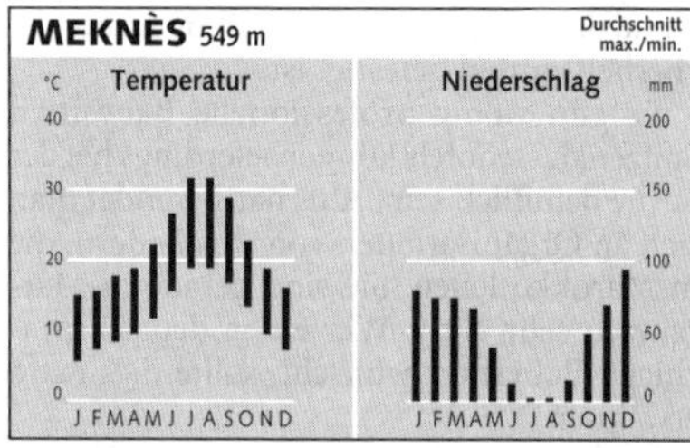

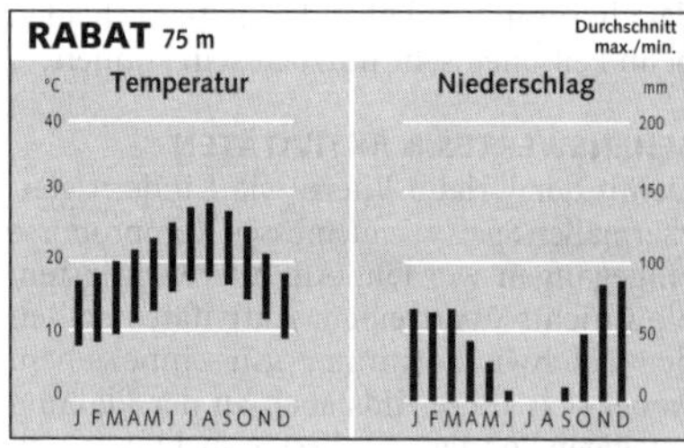

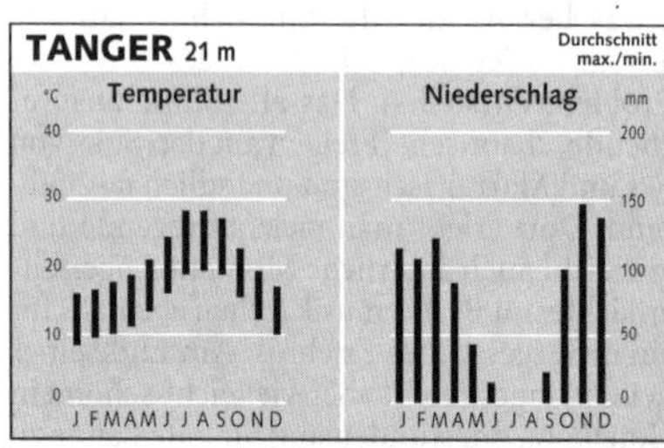

meistens ganz verwaist sind. Suks in kleinen Ortschaften öffnen früh am Tag und schließen vor der Nachmittagshitze.

Regierungsbüros sind montags bis donnerstags von 8.30 bis 12 Uhr und von 14 bis 18.30 Uhr geöffnet. Freitags dauert die Mittagspause von 11.30 bis 15 Uhr.

Touristeninformationen haben in der Regel montags bis donnerstags von 8.30 bis 12 Uhr und von 14.30 bis 18.30 Uhr geöffnet, freitags von 8.30 bis 11.30 Uhr und von 15 bis 18.30 Uhr.

Téléboutiques (private Telefonläden) und Internetcafés bieten ihre Dienste – vor allem in den Städten – oft bis tief in die Nacht hinein an.

POST

Marokkanische Postämter sind an gelben „PTT"-Schildern oder dem „La-Poste"-Logo zu erkennen. Briefmarken werden teilweise auch von kleinen Tabak- und Zeitungskiosken (*tabacs*) verkauft, die man in Großstadtzentren an vielen Ecken findet.

Die marokkanische Post arbeitet zuverlässig, wenn auch nicht sonderlich fix. Nach Europa brauchen Briefe (ca. 18 Dh) und Postkarten (ca. 13 Dh) mindestens eine Woche. Etwas schneller geht's in der Regel, wenn sie von Städten aus verschickt werden.

Express- & Kuriersendungen

Normalerweise sind der Express Mail Service (EMS bzw. Poste Rapide) und die Paketpost im selben Gebäude untergebracht. Die marokkanische **Chronopost** (☎ 0522 202121; www.chronopost.com) versendet bis zu 500 g schwere Pakete nach Europa für rund 320 Dh.

In großen Städten findet man zudem private Kurierunternehmen wie **DHL** (☎ 0522 972020; www.dhl-ma.com) oder **TNT** (☎ 0522 272724; www.tnt.com). Deren Dienste sind vergleichsweise schneller, aber auch teurer.

Post empfangen

Es sollte kein Problem sein, sich postlagernde Sendungen in eine größere Stadt schicken zu lassen – die Adresse muss den Namen des Empfängers und den Vermerk „Poste Restante, La Poste Principale" enthalten. Obwohl die Postfilialen generell zuverlässig arbeiten, werden postlagernde Pakete mitunter nur ein paar Wochen aufbewahrt, bevor sie wieder zurückgeschickt werden. Zum Abholen benötigt man seinen Pass und muss eventuell eine kleine Aufbewahrungsgebühr zahlen.

Ferner kann man auch via Amex Postsendungen empfangen. Das Unternehmen wird durch das Reisebüro Voyages Schwartz vertreten und hat Niederlassungen in Casablanca, Tanger und Marrakesch. Um diesen Dienst in Anspruch zu nehmen, muss man Reiseschecks oder eine Kreditkarte von Amex besitzen. In der Praxis wird zur Identifizierung meist nur ein Pass verlangt; es wird keine Gebühr fällig.

Post verschicken

Das Paketamt ist in der Regel durch ein Schild mit der Aufschrift *colis postaux* zu erkennen und befindet sich in einem separaten Bereich des Postamts.

Wer Einkäufe nach Hause schicken will, sollte in der Post ein Paket und ein Versandformular besorgen und damit zu dem Laden marschieren, in dem er sie erworben hat. Die Verkäufer kennen ihre Waren, können sie gut in Zeitungen einwickeln und sicher verpacken. Ein Teppich sollte zusammengerollt und in Plastiksäcke verpackt werden – auch das können Händler übernehmen. Für Pakete gilt das Höchstgewicht von 20 kg; außerdem darf keine Seite des Pakets länger als 1,5 m sein. Die Adresse sollte mehrfach mit einem wasserfesten Stift gut lesbar auf das Paket oder den Teppich geschrieben werden (Zielland besonders deutlich!). Die Angabe des Warenwerts ist freiwillig – es kann allerdings sein, dass beim Empfang Gebühren fällig werden. Das Paket keinesfalls fest verschließen! Die Zollbehörde des Postamts muss den Inhalt überprüfen. Die Gebühr für die Luftpost (Par Avion) bemisst sich nach dem Gewicht des Pakets. Man kann auch explizit um einen Transport auf dem Land- und Seeweg bitten – so spart man Geld, muss aber dafür deutlich länger auf die Sendung warten.

Für besonders wertvolle oder sperrige Waren wie etwa große Möbel ist eine Zollabfertigung erforderlich. Der Geschäftsinhaber sollte sowohl die notwendigen Formalitäten als auch den Versand abwickeln – die Kosten trägt der Käufer. Auf jeden Fall ist es ratsam, Kopien der Unterlagen zu machen.

RECHTSFRAGEN

Das marokkanische Gesetz verbietet den Besitz, das Anbieten, den Verkauf und den Transport von Cannabis. Das Strafmaß reicht von einer Geldstrafe von 2400 bis 240 000 Dh bzw. von drei Monaten bis fünf Jahren Gefängnis. Freisprüche in Drogenverfahren kommen nur sehr selten vor. Die britische Gesellschaft **Fair Trials Abroad** (FTA; ☎ 0520 83322800; www.fairtrialsabroad.org; London) bietet Bürgern aus EU-Staaten Unterstützung und Rechtsbeistand, wenn sie im Ausland inhaftiert werden.

Wer in Schwierigkeiten gerät, sollte zuallererst eine diplomatische Vertretung des Heimatlandes kontaktieren. Es ist kein Geheimnis, dass die lokale Polizei nicht immer eine weiße Weste hat und in Betrügereien verwickelt ist. Wer von der marokkanischen Polizei verhaftet wurde, ist rechtlich zunächst ziemlich wehrlos. Zudem ist es unwahrscheinlich, dass ein Dolmetscher zur Hand ist, der so gut ist, dass er eine Aussage exakt wiedergeben kann. Und diese wird im folgenden Gerichtsverfahren eine zentrale Rolle spielen. Menschenrechtsorganisationen wie Human Rights Watch und L'Organisation Mondiale Contre la Torture zufolge sind Misshandlungen in marokkanischen Gefängnissen keine Seltenheit.

REISEN MIT BEHINDERUNG

Marokko ist für Menschen mit Behinderung ein mit vielen Hindernissen gespicktes Reiseziel. Die engen, holprigen Straßen in den Medinas machen die Fortbewegung selbst für Traveller ohne Handicap manchmal zu einer Herausforderung. Das bedeutet aber nicht zwangsläufig, dass eine Marokkoreise abenteuerlustigen Körperbehinderten verwehrt bleiben muss.

Nicht alle Hotels (und sicher nur wenige der preiswerteren) haben einen Aufzug. D. h.: Stets ein Zimmer im Erdgeschoss buchen. Nur in einer Handvoll der Luxushotels gibt es behindertengerechte Räume. Am besten gelangt man in Marokko wohl mit dem Auto von A nach B, wenngleich man in Bussen und an Bahnhöfen mit Hilfe rechnen kann (gegen Trinkgeld). Viele Touranbieter können einen Trip entsprechend den jeweiligen Erfordernissen zusammenstellen.

Seh- oder Hörgeschädigte müssen sich ebenfalls auf Einschränkungen einstellen – Hörhilfen, Zeichen in Blindenschrift oder akustische Signale an Fußgängerüberwegen sucht man vergebens.

Weitere nützliche Hinweise erteilen die **Nationale Koordinierungsstelle Tourismus für Alle e. V.** (Natko; ☎ 06131 250410; www.natko.de; Kötherhofstr. 4, 55116 Mainz), **Mobility International Schweiz** (☎ 06220 68835; www.mis-ch.ch; Froburgstr. 4, CH-4600 Olten) und **MyHandicap** (☎ 089 21898695-0; www.myhandicap.de/touristik.html; Mandlstr. 22, D-80802 München)

SCHWULE & LESBEN

Homosexuelle Handlungen und Zuneigungsbekundungen (auch Küsse) sind in Marokko verboten – theoretisch werden sie mit Gefängnis und/oder einer Geldbuße geahndet. Tatsächlich aber sind – nicht in der Öffentlichkeit ausgeübte – sexuelle Praktiken zwischen Männern recht weit verbreitet, auch wenn sich nur die wenigstens Menschen offen selbst als schwul bezeichnen würden. Platonische Zuneigung wird offen gezeigt, sogar deutlicher zwischen Männern als zwischen Frauen. Diskretion ist aber immer angesagt, öffentliche Liebesbezeugungen sollten generell vermieden werden (von Übegriffen auf Schwule wird immer wieder berichtet). Die Empfehlung gilt übrigens in gleicher Weise für homo- wie für heterosexuelle Paare. Man sollte Sensibilität gegenüber den Gefühlen der Einheimischen zeigen.

Einige Städte sind Homosexuellen gebenüber verhältnismäßig tolerant: An erster Stelle steht Marrakesch, gefolgt von Tanger – d. h. homosexuelle Traveller folgen denselben Routen wie die anderen Urlauber. Es gibt hier und da sogar „Gay"-Bars und das marokkanische Nachtleben bietet für jeden etwas.

Lesben sollten eigentlich keine Probleme haben – Marokkaner glauben schlichtweg, dass es Liebe zwischen Frauen in ihrem Land nicht gibt. Wahrscheinlich hilft es nicht einmal, sich als homosexuell zu outen, um Möchtegern-Romeos fernzuhalten. Es könnte marokkanische Männer eher noch in ihrem Glauben bestärken, dass westliche Männer ihnen auf sexuellem Gebiet nicht das Wasser reichen können.

Viele junge Männer sind aufgrund ihrer Armut dazu bereit, Sex gegen Geld oder andere Gefälligkeiten anzubieten. Überflüssig zu erwähnen, dass aus diesem Grund Ausbeutung ein unerfreulicher, aber fester Bestandteil der marokkanischen Schwulenszene ist.

Folgende Websites geben Hinweise zu gesetzlichen Bestimmungen und Einstellungen gegenüber Homosexualität:

Behind the Mask (www.mask.org.za/) Detaillierte Infos und szenespezifische News zu allen afrikanischen Ländern.

Gay & Lesbian Arab Society (www.glas.org) Informationen zur Homosexualität in der arabischen Welt.

Global Gayz (www.globalgayz.com) Nützliche Quelle mit prima Marokko-Links.

Spartacus International Gay Guide (www.spartacusworld.com) Renommierter internationaler Schwulen-Reiseführer mit Infos zu Marokko.

SHOPPEN

Wer Marokko als Tourist bereist, wird wahrscheinlich ausgiebige Shoppingtouren absolvieren. Und die Händler in den Suks wissen das nur allzu gut. Leidenschaftliche Souvenirjäger können problemlos Wochen damit verbringen, marokkanische Märkte zu durchstöbern. Das gigantische Angebot reicht von Silberschmuck, Kupfer- oder Messingwaren bis hin zu unzähligen Läufern und Teppichen. Ganz offensichtlich wird neben hochwertigen Waren auch viel Schrott veräußert. Daher ist es ratsam, die Artikel genau unter die Lupe zu nehmen, bevor man zuschlägt. In vielen Städten gibt's staatliche *ensembles artisanals* (Kaufhäuser für Kunsthandwerk) mit Festpreisen; diese geben häufig einen guten Überblick über Qualität und Preise vor Ort. Das Kapitel „Marokkanisches Kunsthandwerk" (S. 69) liefert weitere Informationen zu all den schönen Dingen, die man sich in Marokko zulegen kann.

Beliebte Mitbringsel sind Kräuter und Gewürze, altmodische Tourismusplakate im französischen Stil und marokkanische Kleider. Power-Shopper besorgen sich gern einen großen, handgeflochtenen Einkaufskorb als Souvenir und verwenden diesen auch gleich, um die erstandenen Schätze zu transportieren.

Beim Kauf größerer Waren (vor allem Teppiche) sollte man sich immer eine Quittung geben lassen. Diese muss eventuell bei der Abreise aus Marokko beim Zoll vorgelegt werden; andernfalls könnte eine Exportsteuer fällig werden. Möglicherweise wird auch bei der Einreise eine Abgabe fällig.

Märkte

In marokkanischen Städten und Dörfern findet ein- oder zweimal pro Woche ein Markt statt *(souq hebdomadaire)*. Die Händler aus der Umgebung kommen dorthin, um ihre Waren zu verkaufen und das zu besorgen, was sie selbst nicht produzieren. Die Märkte unterscheiden sich von den üblichen, überdachten Märkten, die es in fast allen Städten gibt. Meistens sind sie ein lebhafter Ort, der sich prima dazu eignet, die verschiedenen Gebräuche und Kleidungsgewohnheiten der Einheimischen zu studieren.

Alle Märkte – egal welche – werden Suk genannt. Hier einige der interessantesten:

Ort	Markttage
Agadir	Sa, So
Azrou	Di
Chefchaouen	Mo, Do
Figuig	Mi
Larache	So
M'Hamid	Mo
Midelt	So
Moulay Idriss	Sa
Ouarzazate	So
Ouezzane	Do
Oujda	Mi, So
Sefrou	Do
Tafraoute	Mi
Taroudannt	So
Tinerhir	Mo
Tinzouline	Mo
Tiznit	Mi
Zagora	Mi, So

TELEFON & FAX

Marokko hat ein gut ausgebautes Telefonnetz. Die Bevölkerung ist genauso handysüchtig wie die der restlichen Welt.

Mit **Meditel** (www.meditelecom.ma), **Maroc Telecom** (www.iam.ma) und **Wana** (www.marocco nnect.ma) stehen drei GSM-Mobilfunknetze zu Verfügung. Die landesweite Netzabdeckung ist hervorragend. Naturgemäß hat man jedoch im Großteil von Atlasgebirge und Sahara keinerlei Handyempfang. Der eigene Anbieter kooperiert wahrscheinlich mit einem marokkanischen Unternehmen – doch Vorsicht: Die Roaming-Gebühren sind allgemein extrem hoch. Wesentlich günstiger fährt man mit marokkanischen Prepaid-Handys oder SIM-Karten, die von *téléboutiques* (privaten Telefonstuben) für ca. 30 Dh verkauft werden. Neue Guthabenkarten gibt's u. a. bei *téléboutiques*, Zeitungsständen und Lebensmittelläden. Marokkanische Mobilfunknummern beginnen mit ☎ 061, 066 oder 067 (Minutenpreis Inlands-/Auslandsgespräch ca. 2/10 Dh, netzabhängig).

Bei Inlandsgesprächen muss stets die Ortsvorwahl eingegeben werden – selbst dann, wenn sich der angerufene Anschluss in derselben Stadt oder Region befindet. Die örtliche Telefonauskunft ist überall unter ☎ 160 erreichbar. Bei Auslandsgesprächen ist immer zuerst die ☎ 00 und der jeweilige Ländercode zu wählen – also auch dann, wenn man Anschlüsse in den spanischen Enklaven Melilla und Ceuta anrufen will (Spanien hat ☎ 34 als Ländervorwahl).

Wer ohne Handy unterwegs ist, kann auf *téléboutiques* und öffentliche Fernsprecher zurückgreifen. Die Telefonstuben tauschen normalerweise kleine Scheine in Münzgeld um. In den meisten Telefonzellen benötigt man *télécartes* (Guthabenkarten), die bei *tabacs* und *téléboutiques* erhältlich sind. Die Geräte lassen sich dank guter Anleitung relativ leicht be-

EIN PAAR REGELN ZUR ERINNERUNG

Wer in Suks shoppen geht, sollte drei Grundregeln beherzigen: Geduld, Geduld und nochmals Geduld. Feilschen ist ein unverzichtbares Element der marokkanischen Geschäftskultur. Mit einer Mischung aus Arglist, Beharrlichkeit und aalglatten Verkaufstechniken liefern Händler eine bühnenreife Vorstellung ab. Für sie ist Feilschen ein Vergnügen und Interaktion zugleich: ein Spiel, das mit schauspielerischer Leistung und Rhetorik gewürzt wird. Man ist also gut beraten, wenn man mit der gleichen Einstellung zu Werke geht.

Vorbereitung

Ein *ensemble artisanal* gehört zu der staatlichen Kette von Kunsthandwerksläden, die in den meisten Städten vertreten ist und qualitativ gute Waren zu Festpreisen verkauft. Hier bekommt man einen guten Überblick, welche Preise angemessen sind. An der Hotelrezeption oder von einheimischen Freunden kriegt man ebenfalls Tipps, wie viel bestimmte Dinge wert sein könnten. Auf der Basis dieser Informationen setzt man sich ein Limit, von dem man nicht mehr abweichen sollte!

Prolog

Es ist bereits eine Kunst für sich, durch einen Suk zu laufen und die Umgebung zu checken. Eine Sonnenbrille ist dabei eine nützliche Accessoire. Wer seine Beute erspäht hat, wendet sich an den Ladenbesitzer und sammelt mit einem *Salam alaikum* (Friede sei mit dir) erste Pluspunkte. Darauf folgt vermutlich die Frage, woher man komme. Mit Sicherheit hat der Händler einen Bruder/Cousin/Freund, der in der genannten Stadt lebt – was für ein Zufall! Dann will er wissen, wie lange man schon in Marokko sei. Natürlich wollen wir nichts unterstellen, aber die Vermutung liegt nahe, dass der Händler sich umso mehr die Hände reibt, je kürzer die genannte Zeitspanne ausfällt… Danach kann man anfangen, sich mit offensichtlich demonstriertem Desinteresse umzusehen: Sobald der Ladenbesitzer auch nur einen Funken Interesse bemerkt, geht das Feilschen los. (Das gilt allerdings nicht, wenn der Käufer mit einem Führer unterwegs ist. Denn dann muss noch eine Kommission mit eingerechnet werden.)

dienen. Wer von einem Hotelapparat aus telefoniert, bezahlt in der Regel das Doppelte.

Die meisten *téléboutiques* bieten auch einen Faxservice an – allerdings häufig zu gesalzenen Preisen: Je nach Empfängerland kosten internationale Faxsendungen zwischen 20 und 50 Dh pro Seite. Innerhalb Marokkos beträgt der Seitenpreis etwa 12 Dh. Ein Fax zu empfangen, schlägt üblicherweise mit 5 Dh zu Buche.

TOILETTEN

Außerhalb der großen Städte sind öffentliche Toiletten selten. Wer doch eine findet, sollte Toilettenpapier *(papier hygiénique)* dabeihaben, Trinkgeld für die Klofrau (2–3 Dh), gut besohlte Schuhe und oft auch eine Nasenklammer. Toiletten mit Wasserspülung sind Luxus in einem Land, das ständig mit Wasserknappheit zu kämpfen hat.

Häufig muss man sein Geschäft auf Hockklos verrichten – die Marokkaner nennen sie „türkische Toiletten". In der Regel gibt es einen Wasserhahn, einen Schlauch oder einen Wassercontainer, damit man sich anschließend (mit der linken Hand) säubern kann. Da es selten Toilettenpapier gibt, ist es ratsam, stets einen kleinen Vorrat in Reichweite zu haben. Weil allerdings die Abflussrohre schnell verstopfen, wird das Papier nicht in die Toilette geworfen, sondern in den dafür bereitstehenden Eimer. Frauen sollten für gebrauchte Tampons oder Binden eine Plastiktüte verwenden.

UNTERKUNFT

In den Regionenkapiteln dieses Reiseführers werden Doppelzimmer bis 400 Dh dem Budgetsegment, für 400 bis 800 Dh dem Mittel- und darüber dem Spitzenklassebereich zugerechnet. In Casablanca, Essaouira, Fès, Rabat und Tanger bezahlt man für Budgetdoppelzimmer maximal 600 Dh und für Mittel- und Spitzenklasseoptionen 600 bis 1200 Dh oder mehr.

In Marokko kann man auf vielerlei Arten unterkommen: in netten Privatunterkünften und Pensionen oder in superschicken Luxus-Riads (marokkanischen Palais), auf Landgütern oder in stylishen, umgebauten Palästen.

Das eigentliche Drama

Was auch immer der Verkäufer für einen Preis nennt, man sollte nur rund ein Drittel davon als Gegenangebot nennen. Wenn das beleidigend wenig ist (und selbst wenn nicht), wird er lachen, den Kopf schütteln und einen gequälten Blick aufsetzen. Sollte er tatsächlich beleidigt sein – oder feststellen, dass ein Reisebus voller Touristen mit viel Geld angehalten hat –, ist das Feilschen hier zu Ende. Wahrscheinlicher ist jedoch, dass er sagt, er könne den Preis um einige wenige Dirhams senken, weil man a) sein Freund ist, er b) Deutsche/Schweizer/Österreicher besonders mag, c) die Geschäfte nicht gut laufen – was bleibt ihm also anderes übrig? – oder man d) der erste/letzte Kunde an diesem Tag sei. Jetzt heißt es natürlich dagegenhalten und die eigene Story auftischen, etwa dass man den gleichen Artikel um die Ecke für einen Bruchteil des Preises gesehen habe. Alternativ bringt man den Verkäufer zum Lachen und er wird den Preis weiter senken. Es kann auch helfen, ein paar Schritte weiterzugehen oder – wenn man zu zweit unterwegs ist – das „Guter Junge, böser Junge"-Spielchen zu spielen (er will die Ware gerne kaufen, sie kontrolliert die Reisekasse und wiegelt ab). Wie auch immer: Keinesfalls darf man Eindruck erwecken, dass man die Ware *unbedingt* kaufen will. Im Zweifelsfall wird er einen nicht so einfach gehen lassen. Und falls doch: den eigenen Stolz runterschlucken und es noch mal versuchen – und nur nicht die Nerven verlieren! Schließlich sind 10 Dh für einen marokkanischen Händler meist mehr als für den ausländischen Käufer. Wer schließlich 60 % des anfangs genannten Preises zahlt, darf stolz auf sich sein!

Epilog

Nachdem der Kauf besiegelt ist, werden andere Traveller garantiert genüsslich feststellen, dass man zu viel bezahlt hat. Aber Feilschen beruht auf einem wunderbar einfachen Konzept: Der Preis wurde von beiden Parteien als fair akzeptiert – und deshalb ist es egal, was andere Leute denken.

Und noch ein Tipp: Wer nicht schon am nächsten Tag die Reise fortsetzt, sollte nochmals zu dem Stand gehen und vielleicht auf einen Pfefferminztee vorbeischauen. Ohne den Druck, einen Handel abschließen zu müssen, lernt man so vielleicht den Menschen hinter der Händlerfassade ein bisschen besser kennen. Und das kann absolut unbezahlbar sein.

Zur mittleren Preisklasse gehören charmante *maisons d'hôtes* (kleine Hotels) und Riads, vor allem in größeren Städten wie Fès und Marrakesch. Wie überall, wo sich europäische Pauschalurlauber tummeln, gibt's auch an der marokkanischen Küste reichlich überdimensionierte Hotelkomplexe. Budgetreisende können aber mit etwas Glück auch Privathäuser auftun, die über Nacht (ohne offizielle Genehmigung) zu Unterkünften umfunktioniert werden.

In diesem Buch sind die offiziellen, von der Regierung festgesetzten Preise (inkl. Steuern) aufgeführt. Diese gelten aber nur als Richtwerte: Viele Hotels bieten zu „Werbezwecken" einen deutlichen Rabatt auf ihre angegebenen Preisen, besonders in großen Ferienorten wie Agadir bzw. in der Nebensaison (Mai–Okt.). Nachfragen lohnt sich immer.

Über die Osterfeiertage und im August ist es ziemlich schwer, eine Unterkunft zu ergattern, da dann halb Spanien und ganz Frankreich in Marokko Urlaub machen. Auch über Weihnachten und Neujahr ist der Süden (vor allem Marrakesch) schnell ausgebucht. Und wer in Fès im Juni kurzfristig ein Zimmer sucht, kann wegen des immer beliebter werdenden Festivals der geistlichen Musik Schwierigkeiten bekommen.

Für eine Reservierung verlangen die Hotels in der Regel eine Bestätigung per Fax oder E-Mail sowie eine Kreditkartennummer.

Apartments

Wenn man in einer kleinen Gruppe oder mit der Familie unterwegs ist, ist es eine Option, ein Apartment zu beziehen und sich selbst zu verpflegen – besonders in der Nebensaison, wenn die Preise deutlich sinken. In Agadir, El-Jadida, Asilah und den größeren Tourismuszentren am Mittelmeer und an der Atlantikküste gibt's zahlreiche Apartments, in denen gekocht werden kann. Die Riad-Agenturen (S. 509) vermieten auch Apartments.

Camping

In Marokko kann überall gezeltet werden, wenn der Grundstücksbesitzer nichts dagegen hat. Außerdem gibt's zahlreiche offizielle Campingplätze, u. a. in allen größeren Städten

UNTERKÜNFTE ONLINE BUCHEN

Weitere Berichte zu Unterkünften und Empfehlungen von Lonely Planet Autoren gibt's im Online-Buchungsservice unter www.lonelyplanet.com. Hier findet man echte Insiderberichte zu den besten Unterkünften, wie immer gründlich und unabhängig recherchiert. Außerdem kann online gebucht werden.

(wenngleich hier oft abseits der Hauptattraktionen). Bei einigen lohnt sich der Aufwand, um hinzukommen, andere sind dagegen nur ein vertrockneter, steiniger Flecken Erde ohne nennenswerten Schatten. Diese werden meistens von Urlaubern mit großen Wohnmobilen angesteuert, denen die Grundausstattung relativ egal sein kann. Mit viel Glück gibt's aber auf solchen Plätzen sogar einen Pool.

Fast alle Anlagen haben einen Wasser- und Stromanschluss und im Sommer ein kleines Restaurant und einen Shop. Offizielle Plätze kosten ca. 10 bis 20 Dh pro Person; dazu kommen 10 bis 20 Dh fürs Zelt und ca. 10 bis 15 Dh für ein kleines Auto. Wohnmobile oder Caravans kosten in der Regel ca. 20 bis 30 Dh, im Extremfall bis zu 45 Dh. Strom ist normalerweise für 10 bis 15 Dh zu haben, eine warme Dusche kostet 5 bis 10 Dh. Wie bei vielen Dingen wird es in Richtung Marrakesch immer teurer.

Gîtes d'Étape, Privatunterkünfte & Hütten

Gîtes d'étape sind Gästehäuser oder Hostels, die oft Bergführern gehören. In den einfachen Quartieren entlang der angesagten Trekkingrouten im Atlasgebirge darf man nicht viel mehr als Matratzen auf dem Boden, schlichte Bäder und mitunter eine warme Dusche erwarten. Die Preise beginnen offiziell bei 30 Dh, variieren aber je nach Saison und Lage. Mahlzeiten (30–50 Dh) und warme Duschen (10–15 Dh) kosten – sofern im Angebot – extra. Komfortablere private *gîtes*, die es vereinzelt gibt, verlangen pro Nacht 100 Dh und noch mal so viel für die Mahlzeiten.

Berghütten (meistens vom französischen Alpenverein CAF betrieben) sind größer als *gîtes* und gleichen Schweizer Alpenhütten. Es gibt Schlafräume mit Gemeinschaftsduschen und einem eigentlich immer geselligen Speise-/Aufenthaltsraum.

Wer im Hohen Atlas oder abseits der ausgetretenen Pfade unterwegs ist, findet manchmal Angebote vor, in einfachen Dorfhäusern zu nächtigen. Viele haben weder Strom noch fließendes Wasser. Dafür gibt's aber reichlich Wärme und Gastfreundschaft. Die Preise sind die gleichen wie in den *gîtes d'étape* oder auf den Hütten.

Hostels

Die **Fédération Royale Morocaine des Auberges de Jeunes** (☎ 0522 470952; Fax 0522 227677; frmaj@iam.net.ma) betreibt acht vertrauenswürdige Jugendherbergen in Casablanca, Fès, Goulimime, Marrakesch, Meknès, Plage Mehdiya, Rabat und Tanger. Einige Hostels haben Küchen und Familienzimmer. Wer allein unterwegs ist, kommt hier am günstigsten unter (20–45 Dh/Nacht), muss dafür aber eine ungünstige Lage des Quartiers in Kauf nehmen.

Hotels

Preiswerte Hotels mit einem oder gar keinem Stern sind oft in der Medina (Altstadt) von größeren Städte zu finden. Manche sind sauber und ordentlich, andere haben schon Jahre keinen Wischlappen mehr gesehen. „Preiswert" bedeutet meistens Gemeinschaftsbad und -hocktoiletten. Manchmal gibt's gasbetriebene, warme Duschen, für die man 5 bis 10 Dh extra zahlt. Gibt es überhaupt kein warmes Wasser, ist ein Hamam (s. S. 482) eine willkommene Alternative. In vielen günstigen Hotels im Süden kann man auf Matratzen auf der Dachterrasse (25–30 Dh) nächtigen. Andere Unterkünfte haben einen traditionellen marokkanischen Salon, in dem Budget-Traveller in Sesseln oder auf Kissen für einen ähnlichen Preis schlafen können.

Marokkanische Mittelklassehotels haben in der Regel einen hohen Standard. Die Palette reicht von quasi-westlichen Einrichtungen – up to date, aber etwas seelenlos – bis zu den *maisons d'hôtes*, die in puncto Komfort und Charme typisch marokkanisch sind. In dieser Preisklasse gibt's Zimmer mit eigenem Bad. Spitzenklassehotels bieten noch etwas mehr Luxus und sind einfach schicker. Manche Hotels in abgelegeneren Gegenden bieten Halbpension *(demi-pension)* an, also Zimmer mit Frühstück und Abendessen – was sich durchaus als ein Schnäppchen erweisen kann.

Beim Check-in muss man seine Reisepass- und Einreisenummer parat haben. Registrierte Hotels erheben einen staatlichen Steuerzuschlag, der in den aufgeführten Preisangaben bereits enthalten ist. Je nach Sterne-Klassifizierung des Hotels beträgt er etwa 25 Dh pro Person und Tag.

Riads, Dars & Kasbahs

Viele Traveller reizt an Marokkotrips auch die Möglichkeit, in umgebauten traditionellen Häusern zu übernachten. Der Begriff „Boutiquehotel" ist für diese Unterkunftsform wie geschaffen – kein Haus gleicht dem anderen. Die meisten Unterkünfte punkten mit persönlichem Service und werden gleichermaßen für Ambiente und Verpflegung geschätzt. Das hat ihren Preis: Ihre Zimmerpreise entsprechen denen von Vier- oder Fünfsternehotels. Dank mehreren Hundert Optionen steht Marrakesch bei Riadfans am höchsten im Kurs. Gleich dahinter rangieren Fès, Essaouira, Rabat, Tanger und Asilah. Doch aufgrund ihrer ungebrochenen Popularität sind Riads nunmehr auch verstärkt in Gegenden zu finden, in denen man sie eigentlich kaum erwarten dürfte.

Der Begriff „Riad" wird häufig sehr allgemeingültig verwendet. Konkret bezieht er sich jedoch auf Häuser, die Gärten und Bäume umgeben. Zudem hat Marokko jede Menge *dars* (traditionelle Häuser mit Innenhöfen). Zu Hotels umgebaute Kasbahs (alte Zitadellen) gibt's in allen Touristenhochburgen des Südens. Aufgrund der Gebäudestruktur sind Kasbah-Zimmer klein und dunkel, dafür im Sommer aber äußerst reizvoll und kühl.

Die meisten Riads bestehen auf Reservierungen. Rechtzeitige Planung lohnt sich: Meist stehen nur eine Handvoll Zimmer zur Verfügung, die oft schnell ausgebucht sind. Wer reserviert, wird zudem von Riad-Angestellten bei der Ankunft draußen vor der Medina abgeholt. Und das ist auch gut so: Im Gassengewirr hat man gehörig Probleme, die richtige Eingangstür zu finden.

Viele Riads geben ihre Onlinepreise in Euro an – allerdings zu Wechselkursen, von denen sie selbst kräftig profitieren. Daher vor dem Buchen stets alle Preisangaben sorgfältig überprüfen.

Die Websites folgender Agenturen informieren über vorhandene Immobilien und Mietpreise:

Fez Riads (☎ 0672 513357; www.fez-riads.com) Spendet einen Teil seiner Einkünfte für die Restaurierung der Medina von Fès.

Marrakech Riads (☎ 0524 391609; www.marrakech-riads.com) Alteingesessen und renommiert.

VERSICHERUNG

Der Abschluss einer Reiseversicherung, die beim Verlust oder Diebstahl von Wertgegenständen und bei gesundheitlichen Problemen einspringt, ist unbedingt anzuraten. Die medizinische Versorgung in Marokko ist nicht immer die beste – und die wenigen guten Privatkrankenhäuser sind teuer. Vor dem Abschluss der Versicherung den Leistungsumfang prüfen. Die Police sollte im Krankheitsfall einen Rückflug abdecken. Unterwegs sollte man Versicherungskarte oder -police stets griffbereit haben – im Notfall kann dies eine Verzögerung der Behandlung vermeiden. Wer unterwegs die Versicherung verlängern muss, sollte dies vor ihrem Ablauf tun, denn ansonsten wird eine höhere Prämie fällig.

Wer das Flugticket mit einer Kreditkarte bezahlt, bekommt mitunter eine Reiseunfallversicherung inklusive und kann das Geld zurückfordern, wenn die Fluggesellschaft den Flug streicht.

Einige Versicherungen schließen „risikobehaftete Freizeitaktivitäten" explizit aus. Dazu gehören Gerätetauchen, Motorradfahren und vielleicht sogar Trekkingtouren – wer solche Unternehmungen plant, sollte dies Vorfeld abklären. Ein vor Ort erworbener Motorradführerschein ist bei einigen Policen nicht gültig.

Man sollte sich für eine Auslandskrankenversicherungen entscheiden, die medizinische Leistungen direkt bezahlen. Andernfalls muss die Kosten zuerst auslegen und später zurückfordern – allerdings bestehen viele Ärzte und Krankenhäuser in Marokko auf Vorauszahlungen. Wer später sein Geld nachträglich zurückverlangen muss, sollte alle Dokumente gut aufbewahren. Einige Versicherungen bitten um ein R-Gespräch mit einer Zentrale im Heimatland, wo sofort eine Einschätzung des Problems vorgenommen wird. Daher sollte die Notfallnummer der Versicherung stets mitgenommen und getrennt vom Gepäck aufbewahrt werden. Außerdem ist gegebenenfalls gut zu wissen, mit welchem privaten medizinischen Dienst die Versicherung in Marokko zusammenarbeitet, um diese notfalls direkt kontaktieren zu können.

Wer ein Auto mietet, sollte eine adäquate Krankenversicherung und eine gültige Autoversicherung abschließen (s. S. 525). Weltweit gültige Reiseversicherungen können auch über die Internetseite www.lonelyplanet.com/travel_services online abgeschlossen, verlängert und in Anspruch genommen werden – auch unterwegs.

VISA

Bürger Deutschlands, Österreichs und der Schweiz dürfen sich ab Einreise 90 Tage lang visumfrei in Marokko aufhalten. Bei der Einreise wird ein noch mindestens sechs Monate gültiger Reisepass benötigt, bei Teilnehmer von Pauschalreisen genügt eventuell auch ein noch drei Monate gültiger Personalausweis. Kinder bis 16 Jahre müssen im Pass der Eltern eingetragen sein oder einen eigenen Kinderausweis bzw. den zum 1. Januar eingeführten Kinderpass (ab 3 Jahren mit Foto) besitzen. Da sich Einreisebestimmungen auch hin und wieder ändern, kann es nicht schaden, aktuelle Informationen bei der diplomatischen Vertretung Marokkos oder in einem Reisebüro einzuholen.

Aufenthaltsverlängerungen

Sollte die Marokkoreise länger als 90 Tage dauern, kann man sich um eine Aufenthaltsverlängerung bemühen. Nach Auskunft des Auswärtigen Amts (www.auswaertiges-amt.de/diplo/de/Laenderinformationen/Marokko/Sicherheitshinweise.html) ist dies jedoch – wenn überhaupt – nur unter strengen Auflagen möglich. Wer sich gar um einen ständigen Wohnsitz (*Carte de Sejour*) bemühen will, benötigt einen offiziellen Beschäftigungsnachweis. Für den Antrag sucht man die nächstgelegene Polizeizentrale (*Préfecture de Police*) auf – zusätzlich bewaffnet mit Reisepass, drei separaten Passfotos und einem Schreiben der eigenen Botschaft, die im Namen des Antragstellers eine Aufenthaltsverlängerung beantragt. Die Bearbeitung kann Stunden oder Tage in Anspruch nehmen. Zudem pflegen die unterschiedlichen Polizeizentralen jeweils eine ihren ganz individuellen bürokratischen Stil.

Wer eine Verlängerung benötigt, kann sich auch aufs spanische Festland oder in eine der spanischen Exklaven in Marokko begeben und ein paar Tage später wieder einreisen. Außer zusätzlichen Kosten sind damit kaum Probleme verbunden. Im ungünstigsten Fall kommen einem jedoch die persönlichen Launen der marokkanischen Einwanderungsbeamten in die Quere, an denen sich Traveller gelegentlich die Zähne ausbeißen.

Visa für Ceuta & Melilla

Für die beiden spanischen Exklaven Ceuta und Melilla gelten die Ein- und Durchreisebestimmungen von Spanien. Was bei der Ausreise von Marokko in eine der beiden genannten Städte zu beachten ist, erfährt man auf S. 208.

VISA FÜR NACHBARLÄNDER

Die Botschaften folgender Nationen befinden sich in Rabat (Kontaktdaten s. S. 488):

- **Algerien** Die marokkanisch-algerische Grenze ist derzeit geschlossen. Visa für Algerien sollten vorzugsweise im eigenen Heimatland beantragt werden.
- **Mali** Reisenden benötigen ein Visum mit einmonatiger Gültigkeit (250 Dh), das innerhalb Malis verlängert werden kann. Vorzulegen sind zwei Passfotos und eine Impfbescheinigung gegen Gelbfieber. Visa werden normalerweise sofort ausgestellt – theoretisch auch von allen malischen Grenzposten. In abgelegenen Wüstenregionen sollte man sich aber keinesfalls darauf verlassen.
- **Mauretanien** Mit Ausnahme von Staatsbürgern aus Ländern der Arabischen Liga benötigen alle Reisenden ein Visum mit einmonatiger Gültigkeit (200 Dh). Wenn Visa morgens bei der mauretanischen Botschaft in Rabat beantragt werden, können sie am Nachmittag des nächsten Tages dort abgeholt werden. Antragsteller müssen zwei Passfotos vorlegen. Momentan lassen sich Transitvisa mit dreitägiger Gültigkeit (10 €) problemlos direkt an der Grenze erwerben und in Nouakchott verlängern. Diesbezüglich finden sich online unter www.sahara-overland.com gute und aktuelle Infos.
- **Tunesien** EU-Bürger und Schweizer Staatsangehörige dürfen sich bis zu drei Monate lang ohne Visum in Tunesien aufhalten.

Internationaler Impfpass

In bestimmten Teilen Asiens, Afrikas und Südamerikas grassiert das Gelbfieber. Wer aus solchen Regionen ach Marokko einreist, muss daher eine Gelbfieberimpfung mittels des internationalen gelben Impfpasses nachweisen. Alternativ eignet sich auch eine separate Impfbescheinigung. In der Praxis müssen diese Nachweise nur erbracht werden, wenn die Einreise auf dem Landweg über Mauretanien oder via RAM-Transafrikaflug erfolgt. Auf S. 531 stehen allgemeine Informationen zu Impfungen.

ZEIT

In Marokko gilt die Greenwich Mean Time. Während der erstmals 2008 praktizierten marokkanischen Sommerzeit (1. Juni–27. Sept.) werden die Uhren eine Stunde vorgestellt. Bei Anreise über Spanien, das inklusive Ceuta und Melilla der Mitteleuropäischen Zeitzone angehört, ist somit zu beachten: Im April, Mai und Oktober ist Spanien der marokkanischen Zeit um zwei (!) Stunden voraus, ansonsten eine. Dies gilt es zu berücksichtigen, wenn Verkehrsmittel wie Fähren rechtzeitig erreicht werden sollen. Vor einer Reise während der Sommermonate sollte man sich auf jeden Fall informieren, ob die Sommerzeit in Marokko auch weiterhin Bestand hat.

Die meisten Einheimischen verfügen anscheinend über unendlich viel Zeit. Sie haben es nicht einmal ansatzweise so eilig wie Menschen aus der westlichen Welt. Anstatt sich darüber zu ärgern, sollten Traveller den örtlichen Lebensrhythmus ein klein wenig übernehmen. Vielleicht bedeutet dies sogar ein längeres Leben – denn wie schon ein marokkanisches Sprichwort sagt: „Wer sich beeilt, steht mit einem Fuß im Grab."

ZOLL

Zollfrei dürfen bis zu 200 Zigaretten, 50 Zigarren oder 400 g Tabak sowie 1 l Spirituosen oder eine Flasche Wein ausgeführt werden.

Es gibt keine Beschränkungen für den Import ausländischer Währungen, Dirhams dürfen aber weder ein- noch ausgeführt werden.

Verkehrsmittel & -wege

INHALT

AN- & WEITERREISE

Eine kürzlich durchgeführte Reform des marokkanischen Verkehrswesens ist hauptverantwortlich für den sprunghaften Anstieg der Besucherzahlen. Dank eines staatlichen Luftverkehrsabkommens mit der EU dürfen nun europäische Billigfluglinien in Marokko landen, was den Zugang deutlich erleichtert. Parallel ist auch die Anreise auf dem Landweg weiterhin interessant. Fähren verbinden Marokko mit Südspanien und Frankreich – und so auch mit dem Schienennetz des europäischen Kontinents. Bei dieser Option fallen auch weniger Treibhausgase an.

Geführte Touren, Flug- und Zugtickets können online unter www.www.lonelyplanet.com/travel_services gebucht werden.

EINREISE

Die Formalitäten am Flughafen bei der Einreise sind relativ unkompliziert. Besucher müssen nur Einreiseformulare ausfüllen, in denen u. a. nach dem Grund der Reise und nach dem Beruf gefragt wird.

Wer mit dem Auto nach Marokko einreist, braucht eine grüne Versicherungskarte (eine Vorschrift, die auch für Mietfahrzeuge gilt). Die Karte gibt's bei der Versicherung oder an der Grenze – mehr Informationen stehen auf S. 521.

DIE DINGE ÄNDERN SICH

Die Informationen in diesem Kapitel sind besonders anfällig für Veränderungen. Alle relevanten Aspekte bezüglich Tickets und deren Kauf, Reiserouten und Sicherheitsbestimmungen im internationalen Reiseverkehr sollten vor dem Start mit der Fluglinie oder dem Reisebüro durchgesprochen werden. Und Augen auf beim Ticketkauf! Die Angaben in diesem Kapitel verstehen sich als Hinweise und sind kein Ersatz für die eigene, gründliche und aktuelle Recherche.

Reisepass

Für die Einreise nach Marokko ist ein Reisepass erforderlich, der noch mindestens sechs Monate gültig ist. Wer einen neuen Pass braucht oder den alten verlängern lassen muss, sollte sich früh darum kümmern, weil der bürokratische Vorgang oft ein paar Monate dauern kann.

Ist in Marokko der Pass weg, muss man unbedingt sofort zur Polizei gehen (dort einen Nachweis für die Versicherung verlangen) und sich mit dem nächsten Konsulat in Verbindung setzen.

FLUGZEUG

Flughäfen

Der **Mohammed V International Airport** (☎ 0522-539-040) liegt 30 km südöstlich von Casablanca und ist das wichtigste internationale Tor zu Marokko. Praktischerweise ist er über regelmäßig verkehrende Shuttlezüge mit Casablanca und Rabat verbunden.

Ab den meisten europäischen Hauptstädten fliegen zahlreiche Linien- und Billiggesellschaften außerdem nonstop zum **Ménara International Airport** (☎ 0644-447-865) in Marrakesch. Vom **Fes-Saïss International Airport** (☎ 0535-674-712) geht's u. a. hinüber nach Frankreich, aber auch nach Frankfurt.

Auch der **Rabat-Salé International Airport** (☎ 0537-808-090), der **Ibn Batouta International Airport** (☎ 0539-393-720 in Ibn Batouta) in Tanger und der **Al-Massira International Airport** (☎ 0648-839-112) in Agadir sind bedeutende marokkanische Flughäfen mit weltweiten Verbindungen (viele

Billigflieger landen in Agadir). Gelegentlich gehen Maschinen von Ouarzazate nach Paris und ebenso von Nador im nordöstlichen Marokko nach Amsterdam, Brüssel und Köln. In Al-Hoceima besteht teilweise Anschluss nach Amsterdam und Brüssel, während man von Oujda aus nach Paris, Marseille, Amsterdam und Brüssel gelangt.

Die Website des **Office National des Aéroports** (www.onda.org.ma, französisch) liefert umfangreiche Infos zu allen marokkanischen Flughäfen und deren Einrichtungen, Zoll- und Abfertigungsbestimmungen.

Fluglinien

Hauptsaison für Flüge nach Marokko ist von Juli bis Ende August und von Mitte bis Ende Dezember, Nebensaison von November bis Mitte Dezember und von Januar bis Mitte Februar.

Aus vielen Städten in Europa gibt es Direktflüge. Die meisten Flieger landen in Casablanca und Marrakesch. Die nationale marokkanische Fluglinie Royal Air Maroc (RAM) und Air France haben den Löwenanteil, kriegen aber zunehmend Konkurrenz von Billig-Airlines (u. a. auch von Atlas Blue, der Tochtergesellschaft von RAM).

INTERNATIONALE FLUGLINIEN IN MAROKKO

Air Algérie (☎ 0522 314181; www.airalgerie.dz)
Air Berlin (☎ 01805-737 800 (D), 0848-737 800 (CH), 0820-737 800 (AT); www.airberlin.com)
Air Europa (www.air-europa.com)
Air France (☎ 0522 294040; www.airfrance.com)
Alitalia (☎ 0522 314181; www.alitalia.it)
Atlas Blue (☎ 0802 009090; www.atlas-blue.com)
British Airways (☎ 0522 229464; www.ba.com)
EasyJet (www.easyjet.com)
EgyptAir (☎ 0522 315564; www.egyptair.com)
Gulf Air (☎ 0522 491212; www.gulfairco.com)
Iberia (☎ 0522 279600; www.iberia.com)
Jet4You (www.jet4you.com)
KLM-Royal Dutch Airlines (☎ 022 203222; www.klm.com)
Lufthansa (☎ 0180-583 8426 (D), 0900-900 922 (CH), 0810-1025 8080 (AT); www.lufthansa.com)
Regional Airlines (☎ 0522 536940; www.regionalmaroc.com)
Royal Air Maroc (☎ 0669-9200 1461 (D), 022-7317753 (CH), 22 311122; www.royalairmaroc.com)
Royal Jordanian (☎ 0522 305975; www.rja.com.jo)
Ryanair (www.ryanair.com.)
Thomsonfly (www.thomsonfly.com)
TUIfly (www.tuifly.com)
Tunis Air (☎ 0522 293452; www.tunisair.com.tn)

VERKEHRSMITTEL & -WEGE

KLIMAWANDEL & REISEN

Der Klimawandel stellt eine ernste Bedrohung für unsere Ökosysteme dar. Zu diesem Problem tragen Flugreisen immer stärker bei. Lonely Planet sieht im Reisen grundsätzlich einen Gewinn, ist sich aber der Tatsache bewusst, dass jeder seinen Teil dazu beitragen muss, um die globale Erwärmung zu verringern.

Fliegen & Klimawandel

Fast jede Art der motorisierten Fortbewegung erzeugt CO_2 (die Hauptursache für die globale Erwärmung), doch Flugzeuge sind mit Abstand die schlimmsten Klimakiller – nicht nur wegen der großen Entfernungen und der entsprechend großen CO_2-Mengen, sondern auch weil sie diese Treibhausgase direkt in hohen Schichten der Atmosphäre freisetzen. Die Zahlen sind erschreckend: Zwei Personen, die von Europa in die USA und wieder zurück fliegen, erhöhen den Treibhauseffekt in demselben Maße wie ein durchschnittlicher Haushalt in einem ganzen Jahr.

Emissionsausgleich

Die englische Website www.climatecare.org und die deutsche Internetseite www.atmosfair.de bieten sogenannte CO_2-Rechner. Damit kann jeder ermitteln, wie viel Treibhausgase seine Reise produziert. Das Programm errechnet den zum Ausgleich erforderlichen Betrag, mit dem der Reisende nachhaltige Projekte zur Reduzierung der globalen Erwärmung unterstützen kann, beispielsweise Projekte in Indien, Honduras, Kasachstan und Uganda.

Lonely Planet unterstützt gemeinsam mit Rough Guides und anderen Partnern aus der Reisebranche das CO_2-Ausgleichs-Programm von climatecare.org. Alle Reisen von Mitarbeitern und Autoren von Lonely Planet werden ausgeglichen.

Weitere Informationen gibt's auf www.lonelyplanet.com.

AUSREISESTEUER

Wer Marokko verlässt, muss keine Ausreisesteuer zahlen. Die Ausreiseformalitäten sind unkompliziert. Einfach eine Ausreisekarte ausfüllen und den Pass stempeln lassen.

Tickets

Das Flugticket ist traditionsgemäß der teuerste Posten im Reisebudget, aber mit einer der europäischen Billig-Airlines lässt sich einiges sparen – am besten so früh wie möglich buchen, um die günstigsten Angebote zu kriegen. Gute Online-Adressen für billige Tickets sind neben den Homepages der Billigflieger www.opodo.de, www.expedia.de, www.expedia.at und www.cheaptickets.com.

Marokko ist ein kleiner Markt für den Flugverkehr, deshalb gibt's nur selten Rabatte. Das bedeutet, dass sich die Preise der Reisebüros kaum von denen der Fluggesellschaften unterscheiden. Nicht die Tickets für einfache Flüge sind die billigsten, sondern die für Hin- und Rückflüge mit einem Monat Gültigkeit. Und in jeder Richtung fliegt Royal Air Maroc am häufigsten.

Flüge ohne Zwischenstopps sind am teuersten. Viele Fluglinien haben ein sogenanntes Codeshare-Abkommen, und bei den billigsten Flügen müssen Reisende oft in einer europäischen Stadt das Flugzeug (und die Fluglinie) wechseln. Manchmal werden verbilligte Tickets für Studenten und Leute unter 26 Jahren angeboten.

INTERKONTINENTALFLÜGE MIT RTW-TICKETS

Wegen des monopolartigen Fluggeschäfts Marokkos ist es nicht einfach, das Land in eine Tour mit dem Round-the-World-Ticket (RTW-Ticket) einzubauen. Wer von Marokko aus nach Osten reisen will, muss für gewöhnlich in den Vereinigten Arabischen Emiraten zwischenlanden. Von dort aus gibt es dann Anschlussflüge nach Asien oder Australien. Um in die USA weiterzufliegen, müssen Reisende oft zuerst zurück in eine europäische Stadt auf dem Kontinent oder nach London. Normalerweise können Traveller mit einem RTW-Ticket maximal zehnmal zwischenlanden, aber das Ticket lässt sich gegen Aufpreis erweitern. Es kann aber besser und billiger sein, das Ticket für den Flug nach Marokko extra zu kaufen.

Europa

Das Flugangebot zwischen Europa und Marokko variiert ständig. Die Billiganbieter fügen andauernd Strecken neu hinzu, ändern sie ab und streichen sie zum Teil komplett. Abgesehen von den aufgeführten Gesellschaften steuert auch **Royal Air Maroc** die meisten europäischen Hauptstädte ab Casablanca an.

DEUTSCHLAND

Royal Air Maroc (RAM; www.royalairmaroc.com) bietet Flüge von Casablanca nach Frankfurt a. M. an. **Ryanair** (www.ryanair.com/site/DE/) fliegt derzeit von Frankfurt/Hahn nach Fès und von Bremen, Düsseldorf und Frankfurt nach Marrakesch. **TUIfly** (www.tuifly.com) hat Maschinen von Köln nach Tanger und Nador und von Düsseldorf, Frankfurt, München und Stuttgart nach Agadir. **Lufthansa** (www.lufthansa.com) ist zwischen Frankfurt a. M. und Casablanca unterwegs. **Air Berlin** (www.airberlin.com) verbindet die meisten deutschen Großstädte mit Agadir. Günstige Tickets können ansonsten online über Reisebüros wie **STA Travel** (www.statravel.de), **Lastminute** (www.lastminute.de) oder **Expedia** (www.expedia.de) gebucht werden.

ÖSTERREICH

Austrian Airlines (www.aua.com/at/deu) fliegt u. a. ab Wien nach Casablanca und Marrakesch. Ansonsten empfehlen sich Online-Reisebüros wie **STA Travel** (www.statravel.at), **Lastminute** (www.lastminute.at) oder **Expedia** (www.expedia.at), die jeweils separate Websites für Österreich besitzen.

SCHWEIZ

Royal Air Maroc (RAM; www.royalairmaroc.com) fliegt täglich direkt von Genf nach Casablanca und dreimal wöchentlich nach Marrakesch. Zudem geht's ab Zürich dreimal pro Woche nach Casablanca. **Swissair** (www.swiss.com) verbindet u. a. Zürich mit Agadir, Casablanca und Marrakesch. **STA Travel** (www.statravel.ch) und **Lastminute** (www.lastminute.ch) sind auch in der Schweiz vertreten.

AUF DEM LANDWEG

Grenzübergänge

Die Grenze zu Algerien ist lang. Trotzdem ist die einzige Möglichkeit, die Grenze auf dem Landweg zu überqueren, über die marokkanisch-mauretanische Grenze zwischen Dakhla und Nouâdhibou zu fahren. Früher war das eine komplizierte Prozedur. Inzwischen ist es relativ einfach. Die Strecke ist bis heute die beliebteste Überlandroute nach Westafrika. Infos dazu s. S. 517.

Die vielen Fährverbindungen zwischen Nordmarokko und Südeuropa (vor allem, aber nicht ausschließlich Spanien) machen die Einreise „über Land" mit Bus, Zug oder dem eigenen Auto für manche Besucher attraktiv. Tipps zu bestimmten Fährverbindungen s. S. 517.

Auto & Motorrad

Benötigt werden die Zulassungspapiere des Fahrzeugs, eine Kfz-Haftpflichtversicherung und neben einem nationalen auch ein internationaler Führerschein. Alle Fahrzeuge, die eine internationale Grenze überqueren, sollten das Nationalitätskennzeichen des Landes tragen, in dem sie zugelassen sind. Auch ein Warndreieck ist ein Muss – wie in Europa ja auch.

Bei den Automobilclubs zu Hause erfahren Traveller Genaueres über alle Dokumente, die sie brauchen, so z. B. auch über die grüne Versicherungskarte. Näheres zu den Formalien steht auf S. 521.

Wer noch von daheim aus einen Wagen mietet, kann die günstigsten Angebote nutzen (multinationale Autoverleiher s. S. 523). Vor dem Mieten eines Autos sollte geklärt werden, was im Preis enthalten ist und wofür man haften muss. (Dies ist vor allem für die Traveller wichtig, die abseits der *pistes* fahren wollen, was vermutlich nicht in der Versicherung enthalten ist). Europäische Autoverleiher erlauben es normalerweise nicht, dass ihre Wagen nach Marokko mitgenommen werden.

Marokko ist wie geschaffen zum motorisierten Herumreisen. Auf den Straßen und auf den Fähren, die in Tanger ankommen, tummeln sich jede Menge Wohnmobile. Auch Motorradreisen werden immer beliebter. Aber eine Menge Maschinen sind hier kaum bekannt (vor allem die mit leistungsstärkeren Motoren), sodass Reparaturen schwierig sein können. Motorradreisende sollten also unbedingt ein paar Dinge über die Wartung wissen und alle nötigen Ersatzteile dabeihaben, inklusive Kabel, Reifenschläuche, Flickzeug, Motorradheber, Pumpe, Zündkerzen, Kette, waschbarer Luftfilter, Kabelverbindungen – und natürlich gutes Werkzeug. Genau wie Autofahrer tun auch Motorradfahrer gut daran, sich vor der Abreise genauestens über die Leistungen ihrer Haftpflichtversicherung zu informieren.

In Marokko gibt's viele Tankstellen, aber südlich von Tan Tan Richtung mauretanische Grenze sind sie dünner gesät (mehr s. „Mauretanien" S. 517). Diesel ist wesentlich billiger als verbleites Benzin. Wer über Ceuta oder Melilla nach Marokko einreist, sollte die Gelegenheit nutzen und dort seinen Tank mit steuerfreiem Treibstoff füllen.

Bus

Die meisten Busse kommen per Fähre aus Spanien. Alle Passagiere müssen zur Zoll- und Passkontrolle aussteigen. Es gibt auch einen lokalen Busbetrieb über die Grenze nach Mauretanien.

Algerien

Die Grenze zu Algerien hat Marokko Anfang der 1990er-Jahre dichtgemacht. Obwohl der Bürgerkrieg dort zu Ende ist, gibt's keinerlei Anzeichen dafür, dass Marokko die Grenze bald wieder öffnet – denn Algerien hat sich geweigert, das Angebot zur Grenzöffnung anzunehmen, solange die Zugehörigkeit von Westsahara nicht geklärt ist. Wie's weitergeht, kann man auf **Sahara Overland** (www.sahara-overland.com) verfolgen, der maßgeblichen Online-Infoquelle zu Reisen in der Sahara.

Europa

BUS

Eurolines (www.eurolines.de) ist ein Zusammenschluss von europäischen Busfirmen. Das Unternehmen steuert Ziele in ganz Europa und Marokko an und hat in allen größeren europäischen Städten eine Niederlassung. Eurolines kann im eigenen Land oder über die Website kontaktiert werden. Dort erfährt man Näheres über Preise, Tickets und alle Reisebüros, die Karten buchen. In Marokko arbeitet Eurolines mit der Compagnie de Transports Marocains (CTM) zusammen, Marokkos staatlichem Busunternehmen.

Busse von **CTM** (☎ in Casablanca 0522 45 80 80; www.ctm.co.ma) fahren von Casablanca und den meisten anderen großen Städten in Marokko nach Frankreich, Belgien, Spanien, Deutschland und Italien. Die Route fängt in Casablanca an oder führt über Casablanca. Die Busse setzen von Tanger aus nach Europa über, einige auch von Nador nach Almería.

Busse nach Spanien gehen täglich außer sonntags ab Casablanca. Während der großen

TUNNELBLICK

Nach der griechischen Mythologie trennte Herkules einst den europäischen vom afrikanischen Kontinent. Neuerdings scheint seine Tat unterwandert zu werden: Zwischen Cap Malabata (östlich von Tanger) und Punta Paloma (40 km westlich von Gibraltar) soll in 300 m Tiefe ein 24 km langer Tunnel im Meeresboden entstehen – den Verantwortlichen zufolge die Wiedervereinigung von Europa und Afrika. Der Eisenbahntunnel wird schätzungsweise 10 Mrd. € kosten und soll zukünftig Zugfahrten von London nach Marrakesch ermöglichen.

Obwohl diese Idee schon seit den 1970er-Jahren existiert, haben Marokko und Spanien erst 2004 ernsthafte Realisierungsschritte unternommen. Im Rahmen einer Machbarkeitsstudie wurde 2007 ein 300 m langer Probetunnel bei Tanger in den Fels getrieben. Bei erfolgreicher Fortführung des Projekts wird die EU wohl kräftig in die Tasche greifen und mithilfe öffentlicher Träger einen Großteil des Etats übernehmen müssen.

Die Herausforderung ist ungeheuer. Beide Röhren (eine pro Fahrtrichtung) sollen über einen Wartungstunnel miteinander verbunden werden – allerdings etwa sechsmal tiefer unter dem Meer als beim Eurotunnel zwischen Frankreich und England. Und der zählt selbst zu den gewaltigsten und teuersten Zivilbauten des 20. Jhs. Noch größere Probleme bereitet die Tektonik der Erdkruste: An dieser Stelle bewegen sich europäische und afrikanische Platte langsam aneinander vorbei. Momentan stehen beide beteiligten Nationen fest hinter ihrem Vorhaben. Auch wenn ein solcher Kraftakt selbst für griechische Superhelden vielleicht eine Nummer zu groß gewesen wäre.

Ferien in Spanien und Frankreich ist es besser, eine Woche oder länger im Voraus zu buchen, weil die Busse schnell von Marokkanern besetzt sind, die im Ausland arbeiten.

Ein anderes Busunternehmen mit guten Verbindungen nach Spanien ist **Tramesa** (☎ 0522 245274; http://perso.menara.ma/tramesa07, französisch).

ZUG

Trotz der beliebten Billigflieger stellen Bahnfahrten von Europa nach Marokko weiterhin eine gediegene und kultivierte Art des Reisens dar. Als „Großvater aller Zugfahrpläne" erscheint der *Thomas Cook European Timetable* seit 1883 jeden Monat in aktualisierter Form. Weitere Infos stehen unter www.thomascookpublishing.com im Internet. **Seat 61** (www.seat61.com) ist wahrscheinlich die beste Online-Informationsquelle zu weltweiten Bahnverbindungen. Dort findet man auch umfangreiche und stets aktuelle Details zu Zugreisen nach Marokko.

Mittlerweile fällt Marokko nicht mehr in den Geltungsbereich von Interrail-Bahnpässen. Wer das Land im Rahmen eines längeren Europatrips besuchen möchte, muss die Fahrkarten daher direkt vor Ort kaufen. Trotzdem sind Zugreisen innerhalb Marokkos sehr günstig und haben ein prima Preis-Leistungs-Verhältnis. Wenn viele Schienenkilometer geplant sind, sollte man sich gleich zu Anfang eine ermäßigte Bahncard besorgen (Details s. S. 530).

Eine Option sind Direktzüge ab Frankreich über Madrid zur Hafenstadt Algeciras in Südspanien. Dort geht's dann weiter per Fähre. Am komfortabelsten und beliebtesten ist das Francisco de Goya Trainhotel von Paris (Bahnhof Austerlitz) nach Madrid. Diese Nachtzüge werden von **Elipsos** (www.elipsos.com) betrieben, einem Gemeinschaftsprojekt der französischen und spanischen Eisenbahn. Der Zug verlässt Paris am frühen Abend und erreicht Madrid um 9 Uhr am nächsten Morgen. Zur Auswahl stehen Touristenklasse-Abteile mit vier Schlafplätzen (einfache Strecke 165 €) und 1.-Klasse-Kabinen mit einem oder zwei Schlafplätzen. An Bord gibt's außerdem ein Restaurant und eine Cafébar. Inhaber internationaler Studentenausweise (ISIC) erhalten 15 % Ermäßigung. Alle Tickets können online bezogen werden.

Alternativ rollen TGVs vom Pariser Gare Montparnasse über Madrid nach Algeciras oder Málaga (einfache Strecke in Liegewagen ca. 172 €, 25 Std.). Diese Option lässt sich über die Websites von **SNCF** (www.voyage-sncf.com) oder **RailEurope** (www.raileurope.co.uk) buchen.

Für die Weiterreise nach Algeciras steht u. a. der „Estrella del Estrecho" von **Renfe** (www.renfe.es) zur Verfügung, der in Madrid-Chamartin startet (einfache Strecke 37 €, 5 Std.). Der Bahnhof liegt etwa zehn Gehminuten vom Fähranleger entfernt. Wer tagsüber ankommt, kann eigentlich fast gleich darauf an Bord gehen (s. S. 519).

Mauretanien

AUTO & MOTORRAD

Die Trans-Sahara-Strecke über Mauretanien ist mittlerweile die beliebteste Route von Nordafrika in die Gebiete südlich der Sahara. Sie wird alljährlich von Hunderten abenteuerlustiger Traveller absolviert und gilt allgemein als sicher. Dennoch sollte man sich vor dem Start unbedingt über die aktuelle Sicherheitslage informieren: Nachdem der Mord an einer französischen Touristenfamilie 2007 von El-Kaida-Drohungen begleitet worden war, sahen die Veranstalter der Rallye Dakar 2008 zunächst von einem Kurs durch Mauretanien ab und cancelten dann die ganze Veranstaltung (2009 fand sie dann in Südamerika statt).

Die Route von Dakhla nach Mauretanien folgt der Küste südwärts über 460 km bis zur Grenze bei Nouâdhibou. Von dort führt sie gen Süden die Küste entlang zur mauretanischen Hauptstadt Nouakchott. Ende 2005 war der Komplettausbau dieser Strecke abgeschlossen. Abgesehen von einem kurzen Abschnitt im Niemandsland zwischen den beiden Grenzposten führt sie seitdem als einzige befestigte Straße quer durch die Sahara. Obwohl dies das Autofahren ungemein erleichtert, ist dennoch Respekt vor der Wüste geboten – daher am besten einen Konvoi mit anderen Fahrzeugen bilden und die Grenze möglichst vor Sonnenuntergang erreichen (vor allem wenn man ohne Allradantrieb unterwegs ist). Zudem sollte der Benzinvorrat bei jeder Gelegenheit aufgefüllt werden, da manche Tankstellen südlich von Dakhla manchmal keinen Sprit mehr haben – besonders die letzten 50 km vor der Grenze.

Die marokkanischen Grenzformalitäten werden in der schlichten Siedlung Guergarat erledigt. Die Grenze kommt nach weiteren 15 km in Sicht und ist stark vermint. Deswegen unbedingt auf der Straße bleiben!

Visa für Mauretanien (20 €) gibt's stressfrei an der Grenze. Einfuhrformulare für Devisen sind nicht mehr nötig. Achtung: Da Alkohol in Mauretanien verboten ist, kommt es oft zu Fahrzeugdurchsuchungen. Besucher müssen ihren Reisepass abstempeln lassen, eine befristete Einfuhrgenehmigung für Fahrzeuge (10 €, Gültigkeitsdauer 30 Tage) erwerben und sich bei der Polizei anmelden. An der Grenze kann Bargeld in mauretanische Ouguiya (UM) umgetauscht werden. Von dort aus sind es nur noch 50 km nach Nouâdhibou, der ersten größeren Stadt in Mauretanien.

MINIBUS & JEEP

In Dakhla stehen Verkehrsmittel bereit, die jederzeit zur mauretanischen Grenze oder Zielen jenseits davon fahren. Minibusse und Geländewagen fahren vom militärischen Kontrollposten an der Straße ab, die aus Dakhla herausführt. Travellern zufolge lassen sich Transportmöglichkeiten auch prima im Hotel Sahara arrangieren. Plätze in Fahrzeugen nach Nouâdhibou kosten 200 bis 400 Dh. Ein paar Grands Taxis rollen ebenfalls zur Grenze. Aber dann muss das letzte Stück bis zum mauretanischen Kontrollposten per Anhalter zurückgelegt werden, da die Grenze nicht zu Fuß überquert werden darf.

Buschtaxis von Nouâdhibou zur Grenze kosten ca. 1750 UM. Parallel lohnt es sich, bei Hotels und Campingplätzen nach freien Sitzen in demnächst aufbrechenden Fahrzeugen zu fragen. Tipp: Camping Abba ist bei Überlandreisenden sehr beliebt.

Weiteres zu Wüstentrips enthält u. a. Chris Scotts *Sahara-Abenteuerhandbuch* nebst dazugehöriger Website (www.sahara-overland.com). Das **Sahara Travel Forum** (www.horizonsunlimited.com) von **Horizons Unlimited** umfasst eine nützliche Infosektion mit aktuellen Details zum Reiseverkehr zwischen Marokko und Mauretanien.

ÜBERS MEER

Der Fährübergang nach Marokko steht ganzjährig hoch im Kurs. Die beliebteste Route von Algeciras nach Tanger wird im Sommer von zahlreichen Tagesausflüglern und Wohnmobilurlaubern gewählt. Alternativ geht's von Tarifa nach Tanger oder von Algeciras zu den spanischen Enklaven Ceuta und Melilla, außerdem gibt es eine längere Überfahrt ab Sète in Frankreich. In allen Häfen und den meisten marokkanischen Städten findet man viele Reisebüros und Ticketschalter, Fahrkarten können aber auch einfach direkt am Anleger gekauft werden.

Angesichts der vielen Optionen für Fährpassagiere wissenswert: Acciona, Transmediterranea, Euroferry und Ferrimaroc gehören zwar faktisch zur selben Gesellschaft, haben aber leicht unterschiedliche Serviceangebote und Auslaufpläne.

Bei Schiffsreisen von Europa nach Marokko erhalten Studenten mit ISIC-Ausweis regelmäßig Rabatt. Dasselbe gilt für Senioren aus der EU und Inhaber von Inter- oder Eurail-Pässen. Obwohl solche Ermäßigungen in

Marokko eher rar sind, kann sich Nachfragen lohnen. Mit dem Ticketkauf in Marokko ist ein Steuerzuschlag von 20 Dh verbunden.

Der europäische Sommer, Weihnachten und Neujahr bedeuten Hochsaison für die Fährindustrie. Dann werden zusätzliche Schiffe eingesetzt, um den Ansturm zu bewältigen. Passagiere ohne Fahrzeug können ihr Ticket meistens problemlos bei der Ankunft am Hafen kaufen. Wer sein Auto mitbringt, reserviert lieber rechtzeitig.

Frankreich

Fähren zwischen Sète und Tanger verbinden Marokko mit Frankreich. Diese Option ist luxuriöser als die Überfahrt ab Spanien – zum Glück, da man in diesem Fall ganze 36 Stunden bzw. zwei Übernachtungen an Bord verbringt. Schiffseigene Pools und „Disko-Bars" vertreiben eventuelle Langeweile. Sète ist zwei Zugstunden von Marseille entfernt.

Auf dieser Route legen **Comarit** (www.comarit.com, französisch & spanisch) und **Comanav** (www.comanav.ma, französisch) jeden vierten oder fünften Tag zwischen 18 und 19 Uhr in beide Richtungen ab. Rechtzeitige Reservierung wird wärmstens empfohlen. Das gilt auch für die Passage von Sète nach Nador, die Comanav einmal wöchentlich zu ähnlichen Preisen anbietet.

Während der Hauptsaison (Mitte Juli–Mitte Sept.) sind Kabinen mit vier Schlafplätzen ab 165 € pro Person zu haben. Hinzu kommt eine Hafensteuer von 5 €, die bei Tickets mit Rückfahrt zweimal fällig wird. Bordmahlzeiten sind im Preis enthalten. Kinder zwischen zwei und zwölf Jahren bezahlen die Hälfte. In der Nebensaison (Nov.–Feb.) liegt der Startpreis bei 120 €. Autos können ebenfalls verschifft werden (HS/NS 265/205 €). Comarit bietet auch Sitzplätze für ca. 72 € an, die sich bis zum Ende der Reise jedoch als gewisser Härtetest erweisen könnten.

Studenten, alle unter 26 Jahren, im Ausland lebende Marokkaner und vierköpfige Gruppen mit Auto erhalten bis zu 20 % Rabatt.

Comanav (☎ 0539-940-504; 43 Ave Abou al-Alâa el-Maâri) und **Comarit** (☎ 0539-320-032; Ave des FAR) verkaufen auch in Tanger ihre Karten. Detaillierte Fahrpläne hängen in den Büros beider Unternehmen und an den Schaltern im Hafen aus.

Gibraltar

Die Katamaranfähren von **FRS** (www.frs.es) sollten eigentlich wöchentlich zwischen Tanger und Gibraltar bzw. La Línea in Spanien verkehren (Passagier/Auto ca. 32/99 €). Allerdings scheint der Betrieb dauerhaft unterbrochen zu sein. Falls abgelegt wird, dauert die Überfahrt rund 75 Minuten.

Spanien

Fähren von Spanien nach Marokko gibt's jede Menge. Die spanische Fährgesellschaft Trasmediterránea bietet ebenso regelmäßige Verbindungen an wie Buquebus, Comanav, Comarit, EuroFerrys und FRS. Tragflächenboote und Katamarane (auch Schnellfähren genannt) werden oft benutzt, sind aber teurer und können bei rauer See ausfallen.

Die beliebteste und häufigste Verbindung ist die Strecke von Algeciras nach Tanger. Tanger war früher für seine vielen Abzocker bekannt. Aber die sind fast völlig aus dem Hafen verdrängt worden, sodass sich Traveller bei der Einreise nach Marokko keine Sorgen machen müssen (s. S. 185). Für Autobesitzer ist die Route von Algeciras nach Ceuta wegen des steuerfreien Benzins in der spanischen Enklave interessanter. Andere Routen führen von Tarifa nach Tanger, von Almería nach Melilla oder Nador und von Málaga nach Melilla. Die Einreise vom spanischen Festland über Melilla (und dann Nador) nach Marokko ist die unkomplizierteste Option. Allerdings kann die Überfahrt bis zu acht Stunden dauern. Außerdem kostet sie doppelt so viel wie die von Algeciras nach Ceuta oder Tanger, und die Fähren pendeln auch lange nicht so oft.

Auf den meisten Routen fahren in der Hauptsaison (Mitte Juni–Mitte Sept.) mehr Schiffe. Im August und an Ostern ist die Nachfrage am größten. Wer mit dem Auto fahren will, sollte lange vorher buchen. Zu anderen Zeiten hat man wahrscheinlich keine Probleme, kurzfristig ein Ticket zu kriegen.

Trasmediterránea (☎ in Spanien 902 45 46 45; www.trasmediterranea.es) hat außer in Madrid auch Niederlassungen in vielen spanischen Hafenstädten, darunter Almería, Algeciras, Ceuta, Melilla und Málaga.

Die Tickets der meisten Unternehmen können online gebucht werden (bestimmte Routen s. S. 519). **Direct Ferries** (www.directferries.de) ist beispielsweise eine hilfreiche Seite für solche Buchungen.

Für Autos, die länger als 6 m und höher als 1,80 m sind, wird ein Aufpreis verlangt. Die Tarife für Wohnmobile sind auch unterschiedlich. Bei Motorrädern gibt die Motorleistung den Ausschlag für den Preis. Fahrrä-

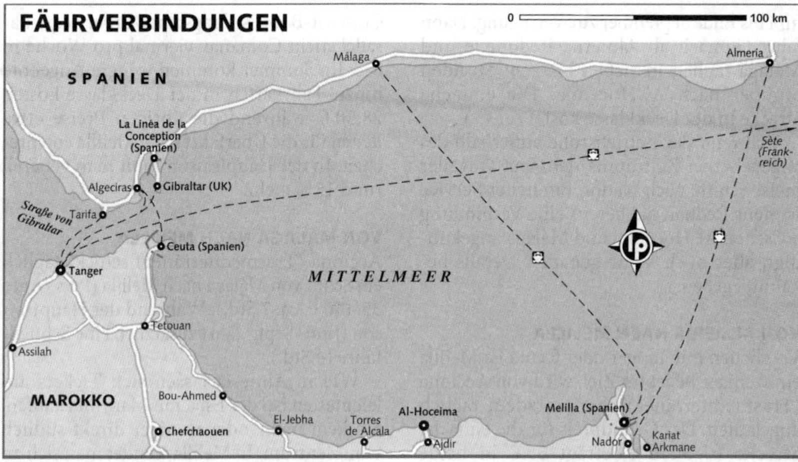

der kosten das gleiche wie die kleinsten Motorräder.

Beim spanischen Zoll gibt's kaum Probleme. Aber Nicht-EU-Bürger sollten darauf achten, dass sie einen Ausreisestempel bekommen, bevor sie auf die Fähre gehen. An Bord müssen Einschiffungsformulare ausgefüllt werden. Nicht vergessen, den Pass abstempeln zu lassen, bevor es wieder an Land geht. Bei Travellern, die aus Marokko einreisen, lässt sich der spanische Zoll übrigens manchmal sehr viel Zeit.

VON ALGECIRAS NACH TANGER

Auf der wohl meistbefahrenen Seeroute zwischen Spanien und Marokko gibt's alle 90 Minuten, im Sommer jede Stunde, eine Verbindung. Normalerweise fahren die Schiffe von 7 Uhr (Sommer 6 Uhr) bis 22 Uhr, zu Spitzenzeiten im August auch manchmal rund um die Uhr. Je nach Schiff dauert die Überfahrt 80 Minuten bis zweieinhalb Stunden.

Folgende Fährbetreiber fahren auf dieser Route: Trasmediterránea, Buquebus, Comanav, Comarit, EuroFerrys, FRS und Limadet. Diese Konkurrenz sorgt dafür, dass es keine großen Preisunterschiede gibt. Für eine einfache Fahrt in der 2. Klasse muss man mit ca. 31 € rechnen. Kinder bis vier Jahre zahlen nichts, ab vier bis zwölf Jahre die Hälfte. Für ein Auto fallen zwischen 60 und 80 € an, für ein Wohnmobil 105 €. Einige Fährgesellschaften bieten auch eine 1. Klasse an, die 20 % extra kostet, sich aber bei der kurzen Überfahrt kaum lohnt.

Die einzelnen Ticketschalter befinden sich vor dem Fährterminal in Tanger. Dort kann man sich die beste Überfahrt aussuchen. Weitere Schalter gibt's im Inneren des Terminalgebäudes. In Tanger selbst versuchen Schlepper, einen zu bestimmten Reisebüros zu führen, von denen sie eine Provision bekommen. Einfach ignorieren! In Algeciras gibt's Tickets im Büro von **Trasmediterránea** (☎ 956 58 34 07; Recinto del Puerto) oder auch in jedem anderen Büro einer Fährgesellschaft im Hafen.

VON ALGECIRAS NACH CEUTA

Trasmediterránea, EuroFerrys, Buquebus und andere bieten zwischen 7 und 22 Uhr 20 Überfahrten mit Schnellfähren (35 Min.) ab Ceuta an und ebenso viele zwischen 6 und 22 Uhr ab Algeciras. Zusätzliche Fähren werden je nach Bedarf sonntagabends und im August eingesetzt.

Die Preise liegen bei 25 € pro Person ohne Auto (Einheimische zahlen etwa 50 % weniger) und bei 30 € pro Auto. Kinder zwischen zwei und zwölf Jahren fahren zum halben Preis, Kinder unter zwei Jahren umsonst.

In Ceuta gibt's Dutzende privater Ticketschalter rund ums und im Fährterminal (Estación Marítima). Die Büros der Fährbetreiber sind im Hauptgebäude – oft der beste Ort, um in letzter Minute ein Ticket zu kaufen (allerdings nur für bestimmte Fähren).

VON ALMERÍA NACH AL-HOCEIMA

Die wahrscheinlich ruhigste Passage zwischen Spanien und Marokko steht nur von Ende

Juni bis Ende September zur Verfügung. Dann fährt Comarit ab Almería, Redouene und Malaga täglich in sieben bis acht Stunden hinüber nach Al-Hoceima. Die einfache Strecke in der Deckklasse kostet ca. 45 €.

Während der Betriebsruhe außerhalb des angegebenen Zeitraums nehmen Traveller meist Schiffe nach Nador. Ein neuer Service namens Reduan hat bereits eine Verbindung zwischen Al-Hoceima und Málaga angekündigt, aber noch keine genauen Details bekanntgegeben.

VON ALMERÍA NACH MELILLA

Verglichen mit Tanger oder Ceuta ist Melilla ein weniger beliebtes Ziel, wird von Acciona (Trasmediterránea) aber trotzdem täglich angelaufen. Der Grundpreis für die einfache Strecke (6–8 Std.) beträgt 35 € in beide Richtungen. Alternativ gibt's Schlafkabinen für zwei oder vier Passagiere (ca. 100 €/Pers.), die zum Teil eigene Toiletten besitzen. Kojen in der 1. Klasse *(preferente)* kosten rund 110 € pro Person. Kinder zwischen zwei und zwölf Jahren reisen zum halben Preis, Säuglinge umsonst.

Außerdem werden Autos normaler Länge (160 €), Wohnmobile (ab 230 €, längenabhängig), Motorräder (ab 55 €) und Fahrräder (kostenl.) transportiert.

Tickets gibt's an der Estación Marítima in Laufentfernung (10–15 Min.) zu Bahnhof und Busbahnhof, ebenso bei Reisebüros und der Vertretung von **Trasmediterránea** (☎ 956-690-902; Plaza de España) im Stadtzentrum.

In der Hauptsaison kommen je nach Passagieraufkommen noch weitere Verbindungen hinzu. Dann steigen die Preise prinzipiell um 25 % und es werden auch Schnellfähren eingesetzt.

VON ALMERÍA NACH NADOR

Eine Alternative zu Tanger ist Nador, das weiter östlich an der marokkanischen Küste liegt. Die Stadt wirkt wesentlich ruhiger, hat aber auch schlechtere Verkehrsverbindungen in andere Landesteile. Größter Vorzug: Im benachbarten Melilla gibt's steuerfreien Sprit (und Alkohol für alle Nichtfahrer).

Diverse Unternehmen fahren vom Hafen Beni Enzar in Nador nach Almería. Abhängig vom jeweiligen Schiff dauert die Reise bis zu sechs Stunden. Dienstags bis samstags setzt Acciona immer eine abendliche Schnellfähre auf dieser Strecke ein. Das täglich verkehrende Comarit-Boot ist langsamer unterwegs. Parallel sticht Comanav viermal pro Woche in See. Im Sommer kommen weitere Angebote hinzu. Fahrkarten in der Deckklasse kosten 28,50 €, während die übrigen Preise etwa denen für die Überfahrt nach Melilla entsprechen. In der Hauptsaison zahlt man generell rund 15 % mehr.

VON MÁLAGA NACH MELILLA

Acciona (Trasmediterránea) schickt täglich ein Schiff von Málaga nach Melilla (Pers./Auto 35/160 €, ca. 7 Std.). Während der Hauptsaison (Juni–Sept.) fährt zusätzlich eine Schnellfähre (4 Std.).

Wie in Almería lassen sich Tickets am leichtesten bei der Estación Marítima kaufen. Sie liegt mehr oder weniger direkt südlich vom Zentrum. In Melilla wendet man sich an **Trasmediterránea** (☎ 956-690-902; Plaza de España) oder die Estación Marítima.

VON TARIFA NACH TANGER

Auch Tarifa ist mittlerweile ein regulärer Fährhafen. Dort starten Katamarane, die Tanger in gerade mal 35 Minuten erreichen. Mit **FRS** (☎ 956-681-830 Hafen Tarifa, ☎ 0539-942-612 Hafen Tanger; www.frs.es) lässt sich die Meerenge am schnellsten und bequemsten überqueren – je nach Jahreszeit zwei- bis fünfmal pro Tag. Bei Passagieren ohne eigenes Fahrzeug umfasst der Ticketpreis einen kostenlosen Shuttlebusservice von Tarifa nach Algeciras (15 Min.).

An Bord gibt's Platz für Passagiere (39 €/Pers.), Autos (99 €), Wohnmobile (180 €) und Fahrräder/Motorräder (je 15 €). Kinder zwischen drei und zwölf Jahren reisen zum halben Preis.

Italien

Wer das weite Blau des Meeres so richtig genießen möchte, wählt die allerlängste Marokko-Passage von Genua nach Tanger.

Sie wird ganzjährig jeden Samstag von **Grandi Navi Veloci** (GNV; www.gnv.it) absolviert. Immer montags geht's dann zurück nach Genua. Die 45-stündige Reise umfasst einen kurzen Zwischenstopp in Barcelona. Am günstigsten sind Schlafplätze in Kabinen für vier Personen (45 €). Pro Auto zahlt man mindestens 183 €.

Nur von Juli bis September fährt **Comanav** (www.comanav.ma) viermal wöchentlich auf derselben Route nach Tanger. Die Preise sind mit denen von GNV vergleichbar.

GEFÜHRTE TOUREN

Viele Tourveranstalter organisieren Trips durch Marokko. Reisemagazine wie **Abenteuer & Reisen** (www.abenteuer-reisen.de) und die Reiseseiten von Wochenendzeitungen enthalten zahlreiche Werbeanzeigen.

Geführte Touren empfehlen sich besonders bei bestimmten Interessensschwerpunkten – es gibt diverse Spezialanbieter, die thematische Touren von Reiten bis Rafting im Programm haben.

Alpha Touristic (☎ 04131-408-006 (D); www.marokkoreisen.net) Ein auf Marokko spezialisierter deutscher Veranstalter von Sport-, Bade- und Studienreisen.

Atlas Sahara Trek (☎ 0644-393-901; www.atlas-sahara-trek.com; 6 bis Rue Houdoud, Marrakesch) Winterliche Kameltrips nach Erg Chigaga und Sommertreks ins abgelegene M'Goun-Tal.

Botros Tours (☎ 01-503-888-00 (AT); www.botrostours.at) Österreichischer Spezialveranstalter für Reisen in den Maghreb, nach Ägypten sowie in die Länder des Nahen Ostens bzw. Arabiens.

Cultoura Reisen (☎ 044-450-686-0 (CH); www.cultoura.ch) Schweizer Anbieter von Kameltreks, Wüstentouren, Themen- und Sprachreisen.

Hora Touristik (☎ 020-549-505-0 (D); www.marokko-tours. de) Landrover-Safaris, Rund- und Badereisen.

Mountain Voyage (☎ 0524-421-996; www.mountain-voyage.com; Marrakesch) Die Kasbah du Toubkal gehört diesem marokkanischen Ableger des britischen Veranstalters Discover. Maßgeschneiderte Treks mit zuverlässigen Führern und ebensolcher Ausrüstung.

Nature Trekking Maroc (☎ 0524-432-477; www.maroctrekking.com; Marrakesch) Erfahrenes Bergführerteam mit hervorragend organisierten Trips.

Rickli Wanderreisen (☎ 071-330-033-0 (CH); www.ricklireisen.ch) Schweizer Spezialisten für Wanderreisen und Kameltreks durch die Wüste oder Maultiertrips im Hohen Atlas.

Sahara Expédition (☎ 0644-427-977; www.saharaexpe.ma; Marrakesch) Wanderungen durch den Hohen Atlas und Kameltreks im Drâatal bzw. darüber hinaus.

Studiosus Reisen (☎ 089-500-600; www.studiosus.com) Große Auswahl an Studienreisen unter kompetenter Leitung.

Yallah (☎ 0644-431-338; www.yallahmorocco.com) Verlässliches marokkanisches Unternehmen, das Wüstensafaris, Stadt- und Wandertouren für Individualreisende oder Gruppen anbietet.

In Ouarzazate (S. 368) und Marrakesch (S. 329) gibt's weitere einheimische Spezialveranstalter für Trekkingtouren und Wüstensafaris.

UNTERWEGS VOR ORT

Dank der guten Verkehrsverbindungen zwischen Marokkos Städten gestaltet sich der Transport vor Ort relativ problemlos. Außerdem kann man sich selbst in entlegenen Ecken häufiger von jemandem mitnehmen lassen. Inlandsflüge starten in Casablanca, und zwischen allen größten Städten erstreckt sich ein hervorragendes Eisenbahnnetz. Mit großen Busfirmen wie CTM reist es sich wunderbar komfortabel und auch effizient. Regionale Unternehmen sind billiger und bunter, erfüllen aber ihren Zweck. Gut ausgebaute Straßen sind an der Tagesordnung. Umfangreiche Investitionen haben den Zugang zu Gegenden wie dem Rifgebirge mittlerweile deutlich erleichtert. In einsamen Berg- und Wüstenregionen gibt's jedoch oft nur unbefestigte *pistes*. Mietwagen sind vergleichsweise teuer, gestatten aber größtmögliche Flexibilität. Allerdings kann das Autofahren in großen Städten ganz schön stressig sein.

AUTO & MOTORRAD

Wer ein Auto hat, hat auch die größtmögliche Freiheit beim Erkunden der ungewöhnlicheren Routen Marokkos – vor allem im Süden und im Rif, wo es mit dem Bus manchmal ziemlich langsam vorwärtsgeht.

Die Verbindungsstraßen zwischen den großen marokkanischen Städten sind meistens top in Schuss. Und es gibt immer mehr Schnellstraßen. Die Unfallrate ist allerdings hoch, also unbedingt auf Fußgänger und Radfahrer achten, die plötzlich vor einem über die Straße laufen oder einen Schlenker machen! Auch die anderen Autofahrer verhalten sich oft unberechenbar, vor allem in den Städten. Das macht das Fahren dort mitunter zu einem echten Abenteuer.

Benzin & Ersatzteile

In allen größeren Städten gibt's jede Menge Tankstellen. Wer aber in abgelegenere Gegenden fährt, sollte bei jeder Gelegenheit volltanken. Super (verbleit) und unverbleites Benzin *(sans plomb)* kosten ca. 14 Dh pro Liter. Diesel *(gasoil)* liegt bei ca. 9 Dh. Der Standardtreibstoff für Autos heißt Premium. Unverbleites Benzin gibt's leider nur an größeren Tankstellen, u. a. an den meisten von Afriquia.

ENTFERNUNGSTABELLE (KM)

	Agadir	Al-Hoceima	Casablanca	Dakhla	Er-Rachidia	Essaouira	Fès	Figuig	Marrakesch	Meknès	Nador	Ouarzazate	Oujda	Rabat	Safi	Smara	Tan Tan	Tanger	Tarfaya	Tetouan
Agadir	---																			
Al-Hoceima	1091	---																		
Casablanca	511	536	---																	
Dakhla	1173	2264	1684	---																
Er-Rachidia	681	616	545	1854	---															
Essaouira	160	887	351	1346	745	---														
Fès	756	275	289	1920	329	640	---													
Figuig	1076	669	920	2249	395	1081	719	---												
Marrakesch	273	758	232	1448	510	170	461	905	---											
Meknès	740	335	229	1913	346	580	57	741	446	---										
Nador	1095	175	628	2260	510	979	339	516	822	399	---									
Ouarzazate	354	992	442	1548	295	380	687	701	175	652	816	---								
Oujda	1099	293	632	2272	514	983	334	326	826	403	104	820	---							
Rabat	602	445	91	1775	482	442	196	877	321	139	535	528	541	---						
Safi	294	792	256	1467	683	129	545	1078	148	486	884	361	888	347	---					
Smara	551	1642	1062	746	1232	724	1307	1627	824	1291	1646	926	1650	1153	845	---				
Tan Tan	331	1422	842	842	1012	504	1087	1407	504	1071	1426	705	1430	933	625	220	---			
Tanger	880	323	369	2053	608	720	303	988	598	287	1086	811	609	278	625	1431	1211	---		
Tarfaya	544	1635	1055	633	1225	517	1300	1620	817	1284	1639	919	1643	1146	838	331	213	1424	---	
Tetouan	892	278	385	2065	604	736	247	931	675	258	437	820	555	294	641	1443	1223	57	1436	---

Die Preise steigen mit zunehmender Entfernung vom Nordwesten des Landes. Die große Ausnahme ist das Gebiet Westsahara, wo Benzin von der Tankstellenkette Atlas Sahara steuerfrei verkauft wird und damit etwa 30 % billiger ist. In der südlichen Wüste sollte man die Tankuhr genau im Auge behalten und bei jeder Gelegenheit auftanken, weil die Tankstellen oft nicht genug Vorräte haben. Für Notfälle immer einen vollen Reservekanister mitnehmen!

Auch in den spanischen Enklaven Ceuta und Melilla ist Benzin ziemlich billig. Wer auf diesem Weg nach Marokko einreist oder Richtung spanisches Festland fährt, sollte hier volltanken.

Marokkanische Mechaniker sind normalerweise Spitzenklasse. In allen einigermaßen großen Städten gibt's mindestens eine Werkstatt (die meisten mit reichlich Ersatzteilen für Renaults und andere französische Marken). Wer Teile zum Selbsteinbauen sucht, sollte einen marokkanischen Bekannten (auftreiben und) bitten, ihn beim Kauf zu begleiten. Dann bleiben die Preise näher am landesüblichen Niveau.

Eigene Fahrzeuge einführen

Es ist relativ unproblematisch, mit dem eigenen Fahrzeug nach Marokko einzureisen. Neben dem Fahrzeugschein (in Marokko *carte grise* genannt) und einem internationalen Führerschein wird eine grüne Versicherungskarte *(carte verte)* der Autoversicherung benötigt (sie ist im Preis der meisten Kfz-Versicherungen bereits mit drin; trotzdem vor der Reise checken, nicht alle Versicherungen schließen Marokko mit ein).

Wer sich vor Reiseantritt keine grüne Versicherungskarte besorgen kann, muss für etwa 20 Dh pro Tag eine vorübergehende Versicherung in einem spanischen oder marokkanischen Fährhafen abschließen, z. B. über die **Assurance Frontière** (☎ Hauptgeschäftsstelle in Casablanca 0522 470810; 28 Blvd Moulay Youssef). Diese Versicherung hat auch Zweigstellen in den Häfen von Tanger und Nador und an den Landesgrenzen in Ceuta und Melilla. Trotzdem der dringende Rat: Vor der Einreise nach Marokko eine umfassende und zuverlässige Versicherung abschließen!

Bei der Einreise nach Marokko bekommt man eine auf sechs Monate begrenzte Fahrzeugzulassung *(Declaration d'admission temporaire de moyens de transport)*. Sie wird einfach in den Pass gestempelt und muss beim Verlassen des Landes wieder vorgelegt werden. Das Formular zur Einfuhr eines Fahrzeugs (D16TER) kann von der Website des **marokkanischen Zolls** (www.douane.gov.ma/mre/, französisch) heruntergeladen werden. Ein *carnet de passage en douane* (Zolldokument über die temporäre Einfuhr eines Fahrzeugs) ist nicht nötig, wenn man mit dem eigenen Wagen nach Marokko fährt, aber für Mauretanien und Ziele weiter südlich wird es verlangt.

Führerschein

In Marokko ist 18 das Mindestalter, um Auto zu fahren, aber die meisten Autovermietungen verlangen, dass die Fahrer mindestens 21 Jahre alt sind. Führerschein und Pass immer dabeihaben! Ein internationaler Führerschein ist offiziell vorgeschrieben – viele ausländische Führerscheine, u. a. auch die aus EU-Mitgliedsländern, werden aber akzeptiert, wenn ein Foto drin ist.

Gefahren im Straßenverkehr

Nachts zu fahren ist besonders riskant: Fahrzeuge, die langsamer als 20 km/h sind, dürfen ohne Licht fahren. Oft bevölkern Fußgänger (auch große Gruppen von Schulkindern), Fahrräder, Pferdekarren, Esel usw. die Straßen. Es ist immer damit zu rechnen, dass sie einem völlig unerwartet in die Quere kommen.

Viele kleinere Straßen sind zu schmal, als dass normale Fahrzeuge aneinander vorbeikämen. Deshalb machen Autofahrer gerne mal Bekanntschaft mit dem Straßengraben. Von entgegenkommenden Fahrzeugen hochgeschleuderte Steine sind eine besondere Gefahr für Windschutzscheiben. In der *hammada* (Stein- und Felswüste) hört die geteerte Straße oft ohne Vorankündigung auf und geht in eine holprige Angelegenheit aus Sand, Schotter und Schlaglöchern über. Auf diesen Straßen runter vom Gas! Wenn ein starker *chergui* (trockener östlicher Wüstenwind) pustet und viel Staub vor sich aufwirbelt, heißt es warten, bis er sich legt. Sonst kann das Auto ganz schön ramponiert werden.

Bei einem Trip im Winter durch die Berge muss man mit Schnee und Eis rechnen. Die Pässe des Hohen Atlas sind in dieser Jahreszeit oft verschneit und geschlossen. Unbedingt die Straßenschilder an den Straßen beachten, die aus Marrakesch rausführen, oder sich vor der Abfahrt per Telefon beim **Service des Travaux Publiques** (☎ in Rabat 037 711717) informieren.

Einige der marokkanischen *pistes* können mit einem normalen Wagen befahren werden. Viele sind mit einem Renault 4 passierbar – der hat eine gute Federung. Ansonsten kommt nur ein Geländewagen in Frage. Aber egal, mit welchem Auto man unterwegs ist, es geht auf jeden Fall langsam voran. Viele Abschnitte der *pistes* in den Bergen sind bei schlechtem Wetter nicht passierbar. Sie sind in der Michelin-Karte Nr. 742 (früher Nr. 959) markiert.

Unabhängig von der Jahreszeit sollte man vor dem Start Einheimische nach den Straßenzuständen fragen, die Reifen kontrollieren und einen Reservereifen sowie ausreichend Trinkwasser und Benzin mitnehmen.

Mieten

In Marokko ein Auto zu mieten ist nicht gerade billig. Die Preise beginnen bei 3500 Dh pro Woche bzw. 500 Dh pro Tag für einen einfachen Wagen (z. B. einen Renault Clio) ohne Kilometerbegrenzung. Für einen Geländewagen werden bis zu 10 000 Dh pro Woche verlangt. Die meisten Verleiher wollen eine Kaution (3000–5000 Dh), wenn nicht mit Kreditkarte bezahlt wird. Von der wird ein Abdruck gemacht (den man später unbedingt zurückverlangen sollte). Ein paar Urlauber, die bei kleineren, unbekannteren Firmen einen Wagen gemietet und mit Kreditkarte bezahlt hatten, erlebten bei ihrer Rückkehr nach Hause eine böse Überraschung: Es war das Zehnfache des vereinbarten Preises abgebucht worden.

Casablanca, Agadir, Marrakesch, Fès und Tanger sind die besten Orte, um ein Auto zu mieten, weil die Konkurrenz hier am größten ist. Der billigste Wagen ist der Fiat Uno. Manchmal werden auch ältere Renaults 4 angeboten. Wer seinen Urlaub gut organisiert, kommt meistens billiger weg, wenn er vor der Abfahrt ein Auto über das Reisebüro mietet, bei dem er auch den Flug gebucht hat. Bei internationalen Autovermietungen wie **Hertz** (www.hertz.com), **Budget** (www.budget.com), **Europcar** (www.europcar.com), **National** (www.nationalcar.com) und **Avis** (www.avis.com) kann man auch von zu Hause aus über gebührenfreie oder preiswerte Telefonnummern oder über das Internet buchen. Aber die einzelnen Firmen verlangen sehr unterschiedliche Preise und lassen auch kaum mit sich handeln. Bei Internetbuchung gibt's Rabatte von bis zu 30 %.

Zahlreiche lokale Anbieter haben einen Schalter an den Flughäfen – hier ist Feilschen angesagt. Infos dazu stehen in den einzelnen Regionenkapiteln.

Internationale Firmen haben nicht immer bessere Autos als lokale Verleiher, aber meistens einen besseren Service. Das kann bei einer Panne oder einem Unfall nur von Vorteil sein. Weil die Firmen über ein Netzwerk von Büros im ganzen Land verfügen, kann oft ein Ersatzwagen aus der nächsten Niederlassung geschickt werden. Unbedingt den Zustand des Wagens überprüfen, bevor ein Vertrag unterschrieben wird! Außerdem sicherstellen, dass Reservereifen, Erste-Hilfe-Kasten, Werkzeugkasten und alle notwendigen Papiere da sind – inklusive Versicherung, die für alle Mietwagen vorgeschrieben ist.

Bei den größeren Unternehmen kann man ein Auto an einem Ort mieten und an einem anderen wieder abgeben. Eine Gebühr wird fällig, wenn man es in einem Ort abstellt, wo das Unternehmen keine Filiale hat.

Nicht vergessen, dass der Mietvertrag vermutlich keinen Versicherungsschutz für Fahren abseits von befestigten Straßen bietet. Wenn es auf einer *piste* zur Panne kommt, müssen Traveller selber zahlen. Deshalb, wenn möglich, vor der Fahrt von der Verleihfirma das Okay für die Reiseroute einholen!

Alle Firmen verlangen für jede Stunde Überschreitung der vereinbarten Mietdauer am Rückgabetag eine Gebühr von 35 bis 100 Dh. Wer von Marokko in die spanischen Enklaven Ceuta oder Melilla fahren will, braucht eine schriftliche Bescheinigung der Verleihfirma, dass er den Wagen außer Landes bringen darf. In Europa ansässige Unternehmen erlauben es normalerweise nicht, dass ihre Autos nach Marokko gefahren werden. Quittungen für Ölwechsel und Reparaturen immer aufbewahren, weil diese Ausgaben zurückerstattet werden.

Einige Unternehmen verleihen auch Motorräder (300 Dh/Tag für eine Yamaha DT 125cc) und Mofas (200 Dh/Tag). Agadir ist dafür eine gute Adresse. In der Nähe der großen Hotels gibt's viele Verleiher.

Parken

In vielen Städten werden Parkplätze von den *gardiens de voitures* (Parkplatzwächtern) mit ihren typischen blauen Mänteln überwacht. Die Parkgebühr beträgt 3 Dh für ein paar Stunden und 10 Dh über Nacht. Die Parkplatzwächter sind zwar keine absolute Garantie für Sicherheit, sorgen aber für eine gewisse Seelenruhe und werden zweifellos anbieten, das Auto auch zu waschen.

In immer mehr Großstädten muss man im Zentrum einen Parkschein aus einem der blauen Automaten ziehen, die am Straßenrand aufgestellt sind (2 Dh/Std., max. Parkdauer 2½ Std.). Sonntags ist Parken kostenlos.

An rot-weiß gestreiften Straßenrändern ist das Parken verboten. Grün-weiße Streifen signalisieren Halteverbot. Für illegales Parken kann ein Bußgeld von bis zu 1500 Dh verhängt werden.

Straßensperren

Polizeikontrollen durch die *gendarmerie royale* sind auf vielbefahrenen Straßen und außerhalb größerer Städte keine Seltenheit. Allerdings werden Ausländer am Steuer normalerweise nicht angehalten. Trotzdem kann es nichts schaden, vom Gas zu gehen und das schönste Lächeln aufzusetzen – wahrscheinlich gibt's ein Lächeln zurück und das Auto wird durchgewinkt. In sensiblen Gebieten wie Westsahara, überall dort im Rifgebirge, wo Cannabis angebaut wird, und auf der Straße nach Figuig in der Nähe der algerischen Grenze kommen Straßensperren öfter vor. Traveller werden aber allenfalls aufgefordert, Pass und Führerschein zu zeigen, und nach Zweck und Ziel der Reise gefragt.

Überlandbusse halten an Kontrollpunkten gewöhnlich länger als Grands Taxis; die Taxifahrer kennen die Polizisten normalerweise.

Verkehrsregeln

In Marokko herrscht Rechtsverkehr. Am Tag zu fahren ist normalerweise nicht schwierig und nicht allzu stressig. In den größeren Städten ist es allerdings Usus, dass Fahrzeuge geschnitten werden.

Bei Verkehrsunfällen müssen die Fahrer, vor allem wenn es Verletzte gibt, an der Unfallstelle bleiben und dürfen ihre Fahrzeuge nicht bewegen, bis die Polizei kommt – was manchmal Stunden dauern kann.

In Städten haben Fahrzeuge Vorfahrt, die von rechts in einen Kreisverkehr einbiegen. Es gibt Zebrastreifen, was aber niemanden interessiert. Die Höchstgeschwindigkeit in geschlossenen Ortschaften beträgt 40 km/h.

Außerhalb von Ortschaften gilt landesweit eine Geschwindigkeitsbegrenzung von 100 km/h, auf den Autobahnen 120 km/h. Es gibt zwei Hauptabschnitte: von Tanger die Atlantikküste entlang nach Casablanca und von Rabat nach Fès über Meknès. Die Autobahn wurde ausgebaut von Tanger bis nach Nador die Mittelmeerküste entlang und es gibt Pläne, das Netz bis nach Marrakesch, Agadir und Oujda auszuweiten. Für die Autobahn wird eine Maut verlangt, z. B. von Rabat nach Tanger 60 Dh und von Rabat nach Casablanca 20 Dh. Man zieht ein Ticket, wenn man auffährt, und bezahlt, wenn man wieder herunterfährt.

Auf gelben Straßenschildern werden Fahrer aufgefordert, die Regeln zu beachten und sich anzuschnallen. Aber kaum jemand hält sich dran. Marokkanische Autofahrer vertrauen eher darauf, dass Allah ihnen helfen wird, ihr Ziel sicher zu erreichen. Es ist aber auf jeden Fall besser, sich anzuschnallen, sonst drohen Bußgelder.

Versicherung

In Marokko ist es gesetzlich vorgeschrieben, zusammen mit dem Automietvertrag auch eine Kfz-Versicherung abzuschließen. Meistens reicht eine Teilkaskoversicherung (80–110 Dh/Tag). Sie sieht (je nach Verleihfirma) eine Selbstbeteiligung von 3000 bis 5000 Dh vor. Wer also einen Unfall selbst verschuldet hat, muss den Schaden bis zu dieser Höhe zahlen. Die Selbstbeteiligung entfällt bei der Vollkaskoversicherung, die ca. 50 Dh mehr pro Tag kostet. Außerdem lohnt es sich, über eine Personenversicherung nachzudenken (ca. 30 Dh/Tag). Bei den Vertragsverhandlungen immer darauf achten, dass Kaskoversicherung, Kfz-Haftpflicht und Steuer (20 %) inklusive sind.

BUS

Jeder, der sich länger in Marokko aufhält, wird sicher oft mit dem Bus fahren. Denn das ist die billigste und effektivste Weise, das Land zu bereisen. Die Busse sind normalerweise sicher – was nicht heißt, dass sie auch sicher gelenkt werden. In einigen der älteren Busse hat man extrem wenig Beinfreiheit, so können längere Fahrten für große Menschen ein ziemlicher Härtetest sein.

Bei den meisten Busfahrten über drei Stunden ist eine Pause zum Beinevertreten und Stärken vorgesehen. Wer tagsüber reist, sollte darauf achten, wo er sitzt, damit er nicht in der Sonne brutzelt. Bei Fahrten von Norden nach Süden bedeutet das, am besten morgens auf der rechten und nachmittags auf der linken Seite zu sitzen. Von Osten nach Westen ist die rechte Seite die angenehmere, von Westen nach Osten die linke. In einer Reihe von Bussen gibt es (allerdings eher dürftige) Vorhänge. Auf vielen Überlandrouten fahren Nachtbusse, die meistens nicht nur schneller, sondern auch kühler sind. Das ist allerdings nicht immer auch schlaffördernd.

In Marokko gibt es kein staatliches Busunternehmen. Diese Rolle übernimmt die Compagnie de Transports Marocains (CTM; s. unten). Sie funktioniert prima und ihre Busse sind im ganzen Land im Einsatz. Neben der CTM kämpfen jede Menge regionaler Busunternehmen um Kunden. Supratours und Satas z. B. genießen landesweit einen guten Ruf.

An einigen marokkanischen Busbahnhöfen geht's zu wie im Irrenhaus. Schlepper der verschiedenen Unternehmen wuseln herum, lauthals alle Stationen der abfahrenden Busse verkündend. In den meisten Städten gibt's nur einen zentralen Busbahnhof *(gare routière)*, aber in manchen hat die CTM einen eigenen Terminal. Gelegentlich gibt es für einige wenige regionale Zielorte andere Busbahnhöfe. Schlepper führen einen gerne zu bestimmten Ticketschaltern (und kassieren eine kleine Provision vom jeweiligen Unternehmen). Deshalb immer genau checken, dass die empfohlene Verbindung auch wirklich die komfortabelste, direkteste und günstigste ist!

Die Busbahnhöfe in den großen Städten haben eine Gepäckaufbewahrung *(consigne)*, die manchmal rund um die Uhr geöffnet ist. Gepäckstücke müssen mit einem Vorhängeschloss versehen sein. Fahrräder können im Bus transportiert werden, aber sie werden als Fracht berechnet (ca. 10 Dh/Rad für eine durchschnittlich lange Strecke).

Busunternehmen

COMPAGNIE DE TRANSPORTS MAROCAINS

CTM (☎ in Casablanca 0522 45 80 80) ist das beste und zuverlässigste Busunternehmen in Marokko und steuert die meisten Orte an, die für Traveller interessant sind. Zugleich ist es auch das älteste Busunternehmen im Land: Es wurde 1919 gegründet.

Kinder ab vier Jahren bezahlen bei der CTM den vollen Preis. Er liegt ca. 15 bis 30 % über dem anderer Unternehmen und ist mit dem für die 2. Klasse in normalen Zügen vergleichbar. Tickets können im Voraus gekauft

werden. Die Abfahrtszeiten der Überlandbusse sind oft mitten in der Nacht.

Viele Busse von CTM sind modern und komfortabel. In manchen Bussen der 1. Klasse gibt's Videos (ein zweifelhaftes Vergnügen), Klimaanlage und Heizung (manchmal beides im Übermaß).

Für Gepäck ist eine offizielle Beförderungsgebühr (5 Dh/Gepäckstück) fällig. Wer das Ticket kauft, bekommt einen Gepäckzettel. Diesen unbedingt gut aufbewahren – er wird bei der Ankunft wieder gebraucht!

CTM betreibt auch internationale Busse (in Zusammenarbeit mit Eurolines), die von allen großen marokkanischen Städten nach Spanien, Frankreich, Italien und Nordeuropa fahren (s. S. 515).

SUPRATOURS

Die staatliche marokkanische Eisenbahngesellschaft ONCF betreibt über **Supratours** (☎ 0537 686297; www.supratourstravel.com) Busse, die das Schienennetz ergänzen. So fährt beispielsweise von Nador in der Nähe von Melilla an der Mittelmeerküste ein Bus zum Bahnhof von Taourirt an der Bahnstrecke Oujda–Casablanca.

Tétouan ist an die Bahnstrecke von Tanger durch einen Bus nach Tnine Sidi Lyamani angeschlossen. Wer über Marrakesch hinaus weiter nach Süden fahren will, steigt am Bahnhof in Marrakesch in einen Bus nach Essaouira, Agadir, Laâyoune und Dakhla. Am Fahrkartenschalter der Bahn gibt's Tickets für die gesamte Strecke (inkl. Busfahrt).

Supratours ist teurer als reguläre Busse, aber mit CTM vergleichbar. Busse von Supratours halten nicht an den zentralen Busbahnhöfen, sondern fahren vor den Büros des Unternehmens im Stadtzentrum ab (in den einzelnen Abschnitten über die Städte in diesem Buch beschrieben). Es gibt Tickets für die gesamte Strecke zu und von den Anschlussbahnhöfen (z B. von Nador bis Fès). Reisende mit Zugfahrkarten für Anschlussverbindungen haben Vorrang.

ANDERE UNTERNEHMEN

Alle anderen Busunternehmen in Marokko sind privat und operieren regional. Das größte ist Satas. Es verkehrt im Gebiet um Casablanca und überall weiter südlich und ist genauso gut wie CTM. Im Norden gibt's das ebenso verlässliche Unternehmen Trans Ghazala. Beide haben moderne und komfortable Busse.

Außerdem gibt es etliche billigere Betreiber, die mit einem oder zwei abgenutzten Bussen auf den kürzeren bzw. regionalen Routen pendeln. Bequeme Sitze oder eine Klimaanlage darf man hier nicht erwarten. Anders als die Busse von CTM halten sie permanent und fahren erst dann ab, wenn der Fahrer befindet, dass sie voll sind. Sie sind spottbillig und lustig für kürzere Strecken. Aber sie haben im Winter meistens keine Heizung, auch wenn sie durch die Berge fahren. Also immer ausreichend warme Klamotten mitnehmen! Wenn's wegen Schneeverwehungen auf den Gebirgspässen nicht weitergeht, wird die Kälte so richtig spürbar. Die Strecke von Marrakesch nach Ouarzazate ist dafür bekannt.

Klassen

Einige Busse haben eine 1. und eine 2. Klasse. Aber was Preis und Komfort betrifft, ist der Unterschied nicht sonderlich groß. Wer unterwegs zusteigt (also nicht am Anfang einer Route), kann sein Ticket oft im Bus kaufen, wird aber wahrscheinlich stehen müssen.

Preise

Busfahren ist angesichts der großen Entfernungen wirklich billig. Normalerweise kostet eine Fahrt von Casablanca nach Agadir, Marrakesch, Fès oder Tanger jeweils 170, 80, 110 bzw. 140 Dh.

Meistens verlangt irgendjemand dafür Geld, dass er sich um das Gepäck kümmert – vor allem wenn es aufs Dach gehievt werden muss. Um die 5 Dh sind üblich.

Reservierungen

Wenn möglich, und besonders wenn Busse selten fahren oder nicht an dem Ort starten, wo man einsteigen will, ist eine Reservierung für die CTM-Busse zu empfehlen.

Auch für die Busse von Supratours ist es ratsam, einen Platz zu reservieren, weil sie relativ selten (manchmal nur 1-mal tgl.) fahren und recht beliebt sind. Besonders oft befahrene Strecken sind die von Marrakesch nach Essaouira und von Casablanca nach Marrakesch. In der Hauptsaison ist es ratsam, zwei Tage im Voraus zu reservieren.

FAHRRAD

Mit genug Power in den Beinen kann es eine super Erfahrung sein, mit dem Mountainbike durch Marokko zu touren. Verkehrsregeln für Radfahrer gibt's keine – und Autofahrer nehmen keine sonderliche Rücksicht auf sie. Der Zustand der befestigten Straßen ist zwar im Allgemeinen ganz gut, sie sind aber oft eng und staubig. Kommen die marokkanischen Kamikaze-Fahrer hinzu, wird das Radeln ganz schön haarig.

Aber es gibt reichlich Gelegenheit, die ausgetretenen Pfade zu verlassen. Tausende von Kilometern abgelegener *pistes* sind zu entdecken. Allerdings ist hier Fitness gefragt! Die Entfernungen sind groß. Außerdem muss Gepäck und reichlich Trinkwasser transportiert werden. Auch Ersatzteile wie Speichen, Bremsklötze und Schläuche sind wichtig.

Ein paar Radfahrer berichteten, dass sie in abgelegenen Gebieten von Kinderbanden überfallen wurden, die mit Steinen warfen. Also immer Augen auf und aufpassen, was hinter einem passiert!

Busunternehmen befördern Fahrräder meistens gerne für einen Aufpreis von ungefähr 10 Dh. Im Zug darf das Fahrrad normalerweise nur im Güterwagen mitgenommen werden. Die Preise richten sich nach der Entfernung und machen etwa 40 % des normalen Fahrpreises aus. Die meisten Campingplätze verlangen ca. 10 Dh pro Fahrrad.

Es gibt nur wenige ausländische Reiseveranstalter, die Mountainbiketouren organisieren (s. S. 521). Der britische **Cyclists' Touring Club** (CTC; ☎ 0870 873 0060; www.ctc.org.uk) ist eine Fundgrube für Informationen (auf Englisch) und bietet Mitgliedern eine ganze Bibliothek von Routen an, die von Radfahrern aufgezeichnet wurden, u. a. auch für Marokko. Allgemeine Infos kriegt man bei den heimischen

Verbänden, z. B. dem **Allgemeinen Deutschen Fahrrad-Club** (ADFC; ☎ 0421-346290; www.adfc.de). Eine Übersicht über Radreiseveranstalter gibt's auf der Website des **Bunds Deutscher Radfahrer** (www.rad-net.de).

Verleih

Marokkanische Städte lassen sich am besten zu Fuß entdecken, aber in Großstädten wie Marrakesch können auch Fahrräder ausgeliehen werden (60–100 Dh/Tag). Dort gibt's sogar besondere Parkplätze, wo Fahrräder tagsüber bewacht werden. Wer die neuesten Mountainbikemodelle erwartet, wird aber eine herbe Enttäuschung erleben.

FLUGZEUG

Royal Air Maroc (RAM; ☎ 0522-912-000 Hauptsitz; www.royalairmaroc.com) dominiert das marokkanische Inlandsflugwesen und muss die Konkurrenz der kleineren **Regional Airlines** (☎ 0522-536-940 in Casablanca; www.regionalmaroc.com) kaum fürchten. Beide Gesellschaften nutzen Casablanca als Drehscheibe. Somit werden die meisten Inlandsverbindungen über den Flughafen Mohammed V geleitet – dabei hätte Marokko Direktflüge von Fès nach Marrakesch so nötig. RAM hat gute Sicherheitsstatistiken und an den Flughäfen finden strenge Kontrollen statt.

RAM bedient die Inlandsflughäfen von Agadir, Al-Hoceima, Casablanca, Dakhla, Essaouira, Fès, Laâyoune, Marrakesch, Nador, Ouarzazate, Oujda, Rabat und Tanger. Beliebte Ziele wie Marrakesch, Tanger und Agadir werden mehrmals täglich angeflogen. Die meisten RAM-Filialen verteilen kostenlos Flugpläne, die man außerdem im Internet einsehen kann.

Inlandflüge lassen sich online sowie über alle Reisebüros und RAM-Zweigstellen buchen. Wichtig: Unbedingt spätestens 72 Stunden vor dem Start eine Bestätigung einholen! Studenten und Reisende unter 26 Jahren erhalten 25 % Ermäßigung auf alle Inlandflüge von RAM – allerdings nur, wenn sie ihre Tickets vorab bei einer Filiale der Fluglinie kaufen. Kinder von zwei bis zwölf Jahren reisen zum halben Preis.

Flüge innerhalb Marokkos lohnen sich allgemein nur bei weiten Strecken (z. B. nach Laâyoune oder Dakhla in der Westsahara). In diesem Fall spart der Flieger eine Menge Zeit. Ein Flug von Casablanca nach Laâyoune kostet ca. 2300 Dh und dauert nur eineinhalb Stunden, während man ansonsten 19 Stunden lang im Bus sitzt.

NAHVERKEHR

Bus

Die größeren Städte wie Casablanca, Rabat, Marrakesch, Fès und Meknès haben ein gutes öffentliches Busnetz. Die Busse sind oft praktisch, um von der *ville nouvelle* (Neustadt) in die Medina (Altstadt) zu kommen, können aber haarsträubend überfüllt sein. Ihre Routen sind oft verwirrend. Tickets kosten meistens 2 bis 3 Dh.

Grand Taxi

Die älteren Mercedesmodelle, die über marokkanische Straßen heizen und in großen Scharen rund um die Busbahnhöfen parken, sind Sammeltaxis (*grands taxis* auf Französisch oder *taxiat kebira* auf Arabisch). Sie sind aus dem marokkanischen Straßenverkehr nicht wegzudenken und fahren ständig zwischen benachbarten Ortschaften hin und her. Bei entsprechender Nachfrage legen die Taxis manchmal auch längere Strecken zurück. Aber das ist selten und wird oft nur sehr früh am Morgen angeboten. In Grands Taxis passen gequetscht höchstens sechs Leute (zwei vorne, vier hinten). Sie fahren los, wenn sie voll sind. Manchmal ist es von Vorteil, für zwei Sitzplätze zu bezahlen, damit das Taxi früher losfährt (und man mehr Platz hat). Das gilt vor allem für alleinreisende Frauen, die dann allein vorne sitzen können.

Die festgelegten Fahrpreise (Details stehen jeweils bei den einzelnen Städten) liegen normalerweise etwas über den Buspreisen, sind aber immer noch ziemlich niedrig. Wer nach dem Preis fragt, sollte klarstellen, dass er für *une place* (einen Platz) in einem *taxi collectif* (Sammeltaxi) bezahlt. Ein anderer Ausdruck, um zu erklären, dass man das Taxi nicht allein benutzen will, ist *ma'a an-nas* (mit anderen Leuten).

Schlepper und Taxifahrer versuchen manchmal, Fremde davon zu überzeugen, das gesamte Taxi zu mieten (*complet*). Dann freundlich lächeln, aber sich nicht in seinem Entschluss beirren lassen. Allerdings kann es für manche Strecken toll sein, ein ganzes Sammeltaxi anzumieten. Vor allem Kleingruppen können sich dann Zeit lassen und anhalten, wo immer sie wollen.

Vor der Abfahrt muss geduldig ein angemessener Preis ausgehandelt werden (für das ganze Taxi nach Möglichkeit der sechsfache Preis eines Einzelplatzes). Und unbedingt vergewissern, dass der Fahrer verstanden hat, wo er unterwegs anhalten soll. Besonders tolle Ziele für eine Tour mit dem Sammeltaxi sind das Ziz- und das Drâatal, das Tizi n'Test- und das Rifgebirge.

Die Fahrer sind oft ziemliche Verkehrsrowdys. In unübersichtlichen Kurven zu überholen, kann geradezu eine Frage der Ehre sein. Geschwindigkeitsbegrenzungen werden nur eingehalten, wenn eine Polizeikontrolle in Sicht ist. Viele Unfälle werden durch übermüdete Sammeltaxifahrer verursacht, die am Steuer einschlafen. Nachts sollte dieses Beförderungsmittel deshalb besser gemieden werden. Sicherheitsgurte sind eine Rarität. Und den Fahrer darauf hinzuweisen, dass sie fehlen, könnte als Zweifel an seinen Fahrkünsten aufgefasst werden.

Petit Taxi

In allen größeren Städten gibt es sogenannte Petits Taxis. Sie haben in jeder Stadt eine andere Farbe und dürfen nur innerhalb der Stadtgrenzen fahren. Sie können bis zu drei Fahrgäste transportieren und haben meistens, aber nicht immer, ein Taxameter. Die französische Bitte, dass es eingeschaltet wird, lautet: „*Tournez le conteur, s'il vous plaît.*" Wenn es kein Taxameter gibt, sollte der Preis vor der Fahrt ausgehandelt werden. Weigert sich der Fahrer, das Taxameter einzuschalten, oder gibt er keinen Preis an, sollte man ihn bitten anzuhalten und aussteigen. Die meisten Fahrer von Petits Taxis sind absolut ehrlich. Nur die in Marrakesch sind dafür berüchtigt, dass sie Traveller gerne ausnehmen.

Es ist eher die Regel als die Ausnahme, dass Taxifahrten zusammengelegt werden. Wer will, kann also in ein halb volles einsteigen, wenn es dahin fährt, wohin man möchte (zum gleichen Preis). Ab 20 Uhr (Sommer oft ab 21 Uhr) wird normalerweise ein Aufschlag von 50 % verlangt.

Pick-ups & Geländefahrzeuge

In abgelegeneren Teilen des Landes, vor allem im Atlasgebirge, fahren die Einheimischen mit Berber-*camionettes* (Pick-ups), alten Transportern oder auf der Ladefläche von Lastern von Dorf zu Dorf. Das ist eine holprige, aber abenteuerliche Art, Land und Leute ein bisschen besser kennenzulernen. Es kommt aber vor, dass man ziemlich lange (manchmal Tage) auf die nächste Mitfahrgelegenheit warten muss. Wer zwischen entlegenen Städten und Dörfern hin- und herfahren will, tut das am besten frühmorgens an Markttagen (meistens 1- bis 2-mal wöchentl.). Allradtaxis fahren üblicherweise auf den abgelegeneren *pistes,* die normale Taxis ruinieren würden.

ZUG

Das Schienennetz (s. Karte S. 526) des **Office National des Chemins de Fer** (ONCF; www.oncf.org.ma, französisch) gehört zu den besten Afrikas und verbindet fast alle großen Zentren miteinander. Es gibt zwei Hauptlinien: von Tanger im Norden nach Marrakesch und von Oujda im Nordosten ebenfalls nach Marrakesch. Sie treffen sich bei Meknès. Pläne, das Netz nach Süden bis Agadir und weiter bis nach Westsahara auszudehnen, kommen über das Reißbrett offenbar nicht hinaus, aber es soll

KNIGGE FÜR UNTERWEGS

In öffentlichen Verkehrsmitteln ist es verpönt zu essen, wenn andere Fahrgäste zugucken müssen – das wird als Egoismus und schlechtes Benehmen gewertet. Also immer ein bisschen mehr mitnehmen, um den Platznachbarn etwas anbieten zu können. Eine Tüte voll Obst ist z. B. gut geeignet.

Es gibt's bestimmte Rituale, die beachtet werden sollten. Ein Mitreisender, dem etwas zu essen angeboten wird, lehnt üblicherweise erst mal ab. Das heißt: zweiter Versuch und diesmal etwas überzeugender. Aber darauf einstellen, dass man wieder eine Abfuhr kriegt. Beim dritten, sehr nachdrücklichen Angebot können die Sitznachbarn endlich annehmen, wenn sie wirklich wollen.

Wer etwas zu essen angeboten bekommt, aber nichts möchte, sollte trotzdem ein kleines Stück annehmen. Gleichzeitig zufrieden den Bauch reiben, um klarzumachen, dass man satt ist. Die Dankbarkeit, dass man das komplizierte Ritual mitmacht, äußert sich in Respekt, Schutz und freundschaftlicher Fürsorge.

tatsächlich bald eine High-Speed-TGV-Linie von Tanger nach Casablanca geben. Die Busse von Supratours verbinden viele Ziele südlich und östlich von Marrakesch (inkl. Essaouira und Laâyoune) und entlang der Mittelmeerküste (inkl. Tétouan und Nador) mit dem Schienennetz.

Die Züge sind komfortabel, schnell und einigermaßen pünktlich. Weil sie außerdem nicht viel kosten, sind sie den Bussen vorzuziehen, wenn das Reiseziel damit erreichbar ist. Im Zug können Drinks und Snacks gekauft, aber in den Abteilen darf nicht geraucht werden. Die Bahnhöfe sind meistens nicht gut ausgeschildert und die Durchsagen (sowohl auf Französisch und auf Arabisch) oft komplett unverständlich. Deshalb gut aufpassen und nach dem Zielbahnhof Ausschau halten!

Die meisten Bahnhöfe befinden sich in der *ville nouvelle* einer Stadt. Normalerweise gibt's eine Gepäckaufbewahrung, aber es werden nur Gepäckstücke angenommen, die man abschließen kann.

Die Fahrpläne für das gesamte Netz hängen an fast allen Bahnhöfen aus. An den Fahrkartenschaltern kann man sich einen Mini-Fahrplan für bestimmte Ziele ausdrucken lassen. Auf der Website von ONCF (französisch) gibt's ebenfalls vollständige Fahrpläne und Preisinfos.

Klassen

Es gibt zwei Arten von Zügen, den *ordinaire* (Train Navette Rapide, TNR) und den *rapide* (Train Rapide Climatisé, TCR). Die Rapides werden für den Fernverkehr eingesetzt, während die Ordinaires inzwischen auf eine Handvoll Nachtzüge und regionale Verbindungen beschränkt sind. Der Hauptunterschied zwischen den beiden ist weniger die Geschwindigkeit als Komfort und Klimatisierung. Die in diesem Reiseführer angegebenen Preise gelten für die klimatisierten Rapides (Ordinaires sind ca. 30 % billiger).

In allen Zügen gibt's eine 1. und eine 2. Klasse. Der Unterschied zeigt sich nur im Preis, kaum im Komfort. In den Abteilen der 1. Klasse gibt es sechs, in denen der 2. Klasse acht Plätze. Die 2. Klasse ist für jede Strecke absolut ausreichend.

Zwischen Kenitra, Rabat, Casablanca und dem Flughafen Mohammed V fahren regelmäßig Shuttle-Züge als Ergänzung zu den Schnellzügen auf dieser Strecke. Etwa zwischen 5 und 22 Uhr gibt's stündlich Verbindungen zwischen Casablanca und dem Flughafen (35 Min.), sodass die meisten Flüge bequem erreicht werden können. Weitere Infos stehen im Abschnitt „Unterwegs vor Ort" unter Casablanca (S. 123) und Rabat (S. 137).

Preise

In den Ordinaire-Nachtzügen zwischen Marrakesch und Tanger und zwischen Oujda und Casablanca gibt's Liegewagen. Die Abteile bestehen aus sechs hochklappbaren Liegen *(couchettes)* und sind die 90 Dh extra durchaus wert. Außerdem gibt's einen teureren Rapide-Nachtzug ab Oujda.

Preisbeispiele für die 2. Klasse sind von Casablanca nach Marrakesch: 84 Dh, drei Stunden, von Rabat nach Fès: 76 Dh, dreieinhalb Stunden, und von Tanger nach Marrakesch: 190 Dh, acht Stunden.

Kinder unter vier Jahren fahren kostenlos. Je nach Service bekommen Kids zwischen vier und zwölf Jahren eine Ermäßigung von 10 bis 50 %.

Reservierungen

Fahrkarten sollten am Bahnhof gekauft werden. Im Zug sind sie teurer. Sie können bis zu einen Monat vor der Fahrt gekauft werden. Empfehlenswert ist das für Liegewagen in Nachtzügen (vor allem auf der Strecke Tanger–Marrakesch) und für Fahrten in der Zeit der großen Feste.

Auf die Fahrkarte immer gut aufpassen, weil sie im Zug kontrolliert und am Zielbahnhof eingesammelt wird.

Zugpässe

Es gibt zwei Arten von Rabattpässen. Die Carte Fidelité (149 Dh) für alle über 26 Jahre berechtigt zu einem Preisnachlass von 50 % auf acht Hin- und Rückfahrkarten und 16 einfache Fahrkarten in einem Jahr. Menschen unter 26 kriegen die gleichen Ermäßigungen mit der Carte Jaune (99 Dh). Alle über 60 Jahre können eine Carte Retraités (50 Dh) erwerben, mit der man die Tickets 40 % billiger bekommt. Wer einen dieser Pässe beantragen will, braucht ein Passfoto und eine Kopie des Reisepasses.

Gesundheit

INHALT

Vorbeugen ist das A und O, um gesund durch Marokko zu reisen. Ein bisschen rechtzeitige Planung kann einem so manchen Ärger ersparen. Wer Glück hat, muss sich unterwegs nur mit ein paar Magenbeschwerden rumschlagen. Infektionskrankheiten kommen auch vor, die hängen normalerweise aber mit schlechten Lebensbedingungen zusammen. Durch richtige Vorsorge lassen sie sich vermeiden. Ärztliche Hilfe brauchen Traveller meist nur nach Unfällen – die passieren ab und zu, weil die Autos schlecht gewartet und die Straßen spärlich beleuchtet und voller Schlaglöcher sind. Die medizinische Versorgung reicht von erstklassig in den großen Städten bis dürftig in abgelegeneren Ecken.

VOR DER REISE

Die Gesundheit steht bei der Reisevorbereitung oft ganz unten auf der Liste, dabei ist Planung gerade hier enorm wichtig. Schon weil manche Impfstoffe erst nach zwei Wochen wirken, sollte man vier bis acht Wochen vor der Reise zum Arzt gehen.

Reisende können sich bei der **International Association for Medical Advice to Travellers** (IAMAT; www.iamat.org) registrieren lassen. Über die Website lassen sich auch Ärzte mit anerkanntem Studienabschluss finden. Wer sich in die äußersten Ecken des Landes wagen will, kann einen Erste-Hilfe-Kurs machen – ein guter Tipp besonders für Traveller, die eine Trekkingtour planen.

Medikamente bleiben unterwegs am besten in der deutlich gekennzeichneten Originalverpackung. Ein Brief vom Arzt mit Datum, Unterschrift und genauen Angaben über Krankheiten und Medikamente inklusive generischer Bezeichnung ist auch eine sehr nützliche Sache. Wer Spritzen oder Kanülen dabeihat, muss sich unbedingt vorher vom Arzt bescheinigen lassen, dass sie medizinisch notwendig sind. Dann nur noch zum Zahnarzt, wie vor jeder langen Reise, Ersatzkontaktlinsen und Ersatzbrille (plus Brillenpass) ins Gepäck und los geht's.

VERSICHERUNG

Bei Marokkoreisen ist es extrem wichtig, dass die Krankenversicherung ausreichend ist. Also bitte rechtzeitig checken, ob die Versicherung direkt an den behandelnden Arzt zahlt oder ob Arztkosten erst hinterher erstattet werden – in ganz Marokko wollen die Ärzte meistens sofort Cash sehen. Ein Flug nach Hause in einem Notfall oder ein Krankenhausaufenthalt in einer großen Stadt sollten auch enthalten sein – in schweren Fällen kann das lebensrettend sein.

EMPFOHLENE IMPFUNGEN

Für Marokko werden keine speziellen Impfungen verlangt. Die Weltgesundheitsorganisation empfiehlt trotzdem allen Reisenden einen Schutz vor Diphtherie, Tetanus, Masern, Mumps, Röteln, Kinderlähmung und Hepatitis B. Bei der Reisevorbereitung also noch mal schauen, ob der Impfschutz komplett ist.

> **GESUNDHEITSINFOS IM INTERNET**
>
> Die folgenden Websites informieren vor Reiseantritt:
>
> http://www.auswaertiges-amt.de/diplo/de/Laenderinformationen/Marokko/Sicherheitshinweise.html
>
> www.crm.de
>
> www.travelmed.de

GESUNDHEIT

Der Arzt stellt einen internationalen Impfpass aus, in dem alle Impfungen verzeichnet sind.

REISEAPOTHEKE

Hier eine Liste der Sachen, die in die Reiseapotheke gehören:

- Antibiotika
- antibakterielles Handgel
- Durchfallmedikamente (z. B. Loperamid)
- Paracetamol oder Aspirin
- entzündungshemmende Mittel (z. B. Ibuprofen)
- Antihistaminika (bei Heuschnupfen und allergischen Reaktionen)
- antibakterielle Salbe (z. B. Betaisodona) für Wunden und Abschürfungen
- steroidhaltige Creme oder Kortison (bei allergischem Ausschlag)
- Bandagen, Mullverbandsmaterial
- Heftpflaster oder Klebestreifen
- Schere, Sicherheitsnadeln, Pinzette
- Fieberthermometer
- Taschenmesser
- Insektenspray mit DEET für die Haut
- permethrinhaltiges Insektenspray für Kleidung, Zelte und Moskitonetze
- Sonnenschutzcreme bzw. Sunblocker
- Rehydrationssalze zum Einnehmen
- Jodtabletten (zur Wasserreinigung)
- Spritzen und sterile Kanülen (bei Reisen in entlegene Gegenden)

INFOS IM INTERNET

Im Internet lassen sich vor der Reise jede Menge Empfehlungen in Sachen Gesundheit finden. Die **Lonely Planet** Website (www.lonelyplanet.com) hat eine ganze Reihe Tipps parat. Noch mehr Infos gibt's bei der **Weltgesundheitsorganisation** (www.who.int/ith/). Außerdem bietet **Travelmed** (www.travelmed.de) eine breite Palette an Ratschlägen für Reisen in alle Länder.

NOCH MEHR LEKTÜRE

Das Handbuch *Healthy Travel* aus der Lonely Planet Reihe ist randvoll mit nützlichen Infos zu Reiseplanung, Erster Hilfe, Impfungen, Krankheiten und Verhalten bei Krankheiten. Auch interessant sind der *GU Kompaß Gesund reisen. Mit Homöopathie und Schulmedizin* und *Gesund reisen, gesund heimkommen!* von Britta Hermle-Geibel. *The Travellers' Good Health Guide* von Ted Lankester (Sheldon Press) ist der ultimative Gesundheitsratgeber für Entwicklungshelfer und Leute, die länger in der Region leben und arbeiten.

UNTERWEGS

REISEÜBELKEIT

Reiseübelkeit lässt sich durch Antihistaminika wie Dimenhydrinat (Dramamine) oder Meclizin (Bonine) bekämpfen. Als Nebenwirkung machen sie vor allem müde. Wer eine pflanzliche Alternative sucht, kann zu Ingwer greifen – er wirkt bei manchen Leuten Wunder.

IN MAROKKO

MEDIZINISCHE VERSORGUNG & KOSTEN

Medizinische Grundversorgung ist außerhalb der größeren Städte nicht überall gewährleistet. Dafür sind meistens die Apotheken gut ausgestattet. Bei den üblichen Reisewehwehchen wissen die Apotheker oft Rat (meist sprechen sie Französisch). Sie verkaufen rezeptfrei Medikamente, oft sogar welche, die zu Hause gar nicht so leicht aufzutreiben sind. Sie sagen auch, wann ein Arzt zu Rate gezogen werden sollte.

Wer sich von einem Arzt oder in einer Klinik behandeln lässt – vor allem in Gegenden, die weitab vom Schuss liegen – muss dafür oft an Ort und Stelle bezahlen. Manchmal wird sogar für sterile Verbände oder Infusionen kassiert. Viele Hotels kennen den schnellsten Weg zum nächsten Arzt. In Notfällen hilft auch die zuständige Botschaft bzw. das Konsulat.

Der Standard bei der zahnärztlichen Versorgung ist unterschiedlich gut. Reiseversicherungen zahlen normalerweise nur für Notbehandlungen. Mit den Zangen der Straßenzahnärzte auf der Jemaa el Fna in Marrakesch will aber wohl keiner gern Bekanntschaft machen!

INFEKTIONEN

Gelbfieber

Das Risiko, an Gelbfieber zu erkranken, hält sich in Grenzen. Überträger sind Moskitos aus der ländlichen Provinz Chefchaouen. Aber weil die Gefahr nur gering ist, empfiehlt die Weltgesundheitsorganisation keine Impfung.

Traveller, die aus Gelbfiebergebieten nach Marokko kommen, müssen bei der Einreise einen Impfnachweis vorlegen – wenn sie direkt aus einem Risikoland kommen oder in den letzten zehn Tagen dort waren. Mit einem

Nachweis für den ganzen letzten Monat gibt es keine Einreiseschwierigkeiten. Gelbfieber ist in Mauretanien verbreitet. Wer also von dort auf dem Landweg nach Marokko einreist, braucht einen wasserdichten Nachweis (obwohl gemunkelt wird, dass diese Vorschrift nicht immer so strikt befolgt wird). Komplette Listen der Risikoländer gibt's auf den Websites der **Weltgesundheitsorganisation** (www.who.int/ith/en/) und der **Centers for Disease Control and Prevention** (www.cdc.gov/travel/). Reisende, die den vorgeschriebenen aktuellen Nachweis nicht haben, werden manchmal am Ankunftsort geimpft und bis zu zehn Tagen isoliert festgehalten oder einfach nach Hause geschickt. Die Gelbfieberimpfung sollte in einer anerkannten Klinik durchgeführt werden und bietet zehn Jahre Schutz. Geimpft wird mit einem Lebendimpfstoff, der für Schwangere und Menschen mit geschwächtem Immunsystem nicht infrage kommt.

Hepatitis A

Hepatitis A wird über verunreinigte Lebensmittel (hauptsächlich Schalentiere) und Wasser übertragen. Sie verursacht Gelbsucht, ist selten tödlich, kann aber zu anhaltender Schlappheit führen und klingt nur sehr langsam ab. Symptome sind dunkler Urin, Fieber und Bauchschmerzen. Außerdem färbt sich das Weiße in den Augen gelb. Bei Reisen nach Marokko ist eine Hepatitis-A-Impfung angebracht. Dabei wird der Impfstoff (Avaxim, VAQTA, Havrix) gespritzt. Eine einmalige Gabe schützt bis zu einem Jahr, eine Auffrischungsimpfung nach zwölf Monaten reicht für die nächsten zehn Jahre. Die Impfung gegen Hepatitis A gibt es auch kombiniert mit der Impfung gegen Typhus (Hepatyrix oder Viatim).

Hepatitis B

Hepatitis B kann über infiziertes Blut, verschmutzte Kanülen und beim Sex übertragen werden. Auch sie führt zu Gelbsucht. Sie schadet der Leber, was manchmal mit Leberversagen endet. Alle Reisenden sollten die Hepatitis-B-Impfung eingeplant haben (in Marokko gehört sie zum Routineimpfprogramm für Kinder). Der Impfstoff wird einzeln oder zusammen mit dem gegen Hepatitis A (Hepatyrix) gespritzt. Wenn die Impfung nach vier Wochen und nach sechs bis zwölf Monaten aufgefrischt wird, schützt sie mindestens fünf Jahre.

HIV

In Marokko liegt die HIV-Infektionsrate bei 0,1 % – die Krankheit tritt hauptsächlich in den großen Städten auf. Auch wenn sich in Sachen Aufklärung viel tut, ist das Bewusstsein für Aids (französisch „Sida") noch nicht so ausgeprägt. Das liegt u. a. auch daran, dass eine öffentliche Diskussion sexueller Belange für Muslime tabu ist.

HIV wird über infiziertes Blut, Blutprodukte oder Geschlechtsverkehr mit einem infizierten Partner übertragen. Also keinen ungeschützten Sex! Ein geringes Risiko besteht auch bei medizinischen Behandlungen wie Bluttransfusionen oder nicht richtig sterilisierten medizinischen Instrumenten.

Leishmaniose

Infizierte Sandmücken übertragen diese Krankheit. Sie macht sich durch eine langsam wachsende Beule auf der Haut oder Wunden bemerkbar. Daraus entwickelt sich in manchen Fällen ein hohes, lebensbedrohliches Fieber. Meistens geht es mit Anämie und Gewichtsverlust einher. Es gibt keine Impfung, aber man kann die Krankheit mit antimonhaltigen Medikamenten behandeln. Auch Hunde können die Erreger in sich tragen. Von Sandmücken sollte man sich möglichst nicht stechen lassen. In Marokko ist Leishmaniose in den ländlichen Gebieten des Atlasgebirges verbreitet. Dort schwirren zwischen Juni und Oktober besonders viele Sandmücken rum.

Tollwut

Tollwut ist tödlich und tritt in Marokko örtlich begrenzt auf. Infizierte Tiere übertragen sie durch Beißen oder Lecken an verletzten Hautstellen. Leute, die viel mit Tieren in Kontakt kommen, lassen sich besser impfen. Das Gleiche gilt für Reisende, die in abgelegene Gebiete fahren, wo sich innerhalb von 24 Stunden nach dem Biss kein Impfstoff auftreiben lässt. Im Zeitraum von einem Monat sind dann drei Injektionen nötig. Wer nicht geimpft ist, braucht fünf Spritzen. Die erste davon ist innerhalb von 24 Stunden bzw. so schnell wie möglich nach der Verletzung fällig. Diese Impfung schafft noch keine Immunität, aber schafft Zeit, in der man kompetente medizinische Hilfe aufsuchen kann.

Tuberkulose

Tuberkulose (Tb) wird durch engen Atemkontakt und selten durch infizierte Milch oder

Milchprodukte übertragen. Vor ihr schützt der Impfstoff BCG, allerdings nur eingeschränkt. Schutz ist vor allem wichtig für Leute, die lange bleiben wollen, auf Familienbesuch sind, als Lehrer oder im Gesundheitswesen arbeiten. Tb kann ohne Symptome verlaufen, aber auch Husten, Gewichtsabnahme oder Fieber mit sich bringen. Das macht sich manchmal erst Monate oder sogar Jahre nach der Ansteckung bemerkbar. Durch Röntgen lässt sich feststellen, ob jemand die Krankheit hat. Bei der Impfung – die es eigentlich nur in Spezialkliniken gibt – entsteht an der Einstichstelle eine kleine dauerhafte Narbe. Für Schwangere und Menschen mit geschwächtem Immunsystem ist der Lebendimpfstoff nicht geeignet.

Typhus

Typhus überträgt sich über Lebensmittel oder Wasser, das mit infizierten menschlichen Fäkalien verunreinigt ist. Wenn irgendwo ein Fall auftaucht, wird das in den lokalen Medien bekannt gegeben. Erste Anzeichen sind Fieber oder ein rosa Ausschlag am Bauch. Sepsis (Blutvergiftung) kann auch dazukommen. Der Typhusimpfstoff (Typhim Vi, Typherix) schützt drei Jahre lang. In manchen Ländern gibt's auch Schluckimpfung mit Vivotif.

DURCHFALLERKRANKUNGEN

Auf Reisestrapazen wie ungewohntes Essen, Hitze, lange Tage und einen unregelmäßigen Schlafrhythmus reagiert der Körper oft mit Magen-Darm-Verstimmungen.

Um Durchfall zu vermeiden, sollte frisches Obst und Gemüse nie roh gegessen und am besten gewaschen bzw. geschält werden. Das Leitungswasser ist in Großstädten normalerweise trinkbar. Anderswo ist es besser, nur aufbereitetes Wasser (s. S. 536) zu trinken. Vorsicht mit Essen vom Buffet, das meistens längere Zeit warm gehalten wird! Das Essen sollte immer kochend heiß sein. Das ist an vielen Straßenständen, bei denen man beim Kochen zuschauen kann, normalerweise der Fall. Ein gut besuchtes Restaurant steht auch für Qualität. Vernünftig sein sollte man, aber nicht durchdrehen, sonst verpasst man vielleicht einen der größten Genüsse in Marokko. Aus Angst vor einem verdorbenen Magen in Marokko auf das leckere Essen zu verzichten, wäre echt ein Jammer.

Wichtig ist auch die persönliche Hygiene. Viele marokkanische Speisen werden mit der Hand gegessen, also vor dem Essen und nach dem Toilettengang immer schön die Hände waschen (sogar das kleinste Restaurant hat ein Waschbecken und Seife). Antibakterielles Handgel, das ohne Wasser reinigt, tut ebenfalls gute Dienste.

Wen der Durchfall trotzdem erwischt hat, der braucht viel Flüssigkeit. Prima ist in dem Fall eine orale Rehydrationslösung – diese preisgünstigen *sels de réhydration orale* haben alle Apotheken auf Lager. Fettes Essen und Milchprodukte meiden. Ein paarmal Durchfall ist noch kein Grund zur Sorge. Wenn man aber öfter als vier, fünf Mal zur Toilette flitzen muss, sind Antibiotika (z. B. ein Chinolon-Präparat) und ein Durchfallmittel (z. B. Loperamid) angebracht. Bei blutigem Durchfall, der über 72 Stunden nicht weggeht und von Fieber, Schüttelfrost oder starken Bauchschmerzen begleitet wird, sollte man lieber schnell zum Arzt gehen!

GESUNDHEITSRISIKEN

Hitzeschäden

Die marokkanische Sonne kann erbarmungslos sein – ein Hut sollte also ständiger Begleiter sein. Wer sich zu sehr anstrengt, ohne sich vorher zu akklimatisieren, kann sich eine Hitzeerschöpfung einfangen. Das passiert Leuten, die stark schwitzen, viel Flüssigkeit ausdünsten und den Verlust von Salz und Flüssigkeit nicht wieder ausgleichen. Die Symptome sind Kopfschmerzen, Schwindel und Müdigkeit. Erstes Anzeichen für eine Dehydratisierung ist Durst – also immer genug Wasser trinken! Der Urin sollte hell und stark verdünnt sein. Bei Hitzeerschöpfung hilft Trinken – am besten Wasser, Fruchtsaft oder beides – und Abkühlen mit kaltem Wasser und durch Luftzufächeln. Der Salzverlust lässt sich mit salzigen Flüssigkeiten wie Suppe oder Brühe und einer Prise mehr Salz im Essen als sonst schnell wieder ausgleichen.

Ein Hitzschlag ist um einiges gefährlicher. Er tritt auf, wenn die Wärmeregulierung des Körpers zusammenbricht. Die Körpertemperatur steigt so stark an, dass der Organismus nicht mehr schwitzen kann. Irrationales und hyperaktives Verhalten, schließlich Bewusstlosigkeit und Tod können die Folgen sein. Hier ist schnelle Abkühlung angesagt – am besten den Körper mit Wasser bespritzen und Luft zufächeln. In Notfällen werden Flüssigkeiten und Elektrolyte auch intravenös über einen Tropf verabreicht.

Höhenkrankheit

Sauerstoffmangel in großen Höhen (über 2500 m) zwingt fast alle Menschen irgendwie in die Knie – die Folgen sind mehr oder weniger heftig. Der Grund ist, dass Muskeln und Gehirn weniger Sauerstoff abkriegen. Das müssen Herz und Lungen dann wieder ausgleichen. Symptome der akuten Höhenkrankheit (Acute Mountain Sickness, AMS) machen sich normalerweise (nicht immer) in den ersten 24 Stunden in der Höhe bemerkbar. Die weniger schlimmen Anzeichen sind Kopfschmerzen, Trägheit, Schwindel, unruhiger Schlaf und Appetitlosigkeit. Die Höhenkrankheit kann sich aber unerwartet verschlimmern und tödlich enden. Ernstere Symptome sind Atemlosigkeit, trockener Reizhusten (evtl. mit rosa-schaumigem Auswurf), üble Kopfschmerzen, Koordinationsschwierigkeiten, Verwirrung, irrationales Benehmen, Erbrechen, Schläfrigkeit und Bewusstlosigkeit. Es gibt keine Faustregel, was für wen zu hoch ist: Es gab schon auf 3000 m Höhe Todesfälle, richtig gefährlich wird es aber eigentlich erst bei 3500 bis 4500 m.

Das Zauberwort heißt „Akklimatisierung" – die nötige Zeit dafür gehört unbedingt in den Trekkingplan. Wer einen Bergführer aussucht, der die Höhenkrankheit erkennen und damit umgehen kann, ist gut beraten. Marokkos beliebteste Trekkingroute zum Jbel Toubkal führt relativ schnell hoch zum Gipfel auf 4167 m, sodass die wenigsten ungeschoren davonkommen. Die längeren Touren im M'Goun-Massiv gehen bis in Höhen um die 4000 m. Im Rifgebirge und am Jbel Sarhro kraxeln die Wanderer in deutlich tiefer gelegenen Regionen herum. Für sie besteht keine so große Gefahr. Mehr dazu im Kapitel „Trekking" (S. 446).

Wer auf der Höhe bleibt und sich etwas erholt, kann leichtere Symptome wieder loswerden. Besser ist es natürlich, wieder abzusteigen – schon 500 m können einen Unterschied machen. Paracetamol oder Aspirin helfen gegen Kopfschmerzen. Bleiben die Beschwerden oder verschlimmern sie sich, heißt die Devise: bergab! Niemand sollte sich mithilfe von Medikamenten vor dem Abstieg drücken oder sich für den weiteren Aufstieg aufputschen.

Diamox (Acetazolamid) lindert das Kopfweh bei Höhenkrankheit und hilft dem Körper, sich an den Sauerstoffmangel zu gewöhnen. Das Medikament gibt's nur auf Rezept. Wer auf Sulfonamid-Antibiotika allergisch reagiert, dem kann mit Diamox dasselbe passieren.

Erstklassige Infos über die Höhenkrankheit gibt's zum Downloaden beim **British Mountaineering Council** (www.thebmc.co.uk) und bei www.trekkingguide.de/ams.

Insektenbisse & -stiche

Stiche von Moskitos und anderen Insekten sind nicht wirklich gefährlich, nerven aber ziemlich. Insektensprays auf DEET-Basis halten die Biester fern. Bienen und Wespen sind nur für Leute mit schweren Allergien (Anaphylaxie) bedrohlich. Die Betroffenen sollten eine Adrenalinspritze o. Ä. dabeihaben. Sandmücken tummeln sich vor allem an den Mittelmeerstränden. Meistens hinterlassen sie nur fürchterlich juckende Stiche, aber sie können auch eine seltene Krankheit übertragen: die kutane Leishmaniose.

Skorpione gibt's in Südmarokko recht oft. Ihre Bisse tun zwar ordentlich weh, sind aber praktisch nie lebensbedrohlich.

Begegnungen mit Wanzen kommen hin und wieder in billigeren Hotels vor. Als Andenken hinterlassen sie heftig juckende Stiche, die stark anschwellen können. Mit einem wirksamen Insektenspray, das auf die Matratzen gesprüht wird, kann den Plagegeistern der Garaus gemacht werden.

In Billigunterkünften lauert auch oft die Krätze. Dafür verantwortlich sind klitzekleine Milben, die in der Haut leben, vor allem zwischen den Fingern. Dort rufen sie extrem juckenden Ausschlag hervor. Mit einer Lotion aus der Apotheke lässt der sich aber fix wieder loswerden. Wer mit Krätzebefallenen in Kontakt kommt, sollte sich auch behandeln, denn auch Menschen ohne Symptome können die Krankheit verbreiten.

Schlangenbisse

Die Chance, in Marokko eine Schlange zu Gesicht zu bekommen oder sich gar einen Biss einzufangen, geht gegen null. Allerdings treiben sich in den Wüstenregionen im Süden ein paar giftige Arten wie die Hornviper rum. Schlangen sonnen sich gern auf Felsen und im Sand. Zur heißesten Tageszeit verkriechen sie sich. Also nicht barfuß gehen oder die Hände in irgendwelche Löcher oder Spalten stecken! Die Hälfte aller Gebissenen bekommt das Schlangengift gar nicht ab – bei einem Schlangenbiss muss also niemand in Panik ausbrechen. Der betroffene Körperteil sollte mit einer Schiene (z.B. einem Stock) ruhig gestellt und bandagiert werden. Dabei ordentlich fest wickeln, so wie bei einer Verstauchung. Ein Druckverband ist nicht geeignet, auch sollte der Biss nicht ausgeschnitten oder -gesaugt werden. Der Gebissene braucht so schnell wie möglich einen Arzt, der ihm im Notfall ein Schlangenserum geben kann.

Wasser

Das Leitungswasser in Marokkos Großstädten ist gechlort und normalerweise trinkbar (Zähneputzen geht auch). Woanders sollte Wasser besser aufbereitet werden – mit speziellen Tabletten oder einem Wasserfilter. Wasser in Flaschen gibt es natürlich auch überall, aber die Unmengen weggeworfener (und nicht recycelter) Plastikflaschen belasten die Umwelt. In den abgelegeneren Gegenden ist das Wasser aus Brunnen oder Bohrlöchern meistens in Ordnung. Um das Wasser aus Flüssen und Seen machen Reisende allerdings besser einen großen Bogen, denn hier lauern Bakterien und Viren, die Durchfall oder Erbrechen verursachen.

MIT KINDERN REISEN

Wer mit Kindern unterwegs ist, sollte sich mit kleineren Wehwehchen auskennen und wissen, wann ein Arzt her muss. Der Routineimpfschutz der Kinder muss komplett sein. Rechtzeitig vor der Reise sollte ein Arzt befragt werden, welche Reiseimpfungen infrage kommen – nicht alle Impfstoffe eignen sich für Kinder unter einem Jahr.

Magenprobleme gibt's bei Kindern auf Reisen des Öfteren mal, also gut auf die richtige Ernährung achten. Bei Erbrechen oder Durchfall müssen verlorene Flüssigkeit und Salz wieder zugeführt werden. Der Arzt kann Tipps zu Rehydrationspulvern zum Auflösen in sterilem Wasser geben. Bei der oft sengenden Hitze in Marokko ist besonderer Schutz vor Sonnenbrand, Hitzeerschöpfung und Dehydratisierung angesagt.

Kinder sollten Bescheid wissen, dass sie wegen der Tollwutgefahr und anderen Krankheiten Hunden und anderen Säugetieren aus dem Weg gehen müssen. Beim Kamelreiten in der Wüste oder beim Kontakt mit Eseln und Maultieren, die sich z.B. an Orten wie der Medina von Fès tummeln, hält sich das Risiko allerdings in Grenzen. Jeder Biss, Kratzer oder auch nur der Speichel von behaarten Warmblütern muss sofort gründlich gereinigt bzw. beseitigt werden. Schon beim kleinsten Tollwutverdacht ist ein Arztbesuch angesagt.

FRAUEN & GESUNDHEIT

Emotionaler Stress und Erschöpfung können den Menstruationszyklus durcheinanderbringen. Frauen, die die Pille nehmen, müssen dran denken, dass manche Antibiotika, Durchfall und Erbrechen sie unwirksam machen können. Wer nicht schwanger werden will, sollte für alle Fälle Kondome parat haben. Die müssen auch immer kühl und trocken gelagert werden, damit sie nicht reißen oder brüchig werden.

Die „Pille danach" ist innerhalb von 24 Stunden nach ungeschütztem Sex am wirksamsten. Kondome, Tampons und Damenbinden sind fast überall im Land zu haben.

Reisen während der Schwangerschaft ist grundsätzlich möglich, aber nicht auf die leichte Schulter zu nehmen. Vor der Reise sollte auf jeden Fall der Arzt noch mal aufgesucht werden. Besonders riskant ist das Reisen in den ersten zwölf Schwangerschaftswochen, denn dann ist eine Fehlgeburt am wahrscheinlichsten. Vorsicht ist auch nach der 30. Woche angesagt, wenn es zu Komplikationen wie hohem Blutdruck oder einer Frühgeburt kommen kann. Die meisten Fluggesellschaften nehmen Schwangere ab der 28. bis 32. Woche gar nicht mehr mit. Bei der Schwangerenversorgung in den verschiedenen Ländern der Region gibt es gewaltige Unterschiede. Schwangere sollten sich also gut überlegen, ob die Reise unbedingt in die hintersten Ecken gehen muss. Mutterpass und genaue Angaben zur Blutgruppe sind gut, wenn unterwegs mal ärztliche Hilfe gebraucht wird. Und unbedingt checken, ob die Versicherungspolice auch Schwangerschaft, Entbindung und Nachsorge abdeckt. Aber selbst wenn das der Fall ist, nützt die beste Versicherungspolice nichts, wenn die medizinische Versorgung vor Ort nicht ausreichend ist.

Sprache

INHALT

MAROKKOS SPRACHEN

Die Amtssprache ist Arabisch, aber in den Städten sprechen viele Menschen Französisch – ein Vermächtnis aus der Kolonialzeit. (Die Berber auf dem Land allerdings sprechen kaum Französisch.) Marokkos enge Verbindungen zu Frankreich erklären auch die große Bedeutung des Französischen in Bildung und Erziehung, Business und Presse.

Berber wird im Rif und im Atlasgebirge gesprochen. Dank moderner Kommunikationsmittel gibt es nur noch extrem wenige Leute, die nur eine Sprache können, die meisten sprechen auch noch zumindest rudimentär Arabisch. Ein bisschen Basic-Berber gibt's auf S. 545.

Auch Spanisch wird in einigen Regionen im Norden noch gesprochen, die bis 1956 unter der Verwaltungskontrolle Spaniens standen – allerdings weniger als Französisch. In der Westsahara, die die Spanier erst 1975 aufgaben, und in der einstigen Enklave Sidi Ifni kommt man mit Spanisch noch durch, und auch in Orten wie Tétouan wird eher Spanisch als Französisch verstanden.

Nach diversen Reformen im Bildungswesen steht nun auch Englisch für jüngere Schüler auf dem Stundenplan; insofern wird diese Sprache irgendwann weiter verbreitet sein als heute. Aber im Moment erleichtern Grundkenntnisse in Französisch und ein paar Brocken Spanisch die Kommunikation enorm; in diesem Buch sind auch ein paar französische Wendungen zu finden (S. 543). In den größeren Städten und Orten werden Besucher sicher immer einige Leute finden, die mehrere Sprachen sprechen, darunter auch Englisch, Deutsch und Italienisch. Allerdings sind viele dieser Menschen nur auf Kundenfang aus – also ist hier Vorsicht geboten.

MAROKKANISCH-ARABISCH

Geschriebenes und gesprochenes Arabisch sind oft ganz verschiedene Sprachen. Marokkanisch-Arabisch (Darija) ist zwar nur ein Dialekt der Standardsprache, aber in vielerlei Hinsicht so unterschiedlich, dass er quasi eine eigene Sprache darstellt, und er unterscheidet sich auch am meisten von den anderen Dialekten des Arabischen. Die fachkundigere oder gebildete Sprache ist in der arabischen Welt fast überall gleich, nur die Aussprache variiert deutlich. Ein Araber aus Jordanien oder dem Irak wird kaum Schwierigkeiten haben, mit einem gebildeten Marokkaner über Politik oder Literatur zu diskutieren, aber wenn er ein Mittagessen bestellen will, könnte es Missverständnisse geben.

Geschriebenes Arabisch in Marokko bezieht sich auf das so genannte Moderne Standardarabisch (MSA). Das MSA hat sich aus dem klassischen Arabisch des Koran und der Poesie entwickelt. Es ist die geschriebene und gesprochene Lingua Franca (Verkehrssprache) der arabischen Welt und tatsächlich gar nicht so weit entfernt von der Alltagssprache in den arabischen Ländern der Levante. MSA ist zudem die Sprache der modernen arabischen Literatur und der meisten Medien: In Marokko gibt es keine Zeitschriften oder Fernsehprogramme auf Marokkanisch-Arabisch.

Ausländische Studenten der arabischen Sprache stehen oft vor der schwierigen Entscheidung, ob sie zuerst MSA lernen (was eventuell bedeutet, dass es etwas dauert, bis sie sich mit Ladeninhabern unterhalten können) und dann einen auserwählten Dialekt, oder ob sie gleich mit einem Dialekt beginnen.

Auch wer nur spärliche Kenntnisse aufweisen kann, wird auf der Reise mehr entdecken und erleben: Allein der Versuch bezeugt Respekt gegenüber der einheimischen Kultur, den die Marokkaner bei Besuchern ihres Landes leider viel zu selten spüren können.

In ganz Marokko werden viele Kurse für Marokkanisch-Arabisch und MSA angeboten (s. S. 502) – super Gelegenheiten, um Kontakte

DAS ARABISCHE ALPHABET

End-	Mittel- stellung	Anfangs-	allein	Umschrift	Aussprache
ـا			ا	**ā/aa**	wie in „Vater"
ـب	ـبـ	بـ	ب	**b**	wie in „Bett"
ـت	ـتـ	تـ	ت	**t**	wie in „Tag"
ـث	ـثـ	ثـ	ث	**th**	stimmlos, wie das englische „th" in „thin"
ـج	ـجـ	جـ	ج	**g**	wie in „Garten"
ـح	ـحـ	حـ	ح	**H**	ein laut geflüstertes „h", wie ein Seufzer der Erleichterung
ـخ	ـخـ	خـ	خ	**kh**	wie das „ch" in „Ach"
ـد			د	**d**	wie in „Dauer"
ـذ			ذ	**dh**	stimmhaft, wie das englische „th" in „this"
ـر			ر	**r**	ein gerolltes „r" wie in dem spanischen Wort „caro"
ـز			ز	**z**	stimmhaftes s wie in „Seife"
ـس	ـسـ	سـ	س	**s**	stimmloses s wie in „Sandwich"
ـش	ـشـ	شـ	ش	**sh**	wie in „Schiff"
ـص	ـصـ	صـ	ص	**ṣ**	emphatisches „s"
ـض	ـضـ	ضـ	ض	**ḍ**	emphatisches „d"
ـط	ـطـ	طـ	ط	**ṭ**	emphatisches „t"
ـظ	ـظـ	ظـ	ظ	**ẓ**	emphatisches „z"
ـع	ـعـ	عـ	ع	**'**	der arabische Buchstabe *'ayn*; Glottis, auszusprechen als Kehlkopfverschluss (wie am Anfang von „Oh, oh"; vgl. S. 544)
ـغ	ـغـ	غـ	غ	**gh**	ein Kehllaut wie das deutsche „r"
ـف	ـفـ	فـ	ف	**f**	wie in „fern"
ـق	ـقـ	قـ	ق	**q**	ein stark gutturaler „k"-Laut; im Marokkanischen häufig als Glottisverschluss (s. o.) gesprochen
ـك	ـكـ	كـ	ك	**k**	wie in „König"
ـل	ـلـ	لـ	ل	**l**	wie in „Lamm"
ـم	ـمـ	مـ	م	**m**	wie in „mein"
ـن	ـنـ	نـ	ن	**n**	wie in „Name"
ـه	ـهـ	هـ	ه	**h**	wie in „Haus"
ـو			و	**w**	wie in „Wetter"
				uu	lang, wie in „Blut"
				ow	wie in „Bau"
ـي	ـيـ	يـ	ي	**y**	wie in „ja"
				ii	wie das lange „i" in „Bier", nur weicher
				ai/ay	wie in „Kaiser"/ wie im englischen Wort „day"

Vokale In dieser alphabetischen Liste sind nicht alle arabischen Vokale angegeben. Weitere Informationen über die Vokale gibt's auf S. 537. **Betonte Konsonanten** Um die in diesem Buch verwendete Umschrift zu vereinfachen, wurden die emphatischen Konsonanten nicht aufgenommen.

zu Einheimischen zu knüpfen und einen besseren Einblick in deren Geschichte und Kultur zu gewinnen.

Wer einen umfassenderen Führer der arabischen Sprache, die im Maghreb gesprochen wird, möchte, dem sei der *MARCO POLO Sprachführer Arabisch* empfohlen.

AUSSPRACHE

Arabisch kann für alle, die mit der Intonation und Kombination der Laute nicht vertraut sind, echt entmutigend sein.

Der nachstehende Sprachführer hilft auf jeden Fall, aber es die Millionen von Regeln zur Aussprache und zum Einsatz von Vokalen hier vollständig aufzulisten, würde diesen Rahmen mehr als sprengen.

Vokale

a	wie in „Nähe"
e	wie in „Bett"
i	wie in „Hit"
o	wie in „Pott"
u	wie in „Butter"
aa	wie in „Vater"
ii	wie in „Tier", nur etwas weicher
uu	wie in „Mut"

Konsonanten

Die Aussprache der arabischen Konsonanten ist im Alphabet auf der vorangehenden Seite angegeben. Bei Doppelkonsonanten gilt: Beide werden ausgesprochen – bestes Beispiel *hammam* (Bad), ausgesprochen ham-mam.

Wer schon Arabisch lesen kann: Das geschriebene Marokkanisch-Arabisch hat einen Zusatzbuchstaben, *kaf* mit drei Punkten oben, das in der Transliteration als „g" auftaucht. Es wird als hartes „G" ausgesprochen, wie in „Agadir".

Andere Laute

Es gibt im Arabischen zwei Laute, die Nichtaraber nur mit großer Mühe rausbringen: das *'ayn* und den Glottis (Knacklaut). Im Deutschen gibt es keinen Laut, der dem *'ayn* vergleichbar wäre. Er ist dem Glottis, der übrigens im Alphabet nicht explizit auftaucht, nicht unähnlich, aber die Muskeln am Halsende werden stärker kontrahiert – es klingt ein bisschen so, als würde jemand erwürgt. In vielen Transliterationen taucht er mit einem einzelnen eröffnenden Anführungsstrich (') auf und der Glottis mit einem einzelnen schließenden Anführungsstrich (').

Damit die Transliterationen in diesem Sprachführer einfacher anzuwenden sind, wurde nicht zwischen Glottis und *'ayn* unterschieden: Beide werden mit dem einzelnen schließenden Anführungsstrich markiert. Die Araber werden einen trotzdem verstehen.

FRAGEWÖRTER

Wer?	*shkuun?*
Warum?	*'lash?*
Wie?	*kiifash?*
Welche, -r, -s?	*ashmen?*
Wo?	*fiin?*
Gibt es ...?	*wash kayn ...?*
Was ist das?	*ash dak shii?*

GESUNDHEIT

Ich bin krank.	*ana mriid*
Hier tut es weh.	*kaydernii henna*
Ich bin ...	*ana ...*
Diabetiker	*fiiya merd ssukkar*
Asthmatiker	*fiiya ddiiga*
Ich bin allergisch auf ...	*'andii lhsasiiya m'a ...*
Penizillin	*lbiinseliin*
Bienen	*nhel*
Milchprodukte	*makla llii fiiha lhliib*
Antibiotika	*'antiibiiyotiik*
Aspirin	*asperiin*
Durchfall	*sshal*
Kondome	*kapuut*
Kontrazeptiva	*dwa dyal lhmel*
Kopfweh	*rras*
Medizin	*ddawa*
Sonnencreme	*lomber*
Tampons	*fota dyal dem lhiid*

KONVERSATION & NÜTZLICHES

Wenn Araber sich treffen, verläuft die Begrüßung meist ausführlicher und formeller als im Westen. Wer versucht, sich da ein bisschen anzupassen, liegt nicht falsch, selbst wenn er es nicht ganz korrekt macht.

Ein Mann wird höflich mit dem Äquivalent von Herr angesprochen, nämlich mit *asiidii* (vor einem Namen zu *sii* abgekürzt); bei Frauen ist die Anrede *lalla*, danach kommt ihr Vorname. Man selbst wird eher als „Mr. Thomas" und „Mrs. Bärbel" angesprochen. Eine Person auf der Straße oder einen Kellner macht man mit *shriif* auf sich aufmerksam.

Die Abkürzungen (m), (w) und (Pl) bedeuten „männlich" „weiblich" und „Plural".

Hi.	*la bes* (lässige Begrüßung)
(Antwort)	*bekhiir*
Hallo.	*es salaam alaykum* (Friede sei mit Dir)
(Antwort)	*wa alaykum salaam* (und Friede sei mit Dir)
Auf Wiedersehen.	*bessalama*
Auf Wiedersehen.	*m'a ssalama* (in Frieden)
Guten Morgen.	*sbah lkhiir*
Guten Abend.	*mselkhiir*
Bitte.	*'afak/'afik/'afakum* (m/w/Pl)
Danke (vielen Dank).	*shukran (bezzef)*
Keine Ursache.	*la shukran 'la wejb*
Ja.	*iiyeh/na'am* (*na'am* heißt auch: Entschuldigen Sie, bitte wiederholen Sie das)
Ja, okay.	*wakha*
Nein.	*la*
Nein, danke.	*la shukran*
Entschuldigung.	*smeh liiya*
Wie geht es Ihnen?	*kiif halek?*
Gut, danke.	*bekhiir, lhamduu llaah*
Wenn Gott will.	*ensha'llaah*
Komm schon, los geht's!	*zid!*
Wie heißt Du?	*asmiitek?*
Ich heiße …	*esmii …*
Wie alt bist Du?	*shhal f'merek?*
Ich bin (20).	*'andii ('ashriin) 'am*

Woher kommst/kommt Du/Ihr?	*mniin nta/nti/ntuuma?* (m/w/Pl)
Ich bin/Wir sind aus …	*ana/hna men …*

SCHILDER

Eingang	مدخل
Ausgang	خروج
Geöffnet	مفتوح
Geschlossen	مغلق
Verboten	ممنوع
Information	معلومات
Krankenhaus	مستشفي
Polizei	شرطة
Toiletten (Herren)	حمام للرجال
Toiletten (Damen)	حمام للنساء

MIT KINDERN REISEN

Ich brauche ein Auto mit Kindersitz.
bghiit wahed ttomobiil belkorsii dyal drarii sghar?
Gibt es hier einen Wickelraum?
wesh kayn tshiilat dyal ddrarii sghar?
Ich reise mit meiner Familie.
ana msafer m'a l'alla dyalii.
Ist das für Kinder geeignet?
wesh mnaseb l drarii sghar?
Gibt es hier Aktivitäten für Kinder?
wesh kayn shii tanshiit dyal drarii sghar?
Sind hier Kinder erlaubt?
wesh mesmuh l drarii?
Gibt es einen Spielplatz in der Nähe?
wesh kayn shii ssaha dyal ll'eb qriiba?

PAPIERKRAM

Adresse	*'unwaan'*
Name	*smiiya*
Nationalität	*jensiiya*
Pass	*pasbor*
Visum	*t'shiira*

Ich bin hier …	*jiit l lmaghriib fe …*
auf Geschäftsreise	*felkhedma*
im Urlaub	*fel'otla*

SHOPPEN & SERVICE

Wo ist (der, die, das) …?	*fiin kayn …?*
Apotheke	*farmasyan*
Bank	*shii baanka*
Botschaft	*ssifaara dyal …*
Buchladen	*shii mektaba*
Friseur	*shii hellaq*
Markt	*souk*
Polizeiwache	*lkuumiisariiya*
Post	*lbuustaa*
Reisebüro	*wekaalet el aasfaar*
Restaurant	*ristura/mat'am*
Souvenirladen	*baazaar*

Ich möchte wechseln …	*bghiit nserref …*
etwas Geld	*shii fluus*
Travellerschecks	*shek siiyahii*

Kann ich mit Kreditkarte bezahlen?	*wash nkder nkhelles bel kart kredii?*
Wie viel kostet das?	*bshhal?*
Das ist sehr teuer.	*ghalii bezzaf*
Ich schaue mich nur um.	*ghiir kanshuuf*
Das gefällt mir nicht.	*ma'jebatniish*
Kann ich es mir anschauen?	*wakhkha nshuufha?*

Ich würde gerne … kaufen	*bghiit nshrii …*
Haben Sie …?	*wash 'andkom …?*
Briefmarken	*ttnaber*
eine Zeitung	*jaarida*

groß	*kabiir*
klein	*saghiir*

offen	*mehluul*
geschlossen	*masduud*
genug	*kafii*

UHRZEIT & DATUM

Wie spät ist es?	*shal fessa'a?*
Wann?	*fuqash/iimta?*
Heute	*lyuum*
Morgen	*ghedda*
Gestern	*lbareh*
Morgens	*fessbah*
Nachmittags	*fel'shiiya*
Abend	*'shiiya*
Tag	*nhar*
Nacht	*felliil*
Woche/Monat/Jahr	*l'usbu'/shshhar/l'am*
danach	*men b'd*
pünktlich	*felweqt*
früh	*bekrii*
spät	*m'ettel*
schnell	*bizerba/dghiiya*
langsam	*beshwiiya*
Montag	*nhar letniin*
Dienstag	*nhar ttlat*
Mittwoch	*nhar larb'*
Donnerstag	*nhar lekhmiis*
Freitag	*nhar jjem'a*
Samstag	*nhar ssebt*
Sonntag	*nhar lhedd*

Januar	*yanaayir*
Februar	*fibraayir*
März	*maaris*
April	*abriil*
Mai	*maayu*
Juni	*yunyu*
Juli	*yulyu*
August	*aghustus/ghusht*
September	*sibtimbir/shebtenber*
Oktober	*uktuubir*
November	*nufimbir/nu'enbir*
Dezember	*disimbir/dijenbir*

UNTERKUNFT

Wo ist ein ...?	*fin kayn ...?*
Campingplatz	*shii mukheyyem*
Hotel	*shii uutayl*
Jugendherberge	*daar shshabab*
Ich suche ein billiges Hotel.	*kanqelleb 'ala shii uutayl rkhays*
Wie lautet die Adresse?	*ashnuu huuwa l'unwan?*
Bitte schreiben Sie die Adresse auf.	*kteb l'unwan 'afek*
Haben Sie Zimmer frei?	*wash kayn shii biit khawiiya?*
Ich möchte ein Zimmer ...	*bghiit shii biit ...*
für eine Person	*dyal wahed*
für zwei Personen	*dyal juuj*
mit Bad	*belhammam*

Kann ich das Zimmer sehen?	*wash yemkenlii nshuuf lbiit?*
Wo ist die Toilette?	*fin kayn lbiit lma?*
Was kostet ein Zimmer pro Tag?	*bash hal kayn gbayt l wahed nhar?*
Dieses Zimmer ist zu teuer.	*had lbiit bezzaf ghalii*
Dieses Zimmer ist gut.	*had lbiit mezyana*
Wir möchten jetzt auschecken.	*bghiina nemshii daba*

Bett	*namuusiiya*
Bettzeug	*iizar*
Decke	*bttaaniiya*
Dusche	*duush*
Heißwasser	*lma skhuun*
Klimaanlage	*kliimatiizasiiyun*
Schlüssel	*saruut*
Toilette	*biit lma*
voll	*'amer*
Zimmer	*biit*

VERKEHRSMITTEL & -WEGE

Öffentliche Verkehrsmittel

Wann fährt ... ab/ kommt ... an?	*wufuqash kaykhrej/ kaywsul ...?*
Schiff	*lbabuur*
Bus	*ttubiis*
Intercitybus	*lkar*
Zug	*tran*
Flugzeug	*ttayyaara*

Ich hätte gerne ein Ticket nach (Casablanca).	*'afak bghiit wahed lwarka l ddar lbayda (kasablanka)*
hin & zurück	*bash nemshii uu njii*
1. Klasse	*ddaraja lluula*
2. Klasse	*ddaraja ttaniiya*

Wo ist (der, die, das) ...?	*fiin kayn ...?*
Bahnhof	*lagaar*
Bushaltestelle	*mhetta dyal ttobiisat*
Flughafen	*mataar*
Ticketbüro	*maktab lwerqa*

Wie viel kostet die Fahrt?	*shhal taman lwarka?*
Welcher Bus geht nach ...?	*ashmen kar ghaadii til ...?*
Fährt dieser Bus nach ...?	*wash had lkar ghaadii l ...?*
Bitte sagen Sie mir, wann wir in ... ankommen.	*'afak iila wselna l... guulhaliiya*
Ich möchte nur für einen Platz zahlen.	*bghiit nkhelles blaasaawaheda*

Halten Sie bitte hier an. *wqef henna 'afak*
Ist dieser Platz frei? *wash had lblaasaa khawiiya?*

Straße *zenqa*
Stadt *mediina*
Dorf *qerya*
Bushaltestelle *blasa dyal ttobiisat*
Bahnhof *mhetta*
Nummer *raqem*
Ticket *werqa*

Private Verkehrsmittel

Wo kann ich ... mieten? *fiin yimkin li nkri ...?*
ein Auto *tumubiil*
einen Esel *hmar*
ein Fahrrad *bshklit*
ein Kamel *jmel*
ein Pferd *'awd*

Wie komme ich nach ...?
kiifesh ghaadii nuwsul l...?
Wo ist die nächste Tankstelle?
fin kayna shi bumba dyal lisans griba?
Ich hätte gerne ... Liter.
bghiit ... itru 'afak

Bitte checken Sie ... *'afak shuf ...*
Öl *zzit*
Wasser *lma*

Kann ich hier parken? *wash nqder nwakef hna?*
Wie lange kann ich hier parken? *sh-hal men waket neqder nstatiun hna?*
Wir brauchen einen Automechaniker. *khesna wahed lmikanisyan*
Das Auto ist bei ... liegengeblieben. *tumubiil khasra f...*
Ich habe einen Platten. *'ndi pyasa fruida*

VERSTÄNDIGUNG

Sprechen Sie (Englisch)?
wash kat'ref (negliiziiya)?
Spricht hier jemand Englisch?
wash kayn shii hedd henna lii kay'ref negliiziiya?
Wie sagt man ... auf Arabisch?
kiifash katguuluu ... bel'arabiiya?
Was bedeutet das?
ash kat'anii hadhii?
Ich verstehe.
fhemt
Ich verstehe nicht.
mafhemtsh
Bitte schreiben Sie mir das auf.
ktebha liiya

SPRACHE

NOTFÄLLE – ARABISCH

Hilfe! *'teqnii!*
Bitte helfen Sie mir! *'awennii 'afak!*
Rufen Sie die Polizei! *'ayyet 'la lbùliis!*
Rufen Sie einen Arzt! *'ayyet 'la shii tbiib!*
Dieb! *sheffar!*
Ich bin beraubt worden. *tsreqt*
Wo ist die Toilette? *fiin kayn lbiit lma?*
Verschwinden Sie! *siir fhalek!*
Ich habe mich verlaufen. *tweddert*
Es gab einen Unfall! *uq'at ksiida!*

Bitte zeigen Sie es mir auf der Karte.
werri liya men l kharita 'afak

WEGWEISER

Wo ist ...? *fiin kayn ...?*
der Strand *laplaje*
die Moschee *jame'*
das Museum *al-matHaf*
die Altstadt *lmdiina lqdiima*
der Palast *al-qasr*
der Park *'arsa*

Wie komme ich nach ...? *kiifesh ghaadiinuwsul l...?*
Wie weit? *bshhal b'ayd?*
Gehen Sie geradeaus. *siir niishan*

Biegen Sie ... ab *dor ...*
links/rechts *'al liiser/'al liimen*
an der Ecke *felqent*
an der Ampel *fedo elhmer*

hier *hna*
dort *hunak*
neben *hedda*
gegenüber *'eks*
hinter *men luy*
Norden *shamel*
Süden *januub*
Osten *sherq*
Westen *gherb*

ZAHLEN

Die arabischen Zahlen sind wirklich leicht zu erlernen, und sie werden – im Gegensatz zur restlichen Schrift – von links nach rechts geschrieben.

Aufgrund seiner kolonialen französischen Vergangenheit wird in Marokko das westliche Zahlensystem verwendet anstatt dem sonst in arabischen Ländern üblichen System.

0	*sifr*
1	*wahed*
2	*juuj*
3	*tlata*
4	*reb'a*
5	*khamsa*
6	*setta*
7	*seb'a*
8	*tmenya*
9	*tes'uud*
10	*'ashra*
11	*hdaash*
12	*tnaash*
13	*teltaash*
14	*rba'taash*
15	*khamstaash*
16	*settaash*
17	*sbe'taash*
18	*tmentaash*
19	*tse'taash*
20	*'ashriin*
21	*wahed uu'ashriin*
22	*tnayn uu'ashriin*
30	*tlatiin*
40	*reb'iin*
50	*khamsiin*
60	*settiin*
70	*seb'iin*
80	*tmaniin*
90	*tes'iin*
100	*mya*
200	*myatayn*
300	*teltmya*
400	*rba'mya*
1000	*alf*
2000	*alfayn*
3000	*telt alaf*

erste	*luuwel*
zweite	*tanii*
dritte	*talet*
vierte	*rabe'*
fünfte	*khames*

FRANZÖSISCH

AUSSPRACHE

Es ist stets eine Aussprachehilfe angegeben, die dafür sorgen soll, dass die Leute einen auch richtig verstehen.

KONVERSATION & NÜTZLICHES

Hallo.	*Bonjour.*	bo·schuur
Auf Wiedersehen.	*Au revoir.*	o rö·voa
Ja.	*Oui.*	ui
Nein.	*Non.*	no
Bitte.	*S'il vous plaît.*	si vuu plä
Danke.	*Merci.*	mer·si

Keine Ursache.
Je vous en prie. (höflich) — schö vuu s o prie
De rien. (salopp) — dö riä

Entschuldigen Sie.
Excusez-moi. — ek·skü se moa

Entschuldigung. (Verzeihung.)
Pardon. — par·do

Sprechen Sie Englisch/Deutsch?
Parlez-vous anglais/ allemand? — par·lee·vuu onglä/ al mo

Ich verstehe nicht.
Je ne comprends pas. — schö nö kom·pro pa

Wie heißt du?/Wie heißen Sie?
Comment tu t'appelles?/ Comment vous appelez-vous? — ko·mo tü ta·pel ko·mo vuu sa·pee·lee vuu

Ich heiße …
Je m'appelle … — schö ma·pel

Woher kommst du?/Woher kommen Sie?
De quel pays êtes-vous?/ — dö kel päi et·vuu
De quel pays es-tu? — dö kel päi e·tü

Ich komme aus …	*Je viens de …*	schö viä de
Ich mag …	*J'aime …*	schäm
Ich mag nicht …	*Je n'aime pas …*	schö näm pa
Einen Moment, bitte.	*Une minute.*	ün minüt

> **NOTFÄLLE – FRANZÖSISCH**
>
> **Hilfe!**
> *Au secours!* — o skuur
>
> **Ich bin krank.**
> *Je suis malade.* — Schö sui ma·lad
>
> **Ich habe mich verlaufen.**
> *Je me suis égaré/e.* (m/f) — shö mö sui se·ga·r/ee
>
> **Lass mich in Ruhe!**
> *Fichez-moi la paix!* — fi·sche moa la pä
>
> **Rufen Sie…!** *Appelez …!* — a·ple …
> **einen Arzt** *un médecin* — ä mäd·sän
> **die Polizei** *la police* — la po·lies

SHOPPEN & SERVICE

Ich würde gerne … kaufen
Je voudrais acheter … — schö vuu·dree asch·tee

Wie viel kostet es?
C'est combien? — se kom·bien

SPRACHE

Es ist zu teuer.
C'est trop cher. see tro shär
Kann ich mit Kreditkarte zahlen?
Est-ce que je peux payer avec ma carte de crédit? es·kö schö pö päiee a·vek ma kart dö kree·die

Ich suche …	*Je cherche …*	schö schersch
eine Bank	*une banque*	ün bonk
das Krankenhaus	*l'hôpital*	lo·pi·tal
ein Internet-café	*un cybercafé du coin*	a sie·ber·ka·fee dü koa
den Markt	*le marché*	lö mar·schee
die Post	*le bureau de poste*	lö bü·ro dö post
öffentliche Toiletten	*les toilettes*	lee toa·let

UHRZEIT & DATUM

Wie spät ist es?	*Quelle heure est-il?*	kel ör e·til
Es ist (8) Uhr.	*Il est (huit) heures.*	il e (uitt) ör
Es ist halb …	*Il est … heures et demie.*	il e … ör e dö·mie
morgens	*du matin*	dü ma·tä
nachmittags	*de l'après-midi*	dö la·pree·mie·die
abends	*du soir*	dü soar

Montag	*lundi*	lön·die
Dienstag	*mardi*	mar·die
Mittwoch	*mercredi*	mär·krö·die
Donnerstag	*jeudi*	schö·die
Freitag	*vendredi*	von·drö·die
Samstag	*samedi*	sam·die
Sonntag	*dimanche*	die·moosch

UNTERKUNFT

Haben Sie Zimmer frei?
Est-ce que vous avez des chambres libres?
e·skö vuu·sa·vee dö schom·bre lie·bre

Ich hätte gerne …	*Je voudrais …*	schö vuu·drä
ein Einzelzimmer	*une chambre à un lit*	ün schombre a ä lie
ein Doppelzimmer	*une chambre avec un grand lit*	ün schombre a·vek ä gro lie
ein Doppelzimmer (mit 2 Betten)	*une chambre avec des lits jumeaux*	ün schombre a·vek dee lie schümo
ein Zimmer mit Bad	*une chambre avec une salle de bains*	ün schombre a·vek ün sal dö bä
Wie viel kostet es …?	*Quel est le prix …?*	kel e lö prie …
pro Nacht	*par nuit*	par nui
pro Person	*par personne*	par per·sonn

VERKEHRSMITTEL- & WEGE

Wann fährt … ab/ kommt … an?	*À quelle heure part/arrive …?*	a kel ör par/a·riev
das Schiff	*le bateau*	lö ba·to
der Bus	*le bus*	lö büs
der Zug	*le train*	lö trä

Ich möchte nach …
Je voudrais aller à … schö vuu·dree a·lee a

der/die/das erste	*le premier* (m) *la première* (w)	lö prö·mie la prö·miär
der/die/das letzte	*le dernier* (m) *la dernière* (w)	lö där·niee la där·niär

Ich möchte … mieten	*Je voudrais louer …*	schö vuu·drä luu·ee
ein Auto	*une voiture*	ün voa·tür
ein Motorrad	*une moto*	ün mo·to
ein Fahrrad	*un vélo*	ä vee·lo

WEGWEISER

Wo ist …?
Où est …? uu e …
Können Sie es mir (auf der Karte) zeigen?
Pouvez-vous m'indiquer (sur la carte)? puu·vee·vuu män·di kee (sür la kart)
Gehen Sie geradeaus.
Continuez tout droit. kon·tin·ue tuu droa
Biegen Sie links ab.
Tournez à gauche. tuur·nee a gosch
Biegen Sie rechts ab.
Tournez à droite. tuur·nee a droat
in der Nähe (von)/weit weg (von)
près (de)/loin (de) prä (dö)/loa (dö)

ZAHLEN

0	*zero*	zee·ro
1	*un*	un
2	*deux*	dö
3	*trois*	troa
4	*quatre*	ka·tre
5	*cinq*	sängk
6	*six*	sis
7	*sept*	set
8	*huit*	uit
9	*neuf*	nöf
10	*dix*	dis
11	*onze*	ons
12	*douze*	duus
13	*treize*	träs
14	*quatorze*	ka·tors
15	*quinze*	käns
16	*seize*	säs
17	*dix-sept*	die·set

18	*dix-huit*	die·suit
19	*dix-neuf*	dies·nöf
20	*vingt*	vä
21	*vingt et un*	vänte un
22	*vingt-deux*	vänte dö
30	*trente*	tront
40	*quarante*	ka·ront
50	*cinquante*	sä·kont
60	*soixante*	soa·sont
70	*soixante-dix*	soa·son·dis
80	*quatre-vingts*	ka·tre·vä
90	*quatre-vingt-dix*	ka·tre·vä·dis
100	*cent*	son
1000	*mille*	mil

BERBER

Bei den Berbern gibt es drei Hauptdialekte, die bis zu einem gewissen Grad auch die ethnische Zugehörigkeit repräsentieren:

Im Norden rund um das Rif sprechen die Einheimischen einen Dialekt namens Irifyen. Dieser ist bis weit in den Süden und bis Figuig an der algerischen Grenze zu hören. Im Mittleren und Hohen Atlas und in den Tälern Richtung Sahara gibt's einen Dialekt mit verschiedenen Namen, z. B. Braber oder Amazigh.

Die meisten sesshaften Stämme des Hohen Atlas, des Antiatlas, der Sousebene und der Oasen im Südwesten sprechen Taschelhit oder Chleuh. Nachfolgende Redewendungen entstammen dem Taschelhit, der für Traveller am nützlichsten sein dürfte.

KONVERSATION & NÜTZLICHES

Hallo.	*la bes darik* (m)
	la bes darim (w)
Hallo. (Antwort)	*la bes*
Auf Wiedersehen.	*akayauun arbee*
Bitte.	*barakalaufik*
Danke.	*barakalaufik*
Ja.	*yah*
Nein.	*oho*
Entschuldigung.	*samhiy*
Wie geht es Ihnen?	*meneek antgeet?*
Gut, vielen Dank.	*la bes, lhamdulah*
Gut.	*eefulkee/eeshwa*
Schlecht.	*(khaib) eeghshne*
Bis später.	*akranwes daghr*
Gibt es …?	*ees eela …?*
groß	*mqorn*
klein	*eemzee*
heute	*(zig sbah) rass*
morgen	*(ghasad) aska*
gestern	*eedgam*
Haben Sie …?	*ees daruun …?*
viel	*bzef*
wenig	*eemeek*
Essen	*teeremt*
Maultier	*aserdon*
einen Schlafplatz	*kra lblast mahengane*
Wasser	*arman*
Was kostet es?	*minshk aysker?*
nicht gut	*uur eefulkee*
zu teuer	*eeghla*
Geben Sie mir …	*fky …*
Ich möchte …	*reegh …*

VERKEHRSMITTEL & RICHTUNGEN

Ich möchte nach …	*addowghs …*
Wo ist …	*mani gheela …?*
das Dorf	*duurwar*
der Fluss	*aseef*
der Berg	*adrar*
der Pass	*tizee*
Ist es weit/in der Nähe?	*ees eeqareb/yaguug?*
geradeaus	*neeshan*
nach rechts	*fofasee*
nach links	*fozelmad*

ZAHLEN

1	*yen*
2	*seen*
3	*krad*
4	*koz*
5	*smuus*
6	*sddes*
7	*sa*
8	*tem*
9	*tza*
10	*mrawet*
11	*yen d mrawet*
12	*seen d mrawet*
20	*ashreent*
21	*ashreent d yen d mrawet*
22	*ashreent d seen d mrawet*
30	*ashreent d mrawet*
40	*snet id ashreent*
50	*snet id ashreent d mrawet*
100	*smuust id ashreent/meeya*

Glossar

Dieses Glossar enthält eine Liste arabischer (A), berberischer (B), französischer (F) und spanischer (S) Begriffe, die in diesem Reiseführer immer wieder vorkommen. Wer spezielle Vokabeln für das Trekking sucht: s. „Trekkingglossar", S. 453. Alle wichtigen Begriffe rund ums Essen, finden sich im gesonderten „Sprachführer Essen", S. 94.

agadir (B) – befestigter, gemeinschaftlich genutzter Kornspeicher
'ain (A) – Wasserquelle, Quelle (allgemein)
aït (B) – Familie (von), steht oft vor Stammes- & Ortsnamen
Al-Andalus – islamisches Spanien & Portugal
Alawiten – Herrscherdynastie, die seit Ende des 17. Jhs. in Marokko an der Macht ist
Allah (A) – Gott
Almohaden – sittenstrenge islamische Bewegung und Dynastie (1147–1269), ursprünglich berberisch, die sich als Reaktion auf die korrupte Dynastie der Almorawiden formierte
Almoraviden – islamische Bewegung und Dynastie (1054–1147), die über Spanien und den Maghreb herrschte
assif (A) – Wasserlauf, Fluss

bab (A) – Tor
babouches (F) – traditionelle Lederslipper
banu (A) – s. *beni*
baraka (A) – Segen oder Gefallen
bendir (B) – berberische Rahmentrommel
beni (A) – „Söhne des", oft dem Stammesnamen vorangestellt (auch *banu)*
Berber – indigene Bevölkerung Nordafrikas
bidonville (F) – Slum, besonders in und rund um Casablanca
borj (A) – Fort (wörtlich: Wachtturm)
Brigade touristique (F) – Touristenpolizei
bureau de guide (F) – Büro der Reiseführers
Burus (A) – wärmender wollener Umhang mit Kapuze

calle (S) – Straße
camarade (F) – Wanderarbeiter aus Westafrika
camionette (F) – Minivan oder Kleinlieferwagen
Casa de huéspedes (S) – Pension
Chergui (A) – trockener Wüstenwind aus dem Osten
Compagnie de Transports Marocaine – CTM; staatliches Busunternehmen
Corniche (F) – Küstenstraße
dar (A) – traditionelles Stadthaus

Délégation Régionale du Tourisme – Touristeninformation
derb (A) – Gasse oder enge Straße
douar (A) – im Hohen Atlas Bezeichnung für Dorf
douche (F) – öffentliche Duschen (s. *hamam)*

Eaux et Forêts – Ministerium, dem die Nationalparks unterstehen
eid (A) – Fest
Ensemble Artisanal – offizieller Kunsthandwerksladen
erg (A) – Sanddünen

fantasia (S) – militärische Übung mit Kavallerieangriff, jetzt Touristenspektakel
Fatimiden – islamische Dynastie, die im 10. Jh. aufstieg
faux guides (F) – inoffizielle Führer
foum (A) – meist die Mündung eines Flusses oder die Öffnung eines Tals (arabisch „Mund")
frontera (S) – Grenze
Fondouk (A) – Karawanserei (oft für Hotel; auch *funduq*)

gîte, gîte d'étape (F) – Hostel für Trekker, manchmal auch Privatunterkunft
Gardiens de Voitures (F) – Parkplatzwächter
Gare Routière (F) – Bushaltestelle
ghassoul (A) – eine Art von Lehmgemisch mit Kräutern, getrockneten Rosenblättern und Lavendel aus dem *hamam*; zum Fettentfernen und Haarewaschen
glaoua (A) – flach gewebter Teppich mit superflockigem Flor (auch *zanafi*)
Gnawa – marokkanische, bluesähnliche Musikform; stammt von befreiten Sklaven in Marrakesch und Essaouira
Grand Taxi (F) – Sammeltaxi (für weite Entfernungen)

hadsch (A) – Pilgerfahrt nach Mekka; ein Hadschi/eine Hadschia ist ein Mann/eine Frau, der/die gepilgert ist
halqa (A) – Straßentheater
Hammada (A) – Steinwüste
Hamam (A) – türkisches Bad mit Sauna und Massage, auch *bain* (Bad) oder *bain maure* (maurisches Bad)
hanbel (A) – s. *Kilim*
haram (A) – wörtlich: verboten. Bezeichnet einen Raum oder Bereich, der heilig oder nicht zugänglich ist, z. B. den Gebetsraum einer Moschee, oder auch verbotene Speisen
Hidschra – Wanderung des Propheten von Mekka nach Medina im Jahr 622; Beginn der islamischen Zeitrechnung

ibn (A) – „Sohn des" (s. auch *ben)*
Idrissiden – marokkanische Dynastie, die im 9. Jh. im Norden einen stabilen Staat errichtete

iftar (A) – Fastenbrechen zu Sonnenuntergang im Monat Ramadan; Frühstück (auch *„ftur"*)
Imam (A) – islamischer Geistlicher
Interzone – Begriff stammt vom Schriftsteller William Burroughs und bezeichnet die Jahre von 1923 bis 1956, als Tanger unter der Herrschaft von neun Ländern stand
Irifi (A) – trockener Wüstenwind, auch *Chergui*

jami' (A) – Freitagsmoschee (auch *djemaa, jemaa, jamaa*)
jbel (A) – Berg (*djebel* in Regionen, die früher französisch waren)
jedid (A) – neu (manchmal *jdid)*
Dschellaba (A) – beliebtes, wallendes Kleidungsstück, für Männer aus Baumwolle oder Wolle, für Frauen aus leichten Synthetikstoffen

Kalif – „Stellvertreter" des Propheten Mohammeds; Herrscher über die islamische Welt
Kapitol – Haupttempel einer römischen Stadt, meist im Forum gelegen
Karawanserei – großer Gasthof für Kaufleute, in einem Innenhof gelegen; Unterbringung und Marktplatz (s. auch *Fondouk*)
Kasbah (A) – Fort, Zitadelle, oft auch Verwaltungszentrum (auch *qasba)*
khutba – Predigt während des Freitagsgebets
kif (A) – Marihuana
Kilim (A) – Gewebte Decken oder Teppiche (auch *hanbel)*
Koran – heiliges Buch der Muslime (auch *quran)*
Korsaren – Piraten des 18. Jhs. mit Basis bei Salé
koubba (A) – Heiligtum oder Schrein (s. auch *marabout)*
ksar (A) – Fort oder Befestigung (Pl. *ksour*)

Maghreb (A) – (wörtlich: Westen) Marokko, Algerien, Tunesien und Libyen als Region
Maison d'hôtes (F) – Pensionen, oft in traditionellen, restaurierten marokkanischen Wohnhäusern
majoun (A) – klebrige Paste aus den zerdrückten Samen der Marihuanapflanze
marabout – Heiliger oder heiliger Mensch, oft auch das Mausoleum eines solchen
masjid (A) – anderer Name für eine Moschee, besonders in einer Medersa (s. auch *jami'*)
mechouar (A) – königlicher Versammlungsort
Medersa (A) – Schule, in der Theologie, Recht, arabische Literatur und Grammatik unterrichtet werden (auch Medrese oder Madrassa)
Medina (A) – Altstadt – der alte arabische Teil moderner Orte und Städte
Mellah (A) – jüdisches Viertel der Medina
mendeel (A) – leuchtend-bunt gestreiftes Tuch
Meriniden (A) – marokkanische Dynastie (1269–1465), die viele Medersas errichten ließ
Mihrab (A) – Gebetsnische in der Moscheewand, die zeigt, wo Mekka liegt (das *qibla*)
Minbar (A) – Kanzel in der Moschee; Imame predigen von einer unteren Stufe, da der Prophet von der obersten Stufe predigte
Mouloud – islamische Festtage rund um die Geburt des Propheten
moussem (A) – Pilgerreise zum Grab eines *marabout*; Fest zu Ehren eines *marabout*
Muezzin (A) – Moscheeangehöriger, der vom Minarett aus die Gläubigen zum Gebet ruft
Mulai (A) – Herrscher
Muqarnas (A) – Dekorstuck
Musée (F) – Museum

ONMT – Office National Marocain du Tourisme, Nationaler Tourismusverband, manchmal auch Délégation Régionale du Tourisme
ordinaire (F) – weniger komfortabler Zug, etwas langsamer als ein *rapide*
oued (A) – Flussbett, oft ausgetrocknet (manchmal *wad* oder *wadi)*
oulad (A) – Söhne (des), oft vor einem Stammes- und Ortsnamen stehend

Palais de Justice (F) – Gerichtshof
palmeraie (F) – Palmenhain
pastilla – reichhaltige Pastete, ein Mix aus pikant und süß mit Huhn oder Taube und feinem Teig; Gericht aus Teiglagen mit Zimt und Mandeln, ein Dessert bei Banketts
Pascha – wichtiger Regierungsvertreter im osmanischen Reich (auch *pasha*)
Pensiónes (S) – Pension
Petit Taxi (F) – Taxi für Kurzfahrten
pisé (F) – Baustoff aus sonnengetrocknetem Ton/Lehm
piste (F) – nicht asphaltierte Straße, oft nur mit Allradfahrzeug passierbar
Place (F) – Platz
Plage (F) – Strand
Plazas de soberanía (S) – Plätze der Souveränität; diesen Namen erhielten die zu Spanien gehörenden Gebiete in Nordafrika
polisariou – Aufständische aus der Westsahara
pressing (F) – Reinigung
Prophet (Mohammed) – Begründer des Islams (570–632)

qaid (A) – örtlicher Boss, in einigen Regionen vergleichbar mit dem Bürgermeister (auch *caid)*
qibla (A) – die Ausrichtung nach Mekka; sie wird in der Moschee vom Mihrab angezeigt
qissaria (A) – überdachter Markt, manchmal auch kommerzielles Zentrum einer *medina*
quran (A) – s. Koran

Ramadan (A) – der neunte Monat im islamischen Jahr; Fastenmonat

rapide (F) – etwas schnellerer und komfortablerer Zug als der *ordinaire*
Reconquista (S) – Rückeroberung der von Mauren besetzten Iberischen Halbinsel durch die Christen
refuge (F) – alpine Hütte, Schutzhütte für Wanderer
Riad (A) – traditionelles Stadthaus, gebaut um einen Innengarten
Ribat (A) – Kombination aus Kloster und Fort

Saaditen – marokkanische Dynastie; herrschte im 16. Jh.
sharia (A) – Straße
sharia'a (A) – islamisches Recht
shedwi (A) – flach gewebter, gestreifter Teppich
sherif (A) – Abkömmling des Propheten
Schiiten – die kleinere der beiden islamischen Hauptströmungen. Sie akzeptierten nur Nachkommen von Ali, dem Schwiegersohn des Propheten, als dessen Nachfolger (s. auch *Sunniten*)
sidi (A) – höfliche Anrede (vergleichbar mit Herr; auch *si)*
skala (A) – Festung
souq hebdomadaire (F/A) – Wochenmarkt
Suk (A) – Markt (auch *Souk, souq*)
Sufismus – islamische Mystik; eine besondere Rolle bei der Beziehung zu Gott spielt die innere Einstellung
Sunniten – die größere der beiden islamischen Hauptströmungen (s. auch *Schiiten*)
Syndicat d'Initiative (F) – Touristeninformation der Regierung

Tabac (F) – Laden für Zigaretten und Zeitungen
tadelakt (A) – wasserundurchlässige Kalkmischung mit Pigmenten. Wird mit einem Stein zu einer glatten, glänzenden Oberfläche poliert. Ursprünglich nur für die Wände der *hamams* genutzt, jetzt superbeliebt bei Innenarchitekten
tariq (A) – Straße
Téléboutique (F) – privat betriebener Telefondienst
Télécarte (F) – Telefonkarte
terz Fezzi (A) – detailreiche geometrische Stickerei, kommt aus Fès
tizi (B) – Bergpass
Tuareg – nomadische Berber der Sahara. Wegen der mit Indigo gefärbten Kleidung auch als „Blaue Männer" bekannt

ville nouvelle (F) – neue Stadt; Städte, die die Franzosen neben bereits bestehenden Orten und Städten bauten

wali (A) – muslimischer heiliger Mann oder Heiliger
Wattasiden – marokkanische Dynastie (Mitte des 15. Jhs.–Mitte des 16. Jhs.)
Wesir – Bezeichnung für einen Provinzgouverneur im Osmanischen Reich oder für einen Berater des Sultans

zawiya (A) – religiöse Brüderschaft rund um einen *marabout*; Ort der Brüderschaft (auch *zaouia*)
zellij (A) – Dekofliesen aus Keramik; für Gebäude

Die Autoren

PAUL CLAMMER

Hauptautor, Reiseziel Marokko, Bevor es losgeht, Reiserouten, Natur & Umwelt, Königsstädte, Allgemeine Informationen, Verkehrsmittel & -wege

Als Student machte Paul seine erste Rucksacktour allein. Er stieg daheim in Cambridgeshire in den Bus und in Casablanca wieder aus. Marokko verzauberte ihn sofort. Dann wurde er Molekularbiologe und übte diesen Beruf einige Zeit aus, kehrte aber irgendwann zurück, um als Tourguide zu arbeiten: bei Trekkingtouren im Atlas und Besichtigungen der Medina von Fès. Er besucht Marokko regelmäßig, für Lonely Planet oder in seiner Freizeit. Gerade spielt er mit dem Gedanken, ein Haus in einer Medina zu kaufen und sich dort dauerhaft niederzulassen.

ALISON BING

Geschichte, Kultur, Kunst & Architektur, Handwerk, Essen & Trinken, Marrakesch & Zentralmarokko

Die erste Liebe Alisons war der Sufi-Dichter Rumi – nach dem Besuch seines Heiligtums in der Türkei und der Architektur und dem ganzen Herumwirbeln war es um sie geschehen. Damals war sie fünf. Seither hat sich nicht viel geändert, außer dass sie jetzt, nach ihrem Studium der Islamischen Kunst, Architektur und VWL an der American University in Kairo und dem Bryn Mawr College, ihre Vorlieben immerhin in ganzen Sätzen ausdrücken kann.

Alison hat außerdem einen Master der Fletcher School of Law and Diplomacy, eines Kooperationsprogramms der Unis Tufts und Harvard. Sie untergräbt ihre diplomatische Ausbildung mit eigenwilligen Kommentaren zu Reisen, Kunst, Essen und Kultur für Zeitungen, Zeitschriften und das Radio.

ANTHONY SATTIN

Atlantikküste, Sousebene, Antiatlas & Westsahara, Trekking

Anthony ist ein Schriftsteller und Radiosprecher mit Liebe zur Literatur, dem Reisen und Nordafrika. Er ist Mitglied der Royal Geographical Society, kam viel herum und hat für viele nationale und internationale Publikationen geschrieben. Regelmäßig veröffentlicht er Artikel und Kritiken in der *Sunday Times* und wurde vor Kurzem unter die zehn einflussreichsten Reiseberichtverfasser gewählt. Er schrieb mehrere Bücher über Nordafrika; das aktuellste ist *The Gates of Africa,* ein Bericht über die frühen europäischen Erkundungen. Fürs Radio machte er u.a. mehrere Dokumentationen über Marokko, die letzte (über Marrakesch) für BBC Radio 4.

DIE AUTOREN VON LONELY PLANET

Warum gelten unsere Reiseführer als die besten der Welt? Ganz einfach: Unsere Autoren sind unabhängige und leidenschaftliche Globetrotter. Sie recherchieren nicht nur übers Internet oder Telefon und sie lassen sich nicht mit Werbegeschenken für positive Berichterstattung schmieren. Sie reisen um den Globus, zu den touristischen Brennpunkten, aber auch darüber hinaus, querfeldein. Sie besuchen persönlich Tausende von Hotels, Restaurants, Cafés, Bars, Galerien, Schlösser, Museen und mehr – und schildern ihre Eindrücke gnadenlos ehrlich, ohne Schönfärberei. Wer sich zu einem solchen Autor berufen fühlt, findet auf **www.lonelyplanet.com** weitere Infos dazu.

PAUL STILES

Mittelmeerküste & Rifgebirge

Paul lebt auf den Kanaren, neben dem Teide, dem höchsten Berg im Atlantik. An klaren Tagen kann man vom Gipfel aus Marokko sehen. Als er da hochgeklettert ist, war jedoch kein ganz so klarer Tag, daher stieg er in einen Flieger und schaute sich alles live vor Ort an. Das wollte er schon immer mal tun, seit er mit einem Motorrad durch Tunesien gefahren war. Wenn Paul nicht gerade dem modernen Leben entflieht, dann schreibt er darüber. Sein jüngstes Buch *Is the American Dream Killing You?* hatte mehr als nur ein bisschen mit der Wahl seines aktuellen Wohnsitzes zu tun – wo die Antwort auf diese Frage „nein" lautet.

Hinter den Kulissen

ÜBER DIESES BUCH

Die 2. Ausgabe von Marokko basiert auf der mittlerweile 9. englischsprachigen Auflage von *Morocco* von Lonely Planet, die von Paul Clammer (Hauptautor), Alison Bing, Anthony Sattin und Paul Stiles recherchiert und geschrieben wurde. Die 8. Auflage stammte aus der Feder von Anthony Ham, Alison Bing, Paul Clammer, Etain O'Carroll und Anthony Sattin, an der 7. wirkten Paula Hardy, Mara Vorhees und Heidi Edsall mit. Das Kapitel Gesundheit basiert auf einem Beitrag von Dr. Caroline Evans, der für die 9. englischsprachige Auflage durch Paul Clammer aktualisiert wurde.

Dieser Reiseführer wurde von der Lonely Planet Redaktion in Melbourne betreut; folgende Personen haben an der Produktion mitgewirkt:

Verantwortliche Redakteurinnen Holly Alexander, Lucy Monie
Leitender Redakteur Trent Holden
Leitende Kartografin Erin McManus
Leitender Layoutdesigner Carlos Solarte
Redakteur Geoff Howard
Kartografie Shahara Ahmed, Adrian Persoglia
Layout Laura Jane
Redaktionsassistenz Laura Gibb, Victoria Harrison, Dianne Schallmeiner, Kate Whitfeld
Kartografieassistenz Lyndell Stringer
Layout-Assistenz Jim Hsu, David Kemp, Wibowo Rusli
Umschlagdesigner Pepi Bluck
Projektmanagerin Debra Herrmann
Lektorat Simone Egger, Helen Koehne
Dank an Quentin Frayne, Evan Jones, Lisa Knights, Katie Lynch, Katie O'Connell, Sarah Sloane, Celia Wood

DANK DER AUTOREN

Paul Clammer

Ich danke Lucy Monie von Lonely Planet, mit der man toll zusammenarbeiten kann, und meinen Koautoren Anthony, Alison und Paul. Herzlichen Dank auch an Helen Ranger, die ebenfalls für LP schreibt und in Fès lebt; sie hat mir ein paar holprige (Medina-) Wege geebnet. Danke an Mike, Max, Jess und den Rest des Café-Clock-Teams in Fès, an Ricky Martin für das Riad, an David Amster für nette Gespräche beim Mittagessen und – noch einmal – an Jen und Sebastian. *Multumesc* an Alexa Radulea, *shukran bezzef* an Boujemaa Boudaoud. Und natürlich danke ich Jo, die sich zuhause um alles gekümmert hat.

DIE LONELY PLANET STORY

Am Küchentisch fing alles an: Nachdem Tony und Maureen Wheeler 1972 eine lange, abenteuerliche Reise durch Europa, Asien und Australien unternommen hatten, trugen sie all ihre Informationen und Notizen zusammen. So enstand der erste Lonely Planet Reiseführer *Across Asia on the Cheap*.

Der Reiseführer wurde von Travellern geradezu verschlungen. Ermutigt durch ihren Erfolg, veröffentlichten die Wheelers weitere Bücher über Südostasien, Indien und andere Länder. Die Nachfrage war so ungeheuerlich groß, dass die Wheelers ihr Unternehmen erweiterten. Über die Jahre deckten sie mit ihrer Reiseliteratur den ganzen Globus ab und dehnten ihre Berichterstattung auf die virtuelle Welt von lonelyplanet.com und das Lonely Planet Messageboard Thorn Tree aus.

Lonely Planet wurde ein immer beliebterer Reiseführerverlag und Tony und Maureen konnten sich vor Aufträgen kaum mehr retten. Doch erst 2007 fanden sie einen verlässlichen Partner, bei dem sie sich sicher sein konnten, dass er dem Prinzip abenteuerlustiger, aber umweltbewusster Reisen treu blieb: Im Oktober dieses Jahres erwarb BBC Worldwide 75% der Anteile von Lonely Planet, mit dem Versprechen, dessen Grundsätze – unabhängiges Reisen, vertrauenswürdige Auskünfte und redaktionelle Unabhängigkeit – aufrechtzuerhalten.

Heute hat Lonely Planet Büros in Melbourne (Australien), London und Oakland (USA) mit über 500 Mitarbeitern und 300 Autoren. Tony und Maureen engagieren sich immer noch aktiv bei Lonely Planet; sie reisen mehr als zuvor und widmen sich in ihrer Freizeit wohltätigen Projekten. Das Unternehmen wird nach wie vor von der Philosophie von *Across Asia on the Cheap* getragen: „Wichtig ist, dass du dich entscheidest zu gehen, dann ist der härteste Teil geschafft. Also, los geht's!"

Alison Bing
Shukran bezzef (vielen Dank) an die Redakteurinnen Lucy Monie und Holly Alexander, das Redaktions-As Trent Holden und die unerschrockenen Kartografen Shahara Ahmed und Erin McManus. *Tbarakallalekum* (Glückwunsch für eine vollbrachte Leistung) an die Wegbereiter des nachhaltigen Tourismus, Mohamed Nour, Amal Mouklisse, Brendan Sainsbury und Andy McKee – ihr macht Wüstenreisen „grüner"! *Allahyhrem waldikum* (Segenswünsche für die Eltern) an meine geliebten Mitreisenden Sahai Burrowes und meine Eltern Tony und June Bing, deren tiefe Bewunderung für Marokko eine Art stolzes Familienerbe darstellt. Und wie immer danke ich Marco Flavio Marinucci dafür, dass er mein Zuhause ist, das am Ende jeder staubigen Wüstenstraße auf mich wartet.

Anthony Sattin
Vielen Dank nach Großbritannien, nämlich an Ali el Kasmi und Malika Lamane von der Marokkanischen Tourismusbehörde sowie an Jane Bayley und Janine Hewett. Nach Marokko schicke ich meinen Dank für Emma Wilson, Hassan Dalil, Ingeborg Steenbeke und Titoff Gerard, Marie-Luce Milano, Ben O'Hara, Meryanne Loum-Martin, Stephen Skinner, Kamal Laftimi sowie Rosena und Fred von der Boutique Souk.

Paul Stiles
Ich hatte großes Glück, während meiner Recherche auf so viel Unterstützung zu stoßen – und das meist ohne vorherige Ankündigung. Mein besonderer Dank gilt Said und Yto in Tanger, Ruth und Mounaim in Al-Hoceima, Najib in Berkane, Salhi, Abdeslam und Hassan in Chefchaouen und dem Ayuntamiento de Melilla.

DANK VON LONELY PLANET

Vielen Dank den Travellern, die mit der letzten (englischsprachigen) Ausgabe unterwegs waren und uns hilfreiche Hinweise, gute Ratschläge und interessante Anekdoten schickten:
Matthew Abbott, Said Abu-Aishah, Susana Afonso, Kairo Alloja, Jj Almanza, Remy Alnet, Monika Alpoegger, Ramona Altfeld, Amy Anderson, Arta Antonovica, Diane Archer, Almudena Gotor Arellano, Jenny Arkell, Jennifer Arnold, Julie Aucoin, Elizabeth Augustine, Katie Baddeley, Arnd Baechler, Christopher Baer, Amy Baker, Corina Bakhos, Michael Baldwin, Greg Banks, Ruth Banks, Tim Banks, Jean-Pierre Barral, Penny Barron, Jemma Barzey, Kim Baxter, Brent Beadle, Elena Bernardis, Marie Berteau, Christine Bertsch, Laurabi Bierer, Ola Biernacka, Amei Binns, William Bliss, Hans Bogstad, Franz Bonsema, Chris Boryer, Ania Bothe, Rein Boumans, Melissa Branfman, Karen Breuer, Francis Breyer, Eric Brouwer, Christine Buzzi, El Mahfoud Chaboun, Marie Charpentier, Sarah Cheung, Parveen Choudhry, Dori Chouhad, Erwin Christensen, Jon Clarke, Aodhagan Collins, Frank Cottle, Tasha Cowap, Ben Crewe, Casey Cross, Alan Curragh, Justin Curran, Maciej Czajkowski, Paolo Dardanelli, Natalie Davies, Monique Dehaese, Michael Dempsey, Tiana Diep, Mark Dolomount, Karla Driemeier, Eelco Edink, Donald Eischen, David Elphinstone, Georgina Esch, Joshua Eveland, Jacques Feldfeber, Marry Fermont, Jan Fiete, Manuel Fischer, Alison Flawith, Katherine Forrest, Sandra Francis-Love, Tjetske Gerbranda, Lorenzo Giacci, Marica Giessen, Pierre Gilbert, Tristan Gissing, Gerard Glennon, Sabrina Goldstein, Hannah Goodall, Philip Goulding, Willy Grandsard, Sarah Gretton, Skorpen Gro, Martin Gruenewald, Goulier Géraldine, Ida Hagen, Sbai Halim, Claire Hamilton, Roland Handel, Holli Harcey, James Harman, Thomas Hefti, Karin Helmreich, Cornelia Hendry, Joanna Hindley, Margaret Hogan, John Houde, Sue Hunt, Edward James, Emily Jamieson,

WIR FREUEN UNS ÜBER EIN FEEDBACK

Post von Travellern zu bekommen, ist für uns ungemein hilfreich – Kritik und Anregungen halten uns auf dem Laufenden und helfen, unsere Bücher zu verbessern. Unser reiseerfahrenes Team liest alle Zuschriften genau durch, um zu erfahren, was an unseren Reiseführern gut und was schlecht ist. Wir können solche Post zwar nicht individuell beantworten, aber jedes Feedback wird garantiert schnurstracks an die jeweiligen Autoren weitergeleitet, rechtzeitig vor der nächsten Neuauflage.

Wer uns schreiben will, erreicht uns über www.lonelyplanet.de/kontakt.

Hinweis: Da wir Beiträge möglicherweise in Lonely Planet Produkten (Reiseführer, Websites, digitale Medien) veröffentlichen, ggf. auch in gekürzter Form, bitten wir um Mitteilung, falls ein Kommentar nicht veröffentlicht oder ein Name nicht genannt werden soll. Wer Näheres über unsere Datenschutzpolitik wissen will, erfährt das unter www.lonelyplanet.com/privacy.

Farrah Jaufuraully, Peter & Michael Johnson, Gan Jordan, Pierre Jouhaud, Aini Kamarul, Sharon Keld, Sarah Kesenne, Peter Kibble, Tanja Klein, Richard Knochenmuss, Oliver Krause, Emily Krug, Petra Kälin, Moyez Ladhani, Fabrice Lambert, Daniel Lampinen, Marita Larsson, Jayne Lee, Valerie Lehouck, Daniel Levenson, Ian Lewis, Ann Llane, Anna Lloyd, Hans Loes, Julie Lohela, Paula Lopes, Ann Von Lossberg, Pérez Lugo, Christopher Maclellan, Heather Mak, Dorit Maoz, Vivien Marasigan, Koos Remmert Marinus, Bill Martin, Chris Martin, Sandra Martin, Karl Matson, Veronica Matthews, Eamon Mccafferty, Jeffery Mclaren, Ged Mcphail, Ciara Mcquaid, Lucas Meagor, Jennifer Milsom, Gemma Mitchell, Judith Mitsschke, Rita Montalvao, Scott Mooney, Adrian Moore, Lucy Moran, Eckehard Fozzy Moritz, Myron Morris, Richard Mott, Richard Munn, Jo Murphy, Ishay Nadler, Sally Norris, Jason Northcott, Bartek Nowicki, Greg O'Hern, David O'Mahony, Ros O'Maolduin, Nick O'Neil, Helen Ochyra, Geralda Oliveira, Barbara Paganoni, Glenn Palmer, Hils Pamph, Alice Pater, Matt Pepe, Uli Pfeiffer, Derek Phillips, Martina Polley, Giles Prichard, Isabelle Pronovost, Norrie Provan, Leo Rabelo, Gordon Rae, Naeema Rashid, Eric Reuland, Emily Richardson, Nils Riecken, Anton Rijsdijk, Jill Riley, Jan Doeke Rinzema, V Roberts, Daniel Robinson, Petra Roest, Kathryn Rosenbaum, Koosje Ruijgrok, Elizabeth Russell-Smith, Franca Sacco, Archie Sample, Lisa Sawyer, Gunter Schumann, Ann Scott, David Scott, Arthur Segal, Mahnaz Shaikh, Amelia Smith, Karen Stafford, Jill Stanley, Constantin Stéphane, Laura Sutcliffe, George Swann, Melissa Addey Ryan Taylor, Nadine Tiefenbach, Georg Troost, Catherina Unger, Pauline Vahl, Beau Vallance, Joan van Bussel, Marijke van Gerwen, Geert van Gestel, Carolien van Ham, Mike Verbeeck, Laura Verburg, Bart Verdeyen, Nikos Ververidis, Heidi Viney, Jean Vranic, Jan Vyjidak, Hans-Werner Wabnitz, Tom Walsh, Daniel Wang, Tony Wheeler, Andrew Whiting, Helena Wilde, Matt Willson, Angela Wilson, Kristina Wilson, Adolf Wimmer, Eva Wimmer, Stuart Winder, Matthew Wright, Jane Young, Manuele Zunelli, Sietske Zwiebel.

QUELLENNACHWEIS

Vielen Dank an folgende Firma für die Nutzung ihrer Inhalte:

Globus auf der Titelseite ©Mountain High Maps 1993 Digital Wisdom, Inc.

Register

000 Verweise auf Karten
000 Verweise auf Fotos

000 Verweise auf Karten
000 Verweise auf Fotos

G

REGISTER

REGISTER

REGISTER

U

REGISTER

REGISTER

000 Verweise auf Karten
000 Verweise auf Fotos

GreenDex

Heute scheint absolut jeder die Natur schützen zu wollen. Wie aber unterscheidet man wirklich umweltfreundliche Unternehmen von den Trittbrettfahrern auf dem Zug des nachhaltigen Tourismus?

Die unten aufgeführten marokkanischen Sehenswürdigkeiten, Tourveranstalter und Unterkünfte wurden von unseren Autoren ausgewählt, weil sie eine engagierte Politik des sanften Tourismus betreiben. Einige von ihnen haben sich dem Umwelt- oder Naturschutz verschrieben, und viele gehören der Gemeinde oder legen Wert darauf, Einheimische zu beschäftigen. So unterstützen sie gleichzeitig auch die regionale Identität und Kultur und mildern die Armut.

Lonely Planet will noch mehr Anbieter von nachhaltigem Tourismus in seine Bücher aufnehmen. Wer meint, dass ein Unternehmen übersehen wurde, oder mit unserer Auswahl nicht einverstanden ist, kann uns unter talk2us@lonelyplanet.com.au kontaktieren. Mehr Infos zu umweltverträglichem Tourismus und Lonely Planet gibt's auf www.lonelyplanet.com/responsibletravel.

KARTENLEGENDE

VERKEHRSWEGE

- Mautstraße
- Autobahn
- Hauptstraße
- Landstraße
- Verbindungsstraße
- sonstige Straße
- im Bau
- unbefestigte Straße
- Einbahnstraße
- Fußgängerzone/Stufen
- Tunnel
- Fußgängerbrücke
- Wanderung
- Wanderung m. Abstecher
- *Wanderweg*
- *Wanderpfad*
- *Piste*

TRANSPORT

- Fähre
- Busstrecke
- Eisenbahn
- U-Bahn

GEWÄSSER

- Fluss, Bach
- periodischer Fluss
- Sumpf
- Mangroven
- Kanal
- Wasser
- Trockensee
- Salzsee

GRENZEN

- internationale Grenze
- Bundesstaat, Provinz
- umstrittene Grenze
- regional, Vorort
- antike Befestigungsanlage
- Klippe

GEBIETSFORMEN

- Bebauung
- Campus
- Felsen
- Flughafen
- Friedhof, christlich
- Friedhof
- Fußgängerzone, Mall
- Gelände
- Markt
- Park
- Reservat
- sehenswertes Gebiet
- Sportanlage
- Stadtgebiet
- Strand, Wüste
- Wald

STÄDTE

- **HAUPTSTADT**
- **Großstadt**
- Kleinstadt
- REGIONALHAUPTSTADT
- **Mittelstadt**
- Ort, Dorf

SYMBOLE

Sehenswertes/ Aktivitäten
- Bodysurfen
- Burg, Festung
- christlich
- Denkmal
- islamisch
- jüdisch
- Kanu-, Kajakfahren
- Museum, Galerie
- Ruine
- Schnorcheln
- Schwimmbecken
- Sehenswürdigkeit
- Skifahren
- Strand
- Surfen, Surfstrand
- Tauchen, Schnorcheln
- Wanderweg – Start
- Windsurfen
- Zoo, Vogelschutzgebiet

Essen
- Essen

Ausgehen
- Bar, Kneipe
- Café

Unterhaltung
- Unterhaltung

Shoppen
- Shoppen

Schlafen
- Camping
- Unterkunft

Transport
- Busbahnhof
- Flughafen, Flugplatz
- Grenzübergang
- öffentliche Verkehrsmittel
- Parkplatz
- Radfahren, Radweg
- Tankstelle
- Taxistand

Praktisches
- Auskunft
- Bank, Geldautomat
- Botschaft, Konsulat
- Internetzugang
- Krankenhaus, Arzt
- Polizei
- Postamt, Hauptpost
- Telefon
- Toiletten

Landschaft
- Aussichtspunkt
- Berg, Vulkan
- Fließrichtung
- Höhenangabe
- Leuchtturm
- Nationalpark
- Oase
- Pass, Canyon
- Raststelle
- Schutzhütte
- Wasserfall

Lonely Planet Publications, Locked Bag 1, Footscray, Melbourne, Victoria 3011, Australia

Verlag der deutschen Ausgabe:
MAIRDUMONT, Marco-Polo-Str. 1, 73760 Ostfildern, www.mairdumont.com, lonelyplanet@mairdumont.com

Chefredakteurin deutsche Ausgabe: Birgit Borowski
Übersetzung: Tobias Ewert, Monika Grabow, Christina Kagerer, Laurin Singer, Katja Weber
Redaktion: Julia Berger, Stephanie Iber, Frank J. Müller, Olaf Rappold, Verena Stindl, Ellen Weitbrecht (red.sign, Stuttgart)
Satz: red.sign, Stuttgart

Marokko
2. deutsche Auflage Juli 2009, übersetzt von *Morocco 9th edition*, Februar 2009, Lonely Planet Publications Pty

Printed in China

Umschlagfoto: Königspalast in Fès, Michele Burgess/Superstock

Die meisten Fotos in diesem Reiseführer können bei Lonely Planet Images, www.lonelyplanetimages.com, auch lizenziert werden.